43-0

1 vol à cartonner
Couverture de couleur
~~pour~~ au commt.
finit à la page 200,

20,000 FIGURES. — 100 LIVRAISONS.

ON SOUSCRIT SANS RIEN PAYER D'AVANCE.

CONDITIONS DE LA SOUSCRIPTION :

Pour Paris et les Départements,

50 *CENTIMES LA LIVRAISON.*

UNE LIVRAISON PAR SEMAINE OU PAR QUINZAINE.

Chaque livraison est composée de deux feuilles et demie de texte, et contient presque la matière d'un volume in-8 ordinaire.

L'ouvrage, composé en caractères entièrement neufs et imprimé sur papier de luxe, formera 2 magnifiques vol. in-4.

Chaque volume aura environ 1000 pages.

Toute livraison qui serait publiée après le nombre de 2,000 pages, fixé pour l'ouvrage complet, serait délivrée GRATIS aux souscripteurs.

ON SOUSCRIT A PARIS,

AU DÉPOT UNIVERSEL DE LIBRAIRIE,

CITÉ TRÉVISE, 10,

Et chez tous les libraires de Paris et des Départements.

NOTA. Les souscripteurs des départements qui voudront recevoir l'ouvrage directement du Dépôt universel de Librairie, devront payer 10 livraisons d'avance, au prix de 60 cent. la livraison. Elles leur seront alors expédiées franc de port, par la poste, au fur et à mesure de leur apparition.—Toute demande de souscription de ce genre doit être faite par lettre affranchie, accompagnée d'un mandat sur la poste, à l'ordre de M. MONIER, cité Trévise, 10.

Paris. — Imprimerie de L. MARTINET, rue Jacob, 30.

DICTIONNAIRE FRANÇAIS
ILLUSTRÉ
ET
ENCYCLOPÉDIE UNIVERSELLE

OUVRAGE QUI PEUT TENIR LIEU DE TOUS LES VOCABULAIRES ET DE TOUTES LES ENCYCLOPÉDIES.

LA PARTIE LEXICOGRAPHIQUE

COMPREND

La nomenclature complète de tous les mots usités dans le langage poétique, littéraire et familier; la prononciation et l'étymologie; le sens propre, le sens figuré des mots et leurs diverses acceptions; les idiotismes, les locutions proverbiales et familières, la synonymie des mots à radicaux semblables et à radicaux différents: les paradigmes des conjugaisons de tous les verbes réguliers et irréguliers; la solution de toutes les difficultés grammaticales, etc., etc.

LA PARTIE ENCYCLOPÉDIQUE

SE COMPOSE

D'articles succincts et complets sur l'Administration, l'Agriculture, l'Algèbre, l'Anatomie, l'Archéologie, l'Architecture, les Arts et Métiers, l'Arithmétique, l'Astronomie, le Blason, les Beaux-Arts, la Botanique, la Chimie, la Chirurgie, la Chronologie, le Commerce, l'Économie politique, les Finances, le Génie civil et militaire, la Géologie, la Géométrie, la Géographie, la Grammaire, l'Histoire, l'Industrie, la Législation, la Marine, la Mécanique, la Médecine, la Météorologie, la Minéralogie, les Monnaies, la Musique, la Mythologie, la Perspective, la Pharmacologie, la Philosophie, la Physiologie, la Physique, les Poids et Mesures, la Rhétorique, la Statistique, la Stratégie, la Théologie, la Zoologie, etc., etc.

PUBLICATION NOUVELLE,

ENRICHIE DE 20,000 FIGURES

GRAVÉES SUR CUIVRE PAR LES MEILLEURS ARTISTES,

DIRIGÉE PAR

B.-D. DE VOREPIERRE & CH.-M. DE MARCOUX,

Et rédigée par une société de Savants et de Gens de lettres,

D'après les travaux les plus récents de MM.

Agardh, Agassiz, Amici, Ampère, Andral, Arago, Audouin, Balbi, Becquerel, Berres, Berzélius, Beudant, Biot, de Blainville, Blanqui, Bouillaud, Boussingault, Bréguet, Breschet, Brewster, Ad. et Al. Brongniart, R. Brown, Buckland, E. Burnouf, Pyr. et Alph. de Candolle, Carus, Cauchy, de Caumont, Michel Chevalier, Chevreul, Chomel, Cruveilhier, Cournot, Cousin, Fréd. et Georg. Cuvier, Decaisne, Dejean, Deshayes, Despretz, Dufrénoy, Duhamel, Dujardin, Dulong, Dumas, Duméril, Ch. Dupin, Dutrochet, Duvernoy, Milne Edwards, Ehrenberg, Elie de Beaumont, Faraday, Fétis, Flourens, Franck, Francœur, Fresnel, Gaudichaud, Gay-Lussac, Et. et Is. Geoffroy St-Hilaire, Guillemin, Guizot, Henle, J. Herschell, de Humboldt, Ideler, Jomard, de Jussieu, Kœmtz, Laboulaye, Lacroix, Lagrange, Lamé, Laplace, Latreille, Le Clerc, Legendre, Lesson, Letronne, Libri, Liébig, Lindley, Liouville, Lyell, Magendie, Ch. Magnin, Mandl, Martius, M'Culloch, Melloni, de Mirbel, Montferrier, A. Morin, J. Müller, Naudet, Al. et Ch. d'Orbigny, Orfila, Owen, Payen, Pelouze, Peclet, Pictet, Piobert, Poinsot, Poisson, Poncelet, Pouillet, C. Prévost, Puissant, Quatremère de Quincy, Quételet, Rostan, Roulin, Sylv. de Sacy, Saigey, Aug. Saint-Hilaire, J.-B. Say, Schleiden, Schnitzler, Schwann, Serres, de Sismondi, Spach, Strauss-Durckeim, Sturm, Thénard, Tiedemann, Valenciennes, Valentin, Velpeau, Villemain, Villermé, N. de Wailly, de Walckenaer, Young, etc., etc., etc.

PARIS.

AU DÉPOT UNIVERSEL DE LIBRAIRIE, CITÉ TRÉVISE, 10

1847.

1ère & 2e Livraison

DICTIONNAIRE FRANÇAIS

ILLUSTRÉ

ET

ENCYCLOPÉDIE UNIVERSELLE

OUVRAGE QUI PEUT TENIR LIEU DE TOUS LES GLOSSAIRES ET DE TOUTES LES ENCYCLOPÉDIES.

LA PARTIE LEXICOGRAPHIQUE

COMPREND

La nomenclature complète de tous les mots usités dans le langage poétique, littéraire et familier; la prononciation et l'étymologie; le sens propre, le sens figuré des mots et leurs diverses acceptions; les idiotismes, les locutions proverbiales et familières, la synonymie des mots à radicaux semblables et à radicaux différents: les paradigmes des conjugaisons de tous les verbes réguliers et irréguliers; la solution de toutes les difficultés grammaticales, etc., etc.

LA PARTIE ENCYCLOPÉDIQUE

SE COMPOSE

D'articles succincts et complets sur l'Administration, l'Algèbre, l'Anatomie, l'Archéologie, l'Architecture, les Arts et Métiers, l'Agriculture, l'Arithmétique, l'Astronomie, le Blason, les Beaux-Arts, la Botanique, la Chimie, la Chirurgie, la Chronologie, le Commerce, l'Économie politique, les Finances, le Génie civil et militaire, la Géologie, la Géométrie, la Géographie, la Grammaire, l'Histoire, l'Industrie, la Législation, la Marine, la Mécanique, la Médecine, la Météorologie, la Minéralogie, les Monnaies, la Musique, la Mythologie, la Perspective, la Pharmacologie, la Philosophie, la Physiologie, la Physique, les Poids et Mesures, la Réthorique, la Statistique, la Stratégie, la Théologie, la Zoologie, etc., etc.

PUBLICATION NOUVELLE,

ENRICHIE DE 20,000 FIGURES

GRAVÉES SUR CUIVRE PAR LES MEILLEURS ARTISTES,

DIRIGÉE PAR

B.-D. DE VOREPIERRE & CH.-M. DE MARCOUX,

Et rédigée par une société de Savants et de Gens de lettres,

D'après les travaux les plus récents de MM.

Agardh, Agassiz, Amici, Ampère, Andral, Arago, Audouin, Balbi, Becquerel, Berres, Berzélius, Beudant, Biot, de Blainville, Blanqui, Bouilland, Boussingault, Bréguet, Breschet, Brewster, Ad. et Al. Brongniart, R. Brown, Buckland, E. Burnouf, Pyr. et Alph. de Candolle, Carus, Cauchy, de Caumont, Michel Chevalier, Chevreul, Chomel, Cruveilhier, Cournot, Cousin, Fréd. et Georg. Cuvier, Decaisne, Dejean, Deshayes, Despretz, Dufrénoy, Duhamel, Dujardin, Dulong, Dumas, Duméril, Ch. Dupin, Dutrochet, Duvernoy, Milne Edwards, Ehrenberg, Elie de Beaumont, Faraday, Fétis, Flourens, Franck, Francœur, Fresnel, Gaudichaud, Gay-Lussac, Et. et Is. Geoffroy St-Hilaire, Guillemin, Guizot, Henle, J. Herschell, de Humboldt, Ideler, Jomard, de Jussieu, Kœmtz, Laboulaye, Lacroix, Lagrange, Lamé, Laplace, Latreille, Le Clerc, Legendre, Lesson, Letronne, Libri, Liébig, Lindley, Liouville, Lyell, Magendie, Ch. Magnin, Mandl, Martius, M'Culloch, Melloni, de Mirbel, Montferrier, A. Morin, J. Müller, Naudet, Al. et Ch. d'Orbigny, Orfila, Owen, Payen, Pelouze, Peclet, Pictet, Piobert, Poinsot, Poisson, Poncelet, Pouillet, C. Prévost, Puissant, Quatremère de Quincy, Quételet, Rostan, Roulin, Sylv. de Sacy, Saigey, Aug. Saint-Hilaire, J.-B. Say, Schleiden, Schnitzler, Schwann, Serres, de Sismondi, Spach, Strauss-Durckeim, Sturm, Thénard, Tiedemann, Valenciennes, Valentin, Velpeau, Villemain, Villermé, N. de Wailly, de Walckenaer, Young, etc., etc., etc.

PARIS.

AU DÉPOT UNIVERSEL DE LIBRAIRIE, CITÉ TRÉVISE, 10.

1847.

PROSPECTUS.

Un Dictionnaire doit être le livre de tous, car il n'est permis à personne d'ignorer sa langue maternelle. Il faut donc qu'il donne l'intelligence complète des mots qu'il renferme, et que, pour l'étude de la langue, il permette de se passer du secours de tout autre livre. Or, si l'on examine les lexiques français publiés jusqu'à ce jour, on reconnaît aussitôt qu'aucun d'eux n'a atteint le but qu'il se proposait. Il devait en être ainsi, puisque leurs auteurs ont tous suivi la même méthode. Tous se sont bornés à définir tant bien que mal les termes susceptibles de définition ; quant aux mots qui ne pouvaient être définis, ils se sont contentés de les accompagner d'explications souvent inexactes et toujours insuffisantes. Quelques lexicographes ont joint à chaque mot son étymologie, sans qu'il en soit résulté d'amélioration sensible dans l'ensemble de leur travail. Ainsi, *définition*, *explication*, *étymologie*, tels sont les seuls éléments qui jusqu'ici soient entrés dans la composition d'un vocabulaire. Eh bien ! nous n'hésitons pas à l'affirmer, il est impossible en se renfermant dans un cercle aussi étroit de faire un glossaire à la portée de toutes les intelligences. En effet, si l'on ouvre le seul dictionnaire qui mérite d'être cité, celui de l'Académie, aux mots *Frise*, *Romaine*, *Autruche*, par exemple, on lira : Frise, *Partie de l'entablement qui est entre l'architrave et la corniche;* Romaine, *Peson, instrument dont on se sert pour peser avec un seul poids;* Autruche, *Grand oiseau fort haut sur jambes et à cou très-long, dont les ailes, ainsi que la queue, sont garnies de plumes molles et flexibles, qui ne peuvent servir au vol.* Les explications de ces mots sont à peu près satisfaisantes ; cependant celui qui n'aurait vu ni *frise*, ni *romaine*, ni *autruche*, ne saurait assurément se faire des idées nettes et exactes de ces objets, d'après les définitions qu'en donne l'Académie. Mais, dans ce cas, il est un moyen bien simple de suppléer à l'insuffisance de la parole ; ce moyen consiste à représenter par la gravure l'objet même qu'on vient de définir ou d'expliquer. Le dessin, cette langue universelle, qui est comprise de tous les esprits et de tous les âges, qui rend les idées pour ainsi dire visibles, et qui grave à jamais dans la mémoire les formes des objets, vient dans notre lexique éclairer et compléter les définitions, toutes les fois que le terme peut le comporter. Mais cette innovation, quelles que soient son importance et son utilité, ne nous a pas paru suffisante pour rendre intelligibles les termes de sciences et d'arts. Ces termes ont encore besoin d'être suivis de développements proportionnels à l'importance des questions qu'ils soulèvent; à plus forte raison ces développements deviennent-ils indispensables pour tous les mots qui ne sauraient être illustrés, comme les termes d'*Administration*, de *Commerce*, de *Droit*, d'*Économie politique*, de *Théologie*, de *Philosophie*, etc., etc. Force était donc, pour ces mots, de recourir à une seconde innovation, et d'introduire dans notre dictionnaire une partie purement encyclopédique. Cette partie se compose de plusieurs milliers d'articles succincts et complets, sur toutes les matières qui exigent certains développements. Elle se distingue, au premier coup d'œil, de la partie lexicographique par le caractère particulier qui est employé dans son impression. Ainsi, nulle confusion possible, soit qu'on veuille chercher la définition et les acceptions littéraires d'un mot, soit qu'on désire consulter l'article encyclopédique auquel ce mot peut avoir donné lieu. Conçu de cette manière, l'ouvrage que nous publions aujourd'hui est le plus complet et le plus utile dont la langue française ait été l'objet. Bien différent de tous les autres vocabulaires, qui se bornent à donner une nomenclature stérile et monotone des mots de la langue, et qu'on n'ouvre que pour les refermer aussitôt, notre livre est un immense répertoire des connaissances les plus nécessaires et les plus diverses; il forme à lui seul une riche bibliothèque, qui offre une lecture aussi variée qu'attrayante.

En résumé, donner la signification et les acceptions de tous les mots de la langue française ; exposer les règles grammaticales auxquelles ils sont soumis ; résoudre toutes les difficultés que peut présenter leur emploi ; parler aux yeux pour arriver à l'intelligence ; placer une foule d'idées et de faits à la portée de tout le monde ; provoquer la curiosité la moins soucieuse de connaître ; forcer l'attention la plus fugitive à s'arrêter sur les résultats des travaux de l'esprit humain ; présenter à ceux qui savent un *aide-mémoire* véritablement universel : tel est le but que nous nous sommes proposé en publiant notre Dictionnaire-Encyclopédie.

Comme ce but est de l'ordre le plus élevé, nous avons dû, avant toute chose, exclure de notre livre tout passage de nature à porter la moindre atteinte aux croyances religieuses et à la morale la plus sévère. Il peut donc être placé entre les mains de tous, car il a été fait pour tous.

SPÉCIMEN.

ABERRATION. s. f. (lat. *ab*, de ; *errare*, s'écarter). Action de s'écarter de la ligne directe. || On dit fig., *Ab. de l'imagination, des sens, du jugement*, lorsqu'il y a Déréglement de l'imagination, erreur dans certaines perceptions, incohérence dans l'association des idées, et fausse appréciation des rapports. || * T. Anat. et Physiol. Anomalie dans la conformation, dans la situation des organes ou dans l'exercice de leurs fonctions, etc. *Voy.* ALIÉNATION MENTALE, ANOMALIE, HALLUCINATION.

En Astr., on emploie le mot *Ab.* pour désigner un phénomène qui est tout à fait indépendant de la réfraction et de la perspective, et qui nous fait voir les corps célestes dans un lieu autre que celui qu'ils occupent réellement. Ce phénomène résulte des effets combinés du mouvement de la lumière et du mouvement de la terre. Quoique la différence entre la position apparente et la position réelle des astres varie entre des limites assez étroites, elle peut être une cause d'erreur dans les observations astronomiques. Il est donc nécessaire de l'apprécier. — Supposons qu'on laisse tomber une balle du point A au-dessus d'une ligne horizontale E F (Fig. 1), et qu'on

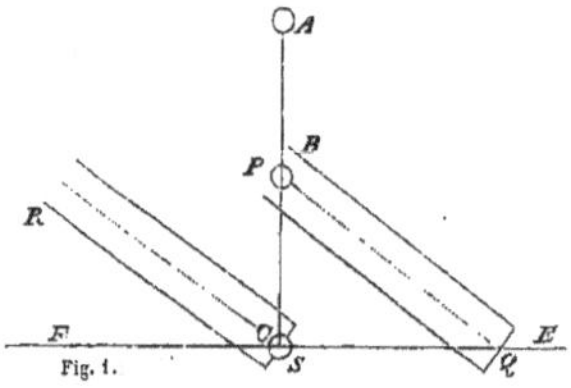

Fig. 1.

place en B, pour la recevoir, un tube incliné PQ. Si ce tube reste immobile, il sera frappé par la balle. . . . .

AMPHITHÉÂTRE. s. m. (gr. ἀμφὶ, autour ; θέατρον, théâtre). Dans nos théâtres, Lieu élevé par degrés en face de la scène, au-dessus du parterre et au-dessous du premier rang de loges. — * Série de gradins situés au niveau du plus haut rang de loges, en face de la scène. || On donne aussi ce nom à Un lieu garni de gradins, où un professeur fait ses leçons. || Par analogie, en parlant d'un terrain qui s'élève graduellement, on dit qu'*Il va en amph.*, qu'*Il s'élève en amph.*

En T. d'Archit. et d'Antiq., on désigne sous le nom d'*Amph.* un édifice formé par la réunion de deux théâtres qui se touchaient au *proscenium*, de manière qu'il y eût des siéges tout autour de l'intérieur. De cette façon, les spectateurs, assis sur des gradins élevés en retraite les uns des autres, voyaient tous également bien ce qui se passait dans l'espace circonscrit par la rangée inférieure de gradins. La surface unie qui formait le centre de l'amph. se nommait *Arène*, parce qu'on la recouvrait de sable, afin d'absorber le sang versé, soit par les bêtes, soit par les gladiateurs. — Les premiers édifices de ce genre ont été élevés par les Étrusques ; et c'est aussi à ce peuple qu'on attribue l'origine des combats de gladiateurs. Les Romains, s'étant passionnés pour ces jeux sanglants, en répandirent le goût dans tous les pays soumis à leur domination. Alors, on vit s'élever dans tout le monde romain une foule d'amphithéâtres, chaque cité de quelque importance se faisant une gloire d'imiter la ville éternelle. — On trouve, en effet, des vestiges d'amphithéâtres dans toutes les contrées qui subirent la conquête romaine. Quelques uns de ces monuments sont dans un état remarquable de conservation : tels sont ceux de Vérone et de Nîmes. Les ruines de quelques autres peuvent encore nous donner une haute idée de ces constructions grandioses. Nous nous contenterons de citer l'amph. d'Otricoli sur les bords du Tibre, ceux de Pouzzoles et de Capoue dans le royaume de Naples, et celui d'Arles en France. L'amph. de Pola en Istrie (Fig. 1) mérite une mention spéciale, parce

Fig. 1.

qu'il est le seul dont le périmètre extérieur soit flanqué de quatre avant-corps, dans lesquels étaient pratiqués les escaliers. — Mais le plus extraordinaire des monuments de ce genre est l'amph. commencé par Vespasien et achevé par son fils Titus, qui y employa 12,000 prisonniers juifs, et en célébra la dédicace l'an 80 de notre ère. Le peuple, frappé des proportions gigantesques de cet édifice, lui donna le nom de *Colossum*, dont on a fait par corruption le mot *Colisée*. Le Colisée (Fig. 2) est le premier amph. qui ait été entièrement

Fig. 2.

construit en pierre. Il était de forme elliptique ; son grand axe avait 188 mètres 80 centim., et son petit axe 155 mètres 60 centim., ce qui donne une superficie totale d'environ 23,036 mètres. Les deux axes de l'arène avaient l'un 86 mètres 40 centim., et l'autre 53 mètres 50 centim. de longueur. La hauteur totale de la façade au-dessus du sol de l'arène était de 49 mètres. A l'extérieur, ce monument (Fig. 3) présente quatre

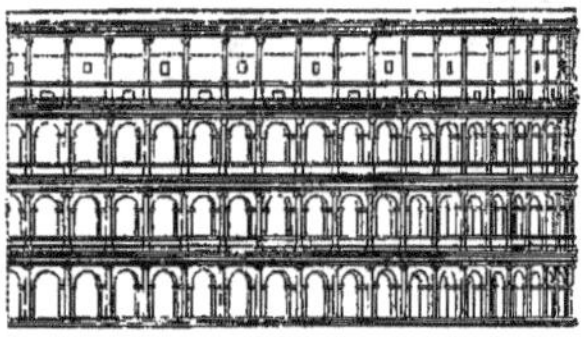

Fig. 3.

étages superposés ; les trois premiers étaient percés de 80 arcades portées sur des pieds-droits décorés de colonnes engagées, appartenant à différents ordres d'architecture. Les colonnes du rez-de-chaussée sont d'ordre dorique ; cependant la frise est sans triglyphes. . . . .

FAUCON. s. m. (Lat. *Falco*). T. Zool.

Dans la classification de Cuvier, les *Faucons* constituent la deuxième et la plus nombreuse division des *Oiseaux de proie diurnes*. Leur tête et leur cou sont revêtus de plumes, et leurs sourcils forment une saillie qui fait paraître l'œil enfoncé. Ces deux caractères suffisent pour empêcher de les confondre avec les vautours. La femelle est en général d'un tiers plus grande que le mâle, aussi ce dernier est-il vulgairement désigné sous le nom de *Tiercelet*. — Cette division se partage en deux grandes sections, les oiseaux de proie *nobles* et les oiseaux de proie *ignobles*. Au mot AIGLE nous avons dit quelle était l'origine de cette bizarre dénomination : nous n'y reviendrons pas. Les *Faucons proprement dits* constituent la section

Fig. 1.

des oiseaux de proie nobles. On les distingue des autres oiseaux de la famille des diurnes à leur bec courbé dès sa base et offrant une dent aiguë à chaque côté de sa pointe. La deuxième penne de leurs ailes est la plus longue ; toutefois la première ne lui cède guère en longueur, ce qui fait que l'aile entière est plus longue et plus aiguë. Chez tous les faucons, les ailes sont autant et même plus longues que la queue. Ces oiseaux sont très-forts et extrêmement courageux proportionnellement à leur taille : leur vol est très-rapide, et il est facile de les dresser à la chasse. *V.* FAUCONNERIE. — L'espèce la plus connue est le *Fa. commun* ou *Fa. pèlerin.* (Fig. .) Elle habite tout le nord du globe et niche dans les rochers les plus escarpés. On la trouve fréquemment en Allemagne et en France. Cet oiseau est de la taille d'une poule, et se reconnaît aisément à deux larges taches triangulaires qui descendent des angles du bec sur les côtés du cou. Le plumage du *Fa.* présente, dans ses divers âges, des différences assez notables pour que. . . . . .

*** MYRISTICÉES.** s. f. pl. (gr. μυριστικὸς, qui sert à parfumer). T. Bot.

La famille des *Myristicées*, établie par R. Brown et admise par tous les botanistes, se compose d'arbres qui habitent exclusivement les régions tropicales. — *Caractères botaniques :* Feuilles alternes, sans stipules, non ponctuées, entières, pétiolées, coriaces. Inflorescence axillaire ou terminale, en grappe, en glomérule ou en panicule. Fleurs dioïques très-petites, souvent pourvues chacune d'une bractée courte et concave. Calice charnu, trifide, rarement quadrifide. Préfleuraison valvaire. Fleurs mâles : Filets séparés ou complétement unis de manière à représenter une espèce de colonne. Anthères au nombre de 3 à 12 et même davantage, biloculaires, extrorses et s'ouvrant longitudinalement ; tantôt connées, tantôt séparées. Fleurs femelles : Calice caduc. Carpelles solitaires ou multiples, avec un seul ovule droit, anatrope. Style très-court ; stigmate légèrement lobé. Fruit bacciforme. Albumen charnu, marbré : embryon petit, orthotrope ; cotylédons divergents ; radicule infé-

rieure. (F. 1. *Myristica fragrans.* 2. fleur ; 3. colonne d'étamines ; 4. coupe d'une fleur femelle pour montrer l'ovaire et l'ovule ; 5. coupe d'une muscade avec l'embryon à la base de l'albumen). — La famille des *Myristicées* comprend 5 genres et 35 espèces. Elle faisait jadis partie de la famille des *Laurinées* de Jussieu ; mais elle se distingue de cette dernière par la structure du calice, des anthères et du fruit. — L'écorce de ces végétaux contient en abondance un suc âcre, visqueux et rougeâtre. Celle du fruit est caustique. L'arille et l'albumen ou périsperme du *Muscadier aromatique* (*Myristica moschata*), connus, le premier sous le nom vulgaire de *Macis*, et le second sous celui de *Muscade* ou de *Noix muscade*, sont des aromates d'une haute importance. La muscade est plus employée comme condiment que comme médicament. Prise en petite quantité, elle stimule les fonctions digestives ; mais à haute dose, elle détermine de l'assoupissement, des vertiges et même du délire. On en retire une huile fixe de consistance butyreuse, appelée *Beurre de muscade*, qui s'emploie en frictions contre les douleurs rhumatismales. Cette huile est un des principaux ingrédients du *Baume nerval*, assez fréquemment usité dans les cas de rhumatismes chroniques. La muscade et le macis faisaient jadis partie d'une foule de préparations pharmaceutiques. D'autres espèces de muscadiers donnent également un fruit aromatique dont on se sert comme substitut de la muscade ordinaire . . . .

Paris. — Imprimerie de L. MARTINET, rue Jacob, 30.

DICTIONNAIRE FRANÇAIS

ILLUSTRÉ

ET

ENCYCLOPÉDIE UNIVERSELLE.

A

A. s. m. La première lettre de l'alphabet français et la première des voyelles. A *majuscule*, a *romain*, *a italique*. *Un grand A. Un petit a. Des A mal formés.* || On appelle *Panse d'a* la partie arrondie de cette lettre. Prov., on dit De quelqu'un qui n'a pas commencé un ouvrage dont il était chargé, *Il n'en a pas fait une panse d'a.* On dit encore D'une personne qui n'a eu aucune part à un ouvrage d'esprit qu'on lui attribue ou qu'elle s'attribue, qu'*Elle n'y a pas fait* ou qu'*Elle n'en a pas fait une panse d'a.* || Fam., *Ne savoir ni A ni B*, Ne savoir pas lire; et fig., Être fort ignorant.

Obs. gram. — Le son de la voyelle A présente dans notre langue trois nuances différentes. Il est grave dans *pâte*, aigu dans *glace*. Dans *coupable*, il tient le milieu entre les deux précédents. — L'A ne se prononce pas dans les mots *Août*, *Saône*, *taon*. Lorsque l'A est suivi d'une voyelle avec laquelle il se combine, et lorsqu'il fait partie d'une diphthongue ou d'une voyelle nasale, le son qui lui est propre se perd ou se trouve modifié. Voy. DIPHTHONGUE, VOYELLE. — A ne prend l'accent grave (\`) que dans le cas où il est préposition; cependant il n'est pas d'usage, en Typogr., de le mettre sur les A majuscules. En général, l'accent circonflexe (^) placé sur l'A est un signe étymologique qui tient lieu d'une lettre dont cette voyelle était immédiatement suivie et que l'usage a supprimée, comme *âge* pour *aage*, *qu'il allât*, pour *qu'il allast*. Cet accent n'indique donc pas invariablement que l'A doive avoir le son grave. En effet, si dans les mots *blâme* et *mâtin* le son est grave, il est aigu dans *qu'il allât*, ainsi que dans tous les prétérits définis de l'indicatif, et dans tous les imparfaits du subjonctif des verbes de la 1re conjugaison.

Enc. — A est la première lettre de l'alphabet de presque toutes les langues connues. Cependant il n'occupe que le troisième rang dans le syllabaire de la langue amharique, dialecte de l'éthiopien, et que le dixième dans l'alphabet runique ou des anciens Scandinaves. Les divers caractères que nous employons pour représenter cette voyelle sont empruntés ou dérivent de ceux qui étaient en usage chez les Grecs et chez les Romains.

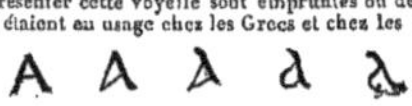

L'usage de la lettre A est beaucoup moins fréquent dans le français que dans l'espagnol ou l'italien et surtout que dans certaines langues orientales, particulièrement le sanscrit. Cependant on a calculé que le douzième environ des mots français commence par cette lettre. — Au mot PAROLE, nous traiterons du mode de production de cette voyelle, et au terme PRÉFIXE, nous parlerons de la valeur de l'A dans la composition des mots.

À. prép. (lat. *a*, *ab*, de, hors de, loin de; *ad*, à, vers, du côté de). Les prépositions sont des mots qui servent à exprimer un rapport entre deux termes; mais toutes ne déterminent pas la nature de ce rapport avec une égale précision. Ainsi, tandis que les prépositions *Dans*, *Avec*, *Entre*, font connaître exactement l'espèce de relation qui existe entre les deux termes, les prépositions *A*, *De*, *En*, nous laisseraient dans une ignorance presque complète de la nature du rapport qu'elles signalent, si la valeur et le rapprochement des mots qui forment l'antécédent et le conséquent ne l'exprimaient pas d'une manière suffisante. A surtout est la préposition la plus dénuée de signification propre : elle nous avertit simplement de l'existence d'un rapport entre deux termes. Cette absence presque complète de valeur propre lui permet d'exposer une multitude de rapports différents; mais, malgré cela, elle conserve toujours son caractère vague, indéterminé. Aussi, dès qu'il est nécessaire d'exprimer une relation d'une manière précise, rigoureuse, faut-il recourir à l'emploi d'autres prépositions. Il ne s'ensuit pas de ce principe que les rapports exposés par la préposition A soient ambigus, incertains; ils sont au contraire de la plus grande clarté; mais ils doivent toute leur netteté à la valeur parfaitement déterminée de l'antécédent et du conséquent. Il est facile de s'en convaincre en parcourant la série des rapports auxquels cette préposition sert d'exposant. || Rapport de mouvement, de tendance, de direction : *Aller à Rome, à la campagne, à l'église, à l'armée. Marcher à l'autel. Arriver à bord. Il vient à nous. Envoyer à l'école. Retourner à la ville. Rentrer au logis. Monter à cheval. Conduire un homme à la mort, au supplice. Se prosterner aux genoux de quelqu'un. Tirer au blanc. Il aspire à vous plaire. Il tend à le supplanter. Tourner à droite et à gauche. Lever les mains au ciel. Allez à lui. Adressez-vous à lui.* || Rapport de terme, de but, de fin : *Écrire à son ami. En venir à des injures, à des reproches. Pousser à bout. Tirer à sa fin. Tourner à la louange, à l'avantage de quelqu'un. Je parvins à le persuader. Il s'est abaissé à le prier. Il s'est emporté à lui dire. Tous s'accordent à le louer. Il est décidé à partir. Inviter à dîner. Obliger à fuir. Se prendre au piége. Être consigné à la porte. Voyage à Naples, à la campagne. Atteindre au but, à la perfection. Toutes nos actions doivent tendre à la gloire de Dieu. Il demande à sortir. Quel empressement à le servir! J'aviserai à le faire. Faire prendre les armes à quelqu'un.* || Rapport de destination, d'application, de production : *Terre à blé. Canne à sucre. Servir à un usage. Boire à la santé de quelqu'un. Faire un salut à quelqu'un. Épître à Racine. Marché à la volaille. Moulin à farine. Bois à brûler. Tabac à fumer. Pierre à aiguiser. Destiné à la mort. Enseigner la géographie à un enfant. S'appliquer, s'adonner à l'étude.* || Rapport d'attribution, de possession : *Ce livre est à ma sœur. Avoir une maison à soi. Il a un style, une manière à lui. Rendez à César ce qui appartient à César. La barque à Caron. C'est mon opinion à moi. Sa manie à lui. Votre devoir à tous est de lui obéir. C'est modestie à vous. C'est folie à lui de croire. Je trouve à votre sœur l'air un peu triste.* || Rapport de situation, de position, de manière d'être ou d'agir, de moyen : *Sa maison est au faubourg Saint-Germain. Se tenir à l'entrée d'un bois. Être à sa place. Demeurer à Paris. Manger à l'auberge. Être au bal. Être au-dessus, au-dessous, à ses côtés. Il est à nos trousses. Atteler un bœuf à la charrue. L'argent à la main. L'épée au côté. Avoir une blessure à la cuisse, à l'épaule. Ils se parlent à l'oreille. Ils se prennent aux cheveux. Un tel, notaire à Paris. Fabricant à Lyon. Se ruiner au jeu. Frémir à l'aspect du danger. Blesser à mort. Ils étaient vis-à-vis l'un de l'autre. Ventre à terre. Se battre à outrance. Passer au fil de l'épée. Être à jeun. Mettre tout à feu et à sang. Boire à la glace. Pigeon à la crapaudine. Être à couvert. Dessiner à la plume. Pêcher à la ligne. Mesurer au mètre. Travailler à l'aiguille.* || Rapport d'état, de qualification : *C'est un ouvrage à recommencer. C'est un avis à suivre. C'est une occasion à ne pas laisser échapper. C'est un cheval à guider. C'est un homme à récompenser. Homme à estimer, à craindre. Homme à pendre. Femme à vapeurs. Les plantes à fleurs labiées. Fille à marier. Maître à danser. Clou à crochet. Table à tiroir. Lit à colonnes. Canne à épée. Chapeau à grands bords. Chaise à bras. Maison à porte cochère. Instrument à cordes. Voiture à quatre roues, à six places. Arme à feu. Fusil à vent. Machine à vapeur. Verre à boire. Chambre à coucher. Bas à l'aiguille. Habile à séduire. Lent à venir. Utile aux hommes. Impénétrable à l'eau. Curieux à voir. Fou à lier. Bon à manger.* || Rapport d'extraction : *Prendre un fruit à chaque arbre. Oter à quelqu'un ses vêtements. Se soustraire au danger. Arracher une dent à quelqu'un.* || Rapport de distance, d'intervalle : *Il y a quatre lieues de Paris à Versailles. Sa maison est à deux lieues d'ici. Il était à dix pas. Nous étions à la portée du canon. Ce vaisseau est à vue de terre. Vingt à trente personnes. Mille à douze cents francs. A cette partie de trictrac, nous étions six trous à douze. Il est vêtu de noir de la tête aux pieds. De marchand à marchand. De gré à gré. De nation à nation. De Turc à Maure. Suivre pied à pied. Traduire mot à mot. Placer bout à bout.* || Rapport de temps, d'époque, de date : *Remettre une cause à huitaine. Mandat à dix jours de vue. Tout s'use à la longue. J'irai vous voir au commencement de l'été. Vous me paierez à la fin du mois. Il vint chez moi à l'instant où j'allais sortir. Il héritera de mes biens à ma mort. Partir au premier signal. Payer au mois. Louer à l'année. Je l'attends à six heures. Il se lève à l'aube du jour. Elle mourut à l'âge de quatorze ans. Il déjeune à midi. Il fut tué au siége de Lyon. On l'accueillit fort bien à son arrivée.* — Tels sont les principaux rapports que sert à exprimer la prép. A; ils suffisent pour donner une idée générale de sa fonction dans le discours. || En général, les prépositions se placent entre les deux termes dont elles exposent la relation; quelquefois, cependant, A se trouve au commencement d'une proposition. Cela arrive, 1° lorsqu'il y a inversion, c'est-à-dire lorsque l'antécédent est placé après le conséquent, comme dans ces exemples : *A trois jours de là, je le rencontrai de nouveau. A l'instant où j'allais sortir, il entra. A ma mort, il aura mon bien. Au premier coup de canon, la ville capitula;* 2° lorsque l'antécédent est sous-entendu, comme dans ces phrases à formes elliptiques : *Aux grands hommes la patrie reconnaissante. À Dieu très-grand et très-bon. Honte à la lâcheté. À double carillon. À la diable. À la volée. À vue de pays. À tête reposée. À bâtons rompus. À toute force. À toutes mains. À main armée. À brûle-pourpoint. À bout portant. À juste titre. À bon droit. À peine, à grand'peine. À plaisir. À regret. À dessein. À cœur ouvert. À contre-cœur. Au péril de sa vie. Au risque de tout perdre. À peine d'amende. À peine de la vie. À mon gré. À sa fantaisie. À sa manière. À mon choix. À ma guise. À votre avis. À leur jugement. À merveille. À moi! À nous! Au feu! Au voleur! À l'assassin! Au secours! À la garde! Aux armes! À bas! À l'eau! Au diable! À d'autres! À votre aise! Au nom du ciel!* || La prép. A fait partie d'un grand nombre de locutions prépositives, adverbiales ou conjonctives, telles que : *Conformément à l'usage, Arriver à l'improviste, Au reste, nous verrons*, etc. Chacune de ces locutions sera traitée au mot principal qui sert à la former. || A et son complément équivalent très-souvent à la particule relative Y. Voy. ce mot.

Obs. gram.—A peut s'employer comme exposant à la place de la plupart des prépositions, lorsque l'antécédent et le conséquent entre lesquels il marque un rapport, le déterminent eux-mêmes par le fait seul de leur rapprochement. Néanmoins, dans la plupart des cas, on ne saurait l'employer indifféremment au lieu de ces dernières. Comme A est entièrement dénué de valeur propre, on doit, quand il faut préciser d'une manière spéciale la nature du rapport, et souvent même quand on particularise d'une façon quelconque le conséquent, se servir d'une préposition dont la signification soit moins vague, moins indéterminée. Ainsi on dira, *Il est monté à cheval pour s'enfuir*, et *Il est monté sur son cheval arabe pour s'enfuir*. Par la même raison, on dira encore, *Il est monté sur son cheval pour dominer la foule*. Cette observation s'applique à toutes les phrases où la prép. A semble, au premier abord, être synonyme des prépositions *De, En, Dans, Avec, Pour*, etc. L'analyse de quelques exemples suffira pour démontrer la généralité de ce principe. *Cet enfant commence à parler*, signifie qu'il balbutie ses premiers mots; *Cet orateur commence de parler*, signifie qu'il en est au commencement de son discours. *Continuer à jouer*, c'est conserver l'habitude du jeu; *Continuer de jouer*, c'est ne pas quitter une partie engagée. *Être à la ville*, c'est y résider; *Être en ville*, c'est y vaquer à ses occupations. Dire, *Je suis à Paris*, c'est exprimer d'une manière générale qu'on habite la capitale; mais dire, *Je suis dans Paris*, c'est indiquer qu'on y est d'une manière exceptionnelle. Dans le même sens on dit : *Les ennemis sont dans Berlin; Ce voleur se cache dans Marseille*; et non *à Berlin, à Marseille*. Comme conséquence du principe que nous avons posé sur la synonymie grammaticale de la préposition A, on peut remarquer qu'elle est employée constamment pour exposer certains rapports habituels, à la place des autres prépositions qui expriment ces mêmes rapports, lorsqu'ils sont, pour ainsi dire, exceptionnels. Ainsi A doit marquer la relation entre l'antécédent et le conséquent dans ces phrases : *Pêcher à la ligne, Mesurer au mètre, Se battre à l'épée*, parce qu'on se sert habituellement de ces instruments pour exécuter ces diverses actions; mais lorsque, par exception, on se sert d'autres instruments pour le même usage, c'est à la préposition *Avec* qu'il faut avoir recours : *Pêcher avec des paniers, Mesurer avec un bâton, Se battre avec une fourche*. On dit, *Charger un fusil à balle, un canon à mitraille*; et *Charger un fusil avec des lingots, un canon avec des pierres*. La même distinction subsiste dans les phrases suivantes : *Tomber à terre; Tomber par terre. On voit à ses manières; On voit par ses manières. Bois à brûler; Bois pour brûler. Table à jouer; Table pour jouer. Mot à mot; Mot pour mot. Vivre à sa fantaisie; Vivre selon sa fantaisie. À ce que je vois; Suivant ce que je vois. Cela fait, à votre compte; Cela fait, suivant votre compte. Veillez à mes effets; Veillez sur mes effets.*—Pour l'emploi de la préposition A placée entre deux nombres qui ne diffèrent que d'une unité, il faut observer si le substantif qui suit le second nombre représente une chose susceptible ou non de division. S'il représente une chose indivisible, on ne doit pas se servir de A pour marquer la relation entre les deux nombres. Ainsi, on dira : *Il y avait dans cette maison cinq ou six femmes; Cet enfant gardait sept ou huit chèvres*, et non pas *Il y avait cinq à six femmes; Cet enfant gardait sept à huit chèvres*. Mais on dira correctement : *J'irai chez vous de sept à huit heures; Ce bataillon est composé de sept à huit cents hommes*, parce que là on conçoit des nombres intermédiaires ou des fractions entre les quantités dont il s'agit.—Quant aux observations grammaticales relatives au nombre des substantifs placés après A, et aux cas où cette préposition doit se répéter devant chaque nom qu'elle affecte, comme ces observations ne lui sont pas particulières, voyez le mot PRÉPOSITION.

ABAISSE. s. f. Morceau de pâte étendu et aminci au moyen du rouleau, qu'on emploie principalement pour faire la croûte de dessous dans diverses pièces de pâtisserie.

ABAISSEMENT. s. m. Action d'abaisser ou de s'abaisser; résultat de cette action. *L'ab. des eaux. L'ab. du mercure dans le baromètre.* || Fig., Diminution, affaiblissement. *Ab. de fortune.* || Humiliation volontaire ou forcée. *La véritable grandeur est celle qui n'a pas besoin de l'ab. des autres. Dieu tire, quand il veut, la lumière des ténèbres et la gloire du fond des abaissements.* || T. Astr. *Ab. d'un astre.* Voy. PARALLAXE. *Ab. de l'horizon.* Voy. HORIZON. *Ab. du pôle.* Voy. PÔLE.

Syn.—*Bassesse, Abjection.*—L'*ab.* de la fortune ou du rang est compatible avec l'honneur; la *bassesse* et l'*abjection* ne le sont point. L'*ab.* n'ôte pas la considération qui peut être due à la personne; la *bassesse* et l'*abjection* l'excluent entièrement. Ainsi les mendiants sont au-dessous des esclaves, car ceux-ci ne sont que dans l'*ab.* et ceux-là sont dans la *bassesse*. On peut naître dans la *bassesse*, on ne naît jamais dans l'*abjection* : c'est volontairement que l'homme y tombe. On peut, à force de talents et de vertus, sortir de l'état de *bassesse*; une fois tombé dans l'*abjection*, on y reste, parce que l'être moral n'existe plus, pour ainsi dire.

ABAISSER. v. a. (R. *bas*). Faire aller en bas, faire descendre. *Ab. un store. Ab. ses regards.* || Diminuer de hauteur. *Ab. un mur.* — *Ab. la voix*, parler plus bas. || Fig., Déprimer, humilier, ravaler. *Dieu abaisse les superbes. Les uns ont pris à tâche d'élever l'homme en découvrant ses grandeurs, les autres de l'ab. en représentant ses misères.* || T. Pâtiss. *Ab. de la pâte*, c'est l'étendre avec le rouleau pour la rendre aussi mince qu'on le désire. || T. Alg. *Ab. une équation.* Voy. ÉQUATION. || T. Chir. *Ab. la cataracte.* Voy. CATARACTE. || T. Géom. *Ab. une perpendiculaire sur une ligne.* Voy. PERPENDICULAIRE. = S'ABAISSER. v. pron. Devenir plus bas, moins élevé. *Le terrain s'abaisse. Sa voix s'abaisse et sa colère se calme.* || Fig., S'avilir, se dégrader, s'humilier, se soumettre. *S'Ab. à des choses indignes de soi. L'humilité n'est souvent qu'un artifice de l'orgueil qui s'abaisse pour s'élever.* || Devenir plus simple. *Il sait varier son style suivant les sujets, s'élever ou s'ab. à propos.* = ABAISSÉ, ÉE. part.

Syn.—*Baisser, Rabaisser, Ravaler, Avilir, Humilier.*—*Baisser*, au sens propre, signifie, d'une manière générale, diminuer la hauteur, faire descendre, faire aller de haut en bas. *Baisser* une muraille, *baisser* un store, *baisser* la paupière. *Ab.*, au propre, a la signification de *baisser*, mais il y ajoute une idée d'intention spéciale; on *abaisse* une muraille pour jouir de la vue de la campagne; un ouvrier *abaisse* un store en diminuant la hauteur de l'appareil sur lequel marche ce store; on *abaisse* la paupière d'un mort. *Baisser* est absolu; *ab.* est relatif. Au fig., *baisser* se dit en parlant des choses et non des personnes; *ab.* s'emploie en parlant des personnes et non des choses. La même différence s'observe lorsque ces verbes sont employés pronominalement. Enfin *baisser* est quelquefois neutre; *ab.* ne l'est jamais. *Rabaisser* n'est pas usité au propre; au fig., il désigne une action plus forte qu'*ab.*, et dans laquelle il y a persistance. On *s'abaisse* au niveau de ceux qu'on ne peut élever jusqu'à soi; on *rabaisse* l'orgueil d'une personne, le ton, l'arrogance d'un insolent. *Ravaler*, c'est *ab.* plus qu'il n'est juste; *humilier*, c'est courber jusqu'à terre; *avilir*, c'est plonger dans la fange, imprimer une flétrissure. On peut *ab.*, *rabaisser*, *ravaler* et même *humilier* un grand homme; mais on ne saurait l'*avilir*. On s'*abaisse* quelquefois par modestie; on s'*avilit* par ses vices; on s'*humilie* devant Dieu.

ABAISSEUR. adj. m. Qui sert à abaisser. Se dit De différents muscles dont la fonction est d'abaisser les parties auxquelles ils sont attachés. *Les muscles abaisseurs de la mâchoire inférieure.* || S'emploie aussi subst. *L'ab. de l'œil.*

ABAJOUE. s. f. (R. *bas, joue*). Espèce de poche que divers genres de mammifères portent aux deux côtés de la bouche. || Fam., on appelle *Abajoues* des joues volumineuses et pendantes.

Enc.—La plupart des singes de l'ancien continent sont pourvus d'abajoues qui s'ouvrent à l'intérieur de la cavité buccale. Elles s'ouvrent à l'extérieur chez certains rongeurs d'Amérique appelés pour cela *Diplostomes* (à double bouche). Chez le hamster, autre genre de rongeurs dont une espèce se rencontre en Alsace, les abajoues représentent deux sacs qui se prolongent depuis l'angle des lèvres jusqu'au devant des épaules. Ces poches servent à mettre en réserve pendant quelque temps ou à transporter à une certaine distance les aliments que l'animal ne veut pas consommer sur-le-champ. Quelques chauves-souris du genre nyctère portent, ainsi que l'a découvert Geoffroy St-Hilaire, des abajoues fort remarquables. Au fond de ces cavités, se trouve une ouverture étroite, par où l'animal peut introduire de l'air dans le tissu cellulaire très-lâche qui unit la peau aux muscles sous-jacents. Pour cela, il ferme le canal nasal au moyen d'un mécanisme particulier, et ensuite il pousse sous la peau l'air qu'il expire. L'animal devient ainsi plus volumineux, mais plus léger pour le vol.

ABANDON. s. m. État de l'être abandonné. *Mourir dans l'ab. L'ab. dans la vieillesse est le sort de l'égoïste. Sa maison est dans l'ab.* || Action d'abandonner, au prop. et au fig. *L'ab. de ses amis l'a consterné. L'ab. de ses intérêts. L'ab. de soi-même. Un parfait ab. à la volonté de Dieu.* || En parlant des discours, des ouvrages d'esprit et des productions des arts, des manières, il se dit D'une sorte d'abondance facile, de négligence aimable, de laisser-aller qui exclut toute recherche, toute affectation. *Cette femme a dans ses manières un ab. séduisant. Ce style a de l'ab. Cet acteur met de l'ab. dans son jeu.* || Confiance entière. *Il m'a parlé avec un entier ab.* || T. Droit. Délaissement; acte par lequel on se dessaisit d'une chose ou d'un droit. — Acte par lequel un débiteur délaisse ses biens à ses créanciers. Voy. CESSION. = À L'ABANDON. loc. adv. Sans soin, sans ordre. *Sa maison va à l'ab. Tout est à l'ab. dans le ménage.*

Syn.—*Abandonnement, Cession, Abdication, Renonciation, Démission, Désistement.* — On fait un *abandon*, un *abandonnement* ou une *cession* de ses biens. On fait *abdication* de sa dignité, de son pouvoir. On fait une *renonciation* à ses droits et à ses prétentions. On donne sa *démission* d'un emploi. On donne un *désistement* de sa plainte, de ses poursuites.

ABANDONNEMENT. s. m. État de délaissement complet. *Il est dans l'ab. de tous ses amis.* || Acte d'abandonner. *Faire un ab. de ses biens, de ses revenus.* || Fig., Action de se livrer sans réserve. *Ce prince s'est perdu par son entier ab. à d'indignes favoris.* || Dans un sens absol., sign., Désordre, dérèglement. *Il vit dans le dernier ab.*

ABANDONNER. v. a. (litt., *donner à ban*, délaisser une chose à qui la voudra prendre). Quitter, délaisser entièrement. *Il a abandonné son pays, sa femme, ses enfants. Dieu n'abandonne pas les siens.* — *Ce père a abandonné son fils*, Il ne s'inquiète plus de ce qu'il fait ou de ce qu'il devient. *Les médecins ont abandonné ce malade*, Ils ont suspendu tout traitement ou cessé de le voir, parce qu'ils désespèrent de sa guérison. || Cesser de protéger, de défendre, de soigner. *Ab. une forteresse. Ab. ses droits, ses prétentions. Ab. sa maison, son jardin.* || Laisser en proie, exposer, livrer. En ce sens, il est toujours suivi de la préposition *à*. *Ab. une ville au pillage.* — *Ab. un ecclésiastique au bras séculier*, c'était Le renvoyer au juge laïque, afin qu'il le punît selon les lois. || Laisser échapper. *N'abandonnez pas cette corde. Ab. les étriers.* || *Ab. une chose, une personne à quelqu'un*, c'est Lui permettre d'en faire et d'en dire ce qu'il lui plaira. *Je vous abandonne mon verger. Dites ce que vous voudrez de cet homme, je vous l'abandonne.* || Renoncer à. *Ab. ses projets, une entreprise, un système. Ab. une succession. Ab. le jeu, les plaisirs. Il est temps d'ab. un trompeur espoir.* || Confier, remettre. *Il a abandonné son fils à un sage gouverneur. J'ai abandonné mes affaires à mon intendant. Abandonnez-vous à la Providence.* || Accorder, concéder. *Je vous abandonne ce point.* || Au fig., se dit Des facultés physiques et morales, lorsqu'elles viennent à nous manquer. *Son courage l'abandonne. L'appétit et le sommeil m'ont abandonné.* || *T. Man. *Ab. son cheval*, c'est Le faire courir de toute sa vitesse. = S'ABANDONNER. v. pron. Se laisser aller, se livrer à quelqu'un, à quelque chose, sans retenue, sans réserve. *S'ab. à la débauche, à ses passions, à la tristesse. Mon cœur s'abandonne à cette espérance. S'ab. à la joie, à la fortune, à la Providence.* || Se dit D'une femme qui se prostitue. *C'est une femme qui s'abandonne à tout le monde.* En ce sens, il s'emploie aussi absol. *Les mauvais exemples d'une mère portent souvent une fille à s'ab.* || Pris absol., sign., Se négliger dans sa tenue, dans ses manières. *Les savants s'abandonnent trop; ils ne cultivent que la science.* On dit aussi, *Ne soyez pas raide, compassé; abandonnez-vous un peu.* || Sign. encore, Perdre courage, tomber dans l'accablement. *Que deviendra votre famille, si vous vous abandonnez ainsi?* || *T. Man. On dit qu'*Un cheval s'abandonne*, lorsqu'il ralentit sa marche, soit par fatigue, soit par paresse, soit par inattention de la part du cavalier. = ABANDONNÉ, ÉE. part. || Se prend subst. *Un ab.*, Un homme perdu de débauche. *Une abandonnée*, Une femme entièrement plongée dans le libertinage.

Syn.—*Délaisser, Quitter.*—*Ab.* se dit des personnes et des choses; *délaisser* se dit surtout des personnes. Nous *abandonnons* les personnes et les choses dont nous n'avons pas besoin; nous *délaissons* les malheureux qui auraient besoin de nos secours. On est *abandonné* de ceux qui doivent être dans nos intérêts; on est *délaissé* de tous ceux qui peuvent nous secourir. Celui qui *abandonne*, brise tous les liens qui l'attachent à la personne ou à la chose; celui qui *quitte* ne fait que les dénouer ou les relâcher. On *quitte* un ouvrage pour le reprendre plus tard; on l'*abandonne* pour n'y plus revenir.

ABAQUE. s. m. (gr. ἄβαξ, table, buffet). T. Arch. et Math.

Enc.—En Arch., on donne le nom d'*Ab.* à la partie supérieure du chapiteau d'une colonne. L'ab. paraît avoir constitué à lui seul le chapiteau primitif. Dans les ordres Toscan, Dorique et Ionique ancien, c'est un membre plat et carré, qui rappelle assez bien la signification grecque du mot. C'est pour cela que les Italiens le nomment *Credenza*, et que, chez nous, on l'appelle quelquefois *Tailloir*. (Fig. 1. Ab. d'un chapiteau d'ordre Dorique. *Parthénon*.) Dans les ordres riches, l'ab. s'éloigne de sa forme primitive : dans les ordres Composite et Corinthien, par exemple, il se compose d'un *quart de rond*, d'un *filet* et d'un *congé*. (Fig. 2. Ab. d'un chapiteau d'ordre Composite.) Voy. CHAPITEAU et ORDRE.

Fig. 1.

Fig. 2.

En Math., on appelle *Ab.* une machine à calculer d'une simplicité extrême, mais qui ne sert qu'à opérer des additions et des soustractions. Cet instrument était déjà connu des Grecs, et il est encore d'un usage vulgaire chez les Russes et chez les Chinois. L'ab. se compose d'un châssis auquel sont fixées des baguettes enfilées chacune de 10 boules mobiles. (Fig. 3.) La première baguette, à partir de la droite, représente les unités, la seconde les dizaines, la troisième les centaines, etc. Le

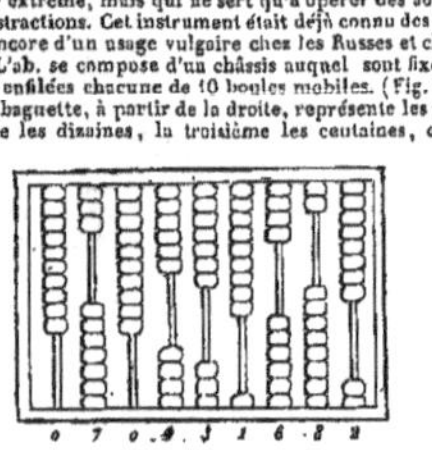

Fig. 3.

nombre de boules abaissées dans chaque série indique le nombre d'unités, de dizaines, de centaines, etc., que l'on a obtenues dans un calcul. On suit, quand on se sert de cette machine, les procédés habituels de l'addition et de la soustraction. Le nombre des boules abaissées dans la Fig. ci-dessus donne 70,431,682.

ABASOURDIR. v. a. (R. *sourd*). Étourdir, assourdir. *Ce coup de tonnerre m'a ab.* || Fig. et fam., Consterner, accabler, ennuyer, importuner. *La nouvelle de sa disgrâce l'a tout ab. La perte de sa place, l'a ab.* = ABASOURDI, IE. part.

ABATAGE. s. m. L'action d'abattre des bois qui sont sur pied ; le travail nécessaire pour les abattre ; le prix que coûte ce travail. || Action de tuer, de mettre à mort les chevaux, les bestiaux. || Action d'abattre un navire, c.-à-d. de le mettre sur le côté, pour travailler à la carène ou à quelque autre partie qui se trouve ordinairement plongée dans l'eau.

***ABATANT.** s. m. Dessus de table mobile. || Partie d'un comptoir de magasin qu'on lève ou qu'on abaisse pour sortir.

ABÂTARDIR. v. a. (R. *bâtard*). Faire dégénérer, altérer. Se dit De l'homme, des races d'animaux et des espèces végétales. || Fig., *Une longue servitude abâtardit le courage.* = S'ABÂTARDIR. v. pron. Dégénérer. Se dit au prop. et au fig. = ABÂTARDI, IE. part.

ABÂTARDISSEMENT. s. m. Action de s'abâtardir ; résultat de cette action. S'emploie au prop. et au fig.

ABATÉE. s. f. T. Mar. Mouvement oscillatoire d'un navire autour de son axe vertical. En gén., il est causé par l'action de la lame, du vent, ou de la marée. Les abatées ne vont jamais au delà de 67° 30. On dit d'un bâtiment, *Il commence son ab.*, *il est dans son ab.*, *il a fini son ab.*

***ABAT-FOIN.** s. m. [Ne prend pas d'S au plur.]. Ouverture pratiquée au plancher d'un grenier situé au-dessus d'une écurie ou d'une étable, et par laquelle on jette le foin ou la paille nécessaires aux bestiaux.

ABATIS. s. m. Quantité de choses abattues, telles que bois, arbres, pierres, maisons. || T. Chasse. *Faire un grand ab. de gibier*, c'est Tuer beaucoup de gibier. || T. Cuis. La tête, le cou, les ailerons, les pattes, etc., d'une volaille. *Un ab. de dindon. Servir des ab.* || T. Art mil. Retranchement formé par des arbres abattus, que l'on entrelace de façon à ce que l'ennemi ne puisse les déplacer qu'avec beaucoup de temps et d'efforts.

ABAT-JOUR. s. m. Baie dont le plafond ou l'appui, et fréquemment l'un et l'autre, sont inclinés de l'extérieur à l'intérieur, afin que le jour qui vient d'en haut éclaire d'une plus vive lumière les objets placés dans la direction des rayons lumineux. || Ne prend pas d'S au plur.

ABATTEMENT. s. m. État de faiblesse ; diminution des forces physiques ou morales. *Ce malade est dans un grand ab. Il était dans l'ab. du désespoir.* || Fig. *L'ab. du visage*, signifie L'expression d'accablement qui se peint sur le visage.

Syn. — *Accablement*, *Affaissement*, *Langueur*, *Épuisement*, *Faiblesse*, *Découragement*. — L'*ab.* est une diminution des forces relatives surtout aux fonctions locomotrices ; il ressemble à la lassitude qui suit la fatigue. L'*accablement* consiste dans une chute rapide et considérable des forces ; il semble au malade accablé qu'il succombe sous son propre poids. L'*affaissement* exprime spécialement cette augmentation rapide de la faiblesse et de la maigreur qui a lieu dans le cours d'une maladie. La *langueur* et l'*épuisement* surviennent, en général, avec lenteur. L'*épuisement* diffère de la *langueur* en ce qu'il résulte de causes qui appauvrissent directement l'économie animale, comme la privation d'aliments suffisamment réparateurs, les évacuations excessives, etc. Le terme générique de *faiblesse* comprend toute diminution de forces, quelles que soient la cause, la rapidité ou la forme de ce phénomène. Dans un sens plus restreint, la *faiblesse* est la compagne de la convalescence d'une maladie aiguë. — Au moral, l'*accablement* est un état de l'âme qui succombe sous le poids de ses peines. L'*ab.*, sorte de langueur que l'âme éprouve à la vue d'un mal qui lui arrive, la conduit quelquefois jusqu'à l'*accablement*. Le *découragement* est aussi une faiblesse de l'âme, qui cède aux difficultés et qui nous fait abandonner une entreprise commencée, en nous ôtant le courage nécessaire pour la finir. Il accompagne toujours l'*accablement*.

ABATTEUR. s. m. Celui qui abat. Se dit absol. d'un homme qui fait beaucoup de besogne. || N'est guère usité que dans cette phrase fam., *C'est un grand ab. de quilles*, que l'on dit ironiq. en parlant D'un homme qui se vante de prouesses qu'il n'a pas faites.

ABATTOIR. s. m. Établissement où se fait l'abatage des bestiaux destinés à l'approvisionnement d'une ville.

Enc. — Les abattoirs sont, en général, situés à l'extrémité de la ville ou hors de son enceinte. Ils ont été fondés dans un but d'hygiène et de sécurité publique. Les habitants des villes où existent des abattoirs ne sont plus exposés aux émanations infectes et délétères qui s'échappaient des boucheries, et au danger que leur faisait souvent courir, dans les rues intérieures de la cité, le passage des animaux destinés à l'abatage. En outre, ces établissements permettent à l'administration d'exercer une surveillance plus active sur la qualité des viandes livrées à la consommation publique. Les abattoirs construits sur une grande échelle, comme ceux de Paris, consistent en une vaste enceinte fermée de hautes murailles et de grilles, où l'eau arrive partout en abondance pour les besoins du service et pour l'entretien de la salubrité. On y trouve un pavillon pour l'administration, des greniers à fourrages, des parcs pour les bestiaux, des échaudoirs où les animaux sont tués et dépecés, des bâtiments destinés à la fonte des suifs, à l'apprêt des intestins et des autres parties qui constituent le commerce des tripiers.

ABATTRE. v. a. (R. *battre*). Mettre à bas, renverser à terre. *Ab. un arbre. Ab. son adversaire d'un coup de poing, d'un coup de sabre.* || Faire tomber. *Ab. du fruit. La pluie abat la poussière.* || Démolir, ruiner. *Ab. une muraille.* || Accabler, vaincre. *Il a abattu tous ses ennemis.* || Tuer, assommer. *Ab. un oiseau au vol. Ab. un bœuf.* || Faire cesser, apaiser. *Petite pluie abat grand vent.* Voy. PLUIE. || Affaiblir, au phys. ou au moral. *Cette maladie l'a bien abattu. Le moindre revers l'abat. Dans la plupart des républiques on a toujours cherché à ab. le courage des esclaves. Ne vous laissez pas ab. à la tristesse* ou *par la tristesse*. || On dit De quelqu'un qui fait beaucoup de travail en peu de temps : *Il abat de la besogne, Il abat du bois.* || Au jeu de trictrac, *Ab. du bois*, c'est Jouer beaucoup de dames de la pile, afin de caser plus aisément. — *Ab. du bois*, au jeu de quilles, signif., Renverser un grand nombre de quilles. — Au jeu de cartes, *Ab. son jeu*, c'est Le mettre sur la table pour le montrer. Dans ce dernier sens, on dit quelquefois absol., *Abattre*. || T. Mar. *Ab. un navire*, l'*ab. en carène*. Voy. ABATAGE. = S'ABATTRE. v. pron. *La violence du vent fut telle que le chêne s'abattit. Ces deux puissances s'abattront l'une l'autre. Le vrai courage ne peut s'abattre.* || Tomber. *Un cheval s'abat*, lorsque les pieds lui manquent. || Fondre, se précipiter sur. *Le vautour s'abat sur sa proie. Une volée de pigeons s'abattit sur mon champ.* || *S'apaiser. *La fièvre s'abat.* = ABATTU, UE. part. *Courir à bride abattue*, voy. BRIDE. || Fig., *Visage abattu*, Visage où se peint l'accablement. = Conjug. Voy. BATTRE.

Syn. — *Rabattre*, *Démolir*, *Renverser*, *Ruiner*, *Détruire*. — L'idée propre d'*ab.* est celle de jeter en bas : on *abat* ce qui est élevé. Celle de *démolir* est de rompre la liaison d'une masse construite : on ne *démolit* que ce qui est bâti. Celle de *renverser* est de coucher par terre ce qui était sur pied. Celle de *ruiner* est de faire tomber par morceaux. Enfin, celle de *détruire* est d'anéantir l'ordre et l'apparence même des choses. Au fig., on ne dit pas *ab.* le caquet de quelqu'un ; il faut dire, *rabattre* le caquet.

ABATTURES. s. f. pl. T. Chasse. Traces, foulures que laissent les bêtes fauves en passant dans les broussailles ou les taillis.

ABAT-VENT. s. m. T. Archit.

Enc. — On appelle ainsi un assemblage de petits auvents parallèles et inclinés de dedans en dehors que l'on établit dans les baies des tours, des clochers et de certaines manufactures, pour garantir l'intérieur du vent et de la pluie, tout en laissant à l'air une libre circulation. Les abat-vent des clochers permettent au son de se répandre au loin.

ABAT-VOIX. s. m. Dessus d'une chaire à prêcher. Son nom indique son usage.

***ABAX.** s. m. (gr. ἄβαξ, table). T. Entom. Voy. CARABIQUES.

ABBATIAL, ALE. adj. [T se pron. comme C.] Qui appartient à l'abbaye, à l'abbé ou à l'abbesse. *Palais ab. Maison abbatiale. Crosse abbatiale. Droits abbatiaux.*

ABBAYE. s. f. [On pron. *a-bé-ie*.] Résidence où des cénobites, soumis à une règle commune, vivent sous la dépendance d'un supérieur qui porte le nom d'abbé, ou d'une supérieure qu'on nomme abbesse. *Une belle, une riche ab. Ab. royale*, ou *de fondation royale. Ab. de l'ordre de Saint-Benoît.* || S'emploie en parlant du bénéfice même, ou des revenus dont jouit le supérieur d'une ab. *Le roi lui donna une ab. Son ab. lui rapporte vingt mille livres chaque année.*

Enc. — La vie chrétienne monastique est d'origine orientale. Déjà au IIIe siècle, les moines égyptiens vivaient trente ou quarante ensemble dans une habitation isolée, et trente ou quarante de ces maisons formaient une espèce de village qu'on appelait *Monastère*. La plupart de ces cénobites adoptèrent la règle de saint Basile, et se placèrent sous la direction d'un supérieur électif auquel ils donnèrent le titre d'*Abbé*. Les premiers abbés furent laïques, ainsi que les moines placés sous leur direction ; mais lorsque le pape saint Sirice eut appelé les moines à la cléricature, la plupart des abbés appartinrent au clergé. La vie monastique s'étant introduite dans l'Occident au commencement du Ve siècle, les religieux imitèrent l'organisation des moines d'Orient. Ils vécurent en commun, sanctifiant leur journée par le travail et la prière, et obéissant au supérieur qu'ils s'étaient donné et dont la nomination avait été confirmée par le pape ou par l'évêque de la province. Le travail assidu des moines (car on leur doit le défrichement d'une grande partie de l'Europe), la sage administration de leurs revenus, et enfin les donations nombreuses que leur firent les rois, les seigneurs et les simples particuliers, augmentèrent rapidement la richesse des abbayes. Mais ces richesses ayant excité la convoitise des rois et des princes souverains, ceux-ci tentèrent de s'arroger le pouvoir d'en disposer et de nommer les abbés. Ils se réservèrent du moins ce droit dans les abbayes qu'ils fondèrent depuis. Ce fut alors que s'établit la distinction des abbayes *en règle*, et des abbayes *en commende*. Les premières étaient celles qui avaient conservé le droit d'élire leurs abbés : les secondes étaient à la nomination des rois ou des princes, qui souvent conférèrent ces bénéfices, avec tous les priviléges attachés au titre d'abbé, aux seigneurs qui leur avaient rendu des services. Ainsi la dignité d'abbé devint plutôt la récompense de la valeur que de la piété. Dans ce cas, l'*abbé commendataire* jouissait des revenus de l'ab., sous la condition d'acquitter les charges du monastère, de veiller à la célébration des offices et de distribuer les aumônes. Mais, à la différence des *abbés réguliers* qui réunissaient dans leurs mains le pouvoir spirituel et le pouvoir temporel, les *abbés commendataires* ne possédaient que le premier. Ils étaient tenus de laisser le soin du spirituel à un sous-supérieur qui portait le nom de *Prieur claustral*. Dès le VIIIe siècle, on commença à donner des abbayes en commende perpétuelle. On vit alors des seigneurs laïques prendre le titre d'abbés de certaines abbayes. Ainsi les rois de France Philippe Ier, Louis VI, et ensuite les ducs d'Orléans, s'intitulaient abbés de Saint-Aignan, d'Orléans. Au reste, l'Église eut de longues luttes à soutenir contre le pouvoir temporel au sujet des abbayes en commende qu'elle condamnait. Ces contestations ne cessèrent en France qu'en 1516, époque du concordat entre le pape Léon X et François Ier. Ce concordat conféra au roi le droit de nommer aux abbayes. L'élection ne fut conservée qu'aux abbayes chefs d'ordre, comme Cluny. — Parmi les abbayes qui occupent un rang dans l'histoire, nous devons citer celles de Cluny, de Cîteaux et de Prémontré en France, de Fulde en Allemagne, de Saint-Gall en Suisse, du Mont-Cassin en Italie, et de Westminster en Angleterre. Au moyen âge, le nombre et l'importance des abbayes étaient prodigieux. Si l'on s'en rapporte à l'auteur espagnol de la chronique de l'ordre des bénédictins, il y aurait eu 47,000 abbayes, 14,000 prieurés de moines et 15,000 couvents de filles appartenant à cet ordre. Ce qu'il y a de certain, c'est que l'abbé Trithème, au XVe siècle, comptait aisément 15,000 grandes abbayes de bénédictins et de bénédictines, en laissant de côté une foule de petits monastères. Il existait, en France, avant la révolution, environ 1,200 abbayes dont 434 étaient régulières et les autres en commende. Les principales abbayes de Paris et de ses environs étaient celles de Montmartre, de Saint-Denis (Fig. 1. Façade de l'église abbatiale de Saint-Denis), de Port-Royal-des-Champs, de Saint-Victor,

Fig. 1.

de Saint-Germain-des-Prés, de Sainte-Geneviève, de Chelles, et de Saint-Antoine. — L'église d'une ab. était aussi nommée *abbaye*, mais le plus souvent on réservait ce nom pour désigner l'ensemble des édifices de cette sorte de monastère. Les grandes abbayes se composaient ordinairement de deux immenses cours quadrangulaires, autour desquelles régnaient des corps de bâtiments. L'église et ses dépendances, la salle capitulaire, le réfectoire, l'aumônerie, l'infirmerie, la bibliothèque et les parloirs, enveloppaient le cloître. Cette partie de l'ab., comme on le voit par le cloître du monastère du Mont-Cassin (Fig. 2), était une vaste cour entourée de galeries où venaient aboutir les cellules des moines. Le logement de l'abbé constituait

Fig. 2.

souvent à lui seul un important édifice, quelquefois même un palais, qui communiquait avec l'église et le chapitre. Tous les bâtiments, tels que fermes, greniers, granges, moulins, écuries, étaient entourés de murailles élevées, que l'on nommait *clos* ou *enclos*, et cet ensemble d'édifices religieux offrait quelquefois l'aspect d'une petite cité fortifiée. — Lorsqu'une ab. possédait des terres ou des fermes situées à une trop grande distance, l'abbé envoyait des moines s'établir dans ces domaines afin de les faire valoir. Ces succursales portaient le nom de *Celles*, d'*Obédiences* ou de *Prieurés*, et le supérieur qui gouvernait au nom de l'abbé recevait le titre de *Prieur*. Mais un grand nombre de ces colonies religieuses ne tardèrent pas à empiéter sur les droits de l'abbaye mère; elles s'administrèrent elles-mêmes, et, au XIVe siècle, les prieurés étaient regardés et réglés comme de véritables bénéfices. Ces prieurés furent appelés *conventuels*, et l'on donna aux chefs de ces maisons le titre de *Prieur conventuel*, par opposition au nom de *Prieur claustral* que portait le gouverneur spirituel des abbayes en commende. — Il serait impossible de donner des notions générales sur l'architecture des abbayes, car elle offre des caractères différents selon les pays et selon les époques. Aujourd'hui, à bien peu d'exceptions près, les grandes abbayes ont disparu ou achèvent de disparaître. Ces solides monuments de l'art chrétien, dont les moines avaient si bien su choisir les sites dans les lieux les plus pittoresques, bientôt seront tous ensevelis sous leurs ruines.

ABBÉ. s. m. (hébr. *ab*; syr. *abba*, père). Supérieur d'une abbaye; celui qui possède une abbaye. ‖ Prov. et fig., *Faute d'un moine on ne laisse pas de faire un abbé*, ou *Pour un moine l'abbaye ne faut pas*, Quand un homme manque à une assemblée, à une partie de plaisir où il devrait être, on ne laisse pas de délibérer, de s'amuser, ou de faire en son absence ce qu'on avait résolu. — *On l'attend comme les moines font l'ab.*, On se met à table sans attendre la personne en retard. — *Le moine répond comme l'ab. chante*, Les inférieurs se modèlent en tout sur leur supérieur. ‖ *Jouer à l'ab.*, Jouer à une espèce de jeu où l'on est obligé de faire tout ce que fait celui qui conduit le jeu, et auquel on donne le nom d'*Abbé*.

Enc. — Outre les abbés *réguliers* et *commendataires*, dont nous avons parlé au mot ABBAYE, il y avait encore des *abbés mitrés*, c'est-à-dire qui possédaient le privilége de porter la mitre: seulement leurs mitres devaient être brodées d'or et non ornées de pierres précieuses comme celles des évêques. Ces abbés exerçaient sur leurs domaines l'autorité épiscopale, droit qui les faisait appeler en Angleterre, *abbés généraux*, *abbés souverains*. Quelques abbés portèrent la crosse ou bâton pastoral, et se donnèrent le nom d'*abbés crossés*. On trouve chez les Grecs des *abbés œcuméniques* ou *universels*. — La plupart des abbés furent riches et puissants. Celui du célèbre couvent de Saint-Germain-des-Prés était ordinairement prince et cardinal; il jouissait d'un revenu considérable, et il eut jusqu'au XVIIe siècle entière juridiction, tant spirituelle que temporelle, sur le faub. Saint-Germain. — Le titre d'*abbé* était ordinairement plus élevé que celui de *prieur*. Ainsi, dans l'ordre de Cluny, il n'existait qu'un seul abbé et toutes les maisons qui appartenaient à cet ordre n'avaient que des prieurs. L'ordre de Cîteaux, au contraire, avait un abbé pour chaque monastère; mais ces abbés s'assemblaient souvent en chapitre général pour discuter les affaires de l'ordre. Enfin, dans quelques autres ordres, le supérieur portait le simple titre de prieur. — Dans le dernier siècle, on donnait le nom de *Petits abbés* ou d'*Abbés au petit collet*, à une foule de gens qui n'avaient pas même reçu la tonsure, et qui se servaient du petit collet comme d'un passeport auprès des grands et des nobles. Aujourd'hui le titre d'ab. est le plus souvent purement honorifique: on le donne habituellement à tout ecclésiastique.

ABBESSE. s. f. Supérieure d'un monastère de filles, qui a droit de porter la crosse. *Nommer, élire, bénir une ab.* — *Ab. triennale*, Celle qui ne pouvait exercer les fonctions de supérieure que pendant trois années. — *Ab. perpétuelle*, Celle qui était nommée à vie.

Enc. — Le droit canonique a suivi les mêmes phases pour les religieuses que pour les moines. Néanmoins quelques abbayes conservèrent le droit d'élire leurs supérieures; mais la plupart les recevaient sur la nomination des princes. En France cependant, comme les abbayes de filles n'avaient pas été comprises dans le concordat entre Léon X et François Ier, elles restèrent toujours électives; et quoique dans le siècle dernier les abbesses fussent généralement nommées par le roi, les bulles qu'elles obtenaient de Rome portaient constamment qu'elles avaient été élues par leur communauté. Les abbesses n'avaient que l'administration du temporel de leurs monastères; en ce qui concernait le spirituel, elles relevaient de l'évêque diocésain. Quoique l'autorité spirituelle leur fût refusée par l'Église, leur position et leurs immenses revenus leur donnaient une haute considération et un rang très-élevé dans le monde. Les familles souveraines briguèrent souvent le droit de faire élever à la dignité d'ab. une fille de leur maison, dignité qui ne s'obtenait qu'après huit années de profession de la vie religieuse, ainsi que l'avait réglé un décret du concile de Trente.

A B C. s. m. [On pron. *abécé*.] Petit livret contenant l'alphabet et la combinaison des lettres, pour enseigner à lire aux enfants. ‖ Fig. et fam., Le commencement d'un art, d'une science, d'un métier. *Je n'en suis qu'à l'A B C de la musique*, Je n'en suis qu'aux premières notions de la musique. ‖ Prov. et fig., *Renvoyer quelqu'un à l'*A B C, c'est Le traiter d'ignorant.

ABCÉDER. v. n. Se transformer en abcès; se terminer par abcès. = Conj. Voy. CÉDER.

ABCÈS. s. m. (lat. *abscedere*, s'éloigner, parce que le pus écarte, sépare des parties qui étaient auparavant contiguës). Collection de pus dans une cavité accidentelle, formée aux dépens du tissu des organes, par la séparation de leurs molécules, par l'écartement de leurs fibres.

Enc. — Les *Ab.*, quels que soient leur caractère, leur siége, leur volume et leur forme, sont toujours le résultat d'une inflammation dont les causes, la marche et l'intensité, présentent de nombreuses variétés. — Les ab. peuvent se former dans toutes les parties du corps, dans tous les tissus, à l'exception de l'épiderme et de ses appendices, des dents, et peut-être des cartilages. Mais, pour qu'il y ait ab. véritable, il faut que le pus se rassemble en un foyer unique: or cette condition n'existe pas dans les tissus fibreux et fibro-cartilagineux, non plus que dans l'épaisseur même des os, et des membranes synoviales. Toutes ces parties, bien que sujettes à l'inflammation suppurative, ne sont jamais le siége d'ab. véritables. Ils affectent plus particulièrement le tissu cellulaire, et souvent même on peut supposer, lorsqu'un ab. occupe certains organes, qu'il siége réellement dans le tissu cellulaire qui entre dans la composition de ces organes. — Les ab. sont susceptibles de plusieurs classifications, selon que l'on considère leur siége, leur forme, leur cause, ou leur marche. Nous nous contenterons d'examiner les ab. sous ces deux derniers points de vue, qui sont les plus importants. — 1° Souvent la cause d'un ab., n'ayant eu qu'une influence passagère, n'existe plus, ni dans le point où s'est établie l'inflammation, ni ailleurs. L'ab. constitue alors à lui seul toute la maladie. On appelle ces ab. *idiopathiques*. Les ab. *symptomatiques* sont ceux qui surviennent, soit au début, soit dans le cours, soit au déclin d'une affection aiguë ou chronique, locale ou générale, et dont l'existence est liée à la présence actuelle de l'affection morbide. Tels sont les ab. qui se développent, par ex., dans le voisinage des os atteints par la carie, dans l'épaisseur de la joue, chez les individus tourmentés par une violente douleur de dents. Le nom que l'on donne à quelques-uns de ces ab., tels que les ab. *urineux*, *stercoraux*, *laiteux*, indique suffisamment la cause ou l'affection dont ils sont le symptôme. Enfin, il est d'autres ab. symptomatiques que l'on désigne par le terme d'ab. *constitutionnels*, parce qu'ils se développent sous l'influence d'un vice général de la constitution, d'une disposition morbifique quelconque de tout l'organisme. Comme ex. de cette catégorie, nous ne citerons que les ab. *scrofuleux*. — 2° Relativement à la durée de leur marche, on divise les ab. en ab. *chauds* ou *phlegmoneux*, et en ab. *froids*. Les premiers marchent avec rapidité; ils succèdent ordinairement à une inflammation vive, douloureuse, et siégent le plus souvent dans le tissu cellulaire. Les ab. froids sont souvent indolents, et marchent avec une lenteur parfois extrême. L'ab. *froid* se subdivise en ab. *froid proprement dit*, et en ab. *par congestion*. Dans le premier cas, le pus se forme dans l'endroit même où il s'amasse; dans le second, il subit une sorte de migration. Ainsi, par ex., une collection purulente, consécutive à une carie des vertèbres dorsales, peut, en suivant le contour des côtes, venir former une tumeur à la partie antérieure de la poitrine. Dans la très-grande majorité des cas, les ab. tendent à s'ouvrir au dehors: quelquefois pourtant, lorsqu'ils sont très-profonds, on les voit perforer la paroi qui les sépare des grandes cavités du corps, et y produire des épanchements presque toujours funestes. Enfin, il est une sorte d'ab. qui mérite que nous ne les passions pas sous silence. Ce sont les ab. que l'on appelle *métastatiques*. Ces ab. se forment brusquement et quelquefois sans signes préliminaires d'inflammation, dans une partie du corps éloignée d'une autre actuellement en état de suppuration. Ils se manifestent fréquemment à la suite des grandes opérations, des fractures, de la lésion d'une ou de plusieurs veines d'un certain calibre, et ils affectent de préférence, non-seulement les viscères les plus riches en vaisseaux sanguins, mais encore la partie de ces mêmes viscères où les vaisseaux sanguins sont le plus nombreux. Ces ab. sont ordinairement en nombre considérable: le plus souvent on les rencontre par vingtaines, par centaines, et quelquefois même par milliers, disséminés à la surface ou dans la profondeur des organes. C'est dans les poumons, le foie et le cerveau qu'ils se multiplient avec le plus d'abondance. Leur forme est, en gén., celle d'un petit noyau tuberculeux ou d'un point purulent niché dans la substance des organes, qui, autour d'eux, ne paraît nullement altérée. Les anciens regardaient ces ab. comme le produit d'une *métastase*, c.-à-d. comme le résultat d'un transport de matière purulente. Aujourd'hui, on admet généralement que les ab. dits *métastatiques* sont le résultat d'une altération du sang, produite par l'inflammation suppurative des veines consécutive à la lésion primitive. (Voy. PHLÉBITE.) — Nous ne dirons rien du mode de traitement des ab., traitement qui varie suivant leur cause, leur siége, leur nature et leur liaison avec divers états de l'économie, notre seul but, en présentant les détails qui précèdent, ayant été de donner une idée exacte de la valeur des termes médicaux le plus fréquemment employés en parlant des abcès. Voy. PUS, PSEUDO-MEMBRANE.

ABCISSE. Voy. ABSCISSE.

ABDALLAH. s. m. (ar. *abd*, serviteur; *Allah*, Dieu). Nom générique que les Persans donnent aux Religieux. Il correspond à celui de Moines chez les chrétiens.

ABDICATION. s. m. Action par laquelle on renonce volontairement à une dignité souveraine dont on est revêtu. Se dit en parlant De celui qui abdique, et de la chose abdiquée. *L'ab. de Charles-Quint. L'ab. de l'empire.* ‖ * Fig., on dit: *Faire abd. de ses droits, de sa liberté.* ‖ T. anc. Jurisp. Acte par lequel, de son vivant, un père privait son fils de ses droits à la succession paternelle. Cet acte était révocable.

Enc. — L'*Ab.* véritable doit être volontaire, mais il est rare que les hommes qui possèdent le pouvoir suprême s'en dépouillent volontairement. L'histoire présente cependant quelques exemples de véritables abdications. Les plus célèbres dont elle fasse mention dans l'antiquité, sont celles de Sylla qui abdiqua la dictature, l'an 75 avant J.-C., et de Dioclétien qui abdiqua la pourpre, l'an 305 après J.-C. Dans les temps modernes, on doit citer surtout l'ab. de Charles-Quint, en 1556; celle de Christine, reine de Suède, en 1654; de Philippe V, roi d'Espagne, en 1724; des rois de Sardaigne, Victor-Amédée II, en 1730, et de Victor-Emmanuel, en 1821. Les exemples d'ab. involontaire ou forcée sont trop nombreux pour que nous les énumérions ici. En Angleterre, le Parlement conventionnel de

1688 employa le terme d'ab., pour exprimer l'acte par lequel Jacques II avait abandonné le gouvernement de son royaume. Les seuls exemples d'ab. que nous présente l'histoire de notre pays ne sauraient être considérés, non plus, comme des actes véritablement spontanés de la part de leurs auteurs. Ainsi, l'empereur Napoléon, pressé par les armées ennemies, signa à Fontainebleau, le 14 avril 1814, l'acte par lequel il abdiquait la puissance souveraine en faveur de son fils; ainsi, le roi Charles X, en 1830, contraint par l'insurrection parisienne victorieuse d'abandonner la France, abdiqua en faveur de son petit-fils. Comme on le voit, les abdications volontaires sont fort rares; mais il est plus rare encore que les souverains qui en ont donné des exemples n'aient pas regretté le pouvoir. Philippe II disait de Charles-Quint : « Il y a un an que mon père a abdiqué; il y a un an qu'il a commencé à s'en repentir. » — Suivant quelques auteurs, l'*ab.* diffère de la *résignation*, en ce que la première se fait sans condition, tandis que la seconde a toujours lieu en faveur d'une autre personne.

ABDIQUER. v. a. (lat. *abdicare*). Abandonner la possession d'une dignité souveraine; y renoncer entièrement. *Ab. la royauté, la couronne, l'empire, la dictature, le consulat.* || Par ext., se dit Des principaux emplois, des places éminentes. || S'emploie aussi absol. *L'empereur a été forcé d'ab.* || * Fig., *Ab. sa patrie, ses droits, sa liberté. Ab. les passions du monde.* || * T. Droit. *Ab. ses biens*, les délaisser sans espoir de retour; renoncer à son droit de propriété. == * s'Abdiquer. v. pron. *Un trône ne s'abdique jamais sans regrets.* == Abdiqué, ée. part.

ABDOMEN. s. m. [On fait sentir l'N.] (lat. *abdere*, cacher; *omen*, présage). Partie du corps des animaux qui offre une cavité d'étendue très-variable, destinée à loger une portion du canal digestif, et le plus souvent d'autres organes importants.

Enc. — Le tronc de l'homme se divise en deux parties, la *Poitrine* et l'*Ab.* ou *Ventre.* — En haut, l'ab. est séparé de la poitrine par le diaphragme; en bas, il est terminé par le bassin qui sert d'appui aux membres inférieurs. Il est limité en arrière par une partie de la colonne vertébrale, et ses parois latérales et antérieures sont constituées par des aponévroses et des muscles. La ligne médiane de la face antérieure de l'ab. est formée par l'entrelacement des fibres aponévrotiques émanées des muscles dont il s'agit : on lui a donné le nom de *ligne blanche.* — Les anatomistes divisent artificiellement l'ab. en plusieurs cavités ou régions : ils supposent l'ab. partagé par deux plans horizontaux, dont l'un passe au-dessous des dernières côtes, et l'autre au-dessus des hanches, et par deux plans verticaux coupant les premiers à angle droit, et répondant en avant au milieu du contour cartilagineux des côtes et au milieu du pli de l'aine. On a ainsi neuf cavités, trois médianes et six latérales; les trois médianes sont, de haut en bas, l'*épigastre*, la *région ombilicale* et l'*hypogastre;* les latérales portent le nom d'*hypochondres*, de *flancs* et de *fosses iliaques.* Nous ne parlerons pas ici des divers organes contenus dans la cavité abdominale, tels que les *intestins*, le *foie*, la *rate*, les *reins*, le *péritoine.* Il en sera question en leur lieu et place. — Chez la femme, l'ab. est plus volumineux que chez l'homme. Sa hauteur est plus grande relativement à celle du tronc; de là une plus grande distance entre les côtes et les hanches. L'ovoïde qu'il représente a sa grosse extrémité en bas : c'est l'inverse chez l'homme. — La prédominance de l'ab. chez l'enfant est un fait remarquable. Suivant Portal, l'ab. forme un tiers de la longueur totale du corps chez l'enfant qui vient de naître, et un cinquième seulement chez l'adulte. — L'ab. des mammifères offre la plus grande analogie avec celui de l'homme.

Chez les oiseaux, la séparation entre l'abd. et la poitrine n'est pas aussi complète que chez les mammifères : chez les reptiles, elle n'existe pas. Les poissons n'ayant pas de poumons, n'ont pas non plus de cavité pectorale proprement dite : néanmoins le cœur est séparé de l'ab. par une forte membrane à laquelle on pourrait donner le nom de diaphragme. — Dans les insectes ordinaires, le corps est divisé en trois parties par des étranglements. C'est la partie postérieure qui constitue l'ab. Sa forme varie singulièrement selon les espèces. — Dans les crustacés, la même cavité contient le cerveau, le cœur, les organes de la digestion et de la respiration : les zoologistes lui ont donné le nom de *céphalo-thorax.* La *queue* qui vient après a été aussi désignée sous le nom d'ab., parce qu'elle contient une portion du canal intestinal. — Chez les arachnides, l'ab. est la partie du corps qui fait suite au thorax : il est, dans les aranéides, suspendu au thorax par un pédoncule très-court. Dans les mollusques, on peut nommer ab. la cavité qui renferme les principaux organes digestifs; mais sa position n'est pas constante. — Les annélides et la plupart des larves d'insectes à métamorphose complète, comme les chenilles, ne sauraient être divisés en cavités analogues à la poitrine et à l'ab., attendu que leurs organes sont répartis dans les différents segments qui constituent l'animal. — Enfin les rayonnés n'ont pas d'ab. proprement dit : les organes digestifs occupent en général la partie centrale du corps.

ABDOMINAL, ALE. adj. Qui appartient à l'abdomen. *Région abdominale. Muscles abdominaux. Parois abdominales.*

*** ABDOMINAUX,** s. m. pl. T. Ichth.

Enc. — Cuvier, dans sa classification des poissons, a donné le nom de *Malacoptérygiens abdominaux* ou simplement d'*Abdominaux* aux malacoptérygiens chez lesquels les nageoires ventrales sont suspendues sous l'abdomen et en arrière des pectorales, sans être attachées aux os de l'épaule. C'est le plus nombreux de ses trois ordres de malacoptérygiens. Il comprend la plus grande partie des poissons d'eau douce.

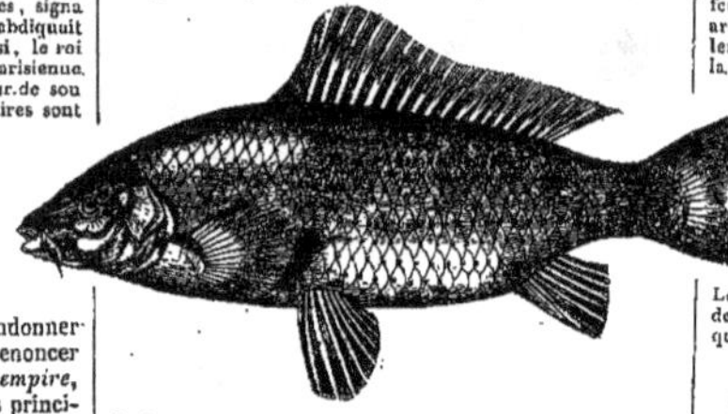

Cuvier a divisé cet ordre en cinq familles : les *Cyprinoïdes*, les *Esoces*, les *Siluroïdes*, les *Salmones* et les *Clupes.* La Fig. ci-dessus représente un poisson de cet ordre, la Carpe commune (*Cyprinus carpio*).

ABDUCTEUR. adj. m. Nom que l'on donne aux Muscles qui produisent le mouvement d'abduction. *Les muscles abducteurs de la cuisse.* || S'emploie subst. *L'ab. de l'œil, de l'aile du nez, du pouce.*

ABDUCTION. s. f. (lat. *ab*, *ducere*, écarter). Mouvement dans lequel une partie est éloignée du plan médian du corps.

Enc. — Les mouvements par lesquels le devant de l'œil est porté en dehors, et les membres supérieurs ou inférieurs sont écartés l'un de l'autre, sont des mouvements d'*Ab.* Quant à la main et au pied, les anatomistes y admettent en gén. une ligne particulière, et appellent *ab.*, le mouvement dans lequel les autres doigts s'écartent de celui du milieu.

ABÉCÉDAIRE. s. m. (R. *a-b-c-d*). Livre pour apprendre à lire. == Abécédaire. adj. 2 g. Qui concerne l'alphabet. *Ordre ab.*

ABECQUER ou **ABÉQUER.** v. a. (R. *bec*). Mettre la nourriture dans le bec d'un oiseau; fam. == Abecqué ou Abéqué, ée. part.

ABÉE. s. f. (R. *bée*). Ouverture par où coule l'eau qui fait marcher un moulin.

ABEILLE. s. f. (lat. *apis*). T. Entom.

Enc. — Le genre *Abeille* fait partie de la tribu des *apiaires*, qui forme la deuxième division de la famille des *Mellifères*, et les *Mellifères* appartiennent eux-mêmes à l'ordre des *Hyménoptères*, section des *Porte-aiguillons.* Les espèces du genre *abeille*, qui a été divisé par Cuvier et Latreille en deux sous-genres, *abeilles* proprement dites et *Mélipones*, n'ont point d'épines à l'extrémité de leurs jambes postérieures.

L'*Ab. domestique* (*Apis mellifica*) sert de type au genre qui porte son nom. Elle est noirâtre; l'écusson et l'abdomen sont de la même couleur, et une bande transversale grisâtre, formée par un duvet, existe à la base du troisième anneau et des suivants.

Tout le monde sait que les *abeilles*, ou *mouches à miel*, se distinguent en mâles, femelles et neutres. Les *mâles*, ou *frelons*, appelés improprement *bourdons* par les cultivateurs, sont généralement plus gros que les neutres. Ils ont

Fig. 1.

Fig. 2.

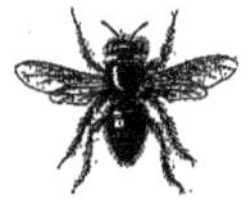

Fig. 3.

treize articles aux antennes, la tête arrondie, et sont dépourvus d'aiguillon. En outre, le thorax est très-velu, le ventre plus convexe que chez les femelles, et le premier article des tarses postérieurs a une forme allongée et non quadrilatère comme dans les neutres. (Fig. 1. *Ab. mâle.*) Les *femelles* ou *reines* ont la tête triangulaire, l'abdomen plus long et muni d'un aiguillon, les ailes proportionnellement plus courtes que celles des mâles et des neutres, et le premier article des tarses est dépourvu de la brosse qui distingue ces dernières. (Fig. 2. *Ab. femelle.*) Les *neutres*, auxquelles on donne plus souvent le nom d'*ouvrières*, sont plus petites que les mâles et que les femelles. Leur abdomen court, composé de six anneaux, est armé d'un aiguillon. Leurs mandibules sont en forme de cuillers et sans dentelures. Leurs pattes postérieures présentent, à la surface externe de la jambe ou *palette*, un enfoncement lisse appelé *corbeille;* et le premier article des tarses, nommé *pièce carrée*, offre à sa surface interne une sorte de *brosse* formée de poils régulièrement rangés en bandes transversales. La *pièce carrée* et la jambe sont articulées entre elles de telle façon que l'insecte les ouvre et les ferme à la manière d'un couteau, et peut s'en servir comme d'une pince. (Fig. 3. *Ab. ouvrière*; 4, patte postérieure vue en dehors; 5, la même vue en dedans.) Suivant Huber, il existe deux variétés d'ouvrières. Les unes, qu'il nomme *cirières*, sont chargées de la récolte des vivres et des matériaux propres à la construction, ainsi que de l'emploi de ces derniers; les autres, qui sont plus petites que les cirières, ont reçu de cet infatigable observateur, le nom de *nourrices*, qui indique la nature des travaux auxquels cette variété d'abeilles paraît plus spécialement dévouée. En effet, leurs fonctions consistent à construire les alvéoles, après que les cirières en ont posé les fondements, à préparer la nourriture particulière destinée à chaque espèce de larves et à la distribuer ensuite à leurs avides nourrissons. — Les sociétés que forment ces insectes sont fort nombreuses. Chacune d'elles se compose ordinairement d'environ quinze à vingt mille individus, et quelquefois même de trente mille rassemblés dans une sorte d'habitation appelée *ruche.* Les mâles n'y comptent guère que pour un vingt-cinquième, et, dans la même ruche, il n'y a, en général, qu'une seule reine ou femelle féconde. — Lorsque la population s'est accrue au point que l'espace manque à la communauté, une émigration devient nécessaire; une partie des habitants de la ruche va s'établir ailleurs. Pour donner une idée aussi complète que possible de la merveilleuse industrie de ces insectes, nous allons prendre une jeune colonie au moment de son départ de la ruche-mère, et la suivre dans le développement successif de ses travaux. — La nouvelle colonie, ou l'*essaim*, car tel est le nom que l'on donne à la partie de la population qui émigre, abandonne ordinairement la ruche à la chaleur du jour, et souvent même immédiatement après un orage. L'essaim s'envole sous la conduite d'une reine et va se fixer dans le voisinage du lieu qu'il quitte. Les abeilles ne tardent pas à s'arrêter dans un endroit quelconque, le plus souvent sur une branche d'arbre, où elles forment une espèce de grappe en se cramponnant les unes aux autres au moyen de leurs pattes. Au moment où l'essaim se fixe, la femelle reste ordinairement dans le voisinage, et ne se réunit à la masse que quelque temps après. A l'état sauvage, les abeilles choisissent, en général, le creux du tronc d'un vieux arbre, et cela avec une prudence et un calcul que l'on ne saurait trop admirer. Leur premier soin est de nettoyer et d'approprier le lieu qui doit leur servir de demeure. Elles rongent avec leurs mandibules toutes les aspérités qui pourraient gêner la construction des rayons. Dans l'état de domesticité, comme on tient à leur disposition des ruches toutes préparées, elles n'ont pas l'occasion d'exercer la faculté instinctive dont nous parlons. L'instant où les abeilles s'arrêtent est celui que l'on doit choisir pour s'emparer de l'essaim et pour lui donner une habitation convenable. Aussitôt qu'elles ont une nouvelle demeure, les ouvrières se mettent à l'œuvre, et commencent à poser les fondements d'une cité nouvelle. Elles bouchent d'abord toutes les fentes, tous les trous de l'habitation avec une substance résineuse nommée par Pline *propolis* et qu'elles récoltent principalement sur les bourgeons du peuplier, du marronnier d'Inde et du bouleau. Cette substance est rougeâtre; aromatique, molle et très-extensible; mais elle se durcit et devient très-solide par la suite du temps. Les abeilles l'apportent à la ruche, sous forme de petites masses lenticulaires. Parfois même toute la ruche est revêtue de cet enduit imperméable à l'eau. C'est avec la cire que ces insectes construisent les murs de leur habitation. Mais avant de décrire leurs procédés de construction et leur architecture, nous devons dire un mot de la manière dont se forme la cire. — On croyait jadis que le pollen recueilli par l'ab. ouvrière subissait dans son estomac une certaine élaboration, et qu'il était ensuite régurgité tout transformé en cire; mais des observations dues principalement à J. Hunter et à Huber, ont démontré : 1° que l'ab. ne peut fabriquer de la cire qu'avec du miel ou du sucre; 2° que les demi-anneaux inférieurs de l'abdomen des ouvrières, à l'exception du premier et du dernier, offrent chacun sur leur face interne deux poches où la cire se sécrète et se moule en forme de petites lamelles qui apparaissent entre les intervalles des anneaux. La formation de la cire, suivant Huber, est une opération très-singulière et très-complexe. Les cirières, après avoir pris une quantité convenable de miel ou de sucre, se cramponnent les unes aux autres de façon à représenter une grappe dont la couche extérieure ressemble à une espèce de rideau. Cette grappe est composée d'une série de festons ou de guirlandes qui s'entrecroisent dans toutes les directions et dans laquelle la plupart des abeilles tournent le dos à

Fig. 5.

Fig. 4.

l'observateur. Ce rideau n'a pas d'autre mouvement que celui qu'il reçoit des couches intérieures dont les fluctuations se communiquent à lui. Durant tout ce temps, les nourrices conservent leur activité ordinaire et vaquent à leurs fonctions habituelles. Les cirières restent immobiles à peu près vingt-quatre heures; c'est pendant cet intervalle qu'a lieu la formation de la cire. On peut alors apercevoir sous leur abdomen de minces lamelles de cette substance. On voit ensuite une de ces abeilles se détacher de l'une des guirlandes centrales du groupe, se frayer un chemin parmi ses compagnes jusqu'au haut de la ruche, et, en tournant sur elle-même, former une espèce de vide dans lequel il lui soit possible de se mouvoir librement. Elle se suspend alors au centre de l'espace qu'elle a nettoyé, et qui a un pouce environ de diamètre. Après cela elle saisit une des lamelles de cire avec la pince que le premier article des tarses de sa patte postérieure forme avec sa jambe, la tire de dessous le segment abdominal, la fait passer à une de ses pattes antérieures et la porte enfin à sa bouche. — C'est peut-être avec la sécrétion sébacée de la peau que la cire a le plus d'analogie. Lorsqu'elle est accumulée entre les anneaux de l'abdomen, elle paraît l'irriter vivement; car on peut voir l'ab. courir çà et là comme si elle tâchait de secouer ces petites écailles. Elle est ordinairement suivie d'une ou deux autres ouvrières qui ont été attirées par ses mouvements, et qui sont prêtes à ramasser les écailles à mesure qu'elles tombent. On ne sait pas encore bien comment les abeilles construisent les parois des cellules avec ces écailles. On a supposé qu'elles les coupent en fragments qu'elles réunissent ensuite; mais le poli et l'uniformité de la surface de la cellule prouvent qu'il doit y avoir quelque autre opération. D'ailleurs, il arrive parfois que la paroi de la cellule est plus épaisse qu'une écaille de cire. Il est à croire que les abeilles dissolvent ou ramollissent ces écailles, de manière à pouvoir ensuite les pétrir et les mêler pour en faire une pâte ductile. Si l'on fait attention que la sécrétion des tubes salivaires des insectes est ordin. alcaline, et que les liquides alcalins sont ceux qui dissolvent le mieux la cire, on est en droit d'admettre que c'est par ce moyen que les abeilles rendent cette matière propre à leurs constructions. Réaumur a vu une substance écumeuse sortir de la bouche d'une ab. pendant qu'elle travaillait à une cellule. L'animal l'appliquait à un endroit convenable avec sa langue et la pétrissait ensuite avec ses mandibules. Huber a décrit ce procédé avec beaucoup de détails. Suivant cet habile observateur, l'ab. tient la lamelle de cire verticalement avec ses pattes, et se sert de sa langue pour la soutenir. Alors elle élève et abaisse successivement cette lamelle, et la soumet ainsi à l'action de ses mandibules, de sorte que son bord se trouve bientôt réduit en petits fragments qui tombent à mesure qu'ils se détachent, dans la double cavité bordée de poils des mandibules. L'insecte donne ensuite à ces fragments la forme d'un ruban très-étroit; puis, avec sa langue, il les imprègne d'un liquide écumeux. Pendant cette opération, la langue de l'ab. prend toutes sortes de formes : tantôt elle ressemble à une spatule; tantôt à une truelle que l'insecte applique au ruban de cire; tantôt, enfin, à un pinceau terminé en pointe. Après avoir humecté le ruban tout entier, l'ab., au moyen de sa langue, le fait repasser entre ses mandibules et lui fait subir une nouvelle élaboration. Le liquide salivaire mêlé avec la cire lui communique une blancheur et une opacité qu'elle n'avait pas auparavant, et c'est lui sans doute qui donne à cette substance la ductilité si remarquable qu'elle possède. — C'est à la partie supérieure de la ruche que les abeilles commencent leurs constructions,

Fig. 6.

Fig. 7.

et l'édifice s'accroît de haut en bas. Les cellules ou *alvéoles* qu'elles construisent représentent, en gén., un petit godet hexagone, ouvert d'un côté et fermé de l'autre. (Fig. 6.) Chaque *rayon* ou *gâteau* se compose de deux séries d'alvéoles horizontales, opposées l'une à l'autre par leur base. Cette base est pyramidale, de sorte que le fond de chaque alvéole correspond à trois alvéoles du côté opposé. Il y a donc emboîtement réciproque des bases des alvéoles. (Fig. 7.) Les cellules supérieures qui constituent les fondements de chaque gâteau sont solidement fixées au toit de l'habitation, et le gâteau, en s'accroissant par l'addition de nouvelles cellules, représente un mur qui descend verticalement du sommet de la ruche. Chaque gâteau a donc deux surfaces couvertes chacune d'un nombre à peu près égal de cellules hexagones. Quand la maçonnerie est achevée, d'autres ouvrières entrent dans chaque cellule pour en polir les parois et pour encadrer de propolis, l'intérieur des alvéoles et leur orifice. Pendant qu'un certain nombre d'abeilles s'occupent de la construction d'un gâteau, d'autres groupes d'ouvrières édifient de la même manière d'autres gâteaux parallèles, en laissant entre les divers gâteaux un espace d'environ 125 millimètres. Les rues de cette cité industrieuse, car on pourrait leur donner ce nom, sont juste assez larges pour permettre à deux ouvrières, travaillant aux cellules de deux gâteaux opposés, de le faire sans se gêner mutuellement. Indépendamment de ces intervalles réguliers entre les rayons, ces derniers sont perforés, en divers points, de façon à ce que les abeilles puissent passer d'une rue à l'autre : cette précaution leur épargne beaucoup de temps. Ces insectes, d'ailleurs travaillent avec une telle activité, que Réaumur les a vus construire en une seule journée un gâteau de 21 à 24 centimètres de diamètre. D'habiles géomètres ont fait voir que la forme générale des alvéoles est à la fois la plus économique, sous le rapport de la dépense de la cire, et la plus avantageuse quant à l'étendue de l'espace renfermé dans chaque alvéole. — Au reste, les cellules n'offrent pas toutes les mêmes dimensions. On distingue les cellules hexagones en *petites* et en *moyennes*. Elles sont destinées à recevoir le *couvain*, c.-à-d. la jeune postérité de la reine, ou à renfermer le miel et le pollen des fleurs. Parmi les cellules à miel, les unes sont ouvertes, et les autres ou celles de la réserve sont fermées d'un couvercle plat ou légèrement convexe. On remarque dans toutes les ruches un certain nombre de cellules appelées *royales*. On en compte, presque toujours, de trois à quatre, mais, selon Audouin, jamais plus de vingt-sept. Ces cellules sont ordinairement oblongues ou pyriformes et très-spacieuses. Le poids d'une cellule royale équivaut au moins à celui de cent cellules ordinaires. Elles pendent généralement en manière de stalactites, sur l'un des bords inférieurs des gâteaux. — Dès que la jeune colonie a préparé un certain nombre de rayons, la reine commence à pondre ses œufs. Les premiers qu'elle pond donnent naissance aux ouvrières; les suivants produisent des mâles et les derniers des femelles. La reine dépose ses œufs au fond de chaque cellule, souvent même avant qu'elle soit achevée. Parfois, lorsqu'elle est pressée de pondre et que le nombre des alvéoles est insuffisant, elle dépose deux, trois et même quatre œufs dans une seule cellule : mais les ouvrières enlèvent immédiatement tous les œufs surnuméraires et les détruisent. La reine produit un nombre d'œufs véritablement prodigieux. Au rapport de Réaumur, l'abdomen d'une femelle qui avait déjà pondu plus de 28,000 œufs, en contenait encore plusieurs milliers. Huber a calculé que la reine pond jusqu'à 12,000 œufs en deux mois, ce qui fait 200 œufs par jour. Ces œufs adhèrent, en général, au fond de la cellule par une de leurs extrémités. Ils sont oblongs, un peu courbés et d'un blanc bleuâtre. Au bout de cinq jours à peu près, la petite larve est éclose, et on l'aperçoit, au fond de l'alvéole, roulée dans un liquide transparent. Elle est blanchâtre, dépourvue de pattes, et composée de treize anneaux, y compris la tête. — Alors commence, pour les ouvrières, une nouvelle série de travaux. Plusieurs fois par jour, elles apportent à la larve une sorte de bouillie différente non-seulement suivant son âge, mais encore suivant son sexe. En effet, la nourriture des ouvrières et des mâles paraît être la même, tandis que celle qui est destinée aux femelles est d'une espèce toute particulière. L'influence de cette alimentation spéciale mérite d'être signalée. Schirach avait remarqué que, si une ruche vient à perdre sa reine, les abeilles agrandissent quelques-unes des cellules où se trouvent des larves d'ouvrières, apportent à ces larves la bouillie ordinairement réservée aux larves de reines, et qu'alors les larves d'ouvrières donnent naissance à de véritables reines. L'exactitude de cette observation a été confirmée par Riem et par Huber. Ce fait, qui paraît au premier abord incroyable, s'explique aisément. Les ouvrières présentent en réalité les rudiments de l'organisation des femelles; seulement, leur développement, par suite de la manière dont elles sont nourries, s'arrête avant l'époque de l'évolution des organes sexuels. — Les abeilles d'une jeune colonie sortent d'abord isolément; ensuite elles partent ensemble. Elles volent presque toujours en ligne droite et voyagent souvent à de grandes distances de la ruche. Dans l'été on peut en rencontrer presque partout où il y a des fleurs. En avril et en mai elles sont dehors tout le jour, mais dans les grandes chaleurs elles sortent moins fréquemment; elles choisissent alors le soir et le matin, car c'est dans ce moment qu'il leur est le plus facile de former leurs pelotes de pollen, les grains étant plus adhérents que pendant la grande chaleur du jour.

Les abeilles ne récoltent pas indifféremment leur miel sur toutes les fleurs. Dans les prairies, on les rencontre souvent sur les orchidées, les polygonées, les caryophyllées, mais rarement et peut-être jamais sur les renonculacées, sans doute à cause de quelque qualité vénéneuse de ces dernières. Elles évitent avec soin le laurier-rose, qui donne un miel vénéneux pour des milliers de mouches, et la couronne impériale dont les nectaires blancs si remarquables tentent en vain d'arrêter ces insectes. Mais au printemps, elles butinent avec une activité extraordinaire sur les amentacées, les rosacées, les liliacées odoriférantes, et les primulacées. Elles sont spécialement attirées par les fleurs innombrables du tilleul, et on peut les entendre d'une certaine distance bourdonner au milieu de ses branches. Le miel le plus parfumé et le plus délicat est récolté sur les plantes aromatiques. Il est donc bien d'avoir de nombreuses plates-bandes de fleurs de ce genre dans le voisinage des ruches. Certaines fleurs dont les sucs sont vénéneux pour l'homme, mais n'exercent aucune action sur les abeilles, sont quelquefois fréquentées par ces insectes; mais, dans ce cas, le miel qui en est le produit conserve les propriétés toxiques de la plante. Xénophon, dans sa *Retraite des dix mille*, raconte les effets produits sur un grand nombre de ses soldats par du miel dont ils s'étaient nourris, et Tournefort a confirmé l'exactitude de ce récit.

Le miel qui est avalé par l'ab. passe dans le jabot, où il s'accumule comme dans un réservoir, et, de retour à la ruche, l'insecte le régurgite dans une cellule.

La grande industrie des abeilles consiste à recueillir le pollen des fleurs. L'insecte se plonge tout entier dans les grandes fleurs, comme la tulipe, et, si les anthères ne sont pas ouvertes, il les déchire, et s'envole ensuite entièrement couvert de la poussière fécondante qui s'attache aisément aux poils frangés de son corps et de ses pattes. — On a remarqué depuis longtemps, car cette observation est due à Aristote, qu'une ab., dans chacune de ses excursions, ne visite jamais qu'une seule espèce de fleurs : en effet, le pollen recueilli par l'insecte est toujours de la même couleur. Cette précaution instinctive est nécessitée par l'opération que subit d'abord le pollen recueilli par chaque ab. L'insecte s'en débarrasse avec une rapidité incroyable, au moyen de sa première paire de pattes; le pollen ainsi ramassé est transmis à la seconde paire, qui le fait passer aux pattes de derrière, au moyen desquelles il se trouve façonné en petites pelotes. Or, si ces insectes recueillaient indifféremment leur pollen sur toutes sortes de fleurs, il est probable que les grains, étant hétérogènes, n'adhéreraient pas aussi bien ensemble. On voit d'ailleurs les abeilles rentrer à la ruche, l'une avec des pelotes jaunes, une autre avec des pelotes rouges, une troisième avec des pelotes blanches; mais jamais les pelotes ne sont de deux couleurs à la fois. Sans cet instinct, il se formerait une foule de plantes hybrides par suite du transport du pollen d'une espèce de fleurs à une autre : car on sait que les insectes jouent un grand rôle dans la fécondation des végétaux. — Lorsqu'une ab. chargée de pollen arrive à la ruche, on la voit ordinairement se promener ou s'arrêter sur le gâteau en battant des ailes, et aussitôt trois ou quatre autres ouvrières viennent l'aider à se débarrasser de son fardeau; ou bien encore elle place ses deux pattes de derrière dans une cellule, et avec les pattes du milieu, ou avec l'extrémité de l'abdomen, elle détache ses pelotes. Elle les pétrit alors comme une pâte au fond de l'alvéole, et le pollen est ainsi préparé. On trouve ordin. dans les ruches un grand nombre de cellules ainsi remplies de pollen entassé et ramolli pour servir de nourriture aux habitants. — Nous avons déjà parlé de la *propolis* que récoltent les abeilles et de l'emploi qu'elles en font; nous ne reviendrons donc pas sur ce point. Après avoir décrit les travaux des ouvrières qui s'occupent à récolter toutes les substances nécessaires à la communauté, nous allons retourner aux larves qui sont l'objet immédiat de toute cette activité. — La larve bien nourrie devient bientôt trop grosse pour la peau qui l'enveloppe, et, en conséquence, elle s'en dépouille. Lorsque son volume est devenu tel qu'elle remplit sa cellule, elle n'a plus besoin de nourriture et se trouve prête à passer à l'état de nymphe. Le dernier soin des nourrices est de fermer l'ouverture de la cellule avec une substance d'un brun-clair qui paraît être un mélange de cire et de pollen. Ce travail a ordinairement lieu quatre jours après que la larve est sortie de son œuf. Dès qu'elle est enfermée, la larve commence à tapisser son alvéole et le couvercle qui la ferme avec une soie que sécrètent des tubes glanduleux semblables à ceux du ver à soie. Lorsque les trois premiers segments du tronc auxquels sont attachés les organes locomoteurs de l'insecte parfait commencent à grossir, la dernière peau de la larve se fend le long du dos; l'animal la repousse en arrière, s'en débarrasse, la dépose au fond de sa cellule et se transforme en nymphe. C'est alors que s'opère la merveilleuse évolution qui, soit par la formation de nouveaux organes, soit par le développement d'organes déjà existants, se termine enfin par la métamorphose de l'animal en insecte parfait.

Hunter a constaté que la durée de l'état de nymphe est exactement de treize jours et douze heures; ce qui porte à vingt-deux jours et demi la durée de la vie de l'animal imparfait à partir de la ponte de l'œuf, temps singulièrement court pour l'achèvement de toutes ces métamorphoses, si on le compare à celui qu'exigent les transformations analogues chez d'autres insectes. Pour arriver à son état parfait, il faut que l'insecte, sans aucun secours étranger, se débarrasse de son enveloppe, perce sa coque soyeuse, et pratique une ouverture au couvercle de cire qui ferme sa cellule. Aussitôt qu'elle est sortie de sa prison, la jeune ab. est l'objet de mille soins de la part des ouvrières, qui s'empressent autour d'elle, l'essuient, la lèchent et lui présentent du miel. Au moment de sa naissance, elle est d'une couleur grisâtre; mais elle a bientôt pris la teinte foncée qui lui est propre.

C'est seulement lorsque la période de la ponte des œufs et de l'éducation des larves est finie, que commencent sérieusement les travaux de la récolte du miel. Aussitôt que la dernière chrysalide de la saison a revêtu la forme de l'insecte parfait, la cellule qu'elle vient d'abandonner est remplie de miel et bouchée avec de la cire. Le miel ainsi emmagasiné est destiné à servir de provision pour l'hiver. — Au mois d'août, on suppose que la reine qui doit produire l'essaim de l'année suivante, est fécondée. La fécondation s'opère dans l'air. La reine, précédée par les bourdons, sort de la ruche et tout à coup s'élève dans les airs en décrivant de grands cercles jusqu'à ce qu'elle soit hors de vue. Quand les ouvrières sont assurées que la reine est fécondée, elles mettent à mort tous les mâles, attendu qu'étant dépourvus de tout instrument de travail, ils deviennent, dès ce moment, des êtres inutiles à la société. Il semblerait que ces derniers connaissent le sort qui les attend, car alors ils ne s'occupent pas comme à l'ordinaire à l'orifice de la ruche, et ils paraissent fort agités. Bientôt ils sont attaqués par une, deux ou trois ouvrières à la fois, et ils ne tardent pas à succomber. On peut conclure de ce massacre général que la fécondation de la reine a eu lieu avant l'entrée de l'hiver, et que les œufs dont le développement est retardé pendant l'état d'inertie où les abeilles passent cette saison, sont aptes à se développer et à produire des larves à l'approche du printemps. Cependant, quoique les abeilles restent tranquilles à l'arrivée de l'hiver, elles ne sont pas dans un état d'engourdissement comme la plupart des autres insectes. Elles se serrent les unes contre les autres autant que le permettent leurs constructions à l'intérieur de la ruche, et ont la faculté de produire une température supérieure à celle de l'atmosphère extérieure. — Dans une soirée du mois de juillet, la température extérieure étant 12°,25 centigr., Hunter a trouvé que celle de l'intérieur d'une ruche pleine d'abeilles s'élevait à 27°75; et au mois de décembre, la température extérieure étant 1°,65, celle de la ruche était 22°,75. Au reste, malgré la petitesse de l'ouverture que les abeilles laissent à leur ruche, l'air y est à l'intérieur presque aussi pur que l'air extérieur. Ce phénomène est facile à expliquer. On peut dans les grandes chaleurs apercevoir, soit à la partie inférieure de la ruche, soit en de hors et près de l'entrée, un certain nombre d'ouvrières qui agitent presque continuellement leurs ailes de manière à établir entre l'air extérieur et l'air intérieur des courants au moyen desquels ce dernier est sans cesse renouvelé.—Pendant l'hiver, ce qui est extrêmement rare chez les animaux inférieurs, les abeilles conservent leurs facultés digestives et se nourrissent des produits récoltés pendant l'été et l'automne. En conséquence, elles sont prêtes à profiter de tous les beaux jours où la température est douce ; aussi les voit-on alors sortir de la ruche et s'ébattre au-dehors. Elles choisissent ce moment pour se débarrasser de leurs excréments, car elles sont d'une propreté remarquable. On les a même vues, quand on avait à dessein fermé les ouvertures de la ruche, se laisser périr plutôt que de souiller leur demeure. — La persistance des facultés digestives de ces insectes pendant l'hiver exerce une influence notable sur l'état des oviductes de la reine. Les œufs fécondés commencent donc de bonne heure à se développer, et ils sont prêts pour la ponte au mois de mars. Aussi les abeilles sont-elles dans nos climats les premiers insectes dont nous voyons apparaître la progéniture. Dès ce moment les ouvrières reprennent leurs travaux accoutumés; et comme la saison n'est pas encore assez avancée pour qu'elles aillent récolter au-dehors la nourriture nécessaire au couvain, elles mettent à contribution pour cet usage les provisions ramassées pendant la campagne précédente, et nourrissent ainsi les larves qui doivent former le premier essaim. Mais aussitôt que les fleurs commencent à s'ouvrir, ces industrieux insectes s'en vont recueillir du pollen, de la propolis et du miel, et les travaux de l'année recommencent. — Il paraît que c'est la présence des larves qui sont destinées à devenir femelles parfaites, qui décide la vieille reine à quitter la ruche. Après diverses tentatives pour pénétrer dans les cellules où se trouve sa royale progéniture, afin de la détruire, elle devient furieuse, communique son agitation à une partie de ses sujets qui se précipitent avec elle hors de la ruche, et vont chercher un nouveau domicile. Il a été reconnu que c'est toujours la vieille reine qui est à la tête du premier essaim. Les ouvrières demeurées dans la ruche donnent une attention toute particulière aux larves royales qui restent; et ces dernières, à mesure qu'elles sont chassées de leur demeure, emmènent avec elles de nouveaux essaims, si on n'agrandit pas suffisamment l'habitation de la communauté. Ces émigrations se succèdent donc à des intervalles plus ou moins longs, mais qui, suivant Audouin, ne dépassent pas neuf jours. — Les effets que la perte ou la mort de la reine produit sur les ouvrières sont peut-être la plus forte preuve fournie par l'histoire naturelle, que les instincts ne dépendent pas nécessairement de la conformation physique. Cet événement ne prive les ouvrières d'aucun organe, il ne paralyse aucun de leurs membres : et cependant aussitôt qu'elles s'aperçoivent qu'elles ont perdu leur reine, tous les travaux sont interrompus et oubliés; si on ne leur donne pas une nouvelle reine, elles vont joindre une autre ruche ou se laissent périr d'inanition.

La durée de la vie des différents individus qui habitent la ruche est assez variable. Celle des mâles ne dépasse pas deux ou trois mois. Il y a plus d'incertitude relativement à la longévité des ouvrières; mais il est probable qu'elle ne va pas beaucoup au-delà d'une année. On a dit que la reine pouvait vivre cinq ans, ce qui est peu probable, attendu que la durée de la vie de tous les insectes d'une même espèce est à peu près la même. — La véritable abeille (*apis mellifica*), n'existait jadis que dans l'ancien continent, mais on l'a transportée en Amérique et dans d'autres pays où se sont établies des colonies européennes. Ces insectes s'y sont parfaitement acclimatés. Latreille pense même que les abeilles du midi et de l'est de l'Europe, ainsi que celles de l'Égypte, sont d'une autre espèce que l'ab. commune de l'Europe occidentale. Voy. Cire et Ruche. L'ab. *unicolore*, qui habite à l'île de France et à Madagascar, donne un miel vert très-estimé. — Le sous-genre des *Mélipones* se distingue du sous-genre *abeille* par la forme du premier article des tarses postérieurs, qui est plus étroit à la base et dont la brosse n'est pas disposée en stries. Ces insectes se trouvent dans l'Amérique méridionale. L'ouvrage le plus complet sur l'histoire de l'ab. commune est celui d'Huber. *Nouv. obs. sur les abeilles*, 1814.

*** ABELICEA.** s. m. T. Bot. Voy. Ulmacées.

***ABELMOSCH.** s. m. T. Bot. Mot arabe qui signifie *Père du musc*. Voy. Malvacées.

ABERRATION. s. f. (lat. *ab*, de; *errare*, s'écarter). Action de s'écarter de la ligne directe. || On dit fig., *Ab. de l'imagination*, *des sens*, *du jugement*, lorsqu'il y a Dérèglement de l'imagination, erreur dans certaines perceptions, incohérence dans l'association des idées, et fausse appréciation des rapports. || * T. Anat. et Physiol. Anomalie dans la conformation, dans la situation des organes ou dans l'exercice de leurs fonctions, etc. Voy. Aliénation mentale, Anomalie, Hallucination.

Enc. — En Astr., on emploie le mot *Ab.* pour désigner un phénomène qui est tout à fait indépendant de la réfraction et de la perspective, et qui nous fait voir les corps célestes dans un lieu autre que celui qu'ils occupent réellement. Ce phénomène résulte des effets combinés du mouvement de la lumière et du mouvement de la terre. Quoique la différence entre la position apparente et la position réelle des astres varie entre des limites assez étroites, elle peut être une cause d'erreur dans les observations astronomiques. Il est donc nécessaire de l'apprécier. — Supposons qu'on laisse tomber une balle du point A au-dessus d'une ligne horizontale EF (Fig. 1), et qu'on place en B, pour la recevoir, un tube incliné PQ. Si ce tube reste immobile, il sera frappé par la balle sur sa paroi inférieure; mais si, tout en conservant sa position inclinée, il est entraîné vers le point F de la ligne horizontale EF, avec une vitesse proportionnelle à celle qui anime la balle, il est évident que celle-ci, pendant toute la durée de sa chute, parcourra la perpendiculaire AS sans quitter l'axe PQ du tube, et sans toucher les parois de cet instrument. Ainsi, lorsque la balle aura atteint le point C, le tube aura été transporté en RS. Un spectateur qui serait emporté avec le tube sans avoir la conscience de ce mouvement, s'imaginerait que la balle s'est

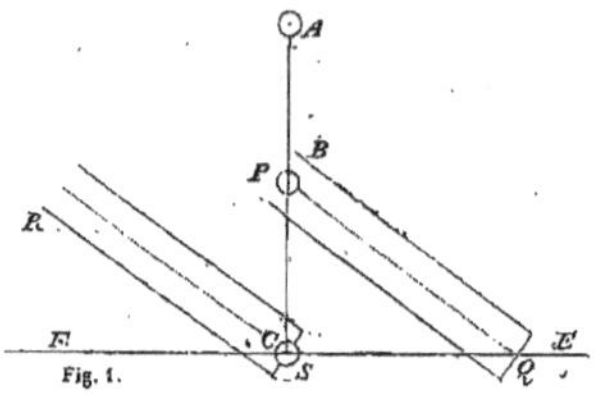

Fig. 1.

mue dans la direction inclinée de l'axe de l'instrument. — La théorie de l'ab. s'explique d'une manière plus rigoureuse par le parallélogramme des forces. En effet, concevons un rayon lumineux émané d'une étoile S et qui va frapper l'œil du spectateur au point O (Fig. 2). Si le lieu où se trouve l'observateur était immobile, ou si le mouvement de la lumière était instantané, l'étoile serait vue en S qui est sa position réelle. Mais rien de tout cela n'a lieu. En effet, l'observateur est rapidement emporté par le mouvement de la terre dans son orbite, et la lumière met un temps notable pour arriver d'un corps céleste quelconque à l'observateur. En conséquence, si l'on suppose que pendant qu'une molécule lumineuse parcourt la distance DO, le mouvement de la terre a emporté l'observateur du point A au point O, la molécule parvenue à ce dernier point frappera avec une vitesse proportionnelle à DO, l'observateur mû lui-même avec une vitesse proportionnelle à AO. Il se produira donc deux effets simultanés : 1° celui qui résulte du mouvement de la lumière proportionnel à DO; 2° celui qui résulte du mouvement de l'observateur proportionnel à AO. Or le choc en O renverra la molécule lumineuse suivant la direction DO, en vertu de la seule vitesse OD, et suivant la direction OB, en vertu de la seule vitesse AO = OB. Il en résultera donc une direction mixte OC, suivant la diagonale du parallélogramme BCDO construit sur DO et OB = AO, et l'observateur verra l'étoile en S' au lieu de la voir en S qui est sa position réelle. — L'angle COD est ce qu'on appelle l'*angle d'ab.* Il est facile de déterminer sa grandeur quand on connaît les grandeurs relatives de DO et BO, et l'inclinaison de ces lignes, c.-à-d. lorsqu'on connaît les vitesses relatives de la lumière et de la terre et la direction relative de leurs mouvements. Il est clair que l'ab. serait la plus grande possible si ces lignes étaient perpendiculaires l'une à l'autre, et qu'elle serait nulle si ces mêmes lignes se trouvaient parallèles. — On a constaté que la lumière se transmet dans l'espace avec une vitesse de 335,940,568 mètres environ, ou plus de 70,000 lieues par seconde. La vitesse moyenne de la terre parcourant son orbite est d'environ 30,577 mètres ou 7 lieues par seconde. Par conséquent, lorsque BO et DO sont à angles droits, la proportion :

70,000 : 7 = DO : BO = ray. : tang. COD.

Ainsi la tangente de COD, ou l'ab. (en faisant la tangente égale à l'arc) est égale à 20",5. Cette mesure étant la plus grande valeur de l'angle, on l'appelle la *constante de l'ab.*— Suivant la détermination de Bessel, la constante de l'ab. = 20" 25. D'après une série de deux mille observations faites avec les deux cercles muraux de l'observatoire de Greenwich, Richardson porte sa valeur à 20" 307. — L'effet de l'ab. sur une étoile quelconque dépend

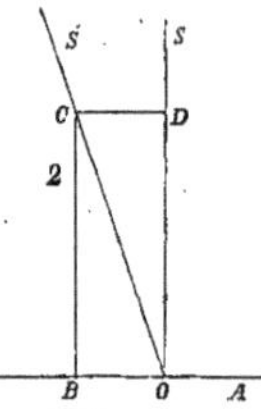

Fig. 2.

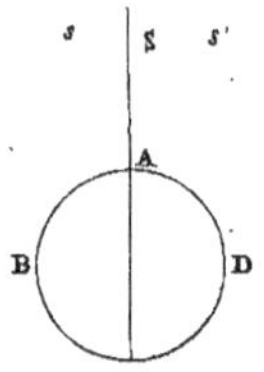

Fig. 3.

de la position de cette étoile par rapport à l'écliptique. Soient (Fig. 3) ABCD l'orbite de la terre et S une étoile placée dans le plan de l'écliptique. Lorsque la terre est au point A, l'étoile, par l'effet de l'ab., est vue au point *s*; quand elle arrivera au point C de son orbite, le même astre sera vu en *s'*; mais aux points B et D, comme la terre se meut dans une direction parallèle aux rayons lumineux émanés de l'étoile, il n'y a pas d'ab. Ainsi donc une étoile située dans le plan de l'écliptique semble osciller en avant et en arrière dans une ligne droite, et revenir constamment au bout de l'année à sa première position. Un rayon de lumière parti d'une étoile située au pôle de l'écliptique est toujours à angle droit avec la direction du mouvement de la terre, par conséquent cette étoile paraîtra décrire chaque année autour du pôle de l'écliptique un cercle dont le rayon = 20" 3. Dans toute autre position le mouvement apparent que l'étoile, en vertu de l'ab., semble décrire, est une ellipse dont le grand axe = 40" 6, et dont le petit axe = 40" 6, multipliée par le sinus de la latitude de l'étoile. — Les positions apparentes des planètes sont également affectées par l'ab.; mais, dans ce cas, comme le corps duquel part le rayon lumineux, est lui-même en mouvement, nous devons remarquer que le rayon lumineux qui frappe notre œil n'est pas parti du lieu que la planète occupe au moment même de l'observation, mais de celui qu'elle occupait un instant auparavant; or, cet intervalle doit être proportionnel au temps que la lumière met à parcourir la distance qui sépare cette planète de la terre. A cette légère variation dans la position de la planète, il faut ajouter l'espace décrit par la terre dans la même fraction de temps. Il est évident que la somme donnera le mouvement apparent ou relatif de la planète pendant le temps que la lumière met à parcourir la distance qui sépare cette planète de la terre. — C'est à Bradley que l'on doit la découverte et l'explication du phénomène important de l'ab. Ce phénomène est la preuve la plus directe que puisse donner l'astronomie du mouvement de la terre autour du soleil. — *Ab. de réfrangibilité*, voy. Achromatisme. — *Ab. de sphéricité*, voy. Lentille.

ABÊTIR. v. a. (R. *bête*). Rendre stupide. || S'emploie neutr. et sign., Devenir bête. *Il abêtit tous les jours.* fam. = Abêti, ie. part.

Syn. — *Rabêtir.* — *Rabêtir* indique une action plus forte qu'*Ab.*; il marque une résistance dans le sujet. Un maître *abêtit* un enfant, s'il n'exerce pas les facultés intellectuelles de son élève; il le *rabêtit* en comprimant les facultés de cet élève.

AB HOC ET AB HÂC. (mots latins qu'on prononce *abok-et-tabak*). Loc. adv. et fam. *Parler, raisonner ab hoc et ab hâc*, c'est parler et raisonner sans ordre, à tort et à travers.

ABHORRER. v. a. [On pron. les deux R.] (lat. *ab*, de; *horrere*, avoir frayeur). Avoir en horreur, détester une personne ou une chose. = s'Abhorrer. v. pron. *Je m'abhorre encore plus que tu ne me détestes.* = Abhorré, ée. part.

Syn. — *Haïr*, *Détester*, *Exécrer*. — Ces quatre verbes sont pour ainsi dire quatre degrés d'un même sentiment. *Haïr* est le premier, *détester* le second, *ab.* le troisième; *exécrer* dit plus que tous les autres, c'est l'aversion portée à l'extrême. Nous *haïssons* une personne souvent sans savoir pourquoi; nous la *détestons* parce qu'elle nous a causé quelque préjudice; nous l'*abhorrons* parce qu'elle nous inspire un vif sentiment de répulsion; nous l'*exécrons* parce qu'elle a mis le comble à nos maux par ses injustices et sa dureté.

*** ABIÉTINÉES.** s. f. pl. T. Bot. Tribu de la famille des *Conifères*. Elle tire son nom du mot lat. *abies*, sapin. Voy. Conifères.

ABIGÉAT. s. m. (lat. *ab*, *agere*; conduire dehors). Crime de celui qui vole des bestiaux en les chassant devant lui.

ABÎME ou **ABYME.** s. m. (gr. α privatif, βυσσὸς, ionien, pour βυθὸς, fond). Gouffre très-profond. *Tomber dans un ab. Sonder la profondeur d'un abîme. Il s'est ouvert tout-à-coup un abîme dans la plaine. Prenez garde, votre cheval est sur le bord d'un ab.* || Dans le langage de l'Écriture, *Ab.* signifie l'Enfer. *Les anges rebelles furent précipités dans l'ab.* || On dit fig., *Tomber dans Un ab. de malheur, de misère. Être sur le bord de l'ab. Creuser un ab. sous les pas de quelqu'un.* — Prov., *un ab. appelle un autre ab.*, Un excès en amène un autre, un malheur ne vient jamais seul. || Fig., *C'est un ab. de science*, C'est un homme extrêmement savant. || Fig., Chose capable de causer la perte, la ruine de quelqu'un. *Le jeu et les procès sont des abîmes.* || Profondeur immense, au prop. et au fig. *Combien de navires ont été engloutis dans les abîmes de la mer! L'infini est un ab. pour l'esprit humain. Le passé et l'avenir sont deux abîmes. Les abîmes de la miséricorde divine. Les jugements de Dieu sont des abîmes.* || * Se prend pour Infinité. *Les élus sont plongés dans un ab. de délices.* || T. Blas. Voy. Écu.

Enc. — En Géol., on donne le nom d'*Ab.* à des cavités naturelles généralement verticales ou à bords très-abruptes qui s'ouvrent à la surface du sol, et dont la profondeur est inconnue. Quelques unes de ces cavités sont le résultat du redressement des couches de la croûte terrestre; d'autres sont formées par d'anciens cratères éteints ou par le dessèchement de quelques lacs dont les eaux se sont écoulées par des ouvertures souterraines qui subsistent encore. Dans quelques cas, les eaux, en s'infiltrant dans les couches terrestres, ont entraîné certaines parties du sol et ont produit des gouffres ou abîmes par lesquels disparaissent des ruisseaux ou des rivières. — On désigne encore sous la dénomination d'ab., une bouche qui donne constamment ou de temps en temps issue à des torrents d'eau froide ou chaude, pure ou chargée de substances minérales. Au reste, ce mot n'ayant pas d'acception bien déterminée devrait être banni du langage scientifique.

ABÎMER ou **ABYMER.** v. a. Renverser, précipiter dans un abîme. *Les cinq villes que Dieu abîma.* || Fig., Perdre, ruiner entièrement. *Cet homme est puissant et vindicatif, il vous abîmera.* || Fig., Gâter, endommager. *La pluie a abîmé sa robe.* Ce sens est fam. = ABÎMER. v. n. Tomber tout à coup en ruine. *Cette maison abîma subitement.* || Fig., Périr. *Ce méchant homme abîmera avec tout son bien.* Peu usité. = s'ABÎMER. v. pron. S'engloutir. *Cette montagne s'est abîmée tout à coup. Son navire s'est abîmé.* || Fig., Se ruiner, se perdre. *Il s'est abîmé par son luxe, par ses débauches.* || S'abandonner tellement à quelque chose qu'on ne songe à aucun autre objet. *S'ab. dans ses pensées, dans sa douleur, dans ses plaisirs, dans la contemplation, dans l'étude.* || Fam., Se gâter, s'endommager. *Ces aquarelles s'abîment au soleil.* = ABÎMÉ, ÉE. part.

AB INTESTAT. Voy. INTESTAT.

AB IRATO. Loc. lat. qui sign., Par un homme en colère. On dit : *Faire un testament, une donation ab ir. Écrire une satire ab ir. Prendre une détermination, agir ab ir.*

ABJECT, ECTE. adj. [On pron. *ab-jek-te.*] (lat. *abjicere*, repousser). Méprisable, bas, vil, dont on ne fait nulle estime. *Un homme ab. Une âme, une physionomie abjecte. Un langage ab. Des sentiments abjects. Des emplois, des usages abjects.*

Syn. — *Bas, Vil.* — *Bas* s'emploie au prop.; *Ab.* se dit seulement au fig. *Ab.* enchérit sur le mot *bas. Vil* se rapporte uniquement au manque de valeur; *bas* et *ab.*, au manque d'élévation. Une marchandise est à *bas* prix, lorsque son prix habituel a beaucoup baissé; elle est à *vil* prix, lorsque sa valeur est presque nulle. — Fig., Celui qui par lâcheté souffre une injure est *bas*; celui qui la subit sans rougir, avec une complète insensibilité, est *ab.*; celui qui la supporte par intérêt, dans un but vénal, est le plus *vil* des hommes.

ABJECTION. s. f. Abaissement, état de mépris où est une personne. *Il est tombé dans l'ab.* || Bassesse méprisable. *L'ab. de ses sentiments et de ses mœurs.* || Sign., Objet de profond mépris, dans cette phrase de l'Écriture sainte : *L'opprobre des hommes et l'ab. du peuple.* = Syn. Voy. ABAISSEMENT.

ABJURATION. s. f. Acte par lequel on renonce à une religion, à une doctrine, à des principes que l'on avait professés. S'emploie au prop. et au fig. *Ab. publique, solennelle. Ab. de l'hérésie. Recevoir l'ab. de quelqu'un.*

Enc. — Chez les Romains, on appelait *Ab. de la chose*, la dénégation faite, avec faux serment, d'une dette, d'un gage, d'un dépôt. C'était un véritable parjure. — En Angleterre, on appelle *serment d'ab.*, un serment par lequel on affirme le droit de la famille royale actuelle au trône d'Angleterre, en vertu de l'acte d'établissement. Celui qui le prête s'engage à soutenir le roi de tout son pouvoir, à découvrir toutes les conspirations qui pourraient s'ourdir contre ce prince, et dénie expressément tout droit à la couronne dans les descendants du prétendant. — Quant à l'*ab. religieuse*, c'est l'acte par lequel on reconnaît fausse la religion dans laquelle on a vécu jusqu'alors, ou la doctrine que l'on a professée, et qui est condamnée par l'Église. Il faut remarquer toutefois que cette définition ne s'applique qu'aux sectes chrétiennes, et au passage d'une confession à une autre. Renoncer au christianisme en faveur de l'idolâtrie ou de l'islamisme, ce n'est plus *abjurer*, mais *apostasier*; et l'abandon des erreurs païennes pour le culte du vrai Dieu se nomme *conversion* et non *ab.* Ainsi, lorsque Constantin le Grand, en 311, et Clovis, en 496, rejetèrent le culte des faux dieux pour embrasser la foi chrétienne, on dit qu'ils se *convertirent* et non pas qu'ils *abjurèrent*, bien que cet acte de leur part dût être accompagné nécessairement de l'ab. de leurs anciennes croyances. Parmi les abjurations religieuses les plus connues, nous citerons celle de Henri IV, à Saint-Denis, le 25 juillet 1593; celle de Christine, reine de Suède, à Inspruck, en 1655; celle de Turenne, en 1668. Ces trois grands personnages abandonnèrent le protestantisme pour entrer dans le giron de l'Église catholique. — Bernadotte, au commencement de ce siècle, abjura le catholicisme pour devenir roi de Suède, comme Auguste, électeur de Saxe, avait, au milieu du dernier siècle, renoncé aux croyances de ses pères pour devenir roi de Pologne. — On sait que le trône de Russie ne peut être occupé que par un membre de l'Église orthodoxe grecque. Pierre III abjura le luthéranisme pour la couronne impériale, et la grande Catherine suivit son exemple pour partager sa couche. Toutes les princesses qui s'unissent à des princes russes sont obligées de renoncer à leur croyance primitive pour embrasser celle de leurs maris.

* **ABJURATOIRE.** adj. 2 g. Qui concerne l'abjuration. *Formule abjuratoire.*

ABJURER. v. a. (lat. *ab*, loin, hors, de; *jurare*, jurer). Jurer le contraire de ce que l'on a juré. Renier une religion, une doctrine, une opinion, une erreur. *J'ai abjuré mon erreur.* || S'emploie quelquefois absol. *Il abjura dans l'église de Notre-Dame.* || Fig., Renoncer à. *Cette femme avait abjuré toute pudeur, toute vertu. Ab. ses passions, l'amour, la poésie, la nature.* — On dit ellipt., *Ab. Aristote, Descartes*, pour renoncer aux doctrines de ces philosophes. = ABJURÉ, ÉE. part.

* **ABLAQUE.** Nom vulg. de l'espèce de soie que fournit le byssus de plusieurs espèces de *Jambonneaux*. Voy. OSTRACÉS.

ABLATIF. s. m. Voy. CAS.

ABLATION. s. f. (lat. *ablatio*, de *auferre*, enlever). T. Chir.

Enc. — On comprend sous le nom d'*Abl.*, toutes les opérations par lesquelles on retranche une partie naturelle du corps ou du tissu qui s'y est développé accidentellement. Il s'emploie plus spécialement pour désigner certaines opérations de ce genre : l'*ab. d'une exostose, d'une portion d'os cariée ou nécrosée. L'ab. des chairs qui recouvrent un ongle incarné.*

ABLATIVO. Expr. adv. et pop. qui ne s'emploie que dans cette phrase : *Il a mis cela ab. tout en un tas*, Tout ensemble, avec confusion et désordre.

ABLE. s. m. (lat. *albus*, blanc). T. Ichth.

Enc. — Dans le système de Cuvier, ce nom appartient à un genre de la famille des *Cyprinoïdes*. Ce genre comprend les *Cyprins*, qui ont les nageoires dorsale et anale courtes, et qui manquent d'épines et de barbillons. Les *Ables* sont vulg. appelés *Poissons blancs*. Les espèces en sont fort nombreuses, et on les distingue d'après la position de leur dorsale et d'après leurs couleurs. Les plus communes dans nos rivières sont le *Meunier* (*Cyprinus dobula*), le *Gardon* (*C. idus*), la *Rosse* (*C. rutilus*), la *Vandoise* (*C. leuciscus*), le *Nez* (*C. nazus*), le *Spirlin* ou *Éperlan de Seine* (*C. bipunctatus*), etc. Tous ces poissons sont de petite taille, et leur chair est peu estimée. Nous citerons plus particulièrement le *Véron* (*C. phoxinus*) et l'*Ablette* (*C. alburnus*). Le véron est le plus petit de nos poissons, car

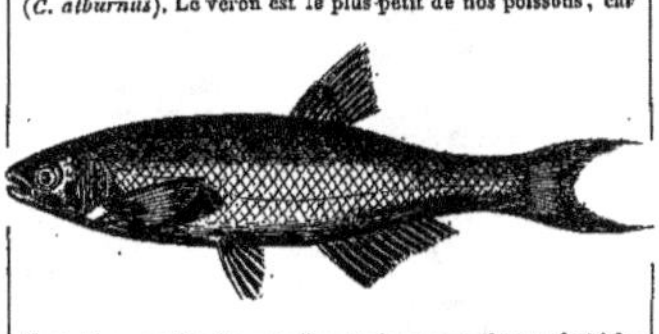

il ne dépasse guère 8 centimètres de longueur. Il est tacheté de noirâtre, et la dorsale répond au-dessus de l'intervalle qui est entre les ventrales et l'anale. L'ablette a de 14 à 21 centimètres de longueur. Son corps est étroit, son front droit et sa mâchoire inférieure un peu plus longue que la supérieure. (Fig. ci-dessus.) Ce poisson est remarquable par ses écailles minces, peu adhérentes, d'un vert jaunâtre sur le haut du dos, et présentant un éclat argenté sur les côtés et sur l'abdomen. Cet éclat métallique tient à la présence d'une substance nacrée qui entoure la base des écailles. Les intestins sont également recouverts par cette matière brillante, qui porte dans le commerce le nom d'*Essence d'Orient*. Pour la recueillir, on écaille le poisson, on malaxe les écailles dans l'eau afin de séparer la substance nacrée qui tombe au fond du liquide quand on le laisse reposer; on décante la première eau; puis on lave de nouveau jusqu'à ce qu'il ne reste plus d'impuretés. On jette alors le tout sur un tamis qui laisse passer la substance et retient les écailles. On décante encore et l'on obtient l'essence sous forme de matière visqueuse. Lorsqu'elle est bien préparée, elle présente l'aspect et les reflets des perles véritables ou de la nacre de perle la plus fine. Elle se putréfie facilement à l'humidité; mais on évite cet inconvénient au moyen de l'ammoniaque liquide. Voy. PERLES ARTIFICIELLES.

ABLÉGAT. s. m. Vicaire d'un légat.

* **ABLÉGATION.** s. f. Dignité d'ablégat.

ABLERET. s. m. Espèce de filet carré attaché au bout d'une perche, avec lequel on pêche des ables et d'autres petits poissons.

ABLETTE. s. f., ou **ABLET.** s. m. Voy. ABLE.

* **ABLUANT, TE.** adj. Voy. ABSTERGENT.

ABLUER. v. a. (lat. *ab*, de; *luere*, purifier). Laver. (Ce sens a vieilli.) || Passer légèrement une liqueur préparée avec de la noix de galle sur du parchemin ou du papier pour faire revivre l'écriture. = ABLUÉ, ÉE. part. Lavé, effacé. *Nos péchés peuvent être ablués par le repentir et les bonnes œuvres.*

ABLUTION. s. f.

Enc. — Les *Ablutions* sont des lotions générales ou partielles prescrites et pratiquées dans la plupart des religions de l'Orient. D'après la loi de Manou, les Indiens doivent faire précéder toutes leurs prières de la cérémonie de l'ab. Avant le repas, ils la répètent seulement sur quelques parties du corps. Les eaux du Gange sont regardées par eux comme les plus efficaces pour ces sortes de purifications. Un Hindou croit mourir purifié de toute souillure, s'il peut, à son heure dernière, se faire transporter sur les bords de ce fleuve, afin d'expirer dans l'onde sacrée. — Les eaux du Jourdain étaient de même en honneur chez les Hébreux, à qui la loi de Moïse imposait l'ab., comme l'une des plus importantes de leurs pratiques religieuses. Les prêtres israélites devaient avoir souvent recours à l'ab. Ils étaient surtout tenus de purifier leur corps et leurs vêtements avant de pénétrer dans le temple. Pour pratiquer cette cérémonie, il y avait sous le parvis une vaste cuve appelée *mer d'airain*. — L'islamisme, dans lequel on retrouve la plupart des pratiques du judaïsme, considère l'ab. comme un acte d'obligation divine. Tous les mahométans sont tenus de la répéter cinq à six fois depuis le lever jusqu'au coucher du soleil, en l'accompagnant chaque fois d'une prière différente. Ils reconnaissent trois sortes de purifications. La première, appelée *ghasl*, ou *lavage*, est requise pour les souillures substantielles ou matérielles, que ces souillures soient sur le corps, sur l'habit ou sur l'endroit où l'on prie. Ces impuretés sont, par ex., les sécrétions naturelles de l'homme, le vin, etc. La deuxième, nommée *abdest* en turc, et *ouzou* en arabe, ou *ablution*, est requise pour les souillures non substantielles mineures, telles que les vomissements, l'éclat de rire au milieu de la prière, etc. Elle consiste à se laver le visage, la barbe, les mains, les bras jusqu'au coude et les pieds jusqu'aux malléoles. La troisième, qui a reçu le nom de *ghoul*, *lotion*, a lieu pour les souillures non substantielles majeures, telles que l'acte de la cohabitation, les infirmités périodiques des femmes, les couches, etc. C'est une immersion complète du corps, depuis la tête jusqu'aux pieds. Selon la croyance des musulmans l'institution de l'ab. fut révélée par l'ange Gabriel au prophète, le jour même où cet ange lui apporta le Coran. La grotte où ils se trouvaient était entièrement sèche; mais l'ange frappant du pied fit jaillir une source d'eau vive, et, procédant à l'ab., il commanda à Mahomet d'imiter son exemple. Cette origine toute divine de l'ab. la rend sacrée aux musulmans. Aussi, lorsqu'il leur est impossible de se procurer de l'eau, ils se purifient avec du sable ou de la poussière. On affirme que le prophète, dans un voyage qu'il faisait en compagnie de quelques-uns de ses disciples, pratiqua le premier au milieu du désert cette sorte de purification. — Les Grecs et les Romains connurent aussi différentes espèces d'ablutions. L'*eau lustrale*, par exemple, qu'ils répandaient dans les temples, après l'avoir consacrée, et dont ils aspergeaient les assistants, était une ab. partielle et faite en commun, assez semblable à celle qui se pratique dans les églises chrétiennes de nos jours. — Bien que le christianisme ait repoussé les pratiques du paganisme, et qu'il n'ait pas conservé de la tradition juive tout ce qui était relatif aux ablutions, néanmoins Jésus-Christ les a consacrées en donnant au baptême, conféré en son nom, la vertu d'effacer les péchés. L'Église, animée par le même esprit, a conservé l'usage de l'eau bénite. Le *lavabo*, avant la consécration de l'hostie, le lavage des pieds le jeudi saint, sont des purifications qui rappellent celles de l'ancienne loi. — En terme de Liturgie, on nomme aussi *Abl.* l'eau et le vin que le prêtre met dans le calice après la communion et boit ensuite, afin qu'il ne reste dans le vase saint plus rien du vin consacré.

ABNÉGATION. s. f. (lat. *ab*, de; *negatio*, refus). T. Dévot. N'est usité que dans cette phrase : *L'ab. de soi-même*, Le renoncement à soi-même, et le détachement de tout ce qui n'a point rapport à Dieu. *La loi de J. C. est une loi d'ab. et de travail.* || Dans le langage ord., sign. Renoncement, sacrifice. *Je fais ab. de mon intérêt propre. Le pauvre est forcé à une continuelle ab.*

ABOI. s. m. Cri naturel du chien. *L'ab. de ce chien est fort importun. Les chiens qui dans les airs poussent de vains abois.* || On dit que *Le cerf est aux abois*, lorsqu'il est forcé par les chiens. || Fig. et par ext., Se dit D'une personne qui se meurt, d'un individu qui n'a plus de ressources, d'une place qui ne peut plus se défendre, de la vertu qui est sur le point de succomber. *Ce malade est aux abois. Les assiégés sont aux abois. Sa vertu est aux abois.*

ABOIEMENT ou **ABOÎMENT.** s. m. Cri du chien. *L'ab. des chiens. De longs aboiements.* || * Fig., Déclamations fatigantes. *J'entends les aboiements des auteurs faméliques.*

Enc. — L'*Ab.* est plutôt une sorte de langage acquis que le cri naturel du chien. En effet, il est plus ou moins varié, plus ou moins expressif suivant l'intelligence de la race. Les chiens que l'on trouve chez les peuples sauvages n'aboient point et sont fort peu intelligents. Il en est de même des chiens européens qui ont été perdus dans les îles de l'océan Pacifique. Ils ne font plus entendre qu'un long hurlement plaintif qui rappelle celui que poussent les nôtres lorsqu'on les maltraite ou lorsqu'on les tient enfermés. Cette espèce de hurlement serait donc le cri naturel du chien.

ABOLIR. v. a. (gr. ἀπολεῖν, détruire). Annuler, mettre hors d'usage, mettre à néant. *Ab. une loi, un usage. Le culte des faux Dieux fut aboli. Plusieurs lois ont voulu ab. le duel; les mœurs l'ont maintenu.* || * Fig., *Ab. la mémoire d'une action honteuse.* = s'ABOLIR. v. pron. Cesser d'être en usage, tomber en désuétude. *Les lois absurdes s'abolissent d'elles-mêmes.* || *Tout crime s'abolit au bout d'un certain nombre d'années*, Il ne peut plus être poursuivi. Voy. PRESCRIPTION. = ABOLI, IE. part.

Syn. — *Abroger, Déroger.* — *Ab.* se dit plutôt à l'égard des coutumes, et *abroger* ou *déroger* à l'égard des lois. Le non-usage suffit pour l'*abolition*; mais il faut un acte positif pour l'*abrogation*. *Déroger* à une loi, c'est la modifier; l'*abroger*, c'est l'annuler.

ABOLISSEMENT. s. m. Action d'abolir. *L'ab. des anciens usages, des vieilles coutumes.*

ABOLITION. s. f. Annulation, suppression. *L'ab. d'une loi s'opère par un acte de la volonté législative ou par désuétude. Ab. d'une institution, d'un culte, d'un ordre religieux, d'un usage.* ‖ Anéantissement d'une faculté, d'une fonction. *Ab. de la vue, de l'ouïe, du mouvement, de la volonté, de la mémoire.*

Enc.— Anciennement le roi pouvait, par un acte de son autorité, *abolir un crime*, c'est-à-dire prévenir et suspendre la poursuite d'un crime, ou mettre à néant la condamnation et ses effets. On donnait le nom de *Lettres d'abolition* à l'acte par lequel le souverain accordait une grâce de ce genre, et on appelait *porteur d'ab.*, celui qui avait obtenu des *lettres d'ab.* Les constitutions des Pays-Bas, du Wurtemberg et de la Bavière, consacrent encore ce droit dans la personne du souverain. Il n'existe plus en France. La Charte (art. 58) accorde seulement au roi le droit de grâce et de commutation de peine.

* **ABOLITIONISTE.** s. m. Partisan de l'abolition de l'esclavage. Voy. Esclavage.

ABOMINABLE. adj. 2 g. Exécrable, détestable, qui est en horreur. *Homme, action, morale ab.* ‖ Par exag., *Goût, odeur ab. Ouvrage, comédie ab. Temps ab.*

Syn.—*Détestable, Exécrable.*—Ce qui est *détestable* excite l'aversion, la répulsion; ce qui est *ab.*, la haine, le soulèvement; ce qui est *exécrable*, l'indignation, l'horreur. *Détestable* paraît avoir rapport au goût, aux sensations; *ab.*, aux idées, aux mœurs; *exécrable*, à la conformation, aux abus. Ces trois mots servent, dans un sens moins rigoureux, à marquer simplement les divers degrés d'une chose très-mauvaise; de façon qu'*ab.* dit plus que *détestable; exécrable*, plus qu'*ab.*

ABOMINABLEMENT. adv. D'une manière abominable. *Se conduire, agir, écrire, chanter ab.* Fam. — On dit, *Abominablement mal.*

ABOMINATION. s. f. Détestation, exécration. *Avoir quelqu'un en ab. Être en ab. à tous les gens de bien.* ‖ Se dit de Ce qui est l'objet de l'ab. *Le méchant est l'ab. de tout le monde.* ‖ Sign. aussi, Action abominable. *Commettre des abominations.* On dit les *abominations des Gentils*, pour désigner Leur idolâtrie. ‖ Cette phrase de l'Écriture sainte, *Ab. de la désolation*, sign., Les plus grands excès de l'impiété.

ABONDAMMENT. adv. En grande quantité. *Cette source fournit de l'eau ab.* ‖ Amplement. *Cela est ab. démontré dans plusieurs ouvrages.*

Syn.—*En abondance, Amplement, Beaucoup, Copieusement.* — *En abondance* offre un sens plus limité que celui de l'adverbe *ab.* A moins d'être pourvu *ab.* d'une chose, on ne peut la donner *en abondance.* L'adverbe convient mieux pour déterminer ce qui se fait; la locution adverbiale, pour déterminer ce qui est. Il pleut *abondamment;* la pluie est tombée *en abondance. Amplement* a presque toujours rapport à l'étendue ou à la durée. Je vous entretiendrai plus *amplement.* Vous avez *amplement* le temps d'arriver à votre poste. *Beaucoup* se dit plutôt des choses qui se peuvent compter, et *ab.* de celles que l'on considère collectivement. Dire *beaucoup* de paroles pour rien. Ses pleurs coulaient *ab. Copieusement* ne se dit guère qu'en parlant de certaines fonctions animales: il a mangé et bu *copieusement.*

ABONDANCE. s. f. Grande quantité. *L'ab. d'une source. Ab. de biens, de pensées, de paroles. Ses pleurs coulaient en ab., en grande ab., avec ab. Avoir ab., être dans l'ab. de toutes choses.* ‖ Pris abs., sign., Fertilité, richesse. *Le travail produit l'ab. Pays d'ab. Années d'ab.* ‖ On dit, *Ab. de style. Il y a dans le style une ab. qui en fait la richesse et la beauté; il y a aussi une ab. vaine qui ne fait que déguiser la stérilité de l'esprit et la disette des pensées par l'ostentation des paroles.* ‖ *Parler d'ab.*, Parler sans préparation.— *Parler d'ab. de cœur*, Parler avec effusion, avec pleine confiance. — *Parler avec ab.*, Parler avec facilité et avec une grande variété de tournures et d'expressions. ‖ *Corne d'ab.*, Corne remplie de fruits et de fleurs, qui est l'emblème de l'ab. ‖ On appelle *Ab.*, Un mélange de vin et d'eau, qui sert de boisson aux écoliers dans les colléges.

ABONDANT, TE. adj. Qui abonde. *Maison abondante en richesse. Discours abondant en métaphores.* ‖ Pris abs., sign., Copieux, ample, riche, fécond. *Nourriture abondante. Pluie abondante. Langue abondante. Style abondant. Auteur abondant.* ‖ * *Nombre abondant.* Voy. Nombre. = D'abondant. loc. adv. De plus, en outre.

ABONDER. v. n. (lat. *ab*, de; *undare*, couler). Avoir en grande quantité. *Ab. en richesses.* ‖ Être en grande quantité. *Les chalands abondent dans cette boutique.* ‖ *Ab. dans son sens*, Être attaché à son opinion. *Ab. dans le sens de quelqu'un*, Embrasser, appuyer l'opinion de quelqu'un. ‖ T. Jurisp. *Ce qui abonde ne vicie pas* ou *ne nuit pas*, Une formalité non défendue, un argument, un droit de plus ne peuvent nuire dans une affaire.

* **ABONNATAIRE.** s. 2 g. En style d'Adm., se dit quelquefois De celui ou de celle qui contracte un abonnement. *Ab. d'un canal d'irrigation.*

ABONNEMENT. s. m. (du vx. mot *abournement*, dont le rad. est *borne*). Stipulation à forfait. ‖ Marché par lequel deux personnes s'engagent, l'une à fournir, l'autre à recevoir un objet quelconque, à des époques fixes et pour un temps limité, moyennant un prix déterminé et souvent payé d'avance. On prend un *abonnement* pour recevoir des journaux, pour assister à des spectacles, à des bals, etc. ‖ Lorsque, par une circonstance extraordinaire, les personnes abonnées à un spectacle sont obligées de payer leurs places comme celles qui n'ont point contracté d'engagement, on dit que *Les abonnements sont suspendus.* ‖ T. Fin. Voy. Impôt.

ABONNER. v. a. Faire prendre un abonnement à quelqu'un. ‖ Prendre un abonnement au nom d'un autre. = S'Abonner. v. pron. Souscrire à une chose vendue par abonnement. *Il s'est abonné à l'Opéra. Je m'abonnerai à ce journal.* ‖ T. Fin. Contracter un abonnement. Voy. Impôt. = Abonné, ée. part. ‖ S'emploie subst., *Ce journal a beaucoup d'abonnés. C'est un ab. de l'Opéra.*

ABONNIR. v. a. (R. *bon*). Rendre bon, améliorer. *Les caves fraîches abonnissent le vin.* ‖ S'emploie fam. au neutre, et sign., Devenir meilleur. *Cette liqueur n'a pas abonni en vieillissant.* = s'Abonnir. v. pron. Devenir meilleur. = Abonni, ie. part.

ABORD. s. m. (R. *bord*). Accès, approche. *Ce port est de difficile ab. Cette montagne est de facile ab. Tous les abords de la citadelle sont défendus.* ‖ Arrivée. *A notre ab. dans l'île, nous fûmes attaqués. Je vois que mon ab. trouble votre entretien.* ‖ Affluence de personnes ou de choses. *Il y a un grand ab. de monde dans cette maison. Il y a un grand ab. de blé au marché.* ‖ Fig., Manière de recevoir, accueil. *Cette femme a l'ab. gracieux. Ce geôlier a l'ab. rude et farouche. Leur ab. a été glacial. Il m'a paru froid à l'ab.* = Loc. prép. D'abord, tout d'abord, au premier abord, de prime abord, dès l'abord. Premièrement, dès le premier instant, sur-le-champ, à première vue, avant toute chose. *D'ab. je crois à votre parole. Tout d'ab. il me parla de vous. De premier ab., de prime ab., ce problème paraît insoluble. Dès l'ab., nous songeâmes à dîner.* = D'abord que. conj. Aussitôt que, dès que.

ABORDABLE. adj. 2 g. Accessible, qu'on peut aborder. Se dit des personnes et des choses.

ABORDAGE. s. m. (R. *bord*). Action de joindre un vaisseau ennemi à dessein de s'en emparer. *Tenter, manquer l'ab. Aller, courir à l'ab. Prendre un vaisseau par ab., à l'ab.* ‖ Heurt ou Choc de deux navires qui viennent à se rencontrer. *La nuit les vaisseaux portent des feux pour éviter les abordages.*

Enc. — Le terme *Ab.* s'emploie plus particulièrement pour désigner une manœuvre de guerre par laquelle un vaisseau en joint un autre, afin de faire combattre leurs équipages corps à corps. Le succès des combats à l'ab. dépend presque uniquement du nombre ou de la valeur des *abordeurs.* Cependant la manière dont l'action s'engage contribue puissamment à son issue. Aussi un capitaine expérimenté, pour déterminer l'ab., compte moins sur la force numérique de son équipage que sur la position de son bâtiment et sur l'habileté de ses manœuvres. Lorsqu'il a résolu le combat à l'arme blanche, il court à l'ab., en dirigeant son vaisseau de manière à opérer l'*ab. de franc étable*, c.-à-d. de manière à atteindre le bâtiment ennemi par le devant, en droiture; ou bien il s'efforce d'exécuter l'*ab. en belle*, en enfonçant l'éperon de son navire dans le flanc du vaisseau abordé. Souvent ce choc coule à l'ab. un bâtiment de moindre capacité que celle de l'abordeur. Mais toutes les manœuvres qui ont pour but de commencer ce genre d'action réussissent difficilement, parce que le vaisseau attaqué les évite, et refuse l'ab. que l'ennemi lui présente; car il est extrêmement rare que deux bâtiments cherchent à se joindre, à s'aborder. Lorsqu'un navire est parvenu à joindre son adversaire, il essaie de l'accrocher en lui lançant de forts crochets de fer à plusieurs branches, appelés *grappins d'ab.* (V. la Fig.)

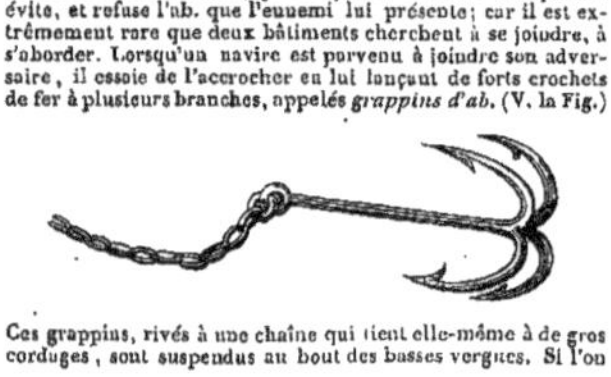

Ces grappins, rivés à une chaîne qui tient elle-même à de gros cordages, sont suspendus au bout des basses vergues. Si l'on parvient à les engager dans le gréement du bâtiment attaqué, on hale sur le cordage de manière à rapprocher les deux navires qui restent accrochés; et, pour que ces derniers ne s'écartent point pendant l'action, on lance encore, de dessus les gaillards ou passavants, des grappins plus légers, nommés *grappins à main.* Les bâtiments ainsi retenus s'envoient une dernière décharge pour vider leurs canons; puis les sabords se ferment, afin d'empêcher que l'ennemi ne s'introduise par ces ouvertures. Ensuite, de part et d'autre, on se prépare à l'attaque et à la défense. Il arrive rarement que l'équipage du bâtiment qui tente l'ab. passe immédiatement sur le vaisseau abordé: les mouvements de roulis, le danger de tomber et d'être écrasé entre les deux bords, et surtout la présence de l'ennemi armé de piques et de baïonnettes, empêchent de monter ou de sauter à l'ab. Avant de s'élancer sur le pont de leurs adversaires, les abordeurs s'efforcent de les en déloger par un feu très-vif de mousqueterie, et en lançant du haut des hunes une pluie de grenades. Ils parviennent ainsi à chasser l'ennemi dans les entre-ponts, ou à lui faire évacuer seulement l'un des gaillards; alors ils s'élancent sur l'autre bord pour s'en emparer, en répétant le cri *à l'abordage!* La hache d'armes d'une main et le sabre entre les dents, ils inondent le pont assailli, qui devient aussitôt le théâtre d'un affreux carnage. Le feu cesse, car dans cette horrible mêlée il frapperait au hasard amis et ennemis. Rarement ceux qui défendent l'ab. triomphent dans ces terribles luttes. Après avoir cédé le terrain pied à pied, ils se retirent à l'arrière du navire, où ils tentent de défendre encore leur pavillon, dont la chute est le signal de la victoire. L'ab. n'a pas lieu seulement entre des bâtiments de guerre de haut bord ou de bas bord. On voit parfois de simples embarcations, c.-à-d. des chaloupes ou des canots, entreprendre de s'emparer de cette façon de bâtiments de guerre redoutables, tels que corvettes, bricks et canonnières. Le plus souvent ces tentatives échouent; mais quelquefois elles ont un plein succès. Un grand nombre d'abordages de ce genre sont restés célèbres dans l'histoire de la marine française. Cependant, quelque gloire que nos marins aient acquise dans ce genre de combats, l'ab. paraît être abandonné aujourd'hui par notre marine pour le combat de vaisseau à vaisseau, de batterie mouvante à batterie mouvante, parce que, dans cette dernière espèce d'engagement, le succès dépend presque uniquement du génie du commandant. Pour l'ab. accidentel de deux bâtiments et les dommages qui en peuvent résulter, voy. Avarie.

ABORDER. v. n. Arriver à bord, prendre terre. *Le vent qui soufflait de terre nous empêcha d'ab. Ab. à la côte. Ab. dans une île, sur le sable.* ‖ *Ab. à un bâtiment*, Diriger une embarcation de manière à ce qu'elle arrive à toucher un navire sans le heurter. ‖ Approcher. *On ne saurait aborder de l'église, tant la foule s'y presse; Je n'ai pu en ab.* ‖ (*Aborder* se conjugue avec *avoir* pour exprimer l'action. *Nous avons abordé au rivage avec beaucoup de peine.* Il se conjugue avec *être* pour exprimer l'état. *Enfin, nous sommes abordés; nous voilà abordés.*) = Aborder. v. a. Approcher, joindre, atteindre. *Le ressac était si fort que nous n'avons pu ab. le môle. Nous abordâmes l'ennemi à la baïonnette.* ‖ *Ab. un vaisseau ennemi*, L'atteindre et l'accrocher. ‖ Heurter. *L'obscurité était si grande que notre navire aborda cette barque et la coula.* ‖ Fig., Accoster quelqu'un, s'approcher de quelqu'un pour lui parler. *Il m'a abordé avec amitié. Je n'ai pu ab. le ministre.* ‖ Fig., Traiter, discuter. *Il est dangereux d'ab. certaines questions.* ‖ Fig., Commencer à s'occuper d'une chose. *Je ne fais qu'ab. l'étude du sanscrit. Je n'ose ab. les mathématiques.* = S'Aborder. v. pron. Se heurter, s'approcher, s'atteindre, s'accoster. = Abordé, ée. part.

Syn.—*Joindre, Accoster.*—On *joint* la compagnie dont on s'est écarté; on *accoste* le passant qu'on rencontre sur sa route; on *ab.* les gens de connaissance. — Les personnes se *joignent* pour être ensemble; elles s'*abordent* pour se saluer ou se parler; elles s'*accostent* pour se demander une indication.

* **ABORDEUR.** s. m. T. Mar. Voy. Abordage.

ABORIGÈNES. s. m. pl. (*ab*, de; *origo*, origine).

Enc. — On donne le nom d'*Ab.* aux habitants primitifs d'un pays, c.-à-d. à ceux qui l'occupaient à l'époque de sa découverte, et dont l'origine est inconnue. Plusieurs peuples anciens prétendaient avoir toujours habité le même pays. Ainsi les Athéniens avaient la prétention d'être *autochthones* (gr. αὐτὸς, même; χθὼν, terre), c.-à-d. d'être nés du sol qu'ils habitaient. C'est comme emblème de leur origine, qu'ils portaient une cigale d'or dans leur coiffure. Les Indiens de l'Amérique sont pour nous des ab., parce qu'ils habitaient le nouveau continent à l'époque de sa découverte, et que nous sommes dans une complète ignorance relativement à leur origine.— Le terme d'*ab.* s'applique également aux animaux et aux végétaux qu'on suppose originaires des pays où on les a découverts. Mais, dans ce sens, on dit mieux *indigène.*

ABORNEMENT. s. m. Voy. Bornage.

ABORNER. v. a. Voy. Borner.

ABORTIF, IVE. adj. (lat. *ab*, hors de [la règle]; *ortus*, né).

Enc.—Un *corps organisé*, un *organe quelconque*, sont *abortifs*, lorsqu'ils n'ont pas reçu leur entier développement. Une *fleur* incomplétement formée, une *étamine* dont le filet ne porte pas d'anthère, une *graine* qui ne contient pas d'embryon, sont *abortives.* On appelle *fœtus ab.* celui qui est expulsé avant d'avoir acquis le développement nécessaire pour être viable. On donne aussi le nom d'*abortifs* aux *procédés* et aux *médicaments* propres à procurer l'avortement, procédés et moyens qui sont ordinairement aussi inefficaces qu'ils sont coupables et dangereux.

ABOUCHEMENT. s. m. Entrevue, conférence de deux ou de plusieurs personnes. || T. Anat. Voy. ANASTOMOSE. T. Tech. *Ab. de deux tuyaux*. Voy. ABOUCHER.

ABOUCHER. v. a. (R. *bouche*). Faire trouver deux ou plusieurs personnes dans un lieu, pour qu'elles confèrent ensemble. || *Ab. des tuyaux*, Les appliquer l'un contre l'autre par leurs orifices. = s'ABOUCHER. v. pron. *Les deux princes se sont abouchés*, Ils ont eu une conférence ensemble. *S'ab. avec quelqu'un.* || En Anat. et en Techn., se dit Des vaisseaux qui s'anastomosent, des tubes qui sont appliqués l'un contre l'autre par leurs ouvertures. = ABOUCHÉ, ÉE. part.

ABOUT. s. m. (R. *bout*). T. Charp. et Menuis. Extrémité par laquelle toute pièce de bois est assemblée avec une autre. || Se dit également De l'extrémité par laquelle une tringle de fer se fixe à quelque chose.

* **ABOUTEMENT.** s. m. Jonction par les abouts.

* **ABOUTER.** v. a. Joindre par les abouts.

ABOUTIR. v. n. (R. *bout*). Toucher par un bout. *Ce champ aboutit au grand chemin. La rue Montmartre aboutit au boulevard.* || * Converger. *Tous les rayons d'un cercle aboutissent à son centre.* || * Se terminer à. *Les vaisseaux chylifères aboutissent au canal thoracique.* || Fig., Tendre, se terminer, avoir pour résultat. *A quoi aboutissent tous vos raisonnements? Cela n'aboutira qu'à le perdre.* || T. Méd. S'ouvrir. *Cette tumeur, cet abcès va ab.* = ABOUTI, IE. part.

ABOUTISSANT, TE. adj. Qui touche par un ou plusieurs bouts. *Une prairie aboutissante à la forêt.* || Pris subst., s'emploie toujours au plur. *Les tenants et aboutissants d'un champ, d'une maison.* || Fig., *Savoir tous les tenants et aboutissants d'une affaire*, En connaître toutes les circonstances, tous les détails.

ABOUTISSEMENT. s. m. Action d'aboutir. Ne se dit guère que d'un abcès. Vx.

AB OVO. (à partir *de l'œuf*). Loc. adv. empruntée du latin. Dès l'origine, dès le commencement. *Racontez-moi cette affaire ab ovo.*

ABOYANT, ANTE. adj. Qui aboie.

ABOYER. v. n. (R. *aboi*). Au prop., ne se dit guère que D'un chien poussant son cri habituel. *Ce chien aboie aux voleurs, contre les passants, après tout le monde.* || Fig. et fam., Crier après quelqu'un, le poursuivre ou l'importuner. *Ses créanciers aboient après lui. Tous les journaux aboient contre ce projet de loi.* || Prov., *Ab. à la lune*, se dit D'un homme qui crie inutilement contre un plus puissant que lui. || Fig. et fam., Désirer, poursuivre avec ardeur. *Ils sont trois ou quatre qui aboient après cette succession.* = ABOYÉ, ÉE. part. *Un cerf ab. par les chiens. Il est ab. de ses créanciers.* = Conjug. Voy. EMPLOYER.

ABOYEUR. s. m. Chien qui aboie pour avertir de la présence du gibier. || Fig. et fam., *Un ab. de places. Ce journaliste n'est qu'un ab.* || * Pop., on nomme *Aboyeurs*, Les crieurs de nouvelles dans les rues.

ABRACADABRA. s. m. Voy. ABRAXAS.

* **ABRANCHES.** s. m. pl. (gr. α priv. ; βράγχια, branchie).

Enc. — Les *Annélides* qui n'ont point de branchies apparentes, et chez lesquels la peau semble remplir les fonctions d'organe respiratoire, ont reçu de Cuvier le nom d'*Ab.*, et il en a fait le troisième ordre de la classe des annélides. Milne Edwards a divisé les ab. de Cuvier en deux sous-ordres, sous les noms d'*Ab. sétigères* ou *Annélides tubicoles*, et d'*Annélides suceurs*. Les principaux genres de cet ordre sont les *Lombrics* ou *Vers de terre*, et les *Hirudinées* ou *Sangsues*. Voy. ANNÉLIDES, TUBICOLES et SUCEURS.

ABRAXAS. s. m. Nom par lequel on désigne une classe très-nombreuse de pierres gravées, qui contenaient les symboles du culte de certaines sectes gnostiques. Elles sont ainsi nommées, du mot *abraxas* ou *abrasax*, écrit en lettres grecques, qu'on lit sur la plupart d'entre elles. On les appelle également *Pierres basilidiennes.*

Enc. — La dénomination de *basilidiennes* appliquée à ces pierres gravées est tout à fait impropre, car elles sont loin d'appartenir toutes à la secte fondée par Basilide. La secte des Ophidiens peut en réclamer une bonne part. Le terme *Abraxas* ne leur convient pas davantage, attendu que toutes ne portent pas cette inscription mystérieuse.

Ce dernier terme paraît n'être qu'une réunion de lettres numériques formant le nombre mystique 365, nombre qui signifiait, pour les Gnostiques, l'ensemble des manifestations émanées du Dieu suprême. Ils admettaient, en effet, 365 intelligences constituant le *plérôme* ou plénitude des intelligences supérieures. Le but des ab. était de procurer à ceux qui les possédaient la protection de ces intelligences, et de les préserver ainsi de la colère et de la séduction des esprits malintentionnés; c'étaient, à proprement parler, de simples amulettes ou talismans. — Les inscriptions gravées sur ces pierres sont, la plupart du temps, composées de radicaux tirés de diverses langues, du grec, de l'hébreu, du cophte, etc.; ce qui les rend très-difficiles à déchiffrer. Quelquefois même les mots en paraissent entièrement forgés. Il nous est impossible de décrire ici les diverses espèces de figures symboliques qui se trouvaient sculptées sur ces pierres : nous nous bornons à en donner deux. La Fig. 1 représente une belle chrysoprase, convexe des deux côtés et sculptée sur ses deux faces. Sur l'une des faces est une ligne droite, croisée par trois lignes courbes. On ne sait pas encore quelle était la signification de cette figure qui se rencontre fréquemment sur les pierres gnostiques; mais on remarque autour d'elle le mot mystérieux αβρασαξ, dont nous avons parlé. Sur l'autre face, on voit un serpent avec une tête de lion ornée d'une crinière, et de cette tête partent des rayons. Or, le serpent était, chez les Grecs, chez les Romains, chez les Egyptiens et chez les Orientaux, le symbole de la médecine. Il était encore un des nombreux emblèmes qui représentaient le soleil. Quant à la tête de lion, on sait que cet animal était l'emblème de la tribu de Juda. Les Juifs avaient trouvé dans le nom hébreu du lion une foule de propriétés terribles. Il n'est donc pas étonnant que les Gnostiques aient adopté ce symbole mystique, et aient ainsi représenté Jésus-Christ sous la forme de cet animal. Les rayons qui partent de sa tête indiquent sa divinité. — Un grand nombre de ces pierres portent l'inscription ΙΑΩ, que l'on suppose être une corruption de JÉHOVAH. Suivant saint Irénée, ce mot ferait allusion à Jésus-Christ, considéré comme l'*alpha* et l'*oméga* de la révélation. — La Fig. 2 représente une tête d'éléphant combinée avec deux têtes humaines. Il est fort probable que c'était une amulette gravée pour un malheureux affecté de l'affreuse maladie appelée par les anciens, et encore aujourd'hui, éléphantiasis. (Voy. DE MATTER, *Histoire du Gnosticisme.*)

A. . . .	1
B. . . .	2
P. . . .	100
A. . . .	1
C. . . .	200
A. . . .	1
Ξ. . . .	60
	365

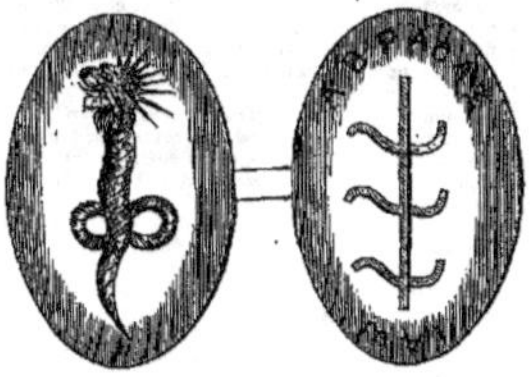

Fig. 1.

Fig. 2.

Du mot *abraxas* on fait dériver *Abracadabra*, formule mystique à laquelle on attribuait la vertu de chasser la fièvre et d'autres maux. On l'inscrivait sur un morceau de papier carré de manière à former un triangle où le mot se reproduisait sur toutes les faces.

A B R A C A D A B R A
B R A C A D A B R
R A C A D A B
A C A D A
C A D
A

On cousait ce papier sur une figure de croix, et le malade portait pendant neuf jours cet amulette suspendu à son cou.

ABRÉGÉ. s. m. Écrit, discours dans lequel on expose d'une manière succincte ce qui est ou pourrait être dit plus au long et plus en détail. *Un ab. d'histoire, de physique. Il a rédigé un ab. de ses aventures. Voici l'ab. de sa vie.* || Fig., *L'homme est un ab. des merveilles de l'univers*, Il les résume toutes dans son admirable organisation. = EN ABRÉGÉ. loc. adv. Sommairement, en peu de paroles. *Contez-moi cela en ab.* || Sign. aussi, Par abréviation. *Écrivez ces mots-là en ab.*

Syn. — *Épitome, Résumé, Précis, Extrait, Analyse, Argument, Sommaire.* — L'*Ab.* n'est pas simplement la réduction d'un ouvrage; c'est un traité complet, sous des proportions moindres que celles de l'ouvrage qu'il résume. Il présente ce caractère que sa rédaction lui appartient en propre, et qu'elle peut n'avoir aucune ressemblance avec celle du livre original. L'*épitome* diffère de l'*ab.* moins par son étendue que par sa rédaction, qui est empruntée presque entièrement à l'ouvrage principal. Le *résumé*, au contraire, ressemble plus à l'*ab.* sous le rapport de la réduction que sous celui de l'étendue, qui est assez restreinte. Du reste, ce terme, quoique consacré par l'usage dans cette acception, paraît improprement employé dans le sens d'*ab.*, car il signifie particulièrement *récapitulation*. Le *précis* se borne à exposer les idées générales d'un ouvrage, sans le suivre dans ses détails comme l'ab. L'*extrait* ne présente que la substance d'un livre, sans offrir l'ordre et l'enchaînement qu'on exige dans un *précis*. On désigne, le plus souvent, par le mot *extrait*, des fragments d'un ouvrage qu'on cite textuellement. L'*analyse* est le plus succinct des résumés; elle doit toujours avoir un caractère méthodique. L'*argument* indique simplement le sujet d'un discours, d'une pièce de théâtre, d'un poëme ou des chants d'un poëme, d'un roman ou des chapitres d'un roman. Le *sommaire* n'est que la nomenclature des objets traités dans les divers chapitres d'un ouvrage. Il se place ordinairement en tête des chapitres ou de l'ouvrage lui-même.

Enc. — Avant l'invention de l'imprimerie, lorsque les manuscrits s'élevaient à un grand prix, les compilations abrégées des livres considérables formaient une importante branche de la littérature. Il serait impossible de décider aujourd'hui si les arts et les sciences ont perdu à cet usage. En effet, d'un côté, plusieurs ouvrages perdus pour l'humanité sont arrivés ainsi, jusqu'à nous, sous une forme abrégée; et de l'autre, il se peut que ce soit l'ab. qui, en devenant populaire, ait causé la perte de l'original. Parmi les meilleurs abrégés que nous ait légués l'antiquité, il faut citer l'*Histoire de* JUSTIN, qui est un ab. de la grande histoire universelle de TROGUE-POMPÉE, et l'*Histoire naturelle de* SOLIN, principalement extraite de celle de PLINE. — Parmi les ab. modernes, il en est peu qui méritent une attention particulière. La plupart ont été rédigés uniquement dans le but de faciliter l'enseignement élémentaire. Quelques-uns, cependant, qui ont été écrits pour présenter dans un cadre restreint l'ensemble complet d'une science ou d'une branche de la littérature, sortent de la ligne commune. Tel est l'*Ab. chronologique de l'histoire de France*, du président HÉNAULT. S'il y a peu de bons abrégés, c'est que ce genre d'ouvrage exige dans sa composition les plus rares qualités de l'esprit. Pour faire un ab., non-seulement il est nécessaire que l'écrivain connaisse parfaitement les matières qu'il doit traiter; mais encore, il faut qu'il possède une sagacité profonde pour saisir les points saillants de son sujet, et une grande habileté pour l'exposer succinctement et avec lucidité. « Tacite, dit Montesquieu, abrégeait tout, parce qu'il voyait tout. » Malheureusement les Tacite sont rares.

ABRÉGER. v. a. (lat. *abreviare*, de *brevis*, court). Rendre plus court. *Ab. une histoire. Ses débauches ont abrégé sa vie.* || S'emploie quelquefois absol., *Prenez ce sentier, il abrége.* || Faire paraître moins long. *La conversation abrége le chemin.* Le travail abrége le temps. = ABRÉGÉ, ÉE. part. = Conjug. Voy. *Manger.*

ABREUVER. v. a. (lat. *ebriare*, enivrer). Faire boire. Ne se dit prop., qu'en parlant Des bêtes et surtout des chevaux. || Fam., s'emploie quelquefois en parlant Des personnes. *Il a bien abreuvé ses convives* || Par ext., se dit Des terres et des végétaux. *Ces prairies, ces plantes ont besoin d'être abreuvées.* || Fig., *Ab. de fiel, d'amertume, de douleurs, d'ennui*, Causer beaucoup de chagrins, etc. — *Ab. de délices*, Combler de félicités. || T. Techn. *Ab. des tonneaux, des cuves, un navire*, Les remplir d'eau pour s'assurer qu'il n'y a pas de fuite. — Passer sur un fond poreux une couche de couleur à l'huile, à la colle ou au vernis, pour boucher les pores. = s'ABREUVER. v. pron. S'emploie au prop. et au fig. *Mes bestiaux s'abreuvent dans l'étang. S'ab. de larmes. C'est un homme qui s'abreuve de fiel*, C'est un homme haineux. = ABREUVÉ, ÉE. part.

ABREUVOIR. s. m. Lieu disposé pour faire boire et pour faire baigner les animaux. || Pop., *Ab. à mouches*, Grande plaie à la tête ou au visage.

Enc. — Souvent l'*Ab.* est un bassin dans lequel on recueille les eaux de la pluie ou celles d'une source. Le fond de ce bassin est ordinairement pavé, et les parois sont construites de façon à ne pas laisser échapper l'eau. D'autres fois, c'est une pente douce sur le bord d'une rivière ou d'une pièce d'eau. Dans ce cas, l'ab. est, en général, muni d'un barrage quelconque, pour empêcher que les animaux ou leurs conducteurs ne s'avancent dans des endroits trop profonds, ou ne soient entraînés par le courant.

ABRÉVIATEUR. s. m. Auteur qui abrége l'ouvrage d'un autre.

Enc. — Certains officiers de la chancellerie romaine chargés de la rédaction des brefs, bulles et autres actes émanant de l'autorité papale, ont reçu le nom d'*Abréviateurs*, parce que leurs minutes sont remplies d'abréviations. Ce titre équivaut à celui de notaire. Ces officiers, qui sont actuellement au nombre de soixante-douze, tiennent encore registre de ces pièces, les transcrivent sur parchemin, et les font parvenir à la Daterie, d'où elles sont expédiées.

***ABRÉVIATIF, TIVE.** adj. Qui sert à marquer une abréviation. *Figure ab. Lettre abréviative.*

ABRÉVIATION. s. f. Retranchement de lettres dans un mot, pour écrire plus vite et en moins d'espace. || Se dit, par ext., De certains signes destinés à représenter des mots entiers.

Enc.—Les Égyptiens furent les premiers qui se servirent de signes abréviatifs; les Grecs les adoptèrent, et plus tard les Latins en composèrent tout un système d'écriture. Ces derniers, avant l'invention des lettres minuscules, n'employaient que des onciales d'un pouce de hauteur. Aussi les abréviations étaient-elles devenues nécessaires chez eux et d'un usage habituel. Tantôt ils ne laissaient subsister que la première lettre des mots; tantôt ils supprimaient seulement les dernières lettres ou celles du milieu. C'est ce que Cicéron appelait *singulæ litteræ*, d'où est venu le mot *sigle*. On se servait d'abréviations dans les inscriptions, les manuscrits, les lettres et même dans les lois et les décrets; mais comme les signes abréviatifs pouvaient être interprétés de plusieurs manières différentes, leur emploi donna lieu à tant d'abus, que l'empereur Justinien se vit obligé de les proscrire, et de punir comme faussaires ceux qui oseraient les employer. — Assez rares dans les diplômes des rois des deux premières races, les abréviations se multiplièrent tellement dans ceux des Capétiens, que Philippe-le-Bel essaya d'y remédier dans une ordonnance relative aux tabellions et aux notaires, en 1304; mais l'abus n'en persista pas moins dans les deux siècles suivants. Des manuscrits, cet abus passa même dans l'imprimerie, et les premiers livres imprimés offrent un très-grand nombre d'abréviations fort difficiles à déchiffrer.

Certaines abréviations étant aujourd'hui généralement employées, nous allons citer les plus usuelles.

A., accepté (sur une lettre de change). — Ant., antienne (dans les livres d'église). — A. P., à protester. — A. S. P., accepté sous protêt. — A. S. P. P. C., accepté sous protêt pour compte. — A. T., Ancien Testament. — Bon, baron; Bonne, baronne. — B. P. F., bon pour francs (sur les billets à ordre). — C.-à-d., c'est-à-dire. — Ch. ou chap., chapitre. — Chev., chevalier. — Cie, compagnie. — C. O., compte ouvert. — Cte, comte; Ctesse, comtesse. — D., dom (en parlant d'un bénédictin ou d'un seigneur portugais; don (en parlant d'un noble espagnol). — Do, dito (ce qui a été dit). — Dr, docteur. — D. M., docteur-médecin. — D. M. P., docteur-médecin de la faculté de Paris. — Xbre, décembre. — E. ou Em., éminence (en parlant d'un cardinal). — Etc., et cætera (et le reste). — Exc., excellence. — Fer, février. — Fo, folio. — Fr, frère. — Id., idem (le même auteur, le même ouvrage, la même chose). — Ibid., ibidem (dans le même livre, au même chapitre, à la même page, au même endroit). — Jer, janvier. — J.-C., Jésus-Christ. — L. C. ou loc. cit., loco citato (à l'endroit cité). — LL. AA., Leurs Altesses. — LL. AA. II. Leurs Altesses Impériales. — LL. AA. RR., Leurs Altesses Royales. — LL. MM., Leurs Majestés. — M., monsieur; MM., messieurs. — Md, marchand. — Me, maître (en parlant des hommes de loi) — Mgr, monseigneur; Mgrs, messeigneurs. — Mis, marquis; Mise, marquise. — Mlle, mademoiselle; Mlles, mesdemoiselles. — Mme, Mad., madame; Mmes, Mesd., mesdames. — N., nom (se met au lieu du nom quand on ne le connaît pas). — Na, nota (remarque). — N.-B., nota bene (notez bien). — N.-D., Notre-Dame (en parlant de la Vierge). — No., numéro. — 9bre, novembre. — N.-S., Notre-Seigneur (en parlant de J.-C.). — NN. SS., nos seigneurs. — N. S. P., Notre Saint Père (le pape). — N. T., Nouveau-Testament. — Nt, négociant. — N. T. C. F., notre très-cher frère. — NN. TT. CC. FF., nos très-chers frères. — 8bre, octobre. — P. ou pag., page. — P. ex., par exemple. — Pass., passim (à divers endroits). — P., père (titre de certains religieux, d'un abbé). — P. ou pl., planche. — P.-S., Post-scriptum (après l'écrit). — Préc., précédent. — P., protêt. — R., reçu. — Ro, recto. — ℟., Répons (dans les livres d'église). — S., signé. — 7bre., septembre. — S/C., son compte. — Sect., section. — S. ou St, saint; Ste, sainte; SS., saints. — S.-P., Saint-Père (le pape). — PP. ou SS. PP., saints Pères (les Pères de l'Église). — S. A., Son Altesse (en parlant d'un prince). — S. A. S., Son Altesse Sérénissime (en parlant d'un grand-duc). — S. E. Son Eminence (en parlant d'un cardinal). — S. Exc., Son Excellence (en parlant d'un ministre). — S. G., Sa Grâce (en parlant d'un duc); Sa Grandeur (en parlant d'un évêque ou du chancelier de France). — S. H., Sa Hautesse (l'empereur de Turquie). — S. M., Sa Majesté. — S. M. A., Sa Majesté Apostolique (l'empereur d'Autriche). — S. M. B., Sa Majesté Britannique (le souverain de la Grande-Bretagne). — S. M. C., Sa Majesté Catholique (le souverain d'Espagne). — S. M. I., Sa Majesté Impériale. — S. M. I. et R., Sa Majesté Impériale et Royale. — S. M. T. C., Sa Majesté Très-Chrétienne (le roi de France). — S. M. T. F., Sa Majesté Très-Fidèle (le souverain de Portugal). — S. S., Sa Sainteté (le pape). — S. S., Sa Seigneurie (en parlant d'un lord anglais). — S.-S., Saint-Sacrement; T.-S.-S., Très-Saint-Sacrement. — Suiv., suivant. — T. ou tit., titre; T. ou tom., tome. — T. S. V. P., tournez, s'il vous plaît. — ℣., verset (dans les livres d'église). — V/C., votre compte. — Ve ou Vve, veuve. — Vo, verso. — Vol., volume. — V. A., Votre Altesse. — V. E., Votre Eminence. — V. Exc., Votre Excellence. — V. G., Votre Grâce; Votre Grandeur. — V. S., Votre Seigneurie. — Vte, vicomte; Vtesse, vicomtesse. — Les abréviations relatives à chaque science seront données en leur lieu. V. ALGÈBRE, BOTANIQUE, PHARMACIE, etc.

***ABRÉVIATIVEMENT.** adv. Par abréviation, d'une manière abrégée.

ABRI. s. m. (du vieux mot *abre* pour *arbre;* en lat. *arbor*). Lieu où l'on peut se mettre à couvert des diverses incommodités du temps. || Fig., se dit De quelque lieu que ce soit où l'on est en sûreté, et de tout ce qui nous met à couvert du danger. *La maison d'un protecteur est un ab. Cette rade est un bon ab. La solitude est un ab. contre les embarras du monde.* || Ce qui sert à mettre à couvert, au prop. et au fig. *Pendant l'orage, je me suis mis à l'ab. d'un bois. A l'abri de sa vertu, il ne redoute pas la contagion du vice.* (Ici, *à l'abri de*, sign., *sous l'abri de.*) = A L'ABRI. loc. prép. A couvert. *Ce coteau met ma maison à l'ab. du vent du Nord. Être à l'abri pendant une tempête. Il pleuvait, je me suis mis à l'ab. sous un hangar, derrière une muraille.* || Fig., *Une vie retirée met à l'ab. de bien des tracas.* (La loc. prépositive, *A l'abri*, a toujours le sens de *A l'abri contre.*)

Enc.—Dans la grande comme dans la petite culture, on appelle *Ab.* tout ce qui a pour objet de protéger les végétaux contre l'action du froid, de la chaleur, d'une humidité extrême, ou contre les effets d'une évaporation excessive. Les ab. se divisent en *naturels* et en *artificiels*. On range dans les premiers les montagnes, les collines, les forêts; et on donne le nom d'abris artificiels aux haies garnies de baliveaux, aux murs, aux palissades, aux brise-vents, aux nattes, aux paillassons, aux canevas, quelquefois même à de simples couches de mousse ou de vieille paille.

Selon leur position, les montagnes, les collines, les forêts, peuvent exercer une grande influence, soit en bien, soit en mal, sur le produit des cultures environnantes. Dans les pays chauds et dans les terrains arides, elles retardent l'évaporation de l'eau des pluies, et contribuent ainsi à la fertilité du sol; dans les pays froids, au contraire, elles peuvent devenir très-nuisibles aux plantes, en arrêtant cette même évaporation et en interceptant les rayons solaires.

Les abris artificiels contre le froid ont pour objet, les uns de s'opposer aux effets de l'abaissement de la température atmosphérique, comme les serres, les bâches, les châssis, les cloches; les autres de diminuer l'émission du calorique rayonnant: tels sont les paillassons, les toiles, etc. Ces abris sont indispensables à la conservation et à la multiplication d'une foule de végétaux étrangers; ils facilitent à l'horticulteur les moyens d'en acclimater quelques-uns, de les cultiver avec profit et d'en obtenir des *primeurs*, dont il tire souvent un grand profit.

ABRICOT. s. m. Fruit de l'abricotier.

ABRICOTIER. s. m. T. Bot.

Enc.—Arbre fruitier connu de tout le monde et qui a reçu le nom de *Prunus Armeniaca*. Prunier d'Arménie, parce qu'on le croit généralement originaire de ce pays. Quelques auteurs le font venir des montagnes du Caboul. Au reste, il paraît qu'on en a trouvé quelques pieds sauvages dans le Piémont. Cet arbre fleurit aux premières chaleurs du printemps; aussi ses fleurs sont-elles souvent frappées par des gelées tardives. *L'Ab.* se multiplie de semences; mais alors il est sujet à dégénérer. Les jardiniers préfèrent le greffer sur prunier ou sur amandier. On le cultive en plein vent et en espalier. Dans ce dernier cas, les abricots sont plus petits et moins agréables à l'œil; mais ils sont plus savoureux et plus parfumés L'abricot sauvage est un fruit petit, arrondi, pâle, légèrement rosé sur le côté le plus exposé au soleil, et d'un goût acidule qui est assez agréable. Les confiseurs apprêtent de différentes manières le fruit de l'ab. Les distillateurs préparent aussi avec l'amande que renferme son noyau, la liqueur de table connue sous le nom de *Ratafia*. L'ab. appartient à la famille des DRUPACÉES. Voy. ce mot.

ABRITER. v. a. Mettre à l'abri, au prop. et au fig. = s'ABRITER. v. pron. Se mettre à couvert, au prop. et au fig. = ABRITÉ, ÉE. part.

ABROGATION. s. f. Acte par lequel on supprime, on annule une loi, une coutume, un usage, etc. *L'ab. d'une loi est un acte de l'autorité supérieure.*

Enc.—L'*Ab.* est l'annulation d'une loi ou d'une ordonnance par une loi ou par une ordonnance postérieure; et comme elle est un acte de souveraineté, elle ne peut émaner que d'un pouvoir souverain. Ainsi, dans les gouvernements représentatifs, le concours des chambres et du monarque est nécessaire à l'ab. d'une loi. L'ab. est *expresse* ou *tacite: expresse*, lorsqu'elle est littéralement prononcée par une loi nouvelle; *tacite*, si une loi vient à être portée qui, sans déclarer que la précédente est abolie, contient cependant des dispositions nouvelles contraires aux anciennes, ou si l'ordre de choses pour lequel la loi avait été faite est anéanti. — Elle est encore ou *totale* ou *partielle: totale*, lorsque la nouvelle loi remplace l'ancienne dans toutes ses dispositions; *partielle*, lorsque cette loi prononce l'annulation de quelques dispositions de la première, et laisse l'ensemble en vigueur. Dans ce dernier cas, l'ab. se rapproche de la *dérogation*, qui laisse subsister la loi antérieure, ou du moins ne l'abolit qu'en partie. Mais elle se distingue de l'*abolition*, qui ne peut jamais être partielle, et qui a lieu aussi bien par la volonté législative que par désuétude.

ABROGER. v. a. (lat. *abrogare*). Supprimer, abolir, mettre hors d'usage. Il ne se dit guère qu'en parlant Des lois, des constitutions, des usages, des cérémonies et d'autres choses semblables. *La puissance despotique abroge souvent ce que l'équité avait établi.* = s'ABROGER. v. pron. Être abrogé. *Cette loi s'est abrogée d'elle-même par désuétude.* = ABROGÉ, ÉE. part. = Conjug. V. MANGER. = Syn. V. ABOLIR.

***ABROME.** s. m. (gr. α priv., βρῶμα, nourriture). T. Bot. Voy. BYTTNÉRIACÉES.

***ABROTONE** ou **AURONE.** s. f. (gr. α priv., βροτὸς, mortel.) T. Bot. Voy. COMPOSÉES.

ABROUTI, IE. adj. (R. *brouter*). T. Agric. Se dit Des bois dont les premières pousses ont été broutées par les bestiaux.

***ABROUTISSEMENT.** s. m. État d'un arbre qui a été abrouti.

ABRUPT, UPTE. adj. (lat. *ab*, de; *ruptus*, séparé). Se dit Des terrains et des rochers coupés d'une manière bizarre, comme s'ils avaient été rompus. *Site abrupt. Pente abrupte.* || Fig., on appelle *Style abrupt*, Un style inégal, saccadé, sans liaison.

***ABRUPTI-PENNÉ.** adj. T. Bot. Voy. FEUILLE.

ABRUPTO (EX). Loc. lat. qui sign., Inopinément, brusquement, sans préparation. *Parler ex ab. Exorde ex ab.* Voy. EXORDE.

***ABRUS.** s. m. (gr. ἁβρὸς, élégant). T. Bot. Voy. LÉGUMINEUSES.

ABRUTIR. v. a. (R. *brute*). Rendre stupide comme une bête brute. = s'ABRUTIR. v. pron. Devenir comme une bête brute. = ABRUTI, IE. part.

ABRUTISSANT, ANTE. adj. Qui est propre à abrutir.

ABRUTISSEMENT. s. m. État d'une personne abrutie.

ABSCISSE. s. f. (lat. *ab*, de; *scindere*, séparer).

Enc. — En Géom., lorsqu'on veut déterminer la position d'un point sur un plan, on peut employer divers procédés. Le plus simple consiste à donner les distances de ce point à deux axes fixes qui se coupent dans ce plan. — Ainsi, un point M étant donné, si l'on mène les deux droites MA, MB parallèles aux deux axes XX', YY'. La position du point M sera parfaitement déterminée quand on connaîtra les distances MA, MB ou leurs égales OA, OB. La distance OA s'appelle *abcisse;* la distance OB et son égale MA s'appellent *ordonnées*. L'ensemble de ces lignes constitue les *coordonnées* rectilignes du point. L'axe sur lequel on compte les abscisses porte le nom d'*axe des abscisses* ou des x; l'autre, sur lequel on compte les ordonnées, porte celui d'*axe des ordonnées* ou des y. Le point de rencontre O des axes, à partir duquel on compte les abcisses et les ordonnées, s'appelle *origine des coordonnées*. Les *coordonnées* se représentent par les petites lettres qui désignent les axes sur lesquels on les compte, c.-à-d. par x et y. Si, d'après la règle de Descartes, on convient de regarder comme négatives les coordonnées qui sont comptées à partir du point O, dans des sens opposés aux premières, l'ensemble des deux coordonnées représentera complétement la position d'un point situé dans

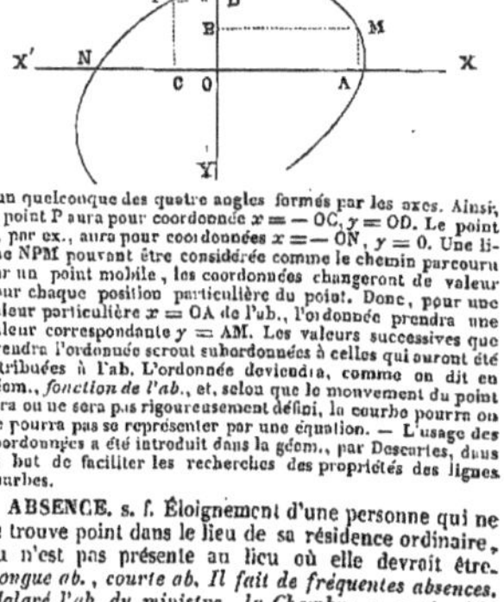

l'un quelconque des quatre angles formés par les axes. Ainsi, le point P aura pour coordonnée $x = -OC$, $y = OD$. Le point N, par ex., aura pour coordonnées $x = -ON$, $y = 0$. Une ligne NPM pouvant être considérée comme le chemin parcouru par un point mobile, les coordonnées changeront de valeur pour chaque position particulière du point. Donc, pour une valeur particulière $x = OA$ de l'ab., l'ordonnée prendra une valeur correspondante $y = AM$. Les valeurs successives que prendra l'ordonnée seront subordonnées à celles qui auront été attribuées à l'ab. L'ordonnée deviendra, comme on dit en géom., *fonction de l'ab.*, et, selon que le mouvement du point sera ou ne sera pas rigoureusement défini, la courbe pourra ou ne pourra pas se représenter par une équation. — L'usage des coordonnées a été introduit dans la géom., par Descartes, dans le but de faciliter les recherches des propriétés des lignes courbes.

ABSENCE. s. f. Éloignement d'une personne qui ne se trouve point dans le lieu de sa résidence ordinaire, ou n'est pas présente au lieu où elle devrait être. *Longue ab., courte ab. Il fait de fréquentes absences. Malgré l'ab. du ministre, la Chambre a continué la discussion. En l'ab. de mon père, je gère ses biens.* — S'emploie absol., *L'absence éteint l'amour.* || En parlant des choses, sign., Manque, privation, défaut. *L'ab. de preuves et de documents m'empêche de traiter cette question. L'ab. d'artillerie ne lui a pas permis d'achever sa victoire.* || Fig., *Il y a dans cet ouvrage une ab. totale d'esprit, de goût, de logique.* || Fig., Distraction, manque d'attention. *C'est une ab. d'esprit qui n'est pas excusable.* — Se dit quelquefois absol., au pluriel. *Il a souvent des absences.*

Enc.—T. Dr. civ. Dans son acception générale, en parlant des personnes, *Ab.* se dit de leur éloignement du lieu qu'elles habitaient; mais, dans le sens de la loi, l'ab. n'est pas simplement la non-présence d'un individu au lieu de son domicile, c'est sa disparition. Ainsi, on donne le nom d'*absent* à toute personne dont on n'a point de nouvelles et dont, par conséquent, l'existence même est douteuse. Ce cas, en effet, peut nécessiter des mesures légales, soit dans l'intérêt de l'absent lui-même, soit dans l'intérêt des tiers : aussi la loi a-t-elle pris diverses précautions, qu'elle gradue sur les différents degrés d'incertitude de la vie ou de la mort de l'absent. — La *présomption d'ab.* est le premier de ces degrés; elle suffit pour que le ministère public soit spécialement chargé de veiller aux intérêts de l'absent. Si, par ex., une succession est ouverte au profit de l'absent, la loi veut qu'un notaire soit nommé pour le représenter dans l'inventaire.—Après quatre ans, l'ab. est constatée par une enquête contradictoire, enquête qui a lieu dans l'arrondissement du domicile de l'absent, ou dans celui de sa dernière résidence, s'ils sont distincts l'un de l'autre. Le jugement qui déclare l'ab. ne peut être rendu qu'un an après celui qui a ordonné cette enquête. Du reste, la loi prescrit de donner à ces décisions la plus grande publicité. Lorsque l'absent a laissé une procuration, la *déclaration d'ab.* ne peut être poursuivie qu'après dix années révolues depuis sa disparition ou depuis ses dernières nouvelles. A partir de la déclaration d'ab., les héritiers présomptifs de l'absent sont mis en possession provisoire de ses biens ; son testament, s'il en a fait un, est ouvert, et les légataires entrent en jouissance de leurs droits, mais provisoirement et sous caution, comme les héritiers légitimes. Toutefois, l'époux commun en biens, s'il opte pour la continuation de la communauté, peut empêcher l'envoi en possession provisoire et l'exercice provisoire de tous les droits subordonnés à la condition du décès de l'absent, et prendre ou conserver, par préférence, l'administration des biens de l'absent. Dans ce cas, la femme de l'absent conserve toujours le droit de renoncer à la communauté. — Après trente ans depuis la déclaration d'ab., ou cent ans depuis la naissance de l'absent, il y a *présomption de mort.* La possession provisoire est rendue définitive, et les cautions sont déchargées.

Si l'absent reparaît, ou si son existence est prouvée après la déclaration d'ab., il recouvre ses biens; mais il ne peut réclamer que le cinquième de ses revenus, s'il reparaît avant quinze ans révolus, et le dixième, s'il reparaît après cette période. S'il ne revient qu'au bout de trente ans, il n'a droit à aucun revenu, et il est obligé de prendre ses biens dans l'état où ils se trouvent. — Lorsque l'absent meurt pendant son ab., et que son décès est prouvé, sa succession est ouverte au profit des héritiers les plus proches à cette époque. — Nul ne peut réclamer un droit échu à un absent, sans prouver que cet absent existait à l'époque où le droit a été ouvert. — Quelque longue que soit l'ab., elle ne brise pas les liens du mariage. Cependant, si le conjoint de l'absent avait, pendant son ab., contracté un second mariage, l'absent seul serait recevable à l'attaquer. — En T. de Droit, on appelle encore *Ab.* la non-comparution à une assignation donnée. C'est ce qui a lieu, par ex., lorsque, dans un procès civil, l'une des parties ne se présente pas à l'audience, ou lorsque, dans un procès criminel, l'accusé ne comparaît pas. Voy. DÉFAUT et CONTUMACE.

ABSENT, ENTE. adj. Qui est éloigné de sa résidence ordinaire; qui ne se trouve pas où il devrait être. *Il était ab. de chez lui, de Paris. J'étais ab. au moment de l'appel.* || **Fig.**, Distrait, inattentif. *Son esprit est quelquefois absent.* || S'emploie subst., *On oublie aisément les absents. Les absents ont toujours tort.* || T. Droit. Voy. ABSENCE.

ABSENTER (S'). v. pron. (lat. *ab*, hors de; *esse*, être). S'éloigner d'un lieu. *S'ab. de chez soi, S'ab. de Paris.* S'emploie absol., *Il faut que je m'absente une demi-heure. Il pourra s'ab.*

ABSIDE ou **APSIDE.** s. f. (gr. ἁψὶς, voûte). T. Arch.

Enc. — Les auteurs ecclésiastiques emploient ce mot pour

Fig. 1.

désigner la partie de l'église où se plaçait le clergé et où l'autel se trouvait situé. Cette partie de l'église était ainsi appelée, parce qu'elle représentait une demi-coupole; et non, comme le pense saint Isidore de Séville, parce qu'elle était la partie la plus légère de l'édifice (*apta*). La forme de l'ab. était tantôt semi-circulaire, tantôt polygonale. Au milieu de l'hémicycle était le trône de l'évêque, et l'autel s'élevait au centre du diamètre, vis-à-vis la nef, dont il était séparé par une balustrade ouverte ou par une grille. Le trône de l'évêque étant lui-même appelé ἁψὶς, quelques auteurs prétendent que c'est de là que cette partie des anciennes basiliques a tiré son nom. — Du IXe au Xe siècle, l'allongement du chœur étant devenu une règle constante, l'ab., qui jusqu'alors avait renfermé le maître-autel, se transforma en chapelle dédiée à la Vierge, et prit le nom de *chevet*. Le nombre des absides est très-variable. Ainsi, à Rome, dans la basilique de Saint-Pierre *in Vincoli*, au lieu d'une ab. unique, on en trouve deux, placées sur des axes parallèles. Dans un assez grand nombre d'églises, telles que la cathédrale de Pise et celle de Bonn, il existe, outre l'ab. du chœur, des absides secondaires, situées aux extrémités du transept. Il est plus rare de voir chacune des extrémités du grand bras de la croix terminée par une ab. Nous ne connaissons en France qu'une église qui présente cette disposition : c'est la cathédrale de Nevers. Mais, en Allemagne, on en rencontre plusieurs exemples. Nous nous contenterons de citer la cathédrale de Worms, qui fut commencée en 996, et consacrée en 1016. La Fig. 1 offre la vue de ce remarquable édifice, et la Fig. 2 en présente le plan.

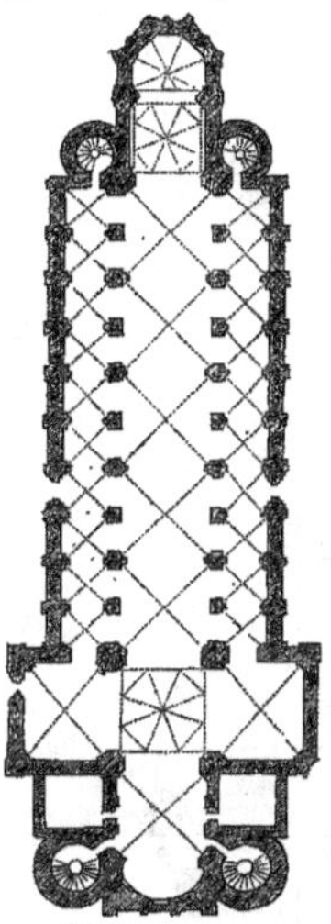

Fig. 2.

ABSINTHE. s. f. (gr. α priv., ψίνθος, douceur). T. Bot.

Enc. — La *grande Ab.* (*Artemisia absinthium*) est une plante de la famille des *Composées* (Voy. ce mot), bien connue par son amertume, ses propriétés aromatiques, et l'utilité qu'on en retire.—On emploie l'ab. fraîche, et on la récolte lorsque ses sommités sont fleuries, c.-à-d. en juillet et en août. Cette plante possède une odeur pénétrante qui se conserve en partie après la dessiccation. Elle doit ses propriétés à l'huile volatile et aux principes amers qu'elle contient. Sa vertu tonique et vermifuge l'ont rendue d'un usage vulgaire en médecine. Elle entre dans un grand nombre de préparations pharmaceutiques; mais elle s'emploie surtout sous forme d'infusion vineuse. Cette infusion constitue le *vin d'ab.*, si usité comme tonique.— Tout le monde connaît la liqueur de table qui porte le nom d'*ab. suisse*: c'est tout simplement une teinture alcoolique d'ab. On la prend ordin. avant le repas, dans le but d'aiguiser l'appétit.

ABSOLU, UE. adj. (lat. *ab*, de; *solutus*, délié). Indépendant, libre, sans contrôle. *Souverain, maître ab. Autorité absolue.* || Impérieux, qui ne supporte point la contradiction. *Caractère, ton ab.—Cet homme est ab. dans sa famille, dans sa compagnie*, Il y fait tout ce qu'il veut; personne ne lui résiste. || Total, complet, sans restriction. *Une impossibilité absolue. Il n'y a pas d'amitié sans confiance absolue. — Il ne faut pas prendre ce qu'il a dit dans un sens trop ab.*, Il ne faut pas l'admettre sans restriction aucune. || T. Gram. *Mode ab.* Voy. MODE. — *Ablatif ab.*, *Génitif ab.* Voy. CAS. || T. Log. *Proposition absolue.* Voy. PROPOSITION. || En T. de Métaph., *Ab.* s'emploie subst., et sign., Ce qui existe indépendamment de toute condition, et porte en soi-même sa raison d'être.

Syn. — *Impérieux.* — Un homme *Ab.* veut être obéi avec exactitude; un homme *impérieux* commande avec hauteur. Le premier conserve dans ses relations la politesse et la douceur des formes; le second, au contraire, a des formes emportées et une irritation pour ainsi dire habituelle.

ABSOLUMENT. adv. D'une manière absolue. *Cet homme dispose ab. de tout dans la maison.* || Déterminément, malgré toute opposition. *Je n'en ferai ab. rien. Il veut ab. entreprendre ce voyage.* || Nécessairement. *Il faut ab. que vous preniez ce parti.* || Complètement, entièrement. *Je ne suis pas ab. décidé.* || *Ab. parlant*, A juger d'une chose en général, et sans entrer dans aucun détail. *Il y a des beautés dans cet ouvrage; mais, abs. parlant, il n'est pas bon.* || T. Gram. *Prendre un mot ab.*, c'est L'employer sans complément. Dans cette phrase, *Il faut toujours prier*, le v. prier est pris ab. — *Absolument* est quelquefois employé dans le sens de *Elliptiquement.* Ainsi, dans le commandement militaire *Feu*, où le verbe *faites* est sous-entendu, on dit que le mot *Feu* est pris *ab.*, pour signifier qu'il y a *ellipse* du v. qui le régit.

ABSOLUTION. s. f. T. Droit crim. Jugement qui renvoie de l'accusation un accusé déclaré coupable, mais dont le crime ou le délit n'est pas qualifié punissable par la loi.—On le dit aussi, mais improprement, De l'acquittement d'un innocent. || T. Théol. Rémission des péchés par le prêtre, dans le sacrement de pénitence. || *T. Droit can. Levée des censures et action de réconcilier un excommunié à l'Église. || *T. Litur. Prière qui se dit à la fin de chaque nocturne de l'office divin, à la fin des heures canoniales; prière qui se fait pour les morts.

Obs. gram. — C'est à tort que l'on confond les deux mots *Acquittement* et *Ab.* L'*ab.* est un acte par lequel la loi s'avoue impuissante contre un crime ou un délit avéré. *L'acquittement* est la réhabilitation d'un innocent; c'est une réparation solennelle et entière que la loi accorde.

Syn. — *Pardon, Rémission, Grâce.* — Le *pardon*, c'est la renonciation formelle au droit et au pouvoir de punir une injure, une faute, un crime. Il a pour but d'empêcher ou de faire cesser le châtiment. La *rémission*, en ce sens, diffère du *pardon*, parce qu'elle n'est qu'un simple désistement de la peine qu'on peut faire infliger à quelqu'un. Le *pardon* est un oubli complet de l'offense; la *rémission* préserve du châtiment, mais elle conserve le souvenir de la culpabilité. La *grâce* n'est autre qu'un *pardon solennel*, qui s'exerce par une autorité supérieure, et principalement après la condamnation. Elle n'efface pas les souillures du jugement dont elle annule ou interrompt l'exécution. Contrairement au *pardon*, qui prévient souvent l'action de la justice, la *grâce* n'a lieu qu'après la décision de ceux qui ont le pouvoir de condamner. L'*absolution* ne ressemble ni au *pardon* ni à la *grâce* : elle offre ce caractère particulier, qu'elle rend libre un coupable, sans le punir et sans le pardonner. Elle a lieu, lorsqu'il n'existe pas de dispositions dans les lois pour la punition d'un délit ou d'un crime qui a amené un prévenu devant les tribunaux.

***ABSOLUTISME.** s. m. Nom donné à la doctrine politique opposée au système représentatif.

Enc.—Un gouvernement est absolu, dans le sens rigoureux du mot, lorsque le chef de l'Etat est au-dessus du contrôle de toute loi, et que son pouvoir législatif est illimité. *El rey assoluto* est le mot d'ordre du parti anti-constitutionnel en Espagne. Toutefois, dans ce pays comme dans la plupart des autres, la théorie de la souveraineté absolue reconnaît certaines limites. Le parti appelé *absolutiste*, en effet, dénie au roi le droit de pouvoir modifier, par un simple acte de sa volonté, les lois fondamentales qui règlent la succession au trône.

ABSOLUTOIRE. adj. 2 g. Qui porte absolution. *Bref abs.*

ABSORBANT, TE. adj. En T. Anat. *Système ab.* Système des organes qui concourent à l'absorption. *Vaisseaux absorbants.* Vaisseaux au moyen desquels s'effectue l'absorption. Se dit surtout en parlant Des vaisseaux lymphatiques. || T. Méd. *Remèdes absorbants*, Remèdes qui ont la propriété de neutraliser les acides développés dans les voies digestives. || S'emploie subst. en parlant De ces vaisseaux et de ces médicaments.

Enc. — A l'époque où la médecine attribuait la plupart des maladies à des altérations chimiques des humeurs, on faisait grand usage des *absorbants.* Aujourd'hui on ne les emploie que pour saturer les acides qui se développent dans les voies digestives, et l'on reconnaît en outre que ces médicaments sont de simples palliatifs qui n'attaquent nullement la cause de la maladie. Les absorbants ou *anti-acides* les plus usités sont la magnésie et la chaux, ou les carbonates de ces bases. On les administre sous forme sèche, lorsque les acides se développent dans l'estomac; on les délaie, au contraire, dans un liquide, lorsqu'on pense que le développement des acides a lieu dans le tube intestinal. On les emploie enfin sous forme de masticatoires, dans les cas où l'affection qu'il s'agit de combattre dépend de l'altération de la salive.—On donne encore, mais abusivement, le nom d'ab. à la charpie et aux topiques divers que l'on emploie pour absorber les liquides fétides qui s'écoulent des plaies de mauvaise nature.

ABSORBER. v. a. (lat. *ab*, de; *sorbere*, aspirer, humer). Pomper, s'imbiber de. *La terre absorbe l'eau de la pluie. L'éponge absorbe l'eau. Les veines et les vaisseaux lymphatiques absorbent les fluides.* || Engloutir. *Ce gouffre absorbe toutes les eaux du torrent.* || Faire disparaître, annuler, effacer. *La voix de ce chanteur est absorbée par le bruit de l'orchestre. Les couleurs foncées absorbent la lumière. L'odeur de la tubéreuse absorbe celle de la plupart des fleurs. L'amour absorbe tous les autres sentiments.* || **Fig.**, Consumer entièrement. *Les procès et le jeu ont absorbé* *tout son bien. Le travail absorbe tout son temps.* || Attirer, captiver exclusivement, entièrement. *Cette scène absorbe tout l'intérêt de la pièce. Ses nouvelles fonctions l'absorbent tout entier.* || * Dans le langage de la science, *Ab.* s'emploie quelquefois absol. = S'ABSORBER. v. pron. *L'eau s'absorbe dans le sable. Le temps s'absorbe dans l'éternité. Le savant s'absorbe dans l'étude.* = ABSORBÉ, ÉE. part.

ABSORPTION. s. f. Action d'absorber.

Enc. — En T. de Chim., on appelle *Ab.* la pénétration intime et successive d'un liquide ou d'un gaz dans un corps organique. Tantôt cette ab. est une véritable combinaison chimique; tantôt elle n'est qu'une simple condensation du liquide ou du gaz dans le corps sur lequel on opère. Lorsqu'on prend un charbon, qu'on le fait rougir afin de le débarrasser des gaz étrangers que ses pores peuvent contenir, qu'on le plonge dans un gaz, comme l'ammoniaque, l'oxygène, l'azote ou l'hydrogène; et qu'ensuite on le retire pour le peser, on trouve que son poids a sensiblement augmenté par l'effet de l'ab. du gaz dans lequel on l'a plongé. Si l'on fait rougir de nouveau ce même charbon, il revient à son poids primitif. — D'après de nombreuses expériences sur la faculté d'absorber que possède ce corps, on a reconnu qu'elle variait suivant la *nature du gaz*, la *nature du charbon*, la *pression extérieure*, la *température*, le *mélange d'autres gaz*, et la *présence de matières non gazeuses dans le charbon.* Toutes choses égales d'ailleurs, le charbon provenant de bois denses absorbe plus de gaz que celui qui provient d'autres bois. Ainsi, 1 volume de charbon de buis, selon De Saussure, absorbe 90 volumes de gaz ammoniaque, 85 d'acide chlorhydrique, 65 d'acide sulfureux, 55 de gaz hydrosulfuré, 35 d'acide carbonique, 9,25 d'oxygène, 7,5 d'azote et 1,75 d'hydrogène. On a mis à profit cette propriété du charbon, pour désinfecter les matières putrides, ainsi que les lieux dont l'air est vicié. (Voy. DÉSINFECTION.) — La pulvérisation du charbon diminue notablement sa force d'ab. Il en est de même de l'augmentation de la pression extérieure. — La présence d'un gaz dans les pores du charbon favorise l'ab. d'un autre gaz. En effet, Saussure a constaté qu'un charbon saturé d'azote et plongé dans du gaz oxygène, absorbe une plus grande quantité de ce dernier gaz, tout en retenant son azote. — La pierre ponce, les oxydes métalliques et le platine réduit en poudre ou à l'état d'éponge, absorbent les gaz, comme le fait le charbon, par simple condensation. C'est sur cette propriété du platine qu'est fondée la construction du briquet à gaz hydrogène. (Voy. BRIQUET.) — La vapeur d'eau répandue dans l'air est absorbée par tous les corps solides. Cette ab. est d'autant plus considérable que l'air est plus chargé d'humidité. L'augmentation de poids que les corps présentent dans ce cas est une preuve directe de la réalité de ce phénomène. Il est des substances qui absorbent la vapeur d'eau avec une extrême avidité, tel est le *trapp* en décomposition. Certains corps éprouvent, en outre, dans leur forme, des modifications très-sensibles. Les cheveux sont dans cette catégorie; aussi s'en sert-on habituellement dans la construction des *hygromètres*. — Les *liquides* possèdent, comme les solides, la faculté d'absorber les gaz. Tantôt il y a combinaison chimique, tantôt aussi il ne s'opère qu'un simple mélange. Les conditions qui influent sur la quantité de l'ab. sont à peu près les mêmes que celles que nous avons énoncées en parlant du charbon. L'eau distillée et débarrassée, par l'ébullition, des gaz qu'elle contient constamment, absorbe 780 fois son volume de gaz ammoniaque, 516 volumes de gaz acide chlorhydrique, et 35 volumes de gaz acide sulfureux. L'eau peut aussi absorber simultanément plusieurs gaz différents; mais la proportion varie pour chacun d'eux. Ainsi, l'eau mise en présence de l'air, qui est un mélange de 21 parties d'oxygène sur 79 d'azote, dissout proportionnellement plus d'oxygène que d'azote, et absorbe autant de chaque gaz que si on eût expérimenté isolément avec chacun d'eux. Ce fait est à noter; car l'oxygène est l'élément essentiel de la respiration, tant pour les animaux qui vivent dans l'air que pour les animaux qui vivent au fond des mers. Les gaz qui sont susceptibles de passer à l'état solide, sont beaucoup plus aisément absorbés par l'eau que les gaz non liquéfiables. Ainsi l'acide carbonique est absorbé par l'eau en bien plus grande quantité que le gaz hydrogène ou l'azote.

Physiol. — Tous les tissus organiques jouissent de la propriété d'être perméables aux fluides liquides ou gazeux, même après la mort. Cette propriété dépend de la présence de pores invisibles dans tous les tissus, et s'appelle *imbibition*. Lorsque deux gaz différents sont mis en contact avec les deux surfaces d'une vessie animale humide, chacun d'eux traverse la membrane jusqu'à ce qu'ils soient distribués également de chaque côté, c'est-à-dire, jusqu'à ce qu'ils soient parfaitement mélangés ensemble. Les gaz traversent de même une membrane humide pour être absorbés par le fluide qu'elle contient. C'est ce qui explique comment des fluides gazeux peuvent pénétrer dans le sang pendant l'acte respiratoire, sans que pour cela les globules sanguins s'échappent jamais hors de leurs vaisseaux. Les fluides gazeux traversent la membrane pulmonaire et se dissolvent dans le sang qui circule dans les innombrables vaisseaux capillaires dont cette membrane est couverte. Les substances qu'un liquide tient en dissolution pénètrent avec lui à travers les tissus. Si, par ex., on attache un lambeau de vessie sur un vase plein d'eau, de manière à ce que cette membrane se trouve en contact avec la surface du liquide, et si l'on répand ensuite un sel soluble sur la surface externe de la vessie, ce sel sera promptement dissous par l'eau qui pénètre à travers les pores de la paroi membraneuse, et il ira se mélanger au liquide que contient le vase. Ainsi donc, la cause première de l'imbibition ou de la perméabilité des tissus organisés, est la tendance qu'ont les substances à se répandre uniformément dans le fluide où elles sont dissoutes. (Tout le monde sait que de l'eau salée et de l'eau ordinaire, mises en contact, se mêlent intimement.) Or, les pores des tissus animaux vivants étant remplis de fluides aqueux, une substance quelconque à l'état de dissolution, mise en contact avec ces tissus, tend à se répandre, non-seulement dans les fluides qui remplissent les pores, mais encore, par l'intermédiaire de ces pores, dans les fluides qui se trouvent en contact avec la surface opposée de la membrane. — Dans certaines circonstances particulières, l'imbibition se trouve accélérée, soit par la capillarité, soit par une attraction d'une nature spéciale. Le premier cas a lieu lorsqu'on humecte une partie animale desséchée, car alors la capillarité des pores vides favorise la pénétration des substances liquides. Le second cas s'observe, quand deux fluides différents sont mis simultanément en contact avec une même membrane. Ainsi, lorsque dans un tube de verre préalablement fermé à sa partie inférieure par un lambeau de vessie, on verse une dissolution de sucre ou d'un sel quelconque, et qu'on plonge ensuite l'extrémité de ce tube dans un vase contenant de l'eau distillée, on voit le niveau du liquide monter graduellement dans le tube, et même à la hauteur de plusieurs pouces. On reconnaît alors, à l'aide des réactifs, que, pendant ce temps, une portion de la dissolution saline ou sucrée a passé dans le vase. Le niveau du liquide contenu dans le tube ne cesse de s'élever que lorsque les deux fluides ne forment plus qu'un liquide homogène dans le vase et dans le tube. (Fig. 1.) Quand on fait l'expérience inverse, le niveau de l'eau, au lieu de monter comme tout à l'heure, baisse, au contraire, dans le tube. Lorsque ce dernier et le vase contiennent chacun une dissolution d'un sel différent, mais d'égale densité, les deux liquides salins se mélangent exactement. On observe les mêmes phénomènes quand, au lieu d'une membrane animale, on se sert d'un corps minéral poreux.

Fig. 1.

— On peut expliquer ce phénomène de la manière suivante : le tissu membraneux qui sépare les deux fluides étant poreux, représente un système de tubes capillaires, qui exercent une attraction sur les fluides tendant à traverser les pores du tissu pour se mêler ensemble. Or, si l'on admet que l'un de ces liquides est plus fortement attiré que l'autre par cette membrane, il doit naturellement mettre plus de temps à en traverser les pores que le liquide faiblement attiré. Il en résulte donc que l'on verra baisser le niveau de celui-ci dans le vase qui le contient. Quant au fluide qui passe avec lenteur, son niveau s'élèvera, au contraire, jusqu'à ce que la pression toujours croissante de la colonne de liquide contrebalance l'effet produit par l'attraction plus puissante de la membrane. — En général, le fluide le plus dense attire le moins dense plus fortement que celui-ci n'attire le premier; mais cette règle n'est pas sans exception. En effet, dans le cas de fluides gazeux, on observe quelquefois le contraire; mais, dans ce dernier cas, la constitution chimique du fluide, ainsi que la manière dont il se comporte chimiquement et physiquement à l'égard de la membrane intermédiaire, paraissent jouer un rôle important. — Les nombreuses expériences que Faust a faites sur l'attraction réciproque des gaz séparés par une membrane, ont donné des résultats fort remarquables. Si l'on place une vessie à moitié pleine d'air atmosphérique sous une cloche remplie d'acide carbonique, on voit cette vessie éprouver une distension considérable. Lorsque la vessie placée dans le gaz acide carbonique contient du gaz hydrogène, sa distension augmente au point qu'elle finit par éclater. Quand, au contraire, c'est la cloche qui contient le gaz le plus léger, la vessie étant remplie du gaz le plus dense, on voit cette dernière s'affaisser sur elle-même. Dans ces expériences il se produit constamment deux courants simultanés en sens inverse. Dutrochet, à qui l'on doit la découverte de ces faits intéressants, dit qu'il y a *Endosmose* du liquide dont le niveau s'abaisse à celui dont le niveau s'élève, et *Exosmose* du second au premier; mais ces expressions, qui signifient *courant entrant* et *courant sortant*, ne sont pas convenables, puisque les deux courants ont lieu simultanément. On n'emploie plus aujourd'hui le terme *exosmose*, et quand on dit qu'il y a endosmose d'un liquide à un autre, il faut toujours entendre que le courant en ce sens est plus puissant que le courant en retour. — Ainsi qu'on vient de le voir, tous les tissus organiques sont susceptibles de se laisser traverser par les fluides liquides ou gazeux, et cette perméabilité est la condition première de la vie. Pour qu'un corps organisé puisse se développer ou simplement se maintenir, il faut qu'il puise, hors de lui, certains éléments propres à réparer les pertes qu'il éprouve incessamment sous l'influence du milieu dans lequel il vit; mais il ne suffit pas que certaines substances du dehors pénètrent jusque dans l'organisme; elles doivent y subir une élaboration spéciale, ou donner lieu à certaines combinaisons particulières. Chez l'homme et chez tous les vertébrés, il existe deux systèmes de vaisseaux auxquels on a attribué la faculté d'absorber : ce sont les veines et les lymphatiques. Avant la découverte des vaisseaux lactés par Aselli, en 1622, on regardait les veines comme les agents de l'absorption; mais, dès ce moment, et surtout lorsqu'on eut reconnu la présence de vaisseaux lymphatiques dans la plupart des organes, on supposa que cette fonction était exclusivement dévolue à cet ordre de vaisseaux. Cette croyance était si enracinée, qu'il a fallu un temps fort long et des expériences variées de toutes les manières, pour prouver que certaines substances passent immédiatement dans le sang, sans parcourir d'abord le système lymphatique. On trouvera dans les ouvrages spéciaux l'historique de ces expériences et des débats qu'elles ont suscités. La question est aujourd'hui hors de controverse, grâce aux savants travaux de nombreux expérimentateurs, au premier rang desquels nous devons citer Magendie, Hallé, Ségalas, Mayer, Tiedeman, Gmelin, Westrumb, Emmert et Brodie. Les expériences des champions de l'ab. exclusive par les lymphatiques, ont démontré tout simplement que les lymphatiques possèdent également la faculté d'absorber.

Toutefois, à moins de supposer, ce qui serait absurde, que l'existence de deux ordres de vaisseaux susceptibles d'absorber soit une superfétation véritable, il faut admettre que les veines et les lymphatiques ne se comportent pas de la même manière dans l'accomplissement de l'ab., et peut-être encore n'agissent pas sur les mêmes matériaux. Il paraît, en effet, résulter des expériences faites à ce sujet, que la faculté d'absorber, dont jouissent les lymphatiques, ne s'exerce que sur certaines substances particulières, vraisemblablement en vertu de quelque affinité spéciale. Les sels, par ex., pénètrent difficilement et seulement par exception dans les lymphatiques; et les matières colorantes ne peuvent jamais, du moins en règle générale, être absorbées par ces mêmes vaisseaux. Il est reconnu, en outre, que les lymphatiques font subir certains changements aux substances qu'ils ont absorbées. Enfin l'ab. par les lymphatiques s'opère avec une grande lenteur, comparativement à la rapidité de l'ab. par les veines. Les expériences de J. Muller établissent qu'il faut moins d'une seconde pour qu'un liquide traverse en quantité appréciable une membrane dépouillée de son épiderme, de façon à atteindre le premier réseau de capillaires et à pénétrer ainsi dans le courant circulatoire. Or, le sang se meut avec une telle rapidité, qu'il parcourt son circuit en une à deux minutes, et même, selon les calculs du docteur Hering, en une demi-minute. Une demi-minute ou deux minutes au maximum suffisent donc pour qu'un liquide mis en contact avec une membrane privée d'épiderme, soit distribué dans le corps entier. C'est ainsi que s'explique l'action si prompte des poisons narcotiques. L'ab. veineuse diffère encore de l'ab. lymphatique, en ce que toutes les substances à l'état de solution peuvent pénétrer dans les veines, et n'y subissent d'ailleurs aucune élaboration particulière.

Une erreur généralement répandue est celle qui consiste à admettre l'existence, dans le système vasculaire sanguin et dans le système lymphatique, d'orifices très-ténus qui tantôt s'ouvriraient pour admettre les fluides en rapport avec leur propre nature et leur fonction, tantôt se contracteraient pour repousser tout fluide étranger, toute substance nuisible. Malheureusement pour cette hypothèse, les deux systèmes circulatoires n'offrent aucune espèce d'orifices, et se trouvent clos de toutes parts; malheureusement aussi, l'ab. des poisons, des virus et des miasmes, prouve chaque jour que les organes chargés d'accomplir cette fonction ne possèdent nullement le discernement qu'on leur attribue. Il résulte également de la structure anatomique dont nous parlons, que nulle substance à l'état solide ou globuleux ne saurait pénétrer dans le système circulatoire. Ainsi on doit rejeter, comme complétement fabuleuse, la propriété qu'on a attribuée aux lymphatiques d'absorber les globules de sang ou de pus contenus dans les extravasations sanguines ou dans les dépôts purulents.

Les auteurs distinguent plusieurs espèces d'ab., ou plutôt ils accolent au terme *ab.* diverses épithètes, suivant qu'ils considèrent, soit la partie de l'organisme où elle s'exerce, soit le résultat final de cette fonction. Ainsi ils distinguent l'ab. *cutanée* et l'ab. *muqueuse*, selon qu'elle se fait par la peau ou à la surface des membranes muqueuses. Ils appellent ab. *externe ou de décomposition* celle qui puise au dehors les matériaux destinés à la recomposition du corps; et ils donnent le nom d'ab. *interne*, *interstitielle* ou *de décomposition* à l'ab. qui enlève aux organes les matériaux qui doivent être remplacés et excrétés. Enfin l'ab. *alimentaire*, l'ab. *digestive* et l'ab. *respiratoire* portent avec elles leur définition. — L'imbibition et l'endosmose rendent compte, il est vrai, de la pénétration des liquides dans l'organisme, ainsi que du mélange des substances à l'état de dissolution; mais l'ab. de dissolutions plus concentrées est complétement inexplicable par l'endosmose. Ainsi, par ex., cette théorie est insuffisante pour expliquer certains faits physiologiques et pathologiques; nous nous bornerons à citer l'ab. des liquides que contiennent les cavités dans les hydropisies, ab. qui est le moyen curatif employé par la nature. Ici on est obligé d'admettre que les vaisseaux lymphatiques ou même sanguins exercent sur ces liquides une attraction organique particulière; mais il est d'autres cas bien plus difficiles à concevoir : certains organes, tels que la glande *thymus*, s'atrophient et disparaissent à des périodes déterminées de la vie; les os que comprime incessamment une tumeur quelconque sont résorbés; enfin certaines parties, quoique totalement dépourvues de vaisseaux, disparaissent complétement. La théorie de l'ab. réclame donc de nouvelles recherches. — Il serait tout à fait hors de propos d'insister ici plus longuement sur l'ab. et d'aborder les nombreuses questions que soulève ce grave problème de physiologie. Cependant on trouvera aux art. ATROPHIE, EXHALATION, LYMPHATIQUES, NUTRITION, SÉCRÉTION, d'autres détails qui s'y rapportent.

Bot. — Le phénomène de l'*Ab.* n'a pas une importance moindre dans la physiologie végétale que dans la physiologie animale. L'ab. par les racines et l'ascension des fluides absorbés par ces organes offrent une analogie frappante avec l'ab. des radicules lymphatiques, et jettent un grand jour sur le mouvement de la lymphe dans les vaisseaux. Ainsi que l'a démontré Dutrochet, à l'aide d'une expérience d'une simplicité extrême, les organes qui, au printemps, effectuent l'ascension de la sève dans les plantes, sont les parties terminales des racines; et la force qui pousse la sève en haut est la *vis à tergo* qui part de celles-ci. Cet ingénieux physiologiste ayant coupé l'extrémité d'un cep de vigne qui avait 2 mètres de longueur, la surface de la section continua à verser la sève sans interruption : ainsi l'ascension de la sève n'est pas due à une attraction exercée par la partie supérieure de la plante sur la sève de la partie inférieure. Dutrochet coupa ensuite le cep près du sol et, pendant ce temps, il examina la surface de la section qu'il avait pratiquée à l'extrémité supérieure de ce cep. A l'instant même où la base du cep se trouva divisée, il vit cesser l'effusion du liquide qui jusque-là avait eu lieu à la surface qu'il observait. La cause de l'ascension de la sève ne résidait donc pas non plus dans le tronc de la vigne. Quant à la portion de la tige en communication avec les racines, elle ne cessa de répandre de la sève par la surface de sa section. Alors Dutrochet écarta la terre qui enterrait les racines et les coupa; mais la surface de la section des racines qui demeuraient en communication avec le sol donna encore de la sève sans interruption. En continuant à enlever successivement de nouvelles portions de racines, Dutrochet vit toujours la sève s'écouler par la portion qui se continuait avec les radicules, jusqu'à ce qu'enfin il eût atteint leurs dernières extrémités. Ainsi donc, ce sont les portions terminales des racines qui, étant elles-mêmes le siége de l'ab. incessante des fluides, doivent nécessairement, par l'effet de la continuité de cette ab., déterminer l'ascension des fluides déjà absorbés. Les parties terminales des racines sont les organes auxquels De Candolle donne le nom de *spongioles*. Agardh remarque que la structure de ces parties ne diffère pas de celles du reste des racines, si ce n'est que les cellules sont plus petites et par conséquent plus nombreuses. Les spongioles, d'ailleurs, n'absorbent que l'eau et les substances qui s'y trouvent à l'état de dissolution. Avant Dutrochet, de La Baisse et Hales avaient déjà démontré que l'ab. se fait par l'extrémité des racines dans les végétaux. Une ingénieuse expérience de Hales prouve combien est grande la force ascensionnelle de la sève dans certains végétaux et à certaines époques. Ce physicien coupa net, à l'époque des *pleurs*, un cep de vigne âgé de trois ans (Fig. 2). Il ajusta ensuite à la partie supérieure de la tige un tube de verre *nsn'*, contenant du mercure au même niveau *nn'* dans les deux branches. La sève, en montant, refoula le mercure, le fit baisser dans la branche *n*, et le fit, par conséquent, monter d'une quantité presque égale dans la branche *n'*. Hales trouva une fois une différence de plus d'un mètre, c.-à-d. une force ascensionnelle capable de faire équilibre à une colonne d'eau de plus de 13 mètres. Il n'y a rien dans les lois connues de la capillarité qui puisse rendre raison d'une force semblable. Voy. CIRCULATION, SÈVE.

Fig. 2.

Il résulte des observations faites sur l'ab. soit animale, soit végétale, que les simples lois de la physique sont insuffisantes pour expliquer tous les phénomènes que présentent les corps vivants. En effet, si, après la mort, l'imbibition continue de s'effectuer dans les tissus des animaux et des plantes, à une époque où ces tissus ne présentent pas encore d'altération appréciable dans leur texture, on ne saurait comparer ce qui se passe alors avec les phénomènes que présentent les organismes vivants. Aussi, malgré les efforts de quelques auteurs qui prétendent identifier les phénomènes particuliers que nous offrent les corps vivants, avec les phénomènes dont la matière inorganique est le siége, les chimistes, les physiciens et les physiologistes les plus éminents, ne font aucune difficulté d'admettre l'existence, pendant la vie, de forces spéciales qui disparaissent à la mort.

ABSOUDRE. v. a. (lat. *ab*, de; *solvere*, délier). T. Droit crim. Renvoyer de l'accusation un accusé déclaré coupable, parce que le crime ou le délit qu'il a commis n'est puni par aucune loi. — Improprement, Déclarer un accusé innocent du crime ou du délit qui lui était imputé, l'acquitter. *En absolvant cet homme, on n'a pas fait justice. On l'a absous malgré le crédit de ses ennemis.* ‖ On dit fig., dans le lang. ord., *Je vous absous de votre négligence en faveur de votre repentir.* ‖ T. Théol. Remettre les péchés dans le tribunal de la pénitence. *Il a le pouvoir d'ab. des cas réservés. Ab. un pénitent.* = ABSOUS, TE. part.

Conj. — *J'absous, tu absous, il absout; nous absolvons, vous absolvez, ils absolvent. J'absolvais; nous absolvions. J'absoudrai; nous absoudrons. J'absoudrais; nous absoudrions. Absous; absolvons. Que j'absolve; que nous absolvions. Absolvant.* Ce verbe n'a ni prétérit défini, ni imparfait du subjonctif.

ABSOUTE. s. f. T. de Liturg. cathol.

Enc. — Cérémonie qui se pratique dans l'Église romaine, le jeudi de la semaine sainte, pour représenter l'absolution qu'on donnait vers le même temps aux pénitents de la primitive Église. Dans l'origine, c'étaient les évêques eux-mêmes qui faisaient l'ab.; mais aujourd'hui cette cérémonie s'exerce par un simple prêtre: elle ne consiste plus qu'à réciter les sept psaumes de la pénitence, et quelques oraisons relatives au repentir que les fidèles doivent avoir de leurs péchés. Après quoi le prêtre prononce les formules *misereatur et indulgentiam*. Il ne faut pas confondre l'ab. avec l'absolution proprement dite.

ABSTÈME. s. et adj. 2 g. (lat. *abstemius*, de *ab* ou *abs*, loin de; et *temetum*, vin). Qui a horreur du vin, qui s'abstient de vin. *L'Église dispensait du calice les abstèmes.* Peu usité.

ABSTENIR (S'). v. pron. (lat. *abs*, hors de; *tenere*, tenir). Se garder de faire quelque chose; se priver de l'usage de quelque chose. *Depuis longtemps elle s'est abstenue de café. Quand on a pris l'habitude de jouer, il est bien malaisé de s'en ab.* ‖ S'emploie absol., *Dans le doute, abstiens-toi.* ‖ T. Jurisp. En parlant D'un juge, *S'ab. de juger, d'opiner;* ou absol., *S'ab.*, Se récuser soi-même. En parlant D'un héritier, *S'ab. d'une succession*, Ne point faire acte d'héritier. = Conjug. V. TENIR.

ABSTENTION. s. f. Acte par lequel un juge s'abstient, se récuse lui-même.

Enc. — On donne le nom d'*Ab. de lieu* à une mesure de haute police qui consiste à interdire à un individu la faculté de se présenter dans certaines localités. Elle a pour but de préserver l'offensé des violences de l'offenseur, après condamnation de ce dernier, et la société des dangers que ferait craindre la présence de certains criminels dans des lieux où ils pourraient facilement commettre de nouveaux crimes. Ainsi, les forçats libérés ne peuvent résider dans la ville, faubourgs et banlieue de Paris, ni à Versailles, Fontainebleau et autres lieux où il existe des palais royaux, ni dans les villes de guerre, ni à une distance moindre de 3 myriamètres de la frontière et des côtes, ni dans les ports où les bagnes sont établis. Une disposition analogue, qui se trouve dans le Code d'instruction criminelle, déclare que le condamné en matière criminelle ne pourra, à l'expiration de sa peine, résider dans le département où demeurait celui sur lequel ou contre la propriété duquel le crime a été commis, ni même dans le département où habitent ses héritiers directs. Enfin, tout individu qui frappe un magistrat dans l'exercice de ses fonctions peut être astreint à s'éloigner pendant cinq à dix années du lieu où siége ce magistrat.

ABSTERGENT, ENTE. adj. T. Méd.

Enc. — Dans l'anc. médecine on donnait le nom d'*Abstergents* ou d'*Abstersifs* aux médicaments que l'on supposait avoir la propriété de dissoudre les substances grasses ou visqueuses qui salissaient ou altéraient la surface des organes. Les abstergents *internes* étaient ordinairement des liquides résineux ou alcalins. On nommait encore abstergents *externes*, mais plus particulièrement *Détersifs*, les remèdes dont on se servait pour nettoyer ou modifier la surface des plaies et des ulcères.

ABSTERGER. v. a. (lat. *abs* et *tergere*, dissoudre, nettoyer). Se dit Des substances dont nous avons parlé au mot qui précède. = ABSTERGÉ, ÉE. part.

ABSTERSIF, IVE. adj. Voy. ABSTERGENT.

ABSTERSION. s. f. Action d'absterger.

ABSTINENCE. s. f. Action de s'abstenir. *Ab. du vin. Vivre dans l'ab. de tous les plaisirs.* ‖ Se prend absol. *Son médecin lui a prescrit l'ab. Exténué de jeûnes et d'abstinences.*

Enc. — L'*Ab.* consiste à s'abstenir de certaines choses pour obéir à un précepte moral ou religieux. Elle a été pratiquée dans tous les temps, chez tous les peuples, et a été prescrite par la philosophie aussi bien que par la religion. On sait que les pythagoriciens et les orphiques la pratiquaient d'une manière fort rigoureuse, dans le but d'affranchir l'âme de la servitude de la matière, et de donner à nos facultés un plus libre essor.

Au point de vue religieux, l'ab. a pour objet principal de mortifier les sens et de dompter les passions. On voit dans l'Écriture qu'après le déluge Dieu permit à Noé et à ses enfants de manger la chair des animaux; mais qu'il leur défendit d'en manger le sang. La loi de Moïse défend aux Juifs la chair des animaux impurs; elle interdit aux prêtres l'usage du vin pendant tout le temps qu'ils sont occupés au service du temple. La première de ces défenses est généralement regardée comme une prescription hygiénique, commandée par le climat qu'habitait la nation juive. Une prohibition semblable existait chez les Égyptiens.

A la naissance du christianisme, les Juifs voulaient assujettir les païens convertis à toutes les observances de la loi judaïque et aux abstinences qu'elle ordonnait; mais les apôtres assemblés à Jérusalem décidèrent qu'il suffisait aux nouveaux convertis de s'abstenir du sang, des viandes suffoquées, de la fornication et de l'idolâtrie. L'Église, par le cinquième et le sixième de ses commandements, a formellement prescrit l'observation du jeûne et de l'abstinence de la viande. Aujourd'hui les catholiques donnent simplement le nom de *jours d'ab.* aux jours où l'usage de la viande est interdit, sans qu'il y ait obligation de jeûner. Voy. JEÛNE et CARÊME.

Physiologie. — On donne le nom d'*Ab.* à la privation d'aliments et de boissons. L'ab. absolue amène nécessairement la mort; cependant la vie persiste plus ou moins, suivant une foule de circonstances, telles que la température du milieu, l'âge, l'état de santé et la constitution de l'individu soumis à la privation complète d'aliments solides et liquides. Au mot ALIMENT, nous disons la liaison intime et essentielle qui existe entre la respiration et l'assimilation. Nous faisons voir que les aliments sont nécessaires pour réparer les pertes qu'éprouve l'organisme, soit par les sécrétions, soit surtout par l'action de l'oxygène sur les molécules organiques. Chez un animal complétement privé d'aliments et de boissons, les mouvements respiratoires continuent de s'exécuter avec régularité. L'animal absorbe comme auparavant l'oxygène de l'atmosphère, et l'exhale ensuite sous forme d'acide carbonique et de vapeur d'eau (protoxyde d'hydrogène vaporisé). En conséquence, plus l'ab. se prolonge, plus nous voyons diminuer le carbone et l'hydrogène du corps. Le premier résultat de la faim prolongée est la disparition de la graisse; cependant cette graisse ne se retrouve pas dans les produits excrémentitiels, qui sont alors peu abondants. Le carbone et l'hydrogène de la graisse sont éliminés par la peau et par les poumons, sous la forme de produits oxygénés. Il est donc certain que ces principes ont servi à entretenir la respiration. Un homme adulte absorbe par jour environ 1 kilog. d'oxygène; or, chez un individu qui ne prend aucune nourriture, cet oxygène doit nécessairement attaquer et enlever une partie de la substance organique du corps, perte qui ne se répare pas. Currie a vu un malade, qui ne pouvait pas avaler, perdre en un mois plus de 50 kilog. de son poids. Suivant Martell, un cochon engraissé qui avait été enseveli par un éboulement, vécut 160 jours sans nourriture; au bout de ce temps, son poids était diminué de 60 kilog. L'histoire des animaux hibernants et le fait de la formation périodique, chez certains animaux, d'amas de graisse qui disparaissent complétement à d'autres époques de leur vie, démontrent que l'oxygène absorbé par l'appareil respiratoire consume, sans exception, toutes les substances qui peuvent se combiner avec lui. — Lorsque l'ab. se prolonge davantage, ce n'est pas seulement la graisse qui est consumée; on voit successivement disparaître toutes les substances solides susceptibles de se dissoudre. Dans le corps complétement émacié d'un individu qui est mort de faim, les muscles sont minces et ramollis; ils ont perdu toute contractilité. Enfin, les éléments constitutifs du système nerveux prennent part à l'oxydation générale: de là les hallucinations, le délire et la mort, c.-à-d. la cessation absolue de toute résistance à l'action de l'oxygène de l'air. Alors commencent les phénomènes chimiques de la décomposition définitive. — La durée du supplice de la faim prolongée jusqu'à ce que la mort s'ensuive, varie selon les circonstances. Elle est d'autant plus courte que l'individu est moins chargé de graisse, qu'il fait plus de mouvement et d'exercice, que la température est plus basse; car, dans le premier cas, l'oxygène trouve une moins grande quantité d'aliments à consumer avant d'attaquer les organes vitaux, et, dans les autres, une plus grande quantité de ce gaz pénètre dans l'organisme. Cette seconde cause est aussi celle qui fait que les oiseaux, les jeunes animaux et les enfants périssent promptement sous l'influence de l'ab. Enfin, la persistance plus ou moins grande de la vie dépend encore de la présence ou de l'absence de l'eau. Comme il se dégage incessamment, par la peau et par le poumon, une certaine quantité d'eau, et que la présence de ce liquide est une condition essentielle de la continuation des mouvements vitaux, il est évident que sa dissipation doit accélérer la mort. On a observé des cas où, grâce à l'usage de l'eau, le patient n'a succombé qu'après un laps de temps considérable. — Les récits d'ab. prodigieuse sont fort nombreux dans les auteurs; ce que nous venons de dire montre avec quelle réserve on doit les admettre. Piot rapporte qu'un mélancolique jeûna 14 jours. Un homme enseveli sous des ruines a pu vivre 16 jours; un scorbutique, 18. Un individu qui fut présenté à Clément XI soutint l'ab. pendant 25 jours, mais il buvait de l'eau. Au rapport de Cheyne, un phthisique qui ne buvait que de l'eau nitrée vécut 30 jours. Richter raconte qu'un certain Bernhardi avait, par dévotion, enduré un jeûne de 40 jours. Rien ne saurait nous faire suspecter l'authenticité des exemples que nous venons de citer. Les expériences de Collard de Martigny sur des chiens de forte taille viennent, au contraire, à l'appui. Ces chiens, en effet, ont vécu 3, 4, 5 semaines et au delà; le premier *fut tué* le 36e jour. Dans le courant de l'année 1831, il a été communiqué à l'Académie royale de médecine deux exemples de suicide par inanition. Le premier de ces sujets n'avait pris pendant 60 jours, après lesquels sa mort arriva, que quelques gorgées d'eau et de sirop d'orgeat. Le second, prisonnier à Toulouse, ne mourut que le 63e jour; mais presque tous les jours il but un peu d'eau, et souvent il en but avec excès. Une seule fois il prit du bouillon et un peu de vin.

Toutefois les auteurs citent des exemples d'ab. bien autrement prolongée: ainsi, Marie Jenfels vécut 13 mois et Marthe Taylor 16 mois, sans boire ni manger. Apollonie Schreyer poussa l'ab. complète jusqu'au delà de la 3e année. Une fille de Brunswick jeûna 4 ans; Planque en cite une qui soutint le jeûne pendant 6 ans; Horst, pendant 7; enfin, on en trouve qui ont pu vivre 10 ans, sans prendre d'aliments. Mais la plus surprenante de toutes ces histoires, est celle d'une femme malade qui vécut pendant 50 ans, en ne prenant que du petit-lait. Nous ne nous amuserons pas à réfuter de pareils récits; nous nous contenterons de faire observer, car le fait n'est pas sans valeur pour la physiologie, que tous ces exemples de supercherie indéfiniment prolongée ont été donnés par des femmes. (Voy. Liebig. *Chimie organique appliquée à la physiol. et à la pathol.*) — L'ab. joue un grand rôle dans la thérapeutique. Tous les auteurs, depuis Hippocrate, proclament les bienfaits de l'ab. dans le traitement des maladies, et surtout des maladies aiguës. L'ab. agit de deux manières dans les maladies. D'un côté, elle empêche que de nouveaux moyens de réparation, c.-à-d., dans l'état pathologique, de nouveaux moyens de congestion et d'irritation, ne soient portés sur l'organe malade par la voie de la digestion. D'un autre côté, l'oxygène de l'air introduit par la respiration dans l'organisme enlève incessamment à celui-ci une quantité proportionnelle de carbone et d'hydrogène. Les engorgements inflammatoires et les produits morbides disparaissent donc sans laisser de traces, parce que leurs éléments se combinent avec l'oxygène atmosphérique; en d'autres termes, l'absorption devient d'autant plus active que l'économie reçoit moins de matériaux réparateurs. Voy. DIÈTE.

ABSTINENT, ENTE. adj. Modéré dans le boire et le manger. Peu usité.

ABSTRACTION. s. f. Opération par laquelle notre esprit s'élève à la formation d'une idée représentant une manière d'être commune à plusieurs objets ou phénomènes individuels. ‖ Se dit Des idées que notre esprit obtient par le procédé de l'ab. *Couleur, odeur, saveur, vertu, force, sont des abstractions.* ‖ S'emploie dans un sens défavorable, en parlant Des idées purement théoriques qui ne sont pas susceptibles d'application. *C'est un esprit chimérique qui se perd dans les abstractions.* || Sign. encore, au plur., Préoccupation, rêverie. *Cet homme est dans des abstractions continuelles.* — *Abstraction faite du style, qui est faible, cet ouvrage a du mérite,* En laissant de côté la question du style, etc.

Obs. gram.— *Faire ab.* et *Faire une ab.* ne sont nullement syn. La première expression sign., Former une idée abstraite; la deuxième, Ne pas tenir compte de.

Enc.—En T. de Philos., on définit généralement l'*Ab.*, l'opération intellectuelle qui consiste à diviser les composés qui nous sont offerts; mais cette définition est celle de l'analyse. Or, l'ab. est une opération de l'esprit qui n'a lieu qu'après l'analyse. Ainsi, lorsque nous avons devant nous une rose blanche, l'éclat de ses pétales affectera d'une manière particulière nos nerfs optiques; nos nerfs olfactifs, de leur côté, seront affectés d'une façon spéciale par le parfum de cette fleur. Or, notre esprit pourra s'occuper soit de l'une soit de l'autre de ces impressions; il les distinguera nécessairement l'une de l'autre; mais dans ce fait il n'y a rien qui mérite le nom d'ab. Si, au contraire, un lis blanc se trouve placé à côté de cette rose blanche, et que nos regards se portent aussi sur lui, nos nerfs optiques seront affectés d'une manière tout à fait analogue, sans être identique, et notre intelligence réalisera en quelque sorte ce mode d'affection du sens de la vue; elle le considèrera en lui-même, indépendamment des objets qui ont produit l'impression et l'appellera *blancheur*. C'est cette opération intellectuelle qui constitue l'ab. L'analyse sépare les éléments pour arriver aux différences radicales; l'ab. considère les éléments semblables, et s'élève à la notion de ce qui leur est commun. Ainsi, une *idée abstraite* est toujours une *idée générale*. Il ne saurait donc exister d'idée abstraite *simple*: toutefois les idées abstraites varient singulièrement en étendue. — L'ab. ne s'exerce pas seulement sur les idées acquises par l'intermédiaire des sens. Nous pouvons également, en analysant les phénomènes de la conscience, constater leurs analogies et obtenir par ce procédé des notions ou idées abstraites, telles que les idées de désir, de passion, et de facultés intellectuelles. Il en est de même pour les choses de l'ordre métaphysique. — L'abus de l'ab. est une des causes qui ont le plus nui aux progrès des sciences et, en particulier, de la philosophie. On doit constamment se tenir en garde contre la tendance naturelle à notre esprit de prêter une existence réelle à ce qui n'est qu'une création de notre intelligence.

ABSTRACTIVEMENT, adv. Par abstraction; d'une manière abstraite.

ABSTRAIRE. v. a. (lat. *abs*, hors de; *trahere*, tirer). Isoler, séparer intellectuellement. *Abs. l'accident du sujet. J'ai été obligé d'abs. mon esprit de ce qui se passait autour de moi.* = ABSTRAIT, TE. part. = Conjug. Voy. TRAIRE. Ce v. ne s'emploie guère que dans ses temps composés.

ABSTRAIT, TE. adj.

Si l'on considère une qualité en elle-même, isolément et indépendamment du sujet auquel elle peut appartenir, le Terme qui représente cette idée se nomme, dans le langage de la Log., *Terme ab.* Ainsi, *rondeur*, *blancheur*, *bonté*, sont des *Termes abstraits*. Ce mot est opposé à *Concret*, qui désigne toujours La qualité unie au sujet, comme *pain rond*, *vin blanc*, *bon prince*. — Dans un sens analogue, on dit, *Une idée abstraite, une idée concrète*; et subst., *L'ab. et le concret.* — *Nombre abst.* Voy. NOMBRE. || Par ext., *Ab.* se dit Des choses difficiles à comprendre. *Raisonnement, Discours ab. Question abstraite.*—Dans le même sens, on dit, *Un auteur, un philosophe ab.* || *Ab.* signifie encore, Plongé dans la méditation au point d'oublier les objets extérieurs. *On est ab. pour être trop appliqué à une seule chose, et distrait par inapplication et par légèreté.*

ABSTRUS, USE. adj. (lat. *abstrusus*, ce qui est hors de la portée du vulgaire; de *ab*, hors de; *trudere*, pousser). Difficile à comprendre. Se dit ord. Des sciences, quelquefois des écrivains. *Raisonnement ab. Sciences abstruses. Question abstruse. Ce philosophe m'a paru ab.*

ABSURDE. adj. 2 g. (lat. *ab*, de; *surdus*, sourd). Au prop., Sourd à la raison; qui est contre le sens commun. *Proposition ab. Conduite ab.* || Se dit De quelqu'un qui parle ou agit absurdement. *Un homme ab.* || S'emploie subst. au masc., et sign. alors, *Absurdité*. *Tomber dans l'ab.* — *Réduire son homme à l'ab.*, c'est, dans la discussion, Le forcer à déraisonner.

Enc.— En Géom., on appelle *Démonstration par l'ab.* un mode de démonstration dans lequel on établit la vérité d'une proposition, non par la preuve directe, mais en prouvant que le contraire est *absurde*, c.-à-d. impossible. — En Log., on prouve aussi qu'un principe est *absurde*, en poussant ses conséquences jusqu'à ce que leur absurdité devienne évidente.

ABSURDEMENT. adv. D'une manière absurde.

ABSURDITÉ. s. f. Caractère de l'individu ou de la chose qui est absurde. *L'ab. d'un discours. Cet homme est d'une ab. sans égale.* || S'emploie aussi pour exprimer La chose même qui est absurde. *Il nous a débité mille absurdités.*

* **ABSUS**. s. m. T. Bot. Nom d'une espèce de *Casse*. Voy. LÉGUMINEUSES.

ABUS. s. m. Emploi mauvais, excessif, injuste, de quelque chose. *Il a fait ab. de tout, de ses richesses, de ses forces, de sa santé. Ab. de pouvoir. Ab. de confiance.* || Pris abs., sign., Désordre, usage pernicieux. *Réformer les ab. Cette république périra par ses nombreux ab.* || Erreur. *Vous comptez sur la justice des hommes, abus. Le monde n'est qu'ab. et vanité.*

Enc.—Dans l'ancien droit on donnait le nom d'*Appel comme d'abus* au recours à l'autorité séculière contre une sentence rendue par un juge ecclésiastique qu'on prétendait avoir excédé son pouvoir. — Aujourd'hui, ainsi que l'a établi la loi du 18 germinal an X, on distingue deux sortes d'ab. : 1° l'ab. commis par un ministre du culte dans l'exercice de ses fonctions; 2° l'ab. commis par un fonctionnaire laïque, lorsque celui-ci porte atteinte à l'exercice public du culte et à la liberté que les lois et règlements garantissent à ses ministres. L'appel comme d'ab. se porte devant le conseil d'État. Toute personne intéressée peut former ce recours : le même droit appartient au préfet et au ministre des cultes. Lorsque l'ab. est reconnu, une ordonnance royale, délibérée en conseil d'État, déclare qu'*Il y a abus*. Cette simple censure constitue toute la pénalité portée contre l'ab.

ABUSER. v. n. (lat. *ab*, hors de; *uti*, user). User mal, autrement qu'on ne doit. *Ab. de son pouvoir, de son crédit. Ab. de la confiance de quelqu'un. On abuse des meilleures choses.* || S'emploie absol., *Usez sans ab.* || *Ab. d'une expression*, Lui donner sciemment une fausse interprétation. || *Ab. d'une fille*, La posséder sans l'avoir épousée. || Se prévaloir. *Il abuse du droit de son âge.* || T. Droit. Dans cette définition, *La propriété est le droit d'user et d'abuser*, Abuser sign., Consommer. = ABUSER. v. a. Tromper, séduire. *Ab. les esprits faibles. Sa passion l'abuse. Il a abusé cette pauvre fille sous promesse de mariage.* = S'ABUSER. v. pron. Se tromper, se faire illusion. *On s'abuse souvent soi-même.* = ABUSÉ, ÉE. part.

Syn. — *Mésuser, Tromper, Décevoir.* — *Mésuser* arrête simplement l'esprit sur le sujet; *ab.* fait songer en même temps aux désordres que le sujet commet, aux lois dont il s'écarte. On *mésuse* de la chose qu'on emploie mal; on *abuse* de celle qu'on emploie à mal faire. Dans le premier cas, on est blâmable; on est condamnable dans le second. *Mésuser* c'est donc pécher contre la raison, contre la sagesse; tandis qu'*ab.* c'est manquer à la politesse, aux bienséances, à la justice, à la probité. Un ami indiscret *mésusera* du secret que vous lui confiez; un ami perfide en *abusera*. *Ab.* c'est encore se servir de son influence, de son autorité, pour entraîner quelqu'un dans l'erreur, dans le mal. En ce sens, il diffère de *tromper*, qui consiste à employer la ruse, l'astuce pour induire quelqu'un en erreur; et de *décevoir*, qui consiste principalement à leurrer une personne par des espérances ou des promesses qu'on ne veut pas réaliser.

ABUSEUR. s. m. Celui qui abuse, qui trompe, qui séduit. Fam. et peu usité.

ABUSIF, IVE. adj. Contraire à la loi, à la règle. *Coutume abusive. Procédure abusive.* — *Terme ab.*, Terme impropre. *Sens ab.*, Sens donné à un mot contre l'usage.

ABUSIVEMENT. adv. D'une manière abusive. *Cet homme a été emprisonné ab.*

* **ABUSSEAU**. s. m. Nom vulg. d'une espèce d'*Athérine*. Voy. MUGILOÏDES.

* **ABUTA**. s. m. T. Bot. Voy. MÉNISPERMACÉES.

* **ABUTILON**. s. m. T. Bot. Voy. MALVACÉES.

ABYME. Voy. ABIME.

ABYMER. Voy. ABIMER.

ACABIT. s. m. (b. lat. *acapitum*, débit à la mesure). Qualité bonne ou mauvaise. Se dit surtout Des fruits et des légumes. *Poires d'un bon ac., d'un mauvais ac.* || Fig. et fam., s'emploie quelquefois en parlant Des personnes. *Ce sont gens de même ac.*

ACACIA. s. m. T. Bot.

Enc.—Les végétaux connus sous le nom d'*Ac.* appartiennent à la famille des *Légumineuses*: mais nous avons ici une distinction essentielle à faire. L'arbre qu'on appelle vulg. ac. et qui est si répandu chez nous, porte dans la science la dénomination de *Robinier*, du nom du médecin Robin qui le cultiva le premier en Europe, vers 1615. Il fait partie de la tribu des *Papilionacées*, tandis que les acacias vrais appartiennent à celle des *Mimosées*. Voy. LÉGUMINEUSES.

ACADÉMICIEN. s. m. Philosophe de la secte de l'Académie. || Celui qui est membre de quelque compagnie de savants, de gens de lettres ou d'artistes, portant le titre d'Académie. *Les académiciens de la Crusca.* || S'emploie quelquefois au fém. *Certaines sociétés littéraires d'Italie admettent des académiciennes.*

ACADÉMIE. s. f. (gr. ἀκαδημία). Jardin près d'Athènes, où s'assemblaient quelques philosophes. *Les philosophes de l'Ac. et ceux du Lycée étaient d'accord sur ce point.* — Il désigne aussi la secte même de ces philosophes. *L'Académie prétendait que, etc.* || Par ext., Compagnie de personnes qui se réunissent pour s'occuper de belles-lettres, de sciences ou de beaux-arts. — Se dit quelquefois absol. en parlant De l'Ac. française. *Le Dictionnaire de l'Ac.* || *Ac. royale de musique*, Le théâtre de l'Opéra à Paris. || Lieu où les jeunes gens apprennent l'équitation et d'autres exercices du corps. *Il a mis son fils à l'ac.* — Se disait encore, Des écoliers mêmes qui fréquentaient une ac. *Il fit monter toute son ac. à cheval.* — *Faire son ac.*, Faire ses exercices à l'ac. — *Tenir ac.*, Avoir des écoliers pour leur enseigner l'équitation, etc. Ces locutions sont surannées. || Lieu où l'on donne à jouer au public. *Il a perdu son argent dans une ac.* Ce sens a vieilli; on dit aujourd'hui *Maison de jeu.* || Les divisions de l'Université de France, dont chacune est dirigée par un recteur, ont reçu le nom d'*Ac.* Voy. UNIVERSITÉ.—Dans quelques pays, *Ac.* a le même sens qu'Université. || T. Peinture. Figure entière, peinte ou dessinée d'après un modèle nu.

Enc.—Académus, citoyen d'Athènes, ayant légué à la république un terrain assez considérable, à condition qu'on y élèverait un gymnase, où les jeunes Athéniens pourraient se livrer aux exercices corporels, ce gymnase fut construit, et on lui imposa le nom du donateur. Comme le terrain qui environnait cet édifice était marécageux et malsain, Cimon le dessécha au moyen d'un aqueduc, y planta des allées de platanes et le transforma en un jardin délicieux, qui devint la promenade favorite des Athéniens. Tout près du gymnase, Platon possédait une petite propriété où ses disciples se réunissaient; et chaque jour il venait se promener avec eux sous les beaux arbres du gymnase, en leur exposant les vues élevées de sa doctrine. De là l'école de Platon fut appelée *Ac.*, et ses adeptes reçurent le nom d'*académiciens*. Pour l'histoire des diverses écoles qui ont porté le nom d'*Ac.* Voy. PHILOSOPHIE.

Dans son acception la plus usuelle, le mot *Ac.* s'emploie pour désigner une réunion de savants, de lettrés ou d'artistes, établie ou autorisée par le gouvernement, dans le but d'agrandir le cercle des connaissances humaines et de travailler au perfectionnement des arts. Envisagées uniquement sous ce point de vue, les académies ont été inconnues aux anciens. Cependant, Ptolémée Soter avait fondé, à Alexandrie, une société à peu près analogue; les empereurs de Constantinople et les califes arabes avaient également établi des sociétés du même genre.

Charlemagne fonda la première ac. qu'on ait vue en Europe; il la composa des personnes les plus éclairées de sa cour, et ne dédaigna pas d'en faire partie. Pour effacer toute distinction de rang entre les divers membres, il voulut que chacun prît un nom littéraire qui ne rappelât ni la naissance, ni le titre de l'académicien. En conséquence, il prit lui-même le nom de *David*; Alcuin, celui de *Flaccus Albinus*; l'archevêque de Mayence fut nommé *Damœtas*; Eginhard, *Calliopus*. Cette ac. répandit quelque lumière en France, et il reste plusieurs fruits de ses travaux. Un siècle plus tard, Alfred le Grand créa à Oxford une institution à peu près semblable et qui devint la base de l'université de cette ville. Mais l'ac. qu'on peut regarder à juste titre comme la mère de toutes celles qui se sont élevées dans la suite est l'ac. des *Jeux floraux*, fondée à Toulouse en 1325. Ses membres prirent le titre de *maîtres du gai savoir*. Les prix qu'elle distribuait et qu'elle distribue encore sont des fleurs d'or et d'argent. Clémence Isaure lui légua tous ses biens, et par cette libéralité assura l'existence de cette ac. qui a jeté un assez vif éclat au moyen âge.

Vers l'année 1560, une société appelée *Academia secretorum naturæ* fut fondée à Naples dans la maison de Baptiste Porta; mais elle fut abolie par un interdit du pape. L'ac. des *Lincei*, à Rome, lui succéda; cette société s'occupait principalement, comme la première, des sciences physiques et naturelles. Galilée en faisait partie. — Sur la fin du XVIe et au commencement du XVIIe siècle, les académies se multiplièrent tellement en Italie, qu'on en comptait jusqu'à 550. Parmi les plus célèbres de celles qui présentèrent un caractère philosophique, nous citerons l'ac. *del Cimento*, à Florence; celle d'*Oressano*, dans le royaume de Naples, et à une époque plus récente, celle de Bologne. Mais les académies purement littéraires formaient sans contredit la grande majorité. Une mode assez ridicule s'était généralement introduite parmi les lettrés de cette contrée; c'était de donner des noms fantastiques aux sociétés qu'ils composaient, et de prendre eux-mêmes un sobriquet non moins bizarre. Au nombre de ces académies, une des plus célèbres était celle *degli Arcadi* ou des Arcades, de Rome. Ses réunions avaient lieu dans une prairie, et ses membres jouaient le rôle de bergers et de bergères. Elle fut fondée vers 1690 et subsiste encore. L'ac. *degli Umidi*, l'une des plus anciennes de ces sociétés, est devenue plus tard l'*Ac. florentine*. L'ac. *degli Intronati* (des hébétés), celle *degli Umoristi*, et plusieurs autres portant des noms tout aussi bizarres, ont acquis de la célébrité. Quant aux académies philologiques, la plus illustre est celle de la *Crusca* (du son), qui, par la publication de son dictionnaire, a fait du dialecte toscan le type du langage national. Elle est actuellement incorporée à l'*Ac. florentine*.

La première de toutes les académies qui s'organisèrent régulièrement en France, fut l'*Ac. française*. Une société de gens de lettres qui se réunissaient chez Conrart en forma le noyau. Richelieu l'érigea en ac. en 1634; et deux ans plus tard, les lettres patentes qui autorisaient légalement cette compagnie furent enregistrées par le parlement. Les premiers travaux de l'ac. française furent ses Sentiments sur *le Cid* de Pierre Corneille; mais depuis elle s'est principalement occupée de la composition de son *Dictionnaire*, dont elle a publié successivement six éditions.

L'*Ac. royale des Inscriptions et Belles-lettres*, fondée par Louis XIV en 1663, ne fut définitivement organisée qu'en 1701. Dans le principe, cette ac. était exclusivement chargée de travailler aux inscriptions, devises et médailles; mais dans la suite elle s'occupa d'histoire, de littérature ancienne, de monuments, d'inscriptions; d'archéologie et de philologie. La collection de ses Mémoires depuis 1717 jusqu'à 1793 forme 50 vol. in-4.

L'*Ac. royale des Sciences*, établie par les soins de Colbert en 1666, ne reçut son organisation définitive qu'en 1785. Elle se propose pour objet l'avancement des sciences naturelles, physiques, mathématiques et astronomiques. La mesure du méridien est l'un de ses travaux les plus importants. La collection de ses Mémoires depuis 1699 jusqu'à 1793 forme 164 vol. in-4.

L'*Ac. royale de Peinture et de Sculpture*, créée par lettres-patentes de Mazarin en 1654, et l'*Ac. d'Architecture*, fondée par Colbert en 1671, répondaient plutôt à notre École des Beaux-arts qu'à l'*Ac. des Beaux-arts* actuelle. C'étaient des corps enseignants, auxquels étaient agrégés les artistes les plus éminents.

Toutes ces académies furent supprimées par un décret de la Convention nationale du 8 août 1793, et fondues dans les différentes classes de l'Institut, lorsque cette assemblée réorganisa l'instruction publique, par son décret du 3 brumaire an IV (25 octobre 1795). La seconde classe de l'Institut reçut le nom de *Classe des Sciences morales et politiques*. Elle fut supprimée quelques années après par le gouvernement consulaire, et enfin rétablie le 26 juin 1832, sous le titre d'*Ac. des Sciences morales et politiques*. Voy. INSTITUT.

L'*Ac. royale de Médecine* est de création récente. Elle fut fondée en 1820, pour répondre aux demandes du gouvernement sur tout ce qui se rapporte à l'hygiène publique. Elle est en outre chargée de continuer les travaux de la *Société de Médecine* et de l'*Ac. de Chirurgie*. Cette dernière, qui avait été établie en 1731, distribuait un prix au meilleur mémoire sur les questions qu'elle avait mises au concours. De 1768 à 1798, ses travaux ont été publiés sous le titre de *Mémoires et prix de l'Ac. de Chirurgie de Paris*. — L'*Ac. de Médecine* se divise en section de Médecine, section de Chirurgie et section de Pharmacie. La première se compose de 45 membres titulaires et 30 honoraires; la deuxième, de 25 titulaires et 20 honoraires; la troisième, de 15 titulaires et 10 honoraires. L'ac. a de plus 30 associés libres, 80 associés ordinaires, 30 associés étrangers, des adjoints résidants et des adjoints correspondants. Elle publie des mémoires qui embrassent toutes les branches de la science médicale et fait en outre paraître, depuis 1836, un bulletin de ses séances.

Il existe, soit à Paris, soit dans les différentes villes de la France, une foule d'autres sociétés savantes, dont plusieurs portent le titre d'*Ac.*, et publient des travaux importants.

En Allemagne, les sociétés académiques sont excessivement nombreuses. L'impulsion donnée aux lettres et aux arts par l'Italie se fit bientôt ressentir dans ce pays. Dès la fin du XVe siècle, il existait déjà à Bude et à Vienne une société du Danube. La célèbre *Ac. des curieux de la nature* fut fondée en 1652 ou 1662 à Schweinfurt, ville de la Bavière actuelle, par le médecin J.-L. Bausch. En 1677, l'empereur Léopold ayant pris cette ac. sous sa protection, elle reçut alors le nom de *Léopoldine*. Cette société a constamment publié des *Éphémérides* annuelles qui ont puissamment contribué au progrès de la science.

La *Société royale de Londres*, bien que ne portant pas le titre d'ac., doit être placée au premier rang après l'*Ac. des sciences* de Paris. Fondée à Oxford, en 1645, elle fut transférée à Londres en 1658, où le roi Charles II la constitua définitivement en 1660. Cette société a compté dans son sein Newton, Halley, Benj. Franklin, Maskelyne, Cavendish, J. Priestley, Wollaston, Young, Humphry Davy, Jenner, etc. Depuis 1665 jusqu'à nos jours, elle publie, sous le titre de *Philosophical transactions*, des mémoires dont la collection s'élève à plus de 124 vol. in-4. — La *Société royale d'Édimbourg*, créée à l'instar de celle de Londres en 1731, publie également, depuis 1788, des mémoires annuels sous le nom de *Transactions*. — Il existe encore en Angleterre et en Écosse une foule d'autres sociétés savantes. L'Irlande en compte également plusieurs.

L'*Ac. royale de Prusse*, établie à Berlin en 1700 par le roi Frédéric Ier, eut pour premier président Leibnitz. Frédéric le Grand appela dans le sein de cette compagnie plusieurs savants ou littérateurs français, parmi lesquels on cite Voltaire, Maupertuis, d'Argens, Lalande, Lagrange, Diderot, d'Alembert, qui lui donnèrent une impulsion nouvelle. La bibliothèque publique de Berlin et le cabinet d'histoire naturelle sont placés sous la surveillance de cette ac. Elle a publié une longue série de mémoires depuis 1710 jusqu'à nos jours. Ces mémoires furent d'abord écrits en latin; de 1750 à 1804 ils furent rédigés en français; mais depuis cette dernière époque ils paraissent en allemand.

L'*Ac. impériale des sciences de Saint-Pétersbourg* doit sa création à Pierre le Grand, qui lui-même en traça le plan, en 1724, d'après les conseils de Wolf et de Leibnitz; mais, surpris par la mort, il ne put mettre la dernière main à son œuvre, et laissa cet honneur à Catherine Ire qui lui succéda. Cette impératrice dota l'ac. et y appela un grand nombre d'hommes distingués, tels que Nicolas et Daniel Bernouilli, Bülinger, Wolf, etc. Cette ac. a publié, depuis 1728, ses mémoires dans une longue série de volumes in-4.

Nous avons dû nous borner à citer les principales académies de l'Europe; car la seule énumération des sociétés savantes qui existent dans les principales villes formerait une nomenclature aussi inutile que fastidieuse. Voy. *Annuaire des Sociétés savantes*, etc. Paris, Victor Masson, 1846.

ACADÉMIQUE. adj. 2 g. Qui appartient ou qui convient à des académiciens, à un corps de gens de lettres. *Discours ac. Style ac. Séances académiques.* || Se dit particulièrement, en parlant de l'Académie française. || S'applique quelquefois Aux personnes. *C'est un sujet ac.*, C'est un homme qui mérite d'entrer à l'Académie.

ACADÉMIQUEMENT. adv. D'une manière académique. *Il a traité son sujet ac.*

ACADÉMISTE. s. m. Celui qui apprend ses exercices et surtout l'équitation dans une académie. — Celui qui tient une académie de ce genre. Vx.

* **ACÆNE.** s. f. (gr. ἀκαίνα, pointe). T. Bot. Voy. SANGUISORBÉES.

ACAGNARDER. v. a. Accoutumer quelqu'un à mener une vie oisive et obscure. *La mauvaise compagnie l'a acagnardé.* Fam. = S'ACAGNARDER. v. pron. *S'ac. dans sa terre, s'ac. auprès du feu.* = ACAGNARDÉ, ÉE. part.

ACAJOU. s. m. T. Bot.

Enc. — Ce nom a été appliqué à plusieurs végétaux différents. L'arbre qui donne le beau bois d'ébénisterie appelé *Ac.* appartient à la famille des *Cédrélacées*, et celui qui produit le fruit nommé vulg. *Pomme* ou *Noix d'ac.* appartient à la famille des *Anacardiacées*. Voy. ce mot et celui de CÉDRÉLACÉES.

* **ACALÈPHES.** s. m. pl. (gr. ἀκαλήφη, ortie). T. Zool.

Enc. — On désigne sous ce nom une classe de Zoophytes, la troisième dans la méthode de Cuvier, qui comprend des animaux marins de consistance gélatineuse, à structure fort simple, leurs organes se réduisant à un estomac d'où partent des vaisseaux qui vont se ramifier dans les diverses parties du corps. Leur forme est généralement circulaire et rayonnante, et presque toujours leur bouche tient lieu d'anus. Leur grosseur est très-variable: quelques uns, en effet, sont presque microscopiques, et d'autres atteignent un volume prodigieux. Cette classe a été ainsi nommée à cause de la propriété que possèdent certaines espèces de causer, quand on les touche, une sensation analogue à celle que produit l'ortie. On les appelle vulg. *Orties de mer*. Quelques-uns de ces zoophytes sont phosphorescents. — Cuvier divise les ac. en 2 ordres, les *Ac. simples* et les *Ac. hydrostatiques*.

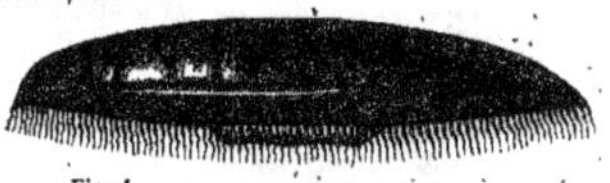

Fig. 1.

Les *Ac. simples* flottent et nagent dans la mer, en contractant et dilatant alternativement leur corps. Les *Méduses* constituent le genre le plus nombreux de la classe des ac. simples. Leurs formes sont élégantes et très-régulières, leurs

Fig. 2.

couleurs variées et brillantes. Leur corps, toujours plus ou moins convexe en dessus et plat ou concave en dessous, a reçu le nom d'*Ombrelle*. L'estomac est creusé au milieu de

Fig. 3.

Fig. 5.

cette ombrelle, d'où part ordin. un pédoncule ou des appendices de formes variées, qui leur servent sans doute à saisir leur proie. (Fig. 1. *Équorée pourprée*. 2. *Phorcynie istiophore*. 3. *Pélagie noctiluque*. 4. *Rhizostome bleu*.) Chez les *Méduses* propres, la bouche s'ouvre au milieu de la surface inférieure; chez les *Pélagies*, la bouche se prolonge en pédoncule ou se divise en bras. Les *Cyanées* sont des méduses à bouche centrale et à quatre cavités latérales. Les *Rhizostomes* comprennent les espèces qui n'ont point de bouche ouverte au centre. L'estomac ne communique avec l'extérieur que par l'intermédiaire des ramifications qui se distribuent dans les ten-

Fig. 4.

tacules et s'ouvrent par des pores à l'extrémité de ces organes. L'espèce la plus commune est le *Rhizostome bleu*. On le trouve partout sur le sable de nos côtes, quand la mer se retire; son ombrelle a quelquefois près de 2 pieds de largeur. — Les *Béroés* diffèrent des méduses en ce que leur corps est ovale ou globuleux, et offre souvent des côtes saillantes garnies de cils vibratiles. Le *Béroé globuleux* est assez commun sur les côtes de la Manche. Il passe pour un des aliments de la baleine. (Fig. 5. *Béroé de Forskal*.) Le *Ceste* représente tout simplement un long ruban gélatineux dont les bords sont garnis de cils. La

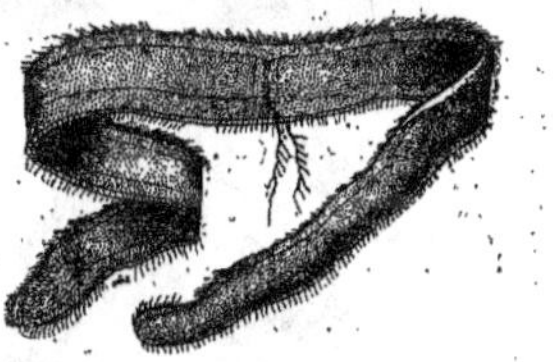

Fig. 6.

bouche occupe le milieu du bord inférieur. La seule espèce connue est le *Ceste de Vénus* (Fig. 6). Elle habite la Méditerranée. Sa longueur est de plus de 5 pieds, et sa hauteur de 2 pouces. Les *Porpites* et les *Vélelles* ont un corps en forme de disque, garni en dessus de nombreux tentacules; mais un cartilage intérieur soutient la substance gélatineuse de leur corps.

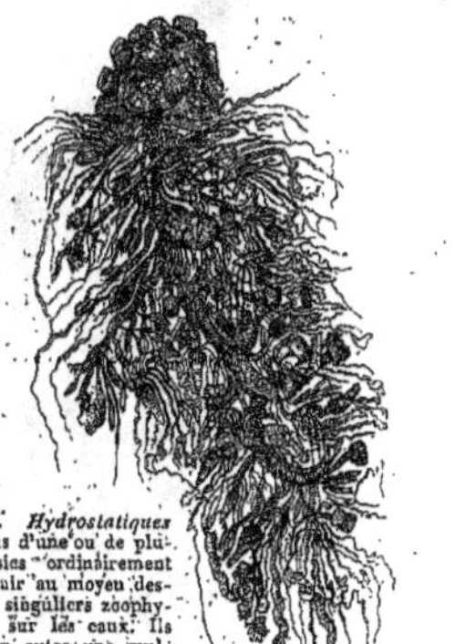

Les *Ac. Hydrostatiques* sont pourvus d'une ou de plusieurs vessies ordinairement remplies d'air au moyen desquelles ces singuliers zoophytes flottent sur les eaux. Ils possèdent en outre une multitude d'appendices de formes variées. (Fig. 7. *Stéphanomie tortillée*.) Cet ordre comprend les genres *Physalie*, *Physsophore* et *Diphye*.

Fig. 7.

*ACALICAL, ALE. adj. (α priv. ; κάλυξ, calice). L'insertion des étamines est acalicale, quand celles-ci partent du réceptacle sans adhérer au calice. = *Acalicin, ine. adj. Se dit D'une plante dépourvue de calice.

* ACANTHACÉES. s. f. pl. (gr. ἄκανθα, épine). T. Bot.

Enc.—Famille de végétaux exogènes, à corolle monopétale hypogyne. — *Caract. bot.* Plantes herbacées ou frutescentes. Feuilles opposées, sans stipules, simples, indivises, entières ou serrées, rarement sinueuses ou manifestant une tendance à se partager en lobes; quelquefois en paires inégales. Inflorescence terminale ou axillaire, en épi, en grappe ou en panicule, et parfois même uniflore. Fleurs ordin. opposées dans les épis, quelquefois alternes, avec 3 bractées, dont les 2 latérales manquent souvent; ces bractées sont quelquefois larges et foliiformes, et recouvrent un calice peu développé. Calice tantôt à 4 ou 5 divisions égales ou inégales, généralement très-imbriquées, parfois multifides; tantôt entier, peu développé et persistant. Corolle monopétale, hypogyne, la plupart du temps irrégulière, à limbe personné ou bilabié, quelquefois unilabié, parfois à divisions presque égales; décidue. Etamines la plupart du temps au nombre de 2, portant toutes deux des anthères; quelquefois 4 étamines didynames, les plus courtes souvent stériles. Anthères tantôt à 2 loges symétriques ou non, tantôt uniloculaires, s'ouvrant longitudinalement. Ovaire à deux loges contenant chacune 2 ou plusieurs ovules; style simple; stigmate bilobé, souvent indivis; ovules amphitropes ou campulitropes. Fruit capsulaire à deux loges, s'ouvrant quelquefois avec élasticité en deux valves opposées à la cloison, et dont chacune emporte avec elle la moitié de cette cloison. Graines attachées au bord intérieur de la cloison par un mamelon, par une cupule, ou plus souvent par un appendice en forme de crochet; test lâche; point d'albumen;

embryon droit ou courbe; cotylédons larges, arrondis; radicule descendante et en même temps centripète, courbe ou droite. (Fig. 1, *Nelsonia campestris*; 2 et 3. fleurs; 4. pistil; 5. capsule; 6. coupe transversale d'une graine.)— Cette famille, qui

Fig. 7.

se compose d'environ 105 genres et 750 espèces, se divise en 3 tribus, dont le principal caractère est tiré des prolongements du placenta qui supportent la graine. Ces tribus sont les *Thunbergiées*, les *Nelsoniées* et les *Ecmacanthacées*. — Presque toutes les acanthacées appartiennent aux régions tropicales, et elles y sont très-multipliées. Toutefois le genre *Acanthe* habite la Grèce, et l'on trouve un petit nombre d'acanthacées aux États-Unis. Quelques plantes de cette famille sont remarquables par leur beauté; telle est l'*Aphelandra cristata* (Fig. 7). Les Ac. sont pour la plupart mucilagineuses et légèrement amères; quand leur amertume est plus prononcée, on les emploie comme expectorants. L'*Acanthe pourpre*, jadis appelée *Branc-ursine*, qui a fourni le type du chapiteau corinthien (Voy. Acanthe), est émolliente; il en est de même de la *Justicie biflore*, plante qui croît en Egypte. Les fleurs, les feuilles et les fruits de l'*Adhatoda* sont légèrement amers, aromatiques, et passent pour antispasmodiques. La *Justicie pectorale*, bouillie dans du sucre, donne un sirop d'une odeur agréable qui est usité à la Jamaïque comme stomachique. Les feuilles du *Gendarusa vulgaris* exhalent, quand on les frotte, une odeur forte qui n'est pas désagréable. Dans l'Inde, on les emploie à l'extérieur, dans les cas de rhumatismes chroniques avec gonflement des articulations. La base du remède si connu sous le nom de *Drogue amère*, et si vanté pour ses propriétés toniques et stomachiques, est formée par la *Justicie paniculée*, appelée *Creyat* dans l'Inde. La *Justicie ecbolium* est, dit-on, diurétique. Dans le royaume d'Assam, on extrait d'une espèce de *Ruellie* une teinture bleu foncé estimée, à laquelle on donne le nom de *Roum*.

ACANTHE. s. f. T. Bot. Nom d'un genre de plantes de la famille des *Acanthacées*.

Enc. — Nous avons dit que certaines espèces d'acanthes habitent la Grèce, et que l'une d'elles avait servi de type au chapiteau corinthien. Selon Vitruve, voici quelle aurait été l'origine de ce chapiteau : « Une jeune fille de Corinthe étant morte au moment de se marier, plusieurs objets auxquels elle avait été attachée pendant sa vie, furent recueillis par sa nourrice. Cette femme les déposa sur la tombe de sa jeune maîtresse, après les avoir placés dans une corbeille qu'elle couvrit d'une tuile pour les mettre à l'abri des injures de l'air. Dans ce lieu se trouvait par hasard une racine d'acanthe. Au printemps cette plante poussa des tiges et des feuilles qui entourèrent la corbeille; mais les extrémités de ces feuilles rencontrant les bords de la tuile furent forcées de se recourber, ce qui leur donna la forme de volute. Le sculpteur Callimaque, passant près de ce tombeau, vit la corbeille, et remarqua la manière gracieuse avec laquelle ces feuilles naissantes la couronnaient. Cette forme nouvelle lui plut; il l'imita dans les colonnes qu'il fit par la suite à Corinthe, et il établit d'après ce modèle les proportions et les règles de l'ordre corinthien. » Quoi qu'il

Fig. 1.

Fig. 2.

en soit de la vérité de cette histoire touchante à laquelle on a peine à ajouter foi, les anciens ont employé d'autres feuilles que celles de l'ac. dans la décoration de leurs chapiteaux. Ainsi, par ex., les feuilles de l'ordre composite des arcs de Titus et de Septime Sévère, à Rome, ressemblent plutôt à celles du persil qu'à celles de l'ac., et celles du temple de Vesta, à Rome, sont assez semblables à des feuilles de laurier. Dans les chapiteaux de l'architecture égyptienne, la feuille de palmier se rencontre très-fréquemment. Voy. Chapiteau.

*ACANTHIE. s. f. T. Ent. Voy. Géocorises.

* ACANTHOCÉPHALE. s. m. (gr. ἄκανθα; κεφαλή, tête). T. Zool.

Enc.—Cuvier a donné ce nom à la première famille de ses *Entozoaires parenchymateux*. Cette famille se compose du seul genre *Echinorhynque*. Voy. Parenchymateux.

* ACANTHOPODES. s. m. pl. (gr. ἄκανθα; πούς, ποδὸς, pied). T. Ent. Voy. Clavicornes.

*ACANTHOPTÈRE. s. m. (gr. ἄκανθα; πτερὸν, aile). T. Entom. Voy. Longicornes.

* ACANTHOPTÉRYGIENS. s. m. pl. T. Ichth.

Enc. — Après avoir divisé la nombreuse classe des Poissons en deux grandes séries, celle des *Poissons osseux* et celle des *Poissons cartilagineux*, Cuvier a donné le nom d'*Ac.* au premier ordre de ses poissons osseux. Les ac. ont la mâchoire supérieure complète, mobile, et les branchies en forme de peignes, caractères qui leur sont communs avec les *Malacoptérygiens*; mais chez ceux-ci, tous les rayons des nageoires sont mous, excepté quelquefois le premier de la dorsale ou des pectorales, tandis que les ac. ont toujours la première portion de la dorsale, ou la première dorsale, quand il y en a deux, soutenue par des rayons épineux; en outre, dans les ac. l'anale a aussi quelques rayons épineux, et les ventrales en ont au moins chacune un.

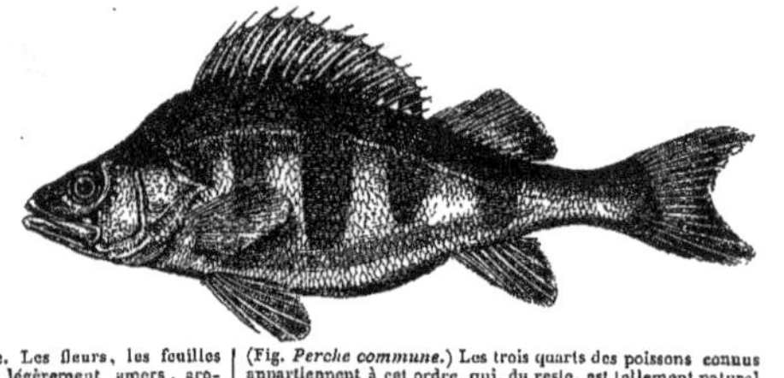

(Fig. *Perche commune.*) Les trois quarts des poissons connus appartiennent à cet ordre, qui, du reste, est tellement naturel qu'il est très-difficile de le diviser en familles. — L'auteur du *Règne animal* admet dans cet ordre quinze familles, ce sont : les *Percoïdes*, les *Joues cuirassées*, les *Sciénoïdes*, les *Sparoïdes*, les *Ménides*, les *Squammipennes*, les *Scombéroïdes*, les *Tænioïdes*, les *Theutyes*, les *Pharyngiens labyrinthiformes*, les *Mugiloïdes*, les *Gobioïdes*, les *Pectorales pédiculées*, les *Labroïdes* et les *Bouches en flûte*. Voy. ces mots.

* ACANTHURE. s. m. (gr. ἄκανθα; οὐρὰ, queue). T. Ichth. Voy. Theutyes.

*ACARDE. s. m. (gr. α priv.; lat. *cardo*, gond). T. Zool. Voy. Ostracés.

* ACARUS ou ACARE. s. m. (gr. ἄκαρι, ciron). T. Zool.

Enc.—Genre d'arachnides trachéennes, qui a donné son nom à la tribu des *Acarides* ou *Acariens*, et qui appartient à la famille des Holètres. Voy. ce mot.

ACARIÂTRE. adj. 2 g. (gr. α priv.; χάρις, grâce). Qui est d'une humeur fâcheuse, aigre et criarde. *Femme, humeur ac.*

*ACARIDES, ACARIDIENS ou ACARIENS. s. m. pl. T. Zool. Voy. Holètres.

ACATALEPSIE. s. f. (gr. α priv.; κατάληψις, compréhension). Chez les anciens, on donnait ce nom à la Doctrine de quelques philosophes qui n'admettaient aucune certitude dans les connaissances humaines.

ACATALEPTIQUE. adj. 2 g. Se disait Des partisans de la doctrine philosophique appelée *Acatalepsie*, ainsi que De cette doctrine elle-même.

ACAULE (gr. α priv.; καυλὸς, tige). T. Bot. Se dit Des plantes qui paraissent dépourvues de tige. Voy. Tige.

ACCABLANT, TE. adj. Qui accable ou qui peut accabler. Se dit au prop. et au fig. *Fardeau ac. Reproche, témoignage ac. Nouvelle accablante.* || Importun, insupportable. *Homme ac. Visites accablantes.*

ACCABLEMENT. s. m. État d'une personne accablée. Se dit Du physique et du moral. *Sa maladie l'a jeté dans un si grand ac. qu'il a peine à se soutenir. Prends pitié de l'ac. où tu m'as réduit.* || Excès, surcharge. *L'ac. du travail et des affaires ne lui laisse pas un instant de repos.* = Syn. Voy. Abattement.

ACCABLER. v. a. (gr. καταβάλλειν, renverser ?) Faire succomber sous le poids. *La citadelle sauta, et tous ceux qui s'y trouvaient furent accablés sous les ruines.* — Par anal., *Être accablé par le nombre des ennemis. Il a été accablé de coups.* — Par ext., sign., Surcharger. *Il portait un fardeau dont il était accablé.* || Fig., se dit de la plupart Des choses considérées comme un poids qui accable. *Le travail, les affaires l'accablent. Être accablé de fatigues, de sommeil, de dettes. Se laisser ac. par le chagrin, la douleur. — Ac. quelqu'un de reproches, d'injures,* Lui faire de grands reproches, lui dire beaucoup d'injures. — *Ac. quelqu'un de biens, de grâces, de caresses, de louanges, de politesses,* Le combler de biens, etc. = s'Accabler. v. pron. *S'ac. de travail.* = Accablé, ée. part.

ACCAPAREMENT. s. m. Action d'accaparer. || Se dit aussi Des choses accaparées.

Enc.—L'*Ac.* consiste à acheter ou à arrher une quantité considérable de marchandises quelconques, ou même la totalité de ces marchandises, avant leur arrivée sur le marché, afin d'en tirer un prix plus élevé qu'il ne l'aurait été sans cette circonstance. Il se dit surtout lorsqu'il s'agit de denrées de première nécessité. A une époque où l'industrie était peu développée, et où les voies de communication manquaient au commerce, les accaparements étaient possibles, et ils causaient alors de grands maux; mais aujourd'hui toute crainte à ce sujet est chimérique : il n'est pas de spéculation ou de coalition de spéculateurs qui soit en état de faire éprouver, au moyen des accaparements, une hausse sensible et durable à une denrée telle que le blé, par ex. En rendant le commerce et l'industrie libres, l'Assemblée constituante comprit qu'elle devait abolir les anciennes lois contre les accaparements : c'est ce qu'elle fit, en effet. La législation qui nous régit ne condamne pas le fait simple d'accaparement, tel que nous venons de le définir. Elle prévoit seulement (art. 419, C. p.) le cas de manœuvres frauduleuses ou de coalition pour opérer une hausse factice. Les coupables sont punis d'un mois au moins, d'un an au plus, et d'une amende de 500 à 10,000 fr. L'art. 420 double la peine, quand il s'agit de denrées de première nécessité.

ACCAPARER. v. a. (it. *caparra*, arrhes). Acheter ou arrher une quantité considérable de marchandises, dans le but d'en faire hausser le prix en se rendant maître du marché. *Ac. des blés, des laines, des huiles*, etc. || Fig. et fam., *Ac. les voix, les suffrages*, Se les assurer par des sollicitations, par la brigue.

ACCAPAREUR, EUSE. s. m. Celui ou celle qui accapare. *C'est un ac., une accapareuse.* || Fig. et fam., Qui s'empare de ; qui tourne à son usage exclusif. *Ac. de la faveur publique.*

ACCÉDER. v. n. (lat. *ad*, vers; *cedere*, marcher). Entrer dans des engagements déjà contractés par d'autres. *Les cours du Nord ont accédé à ce traité.* || Acquiescer. *J'accède à votre proposition.* = Syn. Voy. ACQUIESCER.

ACCÉLÉRATEUR, TRICE. adj. Qui accélère. *Muscle ac. Force accélératrice.*

ACCÉLÉRATION. s. f. Accroissement de vitesse. || Fig., Prompte exécution, prompte expédition des travaux, des affaires. *L'ac. des travaux exige un plus grand nombre d'ouvriers.* || T. Ast. *Ac. de la lune, des planètes.* Voy. ces mots. *Ac. des étoiles.* Voy. JOUR.

Enc. — En Méc., l'accroissement de la vitesse des corps en mouvement s'appelle *Ac.* L'ac. est uniforme ou variable, selon que la force qui produit le mouvement agit d'une façon régulière ou irrégulière.

Les exemples les plus familiers du mouvement uniformément accéléré sont ceux qui dépendent de l'attraction terrestre et qui s'observent dans la chute des corps ou dans la descente d'un corps le long d'un plan incliné. Un principe admis en mécanique comme un axiome, c'est qu'un corps, en vertu de son inertie, persiste toujours dans son état de repos ou de mouvement jusqu'à ce qu'une cause extérieure vienne changer cet état : il résulte de là que tout changement dans la vitesse d'un corps doit être causé par l'action d'une force étrangère. Maintenant, supposons qu'on élève un corps à une très-grande hauteur, qu'on l'abandonne ensuite à l'action de la pesanteur, et voyons ce qui se passe alors. Dans cette hypothèse, on peut considérer la pesanteur comme une force qui agit d'une manière uniforme. En effet, quoique son intensité diminue à mesure qu'elle s'éloigne du centre de la terre, cependant la hauteur la plus élevée que nous puissions atteindre est si peu de chose, comparativement au rayon de notre planète, qu'on peut négliger la variation dans l'intensité de l'attraction qui résulte de cette cause. Si l'on conçoit le temps employé par un corps à tomber à la surface de la terre, divisé en petits intervalles égaux, en secondes par ex., pendant la première seconde, le corps reçoit une impulsion qui lui communique un mouvement. Si, à cet instant, la pesanteur cessait d'agir, le corps continuerait à descendre avec la vitesse qu'il a déjà acquise. Mais l'impulsion se renouvelle pendant le second intervalle de temps avec une énergie absolument égale à la première, et par conséquent la vitesse du mouvement du corps se trouve exactement doublée. Le même phénomène se reproduit pendant la troisième seconde, et la vitesse du corps est alors triplée. Dans la quatrième seconde cette vitesse est quadruplée, et ainsi de suite : car le corps reçoit continuellement, à des intervalles égaux et successifs, des accroissements égaux de vitesse par l'action de la force accélératrice, et il conserve toujours, par suite de son inertie, la vitesse antérieurement acquise. De là on déduit cette loi du mouvement uniformément accéléré, que la vitesse d'un corps, à un moment donné quelconque, est proportionnelle au nombre des impulsions qu'il a reçues, ou au nombre des intervalles qui se sont écoulés depuis le commencement de son mouvement. En d'autres termes, on dit que *La vitesse est proportionnelle au temps.*

Si l'on considère maintenant les espaces que le corps a parcourus dans sa chute, et si l'on suppose que l'espace parcouru pendant la première seconde soit égal à 1 mètre; comme la vitesse du corps au commencement de son mouvement est égale à 0, mais s'accroît uniformément pendant la première seconde, il est évident que l'espace parcouru sera le même que si le corps, pendant toute la durée de la seconde, s'était mû constamment avec la vitesse moyenne, c.-à-d., avec la vitesse qu'il avait au milieu de cette seconde. Mais on a vu que la vitesse est proportionnelle au temps. Ainsi donc, à la fin de la première seconde, la vitesse est double de ce qu'elle était au milieu de la seconde, et, par conséquent, si la pesanteur cessait d'agir, le corps, pendant le deuxième intervalle ou la deuxième seconde, parcourrait 2 mètres. Or, comme l'action de la pesanteur se renouvelle ou plutôt ne discontinue pas, ce corps reçoit, pendant la deuxième seconde, une nouvelle impulsion égale à celle qu'il a reçue pendant la première seconde. Par conséquent il parcourt un espace égal à 1 mètre, qui s'ajoute aux 2 mètres qu'il a parcourus par l'effet de la vitesse acquise antérieurement. Il parcourra donc, pendant la deuxième seconde, un espace égal à 3 mètres. A la fin de cette deuxième seconde, la vitesse du corps est le double de ce qu'elle était à la fin de la première seconde, et, en conséquence, il parcourra pendant la troisième seconde un espace égal à 4 mètres; mais, comme il faut y ajouter l'effet produit par la répétition de l'impulsion, l'espace parcouru pendant la troisième seconde sera égal à 5 mètres. On trouve de même que le corps parcourt un espace de 7 mètres pendant la quatrième seconde, de 9 mètres pendant la cinquième, et ainsi de suite; les espaces parcourus pendant les secondes successives seront proportionnels aux nombres impairs 1, 3, 5, 7, 9, 11, 13, 15, 17, 19, etc. Ainsi donc, en additionnant successivement ces nombres, les espaces parcourus depuis le commencement du mouvement se trouvent représentés par la série des nombres carrés, 1, 4, 9, 16, 25, 36, 49, 64, 81, 100. On déduit de là la deuxième grande loi du mouvement accéléré : *Les espaces parcourus sont proportionnels aux carrés des temps.*

C'est à Galilée que l'on doit la découverte des lois de l'acc. des corps graves. Il supposa que cette acc. s'opérait par degrés égaux, et qu'elle était uniforme. L'expérience et le calcul ont confirmé son hypothèse. Il est inutile d'avertir que dans l'exposition rapide qu'on vient de faire, on a négligé de tenir compte de l'effet produit par la résistance de l'air. — Des expériences très-précises ont démontré que l'espace parcouru pendant la 1re seconde par un corps qui tombe librement, est le même pour tous les corps, à la même latitude. A Paris, cet espace est de 4m,90448. A l'aide de ce nombre on peut résoudre quelques problèmes relatifs à la chute des corps :

1° Quel est l'espace parcouru *à Paris*, par un mobile, dans une chute de 12" de durée, et quelle est sa vitesse finale? L'espace parcouru sera égal à 4m,90448 multiplié par le carré du nombre des secondes, c'est-à-dire à $4^m,90448 \times 12^2 = 4^m,90448 \times 144 = 706^m,24512$. Quant à la vitesse finale, elle est égale à la vitesse qu'avait le corps à la fin de la 2e seconde ($2 \times 4^m,90448$) multipliée par le nombre de secondes (12), c.-à-d. à $9^m,80896 \times 12 = 117^m,70752$.

2° Quel nombre de secondes emploiera un corps pour tomber de la hauteur de la balustrade de la tour de Notre-Dame (66 mètres)? Les espaces parcourus étant proportionnels aux carrés des temps, on aura évidemment cette proportion :

$$4^m,90448 : 66^m :: 1 : t^2,$$

c.-à-d. comme 1 est au carré du temps, d'où l'on tire

$$t^2 = \frac{66}{4,90448} = \frac{6600000}{490448} = 13,45, \text{ et enfin, } t = 3'',67.$$

Les lois que nous venons d'exposer s'appliquent également aux corps qui descendent le long d'un plan incliné. Voy. FORCE et GRAVITATION. — Ainsi qu'il est aisé de le comprendre, le mouvement uniformément retardé est soumis à des lois tout à fait analogues à celles qui régissent l'acc. uniforme : seulement elles sont inverses.

ACCÉLÉRER. v. a. (lat. *ad*, vers; *celerare*, hâter). Hâter, accroître la vitesse, presser. *Ac. la marche d'une armée. Ac. la décision d'une affaire.* = s'ACCÉLÉRER. v. pron. *La vitesse s'accélère par la diminution du frottement.* = ACCÉLÉRÉ, ÉE. part. *Pas ac. Roulage ac.*

Syn. — *Diligenter, Presser, Précipiter, Expédier, Dépêcher, Hâter.* — *Ac.* signifie augmenter la vitesse; il se dit surtout au prop. dans ce sens; au fig., il comporte encore l'idée de faire cesser tout retard dans l'exécution d'une chose. *Diligenter*, pris activement, ne s'emploie qu'au fig.; il exprime plutôt l'activité régulière et soigneuse que la rapidité : *Il faut diligenter l'impression de votre ouvrage. Précipiter*, dans la même acception, n'est également usité qu'au fig.; mais, au lieu de désigner une célérité régulière, il marque au contraire une exécution subite et désordonnée : *L'ennemi précipite sa retraite. Presser* ajoute, à l'idée d'augmentation de vitesse, celle d'obsession, d'accablement : *Le temps nous presse, hâtons-nous; presser le pas des coursiers. Dépêcher* indique simplement la promptitude d'exécution d'un travail où l'on n'apporte pas tous ses soins. *Expédier*, à la lettre, c'est se débarrasser de travaux urgents ou en retard. Enfin, le verbe *hâter* entraîne toujours avec l'idée d'accélération celle de prématurité. *Ces événements ont hâté sa ruine; les pluies ont hâté la végétation.*

ACCENSES. s. f. pl. (lat. *accire*, convoquer).

Enc. — Officiers publics, à Rome, qui avertissaient le peuple de s'assembler, introduisaient à l'audience du préteur, et marchaient devant le consul lorsqu'il n'avait pas de faisceaux. Les *Ac.* exerçaient des fonctions analogues à celles que les huissiers exercent de nos jours.

ACCENT. s. m. (lat. *accentus*). Se dit Des diverses modifications imprimées à la voix humaine dans la parole ou dans le chant. || Se prend quelquefois pour Le langage lui-même. *L'ac. de la conviction. Les accents de la joie, de la douleur.* || Signe graphique dont les voyelles sont quelquefois affectées.

Enc. — Il y a quatre choses à considérer dans les sons que produit la voix humaine, l'*intonation*, la *durée*, l'*intensité* et le *timbre*. — La voix s'élève ou s'abaisse suivant les mouvements qui affectent l'âme. « Ainsi, dit le P. Mersenne, j'ai remarqué que le ton de la colère monte souvent d'une octave entière ou davantage tout d'un coup. » Cet ac. est, à proprement parler, l'*ac. tonique* : mais dans le langage ordinaire, il est loin de parcourir une aussi grande étendue. Beaucoup d'hommes n'élèvent pas d'un demi-ton la syllabe accentuée; d'autres l'élèvent de plus d'un demi-ton : alors la parole devient chantante. Dans le cas contraire, quand toutes les syllabes ont la même élévation, elle devient monotone. Dans certaines langues, surtout dans celles des peuples méridionaux, l'ac. tonique est très-prononcé. — Dans les langues anciennes, l'ac. et la quantité ou la longueur des voyelles et des syllabes sont deux choses tout à fait différentes. En français, l'ac. coïncide presque toujours avec la quantité; mais l'un et l'autre sont si peu marqués qu'il est impossible d'employer avec succès le rhythme des syllabes longues et brèves : aussi la mesure des vers, dans notre versification, est-elle fondée sur le nombre des syllabes. Les grammairiens donnent le nom d'*ac. prosodique* aux modifications de ton et de durée qu'éprouvent certaines syllabes des mots de chaque langue. — Mais il ne suffit pas dans le discours de se conformer aux règles prosodiques concernant la prononciation particulière des mots de la langue parlée : il faut encore nuancer les différents termes d'une phrase selon l'importance relative des idées qu'ils expriment; c'est ce qu'on fait en modifiant diversement le ton, l'intensité et la durée des sons. Cette accentuation exprime la modalité du jugement. Dans les phrases interrogatives et affirmatives, par ex., l'ac. est toujours sur le mot principal. C'est ce que l'on nomme *ac. logique* ou *oratoire*. — L'*ac. emphatique* n'est autre chose que l'ac. logique un peu exagéré, afin de faire mieux ressortir l'importance de telle ou telle partie de la phrase. — Il arrive souvent que dans le discours, ou même dans la simple conversation, une émotion plus ou moins vive s'empare de l'âme de celui qui parle. Alors la voix parcourt une échelle de tons plus étendue; la parole tantôt se précipite et tantôt se ralentit; enfin les sons se trouvent affectés dans leur timbre. L'altération du timbre est le phénomène qui frappe le plus l'oreille de l'auditeur. C'est à la réunion de ces modifications de la voix qu'on a donné le nom d'*ac. pathétique*. — Dans un vaste pays où l'on parle partout la même langue, comme en France, la prononciation présente dans les diverses provinces des variations assez notables : tantôt ces altérations portent principalement sur l'intonation, tantôt elles portent davantage sur le temps qu'on met à prononcer certaines syllabes. C'est ainsi qu'on distingue chez nous les accents *gascon*, *provençal*, *picard*, *normand*, etc. Cet ac., auquel on donne le nom d'*ac. des dialectes*, d'*ac. provincial*, est en général physionomique, car il peint assez fidèlement le caractère vif ou lent des populations. Aussi les habitants des capitales et les personnes qui se piquent de manières polies évitent-elles avec soin toute accentuation trop prononcée; c'est ce qu'on appelle *n'avoir pas d'ac.*

L'*ac. grammatical* n'est qu'un simple signe orthographique que l'on place sur une voyelle, tantôt pour indiquer une modification dans le son de cette lettre, soit sous le rapport du ton, soit sous celui de la durée, tantôt pour faire distinguer le sens d'un mot d'avec celui d'un autre mot qui s'écrit de même, tantôt enfin pour remplacer une lettre supprimée. — On reconnaît dans notre langue trois sortes d'accents : l'ac. *aigu* (´), l'ac. *grave* (`), et l'ac. *circonflexe* (^) qui est la réunion des deux précédents. — L'*ac. aigu* ne se place jamais que sur la voyelle E, et indique qu'elle doit se prononcer comme dans le mot *bonté*. On l'emploie quelquefois par euphonie dans certaines inversions, telles que *aimé-je ?* au lieu de *aime-je ?* — L'*ac. grave* remplit généralement deux fonctions : il sert à distinguer *là* adverbe d'avec *la* article ou pronom, *où* adverbe d'avec *ou* conjonction. D'autres fois il indique que la lettre qu'il affecte doit se prononcer d'une façon particulière. L'E, par ex., lorsqu'il est surmonté d'un ac. grave, acquiert un son différent de celui qu'il a ordinairement : ainsi le mot *accès* ne se prononce pas comme le mot *bonté*. — L'*ac. circonflexe* enfin est le seul qui joue les trois rôles que nous avons assignés aux accents grammaticaux. Dans le mot *âme*, il avertit que le son de l'A n'est pas le même que dans *amour*. Il empêche de confondre *crû* participe passé du verbe *croître*, avec *cru* participe passé du verbe *croire*. Mais le plus souvent il sert à rappeler qu'il y a eu suppression d'une lettre dans le mot où il se trouve. Ainsi, on écrit aujourd'hui *âge*, *vêpres*, *nôtre*, *mûr*, qu'on écrivait autrefois *aage*, *vespres*, *nostre*, *meur*. Dans le dernier mot que nous venons de citer, il sert en outre à distinguer *mûr* adjectif, de *mur* substantif. Voy. le mot VOYELLE ainsi que chacune des voyelles.

En T. de Mus., on nomme *Ac.* des signes qui servent à indiquer au chanteur ou à l'instrumentiste qu'il faut donner une expression particulière de force ou de douceur à une note isolée ou à un passage. Le signe $<$ veut dire qu'il faut augmenter graduellement l'intensité du son; le signe inverse $>$ qu'il faut le diminuer progressivement, et la réunion de ces deux signes $<>$ annonce qu'on doit d'abord augmenter jusqu'au milieu, puis diminuer insensiblement jusqu'à la fin. Pour indiquer les diverses nuances d'expression, on emploie, en outre, un grand nombre de termes empruntés pour la plupart à la langue italienne; ils sont énumérés au mot MUSIQUE.

ACCENTUATION. s. f. Manière d'accentuer.

ACCENTUER. v. a. Marquer de l'un des signes que l'on nomme accent. *Vous oubliez toujours d'accentuer vos voyelles.* || Imprimer aux sons de la voix humaine Les diverses modifications connues sous le nom d'accents. *Accentuez autrement ce vers.* || Se dit abs. dans les deux acceptions. = s'ACCENTUER. v. pron. S'emploie dans les deux sens. = ACCENTUÉ, ÉE. part.

ACCEPTABLE. adj. 2 g. Qui peut, qui doit être accepté.

ACCEPTATION. s. f. Action d'accepter. || T. Com. Acte par lequel quelqu'un s'engage à payer une *lettre de change* tirée sur lui. Voy. LETTRE DE CHANGE.

ACCEPTER. v. a. (lat. *acceptare*). Recevoir volontairement ce qui est proposé, offert, donné. *J'accepte vos conditions. Ac. une trêve, un défi, un combat. Ac. une décoration.* — S'emploie absol. *On lui a offert le ministère, on ne sait s'il acceptera.* || Se résigner à ce qui est inévitable. *Ac. les décrets de la Providence.* || *J'en accepte l'augure*, Je souhaite que cela arrive comme on me le fait espérer. || T. Com. *Ac. une lettre de change.* Voy. Lettre de change. == Accepté, ée. part.

Syn. — *Recevoir.* — Nous *acceptons* ce qu'on nous offre, ce qu'on nous propose; nous *recevons* ce qu'on nous donne, ce qu'on nous envoie. On *accepte* des services; on *reçoit* des grâces. *Ac.* semble marquer un consentement; *recevoir* exclut simplement le refus.

ACCEPTEUR. s. m. T. Com. Celui qui accepte une lettre de change.

ACCEPTION. s. f. (lat. *acceptio; de accipere*, recevoir). Signification, sens dans lequel un mot est usité. *Ac. propre. Ac. figurée. Ce mot a plusieurs acceptions.* || *Dieu et la justice ne font ac. de personne*, Dieu et la justice ont la même règle pour tous, n'ont de préférence pour personne.

ACCÈS. s. m. (lat. *ad*, vers; *cedere*, marcher). Entrée, abord, approche. *Place, île, côte de facile ac. La place n'est pas fortifiée, mais l'ac. en est difficile.* || Par anal., se dit Des personnes. *Homme de facile, de difficile ac. Avoir un libre ac. auprès de quelqu'un*, C'est avoir la facilité de lui parler, de l'entretenir. || Fig., signif., Un mouvement intérieur et passager en conséquence duquel on agit autrement que dans son état habituel. *Ac. de dévotion, de colère. Cet avare a quelquefois des ac. de libéralité.* || T. Droit can. Voy. Conclave. || T. Phys. *Théorie des accès.* Voy. Lumière.

Enc. — En T. de Pathol., le mot *Ac.* est employé dans des acceptions un peu différentes. La réapparition des symptômes épileptiques, par ex., constitue pour certains auteurs un *ac.* d'épilepsie; le *paroxysme* de certaines affections a également reçu le nom d'ac.; mais ce langage manque de rigueur : on a confondu le *paroxysme* et l'*attaque* avec l'*ac.* Le premier de ces termes doit s'appliquer exclusivement à l'exacerbation des symptômes d'une maladie continue; le second, à la brusque apparition d'une affection qui, sans se reproduire à des époques déterminées, offre ordinairement des retours plus ou moins éloignés, comme la goutte et l'épilepsie : alors on réserverait le mot *ac.* pour désigner l'ensemble des phénomènes d'une maladie qui surviennent et cessent périodiquement, comme on l'observe dans les fièvres intermittentes et dans certaines névralgies.

ACCESSIBLE. adj. 2 g. Qui peut être abordé, dont on peut approcher. Se dit des lieux et des personnes. || Fig., *Ame ac. à l'amour, à l'intérêt.*

ACCESSION. s. f. Action par laquelle on adhère à une chose, à un acte, à un contrat quelconque. || T. Dr. publ. Adhésion d'une puissance à un engagement déjà contracté par d'autres puissances.

Enc. — En Dr. civ., l'*Ac.* est l'extension que reçoit une chose par l'union d'un autre objet. Cet objet, qu'on appelle *accessoire*, appartient de droit au propriétaire du principal, c.-à-d. de la chose à laquelle il est uni; et ce droit porte le nom de *Droit d'ac.* De là le principe : *L'accessoire suit le principal.* — La loi française a fait de l'ac. une manière d'acquérir la propriété; et elle a posé en principe (*C. civ.*, art. 546 et suiv.), que la propriété d'une chose, soit mobilière, soit immobilière, donne droit sur tout ce qu'elle produit, et sur ce qui s'y unit accessoirement, soit naturellement, soit artificiellement. Ainsi, les fruits naturels ou industriels de la terre, les fruits civils, le croît des animaux, appartiennent au propriétaire, par droit d'ac. Il en est de même de tout ce qui s'unit et s'incorpore à la chose.

Ainsi, les arbres qu'on plante sur un terrain, les constructions qu'on y fait, les atterrissements insensibles qui s'y opèrent, appartiennent au propriétaire du sol. (Voy. Alluvion.) Lorsqu'il s'agit de deux choses mobilières appartenant à deux maîtres différents, le droit d'ac. est entièrement subordonné aux principes de l'équité naturelle. Cependant, la loi établit quelques règles qui doivent servir de guides aux juges, dans les cas qu'elle n'a pas prévus. (Voy. *C. civ.*, art. 565 et suiv.) — On donne quelquefois le nom d'*Accessions* aux choses mêmes sur lesquelles ce droit est exercé.

ACCESSIT. s. m. [on pron. le T.] (lat. *accessit*, il a approché). S'emploie dans les colléges et dans les académies, pour désigner La mention honorable accordée à celui qui approche du prix. *Il a eu un prix et trois accessit.*

ACCESSOIRE. ad. 2 g. Ce qui accompagne une chose, ce qui est sous sa dépendance, mais sans y être lié nécessairement. *Une idée ac. Une clause ac.* == Accessoire. s. m. Même sign. que l'adj. *L'ac. suit le principal.* || T. B.-arts. Parties qui ne sont pas essentielles à la composition. *Il n'est pas prudent de négliger les accessoires dans un tableau.* || Au théâtre, on nomme *Accessoires*, Les objets dont on a besoin pour la représentation, comme un poignard, un service de table. || Les anatomistes donnent le nom d'*Accessoires* à Certaines parties unies à d'autres qui leur paraissent plus importantes. *Artères, glandes, muscles, nerfs accessoires.*

ACCESSOIREMENT. adv. D'une manière accessoire; par suite.

ACCIDENT. s. m. (lat. *ad*, vers; *cadere*, tomber). Cas fortuit, ce qui arrive par hasard. Sign. toujours, Événement malheureux, à moins qu'il ne soit autrement qualifié. *La convalescence sera prompte, à moins d'ac. C'est un ac. favorable. S'exposer à un ac.* || *Accident de terrain*, Élévation ou dépression de terrain qui modifie la perspective et lui donne quelque chose d'imprévu. — S'emploie quelquefois comme synonyme d'Obstacle. == Par accident. loc. adv. Par cas fortuit, par hasard. *Il s'est trouvé là par ac.*

Syn. — *Événement, Aventure.* — *Événement* se dit de tout ce qui arrive dans le monde, que le fait soit prévu ou imprévu. *Aventure* ne s'emploie qu'en parlant des événements fortuits qui arrivent à une personne. *Ac.* exprime toujours qu'une chose est arrivée par hasard : il se dit principalement des événements d'une importance secondaire. Ces trois termes sont susceptibles d'être modifiés par des épithètes qui les font prendre en bonne ou en mauvaise part. Cependant le mot *aventure*, employé seul, se prend généralement en bonne part, et *ac.* en mauvaise part.

Enc. — En Log., l'*Ac.* est ce qui peut être absent ou présent dans le sujet, l'essence de l'espèce à laquelle appartient ce sujet restant la même. Ainsi, on peut dire d'un homme qu'il est *malade*, ou qu'il est *natif de Paris*. Le premier de ces exemples exprime ce qu'on appelle un *ac. séparable*, et le second, un *ac. inséparable*; c.-à-d. que l'homme dont il s'agit peut cesser d'être *malade*, mais qu'il ne peut cesser d'être *natif de Paris*. Néanmoins, ni l'un ni l'autre de ces accidents ne modifie l'essence de l'espèce *homme*. Il est surtout important d'observer que la même qualité peut être accidentelle lorsqu'on parle de l'espèce, et qu'elle peut, lorsqu'on parle de l'individu, constituer une des propriétés de ce dernier. Pour l'espèce *métal*, la *malléabilité* est un accident; car un grand nombre de métaux ne sont pas malléables; mais pour certains métaux considérés individuellement, comme le fer, l'or, etc., la malléabilité est une de leurs propriétés, puisqu'elle les distingue des métaux qui ne sont pas malléables. Voy. Universaux.

En T. de Mus., on nomme *Accidents* ou *Signes accidentels*, les dièzes, bémols ou bécarres qui, n'étant point placés près de la clef, se rencontrent dans le cours d'un morceau. Ainsi,

dans cette phrase de Bellini, le dièze qui affecte le *fa* est un accident.

T. de Persp. et de Peint. Lorsque les nuages interposés entre le soleil et la terre produisent sur celle-ci de sombres qui l'obscurcissent par espace, l'effet de la lumière du soleil sur les parties éclairées s'appelle *Ac. de lumière*. On donne aussi ce nom à l'effet produit par les rayons lumineux qui pénètrent d'une porte, d'une fenêtre, ou émanent d'un flambeau, quand ils ne sont pas la lumière principale qui éclaire la scène ou le tableau.

T. de Théol. Voy. Eucharistie.

ACCIDENTÉ, ÉE. adj. Se dit D'un terrain inégal, qui offre des aspects variés. *Ce pays n'est pas ac.*

ACCIDENTEL, ELLE. adj. Ce qui n'est dans un sujet que par accident, et qui pourrait n'y être pas sans que le sujet lui-même cessât d'être. *La blancheur est accidentelle au marbre.* || Ce qui arrive par cas fortuit. *Cette circonstance est purement accidentelle.* || T. Mus. *Lignes accidentelles.* Voy. Portée. — *Signes accidentels.* Voy. Accident. || T. Perspect. *Point ac.* Voy. Perspective.

ACCIDENTELLEMENT. adv. Par accident, par hasard. || En Phil., se dit par oppos. à *Essentiellement.*

Syn. — *Fortuitement, Inopinément.* — Ces trois adverbes peuvent s'employer pour exprimer qu'une chose est arrivée par hasard. Cependant, *fortuitement* se prend dans un sens favorable, et *ac.* dans un sens fâcheux, toutes les fois qu'il n'y a rien dans la phrase qui oblige à les interpréter autrement. *Inopinément* se dit de ce qui n'a pas été prévu, et s'emploie surtout en parlant des personnes : *Il est arrivé chez moi inopinément.*

ACCISE. s. f. (lat. *accidere*, tailler).

Enc. — En T. de Fin., on nomme *Ac.* une sorte d'impôt indirect qui porte sur différents objets de consommation. Ce terme, qui est surtout usité dans le vocabulaire financier de la Grande-Bretagne, (les Anglais disent *Excise*) sert à désigner une taxe imposée sur certains objets, ou produits, ou manufacturés, ou mis en vente à l'intérieur du royaume, et qui est perçue pendant que ces objets sont encore en la possession des producteurs ou des manufacturiers. Ces droits furent introduits en Angleterre, en 1643 par le Long Parlement. Ils ne devaient être perçus que jusqu'à la fin de la guerre; mais on trouva cette source de revenu si féconde, qu'on se garda d'y renoncer. Aujourd'hui l'ac. produit à peu près le tiers du revenu du Royaume-Uni. Les principaux objets atteints par l'ac. sont les spiritueux, la bière, le cidre, le vin, le savon, le thé, le sucre, le verre et le papier. On comprend encore dans les droits d'ac. ceux qui frappent les ventes à l'encan.

ACCLAMATION. s. f. Cris d'enthousiasme en faveur de quelqu'un ou de quelque chose, poussés par un plus ou moins grand nombre de personnes. *A son arrivée, il se fit une ac. générale. Il fut reçu avec de grandes acclamations.* == Par acclamation. loc. adv. *Élire par ac., voter par ac.*, c'est Élire une personne ou Voter une loi tout d'une voix et sans aller au scrutin. *L'histoire ne cite qu'un seul pape qui ait été élu par ac. En Angleterre on voit souvent des membres des communes élus par ac.* Ce cas se présente lorsqu'il n'y a pas de candidat opposant pour demander le scrutin.

* **ACCLAMER.** v. a. (lat. *ad*, vers; *clamare*, crier). Pousser des acclamations, élire par acclamation.

* **ACCLIMATEMENT.** s. m. (gr. κλίμα, climat).

Enc. — On appelle *Ac.* l'état d'un organisme dont les fonctions se sont mises en harmonie avec un milieu autre que celui où est né cet organisme. Ce terme s'emploie également pour exprimer l'action d'acclimater. L'ac., tel que nous venons de le définir, s'applique aux animaux et aux végétaux. Ces derniers, dépourvus de la faculté de locomotion, obligés de puiser leurs éléments nutritifs dans le sol où la nature les a placés, et accoutumés à certaines influences météorologiques, doivent, *à priori*, être plus profondément modifiés que les animaux, lorsqu'on les transporte dans un lieu où ils trouvent un autre sol et d'autres conditions atmosphériques.

Ainsi, une plante de la famille des Algues, l'*Ulve comprimée*, devient, selon les localités, plante marine, plante d'eau douce, ou plante terrestre. Portée dans les terres par les hautes marées, elle végète dans quelques flaques saumâtres, puis dans des ruisseaux d'eau douce, où elle devient *Ulve confervoïde*. Quand l'eau disparaît, elle se transforme encore, et prend le nom d'*Ulve terrestre*. Dans ces trois milieux différents, elle change non-seulement de port et d'aspect, mais même d'organisation intérieure.

Ces sortes de translations opèrent des effets non moins marqués dans les animaux. Le docteur Roulin rapporte que des oies et des paons, transportés en Colombie, éprouvèrent dans les premiers temps une grande difficulté à s'acclimater. Les pontes étaient rares, ne se composaient que d'un petit nombre d'œufs, dont un quart à peine venait à éclore, et plus de la moitié des jeunes oiseaux mouraient dans les premiers mois. Dans la vallée de Cusco, on fut plus de trente ans sans pouvoir obtenir de poulets; aujourd'hui cependant l'espèce est devenue féconde; mais une particularité fort curieuse, c'est que le jeune poulet n'est couvert en naissant que d'un léger duvet qu'il perd même bientôt pour demeurer complétement nu, à l'exception des ailes où les plumes croissent comme à l'ordinaire. Sous ces latitudes élevées, le pelage de la brebis éprouve des effets tout aussi remarquables. Si la main de l'homme respecte la toison de ce mammifère, la laine s'épaissit, se feutre et finit par se détacher, laissant à sa place un poil court, brillant, bien couché, semblable sous tous les rapports à celui de la chèvre dans ces mêmes contrées. La laine ne reparaît jamais aux places où ce poil a poussé. — Si ces changements ont lieu, malgré l'influence que l'homme exerce sur les animaux domestiques en les protégeant contre l'action du climat, les modifications doivent être bien plus profondes encore lorsque ces animaux retournent à l'état sauvage. Aussi a-t-on remarqué, entre autres particularités, que le pelage, perdant ses variétés dans chaque espèce, devient uniforme pour chacune d'elles. Ce fait, pour le dire en passant, confirme les vues de Buffon et d'Is. Geoffroy Saint-Hilaire, qui prétendent que les nombreuses variétés du bœuf, du cheval, du porc, etc., ne sont que des produits de la domesticité. Voy. Domestication.

Il serait trop long d'énumérer ici tous les individus tant du règne animal que du règne végétal, qui ont été naturalisés en Europe par les soins de l'homme, soit pour son utilité, soit pour son agrément. Tout le monde, par exemple, sait quelles modifications avantageuses a éprouvées la *pomme de terre* quand elle a été transportée du Chili en Europe. Voy. Solanées.

Quant aux acclimatements spontanés, c'est-à-dire à ceux qui ne sont pas dus à l'industrie de l'homme, et qui même quelquefois se sont opérés malgré lui, nous citerons pour exemple, dans le règne végétal, celui de l'*Agave américaine* (Voy. Amaryllidées), et dans le règne animal, celui du *Surmulot*. Voy. Rat.

Le succès des acclimatements offre souvent de très-grandes difficultés; quelquefois même l'organisme succombe dans sa lutte contre le climat. Le P. Labat, pendant son séjour à la Martinique, avait déjà observé la nécessité de n'opérer les changements de climat que graduellement et par stations intermédiaires, afin de prévenir les accidents produits par de trop brusques transitions. Il avait fait observer aussi que le temps est quelquefois une condition indispensable pour accomplir certains acclimatements. Ainsi, par exemple, un habitant de sa paroisse ayant semé du froment envoyé de France, ce froment vint très-bien en herbe, mais la plupart des épis étaient vides, et les autres avaient très-peu de grains. Ceux-ci, nés dans le pays, étant semés, poussèrent à merveille, et produisirent les épis les plus beaux et les mieux fournis qu'on puisse imaginer. Il fit lui-même une semblable expérience sur des pois venus de France, et il obtint des résultats tout à fait analogues.

Les expériences de Beudant sur les mollusques ne sont pas moins concluantes. Quelques-uns de ces animaux pris dans des eaux douces, et placés immédiatement dans de l'eau salée au degré de celle de la mer, ne tardèrent point à périr; mais si on les mettait graduellement dans des eaux de plus en plus salées, l'acclimatement avait lieu, toutefois avec quelques différences relatives aux espèces soumises à cette épreuve. Il a observé les mêmes effets sur des mollusques marins plongés dans l'eau douce, à cette différence près que les espèces vivant sur des rochers couverts et découverts alternativement par la marée, ont résisté plus longtemps à l'effet de l'immersion brusque dans l'eau douce. L'ac. gradué, au contraire, réussit fort bien. Beudant conserva cinq mois des patelles, des arches, des huîtres, des moules, des balanes bien portantes, en compagnie de planorbes et de lymnées. — Il parvint même à faire vivre, dans des eaux chargées de 0,31 de sel, des mollusques vivant dans la mer, qui n'en contient que 0,04.

L'homme lui-même, bien qu'il paraisse destiné à vivre sous toutes les latitudes, et qu'il ait plus que tous les autres animaux la faculté de se plier à toutes les influences atmosphériques, l'homme ne change jamais de climat sans courir des dangers, dont la gravité est en raison de la différence qui existe entre le pays qu'il quitte et celui qu'il vient habiter.

Lorsqu'il se transporte d'un climat chaud dans un climat froid, les modifications que l'homme subit dépendent presque toutes du changement qui s'opère dans les fonctions respiratoires. A chaque inspiration, une plus grande quantité d'oxygène, sous un même volume d'air atmosphérique, pénétrant dans le poumon, détermine un surcroît d'activité de cet organe; et, par suite, l'activité de l'assimilation et celle de la nutrition doivent augmenter proportionnellement. Des phénomènes inverses se produisent quand on passe d'un pays froid à un pays chaud; il est nécessaire de modifier en conséquence le régime alimentaire. Les maladies du foie et ces affections gastro-intestinales si intenses inconnues dans nos climats, résultent ordinairement de ce que les Européens qui vont habiter les régions tropicales veulent conserver leurs habitudes, et ne rien changer à leur genre de vie; souvent même, dès qu'ils voient leurs fonctions digestives s'affaiblir, ils ont recours aux nombreux excitants que leur fournissent les pays chauds, et aggravent ainsi leur position. Voy. ALIMENT et RESPIRATION.

Il serait superflu de parler ici des précautions que nécessitent l'état de la température et ses variations qui sont souvent extrêmement considérables, principalement sur les côtes. La science n'a rien à dire à ce sujet qui ne soit connu de tout le monde.

ACCLIMATER. v. a. Accoutumer un animal ou une plante à un climat autre que son climat natal. = S'ACCLIMATER. v. pron. Se faire à un nouveau climat. = ACCLIMATÉ, ÉE. part.

ACCOINTANCE. s. f. Habitude, commerce, familiarité. *Je ne veux point d'ac. avec lui.* || Liaison entre deux personnes de sexe différent. *Il a eu des accointances avec cette femme.*

ACCOINTER (S'). v. pron. Se lier intimement, se familiariser avec quelqu'un. Se prend souvent en mauvaise part, surtout lorsqu'il s'agit De relations entre personnes de sexe différent. = ACCOINTÉ, ÉE. part.

ACCOLADE. s. f. Embrassement. *Il fut reçu avec de grandes accolades.* || L'ac. était une des principales cérémonies anciennement observées dans la réception d'un chevalier. Celui qui armait le nouveau chevalier lui donnait trois coups du plat de l'épée sur l'épaule ou sur le cou, et l'embrassait en signe d'amitié fraternelle. C'est ce qu'on appelait *Donner* et *Recevoir l'ac.* || T. Cuisine. *Ac. de lapereaux*, Deux lapereaux servis ensemble. || On nomme *Ac.* le Signe représenté ici, } dont on se sert dans l'écriture et en typographie, pour joindre plusieurs articles en un seul, ou pour former des groupes d'objets.

***ACCOLAGE.** s. m. Opération qui consiste à fixer aux échalas ou contre un mur les sarments de la vigne, ou les branches des arbres fruitiers plantés en espaliers.

ACCOLER. v. a. (lat. *ad*, vers; *collum*, cou). Jeter les bras au cou de quelqu'un en signe d'affection. || *Ac. la cuisse, ac. la botte à quelqu'un*, Lui embrasser la cuisse, la botte, ce qui était une marque de grande soumission et d'infériorité. || Fig., Faire figurer ensemble, mettre à côté l'une de l'autre deux personnes, deux noms, deux choses ou un plus grand nombre. *Vous accolez là des choses bien dissemblables. Je vous prie de ne plus m'ac. avec de pareilles gens dans vos discours.* || *Ac. deux ou plusieurs articles dans un compte*, Les réunir par une accolade. || T. Archit. Tortiller ou entrelacer quelques branches de feuillage ou d'ornement autour du fût d'une colonne, du tronc d'un arbre. || T. Charpent. Joindre ensemble plusieurs pièces de bois pour les fortifier les unes par les autres. || T. Hort. *Ac. les espaliers*, Attacher aux treillages les branches des espaliers pour donner de la grâce à l'arbre et procurer de l'air aux fruits. — *Ac. la vigne*, La relever, l'attacher, la fixer à un mur ou à des échalas. = S'ACCOLER. v. pron. S'embrasser mutuellement. *Ils s'accolèrent avec grande amitié.* || S'attacher à un appui. *Le lierre s'accole à tout ce qu'il rencontre.* = ACCOLÉ, ÉE. part. || S'emploie adj.

ACCOMMODABLE. adj. 2 g. Qui se peut accommoder. Ne se dit guère qu'en matière de différend et de querelle. *Cette affaire n'est pas ac.*

ACCOMMODAGE. s. m. Apprêt des mets, des viandes. *Il faut tant pour l'ac. des viandes.* || Arrangement des cheveux d'une tête ou d'une perruque. *Ce perruquier demande tant pour l'ac. d'un mois.* Vx.

ACCOMMODANT, ANTE. adj. Qui est d'un commerce aisé, facile en affaires. *Homme ac. Caractère ac. Humeur accommodante.*

ACCOMMODEMENT. s. m. (lat. *commodum*, avantage). Arrangement que l'on fait dans sa maison pour sa commodité. *Sans les accommodements que j'ai faits, ma maison n'était pas habitable.* || Arrangement à l'amiable d'un différend, d'une querelle. *Un méchant ac. vaut mieux que le meilleur procès. Proposer un ac. Être en voie, en termes d'ac.* || Moyens, expédients pour arranger un différend, une querelle. *J'ai trouvé un ac. à cette affaire.* Vx. — *C'est un homme de facile ac.*, Il est aisé de s'entendre avec lui.

ACCOMMODER. v. a. Donner, procurer de la commodité. *Cette pièce de terre l'accommoderait bien.* || Arranger, rendre une chose plus propre à l'usage auquel elle est destinée, ou à l'effet qu'elle doit produire. *Ac. sa maison, son cabinet, son jardin.* — *Ac. ses affaires*, Les mettre en meilleur état. || Apprêter à manger. *Que voulez-vous qu'on vous accommode pour votre dîner?* || *Accommoder* des cheveux, une perruque. *Faites-vous ac.* || Bien traiter ses chalands, ne pas vendre trop cher, en parlant d'un marchand; Bien traiter ses hôtes, en parlant d'un aubergiste. *Allez chez ce marchand, il vous accommodera. Cet aubergiste accommode bien les gens qui logent chez lui.* — Dans un sens analogue, on dit : *Je vous accommoderai de ma maison, si vous la voulez acheter.* || Maltraiter de coups ou de paroles. *On l'a accommodé comme il faut, d'importance.* — On dit D'un homme dont les vêtements sont en mauvais état, en désordre, qu'*Il est étrangement accommodé. Qui vous a accommodé de la sorte?* || *Ac. son humeur, ses goûts, ses discours au goût des autres*, Les modifier de manière à se rendre agréable. || *Ac. une affaire, une querelle*, La terminer à l'amiable. *Ils étaient près de se battre, on les a accommodés.* = S'ACCOMMODER. v. pron. Prendre ses aises. *Voyez comme il s'accommode.* || Famil., Devenir plus à son aise. *Je l'ai vu pauvre; depuis il s'est bien accommodé.* Vieux. || Se conformer, se prêter à quelque chose. *Il est complaisant, il s'accommode à tout.* — *S'accommoder de tout*, Être d'un commerce aisé dans toutes les choses de la vie. On dit également : *Ne s'ac. de rien.* || Traiter à l'amiable avec quelqu'un. *S'ils ne s'accommodent, ils se ruineront en procès.* — Par analogie, on dit : *J'ai un pré qui touche à votre domaine, vous avez un bois voisin du mien; si vous voulez, nous nous accommoderons.* || *S'ac. d'une chose*, S'en arranger. *Donnez-moi cette montre pour l'argent que vous me devez, je m'en accommoderai.* — On dit encore en parlant D'une chose que l'on trouve à son goût, à sa convenance : *Je m'en accommoderais.* || Fam., *Il s'accommode de tout ce qu'il trouve sous sa main*, Il ne se gêne pas pour en user et même pour se l'approprier. — *Je m'accommoderais bien de cela*, Je le trouve à mon goût, à ma convenance. || Prov. et iron., *Il s'est accommodé comme il faut*, Il a pris du vin jusqu'à l'excès. = ACCOMMODÉ, ÉE. part. Fam., *Être peu accommodé des biens de la fortune*, N'être pas riche, n'être pas à son aise. || *Être mal ac.*, Être mal coiffé, mal ajusté. Vx.

ACCOMPAGNATEUR, TRICE. s. m. Celui ou celle qui accompagne la voix avec quelque instrument, ou qui accompagne un instrumentiste soliste avec le piano ou l'orgue.

ACCOMPAGNEMENT. s. m. Action d'accompagner dans certaines cérémonies. *L'ac. d'un corps à la sépulture. L'ac. d'un ambassadeur.* || Ce qui est joint ou doit être joint à quelqu'un ou à quelque chose, soit pour la commodité, soit pour l'ornement. *Votre maison est belle, mais il lui manque encore bien des accompagnements. La modestie est le plus bel ac. du mérite.* || T. Archit. et Peint. Se dit Des objets de décoration qui relèvent un édifice, qui ajoutent à la vraisemblance d'un tableau. *La figure principale de ce tableau aurait besoin de quelque ac.* || T. Blason. Ce qui est autour de l'écu et qui lui sert d'ornement. *Porter des armoiries avec ou sans ac.*

Enc. — T. de Mus. L'action de soutenir la mélodie d'une voix ou d'un instrument par l'harmonie qu'on exécute sur l'orgue, le piano, etc. On appelle *Ac. de quatuor* un ac. exécuté par quatre instruments à cordes, et *Ac. à grand orchestre* celui auquel concourent tous les instruments d'orchestre. Le nom assez impropre d'*Ac. d'harmonie* est donné à un ac. exécuté par les seuls instruments à vent. Quant à l'ac. qu'exécute un instrument à clavier, pour soutenir soit un instrument solo soit une ou plusieurs voix, on distingue l'*Ac. plaqué*, l'*Ac. figuré* et l'*Ac. de la partition*. — L'*Ac. plaqué* n'est guère usité qu'en France. Il consiste à exécuter avec la main gauche la basse d'un morceau de musique, et à jouer de la main droite les accords indiqués par des chiffres placés au-dessus des notes de cette basse. (Voy. BASSE.) Pour exécuter cette espèce d'ac., il suffit de connaître les formules de chaque accord (voy. HARMONIE), la nomenclature des chiffres et le mécanisme de l'instrument. — Dans l'*Ac. figuré*, non-seulement la main droite exécute l'harmonie, mais encore il faut indiquer les formes mélo. iques des différentes voix. Cette espèce d'ac. exige, dit Fétis, une connaissance profonde de l'*imitation*, du *style fugué* et de la *fugue*. (Voy. FUGUE et IMITATION.) Il s'emploie principalement pour accompagner les ouvrages des auteurs anciens, tels que Palestrina, Scarlatti, Marcello, Pergolèse et Haendel. — Quant à l'*Ac. de la partition*, les difficultés qui se présentent sont tout autres. Tout se trouvant écrit dans la partition, il n'y a plus lieu de deviner l'harmonie et les formes de la mélodie. Mais, en revanche, le grand nombre de lignes que doit lire l'accompagnateur, et la multiplicité des clefs employées par les compositeurs pour les divers instruments qui composent l'orchestre moderne, demandent une rapidité prodigieuse dans la lecture musicale, rapidité qui ne peut s'acquérir qu'à l'aide d'une longue habitude. Il faut, en outre, que l'artiste choisisse avec une habileté extrême ce qui est de nature à produire de l'effet sur l'instrument à clavier, et néglige le reste. Il doit encore, surtout quand il accompagne la voix, savoir se prêter à certaines altérations du rhythme, lorsque le chanteur les trouve nécessaires à l'expression. — Les qualités indispensables pour faire un bon accompagnateur sont d'un ordre fort élevé; or, comme le public n'en apprécie pas assez le mérite, cet art, aujourd'hui, est fort négligé, et les accompagnateurs excellents sont rares. On peut consulter sur ce sujet l'ouvrage d'Elwart, intitulé *Le chanteur-accompagnateur*, et celui de Fétis, intitulé *Traité d'Ac. de la partition*.

ACCOMPAGNER. v. a. (R. *compagnie*). Aller de compagnie avec quelqu'un. *Il m'a accompagné en Italie.* || Suivre par honneur, conduire en cérémonie, reconduire par politesse. *La plus grande partie de la noblesse accompagna le prince. C'est lui qui a la charge d'ac. les ambassadeurs aux audiences. Je l'ai accompagné jusqu'à sa voiture.* || Escorter. *La route n'est pas sûre, mes gens vous accompagneront.* || S'associer. Dans ce sens, *Ac.* s'emploie toujours avec un adverbe. *Cette garniture accompagne bien votre robe. Ses cheveux noirs accompagnent admirablement son visage.* || Joindre, ajouter une chose à une autre. *Il accompagna son présent d'une lettre fort polie. Tout ce qu'il disait, il l'accompagnait d'un geste.* || Fig., Suivre. *Le bonheur, le malheur l'accompagne. Mes vœux vous accompagneront.* || T. Mus. Jouer la basse et les parties accessoires de musique pendant qu'une ou plusieurs voix chantent, ou que quelque instrument joue le sujet. *Si vous voulez chanter, je vous accompagnerai avec le piano.* — En ce sens, il se dit aussi abs. *Il accompagne bien. Il accompagne à livre ouvert.* = S'ACCOMPAGNER. v. pron. Mener quelqu'un avec soi pour quelque dessein. Se prend ord. en mauvaise part. *Il s'accompagna de gens de main pour faire ce coup-là.* || On dit : *S'ac. du piano, de la harpe. Quand je chante, j'aime mieux m'ac. moi-même.* = ACCOMPAGNÉ, ÉE. part.

Syn. — *Escorter.* — On *accompagne* par égard ou par amitié; on *escorte* par précaution.

ACCOMPLIR. v. a. (lat. *ad*, jusqu'à; *complere*, remplir). Achever entièrement. *Il a accompli son temps de service. Ac. sa tâche.* || Effectuer, exécuter, réaliser complètement. *Ac. un vœu, une promesse, un engagement.* || On dit : *Ac. la loi*, Faire ce que la loi exige. *Ac. ses obligations*, Faire ce à quoi on est obligé. = S'ACCOMPLIR. v. pron. S'effectuer, se réaliser. *Le mariage s'est accompli. Cette prophétie s'accomplira.* = ACCOMPLI, IE. part. *Il a trente ans accomplis.* || S'emploie adj. et signif., Qui est parfait en son genre. *Un homme, un ouvrage ac. Une beauté accomplie.*

Syn. — *Accomplir, Garder, Observer.* — Ces termes sont synonymes dans le sens de faire, suivre, exécuter ce qui est prescrit. Vous *observez* la loi en faisant littéralement ce qu'elle ordonne; vous la *gardez* en veillant à ce qu'elle ne soit violée en aucun point; vous l'*accomplissez* en exécutant tout ce qu'elle prescrit explicitement et implicitement. *Observer* marque proprement la fidélité à son devoir; *garder*, la persévérance et la continuité; *accomplir*, la perfection ou la consommation de l'œuvre. = **Syn.** — *Accompli, Parfait.* — Ce qui est *parfait* a toutes les qualités nécessaires pour sa destination, ou pour le but qu'on s'est proposé en le faisant; ce qui est *accompli* a de plus toutes les qualités accessoires que l'on peut désirer. Il ne reste rien à faire à ce qui est *parfait*; on ne saurait rien ajouter à ce qui est *accompli*. L'ouvrage *parfait* réunit toutes les qualités qu'il doit avoir; l'ouvrage *accompli* a toutes celles qu'il est susceptible de recevoir.

ACCOMPLISSEMENT. s. m. Achèvement, exécution entière, réalisation. *L'ac. d'un ouvrage. L'ac. de la loi, d'un engagement. L'ac. d'un vœu, d'une espérance.*

ACCON. s. m. T. Mar.

Enc. — Espèce de bateau dont le fond, les côtés, l'avant et l'arrière sont plans. On emploie les accons à transporter le chargement des navires, et on les fait remorquer par des chaloupes, parce que leur construction, qui les rend propres à porter beaucoup, empêche de les manœuvrer facilement.

ACCOQUINANT, ACCOQUINER. Voy. ACOQUINANT, ACOQUINER.

ACCORD. s. m. (lat. *ad*, selon ; *cor*, le cœur). Union de cœur, d'esprit ; conformité d'idées et de sentiments ; consentement mutuel. *Vivre dans un parfait ac. Nous sommes convenus d'un commun ac. Des héritiers sont rarement d'ac. J'en tombe, j'en demeure d'ac. Mettre les gens d'ac.* — Par ell., *D'accord* sign., J'y consens, je le concède. ‖ Convenance, proportion juste, rapport entre plusieurs choses ou entre les parties d'une même chose. *Il y a un merveilleux ac. entre toutes les parties du corps humain. Ses gestes et ses paroles sont rarement d'ac. Mettez plus d'ac. entre ce que vous faites et ce que vous dites.* ‖ Convention, accommodement pour terminer un différend. *Faire, passer un ac.* ‖ Conventions préliminaires d'un mariage. *On a signé les accords.* S'emploie au plur. dans cette acception. ‖ Se dit De l'ensemble, de la simultanéité avec laquelle plusieurs personnes font une chose. *Voyez comme les mouvements de ces rameurs sont d'ac.* ‖ T. Mus. Réunion de plusieurs sons qui frappent simultanément notre oreille. *Ac. parfait. Ac. de sixte. Cet ac. est faux. Ces accords déchirent l'oreille.* — État d'un instrument dont les cordes sont montées juste au ton où elles doivent être. *Ce piano ne tient pas l'ac. Ce violon n'est pas d'ac.* ‖ Poétiq., on dit : *La lyre de ce poëte ne rend que de sublimes accords*, Sa poésie porte toujours le caractère du sublime. ‖ T. B.-Arts. S'emploie en parlant De l'harmonie des objets que l'on a réunis dans le but de produire un certain effet. *Il y a un bel ac. entre toutes les parties de cet édifice. Ce tableau manque d'ac.* En Peint., Se dit surtout Des couleurs et de la lumière. ‖ T. Gram. Voy. SYNTAXE. ‖ T. Mus. V. HARMONIE, INTERVALLE.

Syn. — *Consentement, Convention.* — La *convention* est une sorte de traité par lequel on s'engage à une chose ; le *consentement* est une adhésion à ce qui vous est proposé ; l'*ac.* est un arrangement par lequel on empêche une contestation. Ces deux plaideurs, d'un commun *consentement*, ont fait une *convention* au moyen de laquelle ils sont d'*accord*.

ACCORDABLE. adj. 2 g. Qu'on peut accorder, qui peut s'accorder. Usité dans les mêmes acceptions que le v. *Accorder*.

ACCORDAILLES. s. f. pl. Réunion, cérémonie qui a lieu entre des futurs époux et leurs familles, ordinairement pour signer le contrat de mariage. Popul. et peu us.

ACCORDANT, ANTE. ad. Se dit Des sons, des notes qui s'accordent bien. Peu us.

ACCORDÉ, ÉE. s. Se dit Des futurs époux, une fois que leurs familles ont donné leur consentement au mariage, ou que le contrat a été signé. *Je n'ai pas encore vu l'accordée.*

ACCORDER. v. a. Mettre d'accord, remettre en bonne intelligence. *Ac. les esprits. Ac. les cœurs. Ces deux frères étaient en procès, on vient de les ac. Il est difficile d'ac. des volontés si diverses. Il faut ac. la théorie avec la pratique.* ‖ Concilier ; faire disparaître les contradictions apparentes d'un corps de lois, d'une doctrine, de plusieurs textes. *Il est facile d'ac. les saintes Écritures. Comment ac. toutes ces lois?* ‖ Octroyer, concéder. *Ac. un privilége, une grâce, une place. J'accorde mon respect à la vertu et non à la richesse. Les dieux ne lui ont pas accordé de revoir sa patrie.* ‖ *Ac. une fille en mariage*, La promettre à celui qui la demande. — Dans un sens anal., on dit : *Ac. du temps à son débiteur.* — *Ac. une demande*, C'est y satisfaire. ‖ Reconnaître pour vrai, demeurer d'accord d'une chose. *Je vous accorde cette proposition, ce principe.* ‖ T. Gram. Mettre en concordance, suivant les règles de la Grammaire, les différents mots qui entrent dans une proposition. *Il faut ac. l'adjectif avec son substantif.* ‖ T. Peint. Mettre de l'harmonie dans un tableau. *Ac. les tons, les teintes d'un tableau.* ‖ T. Mus. *Ac. sa voix avec un instrument*, Chanter de manière que les sons de la voix et ceux de l'instrument produisent des accords agréables à l'oreille. — *Ac. des instruments les uns avec les autres*, Les mettre au même ton. — *Ac.*, en parlant d'un violon, d'un piano ou d'autres instruments analogues, sign. encore, Mettre les cordes juste au ton où elles doivent être entre elles. = s'ACCORDER. v. pron. Être d'accord ; vivre en bonne intelligence, par suite de conformité de pensées et de sentiments. *Ils sont de bonne humeur, ils s'accordent toujours bien ensemble.* — Prov. et iron., *Ils s'accordent comme chiens et chats*, Ils sont toujours en querelle. ‖ Être d'accord sans concert préalable. *Tout le monde s'accorde à dire du mal de lui, à faire son éloge.* — Être d'accord par suite de concert. *Ils s'accordent tous pour m'aider, pour me perdre.* ‖ * Agir, marcher ensemble. *Ces rameurs s'accordent bien. Mes pendules s'accordent parfaitement.* ‖ Se dit Des choses entre lesquelles il existe un rapport d'analogie, de ressemblance, de conformité, de convenance. *Ces voix, ces couleurs, ces instruments s'accordent parfaitement. Ce que vous me dites aujourd'hui ne s'accorde pas avec ce que vous me dites hier. L'adjectif s'accorde avec son substantif en genre et en nombre.* On dit en supprimant le pronom : *Il faut faire ac. l'adjectif avec son substantif.* = ACCORDÉ, ÉE. part.

Syn. — *Concilier, Raccommoder, Réconcilier.* — *Ac.* suppose une contestation ; *concilier* suppose différence ou antipathie. On *accorde* les différends, on *concilie* les esprits ; on *accorde* les opinions qui se contrarient, on *concilie* les passages qui semblent se contredire ; on *accorde* les personnes qui sont en dissentiment ; on *raccommode* les gens qui se querellent ou qui ont des différends personnels ; on *réconcilie* les ennemis.

ACCORDEUR. s. m. Celui qui fait métier d'accorder certains instruments de musique. *Ac. de pianos.* Voy. TEMPÉRAMENT.

ACCORDOIR. s. m. Espèce de clef carrée, analogue à celle des pendules, dont on se sert pour donner la tension convenable aux cordes d'un piano, d'une harpe.

ACCORE. s. m. T. Mar. Pièce de bois dont on se sert pour étayer un bâtiment en construction ou en réparation.

ACCORER. v. a. T. Mar. Étayer, soutenir avec des accores. = ACCORÉ, ÉE. part.

ACCORT, TE. adj. (it. *accorto*). Qui a dans la tournure, dans l'esprit, dans l'humeur, quelque chose de gracieux, d'agréable. *Un homme ac. Une humeur accorte. Une jeune fille accorte.*

ACCORTISE. s. f. Humeur complaisante, accommodante. Fam.

ACCOSTABLE. adj. 2 g. Qui est facile à aborder. Fa.

ACCOSTER. v. a. Aborder quelqu'un qu'on rencontre, pour lui parler. *Il me vint ac. dans la rue.* Fam. ‖ T. Mar. Se dit D'un bâtiment qui vient se placer auprès et le long d'un autre navire, d'un quai, etc. *Ac. un quai.* = s'ACCOSTER. v. pron. *Nous nous sommes accostés à la promenade. Les deux vaisseaux se sont accostés.* — *S'ac.*, suivi de la prép. *De*, sign., Hanter, fréquenter quelqu'un. *Il s'est accosté d'un mauvais garnement.* Se dit fam. et seulement en mauvaise part. = ACCOSTÉ, ÉE. part. = Syn. Voy. ABORDER.

ACCOTER. v. a. (lat. *ad*, à ; *costa*, côte). Affermir un corps en l'appuyant de côté contre un autre corps. = s'ACCOTER. v. pron. S'appuyer de côté contre quelque chose. *S'ac. sur une chaise, contre un mur, à une colonne.* = ACCOTÉ, ÉE. part.

ACCOTOIR. s. m. Ce qui sert à accoter ou à s'accoter.

ACCOUCHÉE. s. f. Femme qui vient de mettre un enfant au monde. — On dit D'une femme qui est fort parée dans son lit, qu'*Elle est parée comme une ac.*

ACCOUCHEMENT. s. m.

Enc. — Expulsion du fœtus et de ses annexes hors de l'organe gestateur, où ils se sont développés pendant la durée de la grossesse. Chez les femmes, l'*Ac.* a lieu le plus généralement à la fin du neuvième mois, à partir de la conception. Dans ce cas, on l'appelle ac. *à terme* ou *tempestif*. Lorsqu'il s'opère quelque temps avant l'époque ordinaire, on lui donne le nom d'ac. *avant terme*, d'ac. *précoce* ou *prématuré*. Enfin l'ac. est dit *tardif* ou *retardé*, quand la durée de la gestation dépasse la période normale. — L'ac. qui s'accomplit sans difficulté, sans phénomènes extraordinaires, et par les seuls efforts de la nature, reçoit le nom d'ac. *simple*, *naturel* ou *spontané*. On dit qu'un ac. est *contre nature* ou *laborieux*, quand l'accomplissement de cette fonction s'accompagne de difficultés ou de phénomènes irréguliers qui résultent, soit de la conformation de la mère, soit de la position de l'enfant, soit de toute autre circonstance nécessitant, en général, l'intervention de l'art. L'ac. laborieux prend plus spécialement le nom d'ac. *artificiel* dans le cas où l'on est obligé d'avoir recours à la médecine opératoire. Mais heureusement les accouchements naturels et spontanés sont de beaucoup les plus nombreux. En effet, si nous prenons la moyenne d'un très-grand nombre de relevés donnés par les auteurs, nous trouvons que, sur 200 accouchements, il n'y en a guère que 3 de laborieux. Pour désigner cette dernière espèce d'ac., on emploie souvent le mot de *Dystocie* (gr. δύς, difficile, τόχος, enfantement). On donne le nom de *travail* aux douleurs qui accompagnent les contractions utérines, cause efficiente de l'ac. — On observe deux scènes bien distinctes dans l'ac. : la première consiste dans l'expulsion du fœtus, et on peut lui imposer le nom spécial d'*enfantement* ou de *parturition* ; la seconde consiste dans l'expulsion des annexes fœtales, vulgairement connues sous le nom d'*arrière-faix* ou *délivre*, et on l'appelle en conséquence *délivrance*.

L'action d'aider et d'assister une femme dans l'acte de la parturition s'appelle encore *ac.* On dit l'*art des accouchements*, pour désigner l'*art de faciliter les accouchements* ; cet art se nomme aussi *Tocologie* ou *Obstétrique*. — La pratique de cet art était autrefois exclusivement dévolue à des femmes, quoique celles-ci ne possédassent pas toujours une instruction suffisante pour parer aux dangers d'un ac. laborieux. Mais le sentiment d'une louable pudeur faisait passer sur toute autre considération. C'est seulement sous Louis XIV qu'eut lieu le premier exemple d'ac. opéré par un homme. Les femmes d'un rang élevé adoptèrent alors cet usage, qui depuis s'est étendu à toutes les classes de la société. Voy. les traités de Baudelocque, de Velpeau, de Mme Boivin, etc.

ACCOUCHER. v. n. (lat. *ad*, vers ; *cubare*, se coucher). Enfanter. *Ac. à terme, avant terme. Elle est heureusement accouchée d'un fils. Elle a accouché très courageusement, mais avec de grandes douleurs.* ‖ Fig. et fam., se dit De l'esprit et des productions de l'esprit. *Ac. d'un projet, d'un ouvrage, d'un sonnet.* ‖ S'emploie fam., en parlant De quelqu'un qui use de réticence, qui n'ose pas dire ce qu'il sait. *Il a bien de la peine à ac. Accouchez donc.* = ACCOUCHER. v. a. Aider une femme dans le travail de l'enfantement. *Il a accouché sa cousine.* ‖ Fig., *Socrate, fils d'une sage-femme, disait qu'il remplissait le même office que sa mère, et qu'il accouchait les intelligences.* = ACCOUCHÉ, ÉE. part.

Syn. — *Enfanter, Engendrer.* — Au prop., *enfanter* signifie mettre un enfant au monde, abstraction faite des circonstances qui, dans l'ordre naturel, précèdent ou accompagnent cet acte. *Ac.*, au contraire, comporte l'idée de toutes ces circonstances. Au fig., *enfanter* se dit ironiquement pour désigner les travaux indigestes d'un écrivain : *Cet auteur a enfanté dix gros volumes. Ac.*, dans le même sens, s'emploie lorsque l'œuvre n'est pas proportionnée aux efforts qu'elle a coûtés : *Ce grand poëte vient d'ac. d'un sonnet.* — *Engendrer* n'implique nullement l'idée du mode de procréation ; ainsi, l'on dit : *A cette époque la terre engendra des géants*, et au fig., *Cet homme n'engendre point la mélancolie.*

ACCOUCHEUR, EUSE. s. Celui ou celle dont la profession est de faire des accouchements. Le terme *Sage-femme* est plus usité que celui d'*Accoucheuse*.

Enc. — Dans le cas où le père est absent ou non déclaré, le Code civil (art. 56) impose à l'*Ac.* ou à la sage-femme l'obligation de faire la déclaration de la naissance de l'enfant qu'ils ont reçu. La religion leur fait également un devoir d'administrer le baptême au nouveau-né, lorsqu'il est en danger de mort.

ACCOUDER (S') (R. *coude*). v. pron. S'appuyer du coude. *S'ac. sur la table.* = ACCOUDÉ, ÉE. part. *Il était ac. sur son chevet.*

ACCOUDOIR. s. m. Appui pour s'accouder.

ACCOUPLE. s. f. (lat. *copula*, lien). Lien avec lequel on attache deux chiens de chasse ensemble.

ACCOUPLEMENT. s. m. Assemblage de deux animaux que l'on fait travailler ensemble, comme deux bœufs attachés sous le même joug. ‖ T. Archit. *Ac. de colonnes.* Voy. ENTRECOLONNEMENT.

Enc. — En Physiol., l'*Ac.* est le rapprochement des sexes dans un but de propagation. Ce terme ne s'emploie qu'en parlant des animaux. Les physiologistes distinguent l'ac. *simple* ou *unilatéral*, l'ac. *réciproque* et l'ac. *bilatéral*. L'époque, la durée, les moyens et les résultats de l'ac. varient singulièrement selon les classes d'animaux ; mais on ne saurait en parler ici. Il est cependant une question qui intéresse trop l'économie rurale pour qu'elle soit passée sous silence, c'est celle du croisement des espèces. Pour cette question, voy. le mot RACE.

ACCOUPLER. v. a. Joindre ensemble, mettre deux à deux. *Vous accouplez des mots qui hurlent d'être ensemble.* ‖ Fam., *Ces deux personnes sont mal accouplées.* — *Accoupler des chevaux, des bœufs*, Les attacher ensemble, les mettre ensemble sous le même joug. ‖ *Ac. des pigeons, des tourterelles*, Les apparier pour en avoir des petits. Ne se dit que de certains animaux. ‖ *Ac. du linge, des serviettes*, Attacher plusieurs pièces ensemble pour les mettre à la lessive. = s'ACCOUPLER. v. pron. S'unir pour la génération. Ne s'emploie qu'en parlant des animaux. = ACCOUPLÉ, ÉE. part. *Colonnes accouplées.* Voy. ENTRECOLONNEMENT.

ACCOURCIR. v. a. Rendre plus court, diminuer la longueur. *Ac. une robe, un manteau, un ouvrage, un discours.* ‖ *Ac. son chemin*, Prendre quelque route de traverse qui rende le chemin plus court. — Se dit De la traverse même. *Ce nouveau sentier accourcit la route d'une lieue.* ‖ Par ellipse, on dit : *Si vous prenez par* *les prés, vous accourcirez.* || *Ac. le temps*, Faire que le temps paraisse moins long. || T. Man. *Ac. la bride.* Voy. Bride. =s'Accourcir. v. pron. Devenir plus court. *Les jours commencent à s'ac. Cette étoffe s'est accourcie.* =Accourci, ie. part.

ACCOURCISSEMENT. s. m. Diminution de longueur. N'est guère usité qu'en parlant D'un chemin et des jours.

ACCOURIR. v. n. (lat. *ad*, à, vers; *currere*, courir). Aller avec vitesse vers quelqu'un, vers quelque lieu. *Ac. au secours de quelqu'un. Ac. en toute hâte. On accourut en foule au lieu de l'incendie.*=Accouru, ue. part. = Conjug. V. Courir.

ACCOUTREMENT. s. m. (lat. *cultus*). Habillement, costume. Ne s'emploie guère aujourd'hui qu'en mauvaise part. *Quel ac. ridicule!*

ACCOUTRER. v. a. Habiller, costumer. Ne se dit guère qu'en mauvaise part. *Votre tailleur vous accoutre d'une façon singulière.* || *Ac. quelqu'un de toutes pièces*, Le maltraiter ou en dire beaucoup de mal. =s'Accoutrer. v. pron. *Elle s'accoutre toujours d'une manière ridicule.*=Accoutré, ée. part.=Syn. Voy. Affubler.

ACCOUTUMANCE. s. f. Habitude, coutume. *L'ac. nous rend tout familier.* Vieux.

ACCOUTUMER. v. n. (R. *coutume*). Avoir coutume. *Il a accoutumé d'aller, de faire, etc. Faites comme vous avez accoutumé.* || Se dit encore Des choses inanimées. *Ces arbres avaient accoutumé de produire beaucoup de fruits.* =Accoutumer. v. a. Faire prendre une habitude, une coutume. *Il faut ac. de bonne heure les enfants au travail, à la fatigue. Je ne suis pas encore accoutumé à mon nouveau domicile. Ac. un chien à rapporter.* = s'Accoutumer. v. pron. Contracter une habitude, se familiariser avec. *Je m'accoutume au froid, au chaud. Je ne saurais m'ac. à ces gens-là.* = Accoutumé, ée. part. *Ac. à la fatigue. A sa manière accoutumée.*=A l'Accoutumée. locut. adv. Comme on a accoutumé. *Il en a usé à l'ac.* Fam.

ACCRÉDITER. v. a. (lat. *ad*, à; *credere*, croire, avoir confiance). *Sa bonne foi l'a accrédité parmi les marchands*, Lui a gagné la confiance des marchands. || *Sa bonne conduite l'a fort accrédité dans sa compagnie*, Lui a valu l'estime des gens de sa compagnie. || *Ce livre a fort accrédité le nom de son auteur*, L'a mis en réputation. || *Ac. un ministre, un ambassadeur auprès d'une cour étrangère*, c'est L'y faire reconnaître, donner de l'authenticité à sa mission. || Fig., *Ac. une nouvelle, une calomnie*, Lui donner cours, la faire admettre pour vraie. = s'Accréditer. v. pron. S'emploie au prop. et au fig. *Ce négociant commence à s'ac. Ce journal s'accrédite. Cette opinion s'est accréditée.*=Accrédité, ée. part.

***ACCRESCENT, TE.** adj. (lat. *ad*, auprès; *crescere*, croître). T. Bot.

Enc. — Ce terme s'emploie en parlant des parties ou des organes qui continuent de s'accroître, quand les autres parties du même système organique s'arrêtent dans leur développement. Ainsi, par ex., le calice de l'*Alkékenge* (*physalis alkekengi*), est dit *ac.*, parce qu'il prend de l'accroissement à mesure que le fruit approche de la maturité.

ACCROC. s. m. [on ne pron. pas le C final] (R. *croc*). Déchirure faite par ce qui accroche. || Fig., Difficulté, embarras imprévu. *Il est survenu un ac. qui retarde la conclusion de cette affaire.*

ACCROCHEMENT. s. m. Action d'accrocher.

ACCROCHER. v. a. Attacher, suspendre quelque chose à un clou, à un crochet. *Ac. sa montre, un tableau.* || Arrêter, retenir. *Je l'ai accroché par son habit. Je demeurai accrochée par ma robe; mais heureusement elle ne s'est pas déchirée.* || *Ac. un vaisseau*, Le saisir avec des grappins pour venir à l'abordage. || Se dit De deux voitures qui se choquent, s'embarrassent dans leur marche. *Sa voiture a accroché la mienne.*— S'emploie quelquefois abs. *Je renverrai mon cocher; il accroche à tout instant.* || Fig. et fam., Entraver. *Votre adversaire accrochera si bien cette affaire qu'elle n'aura jamais de fin.* || Attraper. *A force d'intrigues, il a accroché une bonne place. Cette fille est si laide qu'elle aura de la peine à ac. un mari.*=s'Accrocher. v. pron. S'attacher, s'arrêter, se retenir à quelque chose. *Ces deux vaisseaux s'accrochèrent l'un l'autre. Nos voitures se sont accrochées. Dans sa chute, il s'est accroché à une branche.* || Être retenu par quelque chose. *Sa robe s'accrocha à des ronces.* || Fig. et fam., *S'ac. à quelqu'un*, S'attacher à sa fortune pour se tirer d'embarras. *Les poëtes, aujourd'hui, ne peuvent plus s'ac. aux financiers.* — Dans un sens anal., on dit: *S'ac. à tout, s'ac. à ce qu'on peut*, pour Saisir toutes les occasions, tous les moyens de se tirer d'affaire. — Se dit De quelqu'un qui obsède, qui importune. *Il finira par avoir cet emploi, il s'accroche à tous les ministres.*=Accroché, ée. part.

ACCROIRE. v. a. (R. *croire*). N'est d'usage qu'à l'infinitif, se construit toujours avec le verbe *Faire*, et sign., Faire croire ce qui n'est pas. *Vous voudriez nous faire ac. que. Il n'est pas facile de lui en faire ac.* || *S'en faire ac.*, sign., Présumer trop de soi-même. *Depuis qu'il a cette place, il s'en fait ac.—Il a quelque mérite, mais il veut s'en faire ac.*, Il veut imposer aux autres.

Syn.—*Faire croire.*—On *fait ac.* ce qui est faux, ce qui est absurde; on *fait croire* ce qui est vrai, ce qui est sensé. Dans le premier cas, on emploie la ruse, l'artifice; dans le second, il suffit de dire simplement ce qu'on veut certifier. *Faire ac.* ne se dit qu'en mauvaise part; il a toujours le sens de tromper, d'en imposer, et il ne s'emploie qu'en parlant des personnes. *Faire croire* se dit généralement en bonne part et s'applique aux choses comme aux personnes. *L'ordre de l'univers fait croire à l'existence de Dieu.*

ACCROISSEMENT. s. m. Augmentation, agrandissement. Se dit au prop. et au fig. *Ac. d'un corps organisé ou inorganique. Ac. d'un État, d'une ville. Ac. de biens, de gloire, d'honneur. L'ac. d'une religion.* || T. Alg. Voy. Différence.

Enc. — En Hist. Nat., l'*Ac.* est l'augmentation des dimensions et de la masse d'un corps par le dépôt successif de nouvelles molécules constituantes. Dans les corps inorganiques, l'ac. est illimité, car il n'a lieu que par *juxtaposition*, c.-à-d., par l'addition de nouvelles molécules à leur surface extérieure. Chez les animaux, l'ac. s'opère par *intussusception*: les molécules qui doivent servir à la nutrition et au développement de l'organisme subissent, après avoir été absorbées, des modifications particulières, et sont enfin assimilées aux divers tissus dont le corps de l'animal est composé. L'ac. des animaux est renfermé dans des limites bien plus étroites que celui des végétaux, ces derniers résistant beaucoup moins que les premiers à l'influence des milieux. Le végétal s'accroît pendant toute la durée de sa vie, et de nouvelles pousses changent périodiquement jusqu'à sa mort le nombre et la forme de ses parties. L'animal, au contraire, une fois parvenu au dernier terme de son ac., demeure dans cet état pendant un temps plus ou moins long, et conserve jusqu'à la mort une forme et un volume à peu près invariables. — Il est impossible d'établir au sujet de l'ac. des lois véritablement générales. Ainsi, l'on a dit que la rapidité de l'ac. était en raison inverse de l'âge, mais cette observation n'est vraie que jusqu'à un certain point. L'ac. ne s'opère pas d'une façon absolument continue; on y remarque des alternatives évidentes de repos et d'activité. Buffon a émis l'idée que la rapidité et la durée de l'ac. sont proportionnelles à la durée même de la vie. Cette loi est applicable à un fort grand nombre de végétaux et d'animaux; mais, dans ce dernier cas, il faut comparer entre eux des animaux de même classe, autrement on tomberait dans une grande erreur. En effet, quoique les oiseaux arrivent au complément de leur organisation bien plus rapidement que les mammifères, leur vie est proportionnellement bien plus longue que celle de ces derniers. Pour les mammifères qui vivent le plus longtemps, la durée de la vie est à la durée de l'ac. comme 6 ou 7 est à 1; tandis que le coq, dont la croissance est achevée au bout d'une année, vit quelquefois vingt ans et même davantage. Au mot Tige, il sera traité de l'ac. des végétaux, et, au mot Homme, de l'ac. considéré dans l'espèce humaine.

Législ. —On appelle en France *droit d'ac.* le droit en vertu duquel les légataires recueillent, comme réunies aux leurs, les portions de ceux de leurs colégataires qui ne peuvent les recueillir ou qui y renoncent. L'ac. n'a lieu que dans le cas où le legs a été fait à plusieurs conjointement (art. 1044, Code civil). Pour expliquer ce qu'il entend par le mot *conjointement*, le législateur ajoute: « Le legs sera réputé fait conjointement, lorsqu'il le sera par une seule et même disposition, et que le testateur n'aura pas assigné la part de chacun des colégataires dans la chose léguée; il sera encore réputé fait conjointement, quand une chose, qui n'est pas susceptible d'être divisée sans détérioration, aura été donnée par le même acte à plusieurs personnes, même séparément (art. 1044 et 1045). »

ACCROÎTRE. v. n. (lat. *ad*, vers; *crescere*, croître). Aller en augmentant, devenir plus grand. *Son bien, son revenu accroît tous les jours.* || T. Droit. Se dit D'une chose qui revient au profit de quelqu'un par l'absence, la mort d'une autre personne. *Dans les tontines, la part des morts accroît aux vivants.* On dit aussi qu'*Une portion de terre accroît à une autre par alluvion, par attérissement.* =Accroître. v. a. Augmenter, rendre plus grand, plus étendu. *Ac. son bien, son revenu. Ac. son jardin. Ac. son crédit, sa renommée, sa puissance.* =s'Accroître. v. pron. *Cette ville s'est accrue. Le mal s'accroît par le mal. Son parti s'est accru de tous les mécontents. Il n'avait qu'une petite propriété, il s'est bien accru.*=Accru, ue. part.

ACCROUPIR (S'). v. pron. (R. *croupe*). Se tenir dans une position où la plante des pieds posant à terre, le derrière touche presque aux talons.

ACCROUPISSEMENT. s. m. État d'une personne accroupie, d'un animal accroupi.

ACCRUE. s. f. Augmentation d'une chose par l'adjonction d'une autre. Les alluvions, les attérissements sont des *Accrues*. Les *Accrues de bois* sont l'espace de terre qu'un bois a gagné en croissant hors de ses limites.

ACCUEIL. s. m. Réception que nous faisons à quelqu'un que nous rencontrons ou qui vient nous visiter. *Bon, mauvais ac.* — *Faire ac.*, se prend toujours en bonne part. *Ce ministre fait ac. à tous ceux qui vont le trouver.*

ACCUEILLIR. v. a. (R. *cueillir*). Recevoir quelqu'un qui nous aborde ou qui vient nous visiter. *Ac. cordialement, poliment, froidement.* —Fig., *Ac. bien ou mal une proposition, une demande.* || Se dit encore Des accidents fâcheux qui arrivent à quelqu'un. *La pauvreté et tous les malheurs possibles l'ont accueilli. Nous avons été accueillis par la tempête.*=Accueilli, ie. part. = Conjug. V. Cueillir.

ACCUL. s. m. [on pron. l'L] (lat. *ad*, vers; *culus*, cul). Lieu qui n'a point d'issue, d'où l'on ne peut sortir qu'en revenant sur ses pas. *On poursuivit l'assassin et on le poussa dans un ac. où on le prit.* || T. Artill. Piquets que l'on enfonce en terre pour arrêter le canon quand il recule après avoir tiré. || T. Chas. Fond du terrier où les chiens poussent les renards, les blaireaux. || T. Mar. Petit enfoncement, espèce de crique trop petite pour un grand bâtiment.

ACCULER. v. a. Pousser une personne ou un animal dans un endroit où il ne peut plus reculer. *L'armée française accula les Arabes à la mer. Nos chiens avaient acculé le sanglier.*=Acculer. v. n. *Une voiture accule*, Lorsqu'elle est trop chargée à l'arrière. *Un vaisseau accule*, Lorsque, dans les forts mouvements de tangage, son arrière plonge trop dans la mer.=s'Acculer. v. pron. Se reculer dans un coin, s'adosser contre quelque objet pour se défendre et n'être pas pris par derrière. *Il s'accula contre le mur pour se défendre. Le sanglier s'était acculé contre un arbre.* || T. Man. On dit qu'*Un cheval s'accule*, quand il ne va pas assez en avant à chacune des voltes. = Acculé, ée. part.

ACCUMULATEUR, TRICE. s. Celui, celle qui accumule.

ACCUMULATION. s. f. Amas, entassement de choses ajoutées les unes aux autres. S'emploie au prop. et au fig. *Ac. de denrées, de matériaux, de marchandises, d'honneurs, de dignités.* || T. Jurisp. Quand on a déjà des titres suffisants pour établir son droit et que l'on en produit d'autres également probants, on dit qu'il y a *Ac. de droit.* || T. Rhét. Figure qui consiste à rassembler dans une période, sous une même forme et dans le même mouvement oratoire, un grand nombre de détails qui développent l'idée principale.

Enc.— En T. d'Écon. polit., *Accumuler*, c'est ajouter l'une à l'autre plusieurs épargnes pour en former un capital; ou pour augmenter un capital qui existe déjà. Aussi longtemps que les accumulations ne sont pas employées à la *production*, ce ne sont encore que des épargnes; lorsqu'on a commencé à les employer à la production, elles deviennent des capitaux et peuvent procurer les *profits* qu'on retire d'un capital productif. Les *produits* épargnés et accumulés sont nécessairement *consommés* du moment qu'on les emploie à la production. L'*ac.*, prise dans ce sens, ne nuit donc point à la consommation; elle change seulement une consommation improductive en une consommation reproductive.— Quoique les *produits immatériels* ne paraissent pas susceptibles d'être épargnés, puisqu'ils sont nécessairement consommés en même temps que produits, cependant, comme ils peuvent être consommés reproductivement, comme ils peuvent, au moment de leur consommation, donner naissance à une autre *valeur*, ils sont susceptibles d'accumulation. La leçon que reçoit un élève en médecine est un produit immatériel; mais la consommation qui en est faite va grossir la capacité de l'élève; et cette capacité personnelle est un *fonds productif*, une espèce de capital dont l'élève tirera un profit. La valeur des leçons a donc été accumulée et transformée en capital. Voy. Capital et Production.

ACCUMULER. v. a. (lat. *ad*, vers; *cumulare*, entasser). Amasser, entasser, mettre ensemble. Se dit au prop. et au fig. *Ac. de l'argent, des honneurs. Ac. crime sur crime.* || Pris abs., sign., Thésauriser. *Le désir insatiable d'ac.* = s'Accumuler. v. pron. *Les arrérages s'accumulent tous les jours. Les années s'accumulent sur ma tête.* = Accumulé, ée. part.

Syn.—*Amasser, Entasser, Amonceler.*—Au prop., *entasser* se dit des choses de même nature qu'on rassemble en groupe; *amasser*, des choses qu'on réunit dans un même lieu;

accumuler, de celles qu'on met en réserve, qu'on accapare; *amonceler*, de tout ce qu'on jette pêle-mêle en un endroit. *On entasse des fruits dans une corbeille; on amasse des provisions dans un grenier; on accumule des marchandises dans les magasins; on amoncelle les débris d'un navire sur le rivage.* Les eaux ne s'*entassent* point, elles s'*amassent*, elles s'*accumulent*; les nuages s'*amoncellent*. Au fig., *amasser*, *acc.*, s'emploient absolument dans le sens de thésauriser; *entasser* et *amonceler* ajoutent à cette idée, le premier, celle d'avarice; le second, celle de superfluité. Ces deux derniers termes ne se prennent jamais absolument.

ACCUSABLE. adj. 2 g. Qui peut être accusé.

ACCUSATEUR, TRICE. s. Celui ou celle qui accuse. *Se rendre, se constituer ac., accusatrice. Ac. public. Elle s'est portée accusatrice.*

Syn. — *Délateur*, *Dénonciateur*. — L'*Ac.* fait connaître le criminel à la justice, parce qu'il est intéressé comme partie, ou est tenu, comme magistrat, à le poursuivre. Le *dénonciateur*, pour faire connaître un coupable, ne peut alléguer d'autre raison que son zèle pour la loi; le *délateur* est conduit à la même action par des motifs qu'il n'oserait avouer hautement.

ACCUSATIF. s. m. T. Gram. Voy. Cas.

ACCUSATION. s. f. Action en justice; plainte par laquelle on accuse quelqu'un en justice. *Former, intenter une ac. Se déporter d'une ac. Mettre en ac. Il y a plusieurs chefs d'ac. contre lui.* || Reproche, imputation de quelque vice, de quelque défaut. *On l'accuse d'inconduite, de négligence; mais cette ac. n'est pas fondée.*

Enc. — A Athènes, chaque citoyen avait le droit d'accuser un criminel; mais le dénonciateur était sévèrement puni s'il succombait dans son *Ac.*; s'il triomphait, au contraire, il avait le tiers des biens confisqués au coupable. — A Rome, le droit d'ac. pouvait être également exercé par chaque citoyen; on le refusait cependant aux femmes, aux impubères, aux soldats, aux gens notés d'infamie et aux affranchis, à moins que ces individus n'eussent un intérêt personnel à se porter accusateurs, comme, par ex., lorsqu'il s'agissait de poursuivre en justice le meurtrier d'un de leurs parents. Sous les empereurs, le rôle d'accusateur devint si infâme par ses excès, que les Antonins furent obligés de décider qu'à l'avenir ce ministère serait exclusivement attribué, dans chaque procès, à une personne nommée d'office par l'empereur ou par le sénat. Telle est l'origine du principe d'après lequel nous considérons le droit d'accuser comme une magistrature publique. Ce principe, bien que constamment suivi par le droit canonique, ne fut, cependant, admis que fort tard en France par la jurisprudence des tribunaux laïques.

Sous les rois des deux premières races, le rôle d'accusateur appartenait au seul offensé, ou à ses parents, s'il était dans l'impossibilité de porter lui-même sa plainte. Mais peu à peu cette législation se modifia, et elle réserva exclusivement au ministère public le droit de poursuivre un criminel. La partie civile pouvait seulement conclure à des dommages-intérêts, avec cette formule : « Sauf à M. le procureur du roi à prendre pour la vengeance publique telles conclusions qu'il avisera bon être. » — C'est encore ce qui se pratique dans notre législation actuelle. L'ac. est donc aujourd'hui l'action intentée et suivie au nom de la société par le ministère public, pour l'application de la peine contre un ou plusieurs individus incriminés. Un arrêt de la Cour royale ordonne leur mise en accusation et leur traduction devant la Cour d'assises. Avant cet arrêt, les magistrats chargés de la première instruction examinent, au nombre de trois juges au moins, si le fait emporte une peine afflictive et infamante; si les juges sont de cet avis, ils décernent une ordonnance de prise de corps. Le procureur général près la Cour royale est ensuite saisi du procès, et il requiert la mise en ac. du prévenu, s'il y a lieu; puis il fait son rapport à la Cour. Si celle-ci n'aperçoit aucune trace d'un délit prévu par la loi, ou si elle ne trouve pas d'indices suffisants de culpabilité, elle ordonne sur-le-champ la mise en liberté du prévenu, qui, dans ce cas, ne peut plus être recherché pour le même fait, à moins qu'il ne survienne de nouvelles charges. Si, au contraire, le fait est qualifié crime par la loi et que la Cour trouve des charges suffisantes pour motiver la *mise en ac.*, elle ordonne le renvoi du prévenu pardevant la Cour d'assises. Aussitôt le procureur général rédige un *acte d'ac.* où il expose les faits qui sont imputés à l'accusé. Cet acte contient : 1° la nature du délit qui forme la base de l'ac.; 2° le fait et toutes les circonstances qui peuvent déterminer une aggravation ou une diminution de la peine. Le prévenu y est dénommé et clairement désigné. Cet acte doit être terminé par le résumé suivant : « *En conséquence, N... est accusé d'avoir commis tel meurtre, tel vol ou tel autre crime, avec telle ou telle circonstance.* » — L'arrêt et l'acte d'ac. sont ensuite signifiés à l'accusé, et on doit lui en laisser copie. Dans les vingt-quatre heures le président ou le juge délégué l'interroge et l'interpelle de déclarer le choix qu'il a fait d'un défenseur pour l'aider dans sa défense. S'il n'a pas de défenseur, le juge lui en désigne un sur-le-champ, à peine de nullité. Le conseil choisi ou donné peut communiquer avec l'accusé et prendre connaissance de toutes les pièces du procès et de tous autres documents qu'il jugera utiles à la défense. L'accusé doit recevoir copie de la liste des témoins que le procureur général veut faire entendre, et il fait de son côté remettre à celui-ci copie de la liste des témoins qu'il veut produire pour sa défense. Enfin on notifie à l'accusé la liste des jurés. Voy. *Cour d'*Assises et Jury.

ACCUSER. v. a. (lat. *ad*, à; *causa*, cause). Porter plainte en justice contre quelqu'un; dénoncer à la justice; poursuivre au nom de la société celui qui a commis un crime, un délit. *Il a accusé son valet de l'avoir volé. Il a été témoin de cet assassinat et il est allé sur-le-champ ac. son auteur. Le procureur du roi l'accuse d'avoir commis un vol avant le meurtre.* — On dit : *Ac. un acte de faux*, pour Soutenir qu'un acte est faux. *Arguer de faux* est plus usité. || Imputer, reprocher quelque vice, quelque faute à quelqu'un. *Ac. quelqu'un de négligence. On l'accuse d'avoir fait cette satire.* || Blâmer, gourmander. *Il accuse le sort.* — *Sa conscience l'accuse*, Lui reproche ce qu'il a fait. || *Ac. ses péchés*, Déclarer ses péchés au prêtre dans le tribunal de la pénitence. || *Cet homme accuse juste, accuse faux dans son récit.*, Il est exact ou il manque d'exactitude dans son récit. || *Ce malade accuse une vive douleur à la région épigastrique*, Le malade déclare éprouver une vive douleur, etc. — Dans certains jeux de cartes, on dit : *Ac. son jeu, son point*, pour Déclarer quel jeu, quel point on a. || *Ac. réception d'une lettre, d'une traite*, Donner avis qu'on l'a reçue. || Servir de preuve, d'indice. *Cette lettre l'accuse. Toutes les circonstances l'accusent.* || T. Peint. et Sculpt. Laisser deviner les formes recouvertes par quelque vêtement. *Ac. le nu par le pli des draperies.* = s'Accuser. v. pron. *Le coupable s'est accusé lui-même*, Il a avoué son crime. *Il s'accuse lui-même par ses contradictions*, Il se trahit lui-même. = Accusé, ée. part. S'emploie aussi subst., et sign., Celui qui est accusé en justice. *Confronter l'ac. avec sa victime.* || *Ac. de réception*, Billet par lequel celui à qui l'on a fait quelque envoi déclare l'avoir reçu.

ACENS ou ***ACCENSE.** s. m. (R. *à*, *cens*). T. Anc. Cout. Héritage donné à cens ou à ferme.

ACENSEMENT ou ***ACCENSEMENT.** s. m. Action de donner à cens.

ACENSER ou ***ACCENSER.** v. a. Donner ou prendre à cens et à ferme. = Acensé, ée, ou *Accensé, ée. part.

ACÉPHALE. adj. 2 g. (gr. α, priv.; κεφαλὴ, tête). Qui n'a point de tête. *Statue acéphale.* || Fig., Qui ne reconnaît point ou n'a point de chef. *Concile ac. Secte ac. Hérétiques acéphales.* || S'emploie tantôt adj., tantôt subst. en T. Zool. et en T. Térat. Dans ce dernier cas, il se dit Des monstres dépourvus de tête et des organes qui manquent ordinairement avec elle. V. Tératologie.

Enc. — Cuvier a imposé le nom d'*Acéphales* à sa quatrième classe de *Mollusques*. Ces animaux, ainsi que l'indique leur nom, sont dépourvus de tête. La bouche reste cachée dans le fond ou entre les replis du manteau. Celui-ci est ordinairement ployé en deux, de façon à ce que le corps s'y trouve renfermé comme un livre dans sa couverture; alors les deux feuillets du manteau sont libres par leur bord inférieur. Parfois ces deux feuillets se réunissent par devant, et le manteau représente un tube ouvert à ses deux bouts. Dans quelques cas l'une de ces extrémités est elle-même fermée, et le manteau offre l'apparence d'un sac. Presque toujours une coquille calcaire à deux valves recouvre ce manteau. (Fig. 1, *Radiolite rotulaire.*) Rarement la coquille est multivalve; cette disposition se rencontre cependant chez les *Anomies*. Enfin, chez les *Acéphales sans coquille* ou *Tuniciers*, le tégument calcaire

Fig. 1.

Fig. 2.

est remplacé par une substance cartilagineuse, quelquefois si mince qu'elle est flexible comme une membrane. (Fig. 2, *Cynthie papilleuse.*) — Les branchies ont, en général, la forme de 4 feuillets couverts de réseaux vasculaires disposés en stries régulières transversales; et l'eau qui vivifie le sang de ces animaux en lui abandonnant l'air qu'elle contient, passe sur ces feuillets ou circule entre eux : c'est ce qu'on observe chez les ac. testacés. Chez les ac. sans coquille, l'appareil respiratoire offre des formes diverses, mais il n'est jamais divisé en quatre feuillets. — La bouche est toujours dépourvue de dents, et ces mollusques puisent uniquement leur nourriture dans les molécules assimilables que l'eau leur apporte. — Les ac. se fécondent eux-mêmes et sont tous aquatiques. — Cuvier les divise en deux ordres bien tranchés, les *Ac. testacés* et les *Ac. sans coquille*, appelés aussi *Tuniciers*. (Voy. Testacés et Tuniciers.) Pour l'anatomie et l'explication des termes techniques employés dans cet art., voy. Mollusques et Conchyliologie.

***ACÉPHALIE.** s. f. Voy. Tératologie.

***ACÉPHALOCYSTE.** s. m. (gr. α; κεφαλὴ; κύστις, vessie). T. Hist. nat. Voy. Hydatides.

ACERBE. adj. 2 g. (lat. *acerbus*). Une substance est ac. lorsqu'elle fait éprouver à l'organe du goût une sensation analogue à celle que déterminent les fruits avant leur maturité. La saveur ac. dépend surtout de la présence du tannin et de l'acide gallique : aussi les substances acerbes jouissent-elles de propriétés astringentes. || Fig., Dur, sévère. *Humeur acerbe. Avoir des formes, des manières acerbes.* = Syn. Voy. Acerbité.

ACERBITÉ. s. f. Qualité de ce qui est acerbe.

Syn. — *Âcreté*, *Acrimonie*, *Âpreté*, *Austérité*. — Au propre, tous ces mots expriment des sensations produites sur l'organe du goût. Ce qui est *acerbe*, une pomme verte, par ex., produit sur cet organe une astriction très-forte mêlée d'un léger degré d'amertume et d'acidité. Ce qui est *âcre* détermine une sensation brûlante et irritante, dont l'impression se fixe principalement à la gorge; tels sont les alcalis et le suc d'euphorbe. — L'*âpreté* et l'*austérité*, considérées comme impressions sensoriles, ne sont autres que l'*acerbité* à un plus haut degré. La nèfle non parvenue à maturité produit une saveur *âpre*; le coing, une saveur *austère*. De plus, *âpre* est également usité en parlant des sensations tactiles et auditives : il n'en est pas de même des autres termes dont nous parlons. — *Acrimonieux* ne s'emploie plus au propre. Au figuré, *acerbe* et *âcre* désignent un caractère, une humeur méchante, qui prend tout en mauvaise part et se plaint de tout. *Acrimonie* dit moins que le mot *âcreté*, mais *acrimonie* indique un état permanent, tandis que l'*âcreté* peut être passagère, peut être causée par des chagrins profonds, des malheurs irréparables. *Âpre* se dit pour marquer un excès d'ardeur ou d'avidité. Ce joueur est *âpre* au gain, au jeu. *Austère* a le sens de sévère, de rigide; il s'emploie surtout en parlant des mœurs.

***ACÈRE.** s. m. (gr. α priv; κέρας, corne). T. Zool. Voy. *Gastéropodes* tectibranches.

ACÉRER. v. a. Souder de l'acier à un instrument de fer, ord. pour en rendre la pointe ou le tranchant susceptible de s'affûter convenablement. *Ac. un burin, une hache.* || *Fig., on dit : *Ac. sa plume, ses traits. Ac. une épigramme.* = Acéré, ée. part. || S'emploie aussi adj. *Burin ac. Flèche acérée.* || Fig., Piquant, caustique, satirique. *Style ac. Plume, langue acérée.* || *T. Hist. nat. Se dit De toute partie animale ou végétale qui est acuminée et piquante, comme les rayons des nageoires de certains poissons et les feuilles de diverses plantes.

***ACÉRINÉES** ou **ACÉRACÉES.** s. f. pl. T. Bot.

Enc. — Famille de végétaux exogènes hypogynes. — *Caract. bot.*: Feuilles opposées, simples, ord. à nervures palmées, rarement pennées, sans stipules. Fleurs souvent polygames, en corymbes ou en grappes axillaires. Calice divisé en 5 et parfois en 4-9 parties. Préfleuraison imbriquée. Pétales égaux en nombre aux divisions du calice, imbriqués, insérés autour d'un disque hypogyne, manquant quelquefois. Étamines insérées sur le disque, en nombre toujours défini, et généralement au nombre de 8. Ovaire libre à 2 lobes; style simple; 2 stigmates;

ovules disposés par paires, amphitropes, pendants. Fruit formé de 2 samares indéhiscentes, prolongées en aile; chacune des samares n'a qu'une loge contenant 1 ou 2 ovules. Graines ascendantes, à tégument un peu charnu, et dépourvues d'albumen; embryon courbe, à cotylédons foliacés, chiffonnés, et à radicule inférieure. [Fig. 1. *Acer circinatum*; 2. fleur de l'*acer campestre*; 3. sa samare; 4. la même avec sa graine mise à nu; 5. embryon déplissé.] — Cette famille qui ne se compose que de 3 genres et de 60 espèces, habite l'Europe, les parties tempérées de l'Asie, le nord de l'Inde et l'Amérique septentrionale. — Les espèces d'Érables les plus répandues chez nous sont l'*Érable champêtre* (*acer campestre*), l'*Érable plane* (*acer platanoïdes*), le *Sycomore* (*acer pseudo-platanus*), l'*Érable duret* (*acer opulifolium*), appelé *Ayarte* dans nos départements du Sud-Est. Les arbres de cette famille ont peu de valeur comme matériaux de construction, parce que leur bois est léger et s'altère facilement. Toutefois les ébénistes et les tabletiers recherchent les racines de l'Érable champêtre qui, par le jeu et la multiplicité de leurs petits nœuds, offrent une grande variété de figures. Le plus précieux des arbres de cette famille est l'*Érable du Canada*, nommé *acer saccharinum*, à cause de la grande quantité de sucre qu'il fournit. Pendant l'hiver, si avec une tarière on pratique un trou dans le tronc de l'arbre, ou si l'on y fait de profondes incisions, il s'en écoule une liqueur sucrée abondante, d'abord claire et limpide, mais qui prend ensuite une couleur blanchâtre et une consistance sirupeuse. On verse ce liquide dans des chaudières de fer ou de cuivre étamé qu'on place sur le feu pour le faire évaporer : on enlève soigneusement l'écume, et dès que la liqueur commence à s'épaissir, on la remue sans cesse avec une spatule de bois, pour empêcher qu'elle ne prenne un goût empyreumatique, et pour accélérer l'évaporation. Quand elle a acquis la consistance d'un sirop épais, on la verse dans des moules de terre ou de bouleau; le sirop se durcit, et l'on obtient ainsi des pains ou tablettes d'un sucre roux, presque transparent, et d'un usage fort agréable.

ACESCENCE. s. f. (lat. *acescere*, aigrir). Disposition à s'aigrir, à devenir acide.

ACESCENT, ENTE. adj. Qui aigrit, qui commence à devenir acide.

* **ACÉTABULIFORME.** adj. (lat. *acetabulum*, espèce de petit vase). T. Hist. nat. Qui est en forme de coupe.

ACÉTATE. s. m. T. Chim.

Enc. — On donne le nom d'*Acétates* aux sels que forme l'acide acétique en se combinant avec les diverses bases. Tous les acétates métalliques sont décomposés par la chaleur en un mélange d'acide acétique, d'acide carbonique et d'acétone, et laissent pour résidu l'oxyde métallique pur. Ceux qui résistent le mieux à son influence sont les acétates alcalins. Ces sels sont presque tous solubles dans l'eau. L'acide sulfurique en dégage une odeur de vinaigre caractéristique. — Les plus importants de ces sels sont les acétates d'*alumine*, d'*ammoniaque*, de *cuivre*, de *fer*, de *mercure*, de *plomb*, de *potasse*, de *soude*, de *zinc*, de *morphine* et de *quinine*. Nous en parlerons à ces divers articles.

ACÉTEUX, EUSE. adj. Qui a le goût du vinaigre. *Plante acéteuse.* Inusité.

* **ACÉTIFICATION.** s. f. T. Chim. On donne ce nom à la transformation de l'alcool en vinaigre. Voy. FERMENTATION et VINAIGRE.

* **ACÉTIMÈTRE.** s. m. (lat. *acetum*, vinaigre; gr. μέτρον, mesure). Instrument pour mesurer le degré d'acidité du vinaigre. Voy. VINAIGRE.

ACÉTIQUE. adj. m. (lat. *acetum*). T. Chim.

Enc. — Personne n'ignore que le vin abandonné à lui-même au contact de l'air s'aigrit et se transforme en *vinaigre*. Celui-ci doit sa saveur et la plupart de ses propriétés à un acide qu'on a nommé *acide acétique*. Au reste, l'acide ac. est un des acides les plus répandus dans la nature; on le rencontre dans un grand nombre de fruits; il existe, à l'état libre ou à celui de combinaison, dans la sève des végétaux; il se trouve aussi dans la plupart des humeurs animales, dans la sueur, dans l'urine de l'homme, etc.; il se produit enfin toutes les fois qu'on décompose par la chaleur une matière végétale ou animale. — L'acide ac. pur et concentré est un liquide d'une odeur forte et piquante; sa saveur est âcre et brûlante, mais elle devient aigrelette et agréable lorsqu'on étend l'acide avec de l'eau. Toutefois l'acide ac. pur et concentré n'est liquide qu'à une température supérieure à + 4° C. Au-dessous de ce degré, il se prend en masse cristalline incolore. Il est du petit nombre des acides organiques susceptibles de se volatiliser sans éprouver d'altération. Il bout à + 114° C. Sa vapeur prend feu par le contact de la flamme. Exposé à l'air, l'acide ac. se volatilise en s'affaiblissant, parce que la partie encore liquide attire l'humidité atmosphérique. Concentré, il pèse 1,06 à la température de 16° C. Il s'unit à l'eau en toute proportion, en produisant une chaleur sensible : dans cette union il y a pénétration des molécules. L'acide ac. uni avec l'eau est moins susceptible de se solidifier par l'abaissement de température et peut rester liquide à quelques degrés au-dessous de 0. On peut même se servir de la congélation pour augmenter la concentration de l'acide, parce que les parties aqueuses se congèlent les premières. Suivant Berzélius, l'acide ac. le plus concentré est composé de 85,11 d'acide et de 14,89 d'eau. L'acide réel ou anhydre serait donc formé de 5,822 d'hydrogène, de 46,642 d'oxygène et de 47,536 de carbone, ou de 6 volumes d'hydrogène, 3 d'oxygène et 4 de carbone ($C^4H^3O^3$). — Un moyen fort simple de se procurer de l'acide ac. consiste à distiller le vinaigre ordinaire dans des alambics étamés, ou mieux dans des cornues de verre ou de platine : mais comme on obtient par ce procédé un acide très-étendu d'eau, il est mieux, quand on veut avoir de l'acide concentré, de décomposer par le feu un acétate. C'est particulièrement l'acétate de cuivre qu'on emploie à cet usage. Il se produit, outre l'acide, du gaz hydrogène carboné, de l'oxyde de carbone et de l'*Acétone* ou *Esprit pyro-acétique*. L'acide ac. ainsi obtenu entraîne ordinairement de l'acétate de cuivre qui colore le produit : il est donc nécessaire de le rectifier. L'acide ac. préparé de cette manière est connu depuis longtemps sous le nom de *Vinaigre radical*, et fréquemment usité en médecine, du moins à l'extérieur, car il est trop irritant pour qu'on l'emploie à l'intérieur. Son administration, à dose un peu considérable, peut même causer la mort. (Voy. TOXICOLOGIE.) Comme il est très-volatil, on en fait respirer la vapeur aux personnes tombées en défaillance ou en syncope; mais il faut agir avec précaution, parce qu'il peut enflammer la membrane pituitaire. Aussi, pour prévenir tout accident, on en imprègne seulement des cristaux de sulfate de potasse que l'on conserve dans des flacons et qu'on vend sous le nom de *Sel de vinaigre* ou *Sel d'Angleterre*. Appliqué sur la peau, l'acide ac. en détermine la rubéfaction; il cause même le soulèvement de l'épiderme. Pour les usages de l'acide ac. étendu d'eau, Voy. VINAIGRE. C'est aussi à ce mot qu'il sera traité de la fabrication des différents vinaigres qui s'obtiennent par la transformation de l'alcool. Mais nous allons parler ici du *vinaigre de bois*, parce que la théorie de sa formation ne repose pas sur le principe de l'acétification. — Le procédé suivi pour fabriquer l'acide ac. aux dépens des principes qui constituent le bois, est fondé sur la propriété que possède la chaleur de séparer les éléments des substances végétales, et de donner naissance à de nouveaux composés qui n'existaient pas dans les corps soumis à son action. Les proportions relatives de ces produits varient non-seulement selon les substances, mais encore dans une même substance, suivant que le degré de chaleur a été plus ou moins élevé, et suivant que le feu a été conduit avec plus ou moins d'habileté. On sait que le bois est formé essentiellement d'oxygène, d'hydrogène et de carbone. Quand on distille une substance végétale en vase clos, on obtient d'abord l'eau qu'elle contient ou l'eau de végétation : il se forme ensuite une autre portion d'eau aux dépens de l'oxygène et de l'hydrogène du corps, et une quantité proportionnelle de carbone devient libre. Après cela, par l'effet de l'augmentation successive de la chaleur, une petite portion de carbone se combine avec l'hydrogène et l'oxygène pour former de l'acide ac. Ce composé fut pendant quelque temps regardé comme un acide particulier, et on lui donna le nom d'*acide pyroligneux* ou *vinaigre de bois*. A mesure que la proportion de carbone devient prépondérante, ce carbone se combine avec les autres principes, et alors il se volatilise une huile empyreumatique d'abord peu colorée, mais qui devient plus épaisse et plus foncée, car elle se charge incessamment d'une plus grande quantité de carbone. Plusieurs fluides élastiques accompagnent ces divers produits. Il se dégage de l'acide carbonique, de l'hydrogène carboné et de l'oxyde de carbone. L'excédant de charbon qui n'est pas entraîné dans ces diverses combinaisons, reste dans la cornue, où il présente ordinairement la forme du végétal qui l'a fourni. — Parmi les divers appareils que l'industrie a imaginés pour la fabrication du vinaigre de bois, appareils qui d'ailleurs sont tous fondés sur les mêmes principes, nous décrirons celui que Kestner a établi dans sa fabrique à Thann. La Fig. 1 représente une

Fig. 1.

coupe horizontale de cet appareil prise à travers le milieu du tube qui conduit à la cheminée, et la Fig. 2 représente une coupe verticale prise à la ligne ponctuée $x\ z$ de la fig. précédente. Le cylindre *a*, qui a environ 3 mètres cubes de capacité, est en plaques de fonte boulonnées ensemble. On y introduit le bois préalablement débité en bûchettes, par l'ouverture *b*.

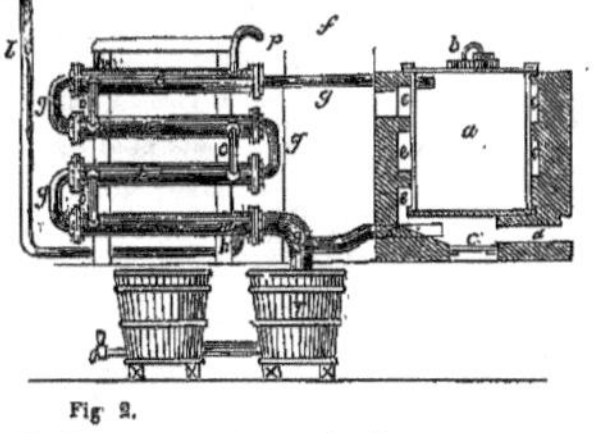

Fig. 2.

On chauffe au moyen du fourneau à grille que l'on charge de combustible par la porte *d*. La flamme s'élève en spirales par les conduits *e*,*e*, et se rend dans la cheminée *f*. Un tube de fer *g* conduit les vapeurs et les produits gazeux du cylindre au condensateur. Ce dernier se compose d'une série de tubes en zigzag que soutient la charpente en bois *h*,*h*. Les tubes de condensation sont enveloppés de manchons *i*,*i*, dans lesquels circule continuellement un courant d'eau froide. Cette eau descend du réservoir *k* par le tube *l*, entre dans le manchon inférieur (au point *m*), passe successivement dans les autres manchons au moyen des tubes verticaux *o*,*o*,*o*, et s'échappe enfin bouillante par l'orifice *p*. Les vapeurs, en se condensant en liquide, descendent à la partie inférieure du condensateur, et sont versées par le tuyau *q* dans le premier réservoir *r*, pendant que les gaz combustibles se dégagent par le tube *s*, lequel tube est muni d'un robinet pour régler la grandeur du jet de gaz sous le cylindre. Dès que la distillation marche, on ouvre le robinet et on le ferme quand elle est achevée. On ne met de combustible qu'au commencement de l'opération; car au bout d'un instant les gaz en se consumant entretiennent la chaleur nécessaire à la distillation. On laisse le charbon refroidir cinq à six heures et on le retire ensuite par une ouverture pratiquée au point *n* (fig. 1) dans la maçonnerie en briques qui entoure le cylindre. Stoltze a constaté que 1 kilogr. de bois donne de 375 à 468 grammes de produits liquides; mais la quantité d'acide ac. varie de 65 à 156 grammes, suivant la nature du bois. Le bois dur qui a crû lentement sur un sol sec est celui qui produit l'acide le plus fort. — On recueille tous les produits versés dans le réservoir, on décante; et le liquide obtenu se compose principalement d'eau, d'acide ac. et de goudron : c'est ce mélange qui constitue l'acide pyroligneux brut. Pour le rectifier on le distille dans un alambic de cuivre, où il laisse environ 20 pour 100 d'une espèce de goudron visqueux. Après cette opération le liquide possède une couleur brune transparente et une odeur empyreumatique prononcée. Son acidité est supérieure à celle des meilleurs vinaigres de ménage. On distille le liquide de nouveau, on le sature avec de la chaux vive, on évapore à siccité l'acétate de chaux produit, et on le traite par le sulfate de soude pour le convertir en acétate de soude. Alors l'odeur empyreumatique a si bien disparu, qu'en décomposant l'acétate de soude par l'acide sulfurique, on obtient à la distillation un vinaigre incolore et agréable au goût, dont la force est proportionnelle à la concentration de l'acide décomposant. — Les usages du vinaigre de bois sont les mêmes que ceux des autres vinaigres. Voy. VINAIGRE.

* **ACÉTONE.** s. m. T. Chim.

Enc. — Ce produit a été découvert par Chenevix, et on l'a d'abord appelé *Esprit pyroligneux* ou *pyro-acétique*. Sa formule est C^3H^3O. Il s'obtient en soumettant un acétate à la distillation sèche. C'est un liquide incolore, d'odeur empyreumatique et très-volatil, qui bout à + 56° C., et brûle avec une flamme légèrement bleuâtre. Il se mêle en toute proportion à l'eau, à l'alcool et à l'éther. On l'emploie pour dissoudre les résines-gommes qui servent à donner de la consistance aux chapeaux.

ACHALANDER. v. a. (R. *chaland*). Procurer des chalands. = S'ACHALANDER. v. pron. *Cette boutique commence à s'ac.* = ACHALANDÉ, ÉE. part.

ACHARNEMENT. s. m. Action d'un animal qui s'attache avec fureur et opiniâtreté à sa proie. *Le tigre saisit sa proie et la dévore avec ac.* || Fureur opiniâtre avec laquelle des animaux et même des hommes se battent les uns contre les autres. *Ces deux animaux, ces deux hommes se sont battus avec ac.* || Fig., Animosité opiniâtre qu'on a contre quelqu'un. *L'ac. de ces deux plaideurs est inconcevable. Critiquer avec ac.* || * Fig., Passion aveugle, ardeur excessive. *Il joue avec ac.*

ACHARNER. v. a. (lat. *ad*, vers; *caro*, chair). Sign. au prop., L'action de donner aux chiens et aux oiseaux de proie le goût de la chair. || Irriter, exciter un animal, un homme contre un autre. *On avait acharné les chiens contre le sanglier. Il est acharné contre moi.* = S'ACHARNER. v. pron. S'attacher avec fureur, avec opiniâtreté. *Un lion qui s'acharne sur sa proie.* || Se livrer avec excès à quelque chose. *S'ac. au jeu, à l'étude, aux plaisirs.* = ACHARNÉ, ÉE. part. || Fig., *Un combat ac.*, où l'on se bat avec fureur et opiniâtreté.

ACHAT. s. m. Action d'acheter. *Faire un bon, un mauvais ach.* || Sign. aussi, La chose achetée. *Je vais vous faire voir mon achat.*

Syn. — *Emplette*. — *Ac.* se dit principalement des objets considérables, comme rentes, terres, maisons; *emplette* s'applique aux choses de moindre importance. On fait *emplette* de bijoux, de robes, de dentelles.

ACHE. s. f. Genre de plantes nommé *Apium* par les botanistes. Voy. OMBELLIFÈRES.

ACHEMINEMENT. s. m. Ce qui est propre à faire parvenir au but qu'on se propose; préparation. *Cette victoire est un ac. à la paix. Cette entrevue est un ac. à leur réconciliation.*

ACHEMINER. v. a. (R. *chemin*). Ne s'emploie qu'au fig. Mettre une affaire en train; préparer la réalisation d'un projet. *Cet événement peut ach. la paix.* Vieux. || Faire avancer quelqu'un vers un but. *Cela vous acheminera aux honneurs.* || T. Man. *Ach. un cheval*, L'habituer à marcher droit devant lui. = S'ACHEMINER. v. pron. Se mettre en chemin, se diriger vers un lieu. *Nous nous acheminâmes vers la forêt.* || **Fig.** *L'affaire* *s'achemine*, Elle est en bon train. = Acheminé, ée. part. || On dit adjectiv. qu'*Un cheval est ach.*, Lorsqu'il connaît la bride, répond aux éperons, et qu'il est dégourdi et rompu.

ACHÉRON. s. m. (gr. ἄχος, douleur; ῥόος, fleuve).

Enc. — Dans la Myth. grecque et romaine, l'*Ach.* est l'un des cinq fleuves des enfers. Suivant Homère, il est le plus considérable de tous : le Phlégéton, le Cocyte et le Styx lui apportent le tribut de leurs eaux. D'après Virgile, qui suit en cela le sentiment de Platon, l'Ach. n'est qu'un affluent du Cocyte : c'est lui qu'on rencontre d'abord, en entrant dans les enfers, puis le Cocyte, et enfin le Styx. — Dans la géographie ancienne, il existait plusieurs cours d'eau qui portaient le nom d'Ach. Le plus connu était l'Ach. grec. Il prenait naissance dans les marais infects d'Achérusie, traversait la Thesprotie, et se jetait dans la mer Ionienne près d'Ambracie. Ses eaux étaient noires et amères; une partie de son cours était souterraine; c'était assez pour qu'on le mît au nombre des fleuves infernaux. En Italie, il existait également un Ach.; celui-ci descendait des Apennins et se jetait dans la Méditerranée, non loin de Pœstum. Enfin il y avait un troisième fleuve de ce nom, qui passait à Héraclée, dans la Bithynie, et allait se perdre dans l'Euxin. — A ces rivières il faut joindre trois lacs qui portaient le nom d'Ach. ou d'Achérusie; le premier en Grèce (nous en avons parlé); le second en Italie, entre Cumes et Misène, dans la Campanie : c'est par la grotte Averne, située près de ce lac, qu'Homère et Virgile font descendre aux enfers, l'un Ulysse, et l'autre Énée; le troisième en Égypte, près d'Héliopolis, selon Diodore de Sicile. C'est au delà de ce dernier qu'on enterrait ordinairement les morts. Les savants pensent qu'il s'agit ici du lac Mœris. Les morts, après avoir été embaumés, étaient transportés sur le bord du lac, où des juges les attendaient pour faire leur procès : on examinait la vie qu'ils avaient menée, on écoutait les accusateurs, et, si le mort était jugé digne de la sépulture, le cadavre était transporté à l'autre rive. (Fig. représentant, d'après les monuments égyptiens, la barque qui servait à transporter les morts.) Cette coutume était pratiquée même

à l'égard des rois. Le batelier (ce mot, dans la langue égyptienne, se disait *Charon*) qui transportait les morts, recevait quelque argent pour le passage; ce qui fit établir dans la suite l'usage de mettre sous la langue du défunt une pièce de monnaie. Orphée ayant apporté en Grèce les traditions égyptiennes, le lac *Achérusie* devint l'Ach., et le mot égyptien *Charon* devint le nom propre du nocher infernal, qui, comme on sait, exigeait une obole de chaque mort, avant de l'admettre dans sa barque. On choisit, pour juger les âmes, Æaque, Minos et Rhadamanthe, trois sages qui s'étaient fait remarquer durant leur vie par leur équité et leur justice. Enfin le Cocyte et le Léthé, marais que l'on voyait au delà du lac Achérusie, devinrent deux fleuves infernaux, dont le dernier faisait perdre la mémoire des choses de ce monde aux âmes qui buvaient de ses eaux. Ainsi, ce sont évidemment les coutumes de l'Egypte qui, transformées en mythes par l'imagination hellénique, ont produit l'enfer des Grecs et par suite celui des Romains.

ACHETER. v. a. (b. lat. *accatare*). Acquérir à prix d'argent. *Ac. un cheval, une terre, une robe. Ac. cher. Ac. à vil prix. Ac. au poids de l'or. Ac. en gros*, Ac. une grande quantité de la même marchandise. *Ac. en détail*, Ac. par petites portions et successivement. *Ac. comptant, au comptant*, A condition de payer sur-le-champ. *Ac. à crédit*, Ac. sans payer sur-le-champ. *Ac. pour son compte. Ac. par commission.* || *Ac. un homme*, Se faire remplacer, moyennant une somme convenue, dans le service militaire. || *Ac. des bans*, Obtenir à prix d'argent dispense de faire publier les bans de mariage à l'église. || *Ac. des voix, des suffrages, des partisans*, Se les procurer à prix d'argent ou au moyen d'autres avantages. || Fig. on dit : *Ac. une chose au prix d'une autre*, Quand on considère comme prix d'achat les travaux, les privations, les peines qu'il a fallu s'imposer pour obtenir ce qu'on désirait. *J'ai acheté ces honneurs au prix de mon repos. C'est un grade qu'il a acheté au prix de son sang.* = s'Acheter. v. pron. S'emploie principalement au figuré. *La faveur s'achète au prix de l'indépendance.* = Acheté, ée. part. Conjug. Voy. Achever.

Obs. gram. — *Ach. de*, c'est acquérir de quelqu'un un objet quelconque. *Ach. à* s'emploie dans le même sens; mais il se dit également en parlant du lieu où l'on fait un achat, et de la manière dont il se fait : *Ach. à la foire; Ach. à crédit.* Enfin *Ach. à* est encore usité dans le sens de *Ach. pour. J'ai acheté un livre à mon fils.*

ACHETEUR. s. m. Celui qui achète.

ACHETEUSE. s. f. Se dit fam., D'une femme qui aime à acheter souvent et sans nécessité. *C'est une grande ach.*

ACHÈVEMENT. s. m. Fin, exécution entière, accomplissement d'une chose. *Il ne manque plus qu'un portail pour l'ach. de cette église.* || Fig. se dit de La perfection dont un ouvrage est susceptible. *Dans les ouvrages d'art, c'est le fini et l'ach. que l'on considère.*

ACHEVER. v. a. (R. *à*, préposition, et *chef*, tête, bout, extrémité). Finir, terminer une chose commencée. *Ac. une entreprise, un travail. Ac. ses jours, sa carrière. Ac. de dîner, d'écrire. Ac. de vivre.* || Porter le dernier coup à quelqu'un qui est déjà blessé. *Il était mourant, un dernier coup de fusil l'a achevé.* || Fig. *Voilà de quoi m'ac.*, Voilà de quoi consommer ma ruine, ma perte, mon malheur. — Dans le même sens, on dit fam. : *Voilà de quoi m'ac. de peindre.* || * En parlant D'un homme à moitié ivre qui boit encore, on dit : *Ce verre-là va l'ac.* = s'Achever. v. pron. S'emploie dans toutes les acceptions du V. actif. = Achevé, ée. part. || Il est aussi adj., et alors il sign., Accompli, parfait. *C'est un poëme ac. Une beauté achevée.* — Se prend aussi en mauvaise part. *Un fou, un fripon ac.*

Conj. — *J'achève. J'achevais. J'achevai. J'achèverai. J'achèverais. Achève. Que j'achevasse.*

Syn. — *Finir, Terminer.* — Au prop., *finir* a, en gén., un sens plus absolu qu'*achever* et que *terminer*. Ainsi, on dit, la terre *achève* sa révolution autour du soleil dans l'espace d'une année; et on ne dit pas, la terre *finit* sa révolution, parce que le mouvement de la terre ne cesse pas. On dit, le monde *finira* et non pas le monde *achèvera* ou *terminera*. Le mot *terminer* signifie mettre un terme à une chose, l'arrêter volontairement. Un malade *achève* ses jours dans son lit; un insensé les *termine* par le suicide.

ACHILLÉE. s. f. T. Bot. Genre de plantes de la famille des Composées. Il tire son nom d'Achille, auquel, suivant la Mythologie, le centaure Chiron avait enseigné les propriétés des simples. Voy. Composées.

* **ACHIRE.** s. m. (gr. α priv.; χείρ, main). T. Ichth. Voy. Pleuronecte.

ACHIT. s. m. T. Bot. Voy. Ampélidées.

ACHOPPEMENT. s. m. (R. *chopper*). Ne se dit guère que dans cette loc. : *Pierre d'ac.*, Occasion de faillir, de tomber dans l'erreur. *Les libertins sont des pierres d'ac. pour ceux qui les fréquentent.* || Obstacle imprévu. *Il fera son chemin s'il ne rencontre pas quelque pierre d'ac.*

ACHORES. s. m. pl. (gr. α priv.; χώρα, lieu). T. Méd.

Enc. — Les anciens nommaient ainsi une affection cutanée dont le cuir chevelu et la face étaient le siége le plus ordinaire. Aujourd'hui ce terme est abandonné, parce qu'il n'offre pas en pathologie un sens clair et précis.

* **ACHRAS.** s. m. T. Bot. Voy. Sapotacées.

ACHROMATIQUE. adj. 2 g. Se dit Des instruments d'optique qui font voir les images colorées exactement comme les objets mêmes, sans mélange de couleurs étrangères.

ACHROMATISME. s. m. (gr. α priv.; χρῶμα, couleur).

Enc. — En T. d'Opt., on appelle ainsi la destruction des couleurs primitives qui accompagnent l'image d'un objet vu à travers un prisme ou une lentille. — La lumière n'est pas homogène; elle est composée de rayons qui diffèrent les uns des autres sous le rapport de leurs propriétés physiques, et qui sont inégalement réfrangibles. Ainsi, lorsqu'un faisceau de lumière traverse un milieu réfringent, certains rayons sont plus fortement réfractés, c.-à-d. plus déviés de leur direction primitive que les autres. Il résulte de là que les rayons lumineux se dispersent, et qu'on voit apparaître les couleurs du spectre solaire. C'est pourquoi l'image d'un objet vu à travers une lentille, nous paraît plus ou moins confuse, indistincte, et entourée d'un anneau coloré. Ce phénomène a reçu le nom d'aberration de réfrangibilité. Longtemps on crut, et Newton lui-même partagea cette erreur, qu'il était impossible de réfracter la lumière sans la décomposer; mais, depuis, on a découvert que les pouvoirs refringent et dispersif des différentes substances diaphanes ne sont pas proportionnels entre eux, et qu'on peut empêcher la décomposition de la lumière en combinant ensemble des corps possédant des pouvoirs réfringents différents. Ainsi, en observant les spectres produits par des prismes de substances différentes, on n'a pas tardé à reconnaître que les différentes couleurs, toujours rangées dans le même ordre, n'occupent pas les mêmes longueurs relatives. Quand, par ex., on se sert d'un prisme de *flint-glass* (cristal), la surface occupée par la couleur rouge est moindre, et la surface occupée par la couleur violette est plus grande que dans le cas où l'on emploie un prisme de *crown-glass* (verre ordinaire). En expérimentant avec d'autres substances, on trouve des différences plus remarquables encore. Il s'ensuit que les rayons colorés primitifs ne se réfractent pas, en traversant des substances différentes, d'une manière proportionnelle, c.-à-d. que l'angle formé par deux rayons, le rouge et le violet, par ex., est plus grand lorsque la lumière est réfractée par certaines substances, que lorsqu'elle est réfractée par d'autres. Néanmoins, quelle que soit la matière dont on se sert, le violet est toujours plus réfracté que le bleu, le bleu plus que le vert, et ainsi de suite. La *dispersion* des rayons est mesurée par l'angle que forment les rayons extrêmes du spectre. On a trouvé par expérience que le pouvoir dispersif du flint-glass ordinaire est à celui du crown-glass comme 3 est à 2 : ainsi donc, si un prisme de flint-glass donne un spectre de 3 centimètres de longueur, un prisme semblable de crown-glass ne donnera qu'un spectre de 2 centimètres. — Maintenant, supposons un prisme de crown-glass, C (Fig.), dont les faces forment un angle de 25°, et un prisme de flint-glass, F; dont les faces forment un angle de 20° 21′ 45″,

placé derrière le premier; concevons, en outre, qu'un faisceau de lumière blanche, L I, tombe sur le 1er prisme en I; ce faisceau sera décomposé, et il émergera du 2e prisme entre E et E′. L'expérience a démontré que, lorsque les angles des deux prismes sont tels qu'on vient de le dire, le rayon violet E V, en sortant du second prisme, est parallèle au rayon incident L I, et que le rayon rouge E′R doit tomber au-dessous de E V, parce que le rayon rouge émergent n'est parallèle au rayon incident que dans le cas où le prisme de flint-glass est 20° 56′ 28″. Mais, si l'on enlevait le prisme de flint-glass, ou, ce qui revient au même, si ses faces devenaient parallèles, et si, par conséquent, son angle était égal à 0, le rayon rouge E′R tomberait au-dessus du rayon violet, le violet étant plus réfrangible que le rouge. Si, au contraire, l'angle F, au lieu d'être égal à 0, était porté à 20° 56′ 28″, les rayons émergents E′R et EV changeraient relativement de position. De là il résulte qu'il existe un angle intermédiaire sous lequel les deux rayons seraient parallèles en émergeant du prisme; cet angle est l'angle de l'achromatisme. On a trouvé expérimentalement que l'angle dont il s'agit est égal à 11° 58′ 3″. Toutefois il varie dans d'étroites limites, suivant la constitution propre des deux substances réfringentes. En conséquence, pour déterminer le rapport des angles des deux prismes, il faut, en gén., recourir à des expériences particulières sur les substances dont on veut faire usage. — L'ac. des lentilles est fondé sur le même principe et se détermine de la même manière que celui des prismes; mais ici, il est dans la pratique fort difficile d'obtenir la compensation, parce qu'il faut avoir égard à l'aberration de sphéricité. (Voy. Lentille.) — Si les rapports de dispersion des différentes couleurs du spectre étaient tous égaux, l'achromatisme serait parfait dès que les rayons extrêmes, ou même dès que deux rayons quelconques viendraient à émerger parallèlement; mais c'est ce qui n'a pas lieu ordinairement; ces rapports sont en général variables, et, par conséquent, l'angle qui rend parallèles les rayons rouge et violet n'est pas celui qu'exigent les rayons intermédiaires pour émerger parallèlement. Néanmoins il est possible de remédier à ce défaut en combinant ensemble un plus grand nombre de prismes ou de lentilles. Théoriquement parlant, le nombre de rayons rendus parallèles est le même que le nombre de prismes. Les objectifs achromatiques des anciens télescopes étaient composés d'une lentille concave de flint-glass, placée entre deux lentilles de crown-glass; mais presque tous les grands objectifs construits récemment ne sont composés que de deux lentilles. L'ac. obtenu de cette façon, quoique n'étant pas rigoureusement exact, suffit pour l'objet qu'on se propose.

C'est Hall qui le premier a démontré expérimentalement la possibilité de réfracter la lumière sans produire de couleurs. Dès 1733, il fit construire un télescope achromatique d'après son principe. Mais cette découverte resta dans l'oubli jusqu'en 1747, époque où Euler, réfléchissant à la structure de l'œil, qu'il regardait comme un véritable instrument achromatique, eut l'heureuse idée de détruire l'aberration au moyen de lentilles composées. Ce fut aussi vers ce temps que Klingenstierna, professeur à l'université d'Upsal, publia un mémoire dans lequel il démontra par la géométrie et par le raisonnement l'inexactitude de la proposition de Newton relative à la proportionnalité des pouvoirs dispersif et réfringent des corps. J. Dollond, de son côté, réussit à résoudre ce difficile problème. Alors les géomètres, réunissant leurs efforts à ceux des physiciens, parvinrent à déterminer les courbures les plus convenables à donner aux objectifs pour les rendre achromatiques. Voy. Chromatisme et Réfraction.

ACHRONIQUE. adj. Voy. Acronyque.

* **ACHUPALLA.** s. m. T. Bot. Voy. Broméliacées.

* **ACHYRANTHE.** s. m. (gr. ἄχυρον, paille; ἄνθη, floraison). T. Bot. Voy. Amarantacées.

* **ACICULAIRE.** adj. 2 g. (gr. ἀκίς, aiguille). T. Hist. nat. Qui est en forme d'aiguille. Se dit De certaines feuilles et de certains cristaux. = * Aciculé, ée. adj. Se dit en parlant De la surface de certaines graines. Voy. Graine.

ACIDE. adj. 2 g. (gr. ἀκίς). Qui a une saveur aigre. *Fruit ac.* || T. Chim. Ce qui jouit des propriétés physiques ou chimiques des composés appelés *Acides*.

ACIDE. s. m. T. Chim.

Enc. — On entend, en gén., par le mot *Acides*, des corps composés, doués d'une saveur aigre, et rougissant la teinture bleue de tournesol; mais ce caractère distinctif est insuffisant, car certains acides, comme les acides silicique et borique, étant insolubles dans l'eau, ne possèdent pas la propriété de rougir les papiers-réactifs. La définition la plus simple et la plus générale qu'on puisse donner d'un ac. est celle-ci : *Un ac. est un* *corps susceptible de se combiner avec un autre corps jouant le rôle de base.* Si on soumet le résultat de cette combinaison à l'action de la pile, l'acide se porte au pôle électro-positif, et la base au pôle électro-négatif.— Lavoisier avait posé en principe que l'oxygène seul pouvait donner naissance à des acides; mais Berthollet a démontré que d'autres corps, comme l'hydrogène, le chlore, le brôme, l'iode, le soufre, etc., donnaient aussi lieu à des acides. Cette découverte a conduit à partager les acides en différentes classes. On a nommé *Oxacides* ceux où l'oxygène joue le rôle de principe acidifiant (ac. sulfurique, etc.), et *Hydracides*, ceux où l'hydrogène joue le même rôle (ac. sulfhydrique, etc.). Enfin, les acides qui ne contiennent ni oxygène, ni hydrogène, sont appelés *Sulfacides*, *Chloracides*, *Bromacides*, etc., suivant que le corps qui remplit la fonction d'ac. est le soufre, le chlore, le brôme, etc. Les *Peroxydes métalliques*, en tant qu'ils peuvent jouer le rôle d'acide à l'égard d'une base, celle-ci étant moins riche en oxygène, constituent de véritables acides : tels sont les acides *Antimonique*, *Arsénique*, *Ferrique*, *Aurique*, etc., qui donnent naissance à des sels nommés *Antimoniates*, *Arséniates*, etc. Enfin, les acides, ainsi que l'a établi Millon, ont autant de tendance à se combiner entre eux qu'à se combiner eux-mêmes avec les bases. — Les acides se distinguent en deux grandes classes : les acides *minéraux* ou *inorganiques* et les acides *organiques*. La plupart des acides de la première classe résultent de la combinaison de l'oxygène avec un métal ou avec un métalloïde. Il n'entre, en général, que deux éléments dans la constitution d'un acide inorganique, tandis que ceux des acides organiques sont plus nombreux; toutefois ils ne dépassent jamais le nombre de quatre. — Liebig divise les acides organiques en trois séries. *Acides unibasiques;* ces acides forment des *sels neutres* en se combinant avec un équivalent de base, et ces sels, en se combinant avec d'autres sels de la même base, constituent des *sels doubles*. *Acides bibasiques;* chaque atome de ces acides est toujours combiné avec deux équivalents de base. *Acides tribasiques;* ces acides sont ainsi nommés parce qu'ils neutralisent trois équivalents de base. Voy. les mots CHIMIE, OXYDE, SEL.

* **ACIDIFIABLE.** adj. 2 g. T. Chim. Se dit Des corps qui sont susceptibles de jouer le rôle d'acide. = * ACIDIFIANT, ANTE. adj. S'emploie en parlant D'un corps capable, en se combinant avec un autre, de donner à ce dernier la faculté de saturer les bases.

ACIDITÉ. s. f. Qualité de ce qui est acide. *L'ac. du verjus.* || T. Chim. Qualité des corps opposée à celle qu'on nomme *Alcalinité.* || * T. Pathol. Voy. ACRIMONIE.

ACIDULE. adj. 2 g. Qui est légèrement acide.

Enc.—En T. de Méd., on appelle *boissons acidules* ou simplement *acidules*, certaines boissons tempérantes et rafraîchissantes qui doivent leurs propriétés et leur nom à la présence d'un acide végétal ou minéral. On distingue les acidules végétaux et les acidules minéraux. Les premiers sont plus nombreux et plus usités que les seconds. Une foule de fruits, tels que les cerises, les fraises, les pommes, les oranges, les citrons, les mûres, les grenades, les groseilles, ainsi que beaucoup d'autres substances végétales, contiennent un principe acide que la thérapeutique a su mettre à profit. On emploie d'ailleurs communément ces substances sous la forme de gelées, de sirops et de limonades. Les acidules minéraux ou limonades minérales sont de l'eau édulcorée que l'on aiguise avec quelques gouttes (5 à 25 par livre d'eau) d'acide sulfurique, nitrique ou chlorhydrique. On range encore parmi les acidules minéraux les eaux salines, chargées d'acide carbonique, comme l'eau de Seltz. Ces boissons produisent, généralement, une sensation agréable de fraîcheur dans le tube digestif. Elles apaisent la soif, diminuent la chaleur et l'accélération du pouls. Leur usage continu réveille l'appétit: souvent aussi, elles agissent, dans certaines conditions du tube digestif, comme de légers laxatifs. Quelque simple et innocente que paraisse l'administration des acides, il ne faut pas, dans le cas de maladie, les employer indiscrètement. Quant à leur usage extérieur, recommandé dans quelques affections cutanées, il a souvent des inconvénients graves, et c'est à la science à déterminer les cas où cette médication peut être avantageuse.

ACIDULER. v. a. Rendre légèrement acide. *Ac. la tisane d'un malade.* = ACIDULÉ, ÉE. part.

ACIER. s. m. (lat. *acies*, pointu, tranchant). On applique ce nom au Fer combiné avec le charbon, et devenu susceptible d'acquérir, par certains procédés de l'art, une grande dureté. || Fig. et poét., *Un homicide ac.*, Une épée, un poignard.

Enc. — L'*Ac.*, cette matière si précieuse pour les arts, n'est autre que du fer qui contient de 1 à 2 pour 100 de carbone, et de 1 à 6 millièmes de silicium. Il peut encore contenir de l'aluminium, et quelques traces de manganèse. L'ac. est plus blanc que le fer doux, dont il a sensiblement l'aspect. Sa densité varie de 7,80 à 7,84; elle est plus considérable que celle du fer. Il est plus malléable et moins ductile que ce métal; et il peut se souder à lui-même. Chauffé à la chaleur blanche, il devient cassant; sa cassure est finement granuleuse. Lorsqu'on le refroidit brusquement, il reste cassant à froid, et acquiert une grande dureté qui lui permet de prendre un très-beau poli. Refroidi lentement, il est moins dur que le fer et un peu moins dilatable. Il n'entre en fusion qu'à la température de 130° pyrométriques. Il garde la polarité magnétique beaucoup mieux que le fer. Les acides qui agissent sur le fer agissent également sur l'ac. Quand on soumet ce dernier à leur action, il se dégage de l'hydrogène en partie carboné; il se forme, en même temps, une huile odorante que l'hydrogène entraîne, et il se dépose, en outre, un résidu charbonneux dont la nature varie suivant l'acide qu'on a employé. On a vu que l'ac. acquérait de la dureté par un refroidissement brusque, et de la ductilité par un refroidissement lent. Les opérations qui déterminent dans l'ac. ces modifications importantes, sont connues sous les noms de *trempe* et de *recuit*. La première consiste à chauffer l'ac. au rouge, et à le plonger subitement dans l'eau froide. Tout autre corps froid, tel que l'huile, le mercure, la pâte de farine, le suif, peut, jusqu'à un certain point, remplacer l'eau pour la trempe. La seconde modification consiste à prendre de l'ac. trempé très-dur, puis à le chauffer plus ou moins, suivant les usages auxquels on le destine, et à le laisser refroidir lentement. On juge de l'état de l'ac. recuit par sa coloration. Ainsi, une lame d'ac. poli, chauffée au contact de l'air, prendra les teintes suivantes :

Jaune paille très-pâle, à 221° c.; jaune paille plus foncé, 232°; jaune-orange, 243°; jaune-brun, 254°; jaune-brun-pourpré, 265°; pourpre, 277°; bleu pâle, 280°; bleu ordinaire, 293°; bleu noir très-foncé, 317°; vert d'eau, 332°.

Les peuples orientaux connurent les premiers la préparation de l'ac., et c'est à eux que les nations européennes doivent la connaissance de cet art, dans lequel les élèves sont restés, jusqu'à ce jour, au-dessous des maîtres. Dès le Xe siècle, on fabriqua des armes blanches avec l'ac.; mais ce n'est guère qu'au XIIe qu'on l'employa pour les épées. Plus tard, on en vint à fabriquer les couteaux, les ciseaux et autres petits instruments avec cette substance. Aujourd'hui son usage est universel pour la fabrication des *outils*. — On distingue dans le commerce plusieurs sortes d'ac. : 1° *Ac. naturel* ou *ac. de fonte*. — On l'obtient en traitant le minerai très-riche en fer par la *méthode catalane* (voy. FER), ou en affinant la fonte au feu de forge. Les fontes employées à la fabrication de l'ac. sont les fontes grises ou blanches, extraites de minerais spathiques et manganésifères. On s'en sert principalement dans les usines de la Thuringe, de la Westphalie, de la Styrie et de la Carinthie. La fonte employée dans les aciéries de l'Isère est tirée en partie de la Savoie et en partie du département même. On opère sa décarburation partielle pour obtenir l'ac. Ce procédé consiste essentiellement à tenir la fonte en fusion sous des scories qui absorbent la totalité du manganèse et du silicium qu'elle contient, ainsi qu'une partie de son carbone. L'opération s'exécute dans un foyer à parois brasquées, n'ayant qu'une seule tuyère presque horizontale, pratiquée à 36 centimètres au-dessus du fond. On place dans le foyer la fonte et les scories avec du charbon de bois, puis on *conduit* la fonte très-lentement; ce n'est guère qu'après huit heures que la fusion est complète. Alors on a soin de maintenir l'état de fluidité et de favoriser la décarburation de la fonte, en la travaillant avec un pieu de fer appelé *ringard*. Cette seconde partie de l'opération qui dure environ six heures est celle qui constitue l'*affinage proprement dit*. Lorsque la fonte commence à se reconnaître à la surface de la masse en fusion, on réduit l'action décarburante en diminuant le vent et en introduisant dans les scories une certaine quantité de sable quartzeux. L'ac. *prend* alors *nature* à la surface du bain, c.-à-d. s'y coagule à l'état spongieux. L'ouvrier affineur casse cette croûte avec son ringard, et il la roule par fragments de 15 à 20 kilogr. vers le contrevent ou parement du foyer. Il enlève ensuite ces petites masses qui portent le nom de *loupes*, afin de les *cingler*, c.-à-d. de les battre sous un marteau du poids d'environ 280 kilogr. On continue de la même manière jusqu'à ce que tout l'ac. ait été enlevé du foyer. Cette dernière opération s'exécute habituellement dans l'espace de huit heures, ce qui fait vingt-deux heures pour l'opération totale. Quatre ouvriers, qui se relaient deux par deux, à tour de rôle, suffisent pour ce travail. L'ac. ainsi obtenu est placé de nouveau dans un foyer spécial chauffé à la houille, après quoi on l'étire en barres pour le livrer au commerce. La description du procédé que nous venons de faire connaître suffit pour indiquer ce qu'il y a d'essentiel dans les affinages pratiqués en Allemagne, où la production de l'ac. naturel est considérable.—2° *Ac. de cémentation* ou *ac. poule*.—Il s'obtient en chauffant à une température élevée des barres de fer contenues dans des caisses remplies de charbon de bois pulvérisé, ou en faisant passer du gaz hydrogène carboné sur du fer fortement chauffé. Ainsi, la cémentation consiste dans la carburation du fer forgé, combinaison qui s'opère graduellement de la surface au centre de la masse. Les matières mises en présence sont toujours chauffées dans des vases à parois réfractaires et complétement imperméables, qui les garantissent de l'action des gaz émanant du foyer où se produit la chaleur nécessaire à la réaction. Le métal et le cément, après avoir été disposés par couches dans ces vases, sont portés au rouge vif. La marche de l'opération est suivie par un ouvrier dont l'habileté consiste principalement à régler le feu, et à le maintenir à la température qui convient le mieux à la cémentation et au degré de carburation qu'on veut donner aux barres à cémenter. Cet ouvrier juge du progrès de la cémentation par l'aspect d'une barre d'épreuve qu'il retire du fourneau de temps en temps. Pour cémenter 17,000 kilogr. de fer environ, la durée du chauffage varie entre cinq et neuf jours : elle est ordin. de sept jours; mais comme la cémentation continue pendant le refroidissement qui dure à peu près huit jours, et qu'il faut deux jours pour charger et décharger le fourneau, il en résulte que l'opération n'est achevée qu'au bout de dix-sept jours. Ainsi, un fourneau de cette capacité, maintenu en pleine activité, ne reçoit guère que vingt charges par année. Les barres d'ac. obtenues par ce procédé se brisent facilement; on peut les réduire en morceaux sous le choc d'un simple marteau à main. Leur surface, très-inégale, est couverte d'ampoules, et l'on y voit, en outre, distinctement l'empreinte des fragments de charbon avec lesquels cette surface était en contact. La structure de l'ac. de cémentation est toujours lamellaire, et ses lamelles grenues ou écailleuses réfléchissent mal la lumière. Il en résulte que la cassure de cet acier est sans éclat, et qu'elle présente de nombreuses fissures d'une dimension considérable. Ces défauts, joints à l'inégalité de carburation qu'on remarque dans cet ac., obligent à lui faire subir d'autres opérations, suivant les usages auxquels on le destine. Ainsi, deux barres réchauffées dans un four à réverbère, et puis passées au laminoir, forment ce qu'on appelle l'*ac. laminé*, employé habituellement dans la fabrication des pièces qui exigent un acier très-dur. L'*ac. étiré*, propre aux objets de qualité moyenne, subit d'abord l'opération du *ressuage*, opération qui consiste à réchauffer les barres d'ac. brut, à les souder sous le martinet, à réchauffer de nouveau les barres jusqu'au blanc soudant, et à les étirer aux dimensions usitées dans le commerce. Enfin, l'*ac. corroyé* qu'on emploie pour la confection des objets qui exigent une qualité supérieure, se prépare au moyen de deux opérations successives : la première, appelée *soudage*, se pratique en chauffant une *trousse* ou paquet de barres d'acier cémenté jusqu'au blanc soudant; la seconde consiste à soumettre la trousse à l'action du martinet, qui soude, en les battant, toutes les barres ensemble. On forme ainsi un *massiau*, qui est ensuite réchauffé et étiré à la dimension voulue. L'ac. est dit 2 fois et 3 fois corroyé, selon qu'il subit 2 et 3 fois l'opération du *corroyage*. — On a aussi imaginé de préparer de l'acier cémenté en mettant des barres de fer dans un tube où passe un courant de gaz hydrogène carboné provenant de la distillation de la houille. L'ac. obtenu de cette manière est préférable à celui que donnent les procédés ordinaires. — 3° *Ac. fondu*. — Cet ac. n'est autre que de l'ac. de cémentation que l'on fond dans un creuset de plombagine, à l'abri des gaz de la combustion. L'opération s'exécute au moyen d'un fourneau à double courant d'air naturel, dans lequel on place les creusets qui contiennent chacun 12 à 15 kilogr. de métal. On porte la température à un degré très-élevé, et lorsque l'ac. est en pleine fusion, on retire rapidement les creusets, et on coule le métal dans une lingotière de fonte. Les lingots d'acier ainsi obtenus présentent dans le centre de leur masse des cavités dues au retrait que le métal éprouve en se solidifiant. En outre, ils n'ont presque pas de malléabilité : aussi, pour les employer dans l'industrie, est-on obligé de les soumettre à une suite de ressuages et d'étirages. On connaît divers procédés pour obtenir directement l'ac. fondu sans cémentation. Mais comme ces procédés n'offrent pas de grands avantages dans la fabrication, nous les passerons sous silence. — On nomme dans le commerce *ac. damassé* ou *wootz*, une sorte d'alliage employé pour faire les damas à surface moirée. Il en existe plusieurs espèces en Orient. Les ac. damassés de l'Inde et de la Perse sont surtout remarquables par leurs qualités et leurs veines ronceuses. De nombreux essais ont été entrepris en Europe pour les imiter. L'analyse a fait connaître qu'ils contenaient constamment certaines substances métalliques alliées au fer dans des proportions variables. Le duc de Luynes, à qui l'on doit d'importants travaux sur ces aciers, a constaté qu'ils étaient fabriqués avec une fonte très-fusible et très-dure, à cause de sa grande carburation; et que cette fonte est ramenée à un degré convenable d'aciération par l'addition de clous ou de fer doux, méthode qui offre l'avantage d'augmenter la masse du métal en le rendant plus ductile. Après une série d'expériences, le duc de Luynes a reconnu : 1° que le manganèse, allié à la fonte et refondu avec du fer, donne constamment de l'acier damassé; 2° que deux autres métaux observés dans le damas oriental, c.-à-d. le nickel et le tungstène, n'ont pas cette propriété; 3° que le manganèse métallique introduit dans l'acier de très-fortes proportions de carbone sans altérer sa malléabilité, et lui communique beaucoup de dureté; 4° que le manganèse et le nickel se combinent avec le fer de la fonte par cémentation. — Au reste, des essais multipliés ont prouvé qu'on obtient toujours du *damassé* en fondant simplement du fer avec un fer plus ou moins carburé que lui. Seulement le métal n'est véritablement beau et de qualité supérieure que sous l'influence du manganèse. — De tous les fers employés à la fabrication de l'acier, celui de Suède est le meilleur. Si la France, au lieu de consommer presque exclusivement ses fers indigènes, ouvrait son marché aux fers magnétiques de la Suède, l'ouvrier français, dans la fabrication des aciers, devancerait bientôt l'Angleterre et l'Allemagne. Cette mesure serait d'autant plus importante que ce métal forme la base d'une foule d'industries.

ACIÉRER. v. a. T. Métall. Convertir du fer en acier. = S'ACIÉRER. v. pron. Se dit Du fer qui se convertit en acier. = ACIÉRÉ, ÉE. part.

ACIÉRIE. s. f. Usine où l'on fabrique l'acier.

* **ACINACIFORME.** adj. 2 g. (lat. *acinaces*, cimeterre; *forma*, forme). Se dit Des organes foliacés des végétaux, qui ressemblent à un sabre, c.-à-d. qui sont comprimés, à 3 angles, à carène tranchante, et un peu redressés vers la partie supérieure.

* **ACIOTIS.** s. m. (gr. ἀκίς, pointe). T. Bot. Voy. MÉLASTOMACÉES.

* **ACNÉ.** s. m. (gr. ἀκμή, bourgeon). Voy. COUPEROSE.

ACOLYTE. s. m. (gr. ἀκόλουθος, suivant). Clerc promu au premier des quatre ordres mineurs. *Faire les fonctions d'ac. à une grand'messe.* || Fam., se dit D'une personne qui en accompagne toujours une autre. *C'est son ac.* — Se prend quelquefois en mauvaise part.

Enc.—L'Église grecque n'avait point d'acolytes; mais l'Église latine, dès le IIIe siècle, en comptait dans les rangs de son clergé. C'étaient de jeunes clercs de vingt à trente ans, constamment attachés à la suite des évêques, dont ils étaient les serviteurs et les messagers discrets et fidèles. Dans l'Église Romaine, il y avait trois sortes d'acolytes : ceux qui servaient le pape dans son palais et qu'on nommait *palatins;* les *stationnaires* qui servaient dans les églises, et les *régionnaires* qui secondaient les diacres dans les fonctions que ces derniers exerçaient dans les divers quartiers de la ville. — Aujourd'hui le nom d'*Ac.* est spécialement réservé aux jeunes ecclésiastiques qui tiennent le premier rang après les sous-diacres; leurs fonctions consistent à porter les chandeliers, à préparer le vin, l'eau, le feu, l'encensoir, les cierges, et à servir le prêtre, le diacre et le sous-diacre pendant la célébration des offices.

ACOMAS ou **ACOMAT**. s. m. T. Bot. Voy. Homalinées.

ACONIT. s. m. (gr. ἀκόνη, rocher). T. Bot. Voy. Renonculacées.

***ACONTIAS**. s. m. (gr. ἄκων, οντος, trait). Genre de serpents de la famille des *Anguis*. Voy. ce mot.

ACOQUINANT, ANTE. adj. Qui acoquine, qui attire. *Le feu est ac. Une vie acoquinante.* Fam.

ACOQUINER. v. a. (lat. *coquina*, cuisine). Attirer, attacher, faire contracter une habitude. *Le métier de gueux acoquine ceux qui l'ont fait une fois.* = s'Acoquiner. v. pron. S'attacher, s'adonner, s'accoutumer trop à ce qui plaît. *S'ac. au jeu, au cabaret. Il s'est acoquiné à la campagne. Il ne faut pas laisser un chien de chasse s'ac. à la cuisine.* = Acoquiné, ée. part.

***ACORE**. s. m. (gr. α priv.; κόρη, prunelle). T. Bot.

Enc.— Genre de plantes de la famille des *Aroïdées* de Jussieu, des *Orontiacées* de Lindley. Suivant Dioscoride, l'ac. était employé dans les maladies des yeux, et c'est de là que lui vient son nom. Voy. Orontiacées.

***ACOROÏDÉES, ACORACÉES, ACORÉES**. s. f. pl. T. Bot. Voy. Orontiacées.

ACOTYLÉDONE. adj. 2 genres, ou ***ACOTYLÉDONÉ, ÉE**. adj. (gr. α priv.; κοτυληδών, sorte de petite feuille). T. Bot. — S'emploie aussi subst.

Enc.—Ce terme s'applique aux végétaux chez lesquels l'embryon est privé de cotylédons, ou plutôt aux végétaux qui sont dépourvus d'embryon. Aussi ces plantes sont-elles mieux nommées *Inembryonées*. Voy. Botanique, Cotylédon et Graine.

***ACOTYLÉDONIE**. s. f. Nom de la grande division botanique qui comprend tous les végétaux acotylédones ou inembryonés. Voy. Botanique.

***ACOUCHI**. s. m. T. Zool. Voy. Acouti.

À-COUP. s. m. Se dit Des mouvements saccadés et des temps d'arrêt brusques qui nuisent à la précision, à la régularité dans les exercices d'équitation, et dans les manœuvres d'une troupe. *Marcher, trotter par à-coup. Occasionner des à-coup.*

ACOUSTIQUE. s. f. (gr. ἀκούειν, entendre). T. Phys.

Enc.—L'*Ac.* est la branche de la physique qui a pour objet l'étude des lois suivant lesquelles se produit et se propage le son. — Quoique, à rigoureusement parler, le *son* soit tout simplement une sensation produite sur l'organe auditif, cependant on a l'habitude d'appliquer le nom de la sensation elle-même au mouvement qui lui donne naissance. Nous parlerons donc du son comme s'il prenait naissance dans le *corps sonore*, c.-à-d. dans le corps dont les molécules se trouvent dans cet état de vibration qui est nécessaire pour déterminer dans notre oreille la sensation de son.

Les mouvements vibratoires qui donnent naissance au son ont pour type le mouvement pendulaire d'un corps pesant suspendu à un fil, et qui a été écarté de la verticale. Ces mouvements vibratoires sont indispensables à la production du son; mais tout mouvement pareil n'en produit pas. Pour qu'il y ait production d'un son, il faut satisfaire à certaines conditions relativement à l'amplitude et à la rapidité des vibrations; il faut, en outre, pour que le son soit perçu, que ces vibrations s'exécutent dans un milieu capable de le transmettre à l'organe de l'ouïe. — L'état vibratoire des corps sonores est surtout sensible dans les cordes de violon, de harpe et autres instruments analogues. Les oscillations sont trop rapides, il est vrai, pour qu'on puisse les compter, mais l'œil les aperçoit: il saisit les limites des excursions de la corde, et il croit la voir en même temps dans toutes les positions intermédiaires à peu près comme il voit un cercle de feu lorsqu'un charbon enflammé est tourné en rond avec une vitesse suffisante. CC' (Fig. 1) étant, par exemp., la position primitive de la corde, et CLC' la position qu'on lui donne en l'écartant avec le doigt; dès qu'on

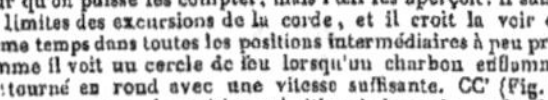

Fig. 1.

l'abandonne, elle vient en CL'C', retourne en CLC', et accomplit ainsi quelques milliers d'oscillations qui diminuent peu à peu d'amplitude, et finissent par s'éteindre après quelques instants. Le son cesse avec le mouvement et recommence avec lui. Ce sont ces *oscillations* qu'on a coutume d'appeler des *vibrations*. Elles se manifestent de même lorsqu'on écarte de sa position naturelle l'extrémité libre d'une lame fixée dans un étau par son autre extrémité. Dans les cloches ou les timbres, ces vibrations sont moins apparentes; mais elles existent comme dans les cordes. Pour s'en assurer, on prend une cloche de verre dans laquelle est suspendue une petite balle de métal; on frappe la cloche pour lui faire rendre un son, et ensuite on l'incline pour que la balle vienne en toucher la paroi (Fig. 2); alors la balle saute d'un mouvement rapide, et l'on entend les chocs répétés qu'elle produit en retombant par son propre poids.

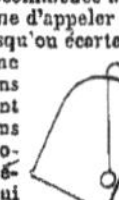

Fig. 2.

Enfin, il suffit de poser légèrement le doigt sur un corps sonore quelconque pour sentir le frémissement qui accompagne toujours la production du son; mais si l'on exerce une pression trop forte, le mouvement est arrêté et le son disparaît. — La nécessité d'un milieu élastique capable de transmettre les vibrations sonores à l'organe de l'ouïe, est facile à démontrer. Il suffit de disposer sous le récipient de la machine pneumatique un timbre d'horlogerie sans cesse frappé par un marteau qu'un ressort met en mouvement, et de placer cet appareil sur un coussinet de laine ou de coton. On entend d'abord très-distinctement le son produit par les chocs successifs du marteau contre le timbre; mais sitôt que l'on commence à faire le vide, les sons s'affaiblissent de plus en plus en proportion de la raréfaction de l'air. Quand le vide est aussi parfait que possible, on n'entend plus rien. Si ensuite on laisse rentrer l'air ou tout autre gaz, le son se fait entendre de nouveau. Faible d'abord, il augmente à mesure que l'air rentre sous le récipient, et reprend enfin son intensité lorsque le récipient est plein d'air.

Cette expérience démontre que le son ne peut se propager à travers un espace parfaitement vide. Mais si l'air est le milieu par le moyen duquel le son est le plus souvent transmis à notre oreille, cela tient uniquement à ce que notre oreille est presque constamment en contact immédiat avec lui: tout autre milieu peut remplir aussi bien, et quelques-uns même mieux que lui, l'office de conducteur du son. Franklin ayant plongé la tête dans l'eau pendant qu'une personne placée à plus de 800 mètres de distance frappait, dans l'eau également, deux pierres l'une contre l'autre, entendit distinctement les chocs. Colladon, en plongeant à quelques pieds de profondeur dans l'eau un cylindre mince de fer-blanc dont l'extrémité inférieure était fermée, et dont l'extrémité supérieure était hors de l'eau, put entendre le son d'une cloche que l'on faisait tinter sous l'eau à la distance de 2,000, de 6,000, et même de 12,000 mètres, ou à travers toute la longueur du lac de Genève, de Rolle à Thonon. La faculté conductrice du bois dans la direction de ses fibres est très remarquable. Si l'on met l'oreille en contact avec l'extrémité d'une pièce de charpente, quelle que soit sa longueur, on entendra distinctement le plus léger grattement que l'on produira avec la pointe d'une épingle à l'autre extrémité de la pièce de bois, alors même que le bruit produit serait assez faible pour n'être pas entendu par la personne qui le produirait. Les mineurs qui travaillent dans une galerie entendent souvent, à travers le roc solide, les coups de pioche des mineurs qui travaillent dans d'autres galeries. En général, tous les corps solides d'une certaine compacité sont d'excellents conducteurs du son. — Les sons se propagent à de grandes distances et avec une netteté remarquable à la surface de l'eau, de la glace ou de la neige gelée quand un abaissement considérable de température augmente aussi la densité de l'air. Dans le récit de sa troisième expédition au Cercle polaire, Parry rapporte que deux personnes pouvaient faire la conversation à travers le havre de Port-Bowen, à une distance de 2,000 mètres l'une de l'autre. On raconte aussi des exemples de sons propagés, par terre même, à des distances presque incroyables. Le docteur Hearn dit avoir entendu des coups de canon tirés à Stockholm, pendant qu'il se trouvait à 30 milles suédois (32 myriamètres) de cette ville. On sait que le bruit de la canonnade de la bataille de Toulouse, en 1814, se fit entendre dans un rayon considérable du midi de la France. — Le fait de la diminution de l'intensité ou de la force du son lorsque l'air est raréfié, est démontré non-seulement par l'expérience de la machine pneumatique dont nous avons parlé, mais encore par les phénomènes qu'on observe en s'élevant à une grande hauteur dans l'atmosphère. Saussure rapporte qu'au sommet du Mont-Blanc un coup de pistolet ne fait pas plus de bruit qu'un petit pétard tiré dans la plaine. Gay-Lussac s'étant élevé en ballon à la hauteur de près de 7,000 mètres, remarqua que l'intensité du son de sa voix était beaucoup moins considérable. — L'intensité du son, comme chacun sait, décroît proportionnellement au carré des rayons sonores, c.-à-d. au carré de la distance.

Vitesse du son. — Il n'y a personne qui n'ait observé que la propagation du son dans l'air n'a pas lieu d'une manière instantanée, qu'il lui faut un certain temps pour se transmettre d'un point à un autre, et que cet intervalle de temps est d'autant plus considérable que les deux points sont plus éloignés l'un de l'autre. C'est pour cela qu'on voit le feu d'un coup de canon tiré à 2 kilomètres de distance plusieurs secondes avant d'entendre l'explosion. — On a fait de nombreuses expériences pour déterminer la vitesse du son à travers l'atmosphère. Le procédé le plus ordinairement employé consiste à observer l'intervalle qui s'écoule entre la vue de la flamme et l'audition de l'explosion d'une pièce de canon que l'on tire à une distance connue. C'est par ce moyen que les académiciens de Florence, en 1660, trouvèrent que le son se propageait avec une vitesse de 349m,90 par seconde. Ces expériences furent répétées en France, en 1698, par Cassini, Huygens, Picard et Roemer: ils trouvèrent que la vitesse du son était de 356m,90. Flamsteed et Halley obtinrent 347m,75. En 1737, l'Académie des sciences de Paris chargea Cassini, de Thury, Maraldi et Lacaille de recommencer toutes ces recherches. Ce fut alors que, pour la première fois, on procéda de manière à éliminer l'effet du vent. Dans ce but, on tira des coups de canon aux deux extrémités de la ligne, soit simultanément, soit à de courts intervalles. Ces savants paraissent aussi avoir été les premiers qui aient observé et tenu compte de la température de l'air au moment de l'expérience, élément fort essentiel dans ces sortes d'expériences. Ils constatèrent que le son se propageait avec une vitesse de 337m,18 par seconde, la température étant de 4° à 6° R. (5° à 7°,5 C.). Lorsqu'on opère la réduction que nécessite la température, on trouve que cette vitesse est à peu près celle qu'on a obtenue dans les expériences modernes les plus rigoureuses. Nous ne parlerons pas des autres tentatives faites dans le courant du dernier siècle, attendu que leurs auteurs n'avaient pas les moyens de déterminer de très-petits intervalles de temps avec la précision qu'on a pu mettre dans les observations plus récentes, et que, d'ailleurs, ils avaient négligé certaines circonstances qui modifient les résultats obtenus. Depuis le commencement de ce siècle, Benzenberg à Dusseldorf, en 1809; Myrbach et Stamfer en 1822; Moll, Vanbeek et Kuytenbrewer, en Hollande, en 1823; O. Gregory à Woolwich, en 1824; Goldingham, dans les Indes orientales, en 1821; Parry et Foster, en 1825, à Port-Bowen dans les régions polaires, entreprirent de déterminer plus rigoureusement la vitesse du son dans l'air. Les résultats obtenus, lorsqu'on les réduit à la même température, concordent assez exactement entre eux. Mais les expériences faites en Hollande, et celles qui furent exécutées à Paris, en 1822, sous la direction du Bureau des longitudes, sont de beaucoup les plus satisfaisantes. Dans ces dernières, on choisit deux stations dans le voisinage de Paris, Villejuif et Montlhéry. Les signaux étaient des coups de canon tirés alternativement à chaque station, à un intervalle de 5 minutes. Les observateurs à Villejuif étaient Prony, Arago et Matthieu; et à Montlhéry, Humboldt, Gay-Lussac et Bouvard. Les observations commencèrent à onze heures du soir, le 21 et le 22 juin, et durèrent deux heures chaque nuit. L'intervalle qui s'écoulait entre la vue de la flamme et l'explosion était compté au moyen de *chronomètres* de construction particulière qui permettaient de diviser les secondes et de noter ces fractions. La moyenne de toutes les observations donna 54 secondes 6/10 pour le temps que le son mettait à parcourir l'espace entre les deux stations. Arago détermina ensuite la distance entre ces deux points, et trouva qu'elle était de 9549,6 toises. En divisant ce nombre par celui des secondes, on trouve 174,9 toises ou 340m,88 pour l'espace que le son parcourt en 1 seconde, la température étant 6° c., ou 331m,12 à la température 0°.—On peut, par la connaissance de la vitesse du son dans l'air, estimer approximativement les distances. Si l'on voit la lumière d'une arme à feu ou la lueur d'un éclair, on comptera les secondes écoulées depuis cette apparition jusqu'à ce qu'on entende le bruit de l'explosion de l'arme ou le coup de tonnerre, et ce nombre, multiplié par 340, donnera la distance en mètres au centre de vibration. Si un vaisseau en danger tire un coup de canon, et qu'il s'écoule 10 secondes entre la perception de la lumière et celle du bruit, on peut en conclure que le navire est à 3,400 m. de distance.

Dans des expériences faites sur le lac de Genève, Sturm et Colladon ont trouvé que le son se propageait dans l'eau avec une vitesse de 1,435 mètres par seconde, à une température de 10° c. Ainsi, le son se propage dans l'eau avec une vitesse 4,30 fois environ plus grande que dans l'air. — Dans les solides, cette vitesse est encore beaucoup plus considérable. D'après les expériences de Chladni, elle serait de 3,624 mètres par seconde pour le bois de chêne, de 4,896 pour celui de charme, de 5,664 pour le verre et le fer, et de 6,120 pour le bois de sapin. Ainsi, le son se propagerait dans ce dernier corps environ 18 fois plus vite que dans l'air.

Au reste, tous les sons, quelle que soit leur gravité ou leur acuité, se propagent avec la même vitesse quand le milieu reste le même. Lorsqu'on exécute une symphonie, les sons se suivent dans le même ordre et aux mêmes intervalles. La mesure et l'harmonie n'éprouvent pas la moindre altération, à quelque distance que nous soyons de l'orchestre. Sans cela, il en résulterait un désaccord sensible même pour une oreille peu exercée. Biot fit jouer plusieurs airs de flûte à l'extrémité d'un tube de plus de 900 mètres de longueur, et, en se plaçant à l'autre extrémité de ce tube, il ne trouva pas la moindre perturbation dans l'ordre ou les intervalles de percussion des notes. Or, c'est ce qui n'aurait pas eu lieu si la vitesse avec laquelle les divers sons se propageaient n'eût pas été absolument la même pour tous.

Théorie du son. — Nous avons déjà établi que le son est produit par les vibrations des molécules d'un corps solide, vibrations qui se communiquent à l'air atmosphérique ou à tout autre milieu élastique, et qui se transmettent ainsi à notre oreille. La théorie physique du son peut donc se diviser en deux parties: 1° l'état ou la condition du corps vibrant; 2° la manière dont cette action mécanique se propage à l'organe auditif par l'intermédiaire du milieu conducteur.

État du corps sonore. — Pour qu'un corps puisse émettre un son, il faut que ses molécules soient dans un état de vibration rapide. Si la fréquence des vibrations se trouve au-dessous d'une certaine limite, il ne se produit pas de son; mais au-dessus de cette limite inférieure, il s'en produit un. L'expérience démontre que le son devient d'autant plus aigu que les vibrations sont plus rapides, jusqu'à ce que cette vitesse atteigne une certaine limite supérieure, au-dessus de laquelle il n'y a plus de son perceptible à l'oreille humaine. Pour prouver ce fait expérimentalement, soit une lame mince d'acier trempé fixée solidement par l'une de ses extrémités dans un étau. (Fig 3.) Si l'on écarte son extrémité libre jusqu'en L, elle va à L' sitôt que la force extérieure cesse d'agir, et exécute une série de vibrations qui deviennent de plus en plus petites jusqu'à ce que la lame ait repris sa position de repos. Mais toutes ces vibrations s'exécutent dans des temps égaux, et, si on donne à la lame une longueur suffisante, elles auront lieu assez lentement pour qu'il soit facile de les compter avec la plus grande précision. En raccourcissant la lame, on rend les vibrations plus rapides; mais longtemps avant qu'elles soient arrivées au degré de rapidité qui est nécessaire pour qu'il se produise un son, il est déjà impossible de les compter directement. Cependant l'on démontre que si l'on fait vibrer de la manière que nous venons de dire, une lame de métal d'égale épaisseur dans toute son étendue, le temps d'une vibration est directement proportionnel au carré de la longueur de la lame. Par conséquent, le nombre des vibrations dans un temps donné est en raison inverse de ce carré. Ainsi donc, si l'on a compté, comme le faisait Chladni, le nombre de vibrations décrites en une seconde par une

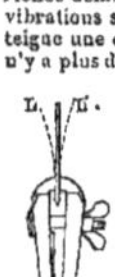

Fig. 3.

lame d'une longueur donnée, rien de plus aisé que de calculer le nombre de vibrations qui correspond à une autre longueur quelconque. A l'aide d'un appareil fort ingénieux, Savart est parvenu à déterminer avec la plus grande rigueur le nombre des vibrations qui produit un son d'une hauteur quelconque. Les physiciens ont trouvé qu'une lame métallique commence à produire un son lorsqu'elle fait 32 vibrations par seconde. A cette vitesse de vibration, le son obtenu est le même que celui que donne un tuyau d'orgue de 32 pieds de longueur ouvert à ses deux extrémités. (Nous entendons ici par *vibration* le passage de la lame de l'extrême excursion ou écartement de la position de repos à l'extrême excursion opposée, et non l'aller et le retour que l'on nomme *vibration complète.*) — Telle est la plus faible vitesse de vibration qui soit capable de produire un son. L'autre limite, c.-à-d. le maximum de vitesse auquel le son cesse d'être appréciable, n'est pas aussi facile à déterminer. On croyait, il n'y a pas encore longtemps, que la limite supérieure était 8200 vibrations par seconde; mais Savart a découvert qu'en augmentant l'amplitude des vibrations, on obtenait des sons aigus perceptibles avec une vitesse de 24000 vibrations par seconde. Despretz vient de montrer que cette limite même pouvait être dépassée, et il la porte à 73000. Quand on réfléchit que, selon toute probabilité, le tympan de l'oreille vibre à l'unisson des sons qui viennent le frapper, on ne peut qu'admirer l'étonnante organisation d'un appareil qui possède la faculté de s'adapter à toutes les vitesses de vibration, depuis 32 fois jusqu'à 73000 fois par seconde. Toutefois les limites auxquelles les sons très-aigus cessent d'être perceptibles à l'oreille humaine, paraissent varier singulièrement selon les individus. Certaines personnes, en effet, sont complétement insensibles pour des sons qui en affectent d'autres d'une manière douloureuse.

Vibrations des cordes.—C'est au Dr Brook Taylor que l'on doit les premières recherches relatives aux lois du mouvement des cordes vibrantes; elles furent publiées en 1715. Ces lois devinrent ensuite l'objet des études de Jean et de Daniel Bernouilli, de d'Alembert et d'Euler; mais la solution de ce problème difficile qui exige l'intégration d'une équation de différentielles partielles du second ordre, était réservé à l'illustre Lagrange. — L'appareil dont on se sert pour faire vibrer les cordes porte le nom de *monocorde* ou de *sonomètre*. (Fig. 4.) Il représente une corde fixée par une de ses extrémités, l'autre s'enroulant sur une poulie très-mobile et portant un poids qui

Fig. 4.

produit la tension de la corde. Les supports sont placés sur une caisse vide, en bois mince et sonore, afin de renforcer le son produit. On fixe la longueur de la corde au moyen de deux chevalets dont l'un est mobile, et on la met en vibration avec un archet ou en la pinçant. Maintenant voici les résultats auxquels on arrive par le calcul et qui expriment les lois des vibrations des cordes. — 1° Lorsque deux cordes d'un instrument ne diffèrent que par leur longueur, la hauteur du son qu'elles rendent, ou, en d'autres termes, le nombre des vibrations qu'elles exécutent en des temps égaux, est en rapport inverse de leurs longueurs. Si, par ex., on représente par 1 le nombre des vibrations que la corde du sonomètre exécute lorsqu'elle vibre dans toute sa longueur, elle fera dans le même temps des nombres de vibrations représentés par 2, 3, 4, etc., lorsque l'on fera vibrer seulement 1/2, 1/3, 1/4, etc., de sa longueur. Pour varier ainsi la longueur de la corde, il suffit de placer le chevalet mobile au milieu, au tiers, au quart de l'étendue de cette corde. 2° Si les cordes ne diffèrent que par leur diamètre, les sons qu'elles produiront ou les nombres de vibrations qu'elles exécuteront, seront en raison inverse de leur diamètre, c.-à-d. que toutes choses étant égales d'ailleurs, quand une corde a un diamètre double de l'autre, la plus mince fera dans le même temps deux fois plus de vibrations que la plus grosse. 3° Les nombres de vibrations d'une corde sont proportionnels aux racines carrées des poids qui la tendent. Ainsi le son que donnera une corde tendue par un poids égal à 4 sera d'une octave plus élevé que le son produit par une corde tout à fait semblable supportant un poids égal à 2. — Un fait curieux, indiqué par le calcul et confirmé par l'expérience, c'est qu'une corde vibrante peut se partager spontanément en un nombre quelconque de portions dont chacune étant une partie aliquote de la corde entière, vibre séparément comme si elle était fixée à ses deux extrémités et constituait une corde isolée. En conséquence chaque portion de la corde exécute dans ce cas des vibrations d'autant plus rapides qu'elle représente une partie aliquote plus petite de la corde totale. Ainsi la corde AB (Fig. 5) peut se partager en 2, 3, 4, etc., portions égales, aux

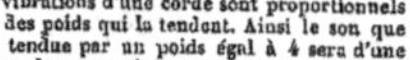

Fig. 5.

points *n*, *n'*, etc. Chacune de ces portions vibrera 2, 3, 4, etc., fois plus rapidement que la corde entière, et de plus ce mouvement simultané de deux portions contiguës quelconques aura lieu dans des directions opposées, les points de partage restant immobiles. Si, par ex., on place le chevalet mobile du sonomè-

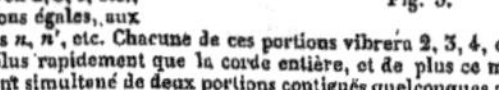

Fig. 6.

tre à la fin du premier quart de la corde AB et qu'on ébranle ce premier quart avec l'archet, les trois autres quarts entrent à l'instant en vibration, ainsi que le représente la Fig. 6. Chacun des segments de la corde vibre séparément autour des points *n* et *n'* qui restent fixes quoique libres. Pour s'en assurer, on n'a qu'à placer sur les points *v*, *n*, *v'*, *n'* et *v''* de petits chevrons de papier. Ceux qui sont en *v*, *v'* et *v''* sautillent d'abord et sont bientôt renversés, tandis que ceux qui sont en *n* et *n'* demeurent immobiles. On donne le nom de *nœuds* aux points *n* et *n'*, et celui de *ventres* aux points *v*, *v'* et *v''*. — Mais le phénomène le plus remarquable que présentent les cordes vibrantes, c'est que ces différents états de vibration peuvent coexister et se superposer, pour ainsi dire, l'un à l'autre. Ainsi une corde non-seulement donne le *son fondamental* qui lui est propre, c.-à-d. le son qu'elle rend en vibrant dans toute sa longueur, mais encore elle fait entendre, simultanément, une série d'autres sons qui correspondent au nombre de vibrations qu'exécuteraient des cordes ayant la moitié, le tiers, le quart, etc., de la longueur de la corde entière. — Les remarques qui précèdent ne s'appliquent qu'aux vibrations transversales des cordes, c.-à-d. aux vibrations dans lesquelles le mouvement d'un point quelconque de la corde s'opère à angle droit avec la ligne droite qui joint les deux extrémités de cette corde; mais les molécules d'une corde tendue sont encore susceptibles d'exécuter des vibrations longitudinales, c.-à-d. des vibrations dans lesquelles le mouvement a lieu parallèlement à l'axe de la corde. Ces vibrations sont soumises à une loi différente. On peut déterminer des vibrations longitudinales dans une corde en la frottant dans le sens de sa longueur avec un morceau de drap enduit de résine. Les sons produits par les vibrations longitudinales ont entre eux les mêmes rapports que ceux qui résultent des vibrations transversales; les nombres de vibrations sont en raison inverse des longueurs des parties vibrantes : par conséquent, si la corde se divise en 1, 2, 3, 4, 5, etc., parties égales, les sons produits seront représentés par les mêmes nombres; mais les sons que l'on obtient ainsi sont beaucoup plus aigus que ceux qui résultent des vibrations transversales. Cette différence dans la hauteur des sons tient à ce que les vibrations longitudinales sont beaucoup plus rapides que les vibrations transversales.

Vibrations des verges. — Les lois auxquelles sont soumises les verges élastiques diffèrent de celles qui régissent les vibrations des cordes. En effet, dans le cas de ces dernières, la tension n'agit que dans le sens de la longueur de la corde, tandis que, dans le cas des verges, des lames et des surfaces élastiques en gén., la courbure est modifiée par l'élasticité de la substance. Le rapport entre la vitesse des vibrations et la longueur, l'épaisseur, la rigidité, ainsi que la pesanteur spécifique de la verge, s'exprime, comme dans le cas d'une corde vibrante, par une formule fort simple que l'on doit à Riccati et qui a été vérifiée par l'expérience. Cette formule s'applique, en général, aux verges ou lames élastiques quelconques de même forme et dont le mode de vibration est semblable. Elle montre que, dans les verges de même substance, le nombre des vibrations est en raison directe de l'épaisseur, et en raison inverse du carré de la longueur de la partie vibrante. Si les longueurs de deux verges sont égales, le nombre des vibrations est proportionnel à leur épaisseur, résultat que l'on pouvait prévoir, *à priori*, attendu que plus la verge est épaisse, plus est grande la force de ressort avec laquelle elle tend à se redresser lorsqu'on l'a écartée de sa position de repos, et plus, par conséquent, les vibrations sont rapides. Lorsque les figures des verges sont semblables, les nombres qui représentent l'épaisseur et la longueur sont proportionnels; en conséquence, le nombre des vibrations est en raison inverse des dimensions homologues, ou en raison inverse de la racine cubique du poids. Toutes ces lois ont été également vérifiées par l'expérience. — Les verges métalliques ou les tubes de verre peuvent vibrer longitudinalement, comme les cordes tendues. Dans ce cas, elles se partagent spontanément en plusieurs portions qui vibrent à l'unisson, et qui sont séparées par des *nœuds* ou des points qui restent en repos. Les portions extrêmes sont plus courtes que les autres, qui sont toutes d'égale longueur; mais les vibrations de toutes les parties sont synchroniques. On peut produire ces sortes de vibrations dans une verge ou dans un tube de verre, en les tenant entre les doigts par le milieu et en les frottant longitudinalement avec un morceau de drap humide : ils donnent alors un son extrêmement aigu. Poisson a trouvé que le rapport entre les nombres de vibrations transversales et les nombres de vibrations longitudinales exécutées par une verge cylindrique est proportionnel au rapport entre le rayon et la longueur de la verge. Savart a vérifié cette formule au moyen d'expériences directes.

Vibrations des plaques élastiques. —Tous les corps solides élastiques, lorsqu'on les fait vibrer, peuvent être conçus, relativement aux mouvements internes qu'exécutent leurs molécules, comme se divisant spontanément en parties, dont chacune vibre indépendamment des autres, de telle façon que les molécules d'une partie se meuvent constamment dans une direction opposée à celle des molécules de la partie contiguë. Il en résulte que les points de partage entre deux parties ne participent ni au mouvement de l'une, ni au mouvement de l'autre, et que, par conséquent, ils restent en repos. Dans le cas de plaques élastiques minces, la continuité de ces points forme des lignes de repos ou des *lignes nodales*, dont on reconnaît les positions et les configurations en plaçant la plaque vibrante dans une situation horizontale et en répandant à sa surface un peu de sable fin. Cette manière ingénieuse de déterminer les lignes nodales a été indiquée par Galilée et employée par Chladni ainsi que par Savart dans leurs nombreuses expériences sur ce sujet. — Les figures que présentent ces lignes sont extrêmement variées; elles dépendent de la forme de la plaque, de la position du point ou des points par où elle est fixée, ainsi que de la rapidité et de la direction du mouvement par lequel les vibrations sont communiquées à la plaque. Dans les plaques circulaires, on observe un grand nombre de systèmes différents de lignes nodales. Lorsque la plaque est fixée par son centre, il se produit, en gén., deux lignes nodales qui se croisent par le centre. En appliquant le doigt sur la plaque en un point convenable, de façon à interrompre la vibration, il peut se former trois de ces lignes. Des disques de métal donnent des lignes nodales qui divisent le cercle en nombreux secteurs. Dans certains cas, ces lignes nodales droites sont coupées par un plus ou moins grand nombre de lignes circulaires concentriques, et quelquefois les lignes nodales prennent la forme des branches de l'hyperbole. Les figures ci-dessous (Fig. 7) représentent quelques-unes des formes qu'affectent les lignes nodales. —

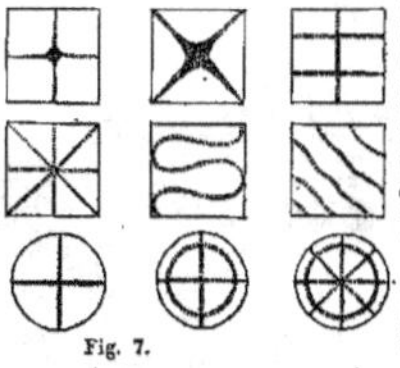
Fig. 7.

La recherche des lois de vibration d'un corps solide homogène d'une forme donnée, lorsque les circonstances dans lesquelles il est placé et les forces par lesquelles il est mis en vibration sont parfaitement définies, est un problème d'analyse pure; mais, quoique les équations différentielles de mouvements auxquelles elle conduit aient été intégrées dans un certain nombre de cas particuliers, néanmoins leur intégration présente, en gén., des difficultés qui, dans l'état actuel de la science, ne peuvent pas être entièrement surmontées.

Propagation du son.— Pour donner une idée de la manière dont les mouvements vibratoires d'un corps sonore se communiquent à l'atmosphère ou à tout autre milieu élastique, supposons (Fig. 8) un tube TT', d'une longueur indéfinie, ouvert à ses deux extrémités et rempli d'air, cet air présentant dans toute l'étendue de ce cylindre la même température et la même

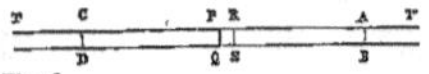

Fig. 8.

densité. Supposons encore un piston PQ qui s'adapte exactement au tube et peut le parcourir tout entier dans la direction de l'axe du cylindre. Imaginons qu'on pousse tout à coup ce piston de la position PQ à la position RS, et, pour simplifier, admettons que la distance PR soit un pied et que le piston mette une seconde pour aller de PQ à RS. Maintenant supposons que l'air de l'intérieur du cylindre était en repos avant que l'on commençât à mettre le piston en mouvement, et examinons quel sera l'état de l'air au moment où le piston arrivera à RS. Si l'air du tube se comportait comme un corps parfaitement solide, tout mouvement communiqué à ses particules à une de ses extrémités serait instantanément transmis à l'autre, et lorsque le piston arriverait à RS, une quantité d'air égale à celle qui était contenue entre PQ et RS, serait sortie du tube à son extrémité T'. De plus, toutes les molécules à l'intérieur du tube resteraient en repos aussitôt que le mouvement communiqué au piston s'arrêterait. Mais par suite de la compressibilité de l'air, le mouvement ne se transmet pas instantanément aux molécules éloignées; il faut pour cela un certain laps de temps. Nous pouvons donc supposer que le tube est assez long pour que, au moment où le piston arrive à RS, il n'y ait encore aucune partie d'air sortie du tube à son extrémité T'. En effet, le trouble ou la compression des molécules qui s'opère à l'instant où le piston commence à marcher, se propage dans la longueur du tube avec une vitesse déterminée dépendant de l'élasticité de l'air, et, lorsque le piston arrive à RS, cette compression ne s'est encore fait sentir qu'à une certaine distance. Soit AB, la limite atteinte par le trouble des molécules à l'instant où le piston est arrivé à RS; alors, au moment dont nous parlons, la colonne d'air comprise entre RS et AB aura éprouvé une certaine compression, tandis que l'air du tube entre AB et l'extrémité T' sera encore dans son état naturel. La colonne d'air entre RS et AB, qui se trouve ainsi modifiée par le coup de piston, reçoit le nom d'*onde* ou d'*ondulation*, et RA est la *longueur* de l'onde. — A cette heure, si l'on considère l'état des molécules dans la colonne RA, on reconnaît sur-le-champ qu'elles ne sont pas soumises au même degré de compression dans toute la longueur de cette colonne. Représentons-nous cette colonne divisée en une multitude de couches minces par des sections parallèles à RS ou à AB, et concevons que le piston, en marchant de PQ à RS, a produit la compression des molécules de la colonne d'air, non pas instantanément, mais par une multitude de petites pressions successives. Au moment où le piston arrive à RS, le dérangement des molécules, dans notre hypothèse, n'a pas dépassé la limite AB. Par conséquent les molécules de la tranche contiguë à AB n'ont encore éprouvé que le minimum de la compression, c.-à-d. n'ont éprouvé que la compression déterminée par le premier petit choc du piston. Dans l'avant-dernière tranche, à partir de AB, la compression éprouvée par les molécules d'air est plus considérable; car les molécules de cette tranche ont éprouvé non-seulement la compression produite par le premier choc du piston, mais encore celle qu'a produite le second, et cela à l'instant où l'effet déterminé par le premier choc se communiquait à la dernière tranche. De même, la troisième tranche, à partir de AB, a éprouvé une compression plus forte que la seconde, et ainsi de suite jusqu'au milieu de l'onde. Si maintenant nous étudions l'état des molécules à l'autre extrémité de l'onde, c.-à-d. vers RS, nous verrons qu'il s'est produit un phénomène tout semblable. En effet, à l'instant où le piston s'arrête, la tranche contiguë à RS a communiqué toute sa vitesse à la couche voisine et reste en repos; ou bien, au moment de l'arrivée du piston en RS, elle supporte uniquement la compression causée par la dernière impulsion. La tranche qui suit immédiatement éprouve la compression déterminée par deux impulsions du piston; enfin la dernière supporte la compression de toutes les impulsions, moins une. En suivant ce raisonnement, il est facile de reconnaître que les particules les plus comprimées sont celles qui se trouvent vers le milieu de l'onde. Par conséquent, si, sur SB, pris pour axe (Fig. 9), on élève un certain nombre de perpendiculaires *aa*, *bb*, *cc*, toutes proportionnelles au degré de compression qui correspond à chacun des points de la colonne, la courbe tracée par les sommets de ces perpendiculaires représentera la loi de compression ou l'ordre dans lequel se succèdent les compressions des tranches successives. — Si maintenant on examine ce qui se passe de l'autre côté du piston, on apercevra sur-le-champ qu'il s'y opère des phénomènes analogues, mais en sens inverse, attendu que l'air contenu de ce côté du tube doit se trouver raréfié au lieu d'être comprimé par le mouvement du piston de PQ à RS. Soit CD (Fig. 8) une section du tube prise en un point tel que la colonne CR soit égale à RA. Comme la vitesse de la propagation dépend uniquement de la nature du milieu, il est évident qu'à l'instant où le piston arrive à RS, le dérangement des molécules ne se sera pas communiqué au delà de CD. La colonne tout entière entre CD et RS sera raréfiée par la marche du piston de PQ à RS; mais c'est au milieu de la colonne que la raréfaction sera la plus considérable, et cela par la même raison qui fait que c'est entre RS et AB que la condensation est la plus forte. Si donc on représente (Fig. 10) la raréfaction par les lignes *a'a*, *b'b*, *c'c*, l'état de la colonne d'air entre AB et CD sera

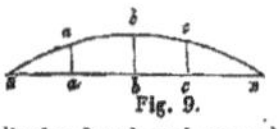
Fig. 9.

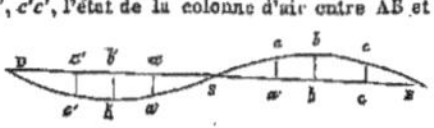
Fig. 10.

représenté par la double courbe D*b'*S*b*B; ce qui comprend toute la portion d'air qui est modifiée par le passage du piston de PQ à RS, la petite portion entre PQ et RS étant négligée comme insensible. Le mouvement du piston détermine donc deux ondes ou ondulations distinctes. L'onde SB *au-devant* du piston est l'*onde condensée*; celle qui est *en arrière* du piston est l'*onde raréfiée*. Plusieurs physiciens considèrent la partie raréfiée et la partie condensée comme une seule et même onde; ainsi, ils comprennent sous la dénomination d'*onde*, la masse entière de molécules entre CD et AB (Fig. 8), qui a été troublée dans son état d'équilibre par le mouvement du piston. — Comme, par suite de son élasticité, chaque tranche d'air du tube communique à la tranche qui est devant elle l'impulsion qu'elle a reçue par derrière, toutes les molécules seront successivement affectées de la même manière, et, au bout d'un second intervalle de temps égal à celui que le piston a mis pour passer de P à Q, le mouvement aura été communiqué à de nouvelles molécules d'air dans un espace égal à RA; en d'autres termes, l'onde aura parcouru un espace égal à elle-même, en conservant toujours la même forme; et, si nous supposons que, pendant ce second intervalle de temps, le piston soit resté en repos à RS, toutes les molécules dans l'espace RA seront revenues à leur état d'équilibre primitif. Mais si, au lieu d'admettre que le piston reste en repos au point RS, nous supposons que, pendant ce second intervalle, on le ramène en arrière à sa position primitive PQ, alors tous les phénomènes que nous venons de décrire se répéteront dans un ordre inverse, c.-à-d. que l'onde condensée sera à la gauche du piston, et l'onde raréfiée à la droite. Ainsi l'état de compression des molécules aériennes de l'intérieur du tube, tel qu'il est déterminé par le mouvement d'allée et de venue du piston,

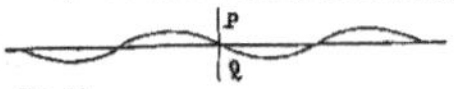

Fig. 11.

ou, en d'autres termes, la vibration complète sera représentée par la Fig. 11. — Supposons actuellement que ce mouvement de va-et-vient du piston s'accomplisse avec la même vitesse que les vibrations d'une lame élastique ou d'une corde tendue, les phénomènes que nous venons de décrire nous donneront une idée de la manière dont le son se transmet dans l'atmosphère.

Cette exposition, quelque imparfaite qu'elle soit, de la nature des mouvements communiqués à l'air par le corps vibrant, suffit pour faire comprendre que les molécules d'air à l'intérieur d'un tube ne changent pas de place *entre elles*, mais acquièrent un mouvement vibratoire, *en avant* et *en arrière*, dans toute l'étendue du tube. Il est encore évident que les vibrations de l'air à travers lequel se transmettent les sons doivent être exactement égales en nombre à celles du corps sonore, et que les vibrations de l'air cessent sitôt que celles du corps sonore s'arrêtent; mais tant que ce dernier vibre, ou tant que le mouvement alternatif du piston continue avec la même vitesse, on entend un son musical non interrompu. Il en sera absolument de même, quelle que soit la portion du tube où l'on applique l'oreille, attendu que toutes les ondes sont parfaitement semblables entre elles.

Il est aisé de concevoir que le son se propage non-seulement en ligne droite, mais encore dans toutes les directions possibles. En effet, comme l'air est également élastique dans toutes les directions, on peut considérer chaque point d'une onde sonore comme un nouveau centre duquel il part des rayons secondaires dans tous les sens possibles. Comme complément de cet article, voy. les mots ANCHE, DIAPASON, ÉCHO, GAMME, INTERVALLE, INTERFÉRENCE, OREILLE, SIRÈNE, SON, TIMBRE.

ACOUSTIQUE. adj. 2 g. Ce qui sert à produire, à modifier ou à percevoir les sons. *Voûte, cornet ac.* ‖ T. Anat. *Conduit, nerf ac.* Voy. OREILLE.

ACQUÉREUR. s. m. Celui qui acquiert. Il ne se dit guère que de Celui qui acquiert des biens immeubles. *Se rendre ac. Tiers ac.*

ACQUÉRIR. v. a. (lat. *acquirere*; de *ad*, vers; *quærere*, chercher). Devenir propriétaire d'une chose par achat, cession, échange ou autrement. Se dit principalement D'un immeuble ou d'une chose produisant un revenu, ou procurant un profit ou des avantages constants. *Ac. une terre, une charge, une maison, un pré, une rente. Ac. des biens, des richesses. Ac. les droits de quelqu'un. Louis XIV a acquis la Franche-Comté à la France. J'ai acquis cette pièce de terre de mon voisin.* ‖ Par ext. et fig., se dit De toutes les choses qui se peuvent mettre au nombre des biens et des avantages. *Ac. des forces, des lumières, des talents, de l'honneur, de la gloire, de la science, de l'autorité, du crédit. Ac. la certitude. Ac. des amis. Ac. les bonnes grâces de quelqu'un. Sa bonne conduite lui a acquis l'estime de tout le monde. Il s'est acquis une grande réputation.* ‖ Se dit Des choses qui s'améliorent par degrés ou prennent plus de valeur. *Ces fruits n'ont pas acquis leur maturité. Son corps a acquis toute son étendue. Cette propriété acquiert de la valeur. Cette loi acquerra avec le temps plus d'autorité.* ‖ S'emploie souvent absol., soit au prop., soit au fig. *Il acquiert sans cesse*, se dit De quelqu'un qui augmente ses biens, d'une personne qui se forme aux usages du monde, ou qui gagne en savoir, en connaissances. On dit aussi : *Ce vin acquiert*, Il se bonifie. = s'ACQUÉRIR. v. pron. *La fortune s'acquiert souvent par des bassesses. Les amis s'acquièrent difficilement. L'estime publique s'acquiert par les actions d'éclat.* = ACQUIS, ISE. part. et adj. *Du bien mal ac. Qualités naturelles, qualités acquises.* ‖ Incontestable, qui ne peut être disputé. *Avoir un droit ac. Ce droit vous est ac.* ‖ Dévoué, attaché sans réserve. *Je vous suis ac. Cet homme m'est ac.* ‖ T. Méd. *Maladies acquises*, se dit par oppos. à *Maladies héréditaires*. On dit dans le même sens : *Tempérament acquis*, par opposition à *Tempérament naturel, héréditaire*.

Conj. — *J'acquiers, tu acquiers, il acquiert; nous acquérons, vous acquérez, ils acquièrent. J'acquérais. J'ai acquis. J'acquis. J'acquerrai. J'acquerrais. Acquiers. Que j'acquière. Que j'acquisse. Acquérant.*

ACQUÊT. s. m. Ce que l'on a acquis. *Il a fait un bel ac.* N'est guère usité qu'en T. de Droit, et s'emploie ord. au plur. ‖ Prov., *Il n'y a si bel ac. que le don.* ‖ Fam., Avantage, profit, gain. *Il n'y a pas grand ac. à faire ce marché-là.* Vx.

Enc. — En T. de Droit, on appelle généralement *Acquêts* tous les immeubles qui ont été acquis pendant la durée de la communauté. Ils sont opposés aux biens *propres*, c.-à-d. aux biens qui appartiennent à l'un ou à l'autre des époux. Autrefois la coutume de Paris distinguait deux sortes d'*acquêts* : ceux qui étaient acquis hors communauté, et ceux qui étaient acquis pendant la communauté. Elle donnait à ces derniers le nom de *conquêts*, et c'étaient les seuls qui tombaient en communauté parce qu'ils étaient supposés acquis à frais communs.

ACQUÊTER. v. a. Acquérir un immeuble par un acte quelconque. Inus. = ACQUÊTÉ, ÉE. part.

ACQUIESCEMENT. s. m. Action par laquelle on se soumet à quelque chose, on adhère, on se conforme aux sentiments, aux volontés d'autrui.

Enc. — En T. de Droit, l'*Ac.* est l'adhésion donnée à un acte, à une proposition, à un jugement, etc. Les effets de l'ac. diffèrent suivant les circonstances dans lesquelles il intervient. Ainsi, p. ex., lorsqu'on acquiesce à une proposition faite par une autre personne, il se forme entre les deux parties un véritable contrat sur ce qui a fait l'objet de la proposition. Quand on acquiesce à un jugement, on s'interdit tout moyen de le faire réformer; mais pour cela, il faut que l'ac. soit formel. Néanmoins, en matière criminelle, la partie condamnée peut toujours être relevée de l'ac. qu'elle a donné à sa condamnation. Il en est de même de l'ac. à un jugement qui statue sur une question d'État.

ACQUIESCER. v. n. (lat. *quiescere*, *ad*, se reposer sur). Adhérer, se soumettre, déférer, consentir à. *Ac. à une demande, à une sentence. J'acquiesce à votre sentiment. Il a acquiescé à tout ce qu'on exigeait de lui.* ‖ T. Droit. Donner un acquiescement.

Syn. — *Accéder, Adhérer.* — *Ac.* c'est accepter, c'est consentir, après examen ou contestation; *adhérer*, c'est agréer, c'est accepter spontanément et avec force; *accéder*, c'est apporter son assentiment. On *accède* à un traité; on *acquiesce* à une décision; on *adhère* à une opinion. — **Syn.** — *Céder, se rendre.* — On *acquiesce* par amour de la paix; on *cède* par déférence ou par nécessité; on *se rend* par faiblesse ou par conviction. Celui qui *acquiesce* ne veut pas contester; celui qui *cède* ne veut pas résister; celui qui *se rend* ne peut plus se défendre.

ACQUIS. s. m. *Cet homme a de l'ac., beaucoup d'ac.*, se dit De quelqu'un qui a des connaissances, du savoir, de l'expérience.

ACQUISITION. s. f. Action d'acquérir. Se dit au prop. et au fig. *L'ac. d'une maison, d'une terre. L'ac. d'un pareil talent lui a coûté bien du travail.* ‖ La chose acquise elle-même. *Il lui a cédé son ac.* — *S'emploie aussi en parlant Des personnes. *Cet employé est une excellente ac. pour vos bureaux.*

ACQUIT. s. m. Quittance, reçu, décharge. *Il a exigé un ac. Mettez votre ac. au bas de ce mémoire. J'ai l'ac. de la douane.* — *Payer à l'ac.* ou *en l'ac. d'un tiers*, C'est payer à la décharge et pour la libération de ce tiers. ‖ Fig. et fam., *Faire quelque chose pour l'ac. de sa conscience*, Afin de n'en pas avoir la conscience chargée. — *Faire quelque chose par manière d'ac.*, Négligemment et seulement parce qu'on ne peut s'en dispenser. — *Jouer à l'ac.*, se dit Des joueurs qui, après avoir perdu, jouent entre eux à qui paiera le tout. — Au Jeu de billard, Coup que l'on donne à jouer sur sa bille lorsqu'on y est obligé par les règles du jeu.

Enc. — En T. de Fin., l'*Ac.* est la décharge complète d'un engagement pécuniaire ou autre. *Quittance* ne dit pas la même chose. Dans une seule et même dette, on peut donner quittance de plusieurs paiements partiels; on ne donne son acquit qu'au paiement intégral. — Les mots : *Pour acquit*, accompagnés de la signature du porteur d'un billet, constatent que le paiement a été effectué entre ses mains.

ACQUIT-À-CAUTION. s. m. T. Adm. fin.

Enc. — Billet ou certificat délivré au bureau des douanes, pour faire passer des marchandises à leur destination, sans les assujettir à la visite des bureaux placés sur la route qu'elles doivent parcourir. Les marchandises expédiées par mer d'un port de France à un autre, en passant par l'étranger, ne sont assujetties à aucun droit; elles sont déclarées vérifiées et expédiées *sous acquit-à-caution* : mais on doit rapporter, dans un délai fixé suivant la distance des lieux, un certificat de l'arrivée ou du passage des marchandises au bureau désigné, sous peine de payer le double droit de sortie.

ACQUIT-PATENT. s. m. Voy. PATENT.

ACQUITTEMENT. s. m. Action d'acquitter, en parlant De dettes, d'obligations pécuniaires. *L'ac. des dettes d'une succession.* = Obs. gram. Voy. ABSOLUTION.

Enc. — En T. de Droit crim., l'*Ac.* est le renvoi d'un individu déclaré non coupable dans les cours d'assises. L'ac. est prononcé par le président après que le jury a déclaré l'accusé non coupable. Il a pour effet d'anéantir l'accusation quant à l'accusé, et de le mettre immédiatement en liberté, s'il n'est retenu pour autre cause.

ACQUITTER. v. a. (lat. *ad quietem* [renvoyer], en repos). Renvoyer libre, absous d'une accusation. *Le tribunal vient d'ac. cet accusé.* ‖ Rendre quitte, libérer de dettes ou d'un engagement quelconque. Se dit Des personnes et des choses. *Mon ami était hors d'état de me payer, je l'ai acquitté. Il a tout à fait acquitté le domaine qu'il avait acheté.* ‖ Payer. *Il a acquitté les dettes de sa famille.* — *Ac. un contrat, une obligation*, Payer les sommes portées par ce contrat, par cette obligation. ‖ *Ac. un billet, un mémoire*, etc., c'est Déclarer que le montant en a été payé en y apposant sa signature après les mots : *Pour acquit.* ‖ Fig., *Ac. sa parole, sa promesse*, c'est Exécuter ce que l'on a promis. — *Ac. sa conscience*, c'est Remplir un devoir auquel on se croit obligé. = s'ACQUITTER. v. pron. Se libérer envers ses créanciers. *Il s'est acquitté de mille francs.* ‖ *S'ac. envers quelqu'un des obligations qu'on lui a*, Les reconnaître par des services. ‖ Fig., Remplir ce à quoi on est tenu; exécuter ce que l'on a entrepris. *S'ac. d'un devoir, d'une commission, de ses fonctions. Ce chanteur s'est fort bien acquitté de sa cavatine.* ‖ En T. de Jeu, *S'ac.* sign. Regagner ce qu'on a perdu et rester quitte à quitte. — Au Jeu de billard, *S'ac.*, c'est Donner son acquit. = ACQUITTÉ, ÉE. part.

ACRE. s. f. (lat. *acra*; de *ager*, champ). Ancienne mesure de superficie, qui variait selon les pays et les localités. Voy. *Mesures* AGRAIRES.

ÂCRE. adj. 2 g. (lat. *acer*; du gr. ἀκή, pointe). Piquant, mordicant, corrosif. Se dit Des substances qui produisent sur les organes du goût une sensation brûlante et irritante, dont l'impression se fixe principalement à la gorge. *Cette plante, ce fruit a une saveur âcre.* ‖ Fig., *Ton, humeur, discours âcre. Critique âcre.* = Syn. Voy. ACERBITÉ.

ÂCRETÉ. s. f. Qualité de ce qui est âcre. ‖ Fig., *Il a de l'âc. dans l'humeur.* = Syn. Voy. ACERBITÉ.

ACRIMONIE. s. f. (lat. *acrimonia*; du gr. ἀκή, pointe; μανία, folie, passion). Aigreur, âcreté. ‖ Fig., *Il met de l'ac. dans tout ce qu'il dit.* = Syn. V. ACERBITÉ.

Enc.—Cette expression, prise au sens propre, appartient aux anciennes théories médico-chimiques, dans lesquelles l'âcreté des humeurs jouait un rôle très-important. On lui attribuait une foule de maladies. Cette opinion aujourd'hui n'est plus accréditée que parmi les personnes étrangères à la science. Toute éruption cutanée, par exemple, est encore à leurs yeux le résultat d'une âcreté du sang, d'une acrimonie des humeurs.

ACRIMONIEUX, EUSE. adj. Qui a de l'acrimonie. Ne s'emploie guère qu'au fig. *Discours acrimonieux.*

* **ACROAMATIQUE.** adj. 2 g. (gr. ἀκροάμαι, j'écoute). Voy. Ésotérique.

ACROBATE. s. 2 g. (gr. ἄκρος, extrémité; βατεῖν, marcher; qui marche sur la pointe du pied). Danseur, danseuse de corde. || * Fig., se dit Des hommes politiques qui changent d'opinion au gré de leurs intérêts.

* **ACROCARPIDIUM.** s. m. (gr. ἄκρος, καρπίς, ἴδος, baguette). T. Bot. Voy. Pipéracées.

* **ACROCHORDE.** s. m. (gr. ἀκροχορδὼν, verrue). T. Erpét. Voy. Serpents vrais.

* **ACROCOMIA.** s. m. (gr. ἄκρος, sommet; κόμη, chevelure). T. Bot. Voy. Palmiers.

***ACRODICLIDIUM.** s. m. (gr. ἄκρος; δικλίδες, porte à deux battants). T. Bot. Voy. Laurinées.

***ACROGÈNE.** adj. 2 g. et s. m. (gr. ἄκρος; γένος, croissance). T. Bot.

Enc.—Les *Acrogènes* forment le second embranchement des Cryptogames dans la classification d'Ad. Brongniart. Lindley en fait la 2e classe de son système de botanique. Les acrogènes de Brongniart et de Lindley répondent aux *Pseudocotylédonées* d'Agardh, aux *Hétéronémées* de Friess et aux *Acrobrya* de Mohl. — L'organisation des végétaux de cette classe est bien supérieure à celle qui caractérise les *Thallogènes.* Tous les acrogènes offrent à leur surface des stomates ou pores respiratoires; la plupart possèdent une tige distincte et des feuilles, et ces dernières sont toujours arrangées avec une symétrie parfaite. Dans les espèces qui se rapprochent des Thallogènes, dans les *Ricciacées*, par ex., le thallus présente toute la texture des feuilles quoiqu'on n'y observe pas de tige séparée. On ne trouve dans les acrogènes aucune trace de fleur proprement dite: on observe néanmoins dans l'involucre de plusieurs *Hépatiques* et dans les sporanges des *Mousses*, une disposition des feuilles qui paraît le précurseur des fleurs de plantes plus parfaites. Il y a, chez ces végétaux, malgré l'opinion contraire de quelques botanistes, absence complète de sexes, c.-à-d. qu'on n'y trouve rien qui ressemble au pistil et aux anthères des plantes pourvues de fleurs. Les acrogènes se reproduisent donc sans fécondation, et les corps reproducteurs qui, dans ces végétaux, remplissent le rôle de graines, sont appelés spores. — Un grand nombre d'acrogènes sont dépourvus de vaisseaux spiraux; on n'en rencontre que dans les familles supérieures de cette classe, telles que les *Fougères*, les *Lycopodiacées* et les *Équisétacées*: mais on observe dans leurs cellules une tendance générale à la formation de filaments en spire. Depuis longtemps Schleiden avait signalé cette disposition dans les organes des *Hépatiques* qui ont reçu le nom d'élaters, ainsi que dans les feuilles de certaines *Mousses.* Cette tendance se manifeste d'une manière encore plus prononcée par la formation de spirales courtes et lâches dans les cellules des corps appelés anthéridies, spirales qui, lorsqu'elles flottent sur l'eau, semblent exécuter des mouvements spontanés, et qui ont été quelquefois regardées comme des animalcules infusoires. — En général, les acrogènes sont des végétaux de petite taille. Toutefois certaines fougères atteignent les dimensions d'un arbre. — Lindley divise cette classe de végétaux en trois groupes qu'il nomme les *Muscales*, les *Lycopodales* et les *Filicales.* Le premier se compose de végétaux cellulaires ou vasculaires, ayant des sporanges cachés dans la substance même de la fronde, ou renfermés dans un involucre en forme de coiffe; il contient cinq familles: les *Ricciacées*, les *Marchantiacées*, les *Jungermanniacées*, les *Équisétacées*, les *Andrœacées* et les *Bryacées.* Les plantes qui constituent le deuxième groupe sont vasculaires, et présentent des sporanges axillaires ou radicaux à une ou plusieurs loges, ainsi que des spores de deux sortes. Cet ordre comprend les *Lycopodiacées* et les *Marsiléacées.* Le groupe des *Filicales* ou *Fougères* se compose de végétaux vasculaires à sporanges uniloculaires, marginaux ou dorsaux, ordinairement entourés d'un anneau élastique: on n'y rencontre qu'une seule espèce de spores. Ce groupe se compose de trois familles: les *Ophioglossacées*, les *Polypodiacées* et les *Danæacées.*

* **ACRONYQUE.** adj. 2 g. (gr. ἄκρος; νὺξ, nuit). T. Astr.

Enc. — On dit d'une étoile ou d'une planète qu'elle est *Ac.*, lorsqu'elle est du côté du ciel opposé au soleil ou lorsqu'elle passe au méridien à minuit. Un astre se lève *acronyquement*, lorsqu'il se lève quand le soleil se couche; et il se couche acronyquement, lorsqu'il se couche au moment où le soleil se lève. Les poëtes grecs désignaient ces différentes positions d'un astre, à son lever et à son coucher, par rapport au soleil, par les termes d'*ac.*, de *cosmique* et d'*héliacal.* Ils indiquaient ainsi, d'une manière grossière, la position du soleil dans l'écliptique, ou la saison de l'année.

* **ACROPOLE.** s. f. (gr. ἄκρος; πόλις, ville). T. Hist. anc.

Enc.—Les Grecs donnaient ce nom à la partie supérieure ou à la citadelle de leurs villes. L'*Ac.* était ordinairement le siége de l'établissement primitif des habitants qui l'avaient choisie à cause de la force naturelle de sa position. C'est dans son enceinte qu'ils plaçaient les principaux édifices de la cité, tels que les temples, les archives et le trésor public. Elle jouait donc, dans la Grèce antique, un rôle analogue à celui du Capitole à Rome. Parmi les acropoles de la Grèce, on doit citer celles de Mycène et de Tyrinthe dont il sera question quand nous parlerons de l'architecture cyclopéenne; celles de Corinthe et d'Ithome, qui étaient appelées les cornes du Péloponnèse, parce que leur possession pouvait assurer la soumission de la péninsule, et enfin celle d'Athènes, non moins célèbre dans l'histoire de l'art que dans l'histoire politique. L'ac. d'Athènes, en effet, renfermait les chefs-d'œuvre les plus remarquables de l'architecture et de la statuaire. On pénétrait dans l'enceinte de cette citadelle par une entrée connue particulièrement sous

le nom de *Propylées* (gr. πρὸ, devant; πύλη, portail), terme générique qui s'appliquait à toute cour ou vestibule situé au-devant d'un édifice. La Fig. ci-dessus représente l'élévation des propylées. Elles furent construites par l'architecte Mnésiclès, vers l'an 437 avant J.-C., et elles furent achevées dans l'espace de cinq années. L'entrée de l'ac., comme on le voit, était digne des monuments que renfermait son enceinte. Sur la partie la plus élevée du plateau, était situé le fameux temple de Minerve, connu sous le nom de Parthénon, chef-d'œuvre d'Ictinus et de l'architecture grecque. L'ac. contenait, en outre, le double temple d'Erecthée et de Minerve Poliade, le temple de la Victoire et plusieurs autres édifices dont il reste à peine quelques vestiges. Voy. Architecture.

***ACROSTIC.** s. m. (gr. ἄκρος; στίχος, rangée). Bot. Genre de la famille des *Lycopodiacées.* Voy. ce mot.

ACROSTICHE. s. m. et adj. 2 g.

Enc. — L'*Ac.* est un petit poëme où les premières lettres de chaque vers, prises dans l'ordre des vers eux-mêmes, reproduisent, en général, le nom de la personne qui fait le sujet de la pièce. D'autres fois ces lettres forment une devise ou une sentence. L'ac. était connu des anciens. Cicéron paraît croire que les oracles sibyllins se rendaient en vers acrostiches. Chacune des comédies de Plaute est précédée d'un argument dont les premières lettres donnent le titre de la pièce. Ces arguments sont attribués au grammairien Priscien qui vivait au commencement du IVe siècle. L'ac. fut surtout cultivé par les versificateurs latins des premiers siècles de l'ère chrétienne, puis par les auteurs de la renaissance qui augmentèrent à l'envi les difficultés de ce puéril jeu d'esprit. Ce fut alors qu'on inventa le *Pentacrostiche* ou ac. *quintuple.* Nous nous contenterons de citer un exemple d'ac. fait au dernier siècle en l'honneur du sieur Enen de Villers.

Encore dans sa fleur ton grand génie éclatE,
Nadir, le grand Nadir eût envié ton bieN,
En tout, ce que tu dis nous enchante et nous flattE,
Nul bonheur ici-bas n'est comparable au tieN.

Ce spécimen d'ac. ne doit pas faire regretter l'abandon complet où est tombé ce genre.

ACROTÈRE. s. m. (gr. ἀκρωτήριον). T. Archit.

Enc. — On donne ce nom à des piédestaux, souvent sans base ni corniche, placés au centre et aux extrémités d'un fronton pour recevoir des statues. Vitruve dit que les *Acrotères* latéraux doivent avoir la moitié de la hauteur du tympan, et l'ac. du centre un huitième de hauteur en sus. Toutefois, on n'observe

pas de proportion régulière dans les édifices grecs. — On se sert quelquefois du terme ac. pour désigner les piédestaux ou les parties pleines distribuées dans la balustrade qui couronne un monument.—La Fig. ci-dessus représente les deux espèces d'ac. que nous venons de définir.

ACTE. s. m. (lat. *actus*; de *agere*, agir). Action d'un agent, opération. *La création du monde est un ac. de la puissance de Dieu. Ac. de la volonté, de l'entendement. Ac. instinctif.* || En T. Métaph., se dit par opposition à *Puissance*, c.-à-d. par opposition à la faculté d'agir, qui reste en repos, qui n'agit pas encore. *La puissance se révèle par l'ac.* || S'emploie en parlant De toutes les actions bonnes ou mauvaises, soit en elles-mêmes, soit par leurs conséquences. *Ac. de vertu, de justice, de courage, d'ingratitude, de perfidie, de scélératesse. Le mariage est l'ac. le plus important de la vie. Cet ac. aura des conséquences funestes. Je suis responsable de ses actes.* — *Ac. de démence*, Ac. par lequel la démence se manifeste. Se dit aussi, par exagération, Des actions inconsidérées de quelqu'un. *C'est un véritable ac. de folie, de démence.* || Se dit De certaines prières mentales ou articulées par lesquelles l'âme se manifeste devant Dieu. *Ac. de foi, d'espérance, de charité. Ac. de contrition, d'humilité.* || *Ac. d'autorité*, Action par laquelle on use et souvent même on abuse de son pouvoir. — *Ac. arbitraire*, Acte illégal commis par un fonctionnaire public. || *Ac. d'hostilité*, Acte qui est susceptible de troubler la paix entre deux États, et, par ext., entre de simples particuliers. — *Ac. de soumission*, Action par laquelle on prouve sa soumission. || *Faire ac. de complaisance, de bonne volonté*, Faire une chose à laquelle on n'est pas tenu et par pure complaisance. — *Faire ac. de présence*, Se présenter dans un lieu où l'on doit aller par devoir, par politesse. || T. Scholast. Discussion publique dans laquelle on soutient des thèses. *Soutenir un ac. Présider, assister à un acte.* || *Actes des sociétés savantes*, Les journaux ou mémoires publiés par ces sociétés. *Les actes de la société de Leipsick, de la société royale de Berlin.* || *Actes diurnes.* Voy. Journal. || *Actes des conciles*, Les recueils où sont rassemblées les décisions des conciles. || *Ac. capitulaire*, Décision prise, après délibération, dans un chapitre de chanoines ou de religieux. — Dans ce sens, *Acte* s'emploie aussi en parlant Des décisions du sénat romain. *Les actes du sénat.*

Syn.—*Action.*—Dans le langage ordinaire, *action* se dit de tout ce qu'on fait habituellement; *acte* se dit volontiers de ce qui est exceptionnel. Louis XIV mettait de la grandeur et de la noblesse dans toutes ses *actions*; cependant, l'histoire lui reproche certains *actes* dans lesquels il manqua de dignité.—Dans un langage plus précis, l'*action* est la manifestation de la puissance, et l'*acte* en est l'effet manifesté. Par l'*action* la puissance se réduit en *acte.* En ce sens, l'*action* n'est qu'une simple manifestation; elle devient conséquemment susceptible de gradation. Une *action* peut donc être vive, véhémente, impétueuse. Les *actes*, au contraire, considérés comme des effets produits, ne sont susceptibles que d'être énumérés ou caractérisés par leur nature. Ainsi, l'on dira un *acte*, divers *actes*; la répétition des *actes* d'avarice décèle l'avare; nous appelons fou celui qui fait plusieurs *actes* de folie. — Le mot *action*, destiné à représenter l'idée d'une manifestation extérieure de la volonté, ne peut s'appliquer aux opérations intimes de la volition: c'est le terme *acte* qui sert à les désigner. Nous faisons des *actes* de foi, d'espérance, de charité. Ces *actes* sont des émissions, des déclarations, des aveux de nos sentiments. Ce ne sont pas des *actions.* La pensée n'est qu'un *acte* et l'*action* est une œuvre.—En style de pratique, l'*acte* est une pièce, un écrit, constatant un fait, et l'*action* est une instance, une poursuite.

Enc. — En T. de Droit, le mot *Acte* se prend tantôt pour l'écrit constatant un fait quelconque, tantôt pour le fait lui-même. C'est dans ce dernier sens qu'on dit: faire *acte d'héritier*, c.-à-d. faire un acte ou des actes qui supposent que l'on a dessein de se porter héritier, comme, par exemp., lorsqu'on donne, vend ou transporte ses droits successifs, soit à un de ses co-héritiers, soit à un étranger. — Dans un sens analogue, on dit: faire *acte de possession.* — Quant aux écrits constatant des faits, on les divise en actes *authentiques* et en actes *privés.* — On appelle acte *authentique*, celui qui a un auteur certain, et, par conséquent, une autorité. Les actes *authentiques* appartiennent à l'une des quatre classes suivantes: 1o les actes législatifs et ceux qui émanent du pouvoir exécutif ou gouvernement; 2e les actes judiciaires; 3e les actes administratifs; 4o enfin, les actes *notariés* ou reçus par les notaires. — La loi accorde aux actes authentiques le privilége de faire pleine foi de ce qu'ils contiennent jusqu'à inscription de faux. — L'*acte sous seing privé* est l'acte passé entre les parties sans le concours d'un officier public. Il a la même valeur que les actes authentiques, mais seulement lorsque l'écriture ou les signatures sont reconnues, ou lorsqu'elles ont été vérifiées en justice, dans le cas où elles sont déniées. La date n'existe, pour ces sortes d'actes, que du jour de leur enregistrement. — On donne le nom d'*acte double* à tout acte public ou privé, dont on fait deux originaux semblables; et celui d'*acte en brevet*, à un acte dont le notaire ne garde pas la minute, et qu'il délivre sans y mettre la formule exécutoire.—L'*acte de notoriété* est un acte délivré par un juge de paix, dans les formes prescrites par la loi, pour suppléer un acte de naissance, ou pour constater l'absence d'un ascendant. — *Acte respectueux*, acte extra-judiciaire, qu'un fils ou une fille qui ont atteint l'âge prescrit par la loi, sont tenus de faire signifier à leur père et à leur mère, ou, en cas de décès de ceux-ci, à leurs aïeuls et aïeules, pour leur demander conseil sur leur mariage, lorsque ces parents n'ont pas donné leur consentement. Depuis l'âge de vingt-cinq ans jusqu'à l'âge de trente ans accomplis pour les fils, et depuis l'âge de vingt et un ans jusqu'à l'âge de vingt-cinq ans accomplis pour les filles, l'acte respectueux doit être signifié trois fois, de mois en mois; et ce n'est qu'un mois après le troisième acte, que le mariage peut être célébré. Après l'âge de trente ans, un seul acte respectueux suffit: un mois après, la célébration du mariage peut avoir lieu. La loi exige que ces actes soient signifiés par un notaire. — *Acte de dernière volonté*, se dit quelquefois d'un testament. — *Acte d'accusation*. Voy. ACCUSATION. — *Actes de l'État civil*. Les documents émanés des officiers publics, constatant les naissances, les décès, les mariages, etc. Voy. ÉTAT CIVIL. — *Acte administratif*. L'arrêté ou la décision de l'autorité administrative ayant rapport à ses fonctions.

T. de Droit public. — Dans le langage diplomatique, on donne le nom d'*actes* aux documents réunis dans une chancellerie, aux procès-verbaux d'une négociation, aux pièces officielles dans lesquelles sont consignées des stipulations résultant de cette négociation. Renvoyer *ad acta* une pièce ou une affaire, c'est déclarer qu'on n'entend plus s'en occuper, et qu'on ne doit plus se servir de la pièce que comme renseignement. Porter sur le protocole une réclamation, une proposition incidente quelconque, c'est *en donner acte*. Les chambres se donnent acte l'une à l'autre ou donnent acte aux ministres de la présentation d'un projet de loi; et l'on *prend acte* pour y revenir en temps et lieu, d'une déclaration faite, d'une intention avouée, d'une concession que l'on a obtenue. — Une décision du parlement d'Angleterre est aussi appelée *acte;* c'est ainsi que l'on connaît l'*acte d'union*, l'*acte du test*, l'*acte de l'habeas corpus*, etc.

En T. d'Art Dram., on appelle *Acte* chacune des divisions principales d'une pièce de théâtre, et on donne le nom de *scènes* aux subdivisions qu'établissent dans chaque acte l'entrée et la sortie des divers personnages. Les Grecs ignoraient la division par actes. Chez eux, jamais la scène n'était vide : le chœur prenait la parole quand les héros du drame se taisaient, et la pièce marchait sans interruption, malgré les changements de lieu et de décoration. Chez les Romains, le mot *actus*, qui signifie *acte* et *action*, désigna d'abord le genre dramatique tout entier; plus tard on l'appliqua exclusivement à une partie distincte du drame. L'usage et la volonté des poëtes fixèrent le nombre de ces parties à cinq; et Horace, dans son Art poétique, fit une loi de cette division. — Il n'y a pas de règle qui fixe la partie du drame que doit renfermer chaque acte. Cependant le premier acte contient habituellement l'exposition du drame; le second et le troisième, les développements de l'intrigue; le quatrième, le nœud de la pièce; le cinquième, la péripétie ou le dénouement. — La littérature française, dans la tragédie surtout, a presque toujours observé la division en cinq actes. Il n'en est pas de même de la comédie : elle s'est de bonne heure et très-souvent affranchie de cette règle, et nous avons des comédies en quatre, en trois, en deux actes et même en un seul. Si les auteurs comiques sont restés en deçà des limites prescrites par Horace, les dramaturges, au contraire, ont fait et font chaque jour des tentatives pour s'aventurer au delà; mais la division par *tableaux* qu'ils ont adoptée, et à l'aide de laquelle ils multiplient les changements de lieu, est tout à fait arbitraire; car les tableaux ne sont réellement qu'une subdivision de l'acte lui-même, et non un nouveau mode de scinder l'action dramatique.

Acte additionnel. — On appelle ainsi les articles supplémentaires que Napoléon, en 1815, après son retour de l'île d'Elbe, ajouta aux constitutions de l'Empire. Par cet acte, la liberté de la presse était reconnue; le pouvoir législatif était partagé entre le souverain et deux chambres, l'une de pairs héréditaires, et l'autre de représentants élus par le peuple, mais au second degré. Le dernier article défendait de faire aucune proposition pour le rétablissement de la maison de Bourbon, ni pour celui de l'ancienne noblesse, ni pour celui des prérogatives féodales et des dîmes, ni enfin pour rendre dominante dans l'État une Église quelconque. Malgré les restrictions et les omissions que présentait l'acte additionnel, il fut néanmoins accepté par la grande majorité du peuple, à l'approbation duquel on le soumit; et les représentants de la nation jurèrent de le maintenir à l'assemblée du Champ de Mai, le 1er juin de la même année. Napoléon, de son côté, prêta serment d'y rester fidèle.

Actes des apôtres. — Livre sacré du Nouveau Testament qui contient l'histoire des trente premières années de l'Église : saint Luc en est l'auteur. On y trouve décrits l'ascension du Sauveur, la descente du Saint-Esprit, les effets des premières prédications, l'admirable spectacle du Christianisme naissant, les vertus des disciples, leurs principales assemblées. C'est l'histoire de l'Église jusqu'à l'époque de la dispersion des apôtres, qui se séparèrent pour porter l'Évangile dans tout le monde. A dater de cette séparation, l'écrivain sacré abandonne l'histoire des apôtres, dont il était trop éloigné, et s'attache particulièrement à celle de saint Paul qui l'avait choisi pour son disciple et pour compagnon de ses travaux; il le suit dans toutes ses missions, et jusqu'à Rome même, où les actes furent publiés, la 63e année de l'ère chrétienne, qui est la 9e et 10e de l'empire de Néron. — Les Actes sont divisés en vingt-huit chapitres. Ils furent écrits en grec. L'Ancien Testament y est cité selon la version des Septante, parce que saint Luc destinait particulièrement son histoire aux Juifs de la dispersion, auxquels la langue hébraïque était devenue peu familière. Saint Épiphane assure que ce livre fut traduit de bonne heure en langue syro-chaldaïque pour les Églises de Palestine.

Actes des saints. — Les Chrétiens ne se bornèrent pas à écrire l'histoire des premiers apôtres; ils rédigèrent encore, afin de servir à l'édification des membres de l'Église militante, celle de leurs martyrs, c.-à-d. des fidèles qui avaient confessé leur foi dans les supplices. Le nom de ces martyrs fut d'abord célébré dans les prières; on forma ensuite des espèces de calendriers dans lesquels étaient indiqués pour chaque jour de l'année les noms de ceux dont on honorait la mémoire. A ces nomenclatures un peu arides on joignit de bonne heure quelques détails sur la vie des martyrs, et le plus ordinairement un extrait de leurs procès, qu'avaient écrits à la hâte et en secret des témoins chrétiens. C'est à ces extraits qu'on donne plus spécialement le nom d'*actes*. Dans la suite on imposa le même nom à des récits plus circonstanciés de la vie des martyrs, rédigés pour l'usage des fidèles. — Lorsque le temps des persécutions commença à s'éloigner, que les martyrs devinrent de plus en plus rares, on composa d'autres actes dans lesquels était relatée la vie des chrétiens les plus éminents par leur piété : saint Athanase, Ammonius, Timothée d'Alexandrie, saint Ephrem, saint Grégoire de Nysse, saint Jérôme, en donnèrent les premiers essais. A ces ouvrages succédèrent les histoires ou recueils d'actes d'Evagre de Pont, de Rufin d'Aquilée, etc., etc. En Italie, Grégoire le Grand, en Gaule, Grégoire de Tours, écrivirent l'histoire des hommes de ces deux pays renommés par leur piété. Ce fut alors que commencèrent à paraître les *vies des saints* proprement dites, qui bientôt se substituèrent complétement aux actes. — Au XVIIe siècle, le Père Héribert Rosweide, d'Utrecht, conçut le projet de publier sur de nouvelles bases les actes de tous les saints ; mais cette colossale entreprise ne fut mise à exécution qu'après sa mort, par Jean Bollandus et ses continuateurs, qui de son nom furent appelés Bollandistes. Cependant ce grand travail n'a jamais été terminé, et il s'arrête aujourd'hui vers le milieu du mois d'octobre. — Outre les actes qui ont été réunis dans ces collections, un grand nombre furent encore insérés dans les missels et dans les sacramentaires. Cela vient de l'usage qui s'était établi dans les Églises de lire, après l'Écriture sainte, les passions des martyrs, au jour anniversaire de leur mort. Ils furent même, dans certaines Églises, rassemblés dans des livres spéciaux auxquels cette circonstance valut le nom de *passionnels*. Les actes furent introduits par là dans la liturgie, et depuis lors ils figurèrent dans les bréviaires.

*** ACTÉE.** s. f. (gr. ἀκταία, sureau). T. Bot. Voy. RENONCULACÉES.

ACTEUR, TRICE. s. Celui, celle qui représente un personnage dans une pièce de théâtre. *Le drame moderne exige une multitude d'acteurs.* || Celui ou celle qui exerce la profession de comédien, de comédienne. *Bon, mauvais ac. Excellente actrice. Former un ac.* || Fig., se dit de Celui qui prend une part active dans la conduite, dans l'exécution d'une affaire, dans un événement politique, dans une aventure. *Il a été un des principaux acteurs dans cette négociation, dans cette insurrection. Je me suis trouvé malgré moi ac. dans cette querelle.* — Dans une partie de jeu, de plaisir, on dit fam. : *Il nous manque un acteur.*

Syn. — *Comédien.* — Au prop., le mot *Ac.* signifie tantôt personnage d'une pièce de théâtre, tantôt artiste dramatique ; le mot *comédien* ne s'emploie que dans ce dernier sens. — Au fig., *ac.* se dit de celui qui a part dans la conduite, dans l'exécution d'une affaire, dans une partie de jeu ou de plaisir ; *comédien*, de celui qui feint des passions, des sentiments qu'il n'a point, dont la conduite est dissimulée et artificieuse. Ce dernier terme se prend toujours en mauvaise part.

Enc. — *Ac.* est un nom générique qui s'applique à tous les artistes des deux sexes qui se vouent, sur la scène, à l'amusement du public. On leur donne, en outre, des dénominations particulières selon les genres spéciaux auxquels ils se consacrent. Ainsi, on les distingue par les titres de tragédien, de comédien, de mime, de chanteur et de danseur. — Dans la période florissante de l'ancien théâtre grec, aussi longtemps qu'un reste de solennité religieuse s'attacha aux représentations scéniques, la profession d'ac. n'eut rien de déshonorant. L'homme qui débitait un rôle sur la scène, conservait non-seulement tous ses droits de citoyen, mais encore était apte à remplir les emplois les plus honorables. On cite pour exemple l'ac. Aristodème, qui fut envoyé en ambassade auprès de Philippe, roi de Macédoine. A Rome, il en était tout autrement : l'individu qui montait sur le théâtre perdait ses droits de citoyen, était chassé de sa tribu et privé du droit de suffrage dans les assemblées publiques. On peut juger du discrédit et même du mépris qui s'attachait à cette profession, par les plaintes touchantes que Laberius, chevalier romain, adressa aux spectateurs dans un prologue qui est parvenu jusqu'à nous, lorsque, par l'ordre tyrannique de César, il se vit contraint à paraître sur la scène. La raison de cette différence vient de ce que, chez les Grecs, l'art du théâtre était né à l'occasion des fêtes de Bacchus, et pratiqué, dès l'origine, par des hommes de condition libre, tandis qu'à Rome, au contraire, il avait été inventé par des hommes de la classe la plus infime, par des histrions étrusques, par des paysans d'Atella. Cependant l'infamie qui s'attachait à cette profession respecta quelques artistes d'un talent supérieur. Roscius et Ésopus surent s'attirer l'estime de plusieurs personnages illustres, et furent honorés de l'amitié de Cicéron. — Sous les règnes dissolus des premiers empereurs, les plus grandes faveurs furent prodiguées aux acteurs, surtout aux pantomimes, dont le peuple faisait ses délices; mais ces artistes ayant donné naissance à des factions qui menaçaient de troubler l'État, Néron fut obligé de les bannir. Rappelés et chassés plusieurs fois depuis cette époque, ils furent définitivement expulsés par Trajan. L'art dramatique était alors dans une complète décadence, et le peuple ne courait plus qu'aux jeux du cirque. — En France, la loi ne prive les acteurs d'aucun des droits civils ou politiques du citoyen : mais l'irrégularité des mœurs qui règne souvent parmi les personnes livrées à cette profession, jette encore une grande défaveur sur la carrière d'artiste dramatique. Voy. *Art* DRAMATIQUE.

ACTIF, IVE. adj. Qui agit ou qui a la vertu d'agir. *Principe ac. Qualités actives. La nature est un ouvrier sans cesse ac.* — Se dit par opp. à *Passif. L'esprit est ac., la matière est passive.* || Qui est toujours en action, en mouvement, laborieux, diligent. *C'est un homme très-ac. Esprit ac.* || *Prendre une part active dans une affaire*, Y concourir de son action, de son influence. || Se dit D'une chose dont l'effet est prompt et énergique. *Ce poison est fort ac. — Le feu ce soir est très-ac.*, Il est très-ardent. || T. Dévot. *La vie active* est Celle qui se manifeste par des actes extérieurs de piété ; *La vie contemplative* est Celle qui semble purement *passive*, et dans laquelle l'âme se trouve parfaitement disposée à être mue par les impressions de la grâce. || T. Gramm. Se dit Des verbes et des participes qui expriment une action dont l'objet est énoncé ou sous-entendu. Dans ces phrases : *Aimer Dieu*, *Servir son ami*, *Bâtir une maison*, etc., les verbes *Aimer*, *Servir* et *Bâtir* sont des verbes *actifs*. Il en est de même des participes *Aimant Dieu*, *Servant ses amis*, etc. Il se dit aussi De ce qui a rapport à ces verbes, à ces participes. *Voix active; sens actif.* — Se prend aussi subst. dans cette acception. *Ce verbe ne s'emploie jamais à l'actif.* Voy. VERBE. || T. Com. et Fin. *Dettes actives*, Les sommes dont on est créancier ; par oppos. à *Dettes passives*, ou sommes dont on est débiteur. — Dans ce sens, il est souvent employé subst. On dit : *L'ac. d'une succession. L'ac. d'une faillite.* — *L'ac. d'un budget*, se compose De la perception de tous les impôts et du recouvrement de toutes les créances, quelles que soient leur nature et leur source. || T. Dr. Polit. *Citoyen actif*, Celui qui jouit des droits politiques. — En matière d'élections, *Avoir voix active et passive*, Avoir droit d'élire et d'être élu. || T. Adm. milit. *Service actif*, Le temps pendant lequel un militaire est sous les drapeaux. *En France, la durée du service actif est bornée à 30 ans.* || *T. Physiol. *Organes actifs de la locomotion*, Ceux qui déterminent les mouvements par leur action. *Les muscles sont des organes actifs.* — *Sensations actives*, Celles qui sont perçues lorsque l'attention dirige l'organe d'un sens vers l'objet dont on désire recevoir l'impression. || *T. Pathol. On applique la dénomination d'*Actives*, par oppos. à celle de *Passives*, à Certaines maladies quand elles sont accompagnées d'un surcroît d'action dans les parties qui en sont le siége. Ce terme s'emploie surtout en parlant Des *hémorrhagies*, des *flux*, des *hydropisies*. Voy. ces mots.

*** ACTINIE.** s. f. (gr. ἀκτίν, rayon). T. Zool.

Enc. — Genre de Polypes de la famille des *Zoanthaires*. Ces polypes, vulgairement connus sous le nom d'*Anémones de mer*, à cause de leur ressemblance avec cette fleur, se composent d'une masse charnue, extrêmement contractile, couronnée à sa partie supérieure d'un grand nombre de tentacules au

centre desquels est la bouche, et fixée par sa base, soit sur le sable, soit aux rochers situés le long des côtes à une faible profondeur. Les actinies sont très-nombreuses sur nos côtes pendant l'été. A l'approche de l'hiver, elles vont chercher une température plus douce dans des eaux plus profondes. Pour changer de place, elles se laissent emporter par les flots, rampent sur leur base ou se traînent à l'aide de leurs tentacules qui font alors l'office de pieds. Ces tentacules sont les organes de préhension de l'ac., qui s'en sert pour attirer à sa bouche les petits animaux marins dont elle se nourrit.

Fig. 4.

(Fig. 1. *Thalassianthe étoile* de la mer Rouge. 2. Un des tentacules. 3. Une de ses pinnules. 4. *Actinie verte.*) L'estomac des actinies est formé par un repli du tégument extérieur : il représente un sac n'ayant qu'une seule ouverture. Ces animaux ne se reproduisent pas comme la plupart des polypes, au moyen de bourgeons extérieurs, mais au moyen d'œufs qui, après s'être développés entre le tégument externe et l'estomac, tombent dans ce dernier, et sont expulsés au-dehors par les contractions de l'organe. Quelques espèces d'actinies déterminent, de même que certains acalèphes, quand on les touche, une sensation brûlante qui les a fait nommer également *Orties de mer*. Parmi les espèces d'actinies les mieux connues, nous citerons l'*Ac. esculente* que l'on mange en Provence et à Nice, et l'*Ac. rousse*, qui est fort commune sur les côtes de la Manche. Cette dernière espèce est large de 8 centimètres environ. Les pêcheurs l'appellent *pisseuse*, à cause de la faculté qu'elle possède de lancer, quand on l'irrite, l'eau contenue dans son corps.

ACTION. s. f. Opération d'un agent quelconque. *L'ac. de l'âme sur le corps est prouvée par une foule de phénomènes physiologiques. La pesanteur est une force qui est constamment en ac. L'ac. de la lumière est nécessaire au développement des êtres organisés. L'acide nitrique exerce sur le cuivre une ac. des plus vives.* || Se dit Des opérations de l'intelligence et des organismes vivants. *C'est par l'ac. de l'entendement que se forment nos jugements. Il y a dans l'absorption autre chose qu'un phénomène purement physique ; il y a une ac. vitale.* || Par rapport à la Morale, se dit De tout ce que fait l'homme. *Ac. bonne, mauvaise, généreuse, blâmable. Ses actions ne répondent pas à ses paroles.* || Sign. souvent, Vivacité, véhémence. *Parler avec ac. Il met beaucoup d'ac. dans tout ce qu'il fait.* || *Être en ac.*, Être en mouvement, s'agiter. *Cet enfant est toujours en ac.* || *Ac.* a quelquefois le sens de Geste. *C'est son ac. ordinaire de hausser les épaules.* || *Ac. de grâces*, Remercîment, témoignage de reconnaissance. *Je vous rends mille actions de grâces. Après la victoire, on chanta un Te Deum en ac. de grâces.* || *Faire une ac. d'éclat*, c'est Accomplir un acte de courage en présence d'un danger imminent, et en quelque sorte publiquement. || T. Art Mil. Voy. BATAILLE.

Enc. — Dans l'Art oratoire, on donne le nom d'*Ac.* à la concordance du maintien, de la voix et du geste de l'orateur avec le sujet dont il parle. Suivant Cicéron, l'ac., ce *sermo corporis*, comme il l'appelle, constitue une partie essentielle de l'art oratoire; et, selon Démosthènes, elle en est le commencement, le milieu et la fin. Elle doit traduire exactement les nuances du sentiment et de l'énergie de la passion. Sans l'ac., un discours véhément, une tirade pathétique, ne font qu'une faible impression sur les auditeurs. Voy. DÉCLAMATION.

En T. de Peinture et de Sculpture, l'*Ac.* est l'état du sujet tel que l'a imaginé l'artiste dans la représentation qu'il en a faite. Il ne faut pas confondre l'ac. avec le mouvement : celui-ci se dit de la pose animée d'une figure considérée isolément. L'ac. doit être une, simple, naturelle et facile à comprendre.

En Littérature, on appelle *Ac.* le développement des événements réels ou imaginaires qui forment le sujet d'un poème ou d'une pièce de théâtre. Ainsi, le développement des événements qui résultent de la colère et de l'inaction d'Achille constitue l'ac. de l'*Iliade*; le développement des événements qui amènent la mort d'Athalie et l'avénement de Joas au trône constitue l'ac. d'*Athalie*.

En Morale, l'*Ac.* est la manifestation extérieure de l'activité intellectuelle de l'homme. Il suit de cette définition que toute ac. est produite par la volonté et qu'elle devient, par cela même, imputable à cette volonté. Elle entraîne donc nécessairement une responsabilité, car elle peut être considérée comme bonne ou mauvaise, selon l'intention qui l'a produite.

En Mécan., le terme *Ac.* désigne tantôt l'effort que fait un corps contre un autre corps ou qu'une force exerce sur un corps, tantôt le mouvement ou l'effet qui résulte de cet effort. L'ac. s'exerce soit par pression soit par choc. Dans le premier cas elle est continue, dans le second elle est instantanée. Dans tous les cas d'ac. mécanique, le corps agissant rencontre une résistance égale à l'inertie du corps sur lequel il agit. Cette résistance a reçu le nom de *réaction*; elle est toujours égale à l'ac. et toutes deux s'exercent en sens contraire. Ainsi, lorsqu'on enfonce un clou avec un marteau, le choc agit contre la face du marteau exactement avec la même énergie qu'il agit contre la tête du clou, et quand on presse la main contre une pierre, la pression exercée sur la main est absolument semblable à celle exercée sur la pierre. Voy. MOUVEMENT, INERTIE.

Dans le langage de la Fin. et du Com., le mot *Ac.* a plusieurs significations. Il sert à désigner : 1° la fraction déterminée du capital que chaque actionnaire apporte dans une entreprise quelconque; 2° la reconnaissance ou l'acte authentique qui constate cette mise de fonds, et le droit qui en résulte de toucher l'intérêt de cet argent; 3° la part d'intérêt éventuel que peut rapporter chaque mise de fonds. Par ex., s'il se forme une entreprise qui exige un million de capital, pour que ces fonds soient apportés sans qu'il soit nécessaire de recourir à de grands capitalistes, on crée mille actions de mille francs chacune. Celui qui souscrit une de ces actions, en versant mille francs à la caisse sociale, a droit à l'intérêt de son argent et à un millième des bénéfices faits avec les fonds des mille actions. — On divise les actions en *actions au porteur*, c.-à-d. qui sont établies sous la forme d'un titre au porteur, et dont la cession s'opère par la simple tradition du titre, ou qui n'exigent que la signature du cédant pour passer à un nouveau propriétaire; et en *actions nominatives*, c.-à-d. qui portent le nom de la personne qui les a souscrites. La cession de cette dernière espèce d'ac. ne peut s'opérer que par le moyen d'un transfert, ou de l'inscription du nom du nouveau propriétaire sur les registres de la société qui a créé l'ac. — Beaucoup de sociétés et de compagnies d'assurances ou de finance émettent simultanément pour la même entreprise des actions au porteur et des actions nominatives. Quelquefois même pour faciliter la circulation des actions on les subdivise en *coupons*. Ainsi, une ac. de mille francs, divisée en quatre parts de deux cent cinquante francs chacune, forme quatre coupons, qui peuvent être acquis séparément par diverses personnes. — On donne le nom d'*actions industrielles* à des actions qui sont accordées à titre de rémunération ou d'apport d'industrie et de temps aux fondateurs ou aux gérants de quelque entreprise industrielle. Ces actions sont ord. soumises à des règles particulières : comme elles ne représentent pas un capital versé, et qu'il est bon que leur possesseur reste toujours intéressé à la prospérité de l'entreprise, on les déclare intransmissibles et inaliénables. Enfin, on appelle *ac. de jouissance* une action particulière qu'on délivre quelquefois avec l'ac. de capital, lorsque cette dernière est remboursable. L'ac. de jouissance donne droit seulement aux dividendes provenant des bénéfices réalisés par l'entreprise commerciale qui a créé cette ac.

En T. Droit et Jurispr., on entend par *Ac.* la demande, la poursuite judiciaire ou le droit de poursuivre en justice ce qui nous est dû. Dans ce dernier sens, *avoir ac. contre quelqu'un*, c'est avoir droit de former contre lui une demande en justice. — On distingue les actions en *actions civiles* et en *actions criminelles*. La poursuite de ces dernières n'appartient qu'aux magistrats institués à cet effet. Les premières sont ou *personnelles*, ou *réelles*, ou *mixtes*. L'ac. personnelle est dirigée contre une personne qui a contracté un engagement ou contre ses héritiers; l'ac. réelle, contre le tiers détenteur d'un immeuble sur lequel on a des droits (c'est, à proprement parler, l'*ac. hypothécaire*); et l'ac. mixte, contre celui qui se trouve obligé, tout à la fois, dans sa personne et dans ses biens. La plupart des actions portées devant les tribunaux appartiennent à cette dernière catégorie. — *Action pétitoire* et *possessoire*. Voy. PÉTITOIRE.

ACTIONNAIRE. s. Celui ou celle qui a une ou plusieurs actions dans une compagnie financière, industrielle ou commerciale.

ACTIONNER. v. a. Intenter une action judiciaire contre quelqu'un. = ACTIONNÉ, ÉE. part.

ACTIVEMENT. adj. D'une manière active. *Cette affaire n'a pas été conduite ac.* || T. Gram. On dit d'un verbe neutre qu'il s'emploie *Act.*, c.-à-d. Dans une signification active. Ainsi, *Parler*, qui est un verbe neutre, est employé *Act.* dans cette phrase : *C'est un homme qui parle bien sa langue.*

* **ACTIVER.** v. a. Hâter, presser, pousser vivement. *Activez donc cette affaire, ces travaux. Il faut ac. le recouvrement de l'impôt. Le café active la circulation du sang.* = ACTIVÉ, ÉE. part.

ACTIVITÉ. s. f. Puissance, faculté d'agir. *L'act. de l'âme. L'act. des organes.* || Diligence, promptitude, vivacité dans l'action, dans le travail. *J'admire l'act. de cet homme.* || * Dans le langage scientifique, on emploie le mot *Act.* pour désigner La rapidité avec laquelle un corps agit sur un autre. *L'act. d'un acide, d'un poison, du fluide électrique*, etc. || On nomme *Sphère d'act.*, L'espace dans lequel l'action d'un corps, d'un aimant, par ex., peut se faire sentir. — Fig., on appelle *Sphère d'act. d'un homme*, L'étendue dans laquelle un homme exerce la puissance d'action qui est en lui. *Sa sphère d'act. n'est pas très-grande.* || On dit D'un militaire, d'un fonctionnaire, qu'il est *en act. de service*, Lorsqu'il sert actuellement, qu'il exerce actuellement les fonctions de sa place, de son grade. Par opp., on emploie dans l'armée le terme de *Non-activité*.

Enc. — Le mot *Act.* est un des termes le plus souvent employés par les philosophes et par les physiologistes. En Philos., on s'en sert pour désigner la puissance que possède l'âme de se modifier elle-même, et de modifier non-seulement l'état de l'organisme vivant auquel elle est unie, mais encore, par l'intermédiaire de celui-ci, le milieu dans lequel nous sommes appelés à vivre. — L'homme est essentiellement actif, et son activité est toujours en jeu, même dans les états où il est vulgairement regardé comme purement *passif*. Il n'y a pas d'opération intellectuelle qui n'ait pour substratum l'act. de l'âme; seulement quand notre act. est dirigée avec un effort dont nous avons conscience vers un objet quelconque, nous lui donnons le nom d'*attention*. Mais cet effort, cet accroissement intentionnel d'act. est toujours déterminé par la *volonté* : on doit donc se garder de confondre la volonté, cette cause pure qui élève l'homme à la dignité d'être libre et responsable de ses actes, avec l'act. proprement dite. Celle-ci est soumise au contrôle de la volonté, jusque dans les actes les plus *habituels*; même dans ceux qu'on est dans l'usage d'appeler *instinctifs*. (Voy. les mots ATTENTION, VOLONTÉ, HABITUDE, INSTINCT, RÊVE et SOMMEIL.) — Les physiologistes entendent par act. la force qui anime, pour ainsi dire, la matière organisée. C'est en vertu de cette force que la matière organisée s'accroît et se développe par la production de cellules qui sont en tout point semblables aux cellules mères, et qui sont susceptibles de produire, par leurs évolutions successives, toutes les formes qu'affecte la matière vivante. Voy. MATIÈRE.

ACTUEL, ELLE. adj. Qui est réduit en acte, qui est réel. C'est dans ce sens qu'on dit : *Volonté actuelle*, par opp. à *Volonté potentielle ; Intention actuelle*, par opp. à *Intention virtuelle ; Grâce actuelle*, par opp. à *Grâce habituelle ; Péché actuel*, par opp. à *Péché originel.* || Effectif, réel. *Paiement actuel.* || Se dit encore De ce qui a lieu, de ce qui a cours, de ce qui est usité dans le moment présent. *L'état ac. des affaires publiques. La monnaie actuelle. Le langage ac.* || T. Chirur. *Cautère ac.* Voy. CAUTÈRE.

ACTUELLEMENT. adv. Au moment présent, au moment où l'on parle.

Syn. — *A présent*, *Présentement*, *Maintenant*. — *A présent* indique une partie plus ou moins étendue du temps actuel, par opposition à un autre temps plus ou moins éloigné ou indéfini. Jadis la force du corps gagnait les batailles, *à présent* c'est le canon. *Présentement* désigne d'une manière limitée le moment présent; il signifie, à présent, dans l'instant. Sa maison est à louer *présentement*. *Actuellement* exprime un temps plus précis et plus instantané encore; c'est le présent même, l'instant où l'on parle, où l'action se fait, où l'événement s'accomplit. Le tribunal entre *actuellement* en séance. *Maintenant* signifie littéralement, pendant qu'on a les choses sous la main, pendant qu'on est après. Il comprend aussi l'idée de suite, de continuation d'une chose, de liaison ou de transition d'une partie à une autre. Nous venons de considérer le beau côté de la médaille, voyons-en *maintenant* le revers.

***ACULÉIFORME.** adj. 2 g. (lat. *aculeus*, aiguillon; *forma*, forme). Se dit, en Bot., Des organes qui ressemblent à des aiguilles, et, en Zool., Des écailles de poissons qui ont la forme de pointes recourbées.

ACUMINÉ, ÉE. adj. (lat. *acumen*, pointe). En T. Bot., se dit D'une feuille, d'un pétale ou de tout autre organe foliacé dont les deux bords, après avoir insensiblement convergé l'un vers l'autre, se prolongent pendant quelque temps pour former une pointe plus ou moins allongée. || En T. Zool., on dit que Les ailes d'un insecte sont *Acuminées*, Lorsqu'elles se terminent en pointe aiguë et prolongée.

ACUPONCTURE, ou mieux ***ACUPUNCTURE.** s. f. (lat. *acus*, aiguille; *punctura*, piqûre). T. Chirur.

Enc. — On donne ce nom à l'introduction méthodique, dans un but thérapeutique, d'une ou de plusieurs aiguilles dans diverses régions du corps. Cette opération, inconnue aux médecins grecs, latins et arabes, paraît avoir été pratiquée de temps immémorial par les Chinois. Ceux-ci la transmirent aux Japonais, et, chez ces deux peuples, elle constitue une des principales ressources de la médecine contre des cas très-divers appartenant surtout aux affections nerveuses et rhumatismales. Ten-Rhyne, chirurgien hollandais, fit connaître cette méthode dans un mémoire qui parut à Londres, en 1683; et, en 1712, Kœmpfer compléta les renseignements du premier dans une note qu'il publia sur le même sujet. On fit d'abord, pour juger de l'efficacité de ce procédé, quelques essais qui n'amenèrent aucun résultat. Ce n'est guère que dans les années 1824, 25 et 26 que d'habiles expérimentateurs surent tirer quelque fruit de cette importation étrangère; mais c'est surtout au docteur J. Cloquet, que l'ac. a dû l'espèce de vogue dont elle a joui quelque temps en France. — Pour pratiquer cette opération, on se sert à peu près indifféremment de toute espèce d'aiguilles, pourvu qu'elles soient très-fines, très-polies et très-acérées. Lorsqu'elles sont en acier, elles doivent être recuites, pour éviter qu'elles se brisent à l'intérieur des parties. Dans tous les cas, il est bon d'adapter à leur extrémité mousse une tête en métal ou en cire d'Espagne, afin de prévenir leur introduction complète dans le tissu des organes. Ainsi préparées, on les fait pénétrer à travers la peau tendue, soit en les poussant directement, soit en les tournant entre les doigts, soit en les frappant avec un petit maillet. Généralement, c'est le siége de la douleur qui détermine les points où l'on doit implanter les aiguilles. La durée de leur application est très-variable : parfois quelques minutes suffisent; dans certains cas on ne les retire qu'au bout de 24, et même de 36 heures; le plus souvent on ne les laisse en place que 1 heure 1/2 à 2 heures. L'ac. peut être avantageuse dans les affections qui consistent principalement en des troubles de la sensibilité et de la motilité, mais elle a été trouvée si souvent impuissante qu'elle est à peu près complétement abandonnée. — On ne s'est point contenté des effets obtenus à l'aide de l'ac. simple : on a encore essayé de les combiner avec ceux que produit l'électricité, et cette opération a reçu le nom d'*électro-puncture*. Le docteur Sarlandière, auteur de ce procédé, se proposait de diriger une décharge électrique sur les parties internes qu'il paraissait utile de stimuler. Pour cela, des aiguilles d'or ou d'argent sont implantées dans les tissus comme pour l'ac. simple; puis on décharge sur chacune d'elles, à plusieurs reprises, la bouteille de Leyde, ou on leur communique l'électricité de toute autre manière. Le professeur Velpeau paraît avoir employé l'électro-puncture avec quelque succès dans certains cas d'anévrismes externes pour déterminer la coagulation du sang dans la poche anévrismale.

ACUTANGLE. adj. 2 g. T. Géom. Voy. TRIANGLE.

***ACUTANGULÉ, ÉE.** adj. T. Bot. Se dit De tout organe qui offre des angles aigus. Ce terme est l'opposé d'*Obtusangulé*.

***ACUTANGULAIRE.** adj. 2 g. T. Géom. Voy. CÔNE.

ADAGE. s. m. (lat. *adagium ; ad agendum*, [règle] pour la conduite). Proverbe, sentence, maxime. — On dit D'un homme qui affecte un ton sentencieux, *Il ne parle que par adages.*

Syn. — *Proverbe.* — L'*adage* est une sentence brève et piquante qui, lancée par un auteur dans la circulation intellectuelle, se propage, se popularise et acquiert la force d'une vérité démontrée. *Rien n'est plus commun que le nom, rien n'est plus rare que la chose; Qui sert bien son pays n'a pas besoin d'aïeux; L'esprit qu'on veut avoir gâte celui qu'on a*, sont des *adages*. Le *proverbe* est l'expression du sentiment populaire, sous une forme concise, énergique et vulgaire. *Pierre qui roule n'amasse pas mousse; Nul n'est prophète dans son pays; Tout ce qui reluit n'est pas or*, voilà des *proverbes*. Comme on peut le remarquer, le *proverbe* est toujours une sentence naïve qui exprime simplement ce qui est, ce qui se passe, ce qu'on a observé. L'*ad.*, au contraire, est une sentence qui, par la finesse de l'observation, et souvent même par sa tournure épigrammatique, nous invite à réfléchir et à nous corriger. Il existe encore cette différence entre ces deux termes : c'est que l'*ad.* a besoin de la consécration du temps, tandis que le *proverbe* peut s'en passer. Souvent un bon mot devient *proverbe* en naissant.

ADAGIO. adv. T. Mus. Mot emprunté de l'italien, et qui signifie *Posément.* On l'écrit au commencement des morceaux de musique pour indiquer un mouvement lent. ‖ S'emploie subst. pour désigner Le morceau même qui doit être joué dans ce mouvement. *L'ad. de cette symphonie est très-beau.*

ADAPTATION. s. f. Action d'adapter.

ADAPTER. v. a. (lat. *ad*, *aptare*, ajuster à). Appliquer, ajuster une chose à une autre. *Ad. un tube à un autre tube.* ‖ Fig., Appliquer un mot, un passage à une personne, à un sujet. *Ce vers de Virgile lui est bien adapté.* = S'ADAPTER. v. pron. *Cet exorde peut s'ad. à une foule de discours.* = ADAPTÉ, ÉE. part.

ADATIS. s. m. Mousseline des Indes orientales.

***ADDITIF, IVE.** adj. T. Math. Voy. QUANTITÉ.

ADDITION. s. f. [On pron. les 2 D.] (lat. *addere*, donner, mettre de plus). Ce qu'on ajoute, ce qui est ajouté à une chose. *Faire des additions à une maison, à un livre.* ‖ T. Impr. Petite ligne, note placée en marge du texte. ‖ T. Droit. *Informer par add.*, Ajouter une nouvelle information à la première.

Enc. — L'*Add.*, en T. de Mathém., est l'opération qui a pour but d'exprimer plusieurs quantités par une seule qu'on appelle *somme.*

En Arith., l'add. a pour objet de réunir plusieurs nombres en un seul. Elle est simple ou composée; simple, lorsque les quantités qu'on se propose d'additionner sont toutes des nombres entiers; composée, lorsque ces quantités contiennent des parties fractionnaires. — L'add. simple consiste donc à réunir plusieurs nombres entiers en un seul. Ainsi, pour ajouter 3 à 4, on dit 4 et 1 font 5, 5 et 1 font 6, 6 et 1 font 7; ce nombre 7 que l'on obtient après avoir augmenté 4 de 3 unités est la *somme* ou le *total* des nombres 4 et 3, c.-à-d. qu'il contient autant d'unités que les deux autres nombres dont il est la reproduction. — Règle générale : pour additionner plusieurs nombres, il faut d'abord les écrire les uns au-dessous des autres, de manière à ce que les unités de même ordre se trouvent rangées dans une même colonne verticale. On tire ensuite un trait, afin de séparer ces nombres de la *somme* ou résultat qu'on doit obtenir et qui s'inscrit au-dessous.

	A	B	C
Nombres à ajouter.	3463	8705	860
	2325	889	140
	5788	9594	1000

Dans chacun de ces exemples, pour faire l'opération, on commence à ajouter les nombres placés dans la colonne des unités simples, c.-à-d. dans la première colonne à droite. Si la somme n'excède pas 9, comme dans l'ex. A, on l'écrit sous cette colonne; si elle surpasse ce nombre, comme dans l'ex. B, on écrit seulement les unités simples sous cette colonne, et l'on reporte les dizaines à la colonne suivante; on opère sur celle-ci de la même manière que sur la précédente. On suit le même procédé pour la colonne des centaines, des mille, etc., jusqu'à la dernière colonne au-dessous de laquelle on inscrit la dernière somme partielle, telle qu'on l'a trouvée (exemples B et C).

La règle à suivre est identique, lorsque les nombres qu'on veut additionner sont composés d'entiers et de fractions décimales. On opère l'add. colonne par colonne, sans faire aucune distinction pour la partie décimale; et lorsqu'on a trouvé la somme de tous ces nombres, on sépare à la droite de cette somme, par une virgule, autant de chiffres décimaux qu'en contient le nombre qui en a le plus.

D	E
45,75	28,7026
148,05	232,38
239,25	6,9704
827,30	2689,27
1260,35	2957,3230

Ainsi, dans l'ex. D, on sépare par la virgule les deux derniers chiffres de la somme 1260,35, parce que aucun des nombres qui ont servi à former cette somme ne contient plus de deux chiffres décimaux; par la même raison, on en sépare quatre dans l'ex. E. Pour l'add. des nombres complexes, des fractions et des quantités algébriques, voy. COMPLEXE, FRACTION et ALGÈBRE.

ADDITIONNEL, ELLE. adj. Qui est ou qui doit être ajouté. *Clause additionnelle.* ‖ T. Fin. On appelle *Centimes additionnels*, une Partie aliquote de l'impôt qu'on fait payer en sus par les contribuables. Voy. IMPÔT. ‖ *Acte add.* Voy. ACTE.

ADDITIONNER. v. a. Faire l'opération mathématique appelée *Addition.* = ADDITIONNÉ, ÉE. part.

ADDUCTEUR. adj. m. (lat. *ad*, vers; *ducere*, conduire). Se dit Des divers muscles qui, en se contractant, rapprochent du plan médian du corps les parties auxquelles ils sont attachés. ‖ Se prend aussi subst. *Les adducteurs du bras, de la cuisse. L'ad. de l'œil.*

ADDUCTION. s. f. Mouvement qui consiste à rapprocher du plan médian du corps un membre ou une partie latérale. Voy. ABDUCTION.

***ADÈLE.** s. f. T. Ent. Voy. TINÉITES.

***ADELPHE.** adj. 2 g. (gr. ἀδελφός, frère.) = *ADELPHIE. s. f. T. Bot. Voy. ÉTAMINE et BOTANIQUE.

ADEMPTION. s. f. (lat. *a*, de; *demere*, ôter). Révocation d'un legs, d'une donation. Peu usité.

***ADÉNANTHÈRE.** s. f. (R. *anthère*, et ἀδὴν, glande). T. Bot. Voy. LÉGUMINEUSES.

***ADÉNOSTYLÉES.** s. f. pl. (gr. ἀδὴν; στῦλος, style). T. Bot. Voy. COMPOSÉES.

ADEPTE. s. m. (lat. *adeptus*, qui a obtenu, qui est parvenu). Celui qui est initié dans les mystères d'une secte, d'une science. — Se dit part., De ceux qui se livrent à l'alchimie. ‖ Se prend aussi adj. *Cette femme a été une ad. du quiétisme.*

ADÉQUAT, ATE. adj. [On pron. *adékouat*] (lat. *ad*, à; *æquare*, égaler). T. Philos., qui s'emploie en parlant De nos connaissances, de nos idées. Une idée est *Adéquate* lorsqu'elle a tous les caractères essentiels de son objet, qu'elle convient à cet objet tout entier et rien qu'à lui. *Une définition, pour être bonne, doit être adéquate à la chose définie, c.-à-d. convenir à l'objet défini tout entier et ne convenir qu'à lui seul.*

***ADHATODA.** s. f. T. Bot. Voy. ACANTHACÉES.

ADHÉRENCE. s. f. Union, état de deux corps étroitement unis entre eux. ‖ Fig., Attachement à un parti, à une opinion. Se prend ord. en mauvaise part. *On l'accusait d'ad. au parti des rebelles.* Vx.

Enc. — On donne, en Minér., le nom d'*Ad.* à la manière dont les cristaux sont attachés à leur gangue ou à leur support. — En Bot., on appelle ainsi l'union ou la soudure de parties contiguës. L'ad. est une des causes de la grande diversité d'aspect que présentent les organes des plantes. Ainsi, deux feuilles opposées se soudent et croissent ensemble, de manière à paraître n'en former qu'une seule qui est traversée par la tige. Plusieurs feuilles s'unissent en verticille et forment un involucre; un certain nombre de pétales adhèrent entre eux de manière à constituer une corolle monopétale; une adelphie résulte de l'ad. de plusieurs étamines. Plusieurs carpelles adhèrent entre eux, et il en résulte un fruit composé. Enfin, dans une foule de plantes, le calice adhère aux côtés de l'ovaire et alors il semble naître du sommet de cet organe. L'irrégularité dans les fleurs et dans les fruits est aussi fort souvent le résultat de l'inégalité dans la manière dont se sont soudées entre elles les parties similaires. Ainsi, dans le calice bilabié, deux sépales adhèrent entre eux pour former l'une des lèvres, et les trois autres sépales se soudent également pour constituer la seconde lèvre. Le même phénomène s'observe dans la corolle et dans d'autres parties des végétaux.

En Pathol., on appelle *Ad.* l'union vicieuse ou accidentelle des parties. Les adhérences peuvent résulter d'une disposition primitive de l'organisme, ou être la conséquence d'une inflammation. La réunion congéniale des paupières, les imperforations du nez, de la bouche, sont des exemples du premier genre d'ad.; la réunion des paupières à la suite d'une brûlure, celle des bords d'une plaie, sont des cas d'ad. accidentelle. Toute ad. accidentelle est le résultat de l'inflammation à laquelle on donne le nom d'*adhésive*, quoique la nature de l'inflammation n'offre alors rien de particulier. Il est évident qu'il ne peut se former d'ad. qu'entre des parties naturellement contiguës, ou entre des parties maintenues accidentellement en contact. Dans ce dernier cas, et dans celui où les parties ont été divisées par une plaie, l'ad. reçoit le nom particulier de *cicatrice*, et elle prend celui de *cal*, lorsqu'il s'agit d'os rompus ou divisés. — L'ad. est le résultat d'une exhalation de matière coagulable qui s'interpose entre les parties divisées et rapprochées, s'organise, se pénètre de vaisseaux et unit solidement les points contigus. — L'épiderme et la tige des poils, n'étant pas susceptibles d'inflammation, n'offrent jamais de véritable ad. Les exemples d'adhérences se voient surtout dans les tissus cutané, cellulaire et séreux. Les membranes synoviales et la surface interne des vaisseaux en sont plus rarement le siége. Les adhérences survenues à la suite des inflammations n'ont de conséquences fâcheuses que lorsqu'elles gênent les fonctions des organes; très-souvent, au contraire, elles sont la seule ressource de la nature pour sauver les malades. La chirurgie elle-même est, dans un grand nombre de cas, obligée de provoquer une inflammation adhésive : c'est, par ex., au moyen des adhérences que l'art parvient à faire disparaître la difformité congéniale appelée bec-de-lièvre, à obtenir la guérison des hernies et d'une foule d'affections plus ou moins dangereuses. Voy. CICATRICE, CAL et AUTOPLASTIE.

ADHÉRENT, ENTE. adj. Qui a contracté une adhérence. ‖ S'emploie subst. et ord. au plur., en parlant De ceux qui sont attachés à l'opinion, au parti de quelqu'un; mais il ne se prend guère qu'en mauvaise part. *Il fut condamné avec tous ses adhérents.*

Syn. — *Attaché, Annexé.* — Une chose est *adhérente* à une autre, par l'union résultant de la continuité, ou par la soudure de parties contiguës; elle est *attachée* par des liens artificiels qui la fixent à la place ou dans la situation où l'on veut qu'elle demeure; elle est *annexée* par une simple jonction morale, effet de la volonté et de l'institution humaine. *Les branches sont adhérentes au tronc. Les voiles sont attachées au mât. Il y a des emplois que l'on a annexés à d'autres pour les rendre plus considérables. Adhérent* et *annexé* s'emploient presque toujours dans le sens propre; mais *attaché* se dit fréquemment dans le sens fig. : Je lui suis *attaché* par les liens de l'amitié.

ADHÉRER. v. n. (lat. *ad*, à; *hærere*, s'attacher). Être attaché, être uni, tenir fortement à quelque chose, contre quelque chose. *L'écorce de cet arbre adhère fortement au bois.* ‖ Fig., Être attaché aux opinions, au parti de quelqu'un. *Il a adhéré au parti de la Fronde.* ‖ Approuver, adopter. *Il adhère à tout ce que vous dites. La Cour adhère aux conclusions de l'avocat général.* = Syn. Voy. ACQUIESCER.

***ADHÉSIF, IVE.** adj. T. Méd. Se dit de ce qui adhère et de ce qui procure l'adhésion. Voy. ADHÉRENCE, ADHÉSION, AGGLUTINATIF.

ADHÉSION. s. f. T. Phys. Se dit De la force avec laquelle deux corps restent attachés l'un à l'autre lorsqu'on les a mis en contact. ‖ T. Droit. Acceptation d'une proposition qui nous est faite, ou approbation d'un acte dans lequel nous n'avons pas été parties : dans les deux cas il se forme un contrat, et la personne qui a donné son adhésion se trouve obligée. — S'emploie encore en parlant D'un acte par lequel une puissance acquiesce à un traité qui lui est proposé.

Enc. — On a souvent confondu l'*Ad.* avec la *cohésion;* mais ces deux termes sont essentiellement distincts. L'ad. est la force avec laquelle deux corps différents une fois mis en contact résistent à l'effort fait pour les séparer; la cohésion est celle qui unit entre elles les molécules d'un corps homogène. Ainsi, les molécules qui constituent une goutte d'eau ou de mercure sont unies entre elles par la force de cohésion, et les molécules d'eau qui humectent la surface d'un corps quelconque lui sont unies par l'ad. — L'ad. peut exister entre deux corps solides, entre un solide et un fluide, ou entre deux fluides. On trouve un exemple d'ad. de corps solides dans la force nécessaire pour séparer deux tablettes de marbre dont les surfaces polies ont été mises en contact. La position de l'eau, au-dessus de son niveau dans les tubes capillaires ou entre deux plaques de verre presque en contact, est un exemple d'ad. d'un fluide à un corps solide. Enfin, on a un exemple d'ad. de deux liquides entre eux, lorsqu'on humecte d'huile une plaque de verre, et qu'on la met en contact avec la surface de l'eau. Il faut alors un effort très-considérable pour détacher perpendiculairement la plaque huilée de la surface de l'eau. — Brook Taylor semble avoir été le premier qui ait entrepris d'évaluer expérimentalement la force de l'ad. La méthode qu'il employa consistait à calculer le poids nécessaire pour enlever des planches de bois mises par leur face inférieure en contact avec de l'eau; mais cette méthode donne des résultats inexacts. Lorsqu'on sépare la planche de la surface de l'eau, on voit que la surface de la planche est humide, c.-à-d. qu'une mince couche d'eau est restée attachée au bois. Ainsi donc la force dépensée pour opérer la séparation n'est pas la force nécessaire à surmonter l'ad. entre l'eau et la planche. Ici l'effort n'a réellement à vaincre que la cohésion qui unit entre elles les particules de l'eau. Ce qui vient confirmer ce fait expérimental, c'est que si l'on applique des disques de substances différentes contre un liquide qui les humecte, l'ad. de ces disques au liquide est constamment la même; dans tous ces cas l'on n'a affaire qu'à la force cohésive de ce dernier. — Laplace a démontré que l'ad. des disques aux surfaces des liquides est un phénomène capillaire, et résulte de l'action de forces attractives qui ne sont sensibles qu'à une très-faible distance. En supposant connu le diamètre du disque et la hauteur à laquelle le même liquide s'élève dans un tube capillaire de même substance et d'un diamètre donné, Laplace a déterminé théoriquement la force nécessaire pour détacher le disque. Les résultats de sa détermination, appliqués à divers liquides, tels que l'eau, l'essence de térébenthine et l'alcool à différentes densités, concordent exactement avec les nombres que Gay-Lussac a obtenus par une série d'expériences très-rigoureuses. La parfaite identité des forces qui produisent l'ad. et l'attraction capillaire se prouve encore au moyen de l'expérience qui suit : on sait que la hauteur à laquelle un liquide s'élève dans les tubes capillaires dépend de l'angle que fait ce liquide avec les côtés du tube; or, la surface du mercure recouvert d'eau dans un tube capillaire est exactement sphérique; en conséquence, l'angle que fait le mercure avec les côtés du tube devient nul, et la force se trouve réduite à zéro. Si donc l'ad. dépend d'une force de la même nature, il s'ensuivra que, en appliquant un disque de verre à la surface du mercure, et en recouvrant l'un et l'autre d'eau, la force nécessaire pour enlever le disque sera nulle, si l'on fait abstraction de celle qui est employée à faire équilibre au poids de ce disque. Or, c'est précisément ce qui a lieu, ainsi qu'on l'a vérifié. Lorsque le mercure et le disque étaient couverts d'eau, l'expérimentateur n'éprouvait plus aucune résistance pour enlever le disque, tandis que, lorsqu'il n'y avait pas d'eau, il fallait un poids de 296 ou même de 400 grammes pour vaincre l'ad. — L'ad. qui se manifeste entre les surfaces polies des corps solides est proportionnelle à l'étendue de ces surfaces ou au nombre de points mis en contact. On croyait anciennement que la résistance offerte par ces surfaces à l'effort fait pour les séparer, dépendait uniquement de la pression atmosphérique; mais la quantité de force nécessaire pour effectuer cette séparation démontre combien cette croyance était erronée. D'ailleurs, l'effort nécessaire est à peu près le même dans le vide. — Un des faits les plus curieux relatifs à l'ad. des surfaces de corps solides se remarque fréquemment dans les verreries. Quand les glaces ont reçu le dernier poli, on les met en magasin en les dressant de champ l'une contre l'autre. Dans cette position, elles acquièrent quelquefois une ad. tellement forte que trois ou quatre glaces sont comme incorporées l'une à l'autre, à tel point qu'on peut user leurs bords, les couper au diamant et les travailler comme si elles formaient un seul morceau de verre. Des échantillons provenant de la manufacture de Saint-Gobin et conservés par Clément Desormes, bien que formés de rectangles de quelques centimètres seulement, avaient contracté une telle adhérence, qu'il fallait une force considérable pour les faire glisser sur les surfaces de jonction. Mais, quand on voulait les séparer sans produire de glissement, il y avait rupture, de telle sorte que la surface de l'une restait couverte dans une assez grande étendue de morceaux détachés de la surface de l'autre.

AD HONORES. (On pron. *honorèsse*). Expression latine qui s'emploie fam. en parlant D'une personne qui, n'ayant que le titre d'une charge, n'en remplit pas les fonctions et n'en perçoit pas les émoluments.

ADIANTE. s. f. (gr. ἀδίαντος, toujours sec). T. Bot. Voy. Polypodiacées.

ADIEU. (dérivé par ellipse de *recommander à Dieu*). Terme de civilité dont on se sert en prenant congé de quelqu'un. *Adieu, monsieur. Il ne lui a pas seulement dit adieu.* || *Dire adieu*, Prendre congé. *Il est allé dire adieu à ses amis.* || Fam., on dit à quelqu'un que l'on se propose de revoir: *Sans adieu* ou *Je ne vous dis pas adieu.* || Fig., *Dire adieu au monde, aux plaisirs, à la poésie*, c'est Y renoncer. || Se dit quelquefois en parlant D'un homme ou d'une chose qui court grand risque. *Si la fièvre vient à redoubler, adieu le malade. Si vous touchez à ce guéridon, adieu mes porcelaines.* || Prov., *Adieu panier, vendanges sont faites*, Se dit D'une espérance complétement déçue, d'une affaire manquée, d'une chose perdue sans ressource. = Adieu. s. m. *Un triste, un éternel adieu. J'ai reçu ses derniers adieux. Il a fait ses adieux au ministre*, Il a pris congé du ministre.

ADIPEUX, EUSE. adj. (lat. *adeps*, graisse). T. Anat. Qui est de nature graisseuse ou qui contient de la graisse.

Enc. — On a longtemps regardé la graisse comme un produit de nutrition déposé dans les interstices du tissu cellulaire par l'action sécrétoire de ce tissu lui-même ou des vaisseaux sanguins, pour être résorbé en temps opportun. — Mais partout où elle se présente comme tissu indépendant, la substance adipeuse est toujours contenue dans des vésicules que l'on appelle cellules adipeuses. Ces cellules, il est vrai, se trouvent dans les espaces celluleux du tissu cellulaire; elles peuvent s'y amasser et en disparaître; mais la cavité des vésicules adipeuses ne se confond point avec celle des cellules du tissu cellulaire, et la paroi de ces vésicules n'est pas du tissu cellulaire. Les espaces compris dans le tissu cellulaire communiquent les uns avec les autres, tandis que les vésicules adipeuses sont closes de tous côtés, et se laissent isoler, car chacune a sa paroi propre. Chaque cellule de tissu cellulaire renferme un plus ou moins grand nombre de vésicules adipeuses. Ce sont les parois des cellules de tissu cellulaire qui séparent les vésicules adipeuses en groupes plus ou moins volumineux, et qui les réunissent en petits lobules, tels que ceux sous la forme desquels se présente la graisse de l'orbite.

Les cellules adipeuses sont rondes ou à peu près, et parfaitement lisses à la température du corps, sous l'influence de laquelle la graisse demeure liquide. Par le refroidissement, elles deviennent irrégulières, et souvent polyédriques en raison de la pression qu'elles exercent les unes sur les autres. Leur diamètre varie de 40 à 80 millièmes de millim. (Les figures ci-dessus sont vues à un grossissement de 220 diamètres). — L'enveloppe des vésicules adipeuses est, en gén., tellement délicate qu'on ne peut pas la distinguer nettement du contenu. (Fig. 1. Cellule adipeuse à paroi en apparence plus épaisse). Très-fréquemment la paroi présente une saillie sur un point de son étendue, et là existe un noyau ou une trace de noyau. [Le noyau paraît être l'élément autour duquel se développe la cellule. Voy. Histogénie.] (Fig 3. Cellule dans la paroi de laquelle le noyau a formé une saillie au point *a*.) Quelquefois on rencontre, sur le cadavre, des vésicules adipeuses offrant une ou deux figures étoilées particulières, immédiatement au-dessous de leur surface. (Fig. 2, 4, 5, 6). Henle les regarde comme des cristaux de stéarine, et Vogel comme des cristaux d'acide margarique. — Les vaisseaux sanguins qui se rendent dans le tissu ad. sont logés dans les sillons qui séparent les pelotons graisseux; chaque groupe de vésicules reçoit une artériole et une veinule qui lui forment une sorte de pédicule. Cet ensemble de vaisseaux et de grains agglomérés a quelque ressemblance avec une grappe de raisin suspendue à son pédoncule.

Le tissu ad. forme, suivant Béclard, à peu près la 20e partie du corps humain. Il est plus ou moins abondant dans les différentes régions, et présente des formes très-diverses. Sous la peau, il s'étend en forme de membrane, et constitue le *pannicule* graisseux. Dans l'orbite, autour des reins, etc., il représente des masses irrégulières. Chez les individus très-gras, on trouve presque partout des vésicules adipeuses; certaines parties cependant n'en offrent jamais. Telles sont les paupières, la cavité du crâne, la surface du poumon, etc. Des amas considérables de graisse semblables à des coussins garnissent le siége des femmes hottentotes.

De tous les tissus, la graisse est celui qui se forme et se détruit le plus facilement. Sous l'influence d'une bonne nourriture et du repos, elle ne tarde pas à s'accumuler, sans toutefois dépasser une certaine limite chez les sujets bien portants. Elle disparaît avec tout autant de rapidité quand le corps éprouve des pertes matérielles, ou quand les moyens de réparation viennent à lui manquer. Chez les animaux, elle se produit en abondance à certaines époques, pour être plus tard résorbée en partie: c'est ce qui arrive, avant le sommeil d'hiver, chez les mammifères hibernants. Il ne paraît pas que l'homme soit assujetti à une diminution périodique de la graisse; toutefois, lorsque les circonstances sont favorables, elle s'accumule facilement durant les premières années de l'existence pour diminuer vers l'époque de l'adolescence; mais sa quantité augmente de nouveau dans l'âge mûr. — On admet habituellement que la graisse constitue une espèce de fonds de réserve destiné à suppléer au défaut d'alimentation. Nous croyons avec Liebig que la principale fonction de la graisse se rapporte à la respiration. L'oxygène de l'air introduit dans les poumons doit nécessairement se combiner à un corps quelconque pour former un oxyde. Or, quand l'organisme est privé d'aliments réparateurs, c'est la graisse qui fournit la majeure partie du carbone éliminé par la respiration sous la forme d'acide carbonique. (Voy. Abstinence, Aliment, Respiration.) — Béclard prétend que les vésicules adipeuses disparaissent dans l'émaciation. Hunter, au contraire, assure qu'on peut les distinguer même lorsqu'elles sont vides. Suivant Gurlt, au lieu de graisse, elles contiennent de la sérosité.

Il est des circonstances où la graisse s'amasse en quantité anormale dans certaines régions; de là résulte une véritable hypertrophie du tissu ad., l'*obésité*, la *polysarcie*. Jusqu'à un certain degré l'embonpoint est un signe de santé; mais son excès dénote plutôt une certaine faiblesse. On l'observe souvent à la suite de maladies épuisantes, comme l'hydropisie. On trouve également d'une manière accidentelle des masses compactes de graisse qui acquièrent un volume énorme, et qu'on appelle des *lipômes*. (Voy. Graisse.) Pour plus de détails, cons. l'*Anat. gén.* de Henle et celle de Mandl.

ADIPOCIRE. s. f. (lat. *adeps*; *cera*, cire).

Enc. L'*Ad.* ou *Gras de cadavre*, décrite pour la première fois par Fourcroy, n'est, suivant Chevreul, qu'une espèce de savon animal formé d'un peu d'ammoniaque, de potasse et de chaux combinées avec beaucoup d'acide margarique, un peu d'acide oléique, etc. Le gras de cadavre est le résultat de l'action de la graisse sur l'ammoniaque fournie par la décomposition de l'albumine, etc., tandis que la potasse et la chaux proviennent des substances salino-terreuses au milieu desquelles le cadavre est placé. L'ad. se produit lorsqu'on plonge dans l'eau ou lorsqu'on enfouit dans un terrain humide des cadavres entiers ou quelques-unes de leurs parties seulement.

ADIRER. v. a. (lat. *ad*, vers; *errare*, errer). Perdre, égarer. Usité seulement en T. Jurisp. et au participe. = Adiré, ée. part. *Titre adiré. Pièce adirée.*

ADITION. s. f. (lat. *ad*, vers; *ire*, aller). N'est usité que dans cette loc.: *Ad. d'hérédité, de succession*, et signifie, *Acceptation*.

ADJACENT, ENTE. (lat. *ad*, auprès; *jacere*, être couché, être situé). Qui est proche, contigu. *Pays ad. Lieux adjacents. Maisons adjacentes.* Ne se dit que de ce qui est étendu en surface. || T. Géom. *Angle ad.* Voy. Angle.

ADJECTIF. adj. m. (lat. *ad*, auprès, et *jacere*, être situé, d'où l'on a fait *adjicere*, ajouter, dont le part. passé est *adjectus*). T. Gram. Se dit Des noms que l'on joint aux substantifs, pour les qualifier ou en modifier la signification. || Se prend aussi subst. *Un adj. masculin. Un adj. féminin. L'adj. doit s'accorder avec le substantif en genre et en nombre.*

Syn. — *Épithète.* — L'*épithète* et l'*adj.* se joignent au substantif pour modifier l'idée principale par des idées secondaires: mais l'*adj.* est nécessaire; il sert à déterminer et à compléter le sens de la proposition, tandis que l'*épithète* ajoute de l'énergie ou de la grâce au discours. Retranchez d'une phrase l'*adj.*, elle est incomplète, ou plutôt c'est une autre proposition: retranchez-en l'*épithète*, la proposition pourra rester entière, mais déparée ou affaiblie. Aussi dit-on *épithète oiseuse* et non pas *adjectif oiseux*.

Enc. — L'*Adj.* ajoute au nom auquel il est joint l'idée d'une qualité essentielle ou accidentelle; mais, comme la même qualité peut s'appliquer à une multitude d'êtres de nature différente, l'adj., dont le propre est d'exprimer cette qualité, ne doit rien présenter de déterminé à l'esprit qui le considère isolément. En effet, les adjectifs *Bon*, *Grand*, *Juste*, n'offrent à l'intelligence qu'une notion vague de bonté, de grandeur, de justice, sans rappeler l'idée d'aucun être. Il en est tout autrement si l'on joint l'un de ces adjectifs à un nom: il résulte alors de leur réunion une idée parfaitement déterminée, celle d'un être indiqué par sa nature et considéré comme possédant une certaine qualité: *Bon père*, *Homme grand*, *Esprit juste*. — Quelques grammairiens pensent que l'adj. n'est pas un élément essentiel du discours, parce qu'on peut désigner, sans son secours, l'idée de qualité ajoutée à un nom. Il est vrai qu'au lieu de l'*homme raisonnable*, on peut dire l'*homme qui a de la raison*; mais cette manière de s'exprimer est longue, monotone et dépourvue d'énergie. — La qualité désignée par l'adj. peut être considérée comme ayant été antérieurement attribuée au sujet, ou comme lui étant actuellement attribuée. Dans le premier cas, l'adj. est immédiatement joint au substantif: *Un enfant obéissant*; dans le second, il est séparé du nom par un verbe et forme à lui seul l'attribut d'une proposition: *Philippe est clément.* Dans cet exemple-ci, l'adj. se rapporte uniquement au nom qui sert de sujet à la proposition, et il ne saurait se joindre à un autre nom, puisque c'est du sujet même que l'on affirme la qualité exprimée par l'adj. Mais lorsqu'il ne fait que la fonction de qualificatif du sujet, il est nécessairement joint au nom qu'il qualifie. On l'emploie cependant isolément, ou, en d'autres termes, substantivement, lorsque l'esprit peut facilement suppléer le nom auquel il devrait être joint. Ainsi, dans cette proposition: *Les méchants seront punis*, le nom sous-entendu *homme*, est trop facile à suppléer pour qu'il soit nécessaire de l'exprimer.

Selon Sylvestre de Sacy, les adjectifs peuvent être divisés en deux classes: les *Adjectifs circonstantiels*, ou adjectifs qui modifient le nom auquel ils sont joints, par une circonstance qui est entièrement hors du sujet exprimé par ce nom; tels sont les mots *Quelque*, *Tout*, *Chaque*, *Aucun*, *Nul*, *Ce*, *Cet*, *Un*, *Deux*, *Trois*, etc.; et les *Adjectifs qualificatifs* ou adjectifs qui déterminent le nom auquel ils s'unissent, par une qualité qui se trouve dans le sujet exprimé par ce nom; tels sont *Bon*, *Beau*, *Rouge*, *Mon*, *Ton*, *Son*, *Notre*, *Premier*, *Second*, *Troisième*, etc. — Pour faciliter l'étude des adjectifs, on peut les diviser également en *Pronominaux* (*mon*, *ton*, *son*, *sien*, *notre*, *votre*, *leur*); en *Démonstratifs* (*ce*, *cet*, *ceci*, *cela*, *celui*, *celle*, *celui-ci*, *celui-là*, etc.); en *Conjonctifs* (*qui*, *que*, *lequel*, etc.); et en *Numéraux* (*un*, *deux*, *trois*, *quatre*, etc.). Plusieurs grammairiens établissent encore d'autres divisions; mais toutes rentrent dans les classes générales des adjectifs qualificatifs et des adjectifs circonstantiels.

Les adjectifs sont plus souvent employés pour modifier les noms appellatifs que pour qualifier les noms propres. La raison de ce fait est bien simple. Les noms propres servant à désigner les individus d'une manière qui n'appartient qu'à eux, il n'est pas nécessaire d'exprimer leur qualité pour les faire reconnaître de ceux à qui l'on parle; tandis que les noms appellatifs s'appliquant à tous les individus d'une même espèce, il faut recourir à un adj. pour restreindre ou particulariser la signification du substantif. — Lorsqu'un nom propre est commun à plusieurs personnes, on y joint souvent un adj. pour caractériser un individu; l'adj. fait alors en quelque sorte partie intégrante du nom propre. Ainsi l'on dit: *Charles le Simple*, *Frédéric le Grand*, *Louis le Débonnaire*, pour distinguer ces rois des autres princes, qui ont porté le même nom. L'adj. s'unit encore aux noms propres pour indiquer une qualité du nom sur laquelle l'esprit porte son attention en ce moment. Ainsi, en disant: l'*éloquent Bossuet*, on indique qu'on ne considère Bossuet en ce moment, ni comme un homme savant, ni comme un homme pieux, bienfaisant, mais seulement comme un homme éloquent. Nous ferons observer, en passant, que l'adj. prend, en gén., un article lorsqu'il sert à qualifier un nom propre.

Les adjectifs, dans notre langue, ainsi que dans le grec et le latin, sont susceptibles d'éprouver certaines modifications qui servent à faire reconnaître plus facilement les noms auxquels ils se rapportent. Ces modifications sont déterminées par le *genre* et par le *nombre*. Pour s'accorder avec les noms sous le rapport du genre, il faut que l'adj. puisse revêtir ou la forme masculine ou la forme féminine, selon le genre du substantif auquel il se joint. C'est, en effet, ce qui a lieu généralement. Nous avons cependant un assez grand nombre d'adjectifs qui conservent la même forme aux deux genres: tels sont ceux qui se terminent par un *e* muet: *Adorable*, *Tranquille*, *Sauvage*, *Fidèle*, etc.; il faut en excepter *Maître* et *Traître*, qui font au féminin *Maîtresse* et *Traîtresse*. Les adjectifs terminés par une consonne ou par une voyelle autre que l'*e* muet, sont toujours masculins, et leurs féminins se forment par la simple addition d'un *e* muet: *Sain*, *Saine*; *Pur*, *Pure*; *Poli*, *Polie*; *Sensé*, *Sensée*; *Majeur*, *Majeure*. — Sont exceptés de cette règle, 1° les adjectifs où l'usage veut qu'on double la consonne finale avant d'ajouter l'*e* muet (*Sujet*, *Sujette*; *Bon*, *Bonne*, etc); 2° un grand nombre d'adjectifs terminés en *eur*, qui forment leur féminin en changeant *eur* soit en *euse* (*Quêteur*, *Quêteuse*), soit en *eresse* (*Pêcheur*, *Pécheresse*), soit en *rice* (*Créateur*, *Créatrice*; *Ambassadeur*, *Ambassadrice*); 3° les adjectifs en *eux* qui font *euse* au féminin (*Heureux*, *Heureuse*); 4° les adjectifs en *f* qui changent cette consonne en *ve* (*Bref*, *Brève*; *Neuf*, *Neuve*). — Enfin, il est certains adjectifs qui forment leur féminin d'une manière tellement irrégulière qu'ils se refusent à toute classification. Nous citerons comme exemples : *Absous, Absoute; Bénin, Bénigne; Blanc, Blanche; Caduc, Caduque; Doux, Douce; Époux, Épouse; Faux, Fausse; Favori, Favorite; Frais, Fraîche; Grec, Grecque; Long, Longue; Tiers, Tierce; Vieux, Vieille*, etc. — Les féminins des adjectifs *Beau, Nouveau, Fou*, etc., qui sont *Belle, Nouvelle, Folle*, viennent du masculin *Bel, Nouvel, Fol*, et, par conséquent, appartiennent à la seconde catégorie d'exceptions. Il serait inutile d'énumérer ici un plus grand nombre d'exceptions, car chacune se trouve mentionnée à sa place dans le dictionnaire.

Pour s'accorder avec les noms sous le rapport du nombre, les adjectifs se mettent au singulier ou au pluriel, selon le nombre des substantifs auxquels ils sont joints. Ils forment leur pluriel de la même manière que les noms. Voy. NOM.

L'accord en genre et en nombre de l'adj. avec le nom auquel il se rapporte a toujours lieu, soit que l'adj. accompagne ou précède immédiatement ce substantif, soit qu'il s'en trouve séparé par d'autres mots : *Une vie réglée et laborieuse. Il y a des hommes qui sont comme les bâtons flottants de la fable, grands de loin, petits de près.* Cependant les adjectifs *Demi, Nu, Feu*, ne prennent pas la marque de l'accord, lorsqu'ils sont placés devant le nom auxquels ils se rapportent (Voy. ces mots). Si un adj. se rapporte à deux noms distincts et du nombre singulier, cet adj. se met au pluriel; mais il conserve constamment le genre masculin, excepté lorsque les noms sont tous deux du genre féminin. *Le cheval et l'âne sont utiles à l'homme. Il a un père et une mère qui sont trop indulgents pour lui. Il est d'une douceur et d'une égalité d'esprit merveilleuses.* — On éprouve souvent un certain embarras lorsqu'il s'agit de faire accorder un adj. qui se rapporte à plusieurs noms de genre différents. Dans ce cas, il faut observer attentivement si ces noms expriment ou des idées complétement dissemblables ou des idées à peu près identiques. Dans le premier cas, on doit placer généralement le nom masculin immédiatement avant l'adj. et mettre celui-ci au masculin. *Il avait la bouche et les yeux ouverts. Cet acteur joue avec une noblesse et un goût parfaits.* Dans le second cas, c'est le nom féminin qui se place immédiatement avant l'adj. et ce dernier prend le genre féminin. *Auguste gouverna Rome avec un tempérament, une douceur soutenue. Toute sa vie n'a été qu'un travail, qu'une occupation continuelle.* — En ce qui concerne la concordance de l'adj. et du nom, il faut toujours se rappeler que le substantif impose ses accidents aux adjectifs qui le qualifient; mais que cette faculté n'est pas réciproque. Ainsi, on ne doit pas dire *Les langues italienne et espagnole; Les cotes mobilière et personnelle*; mais on dit, *La langue espagnole et l'italienne; La cote mobilière et la personnelle.*

La place que doivent occuper les adjectifs est en général déterminée par les exigences de l'harmonie. C'est à l'écrivain à juger s'il vaut mieux placer l'adj. avant ou après le substantif auquel il se rapporte. On ne saurait donc établir de règles invariables à ce sujet. Cependant il y a certains adjectifs auxquels l'usage attribue une signification tout à fait différente suivant la position qu'ils occupent dans la phrase. Ainsi, par ex., *Honnête homme* a une tout autre signification que *Homme honnête.* Ces distinctions sont établies toutes les fois que l'ordre alphabétique amène sous nos yeux des adjectifs appartenant à cette catégorie.

La plupart des adjectifs ont un complément qui est formé par un verbe ou par un substantif précédé d'une préposition. *L'exercice et la tempérance sont capables de conserver la vigueur*, etc. *Turenne est comparable aux capitaines les plus célèbres de l'antiquité.* Quelques-uns, dont la signification est parfaitement déterminée, tels que *Vertueux, Intrépide*, etc., n'admettent pas de compléments. D'autres ont un régime quand on les applique à quelque chose de particulier : *Le plus heureux en bien des choses est celui qui*, etc. Il n'en est pas de même lorsqu'on les emploie dans une signification générale : *En vivant loin du monde on est souvent heureux.* — Pour compléter cet article sur les adjectifs, il faudrait encore parler des adjectifs *numératifs* ainsi que des degrés de comparaison : mais ce qui reste à dire sur ces deux sujets se trouve mieux placé aux mots COMPARAISON et NUMÉRATIF. Voy. ces mots.

ADJECTIVEMENT. adv. En manière d'adjectif. Dans cette phrase : *Corneille est poëte*, poëte est employé adjectivement.

ADJOINDRE. v. a. (lat. *ad*, à ; *jungere*, joindre). Joindre à, associer, donner un auxiliaire. Ne se dit que Des personnes. *Il ne pouvait pas suffire seul à un si grand emploi, on fut contraint de lui ad. quelqu'un. Il s'est adjoint un collaborateur.* == ADJOINT, TE. part. *Professeur ad.* ‖ S'emploie subst. *C'est mon ad. Il ne veut pas d'ad.* ‖ T. Adm. On donne le nom d'*Ad.* à une personne chargée d'assister un principal officier ou un fonctionnaire dans les travaux de sa charge, et de le suppléer au besoin. Ce titre s'applique particulièrement à ceux des conseillers municipaux qui sont institués pour remplir les fonctions de maire en cas d'absence ou d'empêchement de ce dernier.

ADJONCTION. s. f. Jonction d'une personne à une autre. *L'ad. de cet arbitre fait espérer que l'affaire sera bientôt décidée. Quand le nombre d'électeurs dans un collége est insuffisant, la loi exige l'ad. des contribuables les plus imposés pour élire un député.*

ADJUDANT. s. m. (lat. *adjuvare*, aider). Militaire gradé qui en aide un autre d'un grade plus élevé.

Enc. — L'*Ad.* exerce une fonction qui lui donne rang immédiatement après l'officier dont il a une partie des attributions. — L'armée française, depuis 1790 jusqu'à la fin de l'empire, avait des *adjudants généraux* ou *adjudants commandants.* Leur nombre, fixé d'abord à 17, s'était élevé par la suite à 348. Ils étaient choisis presque tous parmi les colonels et prenaient rang immédiatement après les généraux de brigade. On les employait soit comme chefs d'état-major de division, soit comme chefs d'état-major d'armée. Ces officiers ont été supprimés en 1815, et leurs fonctions sont remplies aujourd'hui par les colonels d'état-major. — Une autre classe d'adjudants, dont la création remonte à peu près à la même époque (1791), s'est maintenue dans l'armée. Nous voulons parler des *adjudants de place*, qui avaient succédé aux *aides-majors de place.* Le nombre et le grade de ces officiers est en rapport avec la force des garnisons et l'importance des villes où ils se trouvent. En gén., ce sont des capitaines ou des lieutenants que leur âge ou leurs blessures rendent incapables d'un service aussi actif que celui des officiers en campagne. Leurs fonctions consistent à aider le commandant de place ou à le suppléer en cas d'absence. On compte aujourd'hui dans l'armée 101 *adjudants de place*, dont 58 ont le grade de capitaine et 43 celui de lieutenant. — L'*Adjudant-major*, également créé en 1791 pour l'infanterie, et quelques années plus tard pour la cavalerie, est un officier spécialement attaché à un régiment. Chaque bataillon d'infanterie en possède un et chaque régiment de cavalerie en a deux, s'il est composé de quatre escadrons. Les fonctions d'adj.-major ne peuvent être exercées que par un lieutenant. Il prend rang immédiatement après les capitaines, commande les lieutenants et les sous-lieutenants, et, au bout de dix-huit mois d'exercice, il a droit de concourir pour le commandement d'une compagnie. L'adj.-major d'un bataillon suit partout le chef de bataillon auquel il sert, pour ainsi dire, d'aide-de-camp; et les *adjudants-majors* de cavalerie remplissent le même office auprès de leur colonel. Ces officiers ont sous leurs ordres une autre catégorie d'adjudants qui remplissent les fonctions les plus pénibles de l'armée, et qu'on regarde à juste titre comme la cheville ouvrière de tout ce qui concerne les détails du service militaire : ce sont les *adjudants-sous-officiers.* Ces fonctions sont toujours attribuées à un sergent ou à un maréchal-des-logis. L'origine des adjudants-sous-officiers remonte à 1776. On compte par régiment autant d'adjudants-sous-officiers que d'adjudants-majors; car ils sont spécialement chargés de seconder ces derniers. Ils occupent le premier rang parmi les sous-officiers de leur régiment.

ADJUDICATAIRE. s. 2 g. Celui ou celle en faveur de qui a été prononcée une adjudication. *Il est ad. de ce domaine. Cette compagnie s'est rendue ad. d'un chemin de fer.*

ADJUDICATIF, IVE. adj. Qui adjuge. Ne se dit que D'un jugement, d'une sentence.

ADJUDICATION. s. f. Acte par lequel on adjuge ou attribue une chose à un individu.

Enc. — L'*Adj.* a lieu de deux manières, par voie d'enchères ou par voie de soumission. — Les adjudications administratives peuvent se faire de ces deux manières, car l'administration a le droit de choisir entre les deux modes, et elle emploie l'un ou l'autre suivant la nature du marché. Ainsi, par ex., un terrain à vendre est mis aux enchères et l'adj. est prononcée au profit de celui qui en offre le prix le plus élevé; tandis qu'une concession de chemin de fer est, en gén., adjugée par voie de soumission cachetée à celui qui se trouve avoir demandé la moindre durée d'exploitation. Dans toute adj., sous quelque forme qu'elle se fasse, la concurrence est possible : c'est ce qui distingue essentiellement l'adj. de la *concession* directe. — Les adjudications judiciaires doivent toujours se faire aux enchères, et la loi les a entourées de précautions minutieuses. Quand il s'agit d'objets mobiliers saisis, on donne à l'adj. le nom d'adj. *forcée.* Elle a toujours lieu publiquement, par le ministère d'un huissier ou d'un commissaire-priseur, après avoir été annoncée au moins un jour à l'avance par les journaux et par des placards affichés. L'adj. est appelée *volontaire* lorsqu'elle a lieu d'après la détermination du propriétaire de l'objet mis en vente. Dans tous les cas, l'adj. est prononcée en faveur du plus fort enchérisseur, à la charge d'acquitter comptant le prix de la chose adjugée ou d'en voir recommencer la vente sur-le-champ à ses risques et périls, c.-à-d. que si le prix de la seconde adj. ne s'élève pas aussi haut que celui de la première, l'adjudicataire est tenu de payer la différence. Les officiers publics, l'huissier ou le commissaire-priseur, qui procèdent à la vente sont responsables du prix de l'adj. Quant à la vente des objets immobiliers, elle est entourée de nombreuses formalités et les actes qui la précèdent doivent recevoir toute la publicité possible, afin que l'objet mis en adj. soit payé sa juste valeur. C'est pourquoi la loi pénale, venant en aide à la loi civile, contient des dispositions contre les individus qui cherchent à écarter les enchérisseurs ou qui troublent par un moyen quelconque la liberté des enchères.

ADJUGER. v. a. (lat. *ad*, à, en faveur de; *judicare*, juger). T. Prat. Déclarer en jugement qu'une chose contestée entre deux parties appartient de droit à l'une d'elles. *Adj. un legs, les fruits.* — Par analogie, *Adj. les dépens.* — *Adj. au demandeur ses conclusions*, Rendre un jugement conforme à ses conclusions. ‖ Sign. aussi, Attribuer à quelqu'un, par autorité de justice, la propriété d'un bien meuble ou immeuble, qui se vend à l'enchère. *Adj. une terre à l'enchère. Elle lui fut adjugée à tant.* — Se dit également, en T. Adm., Des travaux, des entreprises ou des fournitures qui sont accordées au rabais. *On lui a adjugé cette entreprise.* ‖ Par ext., s'emploie en parlant De certaines choses qui sont accordées à un de ceux qui pouvaient y prétendre. *On lui adjugea le prix tout d'une voix.* ‖ Fam., *Il s'est adjugé la plus belle part dans les bénéfices de cette entreprise*, Il se l'est appropriée sans façon. == ADJUGÉ, ÉE. part. ‖ *Adjugé*, Ellipse usitée dans les encans pour dire : La chose est adjugée. == Conjug. Voy. MANGER.

ADJURATION. s. f. Formule dont l'Église catholique se sert dans les exorcismes. Voy. EXORCISME.

ADJURER. v. a. (lat. *ad*, à, devant; *jurare*, jurer). Supplier au nom de Dieu, au nom d'une chose sacrée, d'une personne vénérée ou chérie, de faire ou de dire quelque chose. *Je vous adjure au nom de Dieu et de la patrie de ne pas tourner vos armes contre elle. Il l'a adjuré au nom de son vieux père et de ses enfants de dire toute la vérité.* ‖ Faire des adjurations dans les exorcismes. == ADJURÉ, ÉE. part.

***ADJUVANT.** s. m. (lat. *adjuvare*, aider). T. Méd., se dit D'une substance qui entre dans la composition d'un médicament pour seconder l'effet de l'agent thérapeutique principal.

AD LIBITUM. [On pron. *ad libitome*]. Loc. latine qui sign. *A volonté*, et dont on se sert pour indiquer qu'il est indifférent de faire une chose de telle façon ou de telle autre.

Enc. — En Mus., les mots *ad libitum* placés sous un trait de vocalisation ou sous un point d'orgue, indiquent qu'on peut jouer ce qui est écrit, le supprimer ou le modifier si on le préfère. Lorsqu'ils sont placés en tête d'une partie d'accompagnement de violon, de basse, etc., ces mots signifient que ces accompagnements ne sont pas indispensables.

ADMETTRE. v. a. (lat. *ad*, vers; *mittere*, envoyer). Recevoir quelqu'un à la participation d'un avantage qu'il a recherché. *Ad. quelqu'un dans une société, à sa table. Ad. quelqu'un au rang de ses amis. Ad. à la participation des sacrements, à la communion. Il a été admis à l'audience du ministre.* ‖ *Ad. les raisons, les excuses de quelqu'un*, Les accepter pour bonnes, pour valables. — Dans un sens analogue, *Ad.* sign., Accepter comme vrai. *Je ne saurais ad. ce fait. J'admets votre hypothèse, et je prouverai que votre système n'en est pas plus solide.* ‖ *Ad. une requête*, La prendre en considération. ‖ *Ad. quelqu'un à se justifier, L'ad. à ses preuves justificatives, à ses faits justificatifs*, Lui permettre de se justifier. — On dit dans le même sens, *Ad. quelqu'un à faire preuve, à prouver.* ‖ Fig., Comporter, souffrir. *Cette règle admet de nombreuses exceptions. Cette affaire n'admet point de retard. La haute poésie n'admet point d'expressions basses et triviales.* — *Ce corps admet plusieurs éléments dans sa composition ;* Il entre plusieurs éléments dans la composition de ce corps. == ADMIS, ISE. part. == Conjug. Voy. METTRE.

Syn. — *Recevoir.* — On *admet* dans sa familiarité et dans sa confidence ceux qu'on en juge dignes; on *reçoit* dans ses salons les personnes qui y sont présentées. Les ministres étrangers sont *admis* à l'audience du prince et *reçus* à sa cour. *Ad.* indique donc quelque chose de plus intime et où la confiance a plus de part que *recevoir.*

ADMINICULE. s. m. (lat. *adminiculum*, soutien). Ce qui aide à la preuve dans une affaire civile ou criminelle ; preuve imparfaite. *Les preuves manquent dans cette affaire, mais les adminicules sont nombreux.* ‖ *T. Méd. Ce qui peut servir à faciliter l'action d'un remède. ‖ *T. Bot. Ce qui sert à soutenir une plante.

ADMINISTRATEUR, TRICE. s. Celui, celle qui régit les biens, les affaires d'une communauté, d'un établissement. *Les administrateurs de l'Hôtel-Dieu. Une administratrice intelligente.* ‖ Celui qui est chargé de quelques parties de l'administration gouvernementale. ‖ Pris abs., il a le sens de Bon administrateur. *Ce ministre n'est pas un habile politique, mais il est ad.*

ADMINISTRATIF, IVE. adj. Qui tient, qui a rapport, qui est propre à l'administration. *Corps ad. Autorité administrative. Talents administratifs.*

ADMINISTRATION. s. f. Gouvernement, direction, gestion des affaires publiques ou particulières. *L'ad. du royaume, des affaires, des finances. Être à la tête de l'ad. Cet homme n'entend rien à l'ad. L'ad. des biens d'un mineur.* ‖ Se dit De l'autorité chargée d'une partie de l'ad. publique, et des personnes qui en sont revêtues. *L'ad. départementale, municipale. L'ad. des* *postes. L'ad. devrait bien réformer cet abus. Conseil d'ad. Décision de l'ad.* || S'emploie encore en parlant D'un corps d'employés chargés des divers travaux dans une ad. publique ou privée. *Il y a beaucoup d'employés dans cette ad. Il est attaché à l'ad. des domaines, des messageries.* || *Sign. aussi, Le bâtiment, le local où se réunissent et travaillent les personnes attachées à une ad. *Il réside à l'ad. Je vais à l'ad. des douanes.* || *Dans aucun pays, l'ad. de la justice n'est aussi impartiale qu'en France*, La distribution de la justice n'est, etc. || * *Ad. de preuves, de titres*, Production, présentation de preuves, de titres en justice. || *Ad. des sacrements*, Action de conférer les sacrements. || * *Ad. d'un remède, d'un médicament*, Action de faire prendre un médicament.

Enc. — Dans le langage politique, le mot *Ad.* s'applique ordinairement à cette partie du pouvoir exécutif à laquelle appartiennent la direction et la distribution de tous les services publics. C'est à l'ad. qu'est confiée le soin de tous les intérêts généraux du pays. Elle doit maintenir son indépendance au dehors et sa sécurité au dedans, et favoriser, par tous les moyens que la loi met à sa disposition, le développement de la nation sous le triple rapport physique, moral et intellectuel. Il était impossible qu'une tâche aussi immense se trouvât confiée aux mains d'un seul individu ou d'un seul corps. Tous les gouvernements ont donc nécessairement dû organiser autant de corps administratifs spéciaux qu'il y a de fonctions spéciales à remplir. La difficulté du problème consistait à distribuer convenablement les divers services publics, et à les rendre indépendants les uns des autres, sans cependant faire de ces organismes particuliers autant d'êtres distincts n'ayant plus rien de commun entre eux et marchant chacun de leur côté, comme s'ils n'eussent pas été tout simplement des membres agissants d'un corps unique qui est la nation. Ainsi, tout système d'ad. doit être envisagé sous deux points de vue : 1° la distinction des attributions, ou la classification des fonctions administratives dans leur rapport avec les besoins et les intérêts généraux de la société ; 2° la constitution du corps, c.-à-d. de l'instrument qui doit représenter et protéger ces besoins et ces intérêts. C'est à la Révolution française que nous devons l'organisation si simple et si puissante qui existe aujourd'hui dans notre pays. Des améliorations de détail y ont, au reste, été apportées par les divers gouvernements qui se sont succédé depuis cette époque. La forme de cet ouvrage ne nous permettant pas d'exposer ici l'organisation actuelle de l'ad. en France, voyez les mots GOUVERNEMENT, MINISTÈRE, CONSEIL D'ÉTAT, DÉPARTEMENT, COMMUNE, POLICE, FINANCES, CONTRIBUTIONS, ENREGISTREMENT, DOUANES, EAUX ET FORÊTS, POSTES, PONTS ET CHAUSSÉES, DIVISION MILITAIRE, MARINE, TRIBUNAUX, INSTRUCTION PUBLIQUE, UNIVERSITÉ, *Administration* MILITAIRE, *Administration* MARITIME, etc.

***ADMINISTRATIVEMENT.** adv. Suivant les formes, les réglements administratifs. Par autorité administrative. *Décider une affaire ad.*

ADMINISTRER. v. a. (lat. *ad*, à; *ministrare*, servir). Gouverner, diriger, gérer. Se dit Des affaires publiques et particulières. *Ad. un royaume, une province. Ad. les affaires, les finances. Il administre sagement les biens de son pupille.* || *Ad. la justice*, Rendre, distribuer la justice. || *Ad. des témoins, des preuves, des titres*, Les produire, les présenter en justice. || *Ad. les sacrements*, Les conférer. —*Ad. un malade*, Lui conférer les derniers sacrements. || Pop., *Ad. des coups de bâton, des coups de poing*, Donner des coups de bâton, etc. || *Ad. un médicament*, Le faire prendre au malade. || *S'ad. de bons vins, de bons morceaux*, Boire de bon vin, manger de bons morceaux. Fam. = *s'ADMINISTRER. v. pron. *Cette province s'administrait par elle-même.* = ADMINISTRÉ, ÉE. part. || S'emploie subst., surtout au pluriel. *Ce préfet a été fort regretté de ses administrés.*

ADMIRABLE. adj. 2 g. Digne d'admiration, qui attire l'admiration. *Dieu est ad. dans ses œuvres. La conduite de cet homme est ad. Ce peintre est ad. pour son coloris.* || Fam. et iron., *Vous êtes ad., de donner des conseils à vos maîtres*, Vous êtes ridicule, etc.

ADMIRABLEMENT. adv. D'une manière admirable.

ADMIRATEUR, TRICE. Celui, celle qui admire ou qui a coutume d'admirer. *C'est un ad. de l'antiquité. Elle est grande admiratrice de tout ce qui est nouveau.*

ADMIRATIF, IVE. adj. Qui exprime, qui marque l'admiration. *Il a épuisé, pour le louer, toutes les formules admiratives. Il prend toujours le ton ad. Gestes admiratifs.* || T. Gram. *Point admiratif* (!), Signe de ponctuation qui se met après les phrases et les interjections exclamatives. — On appelle *Particules admiratives*, Les interjections qui servent à exprimer l'admiration. || T. Rhét. Quelques rhéteurs ont admis un *Genre admiratif*, dont Corneille serait le modèle.

ADMIRATION. s. f. Sentiment que fait éprouver à l'âme ce qui est beau ou grand, soit au physique, soit au moral. *A l'aspect de l'immensité des cieux l'âme est saisie d'ad. La beauté des chefs-d'œuvre antiques fera l'ad. de tous les siècles. Quand il voit un beau tableau, il est ravi en ad. Je suis dans l'ad. de ses vertus, de ses talents. Transport d'ad. S'attirer l'ad. Les ignorants s'abandonnent à des admirations irréfléchies.* || Objet que l'on admire. *On connaît les goûts, les passions, les opinions d'un homme à ses admirations.*

ADMIRER. v. a. (lat. *ad*, vers; *mirare*, regarder). Contempler, considérer avec étonnement et plaisir ce qui paraît beau et grand. *Ad. la nature, un monument, la beauté d'une femme, le dessin d'un tableau, la vertu, le courage. Plus on relit Homère, plus on l'admire.* || Se dit ironiq. en parlant De ce qu'on trouve blâmable ou ridicule. *J'admire la folie des hommes. Je vous admire de vouloir qu'on suive aveuglément votre avis. J'admire que vous prétendiez critiquer Racine.* = s'ADMIRER. v. pron. *Il s'admire lui-même*, Il est infatué de sa personne, de son mérite. = ADMIRÉ, ÉE. part.

ADMISSIBLE. adj. 2 g. Valable, qui peut être admis. *Ses moyens de requête civile ont été jugés admissibles. Preuves, excuses, raisons admissibles.* || *Apte à être admis, qui a les qualités requises pour être admis. *Il a été déclaré ad. à l'École polytechnique.*

ADMISSION. s. f. Action par laquelle on admet ; résultat de cette action. *Son ad. à l'Académie est décidée. Après son ad., il prononça un discours.*

ADMONÉTER ou ***ADMONESTER.** v. a. (lat. *ad*, à; *monere*, donner un avis). Avertir, reprendre, faire une admonition. *Je l'ai vivement admonété. La cour l'a mandé et admonesté.* = ADMONÉTÉ, ÉE, ou *ADMONESTÉ, ÉE. part. || Dans cette phrase d'ancienne Prat., *L'admonesté n'emporte point d'interdiction; Admonesté* est subst. et a le sens d'*Admonition.*

ADMONITION. s. f. Avertissement, réprimande.

Enc. — On nomme *Ad.* la remontrance que l'on fait à un membre de la magistrature ou du barreau avec avertissement d'être plus circonspect à l'avenir. L'ad. a lieu à huis clos. Elle est moins sévère que le blâme. — En matière ecclésiastique, *ad.* est synon. de *Monition*. Voy. ce mot.

* **ADNÉ, ÉE.** adj. (lat. *ad*, auprès; *natus*, né). T. Bot., se dit D'un organe collé ou soudé latéralement par sa superficie entière à un autre organe.

ADOLESCENCE. s. f. (lat. *adolescere*, croître). L'âge qui s'étend depuis la puberté jusqu'à la fin de la croissance. *Il est encore dans l'ad. La fleur de l'ad.* || * Fig., *L'ad. d'un peuple. L'ad. du monde.* || Voy. AGE.

ADOLESCENT, ENTE. s. Celui ou celle qui est dans l'adolescence. Ne se dit guère qu'en plaisantant. *Un jeune ad.* || S'emploie quelquefois adject., *Un jeune homme encore ad.* || Fig., *Un amour ad. Une vigne adolescente.*

ADONIQUE ou **ADONIEN.** adj. et s. m.

Enc. — En poésie grecque et latine, on appelle *Ad.* un vers inventé par Sapho et composé d'un dactyle et d'un spondée (*tērrŭīt ūrbēm*). Ce vers n'a guère été employé seul, parce que sa brièveté le rend bientôt monotone. Il est principalement usité pour terminer la strophe saphique. Voy. SAPHIQUE.

ADONIS. s. m. [On pron. *Adonisse.*] (gr. ἁδεῖν, plaire). T. Mythol. Nom d'un jeune homme célèbre par sa beauté, et qui fut aimé par Vénus. || Par antonomase, on appelle *Adonis*, Un jeune homme qui fait le beau, qui prend un grand soin de sa parure. || T. Bot. Voy. RENONCULACÉES.

ADONISER. v. a. Parer avec une extrême recherche. *Cette mère se complaît à ad. ses enfants.* = s'ADONISER. v. pron. Se dit en plaisantant Du très-grand soin que prend un homme de s'ajuster pour paraître plus jeune ou plus beau. *Rien n'est ridicule comme un vieillard qui s'adonise.* = ADONISÉ, ÉE. part.

ADONNER (S'). v. pron. (lat. *ad*, à; *donare*, donner). S'appliquer avec ardeur à ce qui plaît, s'y livrer habituellement. *S'ad. à l'étude, aux plaisirs, au jeu, à la chasse. Il s'est adonné à boire.* || *S'ad. à un lieu, à une société, à une personne*, Fréquenter habituellement un lieu, etc. || *Ce chien s'est adonné à moi*, Il m'a rencontré par hasard et s'est attaché à me suivre. || *Passez chez moi, si votre chemin s'y adonne*; Si c'est votre chemin d'y passer en allant ailleurs. Vx. = ADONNÉ, ÉE. part. *Un homme ad. à l'étude, au jeu. Être ad. aux femmes.*

ADOPTANT. s. m. T. Droit. Celui qui adopte quelqu'un.

ADOPTER. v. a. (lat. *ad*, pour, en faveur de; *optare*, opter, choisir). Prendre quelqu'un pour fils ou pour fille dans les formes prescrites par la loi. *Auguste adopta Tibère. Comme il n'avait pas d'enfants, il a adopté un de ses neveux.* || Se charger d'un enfant, lui servir de parent, sans avoir recours à l'adoption légale. *Elle m'adopta et me servit de mère.* || * Choisir avec prédilection. *Il m'adopta pour frère, pour ami, pour compagnon d'armes. Les proscrits adoptent la France pour patrie. Après avoir essayé les différents genres de peinture, il adopta le paysage. Ce peintre a adopté une mauvaise manière. La conduite que vous adoptez vous fera mépriser.* || Partager. *J'adopte vos sentiments, vos opinions.* — Admettre, prendre, suivre. *J'adopte ce système, cette hypothèse, ce projet. Ad. un usage.* || * T. Législation. S'emploie en parlant De l'approbation donnée par les assemblées délibérantes aux propositions, aux projets qui leur sont soumis. *La chambre a adopté le projet d'adresse, le projet de loi sur la presse. Le conseil général a adopté toutes les propositions qui lui ont été soumises par le préfet.* = ADOPTÉ, ÉE. part. || S'emploie quelquefois subst., ainsi que l'adj. verbal ADOPTANT, TE. *Les adoptants et l'adopté. L'adoptante et l'adoptée.*

ADOPTIF, IVE. adj. Qui est ou qui a été adopté selon les lois. *Fils ad. Fille adoptive.* || Se dit aussi De celui qui a adopté. *Les parents adoptifs.*

ADOPTION. s. f. Action d'adopter. S'emploie dans toutes les acceptions du verbe *Adopter.* || * Dans le sens théol., l'*Ad.* est La grâce que Dieu nous a faite par le baptême. Ce sacrement nous imprime le caractère de fils adoptifs de Dieu, de frères de J.-C., d'héritiers du bonheur éternel.

Enc. — En T. de Droit, l'*Ad.* est l'acte qui établit légalement entre deux personnes des rapports de paternité et de filiation. — Cette institution fut connue de la plupart des peuples de l'antiquité. On est fondé à croire qu'elle était pratiquée chez les Égyptiens, car la Bible nous enseigne que le jeune Moïse fut adopté par la fille de Pharaon, qui, suivant Josèphe, se nommait Thermutis. Il ne paraît pas aussi certain que l'ad. fût en usage chez les Hébreux ; mais elle était en grande faveur dans la Grèce et dans l'empire romain.

A Rome, l'ad. conférait à l'adoptant sur l'adopté tous les droits qui constituaient la puissance paternelle. On distinguait deux sortes d'ad., l'*ad. proprement dite*, et l'*adrogation*. — La première ne s'appliquait qu'aux fils de famille. Avant Justinien, elle s'opérait par la vente solennelle appelée *mancipation*, suivie de la *cession en justice*. La mancipation avait pour objet de libérer l'enfant de la puissance paternelle; mais elle ne lui attribuait pas la qualité de fils de famille de l'acheteur. C'était la cession en justice qui avait ce résultat. La cession en justice n'était que la représentation fictive d'un procès. Le citoyen qui voulait adopter, réclamait l'enfant comme sien par une revendication simulée; le père ne contredisait pas, et le magistrat déclarait que l'enfant appartenait à l'adoptant. — Justinien abrogea toutes ces formalités. Dès lors l'ad. s'opéra par la simple déclaration du père naturel faite devant le magistrat, en présence et sans contradiction de l'adoptant et de l'adopté. — L'adrogation s'appliquait à un homme qui, étant indépendant de toute puissance paternelle, consentait à se soumettre à la puissance paternelle d'un autre. L'adrogation ne pouvait avoir lieu sans l'intervention du peuple, et c'est de là qu'elle tirait son nom. En effet, on demandait (*rogatio*) à l'*adrogeant*, s'il consentait à ce que celui qu'il se proposait d'adopter devînt son fils ; à l'*adrogé*, s'il consentait à devenir fils de l'adrogeant; et au peuple, s'il donnait son autorisation. Dans le dernier état du droit, l'autorisation de l'empereur remplaça celle du peuple, et l'ad. s'opéra, non plus par une loi, mais par un rescrit du prince. L'adrogation faisait entrer sous la puissance de l'adrogeant, non-seulement l'adrogé, mais encore tous les enfants naturels ou adoptifs que ce dernier avait sous sa puissance. Les biens de l'adrogé étaient aussi acquis à l'adrogeant. — L'adoptant devait avoir dix-huit ans de plus que celui qu'il voulait prendre pour fils adoptif, et trente-six ans de plus que celui qu'il voulait prendre pour petit-fils; car on pouvait adopter, soit à titre de fils, soit à titre de petit-fils. Le principal effet de l'ad. était de faire sortir l'adopté de la famille de son père véritable pour le faire entrer dans celle de l'adoptant, de sorte que l'adopté perdait ses droits à la succession du père naturel, sans être assuré de conserver ceux qu'il acquérait à l'hérédité du père adoptif, celui-ci étant toujours libre de les lui enlever. Pour remédier à cet inconvénient, Justinien décida que, dans le cas d'ad. faite par toute personne autre qu'un ascendant, l'adopté resterait sous la puissance et dans la famille de son père naturel, pour y conserver ses droits de succession, et que néanmoins il commencerait à être considéré comme le fils de l'adoptant, et à lui succéder, mais seulement *ab intestat*, sans avoir aucune action pour attaquer le testament de son père adoptif. — Dans l'ancien droit, les femmes étaient incapables d'adopter; mais Dioclétien et Maximien leur permirent de remplacer par ad., et avec l'autorisation du prince, les enfants légitimes qu'elles avaient perdus. Cette espèce d'ad. laissait l'adopté dans sa famille naturelle; elle l'assimilait seulement, quant aux droits héréditaires, aux enfants légitimes qu'aurait eus l'adoptant. — La domination romaine n'implanta point cette institution dans la

Gaule. Aussi, traversons-nous les premiers siècles de notre histoire, et tout le moyen âge sans qu'il y soit question d'ad.; mais le 18 janvier 1792, l'Assemblée nationale établit brusquement l'ad. par un décret, sans réglementer la matière. Enfin, le Code civil organisa cette institution, et en fit une imitation de la filiation naturelle, assez semblable à l'ad. romaine, telle que l'avait réglée Justinien. De nos jours, conformément aux dispositions de la loi, l'ad. n'est permise qu'aux personnes de l'un ou de l'autre sexe, âgées de plus de cinquante ans, qui sont sans enfants ni descendants légitimes, et qui ont au moins quinze ans de plus que les individus qu'elles se proposent d'adopter. Toutefois, un époux ne peut faire acte d'ad. sans le consentement de son conjoint, excepté après la tutelle officieuse. On distingue trois sortes d'adoption : — 1° l'ad. *ordinaire*; elle ne peut s'exercer qu'en faveur de l'individu à qui l'on a, dans sa minorité et pendant six ans au moins, fourni des secours et donné des soins non interrompus. Si celui qu'on se propose d'adopter n'est pas orphelin, ou s'il n'a pas atteint sa vingt-cinquième année, il lui faut le consentement de son père et de sa mère ; — 2° l'ad. *rémunératoire*. C'est ainsi que l'on nomme l'ad. qui peut avoir lieu en faveur de celui qui a sauvé la vie à l'adoptant, soit dans un combat, soit en le retirant des flammes ou des flots. Dans tous ces cas, en considération du service rendu, la loi établit une dispense d'âge, et il suffit que l'adoptant soit majeur, et plus âgé que l'adopté. Néanmoins, si ce dernier avait encore son père et sa mère, ou l'un des deux, il ne pourrait être adopté avant d'avoir atteint sa majorité, et sans avoir obtenu leur consentement; — 3° l'ad. *testamentaire* est celle qui peut s'exercer après la tutelle officieuse ; il suffit, dans ce cas, que le tuteur ait rendu des soins au mineur pendant cinq ans, pour avoir le droit de l'adopter par testament. — Nul ne peut être adopté, de quelque manière que ce soit, par deux personnes, si ce n'est par deux époux. L'ad. impose à l'adopté le devoir d'ajouter son nom à celui de l'adoptant. Elle opère entre eux une affinité civile par suite de laquelle ils ne peuvent s'unir par mariage, ni former ce lien avec leurs parents ou alliés les plus rapprochés. En ce qui concerne la successibilité, elle ne donne à l'adopté aucun droit sur les biens des parents de l'adoptant; mais pour les biens de celui-ci, elle confère à l'adopté les mêmes droits de succession qu'à un enfant légitime. L'adopté n'en reste pas moins dans sa famille naturelle, pour y jouir de ses droits et remplir ses devoirs de fils; ce qui n'empêche pas qu'entre lui et l'adoptant il n'y ait obligation de se fournir mutuellement des aliments. — L'ad. s'opère par un simple contrat passé devant le juge de paix de la résidence de l'adoptant. Dans le délai de dix jours, une expédition de cet acte est remise au procureur du roi près le tribunal de première instance pour être soumise à l'homologation du tribunal. Les juges, réunis dans la chambre du conseil, vérifient si toutes les conditions imposées par la loi ont été remplies pour l'ad.; ils prononcent ensuite, sans énoncer de motif, qu'*il y a lieu*, ou qu'*il n'y a pas lieu à l'ad.* Leur jugement est soumis un mois après à la cour royale qui le confirme ou le réforme, également sans énoncer de motif. Enfin, l'arrêt qui admet l'ad. est prononcé à l'audience, affiché et inscrit dans le délai de trois mois, sous peine de nullité, sur les registres de l'état civil de la commune où réside l'adoptant.

ADORABLE. adj. 2 g. Digne d'être adoré. *La providence de Dieu est ad. en toutes choses. Le mystère ad. de l'Eucharistie.* || Se dit par ext. De tout ce que l'on aime, de tout ce qui plait extrêmement. *Une femme ad.*, *Caractère ad. Bonté ad. Candeur, naïveté ad.* || *Iron., *Vraiment, vous êtes ad. de croire à ces billevesées. Dans les bouts rimés vous êtes ad.*

ADORATEUR. s. m. Celui qui adore. *Les adorateurs des idoles.* || Par ext., on dit qu'*Un homme est ad. d'un autre homme*, pour exprimer qu'il est prévenu d'une estime extraordinaire pour lui, qu'il l'admire en tout ce qu'il fait. — *Il est ad. de cette femme*, Il l'aime avec passion. — *Cette femme est constamment entourée d'une foule d'adorateurs*, D'une foule de gens qui la courtisent, qui cherchent à lui plaire. || *Fig., s'emploie en parlant Des choses auxquelles on voue un culte. *L'austère vertu trouve peu d'adorateurs. Les servites adorateurs des grandeurs, de la fortune.*

ADORATION. s. f. Culte suprême. *L'ad. n'est due qu'à Dieu seul. L'ad. des faux dieux s'appelle idolâtrie.* — *L'ad. de la croix, de l'Eucharistie.* Voy. Culte. || Par extens., Passion excessive, attachement extrême. *Cette femme a de l'ad. pour son mari. Son amour pour cette femme va jusqu'à l'ad. Cette mère est en ad. devant ses enfants.* || *Ad. du pape*, et *Élection par voie d'ad.* Voy. Conclave.

ADORER. v. a. (lat. *ad*, vers; *os*, bouche; baiser sa main pour rendre hommage). Rendre le culte suprême. *Ad. Dieu, ad. les idoles. Les Israélites adorèrent le veau d'or. Ad. l'Eucharistie. Ad. la croix.* || S'emploie quelquefois absol. *Les Juifs adoraient à Jérusalem et les Samaritains à Samarie.* || Rendre des respects extraordinaires en se prosternant. *Les rois de Perse se faisaient ad.* || Par ext., Aimer avec passion. *Cette mère adore son fils. Ad. la musique, la poésie, le jeu.* || Fig. et prov., *Adorer le veau d'or*, Idolâtrer l'argent, la fortune ; courtiser un homme qui n'a d'autre mérite que ses richesses. = s'Adorer. v. pron. *Ces jeunes époux s'adorent. Ce fat s'adore lui-même.* = Adoré, ée. part.

Syn. — *Honorer, Révérer, Vénérer, Respecter.* — *Ad.*, c'est offrir, c'est consacrer ses pensées, ses actions et ses sentiments à ce qui nous paraît digne de cet entier sacrifice; on *adore* Dieu. *Honorer*, c'est louer hautement, c'est proclamer l'excellence de ce qui nous est supérieur; on *honore* les saints. *Révérer*, c'est avoir une crainte religieuse, un saint respect pour les personnes et pour les choses; on révère les ministres des autels, les mystères religieux, la mémoire de ses ancêtres. *Vénérer*, c'est rendre hommage à ce qui nous en paraît digne. On *vénère* les images des saints ; on *vénère* la vieillesse. *Respecter*, c'est regarder quelqu'un ou quelque chose comme sacré pour nous; on *respecte* la vertu; on *respecte* son père.

ADOS. s. m. Terre qu'on élève en talus le long de quelque mur bien exposé, pour y semer quelque chose qu'on veut faire venir plus tôt qu'on ne le pourrait en pleine terre.

ADOSSER. v. a. (R. *dos*). Appuyer le dos contre quelque chose. *Ad. un enfant contre la muraille.* || Fig., Placer une chose contre une autre pour l'abriter ou l'appuyer. *Ad. une maison contre un rocher.* || Par anal., *Ad. une troupe*, L'appuyer contre un bois, contre des retranchements, contre un autre corps de troupe, etc. = s'Adosser. v. pron. Se mettre le dos contre, s'appuyer contre. *Il s'adossa contre la muraille pour se défendre.* = Adossé, ée. part. || T. Blas., se dit De deux animaux placés dans l'écu dos à dos. *Il porte de gueules à deux lions adossés.* || T. Dessin et Antiq. *Têtes adossées*, Deux têtes mises sur une même ligne en sens opposé.

ADOUBER. v. a. (R. *douve*). Au Jeu de trictrac, de dames, d'échecs, Toucher une pièce pour l'arranger et non pour la jouer.

ADOUCIR. v. a. (R. *doux*). Rendre doux, tempérer une saveur forte, acide, désagréable. *Il faut beaucoup de sucre pour ad. ces groseilles.* — *Ad. l'âcreté du sang, des humeurs.* Cette expression, appartenant à une doctrine médicale aujourd'hui abandonnée, n'est plus usitée dans la science. || Polir, enlever les aspérités, les inégalités d'une surface. *Ad. une glace avec l'émeri.* — *Ad. un angle*, Le rendre moins tranchant. || Par anal., on emploie le mot *Ad.* en parlant de Tout ce qui produit sur nos organes une sensation ou une impression que l'on compare à quelque chose d'âcre, de piquant, de rugueux. *La pluie adoucit le froid.* — *Ad. sa voix*, Parler d'un ton moins aigre ou moins élevé. — *Ad. les traits, l'air du visage;* Les rendre moins rudes. — *Ad. les formes, les contours d'une statue, d'un dessin;* Diminuer ce qu'ils ont de trop prononcé, de trop anguleux. — *Ad. les teintes d'un tableau*, Rendre les tons moins crus, graduer le passage de l'un à l'autre. || Fig., *Ad. une expression*, La tempérer par une autre moins dure. *Ad. une critique, des reproches, un refus.* — *Ad. l'humeur, le caractère*, Les rendre moins aigres, moins désagréables. — *Ad. un mal, une peine, l'ennui, l'amertume de la douleur, le chagrin, le sort de quelqu'un;* Les rendre plus tolérables. || * *Ad. le travail*, Le rendre moins rude, moins pénible. — * *Ad. une loi, une règle, des conditions;* Les rendre moins dures, moins sévères. — *Ad. la colère de quelqu'un, ad. un esprit irrité*, L'apaiser. = s'Adoucir. v. pron. Devenir plus doux, au prop. et au fig. *Le temps commence à s'ad. Son humeur s'adoucit.* = Adouci, ie. part.

Syn. — *Mitiger, Modérer, Tempérer.* — *Tempérer*, c'est diminuer l'excès d'une chose. *Modérer*, c'est empêcher qu'une chose parvienne à l'excès. On *tempère* l'éclat de la gloire par la modestie; on *modère* ses passions en les soumettant au frein de la raison. *Ad.*, c'est atténuer ce qu'une chose a de rude ou d'irritant. On *adoucit* les mœurs, le caractère, la douleur de quelqu'un. *Mitiger*, c'est rendre moins rigoureuses les exigences d'une institution. On *mitige* la règle d'un monastère, les règlements d'une administration.

ADOUCISSANT, ANTE. adj. S'emploie aussi subst.

Enc. — On nomme *adoucissantes* les substances médicamenteuses et alimentaires qui ont pour effet de diminuer la douleur ou l'irritation. Les adoucissants ne constituent pas une classe particulière de moyens thérapeutiques, car on donne ce nom à des substances dont le mode d'action est tout à fait différent, comme aux émollients et aux narcotiques.

ADOUCISSEMENT. s. m. Action par laquelle une chose est adoucie; état d'une chose adoucie. Ne s'emploie guère qu'au fig. *L'ad. du temps, de la voix, des traits, des formes, des contours, des couleurs.* — *Ad. de la douleur, du chagrin, du sort.* — * *Ad. d'une loi, d'une règle, d'une peine.* || En parlant Des choses morales, des discussions d'affaires, sign., Accommodement, tempérament, expédient propre à concilier; atténuation. *Il y a des adoucissements à toutes choses. On ne peut trouver aucun ad. à leur querelle. Cette vérité, pour se faire accepter, a besoin de quelque ad.* || T. Archit. Liaison ou raccordement de deux corps par un cavet ou un chanfrein. *Ordinairement, toutes les plinthes extérieures d'un bâtiment s'unissent avec le nu des murs par un adoucissement.*

ADOUÉ, ÉE. adj. (lat. *duo*, deux). T. Chasse. Accouplé, apparié. *Les perdrix sont adouées.*

AD PATRES. [On pron. *patrèsse*]. Expression latine qui sign., *Vers ses pères.* Elle n'est usitée que dans le style fam., en parlant De la mort de quelqu'un. *Il est allé ad patres. Son médecin l'a envoyé ad patres.*

ADRAGANT, ADRAGANTE ou ***ADRAGANTHE.** adj. *Gomme adragant*, Matière gommeuse produite par plusieurs espèces d'*Astragales*. Voy. Gomme et Légumineuses.

AD REM. Expression latine qui sign., *A la chose.* S'emploie fam., en parlant D'une réponse catégorique. *Voilà ce qui s'appelle répondre ad rem.*

ADRESSE. s. f. Indication, désignation du nom et de la demeure d'une personne. *Donner une ad. sûre, une fausse ad. Je vous laisserai mon ad. Mettre l'ad. à une lettre. Envoyer une lettre à son ad.* — *Faire tenir des lettres à leur ad., à leurs adresses*, Les envoyer à ceux à qui elles sont adressées. || *Bureau d'adresses*, Établissement où l'on va chercher des adresses, des indications, des renseignements. — Fig. et fam., *C'est un vrai bureau d'adresses*, se dit D'une maison où l'on débite beaucoup de nouvelles, et quelquefois même D'une personne qui se plaît à les colporter. || Fig., *Cette épigramme va à l'ad. d'un tel*, Est destinée à un tel. — *Le trait arrivera à son adresse*, Sera senti par la personne contre laquelle il est lancé.

Enc. — Dans le langage du Droit polit., on appelle *Ad.* un discours dans lequel un corps constitué, ou même la nation tout entière, par l'organe de ses représentants légaux, exprime au souverain ses sentiments et ses vœux; cette allocution est ordinairement provoquée par un événement majeur. On peut citer comme exemples, les adresses qui furent présentées à l'occasion de l'attentat du 3 nivôse an VIII, de l'avénement de Napoléon à l'empire, de l'assassinat du 13 février 1820, et de l'élévation de Louis-Philippe au trône des Français. — Dans un sens plus restreint, on donne ce nom à la réponse que les deux chambres font, à l'ouverture de chaque session, au discours de la couronne. Cet usage, dont l'origine est anglaise, a été adopté dans la plupart des monarchies constitutionnelles; il existe même aux États-Unis d'Amérique. Parmi les adresses les plus mémorables de l'histoire parlementaire de la France, nous citerons celles de l'Assemblée constituante en 1789, de la Convention nationale, le 6 fructidor an III, et de la Chambre des députés en 1830. Cette dernière, appelée aussi l'*Adresse des 221*, parce qu'elle fut votée par 221 députés, contre 181 opposants, fait époque dans nos fastes parlementaires; elle amena d'abord la dissolution de la Chambre, et bientôt après la révolution de juillet.

ADRESSE. s. f. Dextérité; habileté, soit naturelle, soit acquise, pour les exercices du corps et certains actes de l'intelligence. *Il a beaucoup d'ad. à manier les armes, à monter à cheval. Tout ce qu'il fait, il le fait avec ad. Il traite les affaires avec ad. Il a eu l'ad. de lui arracher son consentement.* || *Tour d'ad.*, Tour de subtilité au prop. et au fig. *Ce prestidigitateur connaît tous les tours d'ad. Il lui a joué un tour d'ad. indigne.* || *Adresses de style*, Finesses, tournures délicates dans la manière d'écrire. || *Il a une grande ad. de pinceau*, se dit D'un peintre dont la touche est tellement sûre qu'il n'a pas à revenir sur ce qu'il a fait — En T. Peint., on appelle *Adresses de pinceau* au plur. Certaines touches faciles et légères qui produisent des effets inattendus.

Syn. — *Dextérité, Habileté.* — *Habileté* se dit de la facilité, du tact et de la finesse qu'on apporte dans la conduite et dans la direction d'une affaire ou d'un travail quelconque. *Dextérité* se dit en parlant d'exécution et non de direction. *Ad.* est surtout usité en parlant des moyens propres à faciliter ou à améliorer l'exécution. — Ce terme s'emploie aussi plus particulièrement lorsqu'il s'agit des exercices du corps. Il jongle avec beaucoup d'*ad.*

ADRESSER. v. a. (lat. *ad*, vers; *dirigere*, diriger). Diriger vers un but. *Ad. ses pas.* — Pris absol., sign., Diriger vers un but où l'on vise. *Ad. au but. Vous avez bien adressé, mal adressé.* Peu usité dans ce sens. || Envoyer directement à quelque personne, en quelque lieu, *Ad. une lettre, un paquet à quelqu'un. Il m'a adressé son protégé. Vous m'avez adressé à un excellent ouvrier.* || *Ad. la parole à quelqu'un*, Lui parler directement. — On dit aussi *Ad. des reproches, des remerciements*.

Ad. une question, une demande. Ad. des prières, des vœux, des hommages. = S'Adresser. v. pron. Aller trouver directement quelqu'un, avoir recours à lui. *Il s'est adressé à moi pour l'introduire auprès de vous. Je m'adresse à vous comme à la seule personne de qui je puis espérer quelque secours. — Vous vous adressez mal. A qui vous adressez-vous? A qui pensez-vous vous adresser?* Toutes ces phrases signifient : Vous vous méprenez, vous n'obtiendrez pas ce que vous désirez. || *S'ad. à quelqu'un*, sign. souvent, Ad. la parole à quelqu'un. *Il s'adressa au peuple en ces termes.* || *Une lettre s'adresse à une personne*, Lorsque la suscription indique que c'est à cette personne qu'elle doit être remise. || *Ce discours, ce compliment, cette épigramme s'adresse à vous*, C'est vous que l'on a en vue. || * S'attaquer. *Dans ce combat, c'est le pygmée qui s'adresse au géant. Il s'adresse à plus fin que lui.* || * Fig., *La science s'adresse à la raison, la religion à la foi. Quand on veut séduire les hommes, on s'adresse à leurs passions.* = Adressé, ée. part.

***ADROGATION.** s. f. T. Dr. romain. Voy. Adoption.

ADROIT, OITE. adj. Qui a de l'adresse, de la dextérité. Se dit Du corps et de l'esprit. *Ad. à faire des armes. Ad. comme un singe. Un esprit ad., Un ad. fripon. Ad. à manier les esprits.*

ADROITEMENT. adv. Avec adresse. *Il s'est tiré ad. d'affaire.*

*** ADULAIRE.** adj. T. Minér. Voy. Feldspath.

ADULATEUR, TRICE. s. Flatteur, flatteuse; celui, celle qui, par bassesse et par intérêt, donne des louanges excessives à une personne qui ne les mérite pas. *Lâche ad. C'est une grande adulatrice. La puissance ne manque jamais d'adulateurs.* || S'emploie adj., *Langage ad. Manières adulatrices.*

Syn. — *Flatteur, Flagorneur, Louangeur.* — Le *louangeur* loue pour louer; il loue par habitude, par manie; c'est un ennuyeux. Le *flatteur* loue pour plaire, pour attirer à lui; il se fait une étude de dire des choses agréables; c'est un séducteur. Le *flagorneur* loue à chaque instant, sans discernement et avec maladresse; il fatigue; c'est un sot. L'*adulateur* met dans la louange de la fausseté et de la mauvaise foi; il veut capter et tromper; c'est un fourbe. Tous ces termes sont pris en mauvaise part.

ADULATION. s. f. Flatterie basse et intéressée. *C'est une ad. honteuse.*

ADULER. v. a. (lat. *adulari*, caresser). Flatter bassement, louer excessivement et avec fausseté. *Vous méprisez cet homme et vous l'adulez.* = Adulé, ée. part.

ADULTE adj. (lat. *adolescere*, croître, grandir). Qui est parvenu à l'adolescence, à l'âge de raison. *Il n'était pas encore ad. Une personne ad. — Age ad.* Voy. Age. || * On dit aussi *Plante ad.*, Qui a atteint le terme de son accroissement. || S'emploie subst., *Le baptême des adultes. École d'adultes.*

ADULTÉRATION. s. f. (R. adultère). Action d'altérer, de falsifier. *L'ad. des monnaies est un crime capital. L'ad. des médicaments peut compromettre la vie des malades.*

ADULTÈRE. adj. 2 g. (lat. *adulter*; de *ad*, vers; *alter*, autre). Qui viole la foi conjugale. *Femme ad. Commerce ad. Amour, flamme ad.* || S'emploie fig. dans le style poétique et oratoire, en parlant Des choses qui offrent un mélange vicieux. *Assemblage, mélange ad.* || Se prend aussi subst., et se dit de Celui ou de celle qui viole la foi conjugale. *Ni les fornicateurs, ni les adultères ne posséderont le royaume des cieux.*

ADULTÈRE. s. m. Crime de celui qui viole la foi conjugale. *Commettre un ad. On les surprit en ad. — Double ad.*, Ad. commis par un homme marié et une femme mariée.

Enc. — L'*Ad.* est un divorce tacite, mais réel. Il brise le lien conjugal, en élevant la déloyauté comme une barrière entre l'époux et l'épouse. Il enlève à la mère la vénération de ses enfants; il arrache au père les joies de la paternité; il détruit l'élément de la famille. C'est la source impure d'où s'écoule la corruption des mœurs. Aussi, presque tous les peuples l'ont flétri, condamné et puni. Cependant, il est à remarquer que les peines portées contre ce crime, chez les nations barbares et même chez les nations civilisées, ont presque toujours épargné le mari coupable, et qu'elles ont souvent puni la femme avec la plus atroce rigueur. Les Saxons vouaient la femme adultère au bûcher; la loi juive la condamnait à être lapidée; dans l'Inde, elle était mise en pièces par des chiens affamés. On épuiserait la liste des supplices si l'on voulait énumérer tous ceux qui furent infligés aux femmes coupables d'adultère. — Aussi longtemps que la rigidité des mœurs fut en vigueur dans l'ancienne Rome, on ne publia aucune loi contre la violation de la foi conjugale; elle eût été inutile, le mari ayant, dans ce cas, droit de vie et de mort sur sa femme. Mais, lorsque le luxe et les désordres qu'il traîne à sa suite régnèrent à Rome, vers les derniers temps de la république, l'épouse infidèle n'eut rien à redouter pour ce crime, et l'adultère devint alors si fréquent que la loi Julia dut être portée afin de le réprimer. Cette loi, qui prononçait la relégation contre les femmes coupables, et qui autorisait chaque citoyen à les dénoncer, mit à jour les turpitudes des plus illustres familles. Elle amena des délations dont le scandale s'éleva si haut que les empereurs furent forcés de restreindre aux parents seuls le droit d'accusation. Cependant, le débordement des mœurs alla toujours croissant, sans que les lois pussent l'arrêter, à ce point que Constantin n'hésita pas à décréter la peine de mort contre les adultères; mais ce fut encore en vain. Théodose supposant que l'infamie serait un moyen de répression plus puissant que le glaive, imagina de rendre une loi par laquelle une femme coupable d'avoir violé la foi conjugale était livrée entièrement nue à la brutalité de la populace. Cette loi monstrueuse eut la destinée de celles qui lui étaient antérieures, et l'adultère continua à marcher le front levé jusqu'à la chute de l'empire.

En France, la législation a toujours été, en gén., moins sévère contre ce crime. Avant 1789, la femme adultère, poursuivie à la requête d'un mari puissant, était renfermée dans un couvent pendant l'espace de deux années. Si son mari refusait alors de la recevoir en grâce, elle restait, sa vie durant, dans la communauté, où elle était tenue de se conformer à la règle de la maison. Si la femme coupable de violation de la foi conjugale appartenait à la classe populaire, le mari outragé pouvait obtenir qu'elle fût renfermée dans un hospice pour y être traitée conformément aux règlements faits contre les femmes de débauche. — De nos jours, la loi prononce contre l'épouse ad. la peine de l'emprisonnement, dont la durée est de trois mois au moins, et au plus de deux années. Le complice de la femme est passible de la même peine; en outre, il peut être condamné à une amende de 100 fr. à 2,000. Aujourd'hui, comme dans l'ancienne législation, la femme ne peut être accusée que sur la plainte du mari; encore faut-il que celui-ci ne se trouve pas lui-même dans le cas d'ad. condamnable pour qu'il soit admis à poursuivre celle qui l'a outragé. Or, l'ad. du mari n'étant atteint par la loi que dans le cas où le domicile conjugal a été le théâtre de son inconduite, il en résulte que la législation établit une différence notable entre la culpabilité de la femme et celle du mari. — L'Église, au contraire, qui juge l'ad. au point de vue exclusivement moral et non au point de vue politique, prononce le même anathème contre les deux coupables.

ADULTÉRER. v. a. Altérer, falsifier, frelater. Ne se dit qu'en parlant Des médicaments et des monnaies. = Adultéré, ée. part.

ADULTÉRIN, RINE. adj. Qui est le fruit d'un adultère. *Des enfants adultérins.* || S'emploie subst., *Les adultérins ne peuvent jamais être reconnus.*

ADUSTE. adj. 2 g. Brûlé. Se disait anciennement Du sang, de la bile, des humeurs que l'on supposait avoir subi une altération semblable à celle que produirait l'action du feu.

ADUSTION. s. f. (lat. *adurere*, brûler.) T. Méd. Action du feu, brûlure, cautérisation par le cautère actuel.

ADVENIR. v. n. Voy. Avenir.

ADVENTICE. adj. 2 g. (lat. *ad*, à, vers; *venire*, venir). Qui n'est pas naturellement dans une chose, qui y survient de dehors. Ainsi on dit : *Idées adventices*, par oppos. à *Idées innées.* || *T. Droit. *Biens adventices*, Biens venus par toute autre voie que la succession directe. || * T. Agric. *Plantes adventices*, Plantes qui croissent sans avoir été semées.

ADVENTIF, IVE. adj. T. Dr. rom. Voy. Pécule. || * T. Bot. Voy. Bourgeon.

ADVERBE. s. m. (lat. *ad*, auprès; *verbum*, verbe). T. Gram.

Enc. — L'*Ad.* est un mot invariable qui sert à modifier le verbe et les adjectifs. L'ad. ne constitue pas un élément essentiel du langage; c'est une sorte d'abréviation qui équivaut à une préposition suivie de son complément. Ainsi, au lieu de *Vivre dans la tranquillité; Marcher avec lenteur; Écrire avec vitesse; Parler d'une manière hardie; Être riche avec excès*; on peut dire : *Vivre tranquillement; Marcher lentement; Écrire vite; Parler hardiment; Être trop riche.* — Les adverbes servent à exprimer les circonstances qui accompagnent l'action, c.-à-d. les circonstances de temps, de lieu, d'instruments, de manière. Ils ont encore pour fonction de modifier l'attribut compris dans le verbe : *Il a combattu vaillamment; Il lit couramment.* Ils modifient également l'adjectif en augmentant ou en diminuant la compréhension de ce dernier : *Il est puissamment riche; On le trouve médiocrement instruit.* — Un ad. peut même modifier un autre ad. Mais, ainsi que le remarque S. de Sacy, les adverbes qui peuvent être modifiés par d'autres adverbes sont ceux qui expriment une qualité susceptible de plus ou de moins, et les adverbes qui servent à en modifier d'autres, sont ceux qui expriment la quantité, comme *Plus, Moins, Très, Peu, Fort, Extrêmement, Aussi*, etc. Ces adverbes de quantité, qui servent à modifier les adverbes de qualité, peuvent aussi se modifier les uns les autres. Ainsi on dit fort bien : *Il se conduit très-peu sagement, mais néanmoins infiniment plus sagement que son frère.* — Enfin certains adverbes peuvent servir de complément aux prépositions. *D'où venez-vous? Aller d'ici à Rome.*

On divise généralement les adverbes en quatre classes principales : adverbes de temps, de lieu, de quantité et de qualité. — Comme exemples d'adverbes de la première classe, nous citerons : *Aujourd'hui, Présentement, Maintenant, A cette heure, Hier, Jadis, Demain, Bientôt, Tantôt, Souvent*, etc. On voit qu'ils sont loin d'indiquer tous le temps d'une manière bien déterminée, et que, sous ce rapport, il existe entre eux de grandes différences. — Les adverbes de lieu expriment la situation : *Ici, Là, Devant, Derrière, Dessus, Dessous, En haut, En bas*, etc.; ils désignent aussi la distance : *Près, Loin, Proche*, etc. — Parmi les adverbes de la seconde classe, les uns expriment la quantité d'une manière absolue (*assez, trop, peu, beaucoup, bien, fort, très, au plus, au moins, tout, du tout, tout à fait*), les autres d'une manière relative ou par comparaison (*plus, moins, davantage, aussi, autant*). — Les adverbes de qualité constituent la classe la plus nombreuse. La plupart sont caractérisés par la terminaison *ment*, comme *Justement, Prudemment.* Presque tous sont susceptibles, ainsi que les adjectifs, de divers degrés de qualification. (Voy. Comparaison.) Ces adverbes sont très-rarement employés pour en modifier d'autres. — Outre ces quatre grandes classes d'adverbes, la plupart des grammairiens admettent dans la langue française quatre classes secondaires : 1° les adverbes de rang, servant à marquer l'ordre de position ou de succession (*premièrement, secondement, d'abord, après, devant, auparavant, ensuite*, etc.); 2° les adverbes servant à marquer la comparaison (*de même, comme, ainsi, plus, moins, pis, mieux, très, presque, quasi, pareillement, autant, aussi*); 3° les adverbes d'affirmation, de négation et de doute (*certes, sans doute, vraiment, oui, volontiers, soit, d'accord, peut-être, non, ne, ne pas, ne point, nullement, nulle part, point du tout*, etc.); 4° enfin, les adverbes d'interrogation (*combien, où, comment, quand, pourquoi*).

Considérés par rapport à leur forme, les adverbes se divisent en *simples* et en *composés.* L'ad. simple est celui qui se trouve exprimé par un seul mot, comme : *Jamais, Toujours, Beaucoup, Justement, Heureusement*, etc. L'ad. composé est formé de plusieurs mots que l'on est dans l'usage de séparer dans l'écriture : *A présent, A peu près*, etc. Les adverbes de ce genre, qui sont très-nombreux dans notre langue, reçoivent aussi le nom de *locutions adverbiales.* La plupart des adverbes composés se forment en réunissant une proposition à un nom, *à tort, à travers, à regret, à la hâte, de biais, par hasard, avec soin*, etc. Les adverbes de qualité portent en général la terminaison *ment.* Ces adverbes, simples en apparence, sont réellement composés d'un adjectif et du mot latin légèrement altéré *mente*, qui signifie *avec un esprit, avec une disposition, d'une manière* : ainsi, *Honnêtement* signifie véritablement *d'une manière* ou *avec un esprit honnête.* Le mode de formation de ces adverbes varie suivant la terminaison des adjectifs. Les adjectifs qui, au masculin, se terminent par une voyelle autre que l'*e* muet se transforment en adverbes par la simple addition de *ment* : *Modéré, Modérément; Joli, Joliment; Vrai, Vraiment; Absolu, Absolument.* Il faut excepter de cette règle l'ad. *Impunément* qui vient de l'adjectif *Impuni*, et les adverbes *Bellement, Follement, Nouvellement, Mollement*, qui viennent des adjectifs féminins *Belle, Nouvelle*, etc. Les adjectifs masculins terminés par un *e* muet deviennent également adverbes par la simple addition de *ment. Juste, Justement; Honnête, Honnêtement*, Pour quelques uns, cependant, on change l'*e* muet en *é* fermé : tels sont les adjectifs *Conforme, Commode, Aveugle*, dont les adverbes sont *Conformément, Commodément, Aveuglément. Traître* fait *Traîtreusement.* La simple addition de *ment* ne suffit pas pour former l'ad. lorsque l'adjectif masculin se termine par une consonne. Dans ce cas, c'est à la terminaison féminine que *ment* doit s'ajouter. Aussi les adjectifs *Fort, Franc, Doux, Vif, Long, Heureux*, dont les féminins sont *Forte, Franche, Douce, Vive, Longue, Heureuse*, donnent naissance aux adverbes *Fortement, Franchement, Doucement, Vivement, Longuement, Heureusement.* Il faut excepter *Gentil* qui fait *Gentiment*, et les adjectifs féminins, *Commune, Expresse, Importune, Obscure, Précise* et *Confuse*, dont l'*e* muet se change en *é* fermé dans la formation de l'ad. *Communément, Confusément*, etc. Lorsque l'adjectif est terminé au masculin par *ant* ou *ent*, on change en *m* la finale *nt* de l'adjectif et l'on y ajoute *ment.* C'est ainsi que les adjectifs *Vaillant, Élégant, Constant, Diligent, Éloquent, Évident*, produisent les adverbes *Vaillamment, Élégamment, Constamment, Diligemment, Éloquemment, Évidemment.* Les adverbes *Lentement, Présentement, Véhémentement*, qui viennent des adjectifs *Lent, Présent, Véhément* font exception à cette règle.

Si l'on suivait la construction logique, l'ad. devrait toujours se placer après l'attribut qu'il modifie; mais dans l'usage, sa place est aussi variable que celle des autres parties du discours. C'est le sens, la clarté, le goût et l'harmonie qui en décident. Toutes les règles que l'on pourrait établir à ce sujet seraient sujettes à de nombreuses exceptions.

ADVERBIAL, ALE. adj. T. Gram. Qui remplit la fonction de l'adverbe. *Locutions, phrases adverbiales.* Voy. Adverbe.

ADVERBIALEMENT. adv. Dans un sens adverbial. Dans cette phrase, *Chanter juste*, le mot *juste*, qui est adjectif, est pris *adverbialement.*

ADVERBIALITÉ. s. f. Qualité d'un mot qui est considéré comme adverbe. *Il y a des mots dont l'ad. est accidentelle.* Peu usité.

ADVERSAIRE. s. m. (lat. *ad*, contre; *vertere*, tourner). Celui qui est opposé et sur lequel on veut remporter l'avantage. Se dit en parlant De combats réels ou simulés, de disputes, de procès, de contestations. *Ad. puissant, généreux, faible, méprisable. Vaincre, désarmer, ménager, écraser son ad. Il n'a pas eu de peine à réfuter ses adversaires.* ‖ Se dit quelquefois d'Une femme sans prendre le genre fém. *Cette femme est un dangereux, un puissant ad.*

Syn. — *Ennemi.* — Il ne faut pas confondre les mots *ad.* et *ennemi*. Sur bien des questions vous rencontrez des *adversaires* parmi vos amis et des adhérents parmi vos *ennemis*.

ADVERSATIF, IVE. adj. T. Gram. Ne s'emploie guère que dans ces locutions : *Conjonction adversative* ou *Particule adversative*, Qui marque opposition entre ce qui la précède et ce qui la suit. MAIS *est une conjonction adversative*. Voy. CONJONCTION. ‖ *T. Log. *Proposition adversative*. Voy. PROPOSITION.

ADVERSE. adj. 2 g. Contraire, opposé. Ne s'emploie que dans ces locutions : *Fortune ad. Partie ad. L'avocat ad.*

ADVERSITÉ. s f. Situation, état de celui qui éprouve les rigueurs du sort. *Tomber dans l'ad. Succomber à l'ad. Sa vie a été mêlée d'ad. et de prospérité.* ‖ Malheur, accident fâcheux, affliction. *Sa vie n'a été qu'une longue ad.*, qu'Une longue série de malheurs. — S'emploie souvent au plur., dans ce sens. *Il a eu de grandes adversités à essuyer. Souvent Dieu nous envoie des adversités pour nous éprouver.*

ADYNAMIE. s. f. (gr. α priv.; δύναμις, force). T. Méd.

Enc. — Ce mot, qui signifie *privation de force*, devrait être banni du langage de la science. Il désigne un état général et ne s'applique à aucune maladie spécialement. L'absence de forces étant un phénomène commun à une foule d'affections différentes, à plus forte raison ne doit-on pas faire figurer l'*Ad.* dans un cadre nosologique comme dénomination d'une classe particulière de maladies. Quelques auteurs s'en servent pour désigner la faiblesse musculaire qui s'observe surtout dans certaines fièvres.— On a souvent fait le mot *ad.* synonyme du mot *asthénie*, qui a également le sens de *privation de force*. Toutefois, il nous semble que le terme *ad.* doit s'appliquer à la prostration des forces qui arrive avec promptitude dans les maladies aiguës, et à la suite de lésions organiques caractérisées, et qu'on doit réserver le terme *asthénie* pour désigner un état de langueur, de faiblesse des actions organiques, sans lésions appréciables ou antécédentes. L'*asthénie* peut être congéniale; l'*ad.* ne l'est jamais. L'*atonie*, qui signifie littéralement *privation de ton, de tension*, s'emploie pour exprimer la diminution de la tonicité ou contractilité organique, que l'on suppose exister dans certains tissus; on ne se sert, au reste, du terme *atonie* que lorsqu'il s'agit d'une faiblesse locale. C'est ainsi que l'on attribue quelques affections gastriques à l'atonie de l'estomac, dont alors les parois seraient, à ce qu'on s'imagine, devenues plus molles et moins contractiles.

ADYNAMIQUE. adj. 2 g. Qui est caractérisé, accompagné par l'adynamie. *État ad. Fièvre ad.* Voy. FIÈVRE.

* **ÆGAGRE.** s. f. (gr. αἶξ, αἰγός, chèvre). T. Mamm. Voy. CHÈVRE.

* **ÆGICÉRÉES.** s. f. pl. T. Bot. Voy. MYRSINACÉES.

* **ÆGINÉTIE.** s. f. T. Bot. Voy. OROBRANCHÉES.

* **ÆGLÉ.** s. f. (gr. αἴγλη, éclat). T. Bot. Voy. AURANTIACÉES.

* **ÆGOPODE.** s. m. (gr. αἶξ, αἰγός, chèvre; ποῦς, ποδός, pied). T. Bot. Voy. OMBELLIFÈRES.

* **ÆOLANTHE.** s m. (gr. αἰόλος, panaché; ἄνθος, fleurs). T. Bot Voy. LABIÉES.

* **AÉRATION.** s f.; * **AÉRAGE.** s. m. Voy. VENTILATION.

AÉRER v. a. (gr. ἀήρ, air). Donner accès à l'air, renouveler l'air, ventiler. *Aérer une chambre, une salle de spectacle, l'intérieur d'un vaisseau.*=AÉRÉ, ÉE. part. ‖ S'emploie adj., en parlant D'une maison dont l'exposition permet à l'air d'y circuler librement. *Voilà une maison bien aérée.* ‖ * Se dit également De l'eau qui tient des gaz atmosphériques en dissolution. *L'eau de pluie est très-aérée.*

AÉRIEN, ENNE. adj. *Couches aériennes*, Couches de l'atmosphère. *Corps aé* , Corps gazeux. *Fluide aé.*, Fluide gazeux. *Animaux aériens, plantes aériennes*, Animaux, plantes qui vivent dans l'air. ‖ *Démons, esprits aériens*, Qui habitent l'air, ou qui ont un corps subtil comme l'air. ‖ *Phénomène aé.*, Qui se passe dans l'atmosphère. ‖ *Perspective aérienne*. Voy. PERSPECTIVE. ‖ * Fig., Vaporeux, léger comme l'air. *Créature, grâce, taille, légèreté aérienne.* ‖ * T. Bot. *Racines aériennes*, Voy. RACINE. ‖ *Vaisseaux aériens*. Voy ORGANOGRAPHIE VÉGÉTALE. ‖ T. Anat., *Voies aériennes, conduits aériens*, et plus exactement, *Voies, conduits aérifères*. Voy. APPAREIL RESPIRATOIRE. ‖ T. Ichth. *Vésicule aérienne*. Voy. VESSIE NATATOIRE.

AÉRIFÈRE. adj. 2 g. (gr. ἀήρ, air; φερεῖν, porter). Se dit Des tubes ou conduits destinés à porter l'air nécessaire à la respiration chez les végétaux et chez les animaux.

AÉRIFORME. adj. 2 g. (lat. *aer*, air; *forma*, forme). Gazeux. *Fluide aér. État aér.*

AÉRODYNAMIQUE. s. f. (gr. ἀήρ, air; δύναμις, force). T. Phys. Science qui traite des lois du mouvement des fluides élastiques. Voy. HYDRODYNAMIQUE.

AÉROGRAPHIE. s. f. (gr. ἀήρ, air; γραφία, description). Description, théorie de l'air.

AÉROLITHE. s. m. (gr. ἀήρ, air; λίθος, pierre). T. Astr. et Météor.

Enc. — On donne le nom d'*Aérolithes*, de *Météorites* ou de *Pierres météoriques* à des masses minérales plus ou moins considérables qui, des régions élevées de l'atmosphère, se précipitent à la surface de la terre, et dont la chute est généralement accompagnée de phénomènes lumineux et d'un bruit de détonation.

Ce phénomène est connu de toute antiquité. Tout le monde sait que Cybèle était adorée en Galatie sous la forme d'une pierre venue du ciel, et qu'à Emèse, en Syrie, le Soleil était aussi adoré sous la forme d'une pierre à laquelle on attribuait la même origine. Anaxagore de Clazomène, Diogène d'Apollonie, Aristote, Plutarque, Tite-Live, ainsi que d'autres auteurs grecs et latins parlent de pierres tombées du ciel. Les auteurs orientaux ainsi que les traditions du moyen âge font mention de nombreuses chutes d'aérolithes. Malgré l'accord de tant de témoignages, la science refusait d'admettre un fait qu'elle ne pouvait expliquer, lorsque, en 1794, Chladni publia une dissertation dans laquelle il mit hors de doute la réalité du phénomène. La chute de ces corps, une fois constatée d'une manière irrévocable, la science fut forcée d'aborder la question, et nous indiquerons plus loin les résultats auxquels elle est parvenue.

On peut, sous le rapport de leur composition, diviser les météorites en deux classes, les météorites *sidériques* (gr. σίδηρος, fer) et les météorites *pierreux*. Les premiers sont presque en totalité composés de fer métallique, plus ductile que le fer fabriqué, plus blanc, et constamment allié à une proportion notable de nickel, qui s'élève quelquefois jusqu'à 6 pour 100. La présence du nickel est tellement constante qu'elle suffit pour décider si telle ou telle masse de fer isolée est un météorite. C'est à ce genre qu'on doit rapporter certaines masses considérables de fer trouvées dans un grand nombre de pays : (à Durango, Nouvelle-Biscaye, masse estimée par Humboldt, à 20,000 kilogrammes; à San Yago, dans le Tucuman, masse de 15,000 kilogrammes; au mont Kémir, en Sibérie, masse de 700 kilogrammes, etc.) Assez ordinairement le fer de ces météorites est caverneux et comme spongieux. — Les météorites *pierreux* sont infiniment plus communs que les précédents. Leur forme est très-variable; mais tous, néanmoins, présentent un caractère commun, c.-à-d. que tous semblent des fragments détachés par rupture de quelque masse plus volumineuse. Leur surface offre constamment des arêtes et des angles arrondis et émoussés, et elle est recouverte en entier d'une croûte très-mince, lisse, noire, luisante, semblable à un émail superficiel. Leur cassure est grisâtre, d'un aspect terreux et diversement grenu. Ces masses sont tantôt dures et tantôt friables, et possèdent une pesanteur spécifique de 3,35 à 4,28, celle de l'eau étant prise pour unité. Les substances qu'on a rencontrées dans les divers aérolithes, sont le fer, le nickel, le cobalt, le manganèse, le chrôme, le cuivre, l'arsenic, l'étain, la silice, la magnésie, la potasse, la soude, la chaux, l'alumine, le soufre, le phosphore et le carbone. Le fer et la silice ne manquent dans aucun. Comme on le voit, de toutes les substances qui entrent dans la composition des aérolithes, aucune n'est étrangère au globe que nous habitons : la différence la plus essentielle qu'on y ait constatée, c'est que le fer, au lieu de s'y trouver à l'état d'oxyde, se rencontre habituellement à l'état métallique, ce qui ne s'est peut-être jamais vu dans aucune des substances terrestres connues, même dans les produits volcaniques.

La chute des aérolithes s'accompagne presque toujours de phénomènes lumineux; cependant ces phénomènes ne sont pas constants. Quelquefois, dans un ciel serein, on voit tout à coup paraître un petit nuage obscur, d'où s'échappent des masses minérales au milieu d'explosions semblables à des coups de canon. On a vu de ces nuages parcourir de grandes étendues de pays, et répandre à la surface du sol des milliers de fragments de même nature, mais variant à l'infini par la forme et le volume. Telle fut la chute d'aérolithes qui eut lieu à Laigle, le 26 avril 1803. « Vers une heure après midi, le ciel étant serein, dit Biot, on aperçut de Caen, de Pont-Audemer, de Falaise et de Verneuil, un globe enflammé d'un éclat très-brillant et qui se mouvait dans l'atmosphère avec beaucoup de rapidité. Quelques instants après, on entendit à Laigle et aux environs de cette ville, dans un cercle de plus de trente lieues de rayon, une explosion violente qui dura cinq ou six minutes; ce furent d'abord trois ou quatre détonations qui ressemblaient à des coups de canon suivies d'une espèce de décharge analogue à une fusillade, après laquelle on entendit comme un épouvantable roulement de tambours. Le bruit partait d'un petit nuage qui avait la forme d'un rectangle, et qui parut immobile pendant tout le temps que dura le phénomène; seulement les vapeurs qui le composaient s'écartaient momentanément de différents côtés par l'effet des explosions successives. Ce nuage se trouva à peu près à une demi-lieue de la ville; il était très-élevé dans l'atmosphère. Dans tout le canton sur lequel ce nuage planait, on entendit des sifflements semblables à ceux d'une pierre lancée par une fronde, et l'on vit en même temps tomber une quantité de masses minérales. L'arrondissement dans lequel les pierres ont été lancées forme un espace elliptique d'environ deux lieues et demie de long sur une de large. Le nombre de fragments qui sont tombés est certainement au-dessus de deux ou trois mille. Le plus gros pèse 8,75 kilogrammes, et le plus petit environ 8 grammes. » Il arrive encore, quoique beaucoup plus rarement, de voir tomber des aérolithes par un ciel parfaitement pur, sans que leur chute ait été annoncée par le moindre nuage précurseur. Ce cas s'est présenté le 16 septembre 1843, lors du grand aér. qui tomba avec un fracas semblable à celui de la foudre à Kleinwanden, près de Mulhouse.

Les apparitions lumineuses qui, dans l'immense majorité des cas, coïncident avec la chute des aérolithes ont reçu le nom de *Globes de feu* ou *Bolides* et d'*Étoiles filantes*. Ces météores lumineux ne sont pas constamment suivis de la chute d'aérolithes; mais les deux phénomènes se montrent si fréquemment réunis, et paraissent se rattacher si intimement l'un à l'autre, qu'il est impossible de les étudier isolément et difficile de ne pas leur assigner une origine et une cause communes.

Les *Bolides* sont des globes de feu qui ont, en gén., une grandeur apparente assez considérable pour qu'il soit impossible de les confondre avec les étoiles, et qui d'ailleurs se meuvent dans le ciel avec une extrême vitesse. Les *Étoiles filantes* paraissent ne devoir leur dénomination qu'à la petitesse apparente de leur volume. La plupart ressemblent aux étoiles de 3e, 4e, 5e et 6e grandeur; mais il s'en rencontre quelques-unes qui surpassent les étoiles de 1re grandeur et excèdent même les dimensions de Jupiter et de Vénus. Certaines étoiles filantes présentent évidemment une forme globuleuse. Or, comme il est impossible de découvrir aucune différence caractéristique entre les bolides et les étoiles filantes, soit dans leurs disques apparents, soit dans leurs traînées lumineuses, soit dans leurs vitesses réelles, le terme *Bolide* devrait seul être admis dans le langage de la science.

Ces météores lumineux ont paru jusqu'ici se produire dans une indépendance complète de toutes les circonstances locales, telles que la hauteur du pôle, la température de l'atmosphère, etc. — Les étoiles filantes apparaissent tantôt rares et isolées, et pour ainsi dire sporadiquement, tantôt en essaims et par milliers. Ces dernières apparitions, qui ont reçu le nom vulgaire de *pluies* d'étoiles filantes, sont périodiques et suivent des directions généralement parallèles. Les plus célèbres sont celle du 12 au 14 novembre, et celle du 10 août, jour de la fête de saint Laurent. Mais l'idée que certains jours de l'année sont affectés à ces grands phénomènes, n'a pris naissance qu'en 1833, à l'occasion de l'énorme essaim d'étoiles filantes qu'Olmsted et Palmer observèrent en Amérique dans la nuit du 12 au 13 novembre. Cette apparition rappela celle du 12 novembre 1799, qui avait été décrite par Humboldt et Bonpland, et on reconnut avec étonnement l'identité des deux époques. Ce fut Arago qui, le premier, au sein de l'Académie des sciences, en signalant cette coïncidence, émit l'idée de la périodicité de ces phénomènes et appela l'attention des observateurs sur cette question. Depuis lors, la périodicité de ces apparitions s'est confirmée de la manière la plus régulière. Outre le 10 août et la nuit du 12 au 13 novembre, dont nous avons parlé, les époques qui doivent fixer l'attention des physiciens, par rapport au fait de la périodicité des bolides, sont celles du 22 au 25 avril, du 17 au 26 juillet, du 27 au 29 novembre, et enfin du 6 au 12 décembre. — La coïncidence des observations de chutes de météorites avec les époques périodiques des apparitions d'étoiles filantes vient confirmer ce que nous avons dit sur l'origine commune de ces deux ordres de phénomènes.

Nous possédons aujourd'hui de nombreuses descriptions d'apparitions d'étoiles filantes. Dans l'impossibilité où nous sommes de les énumérer, nous nous bornerons à présenter le tableau des phénomènes qu'a offerts la plus mémorable de toutes ces apparitions, nous voulons parler de celle qui eut lieu le 13 novembre 1833. — Les météores commencèrent à fixer l'attention par leur fréquence dès la veille à neuf heures du soir (12 novembre); le spectacle devint extrêmement brillant à onze heures environ, mais il se montra dans toute sa splendeur vers quatre heures du matin, et continua en diminuant peu à peu jusqu'à ce qu'il finit par se perdre dans la lumière du jour. Quelques grands globes de feu se montrèrent même après que le soleil eut paru sur l'horizon. L'étendue de l'espace occupé par le phénomène n'a pas été positivement déterminée; mais on peut dire qu'il a couvert une portion considérable de la surface terrestre; car il fut aperçu depuis les grands lacs de l'Amérique du Nord jusqu'à la partie méridionale de la Jamaïque. Dans toute l'étendue de cet espace, la première apparence offerte par le météore fut celle de feux d'artifices de la grandeur la plus imposante, couvrant la voûte entière du ciel de myriades de globes de feu semblables à des fusées volantes. En un seul endroit, pendant neuf heures d'observation, on en compta plus de 240,000. En examinant ce spectacle avec attention, on s'apercevait que le météore présentait trois variétés distinctes. La première consistait en lignes phosphorescentes sans largeur apparente; la seconde en larges globes de feu qui sillonnaient le ciel par intervalles, laissant après eux des traînées de lumière qui parfois demeuraient visibles pendant plusieurs minutes, et, dans quelques cas, pendant une demi-heure et même davantage; la troisième enfin offrait l'aspect de corps lumineux de forme non définie qui restaient pendant longtemps à peu près stationnaires.

Une des circonstances les plus remarquables du phénomène, c'est que tous les météores semblaient émaner d'un seul et même point. Ils apparaissaient à diverses distances de ce point et marchaient avec une prodigieuse rapidité, décrivant parfois en moins de quatre secondes un arc de 30 ou 40°. A Poland, sur l'Ohio, un météore de la troisième variété resta distinctement visible au nord-est pendant plus d'une heure. A Charlestown, dans la Caroline du Sud, on en vit un autre d'une grandeur extraordinaire parcourir le ciel pendant un long espace de temps, et faire entendre ensuite une explosion semblable à un coup de canon. Le point d'où les météores semblaient partir parut aux observateurs, qui déterminèrent sa position par rapport aux étoiles, être situé dans la constellation du Lion; et un fait qui mérite d'être signalé, c'est que ce point demeura stationnaire pendant toute la durée de l'observation, c.-à-d. qu'il ne suivit pas la terre dans son mouvement de rotation diurne de l'ouest à l'est, mais qu'il accompagna les étoiles dans leur marche apparente vers l'ouest. D'après les calculs d'Encke, le point de l'espace d'où ces météores semblaient tous diverger, était précisément celui vers lequel le mouvement de la terre était dirigé à cette époque. Il n'est pas certain que ces météores fussent, en gén., accompagnés d'un bruit particulier. Quelques observateurs, cependant, prétendent avoir entendu un sifflement analogue à celui des fusées volantes ou une légère explosion semblable à celle qu'elles produisent quand elles éclatent. Il ne paraît pas que l'on ait rencontré sur le sol aucune substance que l'on puisse positivement regarder comme provenant de ces météores. Cette magnifique apparition fut immédiatement suivie d'un abaissement notable de la température sur toute l'étendue des États-Unis.

Les particularités les plus essentielles à connaître, afin de pouvoir s'élever à une hypothèse rationnelle relative à l'origine des météores qui nous occupent, sont la hauteur à laquelle ils apparaissent au-dessus de la surface de notre globe, la vitesse avec laquelle ils se meuvent, la direction de leur marche et leurs dimensions réelles. Dès 1798, Brandes et Benzenberg s'occupèrent de déterminer la hauteur à laquelle se mouvaient les bolides. La moyenne de vingt-deux observations leur donna une hauteur de 68,000 mètres; le minimum fut 9,700 et le maximum 226,000 mètres. Brandes, en 1823, observant une autre apparition de bolides, obtint 96,500 mètres comme moyenne de 98 observations, 24,000 pour minimum et 740,000 pour maximum. L'apparition du 10 août 1838 a donné, d'après Wartmann, 885,000 mètres pour hauteur moyenne. Mais, à cause de la petitesse de la parallaxe, Olbers tient pour douteuses toutes les déterminations de hauteur qui dépassent 220,000 mètres. Quant à la vitesse de ces météores, Brandes et Benzenberg avaient obtenu dans leurs observations 27,500 à 40,000 mètres par seconde. Brandes, en 1823, trouva qu'elle variait entre 29,000 et 59,000. Quételet, en 1824, obtint en moyenne 27,500 mètres par seconde. Enfin, si l'on admet les calculs de Wartmann, cette vitesse atteindrait 385,000 mètres; mais, comme les bolides observés par lui se mouvaient dans une direction opposée au mouvement de translation de la terre, on doit retrancher de ce chiffre la vitesse rotative de notre globe, soit 30,000 mètres environ. Cette réduction opérée, il resterait encore 356,000 mètres par seconde pour la vitesse absolue de ces météores, ce qui est plus de onze fois la vitesse de la terre, et sept fois et demie celle de Mercure. Cette vitesse est vraisemblablement supérieure même à celle des comètes à leur périhélie. — Il résulte également des nombreuses observations recueillies par ces apparitions météoriques, que la direction des bolides est, en gén., opposée à celle que suit la terre dans son mouvement autour du soleil. Quant aux diamètres réels de ces corps, nous ne possédons que peu de mesures qui paraissent dignes de confiance. En voici quelques-unes : Le bolide de Weston, Connecticut, 14 décembre 1807, 162 mètres; le bolide observé par Le Roi, 10 juillet 1771, environ 323 mètres; celui du 10 janvier 1783, estimé par sir Ch. Blagden, à 845 mètres. Brandes assigne un diamètre de 25 à 40 mètres aux étoiles filantes, et évalue la longueur de leurs queues ou traînées lumineuses à 20 ou 30 mille mètres; mais il y a tout lieu de croire que les diamètres apparents des bolides et des étoiles filantes ont été exagérés sous l'influence de certaines causes optiques.

Pour nous résumer, la hauteur à laquelle apparaissent les bolides, hauteur qui excède le plus souvent la limite supérieure de notre atmosphère qui est environ de 72,000 mètres, la direction à peu près constante qu'ils suivent et qui est inverse de celle de notre globe, et la vitesse toute planétaire dont ils sont animés, démontre qu'il faut chercher leur origine hors de la sphère de la planète que nous habitons. Ainsi se trouvent éliminées les hypothèses qui attribuaient ces météores lumineux à l'électricité ou à l'inflammation de gaz de nature connue ou inconnue existant au sein de notre atmosphère. Ainsi se trouve également renversée la théorie qui faisait provenir les aérolithes des volcans terrestres et même des volcans lunaires. En effet, en supposant que la force de projection des premiers fût telle qu'elle pût lancer au delà des limites de notre atmosphère des masses de pierre ou de fer, ou bien ces corps lumineux que l'on connaît sous le nom de bolides et d'étoiles filantes, elle ne saurait leur communiquer la vitesse dont ils paraissent animés, vitesse qui est au moins égale à celle du mouvement orbitaire de notre planète. Le docteur Peters qui a observé avec une scrupuleuse exactitude tous les phénomènes de l'Etna, a trouvé que la plus grande vitesse des pierres lancées par le cratère était seulement de 81 mètres par seconde. Quant à l'hypothèse qui attribue l'origine des aérolithes aux volcans lunaires, comme elle a joui d'une assez grande faveur et a été admise par des hommes tels que Laplace et Berzélius, nous croyons devoir insister davantage sur ce point. Le docteur Olbers est le premier, peut-être, qui ait montré la possibilité de cette hypothèse. En calculant les forces nécessaires pour vaincre l'attraction de la lune, il a trouvé qu'un corps projeté de la lune avec une vitesse d'environ 2,600 mètres par seconde ne retomberait pas sur la surface de cette planète, mais s'en éloignerait indéfiniment; et que, pour le faire arriver jusqu'à la terre, il suffirait qu'il possédât une vitesse initiale de 2,500 mètres environ, ce qui n'a rien de difficile à comprendre, attendu que c'est à peu près cinq fois celle qui anime un boulet de canon à sa sortie de la pièce. Mais la vitesse avec laquelle se meuvent les étoiles filantes a rendu cette origine extrêmement improbable; car pour pouvoir pénétrer dans notre atmosphère avec une vitesse de 32,000 mètres par seconde, il faudrait, si elles étaient d'origine sélénique qu'elles eussent été lancées de la surface lunaire avec une vitesse de 37,000 mètres, ce que l'on doit regarder comme tout à fait impossible. « Pour moi, dit Olbers, cela ne me semble pas du tout vraisemblable; je considère la lune, dans son état, comme un voisin fort paisible qui, à raison de son manque d'eau et d'atmosphère, est désormais incapable de fortes explosions.»

Tout porte à croire que les étoiles filantes, les bolides et les pierres météoriques sont des agrégations de matière cosmique, de véritables astéroïdes qui se meuvent autour du soleil en obéissant de tout point aux lois générales de la gravitation et qui traversent, comme les comètes, les orbites des grandes planètes. Quand ces corps viennent à rencontrer la terre, ils deviennent lumineux aux limites de notre atmosphère, et souvent alors ils se divisent en fragments recouverts d'une couche noirâtre et brillante qui entrent dans un état de caléfaction plus ou moins marqué. Les masses météoriques commencent à briller ou à s'enflammer à des hauteurs où règne déjà un vide presque absolu; car les phénomènes lumineux peuvent se produire indépendamment de la présence du gaz oxygène. Poisson inclinait à croire que le fluide électrique à l'état neutre forme une sorte d'atmosphère qui s'étend beaucoup au delà de la masse d'air, qui, quoique physiquement impondérable, est soumise à l'attraction de la terre, et qui suit notre globe dans son orbite. Dans cette supposition, les corps dont il s'agit, en pénétrant dans cette atmosphère impondérable, décomposeraient le fluide neutre par leur action inégale sur les deux électricités, et ce serait en s'électrisant qu'ils s'échaufferaient et deviendraient incandescents. Quelques fragments, par l'effet de ce développement de calorique et sous l'influence de l'attraction terrestre, peuvent de temps à autre se détacher et tomber à la surface de notre globe; ce qui explique parfaitement l'aspect que présentent tous les aérolithes.

Dans l'hypothèse généralement admise aujourd'hui par les savants les plus distingués, ces myriades d'astéroïdes constituent divers courants qui viennent couper l'orbite terrestre comme le fait la comète de Biéla. « En poursuivant cette idée, dit Humboldt, on peut imaginer que leur ensemble forme un anneau continu, dans l'intérieur duquel ils suivent une direction commune. Déjà les petites planètes situées entre Mars et Jupiter, sauf Pallas, nous offrent des relations analogues dans leurs orbites si étroitement entrelacées. Mais s'il s'agit de la théorie même de ces anneaux, il faut avouer que bien des points restent encore à décider, par ex., les époques de ces apparitions éprouvent-elles des variations; les retards qu'elles subissent proviennent-ils d'une rétrogradation régulière ou d'un simple déplacement oscillatoire de la ligne des nœuds, c.-à-d. de la ligne d'intersection du plan de l'orbite terrestre avec le plan de l'anneau? Peut-être ces petits astres sont-ils groupés très-irrégulièrement, peut-être leurs distances mutuelles sont-elles fort inégales, et leur zone a-t-elle une largeur si considérable, qu'il faudrait à notre globe des jours entiers pour la traverser? Supposons maintenant que ces anneaux, que nous considérons comme formés par les courants périodiques d'étoiles filantes, au lieu d'êtres homogènes, ne contiennent qu'un petit nombre de parties où les groupes soient assez denses pour donner lieu à une de ces grandes apparitions, et l'on comprendra pourquoi les brillants phénomènes qui ont été vus au mois de novembre en 1799 et 1833, se reproduisent si rarement. Olbers avait trouvé quelques raisons d'annoncer, pour l'époque du 12 au 14 novembre 1867, le premier retour de ce grand phénomène où les étoiles filantes, mêlées de bolides, tombent du ciel comme des flocons de neige. Quelquefois l'apparition de novembre n'a été visible que pour des parties très restreintes de la surface terrestre. En 1837, par ex., elle fut très-brillante en Angleterre, et on la comparait à une averse de météores; tandis qu'à Braunsberg, en Prusse, un observateur fort exercé et très-attentif ne vit, cette même nuit, qu'un petit nombre d'étoiles filantes isolées. De ce fait et d'autres semblables, Bessel a conclu qu'un petit groupe peu étendu des astéroïdes dont l'anneau se compose, a pu atteindre la région terrestre vers le point ou est située l'Angleterre, tandis que les contrées plus orientales traversaient une partie de l'anneau beaucoup moins riche comparativement. Enfin, s'il se rencontre des années où les deux apparitions d'août et de novembre fassent défaut à la fois sur toute la surface de la terre, il faut en chercher la cause, soit dans une interruption de l'anneau, dans les intervalles que laisseraient entre eux les groupes successifs d'astéroïdes, soit, comme le veut Poisson, dans les actions planétaires dont l'effet serait de modifier et la forme et la situation de l'anneau.»

Déjà, en 1686, Halley considérait comme un phénomène cosmique le grand météore qui parut à cette époque, et dont le mouvement s'effectuait en sens inverse de celui de la terre. Mais c'est à Chladni qu'appartient le mérite d'avoir le premier reconnu, dans toute sa généralité, la nature du mouvement des bolides, et leurs rapports avec les pierres qui paraissent tomber de l'atmosphère. Arago, à l'apparition de 1833, signala la périodicité du phénomène, et depuis lors les observations ont été chaque année en se multipliant. Cependant, ainsi qu'on doit le voir, il reste encore bien des points en litige au sujet du merveilleux phénomène dont nous venons de parler. Voyez pour plus de détails la notice d'Arago dans l'*Ann. du Bureau des Longitudes pour* 1836, et la traduction du *Cosmos* d'Al. de Humboldt, par Faye.

AÉROLOGIE. s. f. (gr. ἀὴρ, air; λόγος, discours). Étude de l'air, au point de vue médical. Inus.

AÉROMANCIE. s. f. (gr. ἀὴρ, air; μαντία, divination). Divination par les phénomènes de l'air. Voy. Divination.

AÉROMÉTRIE. s. f. (gr. ἀὴρ, air; μέτρον, mesure). Terme inusité qui, d'après son étym., doit signifier La partie de la physique qui traite de la mesure, de la pesanteur de l'air, de son élasticité, de son humidité, de sa pureté, etc.

AÉRONAUTE. s. 2 g. (gr. ἀὴρ, air; ναύτης, pilote). Celui, celle qui parcourt les airs à l'aide d'un aérostat.

* **AÉRONAUTIQUE.** s. f. Art de fabriquer des aérostats, et de se soutenir ou de naviguer dans les airs.

AÉROSTAT. s. m. (gr. ἀὴρ, air; στάω, je me tiens). Appareil propre à s'élever et à se soutenir dans les airs.

Enc. — Un *Aér.* est un appareil composé : 1° d'un ballon ou enveloppe contenant un gaz spécifiquement plus léger que l'air, ce qui permet à l'aér. de s'élever dans l'atmosphère avec une force ascensionnelle plus ou moins considérable; 2° d'une espèce de nacelle soutenue au-dessous du ballon par un réseau qui entoure ce dernier. L'aéronaute se place dans cette nacelle et il peut, à l'aide d'une corde qui va s'attacher à une soupape ordinairement située au sommet du ballon, laisser échapper le gaz qui distend l'appareil, et descendre ainsi quand il lui plaît.

Tout le monde sait qu'un corps plongé dans l'eau perd une quantité de son poids, égale à celle du volume de liquide qu'il déplace. C'est en vertu de ce principe, dont la découverte est due à Archimède, qu'un morceau de liége plongé au fond d'un vase rempli d'eau, remonte à la surface. Or, ce qui est vrai pour l'eau et les autres liquides, est également vrai pour tous les fluides gazeux. La construction des aérostats est également fondée sur le principe d'Archimède. Un ballon s'élève parce qu'il déplace un volume d'air dont le poids est supérieur au sien propre. Mais la pesanteur de l'air est une découverte toute moderne, et c'est seulement dans la seconde moitié du dernier siècle que la science a reconnu que les divers fluides aériformes possédaient des pesanteurs spécifiques différentes. Ainsi, tout gaz dont la pesanteur spécifique serait notablement moindre que celle de l'air, pourrait être employé à gonfler un ballon. En effet, les premiers aérostats que l'on ait construits, étaient tout simplement remplis d'air raréfié. On ne donne la préférence à l'hydrogène que parce qu'il est beaucoup plus léger que l'air : en effet, la pesanteur de ce gaz, lorsqu'il est parfaitement pur, est à celle de l'air comme 69 est à 1000.

En conséquence, une fois que l'on connaît les pesanteurs spécifiques relatives de l'air et du gaz ainsi que le poids de l'enveloppe dans laquelle on veut enfermer ce dernier, il est facile de calculer les dimensions que doit avoir le ballon pour s'élever dans l'air atmosphérique et emporter avec lui un poids donné à une hauteur donnée. Un mètre cube d'air, au niveau de la mer et sous la pression atmosphérique ordinaire, pèse 1299 grammes. Dans les mêmes conditions, une sphère d'air d'un mètre de diamètre pèsera 683 grammes environ. Si l'on admet que le gaz hydrogène employé à gonfler le ballon soit seulement 10 fois plus léger que l'air (le mode économique employé dans ce cas pour sa préparation fait que l'hydrogène obtenu est fort impur,) il en résultera que la force avec laquelle une sphère d'hydrogène de même diamètre tendra à s'élever dans les airs, sera de 615 grammes. Pour des sphères de différentes grandeurs, la force ascensionnelle sera proportionnelle à leurs volumes, c.-à-d. aux cubes de leurs diamètres. Ainsi donc, une sphère de 6 mètres s'élèvera avec une force égale à 216 fois la première, c.-à-d. une force de 133 kil., et une sphère de 12 mètres avec une force de 1062 kil. Mais il faut déduire des chiffres ci-dessus le poids de l'enveloppe. L'enveloppe la plus convenable pour fabriquer un ballon est un tissu de soie mince verni au caoutchouc. La quantité de soie ainsi préparée nécessaire pour construire un ballon d'un mètre de diamètre (le poids du mètre superficiel étant 220 gram.) pèse environ 691 gram. Or, pour un globe plus grand, la quantité nécessaire augmentant avec le carré du diamètre, le poids de l'enveloppe sera environ 25 kilogr. pour un ballon de 6 mètres de diamètre, et 100 kilogr., pour un ballon de 12 mètres. Par conséquent, un ballon de 6 mètres s'élancera du sol avec une force ascensionnelle d'à peu près 108 kilogr., et la force ascensionnelle d'un ballon de 12 mètres s'élèvera à 962 kilogr. On trouve par le même procédé qu'un ballon de 20 mètres enlèverait un poids égal à 4640 kilogr. environ, tandis qu'un petit ballon d'environ 1 mètre de diamètre ne pourrait que flotter à la surface du sol, le poids de ce tissu étant presque égal à la force ascensionnelle résultant de la différence entre la pesanteur spécifique de l'air et celle du gaz emprisonné.

La hauteur à laquelle un aér. peut s'élever est déterminée par la loi qui règle la diminution de densité des couches atmosphériques à mesure que l'on s'éloigne de la terre. La force élastique diminue avec la densité, et lorsqu'elle se trouve réduite à une quantité seulement égale au poids du ballon et de ses appendices, il est impossible que l'appareil s'élève plus haut. Une autre circonstance vient encore restreindre la possibilité de s'élever au delà de certaines limites. A mesure que la pression de l'air extérieur diminue, la force expansive du gaz enfermé va en augmentant, et à la fin, cette dernière vaincrait la résistance que pourrait lui offrir toute enveloppe quelque solide qu'elle fût. Un ballon exactement rempli d'hydrogène serait immédiatement mis en pièces par le gaz, sitôt qu'il serait parvenu à une faible hauteur dans l'atmosphère, si l'aéronaute n'avait la précaution de laisser échapper, en ouvrant la soupape dont nous avons parlé, une partie du fluide emprisonné. Mais il vaut mieux ne pas remplir exactement le ballon; car, arrivé à une certaine hauteur, sa distension sera complète.

Dans tous les temps, ainsi que le prouve la fable d'Icare,

l'idée de se soutenir dans l'air et de s'y mouvoir comme fait l'oiseau, a séduit l'imagination des hommes. Archytas de Tarente, qui vivait dans le IVe siècle avant J.-C., avait, dit-on, construit une colombe de bois qui volait. « Elle se soutenait sans doute par des moyens d'équilibre, et l'impulsion lui était donnée par l'air qu'elle recélait intérieurement (AULU-GELLE, X, 12). » Pendant le moyen-âge, le problème de la navigation aérienne fut l'objet des rêveries ou des recherches de plusieurs savants, parmi lesquels on doit citer le moine Roger Bacon (XIIIe siècle). A l'époque de la renaissance des lettres, il fut repris avec une nouvelle ardeur, et dans le courant du XVIIe et au commencement du XVIIIe siècle, il fut bien près d'être résolu par les jésuites Lana (1670) et Gusmao (1709). Enfin, lorsque, en 1766, Cavendish eut découvert l'hydrogène, dont la pesanteur spécifique, comme on l'a dit, est si inférieure à celle de l'air, le docteur Black conçut aussitôt l'idée qu'une vessie remplie de ce gaz devait s'élever dans l'air; mais il échoua dans son expérience. Les tentatives de Cavallo, en 1782, n'eurent pas plus de succès. Cependant, la même année, un fabricant de papier d'Annonay, Joseph Montgolfier, se trouvant à Avignon, fit monter jusqu'à la hauteur de 12 mètres un ballon construit en taffetas de Lyon, dont il avait échauffé l'air intérieur au moyen de papier brûlé. Après quelques autres essais préparatoires, il résolut de tenter, le 5 juin 1783, une expérience publique. Pour cela il construisit, en toile doublée de papier, un ballon de 11m,30 de diamètre qui pesait environ

Fig. 1.

215 kil. et fut chargé en outre d'un poids de 200 kil. Cet appareil, que l'on appela *Montgolfière* (Fig. 1), du nom de son inventeur, fut gonflé à l'aide d'un feu de paille sur lequel on jetait de la laine hachée pour produire une plus grande quantité de fumée; car il paraît que l'inventeur attribuait l'ascension du ballon à la fumée et non à sa cause réelle qui est la raréfaction de l'air contenu dans l'enveloppe. Le ballon s'éleva à une hauteur de 1,500 mètres, resta suspendu dix minutes dans les airs et alla tomber à environ 2,500 mètres de son point de départ.

Lorsque la nouvelle de cette expérience arriva à Paris, elle frappa vivement l'attention du public et du monde savant, et on songea aussitôt à la répéter; mais comme la force ascensionnelle que l'on obtenait par la raréfaction de l'air n'est pas fort considérable, et qu'en outre l'appareil courait le risque d'être incendié, un célèbre physicien de cette époque, nommé Charles, proposa de substituer le gaz hydrogène à l'air raréfié. Les préparatifs de l'expérience étant achevés sous la direction de Charles, le 26 août 1783, le ballon fut transporté en grande cérémonie au Champ-de-Mars. Le lendemain, à cinq heures de l'après-midi, un coup de canon annonça à la foule assemblée que tout était prêt; et aussitôt l'appareil, débarrassé de ses entraves, s'élança dans les airs, à la grande surprise des spectateurs, avec une telle vitesse qu'en deux minutes il atteignit la hauteur de 1000 mètres. Il traversa successivement plusieurs nuages qui de temps en temps le dérobèrent aux yeux. Une pluie violente qui commençait à tomber n'arrêta pas sa marche, et, au bout de trois quarts d'heure, il alla tomber à 24 kilom. environ du lieu de son ascension. On reconnut alors qu'il s'était opéré à la partie supérieure du ballon une déchirure par laquelle le gaz s'était échappé. — J. Montgolfier, arrivé à Paris, répéta devant la cour, à Versailles, le 20 septembre suivant, l'expérience d'Annonay avec un globe construit sur le même modèle et lancé de la même manière.

Les premiers qui eurent l'audace d'entreprendre un voyage aérien furent le marquis d'Arlandes et un jeune physicien nommé Pilâtre des Roziers. Ce fut le 21 octobre 1783 qu'eut lieu cet événement mémorable. Les aéronautes se servirent d'une montgolfière munie d'une galerie autour du foyer, afin de pouvoir entretenir le feu. Ils partirent du château de la Muette, dans le bois de Boulogne, et après s'être élevés à une hauteur de plus de 1,000 mètres, ils descendirent heureusement à terre à plus de 8,000 mètres de leur point de départ. — La seconde tentative de navigation aérienne fut exécutée le 1er décembre suivant, par Charles et Robert; mais ils employèrent un ballon à gaz hydrogène. L'appareil, construit par Charles, consistait en un ballon de taffetas enduit d'un vernis de caoutchouc, et recouvert par un vaste filet terminé par des cordes qui soutenaient la nacelle où se placèrent les aéronautes (g. 2). Enfin il était muni d'une soupape pour donner à volonté issue au gaz contenu dans le ballon. Après un voyage d'une heure et demie, les intrépides navigateurs descendirent sans le moindre accident dans la prairie de Nesle à 40 kilomètres environ de Paris. Robert débarqua seul, et,

Fig. 2.

comme le ballon possédait encore une force ascensionnelle considérable, Charles résolut de faire sur-le-champ une nouvelle ascension. En deux minutes à peu près il atteignit à une hauteur de 3,000 mètres, et eut la satisfaction de voir réapparaître sur l'horizon le soleil qui était déjà couché lorsque le ballon était à terre. Après être resté environ 35 minutes dans l'air, il descendit sain et sauf à 15,000 mètres à peu près de son point de départ. Le succès de ces premiers voyages aériens encouragea les imitateurs. — Le 7 janv. 1785, Blanchard et l'américain Jefferie entreprirent, en partant de Douvres, de traverser le détroit de la Manche, et réussirent dans leur projet. Le 15 juin de la même année, l'aventureux Pilâtre des Roziers et son compagnon Romain tentèrent à leur tour à Boulogne une descente en Angleterre. Sous le ballon principal, qui était rempli de gaz hydrogène, ils avaient, dans l'espérance de pouvoir augmenter ou diminuer plus aisément la force ascensionnelle de l'aérostat, suspendu une montgolfière au-dessous du ballon à hydrogène. C'est ce qui causa leur perte. L'appareil parvenu à une hauteur de 4 à 600 mètres prit feu, et tous les deux furent précipités sur le sol. Cet événement douloureux ne refroidit pas l'ardeur des aéronautes. En effet, il était évident qu'il avait été causé par l'absence de précautions convenables. Les ascensions continuèrent donc à se multiplier.

Sous la Convention, Guyton-Morveau proposa au Comité de salut public d'employer les aérostats comme moyen d'observer les armées ennemies. Cette idée ayant été accueillie, Coutelle fut chargé d'organiser une compagnie d'*aérostiers* dont il fut nommé capitaine, et de réaliser le projet de Guyton-Morveau. Pour cela il fit construire un ballon de 30 mètres de circonférence, qui était retenu captif au moyen de longues cordes que manœuvraient les aérostiers. Cette singulière machine de guerre fut employée en 1794 au siége défensif de Charleroi et au siége offensif de Maubeuge. Pendant la bataille de Fleurus, qui fut gagnée par Jourdan, le 26 juin 1794, Coutelle resta plus de neuf heures en observation; et, malgré les oscillations continuelles de la nacelle, il put distinguer tous les mouvements de l'ennemi. « Certainement ce n'est pas l'aérostat, disait-il, qui nous a fait gagner la bataille; cependant je dois avouer qu'il gênait beaucoup les Autrichiens qui croyaient ne pouvoir faire un pas sans être aperçus, et que, de notre côté, l'armée voyait avec plaisir cette arme inconnue qui lui donnait confiance et gaîté. » Toutefois ce moyen fut promptement négligé, et maintenant il est tout à fait tombé dans l'oubli dont il ne sortira sans doute que si l'art aéronautique parvient jamais à justifier son nom, c.-à-d. à diriger la course d'un ballon dans les airs.

Depuis cette époque, les ascensions aérostatiques ne sont plus employées que comme un moyen de divertissement populaire dans les fêtes publiques; un voyage aérien n'est plus qu'un simple spectacle que connaissent tous les habitants des grandes villes de l'Europe. — Deux ascensions seulement ont été entreprises dans un but scientifique. La première fut exécutée par Biot et Gay-Lussac au mois d'août 1804, et la seconde par Gay-Lussac seul au mois de septembre de la même année. Ces deux illustres physiciens se proposaient de faire certaines observations sur les lois du magnétisme, sur la densité, la température et la composition de l'air atmosphérique à différentes hauteurs, et sur d'autres questions relatives à la physique. Dans l'ascension qu'il fit seul, Gay-Lussac atteignit la plus grande élévation à laquelle l'homme ait encore pu parvenir, c.-à-d. à la hauteur d'environ 7,000 mètres, hauteur qui dépasse beaucoup celle des sommets les plus élevés des Andes. A côté de ce fait, nous citerons le voyage exécuté au mois de septembre 1836, par l'aéronaute Green, comme la plus longue traversée aérienne que l'on ait vue jusqu'ici. En effet, il partit de Londres, franchit la Manche, et après une navigation de dix-huit heures, descendit sain et sauf dans le territoire de Nassau en Allemagne, ce qui donne une distance d'environ 130 lieues à vol d'oiseau. — Les ballons dont on se sert généralement aujourd'hui sont construits d'après le modèle de l'appareil de Charles. Ainsi, sous ce rapport, l'aéronautique n'a réalisé aucun progrès. Toutefois, l'invention du *parachute* mérite d'être mentionnée. — Le parachute est un appareil qui ressemble assez à un immense parapluie (Fig. 3. Parachute fermé; 4. Parachute ouvert.), à l'aide duquel l'aéronaute peut, en cas de danger, abandonner son ballon et descendre à terre sain et sauf. Sa construction est fondée sur ce principe que l'air oppose aux corps en mouvement une résistance qui est proportionnelle à leur surface et au carré de leur vitesse. Ainsi, dès que le parachute est détaché du ballon et abandonné avec sa charge à l'action de la pesanteur, il tombe avec une vitesse accélérée; et, d'un autre côté, la résistance opposée par l'air, croissant proportionnellement au carré de la vitesse du parachute, tend constamment à diminuer l'accélération, et par suite à rendre la vitesse finale de la chute d'autant moins grande que l'appareil offre une plus grande surface. On a trouvé qu'un parachute circulaire ayant un diamètre de 9 mètres, et pesant, y compris sa charge, 200 kilogrammes environ, acquerrait une vitesse finale de 4 mètres par seconde, et qu'une personne qui descendrait en parachute avec une pareille vitesse, éprouverait en arrivant à terre le même choc que si elle tombait librement d'une hauteur de 75 centimètres. Toutefois, la résistance de l'air est en réalité supérieure à celle qu'indique la théorie, car elle est augmentée par la concavité du parachute qui détermine une certaine accumulation d'air; mais en revanche l'action du vent tend à dévier de la verticale l'axe de l'appareil, et, dans ce cas, la résistance éprouve une diminution proportionnelle. La descente en parachute, imaginée par Blanchard, a été tentée pour la première fois le 2 septembre 1802, à Londres, par l'aéronaute Garnerin. Après avoir plané 7 ou 8 minutes, il coupa la corde qui attachait le parachute au ballon. Le parachute se déploya sur-le-champ,

Fig. 3.

Fig. 4.

et pendant quelques secondes descendit avec une vitesse accélérée; mais bientôt il ballotta tellement, et décrivit des oscillations tellement larges, qu'à plusieurs reprises la nacelle prit une position presque horizontale. Ce ne fut pas sans courir les plus grands dangers que l'intrépide aéronaute parvint à effectuer sa descente. On évite cet inconvénient en pratiquant au centre du parachute une espèce de cheminée qui permet à l'air de s'échapper sans nuire cependant à la descente de l'aéronaute.

Toutes les tentatives faites jusqu'à ce jour pour diriger les aérostats ont complétement échoué. La plupart des auteurs de projets de ce genre se sont efforcés d'imiter le vol des oiseaux, en construisant de grandes ailes analogues aux leurs. Mais déjà Borelli, vers le milieu du XVIIe siècle, avait démontré que ces tentatives échoueraient nécessairement à cause de la disproportion énorme qui existe entre la puissance musculaire de l'homme et la force qu'il serait nécessaire de mettre en jeu, afin de mouvoir des ailes d'une envergure suffisante pour soutenir le corps de l'homme dans l'atmosphère. Plus récemment Navier a fait voir que la force dont l'homme peut disposer à chaque instant n'est pas, toute proportion gardée, la 92e partie de celle que l'oiseau déploie lorsqu'il se soutient dans l'air. En admettant même que l'homme parvienne, au moyen d'un appareil aérostatique quelconque, à réduire son propre poids à zéro, il ne pourrait imprimer aux ailes une vitesse assez grande pour obtenir un mouvement constant. Quant à remplacer la force musculaire de l'homme par celle de la vapeur ou d'un gaz quelconque, il n'y faut pas songer, du moins dans l'état actuel de la science; car l'homme est encore la machine qui, à poids égal, produit le plus grand travail continu possible.

AÉROSTATION. s. f. Même sign. qu'*Aéronautique*.

AÉROSTATIQUE. s. f. T. Phys. Science qui traite de l'équilibre des fluides élastiques. = AÉROSTATIQUE. adj. 2 g. *Machine aér.* Voy. AÉROSTAT.

***AÉROSTIER.** s. m. Voy. AÉROSTAT.

***ÆSHNE.** s. f. T. Entom. Voy. DEMOISELLES.

***ÆTHUSE** s. f. (gr. *αἰθύσσω*, j'enflamme). T. Bot. Voy. OMBELLIFÈRES.

AÉTITE ou ÆTITE. s. f. (gr. ἀετὸς, aigle).

Enc. — Variété de fer hydroxydé formé de couches concentriques. Elle se présente ordinairement sous forme de petites masses ovoïdes ou aplaties. Ces petites masses renferment souvent un noyau mobile qui résonne quand on l'agite. Les anciens supposaient qu'on trouvait cette espèce de pierre dans le nid des aigles, et lui donnaient le nom de *pierre d'aigle*. Ils lui attribuaient des vertus merveilleuses. La seule propriété qu'on lui reconnaît est de produire de bon fer. On trouve à Trévoux (Ain) des bancs d'aétite assez considérables pour qu'on les exploite.

AFFABILITÉ. s. f. Qualité de celui qui accueille avec bonté et douceur ceux qui ont affaire à lui. *Recevoir avec aff. Il a beaucoup d'aff.*

AFFABLE. adj. 2 g. (lat. *ad*, à; *fari*, parler). Qui a de l'affabilité. *C'est un homme extrêmement aff. Il est d'un caractère doux et aff. Manières affables.*

Syn. — *Gracieux*, *Poli*, *Civil*, *Honnête*, *Courtois*. — L'homme *gracieux* est prévenant : il va au devant de ce qui peut vous être agréable. L'homme *Aff.* attend qu'on vienne à lui pour manifester sa bienveillance. *Gracieux* se dit principalement de l'abord, *aff.* de l'accueil. Ces deux termes s'emploient, dans le même sens, en parlant des manières et du langage. On se sert plus particulièrement des adjectifs *poli* et *civil*, lorsqu'il s'agit du langage et des manières qu'on acquiert par l'éducation et l'usage du monde. L'homme *poli* et l'homme *civil* se montrent fidèles observateurs des convenances, des usages reçus dans la bonne compagnie; mais le premier est plus cérémonieux, il semble y attacher plus d'importance que le second. L'homme *honnête*, au contraire, se renferme dans les limites les plus strictes de la civilité. Enfin, l'homme *courtois* pousse la politesse à l'extrême; mais cette politesse est quelquefois fade et importune.

AFFABLEMENT. adv. Avec affabilité. Peu usité.

AFFABULATION. s. f. (lat. *ad*, vers; *fabulari*, conter). Moralité d'une fable, d'un apologue.

AFFADIR. v. a. (R. *fade*). Rendre fade, insipide. Se dit au prop. et au fig. *Aff. une sauce en y mêlant quelque chose de trop doux. Aff. un discours par des pensées et par des expressions doucereuses et affectées.* || Causer du dégoût, au prop. et au fig. *Cette tisane, cette odeur affadit le cœur*, ou *affadit. Des louanges outrées affadissent le cœur.* = * s'AFFADIR. v. pron. Devenir fade. = AFFADI, IE. part.

AFFADISSEMENT. s. m. Effet que produit ce qui est fade. *Aff. de cœur.* || Fig., *Louer jusqu'à l'aff.*

AFFAIBLIR. v. a. (R. *faible*). Rendre faible, diminuer la force, l'activité, la vivacité, l'autorité. *Les débauches affaiblissent le corps. L'étude a affaibli sa vue. Aff. un État, un parti. L'âge affaiblit les facultés intellectuelles. Le temps, qui fortifie l'amitié, affaiblit l'amour. Les lois inutiles affaiblissent les lois nécessaires.* || *Aff. les monnaies*, En diminuer le poids ou le titre. = s'AFFAIBLIR. v. pron. *Ce malade s'affaiblit de plus en plus. Avec le temps, nos impressions s'affaiblissent et s'effacent.* = AFFAIBLI, IE. part.

AFFAIBLISSANT, ANTE. adj. Qui affaiblit. *Remèdes affaiblissants.* * On dit mieux, *débilitants.*

AFFAIBLISSEMENT. s. m. Diminution des forces, débilitation. *L'aff. du corps, des sens, de la voix. L'aff. d'une armée, d'un parti. L'aff. de l'esprit, de la mémoire, des sentiments, des impressions.*

AFFAIRE. s. f. (R. *à faire*). Tout ce qui est le sujet de quelque occupation. *Aff. agréable, difficile, importante. Il n'a d'autre aff. que de se divertir. Il est accablé d'affaires. Il a aff. Il est en aff. Toutes affaires cessantes. Aller à ses affaires.* || Fam., *C'est mon aff.*, Cela ne regarde que moi, je sais ce que je fais. On dit de même : *C'est son aff., c'est leur aff.*—*J'en fais mon aff.*, Je m'en charge, je réponds du succès. || Se dit aussi De toutes les choses qu'on a à démêler avec quelqu'un dans le commerce de la vie. *C'est une aff. d'intérêt. Se bien tirer d'une aff. Voilà le nœud de cette aff. S'entremettre d'une aff. Il débrouille bien une aff. Expédier une aff. Parler d'affaires.* || *C'est une aff.*, Je crois cela pénible, malaisé. *Ce n'est pas une aff.*, Je ne crois pas cela difficile. || Se prend pour Soin, peine, embarras, difficulté, danger, querelle. *L'éducation d'un enfant est une aff. de tous les instants. Il est las de la cour, c'est une aff. pour lui d'y paraître. Il a une mauvaise aff. sur le corps. Susciter des affaires à quelqu'un. Ses amis l'ont tiré d'aff. Son malade est hors d'aff. Des amis ont assoupi l'aff. Vider une aff.* || Vente, achat, marché, traité, entreprise industrielle ou commerciale, spéculation financière. *Cette maison fait beaucoup d'affaires. J'ai fait hier une excellente aff. Il y a une grande stagnation dans les affaires. L'aff. est conclue. Nous avons fait aff. ensemble. La noblesse aujourd'hui ne rougit pas de se livrer aux affaires. Il se fait peu d'affaires à la Bourse. Les faiseurs d'affaires sont consternés.* || *Affaires*, au plur., sign., La profession même de commerçant. *Il a quitté les arts pour les affaires. Il s'est retiré des affaires.* || Se dit De tout ce qui concerne la fortune et les intérêts d'un particulier. *Les affaires d'une succession. Les affaires de son commerce. Il est bien dans ses affaires. Ses affaires sont claires, embrouillées, en désordre. Donner ordre à ses affaires. Il a abandonné le soin de ses affaires à sa femme. Il est au-dessus, au-dessous de ses affaires. Il a bien fait ses affaires.* || * *Il a fait son affaire*, Il a fait sa fortune. || * *Mettre ordre à ses affaires*, Faire son testament, ses dispositions dernières. || S'emploie aussi en parlant De tout ce qui concerne l'administration et le gouvernement des choses publiques. *Affaires d'État. Affaires étrangères, ecclésiastiques. Affaires temporelles, spirituelles. Les affaires du département, de la ville, d'une communauté. Ce ministre dirige bien les affaires publiques.*—Dans un sens analogue, on dit De quelqu'un : *Il a l'esprit, le génie des affaires. Il est propre aux affaires. Il entend bien les affaires.* || * Question soumise à une assemblée. *L'aff. a passé sans difficulté. On a longuement discuté cette aff. sans prendre de parti.* || Événements politiques. *Cette victoire a changé la face des affaires. Les affaires de l'Europe ont pris une direction toute nouvelle.* || Histoire, aventure. *Vous me contez là une étrange aff. Le bon de l'aff., c'est que je connais les personnages. Ceci est une tout autre aff.* || Se dit Des procès et de tout ce qui se traite en quelque juridiction que ce soit. *Aff. civile. Aff. criminelle. Il y a une grande aff. au Conseil d'État, à la Cour royale. Cette aff. fera honneur à l'avocat chargé de la plaider. Son aff. se rapportera bientôt. Les arbitres ont arrangé l'aff.* || * *Homme d'affaires*, se dit De celui qui représente une partie dans un procès ou De celui qui est chargé de l'administration des biens d'un particulier. *Je n'entends rien à la procédure, soyez mon homme d'affaires.* || * *Agence, cabinet d'affaires*, Établissement où l'on se charge de diriger les affaires contentieuses. || Engagement entre deux corps de troupes ou entre deux armées ennemies. *L'aff. fut chaude et longtemps disputée. Ce militaire a assisté à bien des affaires. Aff. d'avant-poste. Aff. d'éclat.* || On dit D'une victoire, *C'est une aff. glorieuse;* D'un échec, d'une défaite, *C'est une fâcheuse, une désolante aff.* — *Une aff. d'honneur*, ou simplement *Une aff.*, a souvent le sens de Duel. || *Affaire de cœur*, Amourette, intrigue galante. || * *C'est une aff. de goût*, C'est une question que le goût doit décider. — * *C'est une aff. d'habitude*, Il ne s'agit plus que de s'exercer. *Vous connaissez la théorie, la pratique est une aff. d'habitude.* || *Cette femme a ses affaires*, Elle a ses règles. Vulg. || *Aller à ses affaires, faire ses affaires*, Satisfaire à ses besoins naturels. Fam. || *Ceci ferait bien mon aff.*, Me conviendrait. *Cette maison ne peut faire mon aff.*, Ne peut me convenir. || Iron., *Votre aff. est faite*, Elle est manquée.—*Son aff. est faite*, se dit De quelqu'un qui est dans une position, dans un état désespéré, et le plus souvent en parlant D'un malade. — *Il a fait une belle aff.*, Il a fait une sottise. — *Son aff. est bonne*, Il ne peut échapper à la punition qu'il mérite. || * *C'est l'aff. de La Fontaine d'écrire des fables; c'est l'aff. du général de commander;* C'est à La Fontaine qu'il appartient de, etc., c'est au général qu'il appartient de, etc. || *Avoir aff. de quelqu'un, de quelque chose*, En avoir besoin. — On dit, par mécontentement ou par mépris, *J'ai bien aff. de cette querelle, de ces visites, de ces gens-là.* || *Avoir aff. à quelqu'un, avec quelqu'un*, Avoir à lui parler, à traiter, à négocier avec lui. *J'ai aff. à lui, il faut que je l'aille voir. J'ai aff. à des gens difficiles. Un marchand a aff. à toutes sortes de gens.* (*Avoir aff. avec*, s'emploie spécialement lorsqu'il s'agit De discussion, de délibération, de concours de travail.) — Signifie encore, Avoir quelque contestation, quelque démêlé avec quelqu'un. *Il a aff. à forte partie.* — On dit aussi : *Il faut prendre garde à qui on a aff.*, Il faut savoir à qui l'on s'adresse. — *Il verra à qui il a aff.*, Il verra que je saurai lui résister, le châtier. — *Si on l'attaque, on aura aff. à moi*, C'est moi qui prendrai sa défense. || On dit qu'*Un homme a eu aff. avec une femme*, ou *Une femme avec un homme*, pour dire Qu'ils ont eu ensemble un commerce de galanterie. = POINT D'AFFAIRE. loc. adv. Point du tout, en aucune manière. *Vous vouliez m'épouser pour mes écus, point d'aff.*

AFFAIRÉ, ÉE. adj. Qui a beaucoup d'affaires. *Il est si fort aff., qu'il n'a pas une heure à lui. Il fait l'aff. Il a l'air aff.* Fam.

AFFAISSEMENT. s. m. État de ce qui est affaissé, au prop. et au fig. *L'aff. des terres. J'ai trouvé ce malade dans un grand aff. Aff. de l'esprit.* = Syn. Voy. ABATTEMENT.

AFFAISSER. v. a. (R. *faix*). Faire que des choses qui sont l'une sur l'autre s'abaissent, se foulent, et tiennent moins d'espace en hauteur. *Les pluies affaissent les terres.* || Faire ployer, faire courber sous le faix. *Une trop grande charge a affaissé le plancher.* || Fig., *L'âge affaisse le corps et l'esprit.* = s'AFFAISSER. v. pron. *Cette tour s'est affaissée. Le plancher commence à s'aff.* || Fig., *Son père s'affaisse sous le poids des années.* = AFFAISSÉ, ÉE. part.

AFFAITER. v. a. T. Fauc. Apprivoiser un oiseau de proie. = AFFAITÉ, ÉE. part.

AFFALER. v. a. (b. lat. *ad*, *vallum;* à val). T. Mar. *Aff. une manœuvre*, C'est l'abaisser, peser sur elle pour vaincre le frottement qui la retient. || Pousser un navire à la côte et le mettre en danger d'échouer. *Les vents, les courants ont affalé ce bâtiment.* = s'AFFALER. v. pron. S'approcher trop près de la côte, au risque de ne pouvoir se relever. *Ce navire va s'aff. s'il continue sa fausse manœuvre.* || On dit encore qu'*Un matelot s'affale*, lorsqu'il se laisse glisser de haut en bas sur une manœuvre, afin de descendre plus vite sur le pont. = AFFALÉ, ÉE. part. On dit qu'*Un navire est affalé*, Lorsqu'il a été poussé à la côte, soit par le vent, soit par les courants, ou lorsque, par une fausse manœuvre, il a dépassé l'endroit où il voulait aborder.

AFFAMER. v. a. (lat. *fames*, faim). Oter, retrancher les vivres; causer la faim. *Ce médecin affame son malade. Aff. une ville, une place, un pays. Aff. l'ennemi.* || Fig. et fam., on dit D'un grand mangeur, qu'*Il affame toute une table.* = AFFAMÉ, ÉE. part. *Être aff.*, Avoir une très-grande faim. — Prov., *Ventre aff. n'a point d'oreilles*, Un homme qui a faim n'écoute guère ce qu'on lui dit. || S'emploie subst., *Il mange comme un aff.* Fam. = AFFAMÉ, ÉE. adj. S'emploie toujours au fig. *Être aff. de gloire, d'argent. Être aff. de nouvelles. Je suis aff. de le voir.*

AFFÉAGEMENT. s. m. Action d'afféager.

AFFÉAGER. v. a. (R. *fief*). T. Anc. Cout. Aliéner une partie de son fief à tenir en arrière-fief ou en roture. = AFFÉAGÉ, ÉE. part.

AFFECTATION. s. f. Certaines manières de parler ou d'agir qui s'éloignent du naturel. *Il y a de l'aff. dans tout ce qu'il fait, dans tout ce qu'il dit. Aff. marquée, puérile. Une de ses affectations, c'est de grasseyer.*

Syn. — *Afféterie.* — L'*Aff.* et l'*afféterie* sont deux défauts qui résultent de l'exagération. On tombe dans l'*aff.* en courant après l'esprit, et dans l'*afféterie* en recherchant les grâces. L'*aff.* se manifeste dans les pensées, les sentiments et les goûts dont on veut faire parade; l'*afféterie*, dans les petites manières par lesquelles on croit plaire. Il n'y a guère de petit-maître sans *aff.*, ni de petite-maîtresse sans *afféterie.*

AFFECTER. v. a. (lat. *affectare*, rechercher avec ardeur). Rechercher une chose avec ambition, y aspirer, s'y porter avec ardeur. Ne se dit guère que dans le style soutenu. *Aff. le pouvoir suprême, le premier rang. Aff. la tyrannie. L'Angleterre affecte l'empire des mers.* || Rechercher certaines choses, avoir de la prédilection pour elles. *Au spectacle, il affecte toujours la même place. Cet acteur affecte certains rôles. Il affecte les usages anglais.* || Faire un usage fréquent et ordinairement prétentieux de certaines choses. *Aff. certaines expressions, certains airs, certains gestes. Aff. un langage extraordinaire.* || S'efforcer de paraître ce que l'on n'est pas en réalité. *Il affecte de paraître savant. Il affecte l'humilité, la modestie. Ne vous fiez pas à la bonhomie qu'il affecte.* || Prendre à tâche de dire ou de faire quelque chose. *Il affecte de dire toujours des choses flatteuses. Il affecte l'air distrait. Il affecte de grands airs.* || Destiner et appliquer une chose à un certain usage. Ne se dit guère qu'en parlant Des fonds de terre, des héritages, des rentes. *Aff. un fonds de terre, une rente au payement d'une dette, pour l'entretien d'un hospice.* || Fig., s'emploie en parlant Des formes ou figures particulières que prennent ou présentent certains corps. *Le sel marin, en se cristallisant, affecte la forme cubique.* — * Se dit encore au moral. *L'ambition affecte des formes différentes suivant l'intérêt du moment.* || Produire une impression. *Il est des remèdes qui affectent spécialement certains organes. Ces sons lointains affectent agréablement l'oreille.* — Fig., *Cette nouvelle l'a douloureusement affecté.* = s'AFFECTER. v. pron. *La véritable douleur ne peut s'aff.*, Ne peut se simuler. — *Cet homme ne s'affecte de rien*, Ne s'émeut de rien. *Ce malade s'affecte de son état.* = AFFECTÉ, ÉE. part. *Un fonds de terre aff. à l'entretien d'une école. Cette place lui est affectée. On craint que le poumon ne soit aff. Il a été vivement aff. de cette nouvelle, de son mauvais procédé.* || S'emploie adject., *Style aff. Langage aff. Manières affectées. Un comédien aff. Une humilité affectée.*

Syn. — *S'Afficher, Se piquer.* — L'hypocrite *affecte* les vertus de l'homme de bien sans les avoir, tandis que celui-ci *se pique* de les avoir et de les montrer. Dans ce sens, *aff.* et *se piquer*, c'est mettre en évidence une qualité, avec cette différence que le premier de ces termes entraîne une idée de duplicité, et le second une idée de réalité. Le verbe *s'afficher* diffère des précédents en ce qu'il exprime une manifestation publique et en quelque sorte scandaleuse. On *s'affiche* lorsqu'on ne prend aucun souci de cacher l'irrégularité de ses mœurs. Employé activement, *afficher* garde encore cette même signification. On *affiche* son inconduite, sa honte, ses débordements. — **Syn.** — *Recherché, Étudié, Maniéré, Apprêté, Composé, Guindé, Compassé.* — Ces épithètes caractérisent le manque de naturel dans les manières ou dans le langage. *Recherché* ne se prend pas absolument en mauvaise part; il ne marque pas l'exclusion du bon goût et de la distinction, il indique au contraire qu'on les pousse jusqu'à la minutie. *Étudié* désigne le soin qu'une personne prend pour se donner un langage et des manières qui ne lui sont point naturelles; il renferme aussi une idée de pédantisme ou d'astuce. *Maniéré* exprime la prétention ridicule que certaines gens mettent dans leurs gestes ou dans leurs paroles. *Aff.* marque la recherche qu'on fait saillir à dessein dans ses manières et dans son langage. *Apprêté* désigne ce même soin; mais il y ajoute une idée de roideur dont le mot *guindé* exprime l'excès. Ce dernier terme indique aussi l'air empesé du parvenu ou de celui qui n'a pas le laisser-aller de l'homme du monde. *Composé* s'emploie pour qualifier les allures mesurées et lourdes de certains pédants, ou les manières hypocrites des faux dévots. Il s'applique encore au langage et aux gestes méthodiques des personnes à habitudes systématiques.

Enc. — En Alg., le terme *Affecté* s'emploie pour exprimer que la valeur d'une quantité est modifiée par une autre quantité ou par un signe particulier. Ainsi, dans l'expression $3x$, la quantité x est *affectée* du coefficient 3; dans l'expression $-x$, cette même quantité est *affectée* du signe —. Viète paraît être le premier qui ait employé le mot *aff.* dans cette acception.

AFFECTIF, IVE. adj. Qui touche, qui émeut. N'est guère d'usage qu'en parlant Des choses de piété. *Il parle des choses de Dieu d'une manière très-affective.*

AFFECTION. s. f. (lat. *affectio*; de *afficere*, produire une impression, émouvoir). Manière d'être du corps ou de l'âme; passion. *Notre âme n'a conscience des affections de nos organes que par l'intermédiaire du système nerveux. Les passions sont des affections de l'âme. Affections douces, déréglées.* ‖ S'emploie ordin. pour désigner Un sentiment d'attachement, de préférence pour quelqu'un ou pour quelque chose. *Aff. paternelle. Il n'a d'aff. pour rien. Il a pris la musique en aff. Porter de l'aff. à quelqu'un. Mettre son aff. à une personne, ou à une chose. Il est l'objet de toutes les affections de sa mère. Il se livre à l'étude avec aff. Faites cela par aff. pour moi.* ‖ Dans le langage Médical, *Aff.* se prend en gén. dans le même sens que *Maladie*. Voy. ce mot.

Syn. — *Inclination, Attachement, Tendresse, Amitié, Amour, Passion.* — Sous le point de vue de la synonymie, ces substantifs marquent généralement les mouvements sympathiques de l'âme. *Aff.* est le terme générique qui exprime toutes les émotions que l'homme éprouve pour les êtres qu'il chérit: il comprend donc les autres termes. En effet, *tendresse* ne sert qu'à désigner une *aff.* le plus souvent calme et pure, comme celle d'une mère pour sa fille; *inclination* caractérise un penchant irrésistible qui nous porte vers quelqu'un; *attachement* indique une *aff.* durable, ou un sentiment affectueux et permanent; *amitié* exprime l'*aff.* la plus raisonnable et la plus noble qu'il soit donné à l'homme d'éprouver pour l'homme; *amour* désigne une *aff.* dont la force domine la volonté et l'intelligence humaine; enfin, *passion*, dans le langage ordinaire, s'applique à l'excès d'une *aff.* quelconque.

AFFECTIONNER. v. a. Aimer; avoir de l'affection pour quelque personne ou pour quelque chose. *C'est une personne, c'est une étude qu'il affectionne fort. C'est l'affaire du monde que j'affectionne le plus*, A laquelle je m'intéresse le plus. ‖ *S'aff. quelqu'un*, Gagner son affection. = s'Affectionner. v. pron. *Nous nous affectionnons aux personnes à qui nous faisons du bien*, Nous nous attachons à elles. *Il s'affectionne de plus en plus aux mathématiques*, Il s'y applique avec ardeur. = Affectionné, ée. part. Terme de civilité qu'on emploie dans la souscription des lettres et dans les formules suivantes. *Votre très-humble et très-aff. Votre aff. serviteur.*

AFFECTUEUSEMENT. adv. D'une manière affectueuse. *Il lui parla fort aff.*

AFFECTUEUX, EUSE. adj. Qui marque beaucoup d'affection. *Discours, sentiments aff. Paroles, manières affectueuses. Un orateur pathétique et aff.*

AFFÉRENT, ENTE. adj. (lat. *afferens*; de *ad*, à; *ferre*, porter). T. Droit. *Portion afférente, part afférente*, La part qui revient à chacun des intéressés dans un objet indivis ou dans un partage. ‖ * T. Anat. Se dit Des vaisseaux (veines ou lymphatiques) relativement à l'organe où ils portent le liquide qu'ils contiennent. *Les veines afférentes rénales. Les lymphatiques afférents des ganglions axillaires.*

AFFERMER. v. a. (R. *ferme*). Donner à ferme. *Aff. sa terre. Aff. les revenus publics. Aff. l'octroi.* ‖ Prendre à ferme. *Ce cultivateur a affermé mes terres.* = Affermé, ée. part.

Syn. — *Louer.* — *Aff.* ne se dit que des biens ruraux ou des revenus publics; *louer* est destiné aux appartements, aux ustensiles et aux animaux. On *afferme* une terre, le produit d'un péage; on *loue* une maison, un bœuf, un cheval.

AFFERMIR. v. a. Rendre ferme, stable. *Aff. une muraille, un plancher.* ‖ Rendre ferme et consistant ce qui était mou. *La gelée affermit les chemins. L'esprit de vin affermit les gencives.* Dans ce sens, on dit plus souvent *Raffermir*. ‖ Fig., Rendre plus assuré, plus difficile à ébranler. *Aff. l'âme, le courage. Aff. la santé. Aff. quelqu'un dans une résolution, dans une croyance, dans une opinion. Aff. l'autorité, le crédit public. Aff. le sceptre dans la main d'un roi.* ‖ * T. Man. *Aff. la bouche d'un cheval*; *Aff. un cheval dans la main et sur les hanches*, L'accoutumer à l'effet de la bride et à avoir les hanches basses. = s'Affermir. v. pron. *Les chemins s'affermiront bientôt. Cette gelée s'est affermie en refroidissant. Sa santé s'affermira pendant les chaleurs. Il n'a fait que s'aff. dans son opinion. Son esprit s'est affermi avec l'âge.* = Affermi, ie. part.

Syn. — *Consolider, Assurer.* — On *consolide* en cherchant à ne faire qu'une masse compacte de plusieurs pièces qui s'ajustent entre elles; on *assure* en employant des moyens qui maintiennent une chose à la place où elle doit être; on *affermit* en rendant plus résistante la base sur laquelle porte un objet, ou en donnant plus de consistance à cet objet lui-même. — Au fig., *assurer* son avenir, c'est se fixer dans une position avantageuse; *consolider* un traité, c'est écarter tous les éléments qui peuvent séparer les intérêts que ce traité a pour but de réunir; *aff.* le courage de quelqu'un, c'est le fortifier par tout ce qui peut lui donner de l'énergie.

AFFERMISSEMENT. s. m. Action par laquelle on affermit; état d'une chose affermie. *L'aff. des chairs.* ‖ S'emploie surtout au fig. *L'aff. de l'État, des lois, de la santé.*

AFFÉTÉ, ÉE. adj. Qui est plein d'afféterie; qui marque de l'afféterie. *Elle serait charmante si elle était moins affétée. Manières affétées. Discours aff.*

AFFÉTERIE. s. f. (R. *affaiter* ou *afféter*, vieux mot qui signifiait Parer avec trop de recherche). Recherche prétentieuse dans le langage, les manières, le style. *Il y a trop d'aff. dans tout ce qu'elle fait, dans tout ce qu'elle dit. Les afféteries d'une coquette. L'aff. du style. L'aff. provient du désir immodéré de plaire.* = Syn. Voy. Affectation.

AFFETTO ou **AFFETTUOSO.** T. Mus. V. Musique.

AFFICHE. s. f. Feuille écrite ou imprimée qu'on fixe dans un lieu apparent, pour avertir le public de quelque chose. ‖ *Petites Affiches*, Feuille périodique d'annonces.

Syn. — *Placard.* — Pour apposer des *affiches*, il faut remplir les conditions de publicité imposées par la loi. Le *placard* est affiché clandestinement, à la faveur des ténèbres. L'*aff.* est un avis, une annonce, une ordonnance ou une proclamation; le *placard* n'est qu'un écrit injurieux ou séditieux. Pendant les jours de troubles, d'insurrection, l'autorité pose des *affiches*, les perturbateurs posent des *placards*.

Enc. — Tous les peuples anciens paraissent avoir connu l'usage et l'utilité des *Affiches*. Les Grecs s'en servaient pour la publication des lois. Leurs affiches étaient des tablettes de bois qui tournaient sur pivot et qu'on exposait sur les places publiques. Chez les Romains, l'aff., selon l'importance de son objet et la durée qu'elle devait avoir, était primitivement gravée sur le bois, l'ivoire ou le bronze. Par la suite, on se borna simplement à l'écrire sur parchemin. Les citoyens, de même que le gouvernement, avaient le droit d'afficher; aussi en usaient-ils largement. Comme de nos jours, les libraires tapissaient leurs boutiques avec les titres des ouvrages qu'ils mettaient en vente, et chaque industrie agissait de même. On apposait ordinairement ses affiches à des piliers et à des colonnes destinés à les recevoir. La domination romaine introduisit cette coutume dans les Gaules, et elle s'y perpétua. Nous la trouvons confirmée au commencement de l'âge moderne par un édit de François Ier, en 1539. Un siècle après cette époque, pendant les guerres de religion, les partis firent un si dangereux abus des affiches, ou plutôt des placards, que le parlement, par un arrêt du 5 février 1652, fut obligé de sévir contre les auteurs de ce désordre. Un arrêt du conseil, du 13 septembre 1722, nous offre la première tentative faite pour réglementer l'affichage et empêcher les abus auxquels cet usage donnait souvent lieu. — Malgré les nombreux moyens de publicité que nous possédons, au premier rang desquels il faut placer les journaux, le système d'annonces au moyen des affiches prend chaque jour plus d'extension. La législation le consacre et le protége en portant des peines contre ceux qui déchirent les affiches apposées par ordre de l'administration, et en ordonnant l'impression et la publication d'affiches dans des cas nombreux. C'est ainsi qu'on doit afficher les règlements de police, les actes de mariage, les séparations de biens, les actes de société, les listes électorales et du jury, etc. Quelquefois cette publicité est infligée comme une peine, une flétrissure; par ex., lorsque les juges ordonnent d'afficher un jugement à un certain nombre d'exemplaires. Les particuliers ne peuvent afficher qu'avec l'approbation de l'autorité, qui soumet les affiches à une surveillance très-sévère. La loi assujettit ces sortes de publications au timbre; et la police exige qu'elles soient posées par des afficheurs placés sous son inspection.

AFFICHER. v. a. (lat. *ad*, à; *figere*, ficher, attacher). Poser une affiche, un placard en lieu apparent, pour avertir le public de quelque chose. *Aff. une vente, une ordonnance de police.* — Par exag., on dit, en parlant D'une chose qu'on voudrait faire savoir à tout le monde: *Non-seulement je le dirai, mais je l'afficherai partout.* ‖ Fig., *Aff. une femme*, c'est Compromettre une femme, la perdre de réputation. ‖ Fig., Faire montre, faire parade de. *Aff. sa honte. Aff. l'irréligion. Aff. l'opulence. Aff. le bel esprit.* = s'Afficher. v. pron. *S'aff. pour bel esprit, pour savant*, etc. ‖ On dit absolument, *Cette femme s'affiche*, Elle ne fait aucun mystère de ses désordres. = Affiché, ée. part.

AFFICHEUR. s. m. Celui qui fait le métier de poser des affiches.

AFFIDÉ, ÉE. adj. (lat. *fidus*, fidèle, sûr). A qui on se fie. *Il lui fit dire par une personne affidée.* ‖ S'emploie subst., et alors se prend toujours en mauvaise part. *Il a mis en campagne ses affidés.*

AFFILER. v. a. (R. *fil*). Enlever le morfil d'un instrument tranchant. *Aff. le tranchant d'un rasoir.* Voy. Aiguiserie. = Affilé, ée. part. ‖ Fig. et fam., *Il a la langue bien affilée*, se dit De quelqu'un qui parle beaucoup et avec facilité, ou * De quelqu'un qui se plait à médire.

AFFILIATION. s. f. Réception d'un individu dans une société avouée ou secrète.

AFFILIER. v. a. (lat. *filius*, fils). * Recevoir quelqu'un membre d'une société secrète ou avouée. *A peine l'eut-on affilié à la société qu'il en trahit les secrets.* ‖ Se dit D'une société qui établit des rapports de confraternité avec une autre société. *Il a travaillé à aff. ensemble les diverses sociétés secrètes de l'Italie.* = s'Affilier. v. pron. *Il s'est affilié à une congrégation. Tous les clubs des départements s'étaient affiliés au club des Jacobins de Paris. S'aff. à une bande de voleurs.* = Affilié, ée. part. ‖ S'emploie subst. *Cette corporation a un grand nombre d'affiliés.*

***AFFILOIR.** (R. *fil*). Instrument qui sert à enlever le morfil des instruments tranchants. Voy. Aiguiserie.

AFFINAGE. s. f. Purification des métaux. Se dit principalement De l'or et de l'argent. ‖ Autrefois on employait ce terme en parlant Du sucre, du salpêtre, etc. Maintenant on dit *Raffinage*.

Enc. — On applique spécialement le nom d'*Aff.* à l'opération par laquelle on sépare l'or ou l'argent d'avec le cuivre et les autres métaux auxquels les premiers peuvent se trouver alliés. On sait que l'or et l'argent ne sont jamais employés dans les arts à l'état de pureté parfaite. On les allie toujours au cuivre qui leur communique plus de solidité. En France, par ex., les monnaies d'or et d'argent contiennent un dixième d'alliage et neuf dixièmes de métal pur; les bijoux contiennent un cinquième d'alliage; dans la vaisselle, il n'entre qu'un vingtième de cuivre environ. Or, pour que le titre de ces objets soit exact, il faut, avant d'y introduire la proportion voulue de cuivre, que la pureté de l'or et de l'argent soit parfaite, c.-à-d. qu'ils soient parfaitement affinés. — Anciennement, le procédé employé pour affiner l'argent consistait à traiter ce métal par le plomb; mais les frais de cette opération étaient nécessairement très-élevés, car il en coûtait à peu près 43 francs pour 25 kilogr. pesant d'argent. D'ailleurs l'argent affiné de cette manière renfermait encore de 1/2000 à 1/1200 d'or, et la séparation de cette faible portion d'or au moyen de l'acide nitrique ne compensait pas les frais de l'opération. — L'aff. de l'argent par la méthode actuellement usitée est une des plus belles opérations chimiques qu'on puisse voir. Le *départ*, c.-à-d. la séparation de l'or d'avec l'argent, s'effectue au moyen de l'acide sulfurique concentré. On fait bouillir le métal granulé dans cet acide; l'argent et le cuivre se dissolvent pendant que tout l'or qui se trouvait dans le métal se précipite au fond presque à l'état de pureté, sous la forme d'une poudre noirâtre. La dissolution contient donc du sulfate d'argent et de cuivre. On la place dans des auges de plomb où on la laisse en contact avec du vieux cuivre. Dans cette seconde opération, tandis qu'une certaine portion du cuivre métallique se dissout, l'argent se sépare et se précipite au fond des auges, dans un état de pureté parfaite. On obtient ainsi de l'argent métallique affiné et du sulfate de cuivre. Ce dernier produit est ensuite cristallisé par l'évaporation. L'aff. de l'argent par l'acide sulfurique permet de retirer de l'argent qui a déjà été affiné au moyen de l'acide nitrique, un millième de son poids d'or; ce qui donne un produit de 3,444 francs par 1,000 kilogr. d'argent. En outre, le sulfate de cuivre obtenu a une valeur commerciale assez considérable, car il sert à la fabrication des couleurs vertes et à celle des couleurs bleues.

En Agric., on donne encore le nom d'*Aff.* à une opération qui a pour but de diviser la terre, et par là de la soumettre plus parfaitement à l'accès de l'eau et à l'influence de l'air et de la lumière.

AFFINER. v. a. (R. *fin*). Purifier. *Aff. de l'or, de l'argent, du fer, de l'étain.* — *Aff. du sucre.* On dit mieux *Raffiner*. ‖ Rendre plus fin, plus délié. *Aff. le lin, le chanvre.* ‖ *Le temps, la cave affine le fromage*,

Lui donne un goût plus fin, plus relevé. Vx. || User de ruse envers quelqu'un, le tromper. Vx. = s'AFFINER. v. pron. Ne se dit guère que De l'or et de l'argent. || On dit encore, *Ce fromage s'affinera avec le temps.* || Fig., Devenir plus fin, plus délié. *L'esprit s'affine par la conversation.* = AFFINÉ, ÉE. part.

AFFINERIE. s. f. Usine où l'on affine.

AFFINEUR. s. m. Celui qui affine l'or et l'argent.

AFFINITÉ. s. f. (lat. *affinis*, voisin, contigu). Alliance, degré de proximité que le mariage fait acquérir à un homme avec les parents de sa femme, et à une femme avec ceux de son mari. || Se dit De l'analogie, de la conformité, de la convenance, des points de contact qu'il y a entre diverses choses. *Ces deux mots ont de l'aff. Il y a une grande aff. entre la physique et la chimie. La musique a beaucoup d'aff. avec la poésie. L'aff. des caractères.* || Liaison qui existe entre deux personnes par suite de la conformité de caractères, de goûts, etc. *Il y avait une grande aff. entre eux.*

Enc. — Droit. — Chez tous les peuples, l'*Aff.* a les mêmes effets que la parenté naturelle en ce qui concerne les prohibitions de mariage. En France, la loi interdit le mariage entre tous les ascendants et descendants à l'infini et aux alliés dans la même ligne, entre les frères et sœurs et les alliés au même degré. Néanmoins, d'après la loi du 16 avril 1832, il est loisible au roi de lever, pour des causes graves, cette dernière prohibition. — Il y a encore un autre cas où l'aff. est assimilée à la parenté; c'est celui où des alliés sont appelés, en matière criminelle, à déposer comme témoins contre ou en faveur d'un de leurs alliés. Leur témoignage n'est pas plus admis que celui des parents au même degré : il est seulement reçu à titre de renseignement.

Dans le Dr. Canon., on appelle *Aff. spirituelle* celle qui se contracte, dans la cérémonie du baptême, entre les parrains et marraines et les personnes dont ils ont tenu les enfants, et encore entre les parrains et les marraines et leurs filleuls ou filleules. Cette aff. constitue un empêchement au mariage qui doit être levé par une dispense de l'Église.

Dans la langue de la Chim., on donne le nom d'*Aff.* à la force qui tend à combiner et qui tient réunies les molécules de nature différente. C'est l'attraction appliquée à des distances infiniment petites. On dit qu'un corps A a plus d'aff. pour le corps B que pour le corps C, lorsqu'il se combine plus aisément avec le premier qu'avec le second, ou lorsque, la combinaison du corps A avec le corps B étant opérée, il est plus difficile de la détruire que de faire cesser celle du corps A avec le corps C. C'est Geoffroy qui, en 1718, publia les premières tables d'aff., c.-à-d. des tables où tous les corps étaient rangés suivant leur facilité à se combiner entre eux. Bergmann distingua plusieurs sortes d'affinités. Il nomma aff. *simple*, la force qui tend à combiner deux corps élémentaires; aff. *élective*, l'attraction prépondérante qui se manifeste lorsqu'un corps simple détruit un composé pour s'emparer d'un de ses éléments; et aff. *complexe*, celle qui s'exerce quand les éléments de deux corps composés se séparent pour former deux nouvelles combinaisons. Il imagina encore des affinités *quiescentes* et des affinités *divellentes* : les premières tendaient à maintenir les combinaisons, et les secondes à en opérer la décomposition pour former de nouveaux composés. Berthollet rendit un service considérable à la science en renversant la théorie de Bergmann, et, depuis les travaux de l'illustre chimiste suédois, on a reconnu que l'aff. est sinon causée, du moins modifiée par une foule de circonstances, telles que la cohésion, la pesanteur spécifique, la pression, l'électricité, le calorique, la quantité relative des corps entre lesquels la combinaison peut avoir lieu, etc. — En conséquence, on regarde aujourd'hui l'aff. comme une force purement théorique; ce n'est qu'un terme employé pour désigner la cause inconnue qui détermine les combinaisons des divers éléments chimiques, en attendant que la science puisse s'élever à la découverte d'une cause unique dont la généralité soit telle qu'elle ne souffre aucune exception. Voy. COMBINAISON.

AFFINOIR. s. m. (R. *fin*). Instrument qui sert à rendre le chanvre, le lin plus fin, plus délié. Voy. LIN.

AFFIQUET. (lat. *ad*, à; *figere*, attacher). Ne se dit guère qu'au plur. et par raillerie, en parlant Des petits ajustements d'une femme. *Avec tous ses affiquets, elle ne laisse pas d'être laide.* Fam. || Petit instrument de fer ou de bois que, dans certaines provinces, les femmes fixent à leur ceinture lorsqu'elles tricotent. Il leur sert à soutenir l'aiguille lorsqu'elles prennent la maille. On l'appelle aussi *Porte-aiguille.*

AFFIRMATIF, IVE. adj. Qui affirme, qui indique que l'on a ou que l'on veut paraître avoir la certitude d'une chose. *C'est un homme trop aff. Ton, discours, geste aff.* || T. Log. *Proposition affirmative*, Proposition par laquelle on affirme. Voy. PROPOSITION. — *Jugement aff.* Voy. JUGEMENT. || Se prend subst. *Sur l'expédient qu'on proposa, la majorité fut pour l'affirmative. Quand l'un soutient la négative, l'autre prend l'affirmative.* || T. Math. *Quantité affirmative.* Voy. QUANTITÉ. *Signe aff.* Voy. ALGÈBRE.

AFFIRMATION. s. f. Action d'affirmer; proposition par laquelle on déclare qu'une chose est vraie. *De trop fréquentes affirmations font douter de la véracité de celui qui parle. Je m'en rapporte à votre simple aff.* || T. Droit. Déclaration faite avec serment et dans les formes juridiques. Voy. SERMENT. || T. Log. Voy. PROPOSITION, JUGEMENT.

AFFIRMATIVEMENT. adv. D'une manière affirmative.

AFFIRMER. v. a. (lat. *affirmare*, affirmer). Assurer, soutenir qu'une chose est vraie. *Oseriez-vous bien aff. cela?* || T. Droit. Jurer, assurer avec serment. || T. Log. Exprimer qu'une chose est. *Toute proposition affirme ou nie.* = AFFIRMÉ, ÉE. part.

Syn. — *Assurer*, *Certifier*, *Confirmer*. — *Assurer* une chose, c'est la donner pour vraie; la *certifier*, c'est ajouter tout ce qui peut faire croire qu'on la tient pour certaine; l'*aff.* c'est engager la responsabilité de sa conscience pour donner plus de certitude à ceux qui vous écoutent; enfin la *confirmer*, c'est ajouter l'appui de son témoignage à l'assurance d'une personne qui déclare cette chose exacte.

***AFFIXE.** s. m. et adj. 2 g. (lat. *ad*, à; *figere*, attacher). Syllabe ou lettre ajoutée au commencement ou à la fin de certains mots, pour en déterminer ou modifier la signification. Dans les mots *retomber* et *sagement*, les syllabes *re* et *ment* sont des affixes. On les distingue en *préfixes* et en *suffixes*, selon qu'ils se trouvent au commencement ou à la fin des mots. Voy. PRÉFIXE, SUFFIXE.

***AFFLEUREMENT.** s. m. Portion apparente à la surface d'un banc, d'un amas, d'un filon, dont les autres parties sont profondément cachées sous d'autres masses minérales. L'aff. d'un minerai utile, ou des roches qui l'enveloppent ou l'accompagnent, est une indication précieuse pour les travaux de recherche et d'exploitation des mines.

AFFLEURER. v. a. (all. *flur*, plaine). Réduire deux corps contigus à un même niveau; joindre exactement. *Aff. une trappe au niveau du plancher.* || Se prend aussi neutral. *Ces planches affleurent bien.* = AFFLEURÉ, ÉE. part.

AFFLICTIF, IVE. adj. N'est guère en usage qu'au fém. et dans cette phrase : *Peine afflictive et infamante.* Voy. PEINE.

AFFLICTION. s. f. Tristesse profonde, abattement d'esprit. *Il est plongé dans l'aff. Les consolations indiscrètes ne font qu'aigrir les grandes afflictions.* || Malheurs, événements qui sont une cause d'aff. *Les afflictions qu'il plaît à Dieu de nous envoyer.* || *Dans un sens analogue, on dit : *Cet enfant sera l'aff. de sa famille.*

Syn. — *Chagrin*, *Tristesse*, *Douleur*, *Désolation*. — Tous ces mots s'emploient pour désigner un état de souffrance de l'âme. *Douleur* est le seul qui s'applique également à la souffrance physique. Le *chagrin* peut se cacher, quelque profond qu'il soit; la *tristesse*, alors même qu'elle est fugitive, se laisse voir au dehors. En outre, le *chagrin* est toujours causé par quelque circonstance particulière; la *tristesse*, au contraire, est quelquefois inhérente au caractère, elle se manifeste sans cause spéciale. *Tristesse* dit, en gén., plus que *chagrin*; *affliction*, plus que *tristesse*; et *douleur*, plus qu'*affliction*. Quant à *désolation*, ce mot désigne la douleur morale parvenue à son point le plus extrême. *Désolation* est quelquefois usité en parlant des choses : l'aspect de *désolation* que présente la campagne de Rome, remplit de tristesse l'âme du voyageur.

AFFLIGEANT, ANTE. adj. Qui cause de l'affliction. *Événement aff. Nouvelle, réflexion affligeante.*

AFFLIGER. v. a. (lat. *affligere*). Causer de l'affliction. *Cette nouvelle l'a extrêmement affligé.* || Mortifier. *Il affligeait son corps par des jeûnes et des macérations.* || Se dit Des calamités, des fléaux qui désolent un pays. *La famine, la peste avait affligé ces contrées.* — Dans un sens analogue, on dit : *Dieu a voulu aff. son peuple. Job fut affligé en son corps et en ses biens.* = s'AFFLIGER. v. pron. Se livrer à sa tristesse, à la douleur. *Vous vous affligez sans sujet.* = AFFLIGÉ, ÉE. part. || On dit quelquefois par antiphrase : *Elle est affligée de seize ans. Il est affligé de cent mille livres de rente.* || *Appliquer un remède sur la partie affligée*, Sur la partie du corps affectée de quelque mal. Ce sens n'est point admis dans la langue de la science. || S'emploie subst., *Consoler les affligés.* = Conjug. V. MANGER.

Syn. — *Fâché*, *Attristé*, *Contristé*. — Ce qui *affliger* est plus grave que ce qui *fâche*; on est *affligé* de la perte d'un objet aimé, d'un bouleversement de fortune; on est *fâché* d'une perte au jeu, d'un contre-temps. *Attristé* désigne une douleur plus apparente que réelle et qui ne fait qu'effleurer le cœur; *contristé* indique une douleur plus vive, plus profonde.

AFFLUENCE. s. f. Se dit Des eaux qui se réunissent et se précipitent ensemble sur un point. *Quand les neiges vinrent à fondre, l'aff. des eaux fit déborder la rivière.* || Par ext., on dit *L'aff. du sang, des humeurs*, Lorsque le sang, les humeurs se portent en plus grande abondance qu'à l'ordinaire sur un organe. Le terme scientifique est *Afflux*. || Fig., *Aff. de toutes sortes de biens. Grande aff. de peuple.* On dit absol., *Cette pièce attire une grande aff.*

AFFLUENT, ENTE. adj. Se dit Des cours d'eau secondaires qui se jettent dans un cours d'eau plus considérable. *Le Rhin et les rivières affluentes.* || Se prend subst., *La Marne est un des affluents de la Seine.* || En Méd., se dit Des fluides circulatoires ou sécrétoires qui se portent en abondance vers quelques parties. *Sang aff. La lymphe, la salive affluente.* Peu us. || En Phys., se dit d'Un fluide qui se porte dans une direction déterminée. *L'électricité affluente.* Peu us.

AFFLUER. v. a. (lat. *ad*, vers; *fluere*, couler). Se dit Des eaux courantes qui se portent vers un endroit considéré comme le terme de leur cours. *Un grand nombre de fleuves affluent dans la Méditerranée.* || Fig., Arriver en abondance. *Les vivres affluent dans le camp. Les étrangers affluent à Paris.*

AFFLUX. s. m. [On pron. *afflu*]. Abord plus considérable des liquides vers une partie devenue le siége d'une stimulation physiologique ou d'une irritation morbide. Voy. FLUXION.

AFFOLER. v. a. (R. *fol*). Rendre excessivement passionné. Ne s'emploie plus que dans le langage fam. et au partic. *Il est affolé de sa femme.* = s'AFFOLER. v. pron. S'engouer. *S'aff. de quelqu'un, de quelque chose.* = AFFOLÉ, ÉE. part. || T. Mar. *Aiguille affolée.* Voy. BOUSSOLE.

AFFORAGE. s. m. (lat. *forare*, percer). T. Dr. féod. Droit qui se payait à un seigneur pour la vente du vin.

AFFOUAGE. s. m. (lat. *ad*, pour; *focus*, le foyer). Droit de prendre du bois de chauffage dans une forêt. || *Entretien d'une usine en combustible.

Enc. — Le droit d'*Aff.* fut introduit en France, par la loi du 26 nivôse an II; à l'instar d'un usage établi en Lorraine par Stanislas, roi de Pologne. D'après une disposition adoptée par le conseil d'État, en 1807, cette répartition se fait, non par tête d'habitant; mais par foyer; et, comme le droit d'aff. n'est considéré que comme un simple droit d'usage, il est absolument interdit aux individus qui en profitent de donner une autre destination à la portion de bois qui leur échoit. Ainsi, ils ne peuvent ni la vendre ni l'échanger, sans encourir une peine qui atteint également le vendeur et l'acheteur.

AFFOURCHE. s. f. T. Mar. *Ancre d'aff.*, *Câble d'aff.* Ancre, câble qui servent à affourcher un bâtiment. Voy. ANCRE.

AFFOURCHER. v. a. (lat. *furca*, fourche). T. Mar. Disposer deux ancres, en les jetant à la mer, de manière que leurs câbles forment une espèce de fourche. *Aff. un bâtiment.* || S'emploie aussi comme v. n. et comme v. pron. *Un vaisseau qui affourche* ou *qui s'affourche.* Voy. ANCRE. = AFFOURCHÉ, ÉE. part. *Vaisseau aff.* || Fam. *Il était aff. sur son âne, sur son cheval*, se dit De quelqu'un monté à califourchon sur un âne, sur un cheval.

***AFFRAÎCHIR.** v. n. T. Mar. *Le vent affraîchit*, Il devient plus fort.

AFFRANCHIR. v. a. (b. lat. *francus*, franc, libre). Rendre libre. *Aff. un esclave. Aff. de l'esclavage.* || Par ext., Tirer de la dépendance, de la sujétion. *Aff. un peuple de la tyrannie étrangère.* || Fig., Délivrer. *La mort nous affranchit des misères de ce monde. Ce secours inespéré m'a affranchi de toute inquiétude.* || Exempter, décharger. *On a affranchi ces maisons des impôts pour dix ans. Aff. une terre d'une servitude. J'ai affranchi mon domaine de toute redevance.* || *Aff. une lettre, un paquet*, En payer le port au bureau d'où on les fait partir. Voy. POSTE. || T. Mar. *Les pompes affranchissent une voie d'eau*, Lorsqu'elles rejettent plus d'eau que la voie n'en fait entrer dans le bâtiment. = s'AFFRANCHIR. v. pron. *S'aff. du joug, de la servitude. S'aff. de l'empire des passions. Il s'est affranchi de toute crainte, de tout devoir.* = AFFRANCHI, IE. part. || Il est aussi subst., et désigne Un esclave à qui l'on a rendu la liberté. *Plaute était un aff. Acté, l'affranchie de Néron.*

Syn. — *Délivrer.* — L'affranchissement a lieu d'une manière directe, sans l'intervention d'un tiers. La délivrance, au contraire, n'a lieu que par l'intervention d'un tiers entre l'oppresseur et l'opprimé. Ainsi, un maître *affranchit* son esclave; les colonies anglaises se sont *affranchies* du joug de la métropole; on *affranchit* sa terre d'une rente dont elle était grevée, en rachetant cette rente. On *délivre* un peuple de la tyrannie, en chassant le tyran qui l'opprime; on *délivre* un captif en le rachetant.

AFFRANCHISSEMENT. s. m. Action d'affranchir; état de la personne affranchie. *L'aff. se faisait de diverses manières. Par l'aff. on n'acquiert pas toujours les sentiments de l'homme libre.* || Délivrance d'un pouvoir oppressif. *L'aff. d'un peuple. L'aff. des communes.* || Exemption d'impôts, décharge d'un droit onéreux. *L'aff. de sa terre lui a coûté fort cher. L'aff. de l'impôt a rendu la prospérité à cette ville.* || *Aff. d'une lettre*, Payement du port d'une lettre au lieu du départ. || T. Hist. Voy. ESCLAVE et MANUMISSION.

AFFRES. s. f. pl. [A est long] (gr. φρίξ, frayeur?). Frayeur extrême. Ne se dit qu'au plur. dans cette loc.: *Les affres de la mort.* Peu us.

AFFRÈTEMENT. s. m. Convention pour le louage d'un vaisseau. *Contrat d'aff.* Ce terme est d'usage dans les ports de l'Océan; dans ceux de la Méditerranée, on dit *Nolissement.*

Enc. — Toute convention qui a pour but le louage d'un navire prend le nom d'*Aff.*, de *Nolissement*, de *Charte-partie*. Elle doit être rédigée par écrit et contenir le nom et le tonnage du bâtiment, le nom du capitaine, les noms du fréteur et de l'affréteur, c.-à-d. de celui qui donne et de celui qui prend à loyer. Elle doit énoncer également le lieu et le temps convenus pour la charge et la décharge, le prix du fret ou nolis; enfin elle doit indiquer si l'aff. est total ou partiel et faire mention de l'indemnité convenue pour les cas de retard. — Lorsque, avant le départ du navire, il y a interdiction de commerce avec le pays pour lequel il est destiné, les conventions sont résolues sans dommages-intérêts de part ni d'autre; néanmoins, le chargeur est tenu des frais de la charge et de la décharge de ses marchandises. S'il existe une force majeure qui n'empêche que pour un temps la sortie du navire, les conventions subsistent, et il n'y a pas lieu à dommages-intérêts à raison du retard. Elles subsistent également et il n'y a lieu à aucune augmentation de fret, si la force majeure arrive pendant le voyage. — En cas de blocus du port pour lequel le navire est destiné, le capitaine est tenu, s'il n'a des ordres contraires, de se rendre dans un des ports voisins de la même puissance où il lui sera permis d'aborder. — Le navire, les agrès et apparaux, le fret et les marchandises chargées, sont respectivement affectés à l'exécution des conventions des parties. (C. Com., art. 273 et suiv.)

AFFRÉTER. v. a. (R. *fret*). Prendre un vaisseau à loyer, en totalité ou en partie. = AFFRÉTÉ, ÉE. part.

AFFRÉTEUR. s. m. Celui qui prend un navire à louage.

AFFREUSEMENT. adv. D'une manière affreuse. *Elle crie aff. Il est aff. laid.*

AFFREUX, EUSE. adj. (R. *affres*). Qui cause ou qui est capable de causer de la frayeur, de l'effroi. *Un spectacle aff. Une image affreuse. Laideur affreuse. Pousser des cris aff. Il est dans une affreuse misère.* || Fig., *Un aff. désespoir. Un doute aff. Ce sont là des sentiments affreux. Caractère aff.* || Se dit tantôt D'un homme extrêmement laid, tantôt D'un homme dépravé ou d'un caractère atroce. *Il est aussi aff. de caractère que de visage.*

Syn. — *Hideux, Horrible, Effroyable, Épouvantable.* — Au prop., ces adjectifs désignent tous une laideur excessive de la forme. Néanmoins, ils diffèrent entre eux sous le rapport de la gradation; cette gradation est marquée par l'ordre dans lequel nous avons inscrit ces synonymes, de sorte qu'*affreux* et *épouvantable* en sont les deux points extrêmes. Cependant, les trois premiers termes se rapportent généralement à la difformité et les deux derniers à l'énormité. On détourne ses regards de ce qui est *aff.*; on éprouve de la répulsion pour ce qui est *hideux*, de l'aversion pour ce qui est *horrible*, de la crainte à la vue de ce qui est *effroyable*, de la terreur à l'aspect de ce qui est *épouvantable*. — Au fig., ces épithètes sont constamment prises en mauvaise part. Dans le langage familier elles sont souvent, par une exagération abusive, employées pour qualifier ce qui ne plaît pas.

AFFRIANDER. v. a. (R. *friand*). Rendre friand, accoutumer aux friandises. *Vous l'avez affriandé par la bonne chère qu'il a faite chez vous.* || Fig., Allécher, attirer par quelque chose. *Le gain l'a affriandé au jeu. Rien n'affriande comme le fruit défendu.* || T. Chasse et Pêche. *Aff. le poisson; les oiseaux avec de l'appât.* = *S'AFFRIANDER. v. pron. S'accoutumer aux friandises; prendre goût à une chose. = AFFRIANDÉ, ÉE. part.

AFFRIOLER. v. a. Attirer, amadouer par quelque chose d'agréable. *Vous l'avez affriolé par votre bonne chère. Vos présents l'ont affriolé.* Fam.

AFFRONT. s. m. (lat. *ad, frontem*; [qui monte] au front). Injure, outrage, soit de parole, soit de fait. *On lui a fait un cruel, un sanglant aff. Recevoir, endurer, laver, venger un aff.* — *Essuyer un aff.*, Recevoir un aff. *Boire, avaler, dévorer un aff.*, Souffrir patiemment un aff. *Ne pouvoir digérer un aff.*, Conserver le ressentiment d'un aff. || Déshonneur, honte. *Il fait aff. à ses parents. Le roi eut l'aff. de lever le siége. Gardez-vous de faire cette démarche, l'aff. vous en restera.* || *Sa mémoire lui a fait un aff.*, se dit D'un orateur, d'un acteur à qui la mémoire a manqué au milieu de son discours, de son rôle. *Sa mémoire lui fait toujours aff.*

Obs. gram. — *Faire affront, Faire un affront.* — La première de ces locutions a un sens plus général que la seconde. L'enfant qui *fait aff.* à sa famille est celui dont les mœurs et les habitudes vicieuses sont pour elle un opprobre constant. L'enfant qui offense publiquement son père, lui *fait un aff.*

Syn. — *Insulte, Outrage, Avanie.* — L'*avanie* est une scène scandaleuse ou un traitement humiliant qui expose la personne qui en est l'objet au mépris et à la raillerie du public. L'*aff.* est un trait de reproche ou de mépris qui est lancé à dessein en présence de témoins. L'*insulte* est une offense de parole ou d'action; elle peut être irréfléchie. L'*outrage* est une offense volontaire qui a lieu généralement avec violence. Ainsi on *insulte* quelqu'un par un terme injurieux ou un geste de mépris; on l'*outrage* en le frappant à la joue.

AFFRONTER. v. a. S'avancer avec intrépidité en face de l'ennemi; braver. *Aff. les ennemis jusque dans leur camp.* || Fig., *Aff. la mort, les hasards, les périls, les dangers, l'opinion publique, la honte*, S'y exposer hardiment, les braver. || Tromper, duper. *C'est un misérable qui affronte tout le monde.* Vx. = AFFRONTÉ, ÉE. part. || T. Blas. S'emploie adject., et se dit De deux animaux qui se regardent. *Deux lions affrontés.*

AFFRONTERIE. s. f. Tromperie, fourberie. Vx.

AFFRONTEUR, EUSE. s. Celui, celle qui affronte, qui fait des dupes. Peu us.

AFFUBLEMENT. s. m. Aujourd'hui ce mot ne s'emploie plus qu'ironiquement pour désigner Un costume extraordinaire, ou une mise ridicule et sans goût. Fam.

AFFUBLER. v. a. (lat. *affibulare*, agrafer). Habiller, envelopper d'un vêtement quelconque. *On l'affubla d'un vieux manteau. Elle affuble sa fille d'une façon ridicule.* || Fig., *Aff. quelqu'un de ridicules*, Le couvrir de ridicules. = S'AFFUBLER. v. pron. *A l'instant où l'homme s'affuble du costume d'un état, il en prend l'esprit.* = AFFUBLÉ, ÉE. part. *Un moine aff. de son froc. Il est plaisamment aff.*

Syn. — *Accoutré.* — *Accoutré* désigne une sorte de recherche bizarre et de mauvais goût dans la manière dont on est habillé; *affublé* marque simplement qu'on s'est vêtu sans soin et à la hâte.

***AFFUSION.** s. f. (lat. de *ad*, sur; *fundère*, répandre). T. Méd.

Enc. — L'*Aff.* consiste à verser en nappe une certaine quantité d'eau ordin. plus ou moins froide sur toute la surface du corps ou sur une partie du corps seulement. Elle diffère principalement de la douche en ce que l'eau est versée d'une moindre hauteur dans la première que dans la seconde. — Avant de procéder à une aff., il est nécessaire de s'assurer, à l'aide d'un thermomètre, de la température exacte du corps qu'on y veut soumettre. Plus cette température est élevée, plus l'eau de l'aff. doit être froide; plus aussi la durée de l'opération doit être longue. La durée de l'aff. varie de deux minutes jusqu'à douze ou quinze, selon l'intensité de la chaleur de la peau, la force du pouls et le degré de réaction que présente le malade après les premiers essais. Quant aux précautions à prendre, soit avant, soit après l'opération, elles dépendent de la partie du corps que l'on veut y soumettre, des résultats que l'on se propose d'obtenir, et surtout de l'état du malade. — Les affusions froides, appliquées avec habileté et discernement, déterminent presque constamment une diminution notable de la chaleur du corps, un ralentissement sensible dans la rapidité de la circulation, et une sédation qui n'est pas débilitante comme celle produite par la saignée. L'aff. doit toujours provoquer une réaction vitale marquée, sans quoi elle a été administrée intempestivement et elle peut avoir des suites fâcheuses. L'emploi de l'eau froide sous forme d'aff. est parfois, entre des mains habiles, un moyen véritablement héroïque. On en a obtenu de nombreux succès dans les fièvres typhoïdes, dans les affections cérébrales et dans certains cas de fièvres éruptives. — L'usage des affusions froides remonte à la plus haute antiquité; plusieurs passages d'Hippocrate prouvent que les médecins grecs en connaissaient très-bien les bons effets. Les auteurs latins et arabes en parlent peu, et ce moyen thérapeutique resta longtemps oublié; mais, dès 1712, Kœmpfer écrivait que les affusions froides étaient depuis longues années usitées à Java et à Batavia dans le traitement de la rougeole. D'autres auteurs proclamèrent bientôt les avantages de cette médication, qui, grâce aux travaux des médecins contemporains, est devenue une ressource souvent utile dans certains cas graves et désespérés. Voy. BAIN, HYDROTHÉRAPIE.

AFFÛT. s. m. (lat. *fustis*, bâton). Appareil servant à supporter et à mouvoir une pièce d'artillerie. Voy. BOUCHES A FEU. || T. Chasse. Endroit où l'on se poste pour attendre le gibier au passage. *Tirer un lièvre à l'aff. Attendre un loup à l'aff. Choisir un bon aff.* || Fig. et prov., *Être à l'aff. de quelque chose*, ou absol., *Être à l'aff.*, Épier l'occasion de faire quelque chose, être au guet. *Il y a longtemps que je suis à l'aff. de cette place. Être à l'aff. des nouvelles.*

AFFÛTAGE. s. m. Action d'affûter un canon. Inus. || T. Techn. Action d'aiguiser des outils dont le tranchant présente un biseau simple ou double, afin de disposer ce tranchant d'une manière convenable, et suivant la forme du fût qui lui sert de conducteur. || Assortiment des outils nécessaires à un ouvrier. || Façon que le chapelier donne à un vieux chapeau.

AFFÛTER. v. a. *Aff. un canon*, Le mettre sur son affût. Vx. On dit aujourd'hui *Mettre une pièce en batterie.* || T. Techn. Rendre un outil plus tranchant, plus aigu. || * Disposer le fer d'un outil dans le fût. *Aff. un rabot.* = AFFÛTÉ, ÉE. part. Voy. AIGUISERIE.

AFFUTIAU. s. m. Bagatelle, brimborion. || Se dit Des instruments dont on a besoin pour faire quelque chose. *Préparez vos affutiaux.* Pop.

AFIN. (R. *à*, *fin*). Ce mot s'emploie toujours avec le complément *de* ou *que*. Dans le premier cas, il est constamment suivi d'un verbe à l'infinitif, et, dans le second cas, le verbe qui suit se met au subjonctif. Ainsi, *Afin de* est une Préposition composée, et *Afin que* une Conjonction. *Afin de pouvoir dire. Afin d'obtenir cette grâce. Afin que vous le sachiez. Ce livre est toujours sur le bureau, afin qu'on puisse le consulter.*

Obs. gram. — Les prépositions *Afin de* et *Pour* signifient toutes deux, sous leur aspect synonymique, qu'on fait une chose en vue d'une autre. Mais *pour* a un sens moins déterminé que la locution *afin de*. En effet, *pour* désigne plutôt une intention qu'un but. Toutes les femmes se parent *pour* aller au bal; mais quelques-unes se parent *afin* d'éclipser les autres. *Pour*, dans ce cas, équivaut à l'expression *à l'effet de*, et la locution *afin de* ne peut être traduite que par les mots *dans le but de*, qui marquent le projet bien formel d'arriver à un résultat. La même différence entre les mots *pour* et *afin* subsiste lorsqu'ils sont suivis de la conjonction *que*. Le marchand d'étoffes donne des noms bizarres à ses tissus *pour qu*'ils attirent l'attention, et il les étale avec art *afin qu*'ils paraissent plus beaux. — La locution conjonctive *afin que* se classe dans les conjonctions causatives, c.-à-d. dans celles qui servent à lier des membres de phrases ou des phrases exprimant des relations de causes et d'effets. Dieu ne veut pas que les hommes goûtent ici-bas aucun bonheur certain, *afin que*, n'y trouvant rien de fixe, ils aspirent à une félicité plus durable. *Afin que*, veut toujours le verbe qui suit au subjonctif.

AGA. s. m. Mot turc qui sign. Seigneur, commandant, chef, gardien. *L'aga des janissaires.* Le *Kislar aga*, Le chef des eunuques noirs.

AGAÇANT, ANTE. adj. Qui agace, qui excite. *Air ag. Regard ag. Propos agaçants. Manières agaçantes. Fille agaçante.*

AGACE ou **AGASSE.** s. f. Nom popul. de la Pie.

AGACEMENT. s. m. Ne s'emploie que dans ces locutions: *Ag. des nerfs; Ag. des dents.*

Enc. — L'*Ag. des dents* est une sensation désagréable que produisent les substances acerbes ou acides lorsqu'elles se trouvent en contact avec les dents. Cet effet paraît dû à l'action que ces substances exercent sur la pulpe dentaire en pénétrant à travers les pores de l'émail. Certains bruits, comme ceux du jeu d'une scie ou d'une lime, produisent également cette espèce d'affection nerveuse; dans ce dernier cas, le phénomène dépend vraisemblablement d'une excitation nerveuse réfléchie. — L'expression *Ag. des nerfs* est une locution vulgaire par laquelle on désigne un état dans lequel l'excitabilité du système nerveux se trouve accrue au point que la cause la plus légère l'affecte d'une façon désagréable.

AGACER. v. a. (gr. ἀκαζεῖν, aiguiser). *Ag. les dents*, Produire la sensation à laquelle on donne le nom d'Agacement. *Ce vinaigre m'a agacé les dents.* || *Ag. les nerfs*, se dit De tout ce qui produit une impression désagréable chez une personne dont le système nerveux est dans un état d'excitabilité anormale. || *Fig., Impatienter, contrarier. *Elle m'agace avec son radotage.* || Exciter, taquiner, provoquer. *Ag. un enfant, un chien. Quand on l'agace, il sort de son apathie et il devient fort aimable.* || Faire des agaceries. *C'est une coquette qui agace tout le monde.* = * S'AGACER. v. pron. *Mes dents, mes nerfs s'agacent facilement. Ces deux enfants s'agacent continuellement.* = AGACÉ, ÉE. part.

AGACERIE. s. f. Petites manières qu'une femme met en usage pour attirer l'attention de ceux à qui elle veut plaire. *Elle lui fait des agaceries continuelles. Ceci est plus qu'une ag.* S'emploie le plus souvent au plur.

AGAME. adj. 2 g. (gr. ἀ priv.; γάμος, noces). T. Bot. Nom donné par Necker et quelques autres botanistes aux végétaux *inembryonés*. La classe des *agames* répond alors aux *acotylédonées* de Jussieu. = *Agame. s. m. T. Erpét. Voy. Agamiens.

AGAMI. s. m. Oiseau appartenant au genre ou à la tribu des *Grues*, famille des *Cultrirostres*, ordre des *Échassiers* de Cuvier.

Enc. — L'*Ag.* est de la grandeur d'un chapon; son plumage est noirâtre, avec des reflets d'un violet brillant sur la poitrine. Le manteau est cendré et nuancé de fauve vers le haut. Sa tête et son cou sont simplement recouverts d'un duvet, et le tour de l'œil est nu. Le bec est plus petit que dans les autres espèces de Grues; il est plus court que la tête, voûté et conique. Les ailes et la queue sont courtes; en conséquence il vole mal, mais il court très-vite. Cet oiseau habite l'Amérique méridionale, où il vit dans les bois et se nourrit de graines et de fruits. — L'espèce la plus connue a reçu le nom vulg.

d'*Agami-trompette* (*Psophia crepitans*, du gr. ψοφέω, je fais du bruit), on l'appelle encore *Poule péteuse*. — L'Ag. se laisse facilement réduire en domesticité, et, dans ce nouvel état, son intelligence se développe d'une manière prodigieuse. Si ce qu'on en rapporte est exact, il est parmi les oiseaux ce qu'est le chien parmi les mammifères. Il reconnaît son maître, s'éprend pour lui d'une affection véritable, le suit partout, s'afflige de son absence et fête son retour par de brusques démonstrations de joie. Il sollicite ses caresses, regarde d'un œil jaloux ceux qui veulent les partager avec lui, aime comme les chats à se faire gratter la tête, et va faire sa cour aux amis de la maison pour en obtenir cette faveur. S'il connaît l'amitié, il est aussi capable d'aversion, et poursuit à coups de bec, dès qu'elle ose l'approcher, la personne qui lui inspire ce sentiment. Lorsqu'il est sans maître, il suit, comme le chien, les pas du premier venu, et cherche à se le rendre favorable par ses prévenances et ses caresses. — Plein de résolution et de courage, il s'arroge bientôt un pouvoir absolu dans la basse-cour. Les chiens de moyenne taille eux-mêmes sont obligés de lui céder le pas. Quand un de ces derniers résiste, l'ag. lui présente hardiment le combat; il le harcèle, le fatigue, et, s'élevant en l'air à l'aide de ses ailes, il retombe sur lui à l'improviste, le meurtrit de coups, lui crève les yeux et lui arracherait la vie si on ne séparait à temps les deux adversaires. — Lorsqu'il est dressé avec soin, l'ag. devient un guide et un défenseur intrépide pour les autres oiseaux domestiques, et même, dit-on, pour des troupeaux de moutons. Il les conduit aux pâturages, les surveille, les ramène, assure leur rentrée, rentre lui-même le dernier pour commander et maintenir l'ordre, et, quand tout est en sûreté, le vigilant gardien va se percher sur le toit d'une case ou sur un arbre voisin pour y passer la nuit. Malgré d'aussi précieuses qualités, malgré les services nombreux qu'il pourrait rendre, l'ag., il faut le dire, est encore à peu près inconnu en Europe, et nous ne sachons pas qu'on ait fait jusqu'ici aucune tentative sérieuse pour l'y naturaliser.

***AGAMIENS.** s. m. pl. T. Erpét.

Enc. — Cuvier, dans son *Règne animal*, après avoir imposé le nom d'*Iguaniens* à sa troisième famille de *Sauriens*, la divise en deux sections, les *Agamiens* et les *Iguaniens proprement dits*. Les premiers se distinguent des derniers en ce qu'ils n'ont point de dents au palais. — Cette section se compose de quatre tribus: les *Stellions*, les *Agames*, les *Istiures* et les *Dragons*. — Les *Stellions* se caractérisent par leur queue entourée d'anneaux composés de grandes écailles souvent épineuses. Nous citerons entre autres le *Stellion du Levant* (fig. 1), qui est long de 32 centimètres, et dont la couleur est olivâtre, nuancée de noirâtre, et le *Fouette-Queue* d'Égypte

Fig. 1.

Fig. 2.

(fig. 2), dont la couleur est vert de pré, et dont la longueur varie de 60 centimètres à 1 mètre. — Suivant Cuvier, les Mahométans tuent le premier de ces animaux parce que, disent-ils, il se moque des croyants en baissant la tête, comme lorsque ceux-ci font la prière. — Chez les *Agames*, les écailles de la queue sont imbriquées et non verticillées. L'espèce la plus remarquable de ce genre est l'*Agame ocellé* de la Nouvelle-Hollande (fig. 3), qui atteint 40 à 48 centimètres de lon-

Fig. 3.

gueur. Cet animal est brun-verdâtre en dessus, avec des taches jaunes, arrondies, bordées de noirâtre sous le ventre, qui lui ont valu son nom. Il se caractérise surtout par les rangées transversales d'écailles épineuses qui règnent le long du dos et de la queue, ainsi que par les épines qu'il porte à la région sous-maxillaire. — Le *Changeant* d'Égypte (fig. 4) doit son

Fig. 4.

nom aux variations de coloration qu'il présente, et qui s'opèrent plus rapidement que chez le *Caméléon*. — Les *Istiures* possèdent une crête écailleuse et tranchante qui s'étend sur une partie de la queue. — Le *Porte-Crête* ou *Istiure d'Amboine* (fig. 5) n'a de crête que sur l'origine de la queue. Il at-

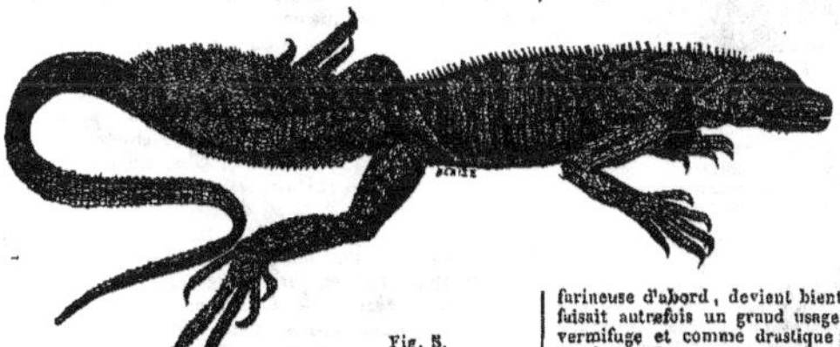

Fig. 5.

teint quelquefois près de 1m,30 de longueur. Les habitants du pays mangent sa chair. — Le genre *Dragon* se compose d'espèces extrêmement curieuses, et dont les formes singulières ont bien pu donner lieu à la fable des lézards et des serpents volants des anciens auteurs. Voy. Dragon.

AGAPES. s. f. pl. (gr. ἀγαπᾶν, aimer).

Enc. — Dans la primitive Église on donnait le nom d'*Ag.* aux repas que les fidèles prenaient en commun. On fait remonter l'établissement de cet usage aux apôtres. Des hommes de toutes les classes y assistaient, confondus les uns avec les autres, en signe de fraternité. Chacun y contribuait selon ses moyens; par conséquent, les riches défrayaient les indigents. Dans l'origine, ces repas se prenaient avant la communion, afin d'imiter plus exactement l'action de J.-C. qui, le jour où il institua l'Eucharistie, ne communia ses apôtres qu'après la cène qu'il venait de faire avec eux. Mais au IIe siècle, l'usage s'établit de recevoir l'Eucharistie à jeun, et le concile de Carthage, en l'ordonnant ainsi, excepta seulement le jour du Jeudi saint, auquel on continua de faire les agapes avant la communion. Le baiser de paix qui accompagnait toujours ces repas ayant donné lieu à quelques incriminations calomnieuses de la part des païens, le concile de Laodicée le défendit entre les personnes de sexe différent; il abolit également la coutume où l'on était de dresser des lits dans les églises pour y manger plus commodément. Enfin, le concile de Carthage, en 397, condamna les agapes, et dès ce moment ces repas cessèrent presque entièrement. Il en reste cependant comme une espèce de souvenir dans le pain bénit qu'on distribue à l'église, les dimanches et les jours de fête, pendant la célébration de la messe.

AGAPÈTES. s. f. pl.

Enc. — Dans la première ferveur de l'Église naissante, le petit nombre de vierges qui faisaient profession du christianisme, et qui, pour la plupart, étaient parentes des apôtres, vivaient en communauté avec eux comme avec tous les autres fidèles. Pendant que les apôtres travaillaient exclusivement à conquérir des âmes à la vraie religion, elles se chargeaient de tous les soins qui concernent la vie matérielle. Ces vierges avaient reçu le nom d'*Ag.* Plusieurs apôtres, lorsqu'ils allèrent prêcher l'Évangile aux nations, emmenèrent avec eux quelques-unes de ces vierges pieuses, afin de pouvoir, par leur moyen, introduire la foi dans les maisons dont l'accès n'était permis qu'aux femmes: car on sait que, chez les Grecs, l'appartement des femmes, appelé *Gynécée*, était séparé de celui des hommes, et que, dans tout l'Orient, la réclusion absolue des femmes est un usage pratiqué de toute antiquité.

AGARIC. s. m. T. Bot.

Enc. — On appelle ainsi un genre fort nombreux de végétaux cryptogames qui appartient à la famille des *Champignons*. On fait dériver son nom d'*Agaria*, contrée de la Sarmatie, dans laquelle croissait abondamment une espèce de Champignon appelé aujourd'hui *Bolet*. Le genre *Ag.* se distingue de

tous les autres Champignons par les prolongements membraneux et parallèles de la partie inférieure du chapeau qui se dirigent du centre à la circonférence, comme on le voit par la fig. ci-dessus qui représente l'*Ag. champêtre*, nommé vulgairement *Champignon de couche*. Pour plus de détails, voy. Champignon.

Dans le commerce, on connaît sous le nom d'*Ag.* deux espèces particulières appartenant au genre *Bolet*. La première est appelée *Ag. des pharmaciens*, et la deuxième *Ag. des chirurgiens*. L'ag. des pharmaciens croît sur les troncs du mélèze: tantôt il constitue des masses charnues et irrégulières; tantôt il se présente sous forme de coussins semi-orbiculaires, très-épais, convexes et fixés latéralement. La peau qui le couvre, dit Léveillé, est dure, friable. Sa chair est blanche, épaisse, et se réduit très-facilement en poudre lorsqu'elle est sèche. Sa saveur, douce et farineuse d'abord, devient bientôt amère et désagréable. On faisait autrefois un grand usage de cette substance comme vermifuge et comme drastique; aujourd'hui elle est peu employée. Braconnot a signalé dans le bolet une matière résineuse à laquelle il doit ses propriétés drastiques. — L'*Ag. des chirurgiens* n'est autre chose que de l'amadou qui n'a pas été trempé dans une solution de nitrate de potasse. Il a joui jadis d'une grande célébrité comme agent hémostatique; mais on ne s'en sert plus que pour arrêter le sang qui coule des piqûres de sangsues ou de coupures légères. Cette substance n'agit qu'en absorbant la partie séreuse du sang et en favorisant la formation du caillot. Il faut d'ailleurs, en même temps, recourir à la compression. Voy. Amadou.

On donne vulg. le nom d'*Ag. minéral* ou de *Farine fossile* à une variété de *chaux carbonatée* qui se présente sous forme de substance blanche, légère, et spongieuse comme la chair d'un champignon.

***AGARICACÉS.** s. m. pl. T. Bot. Voy. Champignon.

AGASSE. s. f. Voy. Agace.

AGATE. s. f. Espèce de pierre siliceuse fort dure. *Ag. orientale. Ag. très-curieuse. Une tête de César sur une ag.* — On dit *Une ag. d'Alexandre*, pour désigner Une ag. où l'on a gravé une tête d'Alexandre. — S'emploie encore en parlant De tous les ouvrages d'ag., quel que soit l'objet qu'ils représentent. *Les agates du roi. Un beau cabinet d'agates.* ‖ Sorte d'instrument dans lequel est enchâssée une agate, et qui sert à brunir les métaux.

Enc. — En Minér., on nomme *Agates* toutes les variétés de *Quartz* qui n'ont pas l'aspect vitreux, qui sont compactes, demi-transparentes, à cassure conchoïdale, à pâte très-fine, et qui sont susceptibles d'un beau poli. La composition du *quartz agate* est très-variable : quelquefois il est formé de 98 à 99 pour 100 de silice ; d'autres fois il renferme 15 à 16 pour 100 d'argile et 3 à 4 de fer. — Les agates présentent une grande diversité de couleurs et de nuances ; tantôt leur coloration est uniforme ; tantôt les couleurs sont mélangées de mille façons différentes. — Parmi les agates à couleurs uniformes, on distingue les *Cornalines*, qui sont d'un rouge orangé ; les *Sardoines*, qui sont d'un beau jaune fauve ou orangé ; les *Calcédoines*, qui sont d'un blanc laiteux légèrement bleuâtre. Les agates vert-pomme portent le nom de *Prases* ou *Chrysoprases* ; leur coloration est due à l'oxyde de nickel. Le quartz agate *Héliotrope*, appelé encore *Jaspe sanguin*, est vert foncé, ponctué de rouge : il se distingue du jaspe par sa translucidité. — Les variétés qui sont composées de couches de différentes couleurs reçoivent le nom d'agates *rubanées*, quand elles présentent une série de bandes droites à bords nettement tranchés. On appelle *Onyx* celles où les bandes sont circulaires ou concentriques (Fig. 1). Dans les agates *œillées*, les couleurs forment des bandes circulaires au milieu desquelles se trouve un point isolé et d'une couleur tranchée (Fig. 2). Les agates qui présentent des *dendrites* dans l'intérieur de leur masse, c.-à-d. des dessins qui simulent des arbrisseaux, reçoivent le nom d'agates *arborisées*. Ces arborisations sont dues à des molécules métalliques qui ont pénétré dans l'ag. à une époque où elle n'était pas entièrement consolidée. Lorsque les dendrites affectent la forme de byssus, de lichens, de conferves, on désigne ces agates sous le nom de *mousseuses*. Une particularité fort singulière de certaines agates est de renfermer des cavités en parties remplies d'eau. Ce sont ordinairement des calcédoines blanches en noyaux avellanaires qui présentent ce phénomène : on les appelle agates *enhydres*. Enfin dans beaucoup de terrains quartzeux on trouve des *bois agatisés*, c.-à-d. des troncs d'arbres transformés en ag., et qui ont tellement conservé leurs formes primitives qu'il est possible de distinguer les plantes monocotylédones, des dicotylédones et quelquefois même les espèces.

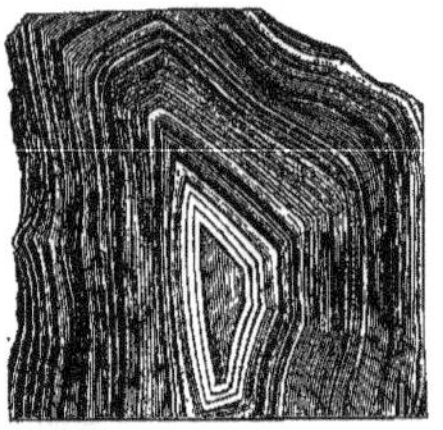

Fig. 1.

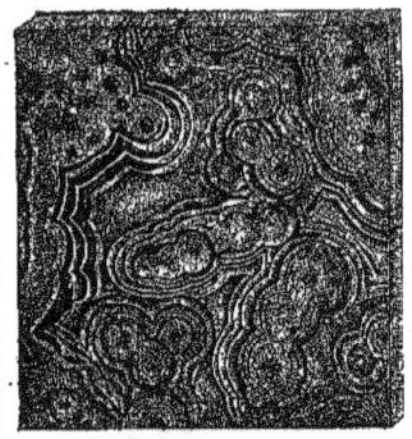

Fig. 2.

Suivant Pline, le mot *Ag.* vient du gr. ἀχάτης, nom d'un fleuve de la Sicile, appelé aujourd'hui Drillo, sur les bords duquel auraient été trouvés les premiers minéraux de ce genre. Les agates sont rares dans les terrains primitifs ; on les rencontre, au contraire, très-souvent dans les terrains trappéens. Elles se présentent constamment sous la forme de rognons ovoïdes, de masses mamelonnées, de stalactites, de galets, et paraissent avoir été formées par le dépôt de couches successives. On trouve des agates dans un grand nombre de localités de l'ancien et du nouveau monde. Un des gisements les plus célèbres est celui d'Oberstein sur les bords du Rhin. Les plus belles *cornalines* viennent du Japon. Les *sardoines* les plus recherchées sont apportées de la Chine ; on en trouve quelques-unes dans le département de l'Indre. La *chrysoprase* se trouve à Kosemütz, dans la Haute-Silésie. Les *onyx* viennent de l'Allemagne et de l'Ecosse. Gillet de Laumont avait découvert à Champigny, sur les bords de la Marne, des agates *rubanées* et de véritables *onyx* ; mais le gîte en est épuisé. On trouve des *bois agatisés* dans la Saxe, la Silésie, dans les départements de l'Aisne, de la Drôme, de l'Oise et du Puy-de-Dôme. — On donne, dans le Comm., le nom d'agates *orientales* et *occidentales* aux agates de première et seconde qualité, quels que soient les lieux d'où elles proviennent. Cet usage vient de ce qu'autrefois les plus belles étaient apportées de l'Inde.

Les nombreuses variétés d'aspect que présentent les agates, la vivacité de leurs couleurs, les jeux de lumière qu'elles produisent et le beau poli qu'elles sont susceptibles de recevoir les font rechercher par les joailliers. On s'en sert pour fabriquer des cachets, des camées, des vases et d'autres objets. Pour les camées et les vases, on emploie principalement les *onyx*. — On fait des agates artificielles qui imitent exactement celles que la nature nous fournit. L'industrie est en outre parvenue à décolorer et même à colorer les agates naturelles. On les blanchit en les trempant dans l'acide chlorhydrique qu'on porte ensuite au degré de l'ébullition. Pour colorer les agates, les Indiens font d'abord bouillir ces pierres dans de l'huile. L'air renfermé dans les pores de l'ag., pores qui sont plus nombreux dans les veines opaques que dans les veines transparentes, est chassé par l'ébullition, et l'huile vient prendre sa place. Ensuite on plonge l'ag. dans de l'acide sulfurique bouillant qui brûle l'huile, et développe ainsi une belle couleur noire dans les veines où l'huile avait pénétré.

***AGATHIDIE.** s. f. (gr. ἀγαθὶς, ἴδος, petite pelote). T. Entom. Voy. Clavipalpes.

***AGATHODES.** s. m. (corrupt. du gr. ἀγαθοειδὴς, qui est bon en apparence). T. Bot. Voy. Gentianacées.

***AGATHOPHYLLUM.** s. m. (gr. ἀγαθὸς, bon ; φύλλον, feuille). T. Bot. Voy. Laurinées.

***AGATI.** s. m. T. Bot. Voy. Légumineuses.

AGAVÉ. s. m., ou ***AGAVE.** s. f. (gr. ἀγαυὸς, admirable). T. Bot. Voy. Amaryllidées.

ÂGE. s. m. (lat. *ævum*). Période déterminée de l'existence d'un être quelconque. ‖ Durée ordinaire de la vie. *L'â. de l'homme ne passe pas communément quatre-vingts ans. L'â. des chevaux n'est guère que de trente ans.* — *Il n'a pas vécu l'âge d'homme*, Il est mort avant d'avoir atteint la durée commune de la vie de l'homme. ‖ Se dit aussi De tous les différents degrés de la vie de l'homme. *Bas â. Jeune â. A. de raison, de discrétion. A. nubile, viril. A. mûr, avancé, caduc, décrépit. A la fleur de l'â. Sur le déclin, sur le penchant, sur le retour de l'â. Une femme hors d'â. d'avoir des enfants. La caducité de l'â.* — *Quand cet enfant sera parvenu à l'â. d'homme*, à l'â. viril. — *Des chemises, des souliers du premier â.*, Des chemises, des souliers faits pour de petits enfants. ‖ On appelle La jeunesse, *Le bel âge, l'âge des plaisirs.* — On dit encore quelquefois D'un â. très-avancé, *C'est un bel â. Elle a quatre-vingt-dix ans ; c'est un bel â.* — *C'est le bel â. pour faire telle chose*, C'est l'â. qui est propre, qui convient à telle chose. ‖ *Être d'â. à*, Avoir atteint une période de la vie qui permet de. *Cette fille est d'â. à se marier. Cette inconséquence est impardonnable de sa part ; car il est d'â. à comprendre ce qu'il fait. Je ne suis plus d'â. à me laisser mener comme un enfant.* ‖ S'emploie en parlant Du temps qui s'est écoulé depuis la naissance jusqu'au moment où l'on parle ou dont on parle. *Il est de mon â. Nous sommes du même â. A l'â. de trente ans. Quel â. avez-vous ? Elle avait votre â. lorsqu'elle mourut.* — *Il ne paraît pas son â.*, Il ne paraît pas avoir l'â. qu'il a en effet. *Sa figure n'a point d'â.*, Elle n'indique point l'â. qu'il a. — *Président d'â.*, Celui qui, au moment où une assemblée se forme, la préside parce qu'il est le plus âgé. Cette locution est empruntée au langage parlementaire. ‖ Progrès des années. *L'â. calmera la fougue de ses passions. La raison lui viendra avec l'â. Il s'est bien corrigé avec l'â.* ‖ Vieillesse, âge fort avancé. *C'est un homme d'â. Il est sur l'â. L'â. ralentit ses pas. Il commence à sentir le poids de l'â.* ‖ *Il est d'un certain â.*, Il n'est plus jeune. *Il est entre deux âges*, Il n'est ni jeune ni vieux. ‖ Dans la signification Du temps et du cours de la vie, s'emploie aussi en parlant Des animaux. *Quel â. a ce chien, ce cheval ?* — *Ce cheval est hors d'â.*, Il n'a plus les marques par lesquelles on connaît l'â. des chevaux. ‖ Se dit encore Des années d'un arbre, d'une plante, de l'espace de temps qui s'est écoulé depuis qu'un taillis a été coupé. *Quel est l'â. de ce chêne, de ce taillis ?* ‖ Se dit aussi De l'époque à laquelle appartiennent ou ont appartenu les choses dont on parle, et, en ce sens, ne s'emploie qu'avec l'adjectif possessif. *Les merveilles de notre â. Il fut l'ornement de son â.* ‖ *A. de la lune.* Voy. Épacte. ‖ *A. du monde.* Voy. Ère, Chronologie. ‖ *Moyen â.* Voy. Histoire. ‖ *A. de la terre, des montagnes.* Voy. Géologie. = d'Age en age. Loc. adv. qui signifie De siècle en siècle, de génération en génération, successivement. *Sa gloire se transmettra d'â. en â. à la dernière postérité. Ces faits sont arrivés d'â. en â. jusqu'à nous.*

Enc. — Physiol. — Les organismes animaux, après la naissance, continuent de se développer pendant une assez grande partie de leur vie. Néanmoins, les changements qu'ils présentent alors sont beaucoup moins importants que ceux qui s'accomplissent pendant la période fœtale. Les animaux qui, la vie embryonnaire une fois terminée, subissent des métamorphoses véritables, c.-à-d. des changements essentiels dans leur conformation, tant intérieure qu'extérieure, sont relativement peu nombreux. En effet, les Insectes, quelques Crustacés, les Cirrhopodes, et, parmi les Arachnides, les Hydrachnides, sont les seuls chez lesquels on observe alors le développement de nouveaux organes ou de nouveaux appareils. Chez l'homme et chez les animaux supérieurs les changements qu'on observe se réduisent à certaines modifications de forme et d'état, qui servent à différencier les âges ou à caractériser les diverses périodes de la vie. Si l'on divise la vie de l'homme en prenant pour base les phénomènes les plus remarquables dont l'organisation est le siége, on peut distinguer la durée de la vie humaine en quatre périodes principales.

1° *Période embryonnaire.* — C'est pendant cette période que l'organisme subit de véritables métamorphoses et se développe avec le plus de rapidité. On voit d'abord apparaître et se former successivement les divers organes et appareils qui doivent constituer l'individu. Ensuite ces appareils se développent, s'accroissent, se coordonnent, s'équilibrent et se trouvent enfin, au moment de la naissance, propres à remplir les fonctions auxquelles ils sont destinés.

2° *Période* ou *âge de non-maturité.* — Elle s'étend de la naissance à la puberté, et se caractérise par la croissance et le développement des formes des différentes parties du corps. On peut distinguer cette période en plusieurs âges secondaires marqués chacun par une phase particulière de développement. Ainsi, on la divise en *première enfance*, en *seconde enfance* et en *jeunesse*. La *première enfance* embrasse les neuf premiers mois de la vie, c.-à-d. s'étend jusqu'à l'époque où s'opère la première dentition ; la *seconde enfance* comprend la période de la vie pendant laquelle subsistent les *dents de lait*. Enfin la *jeunesse* (*puerilia*) est cette période de la vie qui s'étend depuis la fin de la seconde enfance jusqu'à la puberté. — Dans la première et dans la plus grande partie de la seconde enfance, le fait prédominant est le développement matériel de l'organisme ; c'est l'époque où celui-ci éprouve les changements les plus considérables et les plus rapides. Le corps de l'enfant qui, au moment de la naissance, est long de 46 à 55 centimètres, et dont le poids, selon les recherches de Chaussier, est d'environ 3 kilogrammes, s'accroît d'une manière continue, mais avec quelques oscillations. Sa taille s'allonge, la rondeur de ses formes disparaît presque entièrement ; les membres deviennent plus grêles ; la tête, quoique toujours volumineuse, cesse d'être aussi disproportionnée avec le reste du corps qu'elle l'est chez le nouveau-né ; les fonctions digestive et respiratoire s'accomplissent avec une extrême activité. La circulation s'opère avec rapidité, et le système nerveux encéphalique est dans un état d'excitation incessante ; car l'intelligence, dont le cerveau est l'organe, est continuellement en action pendant toute la durée de cet âge où l'enfant a tout à apprendre et où il apprend tant de choses, alors même qu'il est abandonné presque sans direction à ses seules forces. Les maladies qui atteignent principalement l'enfance, tiennent plus ou moins à l'état particulier des organes et des fonctions dans cette période de la vie. Les engorgements des ganglions lymphatiques, le développement des tubercules pulmonaires, le carreau, les abcès froids, les tumeurs blanches des articulations, la carie et le ramollissement des os, sont ordinairement causés par l'insuffisance ou la mauvaise nature de l'alimentation, par l'absence d'un air pur, par le manque de lumière, en un mot par les conditions qui rompent l'équilibre entre l'assimilation et les besoins d'un organisme qui est en voie de rapide développement. Les affections cutanées et éruptives si nombreuses à cet âge coïncident avec l'activité considérable de la circulation. De même, la fréquence des maladies nerveuses et des inflammations encéphaliques s'explique aisément par l'état d'éréthisme où se trouve le système nerveux central. — Pendant la période de la *jeunesse*, l'accroissement marche avec moins de rapidité ; la composition des organes commence à devenir, pour ainsi dire, plus stable. L'intelligence a déjà acquis plus de force et de vigueur ; elle peut s'appliquer plus longtemps au même objet : aussi la jeunesse est-elle l'époque qui est spécialement consacrée à l'instruction et à l'éducation, c.-à-d. au développement intellectuel de l'homme sous ses divers aspects. C'est à cette époque surtout qu'il importe d'imprimer une sage direction à l'activité intellectuelle ; car alors l'homme est encore une substance molle et facile à pétrir, tandis que cette aptitude disparaît en grande partie dès que s'ouvre la période suivante.

3° La 3e période, que les physiologistes nomment *période de maturité*, commence à la puberté et finit à l'époque où s'éteint la faculté reproductrice. Sa durée, chez la femme, s'étend de l'âge de 14 ans environ à celui de 45 ou 50 ans au plus. Chez l'homme, elle ne commence guère qu'à partir de 16 ans environ ; mais son terme est en général beaucoup plus reculé que chez la femme. Ainsi, pour l'homme, l'âge de maturité comprend un espace d'à peu près 50 années. Cette période se partage naturellement en deux fractions fort inégales. — La première, qui s'appelle âge de l'*adolescence*, embrasse le petit nombre d'années qui s'écoulent depuis la puberté jusqu'à la fin de l'accroissement, c.-à-d. jusqu'à 20 ans pour la femme, et pour l'homme jusqu'à 23 ans. L'apparition de la faculté procréatrice qui caractérise la puberté, s'accompagne d'un changement notable dans les organes respiratoires et vocaux. Les dimensions du larynx s'accroissent rapidement, et ce fait amène dans la voix de notables modifications. Elle devient plus forte, plus pleine, et, chez l'homme, elle devient beaucoup plus grave. C'est pendant l'adolescence que la forme extérieure des différentes parties du corps commence à revêtir, le caractère propre qui constitue l'individualité. Les traits du visage subissent ordinairement un changement rapide, et ils prennent le *type* qu'ils doivent conserver toute la vie. Ils expriment, dans la passion, une émotion plus profonde, une volonté plus énergique, car déjà l'adolescent n'obéit plus aux mêmes influences, et sa conduite ne se laisse plus diriger par les mêmes motifs que dans l'âge précédent. Les plaisirs qui le charmaient naguère n'ont plus d'attrait pour lui; souvent il lui arrive de paraître pendant quelque temps triste et morose. — Des changements analogues s'opèrent chez la jeune fille; seulement ils ont lieu plus tôt et s'accomplissent plus rapidement. L'adolescence est, pour les deux sexes, l'époque où l'imagination se déploie avec le plus d'activité. C'est la période où l'âme est le plus accessible aux enchantements de la poésie, où elle ne connaît ni l'envie, ni la jalousie, ni l'avarice; c'est l'âge où l'on croit voir un ami dans tous ceux qu'on rencontre. Les plus belles perspectives d'avenir, un champ illimité pour l'action et pour la réflexion, s'ouvrent aux yeux de l'adolescent: il ignore encore quelles sont pour lui les bornes du possible, et croit pouvoir tout embrasser dans sa sphère d'activité. A la fin de l'adolescence, le développement organique étant complétement achevé, la force exubérante que possède encore l'organisme se tourne tout entière dans la direction de la nouvelle fonction que l'être vient d'acquérir. — Les individus qui, pendant l'enfance, ont vécu dans des conditions de nature à influer d'une manière fâcheuse sur la composition matérielle de l'organisme, se trouvent souvent, à l'heure de la puberté, incapables de résister à l'action des stimulants extérieurs, particulièrement de ceux qui agissent sur l'appareil respiratoire; car, à cette époque, les poumons, par suite du développement qui s'opère en eux, possèdent une irritabilité extrême. C'est à cette circonstance que l'on doit attribuer la fréquence des affections tuberculeuses qui apparaissent alors, la prédisposition à ces affections étant restée à l'état latent aussi longtemps que la force organique a été exclusivement employée au développement des diverses parties de l'organisme. — Dans l'*âge viril* ou *âge adulte*, les formes sveltes et élégantes de l'âge précédent disparaissent peu à peu. Le corps s'accroît en largeur; la graisse devient plus abondante, ce qui indique un affaiblissement de la force organique qui préside à l'équilibration des différentes parties de l'économie animale. A cette époque de la vie, l'intelligence a également atteint toute sa maturité; l'exagération qui caractérise les idées et les sentiments de la période antérieure s'est évanouie. L'homme a pleine conscience des limites de ses facultés et de sa puissance: il sait mieux ce qu'il veut et ce qu'il peut; ses idées sont plus nettes et plus sérieuses; sa vie est plus calme. Il est bien encore agité par les passions; mais il sait mieux les maîtriser, et, en général, ces passions se proposent un but plus raisonnable; car, pour l'homme, c'est l'époque de la vie sociale. L'avenir de sa famille et le soin de ses intérêts constituent alors la première de ses préoccupations. L'âge adulte est le moins fécond en maladies parce que les organes se trouvent dans un état de stabilité et d'équilibre; leurs fonctions s'exécutent d'une manière normale. Cependant, à une certaine période de l'âge mûr, ceux d'entre les viscères abdominaux qui sont chargés d'effectuer certains changements chimiques dans les substances soumises à leur élaboration, acquièrent une susceptibilité particulière à devenir le siége de diverses affections morbides. D'un autre côté, les causes de trouble qui agissent sur le système nerveux déterminent des affections plus graves et plus persistantes. Ainsi, l'âge mûr est celui qui offre les exemples les plus nombreux de maladies mentales; ce qui tient à ce que l'intelligence est exposée, dans cette période, à des chocs plus fréquents et plus intenses qu'à toute autre époque de la vie. — Pendant l'âge adulte, la femme, comme personne ne l'ignore, est exposée à certaines maladies spéciales par suite des fonctions qui lui ont été dévolues par la nature; mais la fin de cette période est quelquefois marquée par des accidents graves, circonstance qui lui a valu le nom significatif d'*âge* ou d'*époque critique*. Toutefois, ainsi que l'a démontré Benoiston de Châteauneuf, on a fort exagéré les dangers de cette époque.

4° Enfin, la dernière grande période de la vie humaine est la *période de stérilité*. Elle s'étend depuis l'instant de l'abolition de la faculté reproductrice jusqu'à la cessation de la vie. On a établi dans cette période, comme dans les précédentes, des divisions plus ou moins nombreuses. Ainsi, on la distingue en *âge de retour*, en *vieillesse* ou *âge* sénile, en *âge de caducité* et en *âge de décrépitude*. Mais ces distinctions ne sont fondées que sur l'observation de mutations purement extérieures, et ne reposent sur aucun phénomène physiologique et caractéristique. L'expression d'*âge de retour* s'emploie surtout en parlant des femmes, pour désigner les années qui suivent l'époque critique, jusqu'au moment où les signes extérieurs de la sénilité deviennent apparents. Le mot *caducité* exprime la chute rapide des forces organiques, et le terme *décrépitude*, qui signifie à la lettre les derniers petillements d'un flambeau prêt à s'éteindre, se dit pour désigner l'état de l'individu chez lequel la vie, par suite des progrès de l'âge, est au moment de s'évanouir. — Le corps perd son embonpoint et sa turgescence. Les cheveux se dérobent et deviennent plus rares; la partie antérieure de la tête commence par se dépouiller, et la calvitie gagne presque toute la surface crânienne. La barbe persiste, mais elle grisonne, et acquiert à la fin une blancheur éclatante. Des sels calcaires se déposent dans les cartilages et dans les tuniques des vaisseaux sanguins. Les dents tombent, et leur chute s'accompagne de l'effacement des alvéoles: la face se trouve ainsi diminuée en hauteur et en largeur. Dans cette période, les diverses fonctions vitales s'accomplissent avec moins d'énergie; les sens deviennent plus obtus; l'imagination et la mémoire s'amoindrissent considérablement; les affections, les penchants, les inclinations et les sympathies s'affaiblissent; le vieillard ne porte plus qu'un médiocre intérêt aux choses de ce monde: la vie se retire du dehors pour se concentrer sur les objets qui touchent immédiatement l'individu. On ne rencontre qu'un petit nombre de personnes chez lesquelles la fin naturelle de la vie arrive par suite de cet affaiblissement graduel et insensible des facultés physiques et intellectuelles. Le plus souvent des causes locales déterminent prématurément la caducité et la mort. Dans tous les cas, on peut assez bien comparer l'organisme, dans la vieillesse, à une machine que la moindre cause de trouble désorganise, et qui cesse alors de fonctionner. Voy. les mots LONGÉVITÉ, MORT, MORTALITÉ, VIE, HOMME.

Dr. Civ. et Polit. — Parmi la multitude de fonctions que l'homme vivant en société peut être appelé à remplir, il en est qui touchent immédiatement aux plus grands intérêts de l'État, et d'autres qui, tout en se rapportant aux intérêts généraux de la société, ont cependant plus spécialement trait à l'individu. Or, comme l'intelligence et la raison humaines ne se développent que graduellement, par l'étude et l'expérience, il était naturel que la législation considérât l'âge des individus pour déterminer le temps de la vie auquel un homme devient habile à tels ou tels actes et apte à posséder tels ou tels emplois. C'est ainsi qu'en France, la loi civile fixe l'âge où le citoyen devient indépendant de l'autorité paternelle (voy. ÉMANCIPATION, MAJORITÉ), où il peut contracter l'union conjugale (v. MARIAGE), où il peut disposer de ses biens (voy. TESTAMENT), où il peut être tuteur, adopter, etc. (voy. TUTELLE, ADOPTION). — En matière de succession, lorsque plusieurs personnes appelées à succéder l'une à l'autre, périssent dans un même événement, sans qu'il soit possible de constater quelle est celle qui est décédée la première, c'est sur la considération de l'âge et du sexe que la loi règle la présomption de survie (voy. SURVIE). — En matière criminelle, le Code établit, soit pour l'acte solennel du témoignage, soit pour le fait de la gradation des peines, diverses distinctions fondées sur l'âge des individus inculpés ou appelés comme témoins. Il en est parlé aux art. TÉMOIN, PEINE, CULPABILITÉ. — La loi politique détermine l'âge où un citoyen, réunissant d'ailleurs les conditions requises, peut exercer certains droits politiques et être appelé à siéger dans les assemblées délibérantes. Voy. *Loi* ÉLECTORALE, DÉPUTÉ, PAIR. — Pour être admissible à certains services publics, à certaines écoles préparatoires par lesquelles on doit passer pour remplir quelques emplois spéciaux, il faut encore avoir atteint et n'avoir pas dépassé un âge déterminé par la loi. Voy. *École* POLYTECHNIQUE, *École* MILITAIRE, etc. — Il en est de même pour l'enrôlement au service militaire; la législation relative à cette matière fixe un minimum et un maximum d'âge. Elle décide en outre qu'arrivé à un certain âge, le militaire est rayé du cadre de l'armée, et l'heure de la retraite sonne d'autant plus tôt que le rang qu'il occupe est moins élevé (voy. ENRÔLEMENT, SERVICE MILITAIRE). Cette décision est fondée sur ce fait, que parvenu à l'âge déterminé par la loi, le militaire ne possède plus, en gén., l'activité nécessaire pour remplir les devoirs auxquels il est tenu. Rien de semblable n'existe chez nous pour les services civils, parce que, dans ce dernier cas, l'énergie des forces physiques est une question tout à fait secondaire. Il n'en est pas de même dans plusieurs États de l'Amérique du Nord; les juges, par ex., sont obligés de renoncer à leurs fonctions lorsqu'ils ont atteint l'âge de soixante ans.

Myth. — Les poëtes de l'antiquité ont divisé le temps qui suivit la création de l'homme en divers âges ou périodes. Mais ils ne sont pas tous d'accord sur le nombre de ces âges: ainsi Hésiode en compte cinq, et Virgile n'en mentionne que deux; néanmoins la division la plus généralement admise est celle qu'a suivie Ovide et qui renferme quatre périodes: l'*âge d'or*, l'*âge d'argent*, l'*âge d'airain* et l'*âge de fer*. Selon ce poëte, l'*âge d'or* eut lieu sous l'empire de Saturne. « Les hommes, spontanément et sans lois, gardaient la bonne foi et la justice; le châtiment et la crainte étaient ignorés. La trompette, le clairon, le casque, l'épée n'existaient pas encore, et sans l'appui des armées, les peuples, au sein de la sécurité, coulaient d'heureux loisirs. La terre aussi, sans être déchirée par le rateau ou sillonnée par la charrue, prodiguait d'elle-même tous les biens. Alors régnait un printemps éternel, alors serpentaient des fleuves de lait et de nectar; et de l'yeuse toujours verte distillaient les rayons dorés du miel. Cependant Saturne est précipité dans le ténébreux Tartare, et l'empire du monde passe dans les mains de Jupiter: dès lors commence l'*âge d'argent*. Jupiter raccourcit l'ancienne durée du printemps; par son ordre, l'hiver, l'été, l'automne inégal, et le printemps resserré dans d'étroites limites, partagent l'année en quatre saisons. Alors, pour la première fois, les hommes pénétrèrent sous l'abri d'une demeure; ils eurent pour maison les antres, un toit formé d'épaisses broussailles ou de branchages entrelacés; alors, pour la première fois, les semences de Cérès furent confiées à de longs sillons, et les jeunes taureaux gémirent sous le poids du joug. A ces deux âges succède l'*âge d'airain*: l'homme plus féroce est plus prompt à prendre les armes qui sèment l'effroi: il s'abstient pourtant du crime. Le dernier âge est l'*âge de fer*. A l'instant tous les crimes se font jour; la pudeur, la vérité, la bonne foi prennent la fuite; à leur place règnent la ruse, l'artifice, la trahison, la violence et la coupable soif de posséder. Les arbres, après avoir longtemps séjourné sur la cime des monts, transformés en vaisseaux, bravent les flots inconnus. La terre avait été jusque-là commune à tous, comme l'air et la lumière: alors le laboureur défiant entoure son champ d'une vaste limite. On ne se contente plus de demander à la terre féconde les moissons et les aliments nécessaires; on descend jusque dans ses entrailles, et les richesses qu'elle y tenait cachées près des ténèbres du Styx, tirées à la lumière, donnent l'éveil à tous les maux. Bientôt se montrent le fer si nuisible, l'or plus nuisible encore, la guerre, qui les prend l'un et l'autre pour instrument, et dont la main rougie dans le sang secoue des armes bruyantes. On vit de rapines; l'hôte redoute son hôte, et le beau-père son gendre; rarement l'union règne parmi les frères; l'époux craint la perte de son épouse, et celle-ci la perte de son époux; le fils cherche d'avance à connaître le dernier jour de son père; la piété vaincue succombe; et la vierge Astrée abandonne enfin la terre arrosée de carnage, lorsque déjà tous les Dieux l'ont quittée. » Telle est la peinture que l'auteur des *Métamorphoses* nous a laissée de la vie primitive de l'humanité. C'est par allusion à cette description que nous employons les expressions d'*âge d'or* et d'*âge de fer* pour désigner un temps heureux et une époque de crimes et de calamités. — Mais la Mythol. gréco-romaine n'est pas la seule qui nous offre, sous cette apparence symbolique, l'histoire de la dégénérescence de l'humanité. Cette théorie des quatre âges se retrouve, avec quelques différences de forme, chez la plupart des nations de l'antiquité, comme les Égyptiens et les Indiens. Elle est, par ex., fort explicitement développée dans la cosmogonie de Manou. Au reste, la distinction des deux âges extrêmes, l'âge d'or et l'âge de fer est ici le fait fondamental. Or, la croyance que l'homme, en sortant des mains du créateur, vivait dans une innocence et dans un bonheur parfaits, innocence et bonheur qu'il a perdus par ses crimes, est une croyance véritablement universelle qu'on a retrouvée chez tous les peuples à tous les états de barbarie et de civilisation. Il en résulte nécessairement que cette tradition a un fondement historique réel, qu'elle repose sur un fait qui, malgré les altérations diverses qu'il a subies en se transmettant de génération en génération, a toujours conservé son caractère essentiel. Voy. CHUTE, ÉDEN.

ÂGÉ, ÉE. adj. Qui a duré un certain laps de temps. *Un homme â. de trente ans. Cette génisse est âgée de huit mois. Cet arbre est â. de plus de mille ans. Il ne faut pas croire que toutes les montagnes soient aussi âgées les unes que les autres.* || Pris abs., sign., Qui a beaucoup d'âge. *Il est â. C'est une femme déjà âgée.*

AGENCE. s. f. Emploi, charge d'agent. *Ag. générale, Il avait été nommé à l'ag. du clergé.* || *Lieu où se tiennent les bureaux d'une ag. *Aller à l'ag.*

AGENCEMENT. s. m. Action d'arranger, de mettre en ordre. Résultat de cette action. *L'ag. fait valoir les moindres choses. Les agencements de cet appartement sont bien entendus.* || *Dans un sens anal., on dit *L'ag. d'un drame, d'une pièce de théâtre.* || T. Peint. et Sculp. Ordonnance des groupes dans une composition; Combinaison des figures d'un même groupe; Ajustement des draperies; Disposition des accessoires. || T. Archit. Manière dont sont disposés et mis en rapport certains ornements.

AGENCER. v. a. Arranger, disposer, joindre, ajuster plusieurs choses ou les parties d'une même chose. *Il s'entend à ag. de petites choses. Il a assez bien agencé tout cela. Cet auteur ne sait pas ag. les scènes d'un roman, d'un drame.* Fam. || Parer, décorer. *Il a bien agencé sa chambre, son cabinet de travail. Ag. une mariée.* Cette locut. vieillit. = *s'AGENCER. v. pron. S'ajuster, se parer. Ne s'emploie guère qu'iron. = AGENCÉ, ÉE. part. *Cela n'est pas bien ag. Comme vous voilà agencée!*

AGENDA. s. m. [On pron. *aginda*]. Mot latin qui sign., *Chose à faire.* Petit livret sur lequel on note les choses qu'on se propose de faire. *Mettez cela sur votre ag.*

***AGÉNÉSIE.** s. f. (gr. ἀ priv., γένεσις, génération). T. Méd. Stérilité. N'est pas la même chose que l'impuissance. || T. Térat. Monstruosité par défaut.

AGENOUILLER (S'). v. pron. [On mouille les LL] (R. *genou*). Se mettre à genoux. *S'ag. à l'église. Les chameaux s'agenouillent pour se laisser charger.* — Avec ellipse du pron., *On fit agenouiller tout le monde.* = AGENOUILLÉ, ÉE. part. Qui est à genoux.

AGENOUILLOIR. s. m. Petit escabeau sur lequel on s'agenouille. *L'ag. d'un prie-Dieu.*

AGENT. s. m. Se dit De tout ce qui cause une action. *Toute action suppose un ag. Ag. naturel, surnaturel. Ag. physique, chimique, mécanique.* — S'emploie aussi par oppos. à *Patient. L'agent et le patient*, La cause qui agit et le sujet sur lequel elle agit. || Celui qui agit pour autrui ou au nom d'autrui; Celui qui remplit une mission, soit publique, soit particulière. *Les agents du gouvernement. Ag. secret. Agents politiques, diplomatiques, commerciaux. Il a manqué cette affaire par la maladresse de son ag.* — Dans un sens anal., *Les grands hommes ne sont que les agents de la Providence.* || On dit D'une femme: *C'est un très-bon agent;* mais, en mauvaise part, on donne quelquefois un féminin à ce mot. *Elle a été la principale agente dans cette odieuse intrigue.* || *Ag. comptable*, Celui qui, dans une administration, est chargé de la comptabilité et du maniement des fonds. || *Ag. diplomatique.* Voy. DIPLOMATIE. || *Ag. de faillite.* Voy. FAILLITE. || *Ag. de police.* Voy. POLICE.

Enc. — On appelle *agents d'affaires* des personnes qui se chargent, moyennant une rétribution, de diriger et de suivre les affaires d'intérêt des particuliers, et tiennent à cet effet un cabinet ouvert au public; mais comme ces individus n'ont aucun caractère légal et ne sont soumis à aucun contrôle, il est prudent de ne recourir à leur ministère qu'après informations sérieuses sur leur moralité et leur capacité.

Les *Agents de change* sont des officiers ministériels institués dans les villes qui ont une bourse de commerce pour y remplir, à l'égard des opérations qui sont de leur compétence, des fonctions analogues à celles que remplissent les notaires dans un autre ordre de transactions. « Les agents de change, dit le Code de Com., art. 76, ont seuls le droit de faire les négociations des effets publics et autres susceptibles d'être cotés; de faire pour le compte d'autrui les négociations des lettres de change et billets, et de tous papiers commerçables, et d'en constater le cours. Ils peuvent faire, concurremment avec les courtiers de marchandises, les négociations et le courtage des ventes ou achats de matières métalliques; ils ont seuls le droit d'en constater le cours. » Tout transfert d'inscriptions sur le *grand livre* de la dette publique doit, ainsi que le prescrit l'arrêté du 27 prairial an X (16 juin 1802) concernant les agents de change, être fait en présence d'un ag. de change qui certifiera l'identité du propriétaire, la vérité de sa signature et des pièces produites. — L'institution des agents de change remonte à l'année 1572, époque à laquelle Charles IX créa, par un édit, *des courtiers de change, deniers et marchandises.* Cet édit fut confirmé par Henri IV, en 1595; plus tard, sous Louis XIV, ces officiers prirent le titre de *conseillers du roi, agents de banque, de change, commerce et finances.* Ils étaient alors au nombre de 116, répartis dans les principales villes de France; mais comme leurs offices étaient vénaux, on augmenta souvent ce nombre pour ramener quelque finance dans les coffres vides de l'État; enfin, l'édit de 1723 mit un terme à toutes ces variations en réglant d'une manière définitive les droits et les attributions de ce corps. — Supprimés, en 1791, par un décret de l'Assemblée nationale, les agents de change furent rétablis par la loi du 28 ventôse an IX (19 mars 1801). Leur nombre varie selon l'importance des villes où ils sont institués. Il est aujourd'hui fixé à 60 pour la bourse de Paris. — Chaque ag. de change est tenu de fournir un cautionnement qui est spécialement affecté à la garantie des condamnations qui pourraient être prononcées contre lui, par suite d'abus commis dans l'exercice de ses fonctions. Le montant de ce cautionnement est fixé par le gouvernement: il varie, selon les villes, de 4,000 à 125,000 francs; c'est ce dernier chiffre qui est exigé des agents de change de Paris. — Dans toutes les localités où il existe des agents de change, ils doivent se réunir tous les ans, et nommer, à la majorité absolue, une chambre syndicale, composée d'un syndic et de six adjoints. Cette chambre exerce une haute surveillance sur la compagnie tout entière; elle possède le droit de censurer et même de suspendre un membre de la corporation. Elle peut, en outre, provoquer sa destitution auprès du ministre des finances. — Nul ne peut être nommé à cet emploi s'il ne jouit des droits de citoyen français et s'il ne justifie qu'il a exercé la profession de courtier ou négociant, ou travaillé dans une maison de banque, de commerce, ou chez un notaire, à Paris, pendant quatre ans au moins. Tout individu en état de faillite, ayant fait abandon de biens, ou autrement, sans s'être depuis réhabilité, est incapable de remplir les fonctions d'ag. de change. — D'après les art. 85 et 86 du Code de Comm., les agents de change ne peuvent, dans aucun cas et sous aucun prétexte, faire des opérations de commerce ou de banque pour leur compte; ils ne peuvent s'intéresser directement ni indirectement, sous leur nom ou sous un nom supposé, dans aucune entreprise commerciale; enfin ils ne peuvent ni recevoir ni payer pour le compte de leurs commettants, ni se rendre garants de l'exécution des marchés dans lesquels ils s'entremettent. Toute contravention à ces dispositions entraîne la peine de destitution et la condamnation à une amende qui peut s'élever à 3,000 fr. L'ag. de change destitué en vertu de cet article ne peut être réintégré dans ses fonctions. Néanmoins, les termes absolus de l'art. 86 sont modifiés par l'arrêté du 27 prairial an X (16 juin 1802) qui sert de règle aux agents de change dans leurs négociations. Cet arrêté, dans le but d'empêcher les négociations fictives, dit que chaque ag. de change devant avoir reçu de ses clients les effets qu'il vend ou les sommes nécessaires pour payer ceux qu'il achète, est responsable de la livraison et du payement de ce qu'il aura vendu et acheté. — En cas de faillite, l'ag. de change est poursuivi comme banqueroutier. Malgré cela, il n'est nullement regardé comme commerçant; ses fonctions sont, au contraire, absolument incompatibles avec toute espèce de négoce. Tout ag. de change, il est vrai, est encore tenu de consigner ses opérations sur un *carnet* et de les transcrire dans le jour sur un registre timbré, coté et paraphé par les juges du tribunal de commerce. Mais les livres qu'il doit tenir diffèrent de ceux des commerçants en ce qu'il n'y inscrit que les opérations de son ministère. Le droit de chaque ag. de change est fixé de 1/8 à 1/4 pour 100, selon l'espèce d'opération. — Tout individu qui s'immisce indûment dans les fonctions réservées par la loi à l'ag. de change, est passible d'une amende qui est au moins du douzième et au plus du sixième du cautionnement imposé à ce dernier. Les agents de change sont à la nomination du roi; cependant, d'après la loi du 28 avril 1816, ils peuvent présenter leurs successeurs, à la condition que ces derniers réuniront les qualités requises. Cette faculté est même accordée à leurs veuves et héritiers. Ainsi, une charge d'ag. de change constitue une véritable propriété transmissible et qui a ordinairement une très-haute valeur. Toutefois, ce droit de présentation n'existe pas pour le titulaire destitué. Voy. Bourse, Dette *publique*, Emprunt.

*AGGLOMÉRAT. s. m. T. Géol. Voy. Agrégation.

AGGLOMÉRATION. s. f. Action d'agglomérer; état de ce qui est aggloméré. *L'ag. des neiges, des sables. Un peuple sans lois ne serait qu'une ag. d'hommes.*

AGGLOMÉRER. v. a. (lat. *glomus*, boule, peloton). Assembler, amonceler. *Le vent agglomère les nuages. Ce fleuve agglomère les sables à son embouchure.* = s'Agglomérer. v. pron. *La richesse du sol porte les hommes à s'ag. dans cette contrée.* = Aggloméré, ée. part. *Populations agglomérées. Nuages agglomérés.*

AGGLUTINANT, ANTE. adj. T. Méd. anc. Se disait autrefois De certains remèdes que l'on croyait propres à recoller les parties divisées. || S'employait aussi subst. *La guimauve passait pour un ag.*

AGGLUTINATIF, IVE. adj. || S'emploie souvent subst.

Enc. — On donne ce nom aux substances emplastiques qui ont la propriété d'adhérer fortement à la peau, et qu'on emploie pour maintenir les lèvres des plaies en contact, jusqu'à ce qu'elles soient réunies par la cicatrisation. On prépare les emplâtres agglutinatifs en étendant sur une toile une couche mince de la matière emplastique. Cette matière est composée, suivant le but qu'on se propose, de cire, de résine et de poix auxquelles on incorpore souvent d'autres substances médicamenteuses. Les agglutinatifs qu'on emploie le plus généralement sont l'emplâtre de diachylon gommé, l'emplâtre d'André Delacroix, et le *taffetas d'Angleterre*, qui n'est autre chose qu'une pièce de taffetas recouverte d'une couche mince de colle de poisson à laquelle on a ajouté une petite quantité de teinture de benjoin. On se sert quelquefois de gomme ammoniaque dissoute dans le vinaigre et étendue sur de la toile. Ce dernier agglutinatif possède même un avantage que n'ont pas les autres: c'est celui de se coller fort bien sur les parties légèrement humides, ce qui le rend précieux dans certains cas où les autres substances ne peuvent être employées. — Les agglutinatifs n'agissent qu'en attachant solidement à la peau la toile qui les supporte, et au moyen de laquelle les parties sont maintenues en rapport. Comme ils n'adhèrent qu'à l'épiderme, ils n'agissent que superficiellement, et n'ont que peu d'action sur les parties profondes; aussi ne conviennent-ils guère que pour réunir les plaies superficielles dont les lèvres ont peu de tendance à s'éloigner et sont soutenues par des plans sous-jacents plus ou moins solides. — Pour se servir de ces emplâtres, on les coupe en bandelettes, dont la longueur et la largeur varient selon l'étendue, la profondeur de la plaie et la force de rétraction de ses lèvres. Ces bandelettes, qu'on nomme *agglutinatives*, doivent être coupées à droit fil, ou bien en biaisant, de telle sorte que leur partie moyenne se trouve un peu plus étroite que leurs extrémités. Les bandelettes de cette dernière forme ont une grande force d'adhésion à leurs extrémités élargies, et ne couvrent la plaie que dans une petite étendue à leur partie moyenne. Le taffetas d'Angleterre, à raison de la faiblesse de son tissu, ne peut être employé que pour les petites plaies tout à fait superficielles. Avant de l'appliquer, il faut avoir soin de le faire ramollir dans la bouche, ou de le tremper pendant quelques secondes dans l'eau tiède. On doit également, pour le lever, le faire ramollir en l'humectant avec une éponge imbibée d'eau tiède. Mais cet ag. durcit beaucoup en séchant, et produit souvent une gêne plus ou moins grande dans la partie sur laquelle il est appliqué. — Les emplâtres agglutinatifs sont encore usités en chirurgie dans une foule de cas. Ainsi, on les applique quelquefois sur les plaies pénétrantes des articulations ou des cavités splanchniques, et sur l'ouverture de certains foyers purulents, afin d'empêcher l'air d'y pénétrer. On s'en sert pour maintenir sur le tronc plusieurs pièces d'appareil, comme des vésicatoires, des sinapismes, des cautères, des plumasseaux. Enfin, on les emploie encore pour rapprocher les bords et comprimer la surface des plaies suppurantes des vieux ulcères; mais alors ils agissent plutôt comme moyens compressifs que comme agglutinatifs. Voy. Sparadrap.

AGGLUTINATION. s. f. Action d'agglutiner et de s'agglutiner.

Enc. — On appelle quelquefois ainsi la première période de cicatrisation des plaies. C'est un recollement peu solide qui s'opère au moyen de la lymphe plastique, coagulable, qui se dépose entre les tissus vivants divisés. Voy Adhérence, Cicatrice, Plaie.

AGGLUTINER. v. a. (lat. *agglutinare; de gluten*, colle). Recoller, rejoindre. S'emploie surtout dans le langage médical, en parlant Des substances *agglutinatives.* = s'Agglutiner. v. pron. Se recoller, contracter une adhérence. Se dit principalement Des chairs divisées par quelque accident. = Agglutiné, ée. part.

AGGRAVANT, ANTE. adj. Ne s'emploie guère que dans cette locution : *Circonstance aggravante*, Qui augmente la gravité d'un délit ou d'un crime.

AGGRAVATION. s. f. T. Dr. crim. *Ag. de peine.* Voy. Peine.

AGGRAVE. s. f. T. Dr. can. La seconde fulmination solennelle d'un monitoire à chandelles éteintes, après trois publications du même monitoire, pour avoir révélation de quelques cas, avec menace de fulminer les dernières censures de l'Église sur ceux qui, sachant quelque chose, ne voudraient rien révéler. *Faire fulminer une ag.*

AGGRAVER. v. a. (lat. *a* augm.; *gravare*, charger; de *gravis*, lourd). Rendre plus grave. *Les circonstances aggravent la faute, le crime, le péché. Ag. les torts, les tourments, la douleur. Ag. une peine.* = s'Aggraver. v. pron. Devenir plus grave, empirer. *Sa faute s'est aggravée. Le mal s'aggrave de jour en jour.* = Aggravé, ée. part.

AGGRÉGAT, AGGRÉGATION, AGGRÉGER. Voy. Agrégat, Agrégation, Agréger.

AGILE. adj. 2 g. (lat. *agere*, agir). Qui a une grande facilité à agir, à se mouvoir; vif, souple. *Un homme, un animal ag. Membres agiles. Marche ag. Mouvements agiles.*

AGILEMENT. adv. Avec agilité.

AGILITÉ. s. f. Légèreté, grande facilité à se mouvoir, souplesse. *Sauter avec ag. Cet enfant, cet animal a beaucoup d'ag. Ag. des membres. Sa voix manque d'ag.*

AGIO. s. m. (ital. *aggio*). T. Banq. et Comm. Bénéfice qui résulte de l'échange d'une valeur contre une autre valeur.

Enc. — Ce terme s'applique à plusieurs opérations de change ou de bourse. — Ainsi, toutes les monnaies légales (espèces d'or et d'argent) des différents peuples variant sous le double rapport du titre et du poids, toutes les fois qu'on veut échanger une monnaie étrangère quelconque contre de la monnaie française, par ex., il est nécessaire de comparer la valeur intrinsèque de ces monnaies. La différence à payer pour rétablir l'égalité est ce qui constitue l'agio. — De même, lorsqu'on désire échanger de l'argent contre de l'or, on a toujours à payer au changeur une différence ou prime plus ou moins forte, attendu que l'or étant très-recherché à cause de sa commodité, il est plus ou moins demandé sur toutes les places de commerce, et, par conséquent, plus rare que l'argent. On désigne sous le nom d'*agio* ou de *change* la différence que perçoit alors le changeur. — Il y a également lieu au payement d'une différence, quand on échange du papier contre des valeurs métalliques. Le bénéfice que réalise le banquier reçoit encore le nom d'*agio*, et, dans ces deux derniers cas, on donne celui d'*escompte* à la perte ou déduction subie par la personne qui fait échanger des valeurs. Voy. Change.

AGIOTAGE. s. m.

Enc. — On désignait autrefois par le terme d'*agiotage* tout ce qui concernait le commerce des *espèces* métalliques et du *papier*, commerce qui constitue aujourd'hui la profession de banquier. Cette industrie importante fut d'abord exercée à Venise, puis dans d'autres cités commerçantes de l'Italie; et, de là, elle ne tarda pas à se répandre dans les principales villes de l'Europe. L'ag., ainsi que l'indique son nom, consistait à prélever une somme ou *agio*, à titre de rémunération des frais de transport, de compensation des risques, etc., que nécessite le change d'une valeur contre une autre valeur. Ce commerce n'avait rien que de légitime, et des hommes honorables pouvaient le pratiquer. Mais comme, dans le commerce de banque, la ligne de démarcation qui sépare l'intérêt légitime de l'usure n'est pas sensible pour le vulgaire, et comme l'utilité générale de cette industrie nouvelle n'était encore comprise que d'un petit nombre de personnes, la profession d'*agioteur* se trouva, dès son origine, frappée de discrédit. Il en résulta nécessairement que le terme d'agiotage fut pris en mauvaise part. Dès lors on le détourna de son acception primitive et on s'en servit exclusivement pour désigner la spéculation sur les effets publics et le jeu sur les actions. C'est à l'époque du fameux système de Law que l'agiotage, dans son acception nouvelle, prit en France, pour la première fois, un développement scandaleux. Il en fut de même pendant les orages de la révolution française. La réduction des rentes de l'ancienne monarchie, la création des mandats et des assignats, la mise en vente d'une masse énorme de propriétés nationales, fournirent de puissants aliments à la spéculation. Enfin, depuis que le crédit public s'est fondé sur des bases régulières, non-seulement en France, mais encore dans presque tous les états civilisés, l'agiotage s'exerce principalement sur les fonds publics, c.-à-d. sur les rentes que créent les gouvernements lorsqu'ils contractent des emprunts. L'ag. sur ces fonds est susceptible de prendre tant de formes diverses, qu'en cherchant à l'atteindre la loi pourrait entraver des transactions légitimes et même porter atteinte au crédit public. Ce genre de trafic s'exerce encore sur les actions des grandes compagnies financières et industrielles autorisées par les gouvernements, ainsi que sur certaines natures de marchandises dont la consommation est considérable et nécessaire. — Mais, ainsi qu'il arrive toujours dans les opérations aléatoires, certains agioteurs peu scrupuleux ne craignent pas, pour mettre le sort de leur côté, de recourir à des manœuvres clandestines afin de faire hausser ou baisser, suivant leur intérêt, la valeur des fonds ou des marchandises sur lesquelles ils spéculent. Voy. Bourse.

AGIOTER. v. n. Faire l'agiotage.

AGIOTEUR. s. m. Celui qui agiote.

AGIR. v. n. (lat. *agere*). Se dit De toute cause qui produit ou tend à produire un effet. *Dieu a agi en créant l'univers; il agit sans cesse en le conservant. L'âme agit sur le corps. L'entendement agit sur lui-même lorsqu'il analyse ses opérations. La volonté agit sur les nerfs, ceux-ci agissent sur les muscles pour* *déterminer certains mouvements. L'éloquence agit sur les esprits. Les objets extérieurs agissent sur nos sens. La lumière agit sur tous les êtres vivants. L'acide nitrique agit sur le cuivre. Les corps célestes agissent les uns sur les autres. Ce remède agit sur le tube digestif.* || Se conduire, se comporter. *Ag. en homme d'honneur, en homme d'esprit. Ag. par esprit de vengeance. Il a bien agi avec moi. C'est mal ag. — Ag. contre son opinion, contre ses principes, contre ses intérêts*, Faire quelque chose qui n'est pas conforme à son opinion, etc. || Négocier, s'employer en quelque affaire. *Il agit auprès du ministre pour les intérêts de son département. Il a tout pouvoir d'ag. Je vous prie d'ag. pour moi.* || *Ag. d'autorité*, Employer son autorité pour faire quelque chose.—*Ag. d'office*, Sans en être requis et par le seul devoir de sa charge. || Poursuivre en justice. *Ag. criminellement, civilement. Il a été obligé d'ag. contre son tuteur.* || Se mouvoir, prendre de l'exercice. *Si vous voulez reprendre des forces, il faut ag.* || Faire quelque chose, s'occuper. *Il n'est jamais sans ag.* || Procéder à l'exécution de quelque chose. *C'est assez délibérer, il faut ag. Il agit mieux qu'il ne parle.* || *Agir* s'emploie impersonnellement de la manière suivante : *Il s'agit, il s'agissait, il s'est agi, il s'agira, il s'agirait*, etc. et signifie : Il est, il était, il a été, il sera, etc., question de. *De quoi s'agit-il?*, De quoi est-il question? *Il s'agit du salut de l'État. Il s'agissait de choisir l'un ou l'autre.*

AGISSANT, ANTE. adj. Qui agit, qui se donne beaucoup de mouvement. *Un homme extrêmement ag. Une femme fort agissante. — Une vie agissante*, Une vie très-active. || Qui opère avec force, avec efficacité. *Remède ag.* || T. Méd. On donne le nom de *Médecine agissante* à Celle qui emploie les remèdes énergiques; par oppos. à *Médecine expectante*, Celle qui se confie à la sagesse de la nature et qui ne fait usage que de moyens peu actifs.

AGITATEUR. s. m. Celui qui excite des troubles, de la fermentation, dans le public ou dans une assemblée.

AGITATION. s. f. Ébranlement prolongé; mouvement en divers sens. *L'ag. des flots. L'ag. des arbres dans une tempête. L'ag. d'un vaisseau battu des vents. L'ag. de la voiture lui fait mal.* || Fig., *L'ag. de l'âme, du cœur, de l'esprit.* — Par anal., on dit : *Il y a de l'ag. parmi le peuple. Il y avait de l'ag. dans l'assemblée. L'ag. était à son comble.*

Syn. — *Inquiétude.* — Au prop., l'*inquiétude* est un léger trouble causé par quelque malaise; elle est ordin. locale et peu durable. L'*ag.*, au contraire, est un trouble vif et persistant qui se manifeste dans tout notre être à la suite d'une violente secousse morale, ou qui constitue l'un des symptômes de certaines maladies. — Au fig., l'*inquiétude* est une émotion qui fait sortir l'âme de son état de calme habituel, mais qu'il est facile de cacher. L'*ag.* est un ébranlement violent qu'on ne peut maîtriser et qui se révèle habituellement par quelques signes extérieurs.

Enc. — Dans le langage médical on emploie le terme *Ag.* pour désigner un désir continuel de changer de situation, dans l'espoir d'en trouver une plus commode, ainsi que les mouvements brusques et répétés auxquels se livre un malade. Cet état est ordin. accompagné d'inquiétudes morales vives, et de réponses brusques et précipitées. On l'observe surtout dans certaines fièvres et dans les maladies aiguës.

***AGITATO.** s. m. T. Mus. Voy. Musique.

AGITER. v. a. (lat. *agitare*, fréquentatif de *agere*, agir). Ébranler, secouer, remuer en divers sens. *Les vagues agitent le vaisseau. Le vent agitait à peine les feuilles des arbres. Cet enfant ne fait qu'ag. ses bras, ses jambes.* || *Fig., *Les troubles qui agitent l'État. Cette révolution a longtemps agité l'Europe.* || Se dit aussi en parlant Des passions. *Le désir et la crainte sont les passions qui nous agitent le plus. La colère l'agite.* — Par anal., *Ag. le peuple*, Chercher à l'exciter, à le soulever. || *Ag. une question*, La discuter. = s'Agiter. v. pron. *L'air commence à s'ag. Ce malade s'agite continuellement. Le peuple s'agite et murmure. Les questions qui s'agitèrent dans cette réunion. Il s'agita une question importante.* = Agité, ée. part. *Son esprit est fort ag. — Ce malade a passé une nuit agitée*, A passé la nuit dans une grande agitation.

***AGLAOPE.** s. f. T. Entom. Voy. Crépusculaires.

AGLOMÉRATION, AGLOMÉRER. Voy. Agglomération, Agglomérer.

***AGLOSSE.** s. f. (gr. α priv.; γλῶσσα, langue). T. Entom. Voy. Tinéites.

AGLUTINANT, AGLUTINATIF, AGLUTINATION, AGLUTINER. Voy. Agglutinant, etc.

AGNAT. s. m. [On pron. *aguenat.*] (lat. *ad*, auprès; *natus*, né). T. Droit.

Enc. — Dans l'ancien Dr. Romain, la famille proprement dite se composait uniquement des personnes qui étaient soumises à la puissance d'un individu indépendant, quant au droit civil, et qui portait le titre de *Père de famille*. Ces personnes étaient tous ses descendants des deux sexes, à l'exception des filles mariées, ses enfants adoptifs, et les femmes de ses descendants ou de ses enfants adoptifs. Toutes ces personnes étaient *agnats* les unes par rapport aux autres. Dès que l'une d'elles cessait d'être soumise à l'autorité du père de famille par émancipation, par adoption dans une autre famille, ou enfin par l'effet du mariage (ce dernier cas n'avait lieu que pour les filles, car le fils qui se mariait restait sous la puissance paternelle, et sa femme y devenait soumise aussi bien que lui), elle perdait la qualité d'agnat proprement dit. Toutefois elle conservait le titre de *cognat*. Ainsi l'agnation représentait la parenté naturelle et civile à la fois; la *cognation* ne représentait que la parenté naturelle. — Quand la mort venait à frapper le chef de famille, chacun de ses fils devenait aussitôt chef de famille, et le titre d'agnat demeurait encore aux divers membres de la famille originaire. D'après la loi des Douze Tables, l'agnation appartenait à toutes les femmes de la famille tant qu'elles n'en étaient pas sorties, et ce titre leur conférait certains droits d'hérédité. Mais plus tard, pour enlever ces droits aux femmes, les jurisconsultes leur dénièrent la qualité d'agnat. Dès lors ce titre ne fut plus attribué qu'aux individus du sexe masculin.

Jusqu'à l'époque du Bas-Empire, le droit d'agnation resta tel qu'on vient de le dire. La famille civile ne se continuant que par les mâles, c'était uniquement dans leur descendance qu'il pouvait se trouver des agnats, et l'on définissait les agnats ceux qui étaient parents entre eux par des personnes du sexe masculin. En 498 après J.-C., le droit d'agnation subit une première atteinte. L'empereur Anastase décida que les frères et sœurs émancipés, et par conséquent sortis de la famille civile, conserveraient le titre d'agnats : cette modification fut introduite afin de conférer aux frères et sœurs émancipés des droits de succession que la loi civile leur refusait. Ce fut dans le même but que, plus tard (vers 534), Justinien supprima la distinction qui enlevait aux femmes le droit d'agnation, et qu'il accorda ensuite ce même droit à tous les parents du second degré et à presque tous ceux du troisième. Enfin l'agnation disparut complétement, du moins quant à ses effets, par l'effet du nouveau système de succession établi par les *Novelles*, vers 570.

Le droit d'agnation est encore d'une haute importance dans quelques pays relativement à la successibilité aux fiefs, le plus prochain des agnats, c.-à-d. des descendants par mâles, étant toujours appelé à la succession de ces fiefs. — Les dispositions de la loi salique qui concernent les successions et qui réglaient la successibilité à la couronne de France, rappelaient assez bien la législation romaine relative aux agnats. La succession aux anciens duchés-pairies de notre pays était encore réglée par l'agnation. Enfin l'agnation réglait encore la successibilité aux biens érigés en majorats sous l'Empire et sous la Restauration.

AGNATION. s. f. [On pron. *aguenation*]. Qualité d'agnat. V. Agnat.

AGNATIQUE. adj. 2 g. [On pron. *aguenatique*]. Qui appartient aux agnats. Peu us.

AGNEAU. s. m. [Le G se prononce mouillé, ici et dans les six articles suivants.] (lat. *agnus*; du gr. ἁγνὸς, chaste, innocent). Le petit d'une brebis. || S'emploie aussi pour désigner La chair d'ag. qu'on vend à la boucherie. *On nous servit de l'ag. Quartier d'ag.* || Fig., *Être doux comme un ag.*, Être d'une humeur fort douce. *C'est un ag.*, C'est un homme incapable de faire du mal. — Ces deux expressions s'emploient quelquefois dans le même sens en parlant Des animaux. *Ce lion est doux comme un ag.* || *Ag. pascal*, L'ag. que les Juifs mangeaient à la fête de Pâques, en mémoire de leur sortie d'Égypte. Voy. Pâque. || *Ag. de Dieu, ag. sans tache*, Jésus-Christ immolé pour les péchés des hommes. — On dit absol., *L'ag. qui efface les péchés du monde.*

AGNEL, AGNELET. s. m. Ancienne monnaie d'or française qui portait un agneau pascal pour empreinte. L'ag. de Louis IX à Jean II a la valeur de 13 fr. 95 c., monnaie actuelle. L'ag. de Jean II vaut 16 fr. 50 c.

AGNELER. v. n. Mettre bas. Se dit de la brebis.

AGNELET. s. m. Petit agneau. Vx. Voy. Agnel.

AGNELINE. adj. f. Se dit de La laine qui vient des agneaux. *Laine agneline.*

AGNÈS. s. m. [On pron. l'S.] (gr. ἁγνὸς, chaste, innocente). Jeune fille très-innocente. *C'est une agnès. Elle fait l'agnès.* Fam.

AGNUS. s. m. [On pron. l'S.].

Enc. — On appelle ainsi des espèces de médailles en cire, bénites par le Pape, et sur lesquelles est empreinte la figure d'un agneau avec le signe du labarum. C'est le dimanche *in albis*, après sa consécration, et, ensuite, de sept ans en sept ans, que le Souverain Pontife bénit les *Agnus*. Cette cérémonie, dont l'origine est très-ancienne, a lieu de la manière suivante : le Pape, revêtu de ses habits pontificaux, trempe ces agnus dans l'eau bénite et les bénit après qu'on les en a retirés. Ensuite on les met dans une boîte qu'un sous-diacre apporte au Saint-Père pendant la messe, après l'*Agnus dei*. Il la lui présente en répétant trois fois ces paroles : *Ce sont ici de jeunes agneaux qui vous ont annoncé l'alleluia; voilà qu'ils viennent à la fontaine, pleins de charité, alleluia.* Après quoi le Pape les distribue aux cardinaux, aux évêques, etc.

On donne également le nom d'*Agnus* à de petites images de piété ornées de broderies.

Dans la liturgie de l'Église romaine, on donne le nom d'*Agnus Dei* à une prière de la messe qui commence par ces mots, et que l'on récite entre le *Pater* et la *Communion*. C'est d'après la décision du pape Serge I, en 688, qu'elle se trouve ainsi placée.

Enfin, on appelle encore *Agnus Dei*, le morceau de musique qui se chante au moment de la communion.

AGNUS-CASTUS. s. m. [On pron. *aguenusse-castus.*] T. Bot. Voy. Verbénacées.

AGONIE. s. f. (gr. ἀγὼν, combat). La dernière lutte de la vie contre la mort. *Être à l'ag.* || Fig., Angoisse, inquiétude extrême. *Depuis que son procès est appelé, il est dans de continuelles agonies.* || État douloureux où se trouva Notre-Seigneur au Jardin des Olives, la nuit qui précéda son crucifiement. Voy. Saint Luc, xxii, 24.

AGONISANT, ANTE. adj. Qui est à l'agonie. *Elle était agonisante.* || S'emploie subst. *Prière pour les agonisants.*

AGONISER. v. n. Être à l'agonie.

AGONISTIQUE. s. f. Chez les anciens, partie de la gymnastique qui avait rapport aux combats, et où les athlètes luttaient tout armés. Voy. Athlète et Gymnastique.

AGONOTHÈTE. s. m. (gr. ἀγὼν, combat; τίθημι, je dispose).

Enc. — On nommait ainsi, chez les Athéniens, un magistrat qui faisait la fonction de directeur, de président et de juge des combats ou jeux publics; c'était lui qui en ordonnait les préparatifs, et qui adjugeait les prix aux vainqueurs. Voy. Jeux *antiques*.

AGOUTI. s. m. Mammifère appartenant à l'ordre des *Rongeurs*, et constituant un genre à part dans cet ordre si nombreux.

Enc. — Fr. Cuvier a donné à ce genre le nom de *Chloromys*, et Illiger celui de *Dasyprocta*. Les caractères du genre agouti sont : quatre doigts devant, trois derrière; quatre molaires de chaque côté et à chaque mâchoire : ces molaires offrent une couronne plate à sillons irréguliers, un contour arrondi et échancré au bord interne dans les supérieures, à l'externe dans les inférieures.—Ces animaux ont les jambes postérieures

Fig. 1.

notablement plus longues que les antérieures, à peu près comme nos lièvres. Leur poil est rude, droit et se détache facilement. — L'espèce la plus connue est l'*Agouti ordinaire*. (Fig. 1.) Sa taille est celle du lapin. Son poil est brun, un peu mêlé de roux en dessus, jaunâtre en dessous, et sa queue est réduite à un simple tubercule. Cet animal habite de préférence les collines boisées, et se loge dans des trous d'arbres ou dans des fentes de rochers. Plusieurs naturalistes affirment qu'il se creuse des terriers comme le lapin. C'est surtout le soir qu'il sort de sa demeure, car il y voit fort bien la nuit et paraît redouter l'éclat du soleil. L'ag. est dans les Antilles et les par-

Fig. 2.

ties chaudes de l'Amérique le représentant de nos lièvres et de nos lapins. Les chasseurs le poursuivent constamment, et, dès 1789, l'espèce en était déjà détruite à Saint-Domingue. Sa chair se mange; mais les Européens l'estiment assez peu. Il s'apprivoise fort aisément, et il est très-facile à élever, car il est omnivore. — Les autres espèces connues de ce genre sont au nombre de quatre. Le *Cotia* ou *Acouti* de d'Azara. Sa taille dépasse celle des plus grands lièvres, et sa queue a 18 millimètres de longueur. Le pelage de ses flancs est un mélange d'obscur et de jaune verdâtre, d'où le nom de *Chloromys* (gr. χλωρὸς, vert; μῦς, rat) donné au genre agouti par Fr. Cuvier. — L'*Acouchi* est un peu plus petit que l'ag. Sa queue est du double plus longue que celle de ce dernier. — L'*Ag. huppé* présente sur l'occiput, depuis l'intervalle des yeux jusqu'au milieu du cou, une sorte de crête formée de poils très-allongés et un peu relevés. — Enfin, le *Mara* est une espèce d'ag. à plus longues oreilles. Le mara est plus grand que le cotia, et diffère de tous les autres agoutis en ce qu'il a cinq molaires de chaque côté aux deux mâchoires. D'Azara lui a donné le nom de *Lièvre des pampas.* (Fig. 2. *Mara* de Patagonie.) Ces quatre espèces ne se trouvent que dans l'Amérique méridionale.

AGRAFE. s. f. (all. *greifen*, saisir). Sorte de crochet de métal qui s'engage dans un anneau, un œillet ou une porte, et sert à joindre les bords opposés d'un vêtement, d'un gant, etc. *Ag. d'or, d'argent.—Ag. de diamants*, Ag. enrichie de diamants.

Enc. — En T. d'Archit., on appelle *Ag.* un crampon de fer qui sert à maintenir en position des pierres, des marbres, et qui les empêche de se disjoindre. — On désigne encore par ce mot tout ornement qui semble unir plusieurs membres d'architecture les uns avec les autres : tels sont les ornements en forme de console qui sont placés à la tête des arcs, et paraissent

Fig. 1.

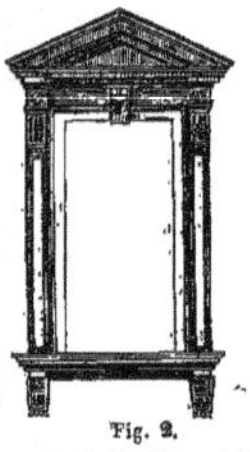

Fig. 2.

relier les moulures de l'archivolte avec la clef de l'arc; telle est encore la décoration du parement de la clef d'une croisée. (Fig. 1, d'après Bramante; Fig. 2, d'après Michel-Ange.)

AGRAFER. v. a. Attacher avec une agrafe. *Ag. un manteau.* = AGRAFÉ, ÉE. part.

AGRAIRE. adj. 2 g. (lat. *ager*, champ). Ne s'emploie que dans ces deux locutions, *Lois agraires* et *Mesures agraires.*

Enc. — Hist. — Dans la législation romaine, on donnait le nom de *lois agraires* à toutes les lois qui statuaient sur la distribution des terres acquises par le droit de conquête. Lorsque la République s'était emparée du territoire ennemi, elle en confisquait une partie dont elle faisait quatre lots qui étaient affectés, l'un au trésor public, l'autre aux usages religieux; le troisième était distribué gratuitement ou affermé à bas prix aux citoyens pauvres, et le dernier allait augmenter le domaine public permanent. Les terres qui constituaient ce domaine étaient abandonnées aux patriciens qui les exploitaient ou s'en faisaient concéder l'usage, moyennant certains impôts en nature qu'ils se dispensaient souvent d'acquitter. Quelquefois la possession de ces terres passait du père au fils, ou bien même elle était transmise par marché, en sorte qu'un plébéien, en traitant avec un patricien, en pouvait devenir détenteur. Mais pendant que l'homme du peuple servait au dehors, dans l'armée, cette portion du domaine public dont il avait acquis l'exploitation lui était frauduleusement ou violemment enlevée par un voisin puissant. Au moyen de ces usurpations, des districts entiers devenaient le monopole des patriciens. Enfin, les excès de la caste patricienne devinrent tels que le consul Spurius Cassius Viscellinus proposa (An de R. 268; 486 av. J.-C.) de faire la recherche des terres usurpées et de les distribuer aux citoyens pauvres; mais il échoua et paya de sa vie cette tentative de réforme. Cependant les abus commis par le patriciat devinrent si criants, et le mécontentement populaire devint si menaçant, que le tribun du peuple Caïus Licinius Stolon réussit (An R. 388; 366 av. J.-C.) à faire passer une loi qui décida qu'aucun citoyen ne pourrait posséder plus de 500 *jugera* (12,500 ares) de terres appartenant à l'État. Cette loi, qui fut du nom de son auteur appelée loi *licinia*, ordonna en outre que le surplus des terres conquises serait distribué ou affermé aux plébéiens à raison de 7 *jugera* (175 ares) au moins par tête. Mais ces prescriptions furent si peu observées par les patriciens qu'environ deux siècles et demi après, la classe des hommes libres était presque anéantie dans les campagnes. Ce fut alors (An R. 621; 133 av. J.-C.) que Tibérius Sempronius Gracchus, tribun du peuple, renouvela avec de très-grandes restrictions la proposition de distribuer aux citoyens pauvres une partie des terres de l'État. La proposition passa; mais les patriciens éludèrent l'exécution de cette loi qui reçut le nom de loi *sempronia*, et, pour se venger, ils suscitèrent une émeute dans laquelle Tibérius périt assassiné par Scipion Nasica. Loin de se laisser intimider par l'exemple de Tibérius, son jeune frère Caïus Gracchus, s'étant fait également nommer tribun du peuple, proposa (An R. 631; 123 av. J.-C.) de remettre en vigueur la loi *sempronia*; mais, comme son frère, il périt victime de l'aristocratie : dès lors les patriciens victorieux bravèrent impunément les lois agraires. Sous le consulat de Cicéron (An R. 691; 63 av. J.-C.), le tribun P. Servilius Rullus proposa de vendre toutes les propriétés que l'État possédait en Italie et au dehors, pour en consacrer le prix à acheter des fonds de terre qui seraient partagés entre les citoyens indigents : mais l'illustre orateur réussit à faire repousser cette demande. On range encore au nombre des lois agraires, les lois de Sylla, de César et d'Auguste qui autorisèrent le partage des terres conquises ou confisquées.

De nos jours, par suite d'une grave erreur dans l'appréciation de cette partie importante de l'histoire et de la législation romaines, on emploie vulgairement le terme de *loi agraire* comme synonyme de partage égal des terres entre tous les citoyens; quelquefois même on entend par *loi agraire*, l'abolition de la propriété individuelle : ceci n'a lieu que par un véritable abus de mot, car l'idée de communauté est diamétralement opposée à celle de division et de partage.

Métrol. — Dans le système de poids et mesures qui est actuellement seul usité en France, le *mètre* est l'unité fondamentale qui a servi de base à l'établissement de toutes les mesures légales. — Le *mètre carré* constitue l'*unité de surface* pour les mesures de superficie. Mais pour mesurer les surfaces d'une certaine étendue, comme les terrains, on a dû prendre pour unité une surface plus considérable. En conséquence, on a adopté comme unité un carré dont chaque côté a 10 mètres de longueur. Cette unité nouvelle a reçu le nom d'*are*. L'*are* équivaut donc à 100 mètres carrés, ou à 100 fois un mètre carré, ou à 100 carrés d'un mètre de côté. Ainsi la centième partie de l'are ou le *centiare* représente un mètre carré. On donne quelquefois à l'are le nom de *perche métrique*. — La collection de 100 ares se nomme *hectare*, et vaut 10,000 mètres carrés. L'hectare est un carré de 100 mètres de côté. Il est souvent nommé *arpent métrique*. — Enfin, on emploie parfois encore le terme de *myriare* pour désigner un carré de 10000 mètres de côté, c.-à-d. un carré contenant 100,000,000 mètres carrés.

Avant la réforme générale opérée par le système métrique, les poids et les mesures en usage dans les diverses provinces de la France offraient des variétés infinies, et les mesures agraires étaient peut-être celles qui étaient le plus multipliées. Dans certaines localités on faisait souvent usage de plusieurs mesures différentes. Toutefois, dans cette multitude de mesures, il y en avait quatre assez généralement répandues : 1° L'*Arpent d'ordonnance* ou *des eaux et forêts*. Cet arpent se composait de 100 *perches* carrées de 22 pieds de côté; et la perche contenait 484 pieds carrés, ou 13,44 toises carrées, ou 51,07 mètres carrés. Ainsi l'arpent valait 48400 pieds carrés, ou 1344,44 toises carrées, ou 5107,20 mètres carrés. 2° L'*Arpent de Paris* se composait de 100 perches carrées; mais la perche n'avait que 18 pieds de côté : elle ne valait que 324 pieds carrés, ou 9 toises carrées, ou 34,19 mètres carrés. La valeur de cet arpent était donc 32400 pieds carrés, ou 900 toises carrées, ou 3418,87 mètres carrés. 3° L'*Arpent commun* était composé de 100 perches carrées de 20 pieds de côté; ce qui donne pour la valeur de la perche 400 pieds carrés, ou 11,11 toises carrées, ou 42,20 mètres carrés. En conséquence l'arpent valait 40000 pieds carrés, soit 1111,11 toises carrées, soit 4220,84 mètres carrés. 4° L'*acre de Normandie* (grande mesure) se composait de 4 *vergées* contenant chacune 40 perches superficielles, la perche étant de 22 pieds de côté. Ainsi donc cet acre contenait 160 perches de 484 pieds carrés chacune, faisant pour la vergée 19360 pieds carrés. D'après cela, la vergée valait 537,77 toises carrées ou 2042,87 mètres carrés, et la valeur de l'*acre* était de 77440 pieds carrés, ou 2151,11 toises carrées, ou 8171,51 mètres carrés.

Réduction des arpents des eaux et forêts en hectares.

Arpents.	Hectares.
1.	0,5107
2.	1,0214
3.	1,5322
4.	2,0429
5.	2,5536
6.	3,0643
7.	3,5750
8.	4,0858
9.	4,5965
10.	5,1072
100.	51,0720
1000.	510,7199

Réduction des hectares en arpents des eaux et forêts.

Hectares.	Arpents.
1.	1,9580
2.	3,9160
3.	5,8741
4.	7,8321
5.	9,7901
6.	11,7481
7.	13,7061
8.	15,6642
9.	17,6222
10.	19,5802
100.	195,8020
1000.	1958,0201

Réduction des arpents de Paris en hectares.

Arpents.	Hectares.
1.	0,3419
2.	0,6838
3.	1,0257
4.	1,3675
5.	1,7094
6.	2,0513
7.	2,3932
8.	2,7351
9.	3,0770
10.	3,4189
100.	34,1887
1000.	341,8869

Réduction des hectares en arpents de Paris.

Hectares.	Arpents.
1.	2,9249
2.	5,8499
3.	8,7748
4.	11,6998
5.	14,6247
6.	17,5497
7.	20,4746
8.	23,3995
9.	26,3245
10.	29,2494
100.	292,4944
1000.	2924,9437

Réduction des arpents communs en hectares.

Arpents.	Hectares.
1.	0,4221
2.	0,8442
3.	1,2662
4.	1,6883
5.	2,1104
6.	2,5325
7.	2,9546
8.	3,3767
9.	3,7987
10.	4,2208
100.	42,2083
1000.	422,0826

Réduction des hectares en arpents communs.

Hectares.	Arpents.
1.	2,3692
2.	4,7385
3.	7,1077
4.	9,4770
5.	11,8462
6.	14,2155
7.	16,5847
8.	18,9540
9.	21,3232
10.	23,6924
100.	236,9247
1000.	2369,2474

Réduction des acres de Normandie en hectares.

Acres.	Hectares.
1.	0,8171
2.	1,6343
3.	2,4515
4.	3,2686
5.	4,0858
6.	4,9029
7.	5,7201
8.	6,5372
9.	7,3544
10.	8,1715
100.	81,7151
1000.	817,1518

Réduction des hectares en acres de Normandie.

Hectares.	Acres.
1.	1,2237
2.	2,4476
3.	3,6713
4.	4,8951
5.	6,1189
6.	7,3426
7.	8,5664
8.	9,7901
9.	11,0139
10.	12,2376
100.	122,3762
1000.	1223,7624

A l'aide de ces tableaux, il est aisé d'opérer les réductions des nombres, soit intermédiaires, soit supérieurs.

Comme, à chaque instant, on peut avoir besoin de connaître les rapports de notre système de mesures avec les mesures étrangères, nous allons exposer la valeur des mesures dont il s'agit dans les principaux États de l'Europe, et nous dirons quelques mots des mesures agraires usitées dans l'antiquité, mesures qu'on ne peut se dipenser de connaître, quand on veut lire les ouvrages d'histoire ou de littérature ancienne. — Les mesures qui suivent sont exprimées en *ares*.

ALLEMAGNE. — *Emp.* d'AUTRICHE : *Juchart* = 57,55. — *Grand Duché de* BADE : *Morgen* = 36. — *Roy. de* BAVIÈRE : à Munich, le *Juchart* = 34,07; à Nuremberg, le *Morgen* de terre arable = 47,30, et celui de pré = 21,28. — *Duché de* BRUNSWICK : *Morgen* = 24,96. — *Rép. de* FRANCFORT-SUR-LE-MEIN : *Morgen* de terre arable = 20,25; *Morgen* de forêts = 32,55. — *Rép. de* HAMBOURG : le *Scheffel* de terre arable = 42, et le *Morgen* = 82,6. — *Roy. de* HANOVRE : *Morgen* = 26,19. — *Grand Duché de* HESSE-DARMSTADT : *Morgen* (anc. mes.) = 33,87; *Morgen* (nouv. mes.) = 25. — HESSE-ÉLECTORALE : *Acker* = 23,86. — *Rép. de* LUBECK : *Boisseau* à 60 perches carrées = 12,73; *Boisseau* à 80 perches carrées = 16,97. — *Duché de* NASSAU : *Morgen* = 25. — *Roy. de* PRUSSE : *Morgen* (anc. mes.) = 55,23; *Morgen* (nouv. mes.) = 25,53. — *Roy. de* SAXE : *Morgen* = 55,36. — *Duché de* SAXE-COBOURG-GOTHA : *Acker* de terre = 22,7; *Acker* de forêts = 33,88. — *Grand Duché de* SAXE-WEIMAR : *Acker* de terre et de forêts = 28,49. — *Roy. de* WURTEMBERG : *Viertel* = 7,87; *Morgen* = 31,51; *Juchart* = 47,27. — ANGLETERRE : *Yard* carré = 0,836 mètre carré; *Rod* (perche carrée) = 25,291939 mètres carrés; *Rood* (1210 yards carrés) = 10,116175 ares; *Acre* (4840 yards carrés) = 0,404671 hectare. Ainsi donc notre are = 0,098845 *Rood.* — BELGIQUE. Le système français est en vigueur dans ce Royaume. — DANEMARK : *Tonne-Saatland* = 5,55; *Tonne-hart-korn* = 22,21. — ESPAGNE : *Fanegada* de terre à blé = 64,39; *Aranzada* de terre à vignes = 44,71. — ITALIE. — ÉTATS DE L'ÉGLISE : *Pezzo* = 26,37; *Tornatura* des rizières (Bologne) = 19,53. — *Roy.* LOMBARDO-VÉNITIEN. Le système métrique français, en 1803, avait été adopté dans le Milanais; mais quoique le gouvernement se serve encore des mesures métriques, la population est revenue à ses anciennes habitudes. A Milan, la mesure la plus usitée est la *Pertica quadrata* qui = 24. A Venise, on emploie le *Passo carro* qui vaut 0,03. — *Duché de* MODÈNE : *Tavola* = 0,39; *Biolca* = 28,36. — *Duché de* PARME : *Biolca* = 30,47. — *Roy. de* SARDAIGNE : *Giornale* de Turin = 38. — *Roy. des* DEUX-SICILES : *Moggia* = 33,64. — *Grand Duché de* TOSCANE : *Stagnolo* = 4,93; *Sacato* = 49,58. — PAYS-BAS : *Morgen* d'Amsterdam = 81,28; *Morgen* du Rhin = 85,15. — POLOGNE : *Morgy* = 55,98. — PORTUGAL : *Geira* = 57,81. — RUSSIE : *Déciatine* = 109,25. — SUÈDE : *Tunnaland* = 49,36. — SUISSE. — BÂLE : *Juchart* = 33,38. — BERNE : *Juchart* de bois = 38,70; *Juchart* de terre arable = 34,40; *Juchart* de pré = 30,10. — GENÈVE : *Arpent* = 51,66. — LAUSANNE : *Fossorier* = 4,5. — NEUFCHATEL : *Faux* = 54,03; *Ouvrier* (mes. de vigne) = 3,52. — ZURICH : *Juchart* de terre labourable = 32,69; *Juchart* de bois = 36,33; *Juchart* de vigne et *Mannswerk* de pré = 29,06.

Les mesures agraires usitées chez les divers peuples de l'Asie, de l'Afrique et de l'Amérique sont très-variables et peu connues. Quant aux nations issues de colonies européennes, elles ont, en gén., conservé le système de mesures de la mère-patrie. Ainsi, les mesures anglaises sont employées aux États-Unis, et ont été imposées au Canada; au Brésil, on se sert des mesures portugaises; au Mexique, de celles de l'Espagne, etc. — Pour l'Asie, on ne connaît exactement que les mesures agraires de la Chine. L'unité de surface est le *Meu* qui vaut 6,000 pieds carrés ou 6,14 ares; le *King* se compose de 10 *Meu*, et représente, par conséquent, 60,000 pieds carrés, soit 61,44 ares. Dans l'Inde anglaise, Présidence de Calcutta, les mesures agraires sont le *Chattack* qui vaut 0,04 are, le *Cattah* qui vaut 0,64 are, et le *Biggah* qui est égal à 12,80 ares. Le *Covid*, usité dans la Présidence de Madras, vaut

0,47 are, et le *Mauney*, 53,5 ares. Le *Covid* de Pondichéry (Inde française) vaut 140,45 ares. — Le seul pays de l'Afrique dont la mesure agraire ait pu être calculée avec rigueur est l'Égypte. L'unité de mesure dont on se sert est le *Feddan* qui vaut 59,29 ares.

Chez les Hébreux, l'unité principale des mesures agraires se nommait *Bethséa*, et représentait un carré d'environ 40 coudées naturelles. En gén., un terrain était dénommé d'après la quantité de semences qu'il exigeait, et à laquelle, par conséquent, sa superficie était proportionnelle. Ainsi :

		valeur en ares.
Le *Bethroba* recevait un	*log*.	0,135.
Le *Bethcabum*. . . .	un *cab*.	0,54.
Le *Bethséa*.	un *sat*.	3,24.
Le *Bethléthech*. . . .	un *létech*	48,6.
Le *Bethcoron*.	un *cor*.	97,2.

En Égypte, suivant le témoignage d'Hérodote, les terrains se mesuraient par *Aroures* ou carrés de 100 coudées. Cependant, au temps des Romains, l'unité des mesures agraires pour les terres labourables était le *Socarion* ou carré de 10 *orgyies* de côté. L'*Orgyie philétérienne* étant de 2 mètres 10 centim., on trouve, pour le calcul du *Socarion*, 4 ares 67 centiar. Le *Socarion* des prés et des enceintes dans les villes était de 12 orgyies : il valait 6 ares 72 centiar. — Chez les Grecs, l'unité principale des mesures agraires était le *Pléthre*, qui représentait un carré de 100 pieds de côté ou de 10000 pieds carrés de superficie, et équivalait, par conséquent, à 9 ares. Quant au *Plèthre* formé avec le pied *olympique*, sa valeur était de 9 ares et demi. — A Rome, l'unité de mesure était le *Jugerum*, qui représentait un rectangle de 120 pieds sur 240, c.-à-d. qui avait 28800 pieds carrés de superficie : il valait 25 ares environ. Le *Scripulum*, qui valait 100 pieds carrés, était donc la 288e partie du *Jugère* (*jugerum*), et le *Semis* ou *Actus*, qui était la moitié du jugère, valait 14400 pieds carrés, ou 12,50 ares. L'*Hérédie* (*heredium*) équivalait à deux jugères; la *Centurie* (*centuria*), à 100 hérédies, et le *Saltus* à 4 centuries. Ainsi, l'*hérédie* était égale à 50 ares, la *centurie* à 5000, et le *saltus* à 20000. — Au rapport de Columelle, les Gaulois nommaient *Arepenna* (d'où est venu notre mot *arpent*), une surface égale au *semis* ou *actus*. Ainsi donc l'*arepenna* était égal à 12,5 ares. Voy. pour plus de détails le *Cambiste universel de* KELLY, et le *Traité de métrologie de* SAIGEY, auquel nous avons emprunté ce qui concerne les mesures agraires anciennes.

AGRANDIR. v. a. (R. *grand*). Rendre plus grand, plus étendu. *Ag. une maison, un jardin. Ce prince a fort agrandi ses États.* || Fig., *La faveur seule a agrandi cette famille. Le malheur agrandit les âmes fortes. Ag. ses pensées, ses connaissances, ses projets, ses prétentions.* || Imprimer un caractère d'élévation à ce qu'on dit, à ce qu'on fait. *Cet écrivain agrandit tout ce qu'il traite. Corneille agrandit ses héros.* || Faire paraître plus grand. *Ce vêtement agrandit la taille. Une distribution bien entendue agrandit un appartement.* || Exagérer. *Les voyageurs agrandissent volontiers ce qu'ils ont vu.* Famil. = S'AGRANDIR. v. pron. *Cette ouverture s'agrandit tous les jours. La Russie tend à s'ag. du côté de l'Orient. Il était logé trop à l'étroit, mais il trouve moyen de s'ag. L'âme s'agrandit par la contemplation des œuvres de Dieu.* = AGRANDI, IE. part.

Syn. — *Augmenter.* — *Augmenter* implique une idée d'accumulation qui n'est pas comprise dans le terme *ag.* En effet, *ag.*, c'est donner plus d'extension, plus de développement à une chose; *augmenter*, c'est ajouter une chose à une autre, dans le but d'en rendre la quantité et les dimensions plus considérables. On *agrandit* les possessions d'un empire; on *agrandit* ses domaines; on *augmente* sa fortune; on *augmente* le personnel de sa maison.

AGRANDISSEMENT. s. m. Accroissement, augmentation. *On a abattu ces maisons pour l'ag. de la place.* || Fig., *Il a tout sacrifié à l'ag. de sa famille.*

AGRAVANT, AGRAVATION, AGRAVER. Voy. AGGRAVANT, AGGRAVATION, etc.

AGRÉABLE. adj. 2 g. Qui plait, qui agrée. *Personne, physionomie, caractère ag. Manières agréables. Musique, voix ag. Demeure, jardin, campagne ag. Il est très-ag. en société. Il est ag. de vivre avec ses amis.* — *Si cela vous est ag.*, Si cela vous convient. — *Avoir pour ag.*, Trouver bon. || S'emploie subst., *Mêler l'utile à l'ag.* || *Faire l'ag.*, Chercher à plaire, mais par un langage prétentieux et des manières affectées.

Obs. gram. — Cet adj. se place avant ou après les noms féminins; sa position est déterminée uniquement par le goût et l'oreille. Mais lorsqu'il modifie un substantif masculin, il se met généralement après ce nom. Ainsi, on dit fort bien, c'est une *ag. personne*, c'est une *personne ag.*; c'est un *homme ag.*; mais on ne dira pas, c'est un *ag. homme*. En ce qui concerne la construction de cet adj., qu'il soit ou non suivi de son complément, nous ferons observer qu'il ne se construit avec la préposition *de*, que lorsqu'il est précédé du verbe *être* employé unipersonnellement. Il est *ag. de* chercher le calme des champs, lorsqu'on est fatigué de l'agitation des villes; il est *ag.* à mon père *de* voir sa famille à ses côtés.

Syn. — *Gracieux.* — *Ag.* et *gracieux* s'appliquent à l'air, aux manières et aux paroles. *Gracieux* caractérise plutôt ce qui flatte l'œil et l'oreille, et *ag.* ce qui plait au goût et à l'intelligence. *Gracieux* se dit quelquefois de l'esprit, plus rarement de l'humeur; *ag.* se dit souvent de l'un et de l'autre. — **Syn.** — *Agréable, Délicieux, Délectable.* — Tous ces adjectifs s'emploient pour désigner une sensation qui flatte l'organe du goût; mais *ag.* marque une sensation douce; *délicieux*, une sensation plus fine, plus délicate; *délectable*, une sensation plus voluptueuse, plus exquise. Lorsqu'on se sert de ces expressions pour qualifier, en général, un plaisir de l'âme, elles conservent la même valeur relative.

AGRÉABLEMENT. adv. D'une manière agréable. *Elle chante assez ag. Il est ag. à la cour. Il est ag. logé.*

AGRÉÉ. s. m.

Enc. — L'intérêt du commerce a toujours nécessité une juridiction et une procédure spéciales. La marche des affaires commerciales aurait été singulièrement entravée s'il eût fallu astreindre les plaideurs à toutes les formalités, et les soumettre à toutes les lenteurs qu'exige le jugement des contestations en matière civile. Le législateur a donc rendu, en matière commerciale, l'instruction des procès aussi simple et l'exécution des jugements aussi prompte que possible. En conséquence, le ministère des avoués a été interdit devant les tribunaux de commerce (C. c., art. 627), et nul ne peut plaider pour une partie devant ces tribunaux, si la partie présente à l'audience ne l'autorise, ou s'il n'est muni d'un pouvoir spécial. Ce pouvoir, qui peut être donné au bas de l'original ou de la copie de l'assignation, doit être exhibé au greffier avant l'appel de la cause, et visé par lui sans frais. Chacune des parties a donc le droit d'exposer elle-même le sujet de la contestation, les faits qui y sont relatifs et ses moyens de défense : il est même à désirer qu'il en soit ainsi, car le tribunal peut alors plus facilement juger de la bonne foi des parties. Toutefois, comme il arrive ordinairement que le plaideur n'ose se charger lui-même de sa propre défense, les tribunaux de commerce s'attachent des hommes de loi qui ont l'habitude des affaires commerciales, et que les parties peuvent charger de leurs intérêts : ces praticiens portent le titre d'*agréés*. Le tribunal, en accordant ce titre à un individu, le recommande simplement à la confiance des plaideurs; car, à la différence du ministère des avoués, celui des *agréés* n'est pas forcé : aussi est-il de jurisprudence qu'un agréé ne peut être, à ce seul titre, considéré comme officier ministériel.

AGRÉER. v. a. (R. *gré*). Recevoir, accueillir favorablement. *Dieu agrée les prières du juste. Ag. les services de quelqu'un. Ag. une proposition, une demande.* — *Agréez mes civilités, mes hommages, mes respects*, etc. Formules de politesse. || Trouver bon, approuver. *Agréez que je vous dise. Le roi n'a pas voulu ag. sa nomination.* = AGRÉER. v. n. Plaire, convenir. *Cette odeur m'agrée fort. Son service ne m'agrée pas.* = AGRÉÉ, ÉE. part.

AGRÉER. v. a. T. Mar. Voy. GRÉER.

AGRÉEUR. s. m. T. Mar. Voy. GRÉEUR.

AGRÉGAT. s. m. T. Géol. Voy. AGRÉGATION.

AGRÉGATION. s. f. Admission dans un corps, dans une compagnie. *Lettres d'ag. On s'est opposé à son ag.* || S'emploie absol., en parlant Du grade, du titre d'*Agrégé*. *Concours pour l'ag.*

Enc. — Quoique le terme d'*Ag.* soit fréquemment employé dans le langage scientifique, surtout dans celui de la Chimie, de la Géol. et de la Minér., sa signification n'est pas encore parfaitement déterminée. A la vérité, il a toujours le sens de réunion, d'assemblage de parties solides; mais, parmi les auteurs, les uns veulent qu'il s'applique exclusivement aux corps composés de parties hétérogènes; d'autres s'en servent indifféremment pour désigner ceux qui sont formés de molécules homogènes ou hétérogènes. Quelques savants l'emploient en parlant du mode suivant lequel sont groupées entre elles les molécules constituantes des corps. Plusieurs ne l'appliquent qu'aux corps évidemment composés, par voie mécanique, de divers débris de masses minérales préexistantes, tandis que d'autres réservent le mot ag. pour désigner les corps qui résultent de la réunion de parties formées simultanément. Enfin, le terme *force d'ag.* est quelquefois employé pour désigner l'attraction moléculaire, c.-à-d. l'attraction qui ne s'exerce qu'entre des molécules situées à des distances infiniment petites. — Il paraît plus conforme à l'étymologie de réserver le terme ag. pour désigner l'assemblage d'un certain nombre de parties homogènes ou hétérogènes qui adhèrent assez fortement entre elles pour opposer un certain obstacle à leur séparation. Ainsi nous dirons que les masses minérales composées de fragments agglutinés de diverses espèces et dont la réunion s'est opérée à l'époque de leur formation, sous l'influence de causes extérieures, qu'elles sont formées par voie d'ag. et qu'elles constituent des *agrégats*. *Agglomération* s'appliquerait, au contraire, à l'assemblage de débris d'inégales dimensions et de diverses textures qui se sont réunis à diverses époques. Les masses produites par cette voie forment un *agglomérat* ou un *conglomérat*. Voyez ROCHES.

AGRÉGÉ. s. m. Se disait autrefois D'un docteur en droit, dont la principale fonction était d'assister aux thèses et aux examens de droit. Aujourd'hui, dans les Facultés de droit, il n'y a que des *Professeurs suppléants*; mais il y a encore des *Agrégés* à la Faculté de médecine. || *Gradué* de l'Université, qui aspire au professorat dans les colléges, et qui est quelquefois chargé de suppléer le professeur en titre. *Il s'est fait recevoir ag. pour les classes de grammaire. C'est un ag. des classes supérieures.*

AGRÉGER. v. a. (lat. *grex*, troupeau). Associer quelqu'un à un corps, l'admettre dans une compagnie. *Il s'est fait ag. à la Faculté de médecine.* = AGRÉGÉ, ÉE. part. = Conjug. Voy. MANGER.

Syn. — *Associer, Incorporer.* — *Ag.* ne se dit que des personnes; *associer* et *incorporer* se disent des personnes et des choses. *Associer* s'emploie quand on parle d'individus réunis dans un but ou dans un intérêt commun; *ag.* exprime l'admission régulière d'une personne dans une communauté, dans une faculté; *incorporer* est usité pour marquer l'entrée d'un individu dans un corps systématiquement organisé. On *associe* à des entreprises, à des travaux, à des projets, à des dangers; on *agrége* à une faculté, à un ordre religieux, à une congrégation; on *incorpore* à une compagnie de travailleurs, à un régiment. — En parlant des choses, *associer*, c'est joindre une chose à une autre pour obtenir un effet déterminé; *incorporer*, c'est, en gén., mélanger intimement une substance avec une autre substance.

Enc. — Le mot *Agrégé* s'emploie, en T. de Géol. et de Minér. dans le sens de *formé par voie d'agrégation*. En T. de Bot., il est également usité pour désigner certaines formes de fruits ou une certaine disposition des fleurs. Voyez FRUIT et INFLORESCENCE.

En Zool., on donne le nom d'*animaux agrégés* à des animaux qui sont réunis plusieurs ensemble dans une enveloppe organisée commune, laquelle présente ordin. de nombreux compartiments dont chacun est occupé par un individu distinct qui fait saillir un cercle d'organes destinés à saisir les substances nutritives. Celles-ci, après avoir été assimilées, circulent dans un système commun et continu de vaisseaux, et vont servir à l'entretien et à l'agrandissement de la demeure commune. On rencontre des animaux de ce genre dans la classe des polypes, dont ils forment la plupart des genres. — Dans le système de Cuvier, la seconde famille des *Acéphales sans coquille* ou *Tuniciers*, porte le nom d'*Agrégés*. En effet, cette famille se compose d'animaux plus ou moins analogues aux Ascidies, mais qui vivent réunis en une masse commune et paraissent communiquer organiquement ensemble. Les branchies représentent un sac que les aliments doivent traverser avant d'arriver à la bouche. « Leur propagation, dit Milne Edwards, semble se faire de deux manières : tantôt la masse s'accroît par le développement de bourgeons reproducteurs dans le tissu commun; tantôt de jeunes individus formés dans un ovaire, sont expulsés au dehors et nagent librement pendant quelque temps, jusqu'à ce qu'ils se soient fixés sur quelque corps sous-marin où ils vont établir une nouvelle colonie. » Cuvier a distribué cette famille en trois genres : les *Botrylles*, les *Pyrosomes* et les *Polyclines*. — Les premiers sont de forme ovoïde, et représentent, par la manière particulière dont ils sont groupés, une étoile à dix ou douze rayons, chaque mollusque constituant un de ces rayons. Les Botrylles ont deux orifices : l'un est situé à l'extrémité périphérique du rayon, et l'autre aboutit à une cavité commune au centre de l'étoile. Lorsqu'on irrite un orifice périphérique, un animal seul se con-

Fig. 1.

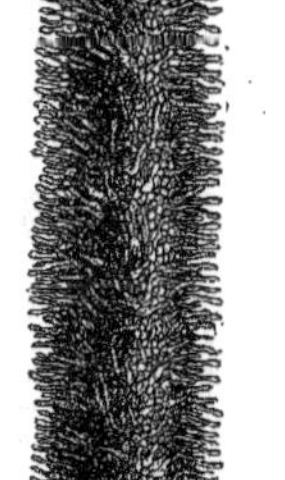

Fig. 2.

tracte, tandis que tous se contractent à la fois si l'on irrite l'orifice central. Ces animaux, dont la petitesse est extrême, s'attachent sur certaines ascidies et sur certains fucus. (Fig. 1, *Botrylle doré* fixé sur un fucus, d'après Milne Edwards.) — L'organisation des *Pyrosomes* est assez analogue à celle des mollusques précédents; mais ils se réunissent en très-grand nombre et forment un cylindre creux ouvert à l'une de ses extrémités. Ces petits animaux se terminent en pointe à l'extérieur, de façon que la surface externe du cylindre est toute hérissée. Ce cylindre nage dans la mer par l'effet de la contraction et de la dilatation simultanée de tous ces animaux. (Fig. 2, *Pyro-*

some géant.) Ils sont fort communs dans l'Océan et dans la Méditerranée; pendant la nuit ils sont phosphorescents, et c'est à cette propriété qu'ils doivent leur nom (gr. πῦρ, feu;

Fig. 3.

Fig. 4.

σῶμα, corps). — Chez les *Polyclines*, l'anus et l'orifice branchial sont rapprochés vers la même extrémité. (Fig. 3, *Polycline constellé*; 4, *Synoïque subbobé.*)

AGRÉMENT. s. m. (R. *gré*). Approbation, consentement. *Il ne peut rien faire sans l'ag. du ministre. La mère a donné son ag. pour ce mariage.* || Qualité par laquelle on plaît. || *Cette femme n'est pas belle, mais elle a beaucoup d'ag. La solitude a ses agréments. Les agréments de la figure, de l'esprit.* || Avantage, plaisir, sujet de satisfaction. *Cet homme trouve de très-grands agréments dans sa famille, dans sa profession*, etc. *Elle ne trouve aucun agrément dans sa province.* || Au plur., Ouvrage de passementerie dont on se sert pour orner les vêtements et les meubles. || *Arts d'ag.* Voy. ART. || T. Art dramat. Certains divertissements de musique ou de danse joints à des pièces de théâtre. *Cette pièce n'a réussi que par les agréments.* Vx. || T. Mus. Traits improvisés ou écrits dont on orne les mélodies. On dit plus souvent : *Ornement* ou *Fioriture.* Voy. ce dernier mot et APPOGIATURE.

Syn. — *Grâce.* — *Grâce* et *ag.* se disent également bien des qualités du corps ou de celles de l'esprit; et ils s'emploient au singulier comme au pluriel. L'éclat des yeux, la fraîcheur du teint, la finesse des traits, constituent les *agréments* du visage; la beauté des contours, la juvénilité des formes, en font la *grâce*. En parlant de l'esprit, le mot *ag.* s'applique plutôt à la pensée et celui de *grâce* à l'expression.

AGRÈS. s. m. pl. T. Mar.

Enc. — Nom collectif par lequel on désigne Tout ce qui concerne la mâture d'un vaisseau. Un bâtiment qui sort du port avec ses bas mâts doit être ensuite muni de ses *agrès*, c.-à-d. de ses mâts supérieurs, de ses vergues, de ses voiles et de tous les autres appareils, tels que cordages, poulies, etc., nécessaires à la manœuvre du navire. Le mot ag. s'emploie souvent joint au terme collectif *apparaux*, qui comprend tous les objets nécessaires à l'équipement d'un vaisseau. *Apparaux* dit donc plus qu'*agrès*. Un navire muni de tous ses *agrès et apparaux* est en état de mettre sur-le-champ à la voile. Voy. MANOEUVRE, MÂTURE, ARMEMENT, VERGUE, VOILE.

AGRESSEUR. s. m. (lat. *aggredior*, j'attaque). Celui qui attaque le premier. *Il faut savoir lequel des deux est l'ag.*

AGRESSION. s. f. Action de celui qui attaque le premier. *Nous sommes forcés de faire la guerre pour repousser une injuste ag. Cette critique est une véritable ag.*

AGRESTE. adj. 2 g. (lat. *ager*, champ). Champêtre, rustique, sauvage. *Plantes agrestes. Ce lieu est charmant, mais ag. et abandonné.* || Fig., Grossier, inculte. *Humeur ag. Mœurs agrestes.* — *Manières agrestes*, Qui indiquent peu d'usage du monde.

AGRICOLE. adj. 2 g. Qui s'adonne à l'agriculture. Se joint ordin. à un nom collectif. *Un peuple, un pays ag.* || Qui a rapport, qui appartient à l'agriculture. *Industrie ag. Instruments, produits, richesses agricoles. Société ag. Comice ag.*

AGRICULTEUR. s. m. Celui qui cultive la terre. *Un bon ag.*

Syn. — *Agronome, Cultivateur, Colon.* — L'*agronome* est celui qui s'occupe des théories agricoles. Pour être *agronome*, il n'est pas nécessaire de pratiquer l'agriculture. Pour être *agric.*, il faut, au contraire, exercer cet art; il faut diriger constamment tous les travaux qu'il exige. La seule différence qui existe entre l'*agric.* et le *cultivateur*, c'est que le premier dirige, sur une grande échelle, les travaux agricoles, et que le second les exécute sous une moindre proportion. A ce dernier point de vue, *cultivateur* et *colon* sont synonymes, car tous deux se disent également bien d'une personne qui cultive la terre, soit pour son propre compte, soit pour le compte d'un propriétaire. Cependant, le mot de *colon*, surtout en T. de Dr., s'emploie principalement en parlant d'un individu qui fait valoir les terres d'autrui.

AGRICULTURE. s. f. Art de cultiver la terre. *Encourager l'agr. Traité d'agr. Société d'agr.*

Enc. — Dans son sens le plus restreint, le terme *Agr.* désigne l'exploitation du sol dans le but de lui faire produire la plus grande quantité possible de végétaux propres à la satisfaction des besoins de l'homme et des animaux qu'il utilise. Mais le plus ordinairement ce mot se prend dans une acception bien plus large; car outre la mise en valeur des terres incultes et les travaux dont le sol lui-même est l'objet direct, il embrasse encore une foule d'industries, telles que la multiplication des animaux que l'homme associe à ses travaux ou qu'il élève dans le but de s'en nourrir, la fabrication et l'emploi des instruments aratoires et autres qui facilitent le travail de l'homme, la construction des bâtiments qui servent à l'agriculteur, enfin la conversion de certains produits en matières immédiatement propres à la consommation. — Comme on le voit, les objets que comprend l'agr. sont si nombreux et si divers qu'on a dû la diviser en plusieurs branches: la *culture champêtre*, c.-à-d. celle qui se pratique sur une échelle d'une certaine étendue avec le secours des bestiaux, de la charrue et d'autres instruments agricoles; l'*horticulture* ou culture des jardins; la *sylviculture* ou économie forestière; l'*architecture rurale* et l'*économie rurale*. Cette dernière consiste dans la combinaison, la direction et l'application des moyens dont dispose le cultivateur.

L'origine de l'agr. est, sans doute, contemporaine du fait de l'appropriation du sol ou de la constitution de la propriété. Dans cet état hypothétique de l'humanité auquel on donne le nom de société primitive, la richesse agricole consistait uniquement en bestiaux que l'on faisait voyager d'un lieu à un autre pour chercher de nouveaux pâturages et des eaux vives; mais à mesure que la population s'accrut, le genre humain se fixa. Pour cela, il fallut exécuter sur le sol certains travaux qui furent, pour ainsi dire, le prix de son appropriation à un seul possesseur, c.-à-d. de la constitution de la propriété privée. C'est seulement à partir de ce moment que put naître l'agr. proprement dite. Jusqu'alors l'homme s'était contenté de consommer les produits naturels qu'il rencontrait; dès ce moment, il chercha à les multiplier par la culture. — L'agr. dépend principalement du climat, de l'agglomération plus ou moins grande de la population sur un territoire, et du degré de civilisation auquel cette population est parvenue. — Dans les climats chauds où la nature produit une énorme abondance de fruits pour la subsistance de l'homme et des animaux, où il n'est pas nécessaire de se livrer à un travail incessant pour satisfaire aux différents besoins de la vie, l'agr., en gén., fait peu de progrès. Il en est de même dans les contrées où règne constamment un froid rigoureux; mais ici ce sont les obstacles naturels qui s'opposent au développement de la culture. Ainsi, par ex., dans le Groënland et dans le Kamtschatka, où la terre est couverte de neige pendant neuf mois de l'année, on ne peut cultiver qu'une ou deux espèces de céréales; et les habitants se nourrissent principalement des produits de leur chasse et surtout de leur pêche. Au contraire, dans les régions tempérées, l'homme peut travailler pendant presque toute l'année le sol qui le nourrit, et il en peut tirer une extrême variété de productions. Il suffit de suivre la chronologie de l'histoire générale pour constater le fait que les peuples s'adonnent naturellement à l'agr. sous certains climats qui lui sont favorables. Lorsqu'on ouvre les Livres sacrés, on voit qu'elle était l'occupation principale des patriarches, et que, dès les temps les plus reculés, elle était pratiquée dans la Mésopotamie et dans la Palestine. Osias, roi de Juda, dirigeait lui-même, sur les montagnes du Carmel, les travaux de ses cultivateurs; et il étendait sa sollicitude, d'une manière toute paternelle, sur ceux de ses sujets qui s'occupaient exclusivement de la culture des champs et du soin des troupeaux. On sait que l'agr. était florissante chez les Assyriens, les Mèdes et les Perses. Selon Bérose, elle était si ancienne chez les Babyloniens, qu'elle remontait au premier siècle de l'existence de ce peuple. Les Égyptiens lui attribuaient une origine céleste; suivant leurs traditions, la déesse Isis possédait la gloire d'avoir découvert le blé, et le dieu Osiris celle d'avoir inventé la charrue et la culture de la vigne. Au reste, les travaux que les Égyptiens ont exécutés pour entretenir la fertilité de l'Égypte sont les plus éloquents témoignages de l'importance qu'ils attachaient à l'industrie agricole. A leur exemple, les Grecs attribuèrent également aux dieux les premières notions qui leur furent révélées sur cet art. La Mythologie nous montre Cérès, déesse des moissons, enseignant aux premiers habitants de l'Attique l'art d'ensemencer les terres, de recueillir le blé et de faire le pain. Elle attribue à Bacchus la culture de la vigne et la fabrication du vin. — Les traits saillants que nous présente l'agr. chez les Grecs sont l'introduction de jachères trois fois labourées, l'usage des engrais, découvert, suivant Pline, par Augéas; les semailles à la volée; l'emploi de la faucille pour les moissons; celui des mortiers pour écraser le grain; les clôtures en épines; l'emploi de deux espèces de charrues, l'une pour les défrichements, et traînée par des bœufs soumis au joug, l'autre pour le deuxième et troisième labour, et tirée par des mules; le dépiquage des grains par les pieds des chevaux; la taille de la vigne, la fabrication du vin, et la culture des céréales dont le nombre alla toujours en augmentant; les soins donnés à la multiplication des bestiaux, au nourrissage des porcs et des chèvres, et enfin l'éducation des chevaux de labour et de luxe. Ces résultats incontestables d'une culture avancée démontrent quels sont les progrès que les Grecs avaient accomplis dans l'art de cultiver le sol, et en quel honneur ils le tenaient. — Les Romains, à leur tour, regardèrent cet art comme le plus utile à une nation, et les productions de la terre comme les biens les plus justes et les plus légitimes qu'il soit donné à l'homme de posséder. Chaque citoyen possédait un champ modique dont l'étendue fut d'abord de deux *jugères* (50 ares), puis de sept, (175 ares). — C'est ainsi que le propriétaire lui-même pouvait cultiver son domaine à la bêche, mode de culture qui était jugé le plus favorable à la production. En outre, des lois sévères veillaient au respect des moissons sur pied et des limites des champs, et, grâce à la réserve d'un domaine public considérable, les particuliers n'avaient pas à gémir sous le poids des impôts. Le droit de parcours était inconnu; on multipliait les marchés et les foires tout en laissant chacun libre d'y porter ses denrées; on ouvrait et l'on entretenait avec soin des voies de communication pour le facile transport des volumineux produits du sol. Mais lorsque les dépouilles de l'univers vaincu eurent enrichi les Romains, les rudes travaux de l'agr. furent abandonnés aux mains des esclaves, et bientôt les campagnes négligées ne fournirent plus le blé nécessaire à la subsistance de la population, qui dut alors avoir recours à d'autres peuples.

On sait que, longtemps avant l'Ère chrétienne, le midi de la Gaule avait reçu des colonies phéniciennes et grecques. Ces colons appliquèrent leurs méthodes de culture au sol nouveau qu'ils avaient adopté pour patrie. Cependant les peuplades qui occupaient la plus grande partie des Gaules n'étaient pas tout à fait ignorantes de l'agr., puisque, dès les temps les plus reculés, elles amendaient les terres avec de la marne, et qu'elles cultivaient une assez grande variété de végétaux. Ce qu'il y a de certain, c'est que la population de ce pays était nombreuse, fait qui témoigne d'une culture avancée. En outre, lorsque la Gaule fut envahie par les armées romaines, la facilité que César y trouva pour la subsistance de ses troupes démontre que les récoltes y étaient abondantes. Sous la domination romaine, les Gaulois firent de rapides progrès dans la civilisation, et l'agr. participa à ce mouvement général. Mais l'invasion des tribus germaniques que l'amour seul du pillage rassemblait autour d'un chef, couvrit le pays de ruines et y tarit toutes les sources de production. Ce ne fut que sous les rois de la seconde race que l'agr. commença à se relever, grâce à l'intelligence et à l'activité des moines qui se livrèrent avec zèle au défrichement des terres. Sous Charlemagne, ce mouvement continua; mais après la mort de ce prince, il fut bientôt arrêté par les incursions normandes et l'établissement du régime féodal. Au XIIIe siècle, à l'époque des croisades, un grand nombre de seigneurs vendirent la liberté à leurs serfs, afin de se procurer les sommes nécessaires aux expéditions d'outre-mer, et accensèrent leurs terres à ces serfs affranchis. Alors, l'influence du travail libre ne tarda pas à se faire sentir dans la production agricole. L'affranchissement des communes vint encore favoriser ce mouvement. Toutefois ce ne fut guère qu'au commencement du XVIe siècle que l'agr. reçut une impulsion toute nouvelle. François Ier, Henri III, Charles IX et Henri IV multiplièrent les règlements en faveur des agriculteurs. Enfin le XVIIe siècle ouvrit définitivement la voie du progrès pour l'agr. Depuis cette époque, la science et l'art agricoles ont toujours été en se perfectionnant, quoique à divers degrés, chez tous les peuples de l'Europe. Malgré cela, à la fin du siècle dernier, il n'existait pas une grande différence entre la culture la plus avancée et la culture des Romains, telle que l'ont décrite Caton, Pline et Columelle. Maintenant ce qui constitue principalement la supériorité de notre agr. sur celle de l'ancienne Rome, c'est l'emploi de machines inconnues à l'antiquité, et la connaissance des principes scientifiques de l'art. A cette heure, les problèmes les plus importants concernant l'influence du sol, le développement physiologique des plantes et le nourrissage des bestiaux sont l'objet des études de savants de l'ordre le plus éminent, et il n'est pas douteux que, grâce à la rigueur des méthodes suivies dans ces recherches, la solution de ces questions ne soit prochaine.

Les principes de l'agr. doivent se déduire de la connaissance de la nature des végétaux et des animaux, des diverses espèces de sols et d'engrais, ainsi que de l'étude des climats, des saisons et des influences qu'exerce la température. Ces principes sont d'une telle importance, que le cultivateur qui en a une connaissance même imparfaite peut déjà opérer divers perfectionnements qui augmentent singulièrement la quantité et la qualité des produits donnés par le sol qu'il exploite. Il est à même d'apprécier les espèces végétales et animales qui conviennent à un sol donné dans une saison et dans un climat déterminés. Il peut ensuite améliorer les espèces qu'il a choisies et les rendre plus propres à ses desseins; ainsi le choix de certaines races de bestiaux préférables à d'autres est une affaire d'un haut intérêt pour le cultivateur. Il en est de même des végétaux; il faut faire un choix non-seulement parmi les genres et les espèces, mais encore parmi les variétés de l'espèce. Il y a telle variété de froment, par ex., dont le grain ne pèse jamais plus de 62 kil. 10 à 68 kil. 50 l'hectolitre; tandis que celui que donnent certaines autres variétés ne pèse jamais moins de 74 kil. 50. En cela, il faut consulter les résultats obtenus par l'expérience. C'est encore l'expérience qui a appris que la nutrition des plantes dépend principalement des matières organiques contenues dans le sol, et que ces matières proviennent généralement de détritus d'autres végétaux. Cette observation a conduit à l'usage des *engrais*, de même que le fait général qu'aucune plante ne peut vivre sans eau a conduit à l'usage des *irrigations*. D'un autre côté, comme on a remarqué que l'excès d'eau était préjudiciable à la plupart des végétaux, on a eu recours à diverses méthodes de dessèchement. En outre, comme on a observé que partout la température exerce une grande influence sur le développement des végétaux et sur la multiplication des animaux, on a dû chercher le moyen, sinon de changer la température d'un climat, ce qui n'était pas possible, du moins de la modifier dans la plupart des lieux cultivés, soit en abritant les animaux et les plantes, soit en opérant des dessèchements dans le cas où des eaux trop abondantes déterminent une évaporation excessive qui entretient l'atmosphère dans un état d'humidité constante. Enfin l'expérience a démontré qu'un sol dans la composition duquel il entre plusieurs terres primitives est naturellement plus productif, toutes choses étant égales d'ailleurs, que celui qui se trouve formé d'une seule espèce de terre. Elle a aussi fait voir qu'un sol qui ne renferme pas une certaine proportion de terre calcaire ne saurait conserver longtemps sa fertilité. C'est pourquoi l'un des procédés le plus ordinairement usités pour améliorer les sols qui ne sont pas calcaires, consiste à y ajouter de la chaux. En général, on doit ajouter à chaque sol l'espèce de terre qui lui manque. (Voy. ENGRAIS, IRRIGATION, DESSÉCHEMENT, AMENDEMENT.) — Mais tous les moyens employés par l'agriculteur pour augmenter les produits de la terre qu'il exploite, nécessitent des frais qu'il est nécessaire d'apprécier exactement au point de vue du profit que doivent lui rendre son travail et ses dépenses. Pour cela, il faut qu'il tienne un compte exact des frais de toute espèce que coûte chaque genre de culture et chacune des portions de terre qu'il cultive, afin de pouvoir les comparer avec le produit que lui donnent chaque espèce de culture et chacune des portions de son domaine. C'est par oubli de cette mesure qu'un grand nombre de cultivateurs sont entraînés, chaque année, à faire des dépenses inutiles sur un champ dont le produit n'est pas susceptible d'augmentation: alors, si la balance générale de l'industrie donne un bénéfice définitif, l'agriculteur est hors d'état de reconnaître que sur une partie de ses terres il a éprouvé une perte réelle. Malheureusement, le morcellement exagéré de la propriété foncière et la difficulté qu'éprouve le cultivateur pour se procurer les capitaux indispensables aux améliorations les plus rationnelles sont, pour ne pas parler de l'aveugle esprit de routine, de grands obstacles au développement ultérieur de l'agr. en France, malgré tous les encouragements qu'un gouvernement éclairé accorde à une industrie qui intéresse au plus haut point la prospérité publique. En effet, l'agriculture constitue le plus grand travail de la population de la France; elle occupe, suivant Mathieu de Dombasle, plus de 20 millions d'habitants sur 35 millions, et selon Schnitzler, la valeur brute des produits qu'elle donne dépasse celle de toutes les autres industries.

Le tableau suivant des valeurs principales que produit l'agr. en France, a été dressé par ce statisticien distingué:

Céréales	2,000,000,000 fr.
Pommes de terre	300,000,000
Châtaignes	12,000,000
Tabac	20,000,000
Lin et chanvre	120,000,000
Betterave	8,000,000
Graines oléagineuses	35,000,000
Plantes tinctoriales	10,000,000
Houblon	950,000
Prairies et pâturages	650,000,000
Vignes	550,000,000
Jardins (potagers, vergers, etc.)	125,000,000
Mûriers	60,000,000
Oliviers	30,000,000
Animaux domestiques	700,000,000
Forêts	300,000,000
Abeilles	6,000,000
Vers à soie	88,000,000
Chasse	1,000,000
Pêche fluviale et côtière	20,000,000
Total	5,035,950,000 fr.

AGRIE. s. m. (gr. ἀγριαίνειν, irriter). T. Méd. Voy. LUPUS.

AGRIFFER (S'). v. pron. (R. *griffe*). S'attacher avec les griffes. *Le chat s'agriffe à la tapisserie.* Pop. = AGRIFFÉ, ÉE. part.

***AGRION.** s. m. (gr. ἄγριος, sauvage). T. Entom. Voy. DEMOISELLE.

AGRIPAUME. s. f. T. Bot. Voy. LABIÉES.

AGRIPPER. v. a. (R. *gripper*). Prendre, dérober. *Elle agrippe tout ce qu'elle voit.* = AGRIPPÉ, ÉE. part.

AGRONOME. s. m. Celui qui est versé dans la théorie de l'agriculture. = Syn. Voy. AGRICULTEUR.

AGRONOMIE. s. f. (gr. ἀγρός, champ; νόμος, loi). Théorie de l'agriculture. *C'est principalement à la chimie que l'ag. doit ses progrès récents.*

AGRONOMIQUE. adj. 2 g. Qui concerne l'agronomie. *Les systèmes agronomiques.*

***AGROSTEMME.** s. m. (gr. ἀγρός; στέμμα, couronne). T. Bot. Voy. CARYOPHYLLÉES.

***AGROSTIDE** ou ***AGROSTIS.** s. f. (gr. ἄγρωστις, chiendent). T. Bot. Voy. GRAMINÉES.

AGUERRIR. v. a. (R. *guerre*). Accoutumer à la guerre, aux fatigues, aux dangers de la guerre. *Ce général a aguerri ses troupes en une seule campagne.* ‖ Fig., Accoutumer à quelque chose de fatigant, de pénible, de dangereux. *Ag. à la marche, à la douleur, au danger. Vos lois vous avaient aguerris contre la douleur et nullement contre la volupté.* = S'AGUERRIR. v. pron. S'emploie au prop. et au fig. = AGUERRI, IE. part.

AGUETS. s. m. pl. (R. *guet*). N'est usité que dans les locutions: *Être aux ag.; Se tenir aux ag.*, qui signifient: Épier l'occasion, Être aux écoutes, soit pour surprendre quelqu'un, soit pour éviter d'être surpris. On dit aussi: *Mettre aux ag.*

***AGYRTE.** s. m. (gr. ἀγύρτης, jongleur). T. Entom. Voy. CLAVICORNES.

AH. Interj. qui exprime la joie, la douleur, l'admiration, l'amour, etc. *Ah! que je suis aise de vous voir! Ah! vous me faites mal! Ah! que cela est beau!* ‖ S'emploie pour donner plus d'animation à ce qu'on dit. *Ah! madame, gardez-vous de le croire.* ‖ Se répète quelquefois pour exprimer la raillerie, l'ironie. *Ah! ah! je vous y prends, enfin.* = Obs. gram. Voy. INTERJECTION.

AHAN. s. m. (*onomatopée*). Gémissement que l'on pousse quand on fait un grand effort. Ne s'emploie que dans cette locution: *Suer d'ahan*, qui signifie Se donner beaucoup de peine.

AHANER. v. n. Avoir bien de la peine. *Il a bien ahané pour venir à bout de ce travail.* Popul.

AHEURTEMENT. s. m. Attachement opiniâtre à un sentiment, à un avis. *C'est un étrange ah. que le sien.*

AHEURTER (S'). v. pron. (R. *heurt*). S'opiniâtrer, s'obstiner à. *S'ah. à un sentiment, à une opinion, à une affaire.* = AHEURTÉ, ÉE. part.

AHI. Interj. qui exprime un sentiment de douleur physique. Voy. AÏE.

AHURIR. v. a. (R. *hurie*, vieux mot qui signifiait cris de plusieurs personnes). Étourdir, intimider, rendre stupéfait. *Vous ahurissez cet enfant à force de questions.* Fam. = AHURI, IE. part. *Il est tout ah.* ‖ On dit subst.: *C'est un ah.*

AÏ. s. m. T. Mamm. Voy. TARDIGRADES.

AIDE. s. f. Secours, assistance, protection. *Donner ai. Demander, implorer de l'ai. Crier à l'ai. Appeler à son ai. Invoquer l'ai. de quelqu'un. Dans le malheur, implorez l'ai. de Dieu.* ‖ Ellipt., *A l'aide! on m'assassine!* Venez à mon secours! on m'assassine! ‖ Se dit aussi en parlant Des choses. *Marcher à l'ai. d'un bâton. C'est à l'ai. des machines qu'on multiplie les productions.* ‖ La personne ou La chose dont on reçoit du secours. *Dieu seul est ma force et mon ai. Il n'a eu d'autre ai. pour composer cet ouvrage que les mémoires qu'on lui a fournis.* ‖ T. Archit. Petite pièce ménagée près d'une pièce plus grande pour lui servir de décharge ou de dégagement. ‖ T. Fin. Se disait autrefois, au plur., De certains subsides ou impôts. ‖ En Matière ecclésiastique, on donnait le nom d'*Aide* à Une chapelle bâtie pour servir de succursale à l'église paroissiale lorsque celle-ci était trop petite ou trop éloignée.

Enc. — Dans la Jurisp. féodale, on donnait le nom d'*Aides* à certains subsides que les vassaux étaient tenus de payer à leurs seigneurs, dans certains cas déterminés. Ces subsides, qui, dans l'origine, étaient libres et volontaires, ne tardèrent pas à devenir obligatoires, tout en conservant les noms d'*aides libres* et *gracieuses*, de *loyaux aides*, de *droits de complaisance*. Ils n'étaient exigibles qu'autant qu'ils étaient établis par la coutume et pour des occasions qu'elle spécifiait. Les aides principales étaient l'*aide de mariage*, l'*aide de chevalerie* et l'*aide de rançon*. La première se percevait quand le seigneur mariait sa fille; la seconde, quand il faisait recevoir son fils chevalier; la troisième, quand il était prisonnier de guerre. Cette dernière espèce prenait aussi le nom de *loyaux aides*, parce qu'elle était due indispensablement. Néanmoins on nommait généralement *aides loyaux*, toutes les aides qui étaient perçues en vertu d'une loi. Le départ du seigneur pour la croisade donnait également lieu à la levée d'un subside appelé aussi *aides loyaux*. Telle est, en effet, la dénomination qui fut appliquée aux subsides que leva Louis VII lorsqu'il voulut entreprendre la croisade. Il y avait, en outre, les *aides raisonnables*, qui étaient dues dans quelques nécessités imprévues, comme dans le cas de guerre; cette dernière espèce s'appelait *aide de l'ost et chevauchée*. Au reste, les circonstances où les vassaux avaient à payer des aides variaient selon les provinces et les localités. — Les évêques levaient aussi des *aides* sur leurs diocésains, dans les occasions où ils étaient obligés à des dépenses extraordinaires, comme lors de leur sacre, lorsqu'ils recevaient le roi chez eux, lorsqu'ils partaient pour un concile ou se rendaient auprès du Saint-Père. Ces aides portaient le nom de *coutumes épiscopales* ou *synodales*, ou de *denier de pâques*.

Pendant longtemps, les rois de France n'eurent point d'autres revenus que ceux de leurs domaines, et point d'autres aides que celles qui leur étaient dues à titre de seigneurs féodaux. Seulement, dans les cas de grande nécessité, ils exigeaient de leurs sujets le payement de taxes peu onéreuses et qui ne duraient ordinairement qu'une année. Mais peu à peu, les besoins et les dépenses augmentant, ces taxes furent prorogées et finirent par devenir permanentes. Quant aux aides proprement dites, ou impositions sur la vente et le transport des marchandises, elles datent, selon les uns, du règne de Philippe le Bel ou de Jean Ier; selon d'autres, seulement du règne de Charles V, vers 1270. Abolies sous Charles VI, par suite d'un soulèvement populaire, ce prince les rétablit peu de temps après. Depuis cette époque jusqu'à Louis XIV, le terme d'*aides* servit à désigner tous les impôts, de quelque nature qu'ils fussent, qui frappaient les habitants du royaume. Ce fut seulement sous le règne de ce prince qu'on appliqua exclusivement le nom d'*aides* aux impôts indirects, tels que les droits sur les boissons, vins, cidres, perçus soit à l'entrée des villes, soit à la vente en gros ou en détail, et les taxes sur les bestiaux, sur le poisson, sur le bois, etc. Ces droits variaient selon les différentes villes et provinces. La perception des *aides* était concédée à forfait à des entreprises particulières qui, quoique astreintes à se conformer aux tarifs légaux, trouvaient le moyen de faire d'énormes bénéfices. Ces fermiers avaient la faculté de traiter avec des sous-fermiers. Ce système, qui n'était pas moins onéreux pour le trésor public que pour les contribuables, a été supprimé par l'Assemblée constituante.

Cour des aides. — Au milieu du XIVe siècle, à l'époque des guerres désastreuses que la France eut à soutenir contre les Anglais, le roi Jean ayant été obligé (en 1355) de demander aux États généraux de nouveaux subsides ou aides, les États ne les accordèrent qu'à la condition de nommer eux-mêmes les officiers qui devaient faire la levée des deniers. Ces officiers furent au nombre de neuf, trois gentilshommes, trois prêtres et trois bourgeois; ils n'étaient pas seulement chargés de surveiller la perception de l'impôt, mais encore de statuer sur les contestations auxquelles cette perception pouvait donner naissance, sauf appel à trois commissaires généraux également nommés par les États. C'est à cette institution qu'on rapporte l'origine de la *Cour des aides*. Deux ordonnances, l'une du 28 décembre 1355, l'autre du 26 janvier 1382, portaient que les décisions des *généraux des aides* auraient la même force que les arrêts *de la Cour de parlement*. — Sous le règne de Charles VI, les différents partis qui déchiraient le royaume, voulant gagner l'affection des peuples, proposèrent la suppression des aides, ce qui devait nécessairement amener la suppression de la Cour des généraux. C'est en effet ce qui eut lieu. La reine, de concert avec le duc de Bourgogne, les abolit par ses lettres des 30 janvier 1417 et 13 avril 1418; et le dauphin, de son côté, les supprima par ses lettres en date du 9 juillet 1418. A la mort de Charles VI, arrivée en 1422, Charles VII, son fils, ne fut reconnu roi de France que dans les provinces d'au delà de la Loire; Paris et toutes les provinces septentrionales obéirent à Henri VI, roi d'Angleterre. Chacun de ces princes institua pour les provinces de sa domination une cour des généraux; mais Charles VII (1425) sépara l'administration de la justice d'avec celle des finances. Il commit des commissaires particuliers pour la régie des finances, et créa à Poitiers des *généraux conseillers*, seulement pour connaître *en souveraineté quant aux faits de la justice des aides et gabelle, circonstances et dépendances.* Il conserva cette division lorsque, par son ordonnance du 6 novembre 1436, il réunit sa cour des généraux de Poitiers à celle de Paris qu'avait créée son compétiteur. Ainsi, le règne de Charles VII forme une époque remarquable dans l'histoire de la Cour des aides; car c'est à dater de ce règne que les généraux des aides n'eurent plus de part à l'administration de la finance, et qu'ils s'occupèrent uniquement de l'exercice de la justice. Enfin, Henri II, par édit du mois de mars 1553, augmenta l'autorité de cette cour, ajouta de nouvelles matières à celles comprises dans ses attributions, et lui conféra le titre de *Cour des aides et finances*; mais dans le courant de la même année, il fut reconnu que le titre de *Cour des finances* ne devait appartenir qu'à la *Chambres des comptes*. — Sans entrer dans l'histoire des vicissitudes éprouvées depuis cette époque par la Cour des aides, nous allons dire quelles étaient, dans les derniers temps, sa composition et ses attributions. — La Cour des aides de Paris se composait d'un premier président, de 9 présidents, de 52 conseillers, d'un procureur général, de 4 substituts, de 2 greffiers en chef, de plusieurs commis-greffiers, de 5 secrétaires du roi, d'un trésorier payeur des gages, d'un receveur des espèces, et de plusieurs huissiers. Elle avait le droit de faire des remontrances auprès du Roi, et ses membres ne pouvaient être jugés que par leurs pairs. — Quant à ses attributions, elle connaissait de tous les procès, tant civils que criminels, en matière d'impôts. Ainsi les aides, les gabelles, les tailles, les droits d'octroi, de marques sur les matières d'or et d'argent, etc., étaient de sa compétence. Elle en connaissait entre toutes sortes de personnes, quels que fussent leur état, leur rang, leur qualité ou leurs priviléges. Elle statuait seule sur les titres de noblesse; et comme les nobles étaient exempts de divers impôts, et que dès lors il y avait nécessité d'empêcher qu'on ne nuisît aux intérêts du trésor par l'usurpation de cette qualité, la Cour des aides en informait, soit sur les contestations des parties, soit même à la diligence de son procureur général qui avait le droit d'exiger la production des titres sur lesquels les nobles fondaient leurs prétentions. Par le même motif, elle vérifiait les lettres d'anoblissement et de réhabilitation; elle statuait sur les exemptions et priviléges dont la noblesse et le clergé devaient jouir par rapport aux impôts. C'était devant elle que se pourvoyaient les nobles troublés dans leur exemption et dans leurs priviléges; enfin elle recevait les appels des sentences des tribunaux d'ordre inférieur qui avaient droit de prononcer en matière de finance. — Dans le principe, il n'existait qu'une seule cour des aides, celle de Paris, et sa juridiction embrassait tout le royaume. Par la suite il en fut créé d'autres à Rouen, Nantes, Bordeaux, Montpellier, Montauban, Grenoble, Aix, Dijon, Rennes, Clermont en Auvergne, etc. La plupart furent réunies à des parlements ou à des chambres des comptes. En 1789, il n'en restait plus que trois, celles de Bordeaux, Clermont et Montauban, qui eussent conservé une existence distincte; mais ces cours furent, ainsi que toutes les autres institutions judiciaires de l'ancienne monarchie, supprimées par la loi du 7-11 septembre 1790. Voy. *Cour des* COMPTES.

En T. de Manége, on appelle *aides* les moyens que le cavalier emploie pour faire comprendre au cheval ce qu'il exige de lui. Elles servent à mettre le cheval en mouvement, à le diriger ou à l'arrêter. Les *aides des mains* qu'on nomme *aides supérieures*, agissent particulièrement sur l'avant-main, au moyen du mors; celles des jambes, appelées *aides inférieures*, agissent sur l'arrière-main. Pour les jambes, on compte cinq *aides* principales, à savoir, celle des *cuisses*, celle des *jarrets*, celle des *gras de jambe*, celle de l'*éperon*, et enfin le *peser plus fort sur l'un ou l'autre étrier* ou même *sur les deux à la fois.* — Toutes les aides, soit des mains, soit des jambes, doivent être douces et graduées. Plus les aides du cavalier sont imperceptibles et liées entre elles, plus il fait preuve de savoir et d'adresse dans le maniement de son cheval : c'est ce qu'on exprime en disant qu'*il a les aides fines.* — On dit encore du cheval lui-même qu'*il a les aides fines*, quand il obéit à la plus légère indication des aides du cavalier. — On distingue encore, dans les écoles d'équitation, les *aides supplémentaires :* ce sont l'*appel de la langue*, le *sifflement de la cravache*, la *longe* et la *chambrière.*

AIDE. s. 2 g. Celui ou celle qui assiste ou supplée quelqu'un dans une fonction, un travail, une opération. Ce mot implique ordin. une idée de subordination ; mais quelquefois celle-ci n'est que momentanée. *Ce médecin s'est adjoint un aide. Cette sage-femme a pris une aide. Un aide de cuisine. Un aide-maçon.* || *Aide des cérémonies*, Officier dont la fonction est de servir sous le Grand-Maître des cérémonies. || *Aide de camp*, Officier attaché à un chef militaire pour porter ses ordres partout où il est nécessaire. *Aide de camp du roi, du prince, du général.* || *Aide-Major*, Officier qui servait avec le major, sous son autorité, et en faisait toutes les fonctions en son absence. *Aide-Major d'une place de guerre.* — *Aides-Majors généraux.* Voy. MAJOR. || *Aide-Major*, Chirurgien militaire placé sous les ordres du chirurgien-major. — *Sous-Aide*, Celui qui est subordonné à l'*Aide-Major*.

Enc. — Chez les anciens comme chez les modernes, les généraux ont toujours eu auprès de leur personne des hommes intelligents et capables qu'ils chargeaient de porter leurs ordres et de prendre les renseignements dont ils avaient besoin. Les généraux avaient le droit d'investir de ces fonctions importantes qui bon leur semblait; c'était la faveur ou la confiance qui déterminait leur choix. Cet emploi, d'ailleurs, n'était que temporaire et cessait avec la circonstance qui l'avait fait naître. C'est seulement vers le milieu du XVIIIe siècle qu'il est fait mention, pour la première fois en France, du titre et de la charge d'*aide de camp* comme d'un emploi permanent. Jusqu'à la révolution même, il n'y eut dans l'armée française rien de précis et de déterminé relativement au nombre d'aides de camp que pouvait avoir un général et au grade qu'il fallait avoir pour remplir ces fonctions. Le 15 octobre 1790, l'Assemblée constituante décida que le nombre et le grade des aides de camp varieraient en raison de l'élévation des grades des officiers généraux auxquels il était accordé des aides de camp. Depuis cette époque la matière a été l'objet d'un assez grand nombre de dispositions qui avaient pour but de modifier et d'améliorer l'état de choses antérieur. Aujourd'hui tous les aides de camp de l'armée sortent du Corps royal d'état-major, corps dont la création ne remonte qu'à l'année 1818. Un maréchal de France a trois ou même quatre aides de camp, dont les grades s'élèvent de celui de capitaine au rang de colonel; le lieutenant-général en a deux ou trois, dont un est chef d'escadron; le maréchal de camp n'en a que deux, lieutenants ou capitaines. — Les souverains attachent aussi à leur personne un certain nombre d'aides de camp, et en accordent un nombre plus limité aux princes de leur famille. Ces aides de camp sont presque toujours des officiers généraux ou au moins des officiers supérieurs. Napoléon en avait douze qu'il choisissait toujours parmi les généraux du premier grade. — En temps de guerre, les fonctions de l'aide de camp sont d'une haute importance. Il suit partout le général auquel il est attaché, et ne le quitte que pour remplir les missions dont il est chargé par celui-ci. Il doit être à la fois homme de cheval, d'épée et de plume; il fait des reconnaissances, des visites, des tournées; il rédige les rapports, la correspondance; enfin on le charge de tous les détails relatifs aux individus, à la discipline et aux opérations de la guerre.

AIDER. v. a. Secourir, assister, seconder. *Aid. quelqu'un dans le malheur. Aid. quelqu'un de son bien, de sa bourse, de son crédit, de ses conseils. Je l'ai aidé dans la rédaction de cet ouvrage.* || Se dit aussi Des choses. *Le télescope a beaucoup aidé les astronomes dans les découvertes qu'ils ont faites. Cette méthode aide la mémoire.* || *Aid. à quelqu'un*, se dit principalement Lorsqu'on assiste quelqu'un en partageant personnellement sa peine, son travail. *Aidez à ce pauvre homme qui plie sous le faix. Je lui aidai à se relever.* — *Dans un sens anal., on dit : *Il faut souvent aid. à la nature.* || *Aid. à quelque chose*, Concourir, contribuer à quelque chose. *Il a aidé à ses projets, à cette négociation, à cette entreprise, au succès de cette affaire. Aidez-le à marcher. Il l'a aidé à payer ses dettes.* || Fig., *Aid. à la lettre*, Interpréter, en entrant dans l'intention de celui qui parle ou qui écrit, ce qu'une phrase ou un passage renferme d'obscur, de défectueux. *Dans une parabole, il faut aid. à la lettre.* — Sign. encore : Interpréter à sa fantaisie, avec un parti pris. = s'AIDER. v. pron. Se soutenir. *Aidez-vous les uns les autres.* || Se donner le mouvement nécessaire pour faire une chose. *Vous ne sortirez jamais d'embarras si vous ne vous aidez pas.* || Prov., *Aide-toi, le ciel t'aidera.* || *S'aid. de*, Se servir d'une chose, en faire usage. *On s'aide de ce qu'on a. Aidez-vous d'un bâton. Il ne peut pas s'aid. de son bras droit. La tyrannie s'aide de la corruption.* = AIDÉ, ÉE. part.

Syn. — *Secourir, Assister.* — L'action de *secourir* suppose qu'il y a urgence; l'action d'*assister*, qu'il y a nécessité; et celle d'*aider*, qu'il y a utilité. On *secourt* dans le danger; on *assiste* dans le besoin; on *aide* dans l'infortune. Le premier de ces termes marque l'élan du dévouement; le second, le sentiment de la compassion; et le dernier implique qu'on agit conformément au sentiment du devoir.

AÏE. Interj. (en vx. franç., on disait *aïe*, *aye*, pour *aide*). Exclamation de douleur. *Aïe! que je souffre. Aïe! vous me blessez.* || S'emploie souvent seul, lorsqu'on éprouve une douleur inattendue : *Aïe!*

AÏEUL. s. m. (lat. *avus*). Grand-père. *Aïeul paternel. Aï. maternel.*

Obs. gram. — Ce mot a deux pluriels, *Aïeuls* et *Aïeux :* on dit *Aïeuls* pour désigner exclusivement le grand-père paternel et le grand-père maternel. *Ses deux aïeuls ont signé au contrat.* On dit *Aïeux* pour désigner toutes les personnes dont on descend et les hommes qui ont vécu dans les siècles passés. *Il a hérité ce droit de ses aïeux. C'était l'usage chez nos aïeux.* — *Aïeul* n'a point de composé au delà de ceux de *Bisaïeul* et de *Trisaïeul.* Ainsi, quand on parle des degrés plus éloignés, on dit : *quatrième aïeul, cinquième aïeul.*

Syn. — *Ancêtres, Pères.* — Ces termes, employés au pluriel, désignent d'une manière générale les hommes qui ont vécu à des époques antérieures à la nôtre. Ils expriment aussi que nous tenons à nos devanciers par des liens de race ou de nationalité. La seule différence qu'on peut signaler entre ces mots est une gradation d'ancienneté, dans laquelle *ancêtres* marque le point le plus reculé, et *pères* le point plus rapproché. De sorte que l'on pourrait dire sans faire violence aux expressions, que nous sommes les enfants de nos *pères*, les neveux de nos *aïeux*, et les descendants de nos *ancêtres.*

AÏEULE. s. f. Grand'mère. *Aï. paternelle, maternelle. Cela était bon du temps de nos aïeules.*

AIGLE. s. m. (lat. *aquila*). Nom donné à divers oiseaux de proie, remarquables par leur force et leur grandeur. || Fig., se dit D'un homme supérieur par ses talents, son esprit, son génie. *C'est un ai. Cet homme-là est un ai., au prix de ceux dont vous parlez.* || Fig., *Avoir des yeux d'ai.*, Avoir les yeux vifs et perçants. — *Cet homme a un œil d'ai., le regard de l'ai.*, Il a une grande pénétration d'esprit. || Prov., *Crier comme un ai.*, Crier d'une voix aiguë et perçante. || Se dit, au mascul., De la représentation en cuivre d'un aigle ayant les ailes étendues pour servir de pupitre au milieu du chœur de l'église. *Chanter à l'aigle.* || T. Papeterie. *Grand-Aigle.* Voy. PAPIER. || T. Ast. Voy. CONSTELLATION. || En T. Symbolique et Blason, *Aigle* est féminin. *L'ai. impériale. Les Aigles romaines. Ai. éployée. Ai. essorante.* || T. Ichth. *Aigle de mer.* Voy. RAIE.

Enc. — Dans la méthode de Cuvier, le grand genre des *Aigles* forme la première tribu de la section des oiseaux de proie appelés si improprement *ignobles* par les fauconniers, parce qu'ils refusaient de se plier à l'esclavage et de chasser pour le compte de l'homme. Le genre *aigle* se caractérise par un bec très-fort, droit à sa base, courbé seulement vers sa pointe, et présentant vers son milieu un léger feston à peine sensible. Le grand nombre d'espèces dont il se compose l'a fait diviser en *Aigles proprement dits*, *Aigles-pêcheurs*, *Balbusards*, *Circaètes*, *Caracaras*, *Harpies* et *Aigles-autours*.

Les *Aigles proprement dits* ont les tarses emplumés jusqu'à la racine des doigts, et leurs ailes sont aussi longues que la queue. L'*A. royal* ou *A. brun* est d'un brun noirâtre, un peu moins foncé à la partie supérieure de la tête et sous le corps. La différence de plumage que cet oiseau présente dans le jeune âge et dans l'âge adulte, est assez notable pour que d'habiles naturalistes, Buffon, par exemp., en aient fait deux espèces, sous les noms d'*A. commun* et d'*A. royal;* ce dernier pourtant n'est autre que l'*A. commun* ayant acquis son plumage parfait. D'ailleurs, un caractère consistant propre à distinguer l'a. royal des autres espèces, c'est que la dernière phalange de chacun de ses doigts est recouverte par trois grandes écailles. (Fig. 1.) Les ailes de l'a. royal ont plus de 7 pieds d'envergure, et son vol est aussi élevé que rapide. Les anciens disaient que l'a. peut fixer le soleil : son œil, en effet, est protégé par une membrane clignotante assez épaisse, et l'animal en l'abaissant affaiblit singulièrement l'intensité des rayons solaires. Cette faculté, non moins que sa force et son courage, a valu à l'a. le titre de Roi des oiseaux. L'a. a la vue excessivement perçante, et lorsqu'en planant au plus haut des airs, il a aperçu une proie, il replie ses ailes, se laisse tomber sur elle, les serres largement ouvertes, et la saisit avec une force qui ne lui permet plus aucun mouvement. Il dévore sa victime sans la tuer; et quand c'est un oiseau, il le plume vivant. L'a. royal fait sa pâture ordinaire de mammifères de moyenne taille, de gros oiseaux, quelquefois de reptiles, mais jamais de poissons.

Fig. 1.

Dans le cas de disette, il se rabat sur les petites espèces, comme les rats, les mulots, les chauves-souris, et même, quoi qu'on en ait dit, il se jette alors sur les cadavres. L'a., du reste, peut supporter de fort longs jeûnes. On cite, par exemp., un a. auquel on avait oublié de donner à manger pendant vingt et un jours, et qui, au bout de ce temps, ne paraissait pas avoir souffert. Cette faculté tient à une disposition anatomique particulière. Chez les aigles, le jabot est susceptible d'une dilatation considérable, tandis que le gésier est fort petit et presque complétement membraneux : les aliments accumulés dans le jabot ne passent que successivement dans le gésier où s'accomplit la digestion. Hors le temps de l'incubation, la femelle chasse avec le mâle. La pariade de l'a. a lieu dans nos pays vers le mois de mars. Cet oiseau construit son nid, auquel on donne le nom d'*aire*, dans quelque anfractuosité de rocher dont l'accès soit extrêmement difficile. Des branches souples forment la base de sa construction; il l'achève ensuite avec un amas de bûchettes réunies sans art, et la tapisse de joncs, de bruyères et de feuilles sèches. Ce nid est extrêmement plat, et la cavité où reposent les œufs est à peine marquée. Il est ordinairement placé de manière qu'il se trouve abrité par quelque saillie de rocher. On a trouvé en Auvergne des aires ayant plus de 5 pieds carrés. Dans le Nord, l'a. établit son nid au sommet des chênes et des sapins et au fond des forêts. Chaque couple revient toutes les années occuper le même lieu, et se contente de réparer son vieux nid. La femelle de l'a. royal ne pond, en gén., que deux ou trois œufs d'un blanc sale, marqués de taches rousses. Les petits, auxquels on donne le nom d'*aiglons*, sortent de l'œuf au bout de trente jours. La défiance des aigles est telle qu'il est difficile de leur faire la chasse; mais dans les montagnes qu'ils fréquentent, les montagnards dénichent assez fréquemment de jeunes aiglons. — L'a. royal pris jeune s'apprivoise assez aisément, mais il n'est pas possible de le dresser comme on dresse le faucon. On assure que l'a. royal vit plus d'un siècle; cependant la science ne possède encore aucune observation authentique sur ce sujet. On trouve l'a. royal dans toutes les contrées montagneuses de l'Europe, en Perse, en Arménie, dans toute la Barbarie, et dans presque toute l'Amérique septentrionale. — L'*A. impérial* (fig. 2) est un peu plus petit que le précédent, et de couleur moins foncée. Il porte sur le sommet de la tête une plaque fauve assez peu étendue; le derrière du cou est d'un blanc nuancé de jaune, et il a sur le dos, à l'origine des ailes, deux grandes plaques blanches qui lui ont valu le nom d'*A. à dos blanc.* Il habite les hautes montagnes du midi de l'Europe. — Une troisième espèce, qui est d'un tiers plus petite que celles dont nous venons de parler, est le *Petit a.* ou *A. criard*, ainsi nommé à cause des cris presque continuels qu'il fait entendre. On l'appelle encore *A. tacheté*, parce que le haut de ses ailes est chargé de gouttelettes fauves.

Fig. 2.

En vieillissant ils deviennent tout bruns. L'a. criard est commun dans les Apennins et dans les autres montagnes du midi de l'Europe; il se rencontre rarement dans le nord. Cette espèce ne fait la guerre qu'aux petits animaux; elle se nourrit même d'insectes. Elle est facile à apprivoiser; mais elle manque de courage, et on n'a pu l'employer en fauconnerie. Nous ne citerons que pour mémoire l'*A. griffard*, l'*A. malais*, le *petit A. du cap* et le *petit A. du Sénégal.*

Les *Aigles-pêcheurs* ont les mêmes ailes que les espèces qui précèdent; mais ils s'en distinguent en ce que leurs tarses sont revêtus de plumes à leur moitié supérieure et à demi écussonnés sur le reste. Le *Pygargue* adulte a tout le plumage du corps et des ailes d'un gris-brun sans aucune tache, la tête et la partie supérieure du cou d'une teinte plus claire, la queue d'un blanc pur et le bec jaune pâle. Lorsqu'il est jeune, il a le bec noir, la queue noirâtre tachetée de blanchâtre, et le plumage brunâtre avec une flamme brun foncé sur le milieu de chaque plume. Les naturalistes ont longtemps fait du jeune Pygargue une espèce particulière sous le nom d'*Orfraie.* Fréd. Cuvier a démontré que c'était une erreur. Cet oiseau, quoique faisant parfois sa proie d'oiseaux et même de mammifères, se nourrit surtout de poissons. « On le voit souvent, dit Girardin, rôder sur les bords de nos étangs en volant l'œil toujours fixe sur sa proie. S'il aperçoit un gros poisson, il se précipite dessus en plongeant quelquefois à plusieurs pieds de profondeur; il le saisit avec ses serres et l'emporte à quelque distance de là pour le dévorer. Cet oiseau pêche non-seulement plus volontiers au crépuscule, mais encore pendant la nuit. » Cette espèce habite les montagnes, les grands bois, et de préférence le voisinage des grands lacs et de la mer. Elle est commune, surtout l'hiver, le long des côtes du nord de la France. — Parmi les aigles pêcheurs étrangers nous ne citerons que l'*A. à tête blanche* de l'Amérique septentrionale, qui paraît venir quelquefois dans le nord de l'Europe, et le *petit Aigle des Indes* ou *Pygargue girrenera.* (Fig 3.) Ce dernier est consacré à Wischnou, et les brames l'accoutument à venir, à des heures réglées, prendre ses repas dans le temple du Dieu, en frappant sur un bassin de cuivre.

Fig. 3.

Les *Balbusards* se distinguent des autres espèces d'aigles en ce que leurs ongles sont ronds en dessous au lieu d'être creusés en gouttière. Leurs tarses sont réticulés et la troisième plume des ailes est plus longue que les autres. On n'en connaît bien qu'une seule espèce, le *Balbusard.* (Fig. 4.) Cet oiseau est d'un tiers plus petit que le Pygargue; son plumage est blanc; à manteau brun, avec une bande brune qui descend de l'angle du bec vers le dos, et quelques taches de même couleur sur la tête et la poitrine. La couleur de son plumage lui a fait encore donner le nom vulgaire d'*A. nonette.* Le Balbusard se nourrit presque exclusivement de poissons, et il se fixe toujours près des eaux douces, des lacs et des rivières. Il est assez commun dans la Bourgogne et dans les Vosges : il émigre en hiver.

Fig. 4.

Les *Circaètes* ont les ailes des Aigles proprement dits et les tarses réticulés du Balbusard. On trouve en Europe une espèce de Circaète qui a reçu le nom de *Jean-le-Blanc.* Il est rare en France et se rencontre assez fréquemment en Allemagne. La courbure du bec de cet oiseau est plus rapide que celle des autres aigles; et il a également les doigts plus courts. Le sommet de la tête, les joues, la poitrine et le ventre sont blancs, mais avec quelques taches d'un brun clair; le manteau et les couvertures alaires sont bruns; la queue, marquée de trois bandes pâles, est blanche en dessous. Le Jean-le-Blanc est plus grand que le Balbusard, et ses allures ressemblent plus à celles de la Buse qu'à celles de l'A. Il se nourrit principalement de lézards, de serpents, de grenouilles et de souris. (Fig. 5. *Circaète du Sénégal.*)

Fig. 5.

Entre les Circaètes et les Harpies viennent se ranger les *Caracaras* de l'Amérique du Sud. Ces oiseaux ont les ailes longues, les tarses nus, écussonnés, et une partie plus ou moins considérable des côtés de la tête, et quelquefois même de la gorge, dénuée de plumes. Les habitudes de ces oiseaux sont assez semblables à celles des Vautours; mais ils sont plus courageux et leur vol est plus facile. (Fig. 6. *Caracara ordinaire.*)

Fig. 6.

C'est encore dans le nouveau continent qu'habitent les *Harpies.* Leurs tarses sont très-gros, très-forts et à moitié couverts de plumes; leurs ailes sont plus courtes que celles des Aigles pêcheurs; leur bec et leurs serres sont d'une force extraordinaire. La taille de la *Grande Harpie d'Amérique* (Fig. 7) est supérieure à celle de l'a. royal. Les voyageurs prétendent qu'elle enlève souvent des faons, et qu'elle peut fendre le crâne d'un homme à coups de bec.

Fig. 7.

De même que les Harpies, les *Aigles-autours* ont les ailes plus courtes que la queue; mais ils s'en distinguent par leurs tarses allongés, un peu grêles, et leurs doigts faibles et courts. Les uns ont les tarses nus et écussonnés, comme l'*Aigle-autour huppé de la Guiane*, et les autres les ont emplumés sur toute leur longueur, comme l'*Aigle-autour varié* ou *Spizaète orné* de la Guiane. (Fig. 8.) Ces oiseaux vivent de petits animaux, mammifères et oiseaux. Enfin, il existe également en Amérique une petite tribu d'aigles à laquelle on a donné le nom de *Cymindis.* Le caractère le plus saillant de ces oiseaux est, suivant Cuvier, la présence de narines presque fermées, semblables à une fente.

Antiq. et Blason. — Dans tous les temps, l'*Aigle* a été l'emblème de la force, de la majesté et de la puissance. C'est à ce titre que cet oiseau a figuré et figure encore dans les symboles des peuples et des souverains. Dans le langage hiéroglyphique, l'aig. désignait les villes d'Héliopolis, d'Émèse, d'Antioche et de Tyr. Dans la Mythologie gréco-romaine, il fut consacré à Jupiter, et les poëtes le représentent comme portant entre ses serres les foudres du maître des dieux. Déjà au temps de Cyrus, l'aig., au dire de Xénophon et de Quinte-Curce, figurait sur les étendards des rois de Perse : mais ce sont surtout les armées romaines qui ont popularisé l'aig. comme emblème de la puissance souveraine. Les armées romaines eurent, dans le principe, plusieurs enseignes différentes : ce fut Marius qui, durant son deuxième consulat, voulut que l'aigle eût le privilége exclusif de guider les légions à la victoire. Dans les premiers temps de la république les aigles étaient de bois; plus tard elles furent d'argent avec des foudres en or; enfin, sous César, elles étaient en or, mais elles ne portaient plus de foudres. Pendant toute la durée de l'Empire Romain et du Bas-Empire, l'aig. demeura le symbole de la puissance impériale. Lorsque Charlemagne eut mis sur sa tête la couronne de l'empire d'Occident, il adopta l'aig. pour emblème.

Fig. 8.

L'aig. à deux têtes n'apparaît qu'à la fin du Bas-Empire. Cet emblème servait, sous les derniers empereurs de Constantinople, à indiquer leur double domination en Orient et en Occident. Les empereurs d'Allemagne s'emparèrent ensuite de ce symbole; et de là il passa dans la maison d'Autriche.—Iwan Wassiliévitch, le premier des tzars qui prit le titre d'empereur de toutes les Russies, adopta également (vers 1475), après avoir épousé la princesse Sophie, petite-fille de Michel Paléologue, l'aig. à deux têtes de l'empire d'Orient qui venait de s'écrouler. — En 1804, lorsque Napoléon s'éleva à la dignité impériale, il voulut que le drapeau tricolore fût surmonté d'une aig., et il la plaça également dans ses armes. — L'aig. figure encore dans un grand nombre de blasons appartenant, soit à des souverains, tels que les rois de Prusse, des Deux-Siciles, de Sardaigne, etc., soit à des maisons nobles ou princières; car l'aig. est de tous les oiseaux celui qui se rencontre le plus fréquemment dans les armoiries. Voy. ARMOIRIES.

Dans la langue du Blason, l'aig. à deux têtes est dite *éployée*; elle peut être *becquée*, *membrée*, *languée*, *couronnée*, *diadémée* d'un autre émail, c.-à-d. que son bec, sa langue, ses membres, la couronne ou le diadème qu'elle porte, peuvent être d'une autre couleur que celle du corps de l'oiseau. On la dit *onglée* quand les serres seulement sont d'un émail différent. Elle est *naissante* ou *issante*, lorsqu'on ne voit que sa tête et une partie du corps; *essorante* lorsqu'elle semble prendre sa volée. Elle est *au vol abaissé*, si les bouts des ailes tendent vers le bas de l'écu. Enfin, elle est *contournée*, quand elle regarde la gauche de l'écusson.

AIGRE. adj. 2.g. (lat. *acer*, aigu). Se dit proprement Des choses qui font éprouver à l'organe du goût une sensation piquante, analogue à celle que produisent les acides. *Saveur ai. Cette orange est ai. Le vin devient aig. au contact de l'air.* ‖ Par anal., on dit : *Odeur ai. Le levain a une odeur aig.* — S'emploie encore en parlant Des sons aigus, dont le timbre est désagréable. *Voix ai. Cloche qui rend des sons aigres.* ‖ *L'air, le vent est ai.*, se dit De l'impression piquante qu'ils produisent en faisant contracter la peau. ‖ Fig., *Avoir l'esprit, le caractère, l'humeur ai.*, se dit De quelqu'un dont l'esprit est caustique, dont le caractère est revêche, dont l'humeur est chagrine. — Dans le même sens, *Style, ton, réprimande ai.* — Par extens., on dit : *C'est une personne fort ai.* ‖ T. Peint. *Couleurs aigres*, Couleurs qui ne sont pas liées par des demi-teintes. ‖ T. Métall. S'emploie en parlant Des métaux peu ductiles et peu malléables. *Ce fer est si ai. qu'on ne peut le forger. Cuivre ai.* ‖ * T. Agri. On dit qu'*Une terre est ai.*, Lorsqu'elle est essentiellement marneuse. ‖ S'emploie subst. au masc., au prop. et au fig. *Ce vin sent l'ai., tire sur l'ai. Ce lait a une odeur d'ai. Il y a encore de l'ai. dans l'air. Depuis quelque temps son humeur tourne à l'ai.*

AIGRE. s. m. Liqueur acidule qu'on fait avec des sucs de fruits acides, et qu'on édulcore avec du sucre. *Ai. de cédrat, de limon, de bigarade.*

AIGRE-DOUX, OUCE. adj. Qui est aigre et doux à la fois. *Fruits aigres-doux. Oranges aigres-douces.* || Fig., Dont l'aigreur se fait sentir sous une apparence de douceur. *Un ton de voix aigre-doux. Un style aigre-doux. Un compliment aigre-doux. Des paroles aigres-douces.*

AIGREFIN. s. m. (all. *greifen*, saisir?). Escroc, chevalier d'industrie. *Gardez-vous de cet aig.* Fam.

AIGRELET, ETTE, ou **AIGRET, ETTE.** adj. Diminutifs d'Aigre. *Le fruit de l'épine-vinette a un petit goût aigrelet ou aigret. Une sauce aigrette ou aigrelette.* || Fig. et fam., *Un ton aigrelet. Des manières aigrelettes.* || *Aigret, ette*, est peu usité et ne s'emploie pas au fig.

AIGREMENT. adv. D'une manière aigre. Ne se dit qu'au fig. *Parler, répondre, écrire aig.*

AIGREMOINE. s. f. T. Bot. Voy. Rosacées.

AIGREMORE. s. m. Charbon pulvérisé dont se servent les artificiers.

AIGRET, ETTE. adj. Voy. Aigrelet.

AIGRETTE. s. f. (gr. ἀκροτάτη, très-élevée?). Faisceau de plumes effilées et droites qui orne la tête de certains oiseaux. *L'aig. d'un héron, d'un paon.* || Par anal., Bouquet de plumes qu'on emploie comme ornement. *Elle portait au bal un turban avec une aig. Ces chevaux, richement caparaçonnés, portaient des aigrettes. Un dais, un lit surmonté d'aigrettes.* || Par extens., Pompon de crin qui sert d'ornement à une coiffure militaire. || *Aig. de diamants, de perles*, etc., Bouquet de diamants, de perles, etc., disposés en forme d'aig. || *Aig. de verre*, Espèce d'ornement composé d'un faisceau de fils de verre très-fins. || *Aig. d'eau*, Petit jet d'eau divergent en forme d'aigrette. || T. Bot. Touffe de soies fines et délicates qui couronnent certaines graines. Voy. Dissémination. || T. Entom. Faisceau de poils que présentent diverses parties du corps de certains insectes. || T. Ornith. Voy. Héron. || T. Phys. *Aigrettes lumineuses*, Faisceaux de rayons lumineux divergents qui s'observent dans certains cas aux extrémités des corps électrisés.

AIGRETTÉ, ÉE. adj. T. Hist. nat. Qui est muni d'une aigrette.

AIGREUR. s. f. Qualité de ce qui est aigre. *Ce vin a de l'aig.* || Fig., Disposition d'esprit et d'humeur qui porte à blesser les autres par des paroles piquantes. *C'est un homme qui a beaucoup d'aig. dans l'esprit, dans l'humeur. Parler, répondre avec aig.* || *Il y a de l'aig., quelque aig., un peu d'aig. entre deux personnes*, Il y a entre elles un commencement de brouillerie. || T. Grav. On appelle *Aigreurs* Les tailles où l'acide a trop mordu.

Enc. — Dans le langage médical on donne le nom d'*Aigreurs* à la régurgitation de liquides aigres qui remontent de l'estomac dans le pharynx et dans la bouche, où ils causent une sensation très-désagréable. Ce phénomène dépend quelquefois de l'usage d'aliments acides et âcres, de boissons acerbes, incomplétement fermentées; mais le plus ordin. il est lié à l'existence de quelque maladie, soit de l'estomac, soit d'un autre viscère. Pour combattre les aigreurs, on emploie communément les substances terreuses et surtout la magnésie calcinée; mais ces moyens ne sont que des palliatifs toutes les fois que la cause des aigreurs réside dans une affection idiopathique des organes digestifs. Voyez Absorbants et Dyspepsie.

AIGRIR. v. a. Rendre aigre. *La chaleur fait aig. le lait.* || Fig., Rendre plus vif, plus cuisant, irriter. *Cela ne fait qu'aig. son mal, sa douleur. Son discours a fort aigri les esprits. Cette mesure a aigri les affaires.* = S'Aigrir. v. pron. Devenir aigre, tourner à l'aigre. Au prop. et au fig., *Votre vin commence à s'aig. Son mal et son caractère s'aigrissent de jour en jour. Les esprits s'aigrissent. Les affaires s'aigrissent.* = Aigri, ie. part.

AIGU, UË. adj. (lat. *acutus;* du gr. ἀκή, pointe). Qui se termine en pointe ou en tranchant, et qui est propre à percer ou à fendre. *Un fer aigu. Un coin aigu. Des griffes aiguës.* || Fig., se dit Des sons clairs et perçants, et des notes élevées de l'échelle musicale. *Elle a une voix aiguë qui déchire les oreilles. Pousser des cris aigus. Les notes aiguës de ce chanteur ne valent pas ses notes graves.* — S'emploie substant. *Aller du grave à l'aigu*, Passer des notes basses aux notes élevées. || Est encore usité au fig., en parlant D'une souffrance vive et piquante. *Douleur aiguë. Colique aiguë.* || T. Bot. *Feuilles aiguës.* Voy. Feuille. || T. Géom. *Angle aigu.* Voy. Angle. || T. Gram. *Accent aigu.* Voy. Accent. || T. Méd. *Affection, maladie aiguë.* Voy. Maladie.

AIGUADE. s. f. [On pron. *aigade*]. (vx. franç., *aigue;* du lat. *aqua*, eau). T. Mar. Lieu où les navires trouvent de l'eau douce pour remplacer celle qu'ils ont consommée. *Ce marin connaît les bonnes aiguades.* || *Faire aig.*, Descendre à la côte pour y renouveler la provision d'eau douce d'un bâtiment.

AIGUAIL. s. m. [On pron. *aigaille*]. T. Chasse. Petites gouttes d'eau que l'on voit le matin sur les feuilles.

AIGUAYER. v. ac. Baigner, laver dans l'eau. *Aig. un cheval*, Le faire entrer dans la rivière jusqu'au ventre, et l'y promener pour le laver et le rafraîchir. *Aig. du linge*, Le laver et le remuer quelque temps dans l'eau avant de le tordre. = Aiguayé, ée. part. = Conjug. Voy. Payer.

AIGUE-MARINE. s. f. [On pron. *aighe*]. T. Minér. Voy. Émeraude.

AIGUIÈRE. s. f. [On pron. *aighière*]. Vase fort ouvert qui a une anse et un bec. *Aig. d'argent, de cristal, de porcelaine.*

AIGUIÉRÉE. s. f. [On pron. *aighiérée*]. Le contenu d'une aiguière pleine. *Aig. d'eau.* Peu us.

AIGUILLADE. s. f. Long bâton pointu dont les laboureurs et les voituriers se servent pour piquer les bœufs.

AIGUILLAT. s. m. T. Ichth. Voy. Squale.

AIGUILLE. s. f. (lat. *acicula*). Petite verge de fer, d'acier, d'or ou d'autre métal, pointue par un bout et percée par l'autre pour y passer du fil, de la soie, de la laine, et dont on se sert pour coudre, pour broder, pour faire de la tapisserie, etc. *Enfiler une aig. Aig. à coudre. Aig. d'emballeur*, etc. — *Aig. à passer*, Celle dont les femmes se servent pour passer un lacet, un cordonnet dans une coulisse, dans des œillets. || Fig. et prov. *Faire un procès sur la pointe d'une aig.*, ou *Disputer sur la pointe d'une aig.*, Contester sur un sujet de peu d'importance. || *De fil en aig.*, Successivement, insensiblement, en passant d'un propos à un autre. || Se dit aussi De plusieurs sortes de petites verges de fer ou d'autre métal qui servent à différents usages. *Aig. à tricoter des bas. Aig. d'oculiste pour opérer la cataracte. Aig. de balance. Aig. d'horloge*, etc. — *Aig. de boussole*, Aig. aimantée dont on se sert sur les bâtiments pour s'orienter. || T. Ichth. *Aig. de mer*, Nom vulgaire des *Syngnathes*. Voy. Lophobranches. || * T. Ingénieur. Voy. Chemin de fer.

Enc. — En T. Archit., on donne le nom d'*Aig.* à des clochers en forme de pyramide et extrêmement pointus, ou plutôt à ces constructions hardies de forme pyramidale qui surmontent les tours de certaines églises gothiques. On leur applique le plus ordinairement le nom de *Flèches.* On appelle encore aig. certains ornements de pierre qui reproduisent, sur de bien moindres dimensions, les flèches dont nous venons de parler, et qui surmontent diverses parties des édifices construits dans le même style architectural. — La forme des *Obélisques* leur a valu également le nom vulgaire d'aig. Voyez Architecture *gothique* et Obélisque.

Phys. — On appelle *Aig. aimantée* une petite barre d'aimant naturel, ou mieux d'acier aimanté, qui n'a que deux pôles situés à ses extrémités. Si, après avoir pratiqué une chape conique au milieu de l'aig., on la pose sur un pivot vertical très-fin et très-poli, de façon que l'aig. soit parfaitement mobile, on voit celle-ci osciller quelque temps et s'arrêter enfin dans une direction particulière qui est toujours la même dans le même lieu. L'une des extrémités de l'aig. regarde constamment le nord, tandis que l'autre regarde le sud. C'est sur cette propriété de l'aig. aimantée qu'est fondée la construction de la *boussole*. Toutefois, il est essentiel de noter que l'extrémité nord de l'aig. ne se dirige pas exactement vers le pôle terrestre. Ainsi, à Paris, la direction constante de l'aig. fait avec le plan du méridien terrestre un angle de 22 degrés à l'ouest pour la moitié de sa lame métallique qui regarde le nord, à l'est, au contraire, pour la moitié qui regarde le sud. En réalité, cette direction n'est pas fixe; elle varie continuellement avec le temps, entre des limites très-rapprochées; mais ce que nous venons de dire se rapporte à la direction moyenne. — On appelle *méridien magnétique* le plan vertical qui passe par les deux pôles de l'aig. aimantée, mobile horizontalement, lorsqu'elle s'est arrêtée. On donne le nom de *déclinaison* à l'angle compris entre le méridien magnétique et le méridien terrestre dans le lieu où se fait l'observation. La déclinaison est dite *orientale* ou *occidentale*, suivant que la moitié de l'aig. tournée vers le nord est à l'ouest ou à l'est du méridien terrestre. — Mais l'aig. aimantée, quand elle est exactement suspendue par son centre, présente encore un phénomène très-curieux, c'est qu'elle ne reste pas horizontale; en effet, dans nos pays, la moitié de l'aig. qui regarde le nord s'abaisse ou s'incline vers le sol, tandis que la moitié opposée se soulève. L'angle que l'axe de l'aig. fait avec l'horizon, donne ce qu'on appelle l'*inclinaison* de l'aig. aimantée. On a constaté que l'*angle de l'inclinaison* est à Paris d'environ 70 degrés. Il augmente à mesure qu'on s'avance vers le nord. Voy. Boussole et Magnétisme.

En Géog., on donne le nom d'*Aiguilles* aux sommets qui sont terminés en pointe aiguë et prismatique. On en rencontre un assez grand nombre dans les Alpes : telle est l'*aig. du Midi* aux environs de Chamouni. Les aiguilles sont ordinairement composées de lames verticales.

Technol. — L'*Aig.* ordinaire, celle dont se servent les tailleurs, les lingères, etc., est un instrument tellement connu qu'il serait superflu de le décrire; néanmoins son usage est si universel que nous ne saurions passer sa fabrication sous silence. D'un autre côté, la perfection de ce petit outil et le bas prix auquel il se vend excitent véritablement la surprise, quand on songe qu'il passe entre les mains d'une multitude d'ouvriers et subit plus de cent vingt manipulations différentes avant d'être entièrement terminé. — On fait choix, pour fabriquer les aiguilles, de fils d'acier d'excellente qualité et de grosseur convenable. Les fils sont apportés en paquets aux ateliers. On commence d'abord par les vérifier. Pour cela, on coupe dans chaque paquet quelques bouts qu'on trempe après les avoir chauffés au rouge; puis on juge de leur qualité en les brisant entre les doigts. Les fils les plus cassants sont mis en réserve pour la fabrication d'une espèce particulière d'aiguilles appelées *aiguilles anglaises*. On examine ensuite si les fils ont la grosseur voulue et si cette grosseur est uniforme. — Cela fait, on place les paquets sur le dévidoir conique A (Fig. 1), et on les dévide au moyen du rouet B, formé de huit rayons

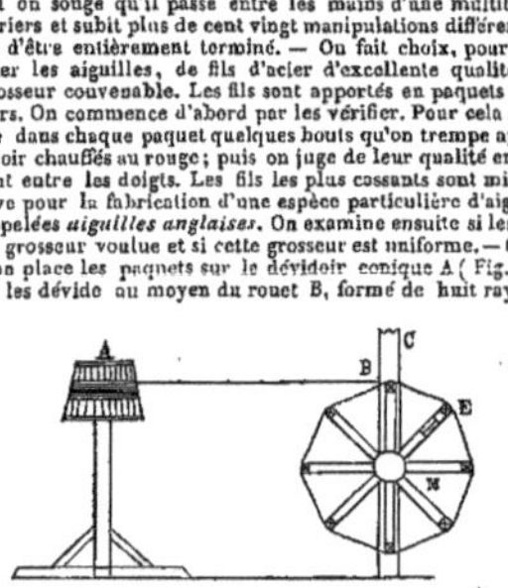

Fig. 1.

égaux, longs de 1m,37, et liés à un moyeu tournant fixé au pilier C. Ce moyeu est mis en mouvement par la manivelle M. L'écheveau que l'on obtient est ensuite coupé avec des cisailles aux deux extrémités du même diamètre. On a ainsi deux bottes de fil que l'on coupe de nouveau en brins ayant la longueur de deux aiguilles. Un seul ouvrier, en dix heures de travail, coupe ainsi 400,000 brins de deux aiguilles chacun. Ensuite on redresse les fils, qui ordinairement ont été courbés par cette première opération. Les fils redressés passent entre les mains d'un autre ouvrier qu'on nomme *aiguiseur*. Celui-ci saisit 50 à 60 brins à la fois, les étale entre l'index et le pouce qu'il a préalablement garni d'un fort morceau de cuir, et les présente à la meule en les faisant tourner entre les deux doigts. Il aiguise de cette façon les deux extrémités de ces brins. L'émoulage se fait à sec afin d'empêcher que les aiguilles ne se rouillent. Cette opération, qu'on nomme *dégrossissage*, est très-insalubre : elle développe une poussière presque impalpable de grès et d'acier qui, restant suspendue dans l'air, est absorbée pendant l'acte de la respiration et détermine chez l'ouvrier aiguiseur des affections pulmonaires promptement mortelles. Mais, en 1809, un ouvrier mécanicien anglais, nommé George Prior, inventa un appareil fort ingénieux qui entraîne du côté opposé à celui où se trouve l'aiguiseur la poussière développée

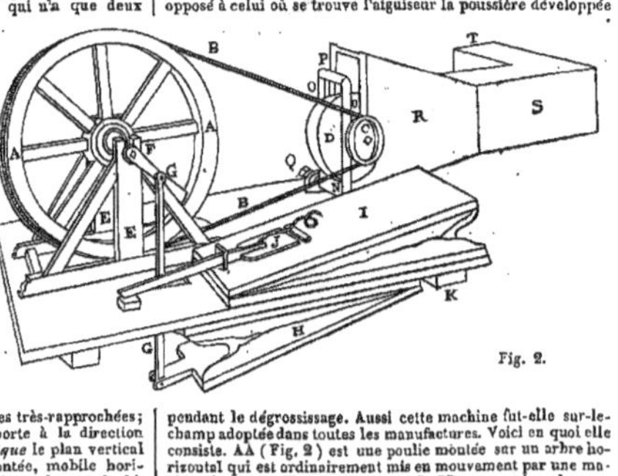

Fig. 2.

pendant le dégrossissage. Aussi cette machine fut-elle sur-le-champ adoptée dans toutes les manufactures. Voici en quoi elle consiste. AA (Fig. 2) est une poulie montée sur un arbre horizontal qui est ordinairement mis en mouvement par une machine à vapeur. Une courroie sans fin BB communique le mouvement de la poulie AA à la petite poulie C qui, étant montée sur l'axe de la meule D, imprime à celle-ci un mouvement de rotation. L'axe de la grande poulie AA repose sur les montants EE et se termine par la manivelle F qui, par l'intermédiaire de la bielle GG, met en mouvement le soufflet à courant d'air continu HI. L'air passe du tuyau K dans les tubes NO, PO, qui sont pourvus de fentes longitudinales par lesquelles il s'échappe avec force, en entraînant dans le conduit RS qui communique avec l'extérieur toute la poussière développée pendant le dégrossissage. On doit encore à Abraham de Sheffield l'invention d'autres moyens très-propres à diminuer l'insalubrité de cette profession jadis si dangereuse. — Dès que les brins ont été, comme nous l'avons dit, aiguisés à chaque bout, on les coupe par le milieu, et on a ainsi des fils qui n'ont que la longueur d'une aiguille. Alors ils sont placés parallèlement les uns sur les autres dans de petites boîtes en bois et remis à l'ouvrier *palmeur*. Celui-ci en prend par la pointe vingt à vingt-cinq, entre le pouce et l'index de la main gauche, les étale en éventail, les pose sur une petite enclume d'acier, et aplatit successivement chaque tête avec un petit marteau. Alors on fait *recuire*, puis refroidir lentement les aiguilles, afin que l'acier reprenne sa douceur; puis on les livre au *perceur*, qui est chargé de faire le *chas*, c.-à-d. l'œil ou le trou de l'aig. Cette opération, qui se pratique avec un poinçon dont le calibre est proportionné à celui du fil à percer, est confiée à un enfant. Celui-ci pose la tête de l'aig. sur un *tas* ou petite enclume d'acier, ajuste son poinçon, donne un coup de marteau, retourne l'aig. et fait de même sur l'autre face de la tête. Cette opération qui s'appelle *marquer*, achevée, les aiguilles passent entre les mains d'autres enfants nommés *troqueurs* qui ouvrent le trou en enlevant la paillette et le terminent. Les enfants qui *marquent* les aiguilles acquièrent, par l'habitude, une telle habileté que, pour montrer leur savoir-faire aux visiteurs, ils prennent un cheveu, le percent avec leur poinçon et enfilent dans l'œil qu'ils viennent de faire l'autre extrémité du même cheveu. — Après cela, l'*évideur* fait la cannelure de l'aig. avec une petite lime, et passe l'aig. à un autre ouvrier qui arrondit la tête au moyen d'une lime plate. — On trempe ensuite les aiguilles par masses de 14 à 15 kilogrammes, qui contiennent de 250 à 500,000 aiguilles, selon leur grosseur; puis on les fait recuire afin qu'elles soient moins cassantes, et alors il ne reste plus qu'à redresser au marteau celles qui sont faussées, à les polir et à les dégraisser. Le polissage se fait par paquets de 500,000 aiguilles, et la même machine polit de vingt à trente paquets à la fois, c.-à-d. 10 à 15 millions d'aiguilles. Après le polissage, on les place dans un tambour qui contient de la sciure de bois tamisée et auquel on imprime un mouvement de rotation à l'aide d'une manivelle; cette opération se nomme *dégraissage*. Enfin on vanne les aiguilles pour les séparer de la substance qui a servi à les dégraisser. — Toutes les opérations, à partir du polissage inclusivement, se répètent jusqu'à dix fois pour les aiguilles de première qualité. — Enfin le *triage* s'exécute dans un atelier que l'on maintient extrêmement sec. On range toutes les têtes d'un même côté, c'est ce qu'on appelle *détourner*; on met de côté les aiguilles défectueuses, et on les classe d'après leur longueur. Cela fait, on compte un cent d'aiguilles, on le pèse et on se sert de ce poids pour faire les autres paquets. Ensuite avec une très-petite meule, on affile les pointes suivant leur longueur. L'ouvrier qui fait ce travail s'appelle *bleneur*, parce que cette opération communique à la pointe un poli bleuâtre. Maintenant il ne s'agit plus que de disposer les aiguilles dans des papiers, sur lesquels on écrit le numéro des aiguilles, etc. Ces petites opérations préliminaires à la vente occupent encore un grand nombre d'ouvriers. — Les bonnes aiguilles dites *anglaises* se distinguent aisément des autres en ce que la pointe est exactement dans l'axe (ce qui se reconnaît aisément en les faisant rouler entre l'index et le pouce), et en ce que l'œil ne coupe pas le fil.

Les aiguilles d'emballeur, les aiguilles à passer, les aiguilles à fabriquer les bas, sont connues de tout le monde, et, leur fabrication n'offrant rien de bien particulier ou de remarquable, nous n'en traiterons pas spécialement. Quant aux aiguilles dont on se sert en chirurgie, elles sont très-diverses de forme : toutefois les plus usitées représentent de petites lames d'acier aplaties, pointues et souvent courbées sur une de leurs faces. Il sera parlé de ces instruments quand il sera question des opérations dans lesquelles ils sont usités.

AIGUILLÉE. s. f. Certaine étendue de fil, de soie, de laine, coupée de la longueur qu'il faut pour travailler à l'aiguille. *Une aig. de fil. Couper de longues aiguillées.*

AIGUILLER. v. a. Abaisser la cataracte. Inus. = AIGUILLÉ, ÉE. part.

AIGUILLETAGE. s. m. T. Mar. Action d'aiguilleter; résultat de cette action.

AIGUILLETER. v. a. Attacher ses chausses à son pourpoint avec des aiguillettes. — S'emploie surtout avec le pron. pers. *La mode de s'aiguilleter a duré très-longtemps.* || *Aig. des lacets*, Les ferrer. || T. Mar. Joindre, lier par un petit cordage des objets séparés et presque toujours différents. = AIGUILLETÉ, ÉE. part.

AIGUILLETTE. s. f. Cordon, tresse, ruban, etc., ferré par les deux bouts pour servir à attacher, mais qui souvent ne s'emploie que comme ornement. *Aig. de fil, de soie, de cuir. Des aiguillettes ferrées d'argent. Un ferret d'aiguillettes. Actuellement l'aig., comme ornement militaire, est spécialement affectée aux officiers d'état-major, aux aides de camp et au corps de la gendarmerie.* || Fig., *Nouer l'aig.*, se disait D'un prétendu maléfice auquel on attribuait le pouvoir d'empêcher la consommation du mariage. || Fig., Morceau de la peau ou de la chair, arraché ou coupé en long. *Ces barbares lui arrachèrent toute la peau du dos par aiguillettes. Couper un canard par aiguillettes.* || T. Mar. Cordage qui sert à aiguilleter.

AIGUILLETIER. s. m. Artisan dont le métier est de ferrer les aiguillettes et les lacets.

AIGUILLIER. s. m. Étui où l'on met des aiguilles. Vx.

AIGUILLON. s. m. Pointe de fer qui est au bout d'un grand bâton, et dont on se sert pour piquer les bœufs, afin de les exciter au travail. || Fig., Tout ce qui excite, anime les hommes à faire quelque chose. *L'émulation est un aig. pour la jeunesse.* — Dans le langage de l'Écrit. sainte, *L'aig. de la chair*, signif., Les tentations de la chair.

Enc. — On donne le nom d'*Aig.* à une arme propre aux insectes qui composent la famille des *Hyménoptères*. Cette arme est située à l'extrémité de l'abdomen; tantôt elle est cachée dans sa cavité, d'où l'animal a la faculté de la faire sortir à volonté; tantôt elle est apparente et ne peut jamais rentrer en entier dans l'abdomen. La première variété constitue l'*aig. proprement dit*; et la seconde est appelée *tarière*. C'est sur l'observation de ce fait anatomique qu'a été fondée la division de la famille des *Hyménoptères* en deux grandes sections, celle des *Térébrants* et celle des *Porte-aiguillons*. Voy. ces mots. — La dénomination d'aig. est encore souvent appliquée à l'espèce d'épine crochue qui termine la queue des *Scorpions*; mais comme cette arme n'offre aucune analogie avec l'aig. des *Hyménoptères*, Duméril pense avec raison qu'il vaut mieux la désigner par le terme de *dard*. — En Ichth., on nomme encore aiguillons les osselets d'une seule pièce et pointus qui remplacent, dans certains poissons, les rayons des nageoires. — Enfin, le mot aig. s'emploie fréquemment en Bot.; on le fait vulg. synonyme d'*épine*, quoiqu'il existe une différence essentielle entre l'épine et l'aig. Néanmoins, comme l'on donne constamment le nom d'épine aux appendices piquants et crochus qui arment la tige du rosier, et qui sont de véritables aiguillons, il sera parlé de ces deux espèces d'organes au mot ÉPINE.

AIGUILLONNER. v. a. Piquer un bœuf avec l'aiguillon pour hâter sa marche. || Fig., Animer, inciter. *Il faut aig. cet enfant pour le faire agir.* = AIGUILLONNÉ, ÉE. part.

Syn. — *Stimuler Piquer, Exciter, Inciter, Induire, Animer, Encourager, Pousser, Porter.* — Tous ces verbes, au fig., renferment l'idée d'impulsion, par conséquent, ils sont synonymes. Trois d'entre eux, *aig.*, *piquer* et *stimuler*, si l'on consulte leurs étymologies, ont le sens de blesser quelqu'un avec un trait acéré, pour le forcer à se mouvoir. Mais *aig.* indique qu'on enfonce le trait à plusieurs reprises, et *piquer* marque une blessure plus vive que *stimuler*. Ainsi, on *aiguillonne* un homme lent et paresseux pour le contraindre à agir; on *pique* la curiosité d'une femme pour augmenter le désir qu'elle a de connaître une chose; on *stimule* un enfant par des récompenses pour le faire avancer dans ses études. Les termes *exciter* et *inciter* expriment également une action impulsive; mais tous deux l'indiquent dans un sens opposé. Rigoureusement parlant, on *incite* à entrer dans un lieu, on *excite* à en sortir. On *incite* à faire une chose celui qui n'y était pas disposé, on *excite* à la faire celui qui n'y avait jamais songé. *Inciter*, c'est tenter, c'est agacer; *exciter* c'est réveiller, ranimer. Le mot *induire*, qui a presque la valeur de conduire, se prend toujours en mauvaise part : on *induit* quelqu'un à mal faire; on l'*induit* en erreur. Il n'en est pas de même d'*encourager* et d'*animer*; ils se prennent tantôt en bonne, tantôt en mauvaise part. Le premier signifie applaudir, soutenir quelqu'un pour l'engager à continuer, ou à faire une action quelconque; le second a le sens d'augmenter l'énergie, la virtualité. *Porter* et *pousser* servent à caractériser l'effort employé pour communiquer une impulsion. On *pousse* le peuple à se révolter; on le *porte* à s'insurger. *Pousser* a souvent la signification de lancer, d'agiter; *porter* a celle de soulever, d'entraîner.

AIGUISEMENT. s. m. [Dans ce mot et les suivants, *ui* est diphth.]. Action d'aiguiser. Peu us.

AIGUISER. v. a. (R. *aigu*). Rendre aigu, rendre plus pointu, plus tranchant. *Aig. un clou, une lance, un pieu, un couteau, un rasoir.* || Fig., *Aig. une épigramme*, En rendre le trait plus piquant, plus mordant. — *L'exercice aiguise l'appétit*, Le rend plus vif. — *La nécessité aiguise l'esprit*, Le rend plus prompt, plus pénétrant. = AIGUISÉ, ÉE. part.

* **AIGUISERIE.** s. f. T. Techn.

Enc. — Une *Aig.* est une usine où les lames de divers instruments tranchants sont aiguisées et polies à l'aide de meules de pierre ou de bois. — Les meules en pierre servent à dégrossir, ou en d'autres termes à *affûter*, et les meules en bois à *affiler*, ou à terminer l'ouvrage. — L'*affûtage* s'opère sur des meules de grandeur variable, suivant la nature des objets à affûter. Elles doivent avoir un grand diamètre pour les pièces composées de faces planes, tandis que leur diamètre doit être très-faible pour les lames de rasoirs dont les faces sont concaves. Les meules sont ordinairement placées dans une cuve en tôle renfermant assez d'eau pour mouiller constamment leur circonférence, afin d'empêcher l'acier de s'échauffer au point de se détremper en partie pendant l'opération de l'affûtage. Elles sont mises en action, soit par la vapeur, soit par toute autre force motrice qui peut les animer d'un mouvement très-rapide. Elles font jusqu'à 500 tours par minute. — L'*affilage* s'exécute, comme nous l'avons dit, au moyen de meules en bois, dont la circonférence est ordinairement garnie de cuir ou d'un anneau métallique formé d'un alliage d'étain et de plomb, et que l'on recouvre d'un mélange de suif et d'émeri. On les mouille ordinairement avec de l'huile, et leur vitesse doit être plus grande encore que celle des meules en pierre. — Quand un outil tranchant ou pointu a servi pendant quelque temps, il est émoussé; alors il devient nécessaire de l'*affûter* ou de le *repasser* pour pouvoir s'en servir de nouveau, mais l'usure produite par la meule sur les faces de l'outil en diminue l'épaisseur, et rend par suite plus vif l'angle du tranchant. Cette partie, devenue trop fine, se courbe sous l'action de la meule et forme une lamelle très-ténue qui se recourbe facilement : c'est ce qu'on appelle le *morfil*. Un affilage subséquent devient donc nécessaire : cet affilage consiste, en général, à reployer le morfil, s'il est trop long, et à passer légèrement l'outil sur une pierre à l'huile très-douce. — Après l'opération de l'affilage on donne le poli aux outils avec du rouge d'Angleterre ou colcotar très-fin et fortement calciné, et au moyen de meules en bois recouvertes de peau de buffle. La vitesse de ces meules est beaucoup moindre que celle des meules qui servent à l'affûtage et à l'affilage. — C'est dans les aiguiseries que se façonnent les lames de sabre, les baïonnettes, les canons de fusil, les lames de scie, et que s'appointent les aiguilles, les épingles, etc. Voy. AIGUILLE.

AIL. s. m. [On pron. l'A et on mouille l'L.] (lat. *allium*). T. Bot. Il fait *Aulx* au pluriel; mais les botanistes disent également *Ails*.

Enc. — Les Botanistes donnent ce nom à un genre de plantes assez nombreux qui appartient à la famille des *Liliacées*, section des *Scillées*. Plusieurs espèces sont vulgairement connues sous les noms d'*Ail*, d'*Ognon*, de *Porreau*, d'*Échalotte*, de *Ciboule*, de *Civette*, de *Rocambole*. Tout le monde sait quels sont les usages culinaires des espèces que nous venons d'énumérer, et quelle consommation il se fait de l'*A. ordinaire* dans le midi de l'Europe, où cette plante est beaucoup moins âcre et exhale une odeur bien moins pénétrante que vers le nord. Cette odeur est due à la présence d'une huile volatile particulière qui a le soufre au nombre de ses éléments. L'*A. ordinaire* a été jadis usité comme médicament : il agit, en effet, comme stimulant des voies digestives, et possède des propriétés vermifuges assez énergiques. C'est seulement pour sa vertu anthelmintique qu'il est encore employé aujourd'hui dans la médecine populaire.

AILE. s. f. (lat. *ala*). Partie du corps de certains animaux qui leur sert à s'élever et à se soutenir dans l'air. *Cet oiseau étend, déploie ses ailes. Il vole à tire d'a. Il tire l'a. Il bat des ailes. Il trémousse des ailes. Un oiseau blessé qui ne bat que d'une a. Les ailes d'une mouche, d'un papillon. Les chauves-souris ont des ailes membraneuses. On peint ordinairement les anges avec des ailes. Les anciens donnaient des ailes à la Victoire, à la Renommée, à l'Amour, au cheval Pégase. Les peintres et les poëtes donnent des ailes aux Vents, au Temps, aux Heures, à Mercure.* — On dit poétiquement : *Sur les ailes du temps. Sur les ailes ou sur l'a. des vents, des zéphyrs.* || Prov. et fig., *La peur donne des ailes*, Elle fait courir plus vite. *Le mal a des ailes*, Il arrive avec promptitude. — *Ne battre plus que d'une a.*, Avoir beaucoup perdu de sa vigueur, de son crédit, de sa considération. — *Il en a dans l'a.*, Sa santé est gravement altérée, ou bien Il a éprouvé quelque disgrâce, ou bien encore Il est devenu amoureux. — *Tirer une plume de l'a. à quelqu'un*, Lui attraper quelque chose, lui extorquer de l'argent. — *Rogner les ailes à quelqu'un*, Lui retrancher de ses richesses, de son autorité, de son crédit. — *Vouloir voler sans avoir des ailes*, Entreprendre une chose au-dessus de ses forces. — *Voler de ses propres ailes*, Agir sans le secours d'autrui. — *Tirer pied ou a. d'une chose*, En tirer quelque profit de manière ou d'autre. || Fig., on dit qu'*Une fille est encore sous l'a. de sa mère*, Lorsqu'elle est encore sous la conduite et la surveillance de sa mère. — Dans le langage de l'Écriture, *L'a., les ailes du Seigneur*, signif., La protection de Dieu. *Seigneur, je ne crains rien à l'ombre de vos ailes.* || Se dit aussi De cette partie charnue d'un oiseau qui s'étend depuis le haut de la poitrine jusque sous les cuisses; et en ce sens il ne s'emploie qu'en parlant Des oiseaux préparés pour la table. *Servir une a. de perdrix, de chapon.* || En parlant De plumes à écrire, on appelle *Bouts d'aile*, Les plumes du bout de l'aile des oies. || Par anal., le mot *Aile* a été appliqué à une foule d'objets différents : ainsi on dit, *Les ailes d'un moulin à vent; Les ailes d'un pignon, d'un touret; Les ailes du nez; Les ailes d'une armée*, etc. Voy. ces mots.

Enc. — Les *Ailes*, considérées comme organes de locomotion aérienne, varient singulièrement de forme et de structure chez les animaux qui possèdent la faculté de se soutenir dans les airs. Chez les mammifères et chez les oiseaux, les ailes ne sont autre chose que des membres supérieurs ou antérieurs modifiés de manière à pouvoir servir à l'usage du vol. Dans la classe des mammifères, les *Chéiroptères* seuls possèdent des ailes véritables. Les expansions cutanées qui permettent à quelques autres espèces, telles que les *Galéopithèques*, les *Phalangers volants* et les *Polatouches*, d'exécuter des bonds considérables lorsqu'ils s'élancent d'une branche sur une autre, ne sauraient mériter ce nom. D'un autre côté, certains oiseaux, ainsi que tout le monde le sait, sont incapables de s'élever ou de se soutenir dans les airs, la conformation de leurs ailes s'opposant à ce qu'ils puissent s'en servir pour l'usage auquel elles paraissent destinées. Chez les reptiles et les poissons, quoique quelques espèces, comme le *Dragon* parmi les premiers, les *Exocets* parmi les seconds, aient reçu le nom vulgaire de lézard et de poissons volants, les organes qui leur ont valu ce nom ne sont nullement les analogues des ailes. — Chez les insectes, les organes du vol sont constitués par des appendices membraneux, aussi variés de forme que d'étendue et toujours implantés sur les parties latérales du thorax. C'est en grande partie sur la considération du nombre, de la structure et de la forme des ailes que sont fondées les classifications entomologiques. En conséquence, c'est à l'art. INSECTE que doit être renvoyée l'étude de cet organe. Par le même motif, il sera parlé des ailes des oiseaux au mot OISEAU, de celles des Chauves-souris au mot CHÉIROPTÈRES, et des appareils improprement appelés ailes aux noms des divers animaux qui en sont pourvus.

En Bot., on donne, par anal., le nom d'*Ailes* aux deux pétales latéraux de la corolle des *Papilionacées*, ainsi qu'à tous les appendices membraneux des végétaux disposés aux côtés de la tige, comme dans la *grande consoude*, ou de certaines semences, comme dans l'*orme*, etc. Voy. COROLLE, TIGE, FRUIT, FEUILLE.

Archit. — Suivant Strabon, les Égyptiens donnaient le nom d'*Ailes* aux deux murs latéraux du *pronaos* de leurs temples. Mais les architectes grecs appelaient, par métaphore, *ailes* (πτερὸν) les colonnades qui entouraient la *celle* du temple, le temple monoptère étant le seul qui n'eût pas de mur intérieur à elles. Par extension, on applique assez souvent le terme *ailes* aux bas-côtés ou nefs latérales d'une église qui sont séparées de la nef centrale par une rangée de piliers ou de colonnes. Dans les églises gothiques et dans une foule d'autres édifices religieux plus modernes, l'intérieur est divisé longitudinalement en trois ou cinq nefs par deux ou trois rangées de piliers parallèles aux murs. La division centrale porte le nom de *nef*, et les deux ou quatre divisions latérales celui d'ailes. La cathédrale de Cologne, celle de Milan, et la basilique de Saint-Paul hors des murs à Rome, par ex., ont deux ailes de chaque côté de la nef principale. — Dans les théâtres, les ailes sont, de chaque côté de la scène, l'espace où s'opère le reculement des châssis et où a lieu la circulation des personnes attachées au service du théâtre. — On appelle *ailes* les parties latérales d'une maison, d'un édifice qui font un angle droit avec le corps principal de bâtiment. — Enfin, on donne le nom d'*ailes de mouche* aux ancres que l'on emploie aux angles des coffres des cheminées de brique.

AILE, ou mieux **ALE**, s. f. Ce mot, emprunté de l'anglais, se prononce *èle* et sert à désigner Une espèce de bière. Voy BIÈRE.

AILÉ, ÉE. adj. Qui a des ailes. Ne s'emploie guère qu'en parlant De certains animaux pour les distinguer d'autres animaux de même espèce qui sont dépourvus d'ailes. *Des fourmis ailées. Des serpents, des poissons ailés. Suivant les poëtes, Pégase est un cheval ai. Un dragon ai. Les sylphes ailés.* ‖ En Iconol., *Un foudre ai.* est le symbole de la puissance et de la vitesse. ‖ En Bot., l'épithète *Ailé* s'emploie en parlant Des expansions membraneuses dont il a été parlé au mot AILE.

AILERON. s. m. L'extrémité de l'aile d'un oiseau, à laquelle tiennent les grandes plumes. *Cet oiseau a l'ail. rompu. Une fricassée d'ailerons.* ‖ Par anal., se dit Des nageoires de quelques poissons. *Les ailerons d'une carpe.* ‖ Par ext., Petites planches qui garnissent les roues des moulins à eau, et sur lesquelles tombe l'eau dont l'action fait tourner la roue. ‖ *T. Ent. Voy. DIPTÈRES.

AILLADE. s. f. Sauce faite avec de l'ail.

AILLEURS. adv. (lat. *aliorsum*). En un autre lieu. *Vous le chercheriez inutilement ail. Je tâcherai de l'avoir d'ail. Cette voie n'est pas sûre, je vous ferai tenir vos lettres par ail. — Nous avons écrit, nous avons dit ail.*, Dans un autre passage. *Cette pensée se trouve dans Fénelon et ail.*, Et dans les ouvrages d'autres écrivains. ‖ *Son mécontentement ne vient pas de votre négligence, il vient d'ail.*, D'une autre cause. *S'il le querelle sur un si mince sujet, c'est qu'il lui en veut d'ail.*, Pour un autre motif. =D'AILLEURS. loc. adv. De plus, en outre. *D'ail. il faut considérer. Je vous dirai d'ail.*

AIMABLE. adj. 2 g. Qui est digne, qui mérite d'être aimé. *Un lieu, un objet aim. Une vertu aim. Des manières aimables.* ‖ Dans le langage de la société, l'épithète *Aim.* s'applique à Toute personne qui plaît par son extérieur, son langage, ses manières. *C'est une femme très-aim. C'est un aim. homme.* — Ironiq., *Il veut faire l'aim.* ‖ Par formule de politesse ou de remercîment, on dit : *Vous êtes bien aim. de nous faire visite, de vouloir bien vous charger de cette affaire.*

AIMANT. s. m. Sorte de minerai de fer qui possède la propriété d'attirer le fer. ‖ Fig., *La bonté de cette femme est un aim. qui attire auprès d'elle tous les malheureux.*

Enc. — Minér. — Longtemps on a réservé le nom d'*Aim.* aux seuls minerais de fer qui étaient doués de la propriété d'agir par attraction et par répulsion sur les pôles d'un barreau aimanté. Mais depuis que Haüy a démontré que toutes les variétés de fer oxydulé possédaient la polarité magnétique, et qu'elles ne différaient, à cet égard, les unes des autres que par l'énergie des phénomènes manifestés, les minéralogistes appliquent le terme d'aim. ou de fer magnétique à toutes ces variétés. Toutefois, on désigne plus spécialement sous le nom d'*aim. naturel* ou de *pierre d'aim.* une variété compacte, principalement composée de protoxyde et de peroxyde de fer, et d'une faible proportion de quartz et d'alumine. Sa couleur varie dans les divers échantillons suivant les légères différences qui existent entre les proportions des deux oxydes et la nature des substances étrangères auxquelles le fer se trouve uni; mais elle est le plus souvent gris foncé avec un éclat métallique. On le trouve en masses considérables dans les mines de fer de la Suède et de la Norvége, dans l'île d'Elbe, dans l'Andalousie, aux îles Philippines, et dans différentes localités de l'Arabie, de la Chine et du royaume de Siam.

Phys. — Les anciens avaient déjà reconnu l'existence de cette faculté dans le minerai de fer dont il est question, et comme ce minerai avait été trouvé près de Magnésia en Lydie, ils lui avaient imposé le nom de *magnes*, d'où nous avons tiré l'épithète *magnétique*. — L'attraction qu'exerce l'aim. étant une force différente des autres forces connues, et présentant des caractères tout à fait particuliers, on a dû lui affecter une dénomination toute spéciale et on l'a nommée *force magnétique*. Lorsqu'on plonge un aim. dans de la limaille de fer, elle s'y attache, y adhère, et quand on se contente de tenir la pierre d'aim. à une distance convenable de la limaille, celle-ci s'élance à la surface de l'aim. et y demeure suspendue. Dans les deux cas, on observe que les différents points de la surface de l'aim. ne possèdent pas une force attractive égale. La limaille s'est particulièrement ramassée autour de deux points opposés, où la vertu paraît principalement résider, et qu'on désigne sous le nom de *pôles*. (Fig. 1.) L'action va en s'affaiblissant à mesure qu'on s'approche du centre de l'aim., où cette action est nulle. La ligne de la surface de l'aim. où l'action magnétique est insensible a reçu le nom d'*équateur*; quelquefois encore on l'appelle *ligne neutre*. Il est encore facile, à l'aide du *pendule magnétique*, de démontrer que tout aim. a deux pôles et une ligne moyenne. Le pendule magnétique consiste tout simplement en une petite balle de fer suspendue à un fil de soie. Si on présente les différentes parties de l'aim. à la balle de fer, en ayant soin de maintenir toujours l'aim. à la même distance de cette dernière, on reconnaît que certains points de la surface de l'aim. impriment à la balle une grande déviation, tandis que d'autres points ne produisent qu'une déviation à peine sensible. — Lorsqu'on prend une feuille de carton, qu'on la pose sur un aim., qu'ensuite, avec un petit tamis, on fait tomber sur le carton de la limaille très-fine, et qu'on imprime alors de légers chocs à ce dernier, on voit la limaille s'arranger en courbes régulières comme dans la Fig. 2. L'aim. est indiqué par des lignes ponctuées; les pôles sont en P, P', et la ligne moyenne en mm'. Cette expérience fait voir que la limaille, au lieu d'adhérer à la ligne moyenne, forme des filaments qui partent de chaque côté de cette ligne et passent par-dessus pour se rejoindre : elle prouve aussi que l'attraction de l'aim. s'exerce même au travers de la substance du carton. Au reste, il en est de même, quel que soit le corps interposé, pourvu qu'il ne soit pas du fer. — Lorsqu'on brise un aim. naturel en deux parties de façon que dans chacune d'elles se trouve un des pôles de l'aim. entier, chaque moitié acquiert un nouveau pôle opposé au premier; et, en gén., quand on brise un aim. naturel en un nombre quelconque de parties, chaque fragment devient un aim. complet possédant deux pôles. — Il s'agit maintenant de déterminer ces deux pôles. On y parvient en suspendant l'aim. par un fil, de manière que la ligne qui passe par les pôles soit horizontale : on observe alors que l'axe longitudinal de l'aim. prend une direction à peu près parallèle au méridien géographique, et que, si l'on écarte l'aim. de cette direction, il y revient en faisant des oscillations plus ou moins nombreuses. Les physiciens donnent le nom de pôle *austral* à celui des pôles de l'aim. qui regarde le nord, et de pôle *boréal* à celui qui regarde le sud. Voy. AIGUILLE *aimantée*.

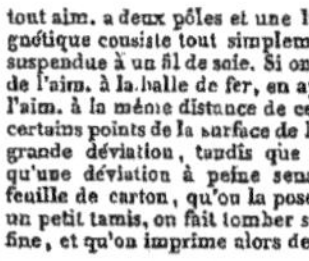

Fig. 1.

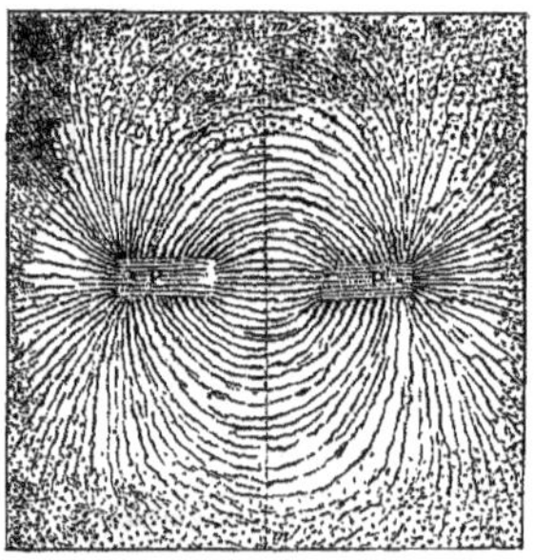

Fig. 2.

Deux barres d'aim. naturel suspendues comme on vient de le dire, et suffisamment éloignées l'une de l'autre, semblent parallèles. Mais si on les rapproche, de telle manière que celles de leurs extrémités qui se dirigeaient vers les mêmes points de l'horizon soient très-voisines, on reconnaît qu'elles se repoussent. Si, au contraire, on rapproche les extrémités qui se dirigeaient vers des points opposés de l'horizon, on observe qu'elles s'attirent. On exprime cette propriété particulière en disant qu'il y a répulsion entre les pôles *de même nom* et attraction entre les pôles *de nom différent*. Ainsi que l'a démontré Coulomb, les attractions et les répulsions magnétiques sont en raison inverse du carré de la distance.

La vertu magnétique de l'aim. est susceptible de se communiquer de diverses manières. Ainsi des morceaux de fer doux, placés à distance d'aimants naturels, manifestent des phénomènes magnétiques, comme s'ils étaient eux-mêmes des aimants. Lorsque, par ex., on suspend parallèlement deux petits cylindres de fer doux à l'extrémité de deux fils de soie et qu'on approche au-dessous d'eux l'un des pôles d'un aim. énergique (*Fig. 3*), ces deux petits cylindres s'éloignent l'un de l'autre et se rapprochent au contraire quand on éloigne l'aim. Cette action singulière est due à l'influence de ce dernier qui communique au fer une vertu magnétique temporaire. Dans cette expérience, les pôles semblables des deux aimants temporaires, c.-à-d des deux cylindres, étant voisins, ils doivent se repousser; mais dès qu'on éloigne l'aim., il n'exerce plus aucune influence sur les deux cylindres, et aussitôt ceux-ci perdent leurs pôles et reprennent leur position verticale. — Si l'on suspend à l'aim. AB (Fig. 4) un cylindre de fer doux F, celui-ci devient lui-même un aim. capable de soutenir un second cylindre, qui peut encore en supporter un troisième, et ainsi de suite; l'action, cependant, va toujours en s'affaiblissant. On forme ainsi une espèce de chaîne dont l'aim. naturel représente le premier anneau; mais quand on sépare l'aim. d'avec le premier cylindre, toute la chaîne tombe et se brise, les autres anneaux n'ayant plus d'action pour se lier l'un à l'autre. Lorsqu'on répète cette expérience en se servant, au lieu de fer doux, d'un cylindre d'acier trempé, il n'adhère pas à l'aim. et par conséquent ne peut rester suspendu. Cependant, si on le laisse une demi-heure environ en contact avec l'aim., cet acier qui semblait, au premier instant, si insensible au magnétisme, devient magnétique avec le temps, et à la fin il est attiré aussi puissamment que le fer. Mais à la différence de ce dernier, l'acier conserve pour toujours la force attractive qu'il a acquise; dès lors il possède une ligne moyenne et deux pôles, et agit de la même façon qu'un aim. naturel. Le cylindre d'acier dont nous parlons constitue donc un *corps aimanté* ou un *aim. artificiel*. Ce mode d'aimantation porte le nom d'*aimantation par influence*. A ce sujet, nous ferons observer que, parmi les substances magnétiques, il faut bien distinguer celles qui sont simplement magnétiques et celles qui sont aimantées. Les premières sont toujours attirées par les deux pôles d'un aim., les secondes ont toujours deux pôles qui sont attirés ou repoussés par ceux de l'aim., selon qu'on rapproche les pôles de nom contraire ou de même nom.

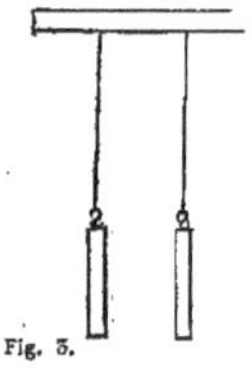

Fig. 3.

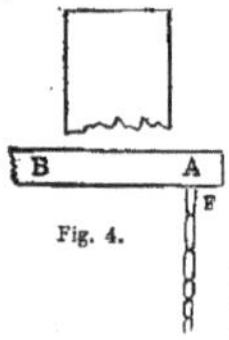

Fig. 4.

Comme l'acier et les autres métaux magnétiques n'éprouvent ni diminution ni augmentation de poids ou de volume par l'aimantation, c.-à-d. par la communication de la vertu magnétique, il s'ensuit donc que cette vertu n'est pas due à un corps pondérable. Comme, en outre, la cause, quelle qu'elle soit, qui produit la vertu magnétique, ne se trouve nullement affaiblie dans le corps qui a communiqué le magnétisme, il est évident qu'elle n'est pas transmissible. — Pour expliquer les phénomènes magnétiques, les physiciens admettent, dans les corps sensibles au magnétisme, l'existence de deux fluides impondérables, qu'ils nomment *fluide austral* et *fluide boréal*. Dans cette hypothèse, on suppose que les deux fluides demeurent à l'état de combinaison tant que les corps magnétiques ne sont pas soumis à l'action d'un aim. naturel ou artificiel, et l'on admet que les deux fluides se séparent, quand un aim. se trouve placé de manière à exercer son influence sur ces corps. Mais nous avons vu que la vertu magnétique se manifeste bien plus difficilement dans l'acier que dans le fer doux, et qu'en revanche elle persiste dans le premier, tandis qu'elle s'évanouit promptement dans le second. Alors on dit qu'il existe dans les corps magnétiques une *force coercitive*, qui d'un côté s'oppose au développement des propriétés magnétiques, et d'un autre côté s'oppose à leur disparition une fois qu'elles se sont manifestées. De plus, comme l'expérience démontre qu'un aim., à la différence des corps électrisés, ne perd rien de son énergie par le fait de la communication de sa propre vertu à d'autres substances, on suppose que chaque molécule d'un aim. naturel ou artificiel jouit individuellement des mêmes propriétés que la masse dont elle fait partie, et que les deux fluides, tout en se séparant dans chacune de ces molécules, ne peuvent pas l'abandonner et se transporter sur une autre molécule voisine.

On a vu plus haut qu'un morceau de fer doux manifeste des phénomènes magnétiques quand on le met en contact avec un aim., et même quand on le place simplement à une certaine distance de ce dernier; mais on n'obtient ainsi qu'une *aimantation temporaire.* Lorsqu'on veut obtenir des aimants artificiels puissants, il faut se servir de fer aciéré, c.-à-d. combiné avec une certaine proportion de carbone, afin qu'il puisse acquérir une force coercitive capable de conserver les propriétés magnétiques qu'on y veut développer. Il faut, en outre, que l'acier soit trempé (car l'acier mou se comporte comme le fer doux), et que pourtant la trempe ne soit pas trop forte; sans quoi la force coercitive développée par la trempe serait tellement énergique qu'elle s'opposerait à la séparation des deux fluides, et, par conséquent, à toute aimantation. — Dans le cas où le procédé employé pour aimanter le barreau d'acier qu'on a choisi y développe plus de magnétisme que la force coercitive n'en peut retenir, l'excès se perd quand l'influence est écartée, c.-à-d. qu'une portion des fluides séparés se recompose au bout de quelque temps. Une fois l'équilibre établi entre la force coercitive et l'attraction mutuelle des fluides développés, on dit que le barreau est aimanté à saturation. — Lorsqu'on a communiqué à un barreau d'acier la plus forte aimantation qu'il puisse conserver, il arrive quelquefois qu'outre les deux pôles dont on reconnaît la présence à ses extrémités, d'autres centres d'action se manifestent sur le barreau. Ces pôles secondaires sont toujours alternativement contraires; leur développement, lors de l'aimantation, est dû à la trop grande force coercitive, ou à la trempe trop dure du barreau soumis à l'aimantation. On les désigne sous le nom de *points conséquents;* et l'on appelle *points d'indifférence*

Fig. 5.

les milieux de leurs intervalles. Il est facile de reconnaître la présence et la position de ces points en plongeant le barreau dans de la limaille de fer : celle-ci se fixe sur tous les pôles. (Fig. 5.)

Il existe un assez grand nombre de procédés pour aimanter les barreaux d'acier d'une manière durable. Nous nous contenterons d'exposer les plus usités. — 1o *Méthode de la simple touche.* Elle consiste à faire glisser le barreau aimanté sur le corps à aimanter, constamment dans le même sens AB (Fig. 6), depuis l'extrémité A jusqu'à l'extrémité B. L'aimantation, quoique sensible dès la première friction, acquiert une bien plus grande force lorsqu'on fait glisser l'aim. à plusieurs reprises et dans *le même sens* AB. En opérant de cette manière, l'extrémité B du barreau d'acier prend un pôle de nom contraire au pôle de l'aim. qui a touché le barreau. Mais si les frottements successifs avaient lieu alternativement en sens contraire, l'aimantation produite par le frottement dans un sens, serait continuellement détruite par le frottement en sens opposé. Les pôles des aimants artificiels peuvent ainsi être changés par plusieurs frictions en sens opposé à celles qui ont produit l'aimantation. — 2o *Méthode de la touche séparée.* Ce procédé, qu'on doit à Duhamel, consiste à disposer sur une même ligne deux puissants barreaux M,M' (Fig. 7), de manière

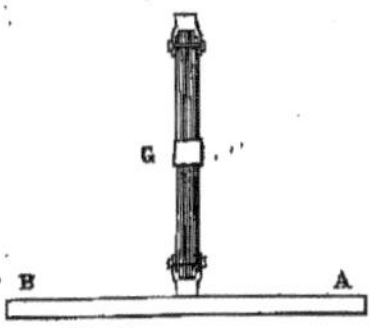

Fig. 6.

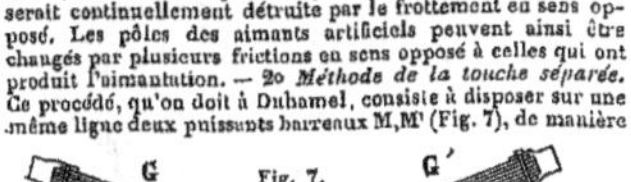

Fig. 7.

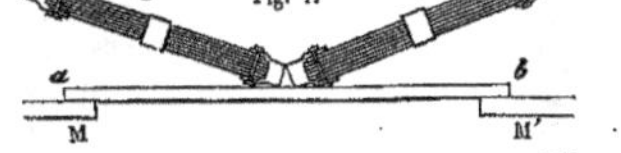

Fig. 8.

que leurs pôles les plus rapprochés soient des pôles de nom contraire. Ces barreaux, qui restent fixes pendant l'opération, soutiennent l'aiguille *ab*, qu'il s'agit d'aimanter; les parties de l'aiguille *ab* qui reposent sur M, M', ne doivent avoir qu'une longueur de quelques millimètres. Alors on prend les deux barreaux glissants G G', l'un dans la main droite, l'autre dans la main gauche; on les pose au milieu de l'aiguille, on les incline sur elle de 25 à 30°, et, en les séparant, on les fait glisser sous cette inclinaison, d'un mouvement lent et uniforme, pour qu'ils arrivent en même temps à chacune de ses extrémités; là, on les *relève*, on les rapporte au milieu, et l'on répète cette manœuvre jusqu'à ce que l'aimantation soit complète. Chacun des barreaux G G' doit toucher l'aiguille par le même pôle que le barreau fixe vers lequel il marche. Ce procédé paraît être le plus convenable pour aimanter les aiguilles ou les lames qui n'ont pas plus de 4 ou 5 millimètres d'épaisseur. Mais quand leur épaisseur est plus considérable, la méthode de la touche séparée est insuffisante pour les aimanter à saturation. On a recours alors au procédé suivant. — 3o *Méthode de la double touche.* Ce procédé, tel que l'a perfectionné Æpinus, dont il porte aussi le nom, ne diffère du procédé de Duhamel que par la disposition et le mouvement des barreaux glissants. Ainsi (Fig. 8), l'inclinaison des barreaux glissants sur la lame à aimanter n'est que de 15 ou 20o, et on les promène ensemble, du milieu vers l'une des extrémités, puis de cette extrémité vers l'autre, en parcourant toute la longueur de la lame; puis on revient au milieu, et on enlève les barreaux glissants. Quand plusieurs frictions sont nécessaires, on réitère l'opération, en ayant toujours soin de finir au milieu de la lame, et d'y arriver en revenant de l'extrémité de droite, si on a commencé les frictions en allant vers la gauche, ou réciproquement : c'est l'unique moyen de passer le même nombre de fois sur chaque moitié de la lame. On a reconnu qu'il est nécessaire de laisser une distance de 5 à 6 millimètres entre les extrémités inférieures des barreaux glissants; et, pour que cette distance reste invariable, on les sépare au moyen d'une lame de bois longue de 5 à 6 millimètres. Le nom de *double touche* donné à cette méthode lui vient de ce que les barreaux glissants touchent à la fois les deux moitiés de la lame qu'on aimante, tandis que, dans le procédé précédent, ils touchent séparément chacune de ses moitiés. La méthode d'Æpinus est celle qui donne le plus grand développement magnétique; mais elle a l'inconvénient de produire une aimantation irrégulière, et de donner naissance à des *points conséquents.* Aussi ne doit-on s'en servir que pour les gros barreaux auxquels on veut donner un fort degré de magnétisme. Pour les lames et les aiguilles destinées à des observations précises, le procédé de Duhamel est le meilleur. — L'utilité des barreaux fixes M,M' employés dans les méthodes de la touche séparée et de la double touche est facile à concevoir. En effet, quand on place (Fig. 9) une barre d'acier AB entre deux aimants ou deux barres aimantées MN, RS, qui se regardent par leurs pôles de nom différent NS, elle s'aimante plus aisément et plus fortement, parce que l'aim. MN attire le fluide A, et repousse le fluide B vers le pôle opposé RS; en même temps l'aim. RS attire de son côté le fluide B de la barre, et repousse vers l'aim. MN le fluide A. Ces deux aimants sont donc dans la disposition la plus favorable pour seconder réciproquement leurs actions sous le double rapport de l'attraction et de la répulsion, de sorte que ces actions réciproques décomposent avec la plus grande énergie le fluide magnétique naturel de la barre AB qui doit, par conséquent, être aimantée avec force et promptitude. La force attractive que l'on peut développer dans les aimants artificiels est, en gén., bien supérieure à celle que possèdent les aimants naturels. L'aim. naturel le plus puissant est celui qui existe au Musée de Teyler à Harlem; il porte 125 kilog.; mais le docteur Keil a construit un aim. artificiel qui peut soutenir un poids de 150 kilog.

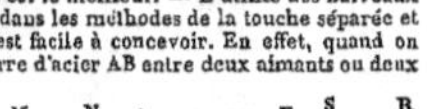

Fig. 9.

On construit des aimants artificiels très-puissants en réunissant des lames d'acier ou des barreaux minces aimantés à saturation. On les place les uns sur les autres, en accolant à leurs extrémités deux *talons* ou morceaux de fer doux. Il est convenable que les extrémités des lames partielles soient, non sur la même ligne, mais en retraite jusqu'au milieu de l'épaisseur totale. (Fig. 10.) Grâce à cette disposition tous les pôles semblables agissent moins obliquement sur les corps qu'ils doivent influencer. On donne à ces aimants artificiels le nom de *faisceaux magnétiques.* On peut en construire de formes

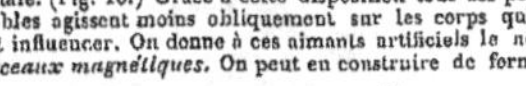

Fig. 10.

très-variées : mais le plus souvent on préfère celle de fer à cheval. Toutefois il ne faut pas croire que la force de ces aimants soit proportionnelle au nombre des lames, car elle croît dans un rapport moindre que ce dernier, c.-à-d. que la réunion de plusieurs lames produit un effet moindre que la somme des effets partiels de ces lames isolées.

Lorsque le pôle A d'un aim. artificiel (Fig. 11) touche l'extrémité *a* d'un barreau de fer doux, et y développe un magnétisme contraire, ce magnétisme réagit sur l'aim., et tend à y exciter une nouvelle décomposition du fluide magnétique. Cette augmentation produit à son tour dans le barreau *ab* une décomposition nouvelle qui réagit encore sur le pôle A, de sorte que l'un et l'autre, par cette réaction réciproque, acquièrent une force attractive plus intense. Ainsi, lorsqu'on suspend au crochet du barreau *ab* un plateau de balance dans lequel on met d'abord toute la charge que l'aim. peut soutenir, et qu'on laisse le contact établi, on peut chaque jour augmenter ce poids d'une petite quantité. Les barres de fer doux dont on garnit les aimants portent le nom d'*armatures :* ces armatures sont nécessaires aux aimants artificiels pour qu'ils conservent toute leur énergie. On arme également les aimants naturels, afin d'augmenter leur puissance, et de donner au magnétisme de la masse une meilleure direction. Ces armatures sont des plaques de fer doux qu'on applique contre les faces des pôles préalablement polies, et qu'on maintient par des cercles de cuivre. (Fig. 12.) — Les aimants deviennent plus faibles par la chaleur; mais ils reprennent leur énergie par

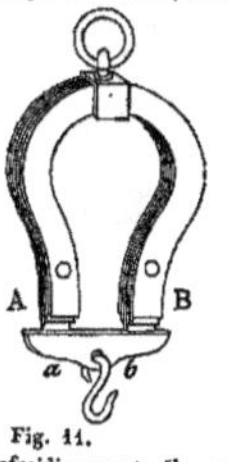

Fig. 11.

Fig. 12.

le refroidissement. Ils perdent totalement leur propriété quand on les fait rougir au feu. D'autres circonstances encore la leur enlèvent également. — Jusqu'ici nous avons parlé exclusivement de la propriété magnétique du fer; cependant, le cobalt et le nickel se comportent comme lui en présence des aimants naturels ou artificiels. Ces trois métaux sont les seuls qui, à l'état de repos, jouissent de cette propriété. Cependant, on a constaté que, dans certaines conditions de température ou de mouvement, certains corps deviennent sensibles à la force attractive des aimants. Ainsi, suivant Pouillet, le manganèse, à la température de 20o au-dessous de zéro, est sensible à l'action magnétique. Dove a également constaté que, dans certaines conditions expérimentales, le cuivre jaune et rouge, le mercure, l'étain, l'antimoine et le bismuth, jouissaient de la propriété magnétique à des degrés au reste fort différents.

Dans ce qui précède, on s'est borné, afin de faciliter l'intelligence de la question du magnétisme, à exposer les principaux faits fournis par l'expérience relativement aux aimants naturels et artificiels, en isolant ces faits de toutes considérations plus générales. Ainsi, le complément de cet article se trouve aux mots AIGUILLE *aimantée*, BOUSSOLE, MAGNÉTISME *terrestre*, ÉLECTRO-MAGNÉTISME et ÉLECTRO-DYNAMIQUE. — Pour plus de détails, on peut consulter les *Traités de Phys.* de LAMÉ et de PÉCLET.

Méd. — Les peuples anciens connurent de bonne heure les propriétés physiques de l'aim. Cette action merveilleuse et inexplicable pour eux devait naturellement leur faire supposer que cette substance devait jouir de vertus médicales surnaturelles. Il paraît toutefois qu'on se bornait à en faire des amulettes. Plus tard on l'administra à l'intérieur; et Galien, Dioscoride, Avicenne, etc., l'employèrent dans certaines maladies qu'on traite aujourd'hui au moyen des préparations ferrugineuses. — Quant à l'emploi extérieur de ce médicament, on voit déjà au IVe siècle l'empirique Marcellus faire porter au cou des pierres d'aim. pour calmer les douleurs de tête. Aétius recommandait aux goutteux et aux rhumatisants de tenir dans la main des pierres d'aimant. Dans le moyen âge, les charlatans exploitèrent l'aimant et la crédulité des malades comme ils exploitent tout ce qui peut servir à leur industrie. Au XVIIe siècle, P. Borel recommanda l'aim. contre les maux de dents, les douleurs des yeux et des oreilles et les affections hystériques. Vers le dernier quart du XVIIIe siècle, le père Hell, astronome de Vienne en Autriche, ayant imaginé les *armures aimantées*, c.-à-d. des plaques d'acier qui en une ou plusieurs pièces s'adaptaient à la forme des parties sur lesquelles on les appliquait, cette idée obtint une vogue incroyable, et les armures aimantées devinrent un remède universel. La Société royale de médecine crut alors devoir nommer des commissaires pour assister aux expériences que proposa d'exécuter l'abbé Lenoble, un des plus enthousiastes partisans de l'aim. Les commissaires constatèrent des guérisons dans un certain nombre de maladies offrant un caractère névralgique prédominant; mais là se bornèrent les miracles dont on faisait tant de bruit. Les observations plus récentes des praticiens, tels que Hallé, Laënnec, Chomel, Récamier et Trousseau, sont venues confirmer l'exactitude des conclusions des commissaires de la Société royale, et à cette heure on n'a plus recours aux armures aimantées que dans certains cas d'affections névralgiques, lorsque la médecine rationnelle a échoué. Mais nous devons ajouter que, en gén., les armures n'ont pas alors plus de succès que les moyens thérapeutiques qu'on a d'abord employés.

AIMANT, TE. adj. Porté à aimer. *Il est d'un caractère aim. Une âme naturellement aimante.*

***AIMANTATION.** s. f. Action d'aimanter; résultat de cette action. Voy. AIMANT.

AIMANTER. v. a. Communiquer les propriétés de l'aimant à un corps. = AIMANTÉ, ÉE. part. Voy. AIMANT.

AIMANTIN, INE. adj. Qui appartient à l'aimant. Vx. Aujourd'hui, on dit *Magnétique.*

AIMER. v. a. (lat. *amare*). Éprouver un sentiment d'affection plus ou moins vif pour un être ou une chose. *Aimez Dieu par-dessus toutes choses, et votre prochain comme vous-même. Aim. son père, sa mère. Aim. quelqu'un plus que sa vie. On n'aime pas longtemps ceux qu'on n'estime plus. Aim. son chien, son che-*

val. Aim. son pays, sa patrie. Aim. la vertu, la gloire, l'étude. — Pris absol., ne se dit guère que De la passion de l'amour. *Il est un âge où l'on ne peut se défendre d'aim. Il est doux d'aim.* || Avoir un goût prononcé pour certaines personnes, pour certains animaux, pour certaines choses, pour certaines actions. *Aim. les femmes, les chiens, les chevaux, le luxe, les plaisirs, le jeu, la chasse, les louanges, la bonne chère, la musique, les tableaux, les fleurs. Elle aime valser. Il aime entendre de bonne musique.* — *Aim. les procès, les querelles, le scandale, la médisance.* || Se dit, dans un sens plus limité, De ce qui plaît, de ce qu'on trouve agréable. *Aim. l'odeur du jasmin. J'aime assez cette peinture. Il aime la musique de Mozart. Aim. les manières, la franchise de quelqu'un. J'aime le lait, le café.* — Fig., *Aim. le carnage, le sang.* || S'emploie en parlant De l'attachement que manifestent les animaux pour les personnes ou d'autres animaux, et de la préférence qu'ils donnent à certaines choses. *Ce chien aime beaucoup son maître. La poule aime les petits canards qu'elle a couvés. La chèvre aime les lieux escarpés.* || Se dit même Des plantes, en parlant des conditions extérieures qui leur sont favorables. *La violette aime l'ombre. L'olivier aime les pays chauds. Le saule aime les lieux humides.* || *Aim. à*, Prendre plaisir à. *Il aime à travailler, à lire, à chasser. La charité aime à cacher ses bienfaits. Ce chien aime à chasser.* — Par extens., *Cette plante aime à être arrosée souvent.* || *Aim. que*, suivi du subj., signif., Trouver bon, avoir pour agréable. *Aimez qu'on vous conseille.* || *Aim. mieux*, Préférer, aimer une chose de préférence à une autre. *Celui qui aime mieux se faire craindre que se faire aim., doit craindre tous ceux qui ne l'aiment pas.* — Dans le même sens, on dit quelquefois en Style de Palais : *Si mieux n'aime le débiteur.* = s'Aimer. v. pron. *Aimez-vous les uns les autres. On ne s'aime bien que lorsqu'on n'a plus besoin de se le dire. Le moyen infaillible pour se faire aim. de tous est de ne pas trop s'aim. soi-même.* || *Cette petite personne s'aime beaucoup*, Elle a beaucoup d'amour-propre, ou bien Elle s'occupe beaucoup d'elle-même. || *Il s'aime à la campagne*, Il prend plaisir à y être. *Il s'aime infiniment dans votre société*, Il s'y plaît. — En parlant Des animaux et des plantes. *La sarcelle s'aime dans les marécages. Le sapin s'aime dans les montagnes.* = Aimé, ée. part.

Syn. — *Chérir.* — *Aim.* désigne l'affection, l'attachement, l'inclination, ou simplement même le goût qu'on a pour une personne ou pour une chose. Ce terme, par l'abus qu'on en fait, a perdu la plus grande partie de sa valeur; car il s'emploie en parlant des choses les plus diverses, soit comme sujet, soit comme régime du verbe. *Chérir*, au contraire, ne se dit que des personnes et ne s'applique qu'aux personnes ou aux choses qui font en quelque sorte partie de la personne. On *chérit* ses enfants; on *chérit* la mémoire de son père. On *aime* les fleurs, on ne les *chérit* pas; la violette *aime* l'ombre, mais elle ne la *chérit* pas.

AINE. s. f. (lat. *inguen*). T. Anat.

Enc. — On donne vulgair. le nom d'*Ai.* à l'enfoncement plus ou moins profond qui sépare la cuisse de l'abdomen, et aux parties immédiatement contiguës à ce pli. Les limites de l'ai. considérée comme région ne sont donc nullement apparentes au dehors; et c'est uniquement par la considération des parties sous-jacentes que l'anatomiste détermine l'étendue de cet espace. Ainsi on regarde en gén. la région inguinale ou l'ai. comme représentant un espace à peu près triangulaire borné d'un côté par l'arcade crurale, et de l'autre par une ligne qui descendrait de l'épine iliaque antérieure et supérieure à la hauteur du petit trochanter, et de là se porterait au pubis. On trouve dans cette région de nombreux ganglions lymphatiques superficiels et profonds, des membranes aponévrotiques qui présentent plusieurs feuillets et replis. On y remarque deux canaux, le canal inguinal qui donne passage, chez l'homme, au conduit déférent et à divers vaisseaux artériels, veineux et lymphatiques, et chez la femme, au ligament rond seulement; et le canal ou plutôt l'anneau crural qui est traversé par les vaisseaux et les nerfs cruraux. L'étude de cette région est de la plus haute importance, parce qu'elle est le siége de maladies nombreuses qui presque toutes sont du ressort de la chirurgie, parce que le diagnostic de ces affections est souvent d'une extrême difficulté, et enfin parce qu'il existe d'assez fréquentes anomalies dans la disposition des vaisseaux de cette partie. Tout le monde sait que la plupart des hernies ont lieu par le canal inguinal et par le canal crural, et que presque tous les organes contenus dans l'abdomen sont susceptibles de venir s'engager dans ces ouvertures. Les abcès, les anévrismes et des tumeurs de toute nature sont fréquents dans cette région. Consultez l'*Anat. chirurg.* du prof. Velpeau.

AÎNÉ, ÉE. adj. (lat. *ante*, avant; *natus*, né). Le premier né des enfants du même père et de la même mère, ou de l'un des deux seulement. *Son fils aî. Sa fille aînée. Son frère aî. Sa sœur aînée. Il est l'aî. de tous.* || *La branche aînée d'une maison*, Celle qui a un aî. pour tige. || *Le fils aî. de l'Église*, Titre que prenaient les rois de France depuis Clovis. — *Fille aînée des rois de France*, Titre que prenait l'Université de Paris. || Se prend subst. *C'est mon aî. Le cadet vaut bien l'aî.* || Se dit aussi D'un second enfant relativement au troisième, et ainsi des autres. *Il est mon aî., et je suis le vôtre.* || S'emploie par ext. en parlant De toute personne plus âgée qu'une autre. *Il est mon aî. de cinq ans, de six ans.*

AÎNESSE. s. f. Primogéniture, priorité d'âge entre frères et sœurs. N'est guère usité que dans cette locution : *Droit d'aînesse.*

Enc. — On entend par droit d'*Aînesse* ou de *primogéniture* le privilége que la loi, dans certains pays, accorde à l'aîné des enfants mâles, dans la succession de son père ou de sa mère, droit qui remonte à la plus haute antiquité et dont on retrouve des traces chez presque tous les peuples. Ainsi l'histoire de Jacob et d'Esaü nous le montre établi chez les Hébreux au temps même des patriarches. Diodore, Valère-Maxime, Plutarque nous parlent des priviléges dont les aînés jouissaient en Égypte et en Grèce; et Tacite nous apprend que, chez les Germains, la totalité des biens du père était dévolue à l'aîné de ses fils. — En France, sous les rois de la première race, le droit d'aîn. était inconnu. La couronne se partageait entre les frères, les alleux se divisaient de même, et les fiefs, amovibles ou à vie, n'étant pas un legs de succession, ne pouvaient être un objet de partage. Mais, sous les Carlovingiens, les fiefs étant devenus héréditaires, le droit d'aîn. s'introduisit dans la succession de ces biens, et par la même raison dans celle de la couronne, qui était le fief principal. Ce droit parut alors de toute justice, car les fiefs étaient chargés d'un service militaire qui entraînait un devoir personnel à remplir envers le souverain. Par conséquent, pour assurer ce service, il fallait que la propriété d'un fief échût toujours à un seul possesseur. L'établissement du droit de primogéniture devint donc une nécessité politique du régime féodal. D'après la coutume de Paris, sur les dispositions de laquelle se réglaient, en gén., à moins de dispositions contraires, les autres coutumes de France, le droit d'aîn. consistait dans un préciput, c'est-à-dire dans une portion que l'aîné prélevait, antérieurement à tout partage, sur la masse de la succession; après quoi le reste des biens se partageait de la manière suivante : s'il n'y avait que deux enfants, l'aîné prenait les deux tiers des biens restants, et le cadet l'autre tiers; s'il y avait plus de deux enfants, l'aîné prenait une moitié pour lui seul, et l'autre moitié se divisait par fractions égales entre les autres enfants. Quand il y avait des fiefs dans différentes provinces (excepté dans celles du Midi où le droit d'aîn. n'avait pas lieu), l'aîné pouvait prendre un préciput dans chacune d'elles selon la coutume du lieu. Le père et la mère n'avaient pas la faculté de déroger, soit par donation entre vifs, soit par testament, aux dispositions de la loi concernant le droit d'aîn. L'aîné des enfants lui-même ne pouvait y renoncer avant l'ouverture de la succession; et de sa part la renonciation au privilége que lui conférait la loi n'était valable après cette ouverture, que parce que le principe établi pour la successibilité ne recevait alors aucune atteinte. — Par un abus facile à comprendre, le droit d'aîn. passa dans la loi civile et s'étendit à presque toutes les successions, dans le cas même où il ne s'agissait que de biens roturiers. Toutefois, dans les provinces méridionales de la France, qui étaient régies par la législation romaine, il n'existait pas de droit d'aîn. proprement dit; mais le père pouvait rompre l'égalité de partage. — Les motifs qui avaient fait établir le droit d'aîn. ayant cessé d'exister, et le fait même de son extension exagérée ayant donné naissance à de graves abus, ce droit se trouva, vers la fin du dernier siècle, frappé d'une réprobation générale. En conséquence, l'Assemblée constituante l'abolit par ses décrets des 15-18 mars 1790, et 8-15 avril 1791, et posa en principe l'égalité de partage entre tous les héritiers de même degré. Les dispositions du Code civil qui nous régit aujourd'hui sont fondées sur le même principe, sauf le droit réservé au père par les articles 915 et suivants, et l'exception portée par la loi relative aux majorats. — Cependant la Restauration, frappée des inconvénients qui résultent pour l'agriculture du morcellement de la propriété foncière, morcellement qui s'accroît sans cesse par l'application du droit d'égalité de partage, tenta, sinon de rétablir le droit de primogéniture tel qu'il était autrefois, du moins d'attribuer au premier né des enfants mâles, à titre de préciput légal, la part des biens dont le père peut actuellement disposer à son gré pour avantager l'un de ses enfants. Mais la loi présentée pour établir cette disposition fut repoussée à une grande majorité par la chambre des pairs, dans la séance du 8 avril 1826. — Ainsi, donc, le droit d'aîn. est complétement aboli en France, excepté en ce qui concerne la successibilité au trône; mais il continue à subsister dans différents pays, notamment en Angleterre, en Espagne, en Italie, dans la Sicile et dans la Sardaigne. Voy. Majorat, Succession.

AINS. conj. Mais. N'est plus usité que dans le style marotique.

AINSI. adv. (lat. *in, sic*; en cette manière). En cette manière, de cette façon. *L'orateur parle ain. La chose se passe ain. Comme la lumière chasse les ténèbres, ain. la vérité chasse l'erreur.* — *Ain. le ciel vous soit propice*, Que le ciel vous soit propice de la manière que vous désirez. *Ain. soit-il !* Que cela arrive de cette manière. || Dans les locutions suivantes : *S'il en est ainsi, Puisqu'ainsi est, Puisqu'ainsi va*, le mot *Ainsi* signif., De cette manière. || Par ellipse, on dit : *Ain. du reste, Ain. des autres choses*, Il en de même du reste, etc. = Ainsi. conj. Donc, par conséquent. *Ain., il est évident que. Ain., vous refusez mes services.* = Ainsi que. loc. conj. De même que. *Les plaisirs ainsi que les peines troublent l'âme. Ain. que le hibou cherche l'obscurité, ain. le méchant cherche les ténèbres.* || De la façon, de la manière que. *Cela s'est passé ain. que je vous l'ai dit.* || *S'il est ain. que*, S'il est vrai que. *S'il est ain. que nous ne soyons créés que pour servir Dieu.* Vx. || *Comme ain. soit que*, Attendu que, vu que.

Obs. gram. — *Ainsi*, considéré comme adverbe ne présente aucune difficulté dans son emploi, puisqu'il a une valeur constante et parfaitement déterminée. Il n'en est plus de même si on le considère comme conjonction. Lorsqu'il sert à lier des phrases ou des membres de phrases, il est rangé parmi les *conjonctions conclusives*, parce qu'il unit les rapports de principes et de conséquences, de prémisses et de conclusions. Mais il résulte de la nature de cette conjonction qu'elle ne peut s'allier à d'autres mots qui ont une valeur semblable à la sienne, et qu'il y aurait pléonasme si l'on disait : *Ainsi, par conséquent; Ainsi, c'est pourquoi.* Cependant, l'usage admet que le mot *ainsi* soit suivi quelquefois du mot *donc*, et l'analyse paraît sanctionner ce que l'usage a établi. En effet, *ainsi*, tout en exprimant la conclusion, n'implique pas l'idée de solution, tandis que *donc* comprend cette idée. En alliant ces deux termes pour former une locution conjonctive, on a donc créé une expression qui a pour caractère de conclure avec force et de résoudre. Comme on le voit, il existe une différence sensible entre les conjonctions *ainsi* et *donc* : l'une conclut et ne résout pas, l'autre résout et conclut; mais s'il n'y a pas pléonasme dans la locution *ainsi donc*, parce que le dernier de ces termes ajoute une idée au premier, il y aurait répétition vicieuse si l'on renversait l'ordre de ces termes, car le mot *ainsi* n'ajouterait rien au mot *donc*. On ne peut pas dire *donc ainsi*. On trouve également entre les conjonctions *partant* et *ainsi*, une différence qui ne permet pas de les employer indifféremment l'une pour l'autre. *Partant* signifie, par tout cela; *ainsi* signifie, par cette raison : Payé tant, et *partant* quitte; Notre prince est clément, *ainsi* vous aurez votre grâce. Il faut observer aussi que les locutions conjonctives *par conséquent*, *c'est pourquoi*, qui désignent la conclusion comme le mot *ainsi*, n'ont pas exactement sa valeur. *Par conséquent*, signifie, *il suit de là*; et *c'est pourquoi*, signifie, *pour ce fait*. L'envie est un noir chagrin du bonheur d'autrui; *par conséquent*, elle est le supplice des âmes viles. La fortune est inconstante, *c'est pourquoi* on doit toujours espérer dans l'adversité. Dans ces exemples, la conjonction *ainsi* ne saurait être convenablement employée. — Lorsque le mot *ainsi* s'unit à la conjonction *que* pour former une locution conjonctive, il reprend la signification qu'il a comme adverbe, et il se range dans les *conjonctions explicatives*. Il possède sous cette forme la valeur de la conjonction *comme* et de la locution *de même que*, avec cette différence qu'il désigne, le plus souvent, la répétition de choses semblables, tandis que la locution *de même que* et le mot *comme* se bornent à exprimer la ressemblance. Cependant, il y a certains cas où ces termes peuvent l'équivaloir, puisque dans ces cas il se borne à indiquer une comparaison. Mais alors ce sens de *ainsi que* est facile à reconnaître, car si cette locution sert à joindre plusieurs substantifs, le verbe qui la suit se met au singulier. L'homme *ainsi que* la vigne *a* besoin de support. Il n'en est pas de même si elle a le sens de répétition de choses semblables, le verbe qui la suit prend la marque du pluriel. Le jaguar *ainsi que* le couguar *habitent* l'Amérique méridionale. — La locution conjonctive *ainsi que* régit l'indicatif : *Ainsi que vous me l'avez promis; ainsi que vous le pensez.*

AIR. s. m. (gr. ἀήρ). Fluide élastique permanent qui constitue l'atmosphère terrestre. *La pesanteur de l'a. Les régions supérieures de l'a. Une colonne d'a. La circulation de l'a. L'a. se dilate, se raréfie, se condense, se comprime. La masse de l'a. L'a. est indispensable à la respiration.* — En considérant l'a. par rapport à L'influence qu'il exerce sur nous et aux impressions que nous en recevons, on dit : *A. sain, malsain. Bon a. Bel a. Grand a. Mauvais a. A. doux, tempéré, étouffant, brûlant, sec, humide, corrompu, contagieux, vicié*, etc. — Dans le style poétiq., on dit : *Les plaines de l'a. Le vague des airs. Au plus haut des airs.* || *Aller prendre l'air*, Sortir de chez soi pour aller respirer un a. meilleur. *Changer d'a.*, Changer de séjour dans le même but. — On dit de même : *Aller prendre, aller respirer l'a. natal*, L'air du lieu où l'on est né. || *Se tenir à l'a., au grand a., en plein a.*, Se tenir dans un lieu où l'a. arrive de tous les côtés. *Mettre, exposer quelque chose à l'air*, L'exposer à l'action de l'a. libre. || *Renouveler l'a., Donner de l'a. à une chambre, à un salon*, etc., Donner à l'a. extérieur un libre accès dans une chambre, etc. — *Donner de l'a. à une pièce de vin*, En ôter le bondon afin de laisser échapper les gaz qui pourraient la faire éclater. || *Fendre l'a., fendre les airs*, se dit De la rapidité du vol, de la course, du mouvement d'un projectile, etc. || En parlant De l'a. en mouvement, on dit : *Il y a ici un courant d'a. Il vient de l'a. par cette fenêtre, par cette fente. Ne restez pas entre deux airs. Il fait beaucoup d'a. Il ne fait point d'a.*, Il n'y a pas un brin, un souffle d'a. — *Coup d'a.*, Douleur ou fluxion causée par l'action d'un courant d'air. || Vulg. on dit : *Mauvais a.*, pour Contagion. *Il a pris le mauvais a. à Tunis et l'a porté à Marseille.* || *Prendre l'a. du feu, un a. de feu*, signif., S'approcher un instant du feu. || Fig., *Être libre comme l'a.*, N'être soumis à aucune sujétion. *Depuis que j'ai quitté le service, je suis libre comme l'a.* || Fig., *En France, l'esprit guerrier est dans l'a.; en Angleterre, c'est l'esprit mercantile.* Le caractère de ces nations est tel que les Français et les Anglais semblent puiser l'esprit guerrier ou l'esprit mercantile dans l'air qu'ils respirent. — *L'a. du monde est contagieux ou dangereux pour la vertu*, La fréquentation du monde expose la vertu à mille dangers. || Fig. et fam., *Prendre l'a. du bureau*, Sonder la disposition des personnes qui doivent décider d'une affaire, d'un procès, etc. *L'a. du bureau ne lui est pas favorable.* || S'emploie en parlant Des manières, des façons de parler, d'agir, de marcher, de se tenir, de s'habiller, de se conduire dans le monde, et en général De tout ce qui frappe à la première vue dans l'extérieur d'une personne. *De l'a. dont il parle, on reconnaît qu'il est persuadé de ce qu'il dit. Il a un certain a. de dire les choses, qui fait qu'on ne s'en fâche point. L'a. qu'il prend avec ces gens-là ne lui réussira pas. L'a. dont il fait toutes choses. Il marche d'un a. ridicule. A l'a. dont il marche on le croirait un personnage. Il se tient d'un a. si gauche qu'on le prend pour un niais. A l'a. dont il se met on le prendrait pour un pauvre diable. De l'a. dont il se conduit, il ne fera jamais son chemin. Avoir bon a., mauvais a. Avoir l'a. noble, grand, martial, spirituel, honnête. Avoir l'a. d'un homme de qualité, d'un fripon. Avoir l'a. agréable, aisé, gracieux, enfantin, enjoué. Avoir l'a. bas, rampant, niais, simple, provincial, bourgeois, commun. Avoir l'a. embarrassé, sombre, triste, renfrogné, chagrin, railleur, méprisant*, etc. || Se dit dans le sens De simple apparence. *Avoir un a. de grandeur, de noblesse, de supériorité. Affecter un a. de maître, de capacité. Il y a dans cette maison un a. d'opulence.* — *Une chose qui a grand a., qui a un grand a.*, Qui a une belle et grande apparence. || On disait autrefois : *Un homme du grand a.*, Un homme qui vit à la manière des grands ; *Les gens du bel a., du grand a.* Aujourd'hui, ces locutions ne s'emploient qu'ironiq. || *Prendre des airs, se donner des airs, de grands airs*, Prendre un ton, affecter des manières au-dessus de son état, de sa condition, de sa fortune. — *Prendre, se donner, afficher des airs de maître, de savant, de bel esprit*, Vouloir s'attribuer sans raison une autorité de maître, se faire passer pour savant, pour bel esprit. *Prendre, avoir des airs penchés*, Affecter certaines poses languissantes pour plaire ou pour intéresser. Fam. || Fig. et fam., *Avoir l'a. à la danse*, Avoir l'a. vif, éveillé, se montrer propre à réussir dans ce qu'on fait ou dans ce qu'on voudrait faire. || *Avoir l'a.*, Sembler, paraître. Se dit des êtres animés et des choses. *Il a l'a. de se moquer de nous. Il a l'a. de savoir son métier. Cette anecdote a tout l'a. d'un conte. Cette femme a l'a. bon, méchant. Elle a l'a. bossue. Elle a l'a. fâchée de ce qui vient de vous arriver.* || Se dit D'une certaine ressemblance qui résulte de toute la personne et particulièrement des traits du visage. *Ils ont de l'a., beaucoup d'a. l'un de l'autre.* — *Avoir un faux a. de quelqu'un*, Avoir quelque ressemblance avec lui. — *Avoir un a. de famille*, Avoir cette conformité de traits, de physionomie, qui existe entre les individus d'une même famille. || T. Peint. et Sculpt. *Un a. de tête, des airs de tête*, Pose d'une tête, manière dont une tête est dessinée. — *Ce peintre prend, attrape, saisit bien l'a. des personnes*, Fait des portraits très-ressemblants. — On dit encore, mais dans un sens différent : *Il n'y a pas d'a. dans ce tableau*, La lumière y est mal distribuée, les plans se confondent. || T. Man. *Air* se dit des Allures artificiellement cadencées du cheval. Ainsi le pas naturel, le trot et le galop ne sont pas compris au nombre des *airs* de manège. On distingue les *airs* en *airs bas* et en *airs relevés*. Les *airs bas* sont le *Piaffer*, le *Passage*, la *Galopade* et le *Terre-à-terre*. Les *airs relevés* sont le *Mézair*, la *Pesade*, la *Courbette*, la *Croupade*, la *Ballottade* et la *Cabriole*. Voy. ces mots. || T. Mar. *Air de vent*. Voy. AIRE. || En Mus., on donne le nom d'*Air* à Tout morceau écrit pour une voix seule ou à Toute mélodie jouée par un instrument seul. *A. gai, triste. A. populaire, national. A. à la mode. Un a. de violon, de flûte. Un a. de ballet, de danse, de vaudeville. Composer, apprendre, chanter un a. L'a. va bien aux paroles.* — *N'être pas dans l'a.*, Ne pas chanter exactement un a., chanter faux. — Se dit en parlant Du chant et des paroles tout ensemble. *Un a. à boire. Un livre d'airs.* = EN L'AIR. loc. adv. *Tirer en l'a., Tirer un coup en l'a.*, Décharger une arme à feu sans diriger le coup vers un but. — Fig. et fam., Faire une démarche qui ne peut mener à rien. || *Avoir toujours le pied en l'a., un pied en l'a.*, Être toujours prêt à partir, à courir, à sauter, à danser. — *Cet enfant est toujours en l'a.*, Il ne peut rester en place. — Fig. et fam., *Tout le monde, toute la ville est en l'a.*, Tout le monde, toute la ville s'agite, est en mouvement. || *Ce clocher, cet escalier paraît tout en l'a.*, Ne semble presque soutenu par rien. — Fig., *Toute sa fortune est en l'a.*, Ne repose sur rien de solide. || Fig., *En l'air*, se dit Des choses qui sont sans réalité, sans fondement. *Vous nous faites des contes en l'a. Voilà bien ce qui s'appelle raisonner en l'a. Craintes en l'a. Paroles, menaces en l'a.*

Obs. gram. — Doit-on dire : Cette femme a l'*air bon, gracieux*, ou Cette femme a l'air *bonne, gracieuse?* Doit-on dire : Cette femme a l'*air grosse, bossue, boiteuse*, ou Cette femme a l'*air gros, bossu, boiteux?* Enfin, doit-on dire : Cette robe a l'*air* bien fait, ou Cette robe a l'air bien faite? Toutes les fois que la locution *avoir l'air* est employée en parlant des choses, l'adjectif ou les adjectifs qui suivent le mot *air* ne s'accordent point avec lui. Cette table de marbre a l'*air polie* et bien travaillée; cette maison a l'air solidement construite. Cette règle est fondée sur la raison que la vue de l'esprit, en considérant les choses dont il est question, se porte sur leurs qualités et non sur leur apparence. C'est le même principe qui sert à expliquer la difficulté de l'emploi de la locution *avoir l'air* en parlant des personnes. En effet, si la vue de l'esprit se porte sur la qualité de bonté d'une personne, nous dirons en parlant d'elle, Cette femme a l'*air bonne*; mais si la vue de notre esprit ne considère uniquement que l'aspect de bonté de cette personne, nous dirons, Elle a l'*air bon*, et non Elle a l'*air bonne*, comme dans le cas précédent. C'est ce qui fait, lorsque l'adjectif ne peut pas raisonnablement qualifier le mot *air*, qu'il se met toujours au féminin. Cette dame a l'*air bien faite*; cette demoiselle *a l'air petite* pour son âge. — On rencontre dans quelques auteurs la locution *avoir l'air* construite avec un adjectif masculin en parlant des choses : la toile *a l'air* plus *gai* que le chanvre ; mais c'est une licence qu'il faut rarement imiter.

Syn. — *Manières.* — L'*air* semble être né avec nous ; c'est un don de la nature. Les *manières* sont dues à l'éducation ; elles se développent successivement dans le commerce de la vie. L'*air* prévient ou repousse ; les *manières* conviennent ou répugnent. Tel qui déplaît d'abord par son *air*, charme ensuite par ses manières. — **Syn.** — *Mine, Physionomie.* — Le terme *physionomie* appliqué aux personnes ne se dit que du visage, et s'entend de l'expression particulière qui résulte de l'ensemble des traits. Une *physionomie heureuse, spirituelle. Mine* se dit tantôt du visage, tantôt du port. Vous avez mauvaise *mine*, êtes-vous malade ? Le militaire a bonne *mine* sous les armes. *Air* diffère, dans ce sens, des deux termes précédents en ce qu'il se dit de l'ensemble même de la personne dont on parle. Ce magistrat a l'*air* grave ; ce prince a l'*air* majestueux.

Enc. — L'air est un fluide gazeux, compressible, élastique, permanent, c. à d. qui ne se laisse ni liquéfier, ni solidifier. Il est sans saveur, sans odeur, et incolore quand il est en petite quantité; mais lorsqu'il est en masse considérable, il présente un aspect bleuâtre dû, selon de Saussure, aux vapeurs qui y sont mêlées, et qui réfléchissent particulièrement le rayon bleu.

L'air est un corps pesant, vérité dont les anciens philosophes de la Grèce avaient déjà quelque idée, mais qui n'a été démontrée qu'en 1644 par Torricelli. Un litre d'air sec, à la température de 0, et sous la pression de 0m,76, pèse, ainsi que l'ont déterminé Biot et Arago, 1 gr. 299 ; par conséquent, le poids d'un volume d'air est à celui d'un volume d'eau comme 1 est à 770. C'est à la densité de l'air prise comme unité que l'on compare celle des différents gaz. Sa puissance réfractive est également prise pour unité, quand on veut évaluer celle des fluides gazeux. — L'air est mauvais conducteur du calorique et de l'électricité à moins qu'il ne soit humide ; et, quand on le soumet à un courant d'étincelles électriques, il n'est altéré que s'il contient une certaine quantité d'eau ou une matière alcaline ; alors il se forme de l'acide nitrique, ce qui explique pourquoi les pluies d'orage contiennent souvent ce dernier acide.

Analyse de l'air. — Les anciens regardaient l'air comme un élément, et cette croyance a régné jusqu'en 1770, époque où Lavoisier démontra d'une manière irrévocable que l'air était un corps composé, et qu'on pouvait le séparer en deux fluides, l'un éminemment capable d'entretenir la combustion, et l'autre incapable de l'entretenir. Parmi les nombreuses expériences entreprises à ce sujet par l'illustre chimiste français, nous citerons celle qui consiste à calciner du mercure au contact de l'air contenu dans un appareil fermé de toutes parts, mais cependant d'une capacité variable, et qui offre l'avantage de pouvoir réunir les deux éléments essentiels de l'air après les avoir isolés. Lavoisier introduisit du mercure dans un matras à col très-long, communiquant par son col avec une cloche placée sur un bain de même métal. (Fig. 1.) Il chauffa le mercure jusqu'à un point voisin de l'ébullition, et en l'entretenant dans cet état, il se forma une poudre rouge qui finit par ne plus augmenter. Il laissa alors refroidir l'appareil, et trouva que 50 pouces cubes d'air avaient été réduits à 42 ou 43 pouces. L'air qui restait dans la cloche après cette opération (azote), n'était plus propre à la respiration ni à la combustion ; car les animaux qui y furent introduits périrent en peu d'instants, et les lumières s'y éteignirent sur-le-champ comme si on les avait plongées dans de l'eau. Lavoisier chauffa ensuite dans une petite cornue 45 grains de cette poudre rouge obtenue, et obtint d'un côté 41 1/2 grains de mercure coulant, et d'un autre côté 7 à 8 pouces cubes d'un fluide élastique, « beaucoup plus propre, dit Lavoisier, que l'air atmosphérique à entretenir la com-

Fig. 1.

bustion et la respiration des animaux (oxygène). Ayant fait passer une portion de cet air dans un tube de verre d'un pouce de diamètre, et y ayant plongé une bougie, elle y répandait un éclat éblouissant ; le charbon, au lieu de s'y consumer paisiblement comme dans l'air ordinaire, y brûlait avec flamme et une sorte de décrépitation à la manière du phosphore, et avec une vivacité de lumière que les yeux avaient peine à supporter. Cet air, que nous avons découvert presque en même temps, M. Priestley, M. Scheele et moi, a été nommé par le premier *air déphlogistiqué*; par le second *air empyréal*. Je lui avais d'abord donné le nom d'*air éminemment respirable* : depuis on y a substitué celui d'*air vital*, et enfin celui d'*oxygène*. — L'air de l'atmosphère est donc composé de deux fluides élastiques de nature différente et, pour ainsi dire, opposée. Une preuve de cette importante vérité, c'est qu'en recombinant les deux fluides qu'on a ainsi obtenus séparément, c.-à d. les 42 pouces cubes d'air non respirable, et les 8 pouces cubes d'air respirable, on reforme de l'air en tout semblable à celui de l'atmosphère, et qui est propre à peu près au même degré à la combustion, à la calcination des métaux et à la respiration des animaux. » Il résulte des travaux de Lavoisier que l'air est essentiellement formé par un mélange d'oxygène et d'azote. Depuis, des expériences plus rigoureuses ont démontré qu'il est composé de 21 parties d'oxygène pour 79 d'azote, et qu'il contient en outre 1 demi-millième de gaz acide carbonique, une quantité très-variable de vapeur d'eau, sans parler des produits anormaux, pour ainsi dire, qu'il peut retenir.

Nous ne saurions énumérer ici les diverses analyses de l'air qu'ont exécutées les chimistes les plus éminents de notre siècle, et indiquer les procédés qu'ils ont suivis. Ces expériences du reste sont toutes concordantes entre elles. Nous nous contenterons donc de citer l'analyse faite, en 1841, par Dumas et Boussingault, analyse où les précautions les plus minutieuses ont été prises pour éviter la moindre chance d'erreur. Voici comment ils s'expriment : « Nous étant procuré un ballon vide d'air, nous le mettons en rapport avec un tube plein de cuivre métallique réduit par l'hydrogène, et armé de robinets qui permettent d'y faire également le vide. On a d'ailleurs déterminé exactement le poids de ce tube ; le cuivre étant chauffé au rouge, on ouvre celui des robinets par où doit arriver l'air, qui se précipite alors dans le tube où il cède à l'instant son oxygène au métal. Au bout de quelques minutes on ouvre le second robinet, ainsi que celui du ballon, et le gaz azote se rend dans le ballon vide. Les robinets demeurés ouverts, l'air afflue, et à mesure qu'il passe dans le tube il y abandonne son oxygène ; c'est donc de l'azote pur que le ballon reçoit. Quand il en est plein ou à peu près, on ferme tous les robinets. On pèse ensuite séparément le ballon et le tube pleins d'azote ; puis on les pèse de nouveau après y avoir fait le vide. La différence de ces pesées donne le poids du gaz azote. Quant au poids de l'oxygène, il est fourni par l'excès de poids que le tube qui contient le cuivre a acquis pendant la durée de l'expérience. (Fig. 2. X, Tube allant chercher l'air hors de la chambre ; — L, Tube de Liebig avec potasse concentrée ; — TT, Tubes avec ponce humectée de potasse ; — T', Potasse caustique ordinaire en morceaux ; — T'', Potasse caustique rougie

Fig. 2.

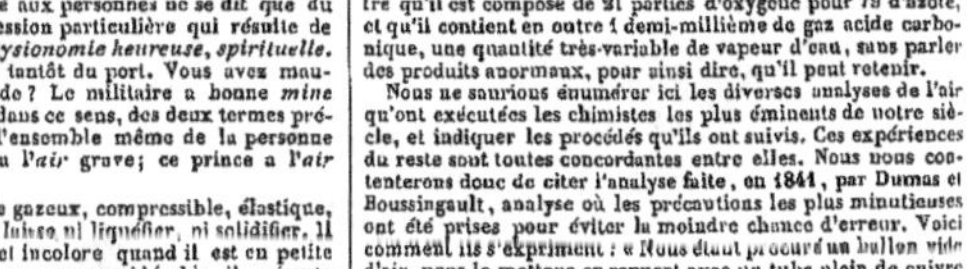

en morceaux; — L', Tube de Liebig avec acide sulfurique concentré; — T''', Tubes avec ponce humectée d'acide sulfurique concentré; — CC', Tube en verre dur rempli de cuivre obtenu en réduisant l'oxyde par l'hydrogène; — RR, Robinets qui permettent de faire le vide dans le tube; — B, Grand ballon vide dans lequel se précipite l'azote lorsqu'on ouvre le robinet R.) — Nous devons dire sur quoi se fonde notre conviction relativement à la base même du procédé, c.-à-d. l'absorption totale de l'oxygène de l'air qui passe par le tube au moyen du cuivre. — La rapidité du courant d'air qui traverse le tube a nécessairement de l'influence sur l'absorption de l'oxygène; il ne faudrait pas l'exagérer. Cependant nous avons vu qu'elle pouvait être assez grande. En effet, nous avons souvent fait passer plus de dix litres d'air par heure au travers des tubes, sans que l'absorption d'oxygène en parût en rien altérée. Ordinairement nous demeurons fort au-dessous de cette limite, afin d'être sûrs qu'aucune portion d'oxygène n'échappe à l'action du métal. — Il suffit de voir comment l'expérience se comporte, pour être pleinement rassuré à ce sujet. En effet, l'air se dépouille tout à coup d'oxygène dès son entrée dans le tube. Le cuivre qui s'oxyde occupe une zone tout à fait limitée; et, après les plus longues expériences, l'oxydation se trouve renfermée dans l'espace de 2 ou 3 centimètres. La presque totalité du tube contient donc encore, à la fin de l'expérience, du cuivre métallique doué de tout son éclat, et éminemment propre à recueillir les dernières traces d'oxygène. Nous n'avons pas voulu néanmoins nous en rapporter à ces apparences. Tout étant disposé comme à l'ordinaire, nous avons triplé la vitesse du courant d'air dans l'appareil, et, sous cette condition défavorable, nous avons essayé s'il retenait de l'oxygène; il n'en avait pas gardé la moindre trace. En effet, nous avons dirigé l'azote tout entier au travers d'un tube contenant une dissolution ammoniacale de protochlorure de cuivre bien incolore, et nous n'avons pu découvrir le moindre indice de coloration dans ce liquide. Or, la plus légère trace d'oxygène l'aurait fait passer au bleu foncé. — Parmi les causes d'erreur qui pourraient exercer une grande influence sur les résultats des analyses faites par la méthode que nous avons décrite, la plus grave à-la fois et la plus facile à éviter, est celle qui proviendrait de la présence de l'eau dans le cuivre employé. Avec des soins convenables on se met à l'abri de cet inconvénient; mais il est plus simple de faire passer d'abord dans le tube qui contient le cuivre quelques litres d'air; le tube étant chauffé au rouge, on l'oxyde ainsi, et l'on perd un peu de cuivre, mais on enlève les plus petites traces d'humidité; on fait ensuite le vide dans le tube refroidi, on pèse celui-ci, et l'on procède à son analyse. — Exécutées à l'aide de ce procédé et sur une grande échelle, toutes nos expériences, sans exception, sont venues confirmer la composition de l'air admise par les chimistes français, et fondée sur les belles expériences eudiométriques par lesquelles MM. de Humboldt et Gay-Lussac ont fixé, il y a 35 ans, la composition de l'air d'une manière irréprochable dans les limites de sensibilité de leur instrument. — L'air que nous soumettions à l'analyse était aspiré par des tubes de verre qui le puisaient dans le jardin de mon laboratoire, près le Jardin des Plantes. Quand nous faisions deux analyses simultanées, les deux tubes aspirateurs venaient se terminer au même point, et prenaient par conséquent l'air dans la même couche. — Avant d'arriver sur le cuivre qui devait lui enlever son oxygène, l'air se dépouillait d'abord d'acide carbonique en passant dans des appareils remplis de potasse liquide très-concentrée, puis d'eau, en traversant des tubes garnis d'acide sulfurique concentré et pur. »

La moyenne des expériences exécutées à l'aide de cet appareil a donné pour composition de l'air atmosphérique normal : poids de l'oxygène, 2301; poids de l'azote, 7699. Ensuite, afin de convertir les poids obtenus en volumes, ces savants chimistes ont déterminé de nouveau, avec le plus grand soin, les densités des deux gaz, et ont trouvé 1,1057 pour l'oxygène et 0,972 pour l'azote. Ainsi, en divisant le poids par la densité, on a 2080 pour le volume de l'azote et 7920 pour celui de l'oxygène. On voit donc qu'il n'existe entre l'évaluation de Dumas et Boussingault et celle qu'avaient donnée Gay-Lussac et Humboldt, il y a quarante ans, qu'une différence insignifiante, différence qui tient évidemment à la moindre perfection des moyens employés à cette époque.

C'est à Thénard qu'on doit les premières recherches faites d'une manière précise pour reconnaître la faible proportion d'acide carbonique que contient, ainsi que nous l'avons dit, l'air atmosphérique. Après ce savant chimiste, nous devons signaler les nombreuses expériences de Saussure, celles de Brunner et enfin celles de Boussingault. Ce dernier fait passer un volume déterminé d'air sec par un système de tubes renfermant des substances absorbantes aptes à retenir l'acide carbonique. Comme absorbants, il fait usage de petits fragments de pierre ponce imbibés d'acide sulfurique concentré pour retenir l'eau que l'air contient toujours, et il emploie des fragments de pierre ponce imbibés d'une dissolution de potasse pour retenir l'acide carbonique. L'augmentation de poids des tubes qui renferment la solution de potasse donne le poids de l'acide carbonique. L'air contient de 4 à 6 dix-millièmes d'acide carbonique en volume; le plus souvent, il n'en renferme que 4 dix-millièmes. Tel est le chiffre obtenu à Paris par Boussingault. — Enfin personne n'ignore que l'air contient constamment une quantité de vapeurs d'eau excessivement variable. Il est facile de le démontrer à l'aide d'une expérience très-simple. Lorsqu'on tient en contact de l'air un vase dans lequel on a placé un mélange réfrigérant, les parois extérieures de ce vase ne tardent pas à se recouvrir de rosée. Or cette rosée est produite par la précipitation de la vapeur qui vient se condenser sur la surface refroidie avec laquelle elle se trouve en contact.

Constitution de l'air. — En résumant les données qui précèdent, on trouve que l'air est essentiellement formé d'azote, d'oxygène, de gaz acide carbonique et de vapeur d'eau. Il est bien démontré que la vapeur d'eau et le gaz acide carbonique sont simplement mélangés à l'air et que leur quantité est éminemment variable; mais l'oxygène et l'azote se trouvent-ils également à l'état de simple mélange? Deux preuves qui paraissent péremptoires portent à admettre qu'il en est ainsi. C'est Dulong qui a donné la première en se fondant sur la puissance réfractive des gaz oxygène et azote et sur celle que le calcul indique pour l'air, en supposant qu'il contienne ces deux gaz à l'état de mélange. En effet, si l'on admet 0,21 d'oxygène et 0,79 d'azote dans l'air, sa puissance réfractive sera = 0,99984; et si l'on y ajoute 0,00026 pour l'excès de puissance réfractive due aux 0,0005 d'acide carbonique qui s'y trouvent, on obtient 1,0001 pour le pouvoir de l'air déduit de ses éléments. La seconde preuve est déduite de ce qui passe dans l'absorption de l'air par l'eau. L'oxygène de l'air se dissout dans l'eau, comme si l'azote n'existait pas, et l'azote de son côté s'y dissout comme s'il existait tout seul dans l'air. Or la solubilité de l'oxygène étant supérieure à celle de l'azote, l'eau doit contenir plus d'oxygène que d'azote : c'est ce qui a lieu en effet. L'eau aérée contient 0,32 d'oxygène à peu près pour 0,68 d'azote.

Action chimique de l'air. — L'air, ou en d'autres termes les gaz qui le composent et la vapeur d'eau qu'il contient toujours, donne lieu à une foule d'actions chimiques remarquables. L'hydrogène, le bore, le soufre, le sélénium, l'oxygène, l'iode, le brome, le chlore et l'azote, sont les seuls corps simples non métalliques qui n'agissent point sur l'air à la température ordinaire; les trois premiers le décomposent à chaud et s'emparent de son oxygène pour former de l'eau, de l'acide borique ou du gaz acide sulfureux. Le charbon et le phosphore se combinent avec l'oxygène de l'air à toutes les températures, mais surtout à chaud; le charbon passe à l'état de gaz acide carbonique si on agit à froid, et fournit du gaz acide carbonique et du gaz oxyde de carbone si la température a été élevée. Le phosphore se transforme en acide hypophosphorique si l'on agit à froid; mais quand il a été fondu, il passe à l'état d'acide phosphorique. — Parmi les corps simples métalliques, il en est qui n'agissent point sur l'air : tels sont l'or, le platine, etc.; d'autres, comme le potassium, le calcium, etc., le décomposent à toutes les températures et s'emparent de son oxygène pour se transformer en oxydes; certains métaux, tels que le mercure, etc., n'agissent pas sur l'air à la température ordinaire et le décomposent à chaud; plusieurs s'emparent de l'oxygène qu'il contient quand la température est élevée, et même à froid dans le cas où l'air est humide : tels sont l'arsenic, l'étain, le fer, etc. Ce sont ces différences dans la manière dont les métaux se comportent à l'égard de l'air, qui ont servi à Thénard de base pour sa classification chimique des corps métalliques. Voy. MÉTAL. — Parmi les oxydes métalliques, ceux qui, comme l'oxyde rouge de mercure, sont saturés d'oxygène n'agissent point sur l'air atmosphérique. Ceux qui sont susceptibles d'absorber une plus grande quantité d'oxygène, décomposent l'air et s'emparent de son oxygène : tel est le protoxyde de potassium. Quelques-uns d'entre eux se combinent avec l'eau et avec l'acide carbonique de l'air et se transforment en carbonates : tels sont les oxydes de calcium (chaux), de baryum (baryte), etc. — Parmi les acides minéraux, les uns sont inaltérables à l'air; les autres éprouvent des changements plus ou moins remarquables. Quelques-uns de ces derniers, l'acide sulfureux, par ex., sont susceptibles d'absorber une plus grande quantité d'oxygène et décomposent l'air atmosphérique. D'autres attirent l'humidité, tombent en déliquium, ou répandent des vapeurs; enfin quelques-uns s'y effleurissent. Les sels éprouvent de la part de l'air une action variable : il en est qui sont inaltérables; d'autres absorbent l'oxygène qui se combine tantôt avec l'acide, tantôt avec l'oxyde, et tantôt avec l'un et l'autre. Indépendamment de cette action oxygénante, l'air agit hygrométriquement sur certains sels : il cède de l'eau à quelques-uns, il en enlève à d'autres; les premiers sont appelés *déliquescents*, les seconds portent le nom d'*efflorescents*. — Tout le monde sait que c'est sous l'influence de l'air que s'opèrent les combinaisons chimiques, si nombreuses dans la nature, qui se rapportent à la combustion et à la décomposition des matières organiques animales et végétales : mais ces questions spéciales seront traitées aux mots COMBUSTION, FERMENTATION, PUTRÉFACTION.

Action physiologique de l'air. — La présence de l'air est nécessaire au développement et au maintien de la vie chez tous les êtres organisés, tant animaux que végétaux, quel que soit le milieu où ils sont appelés à vivre. C'est au reste pour les actions chimiques diverses auxquelles l'air donne lieu que la présence de ce fluide est indispensable. Ainsi donc, lorsqu'on emploie l'expression action physiologique de l'air par opposition à son action chimique, on ne prétend pas exprimer une différence dans le mode d'influence de ce fluide; on a seulement en vue le résultat final de cette influence. Voy. RESPIRATION et VÉGÉTATION.

Variations normales de la composition de l'air. — Les proportions des éléments de l'air ne varient que dans des limites excessivement étroites. L'analyse de l'air recueilli à toutes les hauteurs a donné, contrairement à l'hypothèse de Dalton, absolument les mêmes quantités d'azote et d'oxygène. Cependant un chimiste danois, Lewy, ayant, dans une traversée du Havre à Copenhague, recueilli de l'air aussi près que possible de la surface de l'eau, l'analysa par le procédé de Dumas et Boussingault, et en comparant cet air avec de l'air pris sur la côte de Kronborg pendant que le vent soufflait de la mer, ainsi qu'avec l'air de Copenhague, il trouva une proportion d'oxygène un peu moindre : il obtint comme moyenne du poids de l'oxygène de l'air à Copenhague 2209,8; pour l'air de la côte, 2301,6; et pour l'air pris en mer, 2257,5. Humboldt pense que cette diminution tient à l'immense quantité d'organisations animales qui vivent dans l'Océan, et qui, en faisant varier la proportion d'oxygène dont l'eau s'est chargée, peuvent déterminer une variation correspondante dans les couches d'air voisines de la surface de la mer. — Dumas et Boussingault sont portés à croire que, lorsqu'il pleut, l'eau qui se condense dissout et entraîne plus d'oxygène que d'azote; mais les analyses qu'ils ont faites pour vérifier ce fait ont donné la même quantité d'oxygène pour l'air pris par un beau temps et par un temps de pluie continue. — Les nombreux phénomènes de combinaisons organiques et inorganiques dans lesquels l'air cède une partie de son oxygène feraient, au premier abord, supposer que la quantité de ce gaz peut diminuer; mais les transformations continuelles qui ont lieu à la surface de la terre rétablissent immédiatement l'équilibre des éléments de l'atmosphère. — Quoiqu'il n'existe qu'en quantité très-minime dans l'air, le gaz acide carbonique a été l'objet d'expériences multipliées et instituées avec rigueur de la part de plusieurs savants, et notamment de Th. de Saussure. Les observations de ce dernier ont été faites principalement à Chambeizy près de Genève, à 16 mètres au-dessus du lac, et à 388 mètres au-dessus du niveau de la mer. 104 observations ont donné une moyenne de 0,00415 d'acide carbonique en volume : le maximum a été de 5,74 et le minimum de 3,15. Relativement aux *saisons*, il paraît exister un maximum en été, vers juillet et août; le minimum est vers octobre et février; mais on le voit augmenter en décembre et en janvier. On peut donc présumer que la sécheresse du sol, résultant d'une température élevée ou d'un grand froid, est la cause qui exerce le plus d'influence sur l'augmentation de la quantité d'acide carbonique de l'air. La *pluie*, au contraire, diminue la proportion de ce gaz que contient l'air, sans doute parce qu'elle le dissout en partie; mais cette cause de diminution agit avec moins d'intensité que l'*humidité* du sol longtemps continuée. Un fait analogue constaté par le même observateur, c'est que l'air pris sur le lac de Genève contient moins d'acide carbonique que l'air pris à une certaine distance de l'eau. La sécheresse restitue donc à l'atmosphère le gaz carbonique que lui a enlevé l'humidité. La *température* a de l'influence, comme pouvant déterminer la sécheresse du sol. Quant à l'influence du *jour*, elle n'est pas la même à la ville et à la campagne : la quantité d'acide carbonique est plus grande à la ville qu'à la campagne pendant le jour; mais pendant la nuit elle augmente plus à la campagne qu'à la ville. Dans les vingt-quatre heures le maximum de la quantité d'acide carbonique a lieu vers la fin de la nuit, et le minimum au milieu du jour. Le gaz carbonique est plus abondant sur les montagnes que dans les plaines, et sa quantité varie moins sous l'influence de la nuit. Ces différences s'expliquent aisément par ce fait que les végétaux sont moins abondants sur les montagnes que dans les plaines, et qu'ils émettent du gaz acide carbonique pendant la nuit, tandis que pendant le jour ils absorbent le gaz carbonique, le décomposent en partie et exhalent du gaz oxygène.

Matières contenues accidentellement dans l'air. — Tout le monde sait que dans les lieux où se trouvent rassemblées un grand nombre de personnes, et dans une foule d'autres circonstances, il s'opère un dégagement d'acide carbonique tel qu'il augmente notablement la proportion de ce gaz que l'air contient normalement. Dans tous ces cas, l'acide carbonique en excès doit être regardé comme une substance accidentellement développée dans l'air; mais comme il détermine souvent des accidents funestes, cette question se trouvera mieux placée aux mots ASPHYXIE et VENTILATION. — Th. de Saussure, dans les expériences qui viennent d'être citées, ayant trouvé que la combustion de l'hydrogène pur, dans de l'air atmosphérique parfaitement dépouillé d'acide carbonique, fournissait cependant une nouvelle quantité de ce gaz, et Boussingault, d'un autre côté, ayant constaté que l'air desséché le mieux possible donne à une température élevée une quantité d'eau représentant environ 1 dix-millième d'hydrogène en volume, on devait naturellement être porté à admettre, comme l'a fait ce dernier savant, que l'air contient, soit accidentellement, soit d'une manière permanente, une proportion très-minime d'hydrogène carboné. Boussingault admet que la présence de ce dernier gaz dans l'air atmosphérique est constante, et qu'il provient principalement de la décomposition incessante des matières végétales. — Dans les orages, il se forme accidentellement dans l'air, ainsi que l'ont constaté Dumas, Liebig et Boussingault, de l'acide nitrique et de l'ammoniaque. Lorsque l'air est chargé d'humidité et par un temps d'orage, il se forme quelquefois dans l'atmosphère, sous l'influence des décharges électriques, de l'acide nitrique et de l'ammoniaque. Dumas, Liebig et Boussingault ont constaté ce fait, qu'il est facile d'expliquer, attendu que les divers éléments nécessaires à la production de ces combinaisons (oxygène, hydrogène et azote) se trouvent alors dans les conditions voulues pour que ces combinaisons aient lieu. — Dans les environs des volcans, l'air renferme habituellement du gaz acide sulfureux et du gaz acide chlorhydrique; et, dans le voisinage de certaines fabriques, on peut trouver une foule de gaz et de vapeurs plus ou moins compliqués qui altèrent la pureté de l'air au point de le rendre nuisible non-seulement à la santé des individus, mais encore à la végétation. Mais l'action de ces causes ne se fait en général sentir que dans un rayon peu étendu. — Une cause au contraire dont l'influence est extrêmement pernicieuse et à laquelle il est souvent impossible de se soustraire, c'est le dégagement des *miasmes* qui se développent en abondance dans tous les lieux où des matières végétales privées de vie sont exposées à l'action de la chaleur et de l'humidité. C'est ce qu'on observe dans un grand nombre de localités, mais surtout dans les régions tropicales. Les recherches de Moscati et celles auxquelles Boussingault s'est livré en 1829, pendant son séjour en Amérique, ont démontré que l'air tient alors en suspension des molécules animales ou végétales, qui ne tardent pas à se putréfier. Voy. MIASME et FIÈVRE. Quant à certains lieux dont l'insalubrité est bien reconnue, comme les amphithéâtres d'anatomie, la présence dans l'air de particules en voie de décomposition est suffisamment prouvée par l'odeur infecte qu'ils exhalent. L'expérience de Thénard et de Dupuytren, qui, en agitant de l'eau distillée dans un amphithéâtre de dissection, y trouvèrent ensuite suspendus des flocons de matière animale en état de putréfaction, est donc tout à fait surabondante.

La vie de l'homme étant nécessairement liée à celle de l'atmosphère terrestre, on s'est demandé si l'air pouvait éprouver dans sa composition des changements tels qu'ils dussent entraîner l'extinction de la race humaine, et si la destruction des espèces qui aujourd'hui se trouvent seulement à l'état fossile n'avait pas été, en partie du moins, le résultat d'une modification profonde dans l'état chimique de l'atmosphère. Cette question, qui a déjà été posée vers le milieu du siècle dernier, est complétement insoluble dans l'état actuel de la science, et toute affirmation quelconque à ce sujet serait purement hypothétique. Voici d'ailleurs comment s'expriment les juges les plus compétents en pareille matière, les professeurs Dumas et Boussingault : « Pour atteindre la limite à laquelle deviendraient sensibles les variations que l'atmosphère pourrait éprouver de la part des animaux ou des plantes, de la part des saisons, des pluies et des vents; pour décider si sa composition demeure invariable à diverses latitudes ou à diverses hauteurs, il ne s'agit pas d'exécuter l'analyse de l'air même à 1 millième, comme nous venons de le faire; il faut aller plus loin encore : comme si, par une prévision providentielle, la nature n'avait pas voulu que les altérations possibles de l'atmosphère par le jeu régulier des forces qui agissent à la surface de la terre, pussent jamais approcher, même de loin, de la limite où la vie des animaux et celle des plantes pourrait en souffrir. Quelques calculs qui ne peuvent avoir une précision bien absolue sans doute, mais qui reposent néanmoins sur un ensemble de données suffisamment certaines, vont montrer jusqu'où il conviendrait de pousser l'approximation pour atteindre la limite où les variations de l'oxygène pourraient se manifester d'une manière sensible. — L'atmosphère est sans cesse agitée; les courants excités par la chaleur, par les vents, par les phénomènes électriques, en mêlent et en confondent sans cesse les diverses couches. C'est donc la masse générale qui devrait être altérée pour que l'analyse pût indiquer des différences d'une époque à une autre. Mais cette masse est énorme. Si nous pouvions mettre l'atmosphère tout entière dans un ballon et suspendre celui-ci à une balance, pour lui faire équilibre il faudrait dans le plateau opposé 581000 cubes de cuivre de 1 kilomètre de côté. Supposons maintenant, avec B. Prévost, que chaque homme consomme 1 kilogramme d'oxygène par jour, qu'il y ait 1000 millions d'hommes sur la terre, et que, par l'effet de la respiration des animaux ou par la putréfaction des matières organiques, cette consommation attribuée aux hommes soit quadruplée. Supposons de plus que l'oxygène dégagé par les plantes vienne compenser seulement l'effet des causes d'absorption d'oxygène oubliées dans notre estimation; ce sera mettre bien haut, à coup sûr, les chances d'altération de l'air. Eh bien, dans cette hypothèse exagérée, au bout d'un siècle tout le genre humain réuni, et trois fois son équivalent, n'aurait absorbé qu'une quantité d'oxygène égale à 15 ou 16 cubes de cuivre de 1 kilomètre de côté, tandis que l'air en renferme près de 134000. Ainsi, prétendre qu'en y employant tous leurs efforts, les animaux qui peuplent la surface de la terre pourraient en un siècle souiller l'air qu'ils respirent au point de lui ôter la huit-millième partie de l'oxygène que la nature y a déposé, c'est faire une supposition infiniment supérieure à la réalité. — Rien de plus facile à vérifier que cette conclusion dans ce qu'elle a de général. La respiration des animaux produit de l'acide carbonique; les plantes le détruisent en s'emparant du carbone et restituent l'oxygène à l'air. Les modifications que l'air peut éprouver sous le rapport de l'oxygène seront donc tout au plus du même ordre que les modifications sous le rapport de l'acide carbonique. Or, il a été facile d'estimer rigoureusement la quantité d'acide carbonique contenue dans l'air; cette quantité varie de 4 dix-millièmes à 6 dix-millièmes en volume. En supposant que cet acide carbonique vienne de l'oxygène fourni par l'air et qu'il n'ait rien de commun avec celui que les volcans émettent sans cesse, la différence de ces nombres, qui est égale à 2 dix-millièmes du volume de l'air, exprimerait la variation que l'oxygène aurait éprouvée. Ainsi, dans 10000 volumes d'air, on trouverait 2081 ou bien 2083 d'oxygène. Cette différence serait évidemment inappréciable, si l'on se bornait à analyser 10 grammes et même 25 grammes d'air, comme nous l'avons fait, puisqu'elle serait représentée par 2 ou 3 milligrammes environ. En opérant sur 1000 grammes d'air, la différence deviendrait égale à 200 ou 300 milligrammes. Il faut en arriver là, si l'on veut que l'analyse de l'air puisse réellement devenir de quelque utilité dans la discussion des lois générales de la physique du globe. » Comme complément de cet art., voy. le mot ATMOSPHÈRE.

En T. Mus., *Air* est un nom générique par lequel on désigne tout morceau de musique pour une voix seule. La forme des airs présente une extrême variété. « Les plus anciens, dit Fétis, sont les *chansons populaires* qu'on appelle aussi *airs nationaux*. Tous les peuples ont leurs airs nationaux, dont le rhythme, le caractère, et parfois même les formes de modulations, offrent un caractère tout particulier. On peut citer l'Écosse, l'Irlande, le Tyrol et la Suisse comme possédant des airs nationaux d'une facture tellement spéciale que leur origine se reconnaît aussitôt. Chaque province de la France a aussi ses airs populaires et pour ainsi dire autochthones, qui se distinguent tous par quelque trait bien caractérisé. L'origine de ces airs est en général inconnue. Les *airs de danse* doivent aussi être rangés parmi les airs nationaux; car, chez chaque peuple, ils affectent quelque forme rhythmique particulière. Les airs d'opéra sont de plusieurs espèces et portent des noms différents, suivant leur forme et suivant la place qu'ils occupent dans le drame musical. C'est ainsi qu'on distingue la *cavatine*, la *romance*, le *rondeau*. Les *grands airs* sont toujours précédés d'un *récitatif*, et se composent constamment de deux ou un plus grand nombre de parties ayant des mouvements différents et souvent coupés par des récitatifs. Un grand air porte le nom de *scène* quand il remplit en effet toute la durée de la scène. Les *couplets* se rencontrent surtout dans les opéras-comiques français? » Voy. les mots CHANSON, ROMANCE, BARCAROLLE, TARENTELLE, RONDEAU, RÉCITATIF, COUPLETS, VALSE, etc.

AIRAIN. s. m. (lat. *æs*, *æris*). Se dit De certains alliages dont le cuivre forme la base. || T. Myth. *Le siècle* ou *l'âge d'Ai.*, L'âge, le siècle qu'on place entre l'âge d'argent et l'âge de fer. Voy. AGE. — Fig., *Un siècle d'ai.*, Un temps malheureux et dur. || Fig., *Un ciel d'ai.*, Un temps sec et aride, où il ne tombe ni pluie ni rosée. || Fig., *Un front d'ai.*, Une extrême impudence. *Cette femme a un front d'ai.* — *Un cœur d'ai.*, Un cœur dur et inaccessible à la pitié. || Prov. et fig., *Les injures s'écrivent sur l'ai., et les bienfaits sur le sable.* On se souvient longtemps des injures, tandis qu'on oublie aisément les bienfaits.

Enc. — Le terme *Ai.* est plus usité dans le style poétique ou oratoire que dans la langue de la science et de l'industrie. En effet cette expression, qu'on fait habituellement synonyme du mot *bronze*, sert également à désigner des alliages assez différents de ce dernier. Le mot ai. s'emploie surtout pour traduire le mot *æs* des auteurs latins. Or, il paraît que les anciens ont appliqué ce mot au cuivre pur et à certains alliages de ce métal avec diverses substances métalliques, telles que l'étain, le plomb, le zinc, l'or et l'argent. Ils se servaient de l'ai. non-seulement pour les monnaies et les statues des grands hommes et des dieux, mais encore pour fabriquer des armes, des ustensiles de ménage et des instruments tranchants. — On appelait *Ai. de Corinthe*, un alliage de cuivre avec l'or et l'argent. Cet alliage, suivant les auteurs, fut le résultat d'un mélange accidentel produit, lors de l'incendie de cette ville, par la fusion des statues des dieux, ainsi que des vases et des ornements précieux qui décoraient les temples. « On a souvent, dit Pline (XXXIV, 4), recherché cet ai. avec un enthousiasme vraiment extraordinaire. Verrès, que Cicéron fit condamner, ne fut, assure-t-on, proscrit par Antoine que pour lui avoir refusé des vases de Corinthe. Pour moi, je crois que presque tous ceux qui s'érigent en connaisseurs d'ai. de Corinthe, ne visent guère qu'à se distinguer de la foule, et n'en savent pas plus que tant d'autres; en voici la preuve. Corinthe fut prise l'an 3 de l'olympiade 158, de Rome 608 (146 av. J.-C.) Il y avait déjà plus d'un siècle que ces artistes illustres, dont les ouvrages sont qualifiés de bronzes corinthiens, avaient cessé d'exister. Il suffit donc, pour réfuter nos soi-disant antiquaires, de fixer la chronologie des artistes; il sera facile de conclure à quelle année de Rome se réfère l'ouvrage indiqué. Ceci posé, je soutiens que le nom de corinthiens appartient seulement à ces bronzes que nos riches fastueux étalent sous forme de plats, de lampes, de vases, sans égard pour leur valeur intrinsèque. On distingue 3 espèces d'ai. de Corinthe : 1° le blanc, qui approche de l'argent par son éclat, et où ce dernier métal entre en grande proportion; 2° le jaune, dont la couleur indique la présence de l'or; 3° celui où chacun des 3 métaux est en proportion égale. On parle d'une 4e espèce, dont on ne peut fixer les proportions, quoique le composé soit fait de main d'homme. On l'appelle *hépatizon*, parce que sa couleur, regardée comme très-précieuse, rappelle celle du foie. Bien moins estimé que celui de Corinthe, cet ai. l'emporte cependant sur celui d'Égine et sur celui de Délos, qui ont longtemps passé pour les premiers. » Voy. BRONZE.

AIRE. s. f. (lat. *area*). Place qu'on a unie et préparée pour y battre les grains. || En Archit., se dit soit D'une surface aplanie pour recevoir un enduit, un carrelage, etc., soit De l'étendue superficielle qu'occupe une maison, une cour, etc. *L'ai. de ce plancher est mal faite. L'ai. d'une maison.* || T. Hist. nat., Nid de certains oiseaux de proie, parce qu'il est ordin. construit sur un espace plat et découvert. *L'ai. d'un aigle, d'un vautour.* || T. Mar. *Aire de vent*, Ligne droite menée de l'un des points de l'horizon au lieu qu'occupe le navire considéré comme centre, et suivant laquelle souffle le vent. Les marins écrivent souvent au masc. *Air de vent.* Voy. BOUSSOLE. — **Aire*, en parlant d'un navire, se dit aussi dans le sens de Vitesse. *Ce bâtiment a peu d'ai.*

Enc. — En Géom., *Aire* se prend à peu près comme synonyme de surface. Cependant on l'emploie plus particulièrement pour désigner la quantité superficielle de la figure en tant qu'elle est mesurée ou comparée à d'autres surfaces. — Pour mesurer l'aire ou la surface d'une figure plane, on prend pour unité de mesure l'aire d'un carré dont les côtés sont l'unité linéaire. Par conséquent, si l'on adopte le mètre pour unité de mesure linéaire, et la surface du carré construit sur un mètre pour unité de surface, on connaîtra l'aire d'une figure quelconque, quand on saura combien elle contient de mètres carrés ou de parties du mètre carré. Ainsi, par exemple, si l'on veut mesurer le rectangle ABCD (Fig. 1), en prenant pour unité le petit carré E, que l'on supposera valoir un pied, un mètre ou un millimètre carré, peu importe, on dira que le rectangle ABCD contient autant de pieds, de mètres ou de millimètres carrés qu'il contiendra de fois le petit carré E. L'inspection seule de la figure fait voir que le petit carré est contenu 12 fois dans le rectangle, et qu'il suffit de multiplier le côté AB ou DC qui contient 4 fois l'unité de mesure, par le côté AD ou BC qui contient 3 fois cette même unité, pour avoir le produit 12 que nous venons de désigner. Comme on le voit, *tout rectangle a pour mesure le produit de sa base par sa hauteur.*

Fig. 1.

La même formule s'applique à la mesure de l'aire d'un parallélogramme quelconque. Soit le parallélogramme ABCD (Fig. 2.), dont la hauteur est B*m*. Si par le point A on mène une parallèle à B*m*, cette parallèle rencontrera en *n* le prolongement de CD, et on obtiendra le rectangle AB*mn*, dont le côté A*n* est égal à B*m*. Or, AB est égal à DC, et les angles *n*AD, *m*BC sont égaux (car leurs côtés sont respectivement parallèles et dirigés dans le même sens); les triangles A*n*D et B*m*C sont donc égaux chacun à chacun. Maintenant, si de la figure totale ABC*n*, on retranche alternativement les triangles A*n*D et B*m*C, on a le parallélogramme ABCD, puis le rectangle AB*mn*. Mais lorsque d'une même surface on retranche alternativement deux surfaces égales, les restes sont égaux. Par conséquent les figures ABCD et AB*mn* ont la même superficie, et nous dirons que l'*aire du parallélogramme*, comme celle du rectangle, *a pour mesure le produit de sa base par sa hauteur*, formule générale qui s'applique également aux cas où l'unité linéaire n'est pas contenue un nombre exact de fois dans la base ou dans la hauteur du rectangle. Ainsi, par exemple, la superficie d'une chambre de 5m,22 de longueur sur 2m,33 de largeur, est 12,1626 mètres carrés, c.-à-d. 12 m c. 16 décim. c. 26 centim. c. Un carré n'étant qu'un rectangle dont la base et la hauteur sont égales, il suffit, pour obtenir son aire, de multiplier l'un de ses côtés par lui-même, car cela revient à multiplier sa base par sa hauteur.

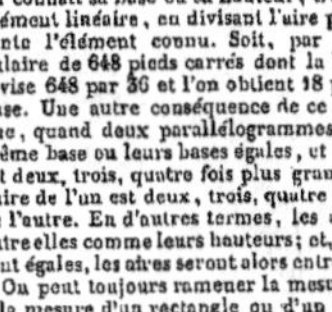

Fig. 2.

Il résulte encore de là que, si l'aire d'un rectangle ou d'un parallélogramme est exprimée en nombres, on peut, quand on connaît sa base ou sa hauteur, trouver la valeur du second élément linéaire, en divisant l'aire par le nombre qui représente l'élément connu. Soit, par ex., une surface rectangulaire de 648 pieds carrés dont la hauteur est 36 pieds, on divise 648 par 36 et l'on obtient 18 pieds pour la valeur de la base. Une autre conséquence de ce qui vient d'être dit, c'est que, quand deux parallélogrammes ou deux rectangles ont la même base ou leurs bases égales, et quand la hauteur de l'un est deux, trois, quatre fois plus grande que celle de l'autre, l'aire de l'un est deux, trois, quatre fois plus grande que celle de l'autre. En d'autres termes, les aires de ces figures seront entre elles comme leurs hauteurs; et, si ce sont les hauteurs qui sont égales, les aires seront alors entre elles comme leurs bases.

On peut toujours ramener la mesure de l'aire d'un triangle à la mesure d'un rectangle ou d'un parallélogramme. Ainsi, par ex., soit ABC (Fig. 3, 4 ou 5) le triangle donné. Si l'on mène B*m* parallèle à AC et C*m* parallèle à AB, pour construire le parallélogramme AB*m*C, on aura deux triangles ABC et *m*BC égaux, car le côté CB est commun à tous les deux, et les angles ACB et *m*BC, ABC et *m*CB sont res-

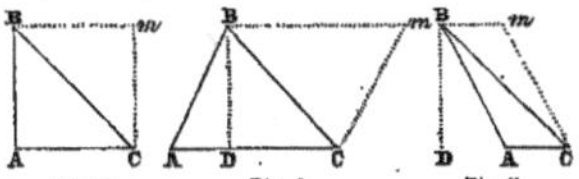

Fig. 3. Fig. 4. Fig. 5.

pectivement égaux en qualité d'angles alternes-internes. Or, le triangle ABC étant la moitié d'un rectangle ou d'un parallélogramme, son aire doit être égale à la moitié de celle de la figure AB*m*C qui a la même base et la même hauteur. En conséquence, l'*aire d'un triangle a pour mesure la moitié du produit de sa base par sa hauteur* ou *le produit de sa base par la moitié de sa hauteur.* Ainsi, pour trouver l'aire d'un triangle ayant 4 toises 5 pieds 8 pouces de base et 3 toises 5 pieds 9 pouces de hauteur, on multipliera la moitié de la base, 166 pouces, par 285 pouces, et on aura 47310 pouces carrés, ou 8 toises c. 26 pieds c. et 94 pouces c. — En conséquence de ce qui a été dit pour les parallélogrammes, les aires de deux triangles sont entre elles comme les produits de leurs bases par leurs hauteurs.

A l'aide de ce qui précède sur la mesure de l'aire des triangles, il est facile de déterminer l'aire d'une surface rectiligne quelconque, qu'il s'agisse d'un trapèze, d'un quadrilatère ou d'un polygone, soit régulier, soit irrégulier. En effet, toutes ces figures peuvent se décomposer en triangles. — Ainsi, soit le trapèze ABDC (Fig. 6), on mène la diagonale CB qui le divise en deux triangles ayant chacun une même hauteur EF. Le premier a AB pour base, et le second a CD. Or, l'aire du triangle CAB étant égale à la moitié de EF multipliée par AB, et l'aire de BCD étant aussi égale à la moitié de EF multipliée par CD, la somme des deux triangles, ou, en d'autres termes, l'*aire du trapèze, est égale à la somme des deux bases multipliées par la moitié de la hauteur.* Si donc on demande la superficie d'un trapèze dont la hauteur est 34 mètres, et dont les bases sont 124 et 90 m., on additionne les deux bases, ce qui donne 214m., et en multipliant par la moitié de 34, on obtient 3,638 m. carrés, ou 36 ares 38 centiares.

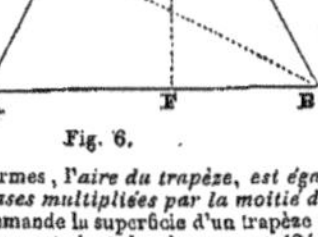

Fig. 6.

Pour trouver l'aire d'un *polygone* irrégulier, on le décompose en triangles, soit arbitrairement (Fig. 7), soit en faisant partir les diagonales d'un même sommet (Fig. 8), soit en choisissant un point intérieur duquel partent autant de diagonales qu'il y a de sommets dans le polygone. (Fig. 9.) Ensuite on calcule séparément l'aire de chaque triangle, et la somme de

Fig. 8.

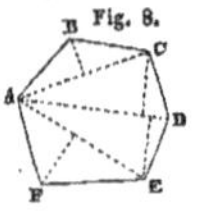

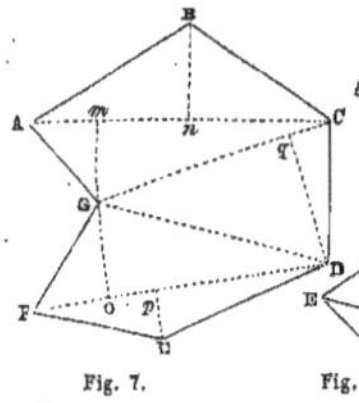

Fig. 7.

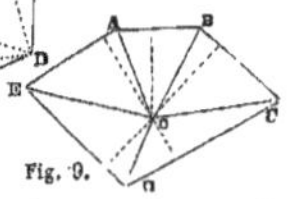

Fig. 9.

ces aires donne l'aire du polygone. Supposons, par ex., que l'on ait à chercher l'aire d'une figure irrégulière ABCDEFGA (Fig. 7), et que l'on ait la valeur des diagonales et des perpendiculaires suivantes : AC = 55m, GC = 44, B*n* = 18, E*p* = 8, FD = 52, G*m* = 13, GO = 12, D*q* = 23; on opérera ainsi : 55 × 9 = 995; 55 × 6,5 = 357,5; 44 × 11,5 = 506; 52 × 6 = 312; 52 × 4 = 208; total pour l'aire du polygone, 1878,5m, ou 18 ares 78 cent. 5.

Quant aux *polygones réguliers*, ils se décomposent naturellement en autant de triangles que le polygone a de côtés, et comme ces triangles ont le même point pour sommet, la hauteur qui est représentée par leur perpendiculaire abaissée de ce centre sur le milieu de l'un des côtés du polygone, est la même pour tous. Cette perpendiculaire ayant le nom particulier d'*apothème*, et la somme des côtés du polygone celui de périmètre, on dira que *pour obtenir l'aire d'un polygone régulier, il faut prendre la moitié du produit de son périmètre par son apothème.* En conséquence, si l'on cherche l'aire du pentagone ABCDE (Fig. 10), dont le côté AB ou BC est 25m et dont l'apothème OP est 17m,18, on multipliera 25 par 5 (nombre des côtés), et l'on aura 125 pour le *périmètre;* puis on multipliera ce chiffre par la valeur de l'apothème 17m,18, ce qui donnera 2147m carrés: enfin on prendra la moitié de ce produit, et l'on aura l'aire demandée, 1073m carrés. — Un procédé très-expéditif pour trouver l'aire d'un polygone régulier, car il suffit de connaître la valeur de l'un des côtés, est le suivant : on élève le côté connu au carré, et on multiplie ce carré par le multiplicateur placé dans le tableau ci-dessous à la droite du nom du polygone.

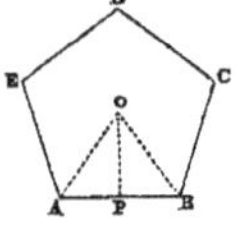

Fig. 10.

Nombre des côtés.	Noms des polygones.	Multiplicateurs.	Angle OBP.
3	Triangle équilatéral. .	0.4330127	30°
4	Tétragone ou carré. .	1.0000000	45°
5	Pentagone	1.7204774	54°
6	Hexagone	2.5980762	60°
7	Heptagone.	3.6339124	64° 2/7
8	Octogone.	4.8284271	67° 1/2
9	Ennéagone.	6.1818242	70°
10	Décagone.	7.6942088	72°
11	Undécagone	9.3656399	73° 7/11
12	Dodécagone.	11.1961524	75°

Si par ex. on veut obtenir l'aire d'un octogone dont le côté est 20 m., on élève 20 au carré, ce qui donne 400; on multiplie ce chiffre par 4,8284271, et l'on trouve 1931,37084m carrés ou 19 ares 31 cent. 37. — Ce procédé qui est extrêmement commode dans la pratique, est le résultat de méthodes trigonométriques, dont il sera parlé ailleurs; Voy. TRIGONOMÉTRIE, POLYGONE. Pour l'aire des figures curvilignes, Voy. CERCLE, QUADRATURE, et pour celle des divers solides, les noms de chacun d'eux.

Le terme *aire* s'emploie, en Mécan. et en Astron., pour désigner l'espace compris entre les rayons vecteurs et la courbe décrite par un corps mobile. Voy. *Force* CENTRALE, et *Système* PLANÉTAIRE.

AIRÉE. s. f. La quantité de gerbes qu'on met en une fois sur l'aire. *Une ai. de froment. Une ai. de seigle*, etc.

AIRELLE. s. f. T. Bot. Voy. VACCINIÉES.

AIRER. v. n. Faire son nid. Se dit De certains oiseaux de proie.

AIS. s. m. (lat. *assis*, soliveau). Planche de bois. *Ais de chêne, ais de six pieds. Faire des ais. Scier des ais. Cloisons d'ais.* Vx. — *Ais de bateau*, Ais qui ont servi à la construction d'un bateau.

Syn. — *Planche.* — Ces deux substantifs sont véritablement synonymes; cependant Beauzée fait observer que le mot *planche* désigne principalement la forme longue et plane d'un corps; de là vient qu'il y a des planches de métal, et qu'en terme de jardinage on appelle *planche* un espace de terre plus long que large. *Ais* ne peut se dire que des *planches* de bois, et il renferme en outre l'idée d'une destination spéciale.

AISANCE. s. f. (R. *aise*). Facilité, liberté d'esprit et de corps dans l'action, dans les manières, dans le commerce de la vie. *Porter avec ai. un pesant fardeau. Parler, agir avec ai.* || État de fortune suffisant pour se procurer toutes les commodités de la vie. *Il est, il vit dans l'ai. Il a de l'ai. Il jouit d'une honnête ai.* || *Lieux, cabinet d'aisances*, Endroit pratiqué dans une maison pour y satisfaire les besoins naturels. — *Fosse d'aisances*, Fosse de latrines.

AISE. s. f. (gr. αἴσιος, heureux). Contentement, sentiment de joie, de plaisir. *Être ravi, transporté, tressaillir d'ai. Il ne se sent pas d'ai.* || Commodité, situation convenable, agréable. *Êtes-vous à votre ai.? Travailler à son ai. Mettez-vous à votre ai.* — Ellipt., *A votre ai.*, A votre commodité, Quand il vous plaira. — Par extens., *Être à son ai.*, *Vivre à son ai.*, Avoir un état de fortune qui permette de vivre convenablement, selon sa condition. — Fam., *N'en prendre qu'à son ai.*, Ne faire que ce qui plaît, sans se gêner, sans se fatiguer. — *Il en parle bien à son ai.*, Il en parle sans se douter des difficultés, des misères, des douleurs dont il est question. — Fig. et fam., *Mettre quelqu'un à son ai.*, L'encourager, afin qu'il n'éprouve ni timidité ni embarras. *C'est un homme avec qui on est toujours à son ai.* — *Se mettre à son ai.*, sign. quelquefois, En user avec trop de liberté ou de familiarité. || *Paix et ai.*, Doucement, paisiblement, commodément. *Je ne demande que paix et ai.*, Je ne demande qu'une vie tranquille, sans contrainte et sans soucis. || *Aises*, au plur., signif. Les commodités de la vie. *Aimer, chercher, prendre ses aises.* = A L'AISE, loc. adv. Commodément, facilement, sans peine. *Il tient six personnes à l'ai. dans cette voiture. Cette porte s'ouvre à l'ai.*

Syn. — *Joie, Plaisir, Contentement, Satisfaction.* — La *joie* est une émotion délicieuse que nous ressentons, en général, lorsque nos désirs s'accomplissent, ou lorsqu'un événement heureux nous arrive. L'*aise* est une émotion analogue, mais elle est presque toujours causée par la possession de quelque chose ou par la présence de quelqu'un. La jeune fille a de la *joie* d'une nouvelle agréable; elle est ravie d'*aise* en recevant un présent. On tressaille d'*aise*, on tressaille de *joie;* on est transporté d'*aise*, on est transporté de *joie;* mais on n'est pas ivre d'*aise*, tandis qu'on peut être ivre de *joie.* Enfin, la *joie* peut aller jusqu'au délire; l'*aise* ne trouble jamais la raison. Le *plaisir* est moins expansif que la *joie :* on peut éprouver du *plaisir* sans le laisser apercevoir; mais la *joie* est difficile à cacher. Le *plaisir* est individuel, la *joie* est communicative. Dans le *plaisir*, l'esprit a plus de part que le cœur; dans la *joie*, c'est le contraire. On éprouve du *plaisir* et non de la *joie* à la lecture d'un bon livre; on éprouve de la *joie* et non du *plaisir*, lorsqu'on échappe au danger. *Contentement* se dit d'une joie calme et d'une certaine durée. Le *contentement* est presque du bonheur. La *satisfaction* diffère du *contentement* en ce qu'elle n'implique pas toujours l'idée de félicité. En effet, un maître éprouve de la *satisfaction* des progrès que font ses élèves; mais cette *satisfaction* n'est ni un *contentement*, ni un *plaisir*, ni une *joie.*

AISE. adj. 2 g. Qui a de la joie, qui est satisfait. *Que je suis aise de vous rencontrer!*

Obs. gram. — Lorsque l'adj. *aise* a un nom pour complément, ce nom est toujours précédé de la préposition *de:* Je suis bien *aise de l'arrivée* de mon frère. Lorsque cet adjectif a pour complément un verbe, il régit la préposition *de*, si le verbe complément exprime un état ou une action qui dépend du sujet de la phrase; et il se construit avec *que*, si le verbe complément exprime un état ou une action qui ne se rapporte pas à ce sujet. Dans le premier cas, le verbe qui suit *de* est toujours à l'infinitif; dans le second, il est toujours au subjonctif. Je suis bien *aise de vous voir;* je suis bien *aise qu'il soit venu.*

AISÉ, ÉE. adj. Facile, qui se fait sans peine, sans difficulté, sans effort. *Cela est bien ai. C'est une chose aisée. Il est plus ai. d'être sage pour les autres que de l'être pour soi-même.* — Fam. *Cela vous est bien ai. à dire*, Se dit en parlant à quelqu'un qui donne un conseil difficile à mettre en pratique. — *Cet homme est ai. à vivre*, Il est d'un commerce doux et facile. || Commode. *Un chemin ai. Une voiture aisée. Ce cheval a des allures aisées.* || *Un habit ai., des souliers aisés*, Un habit, des souliers qu'on met facilement, où l'on est à l'aise. — Par ext. *Ces vêtements, ces souliers sont trop aisés*, Ils sont trop larges. — Fig., *Une morale, une dévotion aisée*, Une morale, une dévotion relâchée. || *Manières aisées; Conversation aisée.* Manières où il n'y a rien de contraint, rien de guindé; Conversation facile et agréable. — *Avoir l'esprit ai.*, Imaginer, concevoir facilement. — *Avoir un style ai.*, Un style clair, naturel, et qui paraît n'avoir point coûté de peine. — *Des vers aisés*, Qui ne sentent point le travail; on dit mieux : *Des vers faciles.* || *Une taille aisée*, Une taille libre, dégagée. On dit dans le même sens : *Un air ai.* || *C'est un homme ai., une famille aisée*, Qui est dans l'aisance.

Obs. gram. — *Aisé.* Cet adjectif se place toujours après le substantif auquel il se rapporte. — Lorsqu'il est construit avec le verbe *être* employé impersonnellement, il régit la prép. *de* devant un infinitif : *Il est aisé de voir, il est aisé de parler ainsi :* mais lorsque le verbe *être* n'est pas employé impersonnellement, l'adj. *aisé* gouverne toujours la préposition *à* devant un infinitif : Cette chose *est aisée à faire*, cette parole est *aisée à dire.*

Syn. — *Facile.* — L'entrée d'un port est *facile* lorsqu'elle n'offre aucun obstacle à la navigation; elle est *aisée* lorsqu'elle est très-vaste et commode à passer. — Les airs, les manières sont *aisées* chez l'homme du monde; mais souvent son humeur et son caractère ne sont pas *faciles.* — L'intelligence, la dextérité rendent les choses *faciles* à faire; l'habitude les rend *aisées.* Tout *est facile* pour le génie; tout devient *aisé* pour la patience.

AISEMENT. s. m. Commodité. *A son point et ai.*, A son aise, à son loisir. Vx.

AISÉMENT. adv. Facilement. *J'en viendrai ai. à bout. L'homme croit ai. ce qu'il craint ou ce qu'il désire.* || *Ce cheval va ai.*, Il a les allures douces, commodes, aisées.

AISSELLE. s. f. (lat. *axilla*).

Enc. — On désigne sous le nom d'*Ais.* l'enfoncement que l'on remarque au-dessous de l'épaule entre le bras et la poitrine. Ce creux représente à peu près un triangle dont le sommet est en dehors; il est limité en avant par la saillie prononcée que fait le bord du muscle grand pectoral, et en arrière par celle que produit le muscle grand dorsal. La profondeur de l'ais. varie suivant les positions dans lesquelles on place le bras. — La peau de cette région est fine et pourvue de nombreux follicules dont la sécrétion imprime à la transpiration une odeur particulière. Le fond de l'ais. est occupé par les cordons nerveux du plexus brachial, par les vaisseaux axillaires et par de nombreux ganglions lymphatiques. La présence d'organes aussi importants et les connexions qui existent entre l'ais. et la cavité thoracique augmentent en gén. la gravité du pronostic que l'on a à porter sur les maladies dont cette région est le siége et sur les opérations que ces maladies peuvent nécessiter. Les affections qu'on y observe le plus souvent sont des tumeurs, des abcès et des bubons. Ces derniers sont assez fréquents chez les personnes qui se sont blessées aux doigts ou à la main avec des instruments souillés de quelque substance putride, et particulièrement avec des instruments de dissection.

En T. de Bot., on appelle *Ais.* l'angle situé au-dessus du point d'attache d'une feuille et formé par celle-ci et la partie de la tige supérieure à l'insertion de la feuille. On donne encore ce nom à l'angle que fait un rameau ou un pédoncule avec la tige qui le porte; mais ce mot employé seul s'entend toujours de l'ais. des feuilles.

AISSIEU. s. m. Voy. ESSIEU.

AITIOLOGIE. s. f. Voy. ÉTIOLOGIE.

* **AIZOON.** s. m. (gr. ἀείζωον, joubarbe). T. Bot. Voy. TÉTRAGONIACÉES.

AJONC. s. m. T. Bot. Voy. LÉGUMINEUSES.

AJOURNEMENT. s. m. T. Prat. Se dit De l'assignation ou avertissement qu'on fait donner, par un officier public, à une personne, pour qu'elle se présente devant un tribunal à un jour désigné. Voy. CITATION. — Dans l'anc. Procéd. crim., on appelait *Aj. personnel*, L'assignation donnée à quelqu'un, en vertu d'une ordonnance ou d'un décret du juge, pour comparaître en personne et répondre sur les faits dont il était accusé. || En Matière de délibération, *Aj.* s'emploie dans le sens de Renvoi d'une affaire à un autre jour fixe ou à une époque indéterminée. *Le ministère a consenti à l'aj. de ce projet, de ce rapport.*

AJOURNER. v. a. (R. *jour*). Assigner quelqu'un à jour dit en justice. *Aj. par exploit. Aj. à comparaître devant*, etc. *Je l'ai fait aj. Aj. des témoins.* || Renvoyer à un jour fixe ou à un temps indéterminé. *Aj. un débat, une discussion, une délibération, un projet de loi. Aj. un voyage, une affaire.* — *La chambre a ajourné ses séances au 20 de ce mois.* = *S'AJOURNER. v. pron. *Cette affaire ne peut s'aj.*, Se remettre, se différer. — *La Chambre des députés s'est ajournée au premier du mois prochain.* Elle reprendra ses séances le premier, etc. = AJOURNÉ, ÉE. part.

Syn. — *Proroger.* — Les chambres législatives peuvent s'*ajourner*, mais elles n'ont pas le pouvoir de se *proroger.* Elles s'*ajournent* par leur propre volonté. La *prorogation* est un acte de la volonté royale.

AJOUTAGE. s. m. T. Tech. Chose ajoutée à une autre.

AJOUTER. v. a. (lat. *ad*, à; *juxta*, auprès). Mettre quelque chose de plus; joindre une chose à une autre; faire addition d'un nombre. *Ce passage a été ajouté à ce livre. La grâce avec laquelle on donne ajoute au bienfait lui-même. Aj. un nouveau corps de logis à l'ancien. Je n'ajouterai plus qu'un mot. Ajoutez à cela que ses raisons n'étaient pas fondées. Ajoutez cent francs à cette somme.* || *Aj. au conte, à la lettre*, Amplifier un conte par des circonstances inventées. || *Aj. foi à quelqu'un; Aj. foi à quelque chose*, Accepter comme vrai ce que quelqu'un dit; Tenir une chose pour vraie. *On peut lui aj. foi. Il ne faut pas aj. foi à ce que dicte la colère.* || *S'emploie absol. *Il ajoute tous les jours à son domaine. Ajoutez quelquefois et souvent effacez.* = *s'Ajouter. v. pron. *L'accroissement des corps inorganiques n'a pas de limites, parce que des molécules nouvelles peuvent toujours venir s'aj. aux anciennes. Les générations s'ajoutent les unes aux autres, et l'humanité reste toujours la même.* = Ajouté, ée. part.

AJOUTOIR. s. m. Voy. Ajutage.

***AJUGA.** s. f. T. Bot. Voy. Labiées.

AJUSTAGE. s. m. T. Monn. Action d'ajuster, de donner à une pièce le poids légal.

AJUSTEMENT. s. m. Action par laquelle on ajuste quelque chose. *L'aj. d'un poids, d'une mesure, d'une machine.* || Accommodement. *Il est habile à trouver des ajustements dans les affaires difficiles. Cherchez quelque aj. pour concilier ces deux plaideurs.* || Disposition, arrangement d'une chose de manière que toutes ses parties concourent à former un tout agréable et régulier. *L'aj. d'une maison, d'un jardin.* || Se dit De la mise en gén. *Aj. simple, recherché. Cette partie de votre aj. est ridicule. Des ajustements de femme.* — S'emploie aussi en parlant De ce qui sert à parer. *Un peu d'aj. lui sied bien.*

Syn. — *Parure.* — Ce qui appartient à l'habillement complet, simple ou orné, est *Aj.* Ce qu'on ajoute d'apparent et de superflu, est *parure. Un aj. de bon goût est plus avantageux à la beauté qu'une riche parure.*

AJUSTER. v. a. (lat. *ad justum* [*punctum*] au juste [point]). Rendre un poids ou une mesure conforme à l'étalon légal. *Aj. un kilogramme, un hectolitre, un mètre sur l'étalon.* — Par extens., *Aj. une pièce de monnaie*, Lui donner exactement le poids légal. *Aj. une balance*, Faire que ses deux côtés soient en parfait équilibre. || Faire qu'une chose s'adapte exactement à une autre. *Aj. un piston à un cylindre, un couvercle à une boîte, une vis à un écrou.* || Mettre une chose en état de fonctionner convenablement. *Aj. une machine, un ressort, une horloge, un moulin.* || *Aj. son fusil pour tirer*, Le mettre en joue. *Aj. un coup de fusil, un coup de pierre*, Faire en sorte que le projectile atteigne le but. *Aj. un homme, un lièvre, une perdrix*, Viser un homme, etc. — S'emploie abs. dans le même sens. *Il n'a pas eu le temps d'aj. Vous avez mal ajusté.* || Embellir par des ajustements. *Il a bien ajusté sa maison.* — Dans un sens anal., se dit en parlant De la toilette des femmes. *Ses femmes de chambre ne peuvent venir à bout de l'aj. à son gré.* — Fam. et iron., *Voilà votre habit bien ajusté! Vous voilà bien ajusté!* se dit A quelqu'un dont les vêtements sont en désordre ou couverts de boue. || Fig., *On l'a bien ajusté; On l'a ajusté de toutes pièces.* Il a perdu son procès, ou bien On l'a traité comme il le méritait. — *Si je vais là, je vous ajusterai comme il faut*, se dit A une personne qu'on menace de quelque mauvais traitement. || Fig., *Aj. deux personnes*, Les concilier. — *Aj. un différend*, Le terminer à l'amiable. — *Aj. des passages qui paraissent opposés*, Faire voir qu'ils ne se contredisent pas. || *Aj. toutes choses pour quelque dessein*, Prendre des mesures pour faire réussir un dessein. || *Aj. ses yeux, son visage, son maintien*, Composer ses yeux, etc. || Prov. et fam., *Ajustez vos flûtes*, se dit A un homme qui paraît en contradiction avec lui-même, ou A des personnes qui ne s'entendent pas sur les moyens de faire réussir quelque chose. || T. Man. *Aj. un cheval*, Lui apprendre à faire ses exercices avec grâce. = s'Ajuster. v. pron. S'adapter. *Ce piston s'ajuste mal à ce tube.* || Se conformer, s'accommoder. *Il faut s'aj. au temps. Cela s'ajuste mal au dessein que vous avez.* || S'apprêter à faire quelque chose. *S'aj. pour abattre la poupée.* || S'habiller, se parer avec recherche. *Cette femme est deux heures à s'aj.* || *Ces deux capitalistes se sont ajustés pour cet emprunt*, Se sont entendus, etc. *Au point où en sont les choses, leur différend ne saurait s'aj.*, Se terminer à l'amiable. — *Ces passages qui vous embarrassent s'ajustent aisément*, Se concilient aisément. = Ajusté, ée. part.

AJUSTEUR. s. m. T. Monn. Celui qui ajuste les flans et les met au poids que doivent avoir les pièces de monnaie. || * T. Techn. Ouvrier qui réunit les diverses pièces d'un mécanisme, et les dispose de manière à ce que la machine fonctionne régulièrement.

AJUSTOIR. s. m. Petite balance où l'on pèse les monnaies avant de les marquer. Aujourd'hui, on dit *Trébuchet*.

AJUTAGE, AJUTOIR, ou **AJOUTOIR.** s. m. Le premier de ces termes est le plus usité.

Enc. — On appelle *ajutages* des tuyaux de formes et de dimensions variables, ou des plaques courbes percées de diverses manières, que l'on adapte aux orifices par où se fait l'écoulement d'un liquide, pour faire varier soit la dépense du liquide, soit la forme du jet qu'il produit en s'échappant. Voy. les art. Hydrodynamique et Jet *d'eau*.

***AKEBI.** s. m. T. Bot. Voy. Lardizabalées.

***AKÈNE** ou **ACHAINE.** s. m. (gr. α priv.; χαίνω, je m'ouvre). T. Bot. Voy. Fruit.

***AKIS.** s. m. (gr. ἀκίς, pointe). T. Entom. Voy. Mélasomes.

***ALAIRE.** adj. 2 g. (lat. *ala*). T. Zool. Qui se rapporte ou qui appartient aux ailes. *Membrane al. Plumes alaires.*

ALAMBIC. s. m. (ar. *al*, le; gr. ἄμβιξ, vase). Vase distillatoire. || Fig., *Cette affaire a passé par l'al.* Elle a été examinée avec un grand soin, elle a été discutée et approfondie.

Enc. — On donne le nom d'*Al.* à un vase composé de plusieurs pièces et dont on se sert pour opérer la distillation, c.-à-d. pour séparer les substances volatiles de celles qui ne le sont pas. La forme et la disposition de cet appareil peuvent présenter de nombreuses modifications, selon l'usage auquel on le destine. — La Fig. ci-dessous représente l'al. qu'emploient ordin. les pharmaciens. Il se compose essentiellement de quatre pièces. La *chaudière* ou *cucurbite* UU, le *chapiteau* C, le *bain-marie* B, et le *serpentin dd* contenu dans le vase EE. — La *cucurbite* reçoit les substances qui peuvent être distillées à feu nu, ou bien on y verse de l'eau dans laquelle on fait plonger le bain-marie. Le *chapiteau* qui recouvre la cucurbite a la forme d'un cône creux tronqué à sa partie supérieure.

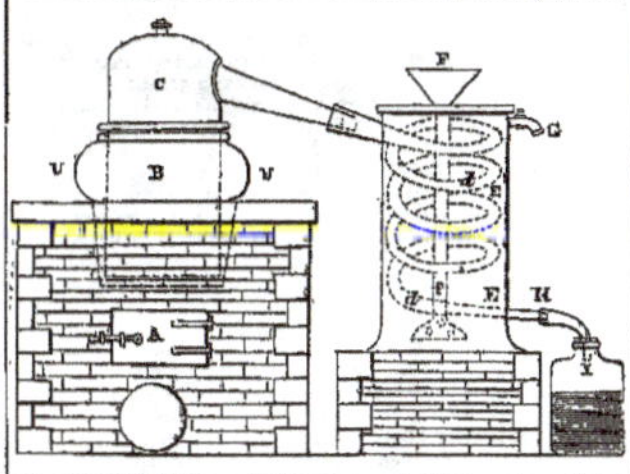

Il est muni latéralement d'un tube cylindrique qui reçoit les vapeurs et les conduit dans le *serpentin*. Les substances gazeuses ainsi arrivées dans le serpentin s'y refroidissent et s'y condensent. Pour accélérer cette condensation, on remplit d'eau froide le vase dans lequel plonge le serpentin. Enfin celui-ci, comme on le voit, verse par l'ajutage B dans le récipient I le liquide condensé résultat de la distillation. Le robinet G sert à donner issue à l'eau du vase lorsqu'elle a été échauffée par le contenu du serpentin, et l'on verse de nouvelle eau froide autour de celui-ci au moyen de l'entonnoir FF. On ne fait usage du bain-marie, sorte de vase cylindrique en étain, en cuivre ou en argent, que pour la distillation des substances qui, ne pouvant être soumises à l'action directe du feu, sont chauffées par l'intermédiaire de l'eau qu'on a versée dans la cucurbite. Le bain-marie est quelquefois percé de trous: on s'en sert, lorsque les substances à distiller doivent être soumises à une chaleur plus forte que celle du bain-marie, mais en évitant qu'elles soient en contact avec les parois de la cucurbite.

Les alambics sont ordin. en cuivre; cependant on en fait en tôle, en étain, en verre, en platine, etc. Ces derniers sont employés en grand pour la concentration de l'acide sulfurique. Quant aux alambics en verre, ils sont composés d'une pièce ou deux seulement; mais ces vases étant très-fragiles, on en fait peu usage aujourd'hui. Voy. Cornue, Distillation, Matras.

ALAMBIQUER. v. a. Subtiliser, raffiner. || S'emploie absol. dans ce sens: *Dans ces sortes de matières, il ne s'agit pas d'al. Allez au fait, sans al. plus longtemps.* On sous-entend *Le sujet, la pensée.* || On dit encore avec un régime: *Al. l'esprit*, dans le sens de Fatiguer l'esprit, le tourner aux subtilités. *Ces questions si pointilleuses ne servent qu'à al. l'esprit. Ne vous alambiquez pas l'esprit* ou *la cervelle sur ce problème. Il s'est alambiqué l'esprit à force de vouloir quintessencier les choses.* = Alambiqué, ée. part. Se dit Des pensées, des discours, du style, des questions. *Discours, style al. Pensées alambiquées.*

***ALANGIACÉES.** s. f. pl. T. Bot.

Enc. — Cette petite famille, qui a été formée par De Candolle aux dépens de celle des *Myrtacées*, se compose de grands arbres et d'arbrisseaux. — *Caract. botan.*: Feuilles alternes, sans stipules, entières et sans points glanduleux. Fleurs en fascicules et axillaires. Calice adhérent, ayant de 5 à 10 dents. Pétales, au nombre de 5 à 10, insérés sur un disque charnu adhérent, linéaires, réfléchis. Étamines longues, exsertes, tantôt égales en nombre aux pétales, tantôt 2 ou 4 fois aussi nombreuses; filets distincts, velus à leur base; anthères adnées, linéaires, biloculaires, introrses, souvent vides. Ovaire à 1 ou 2 cellules; style filiforme, simple; ovules solitaires, anatropes. Drupe ovoïde, un peu couronnée par le calice, charnue, à côtes légères, et tomenteuse; noyau uniloculaire, osseux, percé à son sommet. Graine unique, renversée; albumen

charnu, cassant; embryon droit; radicule longue, supérieure; cotylédons aplatis, larges, foliacés. [Fig. 1. *Marlea begonifolia.* 2. Coupe perpendiculaire du pistil. 3. Fruit du *Nyssa montana.* 4. Coupe transversale de ce fruit. 5. Son embryon.] Cette famille ne se compose que des trois genres, *Alangium*, *Marlea*, *Nyssa*, et de huit espèces. Les deux premiers genres sont communs dans la partie méridionale de l'Inde; ils sont répandus jusqu'à la base de l'Himalaya et le long de la presqu'île de Malacca jusqu'à la Cochinchine. Le genre *Nyssa* est originaire des États-Unis. — Suivant les Malais, l'*Alangium decapetalum* et l'*A. hexapetalum* possèdent des propriétés purgatives hydragogues; leurs racines sont aromatiques; leur bois est estimé et on mange leurs fruits: mais il paraît qu'ils sont mucilagineux et insipides. Le fruit du *Nyssa capitata* et du *N. candicans* est de la grosseur d'une olive. Sa saveur est aigrelette et l'on s'en sert quelquefois pour remplacer le citron. Le bois de l'espèce de *Nyssa* appelée *Tupelo* est fort difficile à fendre, parce que ses fibres sont très-entrelacées; néanmoins il est de peu de valeur.

***ALANGIUM.** s. m. T. Bot. Voy. Alangiacées.

ALANGUIR. v. a. (R. *languir*). Rendre languissant. Peu us. = *s'Alanguir. v. pron. Devenir languissant, perdre son énergie. = Alangui, ie. part.

ALARGUER. v. n. T. Mar. (R. *largue*). Se mettre au large, s'éloigner d'une côte, d'un récif, d'un vaisseau ennemi. = Alargué, ée. part.

***ALARIA.** s. f. (lat. *ala*, aile). T. Bot. Voy. Fucacées.

ALARMANT, ANTE. adj. Qui alarme. *Bruit al. Situation alarmante.*

ALARME. s. f. (ital. *all'arme*, aux armes). Cri, signal pour courir aux armes. *Sonner l'al. Donner l'al. Canon d'al. Cloche d'al. Fausse al.* || Émotion causée dans un camp, dans une place de guerre, à l'approche ou sur le bruit de l'approche de l'ennemi. *L'al. est au camp. Les ennemis nous donnaient de fréquentes alarmes.* — Fam., *L'al. est au camp*, se dit en parlant De gens qui ont quelque dessein secret et qui se croient sur le point d'être découverts. || Fig., Frayeur, épouvante subite. *Il a pris l'al. bien légèrement.* — *Fausse al.*, Vaine crainte, peur sans sujet. || Inquiétude, souci, chagrin. En ce sens, il s'emploie ordin. au plur. *Tendres, folles, vaines alarmes. Augmenter, calmer les alarmes de quelqu'un.* — *Nourri dans les alarmes*, Élevé au milieu des dangers de la guerre.

Syn. — *Alerte.* — Ainsi que l'indique son étymologie, le mot *al.* renferme l'idée de se mettre en garde contre une surprise. L'étymologie du mot *alerte* indique simplement l'idée de faire attention, de se garer, parce qu'on est sous le coup d'un danger imminent. Par conséquent, le premier exprime un mouvement de crainte qui n'est pas marqué par le second.

ALARMER. v. a. Donner l'alarme; causer de l'émotion, de l'épouvante, de l'inquiétude. *L'approche de l'ennemi a alarmé tout le camp. Il ne faut pas que cela vous alarme. Sa maladie nous a bien alarmés.* = S'ALARMER. v. pron. S'inquiéter, s'effrayer. *Une mère s'alarme aisément. Je ne m'alarme pas du bruit.* = ALARMÉ, ÉE. part.

ALARMISTE. s. 2 g. Se dit D'une personne qui prend aisément l'alarme, ou Qui répand et exagère tous les bruits alarmants. S'emploie surtout en parlant De ceux qu'alarme le moindre événement politique.

ALATERNE. s. m. (lat. *alternus*, alterne). T. Bot. Voy. RHAMNÉES.

ALBÂTRE. s. m. T. Minér. Sorte de pierre demi-transparente, et quelquefois remarquable par sa blancheur. || Fig., *Une blancheur d'al. Un sein d'al. L'al. de son sein.*

Enc. — On donne vulgair. le nom d'*Al.* à deux espèces minérales fort différentes : l'une est une variété de chaux carbonatée, et l'autre une variété de chaux sulfatée ou gypse. La première constitue l'al. *calcaire*, et la seconde l'al. *gypseux*. — Les Grecs se servaient de ces deux sortes d'al. pour fabriquer des vases sans anse, qu'ils nommaient *Alabastron* de α priv., et λαβὴ, anse; et ils donnaient le nom d'*Alabastrite* aux pierres avec lesquelles on les fabriquait.

L'al. *calcaire* est composé de couches minces et successives, parallèles et ondoyantes, qui indiquent qu'il a été formé par voie de concrétion. Sa texture est grenue, fibreuse ou lamellaire. Ses veines sont souvent de couleurs différentes, blanc-laiteux, jaune de miel, roux, brun. Quand les couleurs sont bien tranchées et que cet al. peut recevoir un beau poli, on lui donne le nom d'al. *oriental* : on s'en sert alors pour faire des vases, des coupes, etc. On en a trouvé à Montmartre quelques masses rares et peu volumineuses. La grotte d'Antiparos est célèbre par ses stalactites d'al. calcaire.

L'al. *gypseux* est bien plus commun que le précédent : il est demi-translucide et offre souvent la blancheur la plus parfaite. Comme il est fort tendre et facile à travailler, on s'en sert pour fabriquer des ornements de tout genre, des vases, des lampes, des pendules, des statuettes, etc. Celui qu'on trouve à Volterra, en Toscane, est remarquable par la finesse de son grain. Les carrières de Lagny, près de Paris, en fournissent une belle variété de couleur grise ou blanc-jaunâtre. L'al. gypseux se distingue aisément de l'al. calcaire, en ce qu'il se laisse rayer avec l'ongle, tandis que celui-ci est assez dur pour rayer le marbre. En outre, quand on soumet ces deux albâtres à l'action d'un acide puissant, l'acide, qui n'attaque pas l'al. gypseux, décompose l'al. calcaire avec effervescence. — La fumée et la poussière finissent par jaunir les objets d'al.; on peut alors les restaurer, jusqu'à un certain point, en les lavant avec du savon et de l'eau, puis avec de l'eau pure seulement, et en les polissant avec de la prêle.

ALBATROS. s. m. [On pron. l'S.] T. Ornith.

Enc. — Genre de l'ordre des *Palmipèdes*, famille des *Longipennes* ou *Grands-Voiliers* de Cuvier. Les *Alb.* se distinguent de tous les autres longipennes en ce que leurs pieds sont dépourvus de pouce. Le bec de ces oiseaux est grand, fort, tranchant, présente plusieurs sutures et se termine par un gros croc que l'on y croirait soudé. — Les alb. sont les plus grands et les plus massifs de tous les oiseaux de mer; leurs ailes étendues ont jusqu'à 10 pieds d'envergure. On les rencontre dans l'immense étendue d'océan qui sépare l'Amérique de l'Afrique et de l'Asie, mais surtout dans les mers australes et aux environs du cap de Bonne-Espérance. L'on voit pendant des jours entiers les mêmes troupes d'alb. planer au-dessus des vaisseaux, sans que ces oiseaux paraissent éprouver la moindre fatigue. C'est ordinairement à la surface de la mer qu'ils se reposent; de cette façon ils peuvent passer des semaines et des mois entiers sans voir la terre. Certains mollusques, le frai des poissons, et les cadavres des cétacés et autres grands animaux marins, sont la nourriture habituelle des alb. La plupart des auteurs prétendent que ces oiseaux font une guerre acharnée aux poissons volants; mais De Lafresnaye, en comparant les témoignages des voyageurs, est porté à croire que les alb. ne se nourrissent jamais de poissons vivants, et il les compare, sous le rapport de leurs mœurs, et, jusqu'à un certain point, sous celui de leur conformation, aux genres *Catharte* et *Percnoptère* de la tribu des *Vautours*. Les alb. s'apparient vers la fin de septembre. Leur nid est simplement construit avec de la boue et il est en gén. peu élevé. La femelle ne pond qu'un seul œuf blanc, très-gros, oblong et d'égale grosseur aux deux bouts. Les œufs de cet oiseau sont bons à manger; quant à sa chair, elle est dure et de mauvais goût. — L'espèce la plus commune, l'*Alb. à sourcil noir*,

appelé par Linné *Diomedea exulans* (Fig. ci-dessus), a reçu des navigateurs le nom de *mouton du cap*, à cause de sa couleur blanche (le dessus des ailes seul est noir) et à cause des parages où on le rencontre le plus fréquemment. Les Anglais le nomment *vaisseau de ligne* parce qu'il est le plus grand des oiseaux de mer. Le cri de l'alb. approche, dit-on, du braiement de l'âne.

ALBERGE. s. f. Fruit de l'albergier.

ALBERGIER. s. m. T. Bot. Nom d'une variété de l'abricotier. Voy. DRUPACÉES.

* **ALBINISME.** s. m. T. Térat. Anomalie de coloration du tégument extérieur ou de ses appendices. Voy. ALBINOS.

ALBINOS. s. m. [On fait sentir l'S.] (lat. *albus*, blanc). *Il n'est pas rare de voir des al.* || * S'emploie adj., *Un lapin al. Un merle al.*

Enc. — Ce nom vient des Espagnols qui désignaient ainsi une prétendue variété de la race américaine qu'ils avaient rencontrée à l'isthme de Panama; on l'applique aujourd'hui à tous les individus des diverses races de l'espèce humaine chez lesquels on remarque une décoloration plus ou moins complète de la peau et du système pileux. Cependant on les connaît encore sous différentes dénominations; ainsi, on les appelle *Dondos* ou *Nègres-blancs* en Afrique, *Kakerlaques*, *Kakrelas* ou *Chacrelas* à Java, *Bédas* ou *Bédos* à Ceylan. — On a longtemps regardé les *Alb.* comme une race à part, comme une nation distincte. Buffon même avait d'abord partagé l'opinion commune; mais plus tard il revint sur cette erreur et avança que l'albinisme pourrait bien n'être qu'une variété accidentelle. Ce qui n'était qu'une conjecture de son temps est devenu aujourd'hui une certitude. — Dans l'albinisme complet, la peau est d'un blanc mat, les poils sont blancs et cotonneux, et l'absence du pigment de l'œil ne permet pas de supporter l'éclat du soleil ou d'une vive lumière. Les alb. sont en gén. d'une taille médiocre et d'une constitution frêle et délicate. Ils passaient jadis pour des êtres dépourvus de toute intelligence; mais cette assertion est dénuée de fondement. — On rencontre des alb. dans tous les climats et dans toutes les races humaines. Mais l'albinisme est surtout fréquent chez les nègres. Déjà, suivant de Humboldt, il est peu commun dans la race cuivrée, et il devient de plus en plus rare à mesure qu'on le cherche chez les nations dont la peau est plus blanche. Dans certaines localités, les individus atteints d'albinisme sont l'objet du mépris et de l'horreur de la tribu à laquelle ils appartiennent : alors ils se retirent dans les lieux inhabités et y vivent ensemble; c'est ce qui a fait croire aux premiers voyageurs qui en ont parlé, que ces malheureux constituaient une race à part.

L'albinisme, qu'on appelle encore *Leucopathie* et *Leucæthiopie*, n'est pas une anomalie exclusivement propre à l'espèce humaine. Il s'observe également chez les animaux. Ainsi les lapins blancs, les souris blanches, les corbeaux, les merles et les pigeons blancs sont des animaux alb. Les éléphants blancs, si recherchés et si vénérés dans certaines contrées de l'Asie, sont une variété atteinte d'albinisme.

Is. Geoffroy-Saint-Hilaire distingue l'albinisme en *complet*, en *partiel* et en *imparfait*. Le premier est caractérisé par la décoloration générale et complète de la peau. Dans le second, la décoloration ne porte que sur certaines parties du tégument. Enfin la simple diminution de la matière colorante constitue l'albinisme imparfait. — L'albinisme proprement dit est toujours congénital. On l'explique par un arrêt de développement; mais c'est la cause de cet arrêt qu'il serait intéressant de connaître. Quoique cette anomalie puisse se transmettre, ainsi qu'on en a des exemples, par voie de génération, ce cas est loin d'être fréquent. Voy. PEAU.

ALBRAN. s. m. Voy. HALBRAN.

ALBRENÉ. adj. Voy. HALBRENÉ.

ALBUGINÉ, ÉE. adj. (lat. *albus*, blanc). T. Anat. Se dit De certaines membranes ou enveloppes de couleur blanche et de nature fibreuse. Voy. *Tissu* FIBREUX.

ALBUGINEUX, EUSE. adj. T. Anat. Qui est constitué par des fibres albuginées. Inus.

ALBUGO. s. m. T. Méd. Tache blanche, opaque, placée entre les lames de la cornée transparente. Voy. TAIE.

ALBUM. s. m. [On prononce *albome*]. Ce mot, emprunté du latin, sign. Une chose blanche. On donne ce nom à un Cahier plus ou moins élégant, dans lequel les amateurs réunissent des dessins, des autographes, des vers, de la musique, etc. || * Par ext., on appelle *Albums* certains Recueils de gravures, de lithographies ou de romances, qui se publient ordinairement vers l'époque du jour de l'an. *Cet éditeur de musique vend un grand nombre d'albums.*

* **ALBUMEN.** s. m. T. Bot. Voy. GRAINE.

ALBUMINE. s. f. (lat. *albumen*, blanc d'œuf). T. Chim.

Enc. — L'*Alb.* est une combinaison organique extrêmement répandue dans la nature. Il n'est personne qui ne la connaisse sous une de ses formes, le *blanc d'œuf*, qui est de l'alb. presque pure. Mais, en outre, elle se rencontre dans la plupart des liquides animaux, tels que le sang, le chyle, la lymphe, et même dans les sécrétions pathologiques, comme la sérosité et le pus. Elle fait encore partie d'un grand nombre de tissus et constitue l'un des principes essentiels de la substance médullaire du cerveau et des nerfs. Les tissus et les liquides végétaux contiennent également des quantités très-variables d'alb.; elle existe surtout en proportion considérable dans les haricots, les fèves, et dans certaines plantes oléagineuses.

L'alb. se présente sous forme liquide et à l'état de dissolution, ou sous forme solide à l'état de coagulation. Dans ce dernier cas, elle est soluble ou insoluble, selon le procédé qu'on a employé pour la coaguler.

L'alb. liquide a toujours une réaction alcaline; si on l'abandonne à elle-même, elle se putréfie, et ce phénomène est accompagné d'une génération abondante d'animalcules. — L'alb. qui est contenue dans le sérum du sang à l'état de dissolution, paraît y être combinée avec la soude et constituer un albuminate de soude. Cependant Berzélius ne pense pas que ce soit la soude qui tienne l'alb. à l'état de dissolution dans le sérum; car on peut saturer l'alcali par l'acide acétique, sans que l'alb. se précipite. Quand on fait évaporer le sérum ou le blanc d'œuf à une température qui ne dépasse pas 50° centigr., l'alb. se dessèche et forme une couche mince, solide, transparente, assez semblable à de la colle : dans cet état, l'alb. est de nouveau soluble dans l'eau. Mais l'influence d'une température plus élevée, ou l'action des agents chimiques, comme l'alcool et les acides, qu'on emploie pour obtenir l'alb. de l'œuf ou du sang à un état de pureté parfaite, c.-à-d. débarrassée des matières grasses et du sang qu'elle contient naturellement, enlève à l'alb. la faculté de se dissoudre dans l'eau. — Le point de coagulation du sérum de l'homme paraît être constant : il se place entre 69° et 72° centigr. On indique généralement 60° pour la coagulation du blanc d'œuf; mais pour les espèces animales inférieures, elle a lieu à une température bien moins élevée : ainsi, l'alb. de plusieurs poissons, celle de l'écrevisse, celle de l'alligator se coagule à 30° et 35°. Lorsque l'alb. est étendue d'eau, il faut souvent prolonger l'ébullition quelques instants pour opérer la coagulation : l'alb. vient alors se rassembler à la surface.

L'alb. liquide et l'alb. insoluble peuvent être amenées toutes deux à un état de dessiccation parfaite; mais on les distingue alors fort bien l'une de l'autre par l'action de l'eau qui ne fait que gonfler l'alb. insoluble, tandis que l'autre se redissout et donne une liqueur filante, séreuse, identique à l'alb. fraîche.

L'alb. dissoute est coagulée par l'alcool, les acides minéraux, les sels métalliques, tels que les sels de zinc, de plomb, d'argent, de mercure; elle est également coagulée par le chlore, l'infusion de noix de galle, et les dissolutions très-concentrées de potasse ou de soude. L'alb. précipitée par l'alcool, les sels métalliques, le tannin, est insoluble dans l'eau qui redissout au contraire la caséine que l'on a précipitée par les acides et l'alcool. L'acide acétique ne précipite pas l'alb., tandis qu'il précipite la caséine et la chondrine. Gmelin a observé que l'alb. de l'œuf est coagulée par l'éther pur qui ne précipite pas l'alb. du sérum. — Si l'on mélange avec du sérum une petite quantité d'un sel métallique et qu'on y ajoute plus de potasse caustique qu'il n'en faut pour décomposer le sel, l'oxyde, au lieu de se précipiter, se combine avec l'alb. et reste dans le liquide à l'état de dissolution. Berzélius, qui a noté ce fait, fait observer que, par ce moyen, certains sels ou oxydes métalliques peuvent être absorbés par le canal intestinal ou par la peau, portés dans la circulation, dissous dans le sérum et éliminés ensuite avec les produits excrétoires. De là vient qu'après l'usage prolongé du mercure, on retrouve du protoxyde de ce métal dans les fluides de l'économie. — Parmi les sels métalliques, l'acétate de plomb et surtout le bichlorure de mercure ou sublimé corrosif sont les réactifs les plus sensibles de l'alb. Ainsi le sublimé trouble un liquide qui ne contient qu'un deux-millième d'alb. en dissolution. C'est en se fondant sur la propriété que possède l'alb. de former avec le sublimé une combinaison insoluble qu'Orfila a recommandé l'administration du blanc d'œuf dans les empoisonnements causés par les sels mercuriels.

L'alb. coagulée ou insoluble se comporte chimiquement absolument de la même manière que la fibrine, si ce n'est qu'elle ne décompose pas l'eau oxygénée.

Les analyses d'un grand nombre de chimistes, tels que Mulder, Schérer, Dumas et Cahours, Boussingault, etc., démontrent qu'il n'existe pas de différence de composition entre l'alb. animale et l'alb. végétale. Toutes deux contiennent du phosphore et du soufre. Quant à ce dernier, il n'est personne qui n'ait remarqué que les ustensiles d'argent sont noircis et sulfurés par le contact de l'alb. Bien plus, la composition de la fibrine et de l'alb. est presque identiquement la même : il n'existe entre ces deux corps qu'une seule différence, c'est que, suivant Mulder, l'alb. contient deux fois plus de soufre que la fibrine. Denis est parvenu à convertir artificiellement de la fibrine en alb., c.-à-d. à donner à la fibrine la solubilité et la coagulabilité qui distinguent l'alb.

Dans les arts, l'alb. sert à différents usages; mais on l'emploie surtout pour clarifier les sirops et les vins. Lorsqu'on détermine, au moyen de la chaleur, la coagulation d'une certaine quantité d'alb. dissoute dans un liquide, on la voit se solidifier en même temps dans toute la masse de ce dernier en formant une sorte de réseau qui enveloppe toutes les matières insolubles suspendues dans le liquide et qui s'élève à la surface; ainsi on n'a qu'à ajouter un peu d'alb. aux sirops qu'on veut clarifier et à les soumettre à l'action de la chaleur. Quant aux vins, il suffit d'introduire dans la pièce une certaine quantité d'alb. étendue d'eau et de la bien mélanger au liquide : le tannin et l'alcool qui existent toujours dans le vin déterminent la précipitation de l'alb. et celle-ci entraîne avec elle les substances qu'il s'agit de faire disparaître. Voy. FIBRINE, CASÉINE, PROTÉINE et ALIMENT.

ALBUMINEUX, EUSE. adj. Qui contient de l'albumine. *Liquide alb. Substance albumineuse.*

ALCADE. s. f. (ar. *al*, le; *cadi*, juge).

Enc. — Ce mot, qui s'écrit en espagnol *Alcalde*, sert, en Espagne, à désigner certains officiers de justice qui, lors de l'expulsion des Maures, ont remplacé les cadis musulmans. Les fonctions des alcades sont à la fois civiles et judiciaires, et leurs attributions répondent, en partie, à celles qui appartiennent, chez nous, aux maires et aux juges de paix. En Portugal, on dit *Alcayde.*

ALCAÏQUE. adj. 2 g. (gr. ἀλκαϊκὸς). *Vers alc., Strophe alc.* ‖ S'emploie subst.; on dit *Un alc.*, pour Un vers alc.

Enc. — Les Grecs donnèrent le nom d'*Alc.* à une espèce de vers inventé par Alcée et dont le rhythme est très-harmonieux. Ce vers est composé de quatre pieds et d'une césure. Le premier pied est un *iambe* ou un *spondée*, le second un *iambe*; puis vient la césure, qui est longue ou brève; enfin le vers se termine par deux *dactyles*. — La strophe dans laquelle on faisait usage de ce vers, avait reçu également le nom d'alc. Elle était composée de quatre vers : les deux premiers *alcaïques*, le troisième *iambique dimètre hypermètre*, et le quatrième *dactylico-trochaïque tétramètre*. Horace introduisit quelques modifications à cette strophe pour l'approprier à la langue latine. Il fit presque toujours usage du *spondée* pour le premier pied du vers alc., et chez lui la césure est constamment longue. Enfin il entremêla rigoureusement le *spondée* et l'*iambe* dans le vers *iambique* de cette espèce de strophe, comme on le voit dans cet exemple de l'Ode 27, liv. I.

Nūnc ēst | bĭbēn | dūm; | nūnc pĕdĕ | lībĕrō
Pūlsān | dă tĕl | lūs; | nūnc sălĭ | ārĭbŭs
Ōrnā | rĕ pūl | vīnār | Dĕō | rūm
Tēmpŭs ĕ | rāt dăpĭ | bŭs, sŏ | dālēs.

On donne encore le nom de *grand alc.* à un vers qui est composé de six pieds et qui a une césure longue au milieu. Le premier pied est un *trochée*; le second un *spondée*; le troisième un *dactyle*, suivi de la césure; le quatrième un *dactyle*; les deux derniers pieds sont des *trochées*. En voici un exemple tiré d'Horace, Ode 8, liv. I.

Tē Dĕ | ōsō | rō, Sўbă | rīn | cūr prŏpĕ | rēs ă | măndŏ.

ALCALESCENCE. s. f. T. Chim.

Enc. — On désigne par ce terme l'état des substances végétales ou animales dans lesquelles il s'est développé une certaine quantité d'ammoniaque, ou même la simple disposition des corps à éprouver la fermentation alcaline ou putride. Toutes les substances dans la composition desquelles il entre de l'azote, l'un des principes de l'ammoniaque, peuvent devenir alcalescentes.

ALCALESCENT, ENTE. adj. T. Chim. Se dit D'une substance qui donne lieu à des réactions alcalines.

ALCALI. s. m. (ar. *al*, le; *kali*, nom de la plante appelée par les botanistes *salsola soda*). T. Chim.

Enc. — Dans l'origine le nom d'*Alc.* ne s'appliquait qu'aux cendres qui résultaient de l'incinération de cette plante et qui contenaient une quantité notable de *soude*. Aujourd'hui les chimistes considèrent toujours la soude comme un alc.; mais ils désignent également sous ce nom générique toute substance composée solide, liquide ou gazeuse, qui verdit le sirop de violettes, rougit la couleur jaune du curcuma, rétablit la couleur bleue du papier de tournesol rougi par un acide, et possède la propriété de faire disparaître en tout ou en partie les caractères des acides, et de se combiner avec eux pour former des sels. Les alcalis proprement dits sont : la potasse, la soude, la baryte, la lithine, la strontiane et la chaux, qui sont tous des oxydes métalliques. On y comprend aussi sous le nom d'*alc. volatil*, le gaz ammoniaque, qui est composé d'hydrogène et d'azote, mais qui se comporte comme les protoxydes des métaux que nous venons de citer. — Anciennement on distinguait les *alcalis* et les *terres alcalines*. Les *alcalis* étaient les oxydes de potassium, de sodium et de lithium, et on comprenait sous le nom de *terres alcalines* les oxydes de calcium, de baryum, de strontium et de magnésium. — On donne encore le nom d'*alcalis végétaux* ou mieux d'*alcaloïdes* à certaines bases salifiables fournies par le règne végétal. Voy. ALCALOÏDE.

* **ALCALIMÉTRIE.** s. f. (ar. *al*, *kali*; gr. μέτρον, mesure). T. Techn.

Enc. — On donne ce nom à un procédé employé pour apprécier la valeur réelle des potasses et des soudes du commerce. Diverses industries font une énorme consommation de ces deux derniers alcalis. Mais comme la potasse et la soude brutes du commerce renferment toujours des proportions notables de sels étrangers, et que leur valeur vénale dépend uniquement de la proportion réelle de carbonate de potasse ou de soude qu'elles contiennent (car dans l'industrie on donne, pour abréger, le nom de potasse et de soude aux carbonates de ces bases), il est indispensable de constater cette quantité, ou en d'autres termes, de reconnaître le titre de l'alcali. Pour cela on prend une quantité rigoureusement déterminée d'acide sulfurique et une quantité d'alcali telle que si ce dernier était parfaitement pur, il serait complétement neutralisé par l'acide. Or, comme l'alcali du commerce est toujours fort impur, il est évident qu'il faudra d'autant moins d'acide pour le neutraliser ou le saturer qu'il contiendra plus de matières étrangères. Si donc, par ex., pour saturer l'échantillon d'alcali choisi, on n'a employé que le quart de la quantité d'acide sulfurique qu'il eût fallu pour neutraliser ce même poids si l'alcali eût été pur, il est évident qu'en achetant 100 kilogr. de matière brute, on n'achète véritablement que 25 kil. d'alcali. On dit que le titre de l'alcali est au 20e, au 30e ou 40e, lorsqu'on a employé pour le saturer 20, 30 ou 40 centièmes de la quantité totale d'acide qui eût neutralisé l'échantillon d'alcali pur. C'est à Gay-Lussac que l'industrie doit ce procédé aussi facile qu'exact.

ALCALIN, INE. adj. T. Chim. Se dit D'un corps qui manifeste les propriétés ou quelques-unes des propriétés particulières aux alcalis. *Sel alc. Substance alcaline.* ‖ Qui est propre aux alcalis. *Propriété alcaline. Réaction alcaline.*

* **ALCALINITÉ.** s. f. T. Chim. Se dit De l'ensemble des propriétés qui caractérisent les alcalis. — S'emploie par oppos. à *Acidité*, en parlant Des bases salifiables.

ALCALISER. v. a. T. Chim. Faire qu'une substance manifeste des propriétés alcalines. Peu us. = ALCALISÉ, ÉE. part.

* **ALCALOÏDE.** s. m. (ar. *al*, *kali*; gr. εἶδος, apparence). T. chim

Enc. — On donne le nom d'*Alcaloïdes* ou d'*alcalis végétaux* ou de *bases salifiables organiques* à certaines substances végétales qui ramènent au bleu le papier de tournesol rougi par un acide et qui ont la propriété de neutraliser les acides en donnant naissance à des sels bien définis. La plupart de ces principes végétaux ont cela de commun qu'outre le carbone, l'hydrogène et l'oxygène, ils renferment de l'azote. En conséquence ils produisent de l'ammoniaque quand on les décompose par la chaleur. Plusieurs cristallisent avec des formes déterminées et constantes. Les alcaloïdes sont ordin. très-peu solubles dans l'eau, mais beaucoup plus solubles dans l'alcool, surtout à chaud, et leur solution ramène au bleu le papier de tournesol rougi. Ils s'unissent aux acides pour former des sels, et produisent des sels doubles avec certains sels à bases d'oxydes métalliques. — Plusieurs des sels produits par les alcaloïdes cristallisent très-bien; quelques-uns se présentent sous forme de masse gommeuse. Ces sels sont plus solubles que les alcaloïdes eux-mêmes, et leurs dissolutions sont toutes précipitées par l'infusion de noix de galle ou la solution de tannin; mais le précipité se redissout dans un excès d'acide. — Les alcaloïdes ont tous une saveur amère très-prononcée : quelques-uns constituent les poisons les plus violents que l'on connaisse; et, en conséquence de l'action énergique qu'ils exercent sur l'organisme, la thérapeutique a pu en employer plusieurs avec succès. — Le tableau suivant indique les noms des principaux alcaloïdes et ceux des végétaux qui les fournissent.

Aconitine	Aconitum napellus.
Atropine.	Atropa belladona.
Conicine.	Conium maculatum.
Daturine.	Datura stramonium.
Delphine.	Delphinium staphisagria.
Digitaline	Digitalis purpurea.
Émétine.	Cephælis ipecacuanha.
Hyoscyamine	Hyoscyamus niger.
Morphine. Codéine. Narcéine. Narcotine. Thébaïne.	Papaver somniferum.
Nicotine	Nicotiana tabacum.
Picrotoxine	Anamirta cocculus.
Quinine. Cinchonine. Aricine.	Cinchona (diverses espèces).
Sanguinarine.	Sanguinaria canadensis.
Solanine	Solanum nigrum et S. dulcamara.
Strychnine. Brucine.	Strychnos (diverses espèces).
Vératrine	Veratrum (diverses espèces).

C'est Sertuerner, pharmacien du Hanovre, qui le premier a appelé l'attention sur les alcalis végétaux; mais on doit surtout de précieux travaux sur ce sujet à Séguin, Pelletier, Caventou, Couerbe, etc. La découverte des principes actifs des médicaments est d'une haute importance en thérapeutique; car elle permet non-seulement d'administrer sous un très-petit volume des doses considérables de médicaments, mais encore de varier de mille manières leur mode d'administration. — Il sera traité en particulier de ceux d'entre les alcaloïdes qui intéressent le plus directement la médecine et la toxicologie, aux mots DIGITALE, IPÉCACUANHA, OPIUM, QUINQUINA, TABAC, STRYCHNINE.

ALCANTARA. s. m. Voy. *Ordres de* CHEVALERIE.

ALCARAZAS. s. m. [On fait sentir l'S.]

Enc. — On désigne par ce nom, qui n'est autre que le mot espagnol *alcarraza* un peu altéré, des vases de terre en forme de cruche ou de bouteille qui servent à rafraîchir les boissons. La propriété réfrigérante des alcarazas tient à ce qu'ils laissent transsuder une partie du liquide qu'ils contiennent, et à ce que cette partie, en s'évaporant à la surface externe du vase, soustrait une portion du calorique de l'intérieur. En conséquence, pour accélérer cette évaporation et, par suite, le refroidissement du contenu, on a soin d'exposer l'alc. à un courant d'air aussi vif que possible. La matière avec laquelle on fabrique les alc. se compose de 5 parties de terre calcaire et de 8 parties de terre argileuse. Quand on ne peut pas se procurer une terre propre à cette fabrication, on mêle à la matière, lors du pétrissage, une certaine quantité de sel marin qui, en se fondant, quand on fait cuire le vase, y laisse une multitude de pores par où l'eau peut transsuder. De plus, on ne soumet cette espèce de vase que dix à douze heures à la chaleur du four de potier. — L'invention des alc. est attribuée aux Égyptiens. Les Arabes ont importé cette industrie en Espagne, d'où elle s'est ensuite répandue dans tous les pays chauds.

ALCÉE. s. f. (gr. ἀλκέα, sorte de mauve). T. Bot. Voy. MALVACÉES.

ALCHIMIE. s. f. (ar. *al*, la; gr. χημεία, chimie; de χεύειν, faire fondre). Art chimérique qui consistait dans la recherche d'un remède universel et d'une substance propre à opérer la transmutation des métaux.

Enc. — Hermès Trismégiste ou Thoth, dieu à qui les Égyptiens attribuaient l'invention des sciences et des arts, est considéré comme ayant révélé les secrets de l'*Al.* à la caste sacerdotale de l'Égypte. C'est de là, sans doute, qu'elle fut appelée *art hermétique* par les Grecs. Quelques auteurs prétendent que son origine se perd dans la nuit des temps; et ils affirment que l'alc. était connue en Chine plus de 2500 ans avant notre ère. D'autres prétendent qu'étant compagne de l'astrologie, elle a dû être en honneur dans les colléges des mages de Babylone, et qu'elle devait faire partie des pratiques du sabéisme. Ce qu'il y a de certain, c'est que, dans l'antiquité la plus lointaine, on la trouve professée mystérieusement par les prêtres de Thèbes et de Memphis, sous le nom d'*art sacré*. Ces prêtres établissaient leurs laboratoires dans les parties les plus reculées des sanctuaires. Toutes leurs croyances cosmogoniques et symboliques se rattachaient à cet art qu'ils ne révélaient qu'à un très-petit nombre d'élus ou d'initiés. Comme ils étaient parvenus à décomposer et à recomposer certains corps, les prêtres qui pratiquaient l'art sacré aspiraient à reproduire l'œuvre de la création; ils pensaient pouvoir saisir les procédés les plus secrets de la nature et pouvoir contraindre la matière à prendre les formes qu'il leur plairait de lui imposer. Ce qu'il y a de remarquable, c'est que cette orgueilleuse espérance était fondée sur l'observation de faits réels, mais dont ils donnaient une explication chimérique. « Oublions un instant, dit Hoefer, les progrès faits par la science depuis le ve siècle, transportons-nous un moment par la pensée dans le laboratoire d'un des grands maîtres de l'art sacré, et assistons en initiés à quelques-unes de ses opérations. — 1o On chauffe de l'eau ordinaire dans un vase ouvert. L'eau bout et se réduit en un corps aériforme (vapeur) en laissant au fond du vase une terre blanche, pulvérulente. Conclusion : l'eau se change en *air* et en *terre*. Qu'aurions-nous à objecter contre cette conclusion, si nous n'avions aucune idée de l'existence des matières que l'eau tient en dissolution et qui, après la vaporisation, se déposent au fond du vase? — 2o On porte un fer rougi au feu sous une cloche maintenue sur une cuvette pleine d'eau : cette eau diminue de volume, et une bougie portée sous la cloche allume aussitôt le gaz qui s'y trouve. Conclusion : l'*eau* se change en *feu*. Cette conséquence ne devait-elle pas se présenter naturellement à l'esprit d'initiés qui ignoraient que l'eau est un composé de deux corps gazeux, dont l'un (oxygène) est absorbé par le fer; et dont l'autre (hydrogène) s'allume au contact de la flamme? — 3o On brûle (calcine) du plomb ou tout autre métal (excepté l'or et l'argent) au contact de l'air; il perd aussitôt ses propriétés primitives et se transforme en une substance pulvérulente, en une espèce de *cendres* ou de chaux. On reprend ces *cendres* qui sont le résultat de la *mort du métal*; on les chauffe dans un creuset avec des grains de froment, et on voit le métal renaître de ses cendres avec sa forme et ses propriétés premières. Conclusion : *le métal*, détruit par le feu, *est revivifié* par le froment et la chaleur. Il n'y avait rien encore à opposer à cette conclusion, puisque la réduction des oxydes au moyen du charbon, ou d'un corps organisé riche en carbone, tel que le froment, n'était pas plus connue que le phénomène de l'oxydation des métaux. Les grains de froment ayant la faculté de ressusciter et de revivifier les métaux morts et réduits en cendres, deviendront le symbole de la résurrection et de la vie éternelle. — 4o On brûle du plomb argentifère dans des coupelles faites avec des cendres ou des os pulvérisés. Le plomb disparaît, et, à la fin de l'opération, il reste dans la coupelle un bouton d'argent pur. Rien n'était plus naturel que de conclure que le plomb se transformait en argent, et d'échafauder sur ce fait et d'autres faits analogues la théorie de la transmutation des métaux, qui plus tard devait amener la recherche de la *pierre philosophale*. — 5o On verse un acide fort sur du cuivre; le métal est attaqué et finit, au bout de quelque temps, par disparaître, en donnant naissance à une liqueur verte transparente. On y plonge ensuite une lamelle de fer et l'on voit le cuivre reparaître avec son aspect ordinaire, en même temps que le fer se dissout à son tour. Quoi de plus simple que de conclure que le fer s'est transformé en cuivre? Si à la place de la dissolution de cuivre, on avait employé une dissolution de plomb, d'argent ou d'or, on aurait dit que le fer s'était transformé en plomb, en argent ou en or. — 6° On fait tomber du mercure en pluie fine sur du soufre fondu, et l'on obtient une matière noire comme l'aile du corbeau. Cette matière chauffée dans un vase clos se volatilise sans s'altérer et se présente avec une éclatante couleur rouge. Ce curieux phénomène, encore inexplicable dans l'état actuel de la science, ne devait-il pas frapper d'étonnement les initiés à l'art sacré, et agir d'autant plus sur leur imagination, que pour eux le *noir* et le *rouge* n'étaient rien moins que les symboles des ténèbres et de la lumière, du mauvais et du bon principe, et que la réunion de ces deux principes représentait, dans l'ordre moral, l'*Univers-Dieu?* — 7° Enfin, on chauffe des substances organiques dans un appareil distillatoire; on obtient un résidu solide, des liquides qui passent à la distillation, et des esprits qui se dégagent. De semblables résultats ne venaient-ils pas à l'appui de la théorie d'après laquelle la *terre*, l'*eau*, l'*air* et le *feu* formaient les *quatre éléments* du monde?» — Comme on le voit, le point de départ de toutes ces doctrines était l'observation et l'imitation de la nature. Il ne faut donc pas s'étonner qu'elles aient été cultivées avec ardeur non-seulement par les prêtres d'Isis, mais encore par des esprits de l'ordre le plus élevé. L'art sacré était véritablement la chimie des philosophes de l'école d'Alexandrie, et l'al. ne fut que la continuation de l'art sacré. Aussi en adopta-t-elle le langage symbolique et les allures mystérieuses; cependant il serait difficile de marquer le passage de l'un à l'autre. A dater de l'époque de la prise d'Alexandrie par les Arabes, en 640, la science d'Hermès parut tomber dans l'oubli; elle continua toutefois d'être l'objet des patientes et secrètes recherches de quelques disciples enthousiastes. Mais dès que l'empire des Califes fut fondé, et que les Arabes commencèrent à cultiver les diverses sciences connues de leur temps, l'art hermétique devint, sous le nom d'al., le but des travaux d'un grand nombre d'hommes remarquables; et ce culte pour l'al. se maintint pendant tout le moyen âge, jusqu'au moment où la chimie se constitua en science positive et indépendante.

L'art hermétique, tel qu'il fut compris pendant cette longue période, se proposait deux buts: 1° trouver la substance propre à transformer les métaux vils en or et en argent; 2° découvrir un élixir capable de guérir tous les maux et de prolonger la vie de l'homme. — Suivant les alchimistes, tous les métaux sont composés de mercure et de soufre: au fond, ils sont donc identiques et ne diffèrent les uns des autres que par l'état plus ou moins grossier dans lequel se trouvent leurs éléments constitutifs: la nature, par la suite des siècles, convertit les métaux vils en métaux précieux; en conséquence l'homme, par l'étude, doit arriver à opérer instantanément cette transformation. Cette double idée se trouve très-clairement exprimée dans ce passage d'un ouvrage attribué à saint Thomas d'Aquin et intitulé *Secreta alchymiæ magnalia.* «La matière substantielle de tous les métaux est le vif-argent coagulé par une congélation faible dans quelques-uns, forte dans quelques autres. Le degré des métaux correspond au degré de l'action de leurs planètes et du vif-argent congelé de soufre pur; et ainsi les métaux où celui-ci est terreux et peu congelé ont en eux et en puissance par rapport aux autres métaux, la virtualité de la matière (*modum materiæ*); de sorte que le plomb étant du vif-argent terreux et peu congelé par du soufre subtil et peu abondant, et étant soumis à une action planétaire distante et peu énergique, a en lui puissance pour l'étain, le cuivre, le fer, l'argent et l'or. L'étain est du vif-argent faiblement coagulé par du soufre impur et grossier; c'est pourquoi il y a en lui puissance pour le cuivre, le fer, l'argent et l'or. Le fer est du vif-argent grossier et terreux fortement coagulé par du soufre grossier terreux; c'est pourquoi il a puissance pour le cuivre, l'argent et l'or. Le cuivre est du vif-argent médiocrement pur, coagulé par beaucoup de soufre, sa planète aidant; c'est pourquoi il a puissance pour l'argent et pour l'or. L'argent est du soufre blanc, clair, subtil, incombustible, et du vif-argent subtil, coagulé, limpide et clair, soumis à l'action de la lune sa planète; c'est pourquoi il n'y a en lui de puissance que pour l'or. L'or est le plus parfait des métaux; il est de soufre rouge, clair, subtil, incombustible, et de vif argent clair et subtil; il est fortement coagulé et soumis à l'action du soleil; c'est pourquoi il ne peut être brûlé même par le soufre qui brûle tous les autres métaux. Il est donc évident que de tous les métaux on peut faire l'or, et que de tous les métaux, à part l'or, on peut faire l'argent. Cela se voit d'ailleurs par les mines d'argent et d'or, desquelles on retire aussi tous les autres métaux. Ils y sont mêlés avec l'essence d'or et d'argent; et il n'est pas douteux qu'avec le temps l'action de la nature les changerait eux-mêmes en or et en argent.»

Par le terme de *pierre philosophale*, objet de tous leurs travaux, les alchimistes entendaient une substance quelconque, soit solide, soit liquide, ayant la propriété de multiplier l'or ou l'argent. Cette recherche pouvait se faire de deux manières, par la voie sèche, et par la voie humide. La première, qui était celle où l'on employait la calcination, donnait la pierre philosophale sous forme d'une poudre blanche ou rouge, qui constituait la *poudre de projection*. La blanche, projetée sur le métal inférieur, ne pouvait donner naissance qu'à de l'argent; la rouge seule produisait de l'or. Dans les recherches par la voie humide, on avait principalement recours à la distillation. Raymond Lulle, qui passait pour avoir obtenu la pierre philosophale par ce moyen, la nomme *élixir des sages*. Les travaux accomplis par l'alchimiste pour la recherche de la pierre, et pour transmuer les métaux, constituaient le *grand-œuvre*. — Quant à la médecine universelle, sa recherche ne paraît pas, dans le principe, distincte de celle de la pierre philosophale: les alchimistes semblent même croire que celle-ci devait également posséder la faculté de rajeunir l'homme et de guérir tous les maux. Plus tard, on rechercha séparément cet élixir merveilleux. — Le premier qui ouvre l'histoire moderne de l'al. est Abou-Moussah Djafar-al-Sofi, si connu sous le nom de Geber. Il vivait au VIIIe siècle. On trouve dans les ouvrages qui portent son nom de nombreuses préparations de métaux pour les approprier à l'œuvre. On y remarque aussi l'indication de la médecine universelle. Geber présente son *élixir rouge*, qui n'est autre chose qu'une dissolution d'or, comme une *panacée* universelle, comme un moyen de prolonger la vie indéfiniment et de rajeunir la vieillesse. Les écrits de Geber répandirent tellement chez les Arabes le goût de l'al. que la plupart des savants qui ont illustré sa nation ont cultivé cette science avec ardeur. Parmi les plus illustres d'entre eux, nous nous contenterons de citer Mohammed Abou-Bekr Ibn-Zacaria (Rhasès) aux IXe et Xe siècles, Abou-Ali Hossein Ibn-Sina (Avicenne), X^e et XIe siècles, Ibn-Rochd (Averrhoès), XIIe siècle. — Au XIIIe siècle, l'al. pénétra en Europe à la suite du mouvement produit par les Croisades, et nous trouvons à la tête des alchimistes de cette époque le moine Roger Bacon, en Angleterre; l'évêque de Ratisbonne Albert de Bollstadt, si célèbre sous le nom d'Albert-le-Grand, en Allemagne; saint Thomas d'Aquin, en Italie; le médecin Arnaud de Villeneuve, en France, et son élève Raymond Lulle, en Espagne. Ce dernier qui rechercha la pierre philosophale par la voie humide, fit école. Nous allons, afin de donner une idée du langage de l'al., citer, d'après Ripley, la manière de préparer la pierre philosophale par la voie humide:

«Pour obtenir l'*élixir des sages*, il faut prendre de l'*azoque* ou *mercure des philosophes*, et le calciner jusqu'à ce qu'il soit transformé en *lion vert;* lorsqu'il a subi cette transformation, on le calcine de nouveau pour qu'il se change en *lion rouge.* Puis on fait digérer au bain de sable ce *lion rouge* avec l'*esprit aigre des raisins.* On évapore ce produit, et le mercure se prend en une espèce de gomme qui se coupe au couteau. Cette matière gommeuse étant placée dans une cucurbite lutée, on dirige sa distillation avec lenteur. On récolte séparément les liqueurs qui paraissent de diverses natures, et on obtient un phlegme insipide, puis de l'esprit et des gouttes rouges. Les *ombres cymmériennes* couvrent alors la cucurbite de leur voile sombre, et on trouve dans son intérieur un véritable *dragon*, car il mange sa queue. Après avoir saisi ce *dragon noir*, on le broie sur une pierre, et on le touche avec un charbon rouge. Alors, il s'enflamme en prenant une couleur *citrine glorieuse*, et il reproduit le *lion vert.* On fait qu'il *avale sa queue*, et l'on distille de nouveau le produit. Après quoi, on rectifie soigneusement, et l'on voit paraître l'*eau ardente* et le *sang humain.* — Dumas interprète ainsi ce passage: Appelez plomb ce que l'alchimiste nomme *azoque*, et toute l'énigme se découvre. Il prend du plomb et le calcine. Le métal s'oxyde et passe à l'état de massicot (lion vert). En continuant encore la calcination, le massicot se suroxyde et se change en minium (lion rouge). Il met ce minium en contact avec du *vinaigre* (esprit aigre des raisins). L'acide acétique dissout l'oxyde de plomb. La liqueur évaporée ressemble à de la *gomme;* ce n'est autre chose que de l'acétate de plomb. La distillation de l'acétate donne lieu à divers produits, et particulièrement à de l'eau chargée d'acide acétique et d'esprit pyroacétique, ou *acétone*, accompagné d'une petite quantité d'une huile brune ou rouge. Il reste dans la cornue du plomb très-divisé, et par conséquent d'un gris sombre, couleur qui rappelle les *ombres cymmériennes.* Ce résidu jouit de la propriété de prendre feu à l'approche d'un charbon allumé, et repasse à l'état de massicot, dont une portion mêlée avec la liqueur du récipient se combine peu à peu avec l'acide que celle-ci renferme, et ne tarde pas à s'y dissoudre. C'est là le *dragon noir* qui mord et avale sa queue. On distille de nouveau, puis on rectifie, et en définitive on a de l'esprit pyroacétique (*eau ardente*), et une huile d'un rouge brun (*sang humain*), qui a la propriété de réduire l'or de ses dissolutions et de le précipiter à l'état métallique, propriété qui avait attiré toute l'attention de Raymond Lulle et des autres alchimistes du XIVe siècle.

Dans ce même siècle, on remarque parmi les chercheurs de pierre philosophale le célèbre auteur du *Roman de la Rose*, Jean de Meung, qui a composé plusieurs poèmes sur l'al. Mais de tous les alchimistes de cette époque, celui dont le nom est le plus populaire est Nicolas Flamel, écrivain-libraire de l'Université de Paris; cependant les légendes dont il fut l'objet ne sont fondées sur aucun fait réel. — Le XVe siècle compta encore un plus grand nombre d'adeptes que le précédent. Les plus illustres furent Isaac Hollandais, George Ripley, dont nous avons parlé, Trévisan et Basile Valentin, si célèbre par ses travaux sur l'antimoine. Cette époque vit l'al. prendre en quelque sorte une direction nouvelle; elle enrichit la thérapeutique d'un grand nombre de préparations chimiques. Mais ce fut surtout dans le siècle suivant que l'application de l'al. à la médecine reçut un prodigieux accroissement, grâce aux efforts de Paracelse. Cet homme extraordinaire, qui popularisa l'usage des préparations opiacées, fut appelé, en 1527, par la ville de Bâle, pour occuper la première chaire de chimie qui ait été fondée dans le monde. Il s'occupa presque exclusivement de l'application de la science à la thérapeutique. «Beaucoup de gens, dit-il, se sont enquis de savoir si l'al. était vraiment capable de faire de l'or; mais cela importe peu. Elle est le fondement et la colonne de toute la médecine; et sans elle, il faut bien le savoir, personne n'a le droit de se dire médecin.» Mais s'il renonça à la recherche de la pierre philosophale, Paracelse poursuivit avec ardeur celle de la panacée universelle, c.-à-d. d'un moyen propre à prolonger indéfiniment la vie. Pour cela, il avait des essences, des quintessences, des arcanes, des spécifiques, des élixirs, et l'on trouve encore dans nos pharmacopées l'*élixir de propriété de Paracelse.* Il s'efforça de renverser la science établie par les scholastiques et par les Arabes, pour lesquels il professait un profond mépris. Il brûla publiquement à l'Université de Bâle les ouvrages d'Avicenne et de Galien. Par suite de la nouvelle impulsion qu'il communiqua à la science, la question de la transmutation devint tout à fait secondaire, et les alchimistes purs passèrent presque inaperçus. Cependant, on cite encore les noms de Philaléthe, de Becher et de Glauber, le premier en Angleterre, les deux autres en Allemagne. Glauber d'ailleurs doit toute sa célébrité à la découverte d'un sel non moins usité dans la médecine que dans les arts, le sulfate de soude. A partir de ce moment, la chimie se sépara définitivement de la médecine, et se constitua en science tout à fait indépendante. — Le docteur Price est le dernier des adeptes dont le nom ait quelque célébrité, et c'est avec une vive surprise qu'on le voit, à la fin du XVIIIe siècle, en 1781, exécuter publiquement, à sept reprises différentes, la transformation du mercure en argent ou en or, au moyen d'une poudre de projection. Comme il était docteur et membre de la Société royale de Londres, cette Académie se préoccupa vivement du bruit que firent ces expériences. En conséquence, elle nomma des commissaires pour assister aux essais de Price. Mais lorsque ce dernier se vit contraint d'opérer sous les yeux de juges aussi compétents, il prétendit n'avoir plus de poudre: on lui laissa donc le temps d'en préparer de nouvelle. Enfin, pressé par la Société royale, il donna à sa comédie un dénouement tout à fait imprévu, en s'empoisonnant avec de l'huile volatile de laurier-cerise. Ce fut là le coup de grâce de l'al. Cependant quelques personnes à l'esprit enthousiaste, séduites par la lecture d'anciens ouvrages sur la science hermétique, entreprirent encore de longs travaux où elles dissipèrent en pure perte leur temps et leur fortune pour obtenir la pierre philosophale; et de nos jours même il existe dans Paris des amateurs qui se livrent avec un zèle infatigable à la recherche de la poudre de projection. Du reste, il s'attachera longtemps encore un certain attrait à l'idée de permutation des métaux, car plusieurs savants d'un ordre élevé, entre autres sir Humphrey Davy, ont pensé que les recherches hermétiques pouvaient avoir des résultats satisfaisants. Dumas lui-même s'exprime en ces termes: «Serait-il permis d'admettre des corps simples isomères? Cette question touche de près à la transmutation des métaux. Résolue affirmativement, elle donnerait des chances de succès à la recherche de la pierre philosophale... Il faut donc consulter l'expérience; et, l'expérience, il faut le dire, n'est point en opposition jusqu'ici avec la possibilité de la transmutation des corps simples.... Elle s'oppose même à ce qu'on repousse cette idée comme une absurdité qui serait démontrée par l'état actuel de nos connaissances.» Cons. HOEFER, *Hist. de la Chimie*, et *Dictionn. de Physique;* DUMAS, *Leçons sur la Philosophie chimique*, et SCHMIEDER, *Hist. de la Chimie* (en allem.).

ALCHIMILLE. s. f. T. Bot. Voy. SANGUISORBÉES.

ALCHIMIQUE. adj. 2 g. Qui a rapport à l'alchimie. *Livre al. Rêveries alchimiques.*

ALCHIMISTE. s. m. Celui qui s'occupe d'alchimie.

* **ALCMANIEN.** adj. et s. m. T. Poét. anc.

Enc. — On nomme ainsi un vers de quatre pieds fréquemment employé par le poëte grec Alcman. Les latins ont aussi employé ce mètre. Le vers *Alc.* se compose des quatre premiers pieds de l'*hexamètre*, avec cette seule différence que le dernier est toujours un dactyle. La césure est placée comme dans l'hexamètre. Ce vers de Sénèque en est un exemple:

Exigui donum breve temporis.

ALCOOL. s. m. (ar. *al*, le; *kohl*, surmé ou antimoine réduit en poudre impalpable, dont les femmes en Orient se servent pour se noircir les sourcils. C'est par anal. que ce nom a été appliqué au liquide qui nous occupe).

Enc. — Le sucre est la seule substance connue jusqu'ici qui puisse donner naissance à de l'*Al.* Il est vrai qu'un grand nombre de matières qui ne contiennent pas de sucre, telles que les céréales, les pommes de terre, les lentilles, les pois, etc., sont employées à la préparation de l'al.; mais ces substances contiennent une grande quantité d'amidon que l'on transforme en sucre, et c'est le sucre résultant de cette transformation qui, au moyen de la fermentation, se convertit en al.

L'al., tel que le fournit l'industrie, est toujours mêlé d'une quantité d'eau plus ou moins considérable. On lui donne le nom d'*eau-de-vie* lorsqu'il contient 50 à 52 pour cent d'al., et celui d'*esprit* lorsque la proportion d'al. pur s'élève à 65 et au delà. L'al. à 63 est encore appelé *al.* ou *esprit rectifié*, et il est dit *très-rectifié* ou *absolu* quand il ne contient plus qu'un dixième de son volume d'eau.

L'al. chimiquement pur, autrement nommé al. *anhydre*, c.-à-d. qui ne renferme point d'eau, est un liquide incolore, très-fluide, d'une odeur pénétrante et d'une saveur presque caustique. Sa pesanteur spécifique est 0,7947 à 15° centigr. Il bout à 78° et se volatilise sans se décomposer; mais si l'on fait passer sa vapeur à travers un tube de porcelaine chauffé au rouge, cette vapeur se décompose en différents produits solides, liquides et gazeux. Le froid le plus intense que l'on soit parvenu à produire ne solidifie pas l'al.; cependant un mélange d'acide carbonique solide et d'éther arrive à lui communiquer une consistance assez épaisse. L'al. se combine très-bien avec l'eau. Cette union s'accompagne d'un dégagement de chaleur et d'un phénomène de contraction, c.-à-d. que le volume du mélange est moindre que la somme des deux volumes des liquides séparés. La contraction la plus sensible s'observe, ainsi que l'a démontré Rudberg, lorsqu'on opère, à la température de 15° centigr., sur 53,7 vol. d'al. et 49,8 vol. d'eau. Alors, au lieu de 103,7 vol., on n'obtient que 100 vol. de mélange. — La volatilité de l'al. est diminuée par la présence de l'eau, quand la proportion de cette dernière dépasse 6 pour cent; et lorsqu'au contraire l'addition d'eau n'est que de 1 à 2 pour cent, la volatilité du liquide se trouve augmentée. — A la température ordinaire, l'al. abandonné au contact de l'air n'est pas altéré; il en dissout seulement une petite quantité, et s'affaiblit alors en absorbant l'eau que contient l'air atmosphérique. L'al. dissout l'oxygène et le gaz acide carbonique en plus forte proportion que ne le fait l'eau. L'al. est très-inflammable : quand il est anhydre, si la température est fort élevée, il brûle au contact de l'air avec une flamme qui éclaire peu, et lorsque cette flamme touche un corps froid, elle peut laisser un résidu de suie. L'al. aqueux brûle avec une flamme bleuâtre et ne donne pas de suie.—L'al. anhydre ou hydraté donne naissance, par ses réactions sur différents corps simples, à des combinaisons d'un haut intérêt pour la théorie de la science. L'action de plusieurs acides sur l'al. est également fort remarquable : il en est parlé au mot ÉTHER. — L'al. dissout les hydrates de potasse et de soude, l'ammoniaque, les sulfures, les cyanures alcalins et un grand nombre de sels déliquescents. Il ne dissout pas les sels minéraux insolubles ou peu solubles dans l'eau; le bichlorure, le bibromure et le biiodure de mercure font exception. Une foule de principes végétaux, comme la plupart des alcaloïdes, des résines et les huiles essentielles, se dissolvent dans l'al. — Les sels insolubles ou peu solubles dans l'al. peuvent néanmoins communiquer à sa flamme des colorations qui leur sont propres. Ainsi elle est colorée en vert clair par les sels de baryte, en vert intense par les sels de cuivre, en rouge par la strontiane, en pourpre par les sels de chaux.

L'al. se compose de : Carbone, 52,66; Hydrogène, 12,90; Oxygène, 34,44; composition qui se représente par la formule $C^4 H^6 O^2$.

Comme il est traité de la transformation du sucre en al. au mot FERMENTATION, de la séparation de l'eau et des matières étrangères à l'al. au mot DISTILLATION, des diverses espèces d'alcools connus dans le commerce aux mots EAU-DE-VIE, RHUM, etc., nous ne parlons ici que de la préparation de l'al. anhydre. — L'al. obtenu par la distillation contient toujours le dixième de son volume d'eau. Mais il est facile d'enlever cette eau à l'aide du carbonate de potasse desséché ou mieux de la chaux anhydre. On doit laisser séjourner au moins vingt-quatre heures l'al. sur la chaux, et renouveler cette dernière, si la première opération n'a pas suffi. Le procédé suivant, qui est dû à Sœmmerring, est aussi simple qu'économique. On prend une vessie bien dégraissée et bien desséchée, et, après l'avoir enduite d'une couche de colle de poisson, on la remplit d'al. hydraté, puis on l'expose à une température de 40 à 50° centigr. L'eau transsude à la surface externe de la vessie, et s'évapore avec rapidité, entraînant à peine avec elle quelques molécules d'al. Toutefois l'al. qu'on obtient par ce procédé n'est pas tout à fait anhydre; d'ailleurs il contient ensuite quelques parcelles de matière animale enlevées à la vessie. On doit donc lui faire subir d'autres préparations pour l'avoir absolument pur. — Ce qui précède s'applique principalement à l'al. extrait du vin. Quant à celui qui provient de l'eau-de-vie de pommes de terre ou de grains, il renferme constamment une huile particulière dont l'odeur et la saveur sont fort désagréables. On a proposé plusieurs moyens de l'en dépouiller. Berzélius conseille de distiller le liquide en mettant dans la cucurbite une quantité convenable de charbon de pin bien calciné, de ne recueillir que la première moitié du produit obtenu, et de recommencer l'opération pour la seconde moitié.

La pesanteur spécifique de l'al. étant, comme on l'a vu, inférieure à celle de l'eau, il en résulte que plus un al. est hydraté, plus sa densité doit augmenter. Ainsi, connaissant la densité de l'eau distillée et celle de l'al. anhydre, on peut arriver, en notant les points intermédiaires entre ces deux densités prises comme points extrêmes, à découvrir la proportion réelle d'al. que contient un liquide spiritueux. Les instruments les plus usités pour constater la densité des liquides spiritueux, et par suite leur richesse en al., sont l'*aréomètre de Cartier* et l'*alcoomètre centésimal* de Gay-Lussac. La tige de l'aréomètre de Cartier porte des divisions qui partent de 10 et vont jusqu'à 44. Le point de départ correspond à l'eau pure, le point marqué 44 à l'al. anhydre; et toutes les divisions intermédiaires sont égales. Dans l'alcoomètre de Gay-Lussac, l'échelle est divisée en 100 degrés : le zéro correspond à l'eau pure et le nombre 100 à l'al. pur. Mais comme, ainsi qu'il a été dit, un mélange d'eau et d'al. éprouve une contraction variable selon les proportions respectives des deux liquides, la densité n'indiquerait pas rigoureusement la quantité d'al. si les degrés de l'échelle étaient tous égaux. En conséquence, Gay-Lussac a tenu compte de ces différences en étalonnant son échelle, et il a établi, à la suite de nombreuses expériences, des divisions légèrement inégales. Aussi son instrument est-il le plus exact et le plus commode de tous ceux qui ont été proposés pour ce but. Il a été exclusivement adopté par le gouvernement français, et, à son exemple, par les gouvernements suédois et prussien. Pour connaître la richesse alcoolique d'un liquide, il suffit d'y plonger l'alcoomètre centésimal et de noter le numéro de la tige qui affleure le liquide. Si, par ex., l'instrument s'enfonce jusqu'au degré marqué 40, on en conclut que le liquide contient 40 centièmes (en volume), ou 40 pour 100 d'al. pur. Cet instrument ayant été gradué pour la température de 15° centigr., ses indications ne seront rigoureusement exactes que pour cette température; il faut donc avoir soin d'y ramener les liqueurs qu'on veut éprouver. On peut encore avoir recours aux tables très-détaillées publiées par Gay-Lussac pour l'usage du commerce. — Le tableau suivant indique la correspondance des degrés centésimaux de l'alcoomètre de Gay-Lussac avec les densités du liquide alcoolique à 15° C.

Deg. de l'al.	Densités.	Deg. de l'al.	Densités.	Deg. de l'al.	Densités.
100...	0,7947	65...	0,9027	30...	0,9656
95...	0,8108	60...	0,9141	25...	0,9711
90...	0,8347	55...	0,9248	20...	0,9761
85...	0,8502	50...	0,9348	15...	0,9812
80...	0,8645	45...	0,9440	10...	0,9867
75...	0,8779	40...	0,9527	5...	0,9928
70...	0,8907	35...	0,9595	0...	1,0000

Il est évident que l'alcoomètre ne peut être employé que dans le cas où l'al. est simplement étendu d'eau. Quand il contient des matières étrangères, ces dernières modifient la densité du liquide, et l'instrument fournit alors des indications inexactes.

Lorsqu'une très-faible proportion d'al. se trouve délayée dans une grande quantité de liquide, il est possible de séparer immédiatement cet al., et de le faire apparaître avec ses propriétés caractéristiques. On a observé que lorsqu'un sel minéral se trouve à la fois insoluble dans l'al. et très-soluble dans l'eau, si l'on mélange la solution aqueuse de ce sel à de l'al., ce dernier surnage la solution saline comme pourrait le faire une couche d'huile. Ce phénomène est surtout très-marqué quand on ajoute de l'al. à une solution de carbonate de potasse. En conséquence, si l'on soupçonne la présence de l'al. dans un liquide, il suffit de verser celui-ci dans un tube contenant du carbonate de potasse desséché, et d'agiter quelques instants en tenant fermé l'orifice du tube; l'al. ne tarde pas à nager à la surface du liquide. On peut de même faire apparaître l'al. dans le vin; mais, auparavant, il faut verser dans ce dernier de l'acétate de plomb basique ou l'agiter avec de l'oxyde de plomb.

L'al., dans ses divers états de pureté et de concentration, sert à une multitude d'usages dans les arts, l'économie domestique et la médecine. A l'état anhydre, on l'emploie pour construire des thermomètres destinés à l'observation des températures extrêmement basses, car le mercure gèle à — 39°,44 centigr., tandis que l'al. peut être porté à —100° environ sans se congeler. Les pharmaciens et les parfumeurs se servent à chaque instant de l'al., soit comme dissolvant, soit comme excipient de certaines substances. Les alcools de qualité inférieure sont employés à la fabrication des vernis. Enfin, on fait usage de l'al. pour conserver diverses matières organiques, telles que les préparations anatomiques. Son extrême avidité pour l'eau fait qu'il enlève aux substances organiques l'eau qu'elles contiennent et dont la présence est nécessaire à leur décomposition. Voy. SUCRE, VIN, VINAIGRE.

L'action physiologique de l'al. étendu d'eau et pris à l'intérieur à petites doses produit une légère excitation du système nerveux; la circulation s'accélère, la chaleur de la peau augmente, et les sécrétions deviennent plus actives. Cette stimulation réagit sur l'état intellectuel et moral, mais avec des différences notables suivant le caractère de l'individu. A dose plus considérable, il détermine les phénomènes de l'ivresse à ses divers degrés. — Très-concentré et mis en contact avec la peau ou une muqueuse, l'al. y détermine une cuisson plus ou moins vive et provoque une certaine astriction du tissu suivie bientôt d'une réaction d'autant plus prononcée que l'action du liquide a été plus énergique. Lorsqu'il est ingéré en quantité considérable, quantité qui évidemment doit varier en raison de son degré de concentration, l'al. produit bien sur l'estomac quelques effets locaux fâcheux, mais ils sont de nulle importance comparativement à l'action funeste qu'il exerce sur le sang et sur le système nerveux. Les cas de mort qui s'observent après l'ingestion immodérée de liquides alcooliques sont, suivant la plupart des auteurs, le résultat de la congestion sanguine dont le système nerveux central est alors le siége, congestion qui détermine une véritable asphyxie, par l'interruption de l'influence que le système nerveux central exerce sur les fonctions respiratoire et circulatoire. Si l'on réfléchit à ce fait que l'al. possède la propriété de coaguler l'albumine contenue dans le sang à l'état de dissolution, il devient très-probable que cette altération du liquide sanguin doit être considérée comme la principale cause de la mort, et que l'asphyxie, dans ce cas, n'est pas le simple résultat de la congestion cérébrale. — L'abus des liqueurs alcooliques est rarement porté au point de causer une mort aussi prompte. Mais lorsque les excès de ce genre se répètent, ils finissent par imprimer au système nerveux des modifications telles que les facultés intellectuelles et les fonctions motrices se trouvent gravement altérées. Plus tard, les fonctions de la digestion et de l'assimilation s'altèrent à leur tour, et on voit alors survenir des affections chroniques graves dont la mort est la suite inévitable.

En Méd., les liquides alcooliques sont rarement administrés à l'intérieur. Cependant on utilise quelquefois la stimulation générale qui résulte de leur ingestion, quand on veut faire naître un mouvement périphérique ou une réaction générale, dans le but d'entraver l'absorption de miasmes délétères, de favoriser une éruption languissante, d'exciter la transpiration pulmonaire. En revanche, l'al. est fréquemment usité dans la thérapeutique externe pour dissiper des congestions légères ou certaines inflammations superficielles de la peau et des muqueuses. On l'emploie encore, dans un grand nombre de cas, comme répercussif, comme stimulant et comme rubéfiant. Enfin il est d'un usage populaire dans les brûlures légères. Voy. ALCOOLAT et *Teintures* ALCOOLIQUES.

On attribue vulgairement la découverte de l'al. à Arnauld de Villeneuve; mais la chose est tout à fait invraisemblable. Cet alchimiste parle de l'*eau du vin*, que quelques-uns, dit-il, appellent *eau-de-vie*, comme d'une liqueur généralement connue. Cependant il paraît être le premier qui ait recommandé l'esprit distillé du vin imprégné de certaines herbes comme un remède précieux ; car, quoique Thaddæus, de Florence, qui mourut en 1270, à l'âge de quatre-vingts ans, insiste fortement sur les vertus de l'esprit de vin, il ne l'avait pourtant jamais employé pour dissoudre les principes actifs des substances végétales. — Cous. MILLON, *Élém. de Chim. organique.*

***ALCOOLAT.** s. m. T. Pharm.

Enc. — On appelle ainsi des médicaments liquides incolores, composés d'alcool chargé, au moyen de la distillation, des principes volatilisables de certaines substances. On prépare les alcoolats avec des plantes fraîches ou desséchées, que l'on divise d'abord et qu'on fait ensuite macérer quelque temps dans de l'alcool : après cela on distille à la chaleur du bain-marie. Les degrés de concentration de l'alcool à employer varient de 56 à 80 degrés de l'alcoomètre centésimal. — Malgré l'identité de leur mode de préparation, on désignait autrefois les alcoolats sous des dénominations fort diverses, telles qu'*esprits*, *gouttes*, *eaux*, *baumes*, *liqueurs*, etc. Aujourd'hui on distingue simplement ces préparations en simples et en composées. Un al. *simple* est celui dans lequel il n'entre qu'une seule substance ; un al. est dit *composé* lorsqu'il entre plusieurs substances dans sa composition. L'*esprit de cochléaria*, par ex., est un al. simple ; l'*eau de Cologne*, l'*eau de mélisse des Carmes*, le *baume de Fioravanti*, sont des alcoolats composés. Ces médicaments doivent leurs principales propriétés à l'alcool ; car pour la plupart d'entre eux, la proportion des principes aromatiques est assez faible, et ne sert, en quelque sorte, qu'à charger l'alcool d'une odeur étrangère, sans rien ajouter à son action. Cependant il en est quelques-uns chez qui le principe médicamenteux est assez énergique pour que son action s'ajoute efficacement à celle de l'alcool, et quelquefois même l'efface presque entièrement. — Les alcoolats, loin de s'altérer avec le temps, deviennent au contraire plus suaves. On doit les conserver dans des flacons bien bouchés, et placer ceux-ci dans un lieu frais. — Les alcoolats sont essentiellement excitants; quelques-uns s'emploient pour la toilette, d'autres sont usités comme médicaments. A l'intérieur, on les prend par gouttes sur du sucre, ou à la dose de 2 à 4 grammes dans un véhicule approprié. A l'extérieur, on s'en sert pour liniments, fumigations, gargarismes, collyres, etc.

***ALCOOLATURE.** s. f. **ALCOOLÉ.** s. m. T. Pharm. Voy. *Teinture* ALCOOLIQUE.

ALCOOLIQUE. adj. 2 g. Qui contient de l'alcool. *Liqueur al. Ce vin est très-al.* || *Qui se prépare au moyen de l'alcool. *Teinture al. Extrait al.*

Enc. — En T. Pharm., on nomme *Teintures alcooliques* ou *Alcoolés* des médicaments liquides, en gén. colorés, et préparés avec de l'alcool dans lequel on fait dissoudre le plus ordin. des matières d'origine végétale ou animale, sans recourir au procédé de la distillation. Les teintures se préparent avec des plantes desséchées ou avec des plantes fraîches. Quelques auteurs réservent le nom d'alcoolés aux premières, et adoptent pour les secondes le terme d'*alcoolature*, proposé par Béral. Les teintures alcooliques, de même que les alcoolats, se distinguent en *simples* et en *composées*. — Les alcoolés se préparent de diverses manières, par solution, par macération, par digestion, par lixiviation et par la méthode de déplacement, suivant la nature de la substance sur laquelle on agit et des principes dont on veut charger l'alcool. — Les *alcoolatures*, comme il a été dit, résultent de l'action de l'alcool sur les plantes fraîches. Pour les obtenir, on extrait le suc des plantes, on le mêle, sans le clarifier, à de l'alcool à 86° centésimaux, et on filtre après quelques jours : ou bien encore, comme le prescrit le Codex, on prend parties égales de plantes fraîches et d'alcool à 86°, on contuse les plantes, on les fait macérer pendant quinze jours dans l'alcool, on passe avec expression et on filtre. Cette méthode est préférable, parce qu'elle donne toujours des produits plus semblables.

Les plantes le plus fréquemment employées à la préparation des alcoolatures, sont les plantes *antiscorbutiques*, la *digitale*, la *belladone*, la *ciguë*, la *laitue vireuse*, etc. L'alcoolé et l'alcoolature d'une même plante ne possédant pas la même activité, le médecin doit spécifier dans sa formule ce qu'il entend quand il emploie le terme générique de teinture al.

Les teintures alcooliques ne possèdent d'autres propriétés que celles des plantes qui les composent. Il faut d'ailleurs tenir compte de l'action de l'alcool lui-même. Cette forme médicamenteuse offre l'avantage de concentrer beaucoup de principes actifs sous un petit volume; en outre, ces préparations se conservent parfaitement. — Ces teintures s'emploient à l'extérieur comme les alcoolats. A l'intérieur on les administre à la dose de 1 à 10 grammes dans un véhicule approprié (potions, tisanes, vin, eau, etc.), ou par gouttes, lorsqu'elles se composent de substances très-actives (narcotiques). Les teintures simples actuellement usitées sont en fort grand nombre : il en était de même autrefois des teintures composées; mais la plupart de ces dernières sont abandonnées.

ALCOOLISER. v. a. Ajouter de l'alcool à un liquide. = ALCOOLISÉ, ÉE. part. et adj. *Acides alcoolisés.* Voy. LIMONADE.

***ALCOOMÈTRE.** s. m. (R. *alcool ; mètre*). Voy. ALCOOL.

ALCORAN. s. m. (ar. *al*, *koran*, la lecture). On dit mieux le *Koran* ou le *Coran*. Livre sacré des Mahométans. — *Abjurer l'al.*, Renoncer au mahométisme. || Fam., *Je n'y entends pas plus qu'à l'al.*, Je n'y comprends absolument rien.

Enc. — Le *Coran* ne contient pas seulement la loi religieuse des peuples musulmans; il renferme encore la loi civile et la loi politique. Ce livre, suivant Mahomet son auteur, lui a été révélé par l'entremise de l'archange Gabriel, fragment par fragment, dans l'espace de 23 ans. — Le Coran est composé de 114 chapitres qui ne sont pas distingués par leur ordre numérique, mais par un titre particulier, comme *La Vache*, *Le Butin*, *Abraham*, *Les Anges*, ou par un signe spécial, comme T. H., S., etc. Chaque chapitre est partagé en très-petites divisions assez analogues aux versets de l'Écriture-Sainte. Il existe sept principales anciennes copies du Coran, et le nombre des versets n'est pas le même dans toutes. Ce livre est écrit non pas en vers, comme on l'a si souvent répété, mais en une espèce de prose poétique et cadencée. Les Musulmans disent que Mahomet est le sceau, c.-à-d. le dernier des prophètes, et que le Coran étant le livre sacré qui est descendu du ciel le dernier, doit être suivi jusqu'au jour du jugement dans les lois qu'il a établies, et ne peut être ni abrogé ni changé. Le Coran, à leurs yeux, est la parole de Dieu : il est donc éternel et incréé. L'opinion de l'incréation du Coran est la doctrine orthodoxe; mais elle fut attaquée à plusieurs reprises, et plusieurs califes même se déclarèrent avec tant de violence contre elle, qu'ils firent subir les tourments les plus cruels aux docteurs qui soutenaient l'orthodoxie musulmane. Du nombre de ces docteurs fut le célèbre Ahmed-Ben-Hanbal, l'un des fondateurs des quatre rits orthodoxes. Les *Schiites* dont la secte est dominante en Perse, n'admettent pas l'incréation du Coran. Les Mahométans regardent le Coran comme le plus grand miracle de leur prophète, et ils pensent qu'aucune créature du monde ne peut faire un chapitre semblable à un des plus courts de ce livre divin. Il est en effet dans l'ordre, dit un docteur musulman, que le Coran étant la parole de Dieu, les créatures ne puissent rien faire de pareil. — Mahomet lui-même s'exprime ainsi : « Si vous avez des doutes sur le livre que nous avons envoyé à notre serviteur, produisez un chapitre au moins pareil à ceux qu'il renferme. (Chap. de *La Vache*, 21.) » — Le Coran que Mahomet faisait descendre du ciel lambeaux par lambeaux, au fur et à mesure des besoins de sa politique et des exigences de sa situation, n'a point été annoncé tel que nous l'avons maintenant. Sa rédaction ne date que de la 13e année de l'hégire, la 2e de la mort du prophète. Ce fut Abou-Bekr qui fit recueillir par Zéid, secrétaire de Mahomet, les fragments de ce livre. Celui-ci rapprocha les versets qui ont entre eux quelque analogie, observant surtout de placer ensemble ceux qui sont terminés par une même rime. Il eut encore soin de mettre en tête les versets clairs et intelligibles, et de rejeter à la fin ceux qui présentaient un sens obscur : aussi les premiers chapitres sont-ils bien plus faciles à entendre que les autres. La division en chapitres est postérieure. Les premiers, à l'exception de celui qui ouvre le livre, sont très-longs; ceux qui suivent le sont moins, et enfin les derniers sont fort courts. — Le Coran, ainsi qu'il est aisé de le comprendre, doit donc être nécessairement un pêle-mêle de préceptes concernant le dogme, le culte, la morale, de prescriptions politiques, et de dispositions concernant la loi civile. Il contient une foule d'histoires empruntées pour la plupart à l'Écriture-Sainte, mais tronquées et refaites au gré de l'imagination de l'auteur arabe. Il n'y a dans ce livre rien de juste ni de sage qui ne soit emprunté à l'Ancien et au Nouveau-Testament. La seule chose véritablement remarquable qui distingue le Coran, c'est le style. Voy. MAHOMÉTISME.

ALCÔVE. s. f. (esp. *alcoba;* de l'ar. *al*, *kaut*, la chambre à coucher). Enfoncement pratiqué dans une chambre pour y placer un lit. *Une belle al. Une al. cintrée. Chambre à al.*

Enc. — L'usage des alcôves est fort ancien, quoique ce nom ne le soit pas. Elles avaient souvent la forme d'une niche; telles sont, par exemp., celles de la villa d'Adrien à Tivoli, dont parle Winckelman. On en voit quelques-unes de ce genre à Pompéi. Elles étaient souvent formées par une clôture ou balustrade plus ou moins élevée, et l'alcôve se trouvait en outre séparée du reste de la chambre dont elle faisait partie, par le moyen de draperies ou de rideaux. On peut s'en faire une idée d'après plusieurs bas-reliefs antiques, et surtout d'après celui que l'on connaît sous le nom de *Noces aldobrandines*. — Dans l'Archit. moderne, cette partie de la chambre à coucher diffère suivant le rang et le goût du propriétaire. Chez nous ainsi qu'en Italie, on en rencontre de fort remarquables dans quelques palais.

ALCYON. s. m. (gr. ἀλκυὼν). T. Zool. Nom donné à un genre de la famille des *Syndactyles*. Voy. MARTIN-PÊCHEUR. || * On appelle aussi *Alcyon* un genre de *Polypes* de la famille des *Alcyoniens*. Voy. ce mot.

* **ALCYONELLE.** s. f. T. Zool. Genre de *Polypes* de l'ordre des *Bryozoaires*. Voy. ce mot.

ALCYONIEN. adj. m. Ne s'emploie que dans cette locution : *Jours alcyoniens.*

Enc. — Suivant la Mythol. grecque, Alcyone, fille d'Éole et arrière-petite-fille de Deucalion, avait épousé Céyx, roi de Trachine. Celui-ci ayant péri dans un naufrage, elle se jeta dans la mer pour ne pas lui survivre. Les dieux changèrent ce couple fidèle en Alcyons, oiseaux qui fréquentent de préférence les bords de la mer et des fleuves. Les anciens prétendaient que les Alcyons font toujours leur nid dans un temps où la mer est calme. Ce temps, selon eux, se continuait sept jours avant et sept jours après le solstice d'hiver; en conséquence, on donnait à ces jours le nom de *jours alcyoniens*. Columelle donne le même nom aux sept jours qui vont du 24 au 30 avril.

* **ALCYONIENS.** s. m. pl. T. Zool.

Enc. — Les *Alcyoniens* constituent la deuxième famille des *Polypes entozoaires*. Le sac alimentaire des polypes qui la composent n'offre qu'une seule ouverture servant en même temps de bouche et d'anus. Les tentacules qui terminent le corps de ces animaux sont larges, foliacés et garnis, sur les bords, de petits prolongements cylindriques au nombre de 6 à 8 seulement. C'est entre la base des tentacules que s'ouvre le tube alimentaire qui aboutit inférieurement à une cavité commune à plusieurs individus. Ce tube est, en outre, entouré de cloisons verticales qui le fixent aux téguments. Les ovules se développent dans l'épaisseur de ces cloisons. Près de l'ouverture inférieure du canal œsophagien on remarque des vaisseaux intestiniformes que Milne-Edwards croit être des organes de sécrétion. Le plus grand nombre des espèces de Polypes qui appartiennent à cette famille sont agrégés, et la portion commune formée par leur réunion est traversée, selon le savant naturaliste que nous venons de nommer, par une multitude de petits canaux qui constituent un lacis très-compliqué, et établissent des communications entre les divers individus ainsi associés. — Milne-Edwards divise cette nombreuse famille en cinq tribus : 1o les *Al. pierreux*; 2o les *Al. dendroïdes*; 3o les *Al. libres*; 4o les *Al. rampants*; 5o les *Al. massifs*.

Les *Al. pierreux* donnent, par l'ossification de la portion inférieure de leur corps, naissance à des tubes calcaires, sans lamelles intérieures. Le *Tubipore musique* de la mer Rouge (Fig. 1) offre un exemple de cette disposition.

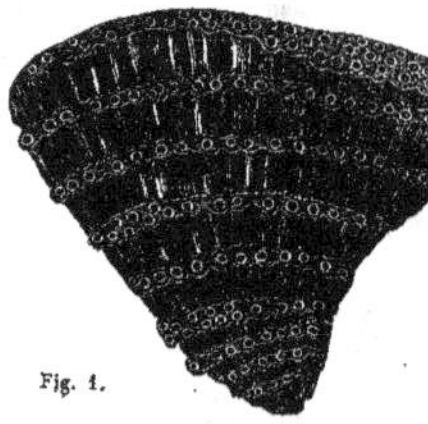

Fig. 1.

Comme type des *Al. dendroïdes*, nous citerons le polype qui produit le corail rouge, et qui a reçu des naturalistes le nom d'*Isis nobilis*. Le corail représente assez bien un petit arbre dont le tronc branchu serait dépourvu de feuilles et de ramuscules. Il est composé d'une substance calcaire disposée par couches concentriques, et sa surface présente des stries parallèles et inégales en profondeur. On le trouve au fond de la mer, fixé aux rochers par un large empâtement. Il s'élève à 35 cent. environ de hauteur. Quand on vient de le pêcher, on remarque que cet arbrisseau est revêtu d'une écorce membraneuse, molle, farcie d'une multitude de petites aiguilles calcaires, sillonnée de petits vaisseaux, et couverte de tubercules dont le sommet est terminé par une ouverture divisée en huit parties. Dans l'intérieur de ces tubercules, on voit une cavité qui sert à loger un polype blanc, presque diaphane : elle contient les organes destinés aux fonctions vitales de l'animal. Les tentacules blancs et à bords frangés qui entourent la bouche des

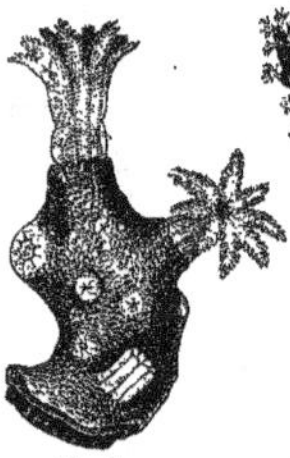

Fig. 3.

Fig. 2.

polypes donnent alors au corail l'aspect d'un petit arbuste sans feuilles, mais chargé de fleurs. (Fig. 2. *Corail* du commerce. 3. Portion du même, grossie.) Les vaisseaux dont nous avons parlé communiquent avec la cavité digestive des polypes. La matière calcaire dure qui constitue le tronc et les branches est sécrétée par la surface interne de l'écorce membraneuse : l'intérieur de cette espèce d'écorce est creux dans le principe, mais le dépôt successif de substance calcaire le convertit bientôt en un axe solide. L'écorce du corail devient crétacée et friable par la dessiccation. La couleur rouge éclatante de la substance calcaire paraît dépendre de la présence d'un oxyde de fer : toutefois on rencontre souvent du corail rose et même tout à fait blanc. Le corail existe dans la Méditerranée et dans la mer Rouge, à des profondeurs qui varient et qui paraissent influer sur la grosseur de l'axe et sur la vivacité de la couleur. On a également remarqué qu'il se rencontre plus abondamment dans certaines expositions. Le corail des côtes de France passe pour avoir les couleurs les plus éclatantes. Néanmoins les pêcheries les plus considérables ont lieu sur les côtes d'Alger : le corail y est plus gros, mais d'une nuance moins vive. L'instrument qu'emploient les *corailleurs* est une sorte de croix de bois, ayant un filet à chacune de ses branches qui sont égales, et une grosse pierre dans son milieu, auquel on attache la corde qui sert à promener le filet au fond de la mer. Par cette manœuvre on parvient à détacher, le plus souvent en les brisant, une plus ou moins grande quantité de polypiers : au reste, cette pêche n'est pas sans danger. Les pêcheurs de corail, sur les côtes d'Afrique, ne le recherchent qu'à la distance de 3 ou 4 lieues de la terre, et ne recueillent que celui qu'on rencontre entre 40 et 200 mètres de profondeur. Les corailleurs prétendent que, quand on descend davantage, le corail est plus petit et moins coloré. — On distingue, dans le commerce, un grand nombre de variétés de corail, qui, à raison de l'éclat de leur couleur, reçoivent les noms de corail *écume de sang*, *fleur de sang*, *premier*, *deuxième*, *troisième sang*, etc. — On fait avec cette subtance des bracelets, des colliers, des camées et d'autres bijoux. Judis il était assez usité en thérapeutique; mais aujourd'hui il n'est plus employé que pour la confection de quelques dentifrices : pour cela on le réduit en poudre impalpable au moyen de la porphyrisation. — Parmi les al. dendroïdes, nous citerons encore les *Gorgones*, genre très-voisin du corail, mais qui en diffère en ce que l'axe commun est simplement corné.

Fig. 4.

Fig. 5.

Les *Al. libres* sont caractérisés par un corps commun, de forme régulière, libre de toute adhérence, et pouvant se mouvoir par les contractions de sa partie charnue et par l'action combinée de ses polypes. La masse charnue commune est au reste soutenue par une tige solide simple. Nous citerons seulement les genres *Pennatule* (Fig. 4. *P. grise*), *Vérétille* (Fig. 5. *V. cynomoïde*), et *Rénille* (Fig. 6. *R. violacé*).

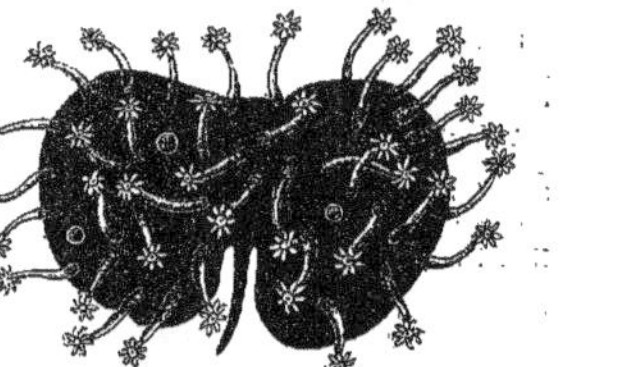

Fig. 6.

La *Cornulaire ridée* (Fig. 7) est le type des *Al. rampants*. Elle habite la Méditerranée, et se fixe au moyen d'une sorte de racine rampante sur les corps sous-marins.

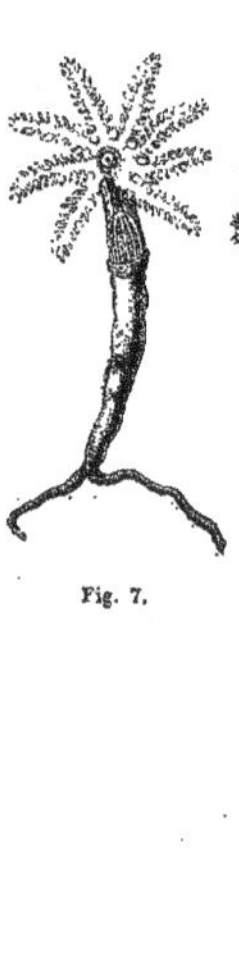

Fig. 7.

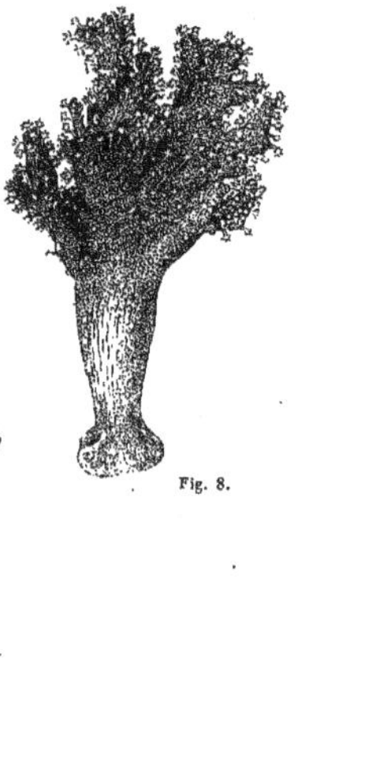

Fig. 8.

Enfin les *Al. massifs* sont des polypiers formés d'une masse commune, charnue, divisée en lobes ou en tiges courtes; rameuses, et partout recouverte de polypes. Ces polypiers sont fixés aux rochers ou aux plantes sous-marines. Cette tribu comprend les *Alcyons* proprement dits ou *Lobulaires* (Fig. 8. *Alcyon palmé*), les *Ammothées*, les *Nephtées* et le genre

Fig. 9.

Alcyonide, dont la seule espèce connue, *Alcyonide élégant* (Fig. 9), vit dans la Méditerranée, sur les côtes de l'Algérie.

*** ALCYONIDE.** s. m. T. Zool. Voy. ALCYONIENS.

ALDÉBARAN. s. m. T. Ast. Nom d'une étoile de première grandeur qui est dans l'œil de la constellation du *Taureau*.

ALDÉE. s. f. (esp. *aldea*). T. Géog., qui sert à désigner les bourgs et les villages des possessions européennes, en Afrique et dans les Indes.

ALDERMAN. s. m. (angl. *elder*, plus âgé; *man*, homme). Au plur., on dit *Les aldermen*.

Enc. — Ce mot qui s'écrivit d'abord *ealdor-man* d'où on a fait ensuite *Alderman*, seul employé aujourd'hui en Angleterre, était dans les temps les plus reculés de la période saxonne, un simple titre honorifique auquel n'était attachée aucune fonction. Ce titre s'appliquait également à l'officier qui reçut plus tard le nom de *Comte*, et c'est pour cela qu'on voit quelquefois les comtés désignés par le terme *alderman-shires*. Il paraît aussi qu'on donnait encore le nom d'al. au premier magistrat civil ou au premier fonctionnaire de l'ordre judiciaire des bourgs. A cette heure ce titre appartient exclusivement aux officiers municipaux d'un bourg qui viennent immédiatement après le *maire*, et qui forment avec lui et les conseillers, le conseil du bourg. Le nombre des *aldermen* dans chaque bourg, doit être, d'après une loi adoptée sous Guillaume IV, le tiers de celui des conseillers (la cité de Londres est seule exceptée de cette disposition). Les aldermen s'élisent par tiers tous les trois ans. Ils ne peuvent être choisis que parmi les conseillers ou les personnes ayant qualité pour ce titre.

ALÉATOIRE. adj. 2 g. (lat. *alea*, jeu de hasard). T. Droit. Ne s'emploie que dans ces locutions : *Contrat al. Vente al.* Voy. CONTRAT.

*** ALECTOR.** s. m. (gr. ἀλέκτωρ, coq). T. Ornith. Nom d'un genre de l'ordre des Gallinacés.

Enc. — Les *Alectors* sont de grands oiseaux d'Amérique qui offrent beaucoup d'analogie avec le dindon. Leur queue, large et arrondie, se compose de pennes grandes et roides. Ces oiseaux habitent les bois où ils se nourrissent de fruits et de graines. Ils se perchent, et la plupart nichent sur les arbres. Il est facile de les habituer à la domesticité, et quelques espèces sont communes dans les basses-cours du nouveau continent. Cuvier les subdivise en cinq sous-genres. — Les *Hoccos* proprement dits, ou *Mitous* du Brésil, ont le bec fort, les narines

Fig. 1.

placées latéralement sur une peau nue qui recouvre la base du bec, et portent une huppe formée de plumes longues, étroites et recourbées à leur extrémité. (Fig. 1. *Hocco roux*.) — Les *Panxis* se distinguent des Hoccos par la présence, sur la membrane qui entoure la base du bec et sur la plus grande partie de la tête, de plumes courtes et serrées comme du velours. L'espèce la plus commune a reçu le nom d'*Oiseau à pierre*, parce qu'elle porte sur la base du bec un tubercule bleu clair, pyriforme, qui, malgré les cellules nombreuses dont il est creusé, a la dureté de la pierre. (Fig. 2. *Panxi pierre*.)

Fig. 2.

Les *Guans* ou *Yacous* ont le tour des yeux nu, ainsi que le dessous de la gorge qui est le plus souvent susceptible de se renfler. (Fig. 3. *Yacou marail*.)—Les *Parraquas* diffèrent de

Fig. 3.

ces derniers en ce qu'ils n'ont presque pas de nu à la gorge et autour des yeux. — Enfin, Cuvier place à la suite de son genre Alector, l'*Hoazin* de Buffon, *Sasa cristata* de Vieillot, oiseau d'Amérique dont la tête est ornée d'une huppe de lon-

Fig. 4.

gues plumes effilées, et qui se distingue des vrais Gallinacés en ce qu'il n'existe entre les bases de ses doigts aucun vestige de membrane. (Fig. 4. *Hoazin ordinaire*.)

ALÈGRE, ALÉGREMENT, ALÉGRESSE, ALÉGRETTO, ALÉGRO. Voy. ALLÈGRE, ALLÉGRESSE, etc.

ALÊNE. s. f. (ital. *lesina*). Espèce de poinçon d'acier, droit ou courbe, en forme de losange vers sa pointe. Ce poinçon est emmanché dans un morceau de bois rond, et on s'en sert pour percer le cuir, afin de le coudre. || T. Bot. *Feuilles en al.* ou *Feuilles subulées*. Voy. FEUILLES.

ALÊNIER. s. m. Celui qui fait et vend des alênes.

ALÉNOIS. adj. m. T. Bot. Ne s'emploie que dans cette loc. : *Cresson al.* Voy. CRUCIFÈRES.

ALENTOUR. adv. (R. *tour*). Aux environs. *Rôder, tourner al. Les échos, les bois d'al.*

Obs. gram. — La locution prépositive *A l'entour de*, qui se rencontre dans plusieurs des grands écrivains du XVIIe siècle, ne doit plus s'employer aujourd'hui. Dans les cas où cette locution était usitée, on se sert maintenant de la prépos. *Autour de*.

ALENTOURS. s. m. pl. Les lieux circonvoisins. *Les al. de ce château sont magnifiques.* || Se dit aussi Des personnes qui entourent ordin. quelqu'un. *On ne peut parvenir à lui que par ses al.*

***ALÉOCHARE.** s. m. (gr. ἀλέα, abri; χαράσσω, je creuse). T. Entom. Voy. BRACHÉLYTRES.

*** ALÉPOCÉPHALE.** s. m. (gr. ἀ priv.; λεπίς, écaille; κεφαλή, tête). T. Ichth. Voy. ÉSOCES.

ALÉRION. s. m. (lat. *ala*, aile). T. Blas.

Enc. — Lorsqu'il se trouve plusieurs aigles dans un écu, on leur donne le nom d'*aiglettes*. Elles y paraissent avec bec et jambes, et sont souvent becquées et membrées d'un autre émail que le reste du corps. (Fig. 1. GONZAGUE.) — Les *Alé-*

Fig. 1.

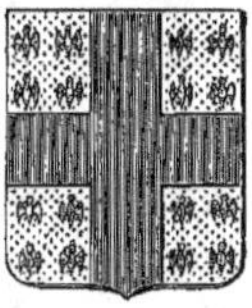

Fig. 2.

rions sont des aiglettes qui n'ont ni bec ni jambes; ils ont les ailes étendues et sont représentés en pal : l'alérion peut être seul ou en nombre dans un écu. (Fig. 2. MONTMORENCY.)

ALERTE. interj. (ital. *all'erta*, sur un lieu élevé, pour faire le guet). Soyez sur vos gardes, Prenez garde à vous. *Alerte, soldats ! A vos armes !*

ALERTE. s. f. Vive émotion causée par un événement imprévu. *On donna une vive al. au camp. Nous avons eu trois ou quatre alertes.*=Syn. Voy. ALARME.

ALERTE. adj. 2 g. Vigilant, qui se tient sur ses gardes. *On ne le surprendra pas aisément, il est toujours al.* || Habile, prompt à saisir ce qui peut être utile, avantageux. *Quand on veut faire son chemin dans une carrière, il faut être al. Rien ne rend al. comme la nécessité.* || Vif, preste, agile. *Une jeune fille al. Un jeune homme al. au combat. Il est al. dans tout ce qu'il fait.*

***ALÉSAGE.** s. m. Action d'aléser, résultat de cette action.

***ALÈSE.** s. f. Voy. ALÈZE.

***ALÉSER.** v. a. Rendre cylindrique, polir la surface interne d'un tube. = ALÉSÉ, ÉE. part.

***ALÉSOIR.** s. m. T. Techn. Instrument ou machine servant à aléser.

Enc. — L'*Al.* est employé pour terminer, c.-à-d. pour rendre parfaitement cylindrique la surface intérieure d'un tube quelconque. On en fait usage pour polir et calibrer les corps de pompe, les cylindres des presses hydrauliques ou des machines à vapeur, les coussinets des arbres tournants, les canons de fusil, l'âme des bouches à feu, etc. Il ne faut pas confondre les alésoirs avec les outils propres à l'opération du forage, tels que les *vrilles*, les *mèches*, les *forets* et les *équarrissoirs*, qu'on emploie simplement pour percer ou pour agrandir le trou d'une pièce. Les alésoirs sont en gén. des barreaux d'acier ayant des coupes propres à régulariser et à faciliter leur mouvement dans le cylindre qu'on veut aléser. On leur imprime un mouvement de rotation, soit à la main, soit au moyen d'un vilebrequin ou d'un tourne-à-gauche, soit enfin à l'aide d'une machine, si les efforts pour les faire mouvoir doivent être considérables. On se sert d'alésoirs horizontaux pour les petits cylindres, mais pour les cylindres de grandes dimensions, on emploie l'al. vertical. Ces instruments sont de la plus haute importance, puisque de l'alésage dépend la précision et la facilité du jeu des pistons dans toutes les machines à vapeur, et la justesse du tir dans les fusils et dans les bouches à feu.

*** ALÉTRIS.** s. f. (gr. ἀλετρίς, qui prépare de la farine). T. Bot. Voy HÆMODORACÉES.

ALEVIN ou ***ALVIN.** s. m. (lat. *alvus*, ventre). Nom donné aux jeunes poissons employés pour peupler les étangs, et qu'on affecte plus spécialement aux jeunes carpes de 1 à 2 décimètres de longueur.

ALEVINAGE ou ***ALVINAGE.** s. m. Opération qui consiste à se procurer et à conserver l'alvin ou les jeunes poissons dont on se sert pour peupler les étangs.

ALEVINER ou ***ALVINER**. v. a. Peupler un étang avec de l'alvin. *Al. un étang.*=ALEVINÉ ou ALVINÉ, ÉE. part.

***ALEVINIER** ou ***ALVINIER**. s. m. Petit étang où l'on conserve et où l'on élève l'alvin.

***ALEURIT**. s. m. (gr. ἀλευρίτης, farineux). T. Bot. Voy. EUPHORBIACÉES.

ALEXANDRIN. adj. m. N'est d'usage que dans cette loc. : *Vers al.* || S'emploie subst. pour signifier Un vers al., et absol. pour désigner Ce genre de vers. *Cet al. est admirable. L'al. est seul usité dans la tragédie française.*

Enc. — L'*Al.* se compose de douze syllabes pour les vers à rime masculine, et de treize pour ceux qui se terminent par une rime féminine ; car c'est une règle sans exception dans la versification française que la syllabe qui forme la rime féminine ne compte pas. Entre les hémistiches il doit exister une césure qui suspend la pensée, ou, pour ainsi dire, les différentes parties de la pensée. Notre vers al. se rapproche par sa forme et par sa coupe de l'asclépiade des poetes grecs et latins. Les anciens trouvaient déjà que le vers asclépiade employé seul dans une pièce de vers était un peu monotone. Ce reproche est à plus forte raison mérité par notre al., et l'usage de l'écrire par distiques à rimes alternativement masculines et féminines ne peut qu'augmenter sa monotonie. Néanmoins on l'emploie exclusivement sous cette forme dans le poëme héroïque, dans la satyre, dans la tragédie, et on pourrait même dire dans la comédie, car, à un petit nombre d'exceptions près, toutes nos comédies sont écrites en alexandrins par distiques. C'est en vain que Voltaire écrivit sa tragédie de *Tancrède* en vers alexandrins à rimes croisées ; son exemple ne trouva point d'imitateurs. Malgré les défauts qu'on reproche à l'al., les chefs-d'œuvre de nos grands poëtes ont montré qu'il était possible de l'assouplir sans le briser et de lui imprimer tour à tour un caractère de majesté et de douceur, de force et de grâce. On prétend généralement que le vers français de douze pieds a reçu le nom d'al. parce qu'il a été employé pour la première fois dans le roman d'*Alexandre* par Lambert-li-Cors et Alexandre de Bernay, surnommé Alexandre de Paris. Roquefort pense que cette origine du mot *al.* peut être exacte ; cependant il fixe l'époque où l'on en fit usage pour la première fois vers 1140, c.-à-d. dix ans environ avant la naissance d'Alexandre de Bernay.

***ALEXANDRIN, INE**. adj. (gr. ἀλεξανδρία, ville de l'Égypte). Qui appartient à la ville d'Alexandrie. *École alexandrine.* — On dit *Philosophes alexandrins*, *Philosophie alexandrine*, en parlant Des doctrines et des philosophes de cette école. Voy. PHILOSOPHIE.

ALEXIPHARMAQUE. adj. 2 g. et s. m. (gr. ἀλεξεῖν, repousser ; φάρμακον, poison). T. Méd.

Enc. — Ce terme, qui est aujourd'hui complétement tombé en désuétude, était appliqué par les médecins grecs aux médicaments qu'ils croyaient propres à détruire les effets nuisibles des poisons, et même à préserver de leur action. Lorsque les galénistes et leurs successeurs imaginèrent que toutes les maladies graves étaient dues à une matière morbifique particulière, on appela également alexipharmaques les remèdes que l'on supposait avoir la vertu d'expulser cette matière morbifique. On comprit alors sous cette dénomination commune des agents thérapeutiques de toute nature, des toniques, des antispasmodiques, des absorbants, des narcotiques, etc. Néanmoins, la plupart des médicaments connus sous ce nom devaient agir comme excitants. Quant à leur propriété anti-vénéneuse, elle est purement hypothétique. Les alexipharmaques les plus composés étaient ceux qui jouissaient de la plus grande réputation : telles étaient les diverses espèces de thériaque, l'orviétan, la confection alkermès et l'opiat de Salomon.

ALEXITÈRE. adj. 2 g. et s. m. (gr. ἀλεξητήρ, qui donne du secours). T. Méd.

Enc. — Les anciens se servaient de ce mot comme synon. de moyen curatif en général. Plus tard, on l'employa pour désigner les contre-poisons qui agissent à l'extérieur, et on en fit par conséquent l'opposé d'*alexipharmaque*. Au reste, ce terme est aujourd'hui tout à fait inusité.

***ALEYRODE**. s. m. (gr. ἄλευρον, farine ; εἶδος, apparence). T. Entom. Voy. APHIDIENS.

ALEZAN, ANE. (ar. *al*, *hassan*, le beau). *Poil al.; Robe alezane ; Cheval al.*, se dit D'un cheval dont la robe est de couleur roussâtre, mais dont la teinte varie du clair au foncé. *On distingue cinq espèces d'al. : l'al. clair, l'al. doré, l'al. cerise, l'al. châtain et l'al. brûlé.* || S'emploie aussi subst. *Il était monté sur un al.*

ALÈZE. s. f. (R. *lé*, ancienn. *lez*). Drap ou pièce de toile pliée en plusieurs doubles, dont on garnit les malades ou leur lit dans diverses circonstances. *Passer une al. sous le corps d'un malade.*

***ALFONSIE**. s. f. T. Bot. Voy. PALMIER.

ALGANON. s. m. Chaîne qu'on mettait jadis au forçat à qui l'on permettait de parcourir la ville.

ALGARADE. s. f. (esp. *algarada*). Sortie brusque contre quelqu'un. *Faire une alg. Il lui a fait mille algarades.* Fam.

***ALGAROBIA**. s. m. T. Bot. Voy. LÉGUMINEUSES.

***ALGAZEL**. s. f. (ar. *al*, *gazel*). T. Mamm. Voy. ANTILOPE.

ALGÈBRE. s. f. (ar. *al*, *djabber*, la consolidation). Science des nombres considérés en général, ou Science des lois des nombres. || Se dit aussi d'un Traité d'alg. *L'alg. de Bezout.* || Fig. et fam., *C'est de l'alg. pour lui*, Il n'entend absolument rien à ce dont il est question.

Enc. — Tous les phénomènes de l'univers se produisant dans le temps et dans l'espace, donnent nécessairement lieu à des considérations de nombres. Dans le principe, l'idée de nombre dut apparaître à l'homme comme inhérente aux objets qu'il considérait. Mais il ne tarda pas à s'apercevoir que les opérations exécutées sur les nombres restant constamment les mêmes, quelle que soit la nature des objets auxquels ces nombres sont liés. Cette observation l'amena bientôt à dégager l'idée de nombre de ce qui lui était étranger, et à créer un système de calcul abstrait, dans lequel le nombre fût dépouillé de toute valeur concrète. Néanmoins, dans ce système de calcul, les nombres conservèrent encore leur valeur propre, ou, en d'autres termes, restèrent déterminés quant à la *quantité*. Plus tard, l'esprit humain s'éleva jusqu'à la découverte de ce fait capital, que les nombres eux-mêmes peuvent devenir l'objet de nouvelles considérations, abstraction faite de toute idée de quantité ou de valeur propre attribuée aux nombres : dès ce moment, l'*Al.* commença d'exister et la science se proposa de découvrir les lois qui président à la génération et à la comparaison des nombres. On voit donc que l'idée de nombre, base de l'al. et de l'arithmétique, n'est pas envisagée sous le même point de vue dans ces deux branches de la science. « En effet, observe Transon, à qui nous empruntons cet exemple, on a remarqué, je suppose, que trois fois cinq *jours* sont le même nombre de *jours* que cinq fois trois *jours ;* que trois fois cinq *mètres* sont le même nombre de *mètres* que cinq fois trois *mètres*, etc. Si maintenant, sans tenir compte de la nature des objets considérés, on constate d'une manière *abstraite* que le nombre *trois* répété *cinq* fois donne le même produit (*quinze*) que le nombre *cinq* répété *trois* fois, on établira un *fait numérique* qui appartient à l'*arithmétique*. Mais, si on établit d'une manière *générale* que le *produit* de deux nombres quelconques *a* et *b* demeure le même dans quelque ordre qu'on les multiplie, de telle sorte que toujours *a* multiplié par *b* soit égal à *b* multiplié par *a*, ceci est une *loi numérique* qui tombe dans le domaine de l'al. Ainsi, en arithmétique comme en al., et cela est important à constater, l'idée de nombre est également *abstraite ;* mais l'arithmétique considère les nombres en *particulier* et l'al. les considère en *général*. Le passage de l'idée de nombre du *concret* à l'*abstrait* a donné lieu à l'arithmétique ; le passage de l'idée de nombre du *particulier* au *général*, a donné naissance à l'al. »

Wronsky a donc bien pu définir l'al. la science des lois des nombres, par opposition à l'arithmétique qui s'occupe des faits des nombres. Considérée ainsi dans toute son étendue, on la désigne souvent sous le nom d'*analyse mathématique*, et alors elle comprend non-seulement l'al. élémentaire, mais encore l'*al. supérieure* ou *transcendante*, qui n'entre pas dans la composition ordinaire des traités d'al.

L'al. n'ayant pas à s'occuper des valeurs particulières des nombres, a dû chercher les moyens de représenter ces derniers d'une manière parfaitement générale, et d'exprimer de la même manière les raisonnements auxquels les nombres peuvent donner lieu. Pour cela on fait en al. usage de symboles ou signes conventionnels ; et c'est au système complet de notation introduit successivement par les hommes qui ont cultivé et perfectionné cette branche des mathématiques qu'elle doit l'immense supériorité qu'elle a acquise. Les symboles employés en al. sont de deux sortes. Les uns servent à représenter les quantités ou grandeurs, quelle que soit leur nature ; ce sont les lettres de l'alphabet. Les autres indiquent les rapports qu'on peut établir entre les quantités et les opérations qu'on peut leur faire subir ; ce sont des signes particuliers. Le rapport d'égalité s'exprime par le signe $=$; ainsi, pour exprimer que la quantité représentée par *a* est égale à la quantité représentée par *b*, on écrit $a = b$, qu'on lit *a* est égal à *b*. Le signe $>$ ou $<$ placé entre deux quantités indique un rapport de différence, c.-à-d. que ces quantités sont inégales ; ainsi $a > b$ s'énonce *a* est plus grand que *b ;* et $a < b$ signifie que *a* est plus petit que *b*. Les notations qui représentent les quatre opérations premières qu'on peut exécuter sur les quantités sont les suivantes :

1° On indique l'*addition* au moyen du signe $+$ que l'on prononce *plus*. Ainsi $3 + 4 + 11$ représente la *somme* des trois nombres 3, 4, 11, c.-à-d. 18. Ainsi $a + b$ indique la *somme* des deux quantités *a* et *b*. Lorsque deux quantités sont représentées par la même lettre, *a* et *a*, par ex., au lieu d'employer $+$ pour en marquer l'addition, et par conséquent au lieu d'écrire $a + a$, on écrit une seule fois la lettre *a* en la faisant précéder du chiffre 2, de sorte que $2a$ n'est autre que $a + a$. Dans ce cas, le chiffre 2 est appelé *coefficient* de *a*. Il résulte de cette dernière notation que pour opérer l'addition de cinq fois la quantité *a*, c.-à-d. $a + a + a + a + a$, il suffit d'écrire $5a$, et que pour additionner $2a + 4a$, il suffit d'opérer sur les coefficients et d'écrire $6a$. — 2° On indique la *soustraction* au moyen du signe $-$, que l'on prononce *moins*. Ainsi $18 - 4$ représente la *différence* des nombres 18 et 4, c.-à-d. 14 ; $a - b$ indique qu'il faut retrancher la quantité *b* de la quantité *a*, ou, en d'autres termes, exprime la *différence* entre *a* et *b*. Une quantité est dite *affectée* du signe $-$, lorsqu'elle est précédée de ce signe ; elle est dite *affectée* du signe $+$, lorsque ce dernier est placé devant elle : toutefois, lorsqu'elle n'est précédée d'aucun signe, elle est considérée comme étant *affectée* du signe $+$. On lui donne encore le nom de *quantité additive* ou *positive* lorsqu'elle est précédée du signe $+$, et de *quantité soustractive* ou *négative* si elle est affectée du signe $-$. 3° On indique la *multiplication* au moyen du signe $\times$ que l'on prononce *multiplié par ;* ainsi 3×4 représente le produit 12, formé par la multiplication des nombres 3 et 4 ; et $3 \times 4 \times 5 \times 6$ représente le produit des nombres 3, 4, 5, 6, c.-à-d. 360. Quelquefois on se contente de mettre un point entre les deux nombres à multiplier ; ainsi on écrit $3.4.5.6$ au lieu de $3 \times 4 \times 5 \times 6$. De même $a \times b$ représente le produit des quantités *a* et *b*. On peut aussi indiquer la multiplication, comme nous l'avons vu, par un point $a.b$; mais le plus souvent on se contente d'indiquer le produit de deux quantités en écrivant ces quantités à la suite l'une de l'autre sans interposition de signe. Par conséquent les notations $a \times a$; $a.b$; ab, indiquent toutes le produit de *a* par *b ;* $abcd$ marque donc le produit formé par les quantités ou facteurs a, b, c, d. Pour indiquer la multiplication de deux quantités identiques, par ex., des quantités *a* et *a*, on n'écrit pas $a \times a$, mais a^2. Le petit chiffre ² placé à la droite et au-dessus de *a* se nomme *exposant ;* l'exposant marque combien de fois une même quantité est entrée comme facteur dans un produit. Ainsi les notations $a \times a \times a \times a$, ou $a.a.a.a$, ou $aaaa$, égalent a^4. Il résulte de là que le produit de b^2 par b^3 est la quantité b^5. En effet, $b^2 \times b^3 = bb \times bbb = bbbbb = b^{2+3} = b^5$. Il suffit donc d'additionner les exposants pour former le produit des quantités identiques affectées d'exposants, et de n'écrire qu'une seule fois la quantité. — 4° On indique la *division* au moyen du signe : que l'on prononce *divisé par ;* ainsi $8 : 4$ représente la division de 8 par 4 ou le *quotient* 2. On écrit plus ordinairement le nombre *diviseur* au-dessous du nombre à diviser ou *dividende*, en les séparant par un trait horizontal pour indiquer l'opération. De sorte que $\frac{8}{4}$ est la même chose que $8 : 4$, ou le *quotient* 2. Ainsi $a : b$ ou $\frac{a}{b}$ signifie *a* divisé par *b*. — 5° Un nombre multiplié par lui-même est dit élevé à sa 2e puissance ; multiplié trois fois par lui-même, il est élevé à sa 3e puissance, et ainsi de suite. Le même langage et la même notation s'appliquent aux quantités algébriques. Ainsi la notation du produit de *a* par *a* est, comme nous l'avons donnée, a^2 ; le signe ² exprime donc la 2e puissance de *a*. Pareillement dans l'expression 3^2, le petit chiffre ² indique la 2e puissance de 3. Il résulte de là que l'exposant marque le degré d'élévation à une puissance. Pour le nombre 7^5, l'exposant ⁵ indique la 5e puissance de 7 ; pour la quantité a^5, il indique également la 5e puissance de *a*. — 6° Tout nombre qui est employé seul comme facteur pour en former un autre est dit *racine* de ce dernier. Ainsi, 3 est racine de 9 parce que ce dernier nombre est le produit de 3×3. Il en est de même pour les quantités. On indique la racine d'un nombre ou d'une quantité au moyen du signe $\sqrt{\ }$, qu'on nomme un *radical*, et l'on écrit entre les deux branches de ce signe un petit chiffre qui est l'*indice* ou plutôt l'*exposant du radical ;* ainsi $\sqrt[3]{8}$ représente la racine cubique ou 3e de 8 ; $\sqrt[2]{a}$ représente la racine carrée ou 2e de *a ;* mais on n'est pas dans l'usage d'écrire l'*indice* de la racine carrée ; il suffit pour l'indiquer d'écrire $\sqrt{a}$. — Nous avons vu qu'on représentait les quantités par des lettres *a*, *b*, *c*, *d*, etc. Ce système de notation est d'une application absolue : que les quantités soient *connues* ou *inconnues*, elles sont toujours représentées par des lettres. Cependant, il est bon d'observer qu'on se sert constamment des premières lettres de l'alphabet pour représenter dans une question les quantités connues ou *données*, et des dernières pour représenter les quantités inconnues ou à *déterminer*. Dans ce dernier cas, ce sont principalement les lettres *x*, *y*, *z*, dont on fait usage.

Comme nous l'avons dit, l'al. se propose la résolution de toutes les questions possibles sur les nombres. Or les symboles qu'elle emploie ayant cela de remarquable qu'ils sont parfaitement généraux, on arrive par leur moyen à créer des expressions ou des *formules* qui non-seulement fournissent la solution des questions particulières, conformément aux conditions des problèmes donnés, mais encore permettent d'obtenir nécessairement la solution de toutes les questions d'un même ordre. Par ex., supposons que l'on ait à résoudre la question suivante : Trouver *deux nombres* dont la *somme* soit 129 et la *différence* 87. Il est évident que le plus *grand nombre* sera égal au plus *petit nombre*, si l'on augmente ce dernier de 87 qui est leur *différence*. Comme la *somme* donnée est 129, il en résulte que le plus *petit nombre* augmenté de 87 plus une fois encore ce *petit nombre*, c.-à-d. que *deux fois le petit nombre* plus 87 formeront une somme égale à 129. Par suite, *deux fois le plus petit nombre* égalera 129, si l'on diminue 87 de cette *somme*. Par conséquent, on aura 42 pour *deux fois le petit nombre*. D'où on conclura que le *petit nombre* est égal à la moitié de 42 ou à 21. Le plus *petit nombre* étant connu, on obtiendra facilement le plus *grand ;* car ce dernier est égal au plus *petit nombre* augmenté de 87, ou à 108. Cet exemple montre combien les dénominations empruntées au langage ordinaire apportent d'entraves dans la succession des raisonnements à faire pour arriver à la solution de cette question. Cette succession au contraire est singulièrement facilitée par l'usage des symboles algébriques. En effet, si, dans l'ex. précédent, nous désignons le plus *petit nombre* par *x*, le plus *grand nombre* sera évidemment $x + 87$, et la *somme* des deux nombres sera $x + x + 87$, ou $2x + 87$. Comme cette *somme* doit être égale à 129, on aura donc $2x + 87 = 129$, ou $2x = 129 - 87 = 42$; et par suite, $x = \frac{42}{2} = 21$, ce qui donnera la valeur de *x* qui représente le *petit nombre*. D'où l'on trouvera pour le plus *grand nombre* 21 + 87 = 108. Dans cette question, en représentant la *somme* 129 par *a*, la *différence* 87 par *b* et le *petit nombre* par *x*, on arrivera à l'*expression* ou à la *formule* $x = \frac{a-b}{2}$ pour la valeur du *petit nombre*; et à la *formule* $x = \frac{a+b}{2}$ pour la valeur du *grand nombre*. Il sera facile alors de reconnaître que le plus *petit nombre* est égal à la *demi-somme* donnée, *moins* la *demi-différence*, et que le plus *grand nombre* est égal à cette même *demi-somme*, *plus* la *demi-différence*. Le raisonnement que nous avons fait pour arriver à la solution de cette question, est d'une application générale. Si donc on prend d'autres nombres pour la *somme* et la *différence* données, en appliquant ce raisonnement ou la formule qui en est l'expression, on obtiendra également la solution de la nouvelle question, ainsi que de toutes les questions de ce genre. Dès lors, on conçoit l'avantage extrême qui est attaché à l'emploi des *formules algébriques*, puisqu'il suffit d'exécuter, pour ainsi dire, automatiquement les calculs indiqués par ces formules suivant la nature du problème à résoudre. Le raisonnement dont elles sont l'expression a été fait une fois pour toutes; et si le matériel du calcul change avec les nombres donnés, l'ordre et la nature des opérations à pratiquer restent invariablement les mêmes. Il suffirait donc à l'esprit humain de posséder un tableau des formules propres à déterminer les calculs auxquels donne lieu chaque ordre de questions numériques, pour qu'il arrivât infailliblement à la solution de toutes les questions relatives aux phénomènes physiques qui donnent lieu à des considérations de nombres.

L'al., si toutefois elle était connue des mathématiciens grecs, n'était pour eux qu'une espèce d'arithmétique supérieure. Le premier écrivain sur cette partie de la science dont les œuvres soient arrivées jusqu'à nous, est Diophante, qui vivait vers le milieu du IVe siècle de notre ère, et son ouvrage n'a trait qu'à une classe particulière de questions arithmétiques pour la solution desquelles il déploya une habileté remarquable. Les signes dont il se servait n'étaient que des abréviations des termes ordinaires : c'étaient les lettres initiales ou terminales des mots. Le traité de Diophante passa entre les mains des Arabes : mais la science ne reçut de ce peuple ni développement ni perfectionnement. Elle fut ensuite transplantée en Italie, au commencement du XIIIe siècle, par Leonardo Bonacci, marchand de Pise, qui avait fait de nombreux voyages dans le Levant et qui s'y était familiarisé avec les connaissances des Arabes. Il écrivit en 1212 un traité sur l'arithmétique comprenant l'al. telle qu'on la connaissait alors. Dès cette époque la science paraît avoir été étudiée avec quelque assiduité en Italie. Le plus ancien livre imprimé sur ce sujet fut composé par Lucas Paciolus ou Lucas de Burgo et parut en 1470. Il contient un traité assez complet pour son temps sur l'al.; mais la science y est encore à peu près dans l'état où l'avait laissée Diophante. Son application se bornait à des questions assez peu importantes relatives aux nombres, et elle ne pouvait encore que résoudre les équations du 1er et du 2e degré. A partir de ce moment, l'al. fut cultivée par un grand nombre de savants et elle commença à faire des progrès rapides. Scipion Ferreo, professeur de mathématiques à Bologne, vers 1505, rompit le premier les barrières où jusqu'alors l'al. avait été emprisonnée et parvint à résoudre un problème du 3e degré. Bientôt après, Tartaglia découvrit une méthode générale de résolution de ces sortes d'équations et la communiqua au célèbre Cardan. Celui-ci étendit considérablement les méthodes qu'il avait reçues de Tartaglia, et en outre contribua à perfectionner la notation en employant fréquemment les lettres de l'alphabet. Ce fut en 1545 que Cardan publia sa méthode de résolution des équations du 3e degré. Ludovico Ferrari, disciple de Cardan, eut l'honneur de faire faire un pas plus important à la science en découvrant une méthode de résolution des équations du 4e degré; et il est remarquable que tous les efforts des mathématiciens modernes n'aient pu encore leur faire franchir cette limite, c.-à-d. les mettre en état de trouver la solution générale des équations supérieures à celles du 4e degré. Au nombre des hommes qui, vers la même époque, contribuèrent au perfectionnement de l'al. par l'introduction d'une notation concise et systématique, on doit citer l'allemand Stifel ou Stifelius, et l'anglais Thomas Recorde. L'ouvrage du premier, intitulé *Arithmetica integra*, fut publié en 1544. Stifel adopta les signes + et — (*plus* et *moins*) pour représenter l'addition et la soustraction, ainsi que le symbole √ pour signifier *radical* ou *racine*. C'est encore lui qui introduisit les exposants numériques des puissances −3, −2, −1, 0, +1, +2, +3, etc. On doit à Recorde (1552) l'invention du signe d'égalité =; il fit choix de ce symbole parce que, disait-il, il ne peut y avoir deux choses plus égales entre elles que deux lignes parallèles. Après eux, Raphaël Bombelli (1579) et Richard Steven (1585) méritent d'être cités dans l'histoire de la science. Mais ce fut entre les mains de notre compatriote François Viète, né à Fontenay-le-Comte en 1540, que l'al. prit véritablement une face nouvelle. Viète fut le premier qui appliqua l'al. à la géométrie, et jeta ainsi les fondements de l'analyse moderne. Il fut également le premier qui employa des symboles généraux pour représenter les quantités connues aussi bien que les quantités inconnues. Il introduisit ainsi ce qu'on a appelé l'al. *spécieuse* par opposition à l'al. *numérique*, où les quantités connues sont représentées par des nombres. Ce perfectionnement, où les quantités connues sont représentées par des lettres, exerça une grande influence sur les progrès de la science; car il donna aux méthodes un caractère de généralité absolue, et il mit les algébristes en état de comprendre des classes entières de problèmes sous une seule formule. Viète imagina également une méthode pour résoudre les équations algébriques par approximation; et c'est de sa doctrine des sections angulaires que dérivent l'arithmétique des sinus et quelques-uns des procédés les plus importants de la trigonométrie. — Après Viète vinrent le Hollandais Albert Gérard (1629), qui le premier montra l'usage du signe négatif dans la solution des équations; puis Harriot, auquel la science doit une découverte de la plus haute importance, à savoir que toutes les équations algébriques peuvent être considérées comme le produit d'autant d'équations simples qu'il y a d'unités dans le nombre qui exprime son degré. On peut, par ex., regarder une équation du 5e degré comme le produit de 5 équations simples. Les signes < et > (*plus petit* et *plus grand*) sont de son invention. Oughtred, à la même époque, introduisit le signe × pour désigner la multiplication. Après eux parut Descartes. Ce grand géomètre ouvrit un vaste champ de découvertes en appliquant l'analyse algébrique à l'étude de la nature et des propriétés des lignes courbes. En rapportant chaque point d'une courbe à ses coordonnées, il exprima le rapport entre ses différents points au moyen d'une équation qui sert de caractéristique pour distinguer la courbe, et dont on peut déduire toutes ses différentes propriétés géométriques à l'aide des procédés ordinaires de l'al. Descartes indiqua en outre la manière de construire ou de représenter géométriquement les équations des degrés supérieurs. Il donna une règle pour résoudre une équation du quatrième degré au moyen d'une équation cubique et de deux équations du second degré. Enfin il perfectionna les méthodes employées par Cardan, Gérard, Harriot et d'autres mathématiciens pour réduire et traiter les équations. Depuis Descartes l'al. a encore été améliorée dans tous ses détails, et on en a singulièrement varié et étendu les applications. Pendant la dernière partie du XVIIe siècle, nous voyons briller les noms de Wallis, de Roberval, de Newton, de Leibnitz, de Bernouilli, du marquis de L'Hospital, etc. Ce siècle, ouvert par la découverte ingénieuse des logarithmes, due à Néper, s'achève par la découverte admirable du calcul différentiel. Dans le siècle suivant, Moivre, Stirling, Cotes, Lambert, Maclaurin, Maupertuis, d'Alembert, Euler, Lagrange, et une foule d'autres savants développent et perfectionnent successivement l'al. dans toutes ses branches. Lagrange crée la théorie des fonctions analytiques; Laplace applique une analyse savante à la mécanique céleste; enfin les investigations toutes modernes de Legendre, Gauss, Poisson, Sturm, Cauchy, etc., ont encore reculé les limites de la science, et ont fait concevoir l'espérance qu'un jour peut-être l'intelligence humaine, à l'aide des méthodes algébriques, arrivera à embrasser dans un réseau de déductions nécessaires tous les faits contingents du *monde physique*.

Opérations algébriques. — Au lieu de scinder les opérations simples de l'algèbre pour les traiter à leurs noms respectifs, *addition*, *soustraction*, etc., nous les exposerons ici à la suite l'une de l'autre, dans le but d'en faire ressortir l'enchaînement et d'en faciliter l'intelligence. — Dans chaque opération simple de l'al., on distingue si les quantités sur lesquelles on opère sont des *monomes* ou si elles sont des *polynomes*. Toute quantité composée d'un seul *terme*, c.-à-d. qui n'est pas séparée par les signes + ou —, est un *monome*; ainsi, a, $+b$, $-c$, abc, $2a^3bc^2$, $\frac{ab}{cd}$, $\frac{3ab^2}{2cd^4}$, etc., sont des *monomes*. La réunion de plusieurs monomes, $a+b-c$, par exemple, forme un *polynome*.

Addition. — L'*addition des monomes* se fait en les écrivant à la suite les uns des autres, avec les signes dont ils sont affectés. D'après cette règle, l'addition des monomes $-b$, a, $+cde$, formera le polynome $-b+a+cde$. — *Addition des polynomes.* Pour additionner plusieurs polynomes, il faut les écrire à la suite les uns des autres, en conservant à chacun des termes les signes dont il est affecté. Ainsi l'addition des polynomes $d-e$ et $a-b+c$ donne pour résultat $d-e+a-b+c$. Dans l'addition des polynomes, il faut remarquer si les polynomes sur lesquels on doit opérer ont plusieurs termes formés des mêmes lettres affectées des mêmes exposants : dans ce cas, ces termes sont dits *semblables*, alors même qu'ils différeraient par leurs coefficients. Ainsi $+7a^3b^2c$ et $-5a^3b^2c$ sont des *termes semblables*, parce qu'ils ont les mêmes facteurs algébriques affectés des mêmes exposants. Il n'est pas inutile de faire observer que tout terme qui n'a ni exposant, ni coefficient, a en réalité 1 pour exposant, et 1 pour coefficient. Lorsqu'un polynome contient plusieurs termes semblables, on peut simplifier l'expression du polynome en opérant la *réduction* de ses termes. Pour cela, il suffit de faire la somme des termes additifs et la somme des termes soustractifs, puis de donner à la *différence* de ces deux *sommes* le *signe* qui affecte la plus grande. Afin d'arriver plus facilement à opérer la *réduction des termes semblables* de plusieurs polynomes, on les écrit les uns au-dessous des autres, comme dans l'exemple suivant.

$$\begin{array}{rl} & 3a^2+2bc+4c^2 \\ & -8a^2+7bc-5c^2 \\ & 3a^2-4bc \\ \hline \text{Somme} & -2a^2+5bc-c^2. \end{array}$$

Cet exemple montre comment les signes se comportent dans la réduction des termes entre eux. Il montre aussi que, pour additionner des quantités renfermant des termes semblables, il faut adopter la marche que nous avons suivie dans l'opération de la réduction.

Soustraction. — Si l'on propose de soustraire la quantité $c-d$ de la quantité a, il faut considérer que ce n'est pas la quantité c tout entière qu'on doit retrancher de a; mais bien la quantité c diminuée de la quantité d. Or, si l'on retranche c de a, ce qui donne $a-c$, on aura retranché d de trop; dans ce cas, il faudra, pour que l'opération soit exacte, ajouter la quantité d au résultat obtenu : on aura donc alors $a-c+d$. D'où l'on voit que pour effectuer la soustraction algébrique, il faut affecter les quantités à retrancher de signes contraires à ceux qu'elles avaient primitivement, et écrire ces quantités avec leurs nouveaux signes, à la suite de la quantité dont on les retranche. D'après cette règle, si l'on a $c+d-f$ à soustraire de $a-b$, on obtiendra pour résultats $a-b-c-d+f$. On peut facilement ramener la soustraction aux règles prescrites pour l'addition. Pour cela, il suffit de poser sous la quantité dont on soustrait tous les termes de la quantité à soustraire, pris avec des signes contraires à ceux qu'ils ont, en ayant soin d'écrire les termes semblables les uns sous les autres; la somme de ces deux polynomes, réduite à sa plus simple expression, donne le résultat demandé. Soit à retrancher $2a+3b^2c-7$ de $8a-5b^2c-4$. On exécute le calcul de la manière suivante :

$$\begin{array}{rl} & 8a-5b^2c-4 \\ & -2a-3b^2c+7 \\ \hline \text{Reste} & 6a-8b^2c+3 \end{array}$$

Multiplication. — Nous avons vu que pour obtenir la partie littérale du *produit* de plusieurs *monomes*, il suffit d'écrire les *différentes lettres des facteurs* à la suite les unes des autres : c'est ce qui constitue ce qu'on appelle la *Règle des lettres*. Nous avons vu également que le produit de plusieurs *puissances* d'une quantité a pour *exposant* la *somme* des exposants de cette même quantité dans les divers facteurs : ce principe se nomme la *Règle des exposants*. — Le produit de $4a$ par $3b = 4a \times 3b = 4 \times a \times 3 \times b = a \times b \times 4 \times 3 = ab \times 4 \times 3 = ab \times 12 = 12ab$; d'où l'on voit que dans la multiplication de plusieurs monomes, le *coefficient* du *produit* est égal au *produit* des *coefficients numériques des facteurs*. Ce principe se nomme la *Règle des coefficients*. — *Multiplication des polynomes.* — Pour former le *produit de deux polynomes*, il suffit de multiplier successivement *chaque terme du multiplicande par chaque terme du multiplicateur*, en donnant le *signe* — au *produit* de deux termes affectés de signes contraires, et le *signe* + au *produit* de deux termes affectés de signes semblables. Par exemp., le produit de $a-b$ par $c-d$, sera $ac-bc-ad+bd$; d'où il résulte que le produit est positif quand les deux facteurs sont de mêmes signes, et qu'il est négatif lorsque ces facteurs sont de signes contraires. Cette règle se nomme la *Règle des signes*. — Ainsi, pour opérer la multiplication algébrique, il faut avoir soin de se conformer aux règles *des signes*, *des coefficients*, *des lettres* et *des exposants*, comme on le voit dans l'exemple suivant :

$$\begin{array}{ll} \text{Soit} & 3a^2x^3-2a^3x^2+4a^4x+a^5 \\ \text{à multiplier par} & a^3x^2-2a^4x+a^5 \\ \hline & 3a^5x^5-2a^6x^4+4a^7x^3+a^8x^2 \\ & \quad -6a^6x^4+4a^7x^3-8a^8x^2-2a^9x \\ & \qquad +3a^7x^3-2a^8x^2+4a^9x+a^{10} \\ \hline & 3a^5x^5-8a^6x^4+11a^7x^3-9a^8x^2+2a^9x+a^{10}. \end{array}$$

Pour mettre plus d'ordre et pour faciliter la *réduction* lorsqu'une lettre entre à diverses puissances dans les termes d'un polynome, on *ordonne* ces termes; c.-à-d. on les dispose suivant l'ordre de grandeur des exposants de cette lettre, qu'on nomme alors *lettre ordonnatrice* ou *principale*. Ainsi, dans l'exemp. précédent, les facteurs du produit sont ordonnés par rapport aux puissances décroissantes de la *lettre x* (on peut ordonner également par rapport aux puissances croissantes), et les produits partiels sont disposés de manière que les termes semblables se trouvent les uns sous les autres. On voit par là que, dans le cas où les *facteurs* et leur *produit* sont *ordonnés* par rapport à une même lettre, le *premier terme* du *produit total* est *le produit* du *premier terme* du *multiplicande* par le *premier terme* du *multiplicateur*.

Division. — Dans la division des monomes, on observe les règles suivantes : *Règle des lettres*. Elle consiste à supprimer dans le *dividende* le *facteur algébrique du diviseur*, en d'autres termes, à n'écrire au *quotient* que les *lettres* du *dividende* qui ne se trouvent pas dans le *diviseur*. Ainsi, *abcde* divisé par *ad*, donnera, d'après cette règle, le quotient *bce*. Lorsque le dividende renferme tous les facteurs du diviseur, le quotient est *entier*, comme on le voit dans l'exemp. qui précède. S'il ne contient pas tous les facteurs du diviseur, le quotient, au lieu d'être *exact* ou entier, devient *fractionnaire*. Ainsi, la fraction $\frac{a}{c}$ est le quotient de *ab* divisé par *bc*. De même $\frac{abcd}{ace}$ a pour quotient $\frac{bd}{e}$. *Règle des exposants.* Il résulte de ce que nous avons dit relativement à la règle des exposants, en traitant de la multiplication, qu'il suffit, dans la division, de *retrancher l'exposant du diviseur* de *celui du dividende*, pour que le *reste* ou la *différence* soit l'expression de l'*exposant du quotient*. Ainsi, a^4b^3 divisé par a^2b donnera pour quotient a^2b^2. *Règle des coefficients.* Il résulte également de ce que nous avons dit au sujet des coefficients dans la multiplication, qu'en divisant le coefficient du dividende par le coefficient du diviseur, on obtiendra un chiffre qui sera le quotient de ces coefficients; enfin il résulte de la *Règle des signes* que si l'on divise un monome par un autre monome, le *quotient* sera *positif* ou *négatif*, suivant que le dividende ou le diviseur seront affectés de mêmes signes ou de signes contraires. Le quotient sera donc précédé, dans le premier cas, du signe +, et, dans le second, du signe —. En résumé, les règles précédentes donnent pour résultat :

$$\frac{+12a^6bc^3}{+3a^2bc} = +4a^4c^2; \quad \frac{-12a^6bc^3}{+3a^2bc} = -4a^4c.$$

— *Division des polynomes.* Dans une division, le dividende pouvant être considéré comme un produit dont le diviseur et le quotient sont les facteurs, il suffit d'examiner comment se forme un produit, pour en déduire le moyen de le décomposer.

Multiplication ou formation d'un produit.

$$\begin{array}{r}
a^3 - 3ba^2 \qquad\qquad\qquad\quad \\
a^2 - 2ba - b^2 \qquad\qquad\quad \\
\hline
a^5 - 3ba^4 \qquad\qquad\qquad\qquad\quad \\
- 2ba^4 + 6b^2a^3 \qquad\qquad \\
- b^2a^3 + 3b^3a^2 \\
\hline
a^5 - 5ba^4 + 5b^2a^3 + 3b^3a^2.
\end{array}$$

Division ou décomposition d'un produit.

$$\begin{array}{l|l}
\quad a^5 - 5ba^4 + 5b^2a^3 + 3b^3a^2 & a^3 - 3ba^2 \\
- a^5 + 3ba^4 & \overline{a^2 - 2ba - b^2} \\
\hline
\text{1er reste } - 2ba^4 + 5b^2a^3 + 3b^3a^2 & \\
\qquad\quad 2ba^4 - 6b^2a^3 & \\
\hline
\text{2e reste } \qquad - b^2a^3 + 3b^3a^2 & \\
\qquad\qquad\quad b^2a^3 - 3b^3a^2 & \\
\hline
\qquad\qquad\qquad 0 &
\end{array}$$

Dans l'exemple que nous venons de donner, la comparaison du produit avec ses facteurs fait voir que ces trois polynomes sont ordonnés par rapport aux puissances décroissantes de *a*. Or, avant d'opérer une division, on peut toujours ordonner le dividende et le diviseur, et alors le quotient se trouvera lui-même nécessairement ordonné. De cette façon, le premier terme du quotient s'obtiendra en divisant le premier terme du dividende par le premier terme du diviseur. Lorsqu'on a obtenu le premier terme du quotient, si on multiplie le diviseur par ce terme, on obtiendra un produit qui, retranché du dividende, donnera un reste sur lequel on pourra opérer comme on l'a fait premièrement. On trouvera ainsi le second terme du quotient; et, en continuant cette série d'opérations, on arrivera à obtenir le dernier terme du quotient. Enfin, en multipliant le diviseur par ce dernier terme, on aura un produit qui, retranché du dernier reste, donnera zéro pour reste, si le polynome du quotient est entier, ou un reste fractionnaire, si ce polynome n'est pas entier. Au moyen de ce qui précède on peut donc établir cette règle : pour opérer la division de deux polynomes il faut d'abord ordonner le dividende et le diviseur; ensuite on divise le premier terme du dividende par le premier terme du diviseur; puis on multiplie le diviseur par le terme obtenu, et l'on retranche ce produit du dividende; alors on obtient un reste sur lequel on opère comme on a fait pour le premier terme du dividende, et ainsi de suite. — Voy. ÉQUATION, FONCTION, SÉRIE, FRACTION, PUISSANCE, RACINE, LOGARITHME, *Calcul* DIFFÉRENTIEL, *Calcul* INTÉGRAL, *Application de l'algèbre à la* GÉOMÉTRIE.

ALGÉBRIQUE. adj. 2 g. Qui appartient à l'algèbre. *Calcul al. Notation al. Formules algébriques.* — *Courbe al.* Voy. COURBE. — *Équation al.* Voy. ÉQUATION.

***ALGÉBRIQUEMENT.** adv. D'une manière algébrique.

ALGÉBRISTE. s. m. Celui qui sait l'algèbre, qui s'adonne à l'algèbre.

ALGIDE. adj. 2 g. (lat. *algidus*, glacé). Qui fait éprouver un froid glacial. *Fièvre al.* Voy. FIÈVRE. || Se dit aussi, dans certaines maladies, D'une période pendant laquelle on éprouve un froid glacial. *La période al. du choléra-morbus.* Voy. CHOLÉRA.

***ALGORITHME.** s. m. (ar. *al*, la; *gorethm*, racine). T. Math.

Enc. — Plusieurs mathématiciens distingués emploient ce terme pour désigner chaque forme particulière de génération des nombres. Ainsi, par ex., $a^c = c$ est l'*alg. des puissances*; $\Delta\varphi\, x = (\varphi + \Delta\, x) - \varphi\, x$ est l'*alg. des différences*, etc. Les mêmes auteurs donnent le nom d'*Algorithmie* à la science qui a pour but d'embrasser les faits et les lois des nombres, et par conséquent tous les algorithmes.

ALGUAZIL. s. m. [On pron. *algouazil.*] (Mot esp. emprunté de l'ar. *al ghazil*, l'huissier). En Espagne, Officier de police qui est chargé d'opérer les arrestations. — *Al.* a le même sens en français; mais il ne s'emploie que par plaisanterie ou par dénigrement.

ALGUE. s. f. (lat. *alga*). T. Bot.

Enc. — Les algues sont des végétaux cryptogames, cellulaires, qui croissent dans l'eau ou dans les lieux extrêmement humides, qui puisent par leur surface externe tout entière dans le milieu ambiant les matériaux propres à leur développement, et qui se propagent par des zoospores, des spores colorés ou des tétraspores. On donne généralement le nom de *Conferves* à celles qui habitent les eaux douces, et celui de *Fucus* ou *Varechs* à celles qui habitent les eaux salées et abondent sur le bord de la mer. — Il n'existe pas dans le règne végétal de groupe ou de famille qui ait donné lieu à plus de discussions entre les botanistes. L'histoire et la classification des algues ont été l'objet des travaux d'un grand nombre de savants. Les deux Agardh, Harvey, Gréville, Kützing et Decaisne méritent d'être cités au premier rang parmi ceux à qui cette partie de la science doit ses progrès récents. D'après les recherches de ces observateurs, il n'est plus permis de considérer les algues comme constituant une seule famille : elles représentent dans toutes les classifications modernes une sous-classe ou un groupe qui se subdivise en plusieurs familles. Mais les auteurs sont loin de s'accorder sur le nombre et même sur le mode de classification de ces familles. Nous suivrons, à de légères modifications près, celle qu'a proposée Endlicher, et nous admettrons, pour le groupe dont il est question, cinq familles, à savoir : les *Diatomacées*, les *Confervacées*, les *Fucacées*, les *Céramiacées* et les *Characées*. Voy. ces mots.

***ALGYRE.** s. f. T. Erpét. Voy. LÉZARD.

***ALHAGI.** s. m. (ar. *al*, le; *hadj*, pèlerin). T. Bot. Voy. LÉGUMINEUSES.

ALIBI. s. m. (mot latin qui sign. *ailleurs*). T. Dr. crim. Présence d'une personne dans un lieu autre que celui où a été commis le crime ou le délit dont on l'accuse. *Alléguer, prouver un al.* Ne prend point d'S au plur.

ALIBIFORAIN. s. m. (lat. *alibi*, *foras*, dehors). Propos qui n'a pas de rapport à la chose dont il est question; vaine allégation, échappatoire. *Il ne m'a donné que de mauvaises défaites, des alibiforains.* Fam. et peu us.

ALIBILE. adj. 2 g. (lat. *alere*, nourrir). Qui est propre à la nutrition; assimilable. *Ce végétal contient fort peu de substance al.*

ALIBORON. s. m. (all. *albern*, sot?). Ne s'emploie que dans cette locution famil. : *C'est un maître aliboron*, C'est un sot, un ignorant. || * Par plaisanterie, nos fabulistes donnent à *l'Ane* le nom de *Maître al.*

***ALIBOUFIER.** s. m. T. Bot. Voy. STYRACÉES.

ALIDADE. s. f. (ar. *al*, le; *hadda*, limiter). T. Géom.

Enc. — L'*Al.* est une règle mobile armée d'une pinnule à chacune de ses extrémités, et dont on se sert pour viser les objets ainsi que pour tracer leurs directions, lorsqu'on lève un plan à l'aide de la *planchette*. Voy. ce mot. — On donne également ce nom à une règle mobile qui tourne autour du centre d'un cercle divisé en degrés et peut en parcourir tout le limbe pour mesurer les angles. V. GRAPHOMÈTRE, THÉODOLITE, etc.

ALIÉNABLE. adj. 2 g. Qui se peut aliéner. *C'était une terre substituée; elle n'était pas al.*

***ALIÉNATAIRE.** s. 2 g. Celui ou celle à qui on aliène. = * ALIÉNATEUR, TRICE. s. Celui, celle qui aliène. Ces deux mots ne s'emploient qu'en T. de Prat.

ALIÉNATION. s. f. T. Droit. Transport de la propriété d'une chose mobilière ou immobilière fait par une personne capable d'en disposer à une autre personne capable de la recevoir. || Fig., *Al. d'esprit* ou *Al. mentale*, Folie. || Fig., *Al. des esprits et des cœurs*, Disposition qui fait qu'on s'éloigne de quelqu'un, qu'on évite d'avoir des rapports avec lui. *L'al. des esprits contre lui était si forte que personne ne voulait entendre prononcer son nom.*

Enc. — Le droit d'aliéner suppose la qualité de propriétaire; et toutes les dispositions que la loi civile a consacrées relativement à l'*Al.*, découlent de ce principe. Cependant, tout en reconnaissant que le propriétaire peut disposer de sa propriété, la loi française a cru devoir apporter certaines limites à l'exercice de ce droit. Ainsi le mineur et l'interdit ne peuvent aliéner que par l'entremise de leurs tuteurs, autorisés à cet effet par un conseil de famille, ou par un jugement; ainsi la femme en puissance de mari ne peut aliéner sans l'autorisation de ce dernier ou de la justice. Enfin les personnes qui, en vertu de l'envoi en possession, jouissent des biens d'un absent, ne peuvent ni aliéner, ni simplement hypothéquer ces biens, car l'hypothèque est considérée avec juste raison comme une sorte d'al. L'al. est encore limitée ou même interdite dans beaucoup d'autres cas qu'il serait trop long d'énumérer ici. Voy. SUBSTITUTION, MARIAGE, etc. — L'al. est réputée faite à titre *gratuit*, lorsqu'elle a lieu par le simple effet de la libéralité de celui qui aliène, comme dans la donation et le legs. Elle est au contraire faite à titre *onéreux*, lorsqu'elle a lieu moyennant un équivalent, comme dans la vente, l'échange, le prêt de consommation, etc. — Sont considérés comme inaliénables, en France, les rues, les routes, les monuments publics, etc. Mais cette inaliénabilité ne doit cependant pas être regardée comme absolue, car lorsque ces choses cessent d'être d'utilité publique, on peut les aliéner.

Pathol. — *L'Al. mentale* ou la *folie* est définie par Esquirol, une affection cérébrale ordinairement chronique, sans fièvre, caractérisée par des désordres de la sensibilité, de l'intelligence, de la volonté. Ces désordres pouvant être aussi nombreux que les combinaisons possibles de la pensée, il est aisé de concevoir quelle prodigieuse diversité de formes doivent affecter les maladies mentales; aussi de tout temps la science s'est-elle efforcée d'établir une classification rationnelle parmi cette multitude de variétés. Cependant, quelques tentatives que l'on ait faites pour baser cette classification sur un fondement plus stable que l'observation des caractères symptomatiques, il a été jusqu'à présent impossible d'y parvenir.

Le savant médecin que nous avons déjà cité ramène toutes les formes de la folie à cinq genres : la *monomanie*, la *lypémanie*, la *manie*, la *démence*, et l'*idiotie*. Toutefois il reconnait lui-même qu'il est souvent difficile de classer certains cas d'al. mentale dans l'un de ces cadres; la *monomanie*, par ex., est fréquemment liée à la manie, à la lypémanie ou à la démence.

Lorsque le désordre intellectuel ne porte que sur un certain nombre d'objets, sur une certaine série d'idées, ou révèle la domination exclusive d'une passion unique, on lui donne le nom de *monomanie*. Sous tous les autres rapports, les facultés peuvent être parfaitement intactes, et alors les malades, tant qu'on ne les amène pas sur le sujet qui fait l'objet de leur folie, paraissent sains d'esprit; mais ce cas est excessivement rare, par la raison que, dans le cœur de l'homme, comme dans son intelligence, tous les sentiments, toutes les passions, toutes les idées, se lient, s'enchaînent les uns aux autres. Malgré cela, le fait qu'il existe une idée ou une passion dominante habituelle, suffit pour qu'on applique le nom de monomanie à la maladie mentale à laquelle on a affaire. Parmi les monomanies le plus fréquemment observées, les auteurs citent la monomanie *ambitieuse*, l'*érotomanie*, la monomanie du *suicide*, etc.

La *lypémanie*, qui répond à la *mélancolie* des anciens, est en réalité une espèce de monomanie dans laquelle dominent les affections morales tristes et pénibles, telles que l'ennui, le chagrin, l'inquiétude, la terreur. La *zoanthropie*, dans laquelle l'aliéné se figure être transformé en animal, en loup par ex., et la *démonomanie*, dans laquelle il croit être possédé du démon ou être le diable lui-même, sont les variétés les plus singulières de la lypémanie.

Lorsque le délire est général ou du moins très-étendu, sans qu'il y ait une série d'idées dominantes, ou une passion fortement prononcée et permanente, on l'appelle *manie*. Conceptions extravagantes, idées bizarres, opinions ridicules, jugements faux, propos décousus et incohérents, raisonnements sans aucune liaison, association d'idées complétement hétérogènes : voilà ce qu'on observe chez la plupart des maniaques. Les actions sont presque toujours en rapport avec les conceptions délirantes. Dans quelques cas rares, les paroles du malade dénotent une lésion profonde de l'intelligence, tandis que leurs actes sont à peu près tous raisonnables. Dans d'autres cas plus rares encore, les actes de l'aliéné dénotent un trouble plus ou moins profond de l'intelligence, qui ne se révèle ni dans ses paroles ni dans ses idées : c'est ce qu'on a nommé *folie sans délire*. Les aliénés de cette catégorie se livrent à certains actes d'une manière purement automatique; par ex., ils marchent, chantent, dansent sans pouvoir s'en abstenir. D'autres commettent sciemment, volontairement, des actes qui dénotent l'état d'al.; cependant la volonté, n'est mise en jeu par aucune conception délirante : il y a simplement, dit Leuret, *délire de la volonté*. Il est assez fréquent de voir des aliénés qui ont perdu la conscience de leur individualité et qui se figurent être morts : presque toujours alors ils ne parlent d'eux-mêmes qu'à la troisième personne. Au milieu des désordres intellectuels proprement dits que présente la manie, on conçoit que les facultés affectives doivent participer au trouble général de l'intelligence. Esquirol pense en effet que ces facultés sont perverties chez tous les aliénés, mais que chez quelques-uns cette perversion est seulement plus difficile à constater.

La *démence* est caractérisée par l'affaiblissement ou l'abolition entière de l'intelligence. On la distingue en primitive et en secondaire. Dans le dernier cas, elle succède à la manie ou à la monomanie; elle est la terminaison naturelle de celles-ci lorsqu'elles ne guérissent point et que les aliénés vivent assez longtemps pour que cette terminaison puisse avoir lieu. La démence est dite primitive, quand elle est la suite des progrès de l'âge, avec ou sans affections organiques du cerveau, ou lorsqu'elle survient chez les épileptiques, chez les ivrognes et chez les individus qui viennent d'éprouver des maladies encéphaliques graves. Dans la démence, l'aliéné est généralement tranquille, il s'occupe peu, parle souvent seul, prononce des mots sans suite, rit et pleure sans sujet. Enfin il tombe graduellement dans un état de stupidité complète, et n'a plus que quelques sensations isolées et confuses.

L'*idiotie* ou l'*idiotisme* est l'oblitération congénitale de l'intelligence. L'idiotisme ne constitue donc pas, à proprement parler, une forme de l'al. mentale. Voy. IDIOTIE.

Parmi les causes de l'al. mentale, il en est qui y prédisposent simplement, tandis que d'autres amènent presque immédiatement son explosion. Parmi les premières, on range d'abord l'âge, le sexe et l'hérédité. En mettant à part l'idiotie et la démence, on peut dire que la folie se déclare surtout dans l'âge des passions ardentes, de 30 à 40 ans, puis de 20 à 30, et enfin de 40 à 50. On remarque beaucoup plus d'aliénations chez les femmes que chez les hommes. Le nombre des femmes reçues dans les hospices est presque le double de celui des hommes : on explique ce fait par la plus grande susceptibilité du système nerveux chez les femmes, et par leur position dans la société. Mais la cause qui joue le plus grand rôle dans la production de la folie est l'hérédité. Esquirol a trouvé dans quelques établissements que la moitié au moins des malheureux atteints de folie avaient eu des parents aliénés. Il y a beaucoup plus d'aliénés parmi les célibataires que parmi les personnes mariées, et cette observation s'applique également aux deux sexes. Il y en a plus aussi proportionnellement parmi les personnes qui exercent des professions libérales que parmi celles qui s'occupent de travaux industriels. Les cas d'al. sont encore plus fréquents en été qu'en hiver. Quant à l'influence du climat, elle est douteuse; car ici il faut distinguer ce qui appartient à l'influence du milieu ambiant, de ce qui appartient à l'état de civilisation. Il est évident que dans un état social comme le nôtre, où les passions et toutes les formes de l'activité de l'homme sont tenues dans un état d'excitation presque constant, les circonstances qui favorisent le développement de la folie sont bien plus nombreuses que dans les pays où l'homme vit dans une apathie complète.

Dans la foule de causes qui peuvent provoquer l'explosion de la folie, on a signalé plus particulièrement les chagrins domestiques, l'exaltation des idées religieuses, les suites de couches, l'abus des alcooliques, l'insolation, l'excès du travail intellectuel, les frayeurs vives, le passage subit de l'aisance à la misère, les remords, et surtout l'oisiveté. — Ordin. les causes de la folie agissent progressivement; mais quelquefois leur effet se produit presque instantanément.

Une fois déclarée, l'al. présente dans sa marche des particularités remarquables. En effet, tantôt les désordres intellectuels, et c'est là le cas le plus habituel, offrent des exacerbations, des rémissions, et même des intervalles parfaitement lucides; tantôt une espèce de délire succède à une autre, et ces transformations se multiplient à l'infini. Quant aux fonctions de la vie animale et de la vie végétative, elles s'accomplissent en général d'une façon régulière. — Le diagnostic de l'al. mentale est quelquefois entouré de difficultés extrêmes, surtout pendant la période des prodromes, et dans certains cas de monomanie. Les questions médico-légales relatives à la folie sont du nombre de celles qui exigent le plus de sagacité et de prudence pour leur solution. — Le pronostic de l'al. mentale est toujours grave. Il varie au reste suivant la forme de la folie, la nature de ses causes, l'âge et le sexe du malade, et une foule d'autres circonstances. La manie a, en *gén.*, plus de chances de guérison que la monomanie, et celle-ci plus que la démence. Quand l'al. mentale ne se termine pas par le retour à la santé, elle abrége ordin. plus ou moins la vie du malade. Pinel établit pour la mortalité des aliénés le rapport de 1 à 23, et Esquirol celui de 1 à 8 ou même à 6. Quand le retour à la santé a lieu, cette heureuse terminaison peut arriver brusquement ou graduellement : on a vu des guérisons subites s'opérer à la suite de vives émotions morales ou même sans causes appréciables. Mais le plus souvent le retour à la santé suit une marche progressive, et il est alors annoncé par des intermissions qui deviennent de plus en plus fréquentes et de plus en plus longues. La guérison est d'autant plus facile que la maladie a duré moins longtemps. La folie dont l'invasion a été subite guérit aussi plus aisément que celle qui s'est développée avec lenteur.

Les lésions trouvées dans le système nerveux central chez les aliénés sont excessivement variables, et jusqu'à présent il a été impossible de constater la moindre correspondance entre les diverses formes de l'al. mentale et la nature des différentes altérations organiques observées. Dans quelques cas même l'encéphale n'a offert aucune espèce de lésion. Ce fait ne peut, suivant Portal et Haslam, être attribué qu'à l'insuffisance de nos moyens d'observation; et l'al. mentale *doit* toujours et nécessairement être causée par quelque altération organique du cerveau ou de ses dépendances, car il est impossible de concevoir une lésion portant sur l'agent simple et immatériel de la pensée. L'intelligence, pour se manifester, a besoin d'un organe, et il n'y a folie que lorsque l'instrument ne peut pas fonctionner régulièrement. C'est, qu'on nous permette cette grossière comparaison, le cas d'un habile musicien n'ayant à sa disposition qu'un piano complétement désaccordé.

Le traitement de l'al. mentale exige que le médecin y emploie toutes les ressources de la médecine et de l'hygiène. Parmi les moyens hygiéniques, on doit mettre au premier rang le travail manuel, le jardinage, la culture des champs dans des fermes consacrées à cette destination, ainsi que l'a fait l'Administration des hospices de Paris. Ce genre d'occupations exerce une influence des plus favorables sur l'état des aliénés, par la distraction et par la fatigue musculaire. Enfin on ne doit pas négliger l'emploi des moyens qui agissent, pour ainsi dire, directement sur l'intelligence et les passions des aliénés, c.-à-d. des moyens qui contraignent l'intelligence et la volonté des malades à faire un effort pour rectifier leur erreur : c'est ce qu'on a nommé le traitement *moral* de la folie.

Nous ne saurions faire ici l'histoire médicale de la folie, mais nous ne pouvons nous dispenser de dire que c'est à un médecin français, à l'illustre Pinel qu'on est redevable des améliorations les plus importantes relatives au régime et au traitement des aliénés. Avant lui, les malheureux atteints d'al. mentale étaient regardés moins comme des malades que comme des gens dont on avait tout à craindre. Les hospices d'aliénés ressemblaient à des prisons remplies de bruit, de tumulte et de confusion. La plupart des malades, enfermés dans des cabanons infects et souvent chargés de chaînes, éprouvaient des accès de fureur presque continuels : la contrainte et l'intimidation étaient les seuls moyens que l'on employât pour les réduire. Grâce aux généreux efforts et à la persévérance de Pinel, rien de tout cela n'existe plus ni en France ni dans aucun des pays civilisés. Aussi les personnes qui, sous l'impression des anciens récits, viennent pour la première fois visiter une maison d'aliénés, sont-elles fort étonnées de trouver presque tous les malades en pleine liberté dans l'enceinte du quartier qui leur est assigné, de n'entendre ni bruit ni cris de fureur, de reconnaître que beaucoup d'aliénés conservent, sous certains rapports, l'exercice régulier de l'intelligence, et de pouvoir s'entretenir avec eux. Depuis l'impulsion donnée par Pinel à l'étude des maladies mentales, elles ont été l'objet de recherches d'un haut intérêt de la part des médecins placés à la tête des grands établissements de l'Europe consacrés aux aliénés. Les médecins français, parmi lesquels on doit citer Esquirol, Georget, Bayle, Calmeil, Leuret, Lélut, Foville et Parchappe, se sont spécialement distingués par le nombre et l'importance de leurs travaux sur ce sujet. V. HALLUCINATION.

ALIÉNER. v. a. (lat. *alienus*, d'autrui, étranger). Se dépouiller de la propriété d'un objet pour la transférer à un autre. *Al. une terre, une rente.* || Fig., *Al. l'esprit*, Faire perdre l'esprit, rendre fou. *La mort de sa fille lui a aliéné l'esprit.* || Fig., *Al. les affections, les cœurs, les esprits*, Faire perdre la bienveillance, l'affection, l'estime. *Cet impôt lui aliéna l'affection de son peuple. Sa mauvaise conduite lui a aliéné le cœur de son père. Ses manières hautaines lui aliéneront tous les esprits.* = *S'ALIÉNER. v. pron. *Les biens substitués ne pouvaient s'al. Depuis sa maladie, son esprit s'aliène de plus en plus.* = ALIÉNÉ, ÉE. part. *Domaine al. Terre aliénée. Cœurs aliénés. Esprit al.* || S'emploie subst. dans le sens de Fou, folle. *Un al. Une aliénée. Maison d'aliénés*, Maison où l'on traite les fous.

Conj. — *J'aliène, tu aliènes, il aliène; nous aliénons. J'aliénais. J'aliénai. J'aliénerai*, etc.

Syn. — *Vendre.* — On *vend* et on *aliène* un fonds de terre, des rentes, des droits; on *vend* un mobilier, des denrées, son travail; on ne les *aliène* pas. Cette distinction n'est fondée que sur l'usage; mais il en est une plus essentielle, c'est que la *vente* a toujours lieu à titre onéreux, tandis que l'*aliénation* peut être gratuite. En outre, on n'*aliène* que ce qu'on a actuellement en sa possession, et l'on peut *vendre* une chose que l'on n'a pas encore. *Al.*, dans le sens de vente, ne se dit que des objets physiques; *vendre* se dit également des choses morales : ainsi on *vend* son honneur, sa conscience.

Enc. — Deux intérêts de la plus haute gravité, à l'égard des aliénés, ont dû appeler toute la sollicitude du législateur : d'une part, l'intérêt de la société qui exige qu'un individu privé de l'usage de sa raison ne puisse avoir la liberté de compromettre l'ordre public ou la sûreté des personnes; d'autre part, l'intérêt de l'individu traité comme aliéné. C'est dans ce double but qu'une loi sur les aliénés a été promulguée le 30 juin 1838. En vertu de cette loi, chaque département est tenu d'avoir à sa disposition un établissement public ou privé, affecté spécialement, en totalité ou en partie, au traitement des malheureux en état d'aliénation mentale. Cet établissement est placé sous la surveillance de l'autorité; et des fonctionnaires de l'ordre administratif ou judiciaire, chargés de l'inspecter à des époques déterminées, doivent faire connaître par des rapports circonstanciés le nombre et la position des aliénés qu'ils renferment. Relativement à l'admission des aliénés dans les maisons de traitement, les dispositions de la loi sont également applicables aux directeurs d'établissements publics et privés (ces derniers, d'ailleurs, doivent être légalement autorisés). Ainsi, aucun directeur ne peut recevoir une personne atteinte d'aliénation mentale, si on ne lui remet, 1° une demande d'admission contenant les noms, profession, âge et domicile, tant de la personne qui forme la demande que de celle dont on réclame l'admission; 2° un certificat de médecin constatant l'état mental de la personne à placer, et indiquant les particularités que présente la maladie, ainsi que la nécessité de faire traiter la personne désignée dans un établissement d'aliénés et de l'y tenir renfermée : en cas d'urgence, ce certificat n'est point exigé. 3° Le directeur doit se faire remettre le passe-port ou toute autre pièce propre à constater l'individualité de la personne à placer. Toutes les pièces produites sont mentionnées dans un bulletin d'entrée, qui doit être envoyé, dans les vingt-quatre heures, avec un certificat du médecin de l'établissement, au préfet de police à Paris, au préfet ou au sous-préfet dans les chefs-lieux de département ou d'arrondissement, ou aux maires dans les communes. Quinze jours après l'admission d'un aliéné, le directeur doit adresser à l'autorité un nouveau certificat du médecin de l'établissement, qui confirme ou rectifie, s'il y a lieu, les observations contenues dans le premier, en indiquant le retour plus ou moins fréquent des accès ou des actes de démence de l'individu admis. Enfin, dans chaque établissement il doit y avoir un registre sur lequel on inscrit immédiatement les noms, profession, âge et domicile des personnes placées dans cet établissement. On y inscrit les changements survenus tous les mois dans l'état mental de chaque malade, ainsi que les décès et les sorties. Ce registre est coté et paraphé par le maire. Un aliéné peut être retiré, même avant sa guérison, de l'établissement où il a été renfermé; toutefois il faut que l'autorité soit informée de sa sortie dans les vingt-quatre heures. L'autorité peut ordonner d'office le placement, dans un établissement d'aliénés, de toute personne dont l'état d'aliénation compromet l'ordre public ou la sûreté des personnes. Quant aux dépenses faites pour le service des aliénés, la loi les met à leur charge s'ils sont dans une position de fortune qui permette de les leur réclamer; dans le cas contraire, elles retombent à la charge de ceux auxquels il peut être demandé des aliments; et enfin, à défaut de ces derniers, elles sont supportées concurremment par le département auquel l'aliéné appartient, et par la commune dans laquelle il a son domicile. — On voit, par cet exposé, combien la loi a pris de précautions pour éviter qu'une personne, sous prétexte d'aliénation mentale, ne soit privée de sa liberté, et ne devienne victime de quelque machination intéressée ou de quelque abus d'autorité. Malgré ces précautions, si le cas d'une séquestration abusive se présentait, la personne séquestrée aurait le droit de réclamer devant le tribunal du lieu; le tribunal ferait alors les vérifications nécessaires et ordonnerait la sortie immédiate. Des peines sévères sont portées contre les chefs, directeurs ou préposés responsables, qui retiendraient une personne lorsque sa sortie a été ordonnée, soit par l'autorité judiciaire, soit par l'autorité administrative; et celui de ces préposés qui supprimerait des pièces ayant pour but de réclamer contre une séquestration abusive serait passible d'un emprisonnement de cinq jours à un an, et d'une amende qui pourrait s'élever de 50 francs à 3,000. — Relativement aux biens des aliénés, la loi en confie le soin à ceux qui ont le plus d'intérêt à en maintenir la conservation.

ALIGNEMENT. s. m. Ligne donnée que doivent suivre une rue, un chemin, une allée. Le plus ordin. cette ligne est une droite. *Donner, prendre l'al. Cette maison n'est pas sur l'al. L'al. de cette longue suite d'arbres produit un fort bel effet. On a mal observé l'al.* Voy. VOIRIE. || Se dit aussi en parlant D'une troupe que l'on dispose en ligne droite. *Il y a des hommes hors de l'al. Rentrez dans l'al.* — En T. de Commandement militaire, on dit : *A droite, al.! A gauche, al.! Sur le centre, al.!* || *T. Astr. *Méthode des alignements.* Voy. CONSTELLATION.

Enc. — L'*Al. militaire*, introduit dans les armées par le père du grand Frédéric, passait autrefois pour un art très-difficile; mais aujourd'hui il n'y a pas un sous-officier qui n'en sache les principes et ne puisse les bien faire exécuter. Quand on veut aligner une troupe, on place quelques hommes échelonnés (guides) qui servent comme de jalons, et qui rentrent ensuite dans le rang. Dans les pelotons, l'alignement se fait par les soldats eux-mêmes, qui le prennent en regardant le troisième homme à droite ou à gauche, suivant le commandement. Du reste, un al. parfait est impraticable devant l'ennemi, surtout à cause de l'inégalité du terrain; en outre, comme un al. très-régulier demande quelquefois beaucoup de temps, il nuirait, dans ce cas, à la rapidité des mouvements.

ALIGNER. v. a. (R. *ligne*). Disposer sur une même ligne droite. *Al. un chemin, une rue. Al. des maisons, des arbres. Al. des soldats.* — * Dans le même sens, on dit : *Al. son écriture, ses mots.* || Fig., *Al. ses mots; ses phrases*, Les arranger avec un soin prétentieux. || * *Al. des hémistiches*, se dit De quelqu'un qui fait des vers peu poétiques. = S'ALIGNER. v. pron. *Le bataillon s'est aligné en un clin d'œil.* = ALIGNÉ, ÉE. part.

ALIMENT. s. m. (lat. *alere*, nourrir). Toute substance solide ou liquide qui sert à la nutrition, à l'assimilation dans les êtres organisés. || Fig., *L'air est l'al. de la respiration. Le bois est l'al. du feu. L'étude est l'al. de l'esprit. La louange est l'al. de la vanité.* || *Aliments* au plur., se dit généralement De tout ce qu'il faut pour nourrir et entretenir une personne. *Un père doit des aliments à ses enfants. On lui a adjugé une pension pour ses aliments.*

Syn. — *Nourriture, Subsistance.* — *Al.* se dit de toute substance susceptible d'être assimilée et de nourrir. Le pain est un bon *al. Nourriture* ne s'emploie qu'en parlant de plusieurs *aliments*. On lui a donné une *nourriture* succulente. On entend par *subsistance* tout ce qui est nécessaire à la satisfaction des besoins de la vie : ainsi, on procure à quelqu'un des moyens de *subsistance* en lui donnant du travail.

Enc. — Tout organisme vivant éprouve, par le fait même de l'exercice des fonctions nécessaires à son développement et à sa conservation, des déperditions incessantes. La vie ne tarderait pas à s'éteindre si l'économie ne recevait pas de temps à autre de nouveaux matériaux propres à réparer les pertes qui proviennent du changement d'état et de composition des diverses parties du corps, changement qui est lui-même le résultat de certaines réactions chimiques. C'est à ces matériaux réparateurs qu'on donne le nom d'*aliments*.

La première condition fondamentale du maintien de la vie dans un animal quelconque est l'absorption de l'oxygène de l'air atmosphérique; et cette absorption, qui constitue la fonction respiratoire, ne cesse qu'avec la vie. — Le poids d'un homme adulte auquel on donne une nourriture suffisante, n'augmente ni ne diminue dans l'espace de vingt-quatre heures, malgré la quantité considérable d'oxygène qui, durant ce laps de temps, est absorbée par l'organisme. D'après les expériences de Lavoisier, un homme adulte enlève par année à l'air atmosphérique 373 kilog. pesant d'oxygène; suivant Menzies, cette quantité s'élève à 408 kilog. Cependant, au bout de l'année, le poids de l'homme est absolument le même qu'au commencement; et, s'il varie en plus ou en moins, la différence n'est que de quelques livres. Que sont devenus ces 400 kilog. environ d'oxygène dont il ne reste pas un atome dans le corps? Après avoir pénétré dans tout le corps par l'intermédiaire de l'appareil circulatoire, l'oxygène est éliminé par les poumons et par la peau sous la forme d'acide carbonique (oxygène et carbone), et sous celle de vapeur d'eau (oxygène et hydrogène). Il faut donc de toute nécessité que l'oxygène introduit ait enlevé à certaines parties de l'organisme le carbone et l'hydrogène avec lesquels il s'est combiné. Prenons maintenant, afin d'avoir une base pour établir un calcul approximatif, l'évaluation de Lavoisier et Séguin, et admettons avec eux qu'un homme adulte absorbe chaque jour 1015 grammes d'oxygène. Supposons encore que la masse totale du sang d'un individu soit égale à 12 kilog. et contienne 80 pour cent d'eau. La composition du sang étant connue, on a calculé que pour convertir la totalité du carbone et de l'hydrogène du sang en acide carbonique et en eau, il faudra 4271 grammes d'oxygène. Or, il suffit de quatre jours et cinq heures à un homme adulte pour absorber cette quantité d'oxygène. Peu importe que l'oxygène se combine directement avec les éléments du sang, ou bien avec les substances riches en carbone et en hydrogène qui existent dans l'organisme : ceci ne fait rien à la question qui nous occupe; car dans les deux cas, il est évident que les aliments doivent, dans l'espace de quatre jours et cinq heures, restituer à l'économie une quantité de carbone et d'hydrogène égale à celle qui est normalement contenue dans 12 kilog. de sang. En effet, si l'on détermine avec exactitude, d'une part, la quantité de carbone que les aliments introduisent dans l'économie; et si, d'autre part, on évalue celle qui est éliminée par les voies digestive et urinaire sous toute autre forme que sous celle de combinaison oxygénée, on s'assure qu'un homme adulte, qui a l'habitude de se livrer à un exercice modéré, consomme par jour 435 grammes de carbone. Ces 435 grammes sont éliminés par la peau et le poumon sous forme de gaz acide carbonique; or, pour se transformer en acide carbonique, ces 435 grammes de carbone exigent 1157 grammes d'oxygène. — Les choses se passent absolument de même chez les animaux herbivores. D'après les expériences de Boussingault, un cheval consomme en vingt-quatre heures 2,465 grammes de carbone, et une vache laitière 2,212 grammes, qui s'échappent ensuite sous forme d'acide carbonique; le cheval, pour convertir en acide carbonique le carbone qu'il consomme, a besoin de 6,504 grammes d'oxygène; quant à la vache, il lui en faut 5,833. — Comme aucune portion de l'oxygène absorbé n'est rejetée de l'économie sous une forme autre que celle d'une combinaison carbonée ou hydrogénée, et comme, en outre, chez un animal à l'état normal, le carbone et l'hydrogène éliminés sont remplacés par le carbone et l'hydrogène que contiennent les aliments ingérés, il en résulte que la quantité d'aliments nécessaire à la conservation intégrale de l'organisme doit se trouver en rapport direct avec la quantité d'oxygène absorbée. Lorsque, dans un même espace de temps, deux animaux absorbent par la peau et par les poumons des quantités inégales d'oxygène, la quantité d'aliments que consomme chacun d'eux est différente : elle est proportionnelle aux quantités d'oxygène absorbées. Une conséquence nécessaire de ce qui précède, c'est que si la proportion d'oxygène absorbée vient à augmenter, il faudra, pour que l'organisme n'ait pas à en souffrir, que la quantité de carbone et d'hydrogène introduite par les aliments soit augmentée proportionnellement. Or, la quantité d'oxygène absorbée varie dans une foule de circonstances : elle est plus grande, par ex., lorsque les inspirations sont plus fréquentes, soit naturellement, comme on l'observe chez les enfants, soit accidentellement, comme à la suite d'un vif exercice. L'oxygène est aussi absorbé en plus grande quantité, lorsque la température de l'air vient à s'abaisser, comme dans l'hiver, ou lorsque cette température est constamment peu élevée, comme dans les pays du Nord. C'est pourquoi l'enfant supporte la faim moins bien que l'homme adulte : un animal à sang chaud et à respiration fréquente, un oiseau, par ex., meurt au bout de trois jours quand on le prive de nourriture, tandis qu'un serpent, animal à sang froid, et chez lequel les mouvements respiratoires sont rares, peut vivre sans nourriture pendant plus de trois mois. Nous consommons dans l'hiver 1/8 de plus d'aliments que pendant l'été : les habitants de la Suède consomment plus d'aliments que ceux de l'Espagne; et lors même que les habitants des pays chauds consommeraient des poids égaux de nourriture, la Sagesse infinie a pourvu à ce que la quantité de carbone qu'ils consomment restât toujours proportionnelle à celle de l'oxygène absorbé. Les fruits, dont les habitants des régions tropicales se nourrissent presque exclusivement, ne contiennent, à l'état frais, que 12 pour cent de carbone, tandis que le lard et l'huile de poisson, dont les peuples des régions polaires font leur nourriture, en contiennent 66 à 80 pour cent. Les causes extérieures qui font varier la quantité d'oxygène absorbé agissent uniquement sur la température et sur la densité de l'air atmosphérique; l'explication de ces faits incontestables sera donnée lorsque nous traiterons de la *respiration* et de la *calorification*. (Voy. ces mots.)

La seconde condition fondamentale de la persistance de la vie est l'élimination hors de l'économie des molécules organiques devenues, par une cause quelconque, impropres à remplir les fonctions vitales, ainsi que le remplacement de ces molécules par d'autres molécules qui sont assimilées aux divers tissus du corps pour y jouer le même rôle que les particules éliminées. Or, toutes les parties du corps qui possèdent une forme définie et qui constituent les éléments des organes, contiennent de l'azote. Il n'existe pas, dans un organe doué de mouvement et de vie, une seule molécule qui n'en renferme. Tous les tissus renferment également du carbone ainsi que les éléments de l'eau (hydrogène et oxygène); seulement ces derniers ne s'y trouvent jamais dans la proportion voulue pour former de l'eau. L'observation et l'expérience ayant prouvé que l'organisme animal est absolument incapable de produire un élément chimique tel que le carbone et l'azote, au moyen de substances ne contenant ni azote ni carbone, il en résulte donc nécessairement que toutes les substances alimentaires, pour être aptes à se métamorphoser soit en sang, soit en tissus organisés, doivent contenir une certaine quantité d'azote; car, d'un autre côté, l'azote de l'atmosphère ne se combine jamais avec les tissus et les organes animaux. Mais comme c'est par l'intermédiaire du sang qui apporte de temps à autre aux organes les matériaux qu'il a puisés dans les substances alimentaires, et qu'ainsi c'est aux dépens des éléments du sang que s'opèrent l'accroissement du corps et le développement des organes, la première question à résoudre est celle de savoir quels sont les rapports qui existent entre le sang et les aliments. Pour cela, il suffit de comparer la composition élémentaire du sang et celle des matières alimentaires. — Parmi les substances que l'on rencontre dans le sang, il en est deux qui méritent une attention toute particulière, car elles en constituent les éléments essentiels. Si, lorsqu'on vient de pratiquer une saignée, on fouette le liquide sanguin avec une baguette, on voit des filaments mous et élastiques s'attacher à la baguette; ces filaments ne sont autre chose que la *fibrine*, qui est identique à la fibre musculaire. Pour obtenir le second principe essentiel du sang, on n'a qu'à soumettre à l'action de la chaleur le liquide duquel on a extrait la fibrine, et ce principe se coagule en une masse blanche et élastique, que l'on nomme *albumine*. La fibrine et l'albumine sont toutes deux composées des mêmes éléments chimiques, parmi lesquels on remarque l'azote, le phosphore et le soufre. L'analyse chimique a conduit à ce résultat remarquable, que les éléments de la fibrine et de l'albumine sont unis dans les mêmes proportions pondérales. Ainsi, quand on exécute parallèlement deux analyses, l'une de fibrine, l'autre d'albumine, les résultats obtenus sont tout aussi rigoureusement semblables que si l'on avait fait simultanément deux analyses de fibrine ou deux analyses d'albumine. Néanmoins les différences que ces deux substances présentent sous le rapport de leurs propriétés démontrent que leurs éléments sont groupés d'une manière différente. Dans l'acte de la nutrition, la fibrine et l'albumine peuvent toutes deux également se transformer en fibre musculaire, et la fibre musculaire est à son tour susceptible de se convertir en sang, sans l'intervention d'un troisième corps, sans qu'un élément étranger vienne s'ajouter à la fibrine ou à l'albumine, et sans que ces deux substances perdent un seul de leurs éléments constitutifs. L'albumine forme la plus grande partie de la substance cérébrale et nerveuse. Enfin, pour généraliser, nous dirons que les principes immédiats essentiels du sang contiennent environ 16 pour cent d'azote, et qu'on retrouve la même proportion d'azote dans la composition de tous les tissus organisés, comme, par ex., dans celle de la tunique moyenne des artères, des tissus gélatineux et cornés, des plumes des oiseaux, du pigment noir de l'œil, etc.

D'après ce qui précède, rien de plus aisé à concevoir que le fait de la nutrition des animaux carnivores. En effet, ils vivent uniquement du sang et de la chair des herbivores et des granivores, sang et chair qui sont, sous tous les rapports, identiques au sang et à la chair des carnivores. Les aliments qui servent à la nutrition des carnivores dérivent du sang : ils se fluidifient dans l'estomac de l'animal et deviennent ainsi aptes à être transportés dans toutes les parties de l'organisme. Durant ce mouvement de translation, ils se transforment en sang, et celui-ci a pour fonction de reproduire toutes les parties du système qui ont éprouvé une perte ou une métamorphose. A l'exception des sabots, des poils, des plumes et de la portion terreuse des os, le carnivore peut s'assimiler le corps entier de l'animal qu'il dévore. En conséquence, on peut dire, chimiquement parlant, que pour entretenir sa propre vie, le carnivore se consomme lui-même, car les substances dont il se nourrit sont identiques aux tissus et aux organes à la réparation desquels elles doivent servir.

Il semble au premier abord que, chez les herbivores, la nutrition s'effectue d'une manière toute différente. Ces animaux possèdent un appareil digestif plus compliqué, et ils se nourrissent de végétaux, lesquels ne contiennent que fort peu d'azote. On a donc dû se demander aux dépens de quelles substances se forme le sang qui sert ensuite au développement de ces animaux? On peut actuellement faire une réponse précise à cette question. L'analyse chimique a fait voir que toutes les parties végétales qui servent à la nutrition des herbivores contiennent certains principes fort azotés, et l'expérience de chaque jour démontre que la quantité de matières végétales dont ces animaux ont besoin pour leur développement et pour l'entretien des fonctions vitales est d'autant moindre qu'elle renferme une plus grande proportion d'azote : les substances non azotées sont incapables de servir à la nutrition. On trouve à la vérité de l'azote dans tous les végétaux sans exception, et même dans chacune de leurs parties; mais celles qui en contiennent le plus sont les graines des céréales, les pois, les lentilles, les fèves, enfin les racines et les sucs des légumes proprement dits. — Les substances azotées qu'on rencontre dans les végétaux peuvent se réduire à trois formes principales faciles à distinguer les unes des autres : deux de ces substances sont solubles dans l'eau; la troisième ne s'y dissout pas. — Quand on laisse reposer des sucs végétaux qu'on vient d'exprimer, on voit au bout de quelques minutes se former dans le liquide un précipité gélatineux, ordin. de couleur verte. En traitant ce précipité par des liquides qui dissolvent sa matière colorante, on obtient une substance d'un blanc grisâtre qui a reçu le nom de *fibrine végétale*. Ce principe est surtout abondant dans le suc des graminées; mais nulle part il ne se trouve en aussi forte proportion que dans les grains de froment et des céréales en général. Ainsi que le prouve le procédé employé pour l'extraire, la fibrine végétale est insoluble dans l'eau. Néanmoins, il est certain qu'elle existe à l'état de dissolution dans les sucs de la plante vivante; elle s'en sépare plus tard, comme c'est aussi le cas pour la fibrine du sang. — Le second principe végétal azoté se trouve également en dissolution dans le suc des plantes; mais il ne s'en sépare que lorsqu'on chauffe le suc végétal jusqu'au degré de l'ébullition. Lorsqu'on fait bouillir du suc de légumes préalablement clarifié, par ex. du suc de choux-fleurs, d'asperges, de navets, il s'y produit un caillot qui, sous le rapport de l'aspect extérieur et des autres propriétés, ne diffère aucunement de la substance coagulée qu'on obtient en soumettant à la chaleur de l'ébullition du sérum du sang ou du blanc d'œuf étendu d'eau. On l'a donc nommée *albumine végétale*. Cette albumine se rencontre principalement dans certaines semences, dans les noix, les amandes et autres graines où la fécule qui existe dans les céréales se trouve remplacée par de l'huile ou de la graisse. — Le troisième principe azoté que donnent les plantes est la *caséine végétale*. Il se trouve surtout dans le péricarpe des pois, des lentilles et des fèves. La caséine est, comme l'albumine, soluble dans l'eau; mais elle se distingue de celle-ci, en ce que sa dissolution ne se coagule pas par la chaleur. Lorsqu'on fait évaporer cette dissolution, elle se recouvre d'une pellicule; mais dès qu'on la traite par un acide, elle se comporte comme le lait des animaux, c.-à-d. qu'elle se coagule. — Ces trois principes, la fibrine, l'albumine et la caséine végétales sont les véritables aliments azotés des herbivores. Quant aux autres substances azotées qu'on rencontre dans les végétaux, elles sont souvent médicamenteuses ou vénéneuses, et alors les animaux les repoussent; ou bien l'azote s'y trouve en général en proportion très-minime et insignifiante. L'analyse chimique de ces trois principes a fait découvrir non-seulement que tous trois contiennent les mêmes éléments combinés dans les mêmes proportions pondérales, mais encore que leur composition est identique avec celle des principes essentiels du sang (fibrine et albumine) et avec celle de la caséine du lait. Quelle que soit leur origine, qu'elles viennent des plantes ou des animaux, la fibrine et l'albumine offrent à peine quelque différence de forme. Lorsque ces principes manquent dans les aliments qu'on donne à un herbivore, la nutrition s'arrête chez lui. Quand, au contraire, ses aliments contiennent de la fibrine et de l'albumine végétales, il y trouve précisément des substances identiques à celles qui servent à l'entretien des organes du carnivore. Il résulte de là que ce sont les organismes végétaux qui créent le sang de tous les animaux. En effet, un carnivore, en s'assimilant le sang et la chair d'un herbivore, ne s'assimile, à proprement parler, que les principes végétaux dont ce dernier s'est nourri. La fibrine et l'albumine végétales introduites dans l'estomac de l'herbivore, y prennent absolument la même forme que la fibrine et l'albumine animales dans l'estomac du carnivore. La conséquence rigoureuse de ce qui précède, c'est que l'organisme animal ne crée le sang que sous le rapport de la forme, et qu'il est incapable d'en fabriquer au moyen de substances qui ne seraient pas identiques aux principes essentiels de ce liquide. Cependant il possède la faculté de donner naissance à une nombreuse série d'autres combinaisons différentes, par leur composition, des principes essentiels du sang; mais les végétaux seuls ont le pouvoir de créer ces derniers, qui sont le point de départ de cette suite de transformations. — Dans cette série infinie de combinaisons qui commence par les principes nutritifs des plantes, c.-à-d. par l'acide carbonique, l'ammoniaque et l'eau, il n'existe ni lacune ni interruption. Le produit le plus élevé de l'activité formatrice des végétaux constitue précisément la première substance alimentaire du règne animal. Cette activité créatrice propre aux végétaux cessera de paraître aussi miraculeuse, si l'on réfléchit que la formation du sang par les plantes n'est pas le seul fait de ce genre. On rencontre, par exemple, de la graisse de bœuf et de mouton dans les amandes de cacao, de la graisse humaine dans l'huile d'olive; le beurre de palme est identique au beurre de vache; enfin certaines graines oléagineuses renferment de la graisse de cheval et de l'huile de poisson.

Ainsi qu'il est facile de le comprendre d'après ce que nous venons de dire, les substances alimentaires peuvent se diviser en deux classes : en aliments *azotés* et en aliments *non azotés*. Les premiers seuls sont susceptibles de se transformer en sang et aptes à fournir les éléments des tissus et des organes. Les seconds servent uniquement, dans l'état de santé, à entretenir la respiration et à produire la chaleur animale. Liebig désigne les aliments azotés sous le nom d'aliments *plastiques*, et les aliments non azotés sous celui d'aliments *respiratoires*. — Les aliments plastiques sont : la fibrine, l'albumine et la caséine végétales; la chair et le sang des animaux. — Les aliments respiratoires sont : la graisse, l'amidon, la gomme, les diverses espèces de sucre, la pectine, le vin, l'eau-de-vie, la bière, etc.

Dans l'énumération des substances alimentaires et des tissus organisés qui précède, nous n'avons parlé ni des tissus qui ont pour base la gélatine, ni de la graisse, ni des substances minérales qui entrent dans la composition du sang et des divers organes. Ces substances minérales, parmi lesquelles le fer, le phosphore, le soufre, le chlore, la chaux, la soude, la potasse et la magnésie occupent le premier rang, sont introduites dans l'économie avec les aliments, et, en dernière analyse, elles proviennent, comme ceux-ci, des végétaux qui servent de nourriture aux herbivores. Quant à la manière dont ces substances minérales sont combinées avec les éléments organiques des tissus, les efforts réunis de la chimie et de la physiologie n'ont pu encore venir à bout de résoudre cette question.

Lorsque les animaux prennent plus d'aliments qu'il n'est nécessaire pour entretenir leur respiration et la chaleur qui leur est propre, le carbone des matières non azotées ne peut être consumé en totalité par l'oxygène de l'air : alors la graisse, substance qui ne contient point d'azote, s'accumule dans les vésicules du tissu adipeux. Un porc nourri copieusement d'aliments azotés devient charnu; si au contraire on le nourrit avec des substances peu azotées et riches en carbone, il aura moins de chair, mais plus de lard. Quand on considère que la formation de la graisse est presque nulle chez les carnivores qui, à l'exception de la graisse même des herbivores, ne consomment aucun élément non azoté, qu'elle n'augmente réellement que chez ceux qui prennent une nourriture mixte, chez les chiens, par ex., et enfin qu'on engraisse certains animaux domestiques en leur donnant simplement des substances alimentaires non azotées, on ne peut plus douter que ces substances ne soient dans une corrélation directe avec la formation de la graisse. Ainsi donc la formation de la graisse est toujours la suite de l'absence de l'oxygène nécessaire à la gazéification de l'excès de carbone introduit dans l'économie. Voy. *Tissu* ADIPEUX et GRAISSE.

La trame organique des os est constituée par un principe fort azoté qu'on appelle *gélatine*. Ce principe peut également s'extraire des tendons, des cartilages, des membranes fibreuses, de la peau, du tissu cellulaire, etc.; il est donc extrêmement abondant dans l'organisme; cependant on ne l'a jamais rencontré dans le sang. En conséquence il n'existe pas, comme la fibrine et l'albumine, déjà tout formé dans ce liquide. On est donc obligé de conclure de ce fait que la gélatine est le produit d'une transformation toute particulière que subissent dans l'économie les matériaux apportés par le sang; et l'on a lieu de croire que c'est la fibrine du sang elle-même qui est métamorphosée en gélatine au contact des cellules qui constituent les tissus gélatineux. Voy. GÉLATINE.

L'infinie variété de substances que l'homme et les animaux emploient comme aliments, ne sont nutritives qu'autant qu'elles contiennent les divers principes dont il a été parlé, ou du moins quelques-uns d'entre eux. En analysant chacune des productions que nous présente la nature, on peut déterminer *à priori*, tout aussi exactement que par l'expérience, jusqu'à quel point elle est alibile, et quel est son degré de digestibilité relativement à l'individu bien portant. Un fait fort curieux, qui a été constaté par de nombreux expérimentateurs à l'occasion des discussions auxquelles a donné lieu la gélatine, c'est que si l'on nourrit exclusivement un animal avec une seule espèce d'aliment, cet animal périt nécessairement au bout d'un certain laps de temps. Mais ce phénomène est aujourd'hui facile à expliquer. En effet, lorsqu'on expérimente avec une substance complétement dépourvue d'azote, il est évident que les déperditions éprouvées par les tissus (nous savons que l'azote entre dans la composition de tous) ne sauraient être réparées : l'animal ne tardera donc pas à périr. Ainsi des nées nourries uniquement avec de la gomme moururent le 16e jour : celles auxquelles on donna des blancs d'œuf pour toute nourriture vécurent plus longtemps; elles ne périrent que le 46e jour. Le blanc d'œuf cependant contient une forte proportion d'azote. Dans ce cas, ce n'est donc pas l'absence de l'azote qui détermine la mort, c'est l'insuffisance du carbone, l'albumine de l'œuf n'en renfermant pas assez pour fournir à la consommation de l'oxygène. Chez un animal adulte, il faut, pour que la vie persiste et que la santé se maintienne, que l'assimilation des aliments, la mutation des tissus et la consommation de l'oxygène soient entre elles dans un rapport défini. Le carbone, l'azote et l'hydrogène rejetés au dehors sous forme d'acide carbonique, d'ammoniaque et d'eau, doivent, pris ensemble, peser précisément autant que le carbone, l'azote et l'hydrogène rejetés au dehors sous diverses formes, soit par la voie respiratoire, soit par les différentes voies excrétoires. Si donc il existait pour chaque animal une matière nutritive contenant du carbone, de l'azote et de l'hydrogène en proportions relatives telles qu'elles fournissent exactement à la consommation de l'oxygène et à la réparation des tissus métamorphosés, cet aliment unique suffirait à l'entretien de la vie et de la santé de l'organisme animal. La nécessité pour l'homme et pour une foule d'animaux de varier l'alimentation dépend de ce que les proportions de carbone, d'azote et d'hydrogène voulues ne se trouvent pas dans une substance unique. Il faut nécessairement compenser, en prenant divers aliments, ce qui manque soit aux uns soit aux autres.

Pour achever ce qui concerne les aliments, il nous resterait à parler du rôle que joue le tube alimentaire à l'égard des substances qui y sont introduites; de la transformation des molécules alimentaires en molécules identiques à celles qui composent les divers tissus de l'organisme; de la préparation des matières nutritives pour les rendre plus agréables au goût et plus faciles à assimiler; du choix que l'on doit faire parmi ces substances selon l'état de santé ou de maladie des individus, et enfin des moyens propres à conserver les matières alimentaires que nous offre la nature pour les consommer au fur et à mesure des besoins : ces divers points sont traités aux mots DIGESTION, NUTRITION, *Art* CULINAIRE, DIÉTÉTIQUE et CONSERVE. Quant à l'alimentation des Mammifères nouveau-nés qui réclame quelques détails particuliers, voy. LAIT.

Législat. — Dans le langage du Droit, le terme *Al.* désigne tout ce qui est nécessaire à la nourriture et à l'entretien d'une personne. La loi civile impose l'obligation au père et à la mère de nourrir, d'entretenir et d'élever leurs enfants légitimes ou adoptifs. Dans sa juste sollicitude, elle oblige les parents d'enfants illégitimes à leur fournir les moyens de subsister jusqu'à ce qu'ils soient capables de pourvoir eux-mêmes aux exigences de la vie. A défaut du père et de la mère, l'obligation de fournir des aliments aux enfants est imposée d'abord aux ascendants paternels, et ensuite aux ascendants maternels. Toutefois, en ce qui concerne les enfants illégitimes, si les ascendants n'ont pas hérité du père, ils ne sont pas tenus à leur fournir des aliments. De leur côté, les enfants légitimes ou adoptifs sont dans l'obligation de subvenir à l'alimentation et à l'entretien de leurs père, mère et autres ascendants, lorsque ceux-ci ont besoin de secours. Les gendres et les belles-filles doivent également à leurs beau-père et belle-mère l'entretien et la nourriture, si ces parents sont dans le besoin. Néanmoins, à l'égard de la belle-mère, si elle a convolé en secondes noces, cette obligation n'a plus lieu; elle cesse également si l'époux qui produisait l'affinité vient à décéder, ainsi que les enfants issus du mariage. Les époux sont dans l'obligation mutuelle de se fournir des aliments. Du reste, les aliments ne sont accordés que dans la proportion des besoins de celui auquel ils sont dus et de la fortune de celui qui les doit; et ils ne sont pas exigibles de celui qui est hors d'état de les fournir.

ALIMENTAIRE. adj. 2 g. Qui est propre à servir d'aliment. *Substance al. Plantes alimentaires.* || Qui concerne les aliments. *Régime al.* || * *Canal, tube al.*, Qui donne passage aux aliments. || *Pension, provision al.*, Qui est destinée aux aliments.

ALIMENTATION. s. f. Se dit de La manière de se nourrir. *Il faut changer votre al. J'ai adopté un autre mode d'al.* Voy. DIÉTÉTIQUE.

ALIMENTER. v. a. Nourrir, fournir les aliments nécessaires. *Il faudra du blé du dehors pour al. le royaume.* || Fig., Entretenir. *Al. un incendie. Al. la discorde. Al. la conversation.* = *s'ALIMENTER. v. pron. S'emploie dans toutes les acceptions du v. actif. = ALIMENTÉ, ÉE. part. = Syn. Voy. NOURRIR.

ALIMENTEUX, EUSE. adj. Qui est propre à nourrir. Peu us.

ALINÉA. s. m. (lat. *ad lineam*, à la ligne). Ne prend pas d'S au plur. Commencement d'un nouvel article, indiqué dans un écrit par une nouvelle ligne, dont le premier mot est un peu rentré. *Lisez jusqu'au premier al. Observez les al.* || Passage compris entre deux alinéa. *Cet al. est fort long.* || *Alinéa* (à la ligne). Expression elliptique dont on se sert en dictant, et qui sign. Commencez une nouvelle ligne.

ALIQUANTE. adj. f. (lat. *aliquantus*). Voy. ALIQUOTE.

ALIQUOTE. adj. f. (lat. *aliquot*). T. Math. Les mots *Aliquante* et *Aliquote* ne sont usités que dans ces locutions : *Partie aliquante. Partie aliquote.* — *Aliquote* s'emploie quelquefois subst.

Enc. — Lorsqu'un nombre divise exactement un autre nombre, on dit que le premier est une *partie aliquote* du second. Ainsi, par ex., les nombres 3 et 5 sont les parties aliquotes du nombre 15, parce qu'ils divisent ce dernier sans reste, c.-à-d. qu'ils sont contenus exactement un certain nombre de fois dans 15. Les *parties aliquantes* diffèrent des parties aliquotes en ce qu'elles ne sont pas facteurs des nombres qui les contiennent, ou, en d'autres termes, en ce qu'elles ne les divisent pas sans reste. Le nombre 5 est une partie aliquante de 8. Voy. MULTIPLICATION et *Nombre* COMPLEXE.

***ALISE, *ALISÉ, *ALISIER.** Voy. ALIZE, ALIZÉ, ALIZIER.

ALISMACÉES. s. f. pl. T. Bot.

Enc. — Famille de plantes exogènes hypogynes, qui a été établie par L.-C. Richard aux dépens des *Joncaginées* de A.-L. de Jussieu. Les *Al.* croissent sur les bords des ruisseaux, des étangs et dans les terres marécageuses. Elles sont rarement annuelles et sont ordin. pourvues d'un rhizôme vivace, rampant et charnu. — *Caract. bot.* : Fleurs en ombelle, en grappe ou en panicule, presque toujours hermaphrodites, très-rarement unisexuées. Feuilles tantôt étroites et ligulées, tantôt à limbe fort large, mais constamment à veines parallèles. Sépales herbacés au nombre de trois. Pétales pétaloïdes en même nombre. Étamines en nombre défini ou indéfini; anthères introrses. Ovaire supérieur, multiple, uniloculaire; ovules dressés ou ascendants, solitaires, ou au nombre de deux qui sont, dans ce cas, attachés à la suture à une certaine distance l'un de l'autre. Styles et stigmates en nombre égal à celui des ovaires. Fruit sec, à 1 ou 2 graines. Graines dépourvues d'albumen, recour-

bées; embryon en forme de fer à cheval, indivis, et ayant la même direction que la graine. [Fig. 1. Fleur de l'*Alisma ranunculoides* vue de face. 2. La même vue par derrière. 3. Coupe de l'ovaire. 4. Coupe d'une graine.] Cette petite famille, qui ne compte que 3 genres et 50 espèces, habite principalement les contrées septentrionales. — Plusieurs de ces plantes ont un rhizôme charnu qui peut servir d'aliment; tels sont les genres *Alisme* et *Sagittaire*. Les Chinois cultivent dans ce but une espèce de ce dernier (*Sagittaria sinensis*). Le *Fluteau* ou *Plantain d'eau* (*Alisma plantago*) et la *Fléchière* ou *Sagittaire* (*Sagittaria sagittifolia*) sont au nombre des plantes que l'on a, sans aucune raison, vantées contre l'hydrophobie. Les Calmoucks mangent le rhizôme du plantain, après lui avoir enlevé son âcreté par la dessiccation. Diverses espèces de Sagittaires du Brésil sont extrêmement astringentes; on emploie même leur suc dans la composition de l'encre.

***ALISME ou ALISMA.** s. m. T. Bot. Voy. ALISMACÉES.

ALITER. v. a. (R. *lit*). Réduire à garder le lit. *Cette blessure l'a alité plus de vingt jours.* = s'ALITER. v. pron. Se mettre au lit pour cause de maladie. *Il a été contraint de s'al.* = ALITÉ, ÉE. part. *Elle est alitée depuis trois mois*, Elle garde le lit.

ALIZE ou ***ALISE.** s. f. Fruit de l'alizier.

ALIZÉ ou ***ALISÉ.** adj. m. (lat. *elysii*). *Vents alisés.* Voy. VENT.

ALIZIER ou ***ALISIER.** s. m. T. Bot. V. POMACÉES.

ALKALI, et dérivés. Voy. ALCALI, etc.

ALKÉKENGE. s. m. T. Bot. Voy. SOLANÉES.

ALKERMÈS. adj. 2 g. (ar. *al*, le; *kermès*, écarlate). N'est usité que dans cette loc. : *Confection al.* || Il s'emploie substant. en parlant D'une liqueur de table connue sous le nom d'*Al. Boire de la liqueur d'al.*, ou simplement *de l'al.*

Enc. — La liqueur d'*Al.* nous vient de Naples. Elle se prépare avec des feuilles de laurier, du macis, de la muscade, de la cannelle et du girofle que l'on fait infuser dans l'alcool, après quoi on distille, on ajoute du sucre et l'on colore au rouge avec le kermès. Cette liqueur est d'un goût fort agréable. — La *Confection al.* est une espèce d'électuaire qui doit son nom au kermès qui entre dans sa préparation. Ce remède, jadis célèbre comme cordial et stomachique, est aujourd'hui abandonné.

ALLAH. s. m. (ar. *alaha*, adorer). Nom de Dieu en arabe. Il a passé dans la langue de tous les peuples mahométans. *Invoque le puissant Al.* — Ce mot est aussi l'exclamation habituelle des musulmans.

ALLAITEMENT. s. m. Action d'allaiter. Se dit en parlant De l'homme et de tous les animaux mammifères.

Enc. — L'*all.* est une fonction qui appartient exclusivement à la classe la plus élevée de la série animale, c.-à-d. à l'homme et aux mammifères. Dans cette classe le nouveau-né a besoin de trouver un aliment qui contienne à la fois tous les principes azotés nécessaires à la réparation et au développement de ses organes, ainsi que les principes non azotés destinés à être transformés en acide carbonique et en vapeur d'eau par l'oxygène introduit pendant l'acte respiratoire. Cet aliment est le *lait*, et les organes qui le produisent ont reçu le nom de *glandes mammaires*. Au mot MAMELLE, il est parlé de la vie et du rôle de ces glandes, et au mot LAIT de la composition et des qualités de ce liquide.

Presque aussitôt après la naissance, le nouveau-né s'attache instinctivement au mamelon de sa mère, et exerce des mouvements de succion qui déterminent l'érection de cet organe et font jaillir le liquide préparé par la nature. Dans l'espèce humaine, c'est ordin. cinq à six heures après l'accouchement que la mère donne le sein à l'enfant. Le liquide qui distend alors la glande mammaire a reçu le nom de *colostrum* : il est plus limpide, plus séreux que le lait proprement dit, et il jouit de propriétés légèrement purgatives qui débarrassent les intestins de l'enfant du *méconium*, c.-à-d. des excréments qu'ils contiennent. Mais ce liquide s'épaissit graduellement, acquiert les qualités propres du lait et devient de plus en plus nutritif à mesure qu'on s'éloigne de l'époque de la parturition. La succion de l'enfant a pour effet d'entretenir la fonction des mamelles, et de provoquer incessamment la sécrétion lactée. Ce qui prouve que c'est réellement la succion de l'enfant qui, en déterminant un afflux sanguin particulier vers les organes galactopoïétiques, entretient la sécrétion du lait, c'est que celle-ci ne tarde pas à disparaître lorsque la mère refuse le sein à l'enfant; ce qui le prouve encore c'est le fait bien constaté que l'acte répété de la succion a suffi pour déterminer la formation du lait dans les glandes mammaires chez des femmes qui n'avaient jamais été mères. Bien plus, des observateurs dont on ne peut révoquer en doute la véracité, tels que Humboldt, ont vu des hommes allaiter des enfants pendant plusieurs mois. Le même phénomène a été observé par Ev. Home et Bechstein chez plusieurs animaux mâles (boucs, bœufs et moutons).

La durée de la lactation varie suivant les espèces animales; au reste, elle s'étend naturellement jusqu'à l'époque où le jeune animal est devenu capable de s'assimiler les aliments propres à l'animal adulte. On peut dire aussi qu'en règle générale, elle est en raison directe de la taille des animaux et inverse de leur fécondité. Pour l'enfant, on doit cesser de lui donner à téter lorsqu'il a ses vingt premières dents; mais ordin. on le sèvre plus tôt.

La nature a évidemment prescrit à la mère d'allaiter elle-même son enfant, et cette loi doit être généralement observée, car le lait de la mère se trouve, par les propriétés qu'il acquiert successivement, toujours en harmonie avec les besoins de l'enfant. Il est aussi dans l'intérêt de la santé de la mère que celle-ci remplisse un devoir aussi doux. Cependant, toutes les fois que la mère se trouve dans un état de débilité ou de cachexie qui ne permet pas d'espérer que l'al. maternel soit parfaitement favorable à l'enfant, il vaut mieux le faire allaiter par une paysanne robuste et jouissant d'une excellente santé. Dans ce cas même, il est souvent préférable d'envoyer l'enfant à la campagne; l'air pur qu'il y respirera et l'action de la lumière solaire exerceront sur sa santé une influence bienfaisante, et, d'un autre côté, la santé de la nourrice ne risquera pas d'être altérée par le changement de nourriture et de manière de vivre. Le docteur Clarke attribue la grande mortalité des enfants, à Londres, à l'habitude que les mères ont prise de les nourrir elles-mêmes et de les élever dans la ville.

Ce n'est que dans le cas d'impossibilité absolue de se procurer une nourrice convenable qu'on doit se résoudre à recourir à l'al. *artificiel*, c.-à-d. à nourrir l'enfant avec le lait d'un animal. Le lait d'ânesse, étant celui qui se rapproche le plus du lait de femme, est préférable à tout autre. A défaut de lait d'ânesse, on doit choisir le lait de chèvre : d'ailleurs il est facile de dresser cet animal à se laisser téter par l'enfant, et ceci est un avantage qui n'est pas à négliger. Quand on est obligé d'employer un lait plus épais et plus caséeux, comme celui de vache, il devient nécessaire de le couper avec de l'eau d'orge ou de gruau. Enfin il est bon de donner le lait ainsi préparé à l'enfant avec un biberon disposé de manière que l'enfant puisse l'attirer dans sa bouche par des mouvements de succion. On croit généralement que les enfants prennent quelque chose des mœurs de l'animal avec le lait duquel on les a nourris; mais ce préjugé n'est appuyé sur aucun fait bien constaté.

Avant de terminer cet article, nous devons recommander aux femmes qui allaitent un enfant d'éviter avec soin toutes les causes, soit physiques, soit morales, qui seraient capables d'agir d'une manière fâcheuse sur la santé et sur la sécrétion du liquide destiné à la nourriture de l'enfant. Lorsque la femme qui nourrit donne le sein à l'enfant immédiatement après une vive émotion, il arrive fréquemment qu'il se manifeste chez celui-ci des convulsions ou des diarrhées bilieuses. Dans ce cas, il faut que la nourrice laisse perdre une certaine quantité de lait avant de présenter le sein au nourrisson. « Une accouchée, rapporte Hayn, qui donnait à téter à son enfant au moment où un officier de police entra chez elle et lui communiqua une nouvelle fort effrayante, retira mort de son sein, en présence de ce nouveau venu, l'enfant qui quelques minutes auparavant jouissait de la meilleure santé. Appelé en toute hâte, je n'aperçus plus aucun signe de vie, et tout ce que je pus tenter demeura inutile. » Voy. SEVRAGE.

ALLAITER. v. a. (R. *lait*). Nourrir de son lait, donner à téter. *En général, une mère doit al. elle-même son enfant. Cette chienne allaite six petits.* || * Se dit aussi De l'allaitement artificiel. *Il a fallu al. cet enfant au biberon.* = ALLAITÉ, ÉE. part.

***ALLAMANDA.** s. m. T. Bot. Voy. APOCYNÉES.

ALLANT. s. m. Ne s'emploie qu'au plur. et dans ces locutions : *Les allants et les venants*, Ceux qui vont et viennent. *A tous allants et venants.*

ALLANT, ANTE. adj. Qui aime à aller, qui se donne du mouvement. *C'est un homme al. Elle est très-allante malgré ses quatre-vingts ans.*

ALLANTOÏDE. s. f. (gr. ἀλλᾶς, ἀλλᾶντος, boyau ; εἶδος, apparence). T. Anat. Voy. FOETUS.

ALLÈCHEMENT. s. m. Moyen par lequel on allèche ; amorce, attrait. *Les allèchements de la volupté.*

ALLÉCHER. v. a. (lat. *allicere*). Attirer au moyen d'un appât. *On allèche les souris avec du lard.* || S'emploie plus souvent au fig. *On l'allèche avec des promesses. Il l'alléchait par l'espérance de sa succession.* = ALLÉCHÉ, ÉE. part.

Conj. — *J'Allèche, tu allèches, il allèche ; nous alléchons, vous alléchez, ils allèchent. J'alléchais. J'allécherai. J'allécherais. Allèche. Que j'allèche. Que j'alléchasse.*

ALLÉE. s. f. Passage entre deux murs parallèles dans une maison. *Al. étroite, obscure. La porte, l'issue d'une al. Maison à al.* || Promenade, chemin ou sentier bordé d'arbres, d'arbrisseaux, de gazon, etc. *Al. droite, tortueuse, couverte, sablée. Al. à perte de vue. Al. double. Planter une al. de tilleuls. Bois planté en allées.* || *Allées et venues*, Action d'aller et de venir plusieurs fois. *J'ai fait bien des allées et venues devant votre maison avant de vous voir sortir.* — Pas, démarches. *Il a perdu son temps en allées et venues sans obtenir la place qu'il sollicitait.*

ALLÉGATION. s. f. (lat. *allegare*, citer). Citation d'une autorité, d'un fait, d'un passage, d'une loi. || Simple assertion. *Il faut justifier vos allégations.*

ALLÉGE. s. f. T. Mar. Embarcation de forme et de grandeur variable qui sert principalement à opérer le chargement et le déchargement des bâtiments que leur trop grande dimension empêche d'approcher de terre. *Il y a des alléges à plusieurs mâts qui servent à la navigation côtière.* || T. Archit. Mur d'appui dans l'embrasure d'une fenêtre, d'une épaisseur moindre que la fenêtre.

ALLÉGEANCE. s. f. (lat. *alligare*, de *ad*, à ; *ligare*, lier). Soulagement, adoucissement. *Donner quelque al. à ses peines, à ses misères.* Vx.

Enc. — En Angleterre, on donne le nom d'*Al.* à l'obéissance que tout citoyen doit à son prince et à son pays. L'individu né sujet de la Couronne anglaise ne peut jamais, par le simple acte de sa volonté, se dégager de cette obligation. Toute personne au-dessus de douze ans peut être tenue de prêter le *Serment d'al.* La formule actuelle de ce serment a été introduite par le Parlement conventionnel de 1688. Les Anglais admettent encore une al. *temporaire* : cette dernière, qui concerne les étrangers, est obligatoire pour eux tant qu'ils résident dans les possessions de la Grande-Bretagne.

ALLÉGEMENT. s. m. Diminution de poids, de charge. *Donner de l'al. à un plancher, à un bateau. Recevoir al., de l'al.* || Fig., Soulagement, adoucissement. *Ne sentez-vous point d'al. à votre mal. Ce sera un bien faible al. à sa détresse.*

ALLÉGER. v. a. (lat. *alleviare*). Rendre plus léger. *Al. un bateau. Al. la charge d'un porte-faix, d'un cheval, d'une voiture.* || Soulager une personne ou une chose en diminuant le poids ou la charge qu'elle porte. *Al. un porte-faix de son fardeau. Al. un plancher, un bateau, une voiture.* || Par extens., on dit, *Al. les contribuables*, Les décharger d'une partie des impôts. — *Al. les charges publiques*, Les diminuer. || * T. Mar. *Al. une manœuvre*, Diminuer sa tension. — *Al. un câble*, Diminuer le frottement qu'il éprouve. || Figur., en parlant Des peines de corps et d'esprit, sign. Calmer, adoucir, diminuer. *Ce que vous lui avez dit l'a fort allégé. Al. les chagrins, les peines, les souffrances de quelqu'un.* = S'ALLÉGER. v. pron. S'emploie au prop. et au fig. *S'al. pour marcher plus vite. Ses souffrances s'allégent de jour en jour.* = ALLÉGÉ, ÉE. part. = Conjug. Voy. MANGER.

ALLÉGIR. v. a. T. Techn. Diminuer en tout sens le volume d'un corps. *Al. une planche, une poutre.* = ALLÉGI, IE. part.

Syn. — *Amenuiser, Amincir.* — *Al.* se dit des objets considérables dont on veut diminuer le poids ou le volume. *Amenuiser* s'emploie en parlant des corps peu volumineux qu'on veut encore rendre plus menus. *Amincir*, c'est diminuer l'épaisseur d'un corps en en retranchant une partie sur l'une de ses faces ou sur les deux faces opposées.

ALLÉGORIE. s. f. [On pron. les deux L dans ce mot et dans ses dérivés.] (gr. ἄλλο, autre [chose] ; ἀγορεύω, je dis).

Enc. — L'*All.* peut se définir, d'une manière générale, un mode d'expression de la pensée dans lequel les signes employés se prêtent à une interprétation particulière, indépendamment du sens direct qu'ils peuvent présenter. Ainsi un tableau, un bas-relief, une statue sont allégoriques quand, au moyen des objets sensibles qu'ils offrent à nos yeux, ils réveillent dans notre esprit certaines idées abstraites avec lesquelles ces objets ont des rapports d'analogie. Dans un sens plus restreint, l'all. est une figure du discours qui consiste en une série de métaphores ou en une seule métaphore prolongée. On peut citer comme modèles d'all. la célèbre ode d'Horace, où il peint, sous l'emblème d'un vaisseau livré aux vents et aux flots, la République prête à se plonger dans les horreurs de la guerre civile, et l'idylle où madame Deshoulières, après la mort de son mari, accuse le sort qui l'a privée de celui qui était le soutien de sa famille. Lorsqu'on lit ces allégories, l'esprit abandonne involontairement le sens littéral pour s'attacher au sens figuré des paroles du poëte. C'est la justesse des analogies qui constitue le mérite d'une all. Il faut que l'intelligence puisse saisir sans effort l'intention de l'écrivain. — L'all., en tant qu'elle dérive de la métaphore, a dû nécessairement être employée par tous les peuples, et on la retrouve dans toutes les littératures. Dans nos livres saints, l'usage de l'all. est fréquent : les prophètes surtout en contiennent de nombreux exemples. Dans le Nouveau Testament, l'all. revêt ordin. la forme de parabole. Au reste, il ne faut pas confondre, dans le langage de l'Écriture, ce qui est *type* ou *figure* avec l'all. proprement dite ; ainsi, par ex., le serpent d'airain élevé par Moïse dans le désert pour guérir les Israélites de leurs plaies, l'agneau pascal dont les os ne devaient point être brisés, et le sacrifice d'Isaac, sont des figures ou des types du sacrifice de J.-C. et non des allégories. L'all. diffère du *symbole* en ce que c'est uniquement par suite d'une convention que celui-ci représente telle ou telle idée. Elle diffère du *mythe* en ce que ce dernier a toujours une signification religieuse, et en ce qu'il résulte de la personnification d'un phénomène ou d'une idée. Quant à la *parabole*, à l'*apologue* et à la *fable*, ce ne sont que des espèces particulières d'all. La parabole est un récit allégorique, court, sentencieux, qui renferme toujours implicitement un enseignement moral. L'apologue ou la fable (car il n'existe pas de différence essentielle dans la signification de ces deux mots) est en général un petit poëme dont la forme est dramatique et dans lequel l'auteur énonce le précepte moral qui découle naturellement de la fiction proposée.

ALLÉGORIQUE. adj. 2 g. Qui tient de l'allégorie, qui appartient à l'allégorie. *Discours al. Sens al. Tableau al. Personnage al.*

ALLÉGORIQUEMENT. adv. D'une manière allégorique. *Cela se doit entendre al. et non littéralement.*

ALLÉGORISER. v. a. Donner un sens allégorique, expliquer par des allégories. *Les défenseurs du polythéisme essayèrent de l'al., afin de le faire paraître moins absurde.* || * Parler, écrire par allégories. *La sagesse se plaît à al.* Dans ce sens, *Al.* s'emploie toujours absol. — Il se prend aussi quelquefois absol. dans la première signification. *Origène allégorisait sans cesse.* = ALLÉGORISÉ, ÉE. part.

ALLÉGORISEUR. s. m. Celui qui s'attache à chercher un sens allégorique à toutes choses. *C'est un al. perpétuel.* Se prend en mauvaise part.

ALLÉGORISTE. s. m. Celui qui explique un auteur dans un sens allégorique. *Les faits historiques se transforment en fictions sous la plume de certains allégoristes.*

ALLÈGRE. adj. 2 g. (lat. *alacer*). Qui est dispos, agile, gai ; qui a le visage riant. *Il est toujours al.* Fam.

ALLÈGREMENT. adv. D'une manière allègre. *Marcher al.* Vx.

ALLÉGRESSE. s. f. Joie qui se manifeste avec vivacité. *Il reçut cette nouvelle avec une grande al. L'al. publique. Transports, cris d'al.* || *Les sept allégresses de la Vierge*, Certaines prières à la Vierge, dans lesquelles on exprime les sept différents sujets de joie qu'elle a eus durant sa vie.

ALLÉGRETTO. adv. Voy. ALLÉGRO.

ALLÉGRO. adv. T. Mus. Ce mot, qui est italien et qui signif. *Gai*, se dit du Mouvement dans lequel on doit exécuter certains morceaux de musique. *Jouez cela al.* || S'emploie subst., *L'al. de ce quatuor est charmant.*

Enc. — Le terme *Allegro*, ou par abréviation *All°*, placé au commencement d'un morceau, indique qu'on doit l'exécuter avec un certain degré de vitesse, peu importe que le caractère du morceau soit gai ou triste. Le mouvement de l'al. est intermédiaire entre le *presto* et l'*andante* ; il est cependant susceptible de diverses modifications qu'on exprime par quelque épithète, *Al. vivace* et *Al. maestoso*. — *Allegretto* est un diminutif d'al. ; il exprime donc un mouvement moins vif que ce dernier, et non un mouvement plus vif, comme se le figurent beaucoup de personnes.

ALLÉGUER. v. a. (lat. *allegare*). Citer une autorité, une loi, un auteur, un passage, un fait, etc. || Mettre en avant. *Al. des raisons, des excuses. Il alléguera pour s'excuser qu'on l'avait retenu.* = ALLÉGUÉ, ÉE. part. = Conjug. Voy. ALLÉCHER.

Syn. — *Citer.* — *Citer* opposé à *al.* semble exprimer qu'on rapporte textuellement les paroles ou les passages sur lesquels on s'appuie. *Al.* un auteur, ce n'est pas toujours le citer ; c'est simplement l'invoquer à l'appui de ce qu'on avance. Toutefois *citer* s'emploie fort souvent pour *al.* ; la réciproque n'a pas lieu pour ce dernier.

ALLÉLUIA. s. m. [On pron. *alléluya.*] T. emprunté de l'hébreu, qui sign. Louez le Seigneur, et qui, au temps de Pâques, est ajouté à différentes prières de l'Église, afin d'exprimer la joie des fidèles. || T. Bot. (corrupt. de l'ital. *giuliola*). Voy. OXALIDÉES.

ALLEMAND. s. m. On dit prov., *Une querelle d'al.*, Pour une querelle suscitée sans sujet. — *C'est pour moi du haut al.*, C'est une langue ou une chose à laquelle je n'entends rien.

ALLEMANDE. s. f. Sorte de danse assez vive dont l'usage a passé de l'Allemagne dans plusieurs pays. *Danser une al.* — Se dit aussi Des airs sur lesquels s'exécute cette sorte de danse.

Enc. — L'*All.* est un air de danse à deux temps, et chaque mesure a la valeur de deux noires. Son mouvement est celui d'un *allegretto* un peu animé. Lorsque les termes *allegro* et *allegretto* n'étaient point encore en usage, on désignait les morceaux de musique instrumentale à deux temps correspondants au mouvement de l'allégretto par le mot *allemande*, bien que ces morceaux ne fussent pas des airs de danse.

ALLER. v. n. (lat. *ambulare ?*). Au prop., il se dit De tout mouvement de locomotion ou de translation, et s'applique Aux êtres animés, ainsi qu'aux corps mus par une force quelconque. — Au fig., en parlant Des personnes, il se dit De leur progrès, de leur avancement, de leur conduite, de leur manière d'agir, de se comporter ; et en parlant Des choses, il se dit De leur marche, de leur développement, des changements d'état qu'elles présentent, de leur étendue, de leur forme ou de leur figure, de leur tendance ou de leur direction. || 1° L'idée de mouvement peut être considérée abstraction faite de toute idée accessoire. *Ne faire qu'al. et venir. Allez donc. Il est bien vieux, mais on le voit toujours al. Les planètes vont continuellement.* — Fig., *Cet écolier a bien de la peine à al. Cet ouvrage va. Le commerce ne va pas. Cette affaire ira. Le feu va.* || 2° On peut considérer le mouvement relativement à sa vitesse. *Al. vite, doucement, lentement. Al. à grands pas. Al. comme le vent. Ce cheval va au trot. Il va bon train. Notre vaisseau allait à pleines voiles.* — Fig., *Cette construction va vite. Ces ouvriers vont lentement. Cet élève va très-vite. Al. vite en besogne. Son affaire ne va pas vite. Ces arbres vont bien lentement*, Croissent bien lentement. || 3° Relativement à la direction. *Al. en avant, devant soi, en arrière, en zigzag. Ce nuage va du côté de l'orient. Al. contre vent et marée. Al. droit son chemin. Al. bien*, Être dans le bon chemin. *N'al. pas bien*, N'être pas dans le bon chemin. — Fig., *Ce mauvais sujet va de mal en pis. Ma santé va de mieux en mieux. Ce malade va plus mal. Il va toujours contre la volonté de son père. Ce serait al. contre tous les usages reçus. C'est un homme qui va droit en tout. Il faudra bien que vous alliez droit. Le commerce va mal. Ce sentier va tout droit, va en serpentant. Cette chaîne de montagnes va au Midi. Cette allée va en pente. Cette étoffe va de biais ou en biais. Cette pièce de terre va en pointe.* || 4° Relativement au terme ou au but. *Al. de Paris à Rome. Al. en Italie, aux Indes. Al. de ville en ville, de porte en porte. Al. à l'église, au marché, au* *café. Ils vont vers la rivière. Al. chez son voisin. Al. où l'on est attendu. Les fleuves vont à la mer.* — Fig., *Al. au roi, au ministre*, etc., S'adresser au roi, etc. *Allons au plus pressé*, Occupons-nous d'abord de ce qui est le plus urgent. *Ce sentier va à la fontaine. Ce chemin va droit à la ville. Al. à sa perte. Son amour va jusqu'à la folie. Tous ses vœux vont à la paix. Ces paroles vont à l'âme. Ses accents vont au cœur. Cette belle entreprise est allée en fumée, est allée à rien. Cette affaire peut al. à vous perdre, à vous déshonorer. Al. à la fortune. Al. à la gloire. Son nom ira à la postérité. C'est un homme fait pour al. à tout*, Pour arriver aux plus hauts emplois. *Ce chien va à l'eau*, Ne la craint pas, s'y jette volontiers. *Ce cheval va très-bien au feu*, N'est pas effrayé par le feu de l'ennemi. *Ce vase va au feu*, Résiste à l'action du feu. On dit de même, *Cette étoffe va à la lessive.* — *Cette femme va sur quarante ans*, Atteindra bientôt quarante ans. || 5° Relativement à l'espace, à l'intervalle parcouru ou à parcourir. *Al. près. Al. loin. Je n'irai qu'à deux lieues d'ici. Je vais à deux pas.* — Fig., *Son imagination va si loin qu'elle se perd. Ses raisonnements ne vont jamais bien avant. Cette vengeance est allée trop loin. C'est un homme qui ira loin dans les sciences. Cette affaire ira plus loin qu'on ne pense. Cela va trop loin*, Dépasse les bornes raisonnables. *La forêt va depuis le village jusqu'à la rivière. Cette montagne va jusqu'aux nues. Son manteau va jusqu'à terre.* — *Ce calcul va bien haut. La dépense ira plus loin qu'on ne croit. Les nouvelles levées vont à cent mille hommes.* || Par anal., en parlant Du temps et de la durée, on dit : *Le temps va toujours. Rien ne va plus vite que le temps. Ce travail-là ira à deux années. La session ira jusqu'au mois d'août.* || 6° Relativement à la cause qui fait mouvoir. *Al. par force, par nécessité. Ces bâtiments vont à voile et à rame. Une girouette va selon le vent.* — Fig., *Il va selon son caprice. Il va de bon cœur à tout ce qu'il fait.* || 7° Relativement au lieu où s'opère le mouvement. *Al. sur la terre, sur le pavé. Al. sur l'eau. Al. dans l'eau.* || 8° Relativement à la voie, au chemin que fait l'objet en mouvement. *Al. par terre, par mer. Al. par un sentier, par la grande route, par le chemin de fer. Al. par le chemin le plus court. Al. à travers champs, à travers les bois, par monts et par vaux.* — Fig., *Al. aux emplois par la faveur. Al. à la fortune par des voies honorables. Al. à la renommée par ses crimes.* || 9° Relativement au moyen de transport. *Al. à pied, à cheval, en voiture, en bateau, en chemin de fer. Al. en poste, en ballon. Al. par la diligence, par le paquebot.* || 10° Relativement à l'ordre des personnes ou des choses en mouvement. *J'irai à Paris avant vous, après vous. Nous irons ensemble. Al. les uns après les autres, à la file les uns des autres. Al. deux à deux. Al. en troupe, par troupes. Al. de compagnie. Al. de front.* — Fig., *Al. de pair*, Être égal, occuper le même rang. *Cicéron va de pair avec Démosthène. Ces deux maisons vont de pair pour la noblesse.* — *Cette chose va de suite, doit al. de suite*, Elle est la conséquence naturelle, nécessaire de telle autre chose. *L'amour va rarement sans jalousie. Les plaisirs ne vont point sans tristesse.* || 11° Relativement à la fin qu'on se propose. *Al. à la promenade, à la chasse; à la messe, au bal, au concert. Al. à la guerre, à l'armée. Al. à la découverte. Al. en vendange, en ambassade, en pèlerinage. Al. au devant, à la rencontre de quelqu'un. Al. aux renseignements, aux enquêtes, aux informations. J'irai savoir de vos nouvelles. J'irai vous trouver. Al. à la mort, au supplice. Allez lui parler. Allez me chercher ce livre. Allons travailler. Al. au combat, à l'ennemi, au feu, à la charge.* — *Al. au bois, à l'eau*, etc., Al. en quelque endroit pour s'approvisionner de bois, d'eau, etc. On dit de même, *Al. à la provision.* — *Al. aux opinions, aux voix, aux avis*, Les recueillir. || *Al.* s'emploie par analog., en parlant Du jeu d'un mécanisme et des fonctions des êtres organisés. *Ma montre va. Cette horloge va trop vite. Sa pendule va quinze jours. Cette locomotive ne peut pas al. Son pouls va bien*, Il est régulier. *Sa digestion va bien, va mal.* — *Al.* se dit quelquefois De certaines évacuations. *Le remède qu'il a pris l'a fait al. cinq ou six fois. Al. par haut. Al. par haut et par bas.* || S'emploie fréquemment, en parlant De la convenance, de l'harmonie de deux ou de plusieurs objets, de la manière dont une chose s'adapte à une autre. *Cette dentelle va bien à votre robe. Ces fleurs vont bien à ses cheveux. Ces deux couleurs ne vont pas bien ensemble. La harpe et le violoncelle vont bien ensemble. Cette clef va à la serrure. Ce couvercle ne va pas à ma boîte.* — Se dit aussi D'une personne et d'une chose. *Ce manteau ne vous va pas bien. Cette robe vous va à merveille. Le rose va aux blondes et le rouge aux brunes. Sa perruque lui va mal. Ces bottes sont trop étroites, elles ne m'iront jamais. Ces gants sont justes, ils vont fort bien. Votre chapeau va bien mal.* — * Se dit également De deux ou de plusieurs personnes. *Ces gens-là sont faits pour al. ensemble. Ses goûts ne peuvent al. avec les miens.* || En parlant De choses qui sont assorties, qui font la paire ou qui ne sont pas vendues séparément, on dit qu'*Elles vont ensemble. Cette nappe et ces serviettes vont ensemble. Ces deux bas vont ensemble. Ces quatre estampes vont ensemble.* — On dit encore : *Cela va par-dessus le marché*, Cela accompagne l'achat dont il est question, sans donner lieu à une augmentation de prix. || Suivi d'un verbe à l'infinitif, *Al.* indique Qu'on se met en mouvement pour faire une chose, ou Qu'on est sur le point de faire une chose. *Je vais me promener. Je vais travailler. On va se mettre à table. J'allais me coucher lorsque vous êtes arrivé. Il va chanter. Elles vont danser. Je vais savoir de ses nouvelles. Nous allons voir ce qu'il dira.* — En parlant Des choses, *Al.* signif., Que la chose est au moment d'avoir lieu, de s'accomplir. *Le sermon va commencer. Le jour va finir. La contestation allait se terminer. Le combat allait cesser.* || Lorsqu'un participe présent est joint au verbe *Al.*, il indique Une action qui s'exécute simultanément avec le mouvement exprimé par ce verbe. *Il va criant par la ville. Cet enfant va toujours sautant. Ce taureau va mugissant. Ce ruisseau va serpentant.* — Fig., *Son mal, son inquiétude va croissant, va diminuant.* — Dans ces phrases, il y a ellipse de la particule *en*, et l'on peut dire également : *Il va en criant. Le ruisseau va en serpentant. Son mal va en croissant.* || *Al.* s'emploie souvent pour donner plus de force à ce qu'on dit, à ce qu'on affirme. *Allez, je réponds de tout. N'allons pas nous imaginer. N'allez pas croire que.* — Il est encore souvent usité, à l'impératif, en manière d'interjection, pour animer, menacer ou exprimer un mouvement d'indignation. *Allons, amis, courage! Va, misérable! Allez, vous me faites horreur!* || *Al.*, précédé du verbe *Laisser*, forme une locut. qui sign. Ne plus retenir, ne pas empêcher, abandonner. Voy. Laisser. || La particule *Y*, jointe au verbe *Al.*, remplit la fonction de pronom relatif. *Il voudrait m'attirer chez lui, mais je n'y veux pas al. Cette affaire est bonne, mais il faut y al. avec précaution.* Dans le premier de ces exemples, *y* sert à marquer le terme du mouvement exprimé par le verbe. Dans le second, il sign. *Dans cette affaire*, et *Al.* a le sens D'agir, de se conduire, de se comporter. On dit de même : *Il faut y al. doucement. Il y va à la bonne foi.* — Lorsque *Al.* est employé impersonnellement, comme dans ces phrases : *Songez qu'il y va de votre fortune, de votre honneur; Quand il devrait y al. de tout mon bien*, la particule *y* se rapporte à une phrase précédente exprimée ou sous-entendue, et le verbe *Al.* sign. Courir le risque, hasarder. C'est dans le même sens qu'on dit en T. de jeu : *De combien allez-vous? J'y vais de dix francs. Il y va de son reste. Va tout.* La particule relative *y* fait pléonasme dans certaines locutions, telles que : *C'est une affaire où il y va de l'intérêt public. Dans cette affaire il n'y allait pas moins que de sa vie*; mais cette redondance est admise par l'usage. — Toutes les fois que, dans ces idiotismes et autres semblables, le verbe *Al.* est employé au futur ou au conditionnel, on supprime, par euphonie, la particule *y*. *Quand il irait de ma fortune. Ira-t-il en Italie? Il ira.* || On construit également la particule relative *en* avec *Al.* employé impersonnellement, et, dans ce cas, elle fait ordin. pléonasme. *Vous croyez au succès de cette affaire? Il n'en ira pas de cela comme vous pensez. Il en va de cette entreprise-là comme de l'autre.* || *Al.* s'emploie dans diverses locutions proverbiales et familières. *Cela va tout seul*, Cela n'offre point de difficulté. — *Cela va sans dire*, Cela est tellement habituel qu'il est inutile d'en parler. On dit dans le même sens : *Il va sans dire que.* — *Cela va comme il plaît à Dieu*, C'est une affaire dont on ne prend aucun soin. — *Tout va à la débandade*, Tout se fait en désordre. — *Allez vous promener. Allez au diable, à tous les diables.* Exclamations d'impatience, de colère, qui signif. : Éloignez-vous, laissez-moi tranquille. — *Cette tragédie est allée aux nues*, A eu un grand succès. — *Al. son chemin*, Poursuivre son entreprise sans se laisser détourner. *Al. son petit bonhomme de chemin*, Poursuivre son entreprise tout doucement et sans éclat. *Al. son grand chemin*, Agir sans artifice. *Il ne faut pas al. par quatre chemins*, Il faut agir et parler sans détours. — *Tous chemins vont à Rome*, Par différents moyens on arrive à même fin. — *C'est un las d'al.*, C'est un paresseux. — *Y al. rondement; Y al. de franc jeu*, Parler et agir vivement et sans détour. — *N'y pas al. de main morte*, Frapper rudement; et fig., Mettre de la violence, de la rudesse dans ses paroles. — *Il va comme on le mène*, C'est un homme sans volonté, sans énergie. — *On l'a bien hâté d'al.*, On l'a vertement réprimandé. — *Les premiers vont devant*, Les plus diligents ont toujours l'avantage sur les autres. — *On va bien loin depuis qu'on est las*, Il ne faut jamais se rebuter, perdre courage dans un travail, dans une affaire. — *A force de mal al., tout ira bien*, Après les disgrâces, il peut survenir des événements heureux. — *Tant va la cruche à l'eau qu'enfin elle se casse*, A force de s'exposer à quelque péril, on finit par y succomber. = S'en aller. v. pron. Au prop., sign. Sortir, s'éloigner d'un endroit, quitter un lieu. *S'en al. de Paris. S'en al. de sa demeure. S'en al. du bal, du spectacle. Il s'en va. Elle s'en est allée. Je m'en irai. S'en al. vite, lentement, tristement, gaiement. Allons-nous-en. Va-t'en d'ici. Il faut que tout le monde s'en aille de ma maison.* || Au fig., il sign., en parlant Des personnes, Quitter la vie, mourir, et, en parlant Des choses, Disparaître, s'évanouir, se dissiper, s'écouler. *Les jeunes gens viennent et les vieillards s'en vont. Cet homme est au plus mal, il s'en va. Ce malade s'en ira à la chute des feuilles. Cette jeune fille s'en va mourant.* — *Le mal vient vite et s'en va lentement. Son rhumatisme s'en est allé par les sueurs. Sa beauté s'en est allée. L'éclat de son teint commence à s'en al. Tout le vin s'en est allé par cette fente. Ne laissez pas le lait s'en al. La fumée s'en va par la cheminée. L'éther s'en ira si vous ne bouchez pas bien le flacon. Tout son temps s'en est allé dans cette affaire. Sa vie s'en va en plaisirs. Les beaux jours s'en vont. Son argent s'en va on ne sait comment. Ses vêtements s'en vont par lambeaux*, Tombent en lambeaux. || En T. Jeu de trictrac, *Je m'en vais*, sign. Je lève mes dames et je recommence un autre coup. || Au Jeu de cartes, *S'en al. d'une carte*, C'est la jouer. *Je m'en suis allé de mon roi de carreau.* || *S'en al.*, suivi d'un infinitif, sign. Qu'on est en mouvement pour faire quelque chose, ou Qu'on est sur le point de faire quelque chose. *Je m'en vais entendre le sermon. Il s'en va mourir.* — Dans un sens analogue, on dit : *Cette chose s'en va faite*, Elle est sur le point d'être achevée. *Le carême s'en va fini. La messe s'en va dite. Il s'en va midi, Il s'en va onze heures*, Il est bien près de midi, de onze heures. Ces locutions sont familières et peu usitées. — Il en est de même des suivantes, où l'on fait ellipse du pronom *se*. *Faites en al. tout le monde. Laissez-le en al. Une eau pour faire en al. les rousseurs.* On dit plus correctement : *Faites sortir tout le monde. Laissez-le al.* ou *laissez-le s'en al. Eau pour faire passer les rousseurs.* || Fig. et fam., on dit : *Il s'en est allé comme il est venu*, Il n'a rien fait de ce qu'il voulait ou devait faire. — *Tout s'en est allé en fumée*, L'affaire, l'entreprise a complétement échoué. *Cette affaire s'en va au diable, à tous les diables*, Cette affaire tourne mal, elle est perdue. || *Al.* s'emploie substant. dans quelques locutions. *Au long al. petit fardeau pèse*, Il n'y a point de charge si légère qui ne devienne pénible à la longue. *Cet homme a eu l'al. pour le venir*, Il n'a rien fait de ce qu'il prétendait faire; il a fait un voyage inutile. || On dit aussi subst. : *Le pis al.*, Le pis qu'il puisse arriver, la moindre ressource qu'on puisse avoir. *Le pis al. pour lui sera toujours de recouvrer une partie de l'argent qu'il a perdu. Si vous ne trouvez mieux, je serai votre pis al. Un triste pis al.* || On dit adverbial. : *Au pis al.*, Dans le cas le plus fâcheux, Dans l'hypothèse la plus défavorable. *Au pis al., il en sera quitte pour une amende.* = Allé, ée. part.

Conjug. — *Je vais* ou *je vas* (ce dernier n'est plus usité), *il va; nous allons, vous allez, ils vont. J'allais; nous allions. J'allai; nous allâmes. Je suis allé* ou *allée; nous sommes allés* ou *allées. Je fus allé* ou *allée; nous fûmes allés* ou *allées. J'étais allé* ou *allée; nous étions allés* ou *allées. J'irai; nous irons. Je serai allé* ou *allée; nous serons allés* ou *allées. J'irais; nous irions. Je serais allé* ou *allée; nous serions allés* ou *allées. Je fusse allé* ou *allée;*

nous fussions allés ou *allées*. *Va* (quelquefois *Vas*); *allons*, *allez*. *Que j'aille*; *que nous allions*. *Que j'allasse*; *que nous allassions*. *Que je sois allé* ou *allée*; *que nous soyons allés* ou *allées*. *Que je fusse allé* ou *allée*; *que nous fussions allés* ou *allées*. *Être allé* ou *allée*. *Allant*. — Lorsque l'impératif singulier *Va* est immédiatement suivi de la particule relative *en*, on ajoute au verbe l'*s* euphonique : *Vas en savoir des nouvelles*. L'*s* euphonique s'emploie également devant la particule *y*, mais seulement quand celle-ci est complément du v. *aller*. *Je voudrais aller à la promenade*. *Vas-y*. Mais on dira, *Va y mettre ordre*, parce qu'ici la particule *y* est complément de *mettre ordre*. Dans toutes les autres circonstances *va* s'écrit sans *s*. *Va en Italie*. *Va à la campagne*. ═ *S'en aller* se conjugue comme *Aller* dans ses temps simples et dans ses temps composés. On dit : *Je m'en suis allé* ou *allée*; *tu t'en es allé*, *il s'en est allé*; *nous nous en sommes allés* ou *allées*, *vous vous en êtes allés*, *ils s'en sont allés*. A l'impératif, on écrit, *Va-t'en*, *qu'il s'en aille*; *allons-nous-en*, *allez-vous-en*, *qu'ils s'en aillent*. Quand on interroge, on dit : *M'en irai-je*, *t'en iras-tu*, *s'en ira-t-il*; *nous en irons-nous*, etc. *En*, ainsi qu'on le voit, doit toujours précéder immédiatement l'auxiliaire *être*, dont les temps composés du v. *aller* sont formés. *Mon père s'en était allé aux champs*. *Combien de grands monuments s'en sont allés en poussière*. *Ma fille s'en est allée de son plein gré*.

Obs. gram. — *Être allé*, *Avoir été*. — Le participe *été* appartenant au verbe *être*, marque l'existence et non le mouvement; il ne saurait donc avoir la signification du participe *allé* qui exprime l'idée de locomotion. En partant de ce principe, il est facile de se rendre compte de l'emploi des locutions *être allé* et *avoir été*. Évidemment, toutes les fois qu'on voudra indiquer le mouvement accompli, on se servira de l'expression *être allé*. *Je suis allé* à Rome signifie donc, j'ai fait le voyage de Rome; et *Il est allé* en Italie, il a entrepris le voyage d'Italie. Au contraire, si, sans tenir compte de l'idée de translation d'un lieu à un autre, l'on veut exprimer seulement la présence, la résidence momentanée dans un endroit quelconque, il faudra avoir recours à l'expression *avoir été*. Ainsi, *J'ai été* à Marseille signifie, j'ai résidé à Marseille; *il a été* en Chine indique qu'il a vu la Chine, qu'il l'a visitée, abstraction faite de l'idée de translation : car jamais le verbe *être* ne peut avoir le sens du verbe *aller*. Ainsi on doit dire, *il est allé* de Paris à Rome, de Rome à Naples, de Naples au Caire, du Caire en Abyssinie; et non, *Il a été* de Paris à Rome, etc. Il serait également incorrect de dire, *je fus* le voir, *tu fus* le trouver, *il fut* l'implorer, pour *j'allai* le voir, *tu allas* le trouver, *il alla* l'implorer. Au sujet des locutions *être allé* et *avoir été*, la plupart des grammairiens ont établi une distinction qu'on retrouve même dans le Dictionnaire de l'Académie, ce qui nous oblige à la rapporter. D'après cette distinction, *J'ai été* à Rome signifie, qu'on y est allé et qu'on en est revenu; *il est allé* à Rome marque qu'il n'en est pas encore de retour. ═ *Aller*, *Venir*. — Ces deux verbes ne doivent pas se prendre l'un pour l'autre. *Aller* indique que le mouvement a lieu de l'endroit où l'on est pour arriver à un autre lieu; *venir* indique un mouvement en sens inverse. Une personne qui a fait le voyage de Paris à Versailles et qui est en route pour rentrer à Paris, dira : *Je viens de Versailles et je vais à Paris*. En conséquence, on doit dire : *Je suis venu ici*; *Je suis allé là*, et non, *Je suis allé ici*; *Je suis venu là*.

ALLEU. s. m. T. Droit féodal.

Enc. — Dans les divers pays où le régime féodal subsiste encore, on donne le nom d'*Alleu* ou de *Franc-alleu* à toute terre qui ne reconnaît pas de seigneur et qui n'est assujettie à aucune obligation féodale, par opposition au mot *Fief* qui sert à désigner toute propriété foncière tenue d'un seigneur féodal, et, par conséquent, obligée envers lui à certaines charges. Il en était de même, en France, avant la révolution, et la règle générale était : *Nulle terre sans seigneur*. La présomption légale se trouvait donc toujours en faveur d'un fief; c'était au propriétaire à prouver que sa terre était *allodiale*. En Allemagne, au contraire, la présomption est en faveur de l'all. Quant à l'Angleterre, il ne peut y exister de propriété allodiale, attendu que, aux yeux de la loi, le roi est le seigneur suprême de toutes les terres et de tous les domaines. On distinguait les alleux en *nobles* et en *roturiers*. Les premiers possédaient le droit de justice et avaient des fiefs sous leur dépendance. Les seconds n'avaient ni droit de justice, ni suprématie seigneuriale, mais ils ne devaient rien à aucun seigneur. L'étymologie du mot *alleu*, en basse latinité *allodium*, a été fort controversée; cependant elle paraît évidemment venir, selon Guizot, de *loos*, sort, d'où sont également dérivés une foule de mots dans les langues d'origine germanique, et, en français, les mots *lot*, *loterie*, etc. Les premiers alleux, en effet, furent les terres prises, occupées ou reçues en partage par les Francs, au moment de la conquête. On trouve aussi dans l'histoire des Bourguignons, des Visigoths, des Lombards, etc., la trace positive de ce partage des terres allouées aux vainqueurs. Voy. FÉODALITÉ.

ALLIACÉ, ÉE. adj. (lat. *allium*). Qui tient de l'ail. *Une odeur alliacée*.

ALLIAGE. s. m. Corps composé résultant de la fusion de deux ou de plusieurs métaux ensemble. *Faire un all*. *Le bronze et le cuivre sont des alliages*. ‖ Se dit Du métal même que l'on unit à un métal plus précieux. *Le cuivre sert ordinairement d'all. à l'or*. *Cet or est sans all*. ‖ Fig., *Il y a peu de vertus humaines sans quelque all*.

Enc. Les *Alliages* sont en général regardés comme de simples mélanges, attendu qu'ils peuvent se faire en toutes proportions. Plusieurs chimistes, cependant, pensent que les métaux s'unissent toujours en proportions déterminées, et constituent par conséquent des combinaisons définies; c'est ce qu'ils appellent *all. chimique*. Suivant cette théorie, le composé obtenu, dans le cas où l'un des métaux est en excès, représente une dissolution de l'all. chimique dans le métal en excès. Ainsi le phénomène serait tout à fait semblable à celui d'un acide dissous dans de l'eau; car l'acide ne change pas alors de nature, quoique l'on augmente le volume de l'eau. — Les alliages constituent, pour ainsi dire, de nouveaux métaux artificiels; la plupart, en effet, jouissent de propriétés spéciales qui ne se rencontrent pas dans les métaux composants pris séparément.

Les alliages sont tous solides (car nous ne parlons pas ici de ceux dans lesquels entre le mercure, parce qu'ils ont reçu le nom d'*amalgames*), et ils possèdent tous l'éclat métallique. La densité des alliages est tantôt moindre, tantôt plus grande que la densité moyenne des métaux composants. Le premier cas s'observe dans les alliages binaires de cuivre et de zinc, de cuivre et d'étain, d'argent et de plomb, etc.; le second, dans les alliages d'or et d'argent, d'or et de cuivre, d'argent et de cuivre, d'étain et de plomb, etc. La densité des alliages peut servir à faire connaître d'une manière approximative la proportion de leurs éléments, comme dans l'*essai à la balle* employé pour constater la pureté de l'étain. On coule dans un moule deux balles, l'une d'étain pur et l'autre de l'étain qu'on veut essayer, et on trouve, en comparant les deux poids, que celle qui pèse le plus contient une certaine proportion de plomb. — Les propriétés des alliages sont, avons-nous dit, fort souvent autres que celles des métaux considérés isolément. Il est vrai que les alliages de métaux cassants (antimoine, arsenic, bismuth) restent cassants; mais quand on allie un métal ductile (or, argent, cuivre, étain, etc.) avec un métal cassant, le composé obtenu est en gén. cassant, alors même que la proportion du dernier métal n'est pas considérable. Parmi les alliages de métaux ductiles, il y en a presque autant de cassants que de ductiles, lorsque les métaux sont en proportion presque égale; cependant ils sont presque toujours ductiles, lorsqu'un des métaux prédomine beaucoup. L'or fait exception à cette règle, car il devient cassant avec 1/1900 de plomb et d'antimoine. — La chaleur modifie quelquefois la ductilité des alliages : ainsi, le *laiton*, qui est un all. de cuivre et de zinc, est très-ductile à froid et devient cassant à chaud. Les alliages ont ordin. aussi plus de dureté et moins de ténacité que les métaux constituants. L'élasticité d'un all., d'après les expériences de Wertheim, est généralement moyenne entre les élasticités des métaux qui entrent dans sa composition, et Regnault a démontré que la chaleur spécifique des alliages est exactement la moyenne des chaleurs spécifiques des métaux composants. Les alliages sont toujours plus fusibles que le moins fusible des métaux combinés et très-souvent plus que chacun d'eux pris séparément : l'*all. fusible de Darcet* est un exemple de ce dernier cas.

Lorsqu'un all. est formé de métaux fusibles à des degrés différents, on peut souvent le décomposer à l'aide d'une chaleur capable de fondre le plus fusible de ces métaux. Ce procédé de décomposition, qui a reçu le nom de *liquation*, est employé pour séparer l'argent du cuivre. On commence par fondre cet all. avec une quantité de plomb telle que le plomb et le cuivre soient atome à atome dans le composé; puis on chauffe l'all., et il se produit alors deux alliages dont l'un, beaucoup plus fusible, contient 12 atomes de plomb et 1 de cuivre; l'autre, moins fusible, renferme 12 atomes de cuivre et 1 de plomb. Le premier entraîne ainsi les 12/13 de l'argent qu'on peut ensuite retirer par la coupellation.

Les alliages sont en gén. moins oxydables que les métaux qui les composent : cette règle pourtant souffre des exceptions. Mais quand l'un des métaux qui entrent dans un all. s'oxyde beaucoup plus aisément que l'autre, on peut les séparer en transformant le premier en oxyde pendant que le second reste intact. Par exemple, si l'on fait chauffer au contact de l'air un all. de plomb et d'argent, le plomb se convertit en oxyde et on obtient de l'argent pur.

Les alliages se préparent soit en faisant fondre ensemble les métaux à allier, soit en ajoutant l'un des métaux au premier quand celui-ci est fondu, soit en mélangeant les oxydes des métaux à allier et en les réduisant ensuite par le charbon. Quel que soit d'ailleurs le procédé employé, il faut, avant de couler, avoir bien soin de brasser le bain, sans quoi l'all. obtenu manquerait d'homogénéité; car alors ses couches inférieures contiendraient une plus forte proportion du métal le plus pesant. Le manque d'homogénéité des alliages peut encore résulter de l'inégalité du refroidissement des métaux composants, ou de la cristallisation qui s'opère dans l'all. L'unique moyen de prévenir ces fâcheux effets consiste à accélérer le refroidissement : il n'y a pas de séparation, quand l'all. est solidifié presque aussitôt qu'il a touché le moule.

On donne le nom spécial d'*alliages fusibles* à certains composés de bismuth, de plomb et d'étain. L'all. *de Newton* contient 5 parties de bismuth, 2 de plomb et 3 d'étain : il fond vers 100° C. Celui *de Darcet* se compose de 8 bismuth, 5 plomb et 3 étain; il fond à 90° C.: en Allemagne, on l'appelle *All. de Rose*. Sa couleur est gris de plomb; l'addition de 6/100 de mercure le rend fusible à 55° C. La grande facilité avec laquelle ces alliages entrent en fusion, les a fait employer à la confection des rondelles de sûreté des chaudières à vapeur. On s'en sert également pour fabriquer des planches clichées.

Pour terminer, nous énumérerons les alliages qui ne sont pas l'objet d'articles spéciaux, en indiquant le lieu où il en est parlé. Pour les mots *Arcot*, *Chrysocale*, *Maillechort*, *Packfong* ou *Argentan*, *Or de Manheim*, *Pinchbeck*, *Potin*, *Similor*, *Tombac*, *Toutenag*, voy. CUIVRE; *Brillants de Fahlun*, *Métal de la Reine* ou *Alliage à la Reine*, *Minofor*, *Pewter*, voy. ÉTAIN; *Caractères d'imprimerie*, voy. PLOMB. Voy. encore les mots ÉTAMAGE, SOUDURE, ARGENT, OR, FER et AMALGAME. Pour plus de détails technologiques, cons. LABOULAYE, *Dict. des Arts et Manuf.*

En T. de Math. on appelle *Règle d'all.*, une opération qui consiste à trouver soit le prix moyen de l'unité d'un mélange, les quantités de substances mélangées et leurs prix respectifs étant connus, soit les proportions dans lesquelles différentes substances de prix donnés doivent être mélangées pour arriver à un prix moyen également déterminé. De là deux sortes de règles d'all., l'une *directe*, l'autre *inverse*.

Dans le premier cas, l'opération se réduit à ceci : *Multiplier le prix de chaque matière par sa quantité respective*; *diviser la somme des produits par celle des quantités*, c.-à-d. *par la quantité totale du mélange* : *le quotient sera le prix moyen cherché*. Ainsi, si l'on avait mêlé 100 hectolitres de froment à 24 fr. l'hectol. avec 50 hectol. de seigle à 12 fr. l'hectol., et que l'on voulût connaître le prix de l'hectol. provenant de ce mélange, il s'agirait seulement de chercher le prix du tout, et de diviser par le nombre d'hectol. produits. Or, 100 hectol. à 24 fr. font 2400 fr.; 50 hectol. à 12 fr. font 600 fr. : nous avons donc 150 hectol. qui ont coûté 3000 fr. Divisant cette somme par 150, on trouve 20 fr. pour prix moyen de l'hectol. de grains résultant de ce mélange.

Dans la règle d'all. inverse, tantôt le problème est *indéterminé*, tantôt il est *déterminé*. Il est *indéterminé*, quand on demande seulement quelles proportions il faut prendre de matières de prix différents connus, pour produire un mélange d'un prix indiqué. Supposons, par ex., qu'on veuille savoir dans quelle proportion il faut mêler du vin à 50 c. et du vin à 80 c. le litre, pour produire du vin à 60 c. L'opération consistera à *chercher la différence qui existe entre le prix le plus faible et le prix du mélange*, *puis celle qui existe entre celui-ci et le prix le plus fort*. *La première indiquera la quantité du vin le plus cher*, *et la seconde celle du vin le meilleur marché*.

Ainsi : 60 c. — 50 = 10.
80 c. — 60 = 20.

Il faudra donc 20 litres de vin à 50 c. contre 10 litres de vin à 80 c., pour faire un mélange de vin à 60 c. le litre. Dans ce cas-ci, avons-nous dit, le problème est indéterminé, car 60 litres et 30 litres, 200 et 100 litres satisferont également à la question; seulement les deux quantités seront toujours dans le rapport de 20 à 10. — On dit que le problème est *déterminé*, quand on demande combien il faut d'une matière à tel prix et d'une autre matière à tel autre prix, pour produire une quantité donnée d'un mélange dont le prix est désigné. Un orfèvre, par ex., veut savoir combien il lui faudra mêler de grammes d'argent à 950 millièmes, et de grammes du même métal à 800 millièmes pour obtenir une pièce de 120 grammes à 900 millièmes.

On établit d'abord comme ci-dessus les différences :

900 — 800 = 100
950 — 900 = 50,

et l'on voit déjà que le métal le plus pur devra être au métal le moins pur dans la proportion de 100 à 50. Dès lors il ne s'agit plus que de trouver deux nombres qui, ajoutés ensemble, fassent 120, et qui soient entre eux comme 100 est à 50. Pour cela il faut établir la proportion suivante : la somme des différences, 150, est à la première différence, 100, comme la quantité totale donnée, 120, est à la quantité cherchée du métal le plus pur; et l'on trouve 80 grammes. Substituant au second terme la seconde différence, 50, on a par une autre règle de trois la proportion du métal le moins pur, ou 40 grammes, somme que l'on peut encore trouver en retranchant simplement de la quantité totale donnée, 120 grammes, les 80 grammes déjà obtenus.

ALLIAIRE. s. f. (lat. *allium*, ail). T. Bot. Voy. CRUCIFÈRES.

ALLIANCE. s. f. Union par mariage. *Son fils a contracté une al. disproportionnée*. *Riche*, *belle al*. *Al. indigne*, *honteuse*. — * Se dit aussi Du rapport que le mariage de deux personnes établit entre leurs familles. *Il y a al. entre ces deux familles*, *entre ces deux maisons*. ‖ Se dit D'une affinité spirituelle. Voy. AFFINITÉ. ‖ Pacte entre deux ou plusieurs puissances. — S'emploie aussi en parlant Des partis. ‖ Fig., Union, mélange, combinaison de choses différentes. *L'al. du sacré et du profane*, *du vice et de la vertu*. *L'al. de la nature et de l'art*. — On appelle *Al. de mots*, Une sorte de métaphore hardie qui consiste dans le Rapprochement de deux idées, de deux mots qui semblent s'exclure, comme dans ce vers de Corneille : *Et monté sur le faîte, il aspire à descendre*. ‖ Bague d'or ou d'argent composée de deux cercles réunis. *Il porte au doigt une al*. *Al. de mariage*. — * L'anneau de mariage, alors même qu'il est simple, se nomme également *Al*.

Enc. — En T. de Droit international, on entend par *alliance* l'union établie par des traités, entre deux ou plusieurs puissances. Les alliances peuvent être *offensives* ou *défensives*. Dans le premier cas, les alliés se proposent d'attaquer un ennemi commun et par conséquent de se défendre contre lui. Dans le second cas, elles se bornent simplement à la défense commune contre toute agression. Un exemple fameux d'al. offensive est celle que la plupart des puissances européennes formèrent, en 1813, contre la France. La Quadruple Al., conclue en 1833, entre la France, l'Angleterre, l'Espagne et le Portugal est une al. *défensive*. Considérées sous le rapport des droits et des obligations des alliés entre eux, les alliances se divisent : 1° en *sociétés de guerre*, où les parties sont toutes belligérantes, c.-à-d. s'engagent à poursuivre une guerre avec toutes leurs forces et toutes leurs ressources; 2° en *traités de secours*, où une seule puissance est belligérante, et où les autres puissances, en qualité d'auxiliaires, sont tenues de fournir un contingent d'hommes, d'argent, ou de contribuer aux frais de la guerre de toute autre façon; 3° en *traité de subsides*, où les puissances auxiliaires s'engagent à fournir des troupes moyennant un subside, ou des secours d'argent à la condition qu'elles reutreront dans les sommes avancées. — Le mot *al.* semble exprimer une union parfaite entre des puissances, et il est toujours pris dans un sens favorable. Il en est de même du mot *confédération*, qui désigne une al. permanente formée entre des états indépendants pour la protection de leurs intérêts communs. Le terme *coalition* désigne une al. formée entre plusieurs puissances; mais il se prend ordin. en mauvaise part et n'est guère employé que par l'état contre lequel ces puissances se sont alliées. Le mot *ligue*, dont l'origine est espagnole, n'est plus usité aujourd'hui dans la langue du droit international; mais au XVIe et au XVIIe siècle il était fort en usage, et désignait une sorte d'association dont le but pouvait être ou commercial, ou politique, ou religieux: telle était le célèbre *Ligue Hanséatique*.

Théol. — Dans l'Écriture Sainte, le terme *Al.* désigne le pacte que Dieu fit avec les hommes, et qui fut renouvelé à plusieurs reprises. — La première al. est celle que Dieu fit avec Adam, au moment où il créa le père commun de tous les hommes, et la seconde, celle qu'il contracta encore avec Adam après son péché, lorsqu'il lui promit un rédempteur. — Une troisième al. est celle que le Seigneur fit avec Noë, lorsqu'il lui ordonna de bâtir une arche, pour sauver du déluge sa famille ainsi que les animaux de la terre, al. qu'il renouvela plus tard, en lui disant: « Je vais faire *pacte* avec vous et avec toute votre race.... Je placerai mon arc dans les nuées, et il sera un signe de l'al. entre moi et la terre. » (Gen. IX.) Toutes ces alliances furent *générales*, c.-à-d., s'appliquèrent à Adam et à toute sa postérité, à Noé et à tous ses descendants; mais le pacte que Dieu fit ensuite avec Abraham fut limité à ce patriarche et à la race qui devait naître de lui par Isaac. La marque ou le sceau de ce pacte fut la *Circoncision*. Plus tard, Dieu renouvela ce pacte avec les Israélites par l'intermédiaire de Moïse, lorsqu'il lui donna les deux tables de la loi sur le mont Sinaï. Les tables, gage de cette dernière al., furent renfermées dans un coffre de bois incorruptible et revêtu de lames d'or, qui reçut le nom d'*Arche d'al.* Le couvercle de ce coffre était appelé *propitiatoire*. Il était surmonté (voy. la Fig.) de deux chérubins d'or, dont les ailes étaient étendues de manière à former une espèce de siége. Les deux côtés les plus longs de l'arche étaient munis de deux anneaux d'or dans lesquels on glissait deux bâtons dorés qui servaient à la transporter.

Enfin les temps prédits et marqués pour la grande et suprême al. étant arrivés, le Fils de Dieu descendit sur la terre, racheta par sa mort l'humanité tout entière, et scella de son sang le pacte nouveau qui doit subsister jusqu'à la fin des siècles, et qui fut l'accomplissement de toutes les promesses que Dieu avait faites aux hommes.

L'al. de Dieu avec Adam est ce qu'on appelle la *loi de nature*; l'al. avec Abraham, confirmée par la loi de Moïse, forme la *loi de rigueur*; enfin l'al. de Dieu avec tous les hommes, scellée par la mort de J.-C., est la *loi de grâce*. — Dans les Saintes Écritures, on emploie souvent, en grec, le terme διαθήκη et, en latin, le mot *testamentum* pour exprimer la valeur du mot hébreu *bérith*, qui signifie *alliance*; c'est de là que sont venus les noms d'*Ancien* et de *Nouveau Testament* pour désigner l'ancienne et la nouvelle alliance.

ALLIER. v. a. (lat. *ad*, *ligare*, lier à). Mêler, combiner ensemble. *Al. l'or avec l'argent.* || Fig., Unir, joindre ensemble des choses différentes. *Al. la clémence à la justice. Al. les plaisirs avec les devoirs. Cet écrivain affecte d'al. les mots et les images les plus disparates.* || Unir par mariage. *Al. deux maisons. Al. une famille noble avec une famille roturière.* || Déterminer une alliance entre deux États. *C'est la nécessité de se défendre qui a allié ces deux États.* Se dit aussi Des partis. = s'Allier. v. pron. *Ces métaux s'allient aisément. — Les maximes du monde et celles de l'Évangile ne peuvent s'al. — Il s'est allié à une famille puissante. Ces deux familles se sont alliées.* || En parlant De deux États, de deux partis, signif. Contracter une alliance. *La Russie s'est alliée avec l'Autriche pour faire la guerre à la Turquie. Les partis extrêmes se sont alliés contre le gouvernement.* = Allié, ée. part. || Il est aussi subst. *Nous ne sommes pas parents, nous ne sommes qu'alliés. L'Espagne doit être l'alliée constante de la France.* = Obs. gram. *Al. à*, *Al. avec.* Voy. les prépos. A et Avec.

ALLIER. s. m. (Ce mot n'est que de 2 syllabes). T. Chasse. Sorte de filet à prendre des perdrix, des cailles. Il ne s'emploie guère qu'au plur. *Nous avons pris douze perdrix avec des alliers.*

* **ALLIGATOR**. s. m. [On pron. les 2 L.] T. Erpét.

Enc. — Le terme *All.* qui est une corruption du mot portugais *lagarto* dérivé lui-même du latin *lacerta*, lézard, sert à désigner un genre de *Crocodile* propre au nouveau-monde et connu également sous le nom de *Caïman*. Les alligators ont le museau large et obtus et les dents inégales; mais ce qui les distingue essentiellement des autres crocodiles, c'est que leurs quatrièmes dents de la mâchoire inférieure, en comptant à partir du milieu de chaque côté, entrent dans des trous correspondants de la mâchoire supérieure, tandis que chez les crocodiles vrais, les dents correspondantes se logent dans des sillons superficiels creusés au bord de la mâchoire supérieure, et sont par conséquent visibles à l'extérieur. En outre, la tête des alligators est moins oblongue; en général sa longueur est à sa largeur comme 3 est à 2. Leurs pieds de derrière sont dépourvus de dentelures et seulement à demi palmés. — On en distingue plusieurs espèces. Nous nous contenterons de citer le *Caïman à lunettes*, fort commun à la Guyane et au Brésil, (Fig. Caïman à lunettes), et le *C. à museau de brochet*, qui habite le midi de l'Amérique septentrionale. Le premier doit son nom à une arête transversale qui réunit en avant les bords saillants des orbites, et le second à la forme de son museau. Le C. à lunettes pond ses œufs dans le sable, les couvre de feuilles ou de paille et, au lieu de les abandonner, les défend avec courage. Il atteint une longueur de 12 à 15 pieds, et, malgré sa force, n'attaque jamais l'homme. Le C. à museau de brochet s'enfonce dans la vase, et y reste engourdi durant les grands froids.

ALLITÉRATION. s. f. [On pron. les 2 L.] (lat. *allido*, je froisse; *littera*, lettre). T. Rhét.

Enc. — On appelle ainsi la répétition dans un vers ou dans une phrase, soit des mêmes lettres, soit de syllabes ayant le même son. Cette répétition est une beauté quand elle contribue à l'harmonie et fait image, comme dans ce vers de Virgile:

Quadrupedante putrem sonitu quatit ungula campum.

ou dans cet autre de Racine:

Pour qui sont ces serpents qui sifflent sur vos têtes?

Elle est un défaut, quand elle ne peint rien, et n'est que l'effet de la négligence du poëte ou de l'écrivain, comme dans ce vers de Voltaire:

Non, il n'est rien que Nanine n'honore.

Quelquefois ce n'est qu'un jeu de mots puéril, comme dans ces proverbes: *Qui refuse, muse. Qui terre a, guerre a.*

ALLOBROGE. s. m. [On pron. les 2 L]. Nom d'un peuple de l'ancienne Gaule, qui habitoit le Dauphiné et la Savoie d'aujourd'hui. Le terme *All.* s'emploie dans le lang. fam. pour désigner Un rustre, un homme grossier. *C'est un franc All.* Déjà, au temps de Cicéron, le mot *All.* était usité dans ce sens.

ALLOCATION. s. f. [On pron. les 2 L.] (lat. *allocatio*). Action d'allouer; approbation d'une dépense faite ou à faire. *Demander, refuser une all. Il n'a pu obtenir l'all. de cette somme.*

ALLOCUTION. s. f. [On pron. les 2 L.] (lat. *ad*, *loqui*, parler à). Courte harangue adressée par un chef à ses soldats, surtout au moment d'une action. || * Par ext., se dit quelquefois D'un discours bref prononcé dans une assemblée. *Avant la distribution des prix, le recteur a adressé une courte all. aux élèves.*

Enc. — L'usage des *Allocutions* était fréquent chez les anciens, si l'on en juge par les nombreux exemples que nous offrent les historiens grecs et latins. En effet, on voit toujours les généraux de l'antiquité haranguer leurs soldats avant une action importante. Mais il est évident que ces grands écrivains ont singulièrement amplifié et embelli les harangues qu'ils font prononcer à leurs héros. Chez les modernes, les allocutions n'ont guère été en usage. Cependant Henri IV et Condé ont prononcé de sublimes paroles pour animer les soldats qu'ils guidaient à la victoire. Aujourd'hui, comme la composition des corps d'armées ne permet pas de rassembler les soldats sur un terrain étroit autour d'une tribune, l'all. a été remplacée par des ordres du jour qu'on lit à la tête de chaque bataillon. Bonaparte, général en chef, consul, empereur, a laissé dans ce genre des modèles qui peuvent être comparés à tout ce que l'antiquité nous offre de plus admirable et de plus parfait.

Numism. — On donne encore le nom d'*Allocutions* aux médailles antiques qui représentent un général haranguant ses soldats. Celle que nous donnons ici est la première médaille connue de ce genre; elle fait partie du Cabin. des Médailles de la Bibliothèque royale. L'empereur Caligula est sur le *suggestum* ou tribune aux harangues; il parle à des soldats armés et qui portent les aigles romaines. On lit sur ce côté de la médaille ADLOCVT (adlocutio) COH (cohortium); *Allocution aux cohortes.*

ALLODIAL, ALE. adj. [On pron. les 2 L dans ce mot et dans le suivant.] (R. *alleu*). *Terre allodiale, biens allodiaux*, Terre, biens tenus en franc-alleu.

ALLODIALITÉ. s. f. Qualité de ce qui est allodial. *En France, il fallait prouver l'al. des terres.*

ALLONGE. s. f. (R. *long*). Ce que l'on ajoute à une chose pour en augmenter la longueur. *Mettre une al. à un rideau. Une al. de table.* On dit plus ord. *Rallonge.*

ALLONGEMENT. s. m. Action d'allonger; résultat de cette action. *L'all. d'une rue, d'un canal.* || Fig., *C'est un homme qui trouve toujours des allongements dans les affaires*, Qui apporte toujours des retards affectés dans les affaires. Vx.

ALLONGER. v. a. Augmenter la longueur. *Al. une table. Al. un habit. Al. une avenue. Al. un fil d'or.* — Dans un sens anal., on dit: *Cet auteur a allongé son livre par des notes inutiles.* || Faire cesser la flexion, la contraction. *Al. le bras, les jambes, le cou. Al. la langue. L'éléphant allonge sa trompe.* — Par anal., on dit: *Al. le pas. Al. un coup d'épée. Al. une botte.* || Augmenter la durée d'une chose. *Al. un travail, un procès, une affaire.* || Faire paraître plus long. *Al. le temps. La monotonie des objets allonge le chemin.* || Fig. et fam., *Al. le parchemin*, Faire de longues écritures dans le dessein d'en tirer plus de profit; Tirer un procès en longueur par des formalités et des chicanes. || Fig. et fam., *Al. la courroie*, Faire rendre à une charge, à un emploi, plus qu'il ne doit rendre légitimement; Ménager son argent de façon à en tirer tout le parti possible. = s'Allonger. v. pron. *Votre robe semble s'être allongée. La langue de cet animal s'allonge pour saisir sa proie. Mon travail s'allonge à mesure que j'avance.* = Allongé, ée. part. Se dit Des choses dans lesquelles la dimension en longueur excède plus ou moins les autres dimensions. *Cet animal a le museau fort al. Un fruit de forme allongée.* || Fig., *Avoir le visage al., une mine allongée*, Avoir un air qui dénote le déplaisir qu'on éprouve d'un événement imprévu. || T. Anat. *Moelle allongée.* Voy. Encéphale. = Conjug. Voy. Manger.

Syn. — *Prolonger*, *Rallonger*. — *Al.* et *prolonger* se disent de l'étendue et de la durée. Dans le premier cas, *al.* signifie augmenter la longueur d'un objet quelles que soient ses dimensions; ainsi, on *allonge* une table, une robe, etc. *Prolonger*, au contraire, ne peut être employé qu'en parlant des choses qui ont déjà une certaine longueur; on ne *prolonge* pas une table, une robe, mais on *prolonge* une avenue, un chemin, etc. *Al.* se dit des objets plutôt que de l'étendue; *prolonger* se dit de l'étendue plutôt que des objets; on n'*allonge* point une perspective, on la *prolonge*; une ligne mathématique est *prolongée* et non *allongée*. Dans le second cas, c.-à-d. en parlant de la durée, *prolonger* signifie employer plus de temps qu'on ne devrait en mettre à faire quelque chose; et *al.* marque que, pour employer plus de temps à exécuter une chose, on en ajoute d'autres. Ainsi on *allonge* un procès par des formalités inutiles, et on le *prolonge* en remettant de jour en jour le jugement qui doit le terminer. *Rallonger* c'est ordinairement mettre une chose à la suite d'une autre pour augmenter la longueur de la première: on *rallonge* une table en y joignant un appendice. Il signifie aussi *al.* ce qui avait été raccourci; ainsi, par ex., on *rallonge* des étriers.

ALLOUABLE. adj. 2 g. Qui se peut allouer. *Cette dépense n'est pas al.* Peu us.

***ALLOUCHIER.** s. m. Nom vulg. de l'*Alizier commun*. Voy. POMACÉES.

ALLOUER. v. a. (lat. *allocare*, mettre en son lieu). Approuver une dépense, la passer en compte. *La chambre n'a pas alloué cette dépense. On lui a alloué un article de deux mille francs pour les faux-frais. Al. un traitement à quelqu'un*, Lui donner, lui accorder un traitement et en déterminer le montant. = ALLOUÉ, ÉE. part.

ALLUCHON. s. m. (lat. *alicula*, petite aile.) T. Méc. Voy. ENGRENAGE.

***ALLUGHAS.** s. m. T. Bot. Voy. AMOMÉES.

ALLUMER. v. a. (lat. *lumen*, lumière). Mettre le feu à un corps combustible. *Al. un fagot, une bougie, du charbon.* — Par métaph., on dit : *Al. une lampe, un réverbère, un flambeau. Al. un four. Al. sa pipe.* — *Al. le feu, Al. du feu*, Al. le bois qui est dans le foyer; Faire du feu. || Fig., *Al. la guerre, la discorde, la sédition*, Être cause de la guerre, faire naître la discorde, etc. || Exciter. *Al. une passion. Al. la colère.* || On dit encore : *Al. le sang; Al. les esprits; Al. la bile.* Ces métaphores, qui tirent leur origine de théories physiologiques surannées, s'emploient en parlant De quelqu'un qui se trouve dans un état de surexcitation déterminé par une cause morale quelconque. *Cette discussion lui a allumé le sang. Ce trait de mauvaise foi lui a allumé la bile*, L'a mis dans une violente colère. = s'ALLUMER. v. pron. S'emploie dans toutes les acceptions du v. actif. = ALLUMÉ, ÉE. part. *Une chandelle, une lampe allumée.* || Fig., *Avoir le visage, le teint al.*, Avoir le teint rouge, le visage coloré, parce que le sang s'y porte en plus grande abondance qu'à l'ordinaire.

ALLUMETTE. s. f. Chènevotte ou bûchette de bois soufrée par les deux bouts, et dont on se sert pour allumer les chandelles, les bougies, etc.

Enc. — Les habitants de la campagne font eux-mêmes leurs allumettes. Pour cela, ils prennent des fragments de chènevotte et en trempent les deux extrémités dans du soufre fondu. Les allumettes que l'industrie fournit actuellement à si bas prix sont en gén. de petites bûchettes de bois carrées longues d'un demi-décimètre à un décimètre. Les *allumettiers* préfèrent le bois de tremble parce qu'il se débite plus aisément. Le procédé fort simple employé pour diviser ce bois en fragments convenables est tellement expéditif qu'un ouvrier en peut débiter plus de 60,000 par heure. Quand on se contente de soufrer ces allumettes, elles ne peuvent guère s'enflammer qu'en les approchant d'un corps en ignition. On a donc imaginé d'autres allumettes plus commodes qu'on appelle dans le commerce allumettes *oxygénées* et allumettes *chimiques*. — Les premières s'obtiennent en soufrant les bûchettes de bois par un de leurs bouts, puis en trempant le bout soufré dans une pâte formée de 60 parties de chlorate de potasse, 14 de soufre et 14 de gomme, avec une quantité d'eau suffisante pour lui donner la consistance voulue. Enfin, on les colore en rouge avec du cinabre, ou en bleu avec de l'indigo. Il suffit, pour les allumer, de les plonger dans un petit flacon contenant de l'amiante imbibé d'acide sulfurique concentré. — Les allumettes *chimiques* prennent feu par le simple frottement sur un corps dur et sec. Pour les préparer, on trempe les bûchettes dans une bouillie composée de phosphore, d'huile de térébenthine et de fleur de soufre; on les fait ensuite sécher, puis on les trempe encore dans une solution de gomme arabique à laquelle on a ajouté du chlorate de potasse et une petite quantité de suie broyée avec un peu d'alcool. En mélangeant le chlorate avec du nitrate de potasse, on a des allumettes qui s'enflamment sans explosion. Enfin on termine généralement l'opération en colorant le bout des allumettes en rouge ou en bleu. Voy. BRIQUET.

ALLUMEUR. s. m. Celui qui est chargé par une administration municipale ou particulière d'allumer régulièrement les lampes, les réverbères, les becs de gaz.

ALLURE. s. f. (R. *aller*). Manière d'aller, démarche, façon de marcher. *Al. vive, dégagée. Al. lente, grave, ridicule. Je l'ai reconnu à son al.* || Fig., Manière d'agir, de se conduire. *Il faudra bien qu'il change d'al. Ses allures me sont suspectes. L'hypocrisie imite les allures de la vertu.* — Fam., on dit au plur. : *Cette femme a des allures*, Elle a quelque intrigue secrète. Vx. || Tournure que prend une affaire. *Cette négociation prend une bonne, une mauvaise al.* || T. Man. On donne le nom d'*Allures* aux différents Modes de progression du cheval, et on les distingue en *naturelles, défectueuses* et *artificielles*. Les premières sont le *Pas*, le *Trot*, le *Galop* et la *Course*. Les secondes sont l'*Amble*, l'*Entre-pas* ou *Pas relevé*, le *Traquenard*, l'*Amble rompu* et l'*Aubin*. Les troisièmes, qui sont dues à l'instruction, constituent les *Airs* de manége. — On entend aussi par *Al.*, Le train ou la marche du cheval, et les différents mouvements qu'il exécute, relativement à la commodité de celui qui le monte. *Ce cheval a une al. fort douce. Il a de belles allures.* Voy. ÉQUITATION.

Syn. — *Démarche.* — *Al.* désigne, au propre, l'ensemble des mouvements qui caractérisent la manière habituelle dont on marche : contrefaire son *al.* Dans ce sens, il est familier. *Démarche* a la même signification; mais il est d'un style plus relevé que le mot *al.*, et il s'emploie soit en parlant de la manière habituelle, soit en parlant de la manière accidentelle de marcher. Il venait à nous d'une *démarche assurée, fière, noble.* — Au figuré, ces deux termes conservent entre eux les mêmes différences. Les *allures* ont quelque chose d'habituel et les *démarches* quelque chose d'accidentel. On a des *allures*; on fait des *démarches*. Le premier s'emploie presque toujours en bonne, et le dernier en mauvaise part.

ALLUSION. s. f. [On prononce les 2 L.] (lat. *ad*, *ludere*, jouer à). Indication voilée, au moyen d'une métaphore, d'un jeu de mots, etc., d'une chose que l'on ne mentionne pas formellement, mais qui est cependant susceptible d'être comprise par l'auditoire ou par le lecteur. *Al. fine, ingénieuse, claire, obscure, forcée.* || * Dans le langage ordinaire, *Faire al. à une chose*, signif. souvent La mentionner incidemment.

ALLUVION. s. f. [On prononce les 2 L.] (lat. *alluere*, baigner).

Enc. — Les géologues donnent le nom d'*All.* aux dépôts formés par les eaux sur les rivages avoisinants. Les eaux courantes, surtout à l'époque des crues extraordinaires entraînent avec elles des fragments de roches, des cailloux roulés, du sable, du limon, des débris de tout genre, qu'elles abandonnent en partie sur les bords de leur lit. Ces dépôts enrichissent la terre quand ils sont principalement composés de limon, comme on l'observe pour la Seine, la Saône et surtout pour le Nil. Ils l'appauvrissent au contraire lorsqu'ils sont trop chargés de sable. Les *deltas* qui se produisent aux embouchures de certains fleuves sont également le résultat des alluvions. La mer, par l'action successive des marées, abandonne aussi sur certaines côtes des couches de sable et de vase, et ces dépôts s'accroissent ainsi graduellement. La plus grande partie du sol de la Hollande est de formation *alluviale*. On distingue les alluvions en alluvions d'*eau douce* et en alluvions *marines*. Plusieurs savants ont proposé de désigner celles-ci par le mot *atterrissement*. — On donne encore, en Géol., le nom de *terrains d'all.* aux terrains tertiaires; cependant, ainsi que le fait observer Constant Prévost, il s'est formé des alluvions à toutes les époques : il ne peut donc pas y avoir des *terrains*, mais seulement des *formations* d'all. Voy. les art. DELTA et GÉOLOGIE.

Droit. — La loi française appelle *alluvions* les atterrissements et accroissements qui se forment d'une manière successive et imperceptible aux fonds riverains d'un fleuve ou d'une rivière. Selon la loi romaine, le lit d'un fleuve ou d'une rivière était la propriété des possesseurs de chaque rive; en sorte qu'une ligne intermédiaire qu'on supposait tracée au milieu du lit, formait la limite respective du terrain qui leur appartenait. L'usage et non le droit de propriété se trouvait suspendu par l'occupation des eaux, et, conséquemment, il était rétabli par l'*alluvion*. D'après la loi française, le lit du fleuve appartient à l'État; mais si les eaux forment un atterrissement quelconque, cette all. profite au propriétaire riverain, à la charge toutefois de laisser environ 10 mètres pour le marchepied ou chemin de halage, lorsque l'all. a été formée par une rivière navigable ou flottable. Le code assimile à l'all. proprement dite les *relais* que laisse l'eau courante, en se retirant insensiblement de l'une de ses rives pour se porter sur l'autre. Ces relais sont acquis de droit au propriétaire de la rive découverte, sans que le riverain du côté opposé puisse être admis à réclamer le terrain qu'il a perdu. L'all. n'a pas lieu à l'égard des lacs et des étangs. Le propriétaire de ces pièces d'eau a un droit constant de propriété sur le terrain que les eaux recouvrent jusqu'à la hauteur de leur décharge ordinaire; mais il n'acquiert aucun droit sur les terres riveraines que les eaux peuvent recouvrir dans leurs crues extraordinaires. L'all. n'a pas lieu non plus, lorsque la violence des eaux d'un fleuve ou d'une rivière enlève subitement une partie considérable et reconnaissable d'un champ riverain, et la porte vers un champ inférieur ou sur la rive opposée. Une action en revendication est accordée au propriétaire de la partie enlevée, mais il faut qu'il exerce cette action dans le délai d'une année.

ALMAGESTE. s. m. (ar. *al*, la; gr. *μεγίστη*, très-grande).

Enc. — Le célèbre traité d'astronomie composé par Claude Ptolémée, sous le règne d'Antonin-le-Pieux (A. C. 140), avait reçu des astronomes de l'école d'Alexandrie le nom de *μεγάλη σύνταξις* ou *Grande Composition*. Lorsque les Arabes connurent cet ouvrage, vers l'an 212 de l'Hégire ou 827 de l'Ère chrétienne, ils lui donnèrent, dans leur admiration, le titre de *Takrir-al-megesti*, qui signifie l'*Œuvre par excellence*. Cette dénomination, dont on fit ensuite par corruption le mot *Alm.*, sert encore aujourd'hui à désigner le traité de Ptolémée. L'alm. est divisé en 13 livres : il contient l'exposition du système du monde connu sous le nom de *système de Ptolémée*, un catalogue de 1022 étoiles classées en 48 *catastérismes*, la théorie des lunaisons, le calcul des éclipses solaires et lunaires, la distance du soleil calculée par la grandeur de l'ombre que la terre projette sur la lune dans les éclipses, et enfin la description des intruments d'astronomie usités à l'époque de Ptolémée. La meilleure édition de cet ouvrage est celle publiée par l'abbé Halma en 1813-1815, avec une traduction française. — Le jésuite Riccioli, savant astronome italien, a publié en 1651 également sous le titre de *Nouvel alm.* (*Almagestum novum*), un recueil d'observations astronomiques qui, au rapport de Lalande et de Delambre, est un trésor d'érudition.

ALMANACH. s. m. [On pron. *almana.*] (ar. *al*, le; *manakh*, comput). Livre publié chaque année, qui contient un calendrier indiquant les jours et les mois de l'année, les fêtes ecclésiastiques, les heures du lever et du coucher du soleil, les lunaisons, les éclipses, etc.; et qui renferme ordinairement des pronostics sur le bon et le mauvais temps. *Al. nouveau. Al. de poche. Al. de cabinet.* || Fig., *Faire, composer des almanachs*, Faire des pronostics en l'air. — Prov., *Une autre fois, je prendrai de ses almanachs*, Se dit en parlant De quelqu'un dont les pronostics se sont réalisés. Dans un sens contraire, on dit, *Je ne prendrai pas de ses almanachs.* || Prov. et fig., *C'est un almanach de l'an passé*, Cela n'a plus d'utilité, plus d'intérêt.

Enc. — Les almanachs correspondent, à certains égards, aux Fastes des Romains, et sont de date très-ancienne. Ils ont été connus des Grecs et des Égyptiens; les Indiens et les Chinois en possèdent depuis un temps immémorial. Mais leur usage s'est surtout établi en Europe depuis la propagation du christianisme, parce qu'ils servaient alors à indiquer les jours fériés dont la célébration était ordonnée aux fidèles. Jusqu'à l'époque de l'invention de l'imprimerie, on les affichait dans les églises, afin qu'ils pussent être consultés plus facilement. Les rédacteurs des premiers almanachs imprimés furent astrologues et médecins. En cette double qualité, ils ajoutèrent aux observations purement astronomiques diverses prédictions relatives aux changements de température et aux *événements politiques*, ainsi que des conseils ridicules sur les jours fastes ou néfastes pour certaines opérations. Ces livres se répandirent partout; mais les quelques indications utiles qu'ils contenaient se trouvaient ainsi étouffées sous un fatras de rêveries absurdes; car, plus les oracles étaient obscurs et les prédictions sinistres, plus l'al. avait de succès. Au XVIe siècle, quelques tentatives furent faites pour améliorer ces publications qui forment encore la seule lecture d'une foule de personnes. Cependant, en plein XVIIe siècle, on vit paraître l'un des livres les plus déplorables de ce genre, l'al. de *Mathieu Laensberg*, dont le plus ancien exemplaire connu porte la date de 1636. Ce fut pour combattre l'influence fâcheuse de cet al. qu'un siècle plus tard on publia le *Bon Messager boiteux de Bâle en Suisse*. Ce dernier ne tarda pas à acquérir une vogue immense, et contribua singulièrement, sans toutefois rompre en visière avec les préjugés populaires, à faire pénétrer chez les habitants des campagnes des idées plus saines et un certain nombre de notions utiles. Néanmoins, il ne put détrôner son antagoniste, et, il y a une vingtaine d'années, le Mathieu Laensberg se débitait encore à 100,000 exemplaires environ.

Comme ce genre d'ouvrage, en s'adressant à tout le monde, exerce une certaine influence sur une partie de la population, plusieurs gouvernements, tels que la Prusse et la Russie, ont cru devoir s'en réserver le monopole. En Angleterre, le droit de publier les almanachs était encore, il y a quelques années, le privilége exclusif d'une compagnie (*Stationer's Company*) qui était du reste sous la dépendance du gouvernement : ces publications étaient en outre assujetties au timbre. En France, l'autorité publie un al. sous le titre d'*Al. Royal* : ce livre, dont la publication remonte à l'année 1699, a un but d'utilité tout spécial. Il contient la liste de tous les membres des familles souveraines de l'Europe, et présente le tableau officiel des principaux fonctionnaires et employés de l'administration française. Il existe dans plusieurs pays des almanachs de cette nature. — Actuellement le nombre des almanachs qui se publient chez nous chaque année est fort considérable. Mais ces ouvrages diffèrent complétement des anciens livres de ce genre sous le rapport de l'élégance et de la rédaction. La plupart d'entre eux sont de véritables *annuaires*. Voy. ANNUAIRE, CALENDRIER, ÉPHÉMÉRIDES.

***ALMANDINE.** s. f. T. Min. Voy. GRENAT.

ALOÈS. s. m. [On pron. fortement l'S.] (gr. *ἀλόη*). T. Bot.

Enc. — On donne ce nom à un genre de plantes arborescentes ou suffrutescentes qui appartient à la famille des *Liliacées* et qui est le type de la tribu des *Aloïnées*. Les espèces d'*Al.* sont extrêmement nombreuses et plusieurs sont remarquables par l'élégance de leurs formes et par la beauté de leurs fleurs. Voy. LILIACÉES.

On se sert également du mot *al.* pour désigner le suc épaissi qu'on retire de plusieurs espèces de ce genre. Ce sont uniquement les espèces arborescentes et surtout celles qu'on désigne sous le nom d'*Aloé vulgaris*, *A. soccotrina*, *A. purpurescens* et *A. spicata* qui fournissent l'al. usité en médecine. On obtient ce dernier soit en écrasant les feuilles, soit au moyen de l'ébullition. L'al. est d'une couleur brune, d'une odeur légèrement aromatique, et d'une saveur extrêmement amère. On le considère comme un mélange de *résine* et de matière extractive. Le meilleur al. venait autrefois de l'île de Socotora, dans la mer des Indes, et c'est pour cela que, dans le commerce, les premières qualités d'al. sont nommées al. *succotrin*;

les sortes secondaires sont appelées al. *hépatique*, à cause de leur couleur qui est celle du foie, et les dernières, qui ne sont employées que dans la médecine vétérinaire, ont, pour cela, reçu le nom d'al. *caballin*. L'al. s'emploie sous diverses formes pharmaceutiques, mais surtout sous celle de pilules : on l'administre à la dose de 5 à 10 centigr., comme tonique stomachique, et à celle de 15 à 30, comme purgatif. Quoique son action purgative soit lente à se manifester, ce médicament est fort usité, parce qu'il répond à une indication thérapeutique particulière. En effet, il agit spécialement sur le gros intestin et provoque la congestion des vaisseaux hémorrhoïdaux. De là résultent aussi diverses contre-indications à l'emploi de ce remède.

Le bois odoriférant qu'on nomme vulg. *bois d'aloès*, n'a rien de commun avec le genre de végétaux dont il vient d'être parlé. Voy. AQUILARINÉES et EUPHORBIACÉES.

ALOÉTIQUE. adj. 2 g. T. Pharm. Se dit Des préparations pharmaceutiques dont le suc d'aloès constitue le principe le plus important. *Lavement al. Pilules aloétiques.*

***ALOEXYLON.** s. m. (gr. ἀλόη ; ξύλον, bois). T. Bot. Voy. LÉGUMINEUSES.

ALOI. s. m. (conforme *à la loi*). Titre des matières d'or et d'argent. *Or, argent de bas al.*, Qui n'est pas au titre voulu. Voy. TITRE. || Par ext., on dit : *Marchandise de bon* ou *de mauvais al.*, De bonne ou de mauvaise qualité. || Fig., *Homme de bas al.*, Homme de basse condition, de profession vile ; Homme méprisable par lui-même. || Fig. et ironiq., *Vers de mauvais al.*, Vers dénués de poésie.

***ALOÏNÉES.** s. f. pl. (R. *aloès*). T. Bot. Voy. LILIACÉES.

***ALOMYE.** s. f. T. Entom. Voy. PUPIVORES.

ALONGE, ALONGEMENT, ALONGER. Voy. ALLONGE, etc.

ALOPÉCIE. s. f. (gr. ἀλώπηξ, renard). Chute partielle ou complète des cheveux ou des poils. Voy. POIL.

ALORS. adv. de temps. (lat. *ad illam horam*, à cette heure). En ce temps-là. *On vit paraître al. Al. parut un homme. Il s'est al. repenti de ce qu'il avait fait.* ||* Dans ce cas-là. *Si le fils venait à mourir, la nièce serait al. héritière.* || *Vous me dites que dans dix ans les choses seront bien changées. Hé bien! al. comme al.* Hé bien! on avisera dans cette conjoncture à ce qu'il faudra faire ; on fera comme on pourra. || *Jusqu'al.*, Jusqu'à ce temps-là, jusqu'à ce moment-là. *Jusqu'al. il avait été sage et prudent.* || *D'al.*, De ce temps-là. *C'étaient les mœurs d'al. Les hommes d'al.* = ALORS QUE. conj. Ne s'emploie guère que dans le style élevé et en poésie à la place de *Lorsque*.

Obs. gram. — On ne prononce pas l'*s* final d'*alors*, à moins que cet adverbe ne se trouve devant une voyelle ou devant une H muette. = *Alors, Pour lors.* — La locution adverbiale *pour lors* ne doit pas être employée indifféremment à la place de l'adv. *alors*, quoique ces deux expressions signifient également *en ce temps-là*. *Alors* s'emploie surtout avec un verbe à l'imparfait, parce que cet adverbe rappelle à l'esprit une époque un peu vague, dont la durée n'est pas déterminée et pendant laquelle s'est accomplie toute une série d'évènements. *Pour lors* s'emploie ordinairement avec un verbe au parfait, parce que cette locution marque le moment où un fait a eu lieu. Le passage suivant de Montesquieu nous fournit un exemple de cette distinction : « Y a-t-il rien de si grand que ce qu'il *faisait alors* pour détruire l'hérésie ? Monsieur, *dit pour lors* un ecclésiastique, vous parlez du temps le plus miraculeux de notre invincible monarque. »

ALOSE. s. f. T. Ichth. Voy. HARENG.

***ALOUATE.** s. m. T. Mamm.

Enc. — Les *Alouates* sont des singes du nouveau continent qui appartiennent à la famille des *Sapajous*, c.-à-d. des *Singes à queue préhensile*. Ils se distinguent des autres Sapajous par leur tête pyramidale et leur visage oblique. Cette forme singulière tient à ce que la mâchoire supérieure descend beaucoup plus bas que le crâne, et à ce que l'inférieure a ses branches montantes très-hautes, pour loger l'os hyoïde énorme qui caractérise ces animaux. Ces singes sont à peine hauts de deux pieds ; leurs membres sont d'une longueur moyenne et pourvus chacun de cinq doigts bien développés. Leur queue est extrêmement longue, et sa partie prenante est nue en dessous. Cet organe constitue pour ces animaux un membre fort utile : ils s'en servent pour saisir les objets les plus petits, pour cueillir les fruits, les porter à leur bouche, et surtout pour se suspendre aux branches des arbres et franchir, après s'être balancés un instant, des espaces assez considérables.

Les alouates ont reçu le nom vulgaire de *Singes hurleurs* ou de *Stentors*, à cause de la puissance de leur voix. Cette puissance est telle, qu'un seul al. peut se faire entendre dans un rayon d'une lieue ; et lorsque, réunis par troupes de vingt ou trente, ils commencent à crier de concert, l'effet en est véritablement effrayant. L'organe vocal de l'al. est pourvu d'un appareil particulier qui renforce le son, et qui consiste en un tambour osseux formé par un renflement de l'os hyoïde et communiquant avec le larynx.

Les alouates habitent les forêts de la Guyane, du Brésil et du Paraguay. Ils se nourrissent de fruits. On les chasse pour leur chair qui a été comparée tantôt à celle du lièvre, tantôt à celle du mouton, et pour leur peau qu'on emploie à divers usages. Comme ils se tiennent constamment sur les branches les plus élevées des grands arbres, on ne peut les tuer qu'à coups de fusil ; mais si la balle qui les frappe ne les renverse pas sans vie, il faut perdre l'espoir de profiter de leur dépouille, car ils restent suspendus aux branches les plus élevées, et le corps ne tombe sur le sol que lorsque la putréfaction amène la flaccidité des muscles de la queue.

Suivant quelques auteurs, quand on fait la chasse aux alouates, les mères abandonnent leurs petits pour prendre la fuite : suivant d'autres, elles les emportent sur leur dos, et ce n'est qu'en tuant la mère qu'on parvient à s'emparer des jeunes singes. Spix raconte qu'une mère qu'il avait frappée à mort tombait de branche en branche, et que sa chute allait entraîner celle de son précieux fardeau, lorsque tout à coup elle rassembla ses forces défaillantes, et tout ce qui lui restait de vie, pour le lancer sur une branche plus élevée où il devait trouver un asile assuré. Des voyageurs prétendent même que l'al. blessé est secouru par ses camarades, qui s'empressent autour de lui, étanchent son sang, ferment sa plaie et y appliquent des feuilles mâchées propres à hâter la guérison. — Il existe différentes espèces d'alouates, mais leurs caractères distinctifs ne sont pas encore établis d'une manière bien positive ; car la couleur du pelage, sur laquelle ils sont principalement fondés, varie dans la même espèce avec l'âge et le sexe. La Fig. ci-dessus représente l'*Al. à grosse barbe* de Spix.

ALOUETTE. s. f. (lat. *alauda*, du celte *alaud*). T. Ornith. Petit oiseau qui vit dans les champs et se nourrit de grains. *Manger des alouettes. Une douzaine d'alouettes. Tendre aux alouettes.* — *Terres à alouettes*, Terres sablonneuses. || Prov., *Si le ciel tombait, il y aurait bien des alouettes prises.* Supposition absurde, qui sert souvent à riposter à une autre proposition également dépourvue de sens. — *Il attend que les alouettes lui tombent toutes rôties dans le bec*, se dit D'un paresseux qui voudrait avoir les choses sans peine. || *S'éveiller, se lever au chant de l'al.*, Se lever, s'éveiller dès l'aube du jour.

Enc. — Le genre *Al.* forme, dans la méthode de Cuvier, la première section de la famille des *Conirostres*, ordre des *Passereaux*. Les alouettes se distinguent des autres oiseaux qui composent cette famille, par l'ongle de leur pouce, qui est droit, fort, et bien plus long que les autres. Ce sont des oiseaux pulvérateurs, et si la conformation de leurs pieds les empêche de percher, elle facilite singulièrement leur marche, lorsqu'ils sont à terre. L'*Al. commune* ou *Al. des champs* a le plumage

Fig. 1.

brun dessus, blanchâtre dessous et partout marqué de taches brunes plus foncées ; les deux pennes externes de sa queue sont blanches en dehors. L'*Al. huppée* ou *Cochevis* (Fig. 1), bien moins commune que l'espèce précédente, s'en rapproche par sa taille et par son plumage : ce qui la caractérise, c'est que les plumes de sa tête peuvent se relever en huppe. On remarque également une petite huppe dans l'*Al. des bois* appelée aussi *Cujelier* ou *Lulu* ; mais un trait blanchâtre autour de la tête et une ligne blanche sur les petites couvertures distinguent l'al. des bois de l'al. cochevis. L'*Al. à hausse-col noir* (Fig. 2) habite la Sibérie et l'Amérique du nord : cependant on la voit quelquefois en Europe. Dans toutes ces espèces, le bec est médiocrement gros, tandis que chez d'autres il est assez fort pour les rapprocher des moineaux ; telle est la *Calandre*, et telle est

Fig. 2.

surtout l'*Al. de Tartarie*. La première est brune dessus et blanchâtre dessous ; le mâle porte une grande tache noirâtre sur la poitrine. La calandre habite le midi de l'Europe. L'al. de Tartarie (Fig. 3) a le plumage noir, ondé de grisâtre en dessous.

Fig. 3.

Enfin Cuvier place dans le genre al., le *Sirli* (Fig. 4) dont le plumage ressemble à celui de notre al. commune. Cet oiseau, commun dans les plaines sablonneuses de l'Afrique, se distingue des autres espèces du genre par son bec allongé, un peu comprimé et arqué.

Fig. 4.

L'*Al. commune* est le musicien des champs : on entend son ramage dès les premiers beaux jours du printemps, et pendant toute la belle saison. Elle commence à chanter au point du jour et donne le signal du travail ; on voit l'al. s'élever presque perpendiculairement et par reprises en décrivant une spirale ; elle monte souvent très-haut, et force sa voix à mesure qu'elle s'élève, de sorte qu'on l'entend encore quand on l'a presque perdue de vue ; elle se soutient longtemps en l'air, redescend lentement jusqu'à dix ou douze pieds du sol, puis elle s'y précipite comme un trait ; sa voix s'affaiblit à mesure qu'elle approche de la terre, et son chant cesse aussitôt qu'elle s'y pose.

De même que dans toutes les espèces d'oiseaux, le ramage chez l'al. est un attribut du mâle. Son chant se perfectionne dans l'esclavage ; elle retient avec une prodigieuse mémoire tous les airs qu'on lui apprend, et elle les répète avec une pureté, une flexibilité d'organe merveilleuses. Du reste elle s'apprivoise aisément, et devient familière au point de manger dans la main ; mais la cage où on la renferme doit être garnie de toile par le haut, afin d'éviter qu'elle ne se brise la tête en cherchant, d'après son habitude naturelle, à s'élever perpendiculairement.

C'est vers le mois de mai, dans nos contrées, que la femelle construit son nid entre deux mottes de terre ou au pied d'une touffe d'herbe; elle y pond quatre ou cinq œufs tachés de brun sur un fond grisâtre. Après quinze jours d'incubation, les petits éclosent, et quinze autres jours suffisent pour élever la couvée et la mettre en état de se suffire à elle-même. Dans nos pays, les alouettes font deux pontes par an, mais, dans les pays chauds, elles en font trois. — Elles se nourrissent de grains, d'herbes, de chrysalides, de vers, de chenilles, et même d'œufs de sauterelles, ce qui leur attire beaucoup de considération dans les pays exposés aux ravages de ces insectes. Chez nous, au contraire, on leur fait une guerre acharnée. A Paris, où elles sont connues sous le nom de *Mauviettes*, on en fait tous les hivers une consommation immense; et l'on sait combien les gourmets estiment les pâtés de mauviettes que l'on confectionne à Pithiviers.

La chasse aux alouettes commence au mois de septembre et continue pendant tout l'hiver. La chasse *au miroir* est la plus amusante, celle *aux gluaux* est la plus destructive. Dans la première, le chasseur place un miroir tournant entre deux filets à nappe dressés verticalement, puis il se cache dans un endroit creux à une certaine distance : les alouettes, attirées par les éclats de lumière que jette de toutes parts le miroir mis en mouvement, voltigent autour de cet instrument, et, lorsque le chasseur juge qu'il en est temps, il rabat les deux filets dont nous venons de parler, et sous lesquels elles se trouvent prises. Pour que cette chasse réussisse bien, il faut une matinée fraîche accompagnée d'un beau soleil; il faut encore avoir soin d'attacher à des piquets, près du miroir, quelques alouettes vivantes que les oiseleurs appellent *moquettes*, et qui attirent les autres, en voltigeant pour chercher à s'échapper. — Dans la *chasse aux gluaux* on aligne en carré long, sur une plaine en jachère, 1500 à 3000 branches de saules enduites de glu, et plantées assez légèrement pour que l'oiseau n'y puisse toucher sans les faire tomber. Alors de nombreux détachements de chasseurs forment autour du terrain où se trouve le gibier, un immense cordon qui se referme lentement, en serrant dans son enceinte des milliers d'alouettes. Ces dernières arrivent en sautillant, s'empêtrent dans les gluaux, et le plus souvent aucune n'échappe à la destruction. — On prend encore beaucoup d'alouettes avec le *traîneau*, la *tonnelle murée*, et les *lacets* ou *collets traînants*. Il sera parlé ailleurs de ces sortes de chasses. — On donne vulg. le nom d'*Al.* à des oiseaux différents de ceux dont il vient d'être question. *Al. de pré* ou *Farlouse*, voy. Farlouse. — *Al. de mer*, voy. Maubèche.

ALOURDIR. v. a. (R. *lourd*). Rendre lourd, appesantir. *Al. le corps, la tête. Ce temps m'alourdit. L'âge alourdit ses pas.* = s'Alourdir. v. pron. *Ma tête s'alourdit.* Fam. = Alourdi, ie. part. *Je suis tout al. J'ai la tête alourdie.*

ALOYAU. s. m. Pièce de bœuf coupée le long du dos. *Al. rôti. Une tranche d'al.*

***ALPACA.** s. m. T. Mamm. Voy. Lama.

ALPAGA. s. m. Grosse étoffe de laine.

ALPESTRE. adj. 2 g. (R. *Alpes*, nom du principal système de montagnes de l'Europe). *Plante al.*, Qui croît dans les Alpes. Voy. Alpine. — *Mœurs alpestres*, Qui sont propres aux habitants des Alpes. — *Paysage al.*, Qui rappelle les sites des Alpes.

ALPHA. s. m. L'*Al.* est la première lettre de l'alphabet grec et l'*Oméga* en est la dernière. De là cette locut. fig. : *L'al. et l'oméga* (A et Ω), pour signifier Le commencement et la fin. « *Je suis l'alpha et l'oméga, le commencement et la fin, dit le Seigneur Dieu; Je suis celui qui est, qui a été et qui viendra* (*Apoc.* I. 8.). »

ALPHABET. s. m. (R. *alpha*, *bêta*, noms des deux premières lettres grecques). Réunion de toutes les lettres qui servent à représenter les mots d'une langue, *Al. grec, français, arabe, sanscrit.* Voy. Écriture. || Petit livre imprimé qui contient les lettres d'une langue rangées selon l'ordre usité dans cette langue, et les premières leçons de lecture qu'on donne aux enfants. *Acheter un al.* || Fig. et fam., *Il n'est encore qu'à l'al. des mathématiques*, Il n'est encore qu'aux premiers éléments de cette science. — *Il faut le renvoyer à l'al.*, Il ne connaît pas les premiers principes de la chose dont on parle.

ALPHABÉTIQUE. adj. 2 g. Qui est selon l'ordre de l'alphabet. *Une table, un index al.* — *Ordre al.*, Ordre dans lequel sont rangées les lettres de l'alphabet. *Encyclopédie par ordre al.* — *Écriture al.*, Écriture dans laquelle chacun des sons et chacune des articulations usités dans la langue, sont représentés par un signe spécial qu'on appelle *Lettre* ou *Caractère al.*

ALPHABÉTIQUEMENT. adv. Dans l'ordre alphabétique.

***ALPHÉE.** s. f. T. Zool. Voy. Macroures.

ALPINE. adj. f. (R. *Alpes*). T. Bot.

Enc. — Cette épithète s'applique aux plantes qui viennent à des hauteurs très-considérables, et qui appartiennent à la végétation caractéristique des plus hautes montagnes. Dans ce sens, le terme d'*Alpestre* s'emploie par opposit. à *Alpine*, et se dit des plantes qui croissent sur les montagnes peu élevées où la neige ne séjourne pas, comme les Cévennes et les montagnes de l'Auvergne.

***ALPINIE.** s. f. T. Bot. Voy. Amomées.

***ALPISTE.** s. m. T. Bot. Voy. Graminées.

***ALQUIFOUX.** s. m. T. Min. Sulfure de plomb ou galène, réduit en poudre, que les potiers de terre emploient pour la couverte des poteries grossières.

ALSINE. s. f. et ***ALSINÉES.** s. f. pl. T. Bot. Voy. Caryophyllées.

***ALSTONIE.** s. f. T. Bot. Voy. Apocynées et Styracacées.

***ALSTROEMÉRIE.** s. f. et **ALSTROEMÉRIÉES.** s. f. pl. T. Bot. Voy. Amaryllidées.

ALTE. s. f. Voy. Halte.

ALTÉRABLE. adj. 2 g. Qui peut être altéré.

ALTÉRANT, ANTE. adj. Qui modifie l'état, la composition d'une chose. Dans ce sens, il ne se dit que De certains agents thérapeutiques ou toxiques, et s'emploie souvent substant. || Qui cause de la soif. *Un ragoût al.*

Enc. — On donne le nom de remèdes *altérants* aux substances qui, introduites dans l'économie par la voie de l'absorption, produisent dans la matière organique une action chimique dont le résultat est, non une régénération immédiate de cette matière organique ou un accroissement des forces vitales, mais une modification qualitative qui a pour effet consécutif la disparition d'un état morbide préexistant. C'est ce qui a lieu de plusieurs manières, ou bien l'obstacle matériel qui peut résider dans la composition de la matière organique et qui empêche l'action normale des organes, est écarté; ou bien le stimulus qui détermine des actes anomaux, disparaît; ou bien il se produit dans les organes une modification telle qu'ils ne peuvent plus être affectés par une irritation morbide; ou bien la matière éprouve un changement tel que les altérations morbides que l'on redoute ne peuvent plus s'effectuer, comme on l'observe dans le traitement antiphlogistique; ou bien enfin l'état des fluides nourriciers se trouve modifié.

Les altérants se divisent naturellement en deux classes, suivant que leur action porte plus spécialement sur le système nerveux ou sur les organes qui dépendent de ce système : la première comprend les plus importants de ces agents, ce sont les substances *narcotiques*; la deuxième embrasse la multitude de médicaments qui déterminent des changements matériels dans les différents organes. Les principaux altérants de la seconde classe sont fournis par le règne minéral; ce sont l'iode, le brôme, le mercure, l'or, le platine, l'arsenic, le fer, ainsi que les préparations iodurées, bromurées, etc. Les acides, les alcalis et divers sels alcalins appartiennent également à cette catégorie.

Lorsque les altérants agissent avec une extrême intensité, le changement matériel qu'ils produisent équivaut à une désorganisation qui ne peut plus se réparer; telle est l'action des narcotiques. Presque tous les altérants de la seconde classe, quand on les emploie à trop haute dose ou à l'état de concentration, exercent également une action désorganisatrice. La plus grande circonspection doit donc présider à leur administration. — Il est essentiel de savoir que, pour un grand nombre de substances de la seconde classe, il dépend du mode d'administration que le remède agisse ou n'agisse pas comme al. Ainsi, par ex., le calomel (protochlorure de mercure) administré à un adulte agit comme purgatif à la dose de 30 centigr. et au-dessus, et, comme al., à celle de 5 à 10 centigr. Par conséquent, dans la *médication altérante*, il faut employer les médicaments à *doses altérantes*, c.-à-d. en quantités telles qu'ils suscitent dans l'organisme, d'une manière lente mais continue, les changements matériels qu'on veut obtenir.

ALTÉRATION. s. f. (lat. *alter*, autre). Modification dans l'état général ou dans quelqu'une des propriétés d'un corps. *Al. lente, successive, subite. L'al. d'un liquide, d'une couleur. Le mercure détermine dans le sang, et la strychnine dans le système nerveux, des altérations profondes.* || Se dit dans le langage ordinaire De tout changement, et se prend en gén. dans un sens défavorable. *L'al. de la santé. Son tempérament a éprouvé une grande al. L'al. de ses traits annonce combien il a souffert. L'al. du texte est évidente dans ce passage.* || Se dit aussi Des modifications que les divers mouvements de l'âme impriment au visage, à la voix. *L'al. de son visage et de sa voix trahit son émotion. Il n'entendit pas sa condamnation sans une al. visible.* || * Fig. *L'al. de l'humeur, du caractère, des sentiments. Son amitié pour moi n'a éprouvé aucune al. La forme du gouvernement a subi de nombreuses altérations.* || *Al. des monnaies*, Falsification, détérioration des monnaies par un moyen quelconque. || Grande soif. *La fièvre lui cause une al. continuelle.*

Enc. — En T. Mus., on donne le nom d'*altérations* aux changements accidentels d'intonation qu'une note éprouve, par l'effet d'un signe d'élévation ou d'abaissement (dièze ou bémol). L'al. a toujours pour effet de réduire à un demi-ton le passage d'une note à une autre.

ALTERCAS. s. m. Vx. mot qui a la même signif. que le mot *Altercation*.

ALTERCATION. s. f. (lat. *altercari*, se disputer). Contestation, dispute, démêlé. *Il s'éleva entre eux une grande al. Ils ont ensemble de fréquentes altercations. Ils sont toujours en al.*

Syn. — *Discussion, Débat, Contestation, Démêlé, Différend, Querelle, Dispute.* — Le terme *discussion* signifie tantôt examen d'une question, tantôt échange de paroles animées entre personnes d'opinions contraires. Il diffère de *débat*, en ce que le *débat* exprime une sorte de lutte oratoire, qui a lieu dans quelque assemblée, et dans laquelle chaque adversaire vient déployer, à tour de rôle, toutes les ressources de sa dialectique. Il diffère de *contestation*, en ce que celui-ci marque une opposition complète entre les paroles d'une personne qui affirme et les paroles d'une autre personne qui nie. Enfin, il diffère du terme *al.*, en ce que ce dernier désigne une *contestation* particulière dans laquelle les interlocuteurs parlent souvent avec un emportement extrême. Quant au mot *démêlé*, on l'emploie pour marquer un désaccord sur un sujet quelconque, désaccord qui s'élève entre des personnes dont les relations sont fréquentes, et qui se manifeste par des expressions irritantes. En général, le *démêlé* n'a rien de sérieux dans sa cause ni dans ses effets. Il n'en est pas de même du *différend* : celui-ci est une sorte de contestation qui a lieu, le plus souvent, entre des gens étrangers l'un à l'autre. Sa cause peut être légère et ses effets très-graves. La *querelle* est un conflit de plaintes, de reproches, de récriminations entre deux ou plusieurs personnes; elle se termine souvent par des actes de violence. La *dispute* offre cela de particulier, qu'elle naît parfois sans motif de plainte, et qu'elle procède plutôt par des propos insultants que par des reproches. La *dispute* arrive inopinément, accidentellement; dans la plupart des cas, au contraire, la *querelle* peut être prévue. Le mot *dispute* signifie aussi dissertation sur une matière scientifique ou littéraire. — En résumé, *discussion*, *débat*, *contestation*, *dispute*, peuvent être pris en bonne part, dans certaines acceptions; tandis que *démêlé*, *différend* et *querelle* sont toujours pris dans un sens défavorable.

ALTÉRER. v. a. (lat. *alter*, autre). Changer l'état général ou quelqu'une des propriétés d'un corps. — Dans le langage ordin., se dit en parlant D'un changement de bien en mal. *Le soleil altère les couleurs. Une température trop élevée altère les liqueurs. Certains poisons altèrent la composition du sang. Sa santé en est fort altérée. La souffrance a bien altéré ses traits. L'émotion altère sa voix.* — *Al. les monnaies*, En changer la valeur légale, de quelque façon que ce soit. — *Al. un texte*, Le dénaturer d'une manière quelconque. *Al. un discours*, Le rapporter autrement qu'il n'a été prononcé ou écrit. || Fig., *Ses malheurs lui ont altéré le caractère, le jugement. L'exemple du vice altère les mœurs. Al. l'amitié, la confiance.* — *Al. le sens d'un passage*, Détourner un passage de son véritable sens. *Al. la vérité*, S'écarter de la vérité en parlant, en écrivant. || Causer de la soif. *Cette sauce m'a fort altéré.* = s'Altérer. v. pron. Se dit au prop. et au fig. *Le vin s'altère à l'air. Sa santé s'est altérée. Son humeur s'altère. Les bonnes coutumes s'altèrent peu à peu.* = Altéré, ée. part. || Se dit quelquefois D'une personne qui éprouve une émotion visible. *Il paraissait fort al. Visage al. Traits altérés. Parler d'une voix altérée.* || *Être toujours al.*, Avoir toujours soif; et ironiq., Être toujours disposé à boire. — Fig., on dit D'un homme cruel qui se plaît à répandre le sang : *C'est un homme al. de sang.* = Conjug. Voy. Aliéner.

***ALTERNANCE.** s. f. T. Géol. Disposition que présentent les dépôts stratifiés, lorsqu'ils sont composés de plusieurs sortes de roches qui se succèdent plusieurs fois entre elles sur une certaine épaisseur.

ALTERNAT. s. m. T. Dr. politique.

Enc. — L'*Al.* est un droit ou un privilége en vertu duquel deux ou plusieurs villes deviennent, à tour de rôle, le siége du gouvernement ou d'une administration. En Suisse, Berne, Lucerne et Zurich jouissent du droit de l'al., car chacun des cantons dont ces villes sont les capitales devient vorort à son tour, c.-à-d. dirige, pendant une année, les affaires générales de la confédération helvétique. La Diète fédérale s'assemble aussi alternativement dans l'une de ces villes.

ALTERNATIF, IVE. adj. Se dit propr. De deux choses qui agissent continuellement et tour à tour. *La systole et la diastole du cœur sont deux mouvements alternatifs.* || *Emploi al.*, *Charge alternative*, Charge, emploi exercé à tour de rôle par plusieurs personnes. || T. Log. *Proposition alternative.* Voy. Proposition. — T. Méc *Mouvement al.* Voy. Mouvement.

* **ALTERNATION.** s. f. T. Alg. Même signif. que *Permutation.* Voy. ce mot.

ALTERNATIVE. s. f. Succession de deux choses qui reviennent tour à tour. *La vie est une al. de peine et de plaisir.* || Option entre deux propositions, entre deux choses. *Voulez-vous partir, voulez-vous rester? Je vous laisse l'al. Offrir l'al. Il n'y a pas d'al. Il se trouve dans une cruelle al.,* Dans une position où il est obligé de choisir entre deux choses, dont chacune a ses inconvénients ou ses dangers.

ALTERNATIVEMENT. adv. Tour à tour; L'un après l'autre.

ALTERNE. adj. 2 g. (lat. *alternus*, l'un après l'autre). T. Bot. *Feuilles alternes.* Voy. FEUILLE.—T. Géom. *Angles alternes.* Voy. ANGLE.

ALTERNER. v. n. Se dit De deux mouvements qui se répètent régulièrement dans un ordre inverse. *Le jeu de ces deux pistons alterne,* Lorsque l'un monte, l'autre descend. *La systole du cœur alterne avec la diastole.* || S'emploie encore en parlant De deux choses qui se succèdent régulièrement. *Le dessin de cette étoffe présente des bandes rouges et blanches qui alternent entre elles. Dans cette avenue, on a fait al. les marronniers avec les tilleuls.* || Exercer tour à tour un office. *En l'absence du maire, les deux adjoints sont convenus d'al. tous les mois.* || T. Agric. Faire produire successivement à une terre deux récoltes différentes. Dans ce sens, il se prend aussi activement. *Al. les cultures. Al. un champ.* Voy. ASSOLEMENT. = ALTERNÉ, ÉE. part.

ALTESSE. s. f. (lat. *altissimus*, très-élevé). Titre d'honneur qui se donne à différents princes, en parlant et en écrivant. *Son al. le prince de. Traiter d'al. Donner de l'al. à quelqu'un.* — Par abrév., on écrit S. A. R., S. A. I., S. A. S.; *Son al. royale, son al. impériale, son al. sérénissime;* LL. AA. RR., *Leurs altesses royales*, etc.

Enc. — Le titre d'*Al.*, s'il n'est accompagné d'aucune épithète, peut être employé pour qualifier les princes actuellement sans souveraineté, mais qui jouissaient autrefois des droits souverains. Lorsque ce titre est suivi du terme *royal*, il s'applique à tous les princes et à toutes les princesses du sang royal, appartenant aux divers royaumes de l'Europe. Quelques princes cependant, tels que l'Électeur de Hesse et les Grands-Ducs d'Allemagne, sont en privilége de porter la qualification d'*al. royale*, sans être descendants d'un roi. On se sert du titre d'*al. impériale* pour désigner les membres de la famille d'un empereur, issus en ligne directe. Les membres collatéraux, soit des familles impériales, soit des familles royales, reçoivent, en gén., le titre d'*al. sérénissime.* Enfin, ce dernier titre est également donné aux ducs et aux princes souverains d'un ordre inférieur. — Dans l'origine, le titre d'al. avait été attribué aux évêques, qui le portèrent, en France, sous les rois des deux premières races; il fut ensuite adopté par les principaux souverains de l'Europe, qui le conservèrent jusqu'à l'époque où ils prirent celui de *Majesté.* Voy. ce mot.

ALTHÆA. s. m. (gr. ἀλθαία, guimauve). T. Bot. Voy. MALVACÉES.

ALTIER, ÈRE. adj. (lat. *altus*, haut). Superbe, impérieux, qui a de la fierté, qui marque de la fierté. *Mine, façon, démarche altière. Humeur altière. Caractère, esprit al.* || * Dans le style poétique, on dit: *L'aigle al. Le cèdre al. La tête altière de la Discorde.*

Syn. — *Haut, Hautain.* — *Haut* est un terme générique qui renferme l'idée d'élévation, et qui sert à l'exprimer sous tous les aspects où elle peut être considérée; par conséquent, il est employé tantôt en bonne, tantôt en mauvaise part. *Hautain* ne renferme pas implicitement l'idée de hauteur; il désigne, au contraire, l'homme qui affecte de paraître *haut;* aussi est-il pris constamment dans un sens défavorable. *Haut* s'applique aux personnes et aux choses; *hautain*, seulement aux personnes. De même que le mot *haut*, le terme *al.* se dit des choses, mais il s'emploie plus particulièrement en parlant des personnes: il signifie très-élevé, très-haut. Dans le style soutenu, on le prend généralement en bonne part; le front *al.* des rois; dans le langage ordinaire, il se prend dans un sens défavorable, et désigne une humeur impérieuse, un caractère inflexible: un homme *al.* veut subjuguer tous ceux qui l'approchent. *Haut* et *hautain* qualifient les habitudes, les manières; *al.* qualifie principalement le caractère.

* **ALTIMÉTRIE.** s. f. (lat. *altus;* gr. μέτρον, mesure). T. Géom. Partie de la géométrie pratique qui a pour objet la mesure des hauteurs accessibles et inaccessibles. Voy. HAUTEUR.

* **ALTINGIACÉES.** s. f. pl. T. Bot.

Enc. — Famille de végétaux exogènes apétales qui ne se compose que du seul genre *Liquidambar* et de 3 espèces; elle a été créée par Blume sous le nom de *Balsamifluées* auquel Lindley a substitué celui d'*Alt.* — *Caract. botan.:* Feuilles alternes, simples ou lobées, dont les bords sont dentés en scie et munis de glandes. Stipules caduques. Chatons femelles portés sur des pédoncules plus longs que les mâles, et au-dessous d'eux les mâles, entourés d'un involucre tétraphylle caduc. Fleurs monoïques. Chatons unisexués, arrondis. Fleurs mâles: anthères nombreuses, oblongues, presque sessiles, sans calice, mais mêlées de quelques petites écailles, et couvrant le réceptacle commun. Fleurs femelles: ovaires biloculaires, réunis en boule et entourés chacun d'un petit nombre d'écailles; styles allongés, au nombre de 2; ovules indéfinis, attachés à la cloison, amphitropes. Fruit représentant un cône composé d'écailles très-serrées, dans les cavités desquelles se trouvent des capsules presque coniques, bilobées et biloculaires. Graines nombreuses ou solitaires par avortement des autres, comprimées, membraneuses, ailées, peltées,

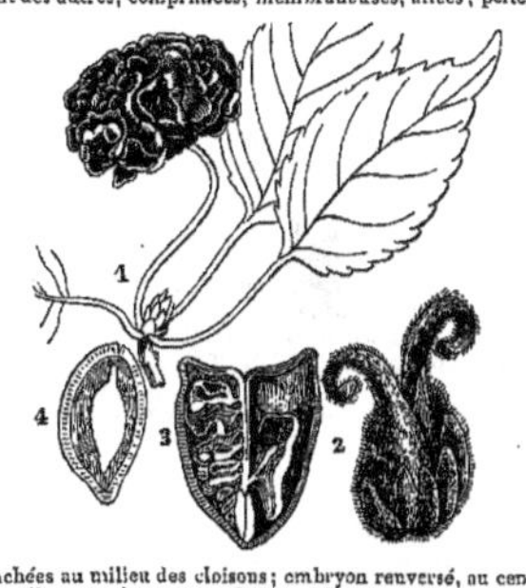

attachées au milieu des cloisons; embryon renversé, au centre d'un albumen charnu; cotylédons foliacés; radicule courte, supérieure. [Fig. 1. *Liquidambar altingia.* 2. Fleur femelle. 3. Coupe du fruit mûr. 4. Coupe d'une graine.] Les Liquidambars sont de grands arbres qui habitent les régions tropicales de l'Inde et les contrées les plus chaudes du Levant et de l'Amérique du nord, et qui donnent une substance balsamique usitée en pharmacie sous le nom de *Storax* ou *Styrax.* Le styrax qui nous est apporté de l'Amérique septentrionale provient du *Liquidambar styraciflua;* la proportion d'acide benzoïque qu'il contient est considérable. Presque tout le styrax liquide qu'on reçoit par la voie de Trieste est vraisemblablement fourni par le *L. oriental* appelé *Xylon effendi* par les Cypriotes. Quant à celui qui nous vient de l'Archipel Indien, il est produit par le *L. altingia*, arbre magnifique de 40 à 55 mètres de hauteur, dont le bois est brun-rougeâtre, compacte, à grain très-serré et fort aromatique. Voy. les art. BAUME et STYRACACÉES.

* **ALTISE.** s. f. (gr. ἁλτικός, sauteur). T. Ent. Voy. CYCLIQUES.

ALTO. s. m. T. Mus. Instrument à cordes qui a la même forme que le violon, et qui se joue de la même manière. Voy. *Instruments à* ARCHET.

Enc. — On donnait autrefois le nom d'*Alto* à la voix de castrat qui correspondait à la voix grave de femme appelée *Contralto*, ou aux ténors élevés des chœurs; dans ce dernier cas, *Alto* avait le même sens que le mot français *Haute-contre.* En Italie, on emploie aujourd'hui le terme *Contraltino.*

* **ALUCITE.** s. f. T. Ent. Voy. TINÉITES.

ALUDE. s. f. (lat. *aluta.*) Basane colorée dont on couvre les livres.

ALUDEL. s. m. (R. *lut.*) T. Chim.

Enc. — Les *aludels* sont des espèces de pots qui peuvent s'emboiter les uns dans les autres, pour former un tuyau ou un appareil plus ou moins long. L'appareil composé d'aludels servait pour différentes sublimations, et surtout pour la préparation du soufre sublimé. On prépare aujourd'hui les fleurs de soufre au moyen d'autres appareils plus commodes.

ALUMELLE. s. f. (lat. *lamella*, petite lame). Lame de couteau, ou Lame d'épée longue et mince. Vx. et fam. || *T. Techn. Lame d'acier aiguisée en biseau comme le ciseau d'un menuisier, et dont les tabletiers se servent pour gratter le buis, la corne, l'écaille, etc. C'est aussi une *Al.* qui constitue la partie essentielle du rabot. || T. Mar. On appelle *Alumelles* de Petites plaques de fer qui garnissent le dedans de la mortaise du gouvernail et les trous des cabestans, afin de préserver les bois du frottement.

***ALUMINATE.** s. m. T. Chim. Voy. ALUMINE et ALUN.

ALUMINE. s. f. (lat. *alumen, minis*, alun). T. Chim.

Enc. — On donne ce nom à un oxyde métallique dont le radical s'appelle *Aluminium.* L'*Al.* préparée artificiellement est une substance blanche, légère, douce au toucher, insipide, et happant à la langue. Elle est infusible au plus violent feu de forge; mais quand on la soumet à l'action du chalumeau à gaz, elle fond très-rapidement en globules vitreux, transparents, ayant presque la densité du rubis. L'al. est sans action sur l'oxygène et sur l'air, ainsi que sur la plupart des corps combustibles. Cependant, si l'air est très-humide, elle peut attirer jusqu'à 15 pour 100 d'eau, surtout quand elle a été rougie au feu. Elle forme pâte avec l'eau et la retient très-fortement, mais sans s'y dissoudre. Elle est au contraire très-soluble dans la potasse et la soude caustiques: la baryte et la strontiane dissolvent également l'al., tandis que l'ammoniaque caustique en dissout à peine. L'al. joue le rôle de base relativement aux acides sulfurique, nitrique, chlorhydrique, etc., ainsi qu'à l'égard de la silice. Toutefois, elle se combine avec certains oxydes métalliques, tels que l'oxyde de zinc, l'oxyde de cobalt, et avec les alcalis eux-mêmes, en jouant alors le rôle d'acide et en donnant naissance à des sels connus sous le nom d'*Aluminates.*—L'al. pure et anhydre se prépare en calcinant au rouge l'alun ammoniacal; elle reste dans le vase sous la forme d'une masse blanche, spongieuse, peu cohérente. On l'obtient sous forme de gelée, à l'état d'hydrate, en précipitant une dissolution d'alun par un grand excès d'ammoniaque. — L'al. est composée de 2 équivalents d'aluminium et de 3 d'oxygène (Al^2O^3), ou en poids, de 100 d'aluminium et de 87,7 d'oxygène.

L'al. est un des corps les plus répandus dans la nature, surtout à l'état d'hydrate et mélangée avec la silice. Elle constitue ainsi les différentes argiles employées dans les arts, et leur communique la propriété de faire pâte avec l'eau.— L'al. se rencontre quelquefois à l'état pur, et simplement colorée par diverses substances métalliques; elle forme ainsi plusieurs variétés de pierres précieuses connues sous les noms de *Saphir*, *Rubis oriental*, *Améthyste orientale*, etc. (voy. CORINDON). La densité du corindon est 3,97 à 4,16, tandis que celle de l'al. préparée artificiellement est 2,00. — L'al. se trouve aussi dans la nature à l'état d'aluminate; parmi les substances dans lesquelles elle se présente ainsi, nous nous contenterons de citer le *Spinelle* ou *Rubis balais.* — Enfin elle entre dans la composition de diverses espèces minérales où elle joue le rôle de base: tels sont les *Aluns naturels*, l'*Alunite*, etc., où elle se trouve combinée avec des acides; tels sont encore l'*Émeraude*, le *Grenat*, la *Tourmaline*, le *Lapis-lazuli*, les *Feldspaths*, les *Micas*, etc., où la silice joue le rôle d'acide à l'égard de l'al.

L'al. est peu employée en médecine: toutefois elle a été administrée avec succès dans certains cas de diarrhée et de dyssenterie. Suivant Trousseau, ce médicament paraît convenir plus particulièrement aux enfants.

Les *sels d'al.* ont une saveur styptique et astringente. Ceux qui sont solubles, comme l'acétate et le sulfate, sont précipités en blanc par la potasse, et le précipité, qui est de l'al., se redissout dans un excès d'alcali. L'ammoniaque les précipite également, mais un excès d'ammoniaque ne redissout pas le précipité. Les sulfates de potasse et d'ammoniaque en dissolution concentrée les précipitent à l'état d'al. Enfin, quand on les chauffe au chalumeau avec du nitrate de cobalt, ils prennent une belle couleur bleue. — Le *Sulfate d'al.* a une réaction fortement acide, et est plus soluble à chaud qu'à froid. On obtient ce sel en traitant l'argile par l'acide sulfurique. L'industrie commence à l'employer à la place des aluns à base de potasse et d'ammoniaque, attendu que ces derniers n'agissent que par l'al. qu'ils contiennent. Mais il est usité depuis longtemps pour la conservation des substances animales. — L'*Acétate d'al.* offre l'aspect d'une masse gommeuse qui n'est pas susceptible de cristalliser. On l'obtient en décomposant l'acétate de baryte par le sulfate d'al. Ce sel est le mordant le plus souvent employé dans l'application des couleurs sur les tissus. Sa solubilité permet de l'appliquer à l'état de dissolution très-concentrée: en outre, comme il est déliquescent, il ne cristallise pas en se desséchant, mais il reste en forme de pâte, ce qui fait qu'il n'altère pas les tissus. Enfin la facilité avec laquelle il abandonne son acide fait qu'il cède aisément au tissu, soit de l'al., soit un sous-sel d'al. capable de fixer les matières colorantes.

ALUMINEUX, EUSE. adj. T. Chim. Qui contient de l'alun, qui est imprégné d'alun. *Eau, terre alumineuse.*

* **ALUMINIUM.** s. m. [On pron. *aluminiome.*] T. Chim.

Enc. — L'*Al.* est un corps simple métallique, qui est la base de l'*alumine.* Sa formule est Al=171.17. Il se présente sous la forme d'une poudre grise qui prend un aspect métallique par le frottement. Chauffé jusqu'au rouge au contact de l'air, l'al. s'oxyde rapidement et se transforme en alumine. Quand on fait chauffer ce métal dans l'oxygène, sa combustion développe une lumière telle que l'œil n'en peut supporter l'éclat: l'alumine qui en résulte entre en fusion et devient aussi dure que le corindon. L'al. est sans action sur l'eau froide. Il ne commence à la décomposer que lorsqu'elle est bouillante, et cette décomposition n'est que partielle. Il se dégage alors de l'hydrogène, et il se fait un précipité d'alumine. L'al. se dissout dans les alcalis caustiques avec dégagement d'hydrogène. H. Davy a essayé vainement d'obtenir l'al. en soumettant l'alumine à l'action de la pile voltaïque la plus énergique. Wöhler a réussi à isoler ce corps simple, en transformant d'abord de l'alumine en chlorure d'al., et en décomposant ensuite ce chlorure.

ALUN. s. m. T. Chim.

Enc. — L'*Alun ordinaire* est un sel double hydraté, formé par la combinaison du sulfate d'alumine avec le sulfate de potasse ou avec le sulfate d'ammoniaque. — L'*Al. à base de potasse* est blanc, solide, d'une saveur douceâtre et astringente, et rougit la teinture de tournesol. Vingt parties d'eau dissolvent une partie d'al. cristallisé. Le même liquide bouillant peut en dissoudre un poids égal au sien. Cette dissolution est incolore, transparente, douée de la même saveur que le sel, et se comporte avec les réactifs comme les autres sels d'alumine. L'al. cristallise ordinairement en octaèdres réguliers, transparents et légèrement efflorescents. Lorsque la dissolution contient un excès d'alumine, il cristallise en cubes, ce qui le fait nommer alors *al. cubique* ou *al. aluminé*. Si on expose l'al. à une chaleur de 100°, il fond dans son eau de cristallisation et forme, après son refroidissement, l'*al. de roche*; à quelques degrés de plus, il perd son eau, devient opaque, et constitue l'*al. calciné* ou *brûlé*. Cet al. exige beaucoup plus d'eau pour se dissoudre. A la chaleur rouge, l'al. laisse dégager de l'oxygène et de l'acide sulfureux, et donne pour résidu de l'alumine et du sulfate de potasse. Enfin, ce dernier est lui-même décomposé si l'on élève davantage la température; l'acide sulfurique se dégage, et il reste un aluminate de potasse. — En calcinant l'al. avec du charbon, on obtient un *pyrophore*, c.-à-d. un corps qui possède la faculté de s'enflammer à l'air. Ce corps est un composé de sulfure de potassium, d'alumine et de charbon.

L'*Al. à base d'ammoniaque* jouit des mêmes propriétés que le précédent; mais il se reconnaît aisément à l'odeur ammoniacale qu'il dégage lorsqu'on le traite par la potasse ou la soude. Sa calcination laisse pour résidu de l'alumine parfaitement pure. — L'al. à base de potasse est formé d'un atome de sulfate d'alumine, d'un atome de sulfate de potasse et de 24 équivalents d'eau. La composition de l'al. à base d'ammoniaque est absolument la même, si ce n'est que l'atome de sulfate de potasse se trouve remplacé par un atome de sulfate d'ammoniaque.

Les chimistes donnent également le nom d'*aluns* aux sels dans lesquels le sulfate de soude ou de magnésie remplace le sulfate de potasse ou d'ammoniaque, aux sels à triple base dans lesquels le sulfate d'alumine se trouve combiné avec du sulfate de potasse et du sulfate d'ammoniaque, et même aux sels dans lesquels l'alumine est remplacée par des oxydes isomorphes avec elle, tels que le peroxyde de fer, le protoxyde de chrôme et le sesqui-oxyde de manganèse. Tous ces sels, en effet, cristallisent de la même manière et possèdent sensiblement les mêmes propriétés.

Les aluns naturels sont fort rares. Cependant on trouve abondamment dans certaines localités une substance minérale nommée *Alunite* ou *Pierre d'alun*, qui est un sous-sulfate d'alumine combiné avec du sulfate de potasse. Cette substance se rencontre partout dans le voisinage des terrains trachitiques, principalement dans les parties qui semblent avoir été remaniées par les eaux, et qui se lient à des tufs ponceux où l'on trouve des débris organiques, par ex., au Mont-Dore en Auvergne, à Tolfa, dans les États-Romains, à Beregszaz et Musaj, en Hongrie, à Milo, dans l'archipel grec. Elle existe aussi dans les anciennes solfatares, et il s'en forme encore aujourd'hui dans les solfatares actives, par suite de l'action des vapeurs sulfureuses sur les roches environnantes. En Hongrie et dans les États-Romains, on exploite l'alunite pour en fabriquer de l'alun. L'alun de Tolfa était jadis fort recherché parce qu'il est très-pur et ne contient point d'oxyde de fer. Mais aujourd'hui on le fabrique en France de toutes pièces : on choisit des argiles aussi exemptes que possible de carbonate de chaux et d'oxyde de fer, on les calcine dans des fours à réverbère, puis on les dissout dans l'acide sulfurique. On mêle ensuite le sulfate d'alumine obtenu avec du sulfate de potasse, opération qui porte le nom de *brévetage*, et enfin on fait cristalliser. — L'al. à base d'ammoniaque ou *Ammonalun* et l'al. à base de soude ou *Natron-alun* sont peu communs dans la nature; le premier se rencontre sous forme fibreuse dans quelques dépôts de lignites, et le second, qui a le même aspect, se trouve dans les solfatares. — L'*Al. de plume* qui se trouve en fibres blanches, soyeuses, dans l'île de Milo, et le *Beurre de montagne* qui s'est offert sous forme de petites concrétions translucides, d'un aspect gras ou résineux, près de Saalfeld en Allemagne, paraissent être des aluns à base de magnésie et d'oxyde de fer. Le beurre de montagne contient de la soude et de l'ammoniaque. — Enfin il existe dans certaines solfatares, telles que celles de Pouzzole et de la Guadeloupe, une substance blanche, fibreuse, soluble, mais non cristallisable, qui est un sulfate d'alumine hydraté, auquel Beudant a imposé le nom d'*Alunogène*. Boussingault a découvert une espèce minérale analogue dans les schistes argileux qui bornent le Rio-Saldana, en Colombie. L'alunogène serait une matière très-précieuse pour la fabrication de l'alun, si elle se trouvait en grande quantité, puisqu'il n'y aurait qu'à la dissoudre et à y ajouter du sulfate de potasse.

L'al. ordinaire est très-employé dans la teinture comme mordant, mais il doit, pour cela, être exempt de toute trace de fer. On en fait encore usage dans une foule d'industries. Ainsi, on s'en sert pour donner au suif plus de consistance et de dureté, pour fabriquer diverses espèces de laques, pour empêcher le papier de boire, pour clarifier les liquides, pour préserver les peaux et les fourrures de l'atteinte des insectes, pour conserver les pièces d'anatomie, etc.

Ce sel est également très-usité en Médecine, car c'est un astringent des plus énergiques. On l'emploie topiquement dans certains cas d'hémorrhagies et surtout d'hémorrhagies passives, dans plusieurs flux chroniques, dans certaines diarrhées séreuses, et dans quelques inflammations soit aiguës, soit chroniques, par ex. dans les ophthalmies légères et dans les phlegmasies superficielles de la membrane buccale. Il est souvent d'une grande efficacité dans plusieurs espèces d'angines, et il réussit fort bien dans l'inflammation de la muqueuse buccale et gingivale avec salivation hydrargyrique. On l'administre parfois à l'intérieur dans diverses affections que l'on rapporte à l'atonie des organes. Mais il est surtout employé à haute dose dans les affections saturnines. Cette méthode qui est due à Grashius et qui a été introduite en France par Kapeler, guérit tout aussi sûrement que le fameux traitement par les purgatifs, connu sous le nom de traitement de la Charité. Il est inutile de dire que le mode d'administration de l'al. varie suivant le but que se propose le médecin. Il peut s'administrer à forte dose sans aucun danger. — Les chirurgiens se servent quelquefois de l'al. calciné comme escarrotique, pour réprimer les chairs fongueuses.

ALUNAGE. s. f. Action d'aluner. Voy. TEINTURE.

ALUNATION. s. f. T. Chim. Fabrication artificielle de l'alun.

ALUNER. v. a. Se dit De l'emploi de l'alun dans l'industrie. *On alune le papier pour le coller, les étoffes pour fixer les matières colorantes. On alune encore les peaux, les bois.* = ALUNÉ, ÉE. part.

ALUNIÈRE. s. f. Lieu d'où l'on tire de l'alun.

***ALUNITE.** s. f. et ***ALUNOGÈNE.** s. m. T. Min. Voy. ALUN.

ALVÉOLAIRE. adj. 2 g. T. Anat. Qui appartient aux alvéoles dentaires. *Arcade al. Vaisseaux, nerfs alvéolaires.*

ALVÉOLE. s. m. (lat. *alveolus*, diminutif de *alveus*, cavité, loge). Chaque petite cellule ou loge que les abeilles se construisent pour y élever leurs larves et y déposer leurs provisions. Voy. ABEILLE. || Chacune des cavités des os maxillaires dans lesquelles sont implantées les racines des dents. || *En T. Hist. nat., se dit aussi Des petites loges ou cavités que présentent certaines coquilles ou certaines parties des plantes. = Plusieurs anatomistes et naturalistes font ce mot féminin.

***ALVÉOLÉ, ÉE.** adj. T. Hist. nat. Qui est creusé de petites fossettes ou cavités analogues aux alvéoles des abeilles.

***ALVIN.** s. m. *ALVINAGE, etc. Voy. ALEVIN, etc.

ALVIN, INE. adj. (lat. *alvus*, bas-ventre). Ne s'emploie guère qu'en parlant Des matières excrémentitielles qui proviennent des intestins. *Flux al. Déjections, évacuations alvines.*

***ALYDE.** s. m. T. Ent. Voy. GÉOCORISES.

***ALYSIE.** s. f. T. Ent. Voy. PUPIVORES.

***ALYSON.** s. m. T. Ent. Voy. FOUISSEURS.

***ALYXIE.** s. f. (gr. ἄλυξις, tristesse). T. Bot. Voy. APOCYNÉES.

AMABILITÉ. s. f. (lat. *amare*, aimer). Douceur de caractère, manières affables qui font que l'on plaît, que l'on est aimé. *Cette personne a beaucoup d'am.*

AMADIS. s. m. Sorte de manche de chemise ou d'autre vêtement qui s'applique exactement sur le bras, sans bouffer, ni faire de plis. *Des amadis brodés d'or. Des manches en am.*

AMADOU. s. m. Substance végétale préparée pour se procurer du feu en faisant tomber sur elle des étincelles au moyen d'une pierre à fusil et d'un briquet. *Un morceau d'am. Cet am. n'est pas sec.*

Enc. — Un assez grand nombre de substances peuvent être employées en guise d'*Am.*, soit telles que la nature les produit, soit au moyen de quelque préparation. Ainsi, par ex., certains végétaux dont les feuilles et les tiges sont revêtues de poils longs et soyeux, comme les *Armoises* et les *Morines*, lorsqu'ils sont bien desséchés, prennent aisément feu au contact d'une étincelle. La vesse-de-loup, espèce de champignon du genre *Lycoperdon*, offre une substance charnue et filandreuse, qu'il suffit d'imbiber d'une légère eau de poudre pour en faire un am. très-inflammable. Mais le véritable am. est fourni par plusieurs espèces de champignons, appartenant au genre *Polypore* et principalement par le *Polyporus igniarius* et le *Polyporus fomentarius*. Pour le préparer, on enlève la couche corticale, afin de mettre à nu la substance spongieuse et veloutée qui constitue, pour ainsi dire, la chair du champignon. On coupe ensuite cette substance en tranches minces, que l'on bat avec un maillet pour les assouplir. Cette opération, répétée trois à quatre fois, transforme chaque tranche en une lame mince. Enfin, pour terminer, on fait bouillir ces lames dans une dissolution de nitrate ou de chlorure de potasse. Quelquefois, afin que l'am. prenne feu encore plus facilement, on l'imbibe de poudre à canon; mais il acquiert alors une teinte noirâtre, au lieu de conserver la couleur roussâtre qui lui est particulière. La préparation de l'agaric dont se servent les chirurgiens est absolument la même, seulement il n'est pas salpêtré.

AMADOUER. v. a. (R. *amadou*). Flatter, caresser quelqu'un pour le disposer à ce qu'on désire de lui. *Il l'amadoua par de belles paroles.* Fam. = AMADOUÉ, ÉE. part.

***AMADOUVIER.** adj. et s. m. T. Bot. Se dit Des espèces de champignons dont on se sert pour fabriquer l'amadou. Toutefois il s'applique particulièrement à l'espèce de *Polypore* appelé *Polyporus igniarius*.

AMAIGRIR. v. a. (R. *maigre*). Rendre maigre. *L'excès de travail l'a amaigri.* — On dit absol., *Le jeûne amaigrit.* || T. Archit. *Am. une pièce de bois, une pierre*, Diminuer son épaisseur, afin de pouvoir l'ajuster à la place qu'elle doit occuper. On dit aussi *Démaigrir.* = AMAIGRIR. v. n. Devenir maigre. *Il amaigrit tous les jours. Les bœufs amaigrissent dans ces pâturages.* = s'AMAIGRIR. v. pron. Devenir maigre. *Il s'amaigrit par ses mortifications.* || T. Sculpt. *Cette figure s'est amaigrie*, se dit D'une figure de terre glaise qui s'est réduite en séchant. = AMAIGRI, IE. part.

Syn. — *Maigrir.* — Le verbe neutre *Am.* marque le passage lent et successif de l'embonpoint à la maigreur; *maigrir* en marque le passage rapide. On *amaigrit* peu à peu; on *maigrit* à vue d'œil.

AMAIGRISSEMENT. s. m. Diminution graduelle du volume du corps. Se dit De l'homme et des animaux.

Syn. — *Maigreur*, *Émaciation*, *Atrophie*. — L'*Am.* est le fait de la diminution graduelle du volume général du corps; il est la conséquence de la résorption de la graisse, et de l'affaissement consécutif des tissus. La *maigreur* est l'état plus ou moins permanent qui est la suite de l'*am.* *Émaciation* ne se dit guère que dans le langage de la science, pour désigner la *maigreur* poussée à l'extrême et accompagnée d'une notable diminution de forces. Le mot *atrophie* s'emploie en parlant du défaut de nutrition convenable ou du manque de développement normal d'un organe particulier ou de l'organisme tout entier; elle est, le plus souvent, congénitale, ou bien elle résulte de quelque altération profonde du système nerveux ou du système circulatoire, comme dans certains cas de paralysie ou d'oblitération du principal vaisseau d'un membre.

AMALGAMATION. s. f. T. Métall. Opération qui consiste à traiter les minerais d'or et d'argent par le mercure, pour extraire ces métaux précieux de leur gangue. Voy. OR, ARGENT.

AMALGAME. s. m. (gr. ἅμα, ensemble; λ explétif; γαμῶ, je marie). Alliage du mercure avec un autre métal. *Faire un am.* || Fig. et fam., Mélange de personnes ou de choses qui ne devraient pas se trouver ensemble. *On trouve chez lui un singulier am. de toutes sortes de gens. Étrange am. de vertus et de vices.*

Enc. — Les *Amalgames* sont, en gén., liquides, lorsque le mercure est très-prédominant, et solides, quand la proportion de mercure n'est pas assez considérable. Ils sont presque tous blancs et décomposables à la chaleur rouge. — Le mercure et l'étain se combinent à chaud en toute proportion et s'amalgament même à froid. Le *Tain* qui sert à étamer les glaces est un am. d'environ 3 parties de mercure pour 1 d'étain. On verse le mercure sur une feuille d'étain étendue horizontalement, et l'on y applique ensuite le verre dont on veut faire une glace. — L'am. de bismuth (1 p. de bismuth, 4 p. de mercure) est employé pour étamer intérieurement les globes de verre. — On se sert d'un am. composé de 50 p. de mercure, 25 d'étain et 25 de zinc pour frotter les coussins des machines électriques. — Enfin, dans les anciens procédés usités pour dorer et argenter le cuivre, le laiton et le bronze, on emploie les amalgames d'or et d'argent. Voy. DORURE, etc.

AMALGAMER. v. a. T. Chim. Faire un amalgame. || Fig. et fam., Rapprocher, unir des choses qui ne sauraient aller ensemble. *L'école d'Alexandrie essaya d'am. la philosophie grecque avec le mysticisme oriental.* = s'AMALGAMER. v. pron. *Le mercure s'amalgame très-facilement avec l'étain. Les idées les plus disparates s'amalgament dans son esprit.* = AMALGAMÉ, ÉE. part.

AMANDE. s. f. (gr. ἀμύγδαλον, amande). Fruit de l'amandier. || On nomme *Amandes lissées*, *glacées*, *soufflées*, *pralinées*, Différentes sortes de dragées que l'on fait avec des amandes. || Vulg., on donne le nom d'*Am.* à toute graine contenue dans son noyau. — *Mais les botanistes appellent ainsi la partie de la graine mûre placée sous le tégument propre. Voy. GRAINE.

Enc. — On distingue dans le commerce deux espèces d'*amandes* : les amandes douces et les amandes amères. Les premières se divisent même en deux variétés, l'une *à coque dure*, l'autre *à coque fragile*. Il se fait une énorme consommation d'amandes douces pour le dessert et pour les préparations des confiseurs. Celles que la Provence nous fournit ne pouvant suffire à la consommation, la Barbarie, l'Espagne et l'Italie nous en envoient des quantités considérables. Les amandes douces ont un goût fort agréable, surtout lorsqu'elles sont fraîches; mais quand elles sont sèches, elles sont difficiles à digérer. L'*Émulsion* ou *Lait d'amandes* et l'*Huile d'amandes douces* sont fort usitées dans les phlegmasies des organes pulmonaires et du canal digestif. Prise en petite quantité, l'huile agit comme émollient; à plus haute dose (30 à 60 grammes), elle devient laxative, et s'emploie avec succès pour purger les enfants et les personnes délicates. On en fait également un grand usage en parfumerie. Le *Sirop d'orgeat*, comme chacun sait, se prépare avec des amandes douces auxquelles on ajoute 3/10 d'amandes amères.

Selon Dioscoride, 5 ou 6 amandes amères suffisent pour dissiper l'ivresse. Ces amandes possèdent en outre la faculté de tuer les vers intestinaux. On les emploie encore à petites doses pour aromatiser les préparations dont les amandes douces sont la base. A haute dose, elles causent des accidents graves et parfois même mortels : Orfila a fait périr un chien en lui faisant avaler 20 amandes amères ; Wepfer a tué un chat en lui donnant 4 gram. d'amandes pilées, et le même auteur fait observer que l'empoisonnement est beaucoup plus actif quand on ne dépouille pas ces fruits de leur enveloppe. Cependant l'huile fixe que l'on obtient des amandes amères, en les exprimant à froid, est tout à fait semblable à celle d'amandes douces. Mais l'*eau distillée* des amandes amères, l'*huile essentielle* qu'elles contiennent, ainsi que le *tourteau* qui reste lorsqu'on a exprimé l'huile fixe de ces amandes, sont très-vénéneux.

Dès 1802, Schrader et Vauquelin observèrent que le produit de la distillation des amandes amères avec de l'eau contenait de l'acide prussique tout formé ; et, en même temps, Vauquelin pensa que cet acide ne préexistait pas dans les amandes. Plus tard, Robiquet et Boutron démontrèrent que l'huile volatile des amandes amères et l'acide prussique qui s'obtiennent en les distillant avec de l'eau, ne sont point renfermés dans ces dernières, avant leur traitement par l'eau. En effet, l'huile fixe, obtenue par expression, ne contient aucun de ces produits, et, quand on épuise la pulpe des amandes par l'éther, on ne trouve que de l'huile grasse dans la dissolution : or, si l'acide prussique ou l'huile volatile eussent préexisté dans les amandes amères, ces corps se seraient retrouvés dans l'éther. Mais une fois l'huile grasse ou fixe enlevée au moyen de l'éther, si on humecte d'eau la pulpe des amandes, et si, après avoir fait sécher cette pulpe, on la traite de nouveau par l'éther, elle donne, par l'évaporation, de l'huile volatile d'amandes amères, facile à reconnaître à l'odeur qui lui est propre. Quand, au contraire, on épuise cette pulpe au moyen de l'alcool bouillant, soit avant, soit après son traitement par l'éther, le résidu ne contient pas de traces d'huile volatile ou d'acide cyanhydrique, alors même qu'on l'humecte d'eau ou qu'on le distille ; mais en faisant évaporer la solution alcoolique, on obtient, sous forme de beaux cristaux blancs, une substance qui contient constamment de l'azote, quoiqu'en faible proportion. Cette substance, qui a reçu le nom d'*Amygdaline*, se dissout facilement dans l'eau et lui communique une saveur légèrement amère ; elle est également très-soluble dans l'alcool bouillant, mais elle ne se dissout point dans l'éther. Quand on la distille avec de l'acide nitrique étendu, elle se décompose en ammoniaque, en hydrate de benzoïle, en acide benzoïque, en acide formique et en acide carbonique, et quand on la fait digérer avec les alcalis bouillants, elle se transforme en ammoniaque et en *Acide amygdalique*, qui se présente sous l'aspect d'une masse amorphe, incolore et d'une saveur aigrelette. Lorsque Robiquet et Boutron découvrirent l'amygdaline, ils pensèrent avec raison que cette substance servait à la production de l'acide prussique et de l'huile volatile ; mais ils ne parvinrent pas à expliquer ce phénomène. Woehler et Liebig reconnurent que, si l'on mêle une solution aqueuse d'amygdaline avec du lait d'amande frais, il s'opère en peu d'instants une décomposition, et que l'amygdaline se transforme en acide prussique, en huile volatile d'amandes amères, en sucre, en acide formique et en eau. C'est, jusqu'à un certain point, de la quantité d'eau qui se trouve contenue dans le mélange que dépend la quantité d'amygdaline qui se décompose dans ce cas. Si la proportion d'eau est assez considérable pour dissoudre tous les produits qui se forment aux dépens de l'amygdaline, celle-ci se décompose en totalité, sinon elle ne se décompose qu'en partie. La persistance de l'amygdaline dans les amandes, sans qu'il y ait formation d'acide prussique et d'huile volatile, tient uniquement à la faible proportion d'humidité qu'elles renferment.

De tous les produits que donnent les amandes amères, l'huile volatile est le plus dangereux. Metzdorf rapporte le fait d'un hypochondriaque qui en prit 8 grammes et périt en une demi-heure. L'action délétère de cette huile ainsi que celle de l'eau distillée est due à l'acide prussique qu'elle contient. L'huile essentielle d'amandes amères est fort employée en parfumerie, mais on n'en fait guère usage en médecine que sous forme de pommade. L'eau distillée est plus usitée ; toutefois, c'est un médicament infidèle, parce qu'il est très-variable dans sa composition. Au reste, le mode d'action de ces substances est celui de toutes les préparations cyaniques, et leur emploi n'est indiqué que dans les mêmes cas, Voy. J. Liebig, *Lettres sur la chimie*.

AMANDÉ. s. m. Sorte de boisson faite avec du lait et des amandes douces broyées et passées.

AMANDIER. s. m. T. Bot.

Enc. — L'*Am. commun* est fort répandu dans le midi de la France. Quelques auteurs le font originaire de l'Afrique septentrionale, et d'autres le font venir de l'Asie. Ses fleurs blanches s'épanouissent, à Paris, à la fin de février ou au commencement de mars ; mais dans les climats chauds, il fleurit dès le mois de janvier. Les botanistes regardent le *Pêcher* comme une simple espèce du genre *Am.*, et placent ce dernier dans la famille des *Drupacées*. (Voy. ce mot.) — Les voyageurs ont donné le nom d'am. à des arbres qui appartiennent à des familles tout à fait différentes. Ainsi, par ex., à l'Ile de France, ce nom est appliqué à une espèce de *Badamier* (*Terminalia catappa*) de la famille des *Combrétacées*.

***AMANITE.** s. f. (gr. ἄμανος, nom d'une montagne de la Cilicie). T. Bot. Voy. Champignon.

AMANT, TE. s. (lat. *amans*, *antis*, de *amare*, aimer). Celui, celle qui a de l'amour pour une personne d'un autre sexe. *Am. heureux*, *malheureux*, *fidèle*, *constant*, *volage*, etc. *Cette femme a beaucoup d'amants. Tendre amante. Amante abusée, délaissée.* — *Les amants des Muses*, Les poëtes. || Fig., *Un am. de la liberté*, *de la gloire*, Un homme passionné pour la liberté, pour la gloire. — * Dans le style élevé, on dit aussi : *Le papillon volage am. des fleurs. La violette amante des bocages.* || Au plur., se dit De deux personnes de différent sexe qui s'aiment. *Le mariage entre ces deux amants est résolu.*

Syn. — *Amoureux.* — *Amoureux* s'emploie quelquefois substantivement, dans le sens du mot *amant* ; mais alors il appartient au style vulgaire. Lorsqu'il est employé comme adjectif, il ne saurait être synonyme d'*am.* parce que ce dernier terme est toujours substantif. Cependant, pour faire ressortir entièrement la différence qui existe entre ces deux mots, nous ferons remarquer que leur origine n'est pas identiquement la même : en effet, l'adj. *amoureux* vient du subst. latin *amor* ; et le subst. *amant* vient du verbe latin *amare*. D'où il résulte que le premier de ces termes représente la passion comme inhérente au sujet, et que le second marque le fait de prendre telle ou telle personne pour objet de ses assiduités ; en d'autres termes, ce que l'on considère dans l'un, c'est la plénitude du sentiment, la réalité de la passion, et dans l'autre, c'est le fait notoire, patent, de s'attacher par choix à telle ou telle personne.

***AMARANTACÉES.** s. f. pl. T. Bot.

Enc. — Famille de végétaux exogènes apétales offrant les *caract. bot.* suivants : Feuilles simples, opposées ou alternes, dépourvues de stipules. Fleurs en capitules ou en épis, ordin. colorées, quelquefois unisexuées, mais le plus souvent hermaphrodites. Pubescence simple ; poils divisés par des cloisons internes. Sépales au nombre de 5 (rarement de 3), hypogynes, scarieux, persistants, herbacés ou colorés, distincts ou unis à la base, tous égaux, quelquefois avec 3 sépales plus intérieurs que les autres, souvent accompagnés de 2 bractéoles et fréquemment enveloppés de bractées scarieuses colorées. Étamines hypogynes, au nombre de 5 opposées aux sépales, ou en nombre multiple de 5, tantôt distinctes, tantôt monadelphes, quelquefois en partie abortives ; anthères bi ou uniloculaires. Ovaire unique, libre, contenant une ou plusieurs graines, ovules amphitropes, suspendus à un funicule central libre ; style simple ou nul ; stigmate simple ou composé. Fruit représentant un utricule membraneux, quelquefois un cariopse ou

une baie ; graines lenticulaires, pendantes ; test crustacé ; albumen central, farineux ; embryon recourbé autour de la circonférence ; radicule près du hile. [Fig. 1. *Amarantus paniculata*. 2. Fruit au moment de la déhiscence. — 3. Fleur de la *Celosia longifolia*. 4. Étamines. 5. Ovules. 6. Coupe de la graine.]

Les *Am.* sont des plantes herbacées ou suffrutescentes. Elles habitent surtout les régions tropicales. Sur 38 genres et 282 espèces qui composent cette famille, il n'y a que 5 espèces, suivant Martius, qui soient originaires d'Europe.

Les feuilles de quelques espèces étant très-mucilagineuses, se mangent en guise d'épinards : telle est chez nous l'*Amarante blette* (*Amarantus viridis*). Dans l'Inde, on récolte, comme on fait pour les céréales, les graines de deux amarantes (*Amarantus frumentaceus* et *anardhana*). — A Java on emploie, dans la rougeole, les feuilles amères et âcres de la *Deeringia celosioïdes*. Dans l'Inde, on fait usage contre l'hydropisie, de deux espèces du genre *Achyranthe* ou *Cadélari* (*Achyranthes aspera* et *fruticosa*). Les fleurs de l'*Amarante des Jardiniers*, *Passe-velours* ou *Célosie crête de coq* (*Celosia cristata*), sont astringentes et employées, en Asie, dans le cas où il y a indication de recourir aux astringents. A Madagascar, deux espèces d'am. (*Achyranthes globulifera* et *Amarantus debilis*) sont administrées sous forme d'infusion, dans les affections vénériennes. L'*Amarante à feuilles obtuses* est, dit-on, diurétique. Enfin deux espèces du genre *Amarantine* ou *Gomphrène* (*Gomphrena officinalis* et *macrocephala*) jouissent, au Brésil où on les appelle *Para todo*, *Perpetua* et *Raiz do Padre Salerma*, d'une réputation prodigieuse. Ainsi que l'indique le premier de ces noms, on les croit utiles dans toutes les maladies possibles, mais principalement dans les cas de fièvre intermittente, de colique et de diarrhée : on les administre même contre la morsure des serpents. La racine de ces plantes passe pour être tonique et stimulante.

Un certain nombre d'am. sont cultivées comme plantes d'ornement. Cependant la plupart ont une teinte sombre et des feuilles marquées de taches livides. L'aspect de quelques-unes est même tout à fait triste : aussi les anciens avaient-ils rangé l'amarante au nombre des plantes consacrées aux morts : ils la portaient, en signe de deuil, aux fêtes funèbres, et la plantaient autour des tombeaux.

AMARANTE. s. f. (gr. ἀμάραντος, qui ne se flétrit pas). T. Bot. Genre de plantes de la famille des *Amarantacées*. || Comme plusieurs espèces de ce genre ont des fleurs d'un rouge pourpre velouté, on dit adject. : *Couleur am. Rouge am. Un velours*, *un drap am.*

* **AMARANTINE.** s. f. T. Bot. Voy. Amarantacées.

* **AMARE.** s. m. (gr. ἀμάρα, sillon). T. Entom. Voy. Carabiques.

AMARINAGE. s. m. Action d'amariner un bâtiment pris sur l'ennemi.

AMARINER. v. a. (R. *marin*). T. Mar. *Am. un bâtiment*, En prendre possession après l'avoir forcé d'amener, c.-à-d. de se rendre. || Habituer à la mer. *Il est difficile d'am. les soldats tirés du centre de la France.* = Amariné, ée. part. *Un vaisseau am.* — *Matelot am.*, Habitué à la mer, et qui a le pied marin.

* **AMARQUE.** s. m. (R. *à*, *marque*). T. Mar.

Enc. — On nomme ainsi un indice pour avertir les navigateurs des approches d'un banc. On emploie à cet usage un tonneau vide et bouché hermétiquement, qu'on fixe à l'aide d'une chaîne et d'une ancre, afin qu'il surnage constamment à la place qu'il doit signaler à l'attention des marins.

AMARRAGE. s. m. T. Mar. Action d'amarrer un bâtiment. || Union, ligature de deux cordages, au moyen d'un autre plus petit qu'on appelle *Ligne d'amarrage*. *Faire un am.*, *des amarrages.*

AMARRE. s. f. T. Mar. Cordage au moyen duquel on attache un objet quelconque dans un navire. *Lier une table avec une am. Attacher un canon avec des amarres.* — S'emploie plus particulièrement en parlant De certains cordages, tels que les *aussières* et les *grelins*, et même des chaînes, qui servent à fixer un navire dans une rade, dans un port, etc., ou qui servent à l'attacher à un autre bâtiment. *Jeter une am. à une embarcation. Les amarres d'un vaisseau.* — *Amarres de bout*, Amarres qui viennent à l'avant du navire. *Amarres de travers*, celles qui sortent par les sabords ou par dessus.

AMARRER. v. a. (lat. *mare*, mer). Lier, attacher, fixer avec une amarre. *Am. un navire dans le port. Am. un bâtiment. Am. une manœuvre*, La lier, l'arrêter après avoir halé dessus. = Amarré, ée. part.

* **AMARYLLIDÉES** ou * **AMARYLLIDACÉES.** s. f. pl. T. Bot.

Enc. — Famille de végétaux endogènes à ovaire infère. Les *Am.* sont des plantes à racine bulbifère ou fibreuse, et parfois à tige ligneuse, cylindrique et élevée. — *Caract. bot.* : Feuilles à veines parallèles, radicales, rarement caulinaires, et de figure très-variée. Fleurs ordin. munies de bractées spathiformes. Calice et corolle confondus, adhérents, réguliers, colorés, le premier recouvrant la seconde. Étamines au nombre de six, naissant des sépales et des pétales, à filets quelquefois dilatés à leur base et unis de manière à former une sorte de godet : parfois il existe une seconde rangée d'étamines stériles, qui souvent forme une couronne surmontant le tube du périanthe ; anthères s'ouvrant intérieurement. Ovaire à 3 loges opposées aux sépales, pluri-ovulées, et parfois uni ou bi-ovulées ; ovules anatropes ; style simple ; stigmate trilobé. Fruit représentant soit une capsule à 3 loges, à 3 valves et à débiscence loculicide, soit une baie contenant 1 à 3 graines. Graines pourvues d'un test tantôt mince et membraneux, tantôt noir et cassant, tantôt épais et charnu; albumen charnu ou corné; embryon presque droit, à radicule tournée vers le hile.

Cette famille, qui ne compte pas moins de 68 genres et 400 espèces, est divisée par Lindley en 4 tribus : 1° *Amaryllées.* Racine bulbeuse; pas de couronne à l'intérieur de la fleur. 2° *Narcissées.* Racine bulbeuse, couronne dans la fleur. 3° *Alstrœmériées.* Racine fibreuse; sépales différant des pétales sous le rapport de la forme. 4° *Agavées.* Racine fibreuse; sépales et pétales semblables.

[Fig. 1. *Pancratium maritimum.* 2. Coupe de la fleur pour montrer qu'il existe, entre chaque étamine, une dent bifide dont l'ensemble forme une couronne. 3. Bulbe. 4. Coupe transversale de l'ovaire. 5. Coupe de la capsule de l'*Alstrœmeria pelegrina.* 6. Coupe verticale de sa graine.]

Il n'existe que fort peu de plantes de cette famille dans le nord de l'Europe : celles qui sont indigènes de nos climats appartiennent aux genres *Narcissus* et *Galanthus.* Le nombre des am. augmente à mesure que l'on avance vers le Sud. Le *Pancratium* se rencontre sur les bords de la Méditerranée; les *Crinums* (vulg. *Crinoles*) et les *Pancratiums* abondent dans les deux Indes. La côte d'Or est le premier point où l'on rencontre le genre *Hæmanthus*, et c'est au cap de Bonne-Espérance que l'on voit les plus magnifiques espèces de cette famille. Enfin l'*Agava*, originaire de l'Amérique, est aujourd'hui naturalisée dans le midi de l'Europe, surtout en Sicile.

Les am. sont du petit nombre de familles monocotylédones où l'on trouve des espèces possédant des propriétés vénéneuses. Ces propriétés se remarquent surtout dans le suc visqueux des bulbes de l'*Hémanthe vénéneux* (*Hæmanthus toxicarius*) et de quelques espèces voisines. Les Hottentots, dit-on, s'en servent pour empoisonner leurs flèches. On a aussi prétendu, mais sans doute à tort, qu'il en était de même des bulbes de l'*Amaryllis belladone* (*Am. belladonna*) ou *Am. à fleurs roses.* Suivant Martius, les bulbes des *Hippéastres* sont vénéneux. On connaît depuis longtemps les propriétés émétiques de la *Nivéole du printemps* (*Leucoium vernum*) et du *Galanthe d'hiver*, appelé vulg. *Perce-Neige* et *Violette de la Chandeleur.* Les mêmes propriétés s'observent, ainsi que l'a démontré Loiseleur-Deslonchamps, dans le *Narcisse à bouquets* (*Narcissus tazetta*), dans le *N. odorant* (*N. odorans*), nommé encore *Grande Jonquille*, dans le *N. des poëtes* (*N. poeticus*), et dans le *Pancratier maritime* ou *Lis de Mathiole* (*Pancratium maritimum*). Les fleurs du *Faux narcisse* (*Narcissus pseudo-narcissus*) connu sous les noms vulgaires de *Narcisse des prés* et *Fleur de coucou* (Fig. 7), sont non-seulement émétiques, mais encore vénéneuses, et ont plusieurs fois causé la mort d'enfants qui en avaient mangé. De Candolle considère le principe trouvé dans les *Amaryllis* comme analogue à celui qu'on a découvert dans la *Scille.* L'*Oporanthe jaune* (*Oporanthus luteus*) est purgatif; l'*Alstrœmérie salsilla* est diaphorétique et diurétique; l'*Amaryllis ornata* est astringente. Dans le Chili, on tire une espèce d'arrow-root des racines succulentes de l'*Alstrœmérie pâle* et d'autres espèces. La *Bomarée salsilla* s'emploie comme substitut de la salsepareille. L'*Agave* ou *Aloès d'Amérique*, dont la fleur, suivant une fable très-répandue, ne fleurit que tous les cent ans, forme, grâce à ses feuilles dures et épineuses, des haies impénétrables. Les racines et les feuilles de l'agave, ainsi que de quelques espèces voisines, surtout de celles que l'on appelle *Pitte*, contiennent des fibres ligneuses extrêmement tenaces qui font d'excellents cordages. Les Mexicains s'en servent encore pour fabriquer du papier. La racine de l'agave est diurétique et antisyphilitique, et on l'apporte en Europe mêlée à la salsepareille. Lorsqu'on fait évaporer le suc tiré de ses feuilles par expression, on obtient une substance qu'on peut employer en guise de savon. Mais le produit le plus important de l'agave, et surtout de l'*Agave américaine* (*Agave americana*), c'est la sève qui s'écoule abondamment, lorsqu'on coupe les feuilles intérieures au moment où la hampe florale va se développer. On récolte surtout le suc de la variété appelée *Metl* par les Mexicains et *Maguey de Cocinza* à Caraccas. Les *Pittes* et les *Maguey-metls* sont fort communs dans toute l'Amérique équinoxiale : on les trouve non-seulement dans les plaines, mais encore jusqu'à une hauteur de 9 à 10 mille pieds. Le suc de l'agave est d'un goût acide très-agréable. Il fermente avec facilité à cause du mucilage et du sucre qu'il contient; on lui donne alors le nom de *Pulque.* Cette liqueur spiritueuse, qui ressemble à du cidre, a une odeur de viande putréfiée excessivement désagréable; mais les Européens qui ont surmonté le dégoût qu'inspire sa fétidité préfèrent le pulque à toute autre liqueur. On en tire une sorte d'eau-de-vie très-enivrante qu'on nomme *Mexical* ou *Aguardiente de Maguey.* L'*Agave saponaire* (*A. saponaria*) est un puissant détersif; au Mexique, on s'en sert en manière de savon. Au Chili, on attribue des propriétés purgatives et diurétiques à une infusion froide faite avec les feuilles du *Thekel* (*Chœradolia chilensis*). — Cette famille renferme en outre une foule d'espèces qu'on cultive comme plantes d'agrément à cause de leur beauté ou de leur odeur. Nous nous contenterons de citer le *Lis* ou la *Croix de saint Jacques* (*Amaryllis formosissima*), le *Lis de Guernesey* (*Am. sarniensis*), la *Jonquille* (*Narcissus jonquillia*), et le *Lis des Incas* (*Alstrœmaria pelegrina*).

7

***AMARYLLÉES.** s. f. T. Bot. Voy. AMARYLLIDÉES.

AMARYLLIS. s. f. [On pron. l'S]. T. Bot. Voy. AMARYLLIDÉES.

AMAS. s. m. (gr. ἅμα, ensemble). Accumulation de plusieurs choses. *Am. de sable, de pierres. Faire de grands am. de blé. Un am. d'armes.* — Par anal., on dit *Un am. d'eau, d'humeurs, de sang.* || Fig., Réunion, concours d'un grand nombre de personnes. *Am. de peuple. Am. de curieux.* || Est encore usité au fig., mais en mauvaise part. *Ce livre n'est qu'un am. d'erreurs. Sa vie n'est qu'un am. de crimes. Ce discours n'est qu'un am. d'antithèses.*

Enc. — Dans le langage de la Géol. et de la Minér., on donne le nom d'*Am.* à des dépôts de matières qui, au lieu d'être étendus indéfiniment comme les couches, sont enveloppés, en tout ou en grande partie, par des matières d'un genre différent, et forment ainsi des masses plus ou moins irrégulières (Fig. 1 et 2), quelquefois arrondies, ovales ou lenticulaires. Ces dernières (Fig. 2), qui sont fréquemment situées entre deux couches de roches, reçoivent parfois le nom d'*am. couchés.*

Fig. 1.

Fig. 2.

Il y a des am. dont le volume est véritablement prodigieux. Ainsi, par ex., à Traverselle, dans le Piémont, on exploite un am. de fer oxydulé ou d'aimant qui a 500 mètres de longueur, 400 de largeur et 300 de hauteur; et à Hallein, dans le cercle de Salzbourg (Autriche), il existe un am. de sel gemme qui a été reconnu par des travaux souterrains sur une longueur de 3000 mètres, une largeur de 1300 et une hauteur de plus de 500, ce qui donne 1 milliard 950 millions de mètres cubes. Mais il est des am. beaucoup plus petits; et si, comme le fait observer Beudant, on tient à conserver cette expression pour désigner des manières d'être tout à fait semblables, on peut dire qu'il y a des am. de la grosseur du poing et même de celle d'un pois. — Cependant les très-petits am. qui se trouvent dans l'épaisseur des couches prennent les noms de *Nids*, de *Rognons* et de *Noyaux*. On appelle plus particulièrement *nids* les petits am. de matières friables dont la forme est très-irrégulière; le nom de *rognons* s'applique aux petits am. solides dont la forme est plus ou moins arrondie, souvent étranglée en différents points, et dont le volume est en gén. au moins égal à celui du poing; enfin les *noyaux* sont de petits am. le plus souvent solides, qui ont fréquemment la forme d'une amande, ne sont presque jamais étranglés, et semblent, dans beaucoup de cas, s'être modelés dans des cavités préexistantes.

AMASSER. v. a. Entasser, faire un amas, mettre ensemble. *Am. des matériaux pour une construction. Am. de l'argent, de grands biens. Am. sou sur sou.* — Pris absol., signif. Thésauriser. *Il ne fait qu'am.* || Fig., *Am. des matériaux pour un ouvrage. Am. des preuves. Am. des honneurs, des connaissances. Am. une grande fortune. Il s'est amassé beaucoup de biens,* Il a gagné de grandes richesses. || Réunir un grand nombre de personnes. *Am. des troupes de toutes parts.* || Relever de terre ce qui est tombé. *Amassez mes gants.* Vx. On dit aujourd'hui *Ramasser.* = s'AMASSER. v. pron. *Il s'est amassé beaucoup de sable dans ce canal, beaucoup d'eau dans cette vallée. Les dignités s'amassent sur sa tête. La foule s'amassa autour de lui.* = AMASSÉ, ÉE. part. = Syn. Voy. ACCUMULER.

AMATELOTAGE. s. m. T. Mar. Voy. AMATELOTER.

AMATELOTER. v. a. T. Mar. = AMATELOTÉ, ÉE. part.

Enc. — Autrefois, dans un bâtiment, un hamac devait servir à deux matelots; et comme l'un dormait pendant que l'autre faisait le quart, il résultait de ce fait une espèce d'association pour faire le service à tour de rôle, association qu'on appelait *Amatelotage.* Associer ainsi deux matelots, c'était les *Amateloter.* Depuis trente ans, chaque homme a son hamac.

AMATEUR. s. m. (lat. *amator*, qui aime). Celui qui a beaucoup d'attachement, de goût pour quelque chose. *Am. de la vertu, de la gloire. Am. de fleurs, de livres, de nouveautés, de peinture, de statues. C'est un am. de tous les beaux-arts.* || Celui qui pratique la peinture, la sculpture, la musique sans en faire sa profession. Dans ce sens, s'emploie absol. *Ce portrait est l'ouvrage d'un am. Elle joue fort bien du piano pour un am. C'est un concert d'amateurs.*

Obs. gram. — Quelques écrivains, et notamment J.-J. Rousseau, ont employé le féminin *Amatrice* : toutefois ce néologisme n'est pas sanctionné par l'Académie.

AMATIR. v. a. (R. *mat*). T. Techn. Rendre mat l'or ou l'argent en leur ôtant le poli. = AMATI, IE. part.

AMAUROSE. s. f. (gr. ἀμαύρωσις, obscurcissement).

Enc. — L'*Am.* est en gén. caractérisée par la perte totale ou presque totale de la vue et par l'immobilité de la pupille, les différents milieux de l'œil conservant leur transparence. Quand la cécité est incomplète, et que le malade distingue encore les objets, on donne le nom d'*Amblyopie* à cet état d'affaiblissement de la vue. L'am. complète ou incomplète existe tantôt dans un seul œil, tantôt dans tous les deux à la fois. Parmi les amauroses incomplètes, nous devons citer une variété assez rare dans laquelle le malade n'aperçoit qu'une des moitiés de l'objet qu'il examine : cette variété se nomme *Hémiopie.* Dans certains cas, la vision n'est possible que pendant le jour; dans d'autres, elle ne peut s'exercer que pendant la nuit, c.-à-d. lorsque les rayons lumineux sont fort affaiblis : ces variétés ou ces degrés de l'am. constituent l'*Héméralopie* et la *Nyctalopie.* D'autres fois, la vision est double, ou bien elle est troublée par des corpuscules noirs appelés vulgairement *mouches voltigeantes*, ou bien encore la vision s'accompagne de fausse appréciation des couleurs. Ces degrés ont reçu les noms de *Diplopie*, de *Myodepsie* et de *Pseudochromie.*

L'am. survient quelquefois d'une manière subite, mais le plus souvent elle se forme graduellement. Les symptômes qui s'observent alors sont fort variables, et l'am. passe par divers degrés avant d'arriver à la cécité complète. Habituellement cette maladie se manifeste sans être accompagnée d'aucun symptôme général. Dans l'am., ainsi que nous l'avons dit, les parties diaphanes de l'œil n'éprouvent aucune altération, et la pupille reste ordin. immobile : cependant l'état de cette dernière présente assez souvent des particularités remarquables. La couleur du fond de l'œil, qu'on aperçoit à travers l'ouverture pupillaire, diffère fréquemment de celle qui existe à l'état normal. Elle est verdâtre, grisâtre, plombée, jaunâtre; rarement elle est d'un noir aussi pur que dans l'état de santé; quelquefois elle est comme nébuleuse; dans certains cas elle offre une teinte rougeâtre et brillante qu'on attribue à la congestion des rameaux de l'artère centrale de la rétine, ou à l'absence du pigment noir de la choroïde. Ces changements sont vraisemblablement la conséquence d'une altération de la rétine. — L'am. peut être simple ou compliquée d'autres maladies de l'œil. Les complications les plus fréquentes sont l'ophthalmie interne et chronique, l'iritis, le glaucome, l'hydrophthalmie et la cataracte.

L'am. s'observe à tous les âges de la vie. Elle peut être congénitale; quelquefois elle est héréditaire, mais ne se déclare cependant qu'à un âge plus ou moins avancé. Beer cite l'exemple de plusieurs individus d'une même famille devenus amaurotiques; ce fait s'était reproduit pendant plusieurs générations. L'am. se développe plus spécialement à l'époque moyenne de la vie, et affecte plus fréquemment les yeux noirs ou bruns que les yeux bleus ou gris. Suivant Beer, ce rapport est dans la proportion de 25 ou 30 contre 1. — Beaucoup d'amauroses sont la suite d'un état de congestion sanguine de l'encéphale ou de l'organe visuel : telles sont celles qui se déclarent à la suite de certaines apoplexies, de l'inflammation du cerveau ou des méninges, de la suppression brusque d'un flux sanguin ou muqueux, soit normal, soit pathologique, mais, dans ce dernier cas, devenu habituel. L'am. par congestion s'observe surtout fréquemment chez les individus qui fatiguent leurs yeux par un exercice non interrompu de la vue, comme les graveurs et les joailliers, ou qui sont exposés à l'action d'une lumière trop vive ou de vapeurs irritantes, comme les forgerons et les vidangeurs. Il est probable que, dans ces différents cas, l'am. est la conséquence d'une inflammation ou de quelque altération chronique de la rétine. — Certaines amauroses ont pour causes des circonstances propres à déterminer un état d'affaiblissement ou d'épuisement soit de tout l'organisme, soit du système nerveux en particulier. — Fort souvent l'am. complète ou incomplète résulte d'altérations organiques de la rétine, du nerf optique ou de certains rameaux provenant du nerf trijumeau. — Enfin les auteurs admettent que certaines amauroses sont la conséquence d'affections d'organes éloignés, telles que les maladies vermineuses, les irritations gastro-intestinales, etc. — Les ophthalmologistes ont multiplié à l'infini les genres et les espèces d'amauroses. Quand on envisage les classifications au point de vue thérapeutique, il suffit, ainsi que le pense le professeur Marjolin, de les diviser en quatre espèces correspondant aux catégories de causes qui viennent d'être établies, et de distinguer l'am. *hypérémique*, l'am. *asthénique*, l'am. *organique* et l'am. *symptomatique*.

Il est en général facile de distinguer l'am. d'avec les autres affections de l'organe visuel qui peuvent déterminer l'affaiblissement ou la perte de la vue, mais il n'est point aussi aisé de reconnaître la cause de l'am, et c'est cette connaissance qui fournit les principales indications pour le traitement. — Le pronostic de l'am. est en gén. grave : toutefois, les circonstances dont il faut tenir compte pour établir un pronostic rationnel sont tellement nombreuses qu'il nous est impossible de les énumérer. Ce sont aussi ces circonstances variées à l'infini qui empêchent de formuler aucun système de traitement général applicable à l'am. Toutes les ressources de la thérapeutique ont été employées dans cette maladie : il n'est pas un moyen qui ne compte quelques succès ; mais il n'en est point non plus qui n'ait échoué une multitude de fois. Du reste les praticiens, combinent habituellement ensemble, suivant les indications, les moyens qui leur paraissent répondre le mieux aux circonstances de la maladie.

On donne vulg. à l'am. le nom de *Goutte sereine*. Morgagni explique ainsi l'origine de cette dénomination : « Les Arabes appelaient autrefois l'am. *goutte sereine* ; *sereine*, parce que dans cette maladie les yeux sont clairs et sans lésion apparente, si ce n'est que la pupille est en gén. plus grande qu'à l'état normal et presque immobile ; *goutte*, parce que les médecins de cette nation supposaient que les nerfs optiques étaient obstrués par une humeur épaisse venue du cerveau. »

AMAZONE. s. f. (gr. α priv., μαζὸς ; mamelle). Femme d'un courage mâle et guerrier. *C'est une am.* || *Habit d'am.*, ou simplement *Am.*, Longue robe que portent les femmes pour monter à cheval. *Elle s'est fait faire une am.* — On dit aussi : *Être vêtue en am.*

Enc. — Les Grecs désignaient sous le nom d'*Amazones* des femmes guerrières qui n'admettaient aucun homme dans leurs États. Elles n'avaient de relations avec les peuples voisins qu'une seule fois, à une époque déterminée de chaque année, dans le but de la rénovation de leur race. A la suite de ces relations passagères, s'il arrivait que les Amazones eussent à remplir les devoirs de la maternité, leurs enfants mâles étaient portés sur la frontière où on les laissait périr impitoyablement, et leurs filles étaient élevées aux dépens de l'État. Lorsqu'elles avaient atteint leur huitième année, les jeunes Amazones supportaient une opération douloureuse, dont le but était de les priver de la mamelle droite, afin de les rendre plus aptes au maniement des armes. Le vêtement habituel des amazones consistait en des peaux de bêtes qu'elles tuaient à la chasse. Dans leurs expéditions guerrières, elles se revêtaient d'un corselet formé par de petites écailles de fer et quelquefois d'un métal précieux. Pour armes offensives, elles portaient l'arc, la javeline et la hache ; pour armes défensives, un casque orné de plumes flottantes, et la pelte, espèce de bouclier en forme de croissant. Rarement elles combattaient à pied : presque toujours elles s'avançaient à cheval à la rencontre de l'ennemi qu'elles attaquaient avec une audace et une intrépidité extrêmes. — On distingue deux familles d'Amazones : les orientales ou asiatiques, et les occidentales ou africaines. Ces dernières, au rapport de Diodore de Sicile, florissaient avant que l'existence des autres fût connue. Elles subjuguèrent les Atlantes, les Numides, les Éthiopiens et presque toutes les nations de l'Afrique ; enfin leurs phalanges conquérantes parcoururent plusieurs parties du monde. On est divisé sur la patrie réelle de Amazones d'Asie : cependant, on suppose qu'elle était située dans le bassin circonscrit par la mer Noire, la mer d'Azov et la mer Caspienne. Mais tout ce qu'on peut rapporter au sujet de cette tribu singulière est entièrement du domaine de la mythologie. — C'est environ quatre ou cinq siècles avant la guerre de Troie, ou plus de 1600 ans avant notre ère, qu'il faut placer l'histoire problématique des Amazones orientales. En rapprochant toutes les légendes antiques qui ont trait à cette histoire, on arrive aux faits suivants : Deux princes de sang royal, Ilinе et Scolopite, Scythes d'origine, s'étant établis avec leurs partisans dans la Sarmatie asiatique (au nord du Caucase), donnèrent naissance à la nation Sarmate, qui ne vivait que de rapines, en faisant des excursions continuelles sur les territoires environnants. Fatiguées de ces excursions incessantes, les peuplades voisines se coalisèrent contre l'ennemi commun, et exterminèrent toute la population sarmate mâle. Les femmes sarmates coururent aux armes pour venger leurs époux. Dans leur fureur, elles exercèrent les plus terribles représailles ; et, victorieuses, elles se constituèrent en société politique et guerrière. Ainsi fut fondé le gouvernement des Amazones. Bientôt après, elles firent de rapides conquêtes le long de l'Euxin, et établirent leur résidence principale sur les bords du Thermodon, où elles fondèrent la ville de Thémiscyre. Plus tard, elles soumirent à leur puissance de vastes territoires en Mysie, en Lydie, en Carie, et bâtirent ou augmentèrent les célèbres cités de Smyrne et d'Éphèse. Enfin, elles tentèrent des excursions en Syrie, excursions qui leur devinrent funestes, car elles essuyèrent alors plusieurs échecs, qui ébranlèrent fortement leur puissance. Leur empire n'en continua pas moins à fleurir longtemps encore à Éphèse et à Thémiscyre. Mais Hercule ayant dirigé contre elles une expédition avec Télamon et Thésée, elles furent vaincues. Vainement, pour se venger, s'efforcèrent-elles d'envahir l'Attique, une nouvelle défaite vint leur prouver que leur puissance allait bientôt cesser. Toutefois, on les voit encore tenter plusieurs expéditions sur le territoire de Troie, tantôt contre Priam, tantôt pour secourir ce même prince contre les Hellènes. C'est dans la dernière de ces expéditions que leur reine périt sous les coups d'Achille. A partir de cette époque, il n'est plus question des Amazones dans l'histoire ; et si quelques auteurs en parlent pour les mettre un instant en regard avec Alexandre, et, trois siècles plus tard, avec Pompée, l'absurdité de tels rapprochements est trop évidente pour qu'on s'arrête à la démontrer. — Les Amazones les plus fameuses sont : la reine Marpésie, qui soumit les habitants du Caucase, et qui donna son nom à cette chaîne de montagnes ; la reine Lampète, fondatrice de la ville d'Éphèse ; Iphione, qui félicita Jason de sa bien-venue dans l'empire des Amazones ; la reine Ménalippe, qui donna sa ceinture à Hercule ; Antiope, que Thésée épousa après l'avoir vaincue ; Ocyale, qui disputa le prix de la course aux jeux donnés par Alcinoüs ; et la belle reine Penthésilée, qui fut tuée par Achille au siége de Troie.

AMBAGES. s. f. pl. (lat. *ambages*). Détours, circonlocutions, équivoques, long verbiage. *De longues am. Il ne parle jamais que par am.* Peu us.

* **AMBARVALES.** s. f. pl. (lat. *ambire*, *arva*, faire le tour des champs). Voy. Cérès.

AMBASSADE. s. f. Fonction d'ambassadeur. *On lui a confié l'am. de Londres.* — *Envoyer en am.*, en qualité d'ambassadeur. *Il alla en am. à Rome.* || Se dit aussi pour désigner L'ambassadeur et les personnes qui lui sont attachées ou qui font partie de sa suite. *Il appartient à l'am. Il est attaché à l'am.* — *Cette am. est magnifique*, Le train de l'ambassadeur est magnifique. || Hôtel, bureaux d'un ambassadeur. *Aller à l'am. Faire viser son passeport à l'am.* || Députation envoyée à un prince, à un État souverain. *Les principaux habitants de la ville vinrent en am. Il reçut l'am. avec bonté.* || On dit fam. : *Je ne me chargerai pas d'une pareille am. auprès de votre père*, D'un pareil message, etc. *Je me suis acquitté de mon am. auprès de votre oncle.* — Ironiq., en parlant De quelqu'un qui a mal conduit une affaire, qui a échoué, on dit : *Il a fait là une belle am.*

AMBASSADEUR. s. m. (ital. *ambasciare*, solliciter). Personne notable ayant le caractère de représentant d'un État auprès d'un autre État. *La qualité, le titre d'amb. Nommer, envoyer, recevoir des ambassadeurs.* Se dit Des députés que s'envoient certains princes ou certains États qui sont restés étrangers aux usages diplomatiques de l'Europe moderne. *Le roi de Siam envoya des ambassadeurs à Louis XIV.* — Le terme *Legatus*, fréquemment employé par les auteurs latins, se traduit souvent par *Amb.*, qui alors signifie Chargé d'une mission. *Les ambassadeurs que les Scythes envoyèrent à Darius.* || Fam., se dit De toute personne chargée de quelque message. *Vous ne pouviez envoyer un plus habile amb.*

Enc. — Dans le langage de la Diplomatie, le titre d'*Amb.* n'est donné qu'aux personnes qui appartiennent à la première classe des agents diplomatiques. Un amb. n'est pas seulement le principal agent de l'État qui l'a envoyé ; il représente encore la personne même du souverain par lequel il est accrédité. Aussi, sous certains rapports, la personne de l'am. est-elle inviolable dans les pays où il exécute le mandat qui lui a été confié. Cette inviolabilité autrefois était si grande que non-seulement elle le garantissait de toutes poursuites, lorsqu'il avait commis quelque crime, mais encore s'étendait jusqu'à sa famille, à toutes les personnes attachées à sa maison, et jusqu'à son palais même, qui était considéré comme lieu d'asile. D'après le droit international moderne, aujourd'hui un amb. peut être poursuivi comme un simple particulier étranger pour tous les actes qualifiés crimes par la loi de tous les pays ; et dans ce cas, son titre ne le garantit pas d'être punissable. Mais il ne saurait être recherché pour les actes défendus seulement par les lois politiques ou par les coutumes du pays où il est envoyé. — On appelle ambassadeurs *ordinaires* ceux qui doivent résider dans le pays où on les envoie, et ambassadeurs *extraordinaires* ceux qui vont remplir seulement une mission spéciale, par ex. représenter leur souverain à un mariage ou au couronnement d'un autre prince. La France entretient des ambassadeurs ordinaires à Londres, à Saint-Pétersbourg, à Vienne, à Constantinople, à Madrid, à Rome, à Turin, à Naples et en Suisse ; et presque toutes les grandes puissances en ont constamment auprès des cours étrangères. Cependant la Prusse, pour éviter les frais de représentation, n'entretient que des agents de second ordre auprès des autres États, et bien que le ministre envoyé de France à Berlin ait, par exception, le rang d'amb. il n'en porte pas le titre. A l'imitation de la Prusse, les États-Unis d'Amérique n'entretiennent guère auprès des autres nations que de simples ministres plénipotentiaires ; toutefois ils accordent à ces agents des pouvoirs aussi étendus que ceux que les autres puissances accordent aux agents de premier ordre, ce qui rend les négociations plus faciles et moins onéreuses.

AMBASSADRICE. s. f. La femme d'un ambassadeur. || Fam., Femme chargée de quelque message. *Vous m'avez envoyé une fort aimable amb.*

* **AMBASSE.** s. m. T. Ichth. Voy. Percoïdes.

AMBE. s. m. (lat. *ambo*, deux). Combinaison de deux numéros pris ensemble à la loterie, et sortis ensemble au tirage. *Il est sorti un am. Gagner un am.* || Au jeu de loto, Deux numéros placés sur la même ligne horizontale dans le carton que le joueur a devant lui.

* **AMBÉLANIER.** s. m. T. Bot. Voy. Apocynées.

AMBESAS. s. m. [On pron. l'S final.] (lat. *ambo*, deux ; *as*, unité). T. Jeu de trictrac. Coup par lequel on amène un as à chaque dé. On dit ordin. *Beset*.

AMBIANT, ANTE. adj. (lat. *ambire*, tourner autour). T. Phys. Qui entoure, qui circule autour. *Fluide, air am. Le milieu ambiant. Vapeurs ambiantes.*

AMBIDEXTRE. adj. 2 g. (lat. *ambo*, deux ; *dextera*, main droite). Qui se sert des deux mains avec une égale facilité. *Homme, femme am.* || S'emploie subst. *C'est un am.*

AMBIGU, UË. adj. (lat. *ambigere*, agir autour). Équivoque, obscur, qui présente deux sens différents. *Caractère am. Terme am. Réponse ambiguë. Les oracles étaient souvent ambigus.* || Se prend subst. dans cette phrase : *Cette femme est un am. de prude et de coquette*, Est un mélange de prude, etc.

AMBIGU. s. m. Repas où l'on met en même temps sur la table le service et le dessert.

AMBIGUMENT. adv. D'une manière ambiguë, équivoque.

AMBIGUÏTÉ. s. f. Se dit De ce qui est équivoque, obscur, de ce qui offre un double sens. *L'am. était la ressource des oracles. Répondez oui ou non, et sans am. Il y a de l'am. dans tout ce qu'il écrit.*

Syn. — *Amphibologie*, *Équivoque*, *Double-sens*. — Les mots *ambiguïté* et *amphibologie* servent à désigner, tous deux, un certain manque de clarté, de précision du discours, qui fait qu'on ne peut démêler le véritable sens des paroles. Toutefois, le premier de ces deux mots caractérise la confusion de la pensée, et le second se dit d'un vice de construction grammaticale. *Équivoque* et *double-sens* désignent ce jeu particulier de la pensée ou de l'expression par lequel une phrase offre deux sens également clairs et probables ; l'un naturel, qu'on semble avoir le dessein de faire entendre, et l'autre détourné, qui est en réalité celui auquel on attache le plus d'importance. Le mot *équivoque* est presque toujours pris en mauvaise part.

AMBITIEUSEMENT. adv. Avec ambition.

AMBITIEUX, EUSE. adj. Qui a de l'ambition. *Un homme am. Une femme ambitieuse. Il est plus am. de servir son pays que d'acquérir la faveur populaire.* — Par extens., *Caractère*, *esprit am.* || Qui indique l'ambition. *Désirs, souhaits am. Idées, vues, prétentions ambitieuses.* — Par anal., en parlant D'une œuvre littéraire, on dit : *Le titre de ce livre est bien am.*, Il affiche des prétentions trop élevées. *Style am. : phrase, expression ambitieuse. Ornements am.*, Qui sentent la recherche et l'affectation. || S'emploie subst. *Il n'y a pas de morale pour l'am.*

AMBITION. s. f. (lat. *ambitus*, brigue). Aspiration vers tout ce qui peut nous élever au-dessus des autres. Employé absol., se prend ordin. en mauvaise part. *Son insatiable am. l'a perdu. Am. sans bornes. L'am. est le fléau des républiques. Il est dévoré d'am. C'est un homme sans am.* — Avec un modificatif, il est quelquefois pris en bonne part. *Ce ministre n'a d'autre am. que de rendre son pays plus heureux. Une noble, une louable am.*

AMBITIONNER. v. a. Rechercher avec ardeur. *Am. les honneurs, les dignités, les distinctions, la puissance.* || Par exagér., on dit : *Je n'ambitionne qu'une chose, c'est de me reposer. Ce que j'ambitionne le plus, c'est de pouvoir vous être agréable.* = Ambitionné, ée. part. *C'est une place fort ambitionnée.*

AMBLE. s. m. (lat. *ambulare*, marcher). T. Man.

Enc. — Le mode naturel de progresion de la plupart des quadrupèdes consiste à faire succéder au mouvement de l'un des membres antérieurs, le mouvement du membre postérieur du côté opposé; puis, au mouvement du second membre antérieur, le mouvement du membre postérieur opposé, et ainsi de suite alternativement. Quelques animaux cependant ont un autre mode naturel de progression. L'ours et la girafe, par ex., s'avancent en faisant mouvoir simultanément les deux membres du même côté. Cette allure, dans laquelle le corps n'est soutenu que d'un côté, et qui force l'animal à raser la terre pour donner plus d'assurance à sa marche incertaine, a reçu le nom d'*Amble*. Les jeunes poulains qui n'ont pas acquis toutes leurs forces, les chevaux usés et ruinés par le travail, prennent l'am. naturellement. Le cheval qui va l'am. avance avec une rapidité presque égale à celle du trot, et le cavalier n'éprouve qu'un balancement à peine sensible. Dans quelques lieux des anciennes provinces de Normandie et de Bretagne, on dresse les jeunes chevaux à prendre l'am. Autrefois ces chevaux étaient très-recherchés par les personnes peu familiarisées avec les difficultés de l'équitation. Au moyen âge, les *haquenées* et les *palefrois* montés par les châtelaines ou par les clercs, étaient généralement dressés à cette allure. Mais aujourd'hui elle est condamnée par les écuyers, qui la rangent parmi les allures défectueuses. — *Amble rompu*. Voy. TRAQUENARD.

AMBLER. v. n. Aller l'amble. Vx.

***AMBLYOPIE.** s. f. (gr. ἀμβλὺς, émoussé; ὤψ, œil). T. Méd. Voy. AMAUROSE.

***AMBON.** s. m. (gr. ἄμβων, pupitre). T. Archit. Voy. JUBÉ.

AMBRE. s. m. (lat. *ambarum*). Ce nom s'applique à deux substances de nature tout à fait différente: l'une s'appelle *Am. jaune*, et l'autre *Am. gris*. Celle-ci exhale une odeur suave et pénétrante, et c'est de là qu'est venue cette locut. prov. et fig.: *Il est fin comme l'am.*, pour désigner Un homme très-pénétrant, fort délié.

Enc. — *Ambre gris.* — Cette substance se trouve sur les côtes de diverses régions tropicales, en masses de grosseur variable, et offrant une couleur grisâtre souvent nuancée de noir et de jaune. L'am. gris est solide, mais il se ramollit à la chaleur de la main. Sa pesanteur spécifique varie de 0,780 à 0,896. Il fond à 50° et se volatilise à 100°. Il est composé, pour les 4 cinquièmes, d'une matière grasse particulière nommée *ambréine*, qui s'obtient en traitant l'am. par l'alcool. L'acide nitrique convertit l'ambréine en *acide ambréique*. L'odeur suave qu'exhale l'am. gris, odeur qui est fort analogue à celle du musc, le fait rechercher des parfumeurs qui s'en servent pour aromatiser une foule de préparations. On l'emploie aussi quelquefois en médecine comme antispasmodique.

L'origine de l'am. gris a donné lieu à un grand nombre d'hypothèses. La plus probable est celle qui consiste à le considérer comme une sorte de concrétion morbide formée dans les intestins d'une espèce de Cachalot (*Physeter macrocephalus*). Cette opinion est celle de Swédiaur. Un fait qui vient à l'appui de cette manière de voir, c'est que l'on a plusieurs fois reconnu dans l'am. gris, des débris de mollusques céphalopodes. Pelletier et Caventou pensent que l'am. gris pourrait bien être un calcul biliaire: ils fondent cette hypothèse sur l'analogie de l'ambréine avec la cholestérine.

Ambre jaune. — L'am. jaune, appelé aussi *Succin* et *Karabé*, est une substance résinoïde solide, dure, cassante, semi-opaque ou presque transparente et d'une couleur qui varie du jaune pâle au rouge hyacinthe. L'am. jaune est insoluble dans l'eau et fond entre 280° et 290° en s'altérant, et en exhalant une odeur aromatique. Il est susceptible de recevoir un beau poli, et on peut le tourner et le sculpter. On s'en sert principalement pour faire des pommes de canne, des tuyaux de pipe, des colliers et des chapelets. Il peut encore s'employer dans la fabrication des vernis. — Le succin a jadis été vanté comme antispasmodique, mais les préparations dans lesquelles il entrait sont abandonnées. Les seules qui soient encore usitées sont l'*Eau de luce* et le *Sirop de karabé*. Soumis à la distillation sèche, l'am. jaune donne d'abord de l'acide *succinique*, puis une huile volatile brune qui, traitée par l'acide nitrique concentré, donne du musc artificiel. On a également obtenu du *camphre artificiel* en distillant un mélange de succin et d'acide nitrique. — Le succin se trouve en gén. associé aux dépôts de combustibles des terrains les plus récents. C'est sur les bords de la mer Baltique qu'existent les gîtes les plus renommés de cette substance. En France, on en rencontre à Auteuil, près de Paris, et dans les dépôts de lignites des départements de l'Aisne, du Gard et des Basses-Alpes. On trouve quelquefois des fragments plus ou moins considérables de cette substance sur les bords de la mer Baltique où ils sont rejetés par les vagues. La plus grosse masse connue d'am. jaune a été découverte entre Mémel et Kœnigsberg: elle pèse 10 1/2 kilogr. D'après les recherches de Gœppert, tout l'am. de la Baltique provient d'un conifère qui, à en juger par les fragments de bois et d'écorce de divers âges, devait former une *espèce particulière* assez semblable à nos sapins blancs et rouges. L'*Arbre à am.* du monde primitif (*Pinites succifer*) était plus résineux qu'aucun conifère du monde actuel. La résine y est non-seulement placée, comme dans ces derniers, sur l'écorce et à l'intérieur de l'écorce, mais encore dans le bois lui-même dont on distingue très-nettement, au microscope, les cellules et les rayons médullaires remplis de succin; cette résine forme aussi de grandes masses blanches et jaunes entre les anneaux concentriques du ligneux. Parmi les matières végétales enchâssées dans l'am., on a trouvé des fleurs mâles et femelles de cupulifères et d'arbres indigènes à feuilles aciculaires; mais des fragments très-reconnaissables de thuya, de cyprès, d'éphèdre et de châtaignier, mêlés aux fragments de nos sapins et de nos genévriers, accusent une végétation différente de celle qui règne maintenant sur le littoral de la mer Baltique et de la mer du Nord. Le succin des bords de la Baltique renferme fréquemment des insectes: Behrendt en compte environ 600 espèces, qui sont pour la plupart étrangères à l'Europe septentrionale. D'après ce savant, on n'a jamais observé dans l'am. jaune aucune trace d'animal à sang chaud, pas même des débris de reptiles ou de poissons. — On rencontre quelquefois avec le succin une substance qui lui ressemble et que l'on appelle *copal fossile*. Cette substance est encore moins soluble dans l'alcool que le succin et ne donne pas d'acide succinique. — Les Romains et les Grecs connaissaient le succin: ces derniers lui donnaient le nom de ἤλεκτρον, et ils avaient déjà remarqué que cette substance, quand on l'a préalablement frottée sur une étoffe de laine, acquiert la propriété d'attirer à elle les corps légers, tels que des fragments de paille ou de papier.

AMBRER. v. a. Parfumer avec l'ambre. = AMBRÉ, ÉE. part. *Pastilles ambrées.* — Adject. *Couleur ambrée*, Qui ressemble à celle de l'ambre jaune. *Odeur ambrée*, Odeur analogue à celle de l'ambre gris.

AMBRETTE. s. f.

Enc. — En T. de Bot., on appelle *Poire d'ambrette* une espèce de poire qui a quelquefois une odeur ambrée, et on donne également, à cause de leur odeur, le nom de *Graines d'ambrette* aux semences de la *Ketmie odorante*. C'est encore par la même raison qu'on nomme vulgairement am. la *Centaurée jaune musquée* (*Centaurea moschata*), cultivée dans les jardins. = *Ambrette* est aussi le nom d'un genre de *Mollusques*. Voy. PULMONÉS.

***AMBRINE.** s. f. T. Bot. Voy. CHÉNOPODÉES.

AMBROISIE. s. f. (gr. α priv.; βροτὸς, mortel). T. Myth. On écrit quelquefois *Ambrosie*.

Enc. — Dans la Mythol. gréco-romaine, l'*Am.* était le nom de la nourriture des Dieux. Elle était solide, suivant l'opinion commune, tandis que le *Nectar* était liquide et constituait la boisson des habitants de l'Olympe. Cependant, Homère, dans l'*Iliade*, parle de l'am. comme d'une liqueur rouge, et, dans le même poëme, il en fait un parfum, lorsqu'il nous peint Junon oignant son corps de cette substance divine. Quelque diverses que soient les opinions des poëtes relativement à la nature de l'am., tous sont unanimes pour affirmer qu'elle exhalait une odeur délicieuse et avait une saveur exquise. Comme les anciens ne connaissaient rien de plus doux que le miel, le poëte Ibicus, cité par Athénée, dit: « L'am. est neuf fois plus délicieuse que le miel; et en mangeant du miel, on éprouve la neuvième partie du plaisir qu'on aurait en mangeant de l'am. » L'am., de même que le nectar, donnait la jeunesse ou la conservait, et procurait l'immortalité à ceux qui en avaient goûté. Elle pouvait, en outre, guérir les blessures mortelles: c'est ainsi que, dans l'*Énéide*, Vénus guérit les blessures de son fils Énée, en versant sur elles du suc d'am.

***AMBROSIE.** s. f. T. Bot. Voy. CHÉNOPODÉES et COMPOSÉES.

AMBROSIEN, IENNE. adj. *Chant ambrosien*, Espèce de chant ecclésiastique, introduit dans l'église de Milan par saint Ambroise. Voy. PLAIN-CHANT. ‖ *Liturgie ambrosienne*, voy. LITURGIE.

***AMBULACRE.** s. m. ***AMBULACRAIRE.** adj. 2 g. (lat. *ambulacrum*, allée d'arbres pour se promener). T. Zool. Voy. OURSIN.

AMBULANCE. s. f. (lat. *ambulare*, marcher). Établissement temporaire et mobile, formé sur le champ de bataille, et dans lequel on administre aux blessés les premiers secours que leur état réclame. ‖ T. Adm. fin. Fonction d'un commis qui est obligé d'aller de côté et d'autre. *Il obtint une am. dans les domaines.*

Enc. — Quoique dans aucun temps les hommes blessés dans une action n'aient été abandonnés sans secours sur le champ de bataille, cependant ce n'est qu'à la fin du XVIe siècle, sous le règne de Henri IV, que l'on commença à organiser un service régulier pour le soulagement immédiat des blessés. Toutefois ce service était extrêmement incomplet, insuffisant, et les secours qu'il permettait de donner arrivaient toujours tardivement. En effet, nous voyons encore, au XVIIIe siècle, Louis XV, au milieu de la nuit, à la lueur des flambeaux, faire relever les blessés tombés sur le champ de bataille de Fontenoy. De nos jours le service de santé est organisé de telle manière qu'avant le combat tout est disposé pour que les blessés reçoivent assistance prompte et efficace; de sorte que, peu d'heures après l'affaire la plus sanglante, tous les blessés sont secourus, et que souvent même la plupart, enlevés sous le feu de l'ennemi, se trouvent déjà transportés à l'am., opérés et pansés, avant la fin du combat. On distingue les ambulances *légères* ou *volantes* et les ambulances *de réserve*. Chaque corps d'armée est suivi par une am. volante, et dès qu'une affaire est engagée, l'am. s'établit un peu en arrière de la ligne et hors de la portée du boulet. On l'installe, autant que faire se peut, dans un village, une ferme, une grange, une maison isolée, quand il s'en trouve à peu de distance; mais toujours le lieu est choisi de manière qu'il soit facile de communiquer, d'un côté avec le théâtre de l'action, et de l'autre avec l'am. de réserve. Lorsque les ambulances légères sont établies, une partie des officiers de santé y restent pour attendre les blessés, tandis que les autres, pourvus du matériel nécessaire, et accompagnés d'un nombre suffisant d'infirmiers, se rendent sur le terrain, pour panser les hommes que la nature de leurs blessures y a retenus, et pour les faire transporter à l'am. de réserve la plus voisine. L'am. *de réserve* est, en gén., placée sur les derrières, avec le parc des équipages de l'armée. Elle doit être pourvue de tout ce qui est nécessaire pour approvisionner les ambulances volantes, ainsi que pour installer des hôpitaux temporaires. Le matériel dont cette am. est pourvue doit être proportionné à la force du corps qu'elle accompagne. On compte habituellement que le nombre des blessés sera le cinquième ou le quart de celui des combattants.

A l'armée du Rhin, l'an VII de la République (1798), Percy avait imaginé un corps de soldats-infirmiers, divisé en compagnies et en bataillons, qui fut très-utile à cette époque, soit pour enlever les blessés du champ de bataille, soit pour leur donner des soins dans les ambulances. Plus tard, Larrey fit de même dans l'ancienne garde impériale. Cependant c'est seulement en 1823 que l'on organisa un corps permanent d'*infirmiers militaires* ou *soldats d'am.*, qui se recrute comme les autres corps de l'armée. Les chefs, officiers et sous officiers remplissent, chacun en raison de son grade et suivant un ordre hiérarchique tout à fait militaire, les fonctions d'infirmiers chefs de salle, d'infirmiers-majors, de commis et d'officiers comptables. Les compagnies d'am., composées d'hommes zélés, actifs et habitués à ce service, ont donc avantageusement remplacé les infirmiers salariés, gens indisciplinés et avides, que l'on engageait pour chaque campagne. Quant aux officiers de santé attachés aux ambulances, leur nombre est en raison de la force du corps que l'am. accompagne.

Pendant une action, au fur et à mesure que les blessés apportés du champ de bataille sont pansés, on les place dans des fourgons construits à cet effet, d'après le modèle donné par Larrey, et on les dirige sur les établissements situés sur les derrières. On sait d'ailleurs varier les moyens de transport selon les exigences des localités. De cette manière on évite un encombrement qui serait fort nuisible au service, et, en outre, si l'armée est forcée de faire un mouvement rétrograde, l'évacuation totale de l'am. devient infiniment plus facile. Toutefois, lorsque les circonstances mettent dans la nécessité d'abandonner les ambulances, on laisse un certain nombre de chirurgiens auprès des blessés. Cette honorable mission n'est pas sans danger: actuellement néanmoins, dans le cas de guerre entre nations civilisées, les hôpitaux et les ambulances sont presque toujours respectés.

AMBULANT, ANTE. adj. Qui n'est pas fixe, qui n'est pas sédentaire. — *Commis am.*, Commis qui, par son emploi, est obligé d'aller de côté et d'autre. — *Hôpital am.*, Hôpital qui suit l'armée. — *Comédiens ambulants*, Comédiens qui vont de ville en ville pour jouer la comédie. — *Marchands ambulants*, Marchands qui parcourent la ville en criant leur marchandise, ou qui vont de ville en ville, de village en village. Voy. COLPORTEUR. — Dans le même sens, on dit: *Musiciens et chanteurs ambulants.* — *Cet homme mène une vie fort ambulante*, Il est toujours par voie et par chemin. ‖ T. Méd. *Érysipèle am.* Voy. ÉRYSIPÈLE.

AMBULATOIRE. adj. 2 g. Se disait autrefois D'une juridiction qui n'avait pas de résidence fixe, mais qui se tenait tantôt dans un endroit, tantôt dans un autre. *Le parlement à son origine était am.* ‖ Prov., *La volonté de l'homme est am.*, Elle est sujette à changer. ‖ * T. Zool. Se dit Des organes propres à la locomotion, principalement chez les animaux dépourvus de pattes véritables.

ÂME. s. f. (lat. *anima*, souffle). Substance spirituelle qui est unie au corps de l'homme pendant la vie et qui s'en sépare à l'instant de la mort. *L'â. de l'homme est immortelle. Une â. régénérée par le baptême. Nous avons une â. à sauver. Les âmes chrétiennes. Les facultés, les puissances, les opérations de l'â. Les mouvements, les émotions de l'â. Aimer Dieu de toute son â. Les âmes des morts. Priez pour son â. Son â. est devant Dieu. Les âmes bienheureuses. Les âmes qui sont en purgatoire. Les âmes damnées.* — En parlant Des émotions de l'â., on dit: *J'en ai l'â. navrée; Sa douleur me déchire l'â.*, J'en éprouve une peine extrême. On dit encore dans un sens anal.: *J'en suis ému jusqu'à l'â., jusqu'au fond de l'â.* — *Sur mon â.*, sorte d'affirmation, de serment, qui signif. Sur le salut de mon â. — Fam., on dit D'un homme aveuglément dévoué au service d'un autre, et prêt à exécuter toutes ses volontés, quelles qu'elles soient, *C'est son â. damnée.* ‖ Dans un sens plus limité, se dit De la conscience de l'homme. *Il a l'â. bourrelée de remords. C'est un homme à vendre son â.* — S'emploie aussi en parlant De la pensée intime de quelqu'un. *On ne peut jamais savoir ce qu'il a dans l'â. Je vous déclare en mon â. et conscience.* ‖ En considérant Les qualités morales de l'homme, on dit: *C'est une grande â., une â. bien née. A. noble, généreuse, élevée. A. faible, lâche, basse, vénale. A. de boue.* — Fam., *C'est une bonne â.*, C'est une personne douce, inoffensive, incapable de nuire. || *A.* s'emploie absol. dans quelques locutions : *C'est un homme qui a de l'â.*, *qui a beaucoup d'â.*, C'est un homme qui a l'â. élevée, qui se laisse aisément émouvoir par tout ce qui est juste, généreux. *Il n'a point d'â*, ou *Il est sans â.*, ou bien encore *Il n'a ni cœur ni â.*, Il est dépourvu de tout sentiment noble, élevé; Il est incapable de commisération. || Dans le sens étymol. du mot *A.*, qui signifie, Souffle, respiration, on dit, *Rendre l'â.*, Expirer, cesser de vivre. *Il a l'â. sur les lèvres*, Il est sur le point d'expirer. — Par extens., s'emploie Dans le sens de vie. *Arracher de l'argent à un avare, c'est lui arracher l'â.* Fam. || Est quelquefois usité comme synonyme D'individu, soit homme, soit femme, soit enfant. *La population de cette ville s'élève à plus de cent mille âmes. Il n'y a donc pas une â. vivante dans cette maison.* || Fig. on dit : *Il était l'â. de l'entreprise, du complot*, pour marquer L'influence, l'ascendant, l'autorité que quelqu'un exerce dans une entreprise, dans un complot. || S'emploie dans le même sens, en parlant D'une chose qui influe puissamment sur une autre. *La discipline est l'â. d'une armée. La bonne foi est l'â. du commerce.* — Fig. et prov., en parlant D'une compagnie, d'un parti, d'une armée sans chef ou dont le chef est incapable, on dit : *C'est un corps sans â.* || Lorsqu'il s'agit D'œuvres littéraires ou artistiques, *Donner de l'â. à un ouvrage*, *Mettre de l'â. dans un ouvrage*, C'est exprimer vivement ce qu'on y représente, c'est lui donner de la chaleur, du mouvement, de la vie pour ainsi dire. — Par analog., on dit : *Il y a de l'â. dans son chant*, *dans sa déclamation*, pour exprimer Qu'un artiste chante ou déclame avec une chaleur et une sensibilité qui émeuvent, qui impressionnent les auditeurs. On dit de même : *Cette cantatrice*, *cette actrice a de l'â.* ou *n'a point d'â.* — Dans ce sens, on dit encore : *La sculpture donne de l'â. au marbre*, Elle anime, elle fait vivre en quelque sorte le marbre. || Fig. et fam., *Cette étoffe n'a que l'â.*, Elle n'a ni solidité, ni consistance; elle manque de corps. || Le mot *A.* s'emploie encore pour désigner La partie qui sert de soutien à une chose, ou une chose qui se trouve au centre d'une autre. Ainsi, *L'â. d'une statue, d'une figure*, c'est L'espèce de massif, de noyau sur lequel on applique le stuc, le plâtre, l'argile dont on forme une statue; *L'â. d'un fagot*, c'est Le menu bois qu'on place au centre d'un fagot. On dit encore : *L'â. d'un violon*, *l'â. d'un canon*, *l'â. d'un soufflet.* Voy. les mots *Instruments à* ARCHET, BOUCHES *à feu.* SOUFFLET. || T. Blason. Voy. DEVISE.

Enc. — Lorsque Descartes, las de lutter avec le doute, chercha un point d'appui inébranlable à tous les efforts du scepticisme, et qui pût lui servir de base pour asseoir l'édifice entier de la philosophie, il s'arrêta à une vérité fondamentale, à l'existence de sa propre pensée. « Par cela même que je doute de toutes choses, dit-il, je pense; et si je pense, je suis. » L'homme, en effet, est allé jusqu'à révoquer en doute l'existence du monde extérieur; mais jamais il n'a pu douter de sa pensée et par conséquent de sa propre existence. Ainsi, existant, l'homme souffre ou jouit; il aime ou il hait; il se souvient, il juge, il choisit, il veut. Or, ce quelque chose qui, tour à tour, sent, aime, pense et veut, c'est une seule et même chose; c'est l'homme lui-même. Il a donc nécessairement, infailliblement conscience de lui comme de quelque chose d'*un* et de *simple*. Bien plus, sa volonté d'hier n'est pas celle d'aujourd'hui; il pensait d'une façon il y a vingt ans, à cette heure il pense autrement; il était agréablement affecté à telle époque, maintenant il est dans la douleur. Cependant, ce quelque chose qui voulait, qui pensait, qui était affecté d'une manière différente qu'il ne l'est présentement, est toujours le même; il ne peut le révoquer en doute. Ainsi l'homme a invinciblement conscience non-seulement d'être quelque chose d'*un* et de *simple*, mais encore d'être quelque chose d'*identique* et de *persistant.*

D'un autre côté, les impressions que ce quelque chose d'un, de simple, d'identique et de persistant éprouve, sont *multiples*, *diverses*, *successives*. Ces impressions arrivent à l'homme par des voies différentes, c.-à-d. par la voie des organes sensoriels; et les choses qui lui sont révélées par les sens, il ne les confond point avec ce quelque chose qui en lui est simple et persistant, attendu qu'il les perçoit comme *étendues*, *divisibles*, *colorées*; comme non identiques, non persistantes, mais au contraire soumises à une perpétuelle différence, à une perpétuelle mobilité. Partant de cette distinction nécessaire, inévitable, l'homme donne le nom de *moi* à ce dont il a conscience comme étant un, simple, identique, persistant; et il appelle *non-moi* ou *corps* tout ce qu'il perçoit comme étant divisible, étendu, figuré, successif, variable. Toutefois, *dans ce qui n'est pas lui*, il remarque quelque chose de particulier qui est étendu, figuré et multiple, et qui, tout en n'étant pas *lui*, est cependant *à lui*. En effet, ce quelque chose est lié au *moi* d'une manière intime; il l'accompagne sans cesse, et sert à mettre le moi en communication avec les choses qu'il a appelées *non-moi*. Cette partie du *non-moi* qui est unie constamment au *moi*, ce sont les organes de l'homme, c'est son *corps*. Il les connaît, comme il connaît le non-moi, au moyen des impressions sensorielles; il touche son œil, il voit sa main, il perçoit que ces choses ne sont ni simples, ni indivisibles, ni persistantes : elles lui paraissent au contraire étendues, divisibles, figurées, comme tout ce qui n'est pas lui; et, sans le rapport incessant, inévitable de ces choses avec le moi, il ne les distinguerait pas des autres choses qui ne sont pas lui. Aussi les comprend-il sous le nom générique de *matière*, par lequel il désigne le *non-moi* tout entier, c.-à-d. *son corps* et les *autres corps*. Ainsi donc, pour l'homme, le *moi* n'est pas la *matière*, car nous distinguons forcément les attributs qui appartiennent en propre au moi, et ceux qui appartiennent en propre à la matière. Nous savons que le premier est un et identique et que la seconde est multiple et diverse. Du reste, sans l'unité et l'identité du moi, il serait impossible de concevoir le successif et le variable. Les notions d'étendue, de figure, de divisibilité supposent nécessairement qu'elles ont été conçues par quelque chose qui n'a ni étendue, ni figure, et qui n'est pas susceptible de division. Ce quelque chose qui constitue le moi, c'est le *principe qui pense*, c'est l'*âme* elle-même.

On peut étudier l'âme par l'examen de ce qu'elle fait et de ce qu'elle éprouve, ou, en d'autres termes, par l'examen de ses actes et de ses manières d'être; mais, après cette étude, la connaîtra-t-on tout entière? Évidemment non. Car le moi, tel que nous l'avons conçu jusqu'ici, n'existe que par opposition au non-moi. Il n'a de réalité pour nous que durant le temps que nous en avons conscience. Que devient-il pendant le sommeil complet, dans la léthargie, dans l'évanouissement? Qu'était-il dans les premiers temps de la vie embryonnaire? Pour répondre à ces questions, il faut avant tout reconnaître que l'*âme* n'est pas comprise tout entière dans ce qui tombe sous la conscience ou dans le moi; il faut en outre considérer qu'elle est plus que le moi, sans en être essentiellement distincte; que le *moi*, en un mot, n'est que l'*âme* dans son état de manifestation et ayant elle-même conscience de cet état. Il faut ensuite se prononcer sur la nature même de l'âme ou plutôt du principe qui pense. Or, la philosophie n'arrive à une affirmation quelconque, relativement à la nature de ce principe, que par une induction tirée de la comparaison des attributs qui le caractérisent, avec ceux qui caractérisent la matière. L'opposition essentielle et constante entre les attributs de la matière et ceux du principe qui pense, nous oblige à les concevoir comme deux substances radicalement distinctes, c.-à-d. comme deux choses dont chacune subsiste en soi. « En conséquence, dit Descartes, comme nous n'avons point d'autre marque pour reconnaître qu'une substance diffère d'une autre substance, si ce n'est que nous comprenons l'une indépendamment de l'autre; et comme nous pouvons comprendre clairement une substance qui pense et qui ne soit pas étendue, et une substance étendue et qui ne pense pas, nous disons que ces deux substances demeureront toujours distinctes. » Ainsi, l'âme conçue comme substance est plus que le moi, car la substance persiste, par le fait qu'elle est substance, indépendamment de la perception ou de la conscience que nous pouvons avoir de ses manifestations, et le moi, avons-nous dit, n'existe uniquement que par la conscience qui nous le révèle. Donc, lorsque dans certains états du corps nous n'avons plus conscience ni de notre pensée ni même de notre existence matérielle, pour nous le moi a cessé d'être, mais l'âme n'a pas cessé d'exister. C'est encore en vertu de cette conception de l'âme comme substance, que nous sommes invinciblement conduits à admettre la présence de l'âme dans l'être qui ne s'est pas encore éveillé à la vie de relation.

Descartes affirme être le premier qui ait considéré la pensée comme le principal attribut de la substance incorporelle, et l'étendue comme le principal attribut de la matière. Toutefois l'idée fondamentale de cette formule ne saurait être attribuée en propre à ce philosophe. Nous la retrouvons contenue dans l'Ancien Testament, dans les Évangiles, dans les Pères de l'Eglise, dans tous les éléments du langage chrétien. Tous les préceptes de la morale, tous les dogmes de la religion non-seulement impliquent, mais encore énoncent clairement la vérité qui sert de base à la formule de Descartes. Il est vrai de dire cependant que Descartes a eu le mérite de démontrer rigoureusement, à l'aide des seules lumières de la raison, l'immatérialité et la spiritualité de l'âme. Mais nous devons ajouter que c'est là le suprême effort de la philosophie, et que la science humaine a été et sera sans doute toujours incapable de faire un pas plus avant. Le problème de la destination de l'âme et de son immortalité a inspiré de sublimes pages à la philosophie, mais ces pages éloquentes ne sauraient fixer les incertitudes du doute. (Voy. IMMORTALITÉ.) Quant aux questions concernant l'origine de l'âme et son mode d'union avec le corps, la science ne peut répondre que par des hypothèses.

Ces questions, toutefois, doivent nous arrêter quelques instants, ne fût-ce que pour nous convaincre de plus en plus d'une vérité qui a été trop souvent méconnue, à savoir que l'intelligence humaine ne peut, par ses propres forces, sonder tous les mystères, et qu'en beaucoup de choses, le comble de la science consiste à reconnaître son impuissance.

Comment les deux substances de nature essentiellement distincte dont la réunion constitue l'homme, peuvent-elles agir l'une sur l'autre, ou, en d'autres termes, comment une substance qui n'a pas d'étendue peut-elle agir sur une substance étendue, et comment une substance matérielle peut-elle agir à son tour sur une substance qui ne présente aucun des attributs propres à la matière? Avant Descartes, on se contentait de professer dans les écoles que l'âme agit physiquement, c.-à-d. effectivement, sur le corps, et *vice versâ* : cette action réciproque s'appelait *Influx physique*. Mais ceci n'était qu'une simple affirmation du fait qu'il s'agissait au contraire d'expliquer : c'était poser la question et non la résoudre. Cudworth supposa qu'il existe dans l'homme vivant un troisième principe, un être mixte qui, n'étant ni tout à fait esprit ni tout à fait matière, tient le milieu entre les deux substances, et que c'est par l'intermédiaire de cet être mixte que l'âme agit sur le corps et le corps sur l'âme. Mallebranche et Leibnitz repoussèrent toute idée de communication réelle entre l'âme et le corps. Suivant Mallebranche, l'action de ces deux substances est simultanée; elle est le résultat d'une harmonie constante, entretenue par Dieu lui-même qui intervient incessamment pour exciter dans l'âme les phénomènes correspondants aux divers états du corps, et pour produire dans le corps les mouvements que celui-ci doit accomplir afin d'exécuter les ordres et d'exprimer les états de l'âme. Leibnitz, au contraire, croyant au-dessous de la majesté divine d'intervenir directement dans tous les phénomènes de notre existence, a imaginé que dès l'instant où l'âme et le corps sont créés, ils sont organisés de manière que les phénomènes de l'un soient en parfaite correspondance avec les phénomènes de l'autre. Ce sont deux pendules fabriquées avec tant d'art qu'elles marchent toujours ensemble et n'offrent jamais la moindre discordance. L'hypothèse de Cudworth, connue sous le nom de *Médiateur plastique*, laisse subsister la difficulté tout entière. Quelque subtile et raréfiée que soit la matière qui constitue son médiateur plastique, celui-ci ne cesse pas d'être matériel, et par conséquent il existe toujours un abîme entre lui et la substance spirituelle. Cette prétendue solution n'est donc qu'une pétition de principe. L'hypothèse de Leibnitz, appelée système de l'*harmonie préétablie*, fait de la vie humaine une illusion perpétuelle, et se concilie difficilement avec la liberté. Enfin, l'opinion de Mallebranche, qui a été nommée système des *causes occasionnelles*, est en contradition avec le sentiment universel du genre humain. Nous en dirons autant de la théorie émise par un philosophe contemporain, par Herbart. Suivant ce dernier, l'âme est bien une substance immatérielle, simple, dépourvue d'étendue et indivisible; mais la matière elle-même est constituée par des substances actives, simples, également dépourvues d'étendue (monades), qui existent dans l'espace sans former un tout continu, et qui sont maintenues par leur attraction et leur répulsion mutuelles dans un tel état d'équilibre qu'elles offrent l'apparence d'un corps étendu : ainsi donc la substance simple et immatérielle de l'âme peut parfaitement agir sur les substances simples et immatérielles ou monades qui représentent le corps, et réciproquement. Nous ajouterons que cette hypothèse ne résout nullement le problème dont il s'agit : elle en supprime simplement l'un des termes, en faisant de la matière une substance immatérielle comme l'âme.

On a demandé dans quelle partie du corps la substance spirituelle avait en quelque sorte fixé sa demeure, ou, pour nous servir des termes consacrés, quel était le *siége de l'âme*. La philosophie et les sciences expérimentales sont tout aussi inhabiles à résoudre cette question que la précédente. La physiologie et l'anatomie comparée démontrent bien, il est vrai, que toutes les impressions sensorielles viennent aboutir au cerveau, et que cet organe est nécessaire à la manifestation du principe pensant; mais d'une telle démonstration on ne saurait inférer que l'âme soit localisée dans cet organe. En effet, les physiologistes de nos jours n'osent plus affirmer qu'il y ait dans le cerveau un point central unique qui soit le siége du principe intelligent : plusieurs même pensent que l'âme peut être en rapport avec l'organisme tout entier. Au reste, il faut se garder dans cette question de se laisser égarer par l'insuffisance ou le vice du langage; et, puisque l'âme est une substance dépourvue d'étendue, il est évident qu'on ne saurait la considérer, soit comme fixée en un point unique du cerveau, soit comme répandue dans toutes les molécules de l'organisme. — La question de l'origine de l'âme a également donné lieu à diverses hypothèses que nous ne pouvons discuter ici. L'opinion la plus généralement admise, même par les théologiens, c'est que l'âme de chaque homme est créée par Dieu au moment même où elle s'unit au corps.

La signification du mot âme chez les anciens est plus conforme à son étymologie que chez les modernes. Au lieu de désigner uniquement par ce terme la substance spirituelle qui constitue la portion la plus excellente de l'être humain, ils appliquaient encore ce nom au principe de vie et de mouvement qui se manifeste dans tous les corps organisés. En conséquence le nombre d'âmes variait selon le nombre d'aspects sous lesquels ils considéraient les êtres ou l'homme lui-même. Suivant le système de Platon, par ex., l'âme de l'homme est triple, ou plutôt il existe trois âmes : l'*âme appétitive*, source des passions grossières et des instincts physiques, qui est enchaînée aux régions inférieures du corps et qui meurt avec les organes; l'*âme irascible* principe de l'activité et du mouvement, qui a son siége dans le cœur; et l'âme *rationnelle* qui réside dans la tête : cette dernière seule est immortelle. Aristote distingue cinq espèces d'âmes : l'âme *nutritive* qui préside à la nutrition et à la reproduction, soit des animaux, soit des plantes; l'âme *sensitive* qui est le principe de la perception et des sens; l'âme ou force *motrice* qui constitue le principe du mouvement et de la locomotion; l'âme *appétitive* qui est la source du désir et de la volonté; et enfin l'âme *rationnelle* ou *pensante*. Les philosophes du moyen âge admettaient comme les anciens la pluralité des âmes, et ils distinguaient trois âmes : la *végétative* qui constituait le principe de l'accroissement ou du développement des végétaux; la *sensitive* ou l'*animale* qui présidait à la nutrition, au mouvement et aux actes des animaux; et l'âme *raisonnable* ou *humaine*. Mais il faudrait se garder de croire que, pour la philosophie du moyen âge, ces distinctions eussent la même valeur que pour celle de l'antiquité : on tomberait dans une grossière erreur. Il est évident que les scholastiques n'employaient les termes âme végétative, âme sensitive, que pour désigner la force vitale propre aux organismes des deux règnes; et si l'on conservait quelque doute à cet égard, il suffirait de jeter les yeux sur ces paroles formelles de saint Thomas d'Aquin : « Chez l'homme, c'est l'âme intellectuelle qui s'acquitte des fonctions de l'âme végétative et de l'âme animale : *Il n'y a qu'une âme.* » Voy. ACTIVITÉ, LIBERTÉ, VOLONTÉ, PSYCHOLOGIE, etc.

Âme des bêtes. — L'analogie singulière que l'homme a

observée entre les actes de certains animaux, surtout des animaux les plus élevés dans la série des êtres, et les actes que lui-même accomplit par la détermination propre de son principe spirituel, est tellement frappante que l'on a de tous temps admis chez les bêtes l'existence d'un principe immatériel auquel on a également attribué le nom d'âme. Néanmoins, Descartes regardait les animaux comme de véritables automates, hypothèse qui est contredite par toutes les données de l'expérience et de l'analogie. En revanche, quelques écrivains du dernier siècle ont été jusqu'à affirmer que les animaux ne diffèrent de l'homme que par l'infériorité de leur organisation. Ces deux suppositions également gratuites sont faciles à réfuter. Au mot INSTINCT nous ferons voir que certains actes des animaux supposent nécessairement l'existence d'un principe immatériel, et nous montrerons, par l'étude de ces mêmes actes, qu'il existe une distance infinie entre les instincts les plus remarquables des animaux et les opérations même les plus simples de l'âme humaine.

Ame du monde. — L'idée d'une force infuse dans toutes les molécules de l'univers, qui serait à la fois le principe plastique et le principe moteur de la matière, c.-à-d. qui lui donnerait cette infinie variété de formes, et lui imprimerait cette prodigieuse diversité de mouvements que constate l'observation, se retrouve dans un assez grand nombre de philosophes de l'antiquité et chez quelques écrivains modernes. Mais l'existence de ce principe a été considérée de deux manières bien différentes : tantôt cette doctrine a été émise comme une simple hypothèse physico-chimique, propre à expliquer les différents phénomènes dont l'univers matériel est le théâtre; tantôt ce principe a été regardé comme le degré le plus élevé de l'être, et a été mis à la place de Dieu lui-même. Dans ce cas, Dieu et l'univers sont considérés comme ne faisant qu'un, comme étant identiques, l'esprit et la matière étant simplement deux aspects particuliers du même être. Cette conception, qui est manifestement contraire à l'idée que nous nous formons de l'être souverainement parfait, sera réfutée aux articles consacrés aux mots CRÉATION et PANTHÉISME. Quant à la première hypothèse, qui envisage l'univers comme un vaste organisme doué par Dieu d'une force vitale particulière, c'est une pure rêverie sans aucune importance; car les affirmations gratuites sur lesquelles elle se fonde sont incessamment contredites par toutes les données des sciences expérimentales.

AMÉ, ÉE. adj. Ancienne forme du mot *Aimé*, *ée*, usitée en style de chancellerie, dans les lettres et dans les ordonnances des rois de France. *Notre a. et féal chancelier. A nos amés et féaux les gens tenant notre cour de parlement.*

***AMÉIVA.** s. m. T. Erpét. Voy. MONITOR.

***AMÉLANCHIER.** s. m. T. Bot. Voy. POMACÉES.

AMÉLIORATION. s. f. Changement en mieux, progrès vers le bien. *Cette machine sera une grande am. pour votre usine. Il y a de l'am. dans l'état de ce malade. Les améliorations politiques ne peuvent s'opérer que lentement.* ‖ Ce que l'on fait dans un fonds de terre ou dans une maison pour les mettre en meilleur état et pour en augmenter le revenu. *On est obligé de payer les améliorations à un possesseur de bonne foi que l'on dépossède. Il a fait une am. considérable dans sa terre.* — T. Droit. *Améliorations voluptuaires*, Améliorations d'agrément.

AMÉLIORER. v. a. (lat. *melior*, meilleur). Rendre une chose meilleure; augmenter sa valeur. *L'air du Midi a fort amélioré sa santé. Cet héritage a beaucoup amélioré sa position. Le desséchement de ce marais améliorera ma propriété.* = S'AMÉLIORER. v. pron. *Sa santé s'améliore. Les mœurs s'améliorent. L'état de sa fortune s'est amélioré.* = AMÉLIORÉ, ÉE. part.

AMEN. [On pron. l'N.] Mot hébreu qui signif. *Ainsi soit-il*, et qui termine la plupart des prières de l'Église. Dans le Nouveau Testament, quand *Amen* se trouve au commencement d'une phrase, on le traduit par *Certes, En vérité.* ‖ Fam. *J'ai dit am. à toutes ses propositions*, J'ai consenti à tout. — *Attendez jusqu'à Amen*, jusqu'à la fin. *Je connais son histoire depuis* Pater *jusqu'à* Amen, Depuis le commencement jusqu'à la fin.

AMÉNAGEMENT. s. m. T. Sylv. Action d'aménager; Résultat de cette action. Voy. SYLVICULTURE.

AMÉNAGER. v. a. (R. *ménage*). T. Sylv. Régler les coupes, le repeuplement et la réserve d'un bois, d'une forêt. ‖ *Am. un arbre*, Le débiter en bois de charpente ou en bois de chauffage. = AMÉNAGÉ, ÉE. part. = Conjug. Voy. MANGER.

AMENDABLE. adj. 2 g. Qui est susceptible d'être amendé, amélioré. *Une terre am.* — **Ce projet de loi est si radicalement mauvais qu'il n'est pas am.*

AMENDE. s. f. (lat. *menda*, défaut, faute). Peine pécuniaire imposée par la justice. *Am. de mille francs. Payer une am. Mettre à l'am. Condamner à de fortes amendes, à dix mille francs d'am. Sous peine d'am.* — *Les battus paient l'am.*, Se dit D'un homme qui est condamné tandis qu'il devrait être dédommagé. ‖ *Am. honorable*, Peine qui consistait à reconnaître publiquement son crime et à en demander pardon. — Fig. et fam., *Faire am. honorable d'une chose*, En demander pardon.

Enc. — Presque tous les peuples de l'antiquité ont admis l'*Am.* dans leur système de pénalité. Chez les Grecs, cette peine était fréquemment infligée, et parfois même les amendes étaient si énormes que le condamné se trouvait dans l'impossibilité de les payer. Dans ce cas, on le privait de sa liberté jusqu'au jour où il s'acquittait envers le trésor. C'est ainsi que Miltiade, suivant C. Nepos, ne pouvant payer l'am. de 50 talents (278,000 francs) à laquelle il avait été condamné, termina sa vie en prison. Dans les premiers siècles de Rome, la plupart des peines consistaient en des amendes que le manque de numéraire forçait d'acquitter en bestiaux. Lorsqu'il devint possible de les acquitter en argent, elles n'en continuèrent pas moins à être désignées par les juges en têtes de bétail, usage qui se perpétua jusque sous Trajan. — Les Germains n'admettaient guère que des peines pécuniaires. Aussi quelques auteurs assimilent-ils à la peine de l'am. le *Wehrgeld* ou la *Composition*, espèce de dommages et intérêts que les hommes des tribus germaniques, suivant les lois saliques, ripuaires, bourguignonnes, etc., payaient pour un meurtre à la famille du mort. Rien cependant n'autorise à ranger l'am., qui est une prestation pécuniaire au profit du trésor public, dans la même catégorie de peines que la composition, qui est un véritable dédommagement au profit d'un particulier. Mais si le wehrgeld offre un caractère distinct de l'am., il n'en est pas ainsi des peines pécuniaires qui, plus tard, furent infligées au seigneur, dans le cas où la sentence du juge seigneurial, était réformée, et à la partie condamnée en cour laïque. C'étaient de véritables amendes, parfaitement analogues à celles que de nos jours, en matière civile, paye la partie qui, après avoir été condamnée par un premier jugement, succombe dans une demande en révision ou en cassation, etc. — Dans l'ancien droit français, les amendes étaient fréquemment appliquées. On les divisait en deux grandes classes, selon qu'elles étaient fixées par les ordonnances ou laissées à la discrétion du juge. Mais la législation qui nous régit a fait disparaître presque entièrement l'ancienne jurisprudence : et maintenant il n'existe plus d'amendes arbitraires à proprement parler, attendu que la loi fixe un maximum et un minimum qui ne sauraient être dépassés par le juge. Ainsi, par ex., lorsqu'il s'agit de simples contraventions de police, le minimum ne peut descendre au-dessous de 1 franc, et le maximum s'élever au-dessus de 15 francs. En matière correctionnelle, dans les cas les moins graves, le minimum est de 16 francs. Dans d'autres cas, suivant leur gravité, il est de 25, 50, 200, 1000 fr.; et le maximum peut atteindre les chiffres de 3000, 5000, 20000 fr., et même des chiffres plus élevés. En matière criminelle, le Code pénal et nos lois spéciales contiennent aussi un assez grand nombre de dispositions qui font marcher ensemble l'am. avec les peines afflictives et infamantes. La quotité de l'am. est très-variable, comme on le voit : elle atteint jusqu'au plus bas degré de l'échelle pénale. Il n'est donc point de réparation qui permette de mieux proportionner le châtiment au délit ou au crime. Elle est très-supérieure en cela aux autres peines, qui ne sauraient être propres à punir les simples délits, parce qu'elles entraînent à leur suite une sorte d'infamie qui flétrit le coupable qu'elles atteignent, tandis que l'am. ne laisse pour toute souillure que le blâme attaché à la conviction de la faute du condamné. — Le recouvrement des amendes amène quelquefois de sérieuses difficultés, et souvent une aggravation de peine. Si le condamné n'a pas en sa possession la somme qu'il doit payer, ou s'il refuse de la donner, il faut saisir et vendre ses effets, jusqu'à concurrence du montant de la somme fixée, ou employer les voies de la contrainte personnelle, jusqu'au jour où l'am. est acquittée. Dans le cas d'insolvabilité réelle et bien constatée, l'am. est remplacée par un emprisonnement dont la durée ne peut excéder quinze jours, lorsqu'il s'agit de simples contraventions de police, et qui peut se prolonger plus ou moins longtemps, lorsque l'am. est encourue pour des délits ressortissants des tribunaux correctionnels ou criminels. Néanmoins, en matière correctionnelle, lorsqu'un condamné a subi entièrement sa peine, et qu'en outre il a été retenu pendant six mois en prison, sans pouvoir acquitter l'am., il obtient alors sa liberté provisoire, sauf à voir reprendre contre lui la contrainte par corps, s'il lui survient quelque moyen de solvabilité. Pour les condamnés en matière criminelle, la liberté provisoire peut également s'obtenir; mais, dans ce cas, la durée de l'emprisonnement relatif à l'am. doit avoir excédé une année. La somme fixée comme am. dans une condamnation, ne produit jamais d'intérêts. L'am. est une peine purement personnelle : en conséquence, elle ne frappe que les auteurs du délit, et elle n'atteint pas les personnes légalement responsables des actes de certains individus placés sous leur autorité, telles que pères, mères, tuteurs, commettants, etc. — Les amendes sont établies comme peines dans presque toutes les législations modernes. Quelques peuples cependant les ont repoussées de leur système de pénalité.

L'*Am. honorable* consistait à confesser publiquement le crime pour lequel on avait été condamné, et à en demander pardon. On la prononçait contre les coupables qui avaient causé un scandale public, comme les sacriléges, les faussaires, les banqueroutiers frauduleux, etc. On distinguait deux sortes d'am. honorable : l'am. honorable *simple* ou *sèche*, qui se faisait nu tête et à genoux, à l'audience ou dans la chambre du conseil, et l'am. honorable *in figuris*, dont l'exécution était confiée au bourreau. Le patient, conduit par l'exécuteur des hautes œuvres, s'avançait pieds nus, en chemise, la corde au cou, la tête découverte, tenant à la main une torche de cire jaune, et portant un double écriteau, fixé sur la poitrine et sur les épaules, sur lequel se trouvait inscrit le nom du crime à expier. Il allait ainsi jusqu'à la place publique où il faisait *am. honorable* à haute et intelligible voix, en présence de la foule assemblée. — La peine de l'am. honorable avait été abolie le 25 septembre 1791, par l'Assemblée constituante; mais elle fut rétablie sous la Restauration, le 20 avril 1825; enfin elle a été de nouveau effacée de nos codes, le 11 octobre 1830. — Il faut se garder de confondre la *Réparation d'honneur* avec l'am. honorable. La réparation d'honneur n'était point infamante; elle n'était ordonnée par le juge que dans le simple cas d'atteinte portée à l'honneur d'un particulier, et elle n'avait lieu qu'en présence d'un certain nombre de personnes choisies. Aujourd'hui encore, l'art. 226 du C. Pénal porte que le coupable d'outrages envers un fonctionnaire public devra faire *réparation* à l'offensé, soit à la première audience, soit par écrit, sous peine d'y être contraint par corps. Cette peine, du reste, est rarement appliquée.

AMENDEMENT. s. m. Changement en mieux. *Il n'y a point d'am. dans sa santé. On remarque dans sa conduite un grand am.*

Enc. — En T. de Droit polit., on appelle *Am.* toute modification proposée à un projet de loi pour changer quelqu'une de ses dispositions, ou simplement pour rendre sa rédaction plus claire et plus précise. Sous l'empire de la Charte de 1814, le droit d'am. était d'une importance extrême, car l'initiative du pouvoir législatif n'appartenant qu'au roi, les membres des deux Chambres ne pouvaient participer à la rédaction des projets de loi que par voie d'am. Mais aujourd'hui le droit d'initiative, en fait de projets de loi, appartenant non-seulement au roi, mais encore à chacun des membres des assemblées législatives, il n'est plus question du droit d'am., et la Charte de 1830 n'en fait pas même mention. — Dans toutes les assemblées délibérantes, quel que soit leur objet, on donne également le nom d'am. aux modifications proposées pour les arrêtés et pour les décisions qui forment la matière de la discussion.

Agric. — Les agriculteurs désignent par le nom générique d'*Am.* toutes les modifications apportées aux terres arables, soit en divisant le sol à l'aide des instruments de culture, soit en y introduisant certaines substances minérales ou organiques. Les amendements ont pour but de rendre le sol accessible à l'influence des agents chimiques, et de fournir aux végétaux les différents principes qui sont indispensables à leur nutrition et à leur développement. Considérés sous ce point de vue, ils forment la partie la plus importante de l'art de la culture. Nous traiterons en leur lieu et place des diverses modifications mécaniques que l'on peut faire éprouver aux terres par les travaux agricoles; et nous nous occuperons seulement ici des modifications produites dans le sol par l'introduction de matières inorganiques, renvoyant au mot ENGRAIS tout ce qui concerne l'addition et l'action des substances organiques dans les terres arables.

Les amendements minéraux peuvent être distingués en deux classes : ceux dont l'influence est presque exclusivement physique, et ceux qui agissent chimiquement sur le sol pour accroître sa fécondité. Parmi les premiers nous rangerons le *sable*, les *marnes* et l'*argile calcinée*; parmi les seconds nous placerons la *chaux*, le *plâtre*, les *diverses espèces de cendres* et les *diverses espèces de sels*. L'emploi de ces substances comme amendements doit être précédé d'un examen portant non-seulement sur leurs propriétés et sur leur composition, mais encore sur la constitution des terres qu'elles doivent améliorer.

En général, les terres arables se composent de silice, d'argile, de calcaire, d'oxyde de fer, d'oxyde de manganèse, de divers sels et de débris organiques en décomposition. Ces éléments sont combinés en proportions variées dans les terrains qu'ils constituent, et la prédominance ou quelquefois l'absence de certains d'entre eux forme ce qu'on appelle la *nature du sol.* Cependant, il ne suffit pas uniquement de savoir quelles substances entrent dans la composition d'un terrain pour en déterminer la nature; il faut encore connaître l'état d'agrégation de ces substances. Ainsi, par ex., les silicates, tels que nous les trouvons dans la nature, diffèrent considérablement les uns des autres sous le rapport de leur facilité à se décomposer, c.-à-d. sous le rapport de la résistance qu'ils opposent à l'action dissolvante des agents atmosphériques, et leurs différents états modifient nécessairement la nature des terrains qu'ils composent. — L'examen rationnel d'un sol arable consiste dans l'analyse chimique de ce sol, et dans celle des cendres des végétaux qu'il produit spontanément. Toutefois, la coloration et l'impression exercée sur les doigts par le maniement, peuvent déjà servir à un cultivateur exercé pour lui faire distinguer un sol compacte et tenace d'avec une terre friable et sans liaison, et pour lui fournir des indices sur la présence ou l'absence de certains éléments tels que l'oxyde de fer, la craie, la marne, etc. Mais ces simples moyens empiriques sont complétement insuffisants pour constater l'absence ou la présence des sels les plus nécessaires à la culture de certains végétaux, et par conséquent pour déterminer quels principes minéraux il faut introduire dans un terrain, afin de favoriser le développement des plantes diverses qu'on y veut cultiver. Ainsi une terre produit des céréales et pas de pois; une autre produit des navets ou des pois, mais pas de tabac; une troisième donne une abondante récolte de navets, mais elle est incapable de produire du trèfle; enfin un terrain dans lequel on cultive la même plante pendant un certain nombre d'années consécutives, finit par devenir impropre à nourrir cette même plante. Quels sont donc les éléments indispensables à la nutrition et aux développements de ces végétaux, et comment rendre un terrain propre à toutes les espèces ou à certaines espèces de cultures? Ici l'empirisme serait complétement en défaut; mais la science nous apprend jusqu'à un certain point à découvrir, par l'analyse des cendres mêmes des végétaux, quelles sont les substances minérales essentielles à chaque genre de plantes. — Toutes les fois que l'analyse d'un sol démontre qu'il ne contient pas l'un des éléments nécessaires au développement d'une plante donnée, il est clair qu'il ne conviendra nullement à la culture de cette plante. Si donc on veut l'y rendre propre, il faudra lui donner l'élément qu'il ne renferme pas. De même, lorsqu'une plante trop longtemps cultivée dans le même terrain a absorbé la presque totalité de l'un des éléments nécessaires à son développement, il suffira, pour rendre à ce terrain sa fécondité primitive, de lui restituer l'élément enlevé par la plante. Il résulte de là que, si l'agriculteur possédait des analyses qualitatives et quantitatives exactes des cendres que donnent les plantes cultivées sur toutes les espèces possibles de terrains, il saurait positivement, pour chaque plante, quels sont les éléments dont la présence est constante dans ce végétal et quels sont ceux dont la présence n'est qu'accidentelle, et il pourrait calculer la somme totale des principes minéraux que chaque espèce de récolte enlève au sol. Il lui serait possible de déterminer *à priori*, d'une manière rigoureuse, la nature et la quantité des substances à ajouter à une terre pour lui rendre toute sa fertilité à la suite de telle ou telle récolte. Enfin, il pourrait exprimer exactement combien de livres de tel ou tel principe minéral il faudrait introduire dans chaque terrain pour en augmenter la fertilité à l'égard de chaque espèce de plante. Malheureusement, jusqu'à ce jour, ces analyses n'ont pas été exécutées, ni même entreprises systématiquement; elles sont loin surtout d'être complètes. Mais, comme les besoins de notre époque en font une nécessité, il faut espérer que la chimie ne tardera pas à donner les solutions qui se rattachent à cette question d'où dépend l'avenir de l'agriculture.

Déjà, cependant, l'art agricole possède une certaine quantité d'observations, soit empiriques, soit scientifiques, qui sont du plus haut intérêt pour l'agriculteur. Ainsi, en ce qui concerne les amendements, on est parvenu à établir un certain nombre de préceptes rationnels. On a reconnu que le *sable* ne peut, en gén., être employé que comme un moyen de diviser, d'ameublir les terres compactes, et d'en augmenter la perméabilité. Il est donc utile pour amender un sol tenace : il multiplie les points de contact des agents atmosphériques avec le sol, et leur permet d'activer la désagrégation des matières assimilables que le sol renferme, surtout si les opérations mécaniques du labour et du hersage viennent concourir à cette action, en opérant le mélange intime du sable et du terrain en culture. On emploie à cet effet les sables siliceux ou calcaires toutes les fois qu'ils ne nécessitent pas de frais de transport trop élevés. Les sables argileux qui proviennent des alluvions de certaines rivières constituent des amendements bien préférables aux sables *secs*, attendu qu'ils contiennent presque toujours une certaine quantité de matières organiques. Il en est de même des *sables de mer* qu'on utilise près des côtes, soit parce qu'ils contiennent souvent des matières organiques provenant du mélange formé de débris végétaux ou animaux, soit parce qu'ils renferment du calcaire et des sels qui agissent comme amendements salins ou stimulants. Enfin, on utilise encore certains sables mélangés à une quantité notable d'argile et de calcaire qui constituent les marnes siliceuses ou sableuses, et dont l'emploi se rattache à celui des marnes.

Par le terme de *marne* on désigne, d'une manière générale, toutes les argiles dans lesquelles la proportion de chaux est considérable. Mais l'argile et le carbonate de chaux qui constituent les marnes ne s'y trouvent jamais combinés chimiquement; ils y sont seulement mêlés dans des proportions variables. Toutefois, leur mélange est tellement intime que tout autre mélange de ces substances, si parfaitement opéré qu'il soit par le travail de l'homme, ne saurait reproduire une espèce quelconque de marne. En général, les terrains marneux sont très-fertiles. Il y en a dont la fertilité, à l'égard de toute sorte de végétaux, surpasse celle de quelque terrain que ce soit. Les marnes forment donc un genre d'amendements auquel le cultivateur ne saurait attacher trop d'importance. Elles agissent de deux manières : *mécaniquement*, à la façon des sables, par l'interposition de leurs parties calcaires entre les parties tenaces du sol, et *chimiquement*, pour ainsi dire, en facilitant la désagrégation des silicates alcalins d'alumine, silicates indispensables à la nutrition des végétaux. On divise les marnes, sous le point de vue agricole, en trois espèces principales : les marnes *calcaires*, qui contiennent de 50 à 95 pour 100 de carbonate de chaux, le reste étant de l'argile et du sable; les marnes *argileuses*, qui renferment de 50 à 75 pour 100 d'argile et un peu de sable, le reste étant calcaire; et les marnes *sableuses*, qui sont composées de 25 à 75 pour 100 de sable et d'un peu d'argile, le reste étant calcaire. Outre ces éléments, on rencontre quelquefois, dans ces diverses espèces de marnes, des traces de magnésie, de gypse et d'humus. — La première espèce de marne convient surtout pour amender les sols argileux qui n'offrent pas une trop grande compacité, car dans les terrains tenaces les marnes argileuses et sableuses agissent plus favorablement. Ces dernières, et particulièrement les marnes argileuses, ayant plus de consistance que les marnes calcaires, doivent être employées préférablement dans les terres légères siliceuses, parce qu'elles les rendent plus denses, moins perméables à l'eau, et parce qu'elles augmentent la faculté absorbante du sol et lui permettent de retenir les engrais. Mais il faut avoir soin, afin de rendre ces marnes plus divisibles, de les étendre convenablement sur le sol, pour les faire bien déliter, avant de s'en servir. Sans cette précaution, elles se pulvériseraient difficilement et retomberaient en gros débris au fond des sillons; par conséquent elles produiraient peu de résultat comme am. Quant aux marnes sableuses, elles doivent être appliquées de préférence aux autres, quand on a affaire à des terrains argileux et argilo-calcaires compactes, attendu qu'elles en rendent la culture plus facile en les ameublissant.

L'*argile calcinée* est également propre à bien amender ces sortes de terrains, lorsqu'on n'a pas de sables à sa disposition. Elle a été employée en Angleterre et en Ecosse, avec grand succès, dans la proportion de 270 à 340 hectolitres par hectare. On s'est bien trouvé de son usage surtout pour les terres calcaires auxquelles la plupart des autres amendements ne sont pas applicables. — Il n'y a pas longtemps qu'on connaît la modification remarquable que la calcination fait éprouver aux propriétés de l'argile. Ce fait important a été découvert en analysant les silicates d'alumine, au nombre desquels se rangent l'argile plastique et la terre glaise, ainsi que les différentes autres formes sous lesquelles l'argile existe dans les terres propres à la culture. Or, ces substances à l'état natif peuvent subir une ébullition de plusieurs heures dans l'acide sulfurique concentré sans s'y dissoudre en quantité appréciable. Quand, au contraire, l'argile a été légèrement calcinée, elle se dissout avec une facilité extrême dans cet acide, et la silice qu'elle contient se sépare sous forme de gelée à l'état soluble. La silice parvenue à cet état est facilement absorbée par les végétaux. Par conséquent, toutes les fois que l'opération de la calcination est praticable, elle produit d'excellents résultats. Appliquée aux marnes, elle y développe des propriétés plus actives que celles qu'elles possédaient auparavant.

La *chaux*, que nous avons classée au rang des *amendements chimiques*, exerce une influence remarquable sur le développement des végétaux. Les Anglais, qui ont constaté sur toutes les espèces de cultures les effets de cette substance, en font une application constante comme am. depuis plus d'un siècle. Au mois d'octobre, les terres cultivées des comtés d'York et d'Oxford présentent l'aspect de campagnes couvertes de neige. On aperçoit des surfaces de plusieurs milles carrés revêtues d'une couche blanche de chaux éteinte ou délitée à l'air qui, pendant les mois humides de l'hiver, exerce une influence extrêmement favorable sur le sol compacte et argileux de ces contrées. Ces chaulages absorbent de 100 à 160 hectolitres de chaux par hectare chaque année. En Allemagne, où le chaulage est également pratiqué sur une assez large échelle, la proportion de chaux est bien moindre qu'en Angleterre; elle se réduit à 8 ou 10 hectolitres par hectare. En France, elle est moindre encore, car les chaulages se réduisent en moyenne à une dépense de 3 à 5 hectolitres de chaux pour la même surface, ce qui n'empêche pas d'obtenir d'abondantes récoltes. Toutefois, les chiffres que nous indiquons ici ne sauraient être acceptés comme limites de la quantité de chaux à employer, car en définitive cette quantité doit varier selon les diverses natures de terrains, et selon les espèces de plantes qu'on y cultive. La proportion de chaux doit être beaucoup plus élevée pour amender les sols argileux ou humides que pour chauler les terrains secs et légers. Il faut aussi tenir compte dans l'évaluation de la quantité de chaux destinée aux chaulages, de la quantité des pluies annuelles, de l'épaisseur de la couche arable et de la profondeur des labours. Enfin, la manière d'opérer le chaulage influe également sur la quantité de chaux à employer. Les divers procédés usités pour cette opération se ramènent à deux méthodes principales : ou bien l'on étend la chaux vive sur le sol, ou bien on l'emploie sous forme d'un compost terreux, c.-à-d. d'un mélange de 6 ou 10 hectolitres de terre avec 1 hectolitre de chaux, qu'on introduit dans le terrain qu'il s'agit d'amender. Les effets de la chaux sont difficiles à apprécier sous le rapport des modifications chimiques qu'elle détermine dans le sol. Puvis pense que l'addition de cette substance à un terrain suffit pour donner naissance à la formation d'une foule de sels qu'il ne contenait pas; Thaër croit qu'elle restitue aux plantes l'acide carbonique qu'elle a enlevé à l'atmosphère; Boussingault admet qu'elle a peu d'action comme alcali, parce qu'elle se transforme assez promptement en carbonate par l'absorption de l'acide carbonique du sol ou de l'air : il en conclut que son effet se borne à donner à la terre le carbonate de chaux qui peut lui manquer, et qui est indispensable à sa fertilité. Suivant Liébig, la chaux agit en rendant solubles les silicates que contient le sol et en favorisant ainsi l'absorption de ces sels par les végétaux. Mais si les savants ne sont pas d'accord sur le mode d'action de la chaux comme am., ses bons effets sont reconnus par tous les cultivateurs. Ainsi, dans les terrains amendés par la chaux, on voit bientôt disparaître les insectes et les herbes nuisibles. En outre, si ces terrains sont trop légers, ils acquièrent de la consistance; ils deviennent au contraire plus meubles s'ils ont trop de compacité. La chaux semble arrêter la carie et la rouille, en donnant aux végétaux la vigueur nécessaire pour résister à ces maladies; et, si l'on en croit quelques agriculteurs, elle agit d'une manière tellement favorable sur le blé que le grain augmente considérablement en poids, et donne plus de farine et moins de son.

Le *plâtre*, de même que la chaux, lorsqu'il est employé comme am., produit des effets très-favorables à certaines cultures, particulièrement à celles des plantes fourragères. Il est vrai que ces effets ne se manifestent pas toujours d'une manière constante et uniforme; mais il arrive qu'ils sont parfois véritablement extraordinaires. Tout le monde sait que Franklin, pour démontrer aux États-Unis combien le plâtre possède la faculté fertilisante, en répandit sur un champ de trèfle, en ayant soin de former avec cette substance un mot gigantesque qui équivalait à notre expression *plâtré*. Les trèfles qui se développèrent excessivement aux places où le plâtre était tombé ne tardèrent pas à former des lettres saillantes qui portèrent la conviction dans les esprits les plus incrédules sur l'excellence de cet am. En effet, le plâtre est un des amendements qu'il convient le mieux d'employer à la culture des fourrages, parce qu'il agit très-bien à petites doses, et qu'il est par conséquent fort économique. Néanmoins on doit se garder de croire, comme des cultivateurs l'ont avancé, qu'il dispense de l'usage des engrais. — Le plâtre s'emploie indifféremment cru ou cuit, mais il faut toujours le pulvériser avant de l'appliquer comme am., parce qu'ainsi on augmente sa solubilité. On dépense généralement 250 à 300 kilog. de plâtre par hectare. On le répand à la main sur les terres qu'on veut amender. Soquet, de Lyon, et plusieurs cultivateurs pensent qu'il n'a aucune efficacité lorsqu'on le sème sur le sol nu, ou lorsqu'on le mélange avec lui. Ils en concluent qu'on doit le répandre sur la plante elle-même, et, suivant quelques-uns, il faut profiter des jours pluvieux pour pratiquer cette opération, ou bien choisir le moment où les feuilles sont chargées d'une abondante rosée; suivant d'autres, au contraire, les temps secs sont préférables, et l'action du plâtre est plus vive lorsqu'il peut tomber sur le sol et s'y mélanger. Math. de Dombasle a constaté expérimentalement que le plâtre répandu sur le sol simultanément avec la graine exerce une influence excessivement favorable à la végétation. Dans tous les cas, il est certain que l'emploi du plâtre, de quelque façon qu'il ait lieu, est toujours profitable, soit aux prairies naturelles, soit aux prairies artificielles. Pour certaines légumineuses, telles que les pois, les fèves, les haricots, etc., le plâtre favorise bien leur développement, mais il paraît qu'il a l'inconvénient de les rendre d'une cuisson et d'une digestion plus difficiles. — Liébig pense que le plâtre agit en condensant dans ses pores l'ammoniaque gazeux provenant en partie de la décomposition des engrais répandus dans le sol, en partie de celui qui existe dans l'atmosphère. Il suppose qu'il se passe alors une double décomposition entre ces deux sels, sulfate de chaux et carbonate d'ammoniaque, et qu'il se produit dans cette réaction du carbonate de chaux et du sulfate d'ammoniaque. Ainsi l'ammoniaque, se trouvant ramené à l'état d'une combinaison moins volatile, est plus facilement absorbé par les plantes. Gasparin admet que le plâtre agit directement sur les plantes et qu'il est absorbé par ces dernières. Suivant lui, celles qui éprouvent les effets les plus favorables de cet am., comme les légumineuses et les crucifères, semblent avoir besoin de sulfates pour leur constitution normale. Quoi qu'il en soit, on a remarqué que le plâtre reste sans efficacité lorsque les terrains contiennent déjà en quantité suffisante du sulfate ou du carbonate de chaux. Au reste, il n'y a pas de danger pour les récoltes à l'employer à tout hasard, car s'il ne produit pas toujours des résultats avantageux dans tous les terrains, le sol en éprouve rarement des effets fâcheux.

Les *cendres* exercent également une influence favorable sur les terres fortes, sur les terres marécageuses, sur les terrains tourbeux, partout enfin où le sol peut contenir des acides et manquer de bases pour les saturer. Les cendres les plus propres à servir d'amendements se reconnaissent, suivant Liébig, à la faculté qu'elles possèdent de former des masses gélatineuses quand on les traite par les acides, ou de durcir au bout de quelques temps lorsqu'on les mêle avec de la chaux détrempée. En première ligne on doit placer celles qui sont le plus chargées de sels alcalins : telles sont les cendres que donnent le pavot, le tabac, la fougère, le maïs, le colza, les bois de hêtre, de chêne, de frêne, d'érable, d'orme, le sarment de vigne et la plupart des bois résineux. En seconde ligne, il faut ranger les cendres provenant de la combustion des tourbes ou des lignites. En troisième ligne viennent les cendres minérales ou résidus de la combustion des houilles et des anthracites. Les cendres, en gén., renferment dans des proportions variables des carbonates de potasse et de soude, des sulfates des mêmes bases, du chlorure de sodium, de la silice et des oxydes de fer et de manganèse : celles qu'on obtient par l'incinération des matières organiques contiennent, en outre, du phosphate de chaux en plus ou moins grande quantité. Ainsi les substances qui composent les cendres sont généralement solubles. C'est en se fondant sur leur solubilité et sur leur état de division extrême qu'un assez grand nombre d'agriculteurs et de chimistes pensent que les cendres agissent directement sur les végétaux, c.-à-d. admettent que les plantes, par les spongioles de leurs racines, aspirent la quantité de sels nécessaire à leur nutrition et à leur constitution. Les cendres excitent et entretiennent la vigueur et le luxe de la végétation. Elles sont favorables à presque toutes les espèces de cultures. Les prés, les pâturages en ressentent des effets fort avantageux; il en est de même des terres destinées à la production des colzas, des navettes et du chanvre. Les céréales surtout en éprouvent de notables améliorations. A l'égard des blés, par ex., elles favorisent plutôt la production du grain que celle de la paille. Le grain venu sur un sol cendré est plus beau même que celui qui a été récolté sur un sol chaulé. Il offre une enveloppe plus légère; il est peut-être plus riche en farine. — On emploie les cendres, soit en formant un compost, c.-à-d. en les mélangeant d'avance avec de la terre, soit en les semant sur le terrain ainsi qu'on le pratique pour le plâtre. Tantôt on les répand au printemps sur les plantes mêmes, particulièrement sur les graminées; tantôt, et ce procédé est préférable, on les sème sur le sol en même temps que les semences. Lorsqu'on a cendré un sol à plusieurs reprises, l'amélioration apportée par cet am. s'aperçoit encore après dix années de récoltes. On peut donc affirmer qu'en général les cendres sont préférables à toute autre substance pour amender les terrains. Malgré ces incontestables avantages, leur usage est pourtant encore très-restreint en agriculture, à cause de leur prix élevé, qui tient à ce qu'elles sont fort employées dans les arts. On recherche surtout pour amendements les cendres de bois *neuves*, parce qu'on suppose à tort qu'elles contiennent des débris organisés que l'incinération aurait épargnés, parce que la quantité de phosphate de chaux qu'elles renferment est plus considérable, parce qu'enfin aucune partie des sels solubles qui les constituent n'a été enlevée par la lixiviation. Néanmoins les *charrées* ou cendres lessivées sont, au point de vue économique, infiniment préférables aux cendres de bois neuves; et leur efficacité est en réalité aussi grande, surtout si on les emploie en suffisante quantité. Toutefois, avant de les utiliser comme am., il faut avoir soin de les conserver en tas pendant quelques mois après la lixiviation. Dans les départements de l'Ain, de la Haute-Saône et de Saône-et-Loire, on les emploie dans la proportion de 20 à 30 hectolitres par hectare. Leur prix varie de 2 à 3 francs l'hectolitre. Les cendres de *tourbe* sont moins estimées que les précédentes, attendu qu'elles ne contiennent aucune trace de phosphate de chaux, principe si actif à l'égard des graminées; en outre, la composition de ces cendres est aussi variable que la nature des tourbes d'où elles proviennent; et de plus, si elles sont le résultat de l'incinération de tourbes pyriteuses, au lieu d'être favorables, elles deviennent nuisibles à quelques terrains. Il est d'ailleurs facile de reconnaître à la coloration les cendres de tourbe qu'on peut utiliser en agriculture. Celles dont la qualité est parfaite sont légères et d'une couleur gris-blanchâtre; les cendres pyriteuses sont au contraire lourdes et rougeâtres. Le prix des cendres de tourbe est bien moins élevé que celui des charrées. Prises sur place, elles coûtent environ 40 centimes l'hectolitre. On peut les employer jusqu'à la dose de 80 hectolitres par hectare; en Hollande, on la porte même jusqu'à 60 hectolitres. Les cendres de *lignites*, de même que celles des tourbes, varient beaucoup dans leur composition; conséquemment leur action sur le sol n'est ni constante ni uniforme. On ne laisse pas cependant d'en faire grand usage, parce que leur prix est peu élevé. La quantité qu'on emploie est ordinairement de 50 hectolitres par hectare. On fait également beaucoup usage des cendres provenant de la combustion des diverses espèces de houilles et d'anthracites. Elles sont aussi fort variables dans leur composition. Elles agissent, en outre, à la manière des amendements mécaniques et diminuent la compacité des terrains argileux. — La cendre n'est pas la seule substance provenant de la combustion des houilles et des anthracites qui soit usitée comme am. L'agriculture a également appliqué la suie à cet usage. En Flandre, par ex., on en répand sur les terres jusqu'à 30 hectolitres par hectare. Dans quelques pays on se borne à 18 hectolitres. On l'étale ordinairement sur les trèfles ou les jeunes froments, ou bien sur les semis de colza, car on a observé qu'elle préservait les jeunes plants de l'attaque des insectes nuisibles. Certains agriculteurs ont le tort de la mélanger à la chaux. Math. de Dombasle veut qu'on choisisse un temps calme et pluvieux pour la répandre sur le sol en culture. La suie provenant de substances végétales est également utilisée comme am. Depuis fort longtemps on la recueille dans les villes importantes pour la livrer à l'agriculture; mais elle est inférieure à celle que donnent les combustibles minéraux. Elle est moins riche en azote et en principes azotés. En général, les suies, quelle que soit leur origine, sont très-profitables à la végétation, car les principes qu'elles renferment sont presque tous susceptibles de se convertir en produits qui peuvent être assimilés par les plantes.

Il nous reste à parler des *amendements salins*, dont l'usage dans diverses contrées de l'Europe et même de l'Asie remonte à des temps fort antérieurs au nôtre. Leur emploi en France date tout au plus d'une quarantaine d'années. Le peu d'usage qu'on en fait encore de nos jours, tient d'une part à l'élévation du prix du sel marin, et d'autre part à la faible importance de la production des autres sels provenant des résidus d'opérations chimiques ou manufacturières. Mais les amendements salins, et particulièrement ceux qu'on pratique avec le sel marin, sont assez fréquemment employés en Angleterre. Toutefois, l'emploi de cette substance comme am. doit être fait avec beaucoup de prudence, principalement à l'égard de la quantité, car il ne convient pas à tous les terrains en proportions égales; et même le dosage doit varier selon le genre de culture qu'on se propose. Ainsi, pour la culture de l'orge, de la pomme de terre, Lecoq prétend qu'il faut 300 kilog. environ de sel marin par hectare, 250 pour le lin, et 150 pour les légumineuses fourragères. Il est évident que dans les conditions actuelles, ce système d'am. serait trop coûteux à l'agriculture. Le sel marin passe pour donner à certaines espèces de plantes une saveur plus agréable. Ainsi tout le monde sait que les *prés salés*, espèces de pâturages situés sur les côtes du nord et du nord-ouest de la France, servent à élever des moutons dont la chair est fort estimée, et que ces animaux engraissent facilement dans ces pâturages. — L'emploi fort peu usité jusqu'à présent des nitrates de potasse et de soude, des chlorhydrates de chaux, du sulfate de soude, etc., ne permet pas de rien préciser sur leur mode d'action comme am. En général, les amendements salins sont employés en compost terreux; quelquefois, cependant, on les sème sur le sol après les jours de pluie, et on a soin de pratiquer plusieurs labours sur les terrains ainsi amendés. Enfin, la *tangue*, espèce de vase siliceuse imprégnée de sels marins et mélangée de débris de coquillages et de substances organiques, est employée comme am. dans un grand nombre de localités des côtes de l'Océan et de la Manche.

En résumant ce qui vient d'être dit sur les amendements minéraux, on arrive à conclure : 1° que la fertilité des terrains sur lesquels on n'opère aucune espèce d'am., va sans cesse s'affaiblissant et doit finir par s'éteindre; 2° que la fertilité du sol cesse ou diminue, soit parce que les substances fertilisantes qu'il contient lui sont enlevées, soit parce qu'elles ne s'y trouvent plus en assez grande abondance à l'état de solubilité favorable pour la culture; 3° qu'il faut faciliter la dissolution des substances propres à la végétation qui sont contenues dans un terrain, ou lui restituer les principes minéraux que chaque récolte lui enlève; 4° que la fécondité est rendue au sol, par les effets du temps, ou par l'action des amendements mécaniques qui permettent aux agents atmosphériques de dissoudre les substances nécessaires à la nutrition et au développement des plantes, ou bien encore par l'addition directe de ces mêmes substances aux terrains en culture. Or, comme en définitive les végétaux puisent dans le sol ou dans l'atmosphère toutes les substances qui servent à leur alimentation et à leur développement, on ne saurait donc trouver étrange que quelques chimistes aient supposé qu'au moyen d'amendements savamment pratiqués, il serait possible à l'agriculture de se passer de tout autre secours pour donner au sol les substances auxquelles il doit toute sa fécondité. « En effet, dit Liébig, que le sol reçoive l'ammoniaque sous forme d'urine ou sous forme de sel extrait du goudron minéral, qu'il reçoive le phosphate de chaux sous forme d'os ou sous celle d'apatite, le but de l'agriculture est toujours atteint, car ce qu'il importe est de restituer à la terre les principes que les récoltes lui enlèvent, et que l'atmosphère ne saurait lui fournir. » Voy. ENGRAIS.

AMENDER. v. a. Corriger, rendre meilleur. *Les bons exemples et les bons conseils ont amendé ce jeune homme. Am. un ouvrage, une machine*, En corriger les défectuosités. ‖ *Am. une terre*, Y faire les amendements convenables. ‖ *Am. un projet de loi, une proposition, un article*, Y faire des changements, des modifications. = AMENDER, v. n. *Depuis hier ce malade n'a point amendé*, Son état ne s'est point amélioré. ‖ *Le blé est bien amendé*, Il a baissé de prix. Vx. = s'AMENDER. v. pron. S'améliorer. *Je crois que mon fils s'amende. Cette terre s'amenderait facilement.* = AMENDÉ, ÉE. part.

AMENER. v. a. Mener, conduire vers une personne ou en quelque lieu. *Il m'a amené ici. Si vous venez nous voir, amenez votre frère. Il a amené du secours, des troupes. Amenez-le moi pieds et poings liés. Amenez moi ma voiture. Le chemin de fer amène beaucoup de voyageurs dans cette ville. Am. des marchandises par charroi, par bateau, à dos de mulet.* — Fam., *Quel bon vent, quel sujet vous amène? — Qui m'a amené ce bavard, cet ennuyeux personnage?* ‖ T. Droit. *Mandat d'am.* Voy. MANDAT. ‖ Fig., *Am. quelqu'un à une opinion, à un sentiment, à un avis*, Lui faire adopter une opinion, etc. — *Je l'ai amené où je voulais*, Je l'ai fait acquiescer à ce que je désirais. — *Am. quelqu'un à faire une chose*, Le déterminer à faire une chose. — *Am. quelqu'un à composition*, Décider quelqu'un à se relâcher de ses prétentions. ‖ Faire adopter, introduire, *Am. une mode.* — *Am. un sujet de conversation*, Faire en sorte qu'elle tombe et roule sur le sujet que l'on désire. — * *Am. une querelle*, La faire naître. ‖ En littérature, *Am. un épisode, une péripétie, un dénoûment*, Les préparer, les faire venir. *Ce poëte amène ses épisodes avec art. Ce dénoûment est bien mal amené.* — Dans un sens anal., on dit : *Am. une preuve, une comparaison de bien loin, de trop loin.* ‖ En parlant De choses qui se succèdent et déterminent ordinairement un résultat prévu, on dit : *Un malheur en amène toujours un autre. Ce vent amènera de la pluie. Cet événement pourrait am. une guerre.* ‖ Tirer à soi. *On amène la rame à soi pour faire avancer la barque. Il amène à lui tout le profit de l'affaire.* ‖ T. Mar. *Am. les voiles, am. les huniers*, Les abaisser. — *Am. son pavillon*, Baisser son pavillon pour marquer que l'on se rend. Dans ce sens, on dit abs. : *La frégate ennemie vient d'am.* ‖ Dans les jeux où l'on se sert de dés, *Am.* signif., Faire tel ou tel point. *Am. trois et quatre, double deux*, etc. = AMENÉ, ÉE. part. ‖ En T. Anc. Jurisp. crim., on disait : *Un amené sans scandale*, pour désigner Un ordre d'am. quelqu'un devant le juge sans bruit et sans publicité. Dans cette loc., *Amené* est pris substant.

AMÉNITÉ. s. f. (lat. *amœnus*, agréable). Ce qui fait qu'une personne ou une chose est agréable. *L'am. d'un site. L'am. de l'air. Am. de caractère, de mœurs, de langage. C'est un homme plein d'am. Manières pleines d'am. — L'am. du style.* — *Am.* s'emploie rarement en parlant Des objets physiques.

* **AMÉNORRHÉE.** s. f. (gr. α priv.; μήν, μήνος, mois; ῥέω, je coule). T. Méd. Voy. MENSTRUATION.

AMENTACÉES. s. f. pl. (lat. *amentum*, chaton). T. Bot.

Enc. — Ce terme, introduit dans la science par Tournefort qui l'avait donné à l'une de ses classes, a été employé par A.-L. de Jussieu pour nommer un groupe de plantes ligneuses, à fleurs apétales et diclines, dont les mâles sont réunies en chatons : ces végétaux composaient la 99e famille de l'illustre auteur de la méthode naturelle. Mais quand on les envisage sous d'autres rapports, ils présentent des différences essentielles; en conséquence, les botanistes de nos jours ont scindé les *Am.* de Jussieu en plusieurs familles, et ce terme même a disparu comme nom de famille de la plupart des nomenclatures botaniques. Cependant plusieurs auteurs, tels que Bartling, Fries, Endlicher, Ad. Brongniart et Meisner, désignent sous le nom d'*Am.*, ou sous celui de *Juliflorées* qui a la même signification, un groupe de plantes composé de plusieurs familles offrant pour caractère commun d'avoir leurs fleurs disposées en chaton. Lindley a créé le mot *Amentales* pour désigner un groupe qu'il compose de 6 familles, les *Casuarinées*, les *Bétulacées*, les *Altingiacées*, les *Salicinées*, les *Myricacées* et les *Éléaginées*.

AMENUISER. v. a. (R. *menu*). Rendre plus menu, diminuer l'épaisseur. = AMENUISÉ, ÉE. part. = Syn. Voy. ALLÉGIR.

AMER, ÈRE. adj. [On pron. l'R final.] (lat. *amarus*). *Saveur amère, goût am.*, Sensation produite sur les organes gustatifs par certaines substances, telles que l'absinthe, l'aloès, la noix vomique. Les substances qui déterminent cette espèce particulière d'impression sont dites *amères.* — Souvent on dit par métonymie : *Avoir la bouche amère*, pour Sentir un goût amer à la bouche. *Cette boisson rend la bouche amère*, Elle y laisse un goût amer. — *Fig., *Les plaisirs sont amers d'abord qu'on en abuse. Les sciences ont des racines amères, mais les fruits en sont doux.* ‖ Fig., Pénible, douloureux. *Chagrin, sacrifice am. Perte, privation amère. Regrets, souvenirs amers. Il est bien am. de mourir si jeune. Douleur amère*, Douleur vive et profonde. *Larmes amères*, Larmes que fait verser une profonde douleur. — *Rendre la vie amère*, Rendre la vie intolérable. ‖ Fig., Dur, piquant, mordant, insultant. *Plaintes amères. Reproches amers. Ironie, raillerie, injure amère. Critique amère. Sourire am.* ‖ Fig. et fam., *Il est d'une bêtise amère*, D'une bêtise extrême. ‖ On dit substantiv. : *Le doux et l'am.* — *Prendre des amers*, Prendre des substances amères. — *Un am. de bœuf, de carpe*, etc., Un fiel de bœuf, de carpe, etc.

Enc. — La saveur amère appartient à un grand nombre de substances minérales, végétales ou animales, qui diffèrent complétement entre elles par leurs propriétés chimiques et médicales. En outre, loin d'être constamment la même, l'amertume de chacune de ces substances présente une nuance particulière. Néanmoins, en thérapeutique, on applique spécialement le nom d'*Amers*, à certains produits du règne végétal qui sont caractérisés par une amertume prononcée, et que l'on range parmi les médicaments toniques. En effet, les amers, administrés à dose convenable, réveillent l'énergie des fonctions digestives, rendent l'assimilation plus complète et plus facile, et rétablissent ainsi les forces organiques. Ils sont utiles dans un grand nombre d'affections auxquelles se lie, comme cause ou comme effet, un vice quelconque de la nutrition : telles sont les dyspepsies, certaines diarrhées chroniques, le scorbut, les scrofules, les fièvres intermittentes, etc.

Les amers les plus importants sont ceux que les plantes nous fournissent. Guillemin a divisé les végétaux amers en plusieurs groupes, d'après la considération de leurs usages thérapeutiques : 1° *Amers francs* ou *Toniques amers* proprement dits. Ici viennent se ranger tous les produits de la famille des *Gentianées*, de celle des *Simaroubées*, et quelques-uns de ceux que donnent les familles des *Composées*, des *Aquifoliacées*, des *Oléacées*, des *Ménispermacées*, des *Loganiacées*, des *Cannabinées*, des *Rutacées*, etc. Quelques-uns de ces produits, tels que le *Colombo* et la *Chicorée*, paraissent jouir de propriétés légèrement sédatives. Plusieurs espèces de *Lichens* doivent également être rangés dans cette catégorie. 2° *Amers astringents.* A ce groupe appartiennent les écorces de *Saule*, de *Chêne*, de *Marronnier d'Inde*, d'*Angusture vraie*, les *Quinquinas*, etc. 3° Les *Amers aromatiques* comprennent les plantes dans lesquelles l'huile volatile est en faible quantité et où le principe amer prédomine. Telles sont dans la famille des *Labiées* les *Germandrées*, et les *Armoises* dans celle des *Composées*. 4° Les *Amers âcres*, au point de vue thérapeutique, ne peuvent faire partie de la classe des toniques amers. Nous citerons comme exemples de ce groupe l'opium, les alcaloïdes qu'on en retire, et ceux que donnent les végétaux du genre *Strychnos*. Cependant quelques praticiens, Schmidtmann entre autres, ont, dans certaines gastralgies, employé avec succès l'extrait de noix vomique. 5° Dans les *Amers cathartiques*, le principe amer est effacé par le principe cathartique. L'*Aloès* et la *Rhubarbe* sont les seuls agents de ce groupe qui s'administrent comme amers dans les cas d'atonie du tube digestif.

Les principes immédiats auxquels les végétaux dont il vient d'être question doivent leur amertume et leurs propriétés toniques sont tantôt des alcaloïdes, comme la quinine, la strychnine et la brucine; tantôt des principes neutres qui peuvent cristalliser, comme la salicine et la cusparine, tantôt des principes incristallisables, comme la cétrarine. Mais pour un grand nombre de plantes amères, le principe actif n'a pas encore été suffisamment déterminé.

Les substances amères minérales, telles que le phosphate de soude, les sulfates de potasse, de soude ou de magnésie, ne sont jamais employées comme amers. Parmi les substances animales, le *Fiel de bœuf* récent, passé et évaporé en consistance d'extrait, est la seule qui soit quelquefois usitée comme tonique amer.

AMÈREMENT. adv. Ne se dit qu'au fig. *Se plaindre am., Pleurer am.*, Avec amertume, douloureusement. — *Critiquer am.*, D'une manière impitoyable.

AMERS. s. m. pl. T. Mar. Objets très-apparents sur les côtes, tels que clochers, tours, moulins, etc., qui peuvent servir d'indice aux navigateurs pour reconnaître les divers points d'une côte et les guider dans leurs manœuvres. *Prendre ses a.*, Reconnaître les points apparents d'une côte.

AMERTUME. s. f. Se dit en parlant Des substances amères et de la sensation particulière qu'elles font éprouver à l'organe du goût. *L'am. de la gentiane. Cette infusion de centaurée m'a laissé un goût d'am. L'am. de la bouche est un symptôme commun à une* *foule de maladies*. Au propre, ne s'emploie jamais qu'au sing. || Fig., Affliction, douleur, peine. *Avoir le cœur plein d'am. L'am. des remords. Adoucir l'am. de la douleur. Les amertumes de la vie. Plaisir mêlé d'am.* — Ce qu'il y a de piquant, de mordant, d'insultant dans les paroles, dans les discours, dans les écrits. *Une critique pleine d'am. L'am. des reproches. Il m'a parlé de son fils avec am.*

AMÉTHYSTE. s. f. (gr. ἀμέθυστος, qui n'est pas ivre). T. Min.

Enc. — Les anciens nommaient ainsi des pierres précieuses de couleur violette, parce que, « à en croire le charlatanisme des magies, dit Pline, elles préservent de l'ivresse. » Ils en distinguaient cinq espèces, et ces belles pierres, qu'ils employaient également à faire des parures, étaient nommées par les uns *Pédéros* ou *Antéros*, et par les autres *Pierres de Vénus.* De nos jours, le mot *Am.*, employé seul, sert à désigner une variété de quartz hyalin de couleur violette plus ou moins foncée, tantôt uniforme, tantôt entremêlée par bandes parallèles ou par zones en zigzag avec un quartz blanc. Cette coloration est due à l'oxyde de manganèse. — On trouve quelquefois l'am. en masses assez grandes pour en sculpter de petites colonnes ou des coupes. Cette pierre est très-estimée, lorsque, sous une bonne grandeur, elle offre une teinte d'un beau violet velouté. Elle sert particulièrement à l'ornement des bagues des évêques, ce qui lui a valu le nom vulgaire de *Pierre d'évêque.* Pour les parures, on emploie les améthystes claires qui sont moins rares. Les plus belles améthystes se trouvent à Carthagène, dans l'Inde, dans les Asturies, et dans le département des Hautes-Alpes. Le commerce en tire aussi du Brésil et de la Sibérie. (Voy. QUARTZ.) — On appelle *Am. orientale* une pierre précieuse de la nature du rubis et du saphir, qui se distingue aisément du *quartz am.* par sa nuance pourprée, et par sa dureté et sa densité qui sont beaucoup plus grandes que celles de l'am. ordinaire. Voy. CORINDON.

AMEUBLEMENT. s. m. (R. *meuble*). Assortiment des meubles et des tentures nécessaires pour garnir une pièce ou un appartement. *Am. magnifique, mesquin. Un am. de velours, de damas.*

AMEUBLIR. v. a. (R. *meuble*). T. Droit. Donner à un immeuble la qualité de meuble, à l'effet de le faire entrer dans la communauté. || T. Agric. Rendre une terre plus meuble, plus légère. = AMEUBLI, IE. part.

AMEUBLISSEMENT. s. m. T. Droit et Agric.

Enc.—Dans le langage de la Jurisp., on donne le nom d'*Am.* à une fiction légale par laquelle on fait passer un immeuble à l'état de meuble; mais cette fiction n'a d'effet qu'entre les époux, car l'immeuble, à l'égard des tiers, n'en conserve pas moins sa nature propre. Par la *Clause d'am.*, les deux époux, ou l'un d'eux, font entrer dans la communauté une partie ou la totalité de leurs immeubles présents ou à venir. Il est à remarquer qu'il ne peut s'agir ici que des immeubles acquis à titre gratuit, puisque les immeubles acquis à titre onéreux pendant la communauté y tombent de plein droit. L'am. est *général* ou *particulier* : il est général, lorsqu'il comprend l'universalité des immeubles; il est particulier, lorsqu'il ne comprend que certains immeubles spécialement désignés. On le distingue encore en am. *déterminé* et am. *indéterminé*. Dans la première espèce, l'époux déclare ameublir et mettre en communauté, jusqu'à concurrence d'une certaine somme, tout ou partie d'un immeuble parfaitement spécifié. Dans la seconde, l'époux déclare simplement, sans aucune spécification, apporter en communauté ses immeubles, jusqu'à concurrence d'une somme dont le chiffre est énoncé. L'effet de l'am. déterminé est de rendre les immeubles qui en sont frappés, biens de la communauté comme les meubles mêmes. Ainsi, lorsque les immeubles de la femme sont ameublis en totalité, le mari peut en disposer à son gré, comme des autres effets de la communauté. Si les immeubles ne sont ameublis que pour une certaine somme, il peut seulement les hypothéquer jusqu'à concurrence de la portion ameublie; mais il ne peut les aliéner sans le consentement de la femme. Dans le cas d'am. indéterminé, la communauté n'étant pas propriétaire des immeubles qui en sont frappés, l'effet de l'am. se réduit à obliger l'époux qui l'a consenti, à comprendre dans la masse, lors de la dissolution de la communauté, quelques-uns de ses immeubles, jusqu'à concurrence de la somme par lui promise. Du reste, l'époux qui a ameubli un héritage conserve la faculté de le retenir, en le précomptant sur sa part selon la valeur qu'il a acquise au moment du partage, et ses héritiers ont le même droit. C. Civ., art. 405 et suiv.

En T. d'Agric., on nomme am. l'action de rendre le sol plus plus meuble, c.-à-d. d'en diminuer la compacité, soit en le divisant avec un instrument de culture, soit en y introduisant quelque substance. L'am. se pratique dans le but de rendre la terre plus propre à subir l'influence des agents atmosphériques. Voy. AMENDEMENT.

AMEUTER. v. a. (R. *meute*). Mettre des chiens en état de bien chasser ensemble. *Il faut du temps pour am. des chiens qui n'ont pas accoutumé de chasser ensemble.* || Fig., Attrouper. *Sa mise bizarre a ameuté autour de lui tous les oisifs du quartier.* — Attrouper et animer des gens pour les faire agir de concert. *Il ameuta tous les mécontents pour faire passer cette délibération.* = S'AMEUTER, v. pron. *Le peuple s'était ameuté devant l'hôtel de ville.* = AMEUTÉ, ÉE. part.

AMI, IE. s. (lat. *amicus*). Celui ou celle avec qui on est lié d'une affection réciproque. *A. constant, sincère, sûr. A. à toute épreuve. Se faire des amis. Acquérir des amis. Cultiver, conserver ses amis. Traiter, agir, parler en a. Cela n'est pas d'un a. Cette femme n'a pas une amie. C'est une de ses amies.* || Fam. *Bon a., bonne amie*, se dit quelquefois pour Amant, maîtresse. || Dans le langage ordinaire, on applique ce mot à presque toutes les liaisons familières fondées sur quelque motif que ce soit, et quel que soit le degré d'attachement qui les maintient. *A. de collége, A. d'enfance*, Camarade de collége, A. avec lequel on est lié depuis l'enfance. *A. de table, de débauche*, Celui avec lequel on n'a d'autre liaison que celle qui est fondée sur le plaisir de la table, etc. *A. de cour*, Celui qui n'a que de fausses apparences d'amitié. *A. de tout le monde, A. du genre humain*, Celui qui donne le titre d'a. à tout le monde, et n'est par conséquent l'a. de personne. *A. jusqu'à la bourse*, A. à rendre toutes sortes de services, excepté celui d'aider de son argent. || Prov., *Les bons comptes font les bons amis. Ami au prêter, ennemi au rendre.* || Se dit en parlant De personnes unies par quelque intérêt de parti, de coterie. *Cette petite persécution lui attira beaucoup d'amis. Nous voterons pour cette mesure, moi et mes amis.* — *Par ext., se prend pour Partisans. *Le ministère et ses amis ont eu le dessous dans cette discussion.* || Se dit également Des nations, des maisons souveraines qui sont unies par des traités, des alliances, et qui vivent en bonne intelligence. *Un peuple ambitieux ne peut avoir d'amis. La France est la plus ancienne amie de la Turquie. Depuis cette alliance, ces deux maisons sont amies.* —* *Bâtiment a.*, Bâtiment appartenant à une puissance amie. || En parlant à des inférieurs, on dit fam. : *Tiens, mon a., voilà pour ta peine. L'a., ferais-tu bien un message pour moi?* — A. devient quelquefois un terme de hauteur. *Mon petit a., il faut que vous sachiez que...* || Celui qui a de l'attachement, du goût, de la passion pour une chose. *A. de la raison, de la justice, de la vérité, de la religion, de la vertu. A. des sciences, A. des arts, des lettres.* — *A. de la faveur, A. de la fortune*, Celui qui ne s'attache qu'aux personnes en faveur ou dans l'opulence. — *L'a. de la maison*, Celui qui vit dans l'intimité d'une famille. || Se dit Des animaux, pour marquer l'affection qu'ils ont pour les hommes. *Le chien est l'a. de l'homme.* || S'emploie en parlant Des choses qui ont entre elles une certaine convenance. *L'ormeau est a. de la vigne.* — *Couleurs amies*, Couleurs dont l'union est agréable à la vue. Dans un sens anal., on dit : *Le vert est l'a. de l'œil.* — *Odeurs amies du cerveau*, Odeurs agréables qui ne fatiguent pas le cerveau. *Le vin est a. du cœur*, Il provoque la gaieté. || *M'amie*, abréviation de *Mon amie.* T. fam. dont quelques maris se servent en parlant à leurs femmes, et qu'on emploie quelquefois en parlant à des femmes d'une condition fort inférieure. — Dans le vx. langage, *Mie*, abrév. d'*Amie*, se disait pour maîtresse. *Sa douce mie.* Les enfants donnent quelquefois ce nom à leur bonne. = AMI, IE, s'emploie aussi adj. *Peuples amis, nations amies. Il m'a montré un visage a.*, Un visage bienveillant. — Dans le style poétique, *A.* se prend pour Propice, favorable. *Les destins amis. La fortune amie.*

AMIABLE. adj. 2 g. *Accueil am.*, Accueil gracieux. *Paroles amiables*, Paroles douces, conciliantes. || T. Droit. *Am. compositeur.* Voy. ARBITRE. = A L'AMIABLE. loc. adverb. Par voie de douceur, de conciliation. *Traiter les choses à l'am. Vider un différend à l'am.* — *Vente à l'am.*, Vente faite de gré à gré, sans enchères et sans être ordonnée par autorité de justice. || * T. Arith. *Nombres amiables.* Voy. NOMBRE.

AMIABLEMENT. adv. D'une manière amiable.

AMIANTE. s. m. (gr. α priv. ; μιαίνω, je souille). T. Minér.

Enc. — Sous le nom d'*Am.* ou d'*Asbeste* (gr. ἄσβεστος, inextinguible) on comprend les variétés d'amphibole formées de fibres très-fines, peu adhérentes les unes aux autres, et assez flexibles pour offrir une certaine ressemblance avec plusieurs produits filamenteux du règne végétal. Ces substances sont principalement constituées par des silicates de chaux et de magnésie, principes difficilement fusibles, ce qui fait que les diverses espèces d'am. présentent ce phénomène singulier qu'elles résistent puissamment à l'action du feu; néanmoins, elles sont fusibles au chalumeau.

Les anciens connaissaient l'am. et la propriété remarquable qu'il possède. Mais Pline distingue l'am. de l'asbeste. Suivant lui, l'am. est une substance minérale, et l'asbeste est une espèce de lin. « L'am., dit-il, ressemble à l'alun; il ne perd rien au feu, et il résiste à tous les charmes, surtout aux maléfices magiques. » Ailleurs, en parlant du lin, il s'exprime ainsi : « On a encore trouvé une espèce de lin incombustible, ou vif, comme on l'appelle. J'ai vu, dans des festins, des serviettes de ce lin jetées dans un foyer ardent; quand les taches avaient été consumées par le feu, on les retirait plus nettes et plus éclatantes que si elles eussent été blanchies dans l'eau. On en fait, pour les funérailles des rois, des linceuls qui séparent leurs cendres de celles du bûcher. Ce lin croît dans les déserts de l'Inde, toujours arides et brûlants : ainsi le climat où il vit l'habitue à l'action du feu. On le trouve rarement, et on le travaille avec beaucoup de peine à cause du peu de longueur de ses fibres. » On a, en effet, trouvé dans des tombeaux romains des linceuls d'asbeste. De nos jours également, l'am. a été utilisé de diverses manières. Ainsi, on a fabriqué, comme le faisaient les anciens, des tissus incombustibles. Pour cela, on entremêlait les fils d'am. avec des fils de lin et de coton, puis on passait le tissu dans la flamme, qui détruisait les fils de nature végétale, et l'on obtenait de cette manière une toile d'am. entièrement pur. Mais ce procédé ingénieux a été abandonné depuis qu'on a découvert en Italie, dans la Tarentaise, une variété précieuse d'am. dont les fils, extrêmement déliés et d'une blancheur éclatante, offrent cela de particulier qu'ils semblent être pelotonnés dans la masse minérale qu'ils forment, comme les fils de soie dans les cocons d'où ils sont tirés. En effet, lorsqu'on saisit l'une des extrémités de ces fibres minérales, elles se développent et acquièrent une longueur 8 à 10 fois plus considérable que celle de l'échantillon d'où elles proviennent. On s'est servi de ces fils pour faire de la toile et même de la dentelle. On fabrique également avec l'am. un papier incombustible; de sorte qu'en se servant d'une encre convenablement préparée, par ex. de celle qui s'obtient au moyen de peroxyde de manganèse et de sulfure de fer, on peut mettre à l'abri du feu des écrits précieux. Mais c'est surtout à des usages plus vulgaires qu'on emploie l'am. : ainsi, à l'imitation des anciens, on en fait des mèches incombustibles qu'il n'est pas nécessaire de moucher, ni de renouveler, car, lorsqu'elles sont encrassées par l'huile, il suffit de les plonger dans un brasier ardent pour les purifier. Comme l'am. n'est pas attaquable par l'acide sulfurique concentré, on l'emploie encore à la confection des briquets oxygénés. Enfin, l'une des plus utiles applications de cette substance est celle qu'Aldini en a faite, dans ces derniers temps, en fabriquant avec elle des vêtements destinés à préserver les pompiers de l'action des flammes, dans les incendies. L'am., que les anciens, à ce qu'il paraît, tiraient de l'Orient, est beaucoup moins rare qu'ils ne le pensaient. Il se trouve assez abondamment dans la Tarentaise (Savoie), dans le Piémont, dans le Tyrol, en Hongrie, en Corse, au nord de la colonie du cap de Bonne-Espérance, à Nerwinski en Sibérie, et en Amérique dans l'État de New-York.

***AMIANTHIUM.** s. m. T. Bot. Voy. MÉLANTHACÉES.

AMICAL, ALE. adj. Qui est dicté, inspiré par l'amitié. *Conseil am. Paroles, exhortations amicales.* || Qui indique l'amitié. *Ton, air am. Manières amicales.* — Cet adj. est inus. au pl. masc., et ne se dit point des personnes.

AMICALEMENT. adv. D'une manière amicale.

AMICT. s. m. [On pron. *ami.*] (lat. *amictus*, vêtement.) T. Lit.

Enc. — L'*Am.* est un linge bénit dont le prêtre se couvre les épaules, lorsqu'il s'habille pour célébrer l'office divin. Cette sorte de vêtement se mettait autrefois sur la tête. Il consiste en une petite pièce de toile que l'on fixe au cou de l'officiant au moyen de rubans ou de cordons. Les diacres et les sous-diacres, lorsqu'ils servent à l'autel, sont également revêtus de l'am.

AMIDON. s. m. (corrupt. du gr. ἄμυλον, farine).

Enc.—L'*Am.*, ou *Fécule amylacée*, est une matière blanche, brillante, composée de grains pulvérulents généralement arrondis, parfois polyédriques lorsqu'ils ont été très-comprimés dans leurs cellules végétales. Cette substance se précipite du suc d'un grand nombre de plantes; on la rencontre principalement dans les racines, les bulbes, les semences, les tubercules, les fruits, etc.; et elle reçoit des noms différents, suivant le végétal qui l'a produite : c'est ainsi qu'on donne spécialement le nom d'*Am.* à celui qui est extrait des céréales; tandis que l'on nomme *Fécule* celui que l'on retire de la pomme de terre; *Arrowroot*, celui qui provient du *Maranta indica* ou *arundinacea*; *Moussache* ou *Tapioka*, celui que donne le *Manioc* (*Jatropha manihot*); et *Sagou*, celui qui est préparé avec la moelle d'une espèce de palmier (*Sagus farinaria*) : on appelle *Innline* celui qu'on extrait des racines de l'*Aunée* (*Inula helenium*), du *Topinambour*, des *Dahlias*, etc.; et *Lichénine*, celui qu'on retire de quelques espèces de lichens. Toutes ces substances ont la même composition chimique; mais elles présentent néanmoins quelques différences de forme et surtout de volume, qui permettent de les distinguer. En effet, Payen ayant mesuré le diamètre des grains d'am. provenant de diverses espèces végétales, a trouvé 185 millièmes de millimètres pour les grains des tubercules des grosses pommes de terre de Rohan, 67 pour ceux des lentilles, 50 pour ceux du blé, 45 pour ceux du sagou et des tubercules d'orchis, 36 pour ceux des haricots, 4 pour ceux de la graine de betterave, et 2 seulement pour ceux du *Chenopodium quinoa.* — Lorsqu'on examine à la loupe ou au microscope les granulations de l'am., elles offrent une sorte de point qui simule l'ombilic des haricots et qu'on nomme le *hile*. Les grains, durs à la circonférence, et d'une consistance cornée, s'amollissent à mesure qu'on approche du centre, ce qui fit autrefois distinguer dans l'am. deux principes auxquels on donna les noms d'*Amidin* et d'*Amidine* : il est aujourd'hui reconnu que ces matières ne diffèrent que par leur degré de cohésion. Chaque grain d'am., suivant Raspail, doit être considéré comme un organe formé d'un tégument renfermant un seul principe immédiat, l'*Amidone*, principe dont la texture est organique.

L'am. est sans odeur ni saveur. Il est insoluble dans l'eau froide, dans l'alcool, dans l'éther, ainsi que dans les huiles fixes et volatiles. Son analyse donne : carbone, 44,9; hydrogène, 6,1, et oxygène, 49, avec un certain nombre d'équivalents d'eau. Chauffé dans le vide à + 120°, l'am. ne garde plus qu'un seul équivalent d'eau, dont on ne peut le séparer sans le décomposer. Sa formule est alors $C^{12}H^{9}O^{9},HO$. Lorsqu'on fait chauffer l'am. jusqu'à 200 ou 220°, il se convertit en une matière gommeuse, soluble dans l'eau, qu'on nomme *dextrine*. Cette métamorphose s'opère plus ou moins rapidement, suivant l'espèce de fécule qu'on emploie et la proportion d'eau qu'elle contient. — Chauffés au contact de l'eau, les grains d'am. éprouvent un gonflement considérable par suite de l'endosmose du liquide. Les couches superficielles, plus denses que les couches intérieures, se rompent et se répandent dans l'eau. Ce phénomène d'expansion commence à 55°, et devient extrêmement prononcé à 100°. L'am. occupe alors un espace 30 fois plus considérable que celui qu'il occupait primitivement, et le liquide acquiert une consistance épaisse. Par le refroidissement, les membranes amylacées se contractent et se plissent : mais lorsque, par l'effet de la dilatation, elles ont été fortement appliquées les unes contre les autres, comme elles sont devenues adhésives, elles se prennent en une sorte de gelée connue sous le nom d'*Empois*. Il faut toutefois que la quantité d'eau dans laquelle on fait chauffer l'am., soit inférieure au volume que peuvent acquérir les grains dans leur plus grand état d'expansion. Une eau faiblement alcaline produit un effet semblable. Ainsi, par ex., de l'eau qui contient 2 pour 100 de soude gonfle les grains amylacés au point de leur faire occuper 70 à 75 fois leur volume primitif. Néanmoins l'ammoniaque est sans action sur les grains d'am. Si l'on empêche la volatilisation de l'eau en renfermant l'eau et l'am. dans un tube, de 100° à 130°, il se produit toujours de l'empois; mais à 150°, la fécule se dissout et donne un liquide fluide et transparent qui, en refroidissant, laisse déposer une grande quantité de petits grains solubles dans l'eau de 70° à 100°. Suivant Jacquelain, l'am. n'est pas alors altéré par l'action de la chaleur; ses grains sont seulement amenés au plus grand état de ténuité possible. Enfin 5 parties d'eau pour 1 d'am. chauffées dans une marmite de Papin, à 160°, donnent naissance à de la dextrine; et à 180°, il se forme des proportions notables de sucre de raisin.

Parmi les diverses réactions qui résultent du traitement de l'am. par les agents chimiques, celles que déterminent l'iode, les acides et la diastase, sont les plus importantes. La moindre parcelle d'iode, ainsi que l'ont découvert Colin et Gaultier de Claubry, communique à l'am. une magnifique coloration bleue qui disparait à chaud, mais qui reparaît par le refroidissement de la liqueur. La lumière détruit la couleur de l'iodure d'am. L'iode est le réactif le plus sensible pour déceler la présence de l'am., et *vice versâ*. Cependant lorsque l'am. est parfaitement desséché, l'iode ne le colore pas : il est simplement absorbé, car il suffit d'humecter les grains d'am. pour faire apparaître la coloration bleue. Les fécules prennent aussi des teintes assez diverses quand on les expose à la vapeur d'iode : Gobley a remarqué que l'am. prend une teinte violacée, la fécule de pomme de terre une couleur gris-tourterelle, le tapioka vrai une couleur jaune, etc. — Les acides minéraux affaiblis dissolvent l'am., et donnent ainsi un liquide transparent; une ébullition prolongée convertit d'abord l'am. en dextrine, puis en sucre de raisin. La plupart des acides organiques agissent de la même manière. L'exception que l'acide acétique présente à cette règle fournit un moyen facile de reconnaître la falsification du vinaigre par les acides inorganiques. En effet, si l'on introduit 1 gramme de fécule dans 100 centimètres cubes de vinaigre pur, et si l'on fait ensuite bouillir ce vinaigre pendant une demi-heure, la fécule n'est pas transformée; ainsi l'iode la colore en bleu, ce qui n'a plus lieu dès que le vinaigre contient un demi-centième d'acide sulfurique. — Traité par l'acide nitrique fumant, l'am. se dissout; puis, si l'on ajoute de l'eau, il se dépose une matière blanche, nommée *Xyloïdine* par Braconnot qui l'a découverte. La xyloïdine s'obtient également de plusieurs autres substances et entre autres du coton : les propriétés importantes dont elle jouit lui ont valu récemment le nom vulgaire de *Fulmi-coton*. — La *Diastase*, substance azotée, blanche, amorphe et soluble dans l'eau, qui se trouve dans l'orge germée, convertit l'am. en globulins amylacés, semblables à ceux qu'on obtient par l'action de l'eau et de la chaleur dans une marmite de Papin; l'am. se transforme ensuite complétement en dextrine, et enfin en sucre de raisin. Il suffit d'une partie de diastase pour métamorphoser 2000 parties d'empois d'am. en dextrine et en sucre. La liqueur sucrée provenant de l'action de l'orge germée sur l'am. a été employée par Dubrunfaut pour fabriquer de la bière économique.

Dans le commerce, on prépare l'am. de blé avec des farines. L'opération essentielle consiste à séparer le gluten d'avec les grains amylacés; comme le gluten est insoluble dans l'eau, on fait fermenter la farine; le gluten devient soluble par la fermentation, et l'am. se précipite; alors on lave ce dernier, on le tamise et on le fait sécher avec les précautions convenables. — Le procédé suivant a l'avantage de conserver le gluten produit qui n'est pas sans utilité : on fait une pâte des farines destinées à l'extraction de l'am., puis on les malaxe sur un tamis serré; le gluten reste sur le tamis, tandis que l'am. passe à travers les mailles; l'am. est ensuite séparé du liquide et traité comme dans le premier procédé. — Quant à l'extraction de la fécule de pomme de terre, elle se fait d'une manière très-simple; on déchire le parenchyme du tubercule à l'aide d'une râpe, ce qui amène la pulpe à un grand état de division; on la délaie dans l'eau sur un tamis très-fin; la fécule passe avec l'eau, les débris parenchymateux restant sur le tamis; on prend la fécule, on la lave à plusieurs reprises et on la fait sécher d'abord à l'air, puis à l'étuve. Les grains de fécule de pommes de terre sont accompagnés d'une huile essentielle très-âcre que les lavages à l'eau ne détruisent pas, mais qui disparaît dans l'eau alcoolisée. — Diverses espèces de fécules contiennent également des principes particuliers dont on doit les débarrasser. Ainsi, par ex., la racine de manioc, qui fournit le tapioka vrai, contient une quantité notable d'acide prussique, que l'on fait disparaître en séchant, sur une plaque de fer chauffée en dessous, la pulpe végétale que l'on a préalablement soumise à une forte pression. — Assez fréquemment la fécule est falsifiée par le mélange de substances étrangères. Pour reconnaître la fraude, on n'a qu'à traiter la fécule par la diastase; si elle est pure, elle se dissoudra complétement. Mais le moyen le plus simple consiste à faire brûler, dans une capsule en platine chauffée au rouge, une quantité connue (5 ou 10 gram.) de fécule, puis à peser le résidu de la calcination; le poids du résidu doit être au plus d'un demi-centième de la fécule essayée.

L'am. et la fécule se conservent, les farines s'altèrent : c'est là le côté économique le plus important dans la fabrication des fécules. Les diverses espèces de fécules constituent, comme chacun sait, l'une des substances alimentaires les plus employées; en outre, cette substance est indispensable à une foule d'industries. Sous forme d'empois, les blanchisseuses s'en servent pour donner de l'apprêt au linge. Les fabricants d'indiennes se servent d'am. de blé pour épaissir les mordants auxquels il donne plus de consistance que la gomme. On emploie ce dernier, concurremment avec la fécule de pommes de terre, pour donner plus de lustre et une certaine fermeté aux toiles de lin, de chanvre et de coton. Autrefois on consommait une très-grande quantité d'am. très-fin pour poudrer les cheveux. Les confiseurs en font un usage journalier pour la composition des dragées. Il sert à la préparation de la colle de pâte. Enfin, lorsqu'il a été converti en dextrine ou en sucre de raisin, il reçoit de nombreuses applications dont il sera question aux mots DEXTRINE et SUCRE. Pour plus de détails, voy. MILLON, *Chimie organique*.

AMIDONNIER. s. m. Celui qui fabrique et vend de l'amidon.

AMIGDALE. Voy. AMYGDALE.

A-MI-LA. T. Mus. On appelait ainsi autrefois la note *La*. Inus.

AMINCIR. v. a. (R. *mince*). Rendre plus mince. *Am. une pièce de bois.* || * Faire paraître plus mince. *La couleur de cette robe lui amincit la taille.* = s'AMINCIR. v. pron. Devenir plus mince. = AMINCI, IE. part. = Syn. Voy. ALLÉGIR.

AMINCISSEMENT. s. m. Action d'amincir; diminution d'épaisseur.

AMIRAL. s. m. (ar. *émir* ou *amir al* [*bahar*], commandant de la [mer]). Titre donné aux grades les plus élevés dans l'armée navale. *Am. de France. Grand am. Vice-am. Contre-am. Le roi vient de le nommer am.* || Se dit, par ext., Du commandant en chef d'une flotte, d'une escadre, alors même que ce chef n'a pas le titre d'am. *L'am. de cette division.* || *Le vaisseau am.*, ou simplement *L'am.*, Le vaisseau monté par un am. ou par le commandant d'une flotte, d'une escadre. *Il a servi toute la campagne sur l'am.* — On donne aussi le nom d'*Am.* à un Vieux bâtiment de guerre disposé dans un port pour servir de corps-de-garde principal, de lieu d'arrêt et de prison. C'est aussi à bord de ce vaisseau qu'ont lieu les revues, que se tiennent les conseils de guerre maritimes, et que sont exécutées les sentences prononcées par ces derniers. || T. Zool. Nom donné à plusieurs coquilles du genre *Cône*. Voy. BUCCINOÏDES.

Enc. — La dignité d'*Am.* était autrefois, en France, une des plus hautes charges de la couronne. L'am. était le chef suprême de toutes les flottes de l'État; il avait la nomination de tous les officiers de la marine; il dirigeait les armées navales en personne ou les faisait commander par ses lieutenants; la justice était rendue en son nom dans tous les siéges de l'amirauté de France, etc. Il avait la dixième partie de toutes les prises, ainsi que des rançons tirées des bâtiments ennemis; les amendes prononcées par les différents tribunaux de l'amirauté lui appartenaient en tout ou en partie; il se faisait adjuger tous les droits d'ancrage, de tonnage, de balise, et jouissait encore d'autres avantages. L'étendue de ces attributions, non moins que les immenses revenus attachés à cette charge, faisait de l'am. l'un des personnages les plus puissants du royaume : c'est pourquoi le cardinal de Richelieu, jugeant une pareille autorité exorbitante, fit supprimer cette charge par un édit de 1627. Plus tard, Louis XIV la rétablit, mais en restreignant singulièrement ses pouvoirs. La charge de Grand am., abolie par la Révolution française, reparut sous l'Empire et sous la Restauration; mais alors elle fut plutôt un titre honorifique qu'une fonction.

Aujourd'hui le titre d'*Am.* désigne le grade le plus élevé de l'armée navale; il équivaut à celui de maréchal de France. Le grade de *Vice-am.* correspond au grade de lieutenant-général, et celui de *Contre-am.* au grade de maréchal-de-camp. Le cadre de la marine, en France, comporte trois amiraux, neuf vice-amiraux et dix-huit contre-amiraux.

AMIRAUTÉ. s. f. Ce mot s'appliquait anciennement à L'état et à l'office d'amiral, de grand amiral. *Les droits de l'am.* || Se disait aussi De certains tribunaux spéciaux. *Faire juger une prise par l'am.* || En parlant des pays étrangers, *Am.* se dit De l'administration supérieure de la marine. *Les lords de l'am. Les bureaux de l'am.*

Enc. — En France, on désignait autrefois, sous le nom d'*Am.*, certains tribunaux qui connaissaient des délits, des crimes commis par les marins, ainsi que de toutes les affaires contentieuses relatives à la marine et à la navigation. Ces tribunaux, dont l'institution dérive de celle de la charge d'amiral, furent peu nombreux dans l'origine, mais par la suite ils se multiplièrent considérablement. On les distinguait en siéges généraux (ceux-ci, au nombre de trois, étaient attachés aux parlements de Paris, de Rouen et de Rennes), et en siéges particuliers, qui étaient établis dans les différents ports et havres de France. Ces tribunaux ne jugeaient pas souverainement; les appels de siéges particuliers se portaient devant les siéges généraux, et les appels de ces derniers devant le parlement du ressort. Toutes ces amirautés disparurent en 1790-1791. — Le *Conseil d'am.* qui existe aujourd'hui n'a aucun rapport avec l'ancienne institution dont on vient de parler. Ses attributions consistent dans la rédaction et la révision des projets de lois, ainsi que des ordonnances et règlements relatifs à la marine. Ses membres, qui sont au nombre de huit, se réunissent sous la présidence du ministre de la marine, et ont simplement voix consultative. La création de ce conseil ne date que de 1824.

En Angleterre, le *Lord grand amiral* est le neuvième grand officier de la couronne. Ce titre, depuis le règne d'Henri IV, se confiait ordinairement à l'un des jeunes fils ou à l'un des plus proches parents du roi; mais, depuis Charles II, cet office a presque toujours été en commission. Les commissaires qui remplissent les fonctions du lord grand am. portent le titre de *Lords de l'am.*, et sont chargés de la direction suprême de tout ce qui concerne la marine et les expéditions navales.

AMITIÉ. s. f. (R. *ami*). Affection que l'on a pour quelqu'un, et qui d'ordinaire est mutuelle. *Grande, ancienne, constante, étroite, ferme am. Am. pure, sainte, sacrée, inviolable. Am. feinte, simulée, trompeuse, fausse, intéressée, banale. Les nœuds, les liens, les lois, les devoirs de l'am. Démonstration d'am. Lier, contracter am. avec quelqu'un. Cultiver son am. Renouer am. Je l'ai fait par pure am. Recevoir quelqu'un dans son am.; L'honorer de son am. Prendre en am. Il y a peu d'amitiés qui résistent à l'épreuve du malheur.* — Par ext., on dit : *Il y a paix et am. entre ces deux nations, entre ces deux États.* — Prov., *Les petits présents entretiennent l'am.*, Les petits soins, les moindres choses servent à cimenter davantage l'am. || Famil., s'emploie dans le sens de Bon office, service, plaisir. *Faites-moi l'am. de recommander mon affaire. Faites-moi cette am.* || Se dit aussi De l'attachement que manifestent certains animaux. *Ce chien a de l'am. pour son maître. Ce lion a beaucoup d'am. pour le chien avec lequel il a été élevé.* — Fig., se dit quelquefois en parlant Des choses. *L'am. du lierre pour l'ormeau.* || Au plur., *Il m'a fait beaucoup d'amitiés, mille amitiés*, Il m'a accueilli fort gracieusement, il a eu mille attentions pour moi. *Faites-lui mes amitiés*, Faites-lui des compliments affectueux de ma part. — S'emploie encore au sing. dans le même sens. *Faire am. à quelqu'un.* = Syn. Voy. AFFECTION.

Enc. — L'*Am.* est l'union parfaite de deux âmes : ce ne sont ni les rapports de rang, de position, de fortune, ni même l'harmonie des caractères, des idées et des goûts, qui font naître et qui alimentent cette noble affection. On a dit qu'elle commençait par un instinct du cœur, qu'elle se cimentait par la réflexion, et qu'elle s'entretenait par l'estime et le dévouement; mais tout ce qui concerne l'am. se refuse à l'analyse, et les hommes même qui ont connu ce sentiment déclarent qu'il est impossible d'en déterminer la nature. « Si l'on me presse d'expliquer pourquoi je l'aimais, dit Montaigne, en parlant d'Étienne de la Boëtie, je sens que cela ne peut s'exprimer qu'en répondant : *Parce que c'était lui, parce que c'était moi.* » — L'am., dans toute sa pureté, paraît être l'unique sentiment qui soit absolument dégagé de toute idée d'intérêt. Elle a plus d'ardeur et plus de force que l'amour des proches, parce qu'elle est libre et qu'elle ne ressemble point à un devoir. Elle est aussi supérieure à l'amour plastique que l'âme l'est au corps. Ce n'est point un échange vulgaire de témoignages d'affection, de services, de bienfaits; c'est l'association la plus intime qu'il soit possible de réaliser. Enfin, ce sont deux vies qui ne forment qu'une seule vie, existence divine qui, pour l'ami, ne cesse pas même par la mort de l'ami, car son esprit survit dans celui qui reste. C'est ainsi qu'Eudamidas l'entendait dans les beaux jours de l'antiquité. Il était pauvre; mais il avait deux amis puissants, Aretæus et Charixène. Se sentant mourir, il fit son testament en ces termes : « Je lègue à Arétæus le soin de nourrir ma mère, à Charixène celui de marier ma fille et de la doter; et, dans le cas où l'un des deux viendrait à mourir, je substitue dans sa part celui qui survivra. » Charixène étant mort quelques jours après Eudamidas, Arétæus exécuta seul le testament de son ami. De semblables faits sont rares dans l'histoire, parce qu'il est difficile de rencontrer des amis véritables. « Rien n'est plus commun que le nom, rien n'est plus rare que la chose, » a dit

La Fontaine, opinion qui était professée depuis longtemps, puisque déjà le poëte Ménandre regardait comme trois fois heureux celui qui dans sa vie avait pu trouver seulement l'ombre d'un ami. « Ménandre a certes raison en cela, s'écrie Montaigne, à en juger par moi; car, si je compare tout le reste de ma vie aux quatre années qu'il m'a été donné de jouir de la douce compagnie et société d'Étienne de la Boëtie, ce n'est qu'une fumée, ce n'est qu'une nuit obscure et ennuyeuse. Depuis le jour que je le perdis, je ne fais que traîner languissant; et les plaisirs même qui s'offrent à moi, au lieu de me consoler, me redoublent le regret de sa perte : nous étions à moitié de tout; il me semble que je lui dérobe sa part. J'étais déjà si fait et accoutumé à être deuxième partout, qu'il me semble n'être plus qu'à demi. » — L'amitié est un bien si précieux, elle agrandit tellement l'âme qui l'éprouve, que les philosophes de l'antiquité n'ont pas hésité à la donner pour appui à la morale. Elle avait même, dans la Grèce et dans Rome, des temples où on la révérait comme une divinité. Les Grecs la représentaient vêtue d'une robe agrafée, la tête nue, la poitrine découverte jusqu'à la place où bat le cœur, embrassant de la main gauche un orme sec autour duquel s'enlaçait une vigne chargée de grappes. Une statue romaine nous la montre sous les traits d'une jeune fille, vêtue d'une robe blanche, le sein à moitié découvert, la tête ornée de myrtes et de fleurs de grenadier entrelacés, avec ces mots, *Hiver et Été*; sur la frange de sa tunique se lit, *La mort et la vie*; et enfin, sur le tissu qui forme des plis tout près du cœur, est écrit, *De près et de loin*. Quelquefois un chien est aux pieds de cette déesse allégorique.

AMMAN. s. m. (all. *amt*, charge; *mann*, homme). Titre de dignité qu'on donne en Suisse et dans la haute Allemagne à un magistrat dont les fonctions correspondent à celles de bailli, de maire, de juge.

***AMMANIE**. s. f. T. Bot. Voy. Lythrariées.

AMMEISTRE. s. m. (all. *amt*, charge; *meister*, maître). Titre que reçoivent les échevins de plusieurs villes d'Allemagne.

AMMI. s. m. T. Bot. Voy. Ombellifères.

***AMMOBATE**. s. m. (gr. ἄμμος, sable, βαίνω, je marche). T. Ent. Voy. Apiaires.

***AMMOCOETE**. s. m. (gr. ἄμμος; κοίτη, gîte). T. Ichth. Voy. Cyclostomes.

***AMMODYTE**. s. m. (gr. ἄμμος; δύτης, plongeur). T. Ichth. Voy. Apodes.

AMMON. Voy Ammonidées.

AMMONIAC, AQUE. adj. T. Chim. Ne s'emploie que dans ces locutions : *Gaz ammoniac; sel ammoniac*. Voy. Ammoniaque. ‖ T. Pharm. *Gomme ammoniaque*. Voy. Gomme-résine et Ombellifères.

AMMONIACAL, ALE. adj. T. Chim. Qui est constitué par l'ammoniaque, Qui contient de l'ammoniaque; Qui en a l'odeur ou les propriétés. *Vapeur ammoniacale. Sel, savon am. Odeur ammoniacale.*

AMMONIAQUE. s. f. T. Chim. Quelques auteurs le font masculin.

Enc. — L'*Am.* est un gaz incolore, transparent, d'une saveur caustique, d'une odeur piquante caractéristique. Respiré à l'état pur, ce gaz irrite vivement la muqueuse des fosses nasales et la conjonctive, provoque les larmes et quelquefois l'éternument. Sa densité est 0,5912; il est donc, après l'hydrogène, le gaz le plus léger. Ce gaz n'est pas permanent : un froid de — 32° le liquéfie sous la pression ordinaire, et, par la compression, Faraday l'a liquéfié à + 10°. L'am. est le seul gaz qui jouisse de propriétés alcalines; ainsi il verdit le sirop de violettes, et ramène au bleu le papier de tournesol rougi par un acide. Il résiste à la plus forte chaleur; mais il se décompose quand on y fait passer un grand nombre d'étincelles électriques. Après l'expérience le gaz a doublé de volume, et on le trouve formé d'azote et d'hydrogène, dans le rapport de 1 volume d'azote à 3 volumes d'hydrogène; sa formule est donc $Az H^3$. — L'oxygène et l'air ne décomposent l'am. qu'à une température élevée : il en résulte de l'eau, un peu d'acide nitrique et de l'azote libre. Le charbon absorbe jusqu'à 90 volumes de ce gaz; mais, quand on a fait passer ce dernier sur du charbon rouge, il se décompose en donnant naissance à du carbure d'hydrogène et à du cyanhydrate d'am. Le chlore enlève toujours de l'hydrogène à l'am. pour se convertir en acide chlorhydrique; l'azote mis en liberté se dégage et l'acide chlorhydrique formé, avec l'am. non décomposée, du chlorhydrate d'am. L'iode décompose sur-le-champ l'am. Il se forme un liquide visqueux, d'aspect métallique (*iodure d'am.*) qui, en continuant d'absorber du gaz ammoniac, perd son éclat et sa viscosité. Si l'on verse de l'eau sur ce composé, il se produit aussitôt une poudre brune (*iodure d'azote*) qui, par la dessiccation, acquiert la propriété de détoner violemment. — Plusieurs métaux, tels que le fer, le cuivre, l'argent, le platine et l'or, décomposent l'am. à une température élevée. Si, par ex., on fait passer du gaz ammoniac à travers un tube de porcelaine chauffé au rouge et renfermant des fragments de cuivre ou de fer, il se dégagera sous forme d'un simple mélange d'azote et d'hydrogène, et le métal, de malléable qu'il était, deviendra cassant. Suivant Despretz, il y a dans ce cas une faible quantité d'azote absorbée. Quand, au contraire, on opère avec les trois autres métaux, ils n'augmentent pas de poids, et néanmoins l'am. se décompose. — L'am. s'unit à divers oxydes métalliques. Les composés qu'elle forme avec l'argent, l'or et le platine sont fulminants. Le premier détone avec une violence extrême par le choc et même par le simple frottement : la chaleur le décompose, mais avec moins de violence. Le second se décompose avec détonation, par le choc ou par une chaleur de 100°. Le troisième résiste au frottement, au choc et à l'électricité; mais il se décompose violemment à 214°. — Quand on chauffe du gaz ammoniac avec du potassium ou du sodium, ces métaux décomposent le gaz en dégageant un volume d'hydrogène égal à celui qu'ils auraient dégagé de l'eau. L'azote s'unit au métal et forme un azoture qui entre lui-même en combinaison pour donner naissance à un composé qu'on appelle *Azoture ammoniacal de potassium* ou *de sodium*. —

Dans les laboratoires, on obtient l'am. à l'état de gaz en décomposant par la chaux un sel ammoniacal; on emploie ordinairement pour cela le chlorhydrate : il se produit alors du chlorure de chaux, de l'eau et de l'am. L'opération peut se faire avec une fiole de verre où l'on introduit le mélange des deux substances

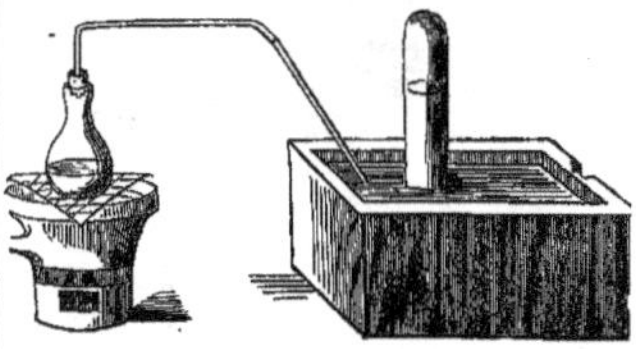

Fig. 1.

préalablement pulvérisées. Le chlorhydrate d'am. exige un peu plus que son poids de chaux pour être décomposé. On chauffe la fiole de verre et l'on recueille le gaz sur le mercure. (Fig. 1.) — Le gaz ammoniac se dégage quelquefois en abondance des fosses d'aisance, surtout lorsque la température extérieure est élevée, ou à l'approche d'un temps pluvieux et humide : il se forme aussi pendant la putréfaction de la plupart des matières organiques; mais alors il est presque constamment mêlé à d'autres gaz. Il se produit également de l'am. pendant l'oxydation du fer au contact de l'eau et de l'air atmosphérique, car on trouve de l'am. dans la rouille du fer. Ce fait, qui est d'une haute importance pour la solution de certaines questions de médecine légale, a été découvert par Austin et confirmé par les expériences de Vauquelin, Dulong et Chevalier.

Am. liquide. — Le gaz ammoniac est éminemment soluble dans l'eau : en effet, elle en absorbe 670 fois son volume ou environ la moitié de son poids, à la température ordinaire. Cette dissolution, qu'on appelait anciennement *Alcali volatil fluor*, et qu'on nomme aujourd'hui *Am. liquide*, est limpide, incolore, possède une saveur âcre et brûlante, rougit le papier de curcuma, bleuit le papier rouge de tournesol, verdit le sirop de violettes, sature complétement les acides et forme avec eux des sels généralement cristallisables. Lorsqu'on chauffe l'am. liquide, elle laisse dégager la majeure partie du gaz. — Pour préparer l'am. liquide, on se sert de l'appareil de Woolf, disposé comme dans la Fig. 2 : on introduit un mélange de 4 parties de chlorhydrate d'am. contre 5 parties de chaux vive dans une

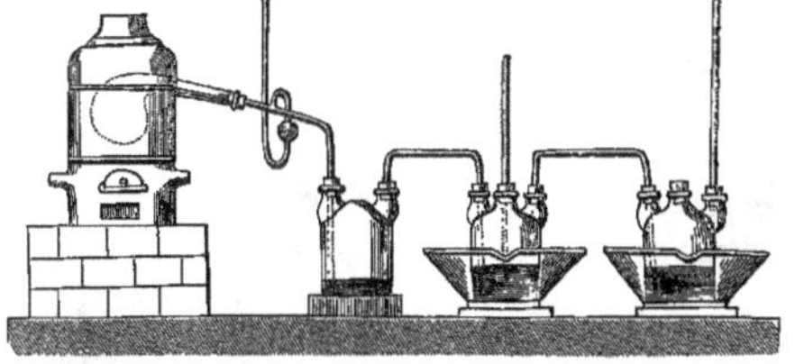

Fig. 2.

cornue de fer, à laquelle on adapte un tube de Welter. Le premier flacon, dit *de lavage*, contient un lait de chaux destiné à retenir l'acide carbonique qui se dégage ordinairement dans la calcination. On met de l'eau dans les autres flacons jusqu'à au tiers environ, et l'on y fait arriver le courant de gaz; car l'eau augmente des deux tiers de son volume en se saturant de gaz. En outre, comme la combinaison de ce dernier avec l'eau s'opère en dégageant de la chaleur, il est nécessaire de refroidir le vase où se fait la dissolution.

Sels ammoniacaux. — L'am. est une base qui possède autant d'énergie que les oxydes des métaux alcalins. Avec les acides anhydres, elle donne des produits particuliers, qui diffèrent entièrement des sels métalliques; avec l'intervention de l'eau, elle forme des sels comparables aux sels de potasse et de soude. Les sels ammoniacaux sont incolores, à moins que l'acide ne soit coloré; ils ont tous une saveur piquante, presque tous cristallisent, et la plupart sont décomposés par l'action du feu. Tous se dissolvent dans l'eau; mais ils ne sont précipités de leurs dissolutions ni par les carbonates de potasse, de soude et d'am., ni par les sulfhydrates, ni par le cyanhydrate de potasse. Le chlorure de platine, au contraire, y détermine un précipité jaune-serin, et le sulfate d'alumine un précipité cristallin (voy. Alun). Triturés avec de la potasse ou de la soude, ils dégagent tous du gaz ammoniac. Plusieurs de ces sels, et particulièrement le chlorhydrate, le carbonate et l'acétate, jouissent de la propriété remarquable de dissoudre et de faire cristalliser certains sels très-peu solubles dans l'eau, tels que les sulfates de chaux, de baryte et de plomb : pour cela, on opère à la température de 60° à 70°.

Le *Chlorhydrate d'am.*, appelé vulg. *Sel ammoniac*, est blanc, doué d'une saveur fraîche et piquante, et très-soluble dans l'alcool. Il est également soluble dans moins de 3 parties d'eau à 15°, et plus soluble encore dans l'eau bouillante. Il entre en déliquescence à 96° de l'hygromètre. Il cristallise en longues aiguilles légèrement flexibles qui se groupent sous forme de barbes de plume. Soumis à l'action du feu, il fond dans son eau de cristallisation, puis bout et se sublime sous forme de vapeurs blanches. Traité par l'acide sulfurique, il dégage l'acide chlorhydrique. Quand on le chauffe avec le même acide et avec du peroxyde de manganèse, il dégage du chlore. — Le chlorhydrate d'am. existe tout formé dans la nature : on en rencontre dans les laves des volcans en activité, dans les cavernes qui les environnent, et dans les fissures des houillères en combustion. Celui de l'Inde est apporté par les caravanes et vendu sous le nom de *Sel de Tartarie*. Ce sel se trouve également dans les urines humaines et dans la fiente de quelques animaux, notamment des chameaux. Anciennement on tirait le chlorhydrate d'am. de cette partie de la Libye où était situé le temple de *Jupiter-Ammon*, d'où est venu le nom de sel *ammoniac*, et tous les dérivés de ce nom. — On obtenait jadis, en Égypte, le chlorhydrate d'am. par la sublimation de la suie qui résulte de la combustion de la fiente de chameaux. En France, on le prépare en décomposant le sulfate d'am. par le chlorure de sodium. La fabrication du sel am. est une industrie importante. On le vend généralement dans le commerce sous forme de pains convexes d'un côté, concaves de l'autre et percés au milieu.

Il existe plusieurs *Carbonates ammoniacaux*. Le plus important est le *Sesquicarbonate d'am.*, souvent appelé *Alcali volatil concret*, et improprement *Carbonate d'am.* Ce sel est blanc, piquant, caustique, d'une odeur ammoniacale prononcée. Il verdit le sirop de violettes, et se dissout dans 2 fois son poids d'eau froide; mais l'eau bouillante le décompose. Dans le commerce, il se présente sous forme de masses cristallines, demi-transparentes, souvent salies par des matières brunes. Ce carbonate existe dans les urines putréfiées. On le prépare en distillant parties égales de sel ammoniac et de carbonate de chaux. Le récipient doit être refroidi avec soin.

Le *Sulfate d'am.* se trouve dans la nature, combiné avec le sulfate d'alumine; alors il constitue l'alun à base d'am. L'industrie prépare ce sulfate en distillant des os et des chiffons de laine dans des cylindres de fonte. On obtient ainsi un carbonate d'am. sur lequel on fait réagir du sulfate de chaux — Le *Sulfhydrate d'am.* n'existe qu'en dissolution dans l'eau. Quand on essaie de le séparer de son dissolvant, il abandonne de l'am. et se convertit en *Sulfhydrate d'am. hydrosulfuré* : ce dernier est un des gaz délétères et infects qui se dégagent des fosses d'aisance. Le sulfhydrate d'am. est un des réactifs les plus usités en chimie. La *Liqueur fumante de Boyle* est du *Sulfhydrate d'am. sulfuré* à l'état de dissolution aqueuse. Boyle l'obtenait en distillant ensemble parties égales de sel ammoniac et de chaux, avec demi-partie de fleur de soufre; il mélangeait le tout, puis distillait en chauffant fortement; enfin, il recueillait le produit dans un récipient refroidi convenablement. C'est sa vapeur que les saltimbanques emploient pour faire paraître une écriture noire sur du papier blanc où l'on a d'avance tracé des caractères avec une dissolution d'acétate de plomb.

Le *Nitrate d'am.* cristallise en longs prismes incolores striés : sa saveur est piquante; il est très-soluble dans l'eau, et y détermine un abaissement notable de température. Quand on laisse tomber le nitrate d'am. sur des charbons ardents, il fuse, mais moins vivement que le nitrate de potasse, et, si on le projette dans un creuset rouge, il brûle avec flamme : de là le nom de *nitrum flammans* que lui donnaient les anciens chimistes. Chauffé à 200°, il se décompose en eau et en protoxyde d'azote.

Le *Phosphate neutre d'am.* cristallise en prismes à six pans. Il est blanc, inodore, et a une saveur piquante. L'eau en dissout le quart de son poids à la température ordinaire, et sa dissolution possède une réaction alcaline. Soumis à l'action de la chaleur, il se décompose en perdant son am. et passe à l'état d'acide pyrophosphorique vitreux. On prépare ce sel en décomposant du phosphate acide de chaux en dissolution par du sesquicarbonate d'am. Ce phosphate se trouve uni aux phosphates de soude et de magnésie dans les urines de certains animaux. — On trouve dans les urines qui ont été réduites par l'évaporation et qu'on expose ensuite au froid, des cristaux de *Phosphate d'am. et de soude*. Ce sel était appelé anciennement *Sel fusible des urines* et *Sel microcosmique*. — Un autre sel double, le *Phosphate de magnésie et d'am.*, se dépose dans les urines en putréfaction, et dans les urines fraîches lorsqu'elles sont primitivement alcalines. Le phosphate *ammoniaco-magnésien* se trouve également dans les matières excrémentitielles, dans presque tous les calculs intestinaux du cheval, et très-souvent dans les calculs vésicaux de l'homme : on le rencontre encore dans plusieurs parties des végétaux, et particulièrement dans les céréales.

Le *Fluorhydrate d'am.* est très-soluble dans l'eau. Il se volatilise complétement quand on le chauffe dans un creuset de platine. Comme il attaque fortement le verre, on s'en sert pour graver sur cette substance.

L'*Acétate d'Am.* ne s'emploie qu'à l'état de dissolution. Cette dissolution, connue sous le nom d'*Esprit de Mindérérus*, est incolore, transparente, inodore, d'une saveur fraîche et piquante, mais un peu sucrée. Pour l'obtenir, on neutralise par l'acide acétique 3 parties de carbonate d'am., et on y ajoute une quantité d'eau convenable.

L'am. et ses divers composés sont extrêmement usités en médecine, dans l'industrie, et dans l'agriculture. — La vapeur ammoniacale qui se dégage de l'am. liquide est tous les jours employée dans les cas de syncope ; mais, comme elle irrite vivement les muqueuses nasale et bronchique, l'inspiration trop prolongée de cette vapeur peut occasionner, ainsi qu'on en a vu des exemples, des accidents extrêmement fâcheux. On emploie de préférence, dans le même cas, un mélange de 2 parties de sel ammoniac pulvérisé et de 3 parties de carbonate de potasse sec. Ce mélange, connu sous le nom de *Sel volatil anglais*, est introduit dans un flacon bouché à l'émeri, qu'on peut porter constamment sur soi. Comme le dégagement des vapeurs d'am. qui proviennent de ce sel s'opère avec lenteur, son usage a moins d'inconvénient que celui de l'am. liquide. La vapeur ammoniacale est aussi employée dans quelques ophthalmies, et, depuis longtemps, on utilise, dans le traitement de certaines affections de ce genre, un mélange de sel ammoniac, de chaux éteinte et de charbon, appelé *Collyre de Leayson*. Cette préparation agit comme stimulant. Dernièrement ce procédé thérapeutique a été généralisé par Ducros et appliqué à diverses affections, surtout à l'asthme nerveux et aux laryngites chroniques avec aphonie plus ou moins complète. Dans ce dernier cas, il suffit de passer à diverses reprises sous le nez et la bouche du malade, au moment de l'inspiration, un flacon débouché contenant de l'am. liquide concentrée. A ce moyen, on peut joindre, dans l'asthme, l'attouchement de la paroi postérieure du pharynx avec un pinceau trempé dans l'am. liquide, de manière à déterminer une cautérisation légère. Ducros, Rayer, Monneret, et d'autres praticiens, ont obtenu par ce procédé des résultats satisfaisants. L'am. liquide est fréquemment utilisée à l'extérieur, comme rubéfiant et comme caustique : comme rubéfiant, on l'emploie dans les rhumatismes chroniques, les tumeurs froides, les névralgies, etc. On se sert encore, dans les mêmes cas, d'un mélange de 8 parties d'huile d'olive pour 1 d'am. liquide (*Liniment volatil*). Le carbonate d'am. a été également appliqué à l'extérieur pour produire la rubéfaction. Comme caustique, l'am. liquide est d'un usage vulgaire contre les morsures des animaux venimeux et la piqûre de certains insectes. La *Pommade de Gondret*, dont l'am. liquide constitue le principe actif, a été surtout employée avec succès pour cautériser le sinciput, dans le traitement de l'amaurose. L'am. liquide est aussi très-propre à produire une vésication rapide : on y a principalement recours lorsqu'on veut faire absorber certains médicaments par la voie cutanée. Le chlorhydrate d'am. n'est guère employé extérieurement que comme résolutif : il agit efficacement dans les cas de contusions, de fractures, d'entorses, d'engorgements chroniques, etc. — Administrée à l'intérieur, l'am. liquide, étendue d'eau, agit comme stimulant et diaphorétique. On l'a employée avec succès dans certaines éruptions cutanées difficiles ou brusquement supprimées, dans les rhumatismes chroniques, dans les affections, en un mot, où il est utile de provoquer un mouvement vers la périphérie. Le sesquicarbonate, le chlorhydrate et l'acétate sont les seuls sels ammoniacaux dont on fasse usage en médecine : ils s'emploient dans les mêmes circonstances que l'am. liquide, car ils agissent de la même manière. Bouchardat se loue de l'emploi du carbonate d'am. dans le diabète sucré. Dans l'ivresse légère, on obtient quelques bons effets de l'emploi de l'am. liquide à la dose de 15 à 20 gouttes dans un verre d'eau sucrée. On administre encore l'am. liquide aux animaux herbivores affectés de météorisme : ici l'am. agit en neutralisant l'acide carbonique développé dans la panse. Au reste, l'action des ammoniacaux est très-fugace ; l'économie s'en débarrasse promptement, surtout par la voie des reins et par celle de la peau. Cependant, lorsque leur usage est longtemps continué, le sang devient tout à fait incoagulable, et il en résulte un état cachectique grave. A haute dose, l'am. liquide et les sels ammoniacaux peuvent causer la mort ; c'est surtout comme irritants locaux qu'ils agissent alors. Dans le cas d'empoisonnement par les ammoniacaux, Orfila conseille l'eau vinaigrée pour neutraliser l'am. qui se trouverait encore libre dans le tube digestif.

L'am. liquide et les sels ammoniacaux font partie d'une foule de préparations pharmaceutiques dont quelques-unes, après avoir joui d'une grande réputation, ont été complétement abandonnées. L'am. liquide entre dans la composition de l'*Alcool ammoniacal*, de l'*Eau de Luce*, du *Baume opodeldoch*. Le *Sel volatil de corne de cerf*, l'*Esprit volatil* de même nom, et l'*Esprit volatil de soie crue*, ont pour base le carbonate d'am. L'*Esprit d'am.*, l'*Esprit d'am. fétide* et l'*Esprit de Sylvius* se préparent avec le chlorhydrate d'am. ; enfin l'*Acétate d'am.* ou *Esprit de Mindérérus* entre dans plusieurs préparations excitantes ou résolutives assez usitées.

Dans les arts, on emploie l'am. liquide comme un excellent réactif et comme un agent chimique très-utile : on s'en sert pour conserver la substance nacrée tirée des écailles d'ablettes, substance que l'on emploie dans la fabrication des perles fausses ; on l'utilise encore pour nettoyer l'argenterie et pour dégraisser les étoffes. Les chaudronniers et d'autres industriels font un grand usage du sel ammoniac pour décaper le cuivre, et on l'emploie généralement pour désoxyder les métaux. On se sert encore de ce sel dans la fabrication du platine. Tout le monde sait que le carbonate d'am. et l'alcali volatil sont employés dans la teinture, et que le sulfate d'am. entre dans la fabrication de l'alun ; mais ce qui est moins connu, c'est la propriété singulière que possède le phosphate d'am. de rendre incombustibles les étoffes qui ont été plongées dans sa dissolution : ainsi, par ex., de la gaze qu'on a imprégnée de cette substance, et qu'on a fait sécher, peut être exposée à la flamme d'une bougie sans prendre feu. Ce phénomène s'explique aisément : la chaleur de la flamme décompose le sel, l'am. se dégage, et il reste sur le tissu une légère couche vitreuse d'acide pyrophosphorique qui s'oppose à l'action de l'air. Enfin les produits ammoniacaux sont d'une importance extrême pour l'agriculture : l'état de combinaison où se trouve l'azote dans ces composés en facilite sans doute l'introduction dans les plantes ; du moins est-il certain que les engrais les plus riches doivent leurs facultés fertilisantes en grande partie à l'azote combiné qu'ils renferment, et que celui-ci tend surtout à se dégager des engrais sous forme ammoniacale.

*** AMMONIDÉES.** s. f. pl. T. Zool. et Géol.

Enc. — On nomme ainsi un genre de coquilles fossiles, ordin. enroulées en spirale et divisées intérieurement en un certain nombre de cavités par des cloisons qui toutes sont percées de manière à faire communiquer les chambres entre elles (cette série d'ouvertures constitue ce qu'on appelle le *siphon*). La dernière chambre est dépourvue de cloison du côté extérieur. L'aspect de plusieurs de ces fossiles rappelant assez bien les volutes des cornes de bélier, les anciens les avaient nommées *Cornes d'ammon*, et c'est de là que les auteurs modernes ont fait leur nom d'*Ammonite* et d'*Am.* — Les *am.* se distinguent des autres coquilles analogues, par leurs cloisons, qui sont sinueuses, lobées et découpées dans leur contour, qui se réunissent entre elles contre la paroi intérieure de la coquille, et s'y articulent par des sutures découpées et dentées. D'après l'extrême ressemblance que ces coquilles offrent avec celle du *Nautile*, on les rapporte à la famille des *Céphalopodes tétrabranchiaux*. — Les géologues ont décrit, figuré ou indiqué plus de 300 espèces d'ammonidées, qu'on divise d'après la forme de leurs enroulements et la disposition du siphon. — Les *Ammonites* sont des coquilles discoïdes en spirale, à tours contigus et tous apparents : le siphon est placé près du bord. (Fig. 1. *Ammonite à petits plis.* 2. *Am. de*

Bayeux. 3. *Am. colubrée.* 4. *Am. trompeuse*, vue de profil pour montrer la position du siphon.) Ces coquilles abondent dans les couches de formation secondaire, et elles varient singulièrement sous le rapport du volume. En effet, tandis que les unes sont de la grosseur d'une lentille, on en a rencontré

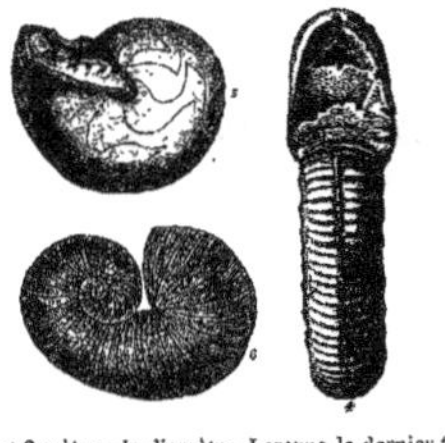

qui avaient 2 mètres de diamètre. Lorsque le dernier tour de la spire embrasse tous les autres, Lamark les nomme *Orbulites*. (Fig. 5. *Goniatite sphérique.*) Celles où les tours sont dans le même plan, à l'exception du dernier qui se reploie sur lui-même, ont reçu le nom de *Scaphites*. (Fig. 6. *Scaphite égale.*) Les *Baculites* sont droites, sans aucune partie en spirale ; mais les unes sont rondes (Fig. 7. *Baculite vertébrale* ; fragment), et les autres comprimées. Les *Hamites* se distinguent surtout des Baculites, en ce qu'elles se recourbent en forme de

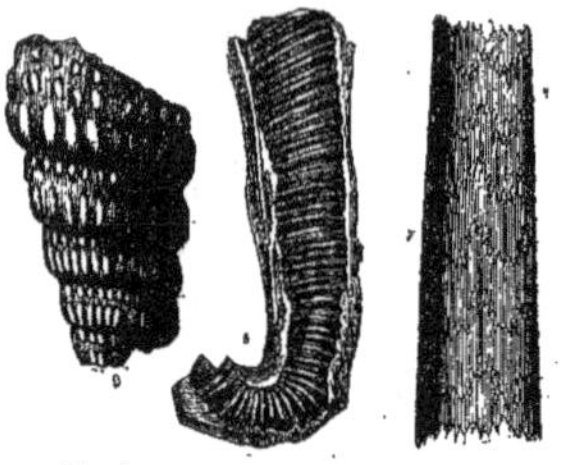

crosse. (Fig. 8. *Hamite cylindrique.*) Enfin dans les *Turrilites*, les tours de spirale descendent avec rapidité et donnent à la coquille une forme conique. (Fig. 9. *Turrilite costulée.*) Voy. Géologie et Paléontologie.

AMMONITE. s. f. T. Zool. Voy. Ammonidées.

*** AMMONIUM.** s. m. [On pron. *ammoniome.*] T. Chim.

Enc. — Lorsqu'on taille une petite coupelle dans un morceau de sel ammoniac sublimé, lorsqu'après l'avoir légèrement humectée, on y introduit un globule de mercure, et lorsqu'enfin on soumet le tout à l'action d'une pile voltaïque, en plaçant la coupelle sur une lame de platine mise en communication avec le pôle positif, tandis que l'électrode négatif plonge dans le mercure, on voit ce métal acquérir un volume 5 ou 6 fois plus considérable, et se transformer en une masse butyreuse d'un blanc d'argent, qui se laisse pétrir dans les mains à la température ordinaire. Mais, dès qu'on le soumet à la distillation, ce produit singulier se décompose immédiatement en mercure, en gaz ammoniac et en hydrogène. Grove a solidifié ce composé à l'aide d'un mélange d'éther et d'acide carbonique. Il se contracte alors et se conserve sans altération sensible. Il est cassant, d'un gris foncé, et a presque entièrement perdu, à cette température, l'éclat métallique si caractéristique qu'il présente à la température ordinaire. Il se décompose dès qu'il fond.

Ce composé, découvert par Seebeck en 1808, a été ensuite l'objet des recherches de Berzélius, de Pontin, de Davy, de Thénard et de Gay-Lussac. On a cru voir dans cette combinaison la preuve de l'existence d'un radical métallique non isolé, analogue au potassium et au sodium. En conséquence, on a donné à ce radical hypothétique le nom d'*Ammonium*, et au produit dont nous venons de parler celui d'*Amalgame d'am.* Seulement, au lieu d'être un corps simple comme le potassium et le sodium, l'am. serait un composé d'azote et d'hydrogène (AzH^4), et serait aux métaux des alcalis ce que le cyanogène est au chlore, à l'iode, au brome, etc. Dans cette hypothèse, l'am. a la faculté de se combiner avec l'oxygène pour former de l'ammoniaque caustique (oxyde d'am., $Az\,H^4 + O$), avec le chlore pour constituer l'hydrochlorate d'ammoniaque (chlorure d'am., $Az\,H^4 + Cl$), et avec le mercure pour donner naissance à l'amalgame ($Az\,H^4 + Hg$) dont nous venons de parler. On invoque encore à l'appui de la théorie de l'am. le mode de formation des sels ammoniacaux, les analogies qu'on remarque entre les combinaisons que l'ammoniaque humide produit avec le soufre et celle que la potasse forme avec ce même corps, et enfin le fait que l'alun à base d'ammoniaque offre la même cristallisation, et contient le même nombre d'équivalents d'eau que l'alun à base de potasse. Néanmoins, cette théorie est bien loin d'avoir été généralement adoptée.

*** AMMOPHILE.** s. m. (gr. ἄμμος, sable ; φίλος, ami). T. Ent. Voy. Fouisseurs.

*** AMMOTHÉE.** s. f. T. Zool. Voy. Alcyoniens.

*** AMNÉSIE.** s. f. (gr. α priv. ; μνήμη, mémoire). T. Méd. Absence de la mémoire ou perte de cette faculté. Voy. Mémoire.

AMNIOS. s. m. [On pron. l'S.] (gr. ἄμνιον). T. Anat. Voy. Fœtus.

AMNISTIE. s. f. (gr. ἀμνηστία, oubli du passé).

Enc. — Les Athéniens furent les premiers qui employèrent le terme *Am.* Ils appelèrent ainsi la loi que fit rendre Thrasybule, lorsqu'il rétablit le gouvernement démocratique à Athènes.

Cette loi portait qu'aucun citoyen ne pourrait être recherché ni puni pour la conduite qu'il avait pu tenir dans les troubles causés par le gouvernement des trente tyrans. Conformément à son origine, le mot am. désigne encore aujourd'hui un pardon collectif que le souverain accorde, dans une occasion solennelle, à ceux qui sont recherchés ou condamnés pour crimes ou délits politiques. — Les amnisties sont *générales* ou *partielles*. Les premières doivent être accordées sans renfermer aucune restriction. L'histoire en offre peu d'exemples. Presque toutes les amnisties politiques, en effet, font exception des chefs de parti ou des hommes dont l'influence pourrait amener de nouveaux troubles. — Par extension, on donne encore le nom d'am. à l'acte de clémence par lequel un souverain gracie collectivement les individus condamnés pour certains crimes ou délits, comme désertion, délits forestiers, etc., ou fait suspendre les poursuites commencées contre ces individus. Ces sortes d'amnisties ont ordinairement lieu à l'occasion d'un nouveau règne, ou après quelque événement heureux, comme la naissance ou le mariage d'un prince.

AMNISTIER. v. a. Comprendre dans une amnistie. *Le roi voulait am. tous les condamnés politiques; le ministère a exigé quelques exceptions.* = AMNISTIÉ, IÉE. part. || S'emploie subst. *Les amnistiés rentrèrent dans leur patrie.*

AMODIATEUR. s. m. Celui qui prend une terre à ferme.

AMODIATION. s. f. (lat. *modius*, boisseau). Bail à ferme d'une terre, soit en denrées, soit en argent.

Enc. — Ce terme n'est guère usité maintenant que dans quelques provinces. Il servait autrefois à désigner plus particulièrement le bail donné sous condition d'une prestation en nature, prestation qui consistait le plus souvent dans le partage égal des produits d'une terre entre le fermier et le propriétaire.

AMODIER. v. a. Faire une amodiation. = AMODIÉ, ÉE. part.

AMOINDRIR. v. a. (R. *moindre*). Diminuer, rendre moindre. *Cela amoindrira votre revenu. Cette maladie a amoindri ses forces.* = AMOINDRIR. v. n. et S'AMOINDRIR. v. pron. Diminuer, devenir moindre. = AMOINDRI, IE. part.

AMOINDRISSEMENT. s. m. Diminution. *L'am. de sa fortune, de sa puissance, de ses moyens.*

AMOLLIR. v. a. (lat. *mollis*, mou). Rendre mou, maniable, souple. *La chaleur amollit la cire. Am. du cuir.* * Par ext., en parlant D'un métal, Augmenter sa malléabilité, sa ductilité. || Fig., Faire perdre l'énergie, l'activité. *La volupté amollit l'âme et le corps. Am. le courage, la vertu, les mœurs.* || * Fig., Rendre plus doux, plus humain. *Mes pleurs ont amolli son cœur farouche.* = S'AMOLLIR. v. pron. S'emploie au prop. et au fig. = AMOLLI, IE. part.

AMOLLISSEMENT. s. m. Action d'amollir; état de ce qui est amolli. *L'am. de la cire. L'am. du fer.* || Fig., *L'am. du courage, des mœurs.*

AMOME. s. m. (gr. ἄμωμον). T. Bot. Voy. AMOMÉES.

***AMOMÉES.** s. f. pl. T. Bot.

Enc. — Famille de végétaux endogènes à ovaire infère, connue encore sous les noms de *Zingibéracées* (Richard), de *Scitaminées* (R. Brown) et de *Drymyrrhizées* (Ventenat). — *Caract. botan.*: Rhizome rampant, souvent articulé. Tige formée par l'adhérence des bases des feuilles; jamais de ramifications. Feuilles simples, engainantes, souvent munies d'une ligule, et n'ayant qu'une nervure médiane d'où partent, à angle aigu, de nombreuses veines simples. Inflorescence en épi dense, en grappe, ou en panicule terminale ou radicale. Fleurs naissant d'entre des membraneuses spathiformes, dans lesquelles elles sont logées ordin. par paires. Calice supérieur, tubuleux, trilobé, court. Périanthe tubuleux, irrégulier, à 6 segments en 2 verticilles: l'extérieur triparti, presque égal, quelquefois à segment impair de forme différente; l'intérieur (étamines stériles) également triparti, à segment intermédiaire (labelle) plus large que les autres; ce segment est souvent trilobé, et les segments latéraux sont parfois presque abortifs. Étamines distinctes au nombre de 3, dont une seule est fertile, les deux latérales étant abortives; l'étamine fertile est placée vis-à-vis le labelle, et naît de la base du segment intermédiaire de la rangée extérieure du périanthe. Filet non pétaloïde, souvent dépassant l'anthère sous la forme d'un appendice entier ou lobé. Anthère biloculaire, s'ouvrant longitudinalement; ses lobes embrassent fréquemment la partie supérieure du style. Pollen globuleux, lisse. Ovaire à 3 loges pluri-ovulées, quelquefois imparfaites; ovules anatropes; style filiforme; stigmate dilaté, creux. Fruit ordin. capsulaire, à 3 loges polyspermes, ou à une seule loge par avortement des deux autres; quelquefois bacciforme. Graines arrondies ou anguleuses, avec ou sans arille; albumen farineux; embryon renfermé dans une membrane particulière (*vitellus*) à laquelle il n'est pas adhérent. [Fig. 1. Fleurs de la *Kæmpferia pandurata*. 2. La rangée extérieure de la corolle vue de profil. 3. L'anthère renfermant le sommet du style entre ses lobes. 4. Le style et le stigmate avec 2 étamines abortives à la base. 5. Coupe transversale de l'ovaire. — 6. Fruit mûr de l'*Elettaria major*. 7. Graine. 8. La même coupée horizontalement pour montrer l'embryon dans son vitellus. — 9. Style, stigmate et anthère de la *Mantisia saltatoria*. 10. Coupe du fruit de l'*Amomum zingiber*.]

Cette famille renferme environ 29 genres et 247 espèces. Les am. sont toutes tropicales. La plupart habitent les diverses contrées des Indes occidentales; on en trouve quelques-unes en Afrique, et un très-petit nombre seulement en Amérique. Elles forment une partie de la flore singulière du Japon. — Les am. sont en gén. des plantes d'une beauté remarquable, soit à cause du développement de leurs enveloppes florales, comme dans le *Gandasuli à bouquets* (*Hedichium coronarium*) et l'*Alpinie penchée*, soit à cause des riches et brillantes couleurs des bractées, comme dans le *Curcuma de Roscoë*. Elles sont surtout estimées pour les propriétés aromatiques stimulantes de la racine ou rhizome que possèdent certaines espèces, telles que le *Gingembre* (*Zingiber officinale*), le *Galanga* (*Alpinie en grappes* et *Alpinie galanga*), la *Zédoaire* (*Curcuma zedoaria* et *Zerumbet*) et quelques autres. La racine chaude et piquante du *Grand* et du *Petit Galanga* est employée par les médecins indiens, dans les cas de dyspepsie et de catarrhes avec toux. L'*Alpinie pyramidale* et l'*Allughas* donnent une mauvaise espèce de galanga, à laquelle on mêle souvent la racine de l'*Alpinie penchée* et de la *Kæmpferia galanga*. Les graines de plusieurs am. participent des propriétés de la racine. Les *Cardamomes*, en effet, ne sont que les graines de plusieurs plantes de cette famille. Sur la frontière orientale du Bengale, on emploie le fruit de l'*Amomum aromaticum*. Les cardamomes du Malabar sont produits par l'*Elettaria cardamomum*, et ceux de Ceylan, espèce inférieure, proviennent de l'*Elettaria major*. Les semences âcres et chaudes que l'on nomme *Graines de paradis* ou *Maniguette*, et dont on se sert principalement pour aromatiser les liqueurs spiritueuses, appartiennent principalement à l'*Amomum grana paradisi*; toutefois, suivant Pereira, diverses espèces d'*Amomes*, tels que l'*Amomum angustifolium*, l'*A. macrospermum*, l'*A. maximum* et l'*A. Clusii*, produisent également des graines auxquelles on donne le même nom, mais qui sont de qualité inférieure. D'autres plantes de cette famille se recommandent par leurs propriétés tinctoriales; ainsi, par ex., le *jaune de curcuma*, qui s'emploie dans la teinture de la laine et de la soie, et dont on se sert si fréquemment comme réactif chimique, s'extrait du *Curcuma long*. Cette substance jouit, en outre, de propriétés stomachiques, et, suivant les médecins indous, appliquée en poudre sur les ulcères de mauvaise nature, elle les modifie avantageusement. Martius pense que la substance astringente connue au Mexique sous le nom de *Cascara de Pingue*, provient d'une espèce de *Curcuma*. En Amérique, selon Pöppig, on broie les feuilles des *Rénéaulmes* (*Renealmia*) et on les emploie comme topique, dans les douleurs rhumatismales. Les racines des *Costus* sont fort amères et jouissent d'une grande réputation comme toniques. Tous les *Costus* du Brésil contiennent, au dire de Martius, un suc mucilagineux un peu acide dont on fait usage dans les douleurs néphrétiques et les affections des voies urinaires. Le même savant ajoute que les racines de l'*Alpinie aromatique* et du *Paco seroca* des Brésiliens, sont aromatiques et s'emploient comme stomachiques et carminatives. — Le fruit de la *Globbée uviforme* (*Globba uviformis*) peut se manger. Les racines ou rhizomes d'un grand nombre d'am. contiennent une grande quantité de fécule; mais l'huile essentielle qui existe dans ces végétaux empêche, en général, de l'utiliser. Cependant, dans les Indes orientales, à Travancore par ex., on extrait de diverses espèces de *Curcumas*, telles que le *C. angustifolia* et le *C. rubescens*, une excellente qualité d'arrow-root qui sert d'aliment aux habitants des localités où croissent ces plantes.

AMONCELER. v. a. (R. *monceau*). Entasser, mettre plusieurs choses en un monceau. *Am. des gerbes, des pierres, des ruines, des cadavres. Les vents amoncellent des sables.* || Fig., *Il amoncelle inutilement les preuves, les citations.* = S'AMONCELER. v. pron. S'emploie au prop. et au fig. = AMONCELÉ, part. = Conjug. Voy. APPELER. = Syn. Voy. ACCUMULER.

AMONCELLEMENT. s. m. État des choses amoncelées. *L'am. des cendres, de la lave au bas d'un volcan. L'am. des nuages.* — Fig., *L'am. des capitaux.*

AMONT. adv. *Amont* et *Aval* sont deux adverbes corrélatifs qui désignent les deux côtés opposés d'un cours d'eau. *Aller en am.* (lat. *ad montem*, vers la montagne), C'est remonter le courant de l'eau; *Aller en aval* (lat. *ad vallum*, vers la vallée), C'est le descendre. — *En am. du pont, de la ville*, Du côté d'où la rivière vient au pont, à la ville. *En aval du pont, de la ville*, Du côté par où la rivière s'éloigne du pont, de la ville. Dans le même sens, on dit: *Pays d'am.* et *Pays d'aval*. *Vent d'am.* et *Vent d'aval*. *Ces marchandises viennent d'am., viennent d'aval*, Viennent du haut, du bas de la rivière.

Enc. — Les marins côtiers du golfe de Gascogne et de la Manche nomment *vents d'am.* les vents qui soufflent sur ces deux mers, entre le sud-est et le nord-est. Toute la partie de l'horizon comprise dans cet espace s'appelle l'*am.* Cet usage vient sans doute de ce qu'une grande partie des rivières de France qui se déchargent dans ces mers, dirigent leur cours de l'est vers l'ouest: lorsque le vent souffle de l'est, il vient par conséquent du haut du fleuve, c.-à-d. de l'am.

AMORCE. s. f. (lat. *morsus*, action de mordre). Appât pour prendre des poissons, des oiseaux, etc. *Mettre, attacher l'am. à l'hameçon.* || Fig., Tout ce qui séduit l'homme en flattant ses sens, son esprit ou ses passions. *Les amorces de la volupté. Les grossières amorces du vice. La gloire a de grandes amorces pour le soldat, pour le poëte. Il n'y a pas de plus grande am. pour les âmes basses que l'intérêt.* || Se dit De la Poudre à canon qu'on met dans le bassinet d'un fusil, d'un pistolet, ou sur la lumière d'une bouche à feu, ou à des fusées, des pétards, etc., pour les faire partir. *Ils prirent la ville sans brûler une am.* — Capsule à poudre fulminante dont on se sert pour faire partir les armes à percussion. — * Mèche soufrée avec laquelle on met le feu à une mine.

AMORCER. v. a. Garnir d'amorce. *Am. un hameçon.* || Attirer avec de l'amorce. *Am. des poissons, des oiseaux.* || Fig., Attirer par des choses qui flattent l'esprit ou les sens. *Amorcer quelqu'un par la louange, par des présents. C'est une femme adroite qui sait am. les gens. Se laisser am. au gain.* || *Am. un fusil, un canon, une fusée*, Y mettre une amorce. = AMORCÉ, ÉE. part. = Conjug. Voy. AVANCER.

AMORÇOIR. s. m. Sorte de tarière dont divers ouvriers se servent pour commencer des trous qu'ils achèvent ensuite avec d'autres outils. On l'appelle plus souvent *Ébauchoir*.

*** AMOROSO.** T. Mus. Mot italien qui signifie *Amoureusement*. Placé à la tête d'un morceau de musique, il indique à la fois une certaine nuance de lenteur dans le mouvement, et un caractère de douce langueur dans la mélodie. — *Chanter am.*, se dit ironiq., pour désigner Une manière de chanter affectée et langoureuse.

***AMORPHE.** adj. 2 g. (gr. α priv.; μορφή, forme). T. Didact. Se dit De tout corps, de toute substance organique ou inorganique qui ne se présente pas avec une forme régulière et déterminée.

AMORTIR. v. a. (R. *mort*). Diminuer la vivacité, l'activité, l'ardeur, la violence. *On amortit un feu trop ardent en le couvrant de cendres.* — Par extens., *L'emploi des émollients a amorti l'inflammation.* || Diminuer la violence, affaiblir l'effet d'un choc, d'un coup, d'une chute. *Sa cuirasse a amorti la balle. Il est tombé sur un tas de paille qui a amorti sa chute.* || En parlant Des herbes, signif. Les dépouiller du principe âcre, amer, aromatique qu'elles peuvent contenir. *Il faut am. ces herbes en les mettant dans l'eau chaude.* — Dans cette acception, *Am.* s'emploie aussi neutral. *Faire am. du cerfeuil sur une pelle rouge.* || En parlant Des couleurs et des sons, signif. Diminuer, affaiblir leur éclat, leur intensité. *Ces couleurs sont trop dures, il conviendrait de les am. Le temps amortira la crudité* *des couleurs de ce tableau. Les tentures des loges amortissent les sons de la voix.* || Fig., *Am. ses passions. L'âge mûr amortit les feux, les ardeurs de la jeunesse. L'amitié est la seule passion que l'âge n'amortit pas. L'étude amortit les souffrances de l'âme. Ce peu de mots amortit tout à coup ses transports de joie.* || *Am. une dette*, L'éteindre en satisfaisant ses créanciers. *Am. une rente, une pension, une redevance*, S'en libérer en remboursant le capital. *Am. la dette publique.* Voy. DETTE *publique.* = s'AMORTIR. v. pron. Se dit au propre et au figuré. *Le coup s'amortit contre la cuirasse. La chaleur de l'érysipèle s'est amortie. Ses passions commencent à s'am. Les couleurs de ce tableau se sont amorties.* = AMORTI, IE. part.

AMORTISSABLE. adj. 2 g. *Pension am.*, Qui est susceptible d'être amortie.

AMORTISSEMENT. s. m. T. Fin. Rachat, extinction d'une pension, d'une rente, d'une redevance. *Il consacre toutes les années une certaine somme à l'am. de ses dettes.* || T. Arch. Ce qui termine, ce qui finit et surmonte le comble d'un bâtiment. *On a mis pour am. à ce pavillon un vase de fleurs. Mettre une figure en am.* — Se dit par ext. De tous les ornements qui terminent des ouvrages d'architecture, ainsi que des cavets renversés qui couvrent les corniches des croisées et des portes extérieures pour garantir celles-ci de la pluie.

Enc. — Dans la législation ancienne, lorsque des gens de mainmorte, c.-à-d. des corporations religieuses, des hôpitaux, des églises, etc., voulaient acquérir la propriété d'un immeuble, ils étaient obligés de solliciter l'autorisation royale, attendu que tout immeuble acquis par eux devenait aussitôt bien de mainmorte, était soustrait à la circulation, et par conséquent ne devait plus dans l'avenir donner lieu à des droits de mutation : l'immeuble, comme on disait alors, se trouvait *amorti.* C'est de là qu'est venu le terme *Am.*, pour désigner la faculté accordée par le roi dans les cas de ce genre. Par la même raison, on appelait encore *Droit d'am.* la somme qui devait être payée au trésor en échange de cette faculté. La somme à payer comme droit d'am. était, en gén., le tiers de la valeur de l'immeuble acquis par les gens de mainmorte. Voy. MAINMORTE.

En T. de Fin. et d'Indust., *amortir* une dette, c'est l'éteindre; *amortir* un capital, c'est recréer un capital nouveau pour remplacer un capital employé productivement. On nomme *Fonds d'am.* la somme annuelle, fixe ou variable, appliquée à cette destination. Dans l'industrie, le terme *am.* ne s'emploie guère qu'en parlant d'un système de remboursement ou de rachat par annuités. Mais, en parlant de la dette publique, il se dit de tous les moyens propres à l'éteindre graduellement. Voy. ANNUITÉ, DETTE *publique.*

AMOUR. s. m. (lat. *amor*). Sentiment par lequel l'homme se porte vers ce qui lui paraît aimable, et en fait l'objet de ses affections, de ses désirs. *Am. sincère, ardent, honnête, légitime. Am. divin, céleste, terrestre. Am. charnel, sensuel, désordonné. Am. conjugal, paternel, filial. Am. mutuel, réciproque. Les illusions, les délices, les peines de l'am.* || Lorsque le mot *Am.* est suivi d'un complément déterminé par la prépos. *de*, ce complément, 1° particularise Le caractère du sentiment dont on parle. *Am. de charité, de concupiscence, d'intérêt*, Am. qui a pour mobile la charité, la concupiscence, etc. — 2° Il désigne L'objet sur lequel l'am. se porte. *L'am. de Dieu, du prochain, de la créature. L'am. de la patrie, de la vertu, de la gloire, de la liberté. L'am. de l'or, des richesses, des plaisirs, du jeu.* L'am. qu'on porte à Dieu, au prochain, etc. — 3° Il indique Le sujet qui éprouve le sentiment de l'am. *L'am. des pères. L'am. d'une mère ne connaît point de bornes. L'am. des peuples est sujet au changement.* L'am. qu'éprouvent les pères, etc. || *Am. de soi* ou *Am.-propre*, dans le sens absolu et philosophique, signif., Le sentiment instinctif, nécessaire et légitime qui attache l'homme et même l'animal à sa propre existence. *L'am. de soi a été donné à chacun pour veiller à sa conservation. L'égoïsme n'est autre chose que l'am. de soi porté à l'excès. Selon Larochefoucauld, l'am.-propre est le principe de toutes nos actions.* — Aujourd'hui on dit plutôt, dans cette acception, *Am. de soi*, qu'*Am.-propre.* || *Am.-propre* s'emploie le plus ordinairement dans un sens défavorable, pour désigner L'opinion trop avantageuse qu'un homme a de lui-même. *Cet homme a beaucoup d'am.-propre. Il est pétri d'am.-propre. Il y a bien de l'am.-propre dans ce langage. L'am.-propre et la vanité sont le mobile de toutes ses actions.* — *Se dit quelquefois en bonne part, et signif. alors Le sentiment de sa propre dignité, la conscience qu'on a de sa propre valeur. *Il a trop d'am.-propre pour se rendre jamais coupable d'une bassesse. Il faut, dans le monde, avoir un peu d'am.-propre.* || *Pour l'am. de Dieu*, Dans la seule vue de plaire à Dieu. *Faire quelque chose pour l'am. de Dieu.* — Fam., Se dit encore D'une chose faite sans aucune vue d'intérêt. *On lui a donné cela pour l'am. de Dieu.* — *Pour l'am. de Dieu, s'il vous plaît*, Locut. fam. aux mendiants, lorsqu'ils demandent l'aumône. — *Comme pour l'am. de Dieu.* Locut. ironiq. et fam. qui s'emploie en parlant D'une chose faite ou donnée à contre-cœur, ou D'un don fait avec lésinerie. || *Pour l'am. de quelqu'un*, Par la considération, par l'estime, par l'affection qu'on a pour quelqu'un. *C'est une chose que je vous prie de faire pour l'am. de moi.* || *Am.* signifie particulièrement Le penchant qui entraîne un sexe vers l'autre, et alors il s'emploie presque toujours absol. *Avoir de l'am. Donner, inspirer de l'am. Brûler, languir, mourir d'am. Se marier par am.* — *Dans un sens plus limité, en parlant Du rapprochement des sexes, on dit : *L'homme peut dans tous les temps se livrer à l'am.; les animaux n'ont pour cela qu'un temps marqué.* || Se dit Des animaux, lorsqu'ils recherchent les approches de l'autre sexe. *Quand les biches sont en am. Les oiseaux sont en am.* — Par métonymie, on dit : *Toute la terre est en am.* Tous les êtres qui habitent la terre sont en am. || Fam., *Il fait l'am. à toutes les femmes*, Il courtise toutes les femmes. — *Il passe sa vie à faire l'am.*, Il passe sa vie dans des intrigues galantes. || *Filer le parfait am.*, Aimer longtemps d'un am. chaste. || Quand le mot *Am.*, signifiant la passion d'un sexe pour l'autre, est employé au pluriel, on doit le faire féminin. *Les premières amours. D'ardentes, de folles amours. De nouvelles amours. L'objet de ses amours. Troubler deux personnes dans leurs amours.* — *Se dit également en parlant Des animaux et des plantes. *Les amours des abeilles. Les amours mystérieuses des plantes.* || Est encore usité au plur. pour signifier La personne aimée. *Il est avec ses amours. Il a quitté ses amours.* Prov., *Il n'y a point de belles prisons ni de laides amours.* — Se dit encore Des choses qu'on aime avec passion. *Les livres sont mes seules amours.* || S'emploie aussi au sing. masc. dans l'acception qui précède, en parlant Des personnes et des choses. *Cet enfant est l'am. de sa mère. Ce prince était l'am. de ses peuples. Mon cher pays, mon premier am.* — *Mon am.*, Locut. famil. dont on se sert quelquefois en s'adressant aux personnes qu'on chérit. Anciennement on disait *M'amour.* || En parlant D'un ouvrage d'Art, on dit : *Faire un ouvrage avec am.*, Se complaire dans son exécution et y travailler avec une affection particulière. || *La terre est en am., entre en am.* Locut. figurée employée par les Jardiniers pour désigner L'activité particulière que présente la terre à l'époque du printemps. Ils disent aussi D'un terrain stérile et impropre à la culture : *Cette terre n'a point d'am., est sans am.* = AMOUR. T. Myth. Nom de la divinité à laquelle les anciens attribuaient le pouvoir de faire aimer. *Les ailes de l'Am. Il est beau comme l'Am.* — Les poëtes ont donné plusieurs frères à l'*Am.*, et c'est dans ce sens qu'on dit : *Les Jeux, les Ris et les Amours. Ces Amours sont bien groupés.* || Fig. et fam., on dit : *C'est un Am.*, non seulement en parlant D'un enfant, d'une jeune femme ou d'une jeune fille remarquables par leur grâce et leur beauté, mais encore en parlant D'un objet qu'on trouve extrêmement joli. *Cet enfant est un am. Cette montre est un am.*

Obs. gram. — L'usage, qui en Grammaire est la loi suprême, veut aujourd'hui que le mot *am.* soit toujours masc. au sing., et fém. au plur., à moins qu'il ne s'agisse des *Amours* de la mythologie, car dans ce dernier cas il est masc. — Cependant les poetes ont quelquefois employé au sing. fém. le mot *am.* signifiant la passion d'un sexe pour l'autre. Racine a dit :

Et qui sait si déjà quelque bouche infidèle
Ne l'a point averti de votre *am. nouvelle?*

On trouve encore un grand nombre d'exemples semblables dans le même poëte, dans Molière, Regnard, J.-B. Rousseau, Voltaire, etc. De grands écrivains, tels que Molière, Crébillon, Voltaire, La Harpe, Delille, ont également, en poésie, employé amour au plur. masc. Nous nous contenterons de citer ces vers de Voltaire :

Il fallut oublier dans ses embrassements
Et nos premiers *amours* et nos premiers serments.

Enc. — L'*Am.* a été défini un sentiment de joie accompagné de l'idée d'une cause extérieure, ou, en d'autres termes, un mouvement de l'âme qui se porte avec bonheur vers un objet qui l'attire. Cette définition, qui, selon nous, est la moins imparfaite que la philosophie ait donnée d'une chose que tout homme connaît à un degré plus ou moins élevé, et que cependant nul ne peut exprimer d'une manière parfaite, offre du moins l'avantage de poser l'objet aimé en face de l'être qui aime et de faire ressortir l'unité du sentiment de l'am., tout en permettant de l'envisager sous divers aspects. Néanmoins, le nombre de ces aspects n'est pas illimité, ainsi qu'on pourrait se le figurer au premier abord. En effet, si l'on envisage l'homme au point de vue moral, c.-à-d. si l'on considère les actes par lesquels il manifeste son am., on voit qu'ils se rapportent tous à lui-même, à ses semblables ou à Dieu. De là trois formes principales de l'am.: *Am. de soi*, *Am. de ses semblables*, *Am. de Dieu.*

Am. de soi. — La tendance aveugle et instinctive à se conserver soi-même, c.-à-d. à déployer son activité tout entière dans le but du maintien de l'existence individuelle, constitue, chez les animaux, l'am. de soi. Cette tendance appartient à tous les êtres qui participent aux caractères de l'animalité : mais, chez l'homme, elle offre une différence essentielle. En effet, quoique dans l'homme cette tendance existe aussi à l'état instinctif et involontaire, néanmoins il en a conscience, et, par cela seul, il possède le pouvoir de la maîtriser et de la diriger : la voix de la raison peut même, dans une foule de circonstances, imposer un silence absolu à celle de l'instinct. — L'homme, quand il se contemple lui-même, se reconnaît comme un être composé d'un corps et d'une intelligence ; il se sent indépendant, libre et capable d'agir sur ce qui n'est pas lui; il se réjouit de la connaissance qu'il a de ses forces et de ses facultés; il se complaît à les mettre en jeu; il s'efforce sans cesse de les porter à un plus haut degré de développement et de perfection. L'am. de soi, chez l'homme, est donc plus que la tendance au maintien de ce qu'est l'individu, à chaque instant donné; c'est encore la tendance à un perfectionnement ultérieur. Envisagé sous ce point de vue, l'am. de soi est évidemment inséparable de notre moi, et néanmoins il est véritablement social, car si l'homme ne le possédait point, s'il ne vivait pas pour son moi, s'il vivait pour le moi d'un autre, et que cet autre vécût également sans un but propre à lui-même, cette abnégation de toute individualité amènerait l'anéantissement de la communauté, et la vie de l'homme s'écoulerait sans résultat, sans fruit, non-seulement pour lui-même, mais encore pour ses semblables. Il est donc nécessaire que notre moi ait l'am. de lui-même; il faut qu'il aime ce qui est en connexion intime avec lui, c.-à-d. son propre corps; il faut qu'il en ait soin, qu'il en maintienne la conservation et qu'il en favorise le développement, parce que, sans le concours harmonique de l'âme et du corps, l'homme ne peut accomplir aussi complétement la fin pour laquelle il a été placé sur la terre. — En conséquence, aussi longtemps que l'am. de soi se maintient dans les justes limites qui lui sont tracées par la nécessité de la conservation, et par le besoin de développement auquel a droit tout être humain, cet am. n'offre rien de répréhensible, soit aux yeux de la religion, soit à ceux de la philosophie, qui toutes deux flétrissent et condamnent l'*am.-propre* ou l'égoïsme comme la source de tous les maux. — Quelques philosophes ont nié que l'on pût légitimement appliquer le nom d'am. au sentiment qui nous attache à notre propre conservation, et qui nous pousse à développer notre propre individualité; mais comme la satisfaction de nos besoins physiques, intellectuels et moraux, ne peut, en général, avoir lieu qu'en puisant au dehors de nous, notre moi (corps et âme) tend nécessairement à se porter vers les choses qu'il juge bonnes relativement à lui-même, et les rapporte ensuite à lui; il y a donc là mouvement de l'âme vers un objet extérieur, dans un but de satisfaction, c.-à-d. amour.

Am. de nos semblables. — Considéré sous le rapport de son but ou de sa finalité, l'am. de nos semblables se présente à nous sous deux faces tellement distinctes, que nous sommes obligés de le diviser sous les noms d'*Am. de l'individu* et d'*Am. de l'espèce.*

Am. de l'individu. — Il peut être envisagé comme une forme particulière de l'am. de soi, comme un rayonnement de ce dernier. C'est seulement lorsque l'être est parvenu au plus haut point de développement physique, lorsque la vie plastique est arrivée à son plus haut degré de force et d'exubérance, qu'il reçoit, pour ainsi dire, un pressentiment de son caractère périssable, pressentiment d'où résulte la tendance à se continuer par un produit vivant identique à lui-même. « La nature mortelle, dit Platon, tend à se perpétuer autant que possible, et à se rendre immortelle; et son seul moyen, c'est la naissance, laquelle substitue un individu jeune à un individu vieux. » Quelques écrivains ont voulu rapporter exclusivement la cause de l'am. de l'individu à l'état d'exaltation spéciale de la force plastique qui s'observe à certaines époques particulières de l'existence des êtres organisés; mais déjà, chez une foule d'animaux, cette tendance instinctive ne saurait résulter uniquement de l'exubérance de la force plastique. D'où vient, en effet, cette prévoyance merveilleuse qui porte l'animal vers un but dont il n'a pas conscience, et qui doit profiter à l'espèce en assurant la perpétuité de cette dernière? Qui le porte à chercher le milieu dans lequel pourront se développer les êtres qui naîtront de lui? Qui enseigne à l'oiseau l'art de construire le berceau où grandira sa couvée; à l'abeille l'art d'édifier la ruche où croîtront les générations qui doivent lui succéder? Qui dit au poisson d'abandonner la mer pour le fleuve, la rivière pour le ruisseau? Qui conduit l'hirondelle dans ses lointaines pérégrinations? — L'am. de soi, pris dans un sens tout à fait littéral et envisagé comme instinct de la conservation propre de l'être, c.-à-d. comme l'instinct de la nutrition, isolerait les êtres, et c'est ce qu'on remarque en effet chez un grand nombre d'animaux; mais ils sont rapprochés par l'am. de l'individu. Ce dernier a pour effet de déterminer une association plus ou moins durable entre deux individus semblables et différents. Chez l'homme cette association offre un caractère tellement supérieur à ce qu'on observe chez les animaux, qu'elle semble devoir sa naissance à un tout autre principe. En effet, l'homme, quand l'am. vient à s'éveiller dans son cœur, a une conscience parfaitement claire des motifs qui l'y ont fait naître, beauté ou grâce, intelligence ou vertu. Il se rend compte du but de l'association qu'il est porté à former; il en prévoit les plus lointaines conséquences ; enfin, tout en cédant à ce qui l'attire, il se sent libre et capable de résister. Plus les considérations qui ont dicté le choix de l'homme sont d'un ordre élevé, plus son am. est profond et durable ; car tout ce qui tient au corps est en soi pauvre et monotone, change avec rapidité, et amène promptement la satiété ; tandis que ce qui tient aux facultés intellectuelles et aux qualités morales est une source inépuisable de jouissances dignes d'un être raisonnable, et, au lieu de s'amoindrir, va sans cesse en se perfectionnant. — C'est de l'am. de l'individu et de l'am. de soi que dérivent les saintes affections de la *famille*. L'am. que l'homme porte aux auteurs de ses jours et à ceux auxquels il a donné l'être, se rattache inévitablement à l'am. de soi par l'idée de l'origine et de la continuation de notre propre existence. L'am. que le père a pour ses enfants se lie en outre à l'am. qu'il a conçu pour la mère qui les lui a donnés. Enfin, la famille constituant le germe de toute société, l'am. de la famille est le premier degré du développement de l'am. de l'espèce ou, en d'autres termes, de l'am. de l'*humanité*.

Am. de l'espèce. — Il est impossible à l'homme de vivre d'une vie tellement égoïste qu'il n'y ait rien de commun entre lui et ses semblables. Tout homme participe plus ou moins vivement aux joies ou aux douleurs des autres hommes, et il n'y a dans ce phénomène rien de volontaire, rien de réfléchi. Cette sympathie innée dans le cœur de l'homme, le porte à secourir, à aider, à consoler celui qui est en péril, celui qui est plongé dans la misère ou dans la douleur. Seulement la sphère de cette sympathie est plus ou moins étendue dans les diverses périodes de la vie individuelle de l'homme, ainsi que dans les différents âges de la vie du genre humain. A mesure que la race humaine se développe sous le rapport intellectuel et principalement sous le rapport moral, l'am. de l'homme pour ses semblables s'agrandit et embrasse une plus vaste étendue. D'abord il ne dépasse pas le cercle étroit de la famille, des proches, des voisins, de la cité ; il est alors limité par des considérations de différence, c.-à-d. par la diversité d'origine, de langage, de mœurs, de religion, de couleur, etc. Enfin, l'homme arrive à comprendre dans cet am. sublime, non-seulement tous les individus vivants à la surface de la terre, mais encore les générations passées et futures ; en d'autres termes, il arrive à se représenter et à aimer tous ces êtres comme un être unique qu'il nomme *humanité*. L'am. de l'humanité est donc la plus noble et la plus vaste des affections que la raison et la religion sanctionnent dans le cœur de l'homme ; mais il offre cela de particulier, qu'il ne présente pas le caractère de spontanéité propre à l'am. de l'individu, et à l'am. de l'espèce limité à ceux qui vivent en contact perpétuel avec nous. Il doit sa naissance plus encore au développement de l'intelligence qu'à celui de la sensibilité. Il n'existe qu'à la condition que certaines idées, certains principes métaphysiques, moraux ou religieux, soient reconnus comme des vérités incontestables. Ainsi, pour embrasser dans un sentiment commun l'humanité tout entière, il faut, soit au nom de la foi, soit au nom de la raison, croire à l'unité de la race humaine, c.-à-d. à sa descendance d'un même père ; il faut admettre l'identité des facultés de l'homme dans toutes les variétés de la race, et la continuité de leur développement ; il faut reconnaître enfin que tous les hommes ont les mêmes droits et les mêmes devoirs, la même liberté et la même intelligence pour choisir entre le bien et le mal. Les anciens ne connaissaient pas l'am. de l'humanité tel que nous le sentons et le concevons aujourd'hui. Il était nécessaire pour que l'am. de l'humanité fût connu, que le Christianisme vînt d'abord animer le monde d'un esprit nouveau, l'éclairer d'une lumière plus pure, enseigner à tous les peuples l'histoire véritable du genre humain, et faire à chaque homme une loi obligatoire de l'*am. du prochain* et des devoirs de la *charité*. (Voy. ce mot.)

Am. de Dieu. — Lorsque notre âme applique les facultés dont elle est douée à la contemplation de Dieu, elle le conçoit comme l'être nécessaire, infini, immuable, éternel, omnipotent, comme la cause première de tout ce qui existe et la source de toute perfection. Mais Dieu, envisagé principalement par rapport à l'homme, apparaît à notre raison comme un être souverainement bon, souverainement juste et miséricordieux. C'est sa bonté inépuisable qui conserve toutes choses après les avoir créées, qui a placé l'homme sur la terre pour être le maître et le dominateur de tout ce qui vit à sa surface, qui lui a donné une âme raisonnable et immortelle, qui lui a accordé la liberté et le pouvoir de mériter un bonheur plus grand encore, qui récompense avec justice et châtie avec miséricorde. Dès que l'homme comprend les rapports qui existent entre lui et l'être suprême, et qu'il apprécie les bienfaits sans nombre dont il a été comblé par son auteur, il lui est impossible de ne pas éprouver pour Dieu un am. et une reconnaissance sans limites. Mais cette reconnaissance et cet am. ne doivent pas se borner à de stériles élans de l'âme ; ils doivent se manifester et se produire au dehors par l'observation rigoureuse, soit des préceptes de la loi naturelle que Dieu a gravés dans notre conscience, soit des préceptes qu'a prescrits la loi révélée. « Celui qui retient mes commandements et les observe, m'aime véritablement... Celui qui ne m'aime point ne les observe point. » Saint Jean, IV, 21, 24.

Mythol. — La divinité appelée *Éros* par les Grecs, et *Cupido* ou *Amor* (Cupidon ou Amour) par les Romains, est un des êtres mythologiques sur lesquels les traditions païennes ont le plus varié. Ainsi, par ex., Hésiode le place au nombre des quatre grands principes des êtres, avec le Chaos, le Tartare et la Terre, et Alcée le fait naître de Zéphyre et d'Éris (la Discorde). La plupart des mythologues, cependant, lui assignent Vénus pour mère ; mais, dans cette hypothèse même, on remarque encore de singulières dissidences. En effet, le père de l'Am. est Jupiter suivant Cicéron, Vulcain selon Sénèque, le Ciel d'après Sapho ; d'autres le font fils de Mercure, et Simonide, adoptant l'opinion vulgaire, le regarde comme fils de Mars et de Vénus. Enfin quelques-uns le représentent voltigeant autour de Vénus Anadyomène à l'instant même où celle-ci s'élève à la surface des eaux. Rien n'est plus gracieux que ce dernier mythe qui nous peint l'Am. comme devant uniquement le jour à la Beauté, et ayant les Grâces pour sœurs. Les poëtes, les peintres et les sculpteurs le peignent sous les traits d'un enfant aux formes arrondies, au ris malin, les yeux quelquefois couverts d'un bandeau ; il est toujours armé d'un arc et d'un carquois rempli de flèches, dont il se plaît à blesser les cœurs des mortels ainsi que des Dieux de l'Olympe. Des ailes légères naissent de ses épaules et servent à le transporter en un instant d'un bout de l'univers à l'autre. Il est ordinairement entouré d'une troupe de jeunes enfants ailés comme lui et auxquels on donne également le nom d'Amours.

AMOURACHER. v. a. Engager dans de folles amours. *Je ne sais qui a pu l'am. de cette sotte.* = S'AMOURACHER. v. pron. S'éprendre d'une folle passion. *Il s'est amouraché d'une femme indigne de lui. Il s'est amouraché des sciences occultes.* Fam. = AMOURACHÉ, ÉE. part.

AMOURETTE. s. f. (Dimin. d'*Amour*). Amour de pur amusement, sans véritable passion. *Il a toujours quelque nouvelle am. en tête. Ses amourettes lui font tort dans le monde.* Fam. ‖ *Se marier par am.*, Se marier par amour. Ne se dit que D'un mariage inégal. ‖ Au plur., se dit De la moelle épinière du veau et du mouton, quand elle est cuite. *On lui servit des amourettes.*

AMOUREUSEMENT. adv. Avec amour. *Soupirer am. Il la regarde am.* ‖ Se dit, dans les Beaux-Arts, De ce qui est exécuté avec affection, avec grâce. *Cet air veut être joué am. Ce petit tableau est am. peint.*

AMOUREUX, EUSE. adj. Qui aime d'amour. *Être éperdument am. Il est très-am. de cette femme, et elle est amoureuse de lui.* ‖ Enclin à l'amour. *Il est d'un tempérament am., de complexion amoureuse.* ‖ Qui marque de l'amour ; Qui est propre à inspirer de l'amour. *Soupirs, regards, transports am. Lettres amoureuses. Style am.* ‖ Qui a une grande passion pour quelque chose. *Être am. de la gloire, de la liberté. Il est am. de la peinture, de la musique, de la poésie.* — *Être am. de ses ouvrages*, En être entiché. ‖ T. Peint. *Pinceau am.*, Pinceau dont la touche est moelleuse, légère, délicate. = AMOUREUX s'emploie aussi subst. *Un am. transi. Un am. en cheveux gris.* — Se prend quelquefois dans le sens d'Amant. *Cette fille a un am.* Popul. ‖ T. Théâtre. *Jouer les am.*, *Tenir l'emploi des am.*, Jouer les rôles d'amants dans la comédie. On dit de même en parlant des actrices : *Jouer les amoureuses. La première, la seconde amoureuse.* = Syn. Voy. AMANT.

AMOVIBILITÉ. s. f. Qualité de ce qui est amovible, *L'am. des préfets. L'am. de cette place en diminue bien le prix.*

AMOVIBLE. adj. 2 g. (lat. *amovere*, déplacer). Se dit Des personnes et des choses. *Un fonctionnaire am.*, Est celui qu'on peut révoquer à volonté. *Une place am.*, Est une place dont le titulaire peut être changé.

Enc. — L'*Amovibilité* de certains emplois est une des nécessités du gouvernement représentatif : aussi le principe de l'amovibilité se trouve-t-il consacré dans tous les pays où règne cette forme de gouvernement. En effet, dès que, par suite d'un déplacement de la majorité, la pensée qui préside à la direction des affaires vient à changer, il devient nécessaire que les fonctions politiques soient confiées aux hommes qui ont fait prévaloir de nouvelles idées, afin qu'ils en fassent eux-mêmes l'application, et qu'ils portent la responsabilité de leurs résultats bons ou mauvais, heureux ou funestes. En Angleterre, et surtout aux États-Unis, lorsqu'une nouvelle administration arrive au pouvoir, la plus grande partie des hommes employés sous l'administration précédente sont forcés de résigner leurs fonctions entre les mains des partisans du nouveau cabinet. En France, il en est autrement : quoique la plupart des fonctions soient amovibles, le nouveau cabinet se borne à remplacer un fort petit nombre d'employés supérieurs, qui, par la nature de leurs fonctions, doivent toujours représenter l'esprit du ministère existant. De cette façon, l'administration des choses publiques n'a nullement à souffrir des mutations qui surviennent dans les hautes régions, parce qu'au lieu d'être confiés à des hommes inexpérimentés, les différents services publics conservent les hommes intelligents qui ont déjà l'habitude et l'expérience des affaires. En outre, dans notre pays où les grandes fortunes sont rares, il serait impossible de trouver des personnes qui consentissent à entrer dans les diverses fonctions administratives, si, à chaque revirement politique, leur carrière pouvait être brisée.

Si l'amovibilité des emplois, modérément pratiquée, est une sauvegarde pour l'administration, par la crainte salutaire qu'elle inspire aux employés, ce principe appliqué à certaines fonctions judiciaires entraînerait au contraire les plus funestes conséquences. En effet, pour que la justice soit rendue avec impartialité, il faut que les juges soient indépendants du pouvoir, et ne se trouvent jamais dans le cas d'avoir à hésiter entre leur devoir et leur intérêt privé. Aussi la Constitution de l'an VIII (1799), en laissant au pouvoir exécutif (art. 41) la nomination des juges, a-t-elle consacré leur inamovibilité (art. 68) comme le gage le plus assuré de leur indépendance. L'expérience a prononcé en faveur de la sagesse de cette disposition qui a été maintenue par la Charte de 1814 (art. 58) et par celle de 1830 (art. 49).

AMPÉLIDÉES. s. f. p. (gr. ἄμπελος, vigne). T. Bot.

Enc. — Les *Amp.* sont une famille de plantes exogènes polypétales à laquelle A.-L. Jussieu avait donné le nom de *Vinifères*, Ventenat celui de *Sarmentacées*, Lindley celui de *Vitacées*. La dénomination d'*Amp.* a été proposée par Kunth et adoptée par la plupart des botanistes. — Cette famille se compose d'arbrisseaux sarmenteux grimpants ou rampants, à nœuds renflés susceptibles de se désarticuler. Leur tissu ligneux est pourvu d'une multitude de vaisseaux ponctués volumineux qui, à certaines saisons, versent une quantité de sève extraordinaire. — *Caract. botan.* : Feuilles simples ou composées, avec ou sans stipules à leur base ; les feuilles inférieures sont opposées, les supérieures sont alternes. Fleurs petites, verdâtres, disposées en thyrse, en cyme ou en panicule, en gén. opposées aux feuilles. Les inflorescences avortent quelquefois et se transforment alors en vrilles. Calice petit, presque entier. Pétales au nombre de 4 ou de 5, insérées sur le pourtour d'un disque qui entoure l'ovaire. Préfleuraison valvaire. Étamines en nombre égal à celui des pétales, opposées à celles-ci, insérées sur le disque, quelquefois stériles par avortement ; filets distincts ou légèrement adhérents à leur base ; anthères ovoïdes oscillantes. Ovaire supérieur, à 2 ou à 6 loges ; style simple, très-court ; stigmate simple ; ovules droits, anatropes. Baie arrondie, pulpeuse, souvent uniloculaire par avortement. Graines au nombre de 4 ou 5, quelquefois en moindre nombre par avortement, osseuses, dressées ; albumen dur, deux fois plus long que l'embryon ; embryon dressé, à radicule inférieure. [Fig. 1. *Vigne cultivée* (*Vitis vinifera*). 2. Fleur. 3. La même, au moment où ses pétales se détachent. 4. Pistil et étamines. 5. Coupe verticale de l'ovaire. 6. Coupe verticale de la graine ou pepin].

Cette famille comprend environ 7 genres et 260 espèces. On la divise en deux tribus : *Vitées* : Pétales et étamines distinctes ; ovules disposés par paires ; vrilles. — *Léées* : Pétales unis à leur base ; étamines monadelphes ; ovules solitaires ; pas de vrilles.

Les espèces sauvages du genre *Vigne* (*Vitis*) habitent les pays chauds et tempérés des deux hémisphères, surtout des Indes orientales : on n'en trouve aucune en Europe. Quant à la vigne cultivée qui suit partout les pas de l'homme civilisé, l'opinion la plus commune la fait originaire des bords de la mer Caspienne. On ignore encore si la *Vigne de l'Inde* (*Vitis Indica*) n'est pas également une espèce sauvage du même genre. Le *Raisin de renard* (*Vitis vulpina*), indigène de l'Amérique du nord, donne des produits qui n'ont aucune valeur. L'acidité des feuilles et la forme du fruit sont des caractères constants dans toute cette famille. Les *larmes*, c.-à-d. la sève de la vigne, sont chez nous un remède populaire contre les ophthalmies chroniques : mais ce remède est dénué de toute efficacité. Les feuilles étant astringentes, on les emploie quelquefois dans le cas de diarrhée. Il existe un nombre infini de variétés de la vigne cultivée, et ce précieux végétal est d'une telle importance que nous en ferons l'objet d'un article spécial (voy. VIGNE). Quant aux produits qu'on en retire directement ou indirectement, il en sera question aux mots VIN, VINAIGRE, FERMENTATION, ALCOOL, SUCRE, etc. — Les autres genres de cette famille offrent fort peu d'intérêt. Le genre *Cissus*, appelé vulgairement *Achit*, mérite cependant d'être cité. L'âcreté des feuilles du *Cissus cordata* et du *C. setosa* les fait employer comme topique pour amener à suppuration les tumeurs indolentes. Les feuilles et les fruits du *C. tinctoria* contiennent une grande quantité de matière colorante verte qui tourne bientôt au bleu. Cette substance est fort estimée par les Coroados et autres tribus indigènes du Brésil qui s'en servent pour teindre les tissus de coton. — La *Vigne-Vierge* (*Ampelopsis hederacea*), qui se cultive chez nous comme arbuste d'ornement pour couvrir les murs et les tonnes, appartient au même genre. Plusieurs espèces du Cissus sont remplies d'une sève fraîche, agréable au goût, et tellement abondante que les hommes, dans leurs courses à travers les forêts tropicales, peuvent s'en servir pour se désaltérer. Aussi ces plantes ont-elles reçu le nom vulgaire de *Lianes à eau* ou *lianes du chasseur*.

***AMPÉLITE.** s. m. T. Géol. Voy. SCHISTE.

***AMPHIARTHROSE.** s. f. (gr. ἀμφὶ, autour; ἄρθρον, articulation). T. Anat. Voy. ARTICULATION.

AMPHIBIE. adj. 2 g. (gr. ἄμφω, deux; βίος, vie). Qui possède la faculté de vivre sur la terre et dans l'eau. *Animal am. Plante am.* || S'emploie aussi subst. au masc. *Les amphibies vrais sont peu nombreux.* || Fig., On dit D'un homme qui exerce deux professions disparates, et surtout D'un homme qui ménage deux partis opposés : *C'est un am.*

Enc. — On donne vulgairement le nom d'*Amp.* aux animaux qui ont la faculté de rester plus ou moins longtemps sans périr dans l'air et dans l'eau. Mais alors même qu'on accepterait une signification aussi étendue, il faudrait distinguer trois cas : 1° les animaux qualifiés d'amphibies sont pourvus d'un appareil pulmonaire ou d'un appareil branchial : par conséquent leur respiration est exclusivement aérienne ou aquatique. Tels ont parmi les Mammifères, les *Phoques* et les *Morses*, animaux à respiration aérienne, qui, sous le nom d'amp., constituent la 3e tribu des *Carnivores* de Cuvier. Telles sont, parmi les Poissons, animaux à respiration branchiale, les *Anguilles*, qui sortent assez volontiers de l'eau et rampent à une assez grande distance dans les terres. Plusieurs *Reptiles* et un assez grand nombre d'*Invertébrés* possèdent également la faculté de vivre longtemps dans un milieu autre que celui qui correspond à la forme de leur appareil circulatoire. Tous les cas de ce genre sont faciles à expliquer par certaines particularités de structure que présentent ces prétendus amphibies. — 2° Pendant la première période de sa vie, l'animal respire au moyen de branchies, et, dans la seconde, sa respiration est tout à fait aérienne. Un grand nombre de larves d'insectes, par ex., sont branchifères, à l'état de larves, et vivent dans l'eau; plus tard leur respiration devient aérienne, et s'effectue à l'aide de trachées. Mais c'est dans la classe des *Reptiles* que se rencontrent les animaux les plus remarquables sous ce rapport. Les deux premières familles de cet ordre, les *Batraciens anoures* et les *Batraciens urodèles*, ont d'abord des branchies qui s'oblitèrent au fur et à mesure que l'appareil pulmonaire se développe. Plusieurs naturalistes comprennent sous le nom générique d'*Amphibies* les espèces animales qui constituent le groupe des *Reptiles nus*, c.-à-d. les *Batraciens* et les *Cécilies* : néanmoins ce ne sont pas là de véritables amphibies. 3° Ce nom, en effet, doit être réservé aux seuls animaux dont l'appareil respiratoire est organisé de façon à ce qu'ils possèdent *à la fois* la respiration aérienne et la respiration aquatique. Les êtres de ce genre sont en fort petit nombre et d'ailleurs assez rares. Au reste, tous appartiennent à l'ordre des *Batraciens*, où ils forment la famille des *Pérennibranchiés*.

Les *Batraciens pérennibranchiés* sont les seuls amphibies véritables et complets; car ils ont des poumons et possèdent en outre des branchies externes parfaites. Le corps de ces animaux se termine par une longue queue verticale; leurs membres sont peu développés. Ils se divisent en quatre genres.

L'*Axolotl* (Fig. 1) ressemble tellement à une larve de salamandre au moment où elle va passer à son état parfait, qu'on l'a longtemps regardée comme une espèce de salamandre en voie de métamorphose. Il a 4 doigts devant, 5 derrière et 3 longues branchies en forme de houppes. La seule espèce connue est grise, ardoisée, tachetée de noir, longue de 21 à 27 centim.; elle habite le lac qui entoure Mexico.

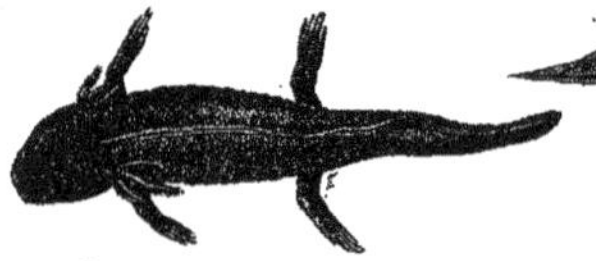

Fig. 1.

Les *Ménobranches* n'ont que 4 doigts à tous les pieds. L'espèce la plus connue, le *Ménobranche latéral* (Fig. 2), vit dans les grands lacs de l'Amérique septentrionale et atteint, dit-on, 65 centim. à 1 mètre de longueur.

Fig. 2.

Les *Protées* n'ont que 3 doigts devant et 2 seulement derrière. On n'en connaît qu'une seule espèce longue de 33 à 37 centim., à peau lisse et blanchâtre, à laquelle on a donné le nom de *Protée anguillard*. (Fig. 3.) On a cru longtemps que cet animal singulier n'habitait que les lacs souterrains de la Carniole.

Fig. 3.

Fig. 4.

Les *Sirènes*, qui constituent le dernier genre de la famille des *Batraciens pérennibranchiés*, se distinguent surtout des précédents, en ce qu'elles n'ont pas de pieds de derrière et ne présentent pas même de vestige de bassin. On en connaît 3 espèces. La *Sirène lacertine* (Fig. 4) et la *Sir. intermédiaire* ont 4 doigts aux pieds : la première est noirâtre et atteint jusqu'à 1 mètre de longueur; la seconde, noirâtre également, ne dépasse pas 33 centim., et ses houppes branchiales sont moins frangées. Les pieds de la *Sir. rayée* n'ont que 3 doigts. Ces animaux habitent les marais de l'Amérique du nord.

Enfin plusieurs naturalistes rangent à la suite des sirènes deux espèces nouvellement découvertes qui ont reçu les noms de *Lépidosirène intermédiaire* (Fig. 5) et de *Lép. paradoxe*. Celle-ci a été trouvée en Amérique, et celle-là vient du fleuve Gambie en Afrique. Mais les auteurs ne sont pas d'accord sur la place qu'elles doivent occuper dans la série animale : Owen et Duméril les regardent comme des poissons, et d'autres savants les rangent parmi les Reptiles. Si ces espèces appartiennent véritablement à la classe des Reptiles, ce seront les seuls Batraciens connus ayant un corps revêtu d'écailles.

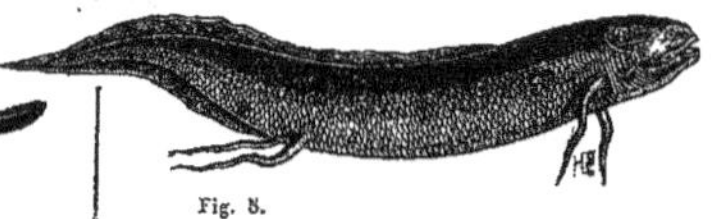

Fig. 8.

***AMPHIBOLE.** s. f. (gr. ἀμφίβολος, ambigu). T. Minér. et Géol.

Enc. — Beudant considère l'*Amp.* comme une division du genre des Silicates magnésiens, laquelle comprend les silicates combinés avec la chaux et la magnésie, la chaux et surtout la magnésie pouvant être remplacées, en tout ou en partie, par de l'oxyde de fer ou de l'oxyde de manganèse. La forme fondamentale des cristaux d'amp. est un prisme oblique, à base rhomboïdale. Les minéraux qui composent ce sous-genre raient le verre et les feldspaths, et sont rayés par le quartz. Leur pesanteur spécifique est de 2,8 à 3,45. Le savant minéralogiste distingue l'amp. en deux espèces, la *Trémolite* et l'*Actinote*. — La *Trémolite* comprend les variétés d'amp. à couleurs claires, et qui fondent au chalumeau en un verre blanc tantôt translucide, tantôt opaque. Elle se trouve tantôt en cristaux, tantôt en masses plus ou moins fibreuses et plus ou moins dures. C'est à la trémolite que se rapportent les différentes variétés d'*Asbeste* ou d'*Amiante*. — L'*Actinote* est une substance d'un vert plus ou moins intense, passant quelquefois au noir, fusible au chalumeau en verre brunâtre ou noir. Elle se présente ordin. en longs prismes déliés, très-fragiles, d'un éclat vitreux, et n'offrant jamais la structure fibreuse de la trémolite. Dans l'actinote, la magnésie est en grande partie remplacée par du protoxyde de fer. — La *Hornblende* n'est qu'un mélange des deux espèces précédentes. Elle se trouve en cristaux et plus souvent en masses cristallisées, saccharoïdes ou rayonnées. Sa texture est sensiblement lamelleuse, et sa couleur est ordin. le noir ou le vert bouteille foncé. — Au mot AMIANTE nous avons dit l'emploi que l'on faisait de certaines variétés de trémolite. Quant aux autres amphiboles, elles ne sont d'aucun usage. Cependant on a employé des roches amphiboliques (*Diorites*) pour obtenir, par la fusion, des verres noirs ou verts, souvent panachés, quelquefois lithoïdes, dont on a fabriqué des boutons à fort bas prix, des dessus de table, et d'autres objets d'un effet assez agréable. — Les diverses variétés d'amp. appartiennent aux terrains anciens et aux terrains volcaniques.

***AMPHIBOLIQUE.** adj. 2 g. ***AMPHIBOLITE.** s. f. T. Géol. Voy. ROCHE.

AMPHIBOLOGIE. s. f. (gr. ἀμφὶ, des 2 côtés; βάλλειν, jeter; λόγος, discours). T. Gram.

Enc. — On nomme ainsi le double sens qui résulte, non de ce que les termes employés sont ambigus ou présentent une double signification, mais de ce que la construction de la phrase est vicieuse. Le système de construction propre à certaines langues, telles que la grecque et la latine, donne facilement lieu à des amphibologies. Aussi l'amp. était-elle d'un grand secours aux oracles. Notre langue, où les inversions sont rares, doit être, et est en effet remarquable par sa clarté.

Obs. gram. — En français, l'amp. résulte presque constamment de l'emploi fautif ou mal ordonné des pronoms *qui, que, dont*, etc., *il, le, la*, etc., ou des adjectifs *son, sa, ses*, etc. Ainsi, dans ces phrases : *C'est la cause de cet effet* DONT *je vous entretiendrai à loisir. C'est le fils de l'homme* DONT *on a dit tant de mal*; on ne sait auquel des deux substantifs qui le précèdent se rapporte le relatif *dont*. Dans cet exemple : *Bien que l'homme juste ait toujours été le temple vivant de Dieu*, IL *n'a pas laissé de vouloir demeurer par une préférence spéciale en des lieux consacrés à sa gloire*, il semble que le pronom *il* se rapport au sujet *l'homme juste*, et cependant il doit se rapporter à *Dieu*. Cette phrase : *Qui trouverez-vous qui de soi-même ait borné sa domination, et ait perdu la vie sans quelque dessein de* L'*étendre plus avant?*, est un nouvel exemple d'amp. résultant du pronom *la*. Ce pronom, en effet, semble se rapporter à *vie*, tandis qu'il se rapporte à *domination*. L'adjectif *son* produit également une amp. dans l'exemple suivant : *Il a toujours aimé cette personne au milieu de* SON *adversité*. On ne sait si le membre de phrase *au milieu de son adversité* se rapporte au sujet de la phrase, ou s'il est le complément du régime. Il suffit d'être averti de la cause qui donne le plus souvent lieu à l'am. pour éviter ce grave défaut de langage. Voy. AMBIGUÏTÉ et ÉQUIVOQUE.

AMPHIBOLOGIQUE. adj. 2 g. Ambigu, obscur, à double sens. *Discours, réponse am.*

AMPHIBOLOGIQUEMENT. adv. D'une manière amphibologique.

***AMPHIBRAQUE.** adv. et s. m. (gr. ἀμφὶ, des 2 côtés; βραχὺς, bref). T. Versif. anc.

Enc. — Les poëtes grecs et latins donnaient ce nom à un pied formé de trois syllabes dont une longue entre deux brèves; ex.: ămārĕ, et ils appelaient *Amphimacre*, un pied composé d'une brève entre deux longues : le mot fērvĭdūm est un ex. de ce dernier genre de pied.

AMPHICTYONIDE. adj. f. Se dit Des villes grecques qui avaient le droit d'Amphictyonie. *Delphes était une ville am.*

AMPHICTYONIE. s. f. L'assemblée des amphictyons, ou Le privilége qu'avaient les principales villes de la Grèce d'envoyer un député au conseil des amphictyons. *Thèbes possédait le droit d'am.*

AMPHICTYONIQUE. adj. 2 g. Qui appartient, qui a rapport au conseil des amphictyons. *Suffrage, décision, ligue am.*

AMPHICTYONS. s. m. pl. (gr. ἀμφικτύονες, voisins). T. Hist. anc.

Enc. — Les diverses tribus dont se composait la race hellénique, quoiqu'en général animées d'un esprit étroit de rivalité, sentirent pourtant de bonne heure le besoin d'entretenir entre elles certaines relations. Ces relations s'établirent quelquefois dans le but de résister à un ennemi commun; mais elles se formèrent surtout à l'occasion des fêtes que les Hellènes célébraient en l'honneur des divinités auxquelles ils rendaient tous le même culte. Un temple était souvent possédé en commun par des peuplades limitrophes, et chacune avait le droit d'y offrir des sacrifices. La garde, l'entretien du temple, l'administration de ses richesses et la mission de faire respecter ses privilèges était confié à un conseil dont les membres portaient le nom d'*Amphictyons*. A certaines époques solennelles, les peuples possesseurs du sanctuaire s'y rassemblaient, y offraient en commun des sacrifices, et, faisant momentanément trêve à leurs querelles, y célébraient en l'honneur du dieu des jeux que présidaient les amp.

Ces espèces de confédérations religieuses appelées *Amphictyonies* étaient assez nombreuses, soit dans la Grèce d'Europe, soit chez les Grecs de l'Asie mineure; mais de toutes ces amphictyonies, la plus célèbre, sans contredit, est celle qui siégeait au printemps à Delphes, dans le temple d'Apollon Pythien, et en automne dans celui de Cérès, à Anthèla, près des Thermopyles. On n'est pas d'accord sur l'époque de la fondation, ni sur le nom du fondateur de cette dernière. Théopompe et Pausanias en attribuent l'établissement à Amphictyon, troisième roi d'Athènes, vers l'an 1520 avant J.-C., et c'est lui qui aurait donné son nom aux membres du conseil: Strabon en fait honneur à Acrisius, roi d'Argos (vers 1320 avant J.-C.); mais il est probable que ce dernier modifia simplement cette institution en y faisant admettre le Péloponèse, et peut-être en y faisant reconnaître la suprématie d'Argos. Il paraît que les peuples qui avaient le droit d'envoyer des députés à cette assemblée étaient, dans l'origine, au nombre de 12 seulement. C'étaient, suivant Eschine, les Thessaliens, les Béotiens, les Doriens, les Ioniens, les Perrhœbes, les Magnètes, les Delphiens, les Locriens, les OEtéens, les Phthiotes, les Maliens et les Phocéens. Plus tard d'autres peuples obtinrent le même droit. Bien que le nombre des députés ne fût pas limité, le conseil amphictyonique ne se composait en réalité que de 24 membres, 2 pour chaque peuple. L'un de ces députés s'appelait *Hiéromnémon*, c.-à-d. garde des registres, et l'autre *Pylagore*, c.-à-d. orateur député aux Thermopyles. C'était celui-ci qui portait la parole et qui seul était admis à voter. Ainsi chaque peuple n'avait qu'une voix à donner. Les divers états qui composaient l'amphyctionie s'engageaient par serment à ne jamais détruire une ville amphyctionique, à ne jamais détourner les cours d'eau nécessaires aux besoins de ces villes, soit pendant la paix, soit pendant la guerre, à marcher ensemble contre tout peuple qui violera le traité, et à punir tout profanateur du temple d'Apollon à Delphes. Si l'auteur du sacrilége était un individu, les amp. le réclamaient ou le faisaient punir par sa nation; si c'était un peuple, ils lui déclaraient la guerre au nom de l'amphyctionie. — Le rôle du conseil des amp. qui, dans le principe, paraît avoir été tout religieux, prit naturellement avec le temps plus d'importance, par cela seul qu'il était l'unique centre où se réunissaient des peuples presque toujours en rivalité. Ainsi on le voit juger des contestations élevées entre certaines villes, soit au sujet de la présidence des sacrifices, soit au sujet de la part de gloire qui, après une bataille gagnée par les villes confédérées, revenait à chacune d'elles. Le conseil sut en outre, dans quelques circonstances, employer habilement l'influence politique des oracles pour déterminer les Hellènes à agir contre un ennemi commun capable d'écraser chaque peuple isolément. Sous les auspices de la religion, il put établir un certain droit des gens helléniques; mais la fondation d'une véritable nationalité grecque était impossible. — Après la guerre sacrée, Philippe, roi de Macédoine, se fit admettre au conseil amphyctionique avec un double droit de suffrage. Dès lors, l'importance des amp. décrut considérablement; et, après la conquête romaine qui conserva cette institution, ses attributions ne furent plus qu'honorifiques: elles se réduisirent à administrer le temple de Delphes et à présider les jeux pythiques comme à l'origine.

AMPHIGOURI. s. m. (gr. ἀμφὶ, autour; γῦρος, cercle). Discours ou écrit burlesque, fait à dessein, dans lequel les phrases sont arrangées de manière à ne présenter que des idées sans suite. *Les amphigouris en vers se composent ordinairement sur des airs d'opéra.* || Se dit également D'un discours ou d'un écrit dont les idées, contre l'intention de l'auteur, sont incohérentes et inintelligibles. *Je n'ai rien compris à ce discours, c'est un am. d'un bout à l'autre.*

AMPHIGOURIQUE. adj. 2 g. Qui a le caractère de l'amphigouri. *Style am. Vers amphigouriques.*

***AMPHIMACRE.** adj. et s. m. (gr. ἀμφὶ, des 2 côtés; μακρὸς, long). Voy. AMPHIBRAQUE.

***AMPHINOME.** s. f. (gr. ἀμφινωμῶ, j'agite en rond). T. Zool. Voy. DORSIBRANCHES.

***AMPHIPODES.** s. m. pl. (gr. ἀμφὶ, des 2 côtés, ποῦς, ποδὸς, pied). T. Zool.

Enc. — Latreille et Cuvier ont donné ce nom à des *Crustacés entomostracés édriophthalmes*, c.-à-d. à yeux sessiles, dont les caractères distinctifs sont les suivants: Les mandibules sont munies d'une palpe; les appendices sous-caudaux sont toujours très-apparents, et ressemblent à de fausses pattes ou à des pieds-nageoires; la tête est presque toujours distincte du thorax et porte, en général, 4 antennes; la première paire de pieds, ou celle qui correspond aux seconds pieds-mâchoires, est toujours annexée à un segment propre, le premier après la tête. Le thorax est divisé en 7 segments, dont chacun porte, en gén., une paire de pattes. L'abdomen, qui est très-développé, se compose ordin. aussi de 7 segments, dont les derniers présentent chacun une paire d'appendices qui se réunissent en faisceaux pour former une espèce de queue propre au saut, ou une sorte d'éventail servant de nageoire. Beaucoup d'amp. portent entre leurs pattes ou à la base de celles-ci des bourses vésiculaires qui, suivant Milne Edwards, servent à la respiration. La plupart de ces crustacés sautent et nagent avec facilité, et toujours de côté. Quelques-uns se trouvent dans les ruisseaux et les fontaines; mais le plus grand nombre habite les eaux salées. Tous sont de petite taille et d'une couleur uniforme, tirant sur le rougeâtre ou le verdâtre.

Les amp. constituent le 3e ordre des *Crustacés* dans le système de Cuvier. Milne Edwards divise cet ordre en 2 familles, les *Crevettines* et les *Hypérines*. — Les *Crevettines* ont le corps très-comprimé latéralement, grêle et allongé, et la tête petite. Elles ne sont jamais parasites. Cette famille se compose de 2 tribus, les *Sauteurs* et les *Marcheurs*. Parmi les genres de la première tribu, nous nous contenterons de citer les *Crevettes* ou *Chevrettes proprement dites* et les *Talitres*.

Fig. 1.

La *Crevette des ruisseaux* ou *Puce d'eau* (Fig. 1) est très-abondante dans les fontaines, les bassins des sources, les filets d'eau des cressonnières. Ce crustacé nage toujours au fond, couché sur le côté, et son principal moyen de progression consiste dans la détente rapide et souvent renouvelée des appendices de la queue. Les *Talitres* (Fig. 2. *Talitre sauteuse*) habitent les bords de la mer: elles nagent sur le côté, et s'assemblent en grand nombre sur le rivage, pour se nourrir des corps morts que le flot y a jetés. Elles sautent sur le sable avec beaucoup d'agilité, au moyen du mouvement de ressort qu'elles donnent à leur queue. Les amp. *marcheurs* comprennent également plusieurs genres. La *Corophie longicorne* (Fig. 3) se trouve dans la vase des bords de l'Océan. Ces animaux se nourrissent principalement d'annélides et font une guerre sans relâche aux néréides et aux arénicoles. D'après d'Orbigny père, rien n'est plus curieux que de voir, à la marée montante, des myriades de ces petits crustacés s'agiter en tous sens, battre la vase de leurs longues antennes et la délayer pour tâcher d'y découvrir leur proie. Ont-ils rencontré une annélide, souvent 10 et 20 fois plus grosse qu'eux, ils se réunissent pour l'attaquer et la dévorer. Ils ne cessent leur carnage que lorsqu'ils ont fouillé et aplani toute la vase. Alors ils se jettent sur les mollusques et sur les poissons qui sont restés à sec pendant la marée basse. Sur les côtes de La Rochelle, où elle est bien connue sous le nom de *Pernys*, la *Corophie* habite dans des trous qu'elle se pratique dans la vase. Elle apparaît au mois de mai et disparait vers la fin d'octobre. Il est probable qu'alors elle s'enfonce profondément dans la vase pour y passer l'hiver. Peut-être aussi se retire-t-elle, comme la plupart des crustacés, dans des mers plus profondes. — Les *Hypérines* ont, en gén., le corps bombé, et la tête forte. Elles sont propres à la nage seulement, et vivent presque toujours en parasites sur des poissons ou dans le corps de certains zoophytes. Ainsi le *Phronyme sédentaire* (Fig. 4), qui se rencontre dans la Méditerranée, se loge dans un corps membraneux, transparent, en forme de tonneau, paraissant provenir d'une espèce de *Béroé*; et le *Phronyme sentinelle*, de Risso, vit dans l'intérieur du corps des *Méduses*.

Fig. 2.

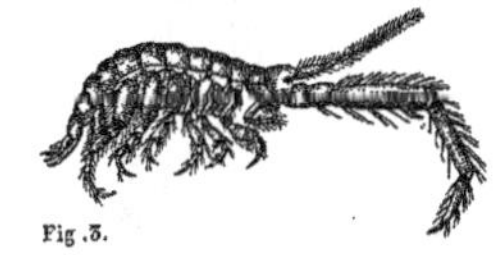

Fig. 3.

Fig. 4.

***AMPHIPROSTYLE.** adj. et s. m. (gr. ἀμφὶ, des 2 côtés; πρὸ, devant; στύλος, colonne). T. Archit. Voy. TEMPLE.

***AMPHISBÈNE.** s. f. (gr. ἀμφὶ; βαίνω, je marche). T. Erpét. Voy. DOUBLES-MARCHEURS.

AMPHISCIENS. s. m. pl. (gr. ἀμφὶ; σκιὰ, ombre).

Enc. — Les anciens géographes désignaient sous ce nom les habitants de la zone torride qui ont leur ombre dirigée tantôt vers le midi, tantôt vers le nord, suivant que le soleil est au nord ou au midi de l'équateur. On donnait encore à ces peuples le nom d'*Asciens* (α priv. σκιὰ), parce que, deux fois par an, le soleil se trouvant directement au-dessus de leurs têtes, ils n'ont pas d'ombre à midi. Enfin le nom de *Housciens* (περὶ, autour; σκιὰ) s'appliquait aux habitants des cercles arctiques et antarctiques, parce que, le soleil à certaines époques de l'année ne se couchant pas pour eux dans le cours de sa révolution diurne, l'ombre de leurs corps décrit une circonférence entière.

***AMPHISTOME.** s. m. (gr. ἀμφὶ; στόμα, bouche.) T. Zool. Voy. PARENCHYMATEUX.

AMPHITHÉÂTRE. s. m. (gr. ἀμφὶ, autour; θέατρον, théâtre). Dans nos théâtres, Lieu élevé par degrés en face de la scène, au-dessus du parterre et au-dessous du premier rang de loges. — *Série de gradins situés au niveau du plus haut rang de loges, en face de la scène. || On donne aussi ce nom à Un lieu garni de gradins, où un professeur fait ses leçons. || Par analogie, en parlant d'un terrain qui s'élève graduellement, on dit qu'*Il va en amph.*, qu'*Il s'élève en amph.*

Enc. — En T. d'Archit. et d'Antiq., on désigne sous le nom d'*Amp.* un édifice formé par la réunion de deux théâtres qui se touchaient au *proscenium*, de manière qu'il y eût des siéges tout autour de l'intérieur. De cette façon, les spectateurs, assis sur des gradins élevés en retraite les uns des autres, voyaient tous également bien ce qui se passait dans l'espace circonscrit par la rangée inférieure de gradins. La surface unie qui formait le centre de l'amph. se nommait *Arène*, parce qu'on la recouvrait de sable, afin d'absorber le sang versé, soit par les bêtes, soit par les gladiateurs. — Les premiers édifices de ce genre ont été élevés par les Étrusques; et c'est aussi à ce peuple qu'on attribue l'origine des combats de gladiateurs. En effet, on a découvert, dans ces derniers temps, sur l'emplacement de l'ancienne ville étrusque de Sutrium, un amp. creusé en entier dans un rocher qui domine le sol. Le plan ci-contre (Fig. 1) est pris à deux hauteurs différentes; la partie A représente le rez-de-chaussée, composé de l'arène et de la galerie qui l'entoure; la partie B montre la disposition des gradins et des escaliers. Enfin la Fig. 2 fait voir la position des entrées et la décoration qui couronne le dernier rang de gradins. Le grand axe de l'arène a 49 mètres 20 centim. de longueur, et le petit axe 40 mètres 15 centim.

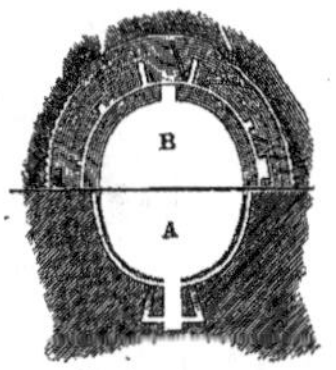

Fig. 1.

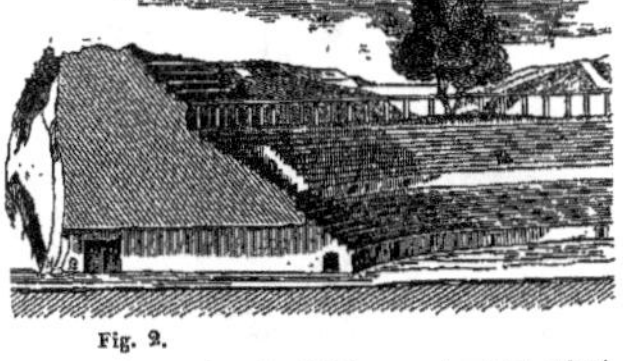

Fig. 2.

A Rome, les combats de gladiateurs se donnèrent d'abord dans les cirques; mais la forme de ces édifices étant peu convenable pour ces sortes de spectacles, on construisit bientôt des amphithéâtres à l'imitation de ceux des Étrusques. Athénée dit même (IV, 17) qu'ils furent élevés par des ouvriers étrusques qu'on avait appelés à Rome à cet effet. Les premiers édifices de ce genre furent en bois, et le plus souvent on les faisait disparaître aussitôt les jeux terminés. Mais ces constructions provisoires élevées à la hâte devaient offrir certains dangers. C'est ce qui, au rapport de Tacite, arriva en effet sous le règne de Tibère: un amp. en bois construit à Fidène par un affranchi nommé Attilius, s'écroula tout à coup pendant une représentation, et 50,000 personnes furent tuées ou blessées par cet accident. Le plus merveilleux de tous les amphithéâtres en bois est celui qui fut élevé à Rome du temps de César, par Caïus Scribonius Carion qui donna de grandes fêtes au peuple pour célébrer les obsèques de son père. « Il fit construire en bois deux théâtres de la plus grande dimension ; chacun d'eux reposait sur un pivot tournant. Le matin, on jouait des pièces sur les deux théâtres : alors ils étaient adossés pour que les acteurs ne pussent pas s'interrompre ; le soir, tournant tout à coup sur eux-mêmes, ils se trouvaient en présence : les extrémités se rejoignaient et formaient un amp. où se donnaient des combats de gladiateurs, moins dévoués à la mort que le peuple romain ainsi promené dans les airs (Pline, XXVI, 24). » La solution du problème qu'exigeait une pareille construction a longtemps occupé les architectes ; et l'on était tenté de révoquer en doute l'exactitude de Pline, lorsque, vers la fin du dernier siècle, Weinbrunner de Carlsruhe parvint à résoudre ce problème géométriquement.

Ce fut T. Statilius Taurus qui fit élever le premier amp. en pierre que Rome ait possédé (A. R. 725 ; 29 av. J.-C.). Mais vraisemblablement les gradins de cet édifice, qui avait été érigé au milieu du Champ de Mars, étaient en bois, car il fut brûlé sous Néron. Le premier amp. entièrement construit en pierre fut commencé par Vespasien et terminé par son fils Titus. Publius Victor dit qu'il fut achevé en deux ans et neuf mois : on y employa les bras de 12,000 prisonniers juifs, et l'on y dépensa environ 30 millions de notre monnaie. Titus en célébra la dédicace, l'an 80 de notre ère, par des fêtes qui durèrent cent jours, et pendant lesquelles périrent cinq mille bêtes féroces, suivant Eutrope, neuf mille suivant Dion Cassius. Ce monument reçut le nom d'*Amp. Flavien* ; mais le peuple, frappé de ses proportions gigantesques, lui donna celui de *Colosseum*, dont on a fait par corruption le mot *Colisée*. Selon d'autres, ce nom vient de la célèbre statue colossale de Néron, haute de 120 pieds, qui du haut de la voie Sacrée fut transportée près de l'amp. Cet édifice (Fig. 3) était de forme elliptique ; son grand

Fig. 3.

axe avait 188 mètres 50 cent., et son petit axe 155 mètres 60 cent., ce qui donne une superficie totale d'environ 23,036 mètres carrés. Les deux axes de l'arène avaient, l'un 86 mètres 40 cent., et l'autre 53 mètres 50 cent. ; sa superficie était donc de 3,630 mètres. Un mur haut d'environ 5 mètres et qu'on nommait *podium* formait l'enceinte de l'arène ; il séparait le public du lieu où combattaient les gladiateurs et les bêtes féroces, et il était muni d'un parapet ou d'une grille en fer. Immédiatement au-dessus du mur d'enceinte commençaient les rangées de gradins. Le premier rang était réservé aux sénateurs, aux principaux magistrats de la république, aux ambassadeurs et aux vestales. La loge de l'empereur et celle des consuls étaient placées en face l'une de l'autre, aux extrémités du petit axe de l'arène. (Fig. 4. Plan du Colisée : 1. Section du plan au niveau du rez-de-chaussée ; 2. Au niveau du premier étage ; 3. Au niveau du second ; 4. Au niveau de la galerie supérieure.) Les gradins qui venaient à la suite en s'étageant les uns au-dessus des autres formaient trois séries appelées *mæniana*, et chacune de ces séries

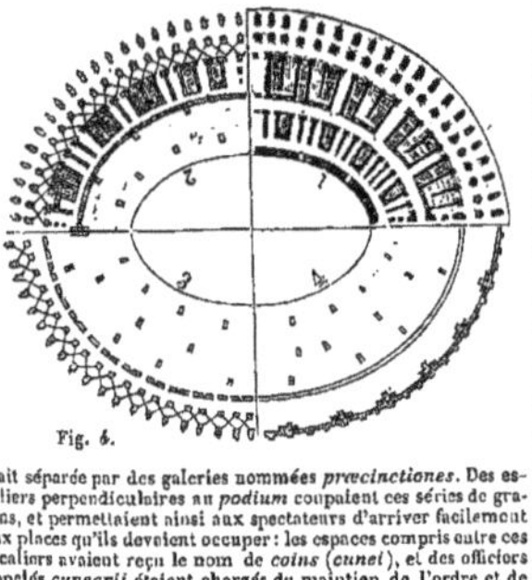

Fig. 4.

était séparée par des galeries nommées *præcinctiones*. Des escaliers perpendiculaires au *podium* coupaient ces séries de gradins, et permettaient ainsi aux spectateurs d'arriver facilement aux places qu'ils devaient occuper : les espaces compris entre ces escaliers avaient reçu le nom de *coins* (*cunei*), et des officiers appelés *cunearii* étaient chargés du maintien de l'ordre et de la distribution des places, car celles-ci n'appartenaient pas au premier occupant : les magistrats, les familles patriciennes, les collèges de prêtres, les familles équestres et les citoyens romains avaient leurs gradins réservés, et l'ordre hiérarchique était suivi dans la distribution des places. Derrière la troisième précinction s'élevait le *baudrier* (*balteus*), mur percé de portes et de fenêtres, et richement décoré de colonnes, de niches et de statues, qui séparait les rangs de gradins dont nous venons de parler de ceux qui étaient abandonnés au peuple et appelés pour cela *popularia*. Les esclaves occupaient les dernières places. Quant aux femmes qui n'avaient pu obtenir l'honneur de s'asseoir sur les gradins inférieurs, elles prenaient place sous le portique qui régnait autour de l'édifice à sa partie supérieure (Fig. 5). Juste-Lipse évalue à 87,000, et Fontana porte à 109,000 le nombre de spectateurs que pouvait contenir le Colisée.

Immédiatement derrière le *podium*, et au-dessous des places occupées par les premiers magistrats de la république, se trouvaient les loges (*carceres*, *caveæ*) dans lesquelles on renfermait les bêtes féroces avant de les lancer dans l'arène. En arrière de ces cellules régnait un corridor duquel partaient des voûtes qui rayonnaient perpendiculairement à la courbe de l'ellipse ; elles soutenaient le second *mænianum* ou la rangée de gradins la plus intérieure. Dans quelques-unes de ces voûtes se trouvaient des escaliers qui conduisaient aux gradins les plus rapprochés du podium ; les autres servaient de passages entre le premier corridor dont nous venons de parler, et le second. Celui-ci était éclairé par des ouvertures qui perçaient la voûte à la précinction ou galerie par laquelle le deuxième *mænianum* était séparé du troisième. En arrière du second corridor, c'est-à-dire en s'éloignant de l'arène, il existait encore d'autres constructions voûtées : les unes étaient occupées par des escaliers qui conduisaient aux diverses parties de l'amp. ; les autres mettaient le second corridor en communication avec la double rangée des galeries en arcades qui entouraient l'édifice tout entier (Fig. 4 et 5).

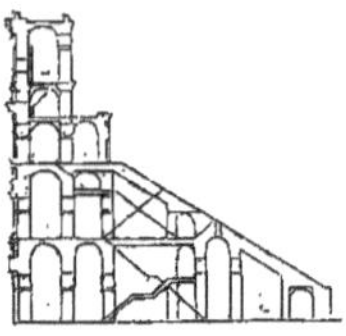

Fig. 5.

A l'extérieur, ce vaste monument présentait quatre étages superposés (Fig. 6). Les arcades des trois premiers étaient au nombre de 80, et décorées de colonnes engagées appartenant à différents ordres d'architecture. Les colonnes du premier étage sont d'ordre dorique ; cependant la frise est sans triglyphes et la corniche sans mutules. Celles du second sont ioniques, mais les volutes des chapiteaux sont dépourvues d'ornements. Le colonnes du troisième étage appartiennent à l'ordre corinthien ; toutefois les feuilles des chapiteaux ne sont pas détaillées. L'étage supérieur n'avait pas d'arcades : il consistait en un grand mur orné de pilastres d'ordre corinthien, et percé de

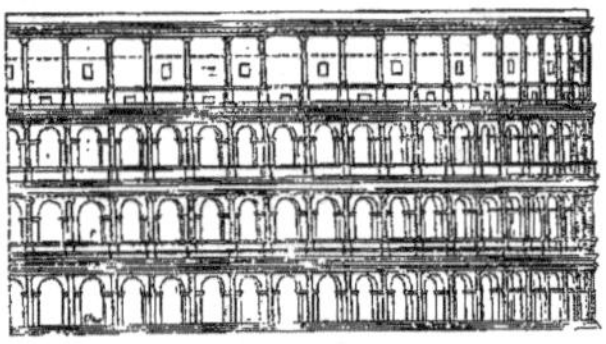

Fig. 6.

fenêtres quadrangulaires. Enfin un entablement enrichi de consoles formait le couronnement de cet édifice gigantesque. La hauteur totale du Colisée au-dessus du sol de l'arène était de 49 mètres. — Les deux arcades qui correspondaient aux extrémités du grand diamètre, et les deux qui correspondaient aux extrémités du petit diamètre, étaient un peu plus larges que les autres, et formaient les entrées principales ; les premières étaient destinées à faciliter l'introduction des machines, et à la circulation des gladiateurs et des individus chargés du service de l'intérieur de l'amp. ; les secondes formaient l'entrée réservée de l'empereur, des consuls et des premiers magistrats. Les nombreuses portes destinées à l'introduction et à la sortie du public portaient le nom de *vomitoires* (*vomitoria*). Tout était disposé de façon que l'amp. pouvait être évacué par ses cent mille spectateurs en moins de temps qu'il n'en faut pour sortir de nos plus chétifs théâtres. Les portiques et les corridors du rez-de-chaussée et des étages supérieurs étaient en outre tellement vastes, que tous les spectateurs pouvaient s'y réfugier lorsqu'un orage subit venait à interrompre les jeux. Le voile immense (*velarium*) étendu au-dessus de l'amp. afin de l'abriter contre les ardeurs du soleil, suffisait, dans le cas de pluie légère, pour garantir les spectateurs. Ce *velarium* se composait d'une grande quantité de parties mobiles juxtaposées, et il était principalement tendu et supporté au moyen de cordages fixés à des mâts en bois qu'on plantait dans les ouvertures dont étaient percées les consoles de la corniche extérieure de l'édifice. Quelquefois le *velarium* était de soie ; Néron en avait même fait élever un teint en pourpre, et orné d'étoiles d'or. Pendant l'occupation de Rome par les Français, des fouilles exécutées par leurs ordres ont fait connaître le système ingénieux employé pour donner issue aux eaux de pluie qui tombaient soit sur la surface de l'arène, soit sur l'amp. lui-même : elles ont aussi démontré que le sol de l'arène était, en partie du moins, excavé, planchéié, et muni de trappes, à travers lesquelles on faisait sortir des décorations.

Au commencement du VIe siècle, les jeux sanglants de l'amp. disparurent devant la civilisation nouvelle apportée par le christianisme. Durant le moyen âge « le Colisée devint tour à tour, dit Artaud, une forteresse qui servit à contenir la ville, un hôpital pour les pestiférés, un asile de voleurs, un atelier de faux-monnayeurs, un champ clos où des chevaliers se battaient pour leurs dames, et une carrière de pierres à construction. » C'est ainsi que les palais Farnèse, Saint-Marc, de la Cancellaria et une foule d'autres édifices se sont élevés avec les dépouilles du Colisée. Ce vandalisme ne cessa qu'au XVIIe siècle, où le pape Clément X plaça l'amp. Flavien sous la protection des Saints-Martyrs. Les papes Pie VII et Léon XII y ont fait exécuter de grands travaux de restauration.

Parmi la multitude d'amphithéâtres élevés en Italie, il en est deux dont les vestiges attestent encore l'antique magnificence. Ce sont l'amp. de Capoue, dont le grand diamètre avait 171 mètres 60 centim., et le petit diamètre 140 mètres 40 cent., et celui de Vérone, le mieux conservé de tous les édifices de ce genre. Le grand axe de ce dernier a 154 mètres 85 cent., et le petit axe 122 mètres 85 cent. Cet amp. se compose de trois rangs d'arcades superposées au nombre de 72 par étage. Les pilastres qui le décorent sont d'ordre toscan. L'élévation générale de cet édifice, que les uns prétendent avoir été construit sous le règne d'Auguste, et d'autres sous l'empereur Maximien, est de 30 mètres 45 cent. Maffei porte à 22,000 le nombre des spectateurs qu'il pouvait contenir. Ce monument sert encore aujourd'hui dans quelques fêtes publiques.

Mais ce n'est pas seulement en Italie que l'on trouve des constructions de ce genre. La passion pour les jeux sanglants de l'arène s'étant répandue avec une effrayante rapidité chez tous les peuples soumis à la domination de Rome, on vit s'élever dans tout le monde romain une foule d'amphithéâtres, chaque cité de quelque importance se faisant une gloire d'imiter la ville éternelle. Parmi les amphithéâtres construits dans les provinces romaines autres que la Gaule, nous nous contenterons de citer celui de Pola en Istrie (Fig. 7), qui mérite une

Fig. 7.

mention spéciale, parce qu'il est le seul dont le périmètre extérieur soit flanqué de quatre avant-corps, dans lesquels étaient pratiqués les escaliers. Son grand diamètre avait 134 mètres 60 centim., et son petit diamètre 105 mètres 48 centim.

Quant à la Gaule, elle possédait un nombre considérable d'édifices consacrés aux combats de bêtes féroces et de gladiateurs. Parmi ces amphithéâtres nous citerons ceux de Fréjus, de Béziers, de Lyon, de Vienne, de Besançon, de Reims, de Metz, du Mans, de Limoges, de Poitiers, de Bordeaux. L'amp. d'Arles et surtout celui de Nîmes sont dans un état de conservation remarquable. Le premier était composé de trois rangs d'arcades ornées de pilastres, au nombre de 60 à chaque étage. Son grand axe avait 140 mètres de longueur, et son petit axe 103. L'amp. de Nîmes (Fig. 8), qui est généralement connu sous le nom d'*Arènes*, paraît avoir été construit dans la seconde moitié du Ier siècle de l'ère chrétienne. Il est elliptique, et sa surface totale est de 10,028 mètres carrés ; car son

Fig. 8.

grand axe a 133 mètres 38 centim. de longueur, et son petit axe 101 mètres 40 centim. Sa façade extérieure, dont l'élévation est de 21 mètres 32 centim., présente un rez-de-chaussée décoré de pilastres, un premier étage enrichi de colonnes doriques engagées, et un attique qui sert de couronnement. Le rez-de-chaussée et le premier étage ont chacun 60 arcades. Trente-cinq gradins, de 49 à 50 centim. de haut sur 75 à 80 de large, s'élevaient les uns au-dessus des autres, à partir du *podium* jusqu'à l'attique. L'amp. de Nîmes pouvait contenir 24,200 spectateurs. Au reste, la disposition intérieure de cet édifice, ainsi que de tous les amphithéâtres connus, étant constamment la même que celle du Colisée qui vient d'être longuement décrit, nous n'avons pas à revenir sur ces détails. — Comme complément de cet article, voy. les mots GLADIATEUR, NAUMACHIE, CIRQUE et THÉATRE.

* **AMPHITRITE.** T. Myth. Voy. NEPTUNE. == AMPHITRITE. s. f. T. Zool. Voy. TUBICOLES.

* **AMPHITROPE.** adj. 2 g. (gr. ἀμφὶ, autour ; τρέπειν, tourner). T. Bot. Voy. GRAINE.

AMPHITRYON. Nom d'un prince thébain, fils d'Alcée et époux d'Alcmène. — Dans le lang. fam., on l'emploie subst. et au masc. pour signifier Le maître de la maison où l'on dine, celui qui donne à dîner. *Un joyeux am. Notre am. nous a bien traités.* — Cette locut. fam. est une allusion à ces deux vers de Molière :

Le véritable Amphitryon
Est l'Amphitryon où l'on dine.

***AMPHIUME.** s. m. T. Erpét. Voy. SALAMANDRE.

AMPHORE. s. f. (gr. ἀμφὶ, des 2 côtés; φέρειν, porter). T. Archéol.

Enc. — Les Grecs et les Romains donnaient le nom d'*Amp.* à une espèce de vase en terre cuite muni de deux anses : ils l'appelaient aussi *Diota*. Le terme *Testa* était également usité chez les Latins pour désigner cette sorte de vase. Le plus ordinairement les amphores se terminaient en pointe; aussi était-on obligé, pour les faire tenir debout, de creuser un trou dans la terre. Elles étaient, en gén., d'une capacité considérable et servaient à renfermer l'eau, le vin, l'huile, les olives, etc. — Chez les Romains, l'amp. était encore l'unité de mesure pour les liquides. Voy. *Mesures de* CAPACITÉ.

AMPLE. adj. 2 g. (lat. *amplus*). Se dit Des choses dont la dimension est telle qu'elles suffisent et au delà pour l'usage auquel elles sont destinées. *Ce champ offre une am. étendue pour les manœuvres d'un régiment. Manteau, robe très-am. Ces rideaux ne sont pas assez amples.* —Se dit relativement à La quantité des choses nécessaires pour quelque usage. *Il a fait une am. provision de blé.* Dans le même sens, on dit : *Un am. déjeuner.* — Se dit encore relativement à La durée. *Il demandait un congé d'un mois, on lui en a accordé un bien plus am.* ‖ Fig., *Cette affaire offre une am. matière à contestation. Il a fait un am. récit de ses aventures. Cela demande un plus am. examen, un plus am. informé. Des pouvoirs très-amples*, Qui laissent une très-grande liberté de décider et d'agir à celui qui en est porteur.

***AMPLECTIF, IVE.** adj. (lat. *amplecti*, embrasser). T. Bot. Se dit De tout organe qui en embrasse un autre complétement, mais s'emploie particulièrement en parlant Des feuilles dans la *Préfoliation*. Voy. ce mot.

AMPLEMENT. adv. D'une manière ample. *Je vous en entretiendrai plus am. Il m'a am. satisfait. Il leur donna am. à dîner.*

AMPLEUR. s. f. Qualité de ce qui est ample. Ne se dit guère qu'en parlant De la dimension des vêtements et des tentures. *Cette robe, cette manche a trop d'am. Cette draperie n'a pas assez d'am.* ‖ * Fig., *Les oraisons funèbres de Bossuet se distinguent par l'am. de la pensée et du style.*

***AMPLEXICAULE.** adj. 2 g. (lat. *amplecti*, embrasser; *caulis*, tige). T. Bot. Se dit Des feuilles, des bractées, des pétioles, etc., lorsqu'ils embrassent la tige.

AMPLIATIF, IVE. adj. Ne se dit guère que Des brefs, des bulles, et autres lettres apostoliques qui ajoutent quelque chose aux précédentes. *Bref am. Bulle ampliative.*

AMPLIATION. s. f. (R. *ample*). T. Adm. et Jurisp.

Enc. — On désignait autrefois, en France, sous le nom de *Lettres d'amp.*, des lettres d'autorisation obtenues en chancellerie, pour être admis à présenter les moyens qu'on avait pu omettre dans une requête civile. — Aujourd'hui, on donne le nom d'*Amp.* à la copie ou au double d'une quittance ou d'un acte, dont les originaux restent déposés dans les archives publiques ou dans une étude de notaire. Les fonctionnaires et les notaires, lorsqu'ils délivrent ces sortes de copies, les revêtent de leur signature et inscrivent ordinair. au bas, *Pour amp.* Voy. EXPÉDITION.

AMPLIFICATEUR. s. m. Celui qui amplifie. *C'est un grand amp.* Ne se dit qu'en mauvaise part.

AMPLIFICATION. s. f. T. Rhét. Extension, développement d'un discours ou d'une partie d'un discours. *Une longue, une lourde amp. Son discours, plein d'idées rebattues, n'était qu'une ennuyeuse amp.* ‖ Dans les colléges, on applique le nom d'*Amp.* à la Composition que les écoliers font sur le sujet qu'on leur donne à développer. *Il a eu le prix d'amp.* ‖ * En T. Phys., on emploie le terme *Amp.* pour désigner tantôt Le pouvoir grossissant d'un instrument d'optique, tantôt Le phénomène optique du grossissement des objets.

Enc. — Les Rhéteurs anciens faisaient grand usage de cette figure du discours. Quintilien, dans son *Institution oratoire*, dit que l'*Amp.* peut avoir lieu de quatre manières : par *accroissement*, par *comparaison*, par *induction*, par *accumulation*. Ce dernier moyen est le seul qui reçoive encore le nom d'amp. Nous citerons, avec Quintilien, comme ex. de cette manière d'amplifier, la remarquable apostrophe de Cicéron, dans son discours pour Ligarius, « Car enfin, Tubéron, que faisait ce glaive nu entre tes mains? Que faisait-il dans les plaines de Pharsale? A quel sein en voulait ton fer? Quel était le but de tes armes? Tes pensées, tes regards, ton bras, ton ardeur, que cherchaient-ils dans la mêlée? Où tendaient tous tes vœux? quelle espérance t'animait?... » — L'amp. est une figure qu'il faut employer très-sobrement et avec goût, de crainte de tomber dans la diffusion et dans l'exagération.

AMPLIFIER. v. a. (lat. *amplum*, ample; *facere*, faire). Étendre, développer un sujet. *Ce récit est trop aride, il faut l'amp.* ‖ * Exagérer, supposer certains détails, certaines circonstances. *Amp. une nouvelle. Il amplifie toujours les choses.* ‖ S'emploie absol. *Quand on dit ce qu'on doit dire, on n'amplifie pas. Les voyageurs ont l'habitude d'amp.* = AMPLIFIÉ, ÉE. part.

AMPLISSIME. adj. superlatif 2 g. (lat. *amplissimus*, très-ample). Très-ample. Fam. et peu usité. ‖ Titre d'honneur qu'on donnait autrefois au Recteur de l'Université de Paris.

AMPLITUDE. s. f. T. Astr. et Géom.

Enc.—Dans le langage de l'Astr., on donne le nom d'*Amp.* à l'arc de l'horizon compris entre le point où un astre se lève ou se couche et les vrais points de l'est ou de l'ouest. L'amp. est dite *ortive* ou *orientale*, lorsqu'elle se compte du point de l'orient au point où l'astre se lève; elle est dite *occase* ou *occidentale*, lorsqu'on la mesure du point de l'occident au point où l'astre se couche. L'amp. soit ortive, soit occase, est *septentrionale* ou *méridionale*, suivant qu'elle tombe dans les signes du zodiaque qui appartiennent à l'un ou à l'autre des deux hémisphères célestes, ou, en d'autres termes, selon que les astres qui se lèvent ou se couchent ont une déclinaison nord ou sud : c'est ainsi que l'amp. du soleil est septentrionale depuis l'équinoxe du printemps jusqu'à celui de l'automne de la même année, et méridionale depuis ce dernier jusqu'à l'équinoxe du printemps de l'année suivante. Pour se représenter l'amp. d'un astre, supposons que ROAH soit l'horizon, RZPH le méridien, Z le zénith, P le pôle, O le point de l'est ou de l'ouest, et A le point où un astre se lève ou se couche : l'arc OA sera l'amp. de cet astre. Une formule trigonométrique

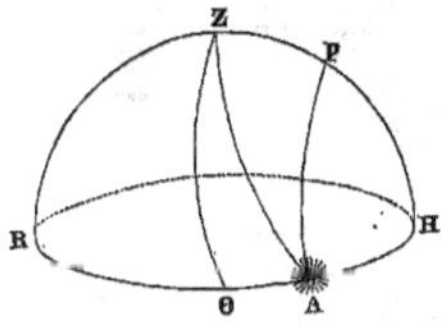

donne les moyens de trouver l'amp. à l'aide de la déclinaison de l'astre et de la latitude du lieu de l'observation. On doit d'ailleurs tenir compte de la réfraction et de la hauteur de l'œil au-dessus du niveau de la mer, afin de ramener l'amp. *apparente* à l'amp. *vraie*. La parallaxe du soleil et celle de la lune doivent aussi entrer dans le calcul, ainsi que leurs demi-diamètres, quand, au lieu de prendre l'amp. du centre de ces astres, on demande l'amp. de leurs bords. L'azimut d'un astre étant toujours le complément de son amp., la connaissance de celle-ci donne le moyen de déterminer immédiatement le premier. — Les marins se servent de l'amp. du soleil pour trouver la *variation du compas*, c.-à-d. la *déclinaison* de l'aiguille aimantée. Pour cela, ils observent, à l'aide du *compas de variation* (voy. BOUSSOLE), l'amp. du bord inférieur du soleil au moment de son lever ou de son coucher; ils calculent ensuite l'amp. apparente de ce même bord, et la différence entre l'amp. calculée et l'amp. observée donne la variation du compas. — En Balist., on nomme *Amp. de l'arc d'une parabole* ou *amp. du jet* la ligne droite comprise entre le point d'où part un projectile et celui où il va tomber. Aujourd'hui, les mathématiciens et les physiciens emploient encore ce mot dans le sens de grandeur angulaire : c'est ainsi qu'ils disent l'*amp. d'un arc*, l'*amp. des oscillations d'un pendule*, l'*amp. des vibrations*, etc.

***AMPONDRE.** s. m. T. Bot. Voy. PALMIER.

AMPOULE. s. f. (lat. *ampulla*). Fiole ou petite bouteille à ventre renflé. Ne s'emploie guère qu'en T. de Chimie, ou qu'en parlant de *La sainte ampoule* ‖ Sert aussi à désigner Certaines petites tumeurs constituées par une accumulation de sérosité entre le derme et l'épiderme soulevé.

Enc.—Ce fut le 25 décembre 496 que Clovis, nouvellement converti au christianisme, et trois mille de ses guerriers avec lui, reçurent le baptême des mains de saint Remi, archevêque de Reims. Il est certain, d'après le témoignage de saint Remi lui-même, que cet évêque, à l'exemple de ce que l'Ancien Testament nous apprend des rois juifs, ajouta à la cérémonie du baptême celle du sacre, et qu'il oignit d'une huile bénite le front du chef des Francs. Suivant une tradition fort répandue, l'huile sainte qui servit au sacre de Clovis fut apportée à saint Remi, dans l'église de Reims, au moment même de la cérémonie et en présence de tout le peuple, par une colombe blanche qui tenait au bec la petite fiole connue sous le nom de *sainte amp.* Dès lors, on l'employa dans la cérémonie du sacre de nos rois. Mais, pendant la Révolution, elle fut brisée sur la place publique de Reims, le 6 octobre 1793, par un commissaire de la Convention, qui en expédia les débris à Paris. On assure, il est vrai, que des mains fidèles parvinrent à recueillir quelques fragments de la sainte amp. et une partie du précieux liquide qu'elle contenait. Quoi qu'il en soit de la vérité de ce dernier fait, il est incontestable que la sainte amp. a servi au sacre de tous les rois de France depuis l'époque d'Hincmar. Quant à la légende que nous avons rapportée, le premier auteur qui en fasse mention est ce même Hincmar, archevêque de Reims, qui écrivait 360 ans après le baptême de Clovis; mais saint Grégoire de Tours, saint Avit, évêque de Vienne, Nicétius, évêque de Trèves, et tous les auteurs contemporains qui ont parlé du sacre de ce prince, gardent le silence au sujet de la sainte amp., ce qui a donné lieu à quelques écrivains de révoquer en doute son authenticité. Le savant abbé Pluche, par ex., présume que cette fiole aura été trouvée dans le tombeau de saint Remi. Walckenaer la croit plus ancienne encore; il pense que c'est une de ces fioles qu'on rencontre fréquemment dans les tombeaux romains, et auxquelles on a improprement donné le nom de *lacrymatoires*, car elles paraissent avoir servi à contenir les baumes destinés à arroser les cendres des morts.

Path. — Les tumeurs formées par le soulèvement de l'épiderme et remplies de sérosité qu'on désigne habituellement sous le nom d'*Ampoules*, ou sous la dénomination plus vulgaire de *Cloches*, sont la plupart du temps le résultat d'une forte pression ou de frottements trop rudes : aussi surviennent-elles le plus souvent aux mains et aux pieds. On les appelle vulgairement *Pinçons*, lorsqu'elles sont causées par une pression violente et subite, et qu'un peu de sang s'est mêlé à la sérosité épanchée. La définition de l'amp. s'applique également à la *Phlyctène*, à la *Bulle* et à la *Vésicule* : toutefois on appelle plus spécialement *phlyctènes* les ampoules qui sont la conséquence d'une brûlure, ou d'une phlegmasie; telles sont celles qui s'observent sur la peau d'une partie atteinte par la gangrène. L'expression de *bulle* et celle de *vésicule* sont surtout usitées en parlant de certaines affections cutanées; le terme de *bulle* sert à désigner les ampoules volumineuses qui s'observent dans le *pemphigus* par exemple; et le mot de *vésicule* s'applique aux très-petites ampoules qui caractérisent l'*eczéma*, la *gale*, etc.—Les ampoules proprement dites finissent par se flétrir, quand la sérosité qui soulève l'épiderme est résorbée; ou bien l'épiderme se déchire, le liquide s'écoule, et il se forme une nouvelle couche épidermique.

AMPOULÉ, ÉE. adj. Ne s'emploie qu'au fig. *Discours, style amp. Vers ampoulés. Phrase ampoulée.*

Syn. — *Boursouflé, Emphatique.* — Ces trois épithètes s'emploient pour désigner l'enflure du style : mais chacune d'elles exprime une nuance différente. *Amp.* se dit plutôt du choix des termes, et *boursouflé* de la contexture de la phrase. Ainsi, un style *amp.* est celui où l'on exprime des pensées communes avec de grands mots; et un style *boursouflé* est celui dont les phrases sont redondantes, guindées et prétentieuses. Quant au terme *emphatique*, il désigne principalement l'abus que l'on fait des figures de rhétorique et du discours, ainsi que les efforts impuissants pour donner plus d'élévation à la pensée. *Emphatique* se dit aussi du ton et du débit de l'orateur : il n'en est pas de même des épithètes *amp.* et *boursouflé*.

***AMPOULETTES.** s. f. pl. Voy. SABLIER.

***AMPULLAIRE.** s. f. T. Zool. Voy. TROCHOÏDES.

AMPUTATION. s. f. T. Chir.

Enc. — L'*Amp.* est une opération chirurgicale par laquelle on enlève un membre en tout ou en partie. On doit en distinguer la *Résection* et l'*Ablation*. Le terme de *Résection* s'applique aux opérations par lesquelles on enlève les extrémités articulaires des os ou une partie des os longs, ou bien encore par lesquelles on extirpe certains os tout entiers, sans retranchement des parties molles. *Ablation* est un terme générique qui s'emploie en parlant des amputations et des résections, mais qui, dans un sens plus spécial, désigne les opérations avec retranchement de parties, qui ne sont ni des amputations ni des résections. — On distingue les amputations en deux grandes classes, suivant qu'elles portent sur la continuité des os des membres, ou sur leur contiguïté; car chacune de ces catégories d'opérations est, dans les traités de chirurgie, l'objet de règles spéciales. — Les instruments dont on fait usage pour l'amp. proprement dite sont fort peu nombreux. Ce sont des couteaux dits à amp. de grandeurs diverses (Fig. 4, 6 et 8), à lame droite, peu large et terminée en pointe, à dos assez fort pour que l'instrument possède une résistance suffisante, et à manche plus lourd que la lame, afin que la manœuvre soit plus facile; des bistouris, des couteaux à double tranchant (Fig. 5, 7 et 9) appelés *interosseux*, nécessaires pour l'exécution de certains procédés opératoires; des scies (Fig. 1 et 2) propres à diviser l'os; et enfin une pince incisive (Fig. 3) destinée à égaliser l'extrémité de l'os que les derniers traits de scie font quelquefois éclater.

Dans toute amp., on se propose d'abord d'obtenir, au delà de la section de l'os, une assez grande étendue de parties molles et de téguments pour recouvrir complétement ce dernier, prévenir dans tous les cas en saillie, arriver le plus promptement possible à une cicatrice solide, et avoir enfin un moignon suffisamment garni de chairs pour qu'il ne soit pas exposé à s'excorier par le moindre frottement. Or, le problème est loin d'être aisé à résoudre. L'os, une fois scié, ne perd jamais rien de sa longueur, tandis que la peau subit une forte rétraction, et les muscles une plus forte encore. Bien plus, cette rétraction s'accroît tellement par le fait des convulsions nerveuses du moignon, ou d'une inflammation violente, ou d'une suppuration prolongée, que parfois il survient une saillie de l'os, alors même que l'on a conservé le plus de peau et de muscles possible. Il résulte donc de là que le choix du procédé ne suffit pas pour assurer le succès d'une amp., et que le traitement consécutif a une influence immense.

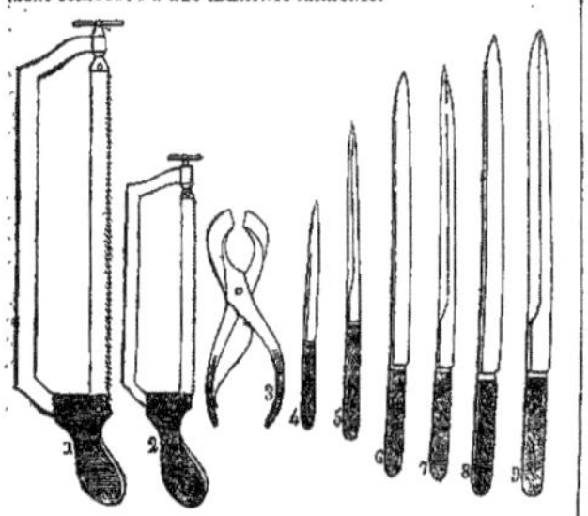

Les méthodes générales d'amp. *dans la continuité* se distinguent par la forme des incisions qu'on pratique sur les parties molles; elles sont au nombre de quatre : 1° La méthode *circulaire* est celle par laquelle on parvient à l'os à l'aide d'une incision circulaire des parties molles. Le procédé le plus généralement usité en France est celui de Desault. Il consiste à inciser les téguments jusqu'aux muscles, un pouce plus bas que l'endroit où l'on veut scier l'os; ensuite on tire en haut les téguments, on incise les muscles superficiels, et on les laisse se rétracter, en aidant même à leur rétraction au moyen d'une bande fendue qui sert à les relever; enfin on incise les muscles adhérents à l'os, et on scie celui-ci au niveau de cette dernière incision. On obtient ainsi un cône creux dont le sommet est à l'os.— 2° Dans la méthode *à un lambeau*, on saisit de la main gauche toutes les parties molles dont on veut former le lambeau destiné à recouvrir l'os; puis de la main droite on traverse les chairs de part en part avec un couteau à double tranchant, en rasant l'os le plus possible, et on taille le lambeau de haut en bas et de dedans en dehors. Alors on relève le lambeau, et on divise par une incision demi-circulaire tout ce qui reste de parties molles au côté opposé du membre; enfin on isole les chairs de l'os, et on scie ce dernier comme à l'ordinaire. — 3° Dans la méthode *à deux lambeaux*, on taille deux lambeaux aux dépens des parties molles de chaque côté du membre, en opérant à peu près comme dans le cas précédent, et l'on scie l'os au sommet que forment la réunion des deux lambeaux. — 4° La méthode *oblique* ou *ovalaire* ne diffère de la méthode circulaire qu'en ce que l'on fait remonter l'incision des téguments plus haut d'un côté que de l'autre.

Les amputations *dans la contiguïté*, c.-à-d. dans l'article, après avoir été pratiquées chez les anciens et dans le moyen âge, étaient tombées ensuite dans l'oubli. Mais les travaux de Morand, Ledran, Heister, Brasdor, au XVIIIe siècle, et ceux de Larrey, Dupuytren, Lisfranc et Velpeau, au XIXe, les ont remises en honneur avec juste raison, car ce sont celles qui, en gén., offrent le plus de chances de succès. Pour pratiquer ces sortes d'amputations, on emploie, suivant les circonstances, les méthodes à un ou deux lambeaux, la méthode circulaire ou la méthode ovalaire : cette dernière est bien plus fréquemment suivie dans les amputations dans la contiguïté que dans celles dont nous avons parlé plus haut. Lorsqu'il a recours à l'amp. dans la contiguïté, l'opérateur a spécialement trois objets en vue : bien reconnaître l'articulation; la traverser sans hésitation, en détruisant tous ses moyens d'attache; ménager des chairs et des téguments en quantité suffisante pour recouvrir l'extrémité articulaire de l'os.

Dernière ressource de la chirurgie, l'amp. ne doit être pratiquée que lorsqu'on a perdu tout espoir de conserver le membre, ou lorsque la vie se trouve en danger par l'affection dont il est atteint. C'est aux traités spéciaux à dire dans quel cas l'amp. est indispensable, à quel moment il convient de pratiquer l'opération, quel est l'endroit du membre où elle doit se faire, quelles précautions sont à prendre avant de procéder à l'amp., quels sont les procédés les plus avantageux à suivre dans chaque circonstance donnée, quels sont les moyens hémostatiques à employer de préférence, quel est le meilleur mode de pansement à suivre, quels sont les accidents qui peuvent survenir pendant ou après l'amp., quels moyens il y faut opposer, quel est enfin le traitement thérapeutique ou hygiénique auquel on doit soumettre l'amputé. — Nous dirons seulement ici que les chirurgiens aujourd'hui sont unanimes à repousser les opérations de complaisance; qu'ils sont, en gén., dans l'habitude, lorsqu'une blessure rend l'amp. inévitable, d'amputer immédiatement, c.-à-d. de manière qu'il s'écoule le moins de temps possible entre l'accident et l'opération; que le lieu ordinaire d'élection est pour le membre supérieur et pour la cuisse aussi loin que possible du tronc, afin de laisser à l'amputé un moignon dont il puisse encore faire quelque usage, et afin que la plaie se trouve plus éloignée des organes essentiels à la vie. Pour la jambe, au contraire, ce lieu est l'union du quart supérieur avec les trois quarts inférieurs, de manière à avoir un moignon court, facile à garantir du choc et pouvant s'adapter commodément à une jambe de bois. — D'autres détails relatifs aux amputations se trouveront encore aux mots HÉMOSTATIQUE et *Réunion des* PLAIES. Voy. d'ailleurs les *Traités de médecine opératoire* de VELPEAU, LISFRANC, MALGAIGNE et SÉDILLOT.

Les amputés éprouvent après l'opération les mêmes sensations que s'ils possédaient encore le membre dont l'amp. les a privés. Ce phénomène singulier, connu de tous les chirurgiens, ne persiste pas seulement quelque temps après la guérison; il se manifeste encore avec la même intensité et la même activité pendant toute la vie du sujet qui a subi l'amp. Ainsi, un homme, après avoir eu la cuisse amputée au premier tiers, pour cause de carie, éprouva les mêmes sensations à la suite de l'opération que s'il eût encore possédé sa jambe : le lendemain il se plaignait de vives douleurs dans l'orteil; et Muller, qui rapporte le fait, affirme que le même sujet se plaignait encore de cette douleur douze années après la perte de sa jambe. Un autre individu à qui on avait amputé la main, y ressentait également, sept ans après l'opération, des douleurs très-aiguës qui ne cessèrent qu'à sa mort. Mais un des faits les plus remarquables de ce genre est le suivant : Un soldat qui avait eu le bras droit écrasé par un boulet de canon, et qui avait été amputé, éprouvait, vingt années après, des douleurs rhumatismales bien prononcées dans ce membre, toutes les fois que le temps changeait. Pendant les accès, le bras qu'il avait perdu depuis si longtemps lui paraissait sensible à l'impression du moindre courant d'air. — Les physiologistes expliquent aujourd'hui ce phénomène par ce fait que la partie supérieure du tronc nerveux qui se ramifiait dans les différentes parties du membre amputé, renferme l'ensemble de toutes les fibres primitives dont se composaient les ramifications nerveuses, et par la propriété que possèdent les fibres nerveuses de ressentir à leur extrémité périphérique les impressions qui agissent sur un point quelconque de leur trajet.

AMPUTER. v. a. (lat. *amputare*, couper). T. Chir. *Amp. un membre*, Faire l'amputation d'un membre. *Amp. un blessé*, Pratiquer une amputation sur un blessé. = AMPUTÉ, ÉE. part. *Bras amp. Ce blessé a été amp.* ‖ On dit subst., *Un amp.*, Un homme qui a subi une amputation.

AMULETTE. s. m. (lat. *amuletum*, de *amoliri*, écarter). Contrairement à l'opinion de l'Académie, un grand nombre d'écrivains et de lexicographes font ce mot féminin.

Enc. — Le mot *Am.* est un terme générique qui s'applique à tous les objets que l'on porte sur soi et auxquels on attribue superstitieusement la vertu de préserver de certains maux réels ou imaginaires. — La croyance au *mauvais œil*, aux sorts, aux influences surnaturelles des planètes et des constellations, devait logiquement faire supposer qu'il existait des moyens également surnaturels de se mettre à l'abri des dangers dont on se figurait être menacé. Ces deux croyances sont également fondées sur l'ignorance des causes réelles des phénomènes et sur la fausse interprétation de quelques faits de coïncidence fortuite. Les amulettes consistaient tantôt en anneaux magiques, en figurines de métal ou de pierre, en inscriptions portant des nombres mystérieux, des figures de constellations et de signes célestes, d'animaux, etc.; tantôt en parties de végétaux et d'animaux, telles que dents, yeux, griffes, os réduits en poudre; tantôt en passages de livres réputés sacrés; tantôt en substances réellement douées d'une action quelconque sur le corps humain. C'est dans l'Orient que sont nées toutes les croyances fantastiques qui se sont répandues dans le monde, la magie, la cabale, l'astrologie : c'est là aussi que devait naître la croyance à l'efficacité des amulettes. En effet, de toute antiquité, la foi à ces préservatifs a été enracinée chez les peuples de l'Asie et de l'Afrique. Elle a existé également chez les Grecs et chez les Romains; mais elle n'eut jamais chez eux de racines bien profondes. Cependant, dans le cours du Ier et du IIe siècle de notre ère, cette superstition acquit quelque importance chez ces peuples, lorsqu'elle se propagea dans l'Occident avec les doctrines orientales et principalement avec les opinions des Gnostiques. Les Grecs donnèrent aux amulettes le nom de *Phylactères*, et les Romains celui d'*Amulettes* (*amuleta*). Mais si cette croyance déplorable ne fut pas en grand honneur dans l'antiquité, par compensation, elle domina dans tout le moyen âge; il est vrai qu'à cette époque elle fut singulièrement favorisée par la décadence complète où était tombé l'art médical : les médecins, incapables alors d'opposer un traitement rationnel aux maladies, trouvaient plus simple de recommander aux malades de porter sur eux certaines substances auxquelles on attribuait la faculté de guérir différents maux, ou auxquelles on supposait certaines vertus prophylactiques. Ainsi, on voit, même au XVIIe siècle, Boyle, si connu par ses travaux sur la physique et la chimie, raconter qu'il a été guéri d'un saignement de nez opiniâtre par l'action d'une certaine quantité de poudre de crâne humain échauffée par la chaleur de sa peau, et le célèbre Van-Helmont, l'un des hommes les plus distingués de son siècle, recommander les poudres et les trochisques de crapaud comme un moyen préservatif de la peste.

Quelquefois, il est vrai, on employait comme amulettes divers agents médicamenteux doués d'une certaine activité; nous citerons entre autres l'opium, le camphre, l'ambre, l'asa-fœtida, l'iris de Florence et la valériane. Ces substances odorantes ou volatiles, pulvérisées et appliquées sur la peau, dans de petits sachets, fournissent évidemment, lorsqu'elles sont échauffées par la chaleur du corps, des émanations plus ou moins abondantes, qui peuvent être absorbées par la surface cutanée, et par conséquent exercer dans quelques cas une influence salutaire; mais elles sont loin d'avoir les propriétés miraculeuses que leur attribuent la superstition et le charlatanisme.

Parmi les nations chez lesquelles l'usage des amulettes s'est perpétué comme aux jours de l'antiquité, on doit citer en première ligne tous les peuples mahométans : non-seulement ils se couvrent le corps de sentences et de versets extraits du Coran, mais encore ils portent constamment des talismans et des anneaux pour se préserver des maléfices et du mauvais œil. Les peuplades tartares, les Chinois, les Indous, et une multitude de nations barbares ajoutent la foi la plus aveugle aux amulettes. Les peuples chrétiens sont, à vrai dire, les seuls où cette déplorable superstition n'existe pas. En effet, l'habitude adoptée par quelques personnes pieuses d'avoir sur elles des reliques ou des images de saints, des *agnus Dei*, ou d'autres objets bénits par les prières de l'Église, ne saurait, quoi qu'on en ait dit, être assimilée à l'usage des amulettes, qui a été, au contraire, condamné par plusieurs conciles. Ce sont de simples témoignages de la foi chrétienne, de simples marques de respect pour les saints dont on porte l'image, et non des préservatifs auxquels on attribue une vertu surnaturelle.

AMURE. s. f. (R. *à mur*). T. Mar. * L'angle d'une basse voile, ou le point qui se trouve du côté du vent. ‖ La manœuvre ou le cordage même qu'on emploie pour établir au vent les points d'une basse voile. *Avoir les amures à tribord*, Avoir les amures à la droite du navire. *Avoir les amures à bâbord*, Les avoir à la gauche. *Prendre les amures à tribord, à bâbord*, Disposer la voilure pour recevoir le vent par la droite ou par la gauche du navire. — *Changer d'amures*, Prendre les amures à l'autre bord, c.-à-d. virer de bord.

AMURER. v. a. T. Mar. Haler sur les amures, ou tendre plus ou moins les amures d'une voile pour la forcer à se présenter au vent de façon à être frappée obliquement. *Am. une voile.* = AMURÉ, ÉE. part.

AMUSABLE. ad. 2 g. Qui peut être amusé. N'est guère usité que dans cette loc. : *Cet homme n'est pas am.*

AMUSANT, ANTE. adj. Qui amuse agréablement, qui divertit. *C'est un homme fort am. Un esprit am. Conversation, lecture, société amusante. Jeu am.*

AMUSEMENT. s. m. Perte de temps. *Pas tant d'am. : allez vite où je vous ai dit.* ‖ Ce qui récrée, distrait, divertit. *Doux am. Vain am. Am. paisible, innocent. Le travail est pour lui un véritable am. On lui a procuré tous les amusements possibles.* — * *Être l'am. d'une société*, Être l'objet de ses railleries. ‖ Leurre, promesses trompeuses. *Tout ce que vous me dites là n'est qu'un am. J'ai assez de vos amusements, je veux être payé.* Vx.

Syn. — *Divertissement*, *Réjouissance*, *Distraction*, *Délassement*, *Récréation*. — L'*Am.* est une sorte d'occupation, ordinairement agréable et facile, mais dont le résultat est sans utilité. Le *divertissement* a quelque chose de plus vif, de plus attachant, de plus complet que l'*am.*; il renferme constamment une idée de contentement, de joie partagée, que ne comprend pas le mot *am.* On ne se *divertit* jamais seul, tandis qu'on peut s'*amuser* isolément : le *divertissement* est toujours un plaisir, l'*am.* n'est le plus souvent qu'un simple passe-temps. *Réjouissance*, comme synonyme d'*am.*, ne s'emploie qu'au pluriel, en parlant des fêtes publiques. On ordonna de grandes *réjouissances* à l'occasion du mariage du prince. *Divertissement* est également usité au pluriel dans le même sens. — Quant aux mots *distraction*, *délassement* et *récréation*, ils ont un caractère commun qui les distingue entièrement des précédents; c'est qu'ils représentent une chose qui a un but d'utilité. En effet, la *distraction*, le *délassement* et la *récréation* sont nécessaires à l'intelligence lassée par une attention continue, ou obsédée par quelque idée persistante, et au corps fatigué par un travail long et pénible. Ils diffèrent entre eux par certaines nuances : ainsi, le *délassement* suppose toujours le repos de l'esprit et du corps; la *récréation* suppose bien le repos de l'esprit, mais elle admet des exercices corporels quelquefois très-actifs; la *distraction* suppose indifféremment le repos ou l'exercice. Par ex., on se *délasse* en allant chercher le repos et le calme à la campagne; on se *récrée* en faisant des armes, en montant à cheval; on se *distrait* en allant dans le monde, en faisant un voyage, etc. Quoi qu'il en soit des distinctions que nous avons essayé d'établir entre ces mots, nous devons reconnaître que, dans le langage ordinaire, on les emploie assez indifféremment l'un pour l'autre.

AMUSER. v. a. (R. *muser*). Arrêter inutilement, faire perdre le temps. *Il ne faut qu'un rien pour l'am. Si vous amusez cet ouvrier, il ne finira pas aujourd'hui son ouvrage. Am. l'ennemi*, Lui faire perdre au moyen de fausses démonstrations un temps qu'il pourrait employer utilement. ‖ Tromper, leurrer. *Il vous amuse de belles paroles. Il amuse ses créanciers depuis dix ans.* ‖ Distraire, récréer, divertir. *Il est difficile d'am. les gens ennuyés. Ce roman m'a fort amusé. Cette aventure a amusé tout Paris.* ‖ *Fig., *Am. la douleur* *de quelqu'un*, Lui faire oublier sa douleur en l'amusant. || On dit absol. : *Cela amuse. Cet homme a le talent d'am.* || Fig., *Am. le tapis*, Laisser le tapis oisif, interrompre le jeu par des causeries ; Parler de choses insignifiantes pour tuer le temps ; Dire, lorsqu'il s'agit d'affaires, beaucoup de paroles oiseuses sans arriver au fait. = S'AMUSER. v. pron. Perdre son temps. *Portez vite cette lettre et ne vous amusez pas en route. A quoi vous amusez-vous de parler à ce fou?* — Prov. et fam., *S'am. à la moutarde*, S'arrêter à des choses inutiles. || S'occuper pour éviter l'ennui. *Il s'amuse à étudier la botanique, à peindre, à faire des vers.* || Se distraire, se divertir. *Il s'amuse de tout. Il s'amuse de peu de chose. Je me suis fort amusé à la Comédie française.* — On dit dans le même sens : *Ne vous amusez pas à le plaisanter, il n'entend pas raillerie.* || *S'am. de quelqu'un* ou *aux dépens de quelqu'un*, Se moquer de lui. ||*Fam., S'adonner aux plaisirs. *Il s'est trop amusé dans sa jeunesse.* = AMUSÉ, ÉE. part.

AMUSETTE. s. f. Petit amusement, bagatelle. *Les poupées sont des amusettes d'enfants. Ce n'est pour lui qu'une am.* Fam. || *Espèce de Canon léger qu'on chargeait avec une livre de balles et qu'on employait dans les pays montagneux. *Les amusettes sont aujourd'hui complétement abandonnées.*

AMUSEUR. s. m. Celui qui détourne les autres du travail, qui leurre quelqu'un de vaines promesses. Pop.

AMUSOIRE. s. f. Ce qui amuse, distrait. *Cela n'est pas sérieux, ce n'est qu'une am.* Fam. et peu usité.

***AMYGDALAIRE.** adj. 2 g. T. Géol.

Enc.—On donne le nom de roches *amygdalaires* ou *amygdaloïdes*, aux roches qui présentent une masse compacte de composition variable, et qui contiennent dans leur intérieur des *noyaux* plus ou moins arrondis, noyaux qui peuvent être de natures fort diverses, mais qui diffèrent, en gén., de la masse principale de la roche. Aujourd'hui, le terme *amygdalaire* se dit plutôt de la roche même, et celui d'*amygdaloïde* s'emploie surtout pour désigner la forme des noyaux.

AMYGDALE. s. f. (gr. ἀμυγδάλη, amande). T. Anat.

Enc.—Les *Amygdales* ou *Tonsilles* sont deux petits corps glanduleux, dont la forme offre une certaine analogie avec celle d'une amande enveloppée de sa coque ligneuse. Il existe une am. de chaque côté de l'isthme du gosier, entre le pilier antérieur et le pilier postérieur du voile du palais. La face interne de ces organes fait saillie dans l'isthme du gosier et se trouve recouverte par la membrane muqueuse. Les amygdales sécrètent un mucus demi-visqueux et demi-transparent, qui est versé dans l'arrière-bouche par une douzaine de petites ouvertures. Ce fluide muqueux sert sans doute à faciliter le passage du bol alimentaire à travers l'isthme du gosier. On aperçoit aisément les amygdales sur les individus à qui l'on fait ouvrir largement la bouche, en abaissant en même temps la langue. Leur forme et leur couleur, car la muqueuse qui revêt ces organes est ordinairement plus rouge que celle du reste de la bouche, les font immédiatement reconnaître. — Le tissu des amygdales, étant mou et éminemment vasculaire, se trouve fort sujet aux inflammations aiguës, et celles-ci passent facilement à l'état chronique. La phlegmasie de ces organes est, en gén., appelée *Amygdalite* ou *Angine tonsillaire*. A la suite d'inflammations répétées, il arrive souvent que les amygdales augmentent singulièrement de volume et restent dans un tel état d'*induration* qu'elles mettent obstacle à la déglutition, gênent et altèrent la voix, et causent des accidents plus ou moins graves. Le meilleur moyen de remédier aux inconvénients qui résultent de l'induration des tonsilles consiste à les enlever en totalité ou en partie. Cette opération fort simple en elle-même ne compromet nullement la santé générale ; car les amygdales sont des organes qui n'ont pas d'importance appréciable dans l'économie. Ces glandes peuvent encore être le siége de quelques autres affections, dont l'exposition ne doit trouver place que dans des traités spéciaux.

* **AMYGDALÉES.** s. f. pl. T. Bot. Voy. DRUPACÉES.

* **AMYGDALINE.** s. f. T. Chim. Voy. AMANDE.

* **AMYGDALITE.** s. f. T. Méd. Voy. AMYGDALE.

AMYGDALOÏDE. adj. 2 g. et s. m. (gr. ἀμυγδάλη ; εἶδος, ressemblance). Qui a la forme d'une amande. || T. Géol. Voy. AMYGDALAIRE.

AMYLACÉ, ÉE. adj. T. Chim. Qui est constitué par l'amidon. *Grains amylacés. Fécule amylacée.* Voy. AMIDON.

* **AMYRIDACÉES.** s. f. pl. T. Bot.

Enc. — Les *Am.* sont des arbres ou arbustes exogènes, polypétales, à ovaire supère. Elles faisaient jadis partie de la famille des *Térébinthacées* de Jussieu, et en ont été séparées par R. Brown. — *Caract. bot.* : Feuilles alternes ou opposées, ternées ou imparipennées, présentant, en gén., des points transparents, et quelquefois pourvues de stipules. Fleurs axillaires ou terminales, en grappes ou en panicules, quelquefois unisexuées par avortement. Calice persistant, assez régulier, ayant 2 à 5 divisions. Pétales au nombre de 3 à 5, insérés au-dessous d'un disque qui naît du calice. Préfloraison ordinairement valvaire, quelquefois imbriquée. Etamines en nombre double de celui des pétales, toutes fertiles. Disque orbiculaire ou annulaire. Ovaire ayant de 1 à 5 loges, supère, porté sur le disque ; style unique et composé ; stigmates en nombre égal aux loges de l'ovaire (le stigmate est capité lorsqu'il n'existe qu'une cellule) ; ovules disposés par paires, attachés au sommet de la loge, anatropes. Fruit dur et sec, ayant 1 à 5 loges, parfois à déhiscence valvaire. Graines dépourvues d'albumen ; cotylédons tantôt ridés et plissés, tantôt amygdaloïdes ; radicule supérieure, droite, tournée vers le hile. [Fig. *Marignia obtusifolia*. 1. Fleur. 2. Coupe verticale de la même. 3. Fruit. 4. Coupe du fruit. 5 et 6. Embryon de l'*Elaphrium excelsum*.]

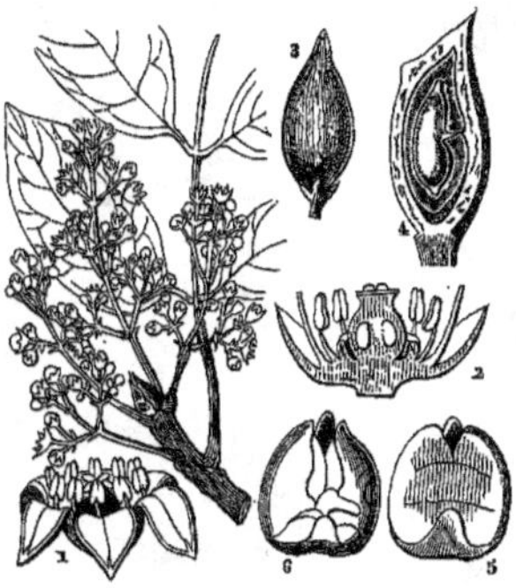

La famille des *Am.* se compose d'environ 22 genres et 45 espèces, toutes indigènes des régions tropicales de l'Inde, de l'Afrique et de l'Amérique. Lindley la divise en deux tribus : les *Amyridées*, qui sont à ovaire uniloculaire, et les *Burséracées*, qui comprennent tous les genres dont l'ovaire a plus d'une loge. — Toutes les espèces de cette famille donnent un suc résineux aromatique. La *Boswellie dentelée* (*Boswellia serrata*) appelée par Colebrooke *Libanus thurifera*, produit la gomme résine connue sous le nom d'*Oliban* ou d'*Encens de l'Inde*. Cette substance, qui nous parvient sous forme de larmes jaunes, demi-opaques, arrondies et bien nettes, s'emploie principalement comme encens ; mais elle possède également des propriétés stimulantes et diaphorétiques. On a prétendu que l'*Encens d'Arabie* provenait du même arbre ; mais le fait est douteux. La *Myrrhe* ou *Hobali* de la côte d'Abyssinie est produite par le *Balsamodendron myrrha*, appelé *Kerobeta* par les indigènes. La myrrhe se trouve dans le commerce sous forme de larmes pesantes, agglomérées, irrégulières, rougeâtres, demi-transparentes dans leur cassure, et fragiles : elle a une odeur suave particulière, et une saveur âcre, amère, très-aromatique. Le *Baume de la Mecque* ou *Beschum* (*Balessan* de Bruce) provient du *Balsamodendron opobalsamum*, ainsi que du *B. gileadense*, selon quelques auteurs. C'est une espèce de térébenthine qui s'obtient par des incisions faites au tronc de l'arbre, ou par la décoction dans l'eau des rameaux et des feuilles. Le premier produit est réservé au service de la Kaaba et du sultan ; le second, celui que nous fournit le commerce, est un liquide blanchâtre, trouble, d'une odeur forte et suave, qui s'épaissit avec le temps. Cette seconde sorte a encore reçu le nom de *Baume blanc*, *Baume de Constantinople*, *d'Egypte*, *de Judée*, *de Syrie*, *de Gilead*, *Térébenthine de Judée*, etc. Une autre espèce de Balsamodendron, nommé *Schni* par les habitants, est fort cultivée dans l'Afghanistan, à cause de ses propriétés stimulantes et aromatiques. La *Boswellie glabre* (*Boswellia glabra*) donne une résine grossière qu'on fait bouillir avec de l'huile et dont on se sert pour calfater les navires. La *Bursère paniculée* (*Bursera paniculata*), appelé encore *Gomart* et *Bois de Colophane* à l'île de France, laisse écouler, quand on pratique une légère incision à son écorce, une grande quantité d'huile limpide, ayant une odeur de térébenthine. Cette huile acquiert bientôt une consistance butyreuse et prend l'aspect du camphre. La résine que donne le *Canari* (*Canarium commune*) jouit des mêmes propriétés que le baume de copahu : cette substance porte le nom de *Résine des Moluques*, et son fruit celui de *Noix de Canari*. Les Javanais en mangent les amandes ; mais lorsqu'elles sont crues, elles peuvent causer la diarrhée. On en extrait une huile qu'on emploie comme aliment pendant qu'elle est fraîche, et dont on se sert pour l'éclairage quand elle est vieille. Parmi les produits moins importants que donnent les végétaux de cette famille, nous nous contenterons d'en citer quelques-uns. La résine nommée *Bdellium* vient de l'Afrique ou de l'Inde : la première espèce est produite par le *Niouttout* ou *Balsamodendron africanum*, et la seconde par le *B. Roxburghii* que l'on suppose être le même arbre que le *Commiphora de Madagascar* (*Commiphora Madagascariensis*). La résine *Tacamaque* ou *Tacamahac* provient de l'*Elaphre tomenteux* (*Elaphrium tomentosum*). L'*Icica de la Guiane* donne un suc résineux qui peut remplacer l'encens. L'*Icica icicariba* fournit une partie de la résine *Elémi* qu'on tire de l'Amérique : cette espèce d'élémi est molle, onctueuse, d'un blanc verdâtre et d'une odeur de fenouil. L'*Icica carana* donne une substance semblable au baume de Gilead, et l'*Icica aracouchini* donne le *Baume d'acouchi*. Une espèce de *Bursère* (*Bursera gummifera*), qui a reçu les noms vulgaires de *Gomart*, *Gommier*, *Résinier d'Amérique*, etc., produit la résine appelée *Chibou* ou *Cachibou*, avec laquelle on remplace quelquefois les résines élémi et tacamaque. La résine de *Carana* est fournie par la *Bursère acuminée* (*Bursera acuminata*). L'*Hedwigie balsamifère* (*Hedwigia balsamifera*) produit la substance résineuse appelée *Baume de sucrier*, *Baume à cochon*, *Encens du Brésil*, qui peut, dit-on, se substituer avec succès au baume de copahu. La résine *Coumia* provient de l'*Icica ambrosiaca*. On prétend que le *Balsamier* ou *Amyride de Plumier* (*Amyris Plumierii* appelé encore *A. hexandra*), produit une partie de la résine *Elémi* du commerce. L'*Amyride vénéneuse* (*Amyris toxifera*) possède, à ce qu'on prétend, des propriétés toxiques. L'*Amyride balsamifère* (*Amyris balsamifera*), arbre de la Jamaïque, fournit à l'industrie une des espèces de *Bois de Rhodes*. L'écorce amère et légèrement âcre de la *Picramnie ciliée* (*Picramnia ciliata*) remplace fort bien la cascarille, suivant Martius. Cailliaud a observé que les musulmans de la Nubie se servaient, pour écrire, des couches du liber d'une espèce d'*Amyride* (*Amyris papyrifera*). Le bois de cèdre de la Guiane provient d'une espèce d'*Icica* (*I. altissima*). Suivant R. Schomburgk, il en existe deux variétés, l'une rouge, l'autre blanche. Ce bois est léger, se travaille aisément et possède une odeur aromatique. Le même voyageur rapporte qu'un de ses canots, long de 12 1/2 mètres et large de 1 1/2 mètre, avait été construit avec un seul arbre de cette espèce. Les feuilles de la *Balanite* (*Balanites Ægyptiaca*), cultivée en Egypte sous le nom de *Soum* et de *Haledsch*, sont légèrement âcres et passent pour anthelmintiques. Son fruit, lorsqu'il n'est pas encore mûr, est âcre, amer, et purge violemment ; mais quand il est parvenu à maturité, on le mange sans inconvénient. Ses graines donnent, par expression, une huile grasse appelée *Zacoun*. On dit que, dans le commerce, on mêle ses fruits avec les myrobolans.

* **AMYRIDE.** s. f. (gr. α augm. ; μύρον, parfum). T. Bot. Voy. AMYRIDACÉES.

AN. s. m. (lat. *annus*). Période d'une année. *L'an passé. L'an prochain. Il y aura demain deux ans que cet enfant est né. Il a dix ans de service. Quel âge a votre fils? Il a vingt ans. Après un an, au bout de l'an il arriva que.* — On dit : *L'an du Monde*, *L'an de Rome*, *L'an de Jésus-Christ*, *L'an de l'Hégire*, selon l'ère à partir de laquelle on suppute le temps. *Cicéron naquit l'an 648 de Rome*, 106 *ans avant J.-C.* — On dit : *L'an premier*, *L'an deux*, *L'an trois*, etc., pour indiquer La première, la seconde, la troisième année de la République française. || On dit quelquefois absol., *Les ans*, pour désigner L'âge en général. *Le cours des ans. La fleur des ans. Le poids, le fardeau des ans. L'injure, l'outrage des ans.* On dit de même : *Dès ses jeunes ans. Dans ses vieux ans. Sur ses vieux ans. Je suis sourd, les ans en sont la cause.* || *Le jour de l'an ; Le premier jour de l'an*, Le jour qui commence l'année. —*Bon jour, bon an*, Façon de parler popul. dont on se sert pour saluer les personnes la première fois qu'on les voit dans les premiers jours de chaque année. || *Service du bout de l'an*, ou *Bout de l'an*, Service qu'on fait dans une église pour une personne, un an après sa mort. || *Par an*, Chaque année. *Sa terre lui rapporte tant par an.* || *Bon an, mal an*, Compensation faite des bonnes et des mauvaises années. *Bon an, mal an, cette vigne rapporte dix pièces de vin.* || T. Droit. *An et jour*, L'année révolue, et un jour par delà.

Syn. — *Année.* — Le mot *An* a été défini, *période d'une année*, parce que, dans le langage ordinaire, on le considère comme exprimant une durée indivisible, une simple unité de temps, abstraction faite des divisions qu'on a établies dans l'*année*. On emploie, en général, le mot *an* pour compter ou pour marquer une époque. *L'an de Rome 754 correspond à l'an 1 de notre ère. L'an passé, on craignait la guerre. Louis XIV est né l'an 1638.* On se sert quelquefois du mot *année* dans le même sens : ainsi on peut dire indifféremment l'*an prochain* ou l'*année prochaine*. *Il gagne cent écus par an* ou *cent écus par année*. Mais quand on considère la période annuelle relativement à ses divisions, aux événements qui se sont succédé dans cette période, aux résultats qui l'ont signalée, on se sert du mot *année*. *L'année bissextile se compose de 366 jours. L'année dernière a été marquée par une foule de désastres. Nous avons eu une mauvaise année ; mais sans doute l'année prochaine sera plus abondante.*

ANA. s. m. Recueil de pensées, d'anecdotes, de bons mots relatifs à une ou plusieurs personnes. *C'est un faiseur d'ana. Cela traîne dans tous les ana.* || *Ana.* Abrév. usitée dans les formules médicales. Voy. PHARMACIE.

Enc. — C'est vers la fin du XVIIe siècle que l'on vit paraître une foule de livres dont la terminaison latine a donné naissance au mot *ana*. Ces livres, tels que le *Menagiana*, le *Valesiana*, le *Scaligerana*, le *Huetiana*, etc., étaient généralement des recueils d'observations critiques sur les auteurs tant anciens que modernes, dues aux savants dont ils portaient les noms. A une époque où les discussions littéraires étaient pleines de vivacité, et où les écrivains ne se piquaient pas toujours d'une extrême politesse, ces ouvrages obtinrent pour la plupart un assez grand succès : d'ailleurs leur lecture n'était pas sans quelque utilité. Mais les *ana* ne tardèrent pas à dégénérer, et depuis longtemps les livres publiés sous des titres analogues sont de pitoyables collections de trivialités, de calembours, de plaisanteries grossières qu'on attribue, ordin. sans aucun fondement, à des personnages plus ou moins célèbres.

***ANABAPTISME.** s. m. Doctrine des anabaptistes.

ANABAPTISTE. s. et adj. 2 g. (gr. ἀνὰ, de nouveau ; βάπτω, je baptise). Nom générique qui s'applique à diverses sectes hérétiques, ayant cela de commun qu'elles prétendent que le baptême doit uniquement se conférer aux adultes, et qu'en conséquence on doit rebaptiser les chrétiens qui ont reçu ce sacrement avant l'âge de discrétion. Voy. HÉRÉSIE.

***ANABAS.** s. m. (gr. ἀναβαίνειν, monter). T. Ichth. Voy. PHARYNGIENS.

***ANABASE.** s. f. T. Bot. Voy. CHÉNOPODÉES.

***ANABATE.** s. m. T. Ornith. Voy. SITTELLE.

***ANABLEPS.** s. m. (gr. ἀναβλέπω, je regarde en haut). T. Ichth. Voy. CYPRINOÏDES.

ANACARDE. s. m. (gr. ἀνὰ, καρδία, en forme de cœur). Nom vulg. du fruit de l'Anacardier ou *Semecarpus anacardium.* Voy. ANACARDIACÉES.

***ANACARDIACÉES.** s. f. pl. T. Bot.

Enc. — Famille de végétaux exogènes, polypétales et à ovaire supère, formée par R. Brown aux dépens des *Térébinthacées* de Jussieu. Elle se compose d'arbres ou d'arbustes à suc résineux, gommeux, caustique, ou même lactescent. — *Caract. bot.:* Feuilles alternes, simples, ternées ou imparipennées, sans points transparents. Fleurs terminales ou axillaires, pourvues de bractées, en général unisexuées par avortement, quelquefois tout à fait unisexuées. Calice ordinairement petit et persistant, à 5, parfois à 3-4 ou 7 divisions. Pétales égaux en nombre aux segments du calice, périgynes, manquant quelquefois. Préfloraison imbriquée. Étamines en même nombre que les pétales et alternant avec ceux-ci, quelquefois en nombre double et même davantage, égales ou alternativement plus courtes, ou en partie stériles; filets distincts ou, dans les genres dépourvus de disque, adhérents par leur base. Disque charnu, annulaire ou cupuliforme, hypogyne, manquant quelquefois. Ovaire simple, supère, très-rarement infère, uniloculaire; il est fort rare qu'il y ait 5 ou 6 ovaires, et dans ce cas il y en a ordin. 4 ou 5 qui avortent; style 1 ou 3, parfois 4, d'autres fois nul; stigmates en nombre égal aux styles; ovules solitaires, amphitropes ou demi-anatropes, attachés au fond de la loge par un cordon qui est tantôt libre, tantôt adhérent à la loge, de sorte qu'assez fréquemment les ovules paraissent suspendus. Fruit indéhiscent, en gén. drupacé. Graine dépourvue d'albumen; radicule tantôt supérieure, tantôt inférieure, mais toujours dirigée vers le hile, quelquefois se recourbant tout à coup en arrière; cotylédons épais et charnus ou foliacés. [Fig. 1. *Pistacia atlantica.* 2. Fleurs mâles. 3. Fleurs femelles. 4. Ovaire. 5. Coupe du même pour faire voir l'ovule. 6. Fruit mûr ouvert pour montrer la graine. 7. Coupe transversale de l'embryon. 8. Fruit de l'*Anacardium occidentale.* 9. Coupe du même; *a*, fruit proprement dit; *b*, pédoncule charnu.] Cette famille comprend environ 41 genres et 95 espèces presque toutes indigènes de l'Amérique, de l'Afrique et de l'Asie tropicale. On trouve seulement dans le midi de l'Europe les *Pistachiers* et quelques espèces de *Sumacs.*

Le fruit réniforme vulgairement appelé *Pomme* ou *Noix d'acajou* est produit par l'*Anacardier occidental* (*Anacardium occidentale*). La *Noix de pistache* est le fruit du *Pistachier cultivé* (*Pistacia vera*), et la *Mangue* celui du *Manguier domestique* (*Mangifera indica*). Le *Manguier* est le plus important des arbres de la famille : son fruit est aussi estimé dans les régions tropicales que la pêche l'est dans nos pays. Son écorce, surtout celle de la racine, est amère et aromatique; on l'emploie dans certains cas de diarrhées et de flux muqueux. Les jeunes feuilles sont regardées comme pectorales; les graines jouissent de propriétés anthelmintiques, et la résine qui suinte de la tige passe pour antisyphilitique. Plusieurs végétaux de cette famille sont précieux pour le suc visqueux qu'ils produisent : tel est l'*Acajou à pommes* ou *Anacardier occidental* (*Anacardium occidentale*); ce suc, d'abord jaunâtre, devient ensuite noir et constitue un vernis très-estimé dans l'Inde. Le vernis de *Sylhet* s'obtient principalement de l'*Anacardier oriental* (*Semecarpus anacardium*), et le vernis de *Martaban* est produit par le *Thit-si* ou *Khiou*, auquel Wallich a donné le nom de *Melanorrhœa usitatissima.* Tous ces vernis sont fort dangereux pour certaines constitutions. Quand on s'en frotte la peau, celle-ci s'enflamme et se couvre de pustules difficiles à guérir; la simple fumée suffit pour déterminer un gonflement douloureux et l'inflammation du tégument. Le même effet s'observe quelquefois lorsqu'on fait brûler la noix ou pomme d'acajou. Néanmoins il y a des personnes sur lesquelles ces émanations sont sans action. La laque noire dont les Birmans se servent pour vernir une multitude d'objets provient vraisemblablement d'une sécrétion végétale de même genre. Le précieux vernis solide noir appelé laque du Japon est le produit du *Stagmaria verniciflua*, arbre de l'archipel Indien. Cette résine est excessivement âcre : en contact avec la peau, elle y détermine des excoriations et des ampoules; les habitants de Sumatra prétendent même qu'il est dangereux de dormir sous l'ombre de l'arbre qui la produit. L'*Augia chinensis* que l'on trouve dans la Chine et dans le royaume de Siam, l'*Odinia wodier*, l'*Holigarna latifolia*, le *Buchanania latifolia* et quelques autres espèces de l'Inde donnent des vernis estimés. Le suc de plusieurs *Comocladias* teint la peau en noir d'une manière presque indélébile. Les feuilles de diverses espèces de *Schinus* contiennent un fluide résineux tellement abondant que la moindre cause en détermine l'exsudation; ainsi, après une pluie, l'air est chargé des émanations qui en proviennent, et quand on plonge dans l'eau un rameau du *Schinus molle*, de la *Duvana latifolia* et de quelques autres espèces analogues, les feuilles dégagent leur résine avec tant de force que, par l'effet du recul, elles semblent animées d'un mouvement spontané. Suivant Aug. de Saint-Hilaire, le *Schinus arroeira* détermine la tuméfaction de la peau chez les individus qui dorment à son ombre. Au Brésil, on frotte les cordes neuves avec l'écorce fraîche de cet arbuste; cette opération a pour effet de les recouvrir d'une couche d'un brun foncé très-durable. Les Indiens se servent du suc de cette même plante dans les maladies des yeux. La résine connue sous le nom de *Mastic* est produite par le *Pistachier de l'Atlas* (*Pistacia atlantica*) et par le *Lentisque* (*P. lentiscus*). La *Térébenthine de Chio*, résine liquide dont l'odeur participe de celle du citron et de celle du fenouil, provient du *Térébinthe* (*P. terebinthus*). Le *Schinus molle* donne une substance analogue au mastic. Le suc de diverses espèces du genre *Sumac* (*Rhus*) est laiteux, et produit des taches noires indélébiles. Celui du *Rhus toxicodendron*, du *R. radicans*, du *R. venenata*, possède des propriétés toxiques fort actives. Le *R. coriaria*, appelé vulgairement *Roux*, *Vinaigrier*, *Redoul* et *Sumac des corroyeurs*, est un astringent fort énergique qui est employé par les tanneurs et par les teinturiers. L'écorce du *R. glabrum* passe pour fébrifuge, et on s'en sert comme

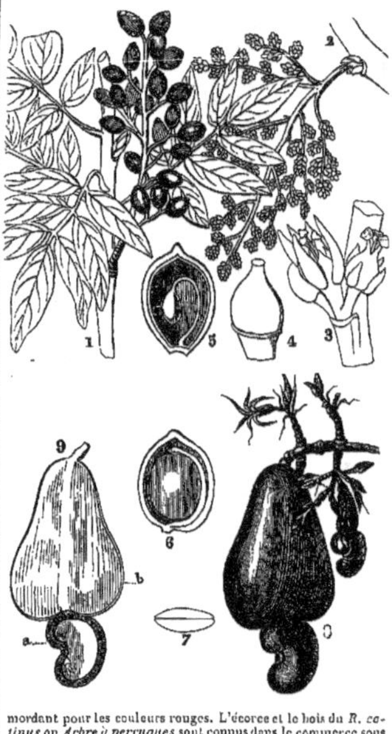

mordant pour les couleurs rouges. L'écorce et le bois du *R. cotinus* ou *Arbre à perruques* sont connus dans le commerce sous le nom de *Bois jaune*, *Fustic* ou *Fustet*, et on les emploie dans la teinture en jaune des étoffes et des cuirs. Le *R. vernix*, arbre du Japon, laisse exsuder un suc résineux blanchâtre qui, au contact de l'air, ne tarde pas à devenir noirâtre. Le *R. succedaneum* et le *R. verniciferum* donnent un produit analogue. Le *R. metopium*, qui croît à la Jamaïque, fournit une gomme connue sous le nom de *Gomme du docteur*, qui jouit de propriétés drastiques, émétiques et diurétiques prononcées.

L'amande de la noix d'acajou, fruit de l'*Anacardium occidentale*, et celle de l'*Anacarde* ou *Fève de marais*, fruit du *Semecarpus anacardium*, peuvent se manger; mais on prétend qu'elles exercent une action fort singulière sur le cerveau et qu'elles exaltent la mémoire. Tout le monde connaît l'emploi que font les confiseurs de l'amande que renferme la noix du *Pistachier cultivé* (*Pistacia vera*). Les Turcs se servent du fruit du *Rhus coriaria* pour donner plus de force au vinaigre. Au Brésil et dans les Indes occidentales, on mange le fruit de certaines espèces de *Spondias*, et surtout celui du *S. purpurea* et du *S. Monbin*, qu'on nomme *Pomme de Monbin* ou *Pomme de la Jamaïque*; mais le plus agréable de ces fruits est celui de l'*Arbre de Cythère* (*S. Cytherea* ou *dulcis*), arbre indigène des îles de la Société, dont les drupes dorées, appelées *Pommes* ou *Raisins de Cythère*, sont comparées à l'ananas. Les nègres du Sénégal préparent une liqueur enivrante avec le fruit du *Birr* (*S. birrea*). L'écorce du *S. venulosa* est un astringent aromatique employé contre la diarrhée et différents flux muqueux. Martius rapporte qu'au Brésil on administre, dans certains cas de fièvre, la décoction du fruit du *S. tuberosa.* Enfin, le *S. amara* fournit la *Résine d'améra* dont on se sert pour faire des fumigations toniques.

ANACARDIER. s. m. T. Bot. Voy. ANACARDIACÉES.

ANACHORÈTE. s. m. [On pron. *anakorète.*] (gr. ἀναχωρεῖν, se retirer, aller à l'écart). Homme qui vit seul et entièrement retiré du monde, pour ne s'occuper que de Dieu et de son salut. || *Par ext., se dit De tout individu qui aime la solitude et mène une vie retirée.

Enc. — La vie solitaire a toujours été connue et tenue en grand honneur dans l'Orient. Saint Paul dit que les prophètes juifs ont vécu dans les déserts et sur les montagnes, habitant dans des cavernes et fuyant la société des hommes. Saint Jean-Baptiste, dès son enfance, se retira dans le désert, et y vécut jusqu'à l'âge de trente ans. Le christianisme, en réprouvant les joies mondaines, en enseignant aux hommes à mortifier leur corps pour dompter leurs passions, devait naturellement engendrer la vie érémitique et la vie cénobitique. C'est ce qui eut lieu, en effet, lorsque les chrétiens furent devenus assez nombreux. Saint Paul de Thèbes, en Égypte, est regardé comme le premier ermite ou *An.* Il se retira dans le désert de la Thébaïde, l'an 250 de notre ère, pendant la persécution de Dèce et de Valérien. Bientôt saint Antoine, Palémon, saint Pacôme se retirèrent également dans le désert pour imiter la vie austère de Paul. La réputation de sainteté que ne tardèrent pas à acquérir ces pieux solitaires, fit accourir dans le désert une foule de chrétiens zélés qui se groupèrent autour de ces illustres anachorètes, et voulurent vivre sous leur direction. Ce fut là l'origine de la vie *cénobitique*, qui dut alors se substituer, en partie du moins, à la vie érémitique. — Sur la fin du IVe siècle, la vie érémitique passa de l'Égypte en Italie, et bientôt après dans les Gaules, où l'on vit en même temps des anachorètes et des cénobites. L'irruption des Barbares, au commencement du Ve siècle, contribua singulièrement à multiplier ces religieux. Néanmoins, les supérieurs ecclésiastiques ayant reconnu qu'il était mieux de réunir plusieurs solitaires dans une même habitation, que de les laisser vivre absolument seuls, les monastères absorbèrent la plus grande partie des anachorètes.

ANACHRONISME. s. m. [On pron. *anakronisme.*] (gr. ἀνὰ, en arrière; χρόνος, temps).

Enc. — On donne le nom d'*Ana.* à toute faute contre la chronologie, à toute erreur dans la supputation des temps. Toutefois, d'après son étymol., ce mot ne devrait s'appliquer qu'à la faute qui consiste à placer un événement avant sa date : il serait alors simplement synonyme de *Prochronisme* (gr. πρὸ, avant; χρόνος), et aurait pour opposé le mot *Parachronisme* (gr. παρὰ, au-delà, après; χρόνος). Mais ces deux mots sont peu usités, et l'on donne au terme *Ana.* la signification générale que nous avons indiquée. — Par extension, on appelle encore de ce nom toute erreur qui consiste à attribuer à un personnage des idées qui n'ont pu être les siennes, un langage qu'il ne pouvait tenir, enfin, à prêter à une époque les mœurs et les usages d'une autre.

ANACOLUTHE. s. f. (gr. α priv., ἀκολουθεῖν, suivre, accompagner). T. Gram.

Enc. — L'*Ana.* est une sorte d'ellipse par laquelle on omet, dans une phrase, le mot, le terme qui est le corrélatif ordinaire de l'un des mots, des termes exprimés. Elle ne se rencontre guère que dans certaines phrases grecques ou latines. Ainsi, l'omission de la particule δὲ, après avoir mis la particule μὲν, est une *Ana.* Dans ces vers de Virgile (*Énéide* II, 330-1) :

.... Portis alii bipatentibus adsunt,
Millia quot magnis nunquam venere Mycenis,

la suppression de *tot* devant *quot* est un exemple d'an.

ANACRÉONTIQUE. adj. 2 g. Qui est dans le genre, dans le goût des odes d'Anacréon. *Ode, poésie an. Genre an.* || *T. Versif. anc. *Vers an.* Voy. IAMBIQUE.

Enc. — Anacréon de Téos (Ionie) florissait vers l'an 550 av. J.-C. On croit qu'il passa les plus belles années de sa vie auprès de Polycrate, tyran de Samos. Il chanta les Muses, les Grâces, Bacchus et l'Amour. Son imagination ingénieuse et délicate, son vers facile et harmonieux, le placent parmi les poètes classiques. Si l'on s'en rapporte à une tradition fort suspecte, il mourut à l'âge de quatre-vingt-cinq ans, étranglé par un pepin de raisin. Les Téiens, ses compatriotes, gravèrent son image sur leurs monnaies, et les Athéniens lui élevèrent une statue sur l'Acropole, à côté de celles de Périclès et de Xantippe. — Le genre *An.* est celui où l'on cherche à imiter l'insouciante gaieté des poésies d'Anacréon; mais pour imiter un tel maître, le talent seul ne saurait suffire : il faut encore du sentiment, de la naïveté, de la grâce et de l'abandon. Or ces qualités sont tellement rares qu'Anacréon est resté jusqu'à ce jour sans rival. Cependant la littérature latine nous offre quelques pièces anacréontiques de Catulle et d'Horace dignes d'être citées, et la poésie française possède également, dans le genre auquel le poète de Téos a donné son nom, quelques stances remarquables de Chaulieu, de Voltaire et de Béranger.

* **ANACYCLE.** s. m. (gr. α priv.; κύκλος, cercle). T. Bot. Voy. Composées.

ANAGALLIS. s. m. [On pron. l'S.] (gr. ἀναγαλλίς). T. Bot. Voy. Primulacées.

ANAGNOSTE. s. m. (gr. ἀναγνώστης, lecteur).

Enc. — Les Romains donnaient le nom d'*anagnostæ* aux esclaves qui avaient pour fonction de lire, pendant les repas, des morceaux d'auteurs choisis. Ce fut l'empereur Claude qui mit les anagnostes en honneur, et tous les grands voulurent, à son exemple, avoir leurs lecteurs : cet usage, cependant, tomba en désuétude. Il n'existe plus de nos jours que dans les couvents et dans les colléges, parce que, le silence étant prescrit pendant les repas, c'est un moyen fort convenable d'occuper l'esprit des religieux ou des élèves.

* **ANAGOGIE.** s. f. (gr. ἀνὰ, en haut; ἄγειν, conduire). T. Théol. Voy. Herméneutique.

ANAGOGIQUE. adj. 2 g. Ne s'emploie que dans ces locut. *Sens an. Interprétation an.* V. Herméneutique.

ANAGRAMMATISER. v. a. *An. un nom*, En faire l'anagramme.

ANAGRAMMATISTE. s. m. Celui qui se livre à la composition des anagrammes. Peu us.

ANAGRAMME. s. f. (gr. ἀνὰ, en arrière; γράμμα, lettre). Renversement ou nouvel arrangement des lettres qui composent un mot ou une phrase, de façon à produire un autre mot ou une autre phrase.

Enc. — Un mot peut donner lieu à autant d'*Anagrammes* qu'on obtient d'expressions différentes par les diverses permutations des lettres qui composent ce terme. Le mot *nacre*, par ex., selon les divers arrangements de ses lettres, donne les anagrammes *écran*, *rance*, *crâne*. Les anagrammes qui s'obtiennent par le simple renversement des lettres d'un nom sont assez rares; nous nous contenterons de citer, dans ce genre, l'an. latin du mot *Roma* qui, lu à rebours, donne *Amor*, l'un des noms mystérieux de Rome. Ce fait suffirait à lui seul pour démontrer que l'an. n'est pas d'invention moderne. D'ailleurs l'antiquité grecque nous en a également laissé des exemples. Ainsi, le célèbre grammairien-poëte Lycophron, pour flatter le roi Ptolémée Philadelphe, fit l'an. du nom de ce prince et de celui de son épouse Arsinoé. Le nom de Πτολεμαῖος fut transformé en ἀπὸ μέλιτος, dont la signification est, *qui vient du miel*, et celui de la reine Ἀρσινόη se changea en ἴον Ἥρας, qui signifie *violette de Junon*. — Au moyen âge, ces jeux d'esprit furent mis en grand honneur. Les tireurs d'horoscopes s'imaginaient lire dans l'an. d'un nom la destinée de celui qui le portait. Une des plus curieuses anagrammes de ce genre est celle d'un nommé André Pujom : cet homme ayant trouvé dans son nom les mots, *pendu à Riom*, crut qu'il ne pourrait échapper au sort fatal que lui pronostiquait une semblable an.; il commit un crime capital et fut pendu dans la ville de Riom. Dans le nom de Frère Jacques Clément, assassin de Henri III, les anagrammatistes trouvèrent, mais seulement après l'événement, *C'est l'enfer qui m'a créé*. — Lorsque les anagrammes cessèrent d'être de mode, elles ne furent plus employées que par quelques écrivains pour signer les productions qu'ils ne voulaient pas avouer ouvertement. Ainsi, Calvin mit en tête de ses *Institutions chrétiennes* le nom d'*Alcuinus*, an. de *Calvinus*, et le joyeux auteur de *Pantagruel* publia les deux premiers livres de cet ouvrage célèbre sous le nom d'*Alcofribas Nasier*, an. de son nom, *François Rabelais*. Tout le monde sait que l'auteur du *Zodiacus vitæ*, poëme latin qui obtint au XVIe siècle un immense succès, est *Pier-Angelo Manzolli*, qui anagrammatisa son nom en celui de *Marcello Palingenio*. L'usage de signer de cette manière ses ouvrages est à peu près tombé en désuétude. Aussi, l'an., malgré la longue vogue dont elle a joui, se trouve-t-elle aujourd'hui complétement abandonnée.

ANAGYRIS. s. m. T. Bot. Voy. Légumineuses.

* **ANAL, ALE.** adj. (R. *anus*). T. Anat. Qui se rapporte, qui appartient à l'anus. *Glandes, valvules anales.* || Qui est voisin de l'anus. *Nageoire anale.*

ANALECTES. s. m. pl. (gr. ἀναλέγομαι, je ramasse.)

Enc. — Dans les grandes maisons romaines, on donnait le nom d'Ἀνάλεκτα (*analecta*) aux restes des repas demeurés sur les assiettes ou tombés par terre, et celui d'Ἀναλεκτής (*analectès*) à l'esclave chargé de les enlever et de nettoyer la salle du festin. Dans la suite, on a, par analogie, appelé *Analectes*, des recueils littéraires formés de poésies fugitives, ainsi que de morceaux choisis ou peu connus d'anciens auteurs. C'est ainsi que le célèbre helléniste Brunck a publié l'*Anthologie grecque*, sous le titre d'*Analecta veterum poetarum græcorum.*

ANALÈME ou ***ANALEMME.** s. m. (gr. ἀναλαμβάνω, je relève). T. Géom. Voy. Projection.

ANALEPTIQUE. adj. (gr. ἀνάληψις, rétablissement). T. Méd. Qui rétablit les forces. *Chocolat ana. Substances analeptiques.* || S'emploie aussi substant.

Enc. — Cullen voulait, avec raison, qu'on bannît l'expression *Ana.* du langage médical. En effet, il n'existe pas de substances dont on puisse former une classe particulière sous ce nom. Toutes celles auxquelles les auteurs ont appliqué cette dénomination, sont des toniques, des astringents, ou des stimulants plus ou moins actifs. On a encore appelé *Analeptiques* les substances alimentaires de facile digestion qui se donnent de préférence aux convalescents; mais ces aliments ne possèdent aucune propriété restauratrice spéciale; ils ne sont donc analeptiques que relativement à l'opportunité de leur emploi.

ANALOGIE. s. f. (gr. ἀναλογία, rapport, ressemblance). Rapport de similitude, de ressemblance, à certains égards, entre deux ou plusieurs choses différentes. *An. frappante, remarquable, évidente. Faible an. An. difficile à saisir. Indiquer les analogies et les différences. Consulter l'an. Être guidé par l'an. Le fil de l'an. est souvent si délié qu'il échappe. Violer les lois de l'an. Il y a une grande an. entre l'homme et le singe. Les cirrhopodes ont de telles analogies d'un côté avec les mollusques, et de l'autre avec les crustacés, que les naturalistes ne sont pas d'accord sur la classe dans laquelle on doit ranger ces animaux. Les minéraux se classent plutôt d'après leurs caractères chimiques que d'après leur an. de structure. Il y a entre les deux faits des analogies de temps et de circonstances qui font soupçonner que c'est le même fait diversement raconté. Ces deux hommes sont liés par l'an. de leur caractère et de leurs goûts. Il existe une étroite an. entre la langue hébraïque et la langue arabe. L'an. qu'on remarque dans le mode de production des lettres D et T leur a fait donner le nom de lettres dentales. Lorsqu'on veut forger un mot nouveau, il faut se conformer aux lois de l'an.* || *Raisonner par an.*, Former un raisonnement fondé sur les rapports de similitude qu'on a perçus entre deux ou plusieurs choses. On dit de même : *Conclure par an.*, et par extens., *Juger par an.* || T. Math. Similitude de rapport qui existe entre les deux termes d'une proportion. *Il y a la même an. entre 2 et 3 qu'entre 6 et 9.* || T. Philos. Voy. Induction.

ANALOGIQUE. adj. 2 g. Voy. Analogue. Syn.

ANALOGIQUEMENT. adv. Par analogie. *Le mot de pied se dit an.* du bas d'une montagne.

ANALOGUE. adj. 2 g. Qui a de l'analogie avec une autre chose. *Êtres analogues. Phénomènes analogues. Ces deux faits sont analogues. Forme, structure an. Idées analogues. Idiomes analogues.* || S'emploie subst. au masc. *Le P est l'an. du B. Ce sont deux analogues. Cette locution et ses analogues ne sont usités que dans le style familier. Cet animal est sans an. parmi les espèces vivantes.*

Syn. — *Analogique.* — *An.* se dit d'une chose qui offre un rapport quelconque de similitude avec une autre, tandis qu'*analogique* s'emploie uniquement en parlant des opérations intellectuelles par lesquelles nous établissons une analogie. Ainsi on dit : Les phénomènes nerveux paraissent *analogues* aux phénomènes électriques, et non *analogiques*. On dira un raisonnement *analogique*, pour désigner un raisonnement par voie d'analogie, tandis que raisonnement *analogue* signifie un raisonnement qui offre certains rapports de similitude avec un autre raisonnement.

Enc. — Dans le langage de la science, on donne le nom d'*analogues* aux animaux fossiles qui, n'étant identiques à aucun des êtres actuellement vivants à la surface de la terre, offrent néanmoins avec eux des points de ressemblance plus ou moins nombreux. En conséquence, on distingue des analogues d'espèce, et des analogues de genre. Ainsi, par ex., le *Mammouth*, qui appartient au même genre que l'*Éléphant* actuel, est un *an.* d'espèce, et l'*Anoplotherium*, au contraire, est un *an.* de genre. En effet, comme il se rapproche du *Sanglier* et de l'*Hippopotame*, sans pouvoir être rangé dans aucun de ces genres, il doit nécessairement constituer le type d'un nouveau genre.

ANALYSE. s. f. (gr. ἀναλύω, je délie, je résous). Résolution d'un tout en ses parties constitutives ou en ses éléments primaires. *L'an. est opposée à la synthèse. An. savante, délicate. Procéder par voie d'an. Les règles de l'an. varient suivant les objets auxquels s'applique celle-ci. An. chimique. An. psychologique. An. logique. An. grammaticale. An. mathématique.* || *An.* se dit : — 1° en parlant Des choses physiques. *L'an. d'un minéral, d'un gaz, d'un liquide. L'an. des substances organiques. L'an. d'un végétal, d'une fleur.* — 2° En parlant Des choses morales. *L'an. des facultés de l'âme. L'an. du cœur humain. L'an. des passions est encore à faire.* — 3° En parlant Des œuvres de l'intelligence. *Faire l'an. d'un livre. Quand on fait l'an. de ses discours, on n'y trouve pas une idée raisonnable. Faire l'an. d'une phrase, d'une proposition.* || *Avoir l'esprit d'an.* Voy. Analytique. || Résumé, précis méthodique d'un ouvrage de littérature ou de science. *Ce journal donne l'an. de tout ce qui paraît de nouveau en littérature, poëmes, drames, romans*, etc. *Cette an. est sèche et incomplète. An. rapide. Faites-moi l'an. de tout ce que contient de nouveau ce traité de physique.* — On dit dans le même sens : *Faire l'an. des travaux d'une société savante.* = En dernière analyse, loc. adv. Après avoir examiné sous tous les points de vue possibles. *Je crois, en dernière an., que ce problème est insoluble. Il me semble, en dernière an., que cette affaire ne vaut rien.* = Syn., voy. Abrégé.

Enc. — Chimie. — *Analyser* un corps, c'est le décomposer en ses éléments constitutifs, ou, en d'autres termes, c'est isoler les divers éléments dont il est composé afin de reconnaître non-seulement la nature de ces éléments, mais encore les proportions suivant lesquelles chacun d'eux entre dans ce corps. L'immense majorité des corps que nous trouvons dans la nature sont formés d'éléments divers à l'état de combinaison ou de mélange. En conséquence, il est rare qu'ils s'offrent à nous dans un état tel que nous puissions immédiatement les approprier à nos besoins; le plus souvent nous devons séparer de ces corps ceux d'entre leurs éléments qui empêchent cette appropriation; ou bien, lorsque nous nous proposons de fabriquer certains composés qui ne se rencontrent pas dans la nature, nous sommes obligés de décomposer les substances qui contiennent les éléments dont nous avons besoin pour combiner ensemble ces derniers et former un produit artificiel. L'*An.* est donc, comme on le voit, la base et le fondement de la chimie soit pure, soit appliquée, et c'est à la perfection des procédés analytiques que cette science doit les immenses progrès qu'elle a faits dans ces derniers temps.

Une an. chimique, pour être complète, doit nous apprendre : 1° quelle est la nature du corps composé soumis à notre examen, c.-à-d. quels sont les éléments qui se trouvent combinés ensemble; 2° quelle est la quantité ou le poids de chacun de ces éléments. Elle se compose donc de deux séries d'opérations : l'une qui a reçu le nom d'*an. qualitative*, l'autre qui a été appelée *an. quantitative*. — Indépendamment de cette division de l'an., division qui est fondée sur le but que le chimiste se propose, on a établi encore d'autres distinctions, d'après le mode d'opération employé, et suivant la nature ou l'origine du corps sur lequel on agit. De là les dénominations d'*an. par la voie sèche* et d'*an. par la voie humide*, d'*an. inorganique* et d'*an. organique*. — L'*An. par la voie sèche* est celle dans laquelle on opère au moyen du calorique; l'*An. par la voie humide* est celle qui procède en soumettant les substances en dissolution à l'action de réactifs appropriés. La première de ces méthodes est peu employée par les chimistes, attendu qu'elle donne des résultats moins nets et moins exacts que la seconde; mais les minéralogistes en font grand usage, parce qu'elle est très-expéditive. C'est par cette méthode que se font journellement les analyses de minerais d'or, d'argent, de fer, de cuivre, de plomb et d'étain, etc. Ces sortes d'analyses, dans lesquelles on se propose principalement de reconnaître la quantité du métal utile contenu dans un minerai, se nomment ordinairement *essais* par la voie sèche.

L'*An. inorganique*, ainsi que l'exprime son nom, s'applique aux corps qui n'appartiennent ni au règne animal, ni au règne végétal. Or, tandis que les corps organiques ne sont essentiellement composés que de 3 ou de 4 éléments, à savoir d'oxygène, de carbone et d'hydrogène, ou d'oxygène, de carbone, d'hydrogène et d'azote, tous les corps simples connus peuvent entrer dans la composition des substances inorganiques. Il semble donc au premier abord que le nombre des combinaisons produites par les 55 corps simples reconnus aujourd'hui doive être presque infini; car le calcul donne, pour 55 éléments, 1,485 composés binaires, 26,235 composés ternaires, 341,055 composés quaternaires, etc. Mais il a été constaté que tous les corps simples ne sont pas susceptibles de se combiner entre eux indifféremment, et que le nombre de ceux qui sont aptes à former ensemble des combinaisons définies, est relativement peu considérable. En outre, la nature, ainsi que le fait observer Beudant, ne paraît pas avoir réalisé toutes les combinaisons dont elle laisse entrevoir l'existence et qui ont été effectuées dans les laboratoires. Il en résulte que, lorsqu'on opère sur un composé inorganique, il suffit en gén. de reconnaître la nature de quelques-uns des éléments de la combinaison pour arriver, sans beaucoup de difficultés, à la détermination des autres.

Lorsqu'on se propose uniquement de reconnaître les éléments simples qui entrent dans la composition d'un corps quelconque, soit solide, soit liquide, soit gazeux, il faut commencer par tenir compte de ses propriétés physiques. Si c'est un gaz, on observe sa couleur, son odeur; si le corps est liquide, on examine sa couleur, son odeur, sa fluidité, etc. : ces caractères purement physiques sont quelquefois suffisants pour faire reconnaître à quel corps on a affaire; et, dans tous les cas, ils fournissent des indications précieuses qui circonscrivent singulièrement les recherches du chimiste. Il en est de même des composés solides; leur forme, leur couleur, leur saveur, leur odeur, leur dureté, leur pesanteur spécifique, leurs caractères cristallographiques (quand il s'agit de corps qui se présentent sous forme cristalline), sont d'un grand secours en ce qu'ils mettent sur la voie des procédés à suivre pour isoler les éléments du composé. — La première condition à remplir dans toute an. chimique, c'est de vaincre l'action des forces qui maintiennent ensemble les molécules du composé. On y parvient, soit à l'aide de moyens mécaniques, soit par l'emploi des agents physiques, l'électricité, le calorique et la lumière, soit par l'intervention des réactifs chimiques. Cependant il ne faut pas croire qu'il soit toujours possible ou nécessaire, pour constater la nature d'un corps, d'obtenir séparément chacun de ses éléments : en effet, il suffit, dans la plupart des cas, d'obtenir chaque élément de la substance à analyser en combinaison avec un autre corps parfaitement connu, le produit de cette nouvelle combinaison nous faisant connaître exactement la nature de l'élément qui s'est combiné avec le réactif. En gén. cependant, on n'arrive pas du premier coup à cette détermination, parce qu'un même corps peut servir de réactif pour plusieurs substances différentes; mais alors on parvient par élimination, en faisant usage successivement de plusieurs réactifs, à obtenir une réaction caractéristique. Les réactifs agissent de diverses manières, et c'est la connaissance de leur mode d'action qui dirige le chimiste dans le choix et dans l'emploi qu'il fait de ces agents. Si, par ex., deux corps sont à l'état solide, le réactif employé devra laisser l'un d'eux à l'état solide, et faire passer l'autre dans une combinaison liquide ou gazeuse; si les deux corps sont en dissolution dans un liquide, le réactif doit précipiter l'un d'eux à l'état solide ou le dégager sous forme de gaz; enfin, si les deux corps sont gazeux, l'un des corps doit être isolé à l'état solide ou liquide par l'action du réactif. Lorsque le chimiste a obtenu les réactions voulues, il ne s'agit plus que de séparer les uns des autres les divers composés produits. C'est ce qu'on fait à l'aide de la filtration, de l'évaporation, de la calcination, etc. — On comprend aisément que les procédés d'analyse varient nécessairement suivant le nombre des éléments à rechercher et la nature des substances à analyser. Les divers articles de chimie de ce livre fournissent de nombreux exemples de chacun des procédés usités dans la science.

L'an. quantitative, avons-nous dit, a pour objet de déterminer les proportions pondérales suivant lesquelles étaient combinés les éléments dont l'an. qualitative a révélé l'existence dans le composé analysé. C'est ce qu'on appelle *doser* un corps. Pour cela, on isole complétement les éléments simples qui constituent le composé et on pèse chacun d'eux séparément; ou bien, ainsi qu'on le pratique habituellement, on fait passer chaque élément dans une combinaison connue dont le poids fournit, par déduction, le poids cherché. Toutefois les combinaisons que l'on peut obtenir pour arriver au dosage d'un corps, ne sont pas toutes également convenables, et il est essentiel que le chimiste sache celles qui se prêtent le mieux à un dosage exact. Ainsi, par ex., le fer, le zinc, le cuivre et beaucoup de métaux se dosent à l'état d'oxyde, l'argent à l'état de chlorure, le plomb à l'état de sulfate, le soufre à l'état de sulfate de baryte, la chaux à celui d'oxalate, etc. Ces opérations, fort difficiles pour l'ancienne chimie, sont devenues aujourd'hui d'une simplicité et d'une exactitude extrêmes, grâce aux progrès des théories chimiques.

L'*An. organique* se distingue en *an. immédiate* et en *an. élémentaire*, selon qu'elle se propose de découvrir les *principes immédiats*, c.-à-d. les combinaisons directement formées par les éléments dont l'ensemble constitue le corps à analyser, ou bien de déterminer la nature et la proportion des éléments proprement dits, c.-à-d. de l'oxygène, du carbone, de l'hydrogène et de l'azote, qui sont, comme nous l'avons dit, les principes constitutifs essentiels de tous les corps organiques. — Dans la recherche des principes immédiats, il faut, avant tout, éviter de se servir de moyens trop énergiques, qui pourraient altérer la nature de ces principes en les privant de quelqu'un de leurs éléments. Du reste, la manière d'opérer est à peu près la même que dans l'an. inorganique. Ainsi, après avoir fait agir les dissolvants, ou précipité, au moyen de réactifs appropriés, les diverses combinaisons que renferme la substance soumise à l'an., dans le but de les isoler; puis on filtre ou l'on évapore la liqueur, afin de séparer définitivement les uns des autres les principes immédiats que l'on se proposait d'obtenir. Lorsqu'on veut procéder à l'an. élémentaire d'un principe immédiat, il faut d'abord s'assurer de la pureté de ce dernier. Chevreul recommande de traiter un certain poids du corps, à plusieurs reprises successives, par de petites quantités du même dissolvant, de conserver séparément les dissolutions, et de continuer ainsi jusqu'à ce que la totalité du corps soit dissoute. Si le corps est pur, la même quantité de dissolvant contient toujours la même quantité de corps dissous. Lorsqu'au contraire le corps est mêlé avec un autre, il arrive presque toujours que les premières et les dernières portions contiennent des quantités inégales du corps dissous, et qu'en évaporant les dissolutions, on obtient des résidus qui possèdent des caractères différents et font ainsi connaître la nature des matières mêlées avec la substance. Pour l'an. des substances non azotées on se sert d'un appareil dû à Liébig dont il porte le nom (Fig.). Il consiste en un tube de verre réfractaire AC, long de 40 à 50 centim., et ayant 10 à 12 millim. de diamètre, appelé tube à combustion. On y introduit un gramme, par ex., de la substance à analyser, bien desséchée, pulvérisée et intimement mélangée avec du bi-oxyde de cuivre récemment calciné; dans la proportion de 80 parties de bi-oxyde pour une de la substance organique, et on recouvre le mélange d'une certaine quantité de copeaux de cuivre métallique. On effile et on ferme à la lampe l'extrémité C, et l'on adapte l'extrémité A au tube B qui contient du chlorure de calcium sec. Le tube B s'adapte par son extrémité opposée à un appareil à boules D qui renferme une dissolution concentrée de potasse caustique: le tube B est uni au tube de combustion ainsi qu'à l'appareil à boules au moyen de tubes de caoutchouc. Les boules ne doivent pas être exactement remplies, et toutes les parties de l'appareil doivent être exactement pesées avant l'opération. Enfin, l'on entoure le tube de combustion d'une lame de clinquant pour qu'il supporte plus facilement l'action de la chaleur. Alors on chauffe graduellement le tube jusqu'à le faire rougir. La substance organique qu'il renferme brûle complétement. Son hydrogène et son carbone abandonnent leurs combinaisons premières et se transforment en eau et en acide carbonique aux dépens de l'oxygène du bi-oxyde de cuivre. L'eau, ainsi produite, se condense à l'état de vapeur sur le chlorure de calcium, et le gaz acide carbonique est absorbé par la dissolution concentrée de potasse caustique que renferment les boules de Liébig. L'augmentation du poids, qu'ont subie d'un côté le chlorure de chaux, et de l'autre la potasse caustique, donne la quantité d'eau et celle d'acide carbonique qui se sont formées. Or, la proportion d'hydrogène nécessaire pour former de l'eau et la proportion de carbone nécessaire pour donner naissance à de l'acide carbonique étant connues, il suffit de déduire ces proportions de la quantité d'eau et d'acide carbonique déjà calculées pour trouver les proportions d'hydrogène et de carbone que contenaient la substance organique. Le poids du carbone et celui de l'hydrogène du corps étant obtenus, il ne reste plus, pour avoir le poids de l'oxygène, qu'à retrancher du poids total de la matière organique (un gramme dans notre hypothèse) les poids réunis du carbone et de l'hydrogène.

Lorsque la substance organique est azotée, la recherche du carbone et de l'hydrogène doit toujours précéder celle de l'azote. Le *dosage* de ce dernier, c.-à-d. la détermination de la quantité de ce gaz que contient le corps à analyser, peut s'effectuer de deux manières, par le poids ou par le volume. Quand on dose l'azote directement par le poids, on le dégage à l'état de gaz ammoniac, que l'on fait passer dans des combinaisons solides dont la composition est parfaitement déterminée, et dont le poids, une fois connu, permet d'en déduire celui de l'azote. Pour le dosage par le volume, il existe plusieurs procédés: nous nous contenterons d'indiquer le suivant recommandé par Millon. On effectue la combustion dans un tube ouvert à ses deux extrémités: par la partie postérieure, on fait arriver un courant d'acide carbonique pur et sec; à l'autre extrémité du tube à combustion s'adapte un petit tube de chlorure de calcium propre à condenser l'eau provenant de la combustion de la substance. Au tube de chlorure on adapte encore un tube recourbé qui aboutit dans une cloche graduée renversée sur la cuve à mercure. La cloche est remplie en partie de potasse caustique en solution. On commence par balayer l'intérieur de l'appareil par un courant d'acide carbonique; lorsque l'air est entièrement chassé on arrête le courant d'acide carbonique et on commence la combustion. Les gaz qui en proviennent se rendent dans la cloche, et l'eau s'arrête sur le chlorure de calcium. A la fin de la combustion, on expulse tous les produits du tube par un nouveau courant d'acide carbonique. Le poids de l'eau qui s'est ajoutée au chlorure de calcium donne, par soustraction, le poids de l'hydrogène, et l'acide carbonique ayant été absorbé par la potasse de la cloche, l'on évalue le volume de l'azote. La conversion du volume en poids se fait en notant avec soin le volume et la température de l'azote, ainsi que la pression atmosphérique qu'il supporte: il faut en outre tenir compte de son état hygrométrique. — On conçoit aisément que la présence du soufre, du phosphore ou d'autres éléments dans une substance organique, exige des opérations particulières dont nous n'avons pas à nous occuper ici, notre but étant tout simplement d'indiquer la marche générale employée par les chimistes pour déterminer les éléments les plus essentiels des substances organiques.

L'an., ainsi que nous l'avons dit, est la base de la chimie, puisque toute opération chimique donne lieu à des décompositions. Mais, d'un autre côté, nous avons vu que, soit pour déterminer la nature des éléments d'un corps, soit pour connaître la proportion de ces éléments, il faut le plus souvent faire entrer ces derniers dans des combinaisons nouvelles. Ainsi, dans tous ces cas, l'an. proprement dite s'accompagne d'une décomposition, c.-à-d. d'une synthèse. An. et synthèse sont donc deux termes corrélatifs qui s'impliquent en général mutuellement. Néanmoins les chimistes désignent plus spécialement par le terme *Synthèse* les opérations dont le but principal est tantôt de recombiner les éléments du corps que l'on vient de décomposer, pour faire la contre-épreuve de l'an., tantôt de fabriquer de toutes pièces un produit artificiel. Ainsi la chimie a fabriqué de la pierre-ponce, du feldspath, du mica, des sulfures métalliques, etc. « Mais, dit Liébig, le chef-d'œuvre de la chimie inorganique, sous le rapport de la reproduction des minéraux, est incontestablement la fabrication artificielle du lapis-lazuli. Aucun minéral n'était plus digne que lui d'attirer l'attention des chimistes. Sa magnifique couleur bleu de ciel, son inaltérabilité à l'air et au feu le plus violent, le prix énorme qu'il coûtait aux peintres qui l'employaient dans leurs tableaux, donnaient un haut intérêt à la solution de ce problème. L'outremer, en effet, était plus cher que l'or, et il semblait impossible de parvenir à le fabriquer, car l'an. chimique n'y avait fait découvrir la présence d'aucune matière colorante particulière, la silice, l'alumine et la soude étant toutes trois incolores, tandis que d'autre part le fer et le soufre ne sont nullement bleus. Or, on n'avait trouvé dans le lapis-lazuli aucun autre élément, et on ne savait à quelle cause attribuer sa couleur bleue. Aujourd'hui, avec de la silice, de l'alumine, de la soude, du fer et du soufre, on fabrique plusieurs milliers pesant d'outremer, et ce produit artificiel est presque aussi beau que le naturel. Actuellement on peut acheter plusieurs livres de cette magnifique couleur avec une somme qui aurait à peine suffi pour en payer une once. » Mais la synthèse organique est bien loin d'être arrivée au même point que la synthèse inorganique. Ainsi, par ex., quoique nous connaissions la composition élémentaire du sucre, quoique nous sachions dans quelles proportions le carbone, l'hydrogène et l'oxygène qui le composent s'y trouvent combinés, il nous est impossible de fabriquer du sucre avec ces trois éléments. Peut-être cependant un jour la science parviendra-t-elle à reconstituer les produits immédiats que nous donnent les substances organiques; mais il lui sera toujours interdit de reproduire les molécules organiques qui fournissent ces composés.

Mathém. — La méthode analytique appliquée aux recherches mathématiques consiste à établir la vérité d'une proposition, en supposant d'abord que la proposition énoncée est vraie, puis en déduisant de cette hypothèse les conséquences qui en découlent naturellement, jusqu'à ce qu'on arrive à une conclusion manifestement fausse ou manifestement vraie, ou du moins à une conclusion dont la vérité ou la fausseté puisse se reconnaître par son accord ou son désaccord avec quelque autre proposition déjà démontrée. L'*An.*, en mathématiques, est donc également l'inverse de la *Synthèse;* cette dernière est une forme de raisonnement que nous employons pour remonter, par une série de propositions, de quelque vérité connue à la conclusion que nous cherchons, ou, en d'autres termes, qui procède par voie de composition, du connu à l'inconnu. La distinction entre l'an. et la synthèse, ainsi que la définition de ces deux termes tels que les entendaient les anciens géomètres, nous ont été conservées par Pappus dans sa préface du 7e livre de ses *Collections mathématiques*. « L'an., dit Pappus, est le procédé qui, en partant de la chose cherchée que pour le moment on suppose vraie, conduit par une série de conséquences à une chose déjà connue ou rangée au nombre des principes dont la vérité est admise. Ainsi, par cette méthode, nous remontons d'une vérité ou d'une proposition à ses antécédents, et nous donnons à ce procédé le nom d'an. ou de résolution, pour indiquer que nous sommes partis de la solution elle-même. Dans la synthèse, au contraire, nous partons de la proposition qui, dans l'an., se trouve la dernière, et nous procédons en arrangeant conformément à leur nature les antécédents qui, dans la méthode analytique, se présentent comme conséquents, et en les combinant jusqu'à ce que nous arrivions à la conclusion cherchée. L'an. peut être distinguée en deux espèces: dans la première, nous supposons que la proposition avancée est vraie, puis nous suivons toutes les conséquences de notre hypothèse jusqu'à ce que nous arrivions à une chose déjà connue. Si le résultat est vrai, la proposition est également vraie, et nous en obtenons la démonstration directe en disposant dans un ordre inverse les différentes parties de l'an. Si les conséquences finales auxquelles nous sommes parvenus sont fausses, la proposition émise d'abord est démontrée fausse. Dans la seconde, c.-à-d. lorsqu'il s'agit d'un problème, nous le supposons résolu, et nous déduisons les conséquences qui résultent de cette proposition jusqu'à ce que nous arrivions à quelque chose de connu: si la dernière conséquence implique seulement quelque chose qui puisse être exécuté, ou qui soit compris dans ce que les géomètres appellent données, le problème proposé peut être résolu; et la démonstration, ou plutôt, dans ce cas, la construction s'obtient comme dans le premier cas, en reprenant les différentes parties de l'an. en sens inverse. Si le dernier résultat est impossible, la chose demandée est également impossible. »

Dans la préface dont nous venons de parler, Pappus nous a conservé les noms des anciens écrivains qui ont traité de l'an. géométrique; ce sont: Euclide, Apollonius, Aristée et Eratosthène; mais l'ouvrage d'Euclide et quelques fragments d'Apollonius sont seuls parvenus jusqu'à nous. Toutefois la méthode analytique avait déjà été appliquée à la géométrie par l'école platonicienne et, si l'on en croit Théon d'Alexandrie, par Platon lui-même.

L'an. et la synthèse peuvent également s'appliquer à toutes les branches des mathématiques. La synthèse est plus propre à manifester l'enchaînement des vérités acquises; l'an. paraît un instrument plus convenable pour ouvrir la voie à de nouvelles recherches. Toutefois les anciens, plus limités dans leurs moyens d'investigation, se servaient particulièrement de la méthode synthétique. — Par le terme d'an., les anciens géomètres n'entendaient, ainsi que nous venons de le voir, qu'une certaine manière de raisonner tout à fait indépendante de signes ou de symboles. Les mathématiciens modernes désignent, au contraire, sous ce nom la méthode de résoudre les problèmes par des calculs généraux. Le mot *an.*, abstraction faite de son sens purement étymologique, est devenu synonyme d'*algèbre* ou de *calcul*. Souvent même on l'emploie par opposition à *géométrie*, que l'on fait à son tour synonyme de *synthèse*. C'est ainsi que l'algèbre élémentaire est quelquefois nommée *an. finie*, et que l'on comprend sous le nom d'*an. infinitésimale* l'algèbre transcendante, c.-à-d. le calcul différentiel, le calcul intégral, etc. On désigne aussi par le nom d'*an. pure*. l'algèbre prise dans son sens le plus étendu, et par celui d'*an. appliquée*, la géométrie ou la mécanique soumise aux calculs algébriques. De même, on dit que la géométrie ou la mécanique sont traitées synthétiquement, lorsqu'on expose leurs vérités sans le secours de l'algèbre. Enfin, on appelle *analyste*, celui qui s'occupe particulièrement de l'algèbre transcendante. Au reste, il est évident que l'algèbre par ses formules générales est éminemment propre à l'an., tandis que la géométrie procède ordinairement d'une manière synthétique; mais on doit reconnaître que la méthode synthétique et l'analytique peuvent s'appliquer également à chacune de ces sciences, et ne sont par conséquent du domaine exclusif d'aucune d'elles. C'est donc à tort que ce terme d'an., qui d'abord désignait uniquement un procédé de raisonnement, a fini par devenir le nom spécial d'un instrument qui peut également servir à la synthèse. Pour éviter cette confusion, quelques mathématiciens modernes ont proposé de substituer le terme *algorithmie* à celui d'an., et l'on dirait alors *géométrie algorithmique*, *mécanique algorithmique*, etc., pour désigner ces sciences traitées à l'aide du calcul algébrique, et non au moyen des constructions géométriques.

Quoi qu'il en soit, et prenant le mot an. dans le sens qu'on lui donne habituellement aujourd'hui, nous dirons qu'un des grands avantages qui résultent de l'emploi de l'algèbre dans la solution des questions de géométrie, consiste en ce que la démonstration se trouve réduite à certaines règles, et en ce que l'on y parvient au moyen de procédés systématiques. En conséquence, après avoir réduit son problème en équation, l'analyste peut en gén. déterminer au premier coup d'œil si la solution est possible, ou si elle ne l'est pas. On doit reconnaître que les démonstrations d'un grand nombre de propositions de géométrie élémentaire par les anciennes méthodes, ont une élégance particulière à laquelle ne peuvent pas toujours atteindre les méthodes algébriques. Mais sous le rapport de la puissance et de l'aptitude d'application universelle que possède l'an. moderne, celle-ci est infiniment supérieure aux méthodes anciennes. « La synthèse géométrique, dit Laplace, a la propriété de ne faire jamais perdre de vue son objet, et d'éclairer la route entière qui conduit des premiers axiomes à leurs dernières conséquences; au lieu que l'an. algébrique nous fait bientôt oublier l'objet principal, pour nous occuper de combinaisons abstraites, et ce n'est qu'à la fin qu'elle nous y ramène. Mais en s'isolant ainsi des objets, après en avoir pris ce qui est indispensable pour arriver au résultat que l'on cherche, en s'abandonnant ensuite aux résultats de l'an., et réservant toutes ses forces pour vaincre les difficultés qui se présentent, on est conduit par la généralité de cette méthode, et par l'inestimable avantage de transformer le raisonnement en procédés mécaniques, à des résultats souvent inaccessibles à la synthèse. Telle est la fécondité de l'an., qu'il suffit de traduire dans cette langue universelle les vérités particulières, pour voir sortir de leurs seules expressions une foule de vérités nouvelles et inattendues. Aucune langue n'est autant susceptible de l'élégance qui naît du développement d'une longue suite d'expressions enchaînées les unes aux autres et découlant toutes d'une même idée fondamentale. L'an. réunit encore à ces avantages celui de pouvoir toujours conduire aux méthodes les plus simples : il ne s'agit pour cela que de l'appliquer d'une manière convenable, par un choix heureux des inconnues, et en donnant aux résultats la forme la plus facile à construire géométriquement ou à réduire en calcul numérique. Newton lui-même en offre beaucoup d'exemples dans son *Arithmétique universelle*. Aussi les géomètres modernes, convaincus de cette supériorité de l'an., se sont-ils spécialement appliqués à étendre son domaine et à reculer ses bornes. » — On suppose, non sans raison, que la plus grande partie des découvertes qui ont illustré les mathématiciens du XVIIe siècle sont dues à l'emploi de l'an., quoique leurs auteurs les aient publiées sous la forme synthétique. En effet, il est évident, d'après les œuvres posthumes de Pascal et de Roberval, que c'est par la méthode des indivisibles qu'ils sont d'abord arrivés à la solution qu'ils ont donnée de plusieurs problèmes, et qu'ils ont ensuite démontré, à la manière des anciens, la vérité des résultats qu'ils avaient obtenus. Newton lui-même pensait qu'un auteur ne devait jamais livrer au public une proposition mathématique, avant de l'avoir revêtue de la forme synthétique. Aujourd'hui, les démonstrations synthétiques ne se trouvent plus guère que dans quelques ouvrages élémentaires, et l'an. algébrique est devenue l'instrument ordinaire des recherches mathématiques. « Cependant, dit Laplace, les considérations géométriques ne doivent point être abandonnées : elles sont de la plus grande utilité dans les arts. D'ailleurs, il est curieux de se figurer dans l'espace les divers résultats de l'an., et réciproquement, de lire toutes les affections des lignes et des surfaces, et toutes les variations du mouvement des corps dans les équations qui les expriment. Ce rapprochement de la géométrie et de l'an. répand un nouveau jour sur ces deux sciences : les opérations intellectuelles de celle-ci, rendues sensibles par les images de la première, sont plus faciles à saisir, plus intéressantes à suivre; et quand l'observation réalise ces images, et transforme les résultats géométriques en lois de la nature; quand ces lois, en embrassant l'univers, dévoilent à nos yeux ses états passés et à venir, la vue de ce sublime spectacle nous fait éprouver le plus noble des plaisirs réservés à la nature humaine. » — Il serait trop long d'énumérer ici toutes les découvertes qui sont dues à l'an. mathématique; il nous suffira de rappeler qu'elle a servi à fonder la mécanique céleste, et que, de nos jours encore, elle a pu révéler à l'un de nos astronomes, l'existence d'une planète qui avait échappé jusque-là aux investigations astronomiques, et lui a permis de calculer d'avance l'orbite de cet astre inaperçu, et de prédire le lieu où il devait se trouver à une époque donnée.

Philos. — Tous les philosophes ont employé les deux termes *An.* et *synthèse*, et cependant leur signification est loin d'être rigoureusement déterminée; car ce que les uns appellent *an.*, les autres le nomment *synthèse*, et réciproquement. Il nous semble qu'il serait juste, ne fût-ce que dans l'intérêt de la langue, d'attacher à ces deux mots une signification invariable, et, pour cela, de conserver à chacun d'eux le sens propre qu'indique leur étymologie, et dans lequel ils sont employés, comme nous venons de le voir, par les chimistes et par les mathématiciens. Ainsi, pour nous, l'an. en philosophie, consiste dans la recherche des éléments propres soit d'une idée, soit d'un raisonnement. — Ce qui a été dit plus haut de l'an. et de la synthèse mathématiques s'applique rigoureusement à l'an. et à la synthèse envisagées comme méthode de démonstration philosophique. Lorsque, une proposition complexe étant énoncée, un *à priori* étant donné, on en fait la décomposition, en recherchant successivement toutes les propositions secondaires que renferme implicitement cette proposition première ou cet *à priori*, jusqu'à ce qu'on soit arrivé à ses dernières déductions, dans le but de vérifier la vérité ou la fausseté de la conception première, au moyen de la conformité ou de la non-conformité des résultats obtenus par l'opération avec d'autres principes admis comme vrais, on fait une an., dans le sens même que les mathématiciens attachent à ce mot. Ainsi, par ex., quand Spinoza affirme que Dieu a prédéterminé toutes choses non en vertu d'une volonté libre, mais en vertu de la nécessité de sa propre nature, on n'a, pour vérifier la valeur de cette conception, qu'à analyser toutes les idées secondaires qu'elle implique. On arrivera ainsi successivement à ces conséquences logiques, qu'il n'existe ni *bien* ni *mal*, ni *mérite* ni *démérite*, ni *peine* ni *récompense* : or, ces conséquences se trouvant en contradiction formelle avec les principes de morale universellement admis, ou déjà démontrés vrais d'autre part, la méthode analytique aura donc servi à prouver que la proposition de Spinoza est radicalement fausse. L'an., comme on le voit par cet ex., peut être d'une haute utilité comme procédé de démonstration; cependant ce procédé est moins usité que la méthode inverse, c.-à d. que la synthèse laquelle part de principes ou de vérités admises, et recherche, sans se permettre aucune hypothèse, de nouveaux principes, de nouvelles vérités. Dans l'enseignement, on préfère en général la méthode synthétique; mais, dans certains cas et surtout lorsqu'il s'agit de réfuter une doctrine, une opinion, la méthode analytique donne des résultats plus brillants.

Analyser une idée, c'est considérer une idée dans sa compréhension, c.-à-d. rechercher chacune des idées élémentaires que contient l'idée soumise à l'an.; et d'autre part s'élever à une idée renfermant plusieurs idées élémentaires, c'est faire de la synthèse. Ainsi lorsqu'un zoologiste, après avoir comparé sous différents aspects, un *Monitor du Nil*, un *Sauvegarde*, un *Lézard*, etc., construit un type idéal commun à ces divers reptiles, et en conséquence leur impose le nom commun de *Lacertiens*, il fait véritablement de la synthèse. Puis, si on lui présente à classer un reptile qu'il n'a pas encore vu, il procède à une opération inverse, et, pour vérifier si l'idée du type lacertien peut s'appliquer au nouvel individu, il isole successivement toutes les idées particulières que comprend cette idée générale : il fait alors de l'an. Il est évident par ce qui précède, que l'an. et la synthèse sont deux procédés essentiellement distincts, et que l'un est aussi nécessaire que l'autre à l'homme pour parvenir à une connaissance quelconque. — Enfin le mot an. est encore usité en parlant des impressions sensorielles qui nous viennent du dehors. Ainsi, par ex., quand nous dirigeons successivement notre attention sur les divers points d'un objet trop vaste ou trop chargé de détails pour que nous les percevions tous à la fois d'une manière parfaitement claire, nous disons que nous faisons une an. Mais évidemment, il n'y a pas, dans ce cas-ci, décomposition de la sensation produite sur nous par l'objet vers lequel notre attention est dirigée; il y a simplement transport successif de l'attention sur les diverses parties de l'objet qui frappe nos regards. La même observation doit, selon nous, s'appliquer aux idées purement sensibles; l'esprit ne les décompose point, il les considère sous différents points de vue, il les regarde successivement sous tous leurs aspects, sans cesser de les embrasser dans leur ensemble. Les sensations ainsi que les idées sensibles ne sont donc pas susceptible d'an.; elles ne sauraient être non plus susceptibles de synthèse, car l'esprit ne possède pas plus la puissance de composer une sensation, qu'il ne possède la faculté de créer des idées sensibles.

Gram. — Comme les mots que nous employons pour exprimer nos pensées doivent être nécessairement groupés de manière à former des propositions, et comme le discours n'est qu'un assemblage de propositions, analyser le discours, c'est faire l'*an.* de toutes les propositions qui le composent. On distingue deux espèces d'an. : l'*an. grammaticale* et l'*an. logique*. La première consiste à isoler chaque mot appartenant à une proposition afin de constater sa nature, ses modifications et le rôle qu'il joue dans cette proposition; et la seconde consiste à isoler les différents termes d'une proposition afin de constater s'ils sont simples ou composés, complexes ou incomplexes. Mais pour rendre plus sensible la différence de ces deux sortes d'an., il est nécessaire de rappeler en peu de mots ce qu'on entend par *proposition*, et quelles sont ses parties constitutives. Toute proposition est essentiellement composée d'un sujet, d'un verbe et d'un attribut. Le *sujet* peut être *simple* ou *composé*. Le sujet simple peut être en même temps *complexe* ou *incomplexe*. Ainsi, quand je dis, *Le raisin est un fruit délicieux*, le sujet *le raisin* est simple et incomplexe, parce qu'il exprime une seule chose dont la nature est déterminée par une idée unique. Si je dis, *Le raisin noir, qui se trouve bien exposé au soleil, et qui parvient à une parfaite maturité, est un fruit délicieux*, le sujet est encore *simple*, car il n'indique qu'une seule chose; mais il est *complexe* parce que l'idée principale, *le raisin*, est modifiée par celle de *noir*, d'*exposition favorable* et de *parfaite maturité*. Dans cette phrase, au contraire : *Le raisin, la poire et l'abricot sont des fruits délicieux*, le sujet, au lieu d'être simple, est *composé*, car il renferme plusieurs choses dont la nature est déterminée par des idées indépendantes les unes des autres. L'*attribut* peut être également *simple* ou *composé*; et, lorsqu'il est simple, il peut être en même temps *complexe* ou *incomplexe*. Ainsi, quand je dis : *Les pêches sont excellentes*, l'attribut *excellentes* est simple et incomplexe parce qu'il n'exprime qu'une seule qualité, et que cette qualité est déterminée par une seule idée. Si je dis : *Les pêches sont plus agréables au goût que les autres fruits que la nature nous offre dans la même saison*, l'attribut est encore simple, puisqu'il exprime une seule qualité, mais il est complexe parce que cette qualité est déterminée par plusieurs idées. Dans cette phrase, au contraire : *Les pêches sont agréables au goût, flattent l'odorat et charment la vue*, l'attribut, au lieu d'être simple, est *composé*, car il exprime trois qualités distinctes et qui sont indépendantes l'une de l'autre. Il suit de ce que nous venons de dire qu'un sujet composé est une réunion de plusieurs sujets auxquels convient le même attribut, et qu'un attribut composé est une réunion de plusieurs attributs qui conviennent à un même sujet. Lorsque le sujet est simple et incomplexe, le sujet logique ne se distingue pas du sujet grammatical; mais quand le sujet est simple et complexe, cette distinction a toujours lieu. Le sujet grammatical consiste uniquement dans les mots qui expriment l'idée principale. Par ex., dans la phrase, *Le raisin noir, qui se trouve bien exposé au soleil, et qui parvient à une parfaite maturité, est un fruit délicieux*, le sujet grammatical est *le raisin*; il diffère donc complètement du sujet logique, qui se trouve formé, comme nous l'avons vu, de l'ensemble des idées qui constituent le premier terme de cette proposition. La même distinction subsiste en ce qui concerne l'attribut logique et l'attribut grammatical. Elle s'applique également aux compléments des verbes. — D'après ce qui précède, on voit que pour faire l'an. complète d'une proposition, il faut la décomposer sous ces deux points de vue. En gén., on isole ces deux sortes d'analyses : toutefois nous croyons qu'elles ne devraient jamais être séparées, car elles s'éclairent l'une l'autre, et ce genre d'exercice devient alors bien plus profitable pour l'élève.

L'excellente *Grammaire générale* de Sylvestre de Sacy nous offre un parfait modèle de cette double an. Nous ne croyons pouvoir mieux faire que de le citer. La phrase analysée est la suivante : « Celui qui règne dans les cieux et de qui relèvent tous les empires, à qui seul appartient la gloire, la majesté et l'indépendance, est aussi le seul qui se glorifie de faire la loi aux rois, et de leur donner, quand il lui plaît, de grandes et terribles leçons. »

Cette phrase ne forme qu'une seule proposition complexe. — Sujet : *Celui qui règne dans les cieux et de qui relèvent tous les empires, à qui seul appartient la gloire, la majesté et l'indépendance*. Ce sujet est simple et complexe, c'est le sujet logique; le sujet grammatical est *celui*.

Dans le sujet logique il y a trois propositions conjonctives qui toutes trois servent à déterminer le sujet grammatical *celui*. 1° *Qui règne dans les cieux*. *Qui*, adjectif conjonctif qui se rapporte à *celui*; c'est le sujet logique et grammatical; *règne*, c.-à-d. est régnant; *est*, verbe; *régnant dans les cieux*, attribut logique : *régnant*, attribut grammatical; *dans les cieux*, terme circonstanciel; *dans*, exposant d'un rapport dont *régnant* est l'antécédent; *les cieux*, conséquent du même rapport, et complément de la préposition *dans*. — 2° *Et de qui relèvent tous les empires*. *Et*, conjonction; *de qui*, substitué à *de lui*, pour rendre conjonctive la proposition *tous les empires relèvent de lui*; *tous les empires*, sujet logique; *les empires*, sujet grammatical; *tous*, adjectif circonstanciel qui se rapporte au sujet grammatical; *relèvent*, c.-à-d. *sont relevant*; *sont*, verbe; *relevant de lui*, attribut logique; *relevant*, attribut grammatical; *de lui*, complément logique du verbe *relèvent*; *de*, exposant du rapport dont *relèvent* est l'antécédent, et complément du verbe *relèvent*; *lui*, conséquent du même rapport et complément grammatical de la préposition *de*. — 3° *A qui seul appartient la gloire, la majesté et l'indépendance*. *A qui*, substitué aux mots *à lui*, pour rendre conjonctive cette proposition : *la gloire, la majesté et l'indépendance appartiennent à lui seul*. *La gloire, la majesté et l'indépendance*, sujet composé de trois sujets partiels. Ces trois sujets réunis forment un sujet composé qui est logique et grammatical. *Appartiennent*, c'est-à-dire *sont appartenant*; *sont*, verbe; *appartenant à lui seul*, attribut logique; *appartenant*, attribut grammatical; *à*, exposant d'un rapport dont l'antécédent est *appartenant* et le conséquent *lui seul*, et complément grammatical d'*appartenant*; *lui seul*, complément logique de la préposition *à*; *lui*, complément grammatical; *seul*, adjectif circonstanciel qui se rapporte au complément *lui*.

— Verbe *est*; ce verbe est ici purement verbe abstrait.

— Attribut : *Aussi le seul qui se glorifie de faire la loi aux rois, et de leur donner, quand il lui plaît, de grandes et terribles leçons*. La construction naturelle : *Le seul qui glorifie soi de faire la loi aux rois, et donner des leçons grandes et terribles à eux, quand il plaît à lui, aussi*.

Cet attribut est simple et complexe, c'est l'attribut logique; l'attribut grammatical est *le seul*. *Seul* étant un adjectif, il y a ici ellipse du nom *être*, *le seul être*. *Qui se glorifie de faire la loi aux rois, et de leur donner de grandes et terribles leçons*, proposition conjonctive qui sert à déterminer l'attribut grammatical *le seul*; *qui*, sujet logique et grammatical; *glorifie*, c.-à-d. *est glorifiant*; *est*, verbe; *glorifiant soi de faire la loi*, etc., attribut logique de la proposition conjonctive; *glorifiant*, attribut grammatical; *soi*, complément de l'attribut glorifiant, et conséquent d'un rapport dont *glorifiant* est l'antécédent; *de*, exposant du rapport qui existe entre *glorifiant* et *faire la loi aux rois*, et complément grammatical de *glorifiant*; *faire la loi aux rois*, complément logique de la préposition *de*; *faire*, verbe au mode infinitif et complément grammatical de la même préposition; *la loi*, complément logique et grammatical de *faire*; *aux rois*, c.-à-d. *à les rois*, autre complément logique de *faire*; *à*, complément grammatical de *faire*, et exposant du rapport qui est entre *faire la loi* et *les rois*; *les rois*, conséquent du même rapport, et complément grammatical de la préposition *à*; *et*, conj. qui lie le second complément logique de l'antécédent *glorifie*, avec le premier. — *De donner des leçons grandes et terribles à eux*, second complément logique de *qui se glorifie*; *de*, complément grammatical de *glorifiant*, et exposant d'un rapport qui est entre *glorifiant* et *donner des leçons*, etc.; *donner des leçons grandes et terribles à eux*, complément logique de la préposition *de*, et conséquent du même rapport; *donner*, verbe à l'infinitif, complément grammatical de la préposition *de*; *des leçons grandes et terribles*, complément logique de *donner*; *des leçons*, c.-à-d. *de les leçons*; *de* est ici l'exposant d'un rapport dont le conséquent est *les leçons*, et dont l'antécédent sous-entendu, *une partie*, est le vrai complément grammatical *de donner*; *grandes*, adjectif qui se rapporte à *leçons*; *et*, conjonction qui joint à l'adjectif *grandes* le mot *terribles*, autre adjectif qui se rapporte aussi à *leçons*; *à eux*, complément logique de *donner*; *à*, complément grammatical de *donner*, et exposant du rapport qui est entre l'antécédent *donner* et le conséquent *eux*; *eux*, complément grammatical de la préposition *à*, et conséquent du même rapport.

Quand il plaît à lui, proposition conjonctive qui forme un terme circonstanciel de *donner de grandes et terribles leçons*; *quand*, adverbe conjonctif, équivalant à *dans le temps que*; comme adverbe, il forme une circonstance de l'action de donner, et renferme en lui-même *dans*, exposant, et *le temps*, conséquent d'un rapport dont l'antécédent est *donner*; comme conjonction, il réunit la proposition *qui se glorifie de donner*, avec l'autre proposition *il lui plaît*; *il*, sujet vague et indéterminé de la proposition conjonctive, *quand il plaît à lui*; *plaît*, c.-à-d. *est plaisant*; *est*, verbe; *plaisant à lui*, attribut logique; *plaisant*, attribut grammatical; *à lui*, complément logique de *plaisant*; *à*, complément grammatical de *plaisant*, et exposant d'un rapport dont *plaisant* est l'antécédent; *lui*, conséquent du même rapport, et complément de la préposition *à*.

Aussi, adverbe équivalant à *de la même manière*, et terme circonstanciel qui exprime une circonstance de toute la proposition. La préposition *de* qu'il renferme, est l'exposant, et *la même manière*, le conséquent d'un rapport dont toute la proposition forme l'antécédent.

On donne quelquefois le nom d'*An. grammaticale* à une espèce d'an. qui consiste à indiquer à quelle partie du discours appartient chacun des mots d'une phrase, et à signaler les applications des diverses règles de concordance auxquelles cette phrase a donné lieu. Comme cette an. est par trop élémentaire, et que d'ailleurs elle se trouve comprise dans celles que nous avons développées, il nous paraît superflu d'en offrir un exemple.

ANALYSER. v. a. Faire une analyse. *An. un minéral, un gaz. Il faudrait an. ces eaux minérales. — An. une plante, une fleur. — An. les facultés de l'âme. Si vous analysez vos sentiments. — An. un discours, une phrase, un raisonnement.* || *Faire le résumé méthodique d'un ouvrage d'esprit. *An. une pièce de théâtre, un roman.* || S'emploie absol., et sign. alors Procéder par voie d'analyse. *Analysez; c'est le seul moyen de découvrir les erreurs. An. et comparez.* = ANALYSÉ, ÉE. part.

ANALYSTE. s. m. Qui est versé dans l'analyse mathématique. *C'est le plus habile an. de notre époque.*

ANALYTIQUE. adj. 2 g. Qui procède par voie d'analyse. *Méthode an. Procédés analytiques. Examen an. —Avoir l'esprit an.* ou *l'esprit d'analyse*, Posséder à un degré supérieur les facultés intellectuelles qui permettent de procéder facilement par la voie de l'analyse. On dit de même : *C'est un esprit an.* || Qui contient une analyse. *Résumé an. Table an. Tableaux analytiques de l'histoire de France.* ||*T. Math. *Fonctions analytiques*, voy. FONCTION.

ANALYTIQUEMENT. adv. Par voie d'analyse. *Procéder an.*

* **ANAMIRTE.** s. m. T. Bot. Voy. MÉNISPERMACÉES.

* **ANAMNESTIQUE.** adj. 2 g. (gr. ἀνάμνησις, souvenir).

Enc. — En T. de Médecine on appelle *Signes anamnestiques*, c'est-à-dire signes commémoratifs, non-seulement les phénomènes morbides qui ont eu lieu avant l'examen du malade par l'homme de l'art, mais encore toutes les circonstances antérieures propres à jeter quelque jour sur les causes ou la nature de la maladie. C'est surtout dans la période des prodromes, et lorsque les phénomènes morbides caractéristiques ne se sont pas encore développés, qu'il est important de connaître exactement l'historique de tout ce qui concerne le malade : car, à cette époque, les signes actuels sont souvent insuffisants pour que le médecin puisse établir un diagnostic précis. Ce n'est donc qu'en interrogeant avec soin et sagacité le malade et ceux qui l'entourent qu'il peut parvenir à s'éclairer et à déterminer la conduite qu'il doit suivre.

ANAMORPHOSE. s. f. (gr. ἀνὰ, à travers; μορφὴ, forme).

Enc. — On appelle ainsi un dessin, un tableau qui est fait de manière à représenter une image régulière, quand on le regarde d'un point de vue déterminé, ou quand il est réfléchi par un miroir courbe, et qui, vu autrement, n'offre qu'une image bizarre ou difforme. On donne également le nom d'*An.* à un dessin qui représente deux images régulières, mais différentes, selon le point de vue auquel se place l'observateur. Au reste, la construction des anamorphoses est du domaine de la physique amusante. Celles dont on se sert pour amuser les enfants sont, en général, de petites images difformes, peintes sur des morceaux de carton : on n'a qu'à les placer à la distance voulue, en face d'un miroir cylindrique ou conique, pour voir apparaître dans celui-ci des figures régulières. Ce phénomène est facile à concevoir. Les miroirs courbes, en effet, possédant la propriété de déformer les objets qu'on y aperçoit par réflexion, il est évident qu'en revanche ils peuvent transformer en une image régulière des signes tracés d'une manière bizarre en apparence, mais qui, en réalité, sont combinés suivant les lois de la réflexion de la lumière.

ANANAS. s. m. Nom d'un Fruit très-estimé pour sa saveur, et de la Plante qui produit ce fruit. Voy. BROMÉLIACÉES. || *On donne encore ce nom à une Espèce de *Fraisier*.

***ANANDRIA.** s. f. (gr. α priv.; ἀνὴρ, ἀνδρὸς, mâle). T. Bot. Voy. COMPOSÉES.

ANAPESTE. s. m. (gr. ἀναπαίειν, frapper à rebours). T. Vers. anc.

Enc. — Les poëtes grecs et latins appelaient ainsi une sorte de pied composé de deux brèves et d'une longue (lĕgĕrēnt) : les Grecs lui donnaient encore le nom d'*Antidactyle*, parce qu'il est, en effet, l'opposé du dactyle. On nommait *Vers anapestique*, celui dans lequel pouvait entrer l'*An.*, quoique ce vers admît également d'autres sortes de pieds. L'*anapestique monomètre* se compose de deux pieds, dont le premier peut être un *an.*, un *spondée* ou même un *dactyle*, et le second un *an.* ou un *spondée*. Ces vers d'Ausone nous en offrent un exemple :

O flōs jŭvĕnūm, Dŏctŏr ĭn ānnīs
Spēs lætă pătrīs, Et prǣcēptŏr
Nĕc cērtă tŭæ Tēmpŏrĕ quō tē
Dătă rēs pătrĭæ Discĕre ădūltūm
Tū prīmævīs Nōn tūrpĕ fŏrēt.

L'*anapestique dimètre* se compose tout simplement de deux anapestiques monomètres.

Aŭdāx nĭmĭūm | quī frĕtă prīmŭs
Rătĕ tām frăgĭlī | pērfĭdă rūpīt,
Tērrāsquĕ sŭās | pōst tērgă vĭdēns;
Anĭmām lĕvĭbūs | crēdĭdĭt aūrīs. SÉNÈQUE.

L'*anapestique dimètre catalectique* prend un *an.* ou un *spondée* aux deux premiers pieds et un *an.* au troisième.

Fēlīx | nĭmĭūm | prĭŏr æ | tās. BOËCE.
Căpĕ nŭ | nŭs trĭs | tĕ părēn | tūm. AUSONE.

L'*anapestique tétramètre* n'a été employé que par Plaute, et l'*anapestique archébulique*, ainsi nommé du poëte Archébule, ne se rencontre dans aucun écrivain latin, si ce n'est dans la *Métrique* de Terentianus Maurus.

ANAPESTIQUE. adj. Voy. ANAPESTE.

ANAPHORE. s. f. (gr. ἀνὰ, de rechef; φέρω, je pose). T. Rhét.

Enc. — L'*An.* est une figure de rhétorique qui consiste à répéter le même mot au commencement de plusieurs phrases ou des divers membres d'une période. Corneille nous offre un exemple remarquable de l'emploi de cette figure dans les imprécations de Camille.

Rome, l'unique objet de mon ressentiment,
Rome, à qui vient ton bras d'immoler mon amant,
Rome, qui t'a vu naître et que ton cœur adore,
Rome, enfin, que je hais parce qu'elle t'honore!
Puissent tous ses voisins, ensemble conjurés,
Saper ses fondements encor mal assurés!
Et, si ce n'est assez de toute l'Italie,
Que l'Orient contre elle à l'Occident s'allie!
Que cent peuples unis, des bouts de l'univers,
Passent, pour la détruire, et les monts et les mers!
Qu'elle-même sur soi renverse ses murailles,
Et de ses propres mains déchire ses entrailles!
Que le courroux du ciel allumé par mes vœux
Fasse pleuvoir sur elle un déluge de feux!
Puissé-je de mes yeux y *voir* tomber ce foudre,
Voir ses maisons en cendre et tes lauriers en poudre,
Voir le dernier Romain à son dernier soupir,
Moi seule en être cause, et mourir de plaisir!

On voit que cette figure donne plus de mouvement et de vivacité à l'expression; mais il faut se garder de la prodiguer ou de l'employer hors de propos.

* **ANAPHRODISIE.** s. f. (gr. α priv.; ν euphon.; Ἀφροδίτη, Vénus). T. Méd. Diminution ou abolition de la faculté génératrice.

ANAPHRODITE. adj. 2 g. et s. m. T. Méd. Impropre à la génération. Peu usité.

* **ANAPORÉES.** s. f. pl. (gr. ἀνὰ, à travers; πόρος, pore). T. Bot. Voy. ARACÉES.

ANARCHIE. s. f. (gr. α priv; ν euphon.; ἀρχὴ, autorité). État d'un peuple chez lequel l'action du gouvernement régulier est entravée ou suspendue; confusion des pouvoirs; désorganisation de la société. *Tomber dans l'an. Sortir de l'an. Dégénérer en an. Les fauteurs de l'an.* ||*Sign. aussi Désordre, confusion en gén. *L'an. règne dans la science. L'an. dans les idées amène bientôt l'an. dans les institutions.*

ANARCHIQUE. adj. 2 g. Qui est dans l'anarchie. *Un état an.* || Favorable à l'anarchie. *Opinions, principes anarchiques.*

ANARCHISTE. s. 2 g. Partisan de l'anarchie, fauteur de troubles.

***ANARRHIQUE.** s. m. (gr. ἀναῤῥιχάομαι, je grimpe). T. Ichth. Voy. GONIOÏDES.

ANASARQUE. s. f. (gr. ἀνὰ, entre; σὰρξ, chair). T. Méd. Infiltration séreuse du tissu cellulaire et principalement du tissu cellulaire sous-cutané. Voy. HYDROPISIE.

ANASTATIQUE. s. f. (gr. ἀνάστασις, résurrection). T. Bot. Voy. CRUCIFÈRES.

***ANASTOMOSE.** s. f. (gr. ἀναστόμωσις, abouchement). T. Anat. Se dit de L'abouchement de deux vaisseaux, soit artériels, soit veineux, soit lymphatiques.—*Par ext., on nomme quelquefois *An.* Le rameau vasculaire qui sert à mettre deux vaisseaux en communication. || *On donne encore ce nom à La réunion des rameaux ou des filets nerveux, mais abusivement, car les filets nerveux ne font que s'adosser, et jamais deux filets ne se confondent en un seul. — Voy. CIRCULATION, ARTÈRES, etc.

ANASTOMOSER (S'). v. pron. T. Anat. En parlant des vaisseaux, S'aboucher ensemble, s'ouvrir l'un dans l'autre. *Les artères s'anastomosent facilement entre elles.* || *En parlant des nerfs, Se réunir, s'adosser pour marcher ensemble. *Un peu plus bas, ces deux rameaux s'anastomosent.* = ANASTOMOSÉ, ÉE. part.

***ANASTOMOTIQUE.** adj. 2 g. T. Anat. Qui appartient à une anastomose. *Rameau an. Anse an.*

ANASTROPHE. s. f. (gr. ἀνὰ, en arrière; στρέφω, je tourne). T. de Gram.

Enc.— On donne le nom d'*An.* à une espèce d'inversion ou de renversement de la construction ordinaire des mots. Les locutions latines *Mecum*, *Vobiscum* sont des anastrophes pour *Cum me*, *Cum vobis*. Les locutions françaises *Me voici*, pour *Voici moi*; *Sa vie durant*, pour *Durant sa vie*, sont également des anastrophes.

ANATHÉMATISER. v. a. Frapper d'anathème, excommunier. *An. les hérétiques. An. l'hérésie.* || Fig., Blâmer avec force, frapper de réprobation. *An. une opinion. Certains sectaires ont anathématisé les arts.* = ANATHÉMATISÉ, ÉE. part.

ANATHÈME. s. m. (gr. ἀνάθημα, chose mise à part; de ἀνὰ, sur; τίθημι, je place). Excommunication, retranchement solennel de la communion de l'Église. *Lancer l'an. Frapper d'an. Fulminer un an. Dire an. à quelqu'un. Tous les Pères du concile d'Éphèse crièrent an. à Nestorius. Lever un an.* || Fig., Réprobation, blâme solennel. *Je ne viens point ici prononcer des anathèmes contre les grandeurs humaines. Oserez-vous frapper d'an., pour une erreur passagère, le fils que vous avez si tendrement aimé?* || Se prend adject. et signifie, Retranché de la communion des fidèles. *Quiconque dira..., qu'il soit an.*

Enc. — La signification primitive du mot *An.* a été celle de *chose consacrée*, parce que l'on était dans l'usage de suspendre aux voûtes des temples certaines offrandes faites à la divinité, comme les armes et les dépouilles prises sur l'ennemi. C'est ainsi que, dans l'Ancien-Testament, il est dit que Judith offrit au Seigneur les armes d'Holopherne pour *an. d'oubli*, c'est-à-dire les consacra au Seigneur pour être un monument de la délivrance de Béthulie. Plus tard, ce terme a reçu la signification de *chose exécrée* ou *exécrable*, ce qui tient vraisemblablement à ce qu'on exposait en public, comme cela a encore lieu de nos jours chez les peuples orientaux, les têtes des coupables ou des rebelles. Ce dernier sens est le seul dans lequel on emploie aujourd'hui le terme *an.* Ainsi l'Eglise *dit an.* aux hérétiques, à ceux qui corrompent la pureté de la foi. Une foule de canons des conciles sont conçus en ces termes : « Si quelqu'un dit ou soutient telle erreur, qu'il soit an., » c.-à-d. qu'il soit retranché de la communion de l'Eglise, qu'il soit regardé comme un homme hors de la voie du salut, qu'aucun fidèle n'ait de commerce avec lui. C'est ce que l'on nomme *an. judiciaire*, parce qu'il ne peut être prononcé que par une personne qui ait autorité et juridiction, par le pape, par un évêque, par un concile. Lorsqu'un hérétique veut se réconcilier à l'Église, on l'oblige de *dire an.* à ses erreurs, c.-à-d. de les abjurer et d'y renoncer. C'est l'*an. abjuratoire*. — Chez les Hébreux, le terme *cherem*, qu'on traduit par *an.*, signifie *dévastation*, *destruction*. C'est ainsi, par ex., que Moïse veut que l'on dévoue à l'an. les villes des Chananéens qui ne se rendront pas aux Israélites et ceux qui adoreront de faux dieux. C'est dans le même sens que le peuple assemblé à Maspha dévoue à l'an. quiconque ne prendra pas les armes contre les Benjamites pour venger l'outrage fait à la femme d'un Lévite.

***ANATHÈRE.** s. m. (gr. α priv; ἀθὴρ, έρος, barbe de blé). T. Bot. Voy. GRAMINÉES.

ANATIFE. s. m. (lat. *anas*, *atis*, canard; *fero*, je porte). T. Zool. Voy. CIRRHOPODES. — Plusieurs zoologistes font ce mot féminin.

***ANATINE.** s. f. T. Zool. Voy. ENFERMÉS.

***ANATOCISME.** s. m. (gr. ἀνατοκισμὸς). T. Banq. Usure qui consiste à réunir les intérêts au principal pour former un nouveau capital portant intérêt.

ANATOMIE. s. f. (gr. ἀνὰ, à travers; τέμνω, je coupe). Séparation, isolement, à l'aide de moyens purement mécaniques, des différentes parties qui constituent un corps organisé quelconque, soit animal, soit végétal, ainsi que des divers éléments qui entrent dans la composition de ces parties. *Faire l'an. du corps humain, d'un chien, d'un poisson, d'un insecte, d'une plante, d'une fleur.* Lorsqu'elle se borne à l'emploi du scalpel, se nomme plus ordin. *Dissection.* — *Amphithéâtre d'an.*, Lieu destiné aux dissections et aux démonstrations anatomiques. ‖ Dans un sens plus général, *An.* signifie la Science qui s'occupe de l'étude des corps organisés, dans le but de connaître le nombre, la forme, la structure, la situation, les rapports et les connexions des parties qui composent ces corps, ainsi que la texture de ces parties. *An. humaine. An. descriptive, topographique, chirurgicale, générale. An. comparée. An. vétérinaire. An. végétale. An. pathologique. An. philosophique. An. microscopique. Étudier l'an. Cours, traité d'an.* ‖ Par ext., on donne le nom d'*An.* à Un sujet disséqué, ou à quelqu'une de ses parties, lorsqu'on les a préparés de manière à pouvoir les conserver. *Voilà une belle an. Cette pièce d'an. est remarquable.* — Se dit aussi Des pièces d'an. exécutées en plâtre, en cire, etc., pour faciliter l'étude, ou pour avoir la représentation fidèle d'un objet qu'on ne peut conserver. — *Cabinet d'an.*, Lieu où l'on conserve une collection de pièces anatomiques naturelles ou artificielles. ‖ Fig., *Faire l'an. d'un livre, d'un discours*, En faire l'analyse critique, rigoureuse et méthodique.

Enc. — L'*An.*, envisagée comme science, étudie tous les êtres organisés, soit végétaux, soit animaux, pour nous faire connaître les organes et les parties élémentaires qui entrent dans la composition de ces êtres, non-seulement au point de vue de leur forme, de leur structure, de leurs connexions et de leurs propriétés physiques, mais encore sous celui de leur texture intime, de leurs propriétés chimiques, de leur développement et de leurs altérations. Tous les progrès des sciences zoologiques, physiologiques et médicales se lient directement à ceux de l'an., car elle est la véritable base des sciences qui ont pour objet les organismes vivants, et l'histoire nous montre en effet que l'état de ces dernières et celui de la science anatomique sont toujours dans une correspondance parfaite.

L'an. prend différents noms suivant l'objet particulier qu'elle se propose d'étudier, et suivant le point de vue spécial sous lequel elle envisage cet objet. C'est ainsi qu'on la divise en an. *humaine*, en an. *comparée* et en an. *végétale*.

L'*An. humaine*, appelée aussi *Anthropotomie*, se présente d'abord à notre esprit à cause de sa haute importance. La physiologie de l'homme repose en entier sur la connaissance exacte de la structure de notre corps. C'est en comparant les phénomènes qui ont lieu pendant la vie avec les admirables rouages de l'organisme, tels que nous les pouvons observer après la mort, que l'on a pu s'élever à l'intelligence des fonctions que ces organes sont chargés d'accomplir. La médecine et la chirurgie, dont le but final consiste à éloigner les causes de toute nature qui empêchent ou altèrent l'exercice régulier de ces fonctions, ne sont une science rationnelle que pour l'homme qui connaît profondément l'an. de notre espèce. On admet généralement, il est vrai, que l'an. est indispensable pour la pratique des opérations chirurgicales; mais on se figure d'un autre côté qu'il est possible d'être excellent médecin sans être versé dans cette science. Si le médecin n'a pas besoin de connaître d'une manière aussi parfaite que le chirurgien la situation topographique de certaines parties de l'organisme, il doit, en revanche, avoir une connaissance plus approfondie de la structure intime des organes, afin de se rendre compte des influences qu'ils exercent les uns sur les autres, soit à l'état normal, soit à l'état de maladie. L'*an. humaine* se subdivise en *an. descriptive*, *générale* et *pathologique*.

L'*An. descriptive* énumère chaque organe isolément, décrit sa forme, indique sa situation, sa direction, son étendue, sa couleur, ses rapports avec les parties contiguës, étudie sa texture, et suit les variations que chaque partie présente dans les diverses races et aux différents âges de l'homme. On peut suivre dans cette étude deux procédés tout à fait distincts : dans l'un, on classe les organes en partant du double point de vue de leurs analogies et de leurs fonctions, c. à-d. qu'on étudie successivement les divers appareils physiologiques : c'est ce qui constitue l'*An. descriptive proprement dite.* En conséquence, les traités ordinaires d'an. descriptive sont habituellement divisés en huit parties : la première, *Ostéologie*, s'occupe des os qui constituent la charpente solide du corps humain; la seconde, *Syndesmologie*, traite des ligaments ou des moyens d'union qui assemblent les os entre eux; la troisième, *Myologie*, décrit les muscles c.-à-d. les organes destinés à imprimer aux os, comme à autant de leviers, les mouvements les plus variés; la quatrième, *Aponévrologie*, décrit les tissus fibreux qui servent à envelopper et à maintenir certaines parties, principalement les muscles; la cinquième, *Splanchnologie*, étudie les viscères contenus dans les diverses cavités du corps, c.-à-d. les organes de la respiration, ceux de la digestion, l'appareil génito-urinaire, ainsi que leurs annexes : quant au contenu de la cavité crânienne, on ne le sépare pas de l'étude du système nerveux; la sixième, *Angéiologie*, expose la structure et la distribution des différents systèmes qui constituent l'appareil circulatoire, c.-à d. le cœur, les artères, les veines et les lymphatiques; la septième, *Névrologie*, traite du système nerveux central et périphérique, c.-à-d. de l'encéphale, de la moelle épinière et de leurs annexes, des nerfs encéphaliques et rachidiens, ainsi que de l'appareil nerveux ganglionnaire; enfin, la huitième, *Esthésiologie*, s'occupe des appareils sensoriels. — Dans le second procédé, on étudie les parties uniquement dans l'ordre de superposition suivant lequel elles se trouvent rangées; c'est ce qui constitue l'*An. chirurgicale* ou *topographique*, appelée encore *An. des régions.* Cette an. doit surtout être approfondie par le chirurgien; car elle lui permet, lorsqu'il plonge son instrument à travers les parties pour en atteindre une en évitant les autres, de le diriger avec autant de sûreté que si tous les tissus étaient transparents. — L'*An. pittoresque*, qu'on appelle quelquefois *An. plastique*, intéresse principalement les peintres et les sculpteurs. Elle s'occupe spécialement de l'étude des formes extérieures, des différences de relief ou de saillie que présentent le tronc et les membres dans les diverses attitudes, afin que l'artiste, tout en idéalisant son modèle, n'en fasse pas un être de raison, un être qui serait incapable de vivre ou de se mouvoir, si le souffle créateur venait à l'animer.

Lorsqu'on compare les différents organes qui constituent le corps humain, on les trouve composés d'un petit nombre de parties élémentaires offrant, quel que soit le lieu où on les rencontre, une texture commune, une composition chimique identique, des propriétés physiques et vitales semblables, etc. Ces parties élémentaires sont les *Tissus simples.* C'est en se combinant diversement entre eux que ces tissus produisent les organes dont l'étude fait l'objet de l'an. descriptive; car il n'est pas un organe qui soit formé par un tissu unique. Cette branche de l'an, dont la création est due à Bichat, a reçu le nom d'*An. générale* : quelques auteurs la désignent improprement sous la dénomination d'*Histologie*, car cette dernière semble exclure les considérations concernant le sang, la lymphe et les différents fluides organiques, qui cependant sont du domaine de l'an. générale. En sortant des mains de son auteur, l'an. générale avait atteint un haut degré de perfection, et avait déjà produit les plus heureux résultats pour la pathologie générale, lorsque l'application du microscope à l'examen des tissus et les recherches relatives à leur développement sont venues lui donner une nouvelle impulsion. Toutefois, l'*An. microscopique* et l'*Histogénie* ne peuvent pas encore se confondre avec l'an. générale proprement dite.

Les altérations morbides que nous offrent les solides et les liquides de l'économie, constituent l'objet de l'*An. morbide* ou *pathologique.* Mais l'étude de cette branche de l'an. doit toujours, sous peine d'être stérile, se rattacher à l'observation des phénomènes morbides eux-mêmes. L'an. pathologique a rendu de tels services à l'art médical, qu'aujourd'hui il ne se publie plus un seul traité de pathologie ou de médecine pratique qui ne soit accompagné de l'exposition des lésions anatomiques propres à la maladie dont on parle. Cette branche de l'an. a en outre jeté de vives lumières sur une foule de problèmes dont la physiologie cherchait la solution. Elle pourrait se diviser, comme l'an. physiologique, en générale et en particulière. L'an. pathologique générale traiterait des productions morbides avec ou sans analogues dans l'économie, des altérations des fluides, et des modifications organiques que les divers tissus sont susceptibles d'éprouver, tandis que l'an. pathologique spéciale considérerait les productions et les altérations morbides dans chaque organe en particulier.

La science de l'organisation des animaux considérés dans toutes les classes du règne, a reçu le nom d'*An. comparée* ou *comparative*, parce qu'elle expose les analogies et les différences qui existent entre les êtres si divers dont l'ensemble constitue le règne animal, en prenant ordin. l'organisation de l'homme comme point de départ, comme terme de comparaison. L'an. comparée est le fondement réel de la zoologie. En effet, les classifications des animaux qui n'ont d'autre base que les similitudes et les différences purement extérieures, ne sauraient être admises de nos jours; il faut nécessairement tenir compte de la structure interne des êtres pour les classer en groupes et en familles. En outre, comme l'an. comparée décrit les particularités que présente la structure intime des objets qu'elle examine, et fait ainsi l'histoire des perfectionnements graduels de l'organisation animale, il est évident qu'elle seule peut nous faire connaître d'une façon rigoureuse le degré d'importance de chaque organe en particulier, qu'elle seule peut nous apprendre la loi de subordination des différents caractères zoologiques, et enfin qu'elle doit être pour la physiologie tant générale que spéciale une source féconde d'enseignements et de révélations. Lorsqu'elle se borne à l'étude des animaux que l'homme associe à ses travaux ou qu'il élève pour en tirer une utilité quelconque, l'an. comparée prend le nom d'*An. vétérinaire.* Lorsqu'elle s'applique à l'étude des tissus et des fluides considérés dans toute la série animale, ou à l'exposition de la structure d'un animal unique, ou à la recherche des altérations morbides dont les organismes animaux peuvent être affectés, l'an. comparée se spécialise comme an. générale, comme an. descriptive ou comme an. pathologique. Enfin, en nous révélant la connaissance des relations nécessaires qui subsistent entre les diverses parties d'un même organisme, relations qui permettent, une partie essentielle d'un organisme étant donnée, d'en déduire la forme, la structure et les fonctions des autres organes du même animal, l'an. comparée a donné naissance à la *Paléontologie*, science créée au commencement de ce siècle par le génie de G. Cuvier. La paléontologie, qui n'a pour objet d'étude que les débris animaux plus ou moins incomplets trouvés dans les profondeurs de la terre, reconstruit avec ces débris les êtres qui ont vécu sur ce globe à diverses époques toutes antérieures à la présence de l'espèce humaine; elle nous fait connaître leurs formes plus ou moins bizarres, leurs dimensions souvent gigantesques, leur manière de vivre, etc. La paléontologie est encore le plus puissant auxiliaire de la géologie; celle-ci n'a même commencé à marcher d'un pas assuré que depuis la création de l'an. des fossiles, et elle lui doit une grande partie des progrès immenses qu'elle a faits dans ces dernières années.

En exposant les divisions de l'an. humaine, nous n'avons pas parlé de l'*Embryotomie*, qu'on appelle généralement du nom plus convenable d'*Embryogénie.* C'est que l'embryogénie, qui, comme l'indique ce terme lui-même, s'occupe de la description de l'embryon aux diverses époques de la vie fœtale, ne saurait être fructueuse ou même possible, si l'on sépare l'étude de l'embryon humain de celle de l'embryon dans les diverses classes d'animaux et surtout de celle de l'embryon des vertébrés. De plus, l'embryogénie, par le fait seul qu'elle se propose d'étudier l'apparition successive ou simultanée, transitoire ou permanente de certains organes, de reconnaître leur mode de développement, de suivre les métamorphoses des parties soit internes soit externes du fœtus, à partir de l'ovule qui le représente dans son état primordial jusqu'au moment de l'éclosion, est une véritable an. comparative. L'embryon, envisagé à une époque quelconque de sa vie, est une énigme qui ne peut s'expliquer que par la connaissance de la série complète de ses évolutions. Cette branche de l'an. appartient donc à la fois à l'an. humaine et à l'an. comparée.

A l'embryogénie se rattache la *Tératotomie* ou mieux *Tératologie* qui a pour objet l'étude des monstruosités, c.-à-d. des anomalies de conformation que présentent les animaux au moment de la naissance, attendu qu'elles ne peuvent s'expliquer qu'à l'aide des mêmes lois qui président à la formation des organes durant la vie embryonnaire.

Enfin, la comparaison philosophique des faits si nombreux fournis par l'an. comparée, par l'embryogénie et par la tératologie, a donné naissance à l'*An. philosophique*, appelée encore *An. transcendante.* L'an. transcendante recherche les lois qui président à la formation et au développement des organismes et de leurs parties constituantes; elle s'efforce de ramener à quelques principes généraux cette infinie variété de formes que présentent les divers appareils qui constituent les animaux; elle apprécie le degré d'importance des particularités de figure et de nombre qu'offrent les formations organiques; elle poursuit l'unité au milieu des différences en apparence les plus radicales, ou, en d'autres termes, elle s'applique à déterminer les parties qui sont identiques malgré la diversité de leurs formes et de leurs fonctions. — Ainsi la comparaison des modifications que présentent les divers appareils dans les différentes classes d'animaux, a fait reconnaître que toutes les parties d'un même animal sont coordonnées de manière que chacune concoure, selon ses fonctions, au but suprême de l'existence et de la conservation de l'être. Il existe, par ex., dans chaque animal une harmonie préétablie merveilleuse entre le tube digestif et toutes les autres parties de son organisme. C'est ce que Cuvier a si admirablement exposé que nous ne pouvons nous dispenser de citer ici les propres paroles de cet illustre naturaliste : « Tout être organisé forme un ensemble, un système unique et clos, dont les parties se correspondent mutuellement et concourent à la même action définitive, par une réaction réciproque. Aucune de ces parties ne peut changer sans que les autres changent aussi, et par conséquent chacune d'elles, prise séparément, indique et donne toutes les autres. Ainsi, si les intestins d'un animal sont organisés de manière à ne digérer que de la chair et de la chair récente, il faut aussi que ses mâchoires soient construites pour dévorer une proie, ses griffes pour la saisir et la déchirer, ses dents pour la couper et la diviser; le système entier de ses organes du mouvement, pour la poursuivre et pour l'atteindre; ses organes des sens, pour l'apercevoir de loin; il faut même que la nature ait placé dans son cerveau l'instinct nécessaire pour savoir se cacher et tendre des piéges à ses victimes. Telles seront les conditions générales du régime carnivore; tout animal destiné pour ce régime les réunira infailliblement, car sa race n'aurait pu subsister sans elles; mais sous ces conditions générales, il en existe de particulières, relatives à la grandeur, à l'espèce, au séjour de la proie pour laquelle l'animal est disposé, et de chacune de ces conditions particulières résultent des modifications de détail dans les formes qui dérivent des conditions générales : ainsi non-seulement la classe, mais l'ordre, mais le genre et jusqu'à l'espèce, se trouvent exprimés dans la forme de chaque partie. En effet, pour que la mâchoire puisse saisir, il lui faut une certaine forme de condyle, un certain rapport entre la position de la résistance et celle de la puissance avec le point d'appui, un certain volume dans le muscle crotaphite, qui exige une certaine étendue dans la fosse qui le reçoit, et une certaine convexité de l'arcade zygomatique sous laquelle il passe; cette arcade zygomatique doit aussi avoir une certaine force pour donner appui au muscle masséter. Pour que l'animal puisse emporter sa proie, il lui faut une certaine vigueur dans les muscles qui soulèvent sa tête, d'où résulte une forme déterminée dans les vertèbres où ces muscles ont leurs attaches, et dans l'occiput où ils s'insèrent. Pour que les dents puissent couper la chair, il faut qu'elles soient tranchantes, et qu'elles le soient plus ou moins selon qu'elles auront plus ou moins exclusivement de la chair à couper. Leur base devra être d'autant plus solide qu'elles auront plus d'os et de plus gros os à briser. Toutes ces circonstances influeront aussi sur le développement de toutes les parties qui servent à mouvoir la mâchoire. Pour que les griffes puissent saisir cette proie, il faudra une certaine mobilité dans les doigts, une certaine forme dans les ongles, d'où résulteront des formes déterminées dans toutes les phalanges, et des distributions nécessaires de muscles et de tendons; il faudra que l'avant-bras ait une certaine facilité à se tourner, d'où résulteront encore des formes déterminées dans les os qui le composent. Mais les os de l'avant-bras, s'articulant sur l'humérus, ne peuvent changer de forme sans entraîner des changements dans celui-ci. Les os de l'épaule devront avoir un certain degré de fermeté dans les animaux qui emploient leurs bras pour saisir, et il en résultera encore pour eux des formes particulières : le jeu de toutes ces parties exigera dans tous leurs muscles de certaines proportions, et les impressions de ces muscles ainsi proportionnés détermineront encore plus particulièrement les formes des os. — En un mot, la forme de la dent entraîne la forme du condyle, celle de l'omoplate, celle des ongles, tout comme l'équation d'une courbe entraîne toutes ses propriétés; et, de même qu'en prenant chaque propriété séparément pour base d'une équation particulière, on retrouverait et l'équation ordinaire et toutes les autres propriétés quelconques, de même l'ongle, l'omoplate, le condyle, le fémur et tous les autres os pris chacun séparément, donnent la dent ou se donnent réciproquement; et, en commençant par chacun d'eux, celui qui posséderait rationnellement les lois de l'économie organique pourrait refaire tout l'animal. » Cette loi, qui a reçu dans la science le nom de *loi des conditions d'existence*, n'est autre chose que l'application à la série animale du *principe des causes finales*, principe qui de tout temps a été admis par les physiologistes. Mais l'an. philosophique a des prétentions plus élevées.

Partant de cette hypothèse que tous les animaux ont dû être créés d'après un plan unique, elle s'efforce de ramener à un seul type les formations les plus divergentes que présente le règne animal, puis d'expliquer les diversités que nous révèle l'observation, en admettant qu'il y a antagonisme entre les parties corrélatives d'un même organisme, le développement de l'une étant en raison inverse de celui de l'autre. Ces investigations ont donné naissance à un certain nombre de formules générales connues dans la science sous les noms de *loi de l'unité de plan*, de *loi du balancement des organes*, de *loi de la répétition des organes*, etc. Le système squelettique des animaux étant celui qui détermine, en grande partie, la forme et la disposition des autres parties de l'organisme, a dû naturellement appeler le premier l'attention des anatomistes. On a commencé par considérer le système squelettique chez les animaux vertébrés, à cause des analogies multipliées que présentent entre eux tous les êtres appartenant à cet embranchement, et l'on s'est arrêté à cette idée que la formation vertébrale est le prototype de toute formation squelettique. En conséquence, les vertébrés ont été envisagés comme constitués par une succession de vertèbres qui sont identiques au fond, mais qui, en se répétant, se modifient sans cesse. Ainsi, par ex., la boîte crânienne est formée par un certain nombre de vertèbres dont la ceinture s'est d'autant plus développée que les parties secondaires de la vertèbre primaire, dont le type le mieux équilibré est la vertèbre thoracique, ont acquis moins de développement. C'est en vertu de cette même *loi de la répétition des organes* que les membres supérieurs représentent les membres inférieurs, et que la cavité crânienne répète à elle seule tout l'animal, la cavité buccale représentant l'abdomen, les fosses nasales représentant le thorax, la mâchoire inférieure représentant les membres inférieurs, et les maxillaires supérieurs représentant les membres supérieurs. Appliquée ensuite à la considération de groupes différents dans la série animale, par ex. à la comparaison des vertébrés et des invertébrés, la théorie de l'unité de plan a donné naissance à cette idée, que dans les premiers le squelette est intérieur, tandis qu'il est extérieur dans les seconds, et qu'ainsi les membres des insectes correspondent, soit aux côtes (Geoffroy Saint-Hilaire), soit au système apophysaire vertébral des animaux vertébrés (Carus). Le principe de l'unité de plan et de la répétition des organismes inférieurs par les organismes supérieurs a été également poursuivi jusque dans l'embryogénie. Ainsi, on a prétendu que l'homme, qui occupe l'échelon le plus élevé dans l'échelle animale, passe par tous les degrés inférieurs de l'organisation, et qu'aux diverses époques de sa vie embryonnaire il est successivement, au moins d'une manière virtuelle, polype, mollusque, insecte, poisson, oiseau et mammifère, avant de représenter l'homme lui-même. Enfin, on a affirmé que l'animal tout entier ainsi que chacun des organes qui le composent, étaient constitués par deux moitiés qui se soudaient ensemble sur la ligne médiane. Cette théorie, à laquelle le professeur Serres, qui en est l'auteur, a donné le nom de *loi du développement centripète*, a reçu un nouveau développement d'Ét. Geoffroy Saint-Hilaire qui lui a imposé une forme plus générale sous le nom de *loi d'attraction des parties similaires* ou de *loi de soi pour soi*. — Nous ne voulons prendre parti ni pour ni contre cette manière d'envisager les faits anatomiques. Il est évident pour nous que toutes ces idées théoriques s'appuient sur un certain nombre de faits, qu'elles sont fondées sur des aperçus souvent fort ingénieux, et que les efforts des savants pour ranger sous quelques formules générales les innombrables détails de l'an. animale, sont dignes des plus grands éloges. Cependant nous pensons que l'on s'est trop hâté de généraliser en cette matière, et que c'est prématurément que les principes énoncés jusqu'à ce jour ont reçu de leurs auteurs le nom de *lois*; et, comme il serait hors de saison de discuter ici ces grandes questions, nous nous contenterons de dire à l'appui de notre manière de voir que tous les savants qui se sont livrés à ces nobles spéculations, alors même qu'ils adoptent les mêmes formules, ce qui n'a pas toujours lieu, sont en dissidence constante dès qu'il s'agit de les appliquer, c.-à-d. de déterminer la signification philosophique des différentes parties de l'organisme et de suivre les métamorphoses successives d'un même organe dans toute la série animale.

L'*An.*, envisagée comme *art*, consiste dans l'emploi des divers procédés à l'aide desquels on sépare les organes les uns des autres, ou les divers éléments qui entrent dans leur composition, afin d'arriver à la connaissance de ces organes et de ces éléments eux-mêmes. Cette branche pratique de l'an. a été quelquefois désignée par le terme *Squelettopée*, terme tout à fait impropre, car il signifie simplement *préparation du squelette*. La dissection est le procédé le plus communément employé; mais on doit encore, dans une foule de cas, recourir à d'autres moyens, tels que la macération, l'insufflation, l'injection, et même, dans certains cas, l'action des agents chimiques. Les injections se font tantôt avec des liquides colorés, tantôt avec des substances solides, comme la cire qu'on liquéfie pour la faire pénétrer dans les tubes ou dans les vaisseaux et qui se solidifie de nouveau par le refroidissement, tantôt avec le mercure. Le choix du procédé à suivre, la manière d'opérer et l'ordre dans lequel les recherches doivent se faire, est d'une extrême importance pour l'étude, et le talent pratique de l'anatomiste n'est pas chose aussi facile à acquérir qu'on se le figure généralement. Il existe sur l'an. envisagée comme art, des traités spéciaux, tels que le *Manuel de l'anatomiste de Lauth* où les élèves trouveront tous les détails nécessaires. Nous citerons cependant, parce qu'elle n'est pas encore suffisamment connue, la méthode toute nouvelle du professeur Lacauchie, qui consiste tout simplement à mettre les artères en communication avec une longue colonne d'eau, et à pratiquer ainsi une injection continue, qui distend et écarte toutes les parties. Ce procédé, qui a reçu le nom caractéristique d'*Hydrotomie* signifiant *dissection par l'eau*, devra être, à en juger par les découvertes que lui doit déjà son auteur, d'une haute utilité pour la science. — Les pièces anatomiques convenablement préparées peuvent pour la plupart se conserver. Pour cela, on les dessèche, on les vernit, ou bien on les plonge dans un liquide propre à empêcher la fermentation putride. Une collection de pièces semblables constitue un *Muséum anatomique* ou un *Cabinet d'an.* Il existe dans l'Europe un certain nombre de musées de ce genre qui renferment des richesses scientifiques inestimables. Le Cabinet de l'École de médecine, le Muséum d'an. pathologique fondé par la libéralité de Dupuytren, et le Muséum d'an. comparée du Jardin du Roi, peuvent être cités parmi les plus importants.

Pour favoriser l'étude de l'an., on a imaginé de représenter, au moyen de la gravure ou de la lithographie, les différentes parties du corps de l'homme ou des animaux. On a même fait des imitations en relief avec du plâtre, de la cire colorée, et d'autres substances plus ou moins convenables. Le premier travail de ce genre fut, dit-on, exécuté par un sculpteur français, nommé Jacques, qui vivait à Rome dans la première moitié du XVIe siècle, et ce fut vers la fin de ce même siècle qu'un Italien, du nom de Cigoli, appliqua la cire à cette nouvelle espèce de sculpture. Zumbo, Galli, Susini, Calenzuoli et d'autres artistes se sont fait un nom célèbre par leurs habiles travaux en ce genre, qui enrichirent les cabinets de Florence et de Vienne. Dès le milieu du siècle dernier, on commença à exécuter en France des travaux analogues. Les artistes les plus remarquables en ce genre que nous ayons possédés, sont Laumonier et Pinson dont tous les élèves connaissent les chefs-d'œuvre. Mais les planches les plus parfaites, telles que celles qu'ont publiées Bourgery et Jacob, et les pièces imitées avec la plus scrupuleuse fidélité, ne peuvent être utiles que pour rappeler certains détails à ceux qui savent, ou pour donner une idée de la fabrique du corps humain aux gens du monde; nous ne saurions les regarder comme un moyen sérieux d'étudier la structure de l'homme ou des animaux. L'*An. imitative* est surtout avantageuse quand elle reproduit des objets qui ne sont pas susceptibles de conservation ou lorsqu'elle multiplie les exemplaires d'une pièce rare.

La connaissance de la structure des végétaux est indispensable à celui qui s'occupe soit de la physiologie, soit simplement de la classification de ces êtres. On a donné à cette branche de la Botanique les noms d'*An. végétale* ou d'*Organographie végétale*. De Candolle préfère ce dernier. « Le mot an., dit-il, suppose section des téguments et examen des parties internes, tandis que le plus grand nombre des organes des végétaux sont placés à l'extérieur, de sorte que l'an. n'est qu'une branche de l'organographie. » Nous partageons complétement l'opinion de l'illustre botaniste, et en conséquence nous traiterons de l'an. végétale au mot ORGANOGRAPHIE.

Histoire. — Si l'on entend par le terme an. toute connaissance, grande ou petite, de certaines parties de l'organisme animal, on peut dire que l'an. est la plus ancienne et la plus répandue de toutes les sciences. En effet, pour ne pas parler de la pratique égyptienne des embaumements, il est évident que le premier qui dépeça un bœuf ou un mouton pour les usages domestiques, dut y reconnaître des parties bien distinctes, telles que les intestins, le foie, les reins, les poumons, le cœur, le cerveau, etc. Mais lorsqu'on réserve le nom d'an. à la dissection des animaux dans le but de constater la position et la structure des organes, et d'appliquer les connaissances obtenues par ce moyen à l'avancement de la physiologie, de la chirurgie et de la médecine, on doit avouer que l'an. constitue une science relativement toute moderne. C'est dans la Grèce qu'elle prit naissance. Alcméon de Crotone, Empédocle, Démocrite d'Abdère et Hippocrate, sont tous cités par les historiens de l'an. comme ayant cultivé cette science avec succès : mais les préjugés religieux s'opposant à ce qu'on ouvrît des cadavres humains, ils avaient été réduits à disséquer des animaux et ils ne pouvaient connaître la structure de l'homme que par analogie. Ainsi on dit qu'Alcméon (520 av. J.-C.) avait reconnu que chez les animaux la tête est la partie qui se développe la première. On attribue à Empédocle (400 av. J.-C.) la découverte de l'amnios, et à Démocrite (430 av. J.-C.) celle des canaux biliaires et des fonctions de la bile. Hippocrate, que tant de siècles ont honoré du nom de père de la médecine, paraît avoir eu, à en juger par ce qui nous reste de ses écrits, peu de connaissances positives en an. On cite encore plusieurs autres philosophes de la Grèce comme ayant été d'habiles anatomistes; mais leurs noms doivent s'éclipser devant celui d'Aristote. Si l'on fait attention que ce dernier a tout observé par lui-même et que personne ne l'a précédé dans la voie qu'il a suivie, on est forcé d'avouer que son *Histoire des animaux* est le plus magnifique monument qui ait été élevé à la science de la *zoologie* et de l'*an. comparée*, dont on peut le considérer comme le véritable créateur. C'est encore lui qui, en faisant l'histoire des parties similaires du corps ou des éléments organiques, a jeté les premières bases de l'*an. générale*. C'est Aristote également qui le premier, pour faciliter l'intelligence des descriptions anatomiques, accompagna son texte de figures avec renvois, et créa ainsi l'*iconographie anatomique*. Toutefois il n'est pas certain qu'il ait disséqué des cadavres humains. — Après la mort d'Aristote, ce fut en Egypte, au musée d'Alexandrie, et sous la protection des Ptolémées, que l'an. s'éleva au plus haut point de splendeur qu'elle ait atteint dans l'antiquité. Proxagoras, qu'on prétend avoir été disciple d'Aristote, alla le premier en Égypte étudier cette science. C'est lui qui donna le nom d'*artères* aux vaisseaux qui partent de l'aorte, et reconnut qu'ils sont le siége du pouls : il les distingua fort bien des veines et constata leur vacuité après la mort. Son disciple Hérophile (320 av. J.-C.) distingua les nerfs des ligaments avec lesquels on les avait confondus, et découvrit qu'ils président aux sensations et aux mouvements. Il a laissé une bonne description du cerveau, et l'on a conservé le nom de *pressoir d'Hérophile* au confluent des sinus de la dure-mère. Il décrivit les tuniques internes de l'œil, l'os hyoïde et la veine pulmonaire. Il observa l'isochronisme des battements du cœur et des artères, etc. Érasistrate, petit-fils d'Aristote, reconnut le mouvement de systole et de diastole du cœur, suivit les nerfs depuis leur terminaison jusqu'à leur origine, et découvrit les vaisseaux chylifères retrouvés au XVIIe siècle par Aselli. Pline nous apprend qu'Hérophile et Érasistrate s'appliquèrent avec ardeur à chercher dans les dépouilles mortelles de l'homme le siége et les causes des maladies, c.-à-d. qu'ils créèrent l'an. pathologique. Les anatomistes qui succédèrent à ces grands hommes furent loin de les égaler, et il nous faut arriver jusqu'à l'époque de Galien qui vivait au IIe siècle de notre ère pour rencontrer un nom digne d'être cité dans l'histoire de la science. Les écrits anatomiques et physiologiques de l'illustre médecin de Pergame témoignent d'immenses recherches et d'une prodigieuse sagacité de la part de leur auteur. Ne pouvant se livrer à l'étude de l'homme lui-même, il prit pour sujet de ses dissections les animaux qui s'en rapprochent le plus, c.-à-d. les Singes; de là des erreurs inévitables qui ne furent reconnues que plus de 1400 ans plus tard. Après lui, tous les écrits anatomiques grecs, latins ou arabes que nous connaissons, ne furent que la reproduction des ouvrages de Galien et de ses prédécesseurs. La loi de Mahomet, en déclarant impur le simple contact d'un cadavre, proscrivit l'étude de l'an., et cette science ne fut plus qu'une affaire de compilation jusqu'au commencement du XIVe siècle. En effet, ce fut en 1306 que Mondini de Luzzi, professeur à Bologne, disséqua le premier cadavre qui ait été, dans les temps modernes, livré au scalpel des médecins, et, dix ans plus tard, qu'il fit sur deux cadavres de femmes les premières leçons publiques d'an. humaine qui aient été faites avec les objets sous les yeux. L'ouvrage de Mondini, quoique presque entièrement tiré de l'an. de Galien, renferme pourtant quelques observations propres à l'auteur. Pendant deux siècles, il fut regardé comme livre classique. Parmi les hommes qui, durant cette période, cultivèrent avec le plus de succès cette science, nous citerons le célèbre Léonard de Vinci, quoiqu'il ne l'ait envisagée qu'au point de vue de son art. Hunter, ayant eu l'occasion de voir dans la bibliothèque de Georges III, des dessins et des descriptions anatomiques de ce grand peintre, reconnut avec étonnement que Léonard de Vinci avait fait une étude approfondie de l'an., et déclara qu'il doit être considéré comme le meilleur anatomiste de son époque.

Au commencement du XVIe siècle, Zerbi, Benedetti, Achillini, Berengario de Carpi, Massa, écrivirent sur l'an. du corps humain; mais telle était encore à cette époque l'autorité de Galien que, lorsque ses descriptions se trouvaient en désaccord avec l'observation du cadavre, on regardait le texte comme corrompu : le fanatisme fut même poussé si loin par Sylvius, qu'il déclare que les hommes sont autrement conformés que ceux du temps de Galien, et que, par exemple, si l'on ne trouve plus que trois pièces au sternum où Galien en décrit sept, c'est que nos contemporains rabougris n'ont plus ces vastes poitrines des Romains que Galien disséqua. Enfin Vésale parut : et, malgré les anathèmes des admirateurs de Galien, il ruina de fond en comble l'autorité de ce dernier. Le grand ouvrage de ce réformateur de l'an. fut publié en 1543. Eustachi, son contemporain et son rival, fit de nombreuses découvertes en an. humaine et s'occupa avec succès d'an. comparée. Après lui Vésale, Fallopio, Varoli, Ingrassias, Aranzi, Colombo, Botalli et Fabrizio d'Aquapendente firent faire à la science de rapides progrès. Les ouvrages de ce dernier offrent cette particularité, imitée par ses disciples, que chaque organe décrit et figuré, y est examiné successivement chez l'homme et chez les animaux. C'est à Fabrizio qu'est due la découverte des valvules des veines. — Le mouvement scientifique qui avait pris naissance en Italie, se propagea bientôt en Allemagne, en France et dans le reste de l'Europe. Parmi les anatomistes français du XVIe siècle, on peut citer Jacques Dubois, dit Sylvius, dont nous venons de parler, Ch. Étienne, Rondelet qui se livra avec succès à l'an. comparée, et G. Bauhin. L'amphithéâtre de Montpellier fut élevé par les soins de Rondelet en 1556, et une chaire spéciale d'an. fut fondée dans cette école à la sollicitation de Cabrol. La Faculté de médecine de Paris reçut, en 1576, le droit de prendre les cadavres de tous les suppliciés. Nous devons encore mentionner Servet, né en Espagne; il vint fort jeune en France et étudia l'an. à Paris. Cet anatomiste a décrit fort nettement la petite circulation. Il eût sans doute fait faire de grands pas à la science sans l'implacable inimitié de Calvin qui le fit brûler à Genève, en 1553, comme antitrinitaire. En Allemagne, l'an. humaine et comparée fut cultivée par Léonhard, Plater et Coïter. — Il paraît que Vésale et Eustachi avaient tous deux fait des recherches particulières sur les altérations pathologiques et leurs rapports avec les maladies; le premier ne publia pas son livre, et le second discontinua le sien; mais leurs disciples Coïter et Colombo ne perdirent jamais l'occasion de consigner dans leurs ouvrages les faits d'an. pathologique que l'occasion leur présentait.

Le XVIIe siècle compta un grand nombre d'anatomistes éminents. En 1619, l'Anglais Harvey découvrit et démontra par des preuves irréfragables la circulation du sang. On lui doit également d'admirables recherches sur l'embryogénie. A la découverte des vaisseaux chylifères et lymphatiques se rattachent les noms de l'Italien Aselli, du Danois Th. Bartholin, du Suédois Olaüs Rudbeck et du Français Pecquet. Marc-Aurèle Severino publia, sous le titre de *Zootomia democritea* (1645) le premier traité général d'an. comparée. Wepfer, Schneider, Th. Willis, et notre compatriote Vieussens firent faire de grands progrès à l'an. du système nerveux. Malpighi, professeur à Bologne et à Pise, appliqua le microscope à l'étude de l'an. humaine et comparée. Le nom de Ruysch, professeur d'an. à Amsterdam en 1665, est devenu populaire, grâce à ses admirables injections dont il emporta le secret dans la tombe. Les noms de Stenon, de Wirsung, de Nuck, de Warton, de Graaf, de Glisson, de Brunner, de Peyer, de Kerkring, d'Highmore, de Cowper, de Tyson, de Meibom, d'Havers, de Bellini, de Borelli, de Pacchioni, etc., sont connus de tous ceux qui se livrent, même d'une manière superficielle, à l'étude de l'an.; mais il nous est impossible d'énumérer tous ceux qui, dans ce siècle, ont rendu quelque service à la science. Un grand nombre d'anatomistes de cette époque, tels que Ruysch, Stenon, Willis, Malpighi, Caldesi, Martin Lister, Willughby, et les Français Duverney, Littre, Méry, contribuèrent par divers travaux aux progrès de l'an. comparée. Le médecin Cl. Perrault, l'architecte du Louvre, mérite également d'être mentionné pour ses recherches sur le cœur des tortues et les organes respiratoires de la carpe. Deux Hollandais, Leuwenhoek et Swammerdam nés, le premier en 1638 et le second en 1637, ont rendu des services tout particuliers à la science. Swammerdam se livra avec ardeur à l'étude de la structure des animaux invertébrés et surtout des insectes : nul homme n'a autant fait que lui pour cette branche de l'an. Déjà Malpighi avait démontré que les insectes respirent au moyen de trachées : Swammerdam, reconnut le système nerveux et tous les viscères des insectes les plus petits, tels que le pou. C'est lui qui le premier a démontré que chacun des trois états par lesquels passent beaucoup d'insectes est un simple développement de l'état précédent, et que la larve ou chenille contient, sous différentes enveloppes, la nymphe ou chrysalide qui, elle-même à son tour, renferme l'insecte parfait. La *Bible de la nature* de Swammerdam est encore aujourd'hui un livre inimitable. Leuwenhoek, à l'exemple de Malpighi, appliqua le microscope à l'étude intime de divers organes. Il fit connaître la composition des fluides animaux et révéla aux observateurs l'existence d'un monde jusqu'alors inaperçu, celui des êtres microscopiques connus sous le nom d'infusoires. Redi, observateur plus judicieux, se signala également dans ce genre de recherches. — Ce fut à la fin de ce siècle que Th. Bonet entreprit de recueillir et de classer la multitude innombrable d'observations relatives à l'an. pathologique qu'avaient procurées des recherches poursuivies pendant plus d'un siècle avec toute l'ardeur qu'inspire une science nouvelle. Le *Sepulchretum anatomicum* de ce savant laborieux exerça une heureuse influence sur la marche ultérieure de la science.

Au commencement du XVIIIe siècle, tous les préjugés étaient vaincus; les amphithéâtres et les chaires d'an. s'étaient multipliés; il n'existait plus aucune espèce d'entraves pour l'étude de l'an. : aussi le nombre des hommes qui, pendant cette période, se sont fait un nom en cultivant les différentes branches de la science est-il prodigieux. En Italie, on trouve Lancisi, Bianchi, Santorini, Morgagni, auteur du plus admirable ouvrage de son siècle sur l'an. pathologique; Cotugno, qui a donné son nom au liquide encéphalo-rachidien, Fontana, Spallanzani, si célèbre par ses ingénieuses expériences sur divers points de physiologie; Moscati, Scarpa, aussi habile anatomiste que grand chirurgien, et Poli, auteur d'un magnifique ouvrage sur les mollusques des Deux-Siciles. — L'Allemagne cite avec orgueil Heister, Weitbrecht, Cassebohm, Lieberkühn, dont les recherches sur les villosités intestinales sont si connues, Walter, Wrisberg, J.-J. Meckel, Sœmmering, Hildebrand et Blumenbach, qui s'est illustré par ses travaux relatifs à l'an. comparée et à l'anthropologie. — La Hollande a produit dans ce siècle deux hommes d'un mérite prodigieux, B. Sigf. Albinus et Camper. Le premier traita l'an. descriptive avec une perfection rare, et l'on doit au second des travaux importants en an. comparée. C'est lui qui a découvert que les os longs du squelette des oiseaux sont creusés de cavités dans lesquelles l'air peut pénétrer, de façon à rendre le corps de l'animal spécifiquement plus léger. C'est encore Camper qui a conçu l'idée ingénieuse de distinguer entre elles les différentes races humaines par leur angle facial, c'est-à-dire par l'angle que forme la face en se réunissant au crâne. — A la Suisse appartiennent Haller et Ch. Bonnet; Haller, dont l'immense savoir et les innombrables recherches dans toutes les branches des sciences naturelles confondent l'imagination; Bonnet, dont les œuvres ont puissamment contribué à répandre le goût de la science, et qui a toujours considéré celle-ci du point de vue le plus élevé. — L'Angleterre compte aussi plusieurs anatomistes éminents : Douglas, auteur d'une myologie comparée, est le premier qui ait bien décrit le péritoine; Porterfield, Nesbitt, les deux Monro; les frères Will. et J. Hunter, qui par leurs travaux et leur libéralité imprimèrent un vif mouvement à la science anatomique dans leur pays; Cruikshank et Hewson, dont les noms sont inséparables de l'étude du système lymphatique. — La France cite avec estime les noms de Winslow, Lieutaud, Tenon, Sabatier, Desault, Portal, et surtout ceux de Daubenton, à qui revient l'honneur d'avoir fait de l'an. comparée la base de la zoologie, et de Vicq d'Azyr, aussi habile anatomiste que grand écrivain, dont les écrits et les recherches ranimèrent le goût de l'an. comparée qui s'éteignait en France. Le mémoire de ce dernier sur l'analogie qui existe entre les membres inférieurs et supérieurs chez l'homme et les animaux, donne une idée de la supériorité de vues avec laquelle il comprenait la science; mais la mort ne lui permit pas de poursuivre une carrière si bien commencée.

La France, qui pendant le XVIIIe siècle était restée à un rang inférieur sous le rapport des grands travaux anatomiques, se releva tout à coup, et marcha en tête des autres peuples dès les premières années du siècle actuel. En effet, ce fut en 1801 que Bichat fit paraître son *An. générale appliquée à la physiologie et à la médecine*, ouvrage conçu et exécuté avec une telle supériorité, que, malgré quelques erreurs de détail, il constitue encore le meilleur traité de pathologie générale que nous connaissions. Cuvier étonna le monde savant en démontrant par des preuves irréfragables que notre globe avait nourri des races animales aujourd'hui éteintes, et en reconstruisant, à l'aide de débris dispersés çà et là, les squelettes et les formes principales des animaux fossiles. Tout le monde sait quelle large part cet illustre naturaliste a prise aux progrès immenses que l'an. comparée a faits depuis un demi-siècle, et quelle impulsion ses magnifiques travaux ont communiquée dans toute l'Europe à toutes les branches de la science. Le nombre des hommes qui ont concouru avec succès à l'avancement de l'an. envisagée sous ses divers aspects est tel dans ce siècle, surtout en France et en Allemagne, qu'il nous est interdit de les mentionner ici. D'ailleurs, la plupart d'entre eux enrichissent chaque jour la science de nouvelles découvertes, et leur noms se trouveront naturellement cités dans notre livre aux divers articles concernant les questions qui ont été l'objet de leurs travaux.

ANATOMIQUE. adj. 2 g. Qui appartient à l'anatomie. *Préparation an. Travaux, recherches anatomiques.*

ANATOMIQUEMENT. adv. D'une manière anatomique. *Pour un poëte, vous décrivez ces blessures trop an.*

ANATOMISER. v. a. Disséquer. *An. un corps.* Peu us. ‖ Fig., *An. un livre, un discours*, L'analyser avec sévérité jusque dans ses plus petits détails. = ANATOMISÉ, ÉE. part.

ANATOMISTE. s. m. Qui s'occupe d'anatomie, qui est versé dans l'anatomie. *Ce médecin-là n'est pas an. Le scalpel de l'an.*

* **ANATROPE.** adj. 2 g. (gr. ἀνατροπή, renversement). T. Bot. Voy. GRAINE.

ANCÊTRES. s. m. pl. (lat. *antecessor*, qui va devant, qui précède). Ceux de qui on descend. Ne se dit guère que De ceux qui sont au-dessus du degré de grand-père, et qu'en parlant des maisons illustres. *Dégénérer de la vertu de ses an. Marcher sur les traces de ses an. — Preuve des an.* Voy. NOBLESSE. ‖ Se dit encore De tous ceux qui ont vécu avant nous, encore que nous ne soyons pas de leur race. *Nos ancêtres nous ont laissé de beaux exemples. Les usages de nos an.* = Syn. Voy. AÏEUL.

ANCHE. s. f. (gr. ἄγχω, je serre?). Languette simple ou double qui vibre par l'action de l'air, et dont les battements sont les agents du son dans certains instruments à vent. ‖ *Jeu d'anche.* Voy. ORGUE. ‖ *An.* signifie encore Le petit conduit par lequel la farine coule dans la huche du moulin.

Enc. — Une *An.* est, en gén., une lame vibrante mise en mouvement par un courant d'air. La plus simple est celle que l'on voit dans l'harmonica à bouche et dans les accordéons. Elle consiste en une petite lame métallique LL' très-mince et très-élastique, maintenue ou soudée par l'une de ses extrémités

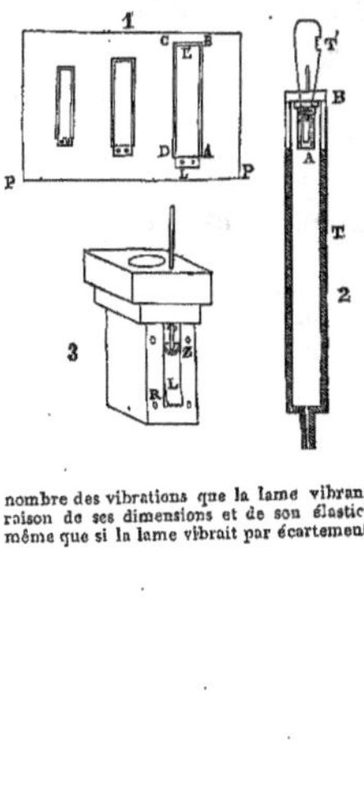

sur une plaque métallique PP' de 2 ou 3 millim. d'épaisseur, vis-à-vis d'une ouverture rectangulaire ABCD (Fig. 1). Pour la mettre en mouvement, il suffit de faire arriver un filet d'air sur la plaque vers l'extrémité libre de la lame. Celle-ci entre en vibration, et l'ouverture ABCD étant ainsi alternativement ouverte et fermée, l'air passe et s'arrête par intermittences; de là des ondulations sonores dont la longueur dépend du nombre des vibrations que la lame vibrante peut exécuter à raison de ses dimensions et de son élasticité. Le son est le même que si la lame vibrait par écartement mécanique, mais il est incomparablement plus intense. On obtient les instruments dont nous avons parlé en disposant sur la même plaque plusieurs lames donnant les différents sons de la gamme. Dans l'harmonica à bouche, cette plaque est ajustée sur une planchette de bois percée de trous qui conduisent le vent fourni par la bouche devant chaque ouverture de la plaque. Pour l'accordéon et l'orgue expressif, le vent est fourni par un soufflet mû à la main ou à l'aide d'une pédale, et l'air s'échappe par des ouvertures qu'on rend libres au moyen de touches.

L'an. des jeux d'orgue diffère peu de celle dont nous venons de parler, mais elle s'ajuste autrement (Fig. 2). On y distingue deux tuyaux TT' mis bout à bout, un bouchon B qui les sépare, et l'an. A proprement dite, qui traverse le bouchon. L'an. elle-même se compose de trois pièces essentielles (Fig. 3), la rigole R, la languette L et la rasette Z. La *Rigole* est un tube de métal prismatique, ou demi-cylindre, fermé au bout inférieur, et percé latéralement d'une fenêtre qui établit la communication entre les deux tubes de part et d'autre du bouchon. La *Languette* est la lame vibrante; elle a trois bords libres, le quatrième étant solidement fixé sur la paroi du tube soit avec des vis, soit au moyen d'une soudure. Dans sa position naturelle, la languette ferme à peu près la fenêtre, et, pendant qu'elle accomplit ses battements, elle rase par ses trois bords libres les parois de celle-ci. La *Rasette* est une petite tige de métal doublement recourbée à sa partie inférieure qui appuie fortement sur toute la largeur de la languette. Elle glisse à frottement dans le bouchon et sert à changer la longueur de la partie vibrante de la languette, celle-ci ne pouvant vibrer au-dessus de la rasette. Le vent du soufflet pénètre par le pied du tuyau T, presse la languette pour s'ouvrir un passage, traverse la rigole, et sort par le tuyau T'. La languette ainsi écartée pour un instant revient à sa première position en vertu de son élasticité, et accomplit ainsi des vibrations qui se répètent aussi longtemps que dure le courant d'air. La hauteur du son produit dépend, ainsi qu'on l'a vu au mot ACOUSTIQUE, du nombre des oscillations qu'exécute la languette dans un temps donné : mais l'ajustement des tuyaux donne au son un timbre et une intensité remarquables. Toutefois, il résulte des expériences de Weber que la variation de la longueur du *Porte-vent*, c.-à-d. du tube que l'air parcourt avant d'arriver à l'an., peut changer la hauteur du son produit par celle-ci, en sorte que le son d'un tuyau à an. résulte à la fois de la lame vibrante et de la grandeur du porte-vent. Si l'on fait vibrer séparément la plaque seule, puis la colonne d'air seule, et enfin le système composé de la lame et du tuyau, on obtient en gén. trois sons différents. Weber considère que, dans ce dernier cas, la lame exécute des vibrations transversales, tandis que la colonne d'air en exécute de longitudinales. Or, suivant cet habile physicien, un corps qui vibre transversalement donne un son sensiblement plus bas lorsque l'amplitude de ses vibrations augmente, tandis qu'un corps qui vibre longitudinalement donne des sons plus élevés lorsque l'amplitude de ses vibrations vient à s'accroître. En conséquence : 1° lorsque, dans un tuyau à an., on fait baisser le son en forçant le vent, c'est que l'effet de la lame vibrante l'emporte sur celui de la colonne d'air; 2° lorsque, au contraire, le son s'élève, c'est que l'effet de la colonne d'air l'emporte sur celui de la lame; 3° enfin, lorsque le son reste invariable, c'est que les effets de la plaque et de la colonne d'air sont semblables, quoique résultant d'une influence inverse. Cette égalité, suivant Weber, peut produire l'invariabilité du ton et fournir une an. compensée qui donne un son fixe comme le diapason.

Outre les instruments dont nous venons de parler, il en existe encore d'autres qui sont plus spécialement connus sous le nom d'*instruments à an.* Ce sont le *Hautbois*, le *Cor anglais*, le *Basson*, la *Clarinette* et le *Cor de bassette*. L'an. des trois premiers consiste en deux languettes de roseau, amincies par l'extrémité qui doit être pressée par les lèvres, et ajustées par l'autre extrémité sur un petit tuyau cylindrique en cuivre, qui s'adapte à l'instrument. L'an. des deux derniers n'est composée que d'une seule languette mince également en roseau qui s'applique à la partie supérieure de l'instrument appelée *Bec*. Le reste de l'instrument est formé par un tuyau dit *de rapport* percé de trous et armé de clefs, qui modifie le son produit par les vibrations de l'an. Autrefois ces instruments avaient des sons désagréables et nazillards, ce qui tenait au battement de la languette contre les parois de l'orifice. Gronié a remédié à cet inconvénient en faisant les languettes un peu plus étroites que l'ouverture qu'elles doivent boucher, et qui vibrent encore sous l'impulsion de l'air s'échappant par les fentes qu'elles laissent latéralement. — Les trompettes et les cors proprement dits sont de véritables instruments à an., quoiqu'on ne les range pas ordin. dans cette catégorie : mais ici ce sont les lèvres appliquées fortement contre l'embouchure qui remplissent l'office d'anches membraneuses. — Pour la partie musicale, voyez les mots BASSON, CLARINETTE, COR, HAUTBOIS.

* **ANCHIETEA.** s. f. T. Bot. Voy. VIOLARIÉES.

ANCHILOPS. s. m. [On pron. *ankilopse.*] (gr. ἄγχι, proche de; ὤψ, œil). T. Méd.

Enc. — On appelle ainsi une tumeur située vers le grand angle de l'œil, au devant ou dans le voisinage du sac lacrymal. On distingue deux sortes d'*An.*, l'*an. inflammatoire* et l'*an. enkysté*. Le premier est un petit phlegmon rouge, douloureux, accompagné d'un engorgement des paupières. Il offre tous les caractères d'une tumeur phlegmasique dans sa marche qui est aiguë, et dans sa terminaison qui a presque toujours lieu par suppuration. L'an. enkysté représente une tumeur arrondie, dure, ordin. indolente, sans changement de couleur à la peau, qui se développe d'une manière insensible et ne cause d'autre incommodité que de gêner le mouvement des paupières. Cette tumeur peut varier pour le volume depuis celui d'un pois jusqu'à celui d'une noix : elle peut d'ailleurs rester un grand nombre d'années sans éprouver le moindre changement.

Quelquefois, à la longue, elle s'enflamme, s'ouvre, laisse échapper la matière qu'elle contient, et donne lieu à un petit ulcère. — L'ulcère qui succède ainsi, soit à l'an. enkysté, soit à l'an. inflammatoire, a reçu le nom d'*Ægilops* ou *Égilops* (αἶξ, αἶγος, chèvre; ὤψ, œil), parce que, selon les uns, les chèvres sont fort sujettes à cette affection, et suivant d'autres, parce que les personnes qui en sont atteintes tournent les yeux comme ces animaux. Le diagnostic de ces deux variétés de l'an. et celui de l'égilops sont très-faciles : il en est de même de leur traitement, qui n'offre absolument rien de particulier. L'égilops, du reste, est une affection assez rare.

ANCHOIS. s. m. T. Ichth.

Enc.—On appelle ainsi un genre de poissons qui a pour type l'*An. vulgaire*. Ce genre appartient à l'ordre des *Malacoptérygiens abdominaux*, famille des *Clupes*. Les *An.* diffèrent des *Harengs*, qui font partie de la même famille, par leur gueule fendue jusque bien au-delà des yeux, et par la largeur de leurs ouïes, qui est aussi plus considérable que chez les Harengs. Leurs rayons branchiostéges sont au nombre de 12 et même davantage. Leur tête se prolonge en un petit museau conique pointu. Les intermaxillaires sont très-petits, et les maxillaires, droits et allongés, sont en général hérissés, ainsi que la mâchoire inférieure, d'une multitude de dents extrêmement fines. Les an. sont de petits poissons étroits, allongés et couverts de larges écailles transparentes qui se détachent avec facilité. Quelques espèces ont le ventre tranchant et dentelé, comme les vrais Harengs; mais chez la plupart il est simplement arrondi : c'est dans le second de ces sous-genres que viennent se ranger l'*An. vulg.* et le *Mélet*. L'*An. vulg.* (Fig.) a

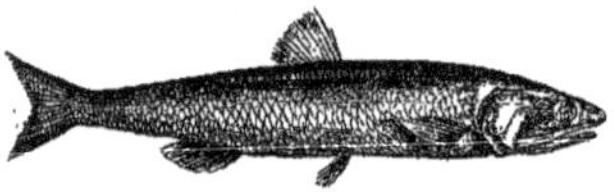

environ 13 centim. de longueur; il a le dos brun-bleuâtre, tandis que les flancs et le ventre sont argentés. Le *Mélet* est une espèce plus petite et à profil moins convexe qui se trouve dans la Méditerranée.

Pendant le printemps et une partie de l'*été*, on pêche des quantités innombrables d'an. sur les côtes de la Bretagne et de la Hollande, sur le littoral de la Méditerranée, et particulièrement en Provence, à Cannes, à Antibes et à Saint-Tropez, où il se fait un commerce considérable de ce poisson. La pêche a lieu pendant les nuits obscures et sans lune des mois de mai, juin et juillet, époque où les an. passent en troupes serrées de l'Océan à la Méditerranée. Elle occupe un grand nombre de barques qui se tiennent à deux lieues environ des côtes. Ordinairement les Provençaux pêchent les an. avec des filets appelés *Rissoles* dont les mailles sont assez serrées. Ces filets sont placés sur des barques qui se tiennent à distance d'autres bateaux nommés *Fastiers*, lesquels portent des réchauds sur leur avant. Les fastiers font brûler de petites branches de bois résineux bien sec qui jettent une vive lueur. Les an., attirés par la lumière, entourent les bateaux fastiers, et les autres barques lancent à la mer les rissoles, qu'elles traînent de manière à cerner complétement les barques éclairées. Ces préparatifs terminés, les pêcheurs agitent l'eau à l'aide de leurs rames; ils éteignent les feux, et les poissons effrayés vont se jeter dans les filets. Les an. frais sont peu estimés; cependant on les mange frits. Mais c'est principalement pour les conserver qu'on les pêche sur les côtes de la Méditerranée. Dès que les pêcheurs sont sur le rivage, on voit accourir leurs femmes et leurs enfants qui s'empressent de couper la tête aux an., d'enlever les viscères de ce poisson, puis de laver à plusieurs eaux le tronçon et la queue; après quoi on dispose par lits, dans de petits barils, les an. ainsi préparés, en ayant soin de séparer chaque lit de poisson par un lit de sel écrasé en poudre assez fine, et rougi avec de l'ocre. On *alite* jusqu'à trois fois, c'est-à-dire, on fait trois saumures avant de livrer les an. au commerce. Lorsqu'ils sont convenablement préparés, ils peuvent se conserver plus d'une année, et leur chair est un des assaisonnements les plus agréables pour beaucoup d'aliments. Cette manière de préparer les an. est fort ancienne; les Grecs et les Romains la connaissaient. L'an. entrait, en outre, dans la composition du *garum* et de l'*acetogarum* de ces derniers.

* **ANCHOMÈNE.** s. m. (gr. ἀγχόμενος, étranglé). T. Entom. Voy. Carabiques.

* **ANCHUSA.** s. f. (gr. ἄγχουσα). T. Bot. Voy. Borraginées.

ANCIEN, ENNE. adj. Qui subsiste depuis longtemps. *Cette loi est fort ancienne. Un an. bâtiment. Une famille très-ancienne. D'anciens manuscrits. Ancienne amitié.* || * Qui exerce depuis longtemps une charge, un emploi, une profession. *Un an. magistrat. C'est un des plus anciens négociants de Paris.* — Se dit également Des personnes qui ne sont plus en charge, qui n'exercent plus une profession. *C'est un an. juge. L'an. maire. C'est un an. négociant.* || Qui n'existe plus depuis longtemps. *Les anciens Grecs. Les anciens Romains. L'usage an. Les mœurs anciennes. Étudier les langues anciennes.* — Par oppos. à Nouveau et à Moderne, on dit : *L'An. et le Nouveau Testament. L'ancienne et la nouvelle alliance. L'ancienne Grèce et la Grèce moderne.* || S'emploie subst. en parlant de Ceux qui ont vécu en des siècles fort éloignés de nous; mais on ne se sert guère de ce terme que pour désigner les Grecs et les Romains, et principalement les écrivains de ces deux nations. *Chez les anciens, on faisait autrement. Les anciens avaient coutume. Un an. a dit. La littérature des anciens. Il faut étudier les anciens.* — * Mais quand on veut parler d'un autre peuple, on est obligé de le nommer, et alors le mot *An.* est pris adj. *Les anciens Juifs. Les anciens Germains.* || Se dit aussi subst. Des personnes âgées quand on les met en opposition avec d'autres qui sont plus jeunes. *Les anciens du village. Je suis votre an.* — Fam. et pop. : *Bonjour, mon an.* || S'emploie encore subst. comme T. de Dignité, en parlant De certains peuples de l'antiquité, parce que dans le principe on choisissait les vieillards pour former le conseil de la nation. *Les anciens du peuple d'Israël.* Voy. Sanhédrin. — * Par anal., les Protestants donnent le titre d'*Anciens* aux Personnes qu'ils élisent pour composer le consistoire, conjointement avec les ministres ou pasteurs. || *An.* se dit encore, soit adject., soit subst., De celui qui est le premier en date dans un emploi, dans une charge, dans une compagnie. *C'est au plus an. en charge à porter la parole. Dans l'armée, à grade égal, c'est le plus an. officier* ou simplement *le plus an. qui commande.* || T. Admin. forestière. On appelle *Anciens* Les arbres réservés qui ont plus de trois fois l'âge du taillis, par opposit. à *Moderne* qui sert à désigner Les arbres de deux ou trois âges seulement. *Les arbres anciens, les modernes et les baliveaux de l'âge du taillis seront marqués du marteau royal à la hauteur et de la manière qui seront déterminées par l'Administration.*

Syn. — *Vieux, Antique.* — En parlant des choses, *vieux* se dit de celles qui tombent en désuétude, *an.* de celles dont l'usage est entièrement passé, et *antique* de celles dont l'existence remonte bien avant dans les siècles. Ces trois termes enchérissent donc l'un sur l'autre. En conséquence, *vieux* est l'opposé de *récent*, *an.* de *nouveau*, et *antique* de *moderne*. — Dans une autre acception, le mot *vieux* désigne l'état de ce qui est usé, de ce qui tombe en vétusté, en décadence. Le terme *an.* ne peut jamais se prendre dans ce sens; il sert uniquement à exprimer ce qui n'est plus en usage; et, sous ce rapport, il est synonyme du mot *antique*.

Enc. — Le *Conseil des Anciens* formait avec le *Conseil des Cinq-Cents* le corps législatif établi par la constitution de l'an III (28 octobre 1795). Ces deux conseils siégeaient dans la même commune, et leurs séances étaient publiques. Les membres qui les composaient se renouvelaient par tiers chaque année, et ils recevaient une indemnité annuelle de trois mille myriagrammes de froment. Pour être éligible au C. des Cinq-Cents il suffisait d'être âgé de trente ans accomplis, et d'être domicilié depuis dix ans sur le territoire de la République. Pour faire partie du C. des Anciens, qui était composé de 250 membres, il fallait avoir quarante ans, être marié ou veuf, et habiter le territoire français depuis quinze ans. Quant aux conditions du cens, elles ne différaient pas de celles qui étaient exigées pour l'électorat. Les attributions du C. des Cinq-Cents consistaient principalement dans la proposition et la discussion des lois, et celles du C. des Anciens dans l'approbation de ces mêmes lois. Ce dernier avait en outre le privilége de changer la résidence du corps législatif par un décret qui était considéré comme irrévocable. Bonaparte se servit habilement de ce privilége, au 18 brumaire, pour faire succéder le Consulat au Directoire.

ANCIENNEMENT. adv. Autrefois, dans les siècles passés. *An. on vivait d'une autre manière.*

Syn. — *Jadis, Autrefois.* — Ces trois mots désignent le temps passé; *an.* se dit d'une époque très-éloignée; *jadis*, d'un temps plus rapproché, moins en avant dans les siècles, et *autrefois*, d'une époque encore plus voisine de nous. Indépendamment de cette différence dans la gradation des temps, il en existe une autre entre ces termes, par rapport à leur emploi : *an.* est plus usité dans la conversation ou le style familier, *jadis*, dans la poésie et la légende, *autrefois*, dans la narration sérieuse et dans l'histoire.

ANCIENNETÉ. s. f. Qualité de ce qui est ancien. *L'an. d'une loi, d'une famille, d'un titre. Ces usages sont vénérables par leur an.* || Priorité de réception dans une compagnie, dans un corps. *Ils marchent par rang d'anc. Il doit son avancement à l'an. et non à la faveur.* = De toute ancienneté. loc. adv. Depuis un temps immémorial. *Cela s'est fait de toute an.*

ANCILE. s. m. (lat. *ancile*). T. Ant. Rom.

Enc. — Les historiens latins rapportent que la 44e année de Rome, et sous le règne de Numa Pompilius, un bouclier d'airain ou de cuivre étant tombé du ciel, les aruspices, consultés sur ce prodige, répondirent que le destin de la ville naissante était attaché à la conservation de ce bouclier miraculeux. Numa, afin de déjouer les projets de ceux qui tenteraient de dérober ce palladium, fit exécuter par un ouvrier habile, nommé Veturius Mamurius, onze boucliers parfaitement semblables au bouclier divin : ensuite il les déposa dans le temple de Mars et institua pour les garder un collége de douze prêtres appelés *Saliens* (de *salire*, sauter, ou *saltare*, danser), parce que, chaque année, au mois de mars, ils parcouraient la ville, portant au bras les boucliers sacrés et exécutant, au son des instruments de musique, des danses et des chants solennels. Pendant les trois jours que durait cette fête, on ne pouvait ni se marier, ni entreprendre quelque chose d'important. — Les boucliers sacrés avaient reçu le nom d'*anciles*. Suivant plusieurs auteurs, cette dénomination dérivait du mot grec ἀγκύλος (*ankilos*), courbe, parce qu'ils étaient échancrés latéralement de manière qu'ils étaient plus larges vers leurs extrémités qu'à leur partie moyenne. Deux de ces boucliers sont représentés sous cette forme au revers de deux médailles de la famille Licinia. — Les hymnes que chantaient les Saliens étaient, au rapport de Festus, nommés *axamenta*, et l'on prétend que l'ouvrier qui fabriqua les anciles demanda pour unique salaire que son nom fût mentionné dans ces hymnes.

* **ANCILLAIRE.** s. f. T. Zool. Voy. Buccinoïdes.

* **ANCIPITÉ, ÉE.** adj. (lat. *anceps*). T. Bot. Se dit De tout support comprimé de manière à présenter deux bords tranchants : ainsi, les pétioles, les hampes, les tiges, les pédoncules, etc., peuvent être dits *Ancipités*.

ANCOLIE. s. f. T. Bot. Voy. Renonculacées.

ANCRAGE. s. m. T. Mar. Lieu propre et commode pour ancrer. Aujourd'hui on dit ord. *Mouillage*. || *Droit d'an.*, Prix qu'on paye pour avoir la faculté d'ancrer ou de mouiller dans certains ports.

ANCRE. s. f. (lat. *anchora*). T. Mar. Instrument de fer qui, étant jeté au fond de la mer, s'y accroche, et sert à retenir les bâtiments. *Se tenir à l'an. Perdre ses ancres. L'an. est le symbole de l'espérance.* || Fig., *C'est notre an. de salut*, C'est la seule personne ou la seule chose qui puisse nous sauver.

Enc. — En Archit., on donne le nom d'*An.* à une grosse barre de fer qu'on fait passer dans l'œil d'un tirant, pour empêcher soit l'écartement des murs, soit la poussée des voûtes, et dont on se sert également pour maintenir des tuyaux de cheminée fort élevés, etc. Cette barre présente ordin. la forme d'une S ou d'un T, et d'autres fois celle d'un X ou d'un Y. — On désigne encore sous ce nom une sorte d'ornement qui sert à décorer certaines moulures. Voy. Moulure.

Marine. — Dans sa forme la plus ordinaire, l'*An.* consiste en une barre droite AB (Fig. 1), appelée *Verge* ou *Tige*, qui se termine par deux *Bras* BC, BD, supportant les plaques triangulaires CE, DF, nommées *Pattes*. L'extrémité E ou F, taillée en pointe, porte le nom de *Bec*. La portion de la patte qui, de chaque côté, dépasse le corps du bras sur lequel elle est soudée, a reçu le nom d'*Oreilles* : ces oreilles déterminent la largeur des pattes. Le point B où les bras se soudent à la verge est le *Collet*, l'*Encolure* ou la *Croisée* de l'ancre. Parfois on désigne sous le nom de *Croisée* la longueur perpendiculaire des deux bras, ou la ligne droite qui mesure la distance des deux becs. La forme anguleuse déterminée par le prolongement inférieur de la verge, et qui finit en pointe H forgée à facettes, s'appelle le *Diamant*. L'extrémité supérieure de la verge est percée d'un *œillet* où passe un anneau nommé *Organeau* ou *Cigale*, auquel s'attache le câble qui sert à enlever et à suspendre l'an. Au-dessous de l'œillet, un premier tenon, et un peu plus bas, un second tenon, limitent un espace carré dans lequel vient se fixer solidement une pièce de bois nommée *Jas* ou *Jouail*. Cette partie de la verge porte la dénomination de *Carré*. Le jas KL est le plus souvent formé de deux pièces de chêne cerclées ensemble : il forme un angle droit avec le plan des pattes et est un peu plus long que la tige. Quand on emploie un câble de chanvre pour suspendre l'an., l'anneau auquel on l'attache est d'abord recouvert de toile à voile goudronnée, puis de morceaux de cordage solidement fixés : c'est ce qu'on appelle *mettre une emboudinure*; le but de cette opération est d'empêcher le câble de s'user en frottant contre le fer de l'anneau. Avec une chaîne de fer, on est dispensé de cette précaution.

Fig. 1.

Il importe peu, lorsqu'on laisse tomber l'an. de l'avant ou du côté d'un navire, que la verge soit verticale ou horizontale au moment où elle entre dans l'eau; dans tous les cas, elle est située verticalement quand elle arrive au fond de la mer, ce qui tient à la résistance que le jas éprouve de la part de l'eau; alors elle s'incline, et pose d'une part sur la croisée, de l'autre sur une oreille, et enfin sur une des extrémités du jas. Mais l'action du câble tend à faire tomber le jas à plat : dans cette position, l'un des becs pique le fond et y pénètre plus profondément à mesure que le câble se roidit, jusqu'à ce que le bras se trouve enterré en tout ou en partie (Fig. 2). La sécurité du navire dépend de la manière dont la patte de l'an. mord le fond. On a calculé que le maximum d'effet a lieu lorsque le bras de l'an. fait avec le fond un angle de 45°, le fond et le câble étant supposés horizontaux.

Fig. 2.

On fabrique les ancres avec de larges barres de fer que l'on forge ensemble; les diverses parties de l'an. sont fabriquées séparément, et on les soude ensuite. Autrefois, on assemblait des faisceaux de barres de fer carrées liées par des cercles de même métal; Perring, commissaire de la marine à Plymouth, y a substitué des barres de fer méplat, ayant toute la largeur à donner à la verge; on évite par là un grand nombre de réchauffages. Perring a aussi modifié la manière de réunir les bras à l'encolure. — En outre, on a proposé différentes autres formes pour les ancres. Ainsi, par ex., afin que l'action des ancres s'exerçât uniquement dans le sens des fibres du métal, Piper imagina de les fabriquer de plusieurs pièces; nous en citerons une seulement (Fig. 3) dans laquelle le bras tient à un fuseau tournant, ce qui permet de faire varier à volonté l'angle que le bras fait avec la double verge : lorsqu'on a mis le bras dans la position voulue, on fixe le fuseau au moyen d'une cheville. Brunton a construit une an. (Fig. 4) dans laquelle le jas consiste en une barre de fer cylindrique soutenue à ses extrémités par des bras ou supports latéraux boulonnés

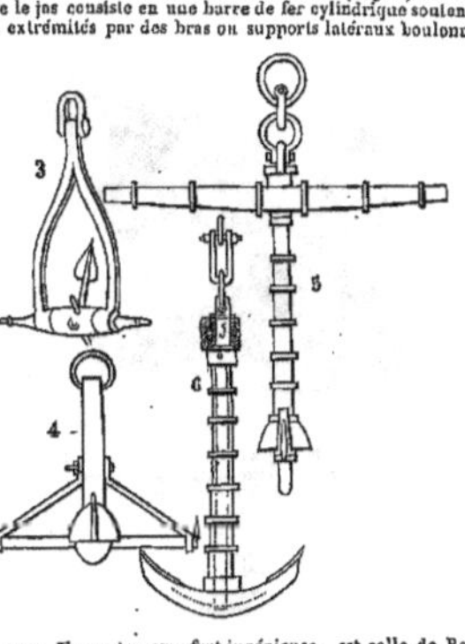

à la verge. Une autre an., fort ingénieuse, est celle de Rodgers, de la marine anglaise (Fig. 5 et 6). Toutes les parties en sont reliées au moyen de bandes ou de frettes en fer au lieu de boulons ou de clous. Le jas est fixé au moyen d'une frette ou d'une clef, au lieu de tenons établis sur la verge; enfin Rodgers a proposé de modifier les dimensions et la forme des pattes, l'expérience lui ayant prouvé que de petites pattes tiennent mieux que les grandes. — Avant de se servir d'une an., on la soumet à certaines épreuves. On l'élève à une grande hauteur, et on la laisse librement retomber sur de vieux canons ou sur de grosse ferraille. Si elle résiste à cette chute, elle est réputée bonne. Cependant on peut encore l'éprouver en la faisant mordre contre un obstacle invincible, et en tirant dessus avec un cabestan jusqu'à ce que le câble casse, ou avec une presse hydraulique jusqu'à ce qu'elle marque un degré de traction déterminé.

Le poids des ancres, pour les différents vaisseaux, est proportionné à leur tonnage. La règle ordinaire est de prendre des ancres qui pèsent en quintaux métriques un 40e du nombre de tonneaux de charge. La *maîtresse an.*, c.-à-d. l'an. principale d'un bâtiment de 1,000 tonneaux, doit peser 25 quintaux métriques. Pour les vaisseaux de guerre, le poids de l'ancre est évalué à peu près à un demi-quintal métrique par canon. Ainsi, un vaisseau de 74 canons a une maîtresse an. de 4,000 kilog. Du reste, ce poids n'est pas rigoureusement proportionnel aux dimensions des bâtiments, attendu que les grands vaisseaux sont moins exposés à des mouvements brusques ou violents que les petits navires. — Chaque navire a aussi plusieurs ancres de poids divers. La *maîtresse an.*, appelée encore *grande an.* et autrefois *an. de miséricorde*, est gardée en réserve sans être *enjallée* (sans avoir son jas) dans la cale. Les vaisseaux de guerre et les forts bâtiments portent deux grosses ancres de dimension égale à l'avant du navire. Elles sont suspendues aux *bossoirs*, et sont toujours prêtes à être *mouillées* : on les appelle *ancres de bossoir* ou *de poste*. Deux autres ancres plus petites, appelées *ancres de veille*, sont encore toujours prêtes à être jetées à la mer : elles sont placées le long du porte-hauban de misaine. De plus on embarque de petites ancres dites *à jet*, qu'on porte au large avec la chaloupe lorsqu'on veut se *toner* ou s'*affourcher*. Enfin, il y a des ancres que l'on appelle *borgnes*, parce qu'elles n'ont qu'une seule patte; un simple anneau remplace la branche opposée; on s'en sert dans les mouillages où la mer a peu de profondeur, parce que les vaisseaux pourraient être endommagés s'ils passaient sur la seconde patte d'une an. ordinaire.

Lorsqu'on veut jeter l'ancre, on dégage celle-ci de l'appareil qui la tient suspendue aux flancs du navire, et l'an. descend en entraînant son câble. Si la longueur de ce câble est courte, le câble prend naturellement une direction verticale; l'an. est *à pic*. Une fois l'an. jetée, le navire s'éloigne le plus possible du lieu où elle est tombée, car on doit tâcher que le câble auquel elle est attachée approche autant que faire se peut de la direction horizontale, afin qu'il tire la verge de l'an. dans un sens parallèle au fond. Si la patte s'engage solidement, on dit que l'an. *tient bon* ; on dit au contraire qu'elle *dérape*, qu'elle *laisse* ou *quitte le fond* lorsqu'elle cesse de mordre, ou qu'elle refuse de s'engager. Le navire *chasse* alors sur l'an., c.-à-d. qu'il change de place en entraînant son an. Quelquefois l'an. *tourne sur sa verge*, c.-à-d. que, dans une position mal assurée, elle se couche alternativement sur sa croisée et sur son jas. On la dit *surjalée*, lorsque le câble qui la retient, au lieu de s'étendre directement de l'organeau au vaisseau, fait un tour sur le jas. Dans ce cas elle ne peut tenir le fond; il faut la retirer pour remettre le câble en état. Le navire une fois arrêté, on dit qu'il *est à l'an.* Un gros cordage, nommé *Orin*, attaché d'un bout à la croisée de l'an. et de l'autre à une bouée, maintient cette bouée au dessus de l'endroit où l'an. est fixée et indique ainsi sa place. — Quelquefois on se sert d'une petite an. pour renforcer l'action d'une an. plus grosse : on la place alors en avant de celle-ci, et les deux ancres sont liées l'une à l'autre par un grelin : c'est ce qu'on appelle un *empennelage* ; la plus petite ancre est dite *an. d'empennelle*. — Quand un navire est mouillé sur une seule an., il arrive fréquemment que, cédant à l'action du vent ou de la marée, il tourne autour de son an.; il pourrait ainsi aller se jeter sur un autre vaisseau ou sur un écueil, et la patte de l'an., forcée de tourner sur elle-même dans son trou, finirait par le quitter; enfin, le câble risque de s'user et de s'entortiller autour de quelque partie de l'an. Pour éviter ces inconvénients, on *affourche* le navire sur deux ancres, c.-à d. on jette deux ancres de manière que leurs câbles représentent une espèce de fourche : alors, chaque câble agissant de son côté, les deux ancres contre-tiennent le navire, de façon à limiter ses mouvements. Dans les mouillages où il y a de la marée, on s'affourche dans sa direction : l'an. qui tient le vaisseau contre le flux est dite *an. de flot*, celle qui le retient contre le reflux est dite *an. de jusant*. Toutes les ancres sont propres à affourcher; mais il y en a une sur les vaisseaux qui est spécialement destinée à cet usage, et qui, en conséquence, porte le nom d'*an. d'affourche*. Parfois on est forcé de mouiller trois ancres pour qu'elles se soutiennent mieux : c'est être *affourché en patte d'oie* ou *en barbe de chat*. — *Lever l'an.*, c'est l'arracher du fond, lorsqu'on veut appareiller. Pour cela, on vire au cabestan sur le câble qui retient l'an.; le navire s'approche peu à peu du point de mouillage, et lorsqu'il est à pic, il suffit ordinairement de donner un bon coup de force au cabestan pour faire pirouetter la verge de l'an. autour de la patte et la faire déraper. Dès que l'an. est dérapée, on la hisse par son câble à l'aide du cabestan, ou à force de bras quand il s'agit d'*ancres à jet*. Lorsque le câble est rompu ou lorsque le bâtiment désaffourche, on *lève l'an. par les cheveux*, c.-à-d. que l'orin sert à lever l'an. avec la chaloupe. On lève certaines ancres, principalement celles dites *de détroit*, moitié moins fortes que celles de bossoir, au moyen de l'orin, en le faisant passer dans une poulie fixée sous le mât de beaupré et en virant dessus. Lorsque la bouée d'une an. est perdue, on *drague* en traînant sur le fond un gros cordage dont les extrémités sont portées par deux chaloupes qui se tiennent à une certaine distance l'une de l'autre, afin d'engager ce cordage dans quelque partie saillante de l'an. qu'on veut retirer de l'eau. Enfin, l'an. arrivée au bossoir, on la *traverse*, c'est-à-dire on la saisit en travers, et l'on relève ses becs le long du bord. Ainsi, quand le bâtiment appareille, l'organeau de l'an. est amarré au bossoir, la patte est amenée près du flanc du navire, le câble et l'orin sont démarrés; l'an. est *en sûreté*.

ANCRER. v. n. Jeter l'ancre. *Ils trouvèrent le mouillage bon et y ancrèrent.* Aujourd'hui on dit *Mouiller*. =s'Ancrer. v. pron. Fig. et fam. *S'an. dans une place, dans un emploi, dans une maison*, S'y établir d'une manière solide et durable. = Ancré, ée. part. || S'emploie adj. au prop. et au fig. *Vaisseau bien an. Il est an. dans cette maison. Cette idée est bien ancrée dans sa cervelle.*

***ANDA.** s. m. T. Bot. Voy. Euphorbiacées.

ANDABATE. s. m. (ἄντα, en face; βαίνω, je marche). T. Antiq. rom. Voy. Gladiateur.

ANDAIN. s. m. (ital. *andare*, marcher). L'étendue de pré qu'un homme peut faucher à chaque pas qu'il avance.

ANDANTE. adv. (ital. *andare*, aller). T. Mus. Mot ital. qui, mis au commencement d'un morceau, indique Un mouvement modéré, mais d'un rhythme sensible. *Ce morceau doit être joué an.* || S'emploie comme subst. masc. pour désigner Le morceau qui doit être joué dans ce mouvement. *La plus belle partie de cette symphonie, c'est l'an.* — Quelques personnes prononcent à l'italienne *Andanté*. =*Andantino. Ce terme indique un mouvement plus lent que le mot *Andante*, dont il est le dimin.

ANDELLE. Voy. Bois.

***ANDIRA.** s. m. Voy. Légumineuses.

ANDOUILLE. s. f. (lat. *edulium*, chose bonne à manger). Boyau de porc, rempli, farci d'autres boyaux ou de chair hachée du même animal. *Une grosse an. Andouilles fumées.*

ANDOUILLER. s. m. T. Vén. Ramification que présente le bois du cerf. *Il a été blessé d'un coup d'an. Les andouillers d'un cerf.* Voy. Cerf.

ANDOUILLETTE. s. f. Chair de veau hachée et pressée en forme de petite andouille.

* **ANDRACHNE.** s. m. (gr. ἀνδράχνη). T. Bot. Voy. Euphorbiacées.

* **ANDRÉACÉES.** s. f. pl. T. Bot.

Enc. — Lindley a établi sous ce nom une petite famille qu'il a séparée des *Mousses* et des *Hépatiques*, et qui ne se compose que de 2 genres (*Andrea* et *Acroschisma*) et de 13 espèces. Le savant botaniste caractérise ainsi cette famille : Plantes brunes ou rougeâtres, muscoïdes et ramifiées, à feuilles imbriquées pourvues ou dépourvues de côtes. Capsule à spores munis d'une calyptre, portée sur une apophyse charnue, et s'ouvrant longitudinalement en quatre valves égales dont les sommets sont toujours maintenus ensemble par un opercule persistant. Pas de péristome. Spores entourant une columelle

centrale. [Fig. 1. *Andrea nivalis* de grandeur naturelle. 2. La même grossie. 3. Capsule à spores, dont le calyptre est déchiré. 4. La même après la sortie des spores. 5. Columelle avec quelques spores qui y adhèrent. — 6. *Andrea rupestris* très-grossie. 7. Ses anthéridies et ses paraphyses en forme de filaments.] Les *An.* croissent sur les rochers dans les lieux froids jusqu'à la limite des neiges perpétuelles. Leurs usages sont inconnus.

* **ANDRÈNE.** s. f. T. Ent. Voy. Andrenètes.

ANDRENÈTES. s. f. pl. T. Ent.

Enc. — La famille des *Mellifères* a été divisée par Latreille en deux sections, les *Andrenètes* et les *Apiaires*. Linné avait confondu les *An.* dans son genre *Abeille*, mais elles en avaient été séparées par Réaumur sous le nom de *Pro-abeilles*. — D'après Latreille, les caractères distinctifs des insectes qui composent cette section sont : 1° languette trifide à lobe intermédiaire en forme de cœur ou de fer de lance, plus court que sa gaine; 2° mandibules simples, terminées au plus par deux dentelures; 3° palpes labiaux de quatre articles, ressemblant aux maxillaires : ces derniers toujours formés de six articles. — Les *An.* ne se composent que de deux sortes d'individus, c.-à-d. qu'il n'existe pas de neutres ou d'ouvrières parmi elles.

Fig. 1.

Fig. 2.

Les femelles ramassent, avec les poils de leurs pattes postérieures, la poussière des étamines et en composent avec un peu de miel une pâtée pour nourrir leurs larves : elles creusent dans la terre et souvent dans les lieux battus, des trous assez profonds où elles placent cette pâtée avec un œuf, et ferment ensuite l'ouverture avec de la terre. — La division des *And.* se compose de cinq genres. Les hyménoptères des genres *Andrène* et *Dasypode* ont la languette semblable à un fer de lance et repliée sur le côté supérieur de sa gaine; mais les *Dasypodes* (Fig. 1. *Dasypode hirtipède*) se distinguent des andrènes (Fig. 2. *Andrène funèbre*) par des tarses plus velus.

Fig. 3.

Fig. 4.

Les ailes supérieures, dans ces deux genres, n'ont que deux cellules cubitales. — Chez les *Sphécodes* (Fig. 3. *Sphécode gibbeux*) et chez les *Halictes* (Fig. 4. *Halicte à pattes jaunes*), la languette est droite ou un peu courbée en dessous à son extrémité. Le nombre des cellules cubitales fermées est toujours de trois. Quelques espèces de ces deux genres habitent notre pays. Les Sphécodes sont des hyménoptères parasites qui pondent leurs œufs dans le nid de quelques espèces de Mellifères récoltantes, et dont les larves se nourrissent avec la pâtée destinée aux larves des propriétaires légitimes. Walckenaër nous a révélé les habitudes curieuses de deux espèces d'Halictes, l'*H. écaphose* et l'*H. perceur*. Le premier, qui se rencontre aux environs de Paris, construit dans les terrains sablonneux une galerie dont la direction forme un angle aigu avec le niveau du sol. Cette galerie, qui s'infléchit à l'extrémité opposée à son ouverture, se termine par une voûte de 6 centim. de diamètre sur 9 centim. environ de profondeur. Quoique plusieurs individus se réunissent pour construire cette excavation qui leur sert de demeure commune, c'est un travail énorme pour des insectes qui ont au plus 13 millim. de long. Mais ce qu'il y a de plus curieux dans cet édifice souterrain, c'est l'innombrable quantité de piliers qui en soutiennent la voûte et dont l'ensemble constitue un labyrinthe inextricable. Le nid de l'écaphose est composé de petites cellules en terre ayant une forme assez semblable à celle d'une cornue renversée. C'est dans ces cellules que la femelle dépose la pâtée céro-mielleuse destinée à nourrir la larve. Celle-ci est apode et se change en nymphe sans filer de coque. L'*H. perceur* a des habitudes analogues, mais ses constructions souterraines sont bien moins remarquables. — Les *Hylées* et les

Fig. 5.

Fig. 6.

Collètes ont le lobe moyen de la languette évasé à son extrémité et en forme de cœur; mais les premières (Fig. 5. *Hylée marquée*) ont le corps glabre et leurs ailes supérieures n'offrent que deux cellules cubitales complètes, tandis que les secondes (Fig. 6. *Collète hérissée*) ont le corps velu et les ailes supérieures présentant trois cellules cubitales complètes.

* **ANDROCTONE.** s. m. (gr. ἀνὴρ, ἀνδρὸς, homme; κτείνω, je tue). T. Zool. Voy. SCORPION.

ANDROGYNE. s. m. et adj. 2 g. (gr. ἀνὴρ, ἀνδρὸς; γυνὴ, femme). T. Zool. et Bot. Voy. HERMAPHRODITE.

Enc. — La mythologie grecque avait imaginé une race humaine qui était à la fois homme et femme, et qui, en conséquence, avait reçu le nom d'*And.* Ces androgynes avaient, suivant Platon, leurs épaules et leurs côtés attachés ensemble, quatre bras, quatre jambes, et une seule tête à deux visages parfaitement semblables, qui était supportée par un cou également unique. Ces êtres bizarres étaient pleins de force et d'intelligence; mais leur orgueil les perdit. Ils résolurent d'escalader l'Olympe pour chasser les Dieux, et furent punis de leur audace par Jupiter, qui les coupa en deux afin de les affaiblir. Dès lors, chaque and. forma deux êtres distincts, deux moitiés unisexuelles qui se recherchèrent avec une ardeur constante et extrême, afin de s'unir pour reconstituer l'and. ou leur unité primitive.

* **ANDROGYNIE.** s. f. T. Bot. Réunion des deux sexes, soit sur un même individu, soit dans le même périanthe. Ce terme est donc syn. de *Monœcie* dans le premier cas, et d'*Hermaphroditisme* dans le second.

ANDROÏDE. s. m. (gr. ἀνὴρ; εἶδος, apparence). Voy. AUTOMATE.

***ANDROMÈDE.** s. f. T. Astr. Voy. CONSTELLATION. || * T. Bot. Voy. ÉRICACÉES.

ANDROPHORE. s. m. (gr. ἀνὴρ, ἀνδρὸς; φέρω, je porte). T. Bot. Voy. ÉTAMINE.

* **ANDROPOGON.** s. m. (gr. ἀνὴρ; πώγων, barbe). T. Bot. Voy. GRAMINÉES.

* **ANDROSACE.** s. m. (gr. ἀνὴρ; σάκος, bouclier). T. Bot. Voy. PRIMULACÉES.

* **ANDROSELLE.** s. f. T. Bot. Syn. d'*Androsace*.

* **ANDROSÈME.** s. m. (gr. ἀνὴρ, ἀνδρὸς; αἷμα, sang). T. Bot. Voy. HYPÉRICINÉES.

ÂNE. s. m. (lat. *asinus*). Mammifère de l'ordre des *Pachydermes*, famille des *Solipèdes*; bête de somme connue de tout le monde, et dont les oreilles ainsi que le caractère ont donné lieu à une foule de phrases proverbiales. *Bâter un â. Aller sur un â. Monter sur un â. Transporter à dos d'â.* || Fig. et fam., Esprit lourd et grossier; Homme ignorant. *C'est un â., et il ne sera jamais qu'un â. C'est un â. bâté*, C'est un homme fort ignorant. — *Être têtu comme un â.*, Être entêté, opiniâtre. — *Être méchant comme un â. rouge*, Être fort malicieux. — *Il est sérieux comme un â. qu'on étrille*, Il affecte la gravité. — *C'est l'â. du moulin*, C'est sur lui que tout retombe. — *C'est le pont aux ânes*, C'est une chose si commune et si triviale que personne ne peut l'ignorer; ou Cela est si facile que tout le monde peut y réussir. || *Contes de peau d'â.*, Petits contes pour l'amusement des enfants. On les nomme ainsi par allusion à un conte fort connu dont l'héroïne s'appelle *Peau d'â.* || Le mot *Ane* entre dans une foule de proverbes. Voici les plus usités : *A laver la tête d'un â. on perd sa lessive*, C'est perdre son temps et sa peine que de vouloir instruire ou corriger une personne stupide et incorrigible. *On ne saurait faire boire un â. qui n'a pas soif*, On ne saurait obliger une personne entêtée à faire ce qu'elle ne veut pas. *Il cherche son â., et il est dessus*, se dit De quelqu'un qui cherche ce qu'il a sur lui ou entre les mains. *Les chevaux courent les bénéfices et les ânes les attrapent*, Les hommes à talents méritent les emplois, et les ignorants ou les intrigants les obtiennent. *Nul ne sait mieux que l'â. où le bât le blesse*, C'est celui qui est gêné qui sait le mieux d'où vient son embarras. *Il y a plus d'un â. à la foire qui s'appelle Martin*, Se dit en parlant à ceux qui se trompent sur l'équivoque d'un nom. *Brider un â. par la queue*, Faire une chose de travers. *Faute d'un point, Martin perdit son â.*, Faute de la plus petite chose, on échoue souvent dans ce que l'on a entrepris. || *Oreilles d'â.*, Cornets de papier qu'on attache à la tête d'un enfant pour le punir d'une faute. *Bonnet d'â.*, Bonnet en papier avec des oreilles d'â. qui sert au même usage. || *En dos d'â.*, se dit D'une chose plus longue que large et qui va en s'inclinant des deux côtés à partir de la ligne médiane. *Le dessus de ce coffre est* ou *va en dos d'â.*

Enc. — Pour les zoologistes, l'*A.* est une espèce du genre *Cheval*. Il se reconnaît à ses longues oreilles, à la houppe du bout de sa queue, à la croix noire qu'il a sur les épaules, premier indice des bandes qui distinguent les espèces Zèbre, Couagga, Dauw, appartenant également au genre cheval. Sa voix, appelée *braire*, a un son très-rauque, ce qui tient à deux petites cavités particulières situées au fond du larynx de cet animal. — L'â. se trouve aujourd'hui encore à l'état sauvage dans les steppes de la Tartarie. Sa grandeur est celle d'un cheval de moyenne taille; ses oreilles sont moins longues que celles de nos ânes domestiques; ses jambes sont plus longues et plus fines; son pelage est d'un beau gris, et quelquefois d'un jaune brunâtre. (Fig. 1. *A. sauvage.*) Ces animaux se réunissent dans les steppes par troupes innombrables, qui se portent du midi au nord et du nord au midi

Fig. 1.

suivant les saisons. Leur vitesse est extrême, car ils égalent à la course le meilleur cheval persan, et, en outre, ils supportent la fatigue beaucoup plus longtemps que celui-ci. Les Kalmouks font la chasse aux ânes sauvages non-seulement pour leur peau, mais encore pour leur chair, qui est préférable à celle du cheval. — L'époque de la domestication de l'â. ne saurait être déterminée, car les témoignages historiques les plus anciens nous montrent déjà l'â. et le cheval assujettis au joug de l'homme. Ces deux espèces d'ailleurs sont aujourd'hui répandues, à l'état domestique, dans tous les pays du globe. — L'*â. domestique* (Fig. 2) a les formes infiniment plus lourdes que celles de l'â. sauvage. Comme il est originaire des pays chauds, il dégénère naturellement dans les contrées du nord, et cesse même de produire vers le 60° de latitude.

Fig. 2.

Cependant l'état de dégradation physique et morale où nous le voyons chez nous, tient surtout au peu de soins qu'on lui donne et aux mauvais traitements qu'on lui fait subir. Dans l'Orient, où il est mieux nourri et moins excédé de travail, l'â. est grand, fort, vif et en même temps plus docile; son agilité est aussi bien plus grande que dans nos pays, car il peut faire environ 11 kilom. à l'heure. Quelque chétifs et peu vigoureux que soient en gén. ces animaux dans les contrées du nord, ils n'en rendent pas moins d'immenses services au cultivateur peu aisé. Leur sobriété est si grande qu'ils se nourrissent des aliments que dédaignent les autres animaux. La patience de l'â. est extrême, et si son entêtement est quelquefois tel qu'il ait avec raison donné lieu au dicton populaire *têtu comme un â.*, ce défaut est uniquement le résultat des mauvais traitements auxquels on soumet cet utile serviteur. Malgré l'exiguïté à laquelle sa taille se trouve souvent réduite, il porte encore des fardeaux considérables. Enfin, une qualité qui le rend précieux dans certaines localités, c'est la sûreté de son pied bien supérieure à celle du cheval. En outre, il est bien moins sujet aux maladies et aux infirmités que ce dernier. Sa vue est plus perçante, et il a également l'ouïe plus fine et l'odorat plus développé que le cheval. L'â. peut vivre de 30 à 35 ans; mais chez nous sa vie moyenne ne dépasse guère 15 à 18. — L'ânesse est plus recherchée par les cultivateurs que le mâle de l'espèce : car, indépendamment des services qu'elle leur rend comme instrument de travail, elle donne encore un lait d'excellente qualité qui, à cause de sa ressemblance avec le lait de femme, est souvent recommandé dans certaines affections de l'appareil digestif ou pulmonaire. La durée de la gestation de l'ânesse est de onze mois. En général, elle ne met bas qu'un seul petit à la fois. Le croisement du cheval et de l'â. produit une espèce hybride connue sous le nom de *Mulet*. — On distingue en France deux races particulières d'ânes : celle du Poitou et celle de Gascogne. La première est remarquable par son poil qui est laineux et fort long. Sa taille varie de 1 mètre à 1 mèt. 40 cent. La race de Gascogne se distingue par son poil ras et sa robe brune ou bai-brun : elle atteint quelquefois une taille de 1 mètre 50 cent. Le nombre des ânes et ânesses s'élève, pour la France, à 420,000 têtes environ. — La peau de l'â. est remarquable par sa dureté et son élasticité : on s'en sert pour faire des cribles, des tambours et une espèce de cuir grenu connu sous le nom de *Chagrin*. Voy. CHEVAL et MULET.

ANÉANTIR. v. a. (R. *néant*). Réduire au néant. *Celui qui a créé le monde peut l'an.*—Par extens. on dit : *Les barbares ont anéanti l'empire romain. La révolution a anéanti sa fortune. An. une coutume.* == S'ANÉANTIR. v. pron. *A la voix de Dieu, le monde s'anéantira. L'empire des Perses s'est anéanti. Cette famille s'est anéantie. Tous ses biens, tous ses honneurs se sont anéantis.* ‖ S'abaisser, s'humilier devant Dieu par la connaissance qu'on a de son néant. == ANÉANTI, IE. part. ‖ Par exag., *Je suis anéanti*, Je suis excédé de fatigue ; ou fig., Je suis stupéfait, confondu.

Syn. — *Détruire.* — Au prop., *détruire* signifie littéralement, rompre la structure d'un corps, c.-à-d. faire cesser les conditions d'une chose, en dispersant les éléments qui la constituaient. *An.* ne saurait guère se prendre à la lettre qu'en parlant de Dieu seul, car il n'est pas au pouvoir de l'homme de réduire au néant les éléments des choses : il s'emploie donc hyperboliquement pour signifier *détruire* aussi complétement que possible. Cependant, quand il s'agit d'œuvres de l'esprit, *an.* reprend sa signification étymologique. Virgile, en mourant, ordonna de brûler son *Énéide ;* si l'on eût exécuté ses dernières volontés, ce chef-d'œuvre aurait été *anéanti.* — Quand on emploie ces deux verbes au fig., *an.* est plus expressif que *détruire*, mais ils ont au fond la même signification. Ainsi, par ex., lorsqu'on dit : La révolution *a détruit* ou bien *a anéanti* la fortune de cette famille, on veut exprimer qu'il ne reste plus rien de cette fortune. Néanmoins les biens qui la composaient n'ont pas péri absolument; ils n'ont fait que passer en d'autres mains.

ANÉANTISSEMENT. s. m. Réduction au néant. *L'an. des créatures dépend de Dieu seul.* ‖ Par ext., Abaissement d'une fortune élevée ; Renversement, destruction d'un empire, d'une famille. *L'an. de sa fortune. Depuis l'an. de l'empire des Califes. Cette famille est tombée dans l'an.* ‖ Fig., État d'abattement et de faiblesse extrême durant lequel l'exercice de toutes les facultés semble être suspendu. *Tomber dans l'an. L'état d'an. de ce malade est tel qu'on désespère de le sauver.* ‖ Fig., État d'humilité profonde devant Dieu. *Être dans un continuel an. devant Dieu.*

ANECDOTE. s. f. (gr. α priv. ; ν euphon. ; ἔκδοτος, publié). Particularité secrète d'histoire, qui avait été omise ou supprimée par les historiens précédents. *An. curieuse, satirique, scandaleuse.* ‖ Récit court, piquant, de quelque trait ou de quelque fait particulier, plus ou moins remarquable. *Recueil d'anecdotes. Il raconte fort bien les anecdotes.* ‖ S'employait autrefois adj. *L'histoire an. de Procope.* On dit aujourd'hui *Anecdotique.*

Syn. — *Histoire, Historiette.* — Le mot *histoire* pris dans un sens familier s'entend du récit d'un simple fait isolé, qui a rapport seulement à une personne ou bien à un petit nombre d'individus. Son diminutif *historiette* a la même signification; mais il se dit surtout d'une *histoire* gaie, amusante, légère. Fort souvent on se sert indifféremment des mots *histoire* et *an.;* toutefois *an.*, ainsi que l'indique l'étymologie, doit spécialement s'appliquer aux faits inédits, aux particularités secrètes. Je connaissais cette *histoire* et c'était pour moi une énigme; mais l'*an.* que vous me contez là me fait comprendre tout ce qui s'est passé.

ANECDOTIER. s. m. Celui qui a l'habitude de recueillir ou de raconter des anecdotes, vraies ou fausses. *C'est un an.* Fam.

ANECDOTIQUE. adj. 2 g. Qui tient de l'anecdote; qui contient des anecdotes. *Fait an. Histoire an.* ‖ *Pièce an.*, Pièce de théâtre dont une anecdote a fourni le sujet.

ÂNÉE. s. f. La charge d'un âne.

*** ANEIMIE.** s. f. (gr. ἀνείμων, nu). T. Bot. Voy. POLYPODIACÉES.

*** ANÉMIE.** s. f. (g. α priv. ; αἷμα, sang). T. Méd.

Enc. — Les médecins désignent sous ce nom deux états particuliers de l'appareil circulatoire : dans l'un, la quantité totale du sang est diminuée, comme par ex. après une abondante hémorrhagie traumatique; dans l'autre, la quantité du sang reste la même, mais le sang étant privé d'une partie de ses éléments essentiels, fibrine, matière colorante, fer et sels, n'exerce plus sur l'organisme la même influence vivifiante. — Dans son sens étymologique, le terme *An.* signifie absence complète du sang, c.-à-d. exprime un état incompatible avec la vie : aussi a-t-on proposé de la remplacer par les mots *Oligaimie*, de αἷμα sang, et ὀλίγος peu; *Hypémie*, de αἷμα et ὑπὸ, au-dessous (Andral); *Hydrohémie* ou *Hydrémie*, de αἷμα et ὕδωρ eau (Piorry). Cette dernière dénomination s'applique spécialement au cas, qui d'ailleurs est le plus fréquent, où la proportion du sérum est plus considérable qu'à l'état normal, relativement aux autres éléments du sang. L'an. se distingue, d'après la nature de ses causes, en idiopathique et en symptomatique. Elle est idiopathique, lorsque les causes qui l'ont produite ont agi directement sur le sang; telles sont une alimentation insuffisante sous le rapport de la qualité ou sous celui de la quantité, l'inspiration d'un air trop peu oxygéné ou vicié par des gaz délétères, la privation de la lumière solaire, etc. L'an. est symptomatique, lorsqu'elle est la conséquence d'une hémorrhagie quelconque, lorsque l'assimilation convenable des substances alimentaires est empêchée par quelque altération de l'appareil digestif, lorsqu'une affection pulmonaire ne permet pas au sang de s'oxygéner complétement, enfin lorsqu'elle accompagne une lésion organique du cœur. — On conçoit aisément que la forme et les symptômes de l'an. doivent présenter de notables différences suivant la quantité de sang perdu et suivant le degré d'altération qu'a subi ce liquide. Dans les cas où l'an. est consécutive à quelque affection organique, les symptômes propres à celle-ci viennent s'ajouter à ceux de l'an. — Au reste, le diagnostic de l'an. est chose facile; l'appréciation des causes, les symptômes extérieurs, comme la pâleur générale de la peau et des muqueuses, l'essoufflement, la faiblesse des membres, les palpitations, etc., et surtout les phénomènes révélés par l'auscultation du cœur et des grosses artères, ne permettent pas de méconnaître cette maladie. — Prise à son début, l'an. idiopathique n'offre, en gén., aucun danger. Quant à l'an. symptomatique, le pronostic dépend de celui que l'on a dû d'abord porter sur la maladie primitive : ainsi, le pronostic de l'an. déterminée par une affection organique du cœur est évidemment subordonné à celui de l'altération de ce viscère. — Les indications à remplir pour le traitement de l'an. se réduisent à deux : faire cesser la cause de la maladie, et rendre au sang ses propriétés physiologiques. C'est principalement au moyen d'une alimentation appropriée, et à l'aide des toniques amers et des préparations ferrugineuses, qu'on remplit la dernière de ces indications. Quant à la première, lorsqu'il n'est pas possible de surprimer la cause, ce qui a lieu dans le cas où elle consiste en une altération organique au-dessus des ressources de l'art, on se contente de parer aux accidents qui résultent de l'an. elle-même. Voy. CHLOROSE et SANG.

ANÉMOMÈTRE. s. m. (gr. ἄνεμος, vent; μέτρον, mesure). T. Phys.

Enc. — Un *An.* est un instrument qui sert à mesurer l'intensité ou la vitesse du vent. C'est à Wolf qu'est due l'invention du premier instrument de ce genre (1708). L'appareil de Wolf représente une sorte de moulin à vent armé de quatre ailes qui mettent en mouvement un axe horizontal muni d'une vis sans fin. Cette vis engrène avec une roue dentée à l'axe de laquelle est fixé un levier chargé d'un poids à son extrémité, et marchant sur un cadran gradué. A l'état de repos, le levier, par l'effet de son propre poids, prend la position verticale; mais lorsque le vent frappe les ailes dont nous avons parlé, le levier s'écarte de sa position primitive et marche sur le cadran jusqu'à ce que la force du vent fasse équilibre au poids que porte le levier. — Un instrument plus simple est l'*an. à ressort* (Fig. 1). Il consiste en une planche carrée au centre de laquelle est fixée perpendiculairement une tige de fer qui entre et glisse dans une caisse munie d'un ressort en spirale attaché à la tige par son autre extrémité. Ce ressort cède proportionnellement à l'effet produit sur lui par la planche. Un des côtés de la tige est taillé en crémaillère, et chaque dent, en entrant dans la boîte, soulève un petit cliquet qui empêche la tige de revenir sur ses pas. Le nombre de crans ou la quantité dont la tige est entrée dans la boîte indique le maximum d'effort du vent. Pour évaluer en poids la force du vent à l'aide de cet instrument, il faut qu'au préalable on ait reconnu expérimentalement comment l'appareil se comporte sous la pression de poids déterminés. — L'*an. de Lind* consiste en un tube de verre ouvert à ses deux extrémités, recourbé comme on le voit dans la Fig. 2, et en partie rempli d'eau. On place l'instrument de façon que l'extrémité A regarde directement le côté par où souffle le vent. Alors la colonne d'eau s'abaisse dans la branche ouverte au vent. Si, par exemple, elle baisse jusqu'en B, elle s'élèvera dans l'autre branche jusqu'au point C. Le poids de la colonne d'eau *b* C, qui constitue la différence des deux niveaux, fait donc équilibre à la force du vent, et donne ainsi la mesure de cette dernière. L'étranglement que l'on remarque à la courbure inférieure du tube, a pour objet de rendre les oscillations du liquide moins fortes et moins brusques. — Il existe encore un grand nombre d'anémomètres, dont aucun ne satisfait complétement les physiciens. L'an. à ressort et celui de Lind sont seulement les moins défectueux. Toutefois, l'*an. musical* de Delamanon nous paraît mériter d'être cité, sinon pour son exactitude, du moins pour son originalité. Il se composait de 21 tuyaux calibrés suivant certaines proportions, de manière que le vent, en pénétrant dans ces tuyaux à mesure qu'il pouvait soulever les soupapes qui les fermaient, produisait toute la série des notes dans une étendue de 3 octaves. L'*ut* de la première octave annonçait que la force du vent était de 5 onces par pied carré, le *ré* que cette force était de 10 onces, etc. Le *si* de la seconde octave n'était mis en jeu que par un vent presque impétueux.

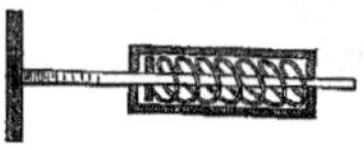

Fig. 1.

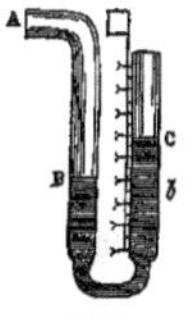

Fig. 2.

ANÉMONE. s. f. et ***ANÉMONÉES.** s. f. pl. (gr. ἀνεμώνη). T. Bot. Voy. RENONCULACÉES. ‖**An. de mer.* T. Zool. Voy. ACTINIE.

*** ANÉMOSCOPE.** s. m. (gr. ἄνεμος, vent; σκοπεύω, j'examine). T. Phys.

Enc. — On donne le nom d'*Anémioscopes* aux instruments qui indiquent la direction du vent. Ainsi la girouette est un véritable an. Quelquefois on prolonge jusque dans l'intérieur d'une chambre l'axe de l'un de ces instruments vulgaires, et on y adapte une aiguille qui donne les indications sur une rose des vents peinte au plafond.

*** ANENCÉPHALE.** s. m. et adj. 2 g. = ***ANENCÉPHALIE.** s. f. (gr. α priv.; ν euphon.; ἐγκέφαλος, cerveau). Voy. TÉRATOLOGIE.

ÂNERIE. s. f. (R. *âne*). Ignorance complète de ce qu'on devrait savoir. *En fait de droit, ce juge est d'une â. incroyable.* ‖ Lourde faute commise par ignorance. *Faire, commettre une â. Cette histoire est remplie d'âneries.*

*** ANÉSORRHIZE.** s. m. (gr. ἄνηθον, aneth ; ῥίζα, racine). T. Bot. Voy. OMBELLIFÈRES.

ÂNESSE. s. f. La femelle de l'âne.

ANESTHÉSIE. s. f. (gr. α priv.; ν euph.; αἴσθησις, sensibilité). T. Méd. Voy. PARALYSIE.

ANETH. s. m. (gr. ἄνηθον). T. Bot. Voy. OMBELLIFÈRES.

ANÉVRISMAL, ALE, ou mieux ***ANÉVRYSMAL, ALE,** adj. Qui tient de l'anévrysme; qui a rapport à un anévrysme.

ANÉVRISME, ou mieux ***ANÉVRYSME.** s. m. (gr. ἀνευρύνω, dilater). T. Méd.

Enc. — Le terme d'*An.* n'est pas encore parfaitement défini. Tantôt on l'applique à de simples dilatations qui comprennent la totalité ou une partie seulement de la circonférence des artères, sans solution de continuité; tantôt on désigne sous ce nom l'accumulation du sang dans une sorte de poche résultant de la distension d'une ou de plusieurs tuniques artérielles consécutivement à la déchirure des autres tuniques; tantôt il sert à désigner les tumeurs formées par le sang échappé d'une artère, à la suite d'une plaie qui intéresse toutes les tuniques du vaisseau. Enfin, on emploie encore le nom d'an. en parlant des dilatations, avec ou sans hypertrophie, des cavités du cœur; mais dans le langage scientifique, cette expression n'est usitée, lorsqu'il s'agit du cœur, que dans les cas fort rares où il se produit une dilatation sans hypertrophie. En conséquence, nous ne parlerons ici que des anévrysmes qui intéressent les artères.

On divise les anévrysmes en *traumatiques* et en *spontanés.* Les premiers sont encore appelés anévrysmes par cause externe, attendu qu'ils résultent toujours d'une blessure faite à une artère par un instrument vulnérant quelconque : par opposition, on donne aussi le nom d'an. par cause interne à l'an. spontané, c.-à-d. à celui qui dépend de toute autre cause que d'une blessure. — Les anévrysmes traumatiques se subdivisent en plusieurs espèces; ce sont : 1° l'*an. faux primitif ;* 2° l'*an. faux consécutif ;* 3° la *varice anévrysmale ;* 4° l'*an. variqueux.* — L'*an. faux consécutif*, appelé encore *an. faux non circonscrit, an. diffus, tumeur hémorrhagique non circonscrite*, consiste dans une tumeur vague, irrégulière, et quelquefois très-étendue, produite par une infiltration de sang dans le tissu cellulaire, à la suite d'une blessure récente. Il se forme d'abord dans la gaîne celluleuse qui entoure l'artère divisée; puis il s'étend avec rapidité dans le tissu cellulaire qui unit les organes voisins : il peut même se propager de proche en proche d'un membre à un autre. L'*an. faux consécutif* (*an. faux circonscrit, an. faux enkysté* ou *sacciforme, tumeur hémorrhagique circonscrite*) est une tumeur bien limitée, à parois celluleuses ou membraneuses, qui est toujours accolée à une artère, et qui communique avec elle par une ouverture étroite. — La *varice anévrysmale* est une tumeur qui survient lorsque, une artère et une veine voisines ayant été lésées en même temps, le sang passe du vaisseau artériel dans le vaisseau veineux et distend les parois de ce dernier. En gén., dans ce cas, la plaie de la peau se cicatrise, les plaies de l'artère et de la veine restant seules ouvertes. — L'*an. variqueux* est l'an. faux consécutif qui se forme quelquefois entre une varice anévrysmale et une artère blessée. Cet an. se développe quelque temps après la production de la varice anévrysmale, lorsque l'artère et la veine ne sont plus intimement unies, et quand l'obliquité de la blessure de la veine empêche le sang artériel de pénétrer avec facilité dans cette dernière.

L'an. *spontané* se divise également en plusieurs espèces. On l'appelle *vrai* lorsque toutes les tuniques artérielles, également dilatées, concourent à former les parois de la tumeur; quelques auteurs, Scarpa et Hodgson entre autres, n'admettent pas cet an. Il est dit *mixte externe* (Monro) lorsque les tuniques interne et moyenne ont été déchirées et que la paroi de la tumeur est formée par la tunique externe ou celluleuse. Enfin, l'an. est *mixte interne* quand la paroi de la tumeur est constituée par la tunique interne de l'artère, qui forme hernie au travers des deux autres tuniques déchirées. Beaucoup de chirurgiens nient l'existence de cette variété admise par quelques autres, et notamment par Boyer et Dupuytren.

Sous le rapport du siége, on distingue encore les anévrysmes en *internes* et en *externes.* Les anévrysmes internes sont ceux qui se développent dans les cavités splanchniques et dont la situation profonde rend toute opération sinon impossible, du moins fort dangereuse. Les anévrysmes internes sont ceux qui affectent les artères sur lesquelles il n'est pas possible d'agir par les moyens chirurgicaux. — L'an. traumatique a été rencontré sur presque toutes les artères qui peuvent être atteintes par un corps vulnérant et dont la blessure n'est pas immédiatement mortelle. Quant à l'an. spontané, il a été observé sur la plupart des vaisseaux artériels. Ce dernier est très-rare dans la première jeunesse. Chez les femmes, il est aussi beaucoup moins fréquent que chez les hommes. L'an. traumatique résulte toujours, comme nous l'avons dit, d'une violence extérieure, ce qui le distingue essentiellement de l'an. spontané dont la cause est exclusivement interne. Quelquefois, cependant, l'an. spontané survient d'une manière mécanique, à l'occasion d'un effort violent ou de la distension subite d'un membre; mais le plus souvent l'action de cette cause est favorisée par un état pathologique des artères qui a déjà diminué la résistance et l'extensibilité de leur tissu, et augmenté leur fragilité : telles sont l'ossification de leur membrane interne, ses diverses dégénérescences, et enfin les ulcérations dont cette membrane peut devenir le siége. — Les phénomènes morbides qui résultent des anévrysmes varient suivant l'espèce particulière d'affection, suivant le volume de la tumeur, et selon le vaisseau et le lieu du vaisseau qu'elle occupe : il serait hors de propos de les énumérer ici. Nous nous contenterons de citer un phénomène singulier qui s'observe surtout dans le cas d'an. de l'aorte descendante. On voit alors quelquefois le corps des vertèbres contre lesquelles appuie la tumeur anévrysmale, s'user et se détruire dans toute son épaisseur. On attribue cette usure du tissu osseux aux chocs incessants qui résultent des battements de l'an.; mais le travail physiologique qui s'opère dans cette circonstance nous est totalement inconnu.

Le diagnostic de l'an. spontané, ou même de l'an. traumatique, est fréquemment d'une difficulté extrême, ainsi que le témoignent les annales de la science : cependant l'auscultation est venue, depuis une trentaine d'années, ajouter aux moyens de diagnostic. — Quant au pronostic de ces affections, il est toujours grave, alors même que le vaisseau affecté est accessible aux moyens chirurgicaux. Quand un an. est abandonné à lui-même, sa terminaison est presque toujours funeste. Néanmoins on a des exemples de guérison spontanée d'anévrysmes. Celle-ci s'opère ordinairement par l'oblitération complète du vaisseau, le cours du sang étant alors entièrement intercepté par la présence de caillots sanguins qui remplissent la cavité de la tumeur; dans quelques cas plus rares encore, les caillots laissent un étroit passage par où le liquide sanguin circule comme à l'état normal. — Les moyens thérapeutiques usités contre l'an. se distinguent en moyens locaux et en moyens généraux. Ceux-ci agissent indirectement sur la maladie par l'intermédiaire de la circulation générale, en diminuant la quantité du sang, ainsi que la force et la fréquence des pulsations du cœur, et en favorisant de cette manière la formation de caillots dans la tumeur. Ce sont les saignées, le repos absolu, une diète sévère, etc.; ils constituent le traitement dit de Valsalva, et sont les seuls praticables dans les anévrysmes internes : dans les anévrysmes externes, ils secondent efficacement l'action des moyens locaux. Dans l'emploi de ces derniers, on se propose soit de déterminer la coagulation du sang, soit d'intercepter son cours à l'aide de procédés mécaniques. Pour favoriser la coagulation, on emploie quelquefois avec succès les topiques réfrigérants. On a aussi proposé ou essayé, dans ce but, divers procédés plus ou moins rationnels, parmi lesquels nous citerons seulement l'idée ingénieuse de Pravaz qui conseille de coaguler le sang à l'aide de l'électro-puncture, c.-à-d. à l'aide d'aiguilles implantées dans la tumeur et sur lesquelles on fait arriver un courant électrique. Mais la compression et la ligature sont en gén. les seuls moyens réellement efficaces. La compression se pratique tantôt sur la tumeur elle-même, tantôt au-dessus ou même au-dessous. La ligature se place ordin. au-dessus du sac (méthode d'Anel); mais lorsque ce procédé est inapplicable, on lie l'artère au-dessus (méthode de Brasdor); enfin, dans certains cas, on lie le vaisseau au-dessus et au-dessous de la tumeur.

ANFRACTUEUX, EUSE. adj. (lat. *anfractus*, circuit). Plein de détours et d'irrégularités. *Chemin an.*

ANFRACTUOSITÉ. s. f. Détour, irrégularité, cavité, enfoncement. *Il s'était caché dans une an. du rocher. Route pleine d'anfractuosités.* ‖ T. Anat. *Anfractuosités des os.* Voy. Os. — *Anfractuosités cérébrales*, voy. ENCÉPHALE. = Ce mot ne s'emploie guère qu'au plur.

ANGAR. s. m. Voy. HANGAR.

ANGE. s. m. (gr. ἄγγελος, envoyé). Créature purement spirituelle, qu'on a l'habitude de représenter sous la figure humaine et avec des ailes. *Bon an. Mauvais an. An. de lumières, de ténèbres. Anges rebelles, déchus. L'an. exterminateur.* ‖ Fig., Personne d'une piété exemplaire, d'une grande vertu, d'une extrême douceur. *Cette femme est un an. de piété, de vertu, de bonté. Cet enfant est un an. de sagesse.* ‖ Fig. et fam., *Cette personne écrit, chante, danse, peint comme un an.*, Elle écrit, etc., admirablement. — * On dit de même : *Cette femme est belle comme un an. Elle a une figure d'an.* ‖ *Être aux anges*, Être ravi de joie. — *Rire aux anges*, est usité dans le même sens; mais il se dit aussi De quelqu'un qui rit seul et sans sujet connu. ‖ Le nom d'*An. de l'école* ou *Docteur angélique* a été donné à saint Thomas d'Aquin, parce qu'aucun autre docteur n'a traité la théologie scolastique avec autant de clarté, d'ordre et de solidité que lui. ‖ T. Artill. Voy. BOULET.

Théol. — Tout ce que nous savons des anges nous a été enseigné par la révélation et par la tradition constante de l'Église. La croyance aux anges est un article de foi. Les anges sont des créatures purement spirituelles, intelligentes, immortelles; ils sont supérieurs à l'homme, attendu que les âmes humaines, qui sont également des substances spirituelles, sont destinées à être unies à des substances corporelles. Les anges, comme tout ce qui existe, ont été tirés du néant. Ils ont été créés dans un état de bonheur et de grâce, mais non dans un état de béatitude surnaturelle, parce que cette béatitude ne devait être que la récompense de leurs mérites, Dieu leur ayant laissé, comme aux hommes, la liberté de choisir entre le bien et le mal. En effet, parmi les anges, la plupart persévérèrent dans la justice; mais plusieurs, poussés par l'orgueil, se révoltèrent contre Dieu et furent condamnés au feu éternel. (Matth. XXV, 41. Pierre, II. Ép. II, 4. Jude, 6.) L'Église enseigne que leur supplice n'aura pas de fin, et le 5e concile général, sous le pape Vigile, a condamné l'opinion contraire qui avait été avancée par Origène et qui était encore professée par ses disciples. « Le crime des anges rebelles, dit saint Grégoire, est d'autant plus irrémissible que, n'ayant pas l'attache de la chair, il leur était plus facile de persévérer. » — L'époque de la création des anges a été un sujet de controverse parmi les théologiens; mais c'est là une question oiseuse : il suffit en effet de savoir que leur création et leur chute a précédé la chute de l'homme lui-même, puisque nos premiers parents, ainsi que l'enseigne l'Écriture sainte, ont été tentés et séduits par un mauvais ange. — Les anges possèdent la faculté de s'envelopper d'une forme apparente, afin de se rendre visibles à l'homme. Plusieurs Pères de l'Église, tels que saint Justin, Tertullien, Origène et saint Clément d'Alexandrie, ont même pensé qu'ils n'étaient pas purement spirituels, et possédaient un corps formé par une matière subtile; mais cette manière de voir a été repoussée par les autres Pères et, ainsi que nous l'avons dit, par l'Église.

Le nombre des anges est incalculable. « Des milliers de milliers d'anges, dit Daniel, VII. 10, le servaient, et mille millions d'anges l'assistaient. » J.-C. s'adressant à l'apôtre qui avait tiré l'épée pour défendre son maître, lui dit aussi : « Croyez-vous que je ne puisse pas prier mon père, et qu'il ne m'enverrait pas ici en même temps plus de douze légions d'anges ? » (Matth. XXVI. 53.) — Selon le sentiment commun des Pères et des théologiens, cette multitude d'anges est distribuée en trois *Hiérarchies*, et chaque hiérarchie se subdivise en trois *Chœurs*. La première hiérarchie comprend les *Séraphins*, les *Chérubins* et les *Trônes*; la deuxième, les *Dominations*, les *Vertus*, les *Puissances*; la troisième, les *Principautés*, les *Archanges* et les *Anges*. Comme on le voit, le nom de ces derniers est devenu le terme générique qui sert à désigner les neuf chœurs des esprits célestes. — La fonction principale des anges est exprimée par le nom même qu'ils ont reçu, et qui signifie *envoyé*. C'est ainsi que Dieu envoya un an. à Sarah, pour lui prédire la naissance d'un fils; à Marie, pour lui annoncer qu'elle serait la mère du Sauveur; à Jacob, pour éprouver sa force; à Tobie, pour lui servir de guide; à Macchabée, pour lui porter secours au milieu du combat; à saint Pierre, pour le délivrer de prison; à Daniel, pour le protéger dans la fosse aux lions, etc. Enfin, les livres saints nous parlent encore des offices que rempliront les anges au jour du Jugement dernier. (Voy. ce mot.) Mais indépendamment de ces fonctions extraordinaires que Dieu donne aux anges lorsqu'il le juge convenable, il a placé auprès de chaque fidèle un bon an. avec la mission de le conseiller et de le protéger; c'est pourquoi on le nomme *An. gardien*. Ces anges nous excitent à choisir le bien, à éviter le mal, nous soutiennent dans les moments de tentation, nous préservent dans le danger, offrent nos prières à Dieu et prient aussi pour nous. A la mort des justes, ils s'emparent de leurs âmes pour les porter dans le ciel ou dans le purgatoire. La croyance aux anges gardiens est fondée sur divers passages de l'Écriture; elle est conforme à l'opinion des Pères, et elle a été unanimement admise par l'Église, quoique celle-ci ne prononce pas d'anathème contre ceux qui la rejettent. Il est même probable que les fidèles ne jouissent pas seuls du privilége d'avoir un an. gardien, et que tout homme a le sien. Une opinion qui est aussi fort générale, c'est que les nations, les Églises et les communautés ont des anges qui les protègent. C'est ainsi que l'archange Michel est regardé comme l'an. tutélaire de la France. La croyance aux anges, ou du moins à des êtres supérieurs à la nature humaine, est du nombre de celles qui se retrouvent chez presque tous les peuples, à toutes les périodes de leur histoire, témoignage irrécusable de la légitimité et de l'origine de cette croyance. — Voy. l'article DÉMON.

Ichth. — On donne vulgairement le nom d'*Ange* ou d'*An-*

gelot à un genre de Poissons qui appartient à l'ordre des *Chondroptérygiens à branchies fixes*, ou *Sélaciens*. La tête de ces poissons est arrondie, et leur bouche est fendue à l'extrémité de la tête et non en dessous comme dans les Squales et dans les Raies. Ils ont la forme allongée des premiers, et ressemblent aux secondes par la position de leurs yeux qui sont à la face dorsale et non sur les côtés, ainsi que par la forme de leur corps qui est large et aplati horizontalement. Comme certains Squales, les Anges possèdent des évents et sont dépourvus de nageoires anales. Les pectorales sont larges et présentent en avant une échancrure au fond de laquelle on aperçoit les ouvertures branchiales. Les deux dorsales naissent en arrière des ventrales et leur caudale est attachée également au-dessus et au-dessous de la colonne. Des deux espèces de ce poisson qui se pêchent dans nos mers, l'une (*Squatina angelus*) atteint une longueur de 2 mètres 25 centim. à 2 m. 60, et offre, chez le mâle, de petites épines au bord des pectorales; l'autre (*Squatina aculeata*, Fig.) porte le long du dos une rangée de fortes épines.

* **ANGELIN.** s. m. T. Bot. Voy. LÉGUMINEUSES.

ANGÉLIQUE. adj. 2 g. Qui tient de l'ange, qui est propre à l'ange. *Nature an. Les perfections angéliques.* — *Les esprits angéliques*, Les anges. *Les chœurs angéliques*, Les chœurs des anges. ‖ Employé fig., il ajoute Une idée de perfection physique ou morale au substantif auquel il s'allie. *Beauté an. Voix an. Pureté, douceur, patience an. Vie an.* — Fam. *Une chère an.*, Une chère très-délicate. ‖ *Le Docteur an.* Voy. ANGE. ‖ *La salutation an.* Voy. AVÉ MARIA.

ANGÉLIQUE. s. f. T. Bot. Voy. OMBELLIFÈRES.

ANGÉLIQUEMENT. adv. D'une manière angélique.

* **ANGÉLONIE.** s. f. T. Bot. Voy. SCROPHULARINÉES.

ANGELOT. s. m. Sorte de petit fromage qui se fait en Normandie. ‖ Espèce de monnaie qui avait cours en France sous Philippe de Valois, et qui était ainsi nommée parce qu'elle portait un ange tenant l'oriflamme. ‖ *T. Ichth. Voy. ANGE.

ANGELUS. s. m. [On pron. l'S.] T. Lit. cath.

Enc. — L'*An.* est une prière instituée par l'Église en l'honneur du mystère de l'Incarnation, et à la gloire de la mère de Dieu. Elle a reçu le nom d'*an.* parce qu'elle commence par ce mot latin qui signifie *ange*; on la nomme aussi *pardon*, à cause du grand nombre d'indulgences que plusieurs souverains pontifes y ont attachées dans ces derniers siècles. Elle se compose de trois versets, de trois répons ou *Avé Maria*, et d'une oraison par laquelle on demande à Dieu sa grâce et le salut éternel par les mérites de Jésus-Christ. — Il est difficile de déterminer au juste l'époque de l'institution de cette prière. On voit cependant que l'usage de la réciter une fois chaque soir était déjà établi bien avant 1423, puisque le concile de Cologne en parle dans son dixième statut. Mais ce n'est guère que vers 1456 que l'usage de la dire le matin et le soir se répandit généralement. Louis XI l'étendit encore dans ses États en ordonnant de réciter l'an. trois fois par jour et de le sonner dans toutes les églises le matin, à midi et le soir, ainsi que cela se pratique de nos jours.

ANGINE. s. f. (gr. ἄγχω, je suffoque). T. Méd.

Enc. — La plupart des auteurs emploient le mot *An.*, comme dénomination générale, pour désigner tout empêchement ou toute douleur des parties qui servent à la déglutition et à la respiration, lorsque la cause de ce phénomène est locale et réside au-dessus de l'estomac et des poumons. Tantôt la déglutition et la respiration sont gênées à la fois, tantôt le trouble ne porte que sur l'une de ces deux fonctions. — Ainsi le mot an. employé seul ne désigne qu'un symptôme : quand on s'en sert pour dénommer une affection particulière, on le fait toujours suivre d'une épithète caractéristique. Du reste, les auteurs ont un peu trop multiplié les espèces et les variétés d'angines. — Lorsqu'on prend le siége de l'affection pour base des divisions nosologiques, on trouve : 1° l'*An. gutturale* ou *Palatite*, affection tantôt de nature inflammatoire, tantôt de nature catarrhale dont le siége est la membrane muqueuse qui revêt l'isthme du gosier, le voile du palais, les piliers et les amygdales; 2° l'*An. tonsillaire* ou *Amygdalite*, appelée vulgairement *Esquinancie*, qui est une inflammation du tissu même des amygdales; 3° l'*An. pharyngée* ou *Pharyngite*; 4° l'*An. œsophagienne* ou *Œsophagite*; 5° l'*An. laryngée* ou *Laryngite*; 6° l'*An. trachéale* ou *Trachéite* : les noms de ces dernières indiquent suffisamment le lieu occupé par l'affection, laquelle est en gén. de nature inflammatoire. — Suivant les formes diverses que présentent les angines, on les a distinguées en *inflammatoires*, en *catarrhales*, en *bilieuses*, etc., dénominations qui indiquent tantôt la nature de l'affection, tantôt simplement la concomitance de certains phénomènes particuliers. — Les caractères que présentent les altérations pathologiques ont encore fait distinguer une *An. œdémateuse*, une *An. gangréneuse* et une *An. couenneuse* ou *pseudo-membraneuse*. La première doit son nom à l'infiltration de sérosité dont le tissu cellulaire sous-jacent à la muqueuse est le siége. L'*An. couenneuse*, nommée aussi *An. plastique* et *An. diphtéritique*, est caractérisée par la formation de fausses membranes dues à une exsudation de lymphe plastique qui se concrète et devient plus ou moins solide et adhérente. Ces pseudo-membranes se montrent sur la muqueuse qui revêt l'arrière-bouche et le pharynx; quelquefois même elles envahissent le larynx, la trachée-artère et les bronches, et donnent alors lieu aux phénomènes du *Croup* (voy. ce mot). L'*An. gangréneuse* ou *An. maligne* (*Ulcère syriaque* des anciens auteurs) constitue, selon la plupart des médecins modernes, non une maladie à part, mais simplement un des modes de terminaison de l'an. pseudo-membraneuse. Cependant plusieurs auteurs pensent, et nous nous réunissons à leur opinion, que l'an. gangréneuse doit être regardée comme une affection spéciale, toutes les fois qu'elle s'accompagne de phénomènes typhoïdes avec altération profonde du sang, et s'observe sous forme épidémique : suivant quelques écrivains, cette an. aurait même plusieurs fois revêtu la forme contagieuse. — Enfin, au point de vue étiologique, les angines se divisent encore en *idiopathiques* et en *symptomatiques*. L'an. est idiopathique, lorsqu'elle constitue à elle seule toute la maladie. L'an. symptomatique, au contraire, est celle qui accompagne une autre maladie dont elle constitue simplement l'un des phénomènes : telle est l'an. qui s'observe dans certaines fièvres exanthématiques, la scarlatine, la variole, etc. On peut placer dans cette catégorie les angines rhumatismales et arthritiques, admises par quelques auteurs, parce qu'elles alternent ou coïncident avec des douleurs rhumatismales ou goutteuses auxquelles elles paraissent se rattacher.

La diversité des affections connues sous la dénomination générique d'an. est telle qu'il est impossible de tracer un tableau général des phénomènes morbides auxquels elles donnent lieu. Les symptômes des angines sont fort différents suivant le siége de la maladie, suivant la forme qu'elle affecte et suivant les altérations pathologiques qui en sont l'expression. La même observation s'applique au diagnostic, au pronostic, à l'étiologie et au traitement de ces affections qui souvent n'ont rien de commun que le symptôme qui leur a valu le nom banal qu'elles portent. Ce que nous avons dit suffit d'ailleurs pour faire comprendre que les angines couenneuse et gangréneuse, quelles que soient les différences essentielles qui distinguent ces deux maladies, sont d'une tout autre gravité et réclament un tout autre traitement que les angines gutturale, tonsillaire, laryngée, etc., et que, parmi ces dernières même, il y a une grande différence à établir, sous tous les rapports, entre une an. tonsillaire et une an. laryngée, entre une an. gutturale inflammatoire aiguë et une an. gutturale catarrhale.

Enfin, on désigne généralement sous le nom d'*An. de poitrine* et quelquefois sous celui de *Cardialgie* (Laënnec), d'*Asthme idiopathique* (Hoffmann), de *Sternalgie* (Baumes, Brichetean) une affection particulière qu'il est impossible de définir autrement que par ses symptômes. — L'an. de poitrine se manifeste par accès, à des intervalles très-variables, et se caractérise par une constriction douloureuse et déchirante en travers de la poitrine, ordinairement à la partie inférieure du sternum et un peu à gauche, qui survient le plus souvent pendant que le sujet se livre à l'exercice. Le malade éprouve une sensation de défaillance si pénible, qu'il croit n'avoir plus que quelques instants à vivre. Quelquefois la douleur qu'il ressent se propage aux membres supérieurs, envahit même le cou, la mâchoire inférieure, et donne lieu à un sentiment de tension et de strangulation qui ajoute encore à l'angoisse du patient. Elle peut encore, d'autre part, se prolonger jusqu'à l'épigastre et occuper toutes les parties que nous venons de nommer. Au milieu de l'accès le plus effrayant et quoique le malade semble au moment de périr par suffocation, la respiration continue à se faire librement ; seulement elle est un peu plus fréquente qu'à l'ordinaire. Le pouls augmente également de fréquence et devient parfois presque insensible, mais sans qu'il y ait irrégularité ou intermittence de ses battements. L'accès constitue, pour ainsi dire, toute la maladie. Une fois celui-ci passé, le malade reprend ses occupations ordinaires, et rien ne révèle l'existence de cette terrible affection.

Les causes de l'an. de poitrine sont à peu près inconnues. Il paraît cependant qu'elle n'atteint que les personnes d'un certain âge, et que les hommes y sont plus sujets que les femmes. On a remarqué en outre que les accès étaient ordin. déterminés par l'impression d'un air vif et froid, par un mouvement brusque ou accéléré, par les excès de table et surtout par les affections vives de l'âme. — La nature et le siége de l'an. de poitrine sont un sujet de discussion pour la science. Comme elle coïncide fort souvent avec des altérations organiques du cœur, de l'aorte, ou avec l'ossification des artères coronaires du cœur, beaucoup de médecins la considèrent comme étant sous la dépendance de ces lésions ; mais comme, d'autre part, on rencontre tous les jours des affections organiques du cœur et des gros vaisseaux chez des individus qui n'ont jamais éprouvé d'accès d'an. de poitrine, comme en outre l'intensité des souffrances du malade ne paraît nullement en rapport avec les lésions matérielles qui sont parfois assez peu graves, enfin comme elle a été observée dans des cas où l'on n'a constaté aucune altération organique des organes centraux de la circulation, la plupart des hommes de l'art regardent cette maladie comme une névrose. L'analogie des douleurs de l'an. de poitrine avec les douleurs névralgiques a été encore invoquée en faveur de cette manière de voir. Quant au siége qu'elle affecterait, Desportes et Jurine le placent dans les nerfs pneumogastriques et dans le plexus cardiaque. Suivant Laënnec et Piorry, ces nerfs ne seraient pas seuls affectés, et la maladie s'étendrait encore à ceux du plexus brachial, du plexus cervical, aux nerfs thoraciques et au nerf cubital.

Le pronostic de l'an. de poitrine est toujours grave. Les auteurs qui l'attribuent à une lésion organique de l'appareil central de la circulation la croient incurable : ceux qui la regardent comme une névrose pensent qu'elle peut être susceptible de guérison. Au reste, la durée de cette affection n'a rien de déterminé. On a vu des individus atteints de ce mal traîner leur existence pendant plus de vingt ans ; d'autres, au contraire, succomber quelques mois après le début de l'an. Le plus souvent la mort est subite et survient dans l'intervalle des accès.

La première indication à remplir dans le traitement de l'an. consiste à éloigner les causes qui déterminent ordin. l'apparition des accès. Quant aux moyens curatifs proprement dits, on a tour à tour employé les narcotiques, les antispasmodiques, les dérivatifs, ainsi qu'une foule d'autres moyens plus ou moins rationnels ; nous dirons seulement que les narcotiques, et surtout les préparations d'opium et de jusquiame, sont ceux dont jusqu'à présent on a obtenu les meilleurs effets.

ANGINEUX, EUSE. adj. T. Méd. Qui est accompagné d'angine. Peu us.

ANGIOGRAPHIE. s. f. (gr. ἀγγεῖον, vaisseau ; γραφεῖν, décrire). T. Anat. Description des vaisseaux du corps humain. Peu us.

ANGIOLOGIE. s. f. (gr. ἀγγεῖον ; λόγος, discours). T. Anat. Voy. ANATOMIE *descriptive*.

* **ANGIOPTERIS.** s. m. (gr. ἀγγεῖον, petit vase ; πτερίς, fougère). T. Bot. Voy. POLYPODIACÉES.

ANGIOSPERME. adj. 2 g. (gr. ἀγγεῖον ; σπέρμα, graine). T. Bot. Se dit Des graines couvertes d'un péricarpe distinct, par oppos. à *Gymnosperme*. Voy. GRAINE.

ANGIOSPERMIE. s. f. T. Bot. Voy. *Système de Linné*. Art. BOTANIQUE.

* **ANGIOTÉNIQUE.** adj. f. (gr. ἀγγεῖον, vaisseau ; τείνω, je tends). T. Méd. Voy. FIÈVRE.

ANGLAISE. s. f. Espèce de danse d'un mouvement très-vif. — *Air de danse à mesure binaire, d'un mouvement animé et d'un rhythme égal. || Gros galon de fil dont les tapissiers se servent pour border les étoffes qu'ils emploient dans la confection des meubles.

ANGLAISER. v. a. *An. un cheval*, Pratiquer sur un cheval l'opération qui consiste à enlever les muscles abaisseurs de la queue. Dès lors les muscles releveurs se trouvant sans antagonistes, la queue de l'animal prend naturellement une position plus relevée qui paraît plus belle à certains amateurs : c'est ce qu'on appelle *queue à l'anglaise*. = ANGLAISÉ, ÉE. part.

ANGLE. s. m. (lat. *angulus*). T. Géom. Portion de plan que contiennent entre elles deux lignes droites qui se coupent, et qui sont terminées à leur point de commune section. *Tracer, décrire un an. Sommet, côté d'un an. Les angles opposés par le sommet sont égaux.* || * Dans les Sciences physiques, se dit de L'ouverture formée par deux lignes, le plus souvent imaginaires, qui se rencontrent en un point commun. *L'an. d'incidence est égal à l'an. de réflexion. An. de réfraction. An. visuel* ou *optique*. Voy. ŒIL. || * En Anat., se dit De certaines parties, de certaines régions qui présentent la réunion angulaire de deux lignes ou de deux surfaces. *L'an. de l'omoplate. L'an. des lèvres. Le grand an.* ou *l'an. interne de l'œil. L'an. sacro-vertébral.* || * Dans le langage ordinaire, se prend pour Arête, coin, encoignure. *Il s'est blessé contre l'an. du marbre de sa commode. Il faut abattre les angles de cette planche. On a dégarni les angles du bataillon. Sa maison est située à l'an. de la rue. On l'a arrêté à l'an. de la forêt. Les pincettes sont dans l'an. de la cheminée.* || T. Physiol. *An. facial*. Voy. PHRÉNOLOGIE.

Enc. — Pour comprendre la nature de l'*An.* et son mode de génération, supposons C (Fig. 1) l'extrémité d'une ligne CA, que nous pouvons regarder comme infinie en *a* ; prenons sur cette ligne une partie quelconque CA, et imaginons qu'elle tourne autour de C comme sur un pivot. Dans son mouvement elle passera successivement par les positions CB, CD, CE et

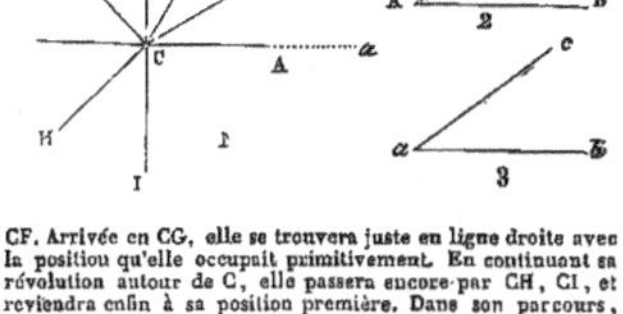

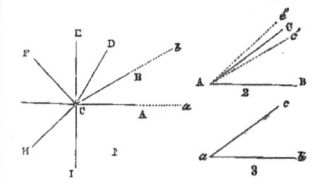

CF. Arrivée en CG, elle se trouvera juste en ligne droite avec la position qu'elle occupait primitivement. En continuant sa révolution autour de C, elle passera encore par CH, CI, et reviendra enfin à sa position première. Dans son parcours, elle aura donc formé successivement différents angles avec la première position qu'elle occupait. La longueur des lignes ne fait rien, comme on le voit, à leur degré d'écartement ou à la grandeur des angles, car l'inclinaison de la ligne CB sur CA est bien évidemment la même que celle de C*b* sur C*a*. — Les lignes qui servent à former un an. sont nommées les *côtés* de l'an., et le point où elles se rencontrent s'appelle le *sommet*. Ces trois parties sont indiquées par des lettres différentes. — On nomme quelquefois les angles d'une figure par la seule lettre de leur sommet ; mais comme plusieurs angles peuvent avoir la même lettre pour désigner leur sommet, afin d'éviter toute confusion on adjoint généralement à cette lettre celles qui marquent les côtés de l'angle, en ayant soin de toujours placer au milieu la lettre qui caractérise le sommet. C'est ainsi que nous pourrons nommer indifféremment l'an. que représente la Fig. 3 par la lettre *a*, par les lettres *cab* ou par les lettres *bac*.

On admet qu'un angle est égal à un autre angle, lorsqu'en supposant l'un transporté sur l'autre, et en faisant coïncider leurs sommets, leurs côtés respectifs coïncident exactement chacun à chacun. Ainsi l'angle *cab* (Fig. 3) étant superposé sur CAB (Fig. 2) de façon que le point *a* soit exactement sur le point A et que le côté *ab* couvre parfaitement AB, les deux angles seront égaux si le côté *ca* tombe justement sur CA. Les deux angles au contraire seraient inégaux si *c* tombait en *c'* ou en *c''* : dans le premier cas, *cab* serait plus petit que CAB ; dans le second, il serait plus grand. Par la même raison, les angles ACB et BCD (Fig. 4) seront égaux, si, en pliant la Fig. 4 sur la ligne CB, les lignes DC et AC coïncident dans tous leurs points. Admettons que ces deux angles soient égaux, l'an. DCA sera double de BCA. Maintenant, si nous accordons encore que l'an. ECD soit égal à DCB, l'an. ECA sera triple de l'an. BCA. On voit donc que les angles subissent des lois de croissance et de décroissance qui permettent d'évaluer leur grandeur en nombres. Nous pourrions par ex. prendre pour unité d'angle ECA ou BCA, ou tout autre. Dans le premier cas, nous dirons que BCA est le tiers de ECA ; dans le second, nous dirons que ECA contient trois fois BCA, etc. Mais si nous imaginons un arc *abcd*, qui tiré du sommet de l'an. comme centre avec un rayon arbitraire, coupe tous les angles donnés, nous verrons que les arcs compris entre les côtés des angles sont dans le même rapport que les angles entre eux, c.-à-d. qu'ils seront doubles si l'écartement est double, triples s'il est triple, etc. ; car l'arc *ca* sera double de *ba*, comme l'an. DCA est double de l'an. BCA. De là il résulte que nous pouvons remplacer les angles par les arcs, et que ceux-ci peuvent servir de mesure

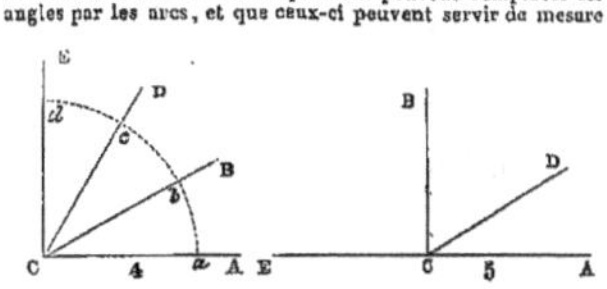

aux premiers. Par conséquent la division de la circonférence peut servir facilement à mesurer les angles. Ordinairement on prend pour unité de mesure le petit an. qui comprend entre ses côtés la 360e partie de la circonférence, et qu'on nomme *degré*. — Lorsque les droites BC, CA (Fig. 5), qui forment l'an. BCA, sont perpendiculaires entre elles, on dit que l'an. est *droit*. Il contient alors le quart de la circonférence ou 90°. Si nous coupons un an. droit BCA en deux autres angles BCD, DCA, ces deux angles équivaudront évidemment à un an. droit, quelle que soit d'ailleurs la valeur séparée de chacun d'eux : on les appelle alors *angles complémentaires* ou *compléments* l'un de l'autre, parce qu'ils ont chacun ce qui manque à l'autre pour valoir 90° ou un an. droit. Les deux angles BCD, DCA, sont dits *aigus*, c.-à-d. qu'ils ont moins de 90° ou qu'ils sont plus petits qu'un an. droit. Mais nous pouvons imaginer un an. plus grand qu'un an. droit, par ex. ECD : un tel an. est dit *obtus*, c.-à-d. qu'il embrasse un arc de plus de 90°. On voit qu'il est ici plus grand que l'an. droit ECB, car il comprend de plus l'an. BCD, et qu'en y joignant l'an. DCA, il égalera deux angles droits ; d'où il suit qu'une ligne abaissée sur une autre ligne fait toujours avec cette ligne ou son prolongement deux angles dont la somme est égale à deux angles droits. Ces angles sont dits *supplémentaires*. Le *supplément* d'un an. est donc ce qui lui manque pour valoir 180° ou deux angles droits. — Deux angles, tels que BCA, BCE ou ECD, DCA (Fig. 5), qui ont même sommet, un côté commun, et qui sont tous deux du même côté d'une ligne droite EA, sont dits *adjacents*. Les angles adjacents sont toujours supplémentaires l'un de l'autre. — On nomme *angles opposés au sommet* deux angles, comme COA, BOD (Fig. 6) qui ont même sommet, et qui sont tels que

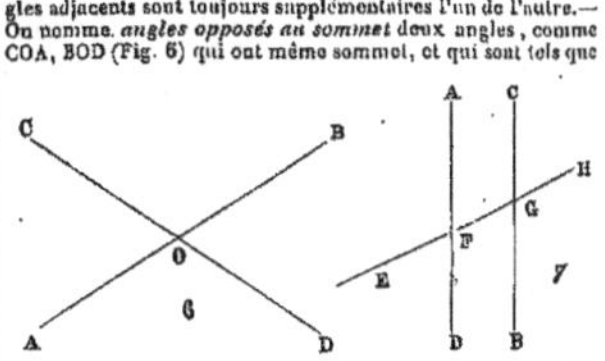

l'un est formé par les prolongements du côté de l'autre. Les angles opposés au sommet sont respectivement égaux. En effet, COB est à la fois le supplément de COA et de BOD ; or, puisqu'il manque à chacun de ces derniers un même an. pour valoir deux droits, ils sont nécessairement égaux. De là on peut conclure que la somme des angles formés autour d'un même point vaut quatre angles droits. — Dans la géométrie élémentaire, on ne s'occupe guère que des angles d'un nombre de degrés moindre que 180 ; mais dans l'analyse, on va quelquefois jusqu'à considérer des angles qui valent 3, 4, 5, 8, 10 angles droits et plus; on suppose alors que le rayon d'un cercle a tourné autour du centre, non-seulement, comme on l'a vu dans la fig. 1re, jusqu'à ce qu'il soit revenu à sa position primitive, mais encore qu'il a recommencé son mouvement une ou plusieurs fois, décrivant ainsi une suite de circonférences ou de parties de circonférences.— Jusqu'ici nous avons considéré les angles comme ayant leur sommet au centre de la circonférence dont les arcs leur servent de mesure; mais il arrive aussi que les angles formés par les cordes, par les tangentes ou par les sécantes d'un cercle, ont certains rapports avec les arcs de la circonférence de ce cercle qu'ils interceptent entre leurs côtés. Nous en traiterons au mot CERCLE. — Quand on imagine deux parallèles AD, CB (Fig. 7) coupées en F et en G par une sécante ou ligne transversale EH, il en résulte divers angles dont les relations sont utiles à connaître. On nomme *angles correspondants* ceux qui sont tournés dans le même sens, et qui sont situés du même côté de la sécante : tels sont respectivement les angles CGH et AFG, CGF et AFE, HGB et GFD, etc. On appelle *angles alternes internes* ceux qui sont situés à l'intérieur des parallèles et du côté opposé de la sécante, comme AFG et FGB et de même CGF et GFD. Les *angles alternes externes* sont les angles respectivement situés au dehors des parallèles et du côté opposé de la sécante : tels sont les angles CGH et EFD, AFE et HGB. Les angles correspondants sont nécessairement égaux, car les droites AD et CB étant parallèles, elles ont une même direction; conséquemment la différence de direction de AD avec EH est identiquement la même que celle de CB avec cette même ligne EH : s'il en étoit autrement, les lignes AD et CB ne seraient pas parallèles. L'égalité des angles correspondants entraîne celle des angles alternes internes, ainsi que celle des angles alternes externes.— En effet, si nous observons que les correspondants AFE et CGF sont égaux, nous verrons que HGB est égal à CGF comme lui étant opposé au sommet; par conséquent il sera égal aussi à AFE; et de même pour tous les autres angles alternes externes. Si nous remarquons ensuite que DFG est égal à AFE comme opposé au sommet, nous en tirerons cette conséquence que les trois angles AFE, DFG et FGC sont égaux, et que par suite les alternes internes DFG et FGC sont égaux, et de même pour tous les autres angles analogues. — Dans un polygone quelconque, on nomme *angles intérieurs* ceux qui sont formés par la rencontre de deux côtés adjacents et dont on mesure la grandeur par un arc tracé à l'intérieur de la figure : tels sont BAC, ABC, BCA (Fig. 8); on a donné le nom d'*angles extérieurs* à ceux qui, comme ACD, EAB, FBC, sont formés par un côté du polygone et par le prolongement du côté adjacent. Il est évident que les côtés intérieurs et les côtés extérieurs ayant un côté commun sont toujours supplémentaires l'un de l'autre. Dans un autre ordre d'idées, on nomme *an. saillant* tout an. FAB, ABC, CDE, DEF, EFA (Fig. 9) dont l'ouverture est tournée à l'intérieur de la figure, et *an. rentrant* celui qui comme BCD a son ouverture tournée en dehors.

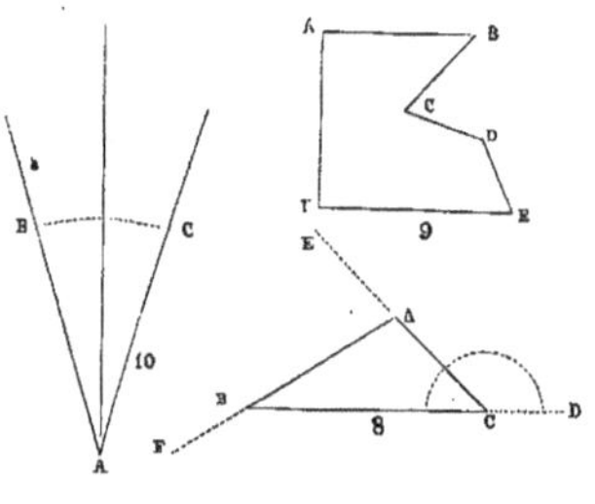

La construction de tous les instruments relatifs à la mesure des angles est fondée sur le principe de la substitution de l'arc à l'angle. Ce sont toujours des limbes divisés en degrés, minutes, secondes, etc., sur lesquels on lit immédiatement le nombre qui exprime la mesure de l'arc compris entre les côtés de l'an. à mesurer. (Voy. RAPPORTEUR, GRAPHOMÈTRE, CERCLE RÉPÉTITEUR, SEXTANT, THÉODOLITE, etc.) Leur construction a conduit au problème de la division d'un an. en parties égales; c'est un de ceux qui ont le plus occupé les géomètres. Lorsqu'il s'agit de partager un an. BAC (Fig. 10) en deux parties égales, les procédés de la géométrie élémentaire fournissent un moyen très-simple de résoudre la question. Il suffit pour cela de décrire du point A un arc de cercle BC avec un rayon quelconque, puis des points B et C, comme centres, de décrire deux arcs qui se coupent en E. Les deux points A et E étant également éloignés des points B et C, tous les points de la ligne AE qui les joint jouissent de la même propriété : le point D, où elle rencontre l'arc BC, est donc à égale distance des points B et C. Donc D est le milieu de l'arc, et les angles BAD, DAC sont égaux comme interceptant des arcs égaux. On peut diviser encore chacune de ces moitiés en deux parties égales, et ainsi de suite; mais lorsqu'il s'agit de diviser un an. en trois, en cinq, en six, en sept parties, etc., on est obligé de procéder par tâtonnement, les méthodes élémentaires ne fournissant aucun moyen pour résoudre la question. Le cas particulier de la *trisection* a été traité par les géomètres qui l'ont résolu à l'aide de *courbes algébriques*. On peut cependant, par des divisions successives en parties égales, arriver à diviser un an. en trois, cinq, etc. parties égales, sinon exactement, du moins d'une manière assez approchée.

Indépendamment de l'an. *rectiligne*, c.-à-d. formé par la rencontre de deux lignes droites, il peut exister des angles formés par deux lignes courbes (Fig. 11 et 12), ou par une ligne droite et par une ligne courbe (Fig. 13 et 14) : l'an. se nomme *curviligne* dans le premier cas, et *mixtiligne* dans le second. Parmi les angles curvilignes, le plus en usage est l'an.

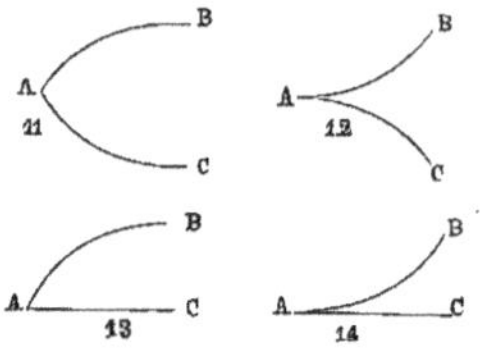

sphérique, qui est formé par la rencontre de deux cercles d'une sphère. (Voy. TRIGONOMÉTRIE.) La géométrie distingue aussi les angles suivant qu'ils sont formés par des lignes ou par des plans. Elle nomme an. *plan* celui qui est formé par la rencontre de deux lignes situées sur le même plan; l'an. *planolinéaire* est celui que forme une ligne tombant sur un plan; l'an. *dièdre* est celui qui se forme par la rencontre de deux plans; enfin l'an. *solide* ou *polyèdre* est celui qui se trouve formé au point de rencontre de plusieurs plans, comme celui du sommet d'une pyramide, du coin d'un cube, etc.

La construction et la mesure des angles est d'un usage fréquent dans les sciences et dans les arts. Leur théorie est une des plus étendues dont s'occupe la géométrie. Elle a donné naissance à la trigonométrie; et de même qu'on avait pu représenter les angles par leurs arcs, on imagina de représenter ceux-ci par des lignes droites ayant avec eux certains rapports. (V. SINUS, TANGENTE, etc.)—La connaissance des angles sert à déterminer la position, la distance et le mouvement des astres; elle donne au marin le moyen de fixer le point de la terre où il se trouve, et au géographe celui d'indiquer les positions des lieux terrestres. La perspective lui doit ses effets. La cristallographie est fondée sur la mesure des angles que forment les cristaux. On peut, à l'aide de quelques angles, déterminer la distance d'un point auquel il est impossible de parvenir, et mesurer la hauteur d'une tour, d'une montagne sans les gravir. Souvent, pour arriver à ces résultats, on suppose des lignes imaginaires partant de l'œil de l'observateur et aboutissant à des objets éloignés, formant ainsi un angle dont l'œil est le sommet.

ANGLET. T. Archit. Petite cavité creusée en angle droit qui sépare les bossages et dont le profil offre la figure d'un V couché >, mais plus ouvert.

ANGLEUX, EUSE. adj. Se dit De certains fruits, comme les noix, dont l'amande est tellement logée dans de petites cavités anguleuses qu'il est difficile de l'en tirer.

ANGLICAN, ANE. adj. (lat. *anglus*, anglais). Qui a rapport à la religion de l'État en Angleterre. *Rit an. Clergé an. Église anglicane.* ‖ S'emploie subst. en parlant Des personnes. *Il n'est pas catholique, il est an.*

***ANGLICANISME.** s. m. Religion de l'État en Angleterre. Voy. SCHISME.

ANGLICISME. s. m. Façon de parler propre à la langue angloise. *Les Anglais qui écrivent en français se garantissent difficilement d'y transporter des anglicismes.*

ANGLOMANE. adj. 2 g. et subst. Admirateur ou imitateur outré de tout ce qui est anglais.

ANGLOMANIE. s. f. (lat. *anglus*, anglais; gr. μανία, manie). Admiration outrée, imitation exagérée de tout ce qui est anglais.

ANGOISSE. s. f. (lat. *angor*). État intolérable d'oppression et de constriction épigastrique qui s'observe dans diverses maladies, telles que l'angine de poitrine, les affections organiques du cœur, etc. *Ce malade est dans un état d'an. extrême.* ‖ Fig., Profonde affliction accompagnée d'un extrême abattement. *Être dans d'extrêmes angoisses, dans des angoisses mortelles.* Dans cette acception, ne s'emploie guère qu'au plur. ‖ *Poire d'an.*, Instrument de fer en forme de poire et à ressort que les voleurs mettaient par force dans la bouche des personnes pour les empêcher de crier.—On donne encore ce nom à une Sorte de poire si âpre et si revêche au goût qu'on a peine à l'avaler. — Fig. et Fam., *Avaler des poires d'an.*, Éprouver de grands déplaisirs.

Syn. — *Anxiété.* — Dans le langage de la science, le terme *anxiété* diffère de celui d'*ang.* en ce qu'il exprime un état d'agitation et d'inquiétude tel que le malade change sans cesse de position parce qu'aucune ne peut lui procurer de soulagement, tandis que dans l'*ang.* la souffrance du malade est le plus souvent si violente qu'il est incapable de se mouvoir, et croit sa fin prochaine. Dans le langage ordinaire, il existe entre ces deux termes une différence analogue. L'*ang.* est une affliction profonde accompagnée d'un découragement et d'un abattement complets; l'*anxiété* est un trouble de l'esprit qui se manifeste par une agitation continuelle.

***ANGOLAN.** s. m. T. Bot. Syn. du terme *Alangium*. Voy. ALANGIACÉES.

ANGON. s. m. (gr. ἀγκών, chose courbée). Espèce de javelot ou de demi-pique dont le fer, semblable à celui d'une lance, était accompagné de deux crocs acérés. *L'angon était en usage chez les Francs. On lançait l'an. ou l'on s'en servait pour combattre de près.* ‖ Crochet emmanché au bout d'un bâton dont les pêcheurs se servent pour retirer les crustacés d'entre les rochers.

ANGORA. adj. 2 g. Nom qu'on donne à certaines variétés de Chats, de Lapins et de Chèvres, originaires d'Angora dans l'Anatolie. *Un chat an. Une chèvre an.* ‖ S'emploie subst. *Un bel an.*

* **ANGOURIE.** s. f. (gr. ἀγγούριον). T. Bot. Voy. CUCURBITACÉES.

* **ANGREC.** s. m. T. Bot. Voy. ORCHIDÉES.

* **ANGUIFORME.** adj. 2 g. (lat. *anguis*, serpent; *forma*, forme). Qui a la forme du serpent.

ANGUILLADE. s. f. Coup qu'on donne à quelqu'un avec une peau d'anguille, un fouet, un mouchoir tortillé ou autre chose semblable. *Donner des anguillades par les jambes.* Fam.

* **ANGUILLARD.** s. m. Nom spécifique du *Protée*. Voy. AMPHIBIE.

ANGUILLE. s. f. (lat. *anguilla*, de *anguis*, serpent). Nom d'un poisson d'eau douce ayant la forme d'un serpent et couvert d'une peau glissante. *Écorcher une ang. Tronçon d'ang. Pâté d'anguilles.* ‖ Prov., *Il échappe comme une ang. Pour trop presser l'ang., on la perd. Il y a quelque ang. sous roche*, Il y a quelque chose de mystérieux dans cette affaire. *Écorcher l'ang. par la queue*, Commencer par où il faudrait finir. *Il ressemble aux anguilles de Melun, il crie avant qu'on ne l'écorche*, Il a peur sans sujet, il se plaint avant de sentir le mal.

Enc. — En Ichth., le terme d'*Ang.* ne s'applique pas uniquement au poisson d'eau douce qui est si abondant dans nos rivières. Les zoologistes s'en servent pour désigner un genre nombreux de poissons appartenant à l'ordre des *Malacoptérygiens apodes*. Les opercules des espèces qui composent ce genre, et dont l'*Ang. commune* est le type, ne sont pas visibles au dehors. Ils sont petits, entourés concentriquement par les rayons branchiostèges, et, comme ces derniers, cachés sous l'épaisseur de la peau. L'appareil respiratoire ne s'ouvre que fort en arrière par un simple trou ou une espèce de tuyau : de cette façon, il se trouve mis à l'abri de tout contact extérieur, ce qui permet à ces poissons de demeurer assez longtemps hors de l'eau sans périr. Leur corps long et grêle est revêtu d'une peau grasse et épaisse où les écailles ne deviennent bien visibles que lorsque le tégument est desséché. Ils n'ont point de cæcum, et l'anus est situé assez loin en arrière du corps. Comme tous les poissons apodes, ils manquent de nageoires ventrales. Cuvier a divisé le genre *Ang.* en 8 sous-genres : *Anguilles propres*, *Ophisures*, *Murènes*, *Sphagebranches*, *Monoptères*, *Synbranches* et *Alabès*.

Les *Anguilles propres*, qu'on distingue en *Anguilles vraies* et en *Congres*, se caractérisent par la présence de nageoires pectorales, sous lesquelles les ouïes s'ouvrent de chaque côté. La dorsale et l'anale se prolongent jusqu'à l'extrémité du corps, où elles constituent, par leur réunion, une caudale pointue. Dans les *Anguilles vraies*, la dorsale commence à une assez grande distance en arrière des pectorales, et la mâchoire supérieure est en général plus courte que l'inférieure. L'*Ang. commune* (Fig. 1) peut atteindre jusqu'à 5 et 6 pieds de longueur. Chez les individus qui vivent dans des eaux limoneuses, la partie supérieure du corps est noirâtre-foncé, et la partie inférieure jaunâtre, tandis que chez ceux qui sont pêchés dans des eaux limpides, le dos est d'un beau vert olive et le ventre d'un blanc-argent éclatant. Les pêcheurs distinguent quatre sortes d'anguilles communes, qui sont l'*Ang. verniaux*, l'*Ang. long-bec*, à museau plus comprimé et plus pointu, l'*Ang. plat-bec*, qui a le museau plus aplati, et l'*Ang. pimperneaux*, qui l'a plus court. Selon eux, ces variétés constitueraient autant d'espèces différentes. — Suivant Cuvier et Valenciennes, les anguilles sont ovipares; quelques auteurs cependant les croient ovovivipares, c.-à-d. pensent que les œufs éclosent dans le corps de la mère. Il paraît démontré que ces poissons se rendent à la mer pour frayer et qu'ils déposent leurs œufs dans la vase. Lorsque les petits qui en sont nés ont atteint 4 à 5 centim. de longueur, ils remontent les fleuves en bandes serrées que l'on appelle *montées*. Pendant le jour, l'ang. se tient ordinairement cachée dans la vase ou dans des trous creusés le long des berges. C'est la nuit qu'elle va à la recherche de sa nourriture, qui consiste surtout en vers et en petits poissons. Grâce au mode de conformation de son appareil branchial, il arrive quelquefois à l'ang. de quitter les eaux où elle vivait et de voyager dans l'intérieur des terres, souvent à des distances très-considérables, en rampant à la manière des serpents.

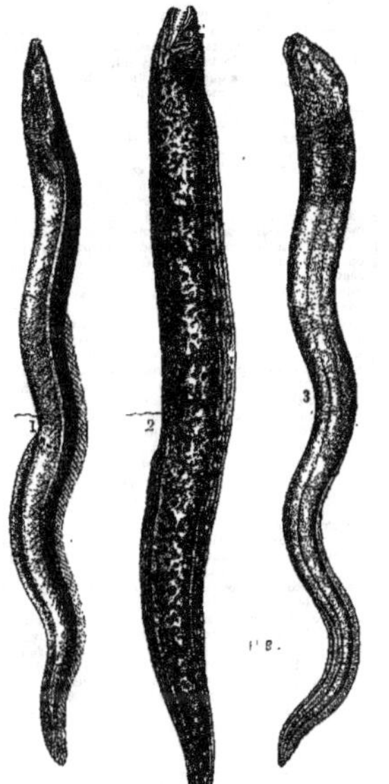

La pêche aux anguilles se fait de diverses manières. En général, on prend ces poissons avec des filets appelés *seines* qu'on traîne sur le lit de la rivière. Quelquefois on les pêche dans les cavités qui bordent les cours d'eau : on brûle de la paille ou du foin à l'entrée de ces excavations pour enfumer les anguilles, ce qui les force d'abandonner leurs retraites, et on les saisit au passage. Mais la pêche la plus productive se fait à l'époque où ces poissons descendent les fleuves en nombre considérable, pour aller frayer dans les eaux salées ou saumâtres de la mer : on élève de chaque côté de la rivière une muraille faite avec des palissades dont on bouche les trous avec de la vase; ensuite on tend dans l'espace resté libre de grandes nasses où les anguilles viennent se jeter et s'emprisonner. On en prend encore d'énormes quantités dans les étangs qu'on met à sec et dans certains lacs à écoulement. La pêche des anguilles est d'un très-grand rapport. « A Londres, dit Valenciennes, le marché est approvisionné de ce poisson par deux compagnies hollandaises qui emploient à ce service chacune 5 vaisseaux disposés pour contenir environ 10 mille kil. d'anguilles vivantes. En Italie, les lagunes salées de Commacchio sont célèbres depuis longues années pour la quantité d'anguilles qu'elles produisent. On estime que la pêche qui s'y fait de septembre à décembre produit 939 mille kil. de ce poisson, et que celle qu'on fait au printemps en produit 85 mille. »

Les *Congres* diffèrent des anguilles vraies par leur dorsale, qui commence assez près des pectorales ou même sur elles. La mâchoire supérieure est constamment plus longue que l'inférieure. Nos mers nourrissent deux espèces de congres. Le *Congre commun* atteint 1 m. 60 à 1 m. 95 de longueur. C'est un poisson de couleur blanchâtre, de la grosseur de la jambe, que l'on apporte en grande quantité sur le marché de Paris, où on lui donne le nom vulg. d'*Ang. de mer*. Sa chair est peu délicate. Le *Myre*, qui se pêche dans la Méditerranée, est plus petit que le congre commun, et s'en distingue par les taches fauves qui marquent son museau et par une bande transversale de même couleur située sur l'occiput. Sa chair est peu estimée.

Les *Ophisures* ont été séparés des anguilles propres parce que leur dorsale et leur anale ne s'étendent point jusqu'à l'extrémité de la queue, qui se trouve par conséquent dépourvue de nageoire, et se termine en poinçon. A ce genre appartient le *Serpent de mer* de la Méditerranée, qui est de la grosseur du bras et long de 1 m. 95 à 2 m. 25.

Les *Murènes* diffèrent des deux genres précédents par l'absence complète de nageoires pectorales, Leurs branchies s'ouvrent par un petit trou de chaque côté; mais leurs opercules sont si minces et leurs rayons branchiostèges si grêles et tellement cachés sous la peau, que d'habiles naturalistes en ont nié l'existence. La *Murène commune*, ou *M. hélène* (fig. 2), est très-répandue dans la Méditerranée. C'est l'espèce qui était si estimée par les Romains, qu'ils en élevaient des quantités considérables dans des viviers construits à grands frais sur les bords de la mer. La voracité de cet animal avait fait concevoir à Vedius Pollion, chevalier romain, l'un des favoris d'Auguste, un nouveau genre de cruauté : il faisait jeter dans ses viviers les esclaves qu'il avait condamnés, et il prenait plaisir à considérer le spectacle de ces malheureux, dont le corps était déchiré en quelques instants par des milliers de murènes. La *M. commune* est un poisson tout marbré de brun sur un fond jaunâtre, qui atteint 1 mètre et plus de longueur, et dont la bouche est garnie à chaque mâchoire d'une seule rangée de dents fort acérées. La *M. unicolore*, qui habite aussi la Méditerranée, a deux rangées de dents rondes ou coniques à chaque mâchoire, et la *Sorcière*, qui se trouve dans la même mer, a des dents en carde sur plusieurs rangs.

Chez les *Sphagebranches*, les ouvertures branchiales sont situées sous la gorge et fort rapprochées l'une de l'autre. Les nageoires dorsale et anale ne commencent, en général, à devenir saillantes que très-près de la queue. Des deux espèces qui habitent la Méditerranée, l'une, le *Sphag. à bec*, est tout à fait dépourvue de nageoires pectorales, et l'autre, le *S. imberbe*, n'en possède que de légers vestiges.

Le *Monoptère javanais*, espèce unique qui constitue le sous-genre *Monoptère*, a ses deux orifices branchiaux réunis sous la gorge en une fente transversale, divisée dans son milieu par une cloison. — Les poissons qui composent les sous-genres *Synbranche* et *Alabès* (fig. 3. *Synbranche unicolore*) ont des branchies qui ne communiquent au dehors que par un seul trou percé sous la gorge et commun aux deux côtés.

*** ANGUILLIFORME.** adj. 2 g. (R. *anguille, forme*). T. Ichth. Voy. APODE.

*** ANGUIS.** s. m. T. Erpét.

Enc. — Ce nom, qui signifie *serpent* en latin, a été donné par Cuvier à la première famille qu'il a établie dans l'ordre des *Ophidiens*. Cette famille, du reste, ne se compose que du seul genre *Orvet*. Les *An.* sont des reptiles à corps cylindrique, qui font en réalité le passage des Sauriens aux Ophidiens proprement dits. En effet, ils se rapprochent des Seps par la

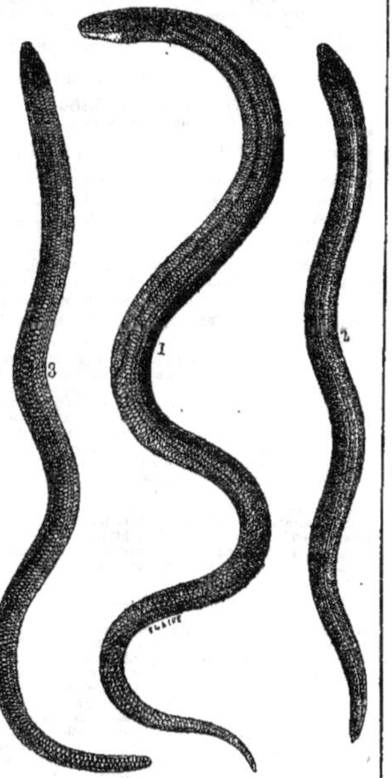

structure osseuse de leur tête, par leur langue charnue et peu extensible, par la présence de paupières, etc. De plus, on retrouve au-dessous de la peau des an., des vestiges d'épaule, de sternum, de bassin ou de membres postérieurs. D'autre part, ces animaux ressemblent aux Ophidiens vrais par la forme générale de leur corps, qui est arrondi, dépourvu de membres extérieurs, et par la petitesse de l'un de leurs poumons. Ils se caractérisent à l'extérieur par des écailles imbriquées qui les recouvrent entièrement. — Cuvier a divisé son genre An. en 4 sous-genres, les *Scheltopusiks*, les *Ophisaures*, les *Orvets* proprement dits et les *Acontias*. Les trois premiers ont encore un bassin imparfait, un petit sternum, une omoplate et une clavicule cachée sous la peau. Toutes les espèces de *Scheltopusiks* et d'*Ophisaures* sont étrangères. L'*Ophisaure ventral* (Fig. 1), qui est très-répandu dans le sud des Etats-Unis d'Amérique, se rompt si aisément qu'il a reçu le nom de *Serpent de verre*. Quant aux *Orvets*, il en existe une espèce très-répandue chez nous, l'*O. commun* (Fig. 2): son tympan est caché sous la peau, son corps est recouvert d'écailles très-lisses et luisantes. Il est noirâtre en dessous, jaune-argenté en dessus avec trois filets noirs longitudinaux qui, avec l'âge, se changent en séries de points et finissent par disparaître. Ce reptile atteint 32 à 42 centim. de longueur. L'*O. commun* porte encore le nom vulgaire de *Serpent de haie* et celui d'*An. fragile*, parce que sa queue, comme celle des lézards, se casse très-facilement. C'est d'ailleurs un reptile fort doux, qui vit de mollusques et de petits insectes. Il se creuse des trous souterrains où il passe l'hiver; il fait ses petits vivants. — Le sous-genre *Acontias* diffère des précédents par l'absence de sternum et de tout vestige de bassin et d'épaule; mais il ressemble aux orvets par la structure de la tête et l'existence de trois paupières : à l'extérieur ils se reconnaissent aisément à leur museau enfermé dans une sorte de masque. L'espèce la plus connue, *Ac. meleagris* (Fig. 3), habite le cap de Bonne-Espérance. Il en existe encore dans le même pays une espèce qui est tout à fait aveugle.

ANGULAIRE. adj. 2 g. (R. *angle*). Qui a un ou plusieurs angles. *Figure, corps ang.* On dit plus souvent : *Corps anguleux.* || T. Archit. Ce qui est à l'angle, à l'encoignure d'un édifice. *Pierres angulaires. Colonne, pilastre ang.* — *Pierre ang.*, signifie souvent La pierre fondamentale qui fait l'angle d'un bâtiment; et c'est dans ce sens que, dans l'Écriture Sainte, Jésus-Christ est appelé fig. *La pierre ang.* || * T. Géom. Qui a rapport aux angles. *Vitesse ang. Mouvement ang.* Voy. MOUVEMENT.

ANGULEUX, EUSE. adj. Se dit D'un corps dont la surface a plusieurs angles. *Corps ang. Tige anguleuse.*

*** ANGUSTI.** — (du lat. *angustus*, étroit). Ce terme entre dans la formation de divers mots usités dans les sciences naturelles, pour désigner L'étroitesse de certaines parties : telles sont les expressions *Angustifolié*, *Angustirostre*, etc.

ANGUSTICLAVE. s. m. Voy. LATICLAVE.

ANGUSTIÉ, ÉE. adj. (lat. *angustus*). Étroit, resserré. Ce mot est vieux, et ne se dit que D'un chemin.

*** ANGUSTURE.** s. f. T. Pharm.

Enc. — On donne le nom d'*An. vraie* à l'écorce du *Galipea cusparia* de la famille des *Rutacées*; c'est un médicament stimulant qui jouit de propriétés fébrifuges. Dans le commerce, l'*An. vraie* se trouve quelquefois falsifiée avec une autre écorce nommée *Fausse an.* qui, à ce qu'il paraît, provient du *Strychnos nux vomica* de la famille des *Loganiacées*. Cette dernière écorce est un poison énergique et doit ses propriétés toxiques à la brucine qu'elle contient.

*** ANHÉLATION.** s. f. (lat. *anhelatio*). T. Méd. Respiration difficile, courte et précipitée, comme celle qui a lieu après la course ou un exercice violent. — On dit également, *Respiration anhéleuse*.

*** ANHINGA.** s. m. T. Ornith.

Enc. — Suivant Margrave, les Topinambous appellent *An.* l'oiseau que Linné a désigné sous le nom de *Plotus*, mot latin qui signifie *pied plat*. Cuvier fait des anhingas un genre de son ordre des *Palmipèdes*, et de sa famille des *Totipalmes*.

— Ces oiseaux se distinguent par leur cou mince et très-allongé, par leur tête petite et cylindrique, et par leur bec grêle, très-droit et à bord finement denticulé vers la pointe.

Ils ont la face et le dessus du bec nus, les narines disposées longitudinalement et peu visibles, les tarses courts et gros, tous les doigts réunis par une seule membrane, les ongles forts, acérés et recourbés, les ailes allongées et la queue formée par douze pennes roides et très-longues. Ils sont à la fois nageurs et percheurs, ce qui tient à la conformation particulière de leurs pieds larges et robustes. Mais ils sont surtout remarquables par la longueur de leur cou, qui, avec le bec, forme la moitié de leur grandeur totale. Les variations que la différence de sexe et la mue font éprouver aux anhingas ont porté les auteurs à multiplier les espèces de cet oiseau; mais, jusqu'à ce jour, on n'est parvenu qu'à en établir deux bien distinctes : l'une, propre à l'Afrique, l'*An. Levaillant*; l'autre, propre à l'Amérique, l'*An. à ventre noir* (Fig. 1; Fig. 2, Bec du même au tiers de sa grandeur naturelle). — La taille des anhingas est ordinairement d'environ 50 centim. de longueur, à partir du bout du bec jusqu'à l'extrémité de la queue. Ces oiseaux vivent habituellement sur les eaux douces, au milieu des savanes noyées. C'est là qu'ils poursuivent les poissons dont ils font leur nourriture. Ils passent la nuit sur les arbres, et ils établissent leurs nids sur les branches les plus élevées. L'an. est d'une méfiance excessive : au moindre bruit il plonge et ne reparaît qu'à des distances très-grandes de l'endroit où il a plongé, sortant à peine la tête hors de l'eau pour respirer un instant, et disparaissant de nouveau, ce qui rend sa chasse très-difficile. D'ailleurs la chair de cet oiseau est détestable.

* **ANHISTE.** adj. 2 g. (gr. α priv.; ν euphon.; ἱςὸς, tissu). Se dit De toute substance organique qui paraît dépourvue de structure propre.

* **ANHYDRE.** adj. 2 g. (gr. α priv.; ν euph.; ὕδωρ, eau). T. Chim. et Minér. Se dit D'un corps qui ne contient point d'eau.

* **ANI.** s. m. T. Ornith.

Enc. — Les naturalistes donnent le nom d'*Ani* à un genre d'oiseaux qui est propre au nouveau continent et que Cuvier a placé dans son ordre des *Grimpeurs*. Ces oiseaux

Fig. 1.

ont le bec gros, sans dentelures, avec de légères stries longitudinales, comprimé, arqué, élevé, et surmonté d'une crête cornée verticale et tranchante, qui s'avance en arrière entre les plumes du front. Leurs narines, de forme ovalaire, sont situées vers le milieu de la mandibule, près de la base du bec. Leurs ailes sont faibles, subobtuses, à rémiges étalées et courtes; mais leurs pieds sont forts, et ils ont les tarses longs, élevés et robustes. Leur queue, composée de dix pennes, est arrondie et plus longue que leur corps. Ils ont le plumage d'un noir intense, avec la plupart des plumes bordées de vert ou de bleu luisant. On en distingue plusieurs espèces : les mieux connues sont l'*A. des savanes*, l'*A. des palétuviers* (Fig. 1), et l'*A. de Las Casas* (Fig. 2). — Les anis vivent en troupes : on les rencontre dans les endroits découverts au nombre de trente à cinquante, se serrant les uns contre les autres et faisant entendre une sorte de cri ou de piaulement peu agréable. Ils se laissent facilement approcher par le chasseur; mais leur chair est détestable et a une odeur repoussante. Ils vivent d'insectes, de graines, de petits serpents, de lézards; et souvent on les voit s'abattre sur le dos du bétail pour y prendre les taons et les tiques qui rongent ces animaux, habitude qui leur a fait donner par Brown le nom scientifique de *Crotophage* qui signifie *mangeur d'insectes*. Ces oiseaux sont d'un naturel éminemment sociable. Ce qu'ils offrent de plus remarquable dans leurs mœurs, c'est leur nidification : plusieurs paires se réunissent pour faire un nid en commun dont la largeur est proportionnée au nombre de couples qui le construisent. Les femelles font trois couvées; leurs œufs sont sphériques et d'un assez beau vert bleuâtre. Elles couvent ensemble, et souvent les œufs se trouvent mêlés et couvés par une seule, lorsque les autres vont chercher leur nourriture. A peine éclos, les petits sont adoptés par la société tout entière et soignés par tous avec une égale sollicitude, jusqu'à ce que leur âge et leurs forces leur permettent de céder la place à une couvée nouvelle. L'ani s'apprivoise aisément : on peut même lui apprendre à parler.

Fig. 2.

ANICROCHE. s. f. (Vx. français *hanicroche*, sorte d'arme ou d'instrument en forme de croc dont on se servait pour détruire les murailles). Difficulté, obstacle, embarras, chicane. *Leur mariage n'est pas encore conclu, il est survenu une an. C'est un mauvais plaideur qui cherche toujours des anicroches.* Fam.

ANIER, IÈRE. s. Celui, celle qui conduit des ânes.

* **ANIGOSANTHE.** s. m. (gr. ἀνοίγω, je déploie; ἄνθος, fleur) T. Bot. Voy. HÆMODORACÉES.

ANIL. s. m. T. Bot. Voy. INDIGO et LÉGUMINEUSES.

ANIMADVERSION. s. f. (lat. *anima*, esprit; *ad*, contre; *vertere*, tourner). Improbation, censure, blâme. *Sa conduite mérite l'an. publique. Encourir l'an. de quelqu'un.*

ANIMAL. s. m. (lat. *anima*, souffle, vie). Être organisé, qui est doué de sensibilité et qui possède la faculté d'exécuter des mouvements spontanés. ‖ Fig. et fam., Se dit, par mépris, D'une personne stupide ou grossière. *C'est un an., un franc an., un sot an.*

Syn. — *Bête*, *Brute*. — Au prop., et dans le langage scientifique, *bête* est peu usité; on emploie habituellement le mot *an.* : il n'en est pas de même dans le langage ordinaire. Le terme *an.*, qui appartient au style soutenu, et qui est toujours pris dans un sens favorable, s'applique à un moins grand nombre d'individus que celui de *bête*, qui est propre au style familier, et qui s'allie souvent à des épithètes critiques. Par ex., on dit, le lion est un *noble an.*, et non une *noble bête*; la mouche est une *bête ennuyeuse*, et non un *an. ennuyeux*. *Brute* ne se dit guère que par opposition à *homme*. — Au fig. ces trois termes s'appliquent injurieusement à l'homme. Lorsqu'on reproche à quelqu'un sa grossièreté, sa rudesse, sa brusquerie, on l'appelle *an.*; lorsqu'on blâme son incapacité, son ineptie, sa maladresse, on le traite de *bête*; enfin, lorsqu'on condamne sa stupidité, sa dépravation, on lui applique le nom de *brute*.

Enc. — Au mot MATIÈRE nous exposons les caractères fondamentaux qui distinguent les corps inorganiques des corps organiques et organisés, nous faisons voir que les corps inorganiques, dont l'ensemble constitue ce qu'on a appelé le *Règne inorganique* ou *Règne minéral*, diffèrent essentiellement des êtres organisés, et nous établissons ce qu'il y a de commun entre ces derniers. Ici donc nous avons seulement à examiner si la division des êtres organisés en deux grandes coupes connues sous les noms de *Règne végétal* et de *Règne an.*, est légitime, et à rechercher quelles sont les limites de ces deux règnes, en d'autres termes, s'il existe des caractères constants et immuables à l'aide desquels on puisse décider sûrement si tel ou tel être organisé doit être classé parmi les végétaux ou parmi les animaux. Au premier abord, c.-à-d. quand on se borne à comparer entre eux les êtres les plus élevés de la série végétale et de la série animale, la réponse à cette question paraît facile. Mais si, au contraire, on s'applique à considérer les êtres placés aux degrés tout à fait inférieurs de l'échelle, la distinction est souvent si difficile à établir, que de savants naturalistes ont proposé de former un règne intermédiaire entre les végétaux et les animaux pour y placer certains individus qui, suivant eux, ne présentent d'une manière constante ni les caractères de l'animalité ni ceux de la végétalité et qui ont été promenés tour à tour de la botanique à la zoologie. Cependant nous pensons avec la très-grande majorité des botanistes et des zoologistes les plus éminents de notre époque, qu'il existe une ligne de démarcation tranchée entre le règne an. et le règne végétal, et qu'il est, dans tous les cas, possible à la science de déterminer avec précision la place que doit occuper tout être organisé.

Les caractères distinctifs essentiels qui existent entre l'an. et le végétal sont de deux ordres. Ainsi, l'an. se distingue de la plante, 1° en ce qu'il est doué de sensibilité et peut exécuter des mouvements volontaires, double faculté dont la plante est dépourvue; 2° en ce que la nutrition et la respiration s'effectuent chez lui d'une manière toute différente de ce qui s'observe dans le végétal.

On a prétendu, il est vrai, que certains végétaux, la *Sensitive* (*Mimosa pudica*) par ex., possèdent également la faculté d'exécuter des mouvements spontanés sous l'influence de certains stimulus, et qu'ils sont par conséquent doués de sensibilité. On a dit encore que les embryons des *Algues* et des *Conferves* peuvent se transporter d'un lieu à un autre, tandis que beaucoup d'animaux inférieurs restent immuablement fixés au sol comme les plantes. Mais ces objections n'ont aucune espèce de valeur, attendu que les écrivains qui les ont faites ont confondu deux phénomènes complétement différents, l'irritabilité et la sensibilité. — Une propriété commune à tous les corps organisés et essentielle à leur existence comme êtres vivants, c'est de ressentir l'impression de certains stimulus qui déterminent une réaction de la part de la partie stimulée. Cette faculté a reçu le nom d'*irritabilité*. Chez l'an., c'est surtout dans la fibre musculaire qu'elle se manifeste de la manière la plus apparente, par un plissement angulaire qu'on appelle *contraction*. Or, ce phénomène est tout à fait indépendant du système nerveux et de la sensibilité, car une portion de muscle enlevé à un an. vivant se contracte également sous l'influence d'une irritation quelconque, soit mécanique, soit galvanique, soit chimique. Dans les animaux, il est vrai, c'est l'action nerveuse obéissant aux ordres de la volonté qui est le stimulus le plus habituel de la contraction musculaire, et la contraction succède en gén. à une sensation; toutefois l'action des nerfs n'est nullement l'unique stimulus qui soit capable de mettre en jeu l'irritabilité musculaire. Les plantes sont également pourvues de parties irritables, c.-à d. de parties dont la réaction se manifeste par un mouvement de l'individu tout entier ou d'une portion seulement du végétal. C'est cette propriété qui détermine le mouvement du cambium ou de la sève; qui fait que les plantes se portent vers la lumière et que leurs racines vont chercher le sol qui leur convient le mieux; c'est à l'irritabilité que certains végétaux doivent de pouvoir enrouler leurs vrilles autour des corps qui leur servent de soutien, et d'incliner leurs étamines successivement et régulièrement vers le pistil (*Saxifrage*) ou de pencher leur pistil successivement vers chaque étamine (*Lis*). C'est par une modification de cette même propriété que certaines plantes ferment leurs folioles ou leurs fleurs au coucher du soleil, tandis que d'autres, comme les animaux nocturnes, vont, pour ainsi dire, se livrer au sommeil à l'approche du jour. C'est un degré supérieur d'irritabilité qui fait que l'*Attrape-mouche* (*Dionæa muscipula*) rapproche ses folioles les unes des autres et emprisonne ainsi l'insecte qui est venu les irriter; que la *Sensitive* ferme ses feuilles lorsqu'on la touche, et que les folioles inférieures du *Sainfoin oscillant* (*Hedysarum gyrans*) sont, pendant le jour, agitées d'un mouvement oscillatoire continuel, et tout à fait analogue aux rapides vibrations des cils dont sont munis les organes respiratoires d'un grand nombre de Mollusques, ces vibrations étant également indépendantes des nerfs et de la volonté. Ainsi donc ce qui distingue essentiellement tous ces mouvements végétaux d'avec les mouvements volontaires des animaux, c'est que les premiers ne sont point déterminés par une impulsion interne, mais qu'au contraire ils résultent nécessairement de l'application d'un stimulus extérieur, et s'exécutent toujours de la même manière et, pour ainsi dire, mécaniquement. Chez les animaux, les mouvements sont le résultat d'une détermination interne communiquée par des organes immobiles aux organes ou aux puissances mobiles. Il y a encore une différence essentielle à noter : elle résulte de la nature du mouvement, et s'observe même quand on compare l'an. le plus simple avec la plante. Lorsqu'on touche le tentacule d'un polype, il s'éloigne de l'agent irritant par une véritable contraction, c.-à-d. que la partie touchée se raccourcit et rentre pour ainsi dire dans elle-même. Mais quand on touche une Sensitive, la partie touchée n'éprouve rien qui ressemble à cette contraction : la feuille se plie seulement à son articulation, et ses dimensions restent absolument les mêmes.

Il est vrai qu'un grand nombre d'animaux inférieurs sont fixés au sol, et offrent même, par leur forme extérieure, une grande analogie avec les végétaux. Cependant, quoique dans ce cas l'an. soit dans l'impossibilité d'exécuter des mouvements de totalité, ses diverses parties laissent apercevoir des mouvements volontaires évidents. Quant à ceux qu'accomplit la plus simple Monade infusoire, on ne peut douter qu'ils ne dépendent de la volonté de l'an., car on voit celui-ci changer de direction pour éviter les obstacles ou saisir sa nourriture, tandis que l'embryon de la *Conferva dilatata*, par ex., va tout droit et aveuglément jusqu'à ce que son irritabilité soit épuisée. En outre ces embryons végétaux se meuvent uniquement au moyen de cils vibratiles; or, l'on ne saurait regarder ces mouvements comme volontaires, puisque nous savons que les cils continuent de se mouvoir fort longtemps encore à la surface des membranes animales, après que la partie qui les porte a été séparée du reste du corps.

Chez les animaux supérieurs, la sensibilité et les mouvements volontaires ont les nerfs pour organes, et ce sont ces organes qui distinguent surtout l'an. du végétal. C'est pourquoi l'on a pu regarder le système nerveux comme constituant l'*essence de l'an.* — Il n'y a pas longtemps, on était unanime pour nier l'existence de ce système chez les animaux inférieurs; mais des recherches récentes ont démontré qu'un grand nombre de ces êtres en étaient pourvus. Or, comme dans toutes les espèces animales chez lesquelles on a constaté l'existence de nerfs, on a reconnu que la sensation dépend exclusivement de ces organes, nous sommes autorisés par cela même à conclure que, chez tous les animaux qui manifestent des sensations, ces dernières dépendent d'une matière nerveuse existant sous un état ou sous un autre dans leurs tissus.

L'attribut de la sensibilité et de la motilité volontaire modifie nécessairement, ainsi qu'on doit s'y attendre, toutes les autres propriétés que les animaux possèdent en commun avec les plantes. En ce qui concerne la nutrition, par ex., les végétaux fixés au sol absorbent immédiatement par leurs racines les particules nutritives des fluides qui les entourent. Ces racines se divisent à l'infini; elles pénètrent dans les interstices les plus étroits, et vont chercher, pour ainsi dire, à distance, l'aliment qui convient au végétal auquel elles appartiennent. Leur action est lente, mais continue; elle n'éprouve d'interruption que lorsque la sécheresse a dépouillé le sol des liquides qui leur sont nécessaires. — Les animaux, au contraire, qui sont rarement stationnaires, et qui ont la faculté de déplacer non seulement quelques-unes des parties de leur corps, mais encore leur corps tout entier, doivent avoir le moyen de porter avec eux la provision de nourriture indispensable à leur subsistance. En conséquence presque tous les animaux possèdent une cavité interne, dans laquelle ils introduisent les substances destinées à leur nutrition, et dont les parois sont pourvues de vaisseaux absorbants, qui, suivant la pittoresque expression de Boërhaave, représentent de véritables racines internes.

Une autre circonstance nécessite encore chez les animaux la présence de cette cavité particulière : c'est que les substances dont ils se nourrissent ont besoin d'être dissoutes. Les aliments des végétaux sont déjà à l'état fluide, puisqu'ils consistent en gaz acide carbonique, en eau et en ammoniaque. Chez l'an. au contraire, la nutrition ne commence pas immédiatement par l'absorption des fluides tels que le sol ou l'atmosphère les fournit. Ses aliments consistent en corps organiques déjà tout formés; il est donc obligé de les rendre lui-même susceptibles d'assimilation, et, pour cela, de les diviser et de les dissoudre. Par conséquent, la digestion, fonction préparatoire à l'assimilation des aliments, appartient tout à fait en propre aux animaux. Quelques animaux inférieurs, tels que les *Rhizostomes* et les *Physalies*, sont dépourvus d'estomac et de canal alimentaire : ainsi c'est nécessairement par la surface externe du corps que ces êtres absorbent et s'assimilent les substances propres à leur nutrition. Cette surface exhale un liquide caustique qui produit sur la main qui le touche un sentiment de brûlure, et l'on a constaté que, dans les *Physalies*, ce liquide est de nature acide, et par conséquent analogue aux sucs digestifs des animaux supérieurs. On peut donc en conclure, dit le prof. Duvernoy, que, chez ces êtres singuliers, la digestion est extérieure, et s'effectue par la surface tégumentaire, ce qui démontre une nouvelle analogie entre le tégument interne et le tégument externe. Mais quelque profonde, quelque caractéristique que soit la dissemblance du mode de nutrition chez les animaux et chez les plantes, la limite de leur puissance respective d'assimilation établit entre eux une différence encore plus tranchée, plus fondamentale, car selon nous, elle suffit à elle seule pour séparer radicalement les deux règnes. En effet, l'an. ne peut convertir en sa propre substance que la matière qui a été déjà organisée, tandis que le végétal a le pouvoir de s'assimiler les composés inorganiques binaires (acide carbonique, eau et ammoniaque), et de les transformer en combinaisons organiques ternaires ou quaternaires.

Sous le rapport de la respiration, il existe aussi entre les plantes et les animaux une différence extrêmement importante. Chez les végétaux et chez les animaux les plus simples, la respiration a lieu par la surface externe du corps tout entière. Mais pour les animaux plus parfaits, cette surface est insuffisante, et ils ont besoin d'un organe (branchie ou poumon) qui, dans un petit espace, offre une immense superficie au contact de l'air. En outre, les produits de la respiration diffèrent dans le règne an. et dans le règne végétal. L'an. dépouille l'air de son oxygène et expire de l'acide carbonique; la plante, au contraire, décompose avec ses feuilles l'acide carbonique contenu dans l'air, de telle manière que le carbone et une partie de l'oxygène se combinent avec elle, tandis que la plus grande partie de l'oxygène est restituée à l'atmosphère. Il est vrai que, pendant la nuit et à l'ombre, les végétaux absorbent une partie de l'oxygène de l'air et exhalent de l'acide carbonique. Cependant la quantité d'acide carbonique qu'ils exhalent alors est moindre que celle qu'ils absorbent durant le jour. Au reste, d'après la remarque de Liebig, on ne doit pas regarder comme un acte vital la manière dont les plantes se comportent dans l'obscurité; car ce qui se passe, dans ce cas, chez la plante vivante, a également lieu dans les parties végétales privées de vie. La respiration et l'assimilation qui s'effectuent dans les végétaux au moyen des feuilles ne constituent donc qu'une seule et unique fonction, et la respiration semble n'être que le simple correctif de l'assimilation. Chez les animaux, ces deux fonctions sont confiées à des organes tout à fait distincts. Les animaux ne s'assimilent ni substances à l'état de gaz, ni composés binaires; car l'oxygène qui pénètre dans leur organisme par l'appareil respiratoire sert uniquement à modifier la matière organique introduite sur d'autres voies.

Indépendamment de ces différences fondamentales, il existe encore d'autres caractères distinctifs d'une importance secondaire, il est vrai, mais qui ne sauraient être complétement passés sous silence. Ainsi, la circulation est beaucoup plus simple chez les végétaux que chez les animaux. Les plantes ne possèdent pas d'organe moteur particulier pour donner l'impulsion au liquide nourricier. Chez la plupart des animaux, il existe un organe central, le cœur, qui communique le mouvement au fluide circulatoire; ou du moins on rencontre une portion quelconque de l'appareil circulatoire qui remplit les fonctions de cœur. Toutefois, on connaît beaucoup d'animaux inférieurs chez lesquels, jusqu'à ce jour, on n'a pu découvrir ni cœur ni vaisseaux, ce qui ne permet pas de considérer l'existence d'un appareil circulatoire particulier comme un attribut caractéristique de l'animalité. Il en est de même du mode de propagation et de la simplicité de la structure, qu'on a parfois présentés comme propres à distinguer les végétaux d'avec les animaux. La complexité de l'organisme an. n'est pas un fait constant, et la propagation au moyen de bourgeons ou de gemmes n'appartient pas exclusivement aux végétaux. — Pour la classification des animaux, voy. ZOOLOGIE.

ANIMAL, ALE. adj. Qui est propre, qui appartient à l'animal. *Instinct an. Économie animale. Fonctions animales.* || Se dit De l'être matériel ou physique, par oppos. à l'être intelligent et moral, à l'âme. *C'est à la partie intelligente de l'homme à gouverner la partie animale.* || Dans le langage religieux, *An.* se prend pour Sensuel, charnel. *L'homme an. ne comprend pas ce qui est de Dieu.* || T. Chim. *Acides animaux. Huiles animales*, Les acides, les huiles qu'on extrait des substances animales. — *Chimie animale.* Voy. CHIMIE. || *Règne an.* Voy. ANIMAL.

ANIMALCULE. s. m. Dimin. d'*Animal.* S'emploie en parlant Des animaux dont la petitesse est telle qu'on ne peut guère les apercevoir qu'à l'aide du microscope. Voy. INFUSOIRE.

ANIMALISATION. s. f. Transformation des aliments en la propre substance de l'animal qui s'en nourrit. Voy. ALIMENT et NUTRITION.

ANIMALISER (S'). v. pron. S'assimiler à la propre substance de l'animal. = ANIMALISÉ, ÉE. part.

ANIMALITÉ. s. f. Ce qui constitue l'animal, ce qui fait qu'un être est animal. *L'an. des éponges est douteuse. On a attribué l'an. à certaines espèces de conferves.*

ANIMATION. s. f. Action inconnue qui, dans la fécondation, communique au germe une activité toute nouvelle. || *Fig., Éclat, vivacité du teint, du regard. *Son visage a beaucoup d'an.* — Mouvement, énergie du style, du débit. *Ce style est languissant, sans an. Vous avez l'air de disputer, vous parlez avec trop d'an.* — * Air de vie qu'un peintre ou un sculpteur répand dans ses œuvres. — * Mouvement, activité de la population dans une ville, dans un port.

*** ANIMATO.** T. Mus. Voy. MUSIQUE.

*** ANIMÉ.** s. f. Nom d'une résine produite par le *Courbaril*, arbre de la famille des *Légumineuses*. Voy. LÉGUMINEUSES.

ANIMER. v. a. Communiquer le principe de la vie à un corps organisé. *Il y a dans les corps vivants un principe qui les anime. La Fable dit que Prométhée anima la statue d'argile qu'il venait de former.*—Fig. *An. quelqu'un de son esprit*, Faire passer ses sentiments, ses idées dans son âme. || Encourager, exciter. *César animait ses soldats par son exemple. Le zèle de Dieu anime cet homme.* || Donner de la vivacité, pousser à agir. *C'est un homme qu'il est bien difficile d'an.* || Irriter, mettre en colère. *An. une personne contre une autre.* || Fig., Donner de la force, de la chaleur, du mouvement à un écrit, à un discours. *Il y a dans cet ouvrage quelques endroits qu'il faudrait an. Cet acteur est froid, il n'anime point ce qu'il dit.* — *An. la conversation*, La rendre plus vive. || *Cet exercice anime le teint*, Lui donne plus d'éclat et de vivacité. On dit de même : *Le dépit animait ses regards.* || Répandre un air de vie dans un ouvrage d'art. *C'est un sculpteur qui anime toutes ses figures. Les tableaux de ce peintre sont animés.* = S'ANIMER. v. pron. Se dit Des personnes et des choses, mais seulement au fig., la vie proprement dite étant toujours communiquée. *La statue lui parut s'an. Il s'animait fort en discutant. La conversation, la querelle s'anime. Son teint, ses yeux s'animent quand elle parle.* = ANIMÉ, ÉE. part. et adj. *Un être an. Une créature animée. Un teint an. Des yeux animés. Une peinture animée. C'est une beauté qui n'est point animée*, se dit D'une femme qui manque de vivacité, d'expression. * *Cette ville est fort animée.* = Syn. Voy. AIGUILLONNER.

*** ANIMISME.** s. m. Voy. VIE.

ANIMOSITÉ. s. f. Sentiment vif et persistant de dépit, de haine, par lequel on est porté à nuire à quelqu'un. *Avoir de l'an. Agir par an.*, avec an. *Les animosités se perpétuent dans les familles corses.* || Chaleur excessive, violence extrême dans une discussion verbale, dans une polémique. *Cet orateur a mis beaucoup d'an. dans son attaque.*

ANIS. s. m. (gr. ἄνισον). On appelle ainsi Une plante de la famille des *Ombellifères*, La graine de cette plante, et enfin Les petites dragées qu'on fait avec ces graines. *L'a. est une espèce de pimprenelle. L'a. est employé comme carminatif. A. de Verdun.* || *T. Bot. *Anis étoilé.* Voy. MAGNOLIACÉES.

ANISER. v. a. Donner à une chose le goût ou l'odeur de l'anis, soit en la parsemant de grains d'anis, soit en y mêlant quelques gouttes d'huile essentielle d'anis. = ANISÉ, ÉE. part.

ANISETTE. s. f. Liqueur spiritueuse aromatisée avec l'essence d'anis. *Boire de l'an. An. de Bordeaux, de Hollande.*

*** ANISO.** — (gr. ἄνισος, inégal). Ce mot grec entre dans la formation de plusieurs termes usités dans les sciences naturelles, surtout en botanique, pour désigner L'inégalité de certaines parties. Tels sont les mots *Anisodactyles, Anisopétales, Anisostémones*, etc.

*** ANISOPLIE.** s. f. (gr. ἄνισος; ὁπλή, ongle). T. Entom. Voy. SCARABÉITES.

*** ANISOSPERME.** s. m. (gr. ἄνισος; σπέρμα, semence). T. Bot. Voy. CUCURBITACÉES.

ANKYLOSE. s. f. (gr. ἀγκύλος, courbe). T. Chir.

Enc. — On désigne ainsi en chirurgie l'abolition plus ou moins complète des mouvements d'une articulation. Cette dénomination vient probablement de l'état de flexion et d'immobilité dans lequel les membres *ankylosés* demeurent ordinairement. — L'*An.* peut se rencontrer dans toutes les articulations mobiles, mais elle affecte plus fréquemment que toutes les autres les articulations appelées ginglymes, comme le coude, le genou, etc. Elle est le plus souvent unique; cependant on en rencontre quelquefois plusieurs chez le même sujet. Il existe même quelques exemples d'an. universelle où toutes les articulations s'étaient soudées successivement de manière à réduire le malade à une immobilité complète. Le cabinet d'anatomie de la faculté de médecine de Paris possède un squelette où la mâchoire inférieure est complétement soudée et fermée. — L'an. a été divisée en *an. vraie* ou *complète* et en *an. fausse* ou *incomplète.* La première est celle dans laquelle l'immobilité de l'articulation est complète, tandis que la seconde permet encore quelques mouvements.

Les causes de l'an. sont physiologiques ou pathologiques: les causes physiologiques sont celles qui la produisent sans qu'il y ait eu préalablement maladie de l'articulation; telle est celle qui résulte de l'immobilité longtemps prolongée d'un membre à la suite d'une attaque de paralysie, d'une fracture; telle est encore l'an. qu'on voit parfois survenir chez les fakirs de l'Inde, qui se condamnent par dévotion à garder constamment la même situation. Le seul progrès de l'âge produit également quelquefois l'an. chez les vieillards. Dans ce cas, elle affecte principalement les articulations peu mobiles, telles que celles des vertèbres entre elles. Elle a ordinairement lieu par l'ossification du périoste et des ligaments; le rachis se trouve alors enveloppé par une sorte d'étui. Les causes pathologiques de l'an. sont fort nombreuses; elles peuvent être la suite de la plupart des maladies des articulations ou des parties voisines. Ainsi on range parmi ces causes les fractures compliquées, les luxations, les tumeurs blanches, la carie, les affections rhumatismales et goutteuses, etc. Dans ces divers cas, l'an. se produit, soit par la formation de fausses membranes résultant d'un épanchement de la lymphe plastique déterminé par une inflammation des membranes synoviales, soit par la réunion de bourgeons charnus qui succèdent à la destruction des surfaces articulaires, soit enfin par la soudure de tumeurs ou de végétations osseuses qui se développent sur les extrémités des os. Ce genre d'an. s'observe assez souvent chez les goutteux, dans les articulations des mains et des pieds, et à la suite de certaines fractures.

Le pronostic de cette affection dépend entièrement de la nature des causes et des altérations organiques qui l'ont produite. Lorsque l'an. est complète et dépend de la soudure des os, elle est tout à fait incurable; mais l'an. incomplète peut être guérie dans la plupart des cas, à moins qu'elle ne soit très-ancienne. Plus le sujet est jeune et la maladie récente, plus la guérison est facile. — Dans le traitement de l'an., on se propose de rendre aux ligaments et aux muscles leur souplesse et leur extensibilité naturelles. A cet effet, on emploie les bains tièdes émollients ou sulfureux, les diverses espèces de douches, les fomentations, le massage, les frictions, etc. Enfin, sitôt que les ligaments sont un peu relâchés, on fait exécuter de temps en temps au membre ankylosé des mouvements légers dont on augmente ensuite graduellement l'étendue. — Il est des cas où, loin de chercher à prévenir l'an., on doit au contraire la favoriser par tous les moyens possibles, lorsqu'on espère obtenir de cette manière la terminaison d'une maladie grave de l'articulation, et éviter l'amputation d'un membre. C'est ainsi que, dans le cas de carie et de tumeur blanche, l'an. est regardée comme l'issue la plus favorable de la maladie.

ANNAL, LE. adj. [Dans ce mot et dans les 3 suivants on fait sentir les 2 N.] (lat. *annus*, année). T. Droit. Qui ne dure qu'un an, qui n'est valable que pendant un an. *Procuration annale. — Possession annale.* Voy. POSSESSION.

ANNALES. s. f. pl. Histoire qui rapporte les événements année par année. *An. de France. An. de Tacite.* || Se prend souvent pour Histoire. *C'est un fait que l'on ne trouve dans les an. d'aucun peuple.*

Syn. — *Histoire, Chroniques, Fastes.* — Le mot *histoire*, pris dans un sens restreint, désigne la narration méthodique des événements particuliers à la vie d'un peuple, d'une nation. Dans ce sens, il existe entre le mot *histoire* et les termes *chroniques*, *an.* et *fastes*, certaines différences qui ne permettent pas de les employer les uns pour les autres. Lorsque le récit des événements historiques est classé uniquement par rapport au temps où ils ont été accomplis, l'*histoire* prend le nom de *chronique ;* lorsqu'on se borne à rapporter les faits, année par année, sans que la narration enchaîne les unes aux autres ces périodes successives de temps, l'*histoire* reçoit le nom d'*an.;* enfin lorsqu'on rappelle simplement et dans un ordre purement chronologique, certains faits glorieux, certaines origines importantes, certains noms de personnages illustres, l'*histoire* prend le nom de *fastes*. Le premier de ces termes est donc le genre dont les autres constituent les espèces. — Le mot *chronique* s'emploie quelquefois au singulier; mais *an.* et *fastes* ne sont usités qu'au pluriel.

Enc. — Suivant quelques auteurs anciens, l'*histoire* est le récit des choses auxquelles l'écrivain a assisté, tandis que les *an.* sont le récit des faits et des événements antérieurs. C'est ainsi que Tacite a donné le nom d'*Histoires* à la partie de ses écrits où il raconte les faits contemporains et celui d'*Annales* aux livres où il expose les événements historiques qui ont eu lieu avant l'époque à laquelle commencent ses histoires. Mais aujourd'hui le mot *an.* sert à désigner spécialement les écrits qui enregistrent les faits suivant un ordre purement chronologique. On conçoit aisément que les allures de l'annaliste ne sauraient être celles de l'historien. La méthode d'écrire l'histoire année par année a dû nécessairement, à cause de sa simplicité, être la première mise en usage par les hommes : telle était déjà l'opinion de Cicéron. Nous voyons, en effet, qu'un grand nombre de peuples, parmi lesquels nous citerons les Égyptiens, les Hébreux, les Perses et les Chinois, eurent des scribes chargés de recueillir et d'enregistrer les faits importants de leur histoire nationale, afin d'en transmettre la mémoire à la postérité. Les Chinois se vantent de posséder les plus anciennes an. qui soient au monde. Quelques chronologistes, effectivement, font remonter ces an., connues sous le nom de *semacouang*, jusqu'au règne de Fo-Hi, et placent ce règne vers 3331 ou 2985 avant J.-C.; mais rien n'est plus contestable que cette antiquité. Chez les Romains, c'était au grand-pontife qu'était confié le soin de rédiger, année par année, le récit des événements mémorables, et les recueils qu'ils formaient portaient le nom d'*annales pontificum* ou *annales maximi*, c'est-à-dire *an. des pontifes* ou *grandes an.* Les *libri lintei*, que l'on conservait dans le temple de Junon Moneta et qui contenaient la liste des consuls avec l'indication des événements les plus importants, étaient aussi de véritables an. Parmi les premiers historiens de Rome, plusieurs, tels que Q. Fabius Pictor, L. Cornelius Piso, C. Fannius, etc., écrivirent de simples an., et se bornèrent, ainsi que le rapporte Cicéron, à présenter les faits dans toute leur nudité, en suivant l'ordre chronologique : mais plus tard les an. firent place à l'histoire proprement dite. Au moyen âge, la forme d'an. redevint en usage; la décadence complète de la littérature et de la philosophie à cette époque explique suffisamment ce retour au procédé historique des peuples primitifs. Les écrits de ce genre portent tantôt le nom de leur auteur, tantôt celui de la ville ou du couvent où ils furent rédigés : c'est ainsi que nous avons les *An. d'Eginhard*, les *An. de Metz*, les *An. de Saint-Bertin*. Aujourd'hui les ouvrages historiques ne se produisent que fort rarement sous forme d'an. : ce terme ne se rencontre guère qu'en tête de certains recueils périodiques où l'on enregistre, au fur et à mesure de leur apparition, les faits et les découvertes qui intéressent un art ou une science : telles sont les *An. physiologiques*, les *An. d'hygiène publique et de médecine légale*, les *An. des mines*, les *An. de chimie et de physique*, etc.

ANNALISTE. s. m. Celui qui écrit des annales.

ANNATE. s. f. T. Hist.

Enc. — L'*An.* était une taxe particulière que payaient à l'autorité ecclésiastique supérieure, à l'occasion de leur nomination, tous ceux qui obtenaient un bénéfice. Elle avait été ainsi nommée parce que, dans le principe, sa quotité était fixée au revenu d'une année, et que, dans tous les temps, elle fut proportionnelle aux produits annuels des bénéfices. — On n'est pas d'accord sur l'origine de cette espèce de redevance, ni sur l'époque à laquelle elle fut établie. Toutefois, il est certain que les annates existaient déjà au temps du pape Alexandre IV, puisqu'il s'éleva alors de graves contestations à leur sujet. Ce fut le pape Jean XXII qui le premier les réclama des possesseurs de bénéfices en France. — On distinguait quatre espèces principales d'annates : 1° l'*An. proprement dite*, qui se percevait sur tous les bénéfices, à l'exception des évêchés et des bénéfices consistoriaux. Elle se payait généralement au pape; cependant, des évêques, des abbés et même des chapitres, par un privilége exceptionnel ou par une coutume toute particulière, étaient en droit de recevoir les annates des bénéfices vacants qui relevaient d'eux. Boniface IX ayant changé le mode de percevoir cette an., elle reçut et conserva depuis lors le nom d'*An. bonifacienne*. — 2° L'*An. commune*, qui était la redevance payée, conformément à d'anciens règlements, par les évêchés et par les bénéfices consistoriaux. On l'appelait *commune* parce que son produit était partagé par moitié entre le pape et le sacré collége. — 3° La *Petite an.* : elle consistait en une légère portion additionnelle à l'an. commune; les revenus qu'elle produisait étaient destinés à quelques officiers du souverain Pontife. — 4° Enfin l'*An. de quinze ans :* elle devait son origine à une bulle du pape Paul II, qui avait établi que les bénéfices unis à quelques communautés, ne payeraient le droit d'an. que de quinze années en quinze années, et non à chaque nomination des bénéficiers. — Les annates furent l'objet de longs démêlés entre la cour de Rome et les diverses puissances qui reconnaissaient son autorité spirituelle. Elles subirent de nombreuses vicissitudes chez toutes ces nations; en France, par ex., elles furent tantôt approuvées, tantôt défendues, à plusieurs reprises, jusqu'en 1789, époque de leur suppression définitive par un décret de l'Assemblée nationale. Cependant, depuis le Concordat du 15 juillet 1801, les archevêques et les évêques français payent encore une légère redevance à la cour de Rome, pour l'expédition des bulles relatives à leur nomination.

ANNEAU. s. m. (lat. *annulus*). Cercle qui est fait ordinairement de métal et qui sert à attacher ou à suspendre quelque chose. *Anneau de fer, de cuivre, d'argent, de corne. Les anneaux d'une chaîne. Les anneaux d'un rideau. L'an. d'une ancre. Passer une corde dans un an.* || Se dit de certaines bagues, ainsi que de divers ornements en forme de cercle. *Il portait au doigt un an. d'or. An. nuptial. An. pastoral. An. épiscopal. Sceller une lettre avec un an. Elle avait des anneaux aux bras, aux jambes, aux orteils, et en portait même un suspendu aux narines.* || Fig., Boucles formées par la frisure des cheveux. *Être frisé par anneaux. Les anneaux de sa longue chevelure.* || T. Anat. Se dit de certaines ouvertures qui livrent passage à des vaisseaux, des nerfs, des canaux, etc. *L'an. ombilical. L'an. crural. L'an. diaphragmatique.*

Enc. — Les *Anneaux* furent connus dès la plus haute antiquité chez presque tous les peuples. Les Romains en avaient plusieurs espèces : l'an. ordinaire (*annulus* ou *annelus*), l'an. de noces ou de fiançailles (*annulus nuptialis, sponsalitius*), etc. Les anneaux, suivant la substance dont ils étaient faits, servirent à Rome pendant longtemps à distinguer les divers ordres de citoyens. L'an. d'or, par ex., fut primitivement le privilége exclusif des ambassadeurs; plus tard, le droit de les porter s'étendit aux sénateurs, puis aux chevaliers et enfin à toutes les classes. En général, les anneaux furent employés comme ornement; mais ils servirent aussi à des usages particuliers. On scella les missives et même les contrats avec certains anneaux à figures (*annulus sigillaris*) que les Grecs appelaient σύμβολον (symbole), usage qui se perpétua chez les peuples modernes et que les souverains adoptèrent. Ainsi le pape scelle les brefs et les bulles apostoliques avec un an. qui porte l'image de saint Pierre pêchant dans une barque, et qu'on nomme *an. du pêcheur*. Les évêques, en signe de l'alliance qu'ils contractent avec l'Église le jour où ils sont élevés à l'épiscopat, portent également un an. qui a reçu le nom d'*an. des évêques ;* mais ils ne s'en servent pas pour sceller les actes émanant de leur autorité. — La manière de porter les anneaux n'a pas été la même chez tous les peuples. Tandis que les Hébreux les portaient à la main droite, les Grecs et les Romains en ornaient le quatrième doigt de la main gauche, que cette coutume fit nommer *doigt annulaire*. Les Bretons et les Gaulois, au contraire, mettaient leurs anneaux au doigt *médium*. Les Égyptiens portaient l'an. nuptial au petit doigt, parce que, suivant eux, ce doigt recevait un nerf qui venait directement du cœur. Le luxe ayant répandu l'usage des anneaux, on en vint, chez certains peuples, à en porter non-seulement à chaque doigt, mais encore à chaque phalange; aujourd'hui même nous voyons, dans l'Orient et chez diverses nations barbares, les femmes et quelquefois même les hommes, se suspendre des anneaux au nez et aux lèvres en guise d'ornement. — De nos jours encore la mode de porter des anneaux surtout à la main gauche, subsiste généralement chez les peuples européens; mais on les prodigue beaucoup moins, et, chez nous, les hommes semblent presque y avoir renoncé. Cependant on a conservé l'usage pour les nouveaux époux d'échanger à l'église leur *alliance*, espèce d'an. qui ordinairement s'ouvre en deux parties et à l'intérieur duquel se trouvent gravés les noms des époux ainsi que la date de leur union. — On a attribué des vertus secrètes et merveilleuses à des anneaux de formes bizarres et couverts de signes mystérieux, auxquels les Arabes ont donné le nom de *talismans*, et qu'on a aussi appelés *anneaux enchantés*. Nous citerons seulement l'an. de *Samothrace*, qui, si l'on s'en rapporte à la tradition, était couvert de caractères magiques et renfermait de l'herbe coupée en certains temps ou de petites pierres trouvées sous certaines constellations; l'an. de *Gygès*, par lequel le célèbre roi de Lydie pouvait se rendre invisible; le *Bedouh*, ou an. de *Salomon*, qui avait la même vertu, et qui donnait en outre à celui qui le possédait un pouvoir infini sur la nature; enfin l'an. du *voyageur*, avec lequel on pouvait marcher continuellement sans jamais se fatiguer, etc., etc.

Phys. — *Anneaux colorés.* — On nomme ainsi certains anneaux lumineux qui se forment dans quelques cas par la décomposition de la lumière. Quand la lumière traverse des lames d'une grande ténuité, les rayons réfléchis et émergents prennent des teintes variées analogues à celles que donne le spectre solaire. Ainsi les bulles de savon, le verre soufflé, l'huile d'olive déposée sur un liquide noir, tous les liquides volatils répandus en lames minces sur des corps polis d'une teinte foncée, présentent les couleurs les plus brillantes. On peut également détacher d'une lame de mica incolore des feuilles très-minces qui prennent des teintes vives de rouge ou de vert. L'air jouit aussi de la même propriété, lorsqu'il est renfermé en lames très-minces entre deux plaques transparentes, par ex. entre deux plaques de verre que l'on presse fortement l'une contre l'autre. Newton observa le premier ce singulier phénomène. Il plaça une lentille biconvexe AB (Fig.), ayant une grande distance focale, sur un verre plan CD, et fit arriver sur la lentille un rayon de lumière blanche.

En observant le système par réflexion, il vit un point noir à l'endroit où se fait le contact de la lentille et du verre plan, et, autour de ce point, différentes séries de teintes dont les anneaux allaient en se rétrécissant. « Après la tache noire centrale, dit Newton, formée au contact des verres, venaient le bleu, le blanc, le jaune et le rouge : le bleu était en très-petite quantité, le jaune et le rouge étaient assez abondants et occupaient ensemble à peu près autant de place que le blanc, et quatre ou cinq fois plus que le bleu. Immédiatement après cette première série, il en venait une autre où l'on distinguait le violet, le bleu, le vert, le jaune et le rouge : toutes ces couleurs étaient abondantes et vives, excepté le vert, qui était en fort petite quantité, et qui paraissait beaucoup plus pâle et plus faible que le reste ; le violet occupait moins de place qu'aucune des quatre autres couleurs, et le bleu moins que le jaune ou le rouge. La 3e série de couleurs était le pourpre, le bleu, le vert, le jaune et le rouge : ici le pourpre semblait plus rougeâtre que le violet de la série précédente, et le vert était beaucoup plus visible, étant aussi vif et en aussi grande quantité qu'aucune des autres couleurs, excepté le jaune; mais le rouge commençait à se ternir un peu, tirant extrêmement sur le pourpre. Ensuite venait la 4e série, composée de vert et de rouge : le vert était fort abondant et très-vif, tirant d'un côté sur le bleu, et de l'autre sur le jaune; mais dans cette 4e série, il n'y avait ni violet, ni bleu, ni jaune, et le rouge était fort imparfait. Les couleurs qui succédaient à celles-ci étaient de plus en plus faibles et indécises, jusqu'à ce qu'après trois ou quatre révolutions, elles dégénéraient insensiblement en blanc. La distribution des couleurs était alors, à partir du centre : noir, bleu, blanc, jaune, rouge; violet, bleu, vert, jaune, rouge; pourpre, bleu, vert, jaune, rouge; vert, rouge; bleu verdâtre, rouge; bleu verdâtre, rouge pâle; bleu verdâtre, blanc rougeâtre. » Pour produire la tache noire centrale, il faut un peu frotter la lentille contre le verre afin d'établir le contact. En soulevant la lentille, chaque an. se rapproche du centre en s'étalant, s'y réfugie et disparaît. Lorsque les rayons incidents s'inclinent sur la surface de la lentille, les anneaux s'élargissent et prennent une forme elliptique.

En plaçant l'œil de façon à recevoir les rayons transmis à travers la lentille et la plaque, on observe un cercle blanc au point de contact, et une suite de cercles irisés dans lesquels les teintes se succèdent de telle manière que les anneaux qui occupent le même lieu, étant vus par réflexion ou par réfraction, ont des couleurs complémentaires; mais les anneaux par transmission sont beaucoup plus faibles que les anneaux réfléchis : les séries d'anneaux présentent alors les couleurs suivantes : 1re, blanc, rouge jaunâtre, noir, violet, bleu; 2e, blanc, jaune, rouge, violet, bleu; 3e, vert, jaune, rouge, vert bleuâtre; 4e, rouge, vert bleuâtre; 5e, rouge.

Si l'on place un liquide entre la lentille et le verre, les mêmes phénomènes ont encore lieu, les couleurs des anneaux sont les mêmes et se succèdent toujours dans le même ordre; on ne trouve de différence que dans le diamètre des anneaux et dans l'étendue absolue qu'occupent les couleurs de chacun d'eux. Dans le vide, les anneaux ont les mêmes dimensions et offrent les mêmes teintes que dans l'air. — Lorsqu'au moyen d'un prisme on ne laisse arriver à l'instrument qu'un rayon de lumière homogène, c.-à-d. d'une seule couleur, il se forme une série d'anneaux alternativement noirs et de la couleur du rayon, se serrant d'autant plus qu'ils s'éloignent davantage du point central; et, dans le cas de transmission, le lieu des anneaux colorés est celui des anneaux obscurs par réflexion.

Newton ayant mesuré avec un compas les diamètres des anneaux vus par réflexion, trouva que leurs carrés étaient comme les nombres impairs 1, 3, 5, 7, 9, etc., lorsqu'ils correspondaient aux milieux des anneaux brillants, et comme les nombres pairs 2, 4, 6, 8, etc., lorsqu'ils correspondaient aux milieux des anneaux obscurs. Ayant pareillement mesuré les diamètres des anneaux vus par transmission, il reconnut que leurs carrés étaient entre eux comme les nombres 0, 2, 4, 6, 8, etc., pour les parties les plus colorées, et comme 1, 3, 5, 7, 9, etc., pour les parties les plus obscures. Les épaisseurs des lames d'air à ces différents anneaux étaient donc dans les mêmes rapports. Il constata que ces rapports étaient encore les mêmes lorsque, au lieu de lumière rouge, on employait de la lumière homogène d'une autre couleur, et lorsqu'au lieu d'air on interposait entre les verres une autre substance transparente, telle que l'eau. Il découvrit en outre que la valeur absolue de l'épaisseur de la lame interposée correspondante à un an. obscur ou brillant du même ordre, était exprimée par un nombre différent pour chaque couleur et pour chaque substance. Pour une même substance, les anneaux sont plus grands pour la lumière rouge que pour la lumière violette; pour une même couleur, les épaisseurs de deux lames d'air et d'eau correspondantes à un an. obscur ou brillant du même ordre sont entre elles comme les sinus d'incidence et de réfraction lors du passage de la lumière de l'air dans l'eau. Ceci admis, les anneaux irisés qu'on obtient en opérant avec de la lumière blanche, s'expliquent par la superposition partielle des anneaux provenant des rayons des différentes teintes qui existent dans la lumière blanche.

Pour calculer la distance des verres dans les points où l'on ne voit pas de couleurs, Newton partait de la supposition qu'une simple pression suffit pour mettre les verres en contact parfait, ce que Jérichau a trouvé inexact. C'est pourquoi ce dernier a fait construire un instrument particulier, qu'il a nommé *Gyréidoscope*, au moyen duquel les verres peuvent être ou bien amenés au contact, ou bien éloignés à volonté. Les observations faites avec cet instrument ont montré qu'il fallait modifier dans plusieurs points les recherches de Newton sur les anneaux colorés avant de pouvoir conclure la distance des verres d'après une couleur, et de pouvoir par là déterminer de petites grandeurs.

En choisissant des liquides très-différents sous le rapport de leur pouvoir réfringent et en les interposant entre la lentille et le verre plan, on peut obtenir alternativement des anneaux colorés à centre noir et des anneaux colorés à centre blanc. Young avait fait des anneaux à centre blanc en interposant de l'huile de sassafras entre deux surfaces fortement pressées de flint-glass et de crown-glass. On a démontré que le centre de ces anneaux redevient noir lorsque le liquide interposé a plus ou moins de réfringence que le flint et le crown; mais les anneaux produits sont à centre blanc, lorsque le liquide est moins dense que le flint-glass de la lentille, et plus dense que le crown-glass de la plaque inférieure.

Les phénomènes des anneaux colorés se produisent également au moyen d'un miroir concave d'un côté, convexe de l'autre, et couvert de vif-argent du côté convexe. Si, au foyer de ce miroir, on place, dans une chambre obscure, un carton blanc percé d'un petit trou dans le milieu, le rayon lumineux qu'on a laissé pénétrer ayant traversé le trou du carton, vient frapper le miroir, et se réfléchit sur le carton en anneaux concentriques colorés. — Le phénomène des anneaux colorés s'observe aussi dans des cristaux naturels contenant des fissures remplies d'air ou de tout autre fluide : les couleurs variées, irisées et changeantes que présentent ces cristaux disparaissent par la pulvérisation de ces corps. Depuis la découverte de la polarisation de la lumière, de nouvelles expériences ont fait voir que, dans certaines circonstances, il se forme non-seulement des anneaux colorés, mais aussi des bandes colorées diversement. L'explication des anneaux colorés a beaucoup occupé les physiciens depuis Newton. Ce phénomène est d'une grande importance dans l'optique, et c'est en partie sur les lois suivant lesquelles il se produit que se basent les théories relatives à la formation des couleurs. Voy. LUMIÈRE, INTERFÉRENCE, POLARISATION, etc.

Astron. — On donne le nom d'*An. solaire* ou *horaire* à une espèce de petit cadran solaire portatif qui consiste en un an. ou cercle de cuivre d'environ 6 centim. de diamètre et de 1 centim. de largeur. Dans un endroit du contour de l'an., il y a un trou par lequel on fait passer un rayon du soleil; ce rayon produit une petite marque lumineuse à la circonférence concave du demi-cercle opposé; et le point sur lequel tombe cette petite marque donne l'heure. Mais un instrument ainsi disposé n'est exact que le jour des équinoxes; pour qu'il puisse servir tout le long de l'année, il faut que le trou puisse changer de place, et que les signes du zodiaque ou les jours du mois soient marqués sur la convexité de l'an.; alors, en mettant le trou sur le jour du mois ou sur le degré du zodiaque que le soleil occupe ce jour-là, et en suspendant ensuite l'an. vis-à-vis du soleil, le rayon qui passera par le trou marquera l'heure sur le point opposé où il tombera. Néanmoins cet instrument ne pourra encore servir que pour un degré de latitude déterminé.

Il n'en est pas de même de l'*An. astronomique* ou *universel*. Ce dernier est une espèce de cadran solaire équinoxial qui a, dans sa forme la plus simple, 6 à 18 centim. de diamètre, et qui se compose essentiellement de deux cercles ou anneaux (Fig.). Le cercle extérieur A représente le méridien du

lieu où l'on est; il contient deux divisions, de 90° chacune, diamétralement opposées, et qui servent l'une pour l'hémisphère boréal, l'autre pour l'hémisphère austral. L'an. intérieur représente l'équateur et tourne exactement en dedans du premier par le moyen de deux pivots qui sont en E et en F dans chaque cercle. Au dedans des deux cercles est une petite règle ou lame mince AP qui tourne aussi sur deux pivots avec un curseur qui peut glisser le long du milieu de la règle. Dans ce curseur est un petit trou pour laisser passer les rayons du soleil. On regarde l'axe de la règle AP comme l'axe du monde et ses extrémités comme les deux pôles. On y marque d'un côté les signes du zodiaque, de l'autre les jours du mois. Une pièce mobile G qui glisse sur la circonférence du méridien, porte un an. H, lequel sert à suspendre l'instrument. Lorsqu'on veut en faire usage, on met le milieu du pendant G au degré de latitude ou de hauteur du pôle du lieu où l'on est, sur la circonférence AMP, par ex. à 48° 50' pour Paris, on fait arriver le trou du curseur au degré du signe ou au jour du mois sur la règle DD; ensuite on ouvre l'instrument de façon que les deux anneaux se coupent à angle droit, et on le suspend par la boucle H, de manière que l'axe de la règle qui représente celui de l'instrument puisse être parallèle à l'axe du monde; alors on tourne le côté plat de la règle vers le soleil jusqu'à ce que le rayon qui passe par le petit trou tombe exactement sur la ligne circulaire qui est tracée au milieu de la circonférence de l'an. intérieur : le chiffre sur lequel tombe ce rayon donnera l'heure.

Il faut remarquer que l'heure de midi n'est pas donnée par le cadran, par la raison que le cercle extérieur étant dans le plan du méridien, il empêche les rayons du soleil de tomber sur le cercle intérieur. Il ne donnera pas non plus l'heure quand le soleil sera dans l'équateur, parce qu'alors ses rayons seront parallèles au plan du cercle intérieur. Pour remédier à cet inconvénient, on a imaginé un autre an. astronomique, auquel on a ajouté un cercle horaire tournant autour des pôles AP et portant une alidade, de sorte qu'au lieu de deux cercles ce nouvel appareil en a trois. Au reste les instruments de ce genre sont aujourd'hui à peu près inusités.

ANNÉE. s. f. (lat. *annus*). Période de temps composée d'un certain nombre de jours, de semaines et de mois, et calculée sur le mouvement d'un astre. *An. solaire. An. lunaire. An. bissextile. An. sidérale, tropique. An. astronomique. An. civile.* — Se prend quelquefois dans le sens de Révolution. *L'an. de Saturne est de trente années solaires.* || Dans un sens plus limité, *An.* exprime Le temps que la terre met à faire une révolution entière dans son orbite. *Notre an. commence au premier janvier, et finit au trente et un décembre. Les quatre saisons de l'an. L'an. passée. L'an. prochaine. En cette année-là. D'an. en an. D'une an. à l'autre. Les années passent vite.* || Se dit De la durée d'une année commune, abstraction faite de l'époque où elle commence et de celle où elle finit. *Il y a trois années qu'il n'est venu à Paris. Combien d'années avez-vous passées en province? Il est payé à l'an.* || *An. scolaire* ou *scolastique*, Le temps qui s'écoule depuis la rentrée des classes jusqu'aux vacances. || *An. théâtrale*, Le temps qui s'écoule depuis la rentrée de Pâques jusqu'à la clôture de la semaine sainte. || *An. d'exercice*, Celle où l'on exerce actuellement une charge que plusieurs personnes ont droit d'exercer l'une après l'autre. *C'est son an. d'exercice*, ou absol., *C'est son an.; Il est en an.; Il est d'an.* || *An. de probation*, Celle pendant laquelle un religieux ou une religieuse fait son noviciat. — *An. de deuil*, An. pendant laquelle on est obligé de porter le deuil. *Elle s'est remariée dans l'an. de son deuil.* || On dit : *Souhaiter la bonne an. à quelqu'un, Souhait de bonne an., Compliment de bonne an.*, en parlant Des souhaits mutuels qu'on est dans l'usage de se faire au renouvellement de l'année. || En parlant Des phénomènes météorologiques observés pendant la durée d'une année commune, on dit : *L'an. a été pluvieuse, orageuse, humide, chaude, froide, sèche.* — On dit encore, en parlant De la fertilité de la terre pendant le même laps de temps et des récoltes qu'on a obtenues : *An. fertile, abondante, stérile. An. d'abondance. L'an. a été bonne, mauvaise, médiocre. L'an. a été bonne pour les blés et médiocre pour les vins.* || *An. commune, An. moyenne*, Compensation faite des bonnes et des mauvaises années. *Ma terre rend tant an. commune.* — *Demi-an.*, Celle où la récolte n'est que la moitié de ce qu'elle doit être an. commune. || Se dit encore De ce qu'on a à recevoir ou à payer par an. *Son fermier lui doit deux années. Je lui ai payé d'avance une an. de loyer.* || *An.* au plur. s'emploie pour désigner Les différents âges de la vie. *Dès ses premières années. Les jeunes années. Les belles années. Le poids, le progrès des années. Dans ses dernières années.* = Syn. Voy. AN.

Enc. — Astron. et Chron. — Le temps, comme la distance, peut se mesurer par comparaison avec un étalon d'une longueur quelconque pris pour unité. Cette unité est donnée par la durée que met un certain phénomène à se produire; mais il faut nécessairement que ce phénomène se répète sans interruption et à des intervalles égaux ou moyennement égaux. La succession des jours et des nuits, celle des phases lunaires, le retour des saisons, la réapparition dans le même ordre de certaines constellations, ont fourni à l'homme autant de périodes propres à mesurer le temps, et ont donné naissance au jour, à la semaine, au mois et à l'année. Mais malheureusement ces périodes diverses n'ont pas entre elles de rapports exactement commensurables, et la durée d'aucune des révolutions célestes, par ex., n'est un multiple parfait du jour, c.-à-d. de la durée de la révolution de la terre sur son axe. Or, la période diurne est une unité de mesure du temps si naturelle qu'elle a été adoptée par tous les peuples, et la plupart ont cherché, par quelque méthode artificielle, à faire coïncider, aussi exactement que possible, certaines périodes astronomiques avec la plus petite division naturelle du temps, c.-à-d. avec le jour. De là, la distinction entre l'*an. astronomique* et l'*an. civile*.

ANNÉES ASTRONOMIQUES. — Toute *an. astronomique* est uniquement déterminée par la durée exacte du phénomène que l'on a pris en considération. Il est évident que le terme *an. astronomique*, si on le prend dans son sens le plus général qui est celui de « durée d'une révolution astronomique », peut s'appliquer à toutes les planètes. C'est ainsi que le temps employé par Jupiter pour accomplir sa révolution autour du Soleil, temps qui est égal à environ 12 de nos années ordinaires, est appelé *an. de Jupiter*, etc. Mais nous n'avons à nous occuper ici que de l'*an. solaire* et de l'*an. lunaire*, parce que la lune et le soleil sont les seuls astres sur la marche apparente ou réelle desquels les hommes aient basé la mesure du temps.

Années solaires. — Lorsqu'on rapporte le mouvement orbitaire de la terre à un point immobile dans les cieux, à une étoile fixe par ex., le temps de la révolution est celui qui s'écoule depuis l'instant où l'étoile, le soleil et la terre se trouvent dans une même ligne droite, jusqu'à celui où ces trois astres nous apparaissent de nouveau dans cette même position. Cette période a reçu le nom d'*an. sidérale solaire*. Elle est de 365 jours 6 heures 9 minutes 9 secondes 6/10.

Si, au contraire, on calcule le temps qu'emploie la terre à faire le tour de l'écliptique, c.-à-d. le temps que paraît mettre le soleil à revenir au même tropique ou au même équinoxe, et, par conséquent, celui qui est nécessaire pour que chaque saison se reproduise dans le même ordre successif, on obtient une période de 365 jours 5 heures 48 minutes 49 secondes 6/10, à laquelle on a donné le nom d'*an. solaire vraie*, ou encore d'*an. tropique* et d'*an. équinoxiale*. — On voit que l'*an. tropique* est plus courte que l'an. sidérale de 20 minutes 20 secondes de temps moyen. Cette différence tient à la *précession des équinoxes*, c.-à-d. à ce que les points équinoxiaux rétrogradent chaque an. de 50″1 sur l'écliptique; de sorte que le soleil, en partant d'un équinoxe, doit, dans sa révolution suivante, rencontrer le même équinoxe en un point du ciel un peu en-deçà de celui où il l'avait rencontré la fois précédente. Au lieu de 360° entiers, le soleil n'a donc à décrire que 359° 59′ 9″ 9.

L'*an. anomalistique* se mesure par le retour de la terre à la même apside ou extrémité du plus grand axe de son orbite. Le plus grand axe de l'orbite terrestre n'est pas fixe dans le ciel; mais il a un mouvement progressif vers l'orient. Si donc nous supposons que, lorsque la terre est à son périhélie ou à son point le plus rapproché du soleil, l'autre extrémité du grand axe se trouve vis-à-vis d'une étoile donnée; quand la terre, après avoir accompli sa révolution, reviendra à son périhélie, son axe se dirigera plus à l'est de la même étoile, d'une quantité égale à 11″ 8. Par conséquent, l'an. anomalistique est plus longue que l'an. sidérale de tout le temps qu'il faut à la terre pour parcourir cet arc de 11″ 8; et comme l'an. sidérale est déjà plus longue que l'an. tropique, il s'ensuit que lorsque la terre a complété une révolution par rapport à la ligne des équinoxes, elle a encore à décrire 50″ 1 + 11″ 8 = 61″ 9 avant de se trouver à la même apside. Or, la terre met 23 minutes 7 secondes 2/10 à décrire cet arc; l'an. anomalistique est donc de 365 jours 6 heures 13 minutes 58 secondes 8/10.

Les anciens mesuraient le temps de la révolution du soleil en calculant la durée qui s'écoule entre deux observations où l'on aperçoit une étoile se dégager pour la première fois des rayons du soleil avant le lever de celui-ci. Mais le changement d'obliquité de l'écliptique et la précession des équinoxes rendent cette durée bien différente de celle de l'an. tropique. D'ailleurs cette durée varie suivant l'étoile qu'on observe. Par conséquent, l'*an. héliaque* (ainsi nommée du lever héliaque de l'étoile) ne peut servir de mesure que pour une étoile déterminée et seulement pendant un certain laps de temps. Les Égyptiens, par ex., avaient pris pour point de départ de leur an. héliaque, l'étoile *Sirius* qu'ils nommaient *Sothis*.

Années lunaires. — L'*an. astronomique lunaire* est calculée sur la durée de 12 mois lunaires; mais il existe deux sortes de mois lunaires. Le *mois lunaire synodique*, appelé plus souvent *lunaison*, est l'intervalle de temps que la lune met à accomplir ses 4 phases : sa durée est de 29 jours 12 heures 44 m. 2 s. 8/10. La période de temps qu'emploie la lune pour revenir à la même position par rapport aux étoiles est moindre que le mois synodique lunaire, à cause du mouvement propre du soleil qui a lieu dans le même sens que celui de la lune : cette période, qui porte le nom de *mois sidéral lunaire*, est de 27 jours 7 heures 43 m. 11 s. Ainsi donc, nous avons deux années astronomiques lunaires : l'*an. sidérale* qui est de 327 jours 20 heures 38 m. 12 s., et l'*an. synodique* qui est de 354 jours 8 heures 48 m. 33 s. 6/10.

ANNÉES CIVILES. — D'après les chiffres que nous venons de donner comme expressions de la valeur des années astronomiques, il est évident qu'aucune de ces valeurs, à cause des fractions qui les affectent, ne peut servir directement d'étalon pour la mesure du temps. Or il faut, pour satisfaire aux besoins de la vie sociale, que le commencement de l'an. coïncide, dans le calendrier, avec celui d'un jour. On peut atteindre ce but de deux manières : ou bien on néglige la fraction de jour qui, dans toute an. astronomique, excède les jours entiers, procédé qui donne des années ayant toujours la même longueur; ou bien on change de temps en temps la longueur de l'an., en faisant certaines années plus longues d'un jour, lorsque la somme des fractions négligées forme un jour plein. Dans l'un comme dans l'autre cas, ces années, composées d'un nombre entier de jours, sont désignées sous le nom d'*années civiles* : c'est d'elles seules qu'on fait usage dans la chronologie.

Diverses circonstances qu'il serait trop long d'énumérer portent à croire que, dans le principe, les hommes ont compté par *années lunaires*; mais comme le retour des saisons dépend évidemment du cours du soleil, ou, pour parler plus exactement, du mouvement de la terre dans son orbite; et comme l'an. lunaire est de 11 jours environ plus courte que l'an. solaire, il en résulte que, dans une période de 34 années lunaires, le premier jour de l'an. lunaire parcourt à peu près le cercle entier des saisons.

Malgré cet immense inconvénient, l'usage de compter par années lunaires existe encore chez plusieurs peuples, parmi lesquels nous citerons les Arabes, les Turcs et les Juifs. Mais comme le mois lunaire synodique est de 29 jours 12 heures et quelques minutes, les Arabes et les Turcs compensent d'abord ces douze heures d'excédant, en faisant les mois alternativement de 29 et de 30 jours, ce qui donne une an. de 354 jours; puis, pour les quelques minutes négligées, ils ajoutent un jour intercalaire à 11 années sur une période de 30 ans. Les mois des Juifs sont aussi alternativement de 29 et de 30 jours; mais pour que leurs fetes revinssent dans la même saison et à peu près au même point fixe, ils décidèrent que 3 années sur 8 auraient un 13e mois de 29 jours, et que le 2e mois de chaque an. intercalaire se composerait de 30 jours au lieu de 29 qu'il a ordinairement : d'après ce procédé d'intercalation, on voit que les Juifs avaient des années de 354 et de 384 jours.

Les anciens Grecs avaient adopté l'an. lunaire de 354 jours, composée de 12 mois de 29 et de 30 jours; mais ils se préoccupèrent constamment de faire concorder leur an. lunaire avec la révolution solaire. Pour y parvenir, Cléostrate imagina d'abord une période de 8 années, appelée *octaétéride*, qui comprenait 5 années communes de 354 jours et 3 années de 384 jours. Ces dernières étaient dites *embolismiques*, du nom des mois ajoutés qui s'appelaient *embolismiques*, c.-à-d. intercalaires. Cette période ne faisant pas concourir d'une manière assez exacte les mouvements du soleil et ceux de la lune, les astronomes grecs inventèrent d'autres périodes ou cycles dont les plus célèbres sont les cycles de Meton et de Calippe. Voy. CYCLE.

Romulus avait, dit-on, composé l'année romaine de 340 jours divisés en 10 mois. Numa basa l'an. sur les révolutions lunaires, et la composa de 355 jours, qu'il divisa en 12 mois. En outre, pour la faire concorder avec l'an. solaire, il ajouta à chaque deuxième an. un mois intercalaire de 22 jours, et à chaque quatrième an. un mois de 23 jours. Mais, ensuite, s'étant aperçu que l'an. se trouvait trop longue, il régla que le mois intercalaire de chaque huitième an. serait seulement de 15 jours au lieu de 23. Ce procédé donne en 8 années, tout comme le système de Cléostrate, une période de 2922 jours. Le Collège des pontifes fut chargé de régler ces intercalations; mais les prêtres, tantôt par superstition, tantôt dans un but politique, allongèrent ou raccourcirent les années d'une façon tout à fait arbitraire, et jetèrent une confusion extrême dans le calendrier romain. Jules César, étant grand pontife, voulut réformer cet abus. Aidé de Sosigène, astronome d'Alexandrie, il décida que l'on compterait par années solaires de 365 jours. Mais comme l'an. tropique est de 365 jours 1/4 environ, il fut également ordonné, pour compenser cette fraction, que chaque quatrième an. se composerait de 366 jours. Ce jour intercalaire étant placé dans le mois de février, le lendemain du 6e jour avant les calendes de mars (*sexto calendas martii*), reçut le nom de *jour bissextile* (*bis-sexto calendas*), et, par extension, on appela *an. bissextile* l'an. où avait lieu l'intercalation. Les chronologistes désignent sous le nom d'*An. julienne*, l'an. adoptée dans le calendrier de Jules César. L'an 45 avant notre ère fut la première année comptée selon l'institution de Jules César. Pour ramener le 1er janvier de cette année à la nouvelle lune qui suivait le solstice d'hiver, il fallut donner à l'an. 46 av. J.-C. 455 jours : c'est ce qui l'a fait nommer *an. de confusion*.

En instituant ce mode d'intercalation, on supposa que l'an. tropique est de 365 jours 6 heures juste. Or nous avons vu que l'an. tropique n'est que de 365 jours 5 heures 48 m. 49 s. 6/10 : ainsi donc l'an. julienne excède l'an. solaire de 11 m. 10 s. 4/10, ce qui fait une différence d'un jour en 129 ans. Au bout de quelques siècles, cette différence devint très-sensible par suite de la rétrogradation constante des équinoxes et des solstices vers le commencement de l'année. A l'époque de la réforme du calendrier par Jules César, l'équinoxe du printemps tomba le 25 mars : à l'époque du concile de Nicée en 325, il tomba le 21. Dès le VIIIe siècle, Bède le Vénérable avait remarqué l'anticipation des équinoxes, et, 5 siècles plus tard, Roger Bacon avait signalé les imperfections toujours croissantes du calendrier Julien. Le projet de le corriger fut encore renouvelé dans le XVe siècle par P. d'Ailly et par le cardinal de Cusa, qui présentèrent au concile de Constance des mémoires auxquels il ne fut pas donné de suite. Enfin le pape Grégoire XIII entreprit d'exécuter cette réforme, et chargea de cet important travail d'habiles astronomes, parmi lesquels on doit citer Ludovico Lilio, Clavius et P. Chacon. Ce fut en 1582 que le souverain pontife, s'étant assuré du consentement des souverains catholiques, donna la fameuse bulle par laquelle il abrogea l'ancien calendrier, et lui substitua le nouveau, qui, de son nom, fut appelé *calendrier grégorien*. Comme, en cette année même 1582, l'équinoxe du printemps se trouvait avoir rétrogradé jusqu'au 11 mars, on retrancha 10 jours à l'an. civile, et le 5 du mois d'octobre fut compté pour le 15, de façon que l'équinoxe du printemps revint l'an. suivante le 21 mars. Afin qu'une pareille confusion ne se renouvelât plus, il fut décidé qu'on retrancherait ce qu'il y avait de trop dans l'an. julienne, c.-à-d. un jour sur 134 ans environ, soit 3 jours sur 400 ans. Dans le calendrier grégorien, toute an. exprimée par un nombre qui n'est pas exactement divisible par 4 sans reste se compose de 365 jours; celles au contraire qui sont divisibles par 4, sont bissextiles et ont 366 jours, à l'exception toutefois des années qui terminent chaque siècle. Il existe pour ces années une règle subsidiaire, d'après laquelle on ne compte comme bissextiles que les années séculaires dont le chiffre est divisible par 400 sans reste. Ainsi 1848 est bissextile; 1849, 1850, 1851 ne le seront pas; 1852 le sera. L'an. séculaire 1800 n'a pas été bissextile; 1900 ne le sera pas non plus, mais l'an 2000 le sera. — On voit que le calendrier grégorien est réglé par une période de 400 ans, dans le cours de laquelle on a 97 intercalations, de sorte que 400 ans contiennent $365 \times 400 + 97 = 146097$ jours. L'*an. grégorienne* se compose donc de 365 jours 5 heures 49 m. 12 s.; mais l'an. solaire vraie se composant de 365 jours 5 heures 48 m. 49 s. 6/10, l'an. grégorienne est trop longue de 22 s. 4/10. Cette erreur ne vaut guère la peine qu'on en tienne compte, puisqu'il faut 3866 ans pour qu'elle fasse un jour plein. Néanmoins Delambre a proposé de corriger cette légère inégalité en rendant communes les années 4000 et ses multiples : de cette façon l'erreur ne serait plus que d'un jour en 100000 ans. — La *réforme grégorienne* fut adoptée, dès 1582, en France, en Espagne, en Italie et en Portugal. En Angleterre, elle ne fut mise en vigueur qu'en 1752. Les Grecs et les Russes ayant repoussé l'an. grégorienne, il s'ensuit qu'ils ont fait 1700 et 1800 bissextiles, et qu'ainsi leurs années ont rétrogradé de 12 jours sur la nôtre. La méthode julienne est, dans les chronologies, qualifiée de *Vieux style*, par opposition à la méthode grégorienne qui constitue le *Nouveau style*. On exprime cette divergence en écrivant les dates correspondantes sous forme de fraction, 16/28 janvier par exemple.

Chez les anciens Égyptiens, l'*an. civile* était fondée sur la révolution du soleil autour de la terre : elle se composait invariablement de 365 jours, et se divisait en 12 mois de 30 jours chacun, avec 5 *jours épagomènes* ou complémentaires. Les Egyptiens négligeaient donc la fraction de près de 6 heures, dont l'an. tropique excédait leur an. civile. En conséquence, on donnait le nom d'*an. vague* ou *erratique* à cette an. de 365 jours, parce que le premier jour de l'an. *errait*, pour ainsi dire, à travers toutes les saisons, dans une période de 1460 ans (en supposant l'an. tropique de 365 jours 1/4, mais plus exactement de 1507 à 1508 ans). Au bout de cette période, qui est connue sous les noms de *grande an.*, d'*an. sothiaque*, *cynique* ou *caniculaire*, les saisons se trouvaient revenir aux mêmes époques de l'année.

Les Persans sont le peuple dont l'an. civile concorde le mieux avec l'an. solaire vraie. Leurs années communes sont composées de 365 jours; puis ils font sept fois de suite la quatrième an. bissextile; mais la huitième fois, c'est la cinquième an., au lieu de la quatrième, qu'ils font bissextile. Ils recommencent ensuite de la même manière, de sorte qu'ils ont huit intercalations en 33 ans. Leur période de 33 ans se compose donc de 12053 jours. On prétend que ce mode d'intercalation a été adopté par les Persans dès l'an 467 de l'Hégire ou 1075 de J.-C.

Il est fait mention dans plusieurs anciens écrivains, et surtout dans les ouvrages d'astrologie, d'une période appelée *grande an.* A la fin de cette période, les astres, disent-ils, se retrouveront dans la même position relative qu'au commencement des choses, et l'on verra alors les événements accomplis se renouveler dans le même ordre successif. Le retour de cette période devra donc ramener l'âge d'or sur la terre. Tous les auteurs qui ont parlé de la grande an. diffèrent, on le conçoit aisément, sur la durée qu'elle doit avoir : chacun a pris, au gré de son imagination, une période plus ou moins longue. D'ailleurs l'époque à laquelle tous les astres nous apparaîtront dans la même situation relative qu'à un moment quelconque des temps passés, est à peu près incalculable. Nous ne croyons pas qu'aujourd'hui personne se préoccupe de ces rêveries.

Les articles consacrés aux mots CALENDRIER, CYCLE, ÈRE, etc., sont les compléments naturels de l'article qui précède. En outre, il sera parlé de l'*an. ecclésiastique*, de l'*an. sabbatique* et de l'*an. climatérique* aux mots AVENT, SABBAT et CLIMATÉRIQUE.

ANNELER, v. a. Former en anneaux. N'est guère usité qu'en parlant Des cheveux qu'on frise en boucles. = ANNELÉ, ÉE. part. *Cheveux annelés.* ‖ En Zool. et en Bot. s'emploie adject. et sign., Formé ou composé d'anneaux distincts, ou Marqué de cercles de différentes couleurs. *Le corps de la sangsue est an. La* Cécilie annelée *est noirâtre et marquée de cercles blancs. Pédicule an.*

ANNELET, s. m. T. Archit.

Enc. — On appelle ainsi de petits listels ou filets qu'on remarque dans les chapiteaux d'ordre dorique : mais le nombre de ces filets est variable. Ainsi on en trouve trois aux chapiteaux du théâtre de Marcellus, quatre dans ceux du grand temple de Pœstum, et cinq dans quelques autres édifices. Le chapiteau de la figure ci-contre, qui représente l'ordre dorique denticulé, est orné de trois annelets seulement.

ANNÉLIDES, s. m. pl. T. Zool.

Enc. — Les zoologistes comprennent sous le nom d'*An.* tous les animaux articulés, dépourvus de membres articulés, et dont le sang est coloré en rouge. Linné avait confondu ces animaux dans une même classe avec les Mollusques et les Vers. Plus tard, Bruguière les sépara des premiers, mais non des seconds. Ce fut G. Cuvier qui, en 1802, forma de ces animaux une classe tout à fait à part sous le nom de *Vers à sang rouge*, pour les distinguer des Vers intestinaux; mais bientôt Lamarck leur imposa le nom d'*An.*, qui depuis a été adopté par tous les savants. — Cuvier avait placé les An. à la tête de son embranchement des animaux articulés, et il fut sans doute déterminé à leur assigner ce rang, par la considération de la couleur du liquide sanguin. Cependant la simplicité d'organisation de ces êtres n'a pas permis de leur conserver cette place, et on a reporté les An. après les Insectes et les Crustacés, c.-à-d. au dernier échelon des animaux articulés. En outre, la coloration rouge du sang n'est pas un caractère constant chez ces êtres; chez plusieurs, en effet, ce liquide est à peine coloré, et chez quelques-uns même il est verdâtre.

Le corps des An. est mou; il est allongé et divisé, ainsi que l'indique leur nom, en un certain nombre de segments ou du moins de plis transversaux qui ont de l'analogie avec des anneaux. Ces animaux n'ont jamais de pieds articulés, et, en général, au lieu de pieds, ils portent de chaque côté du corps,

Fig. 1.

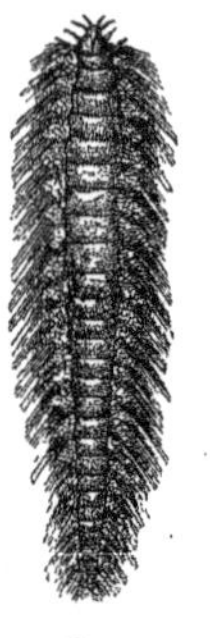

Fig. 2.

une série de soies ou de faisceaux de soies roides et mobiles au moyen desquelles ils se meuvent. Quelques-uns même n'ont pas de soies, mais chaque extrémité de leur corps est pourvue d'une ventouse qui sert à l'animal d'organe locomoteur. Le premier anneau du corps, qui constitue la tête, se distingue à peine des autres anneaux, si ce n'est par la présence de la bouche et des organes des sens. L'appareil buccal se compose tantôt de mâchoires plus ou moins fortes, tantôt d'un simple tube : les organes des sens extérieurs consistent en tentacules charnus et quelquefois articulés (antennes), et en quelques points noirâtres que l'on considère comme des yeux. L'appareil circulatoire des An. est formé d'un double système clos de veines et d'artères; certaines portions de ces dernières sont contractiles et jouent le rôle de cœur. Leur système nerveux est représenté par une chaîne simple ou double de petits ganglions étendus d'un bout à l'autre du corps. L'intestin est droit, simple ou garni d'un plus ou moins grand nombre de cœcums situés de chaque côté; l'orifice anal est placé à la partie postérieure du corps. Presque tous les An., à l'exception des *Lombrics* ou *Vers de terre*, vivent dans l'eau; en conséquence leur respiration s'opère généralement à l'aide de branchies : celles-ci sont situées extérieurement; mais leur forme et leur disposition sont très-variables.

Fig. 3.

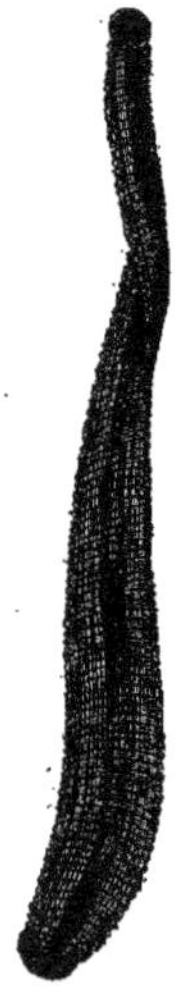

Fig. 4.

Cuvier a divisé les An. en trois classes et a basé ses divisions sur la considération de leurs organes respiratoires. — 1° Les *Tubicoles*, ainsi nommés parce que presque tous habitent dans des tuyaux, ont des branchies en forme de panaches ou d'arbuscules attachées à la tête ou sur la partie antérieure du corps (Fig. 1. *Serpule lactée*). — 2° Les *An. errants* ou *Dorsibranches* ont sur la partie moyenne du corps ou tout le long de ses côtés, des branchies en forme d'arbres, de houppes, de lames ou de tubercules. La plupart vivent dans la vase ou nagent librement dans la mer; le plus petit nombre a des tuyaux (Fig. 2. *Hipponoë de Gaudichaud*). — 3° Les *Abranches* sont ainsi nommés parce qu'ils n'ont point de branchies apparentes et respirent, ou par la surface tégumentaire, ou, comme on le croit de quelques-uns, par des cavités intérieures. Les *Abranches* de Cuvier ont été scindés par Milne Edwards en deux ordres qui sont les *Abranches sétigères* ou *An. terricoles* et les *An. suceurs*. — Les *Terricoles*, dont le type est le *Lombric terrestre* (Fig. 3), sont pourvus de soies qui leur tiennent lieu de pieds; et les *Suceurs* doivent leur nom aux ventouses qui leur servent d'organes locomoteurs (Fig. 4. *Sangsue médicinale verte*). — Voy. les mots DORSIBRANCHES, TUBICOLES, etc.

ANNELURE. s. f. Frisure de cheveux par anneaux ou par boucles. Inus.

ANNEXE. s. f. [On pron. les 2 N.] (lat. *ad*, *nexus*, joint à). Accessoire, ce qui est uni à une chose principale. *Les annexes d'une terre.* ‖ Succursale. *Cette église est une an. de telle paroisse.* ‖ T. Anat. *Les annexes de l'œil*, Les paupières, les cils, etc. *Le cerveau et ses annexes*, La pie-mère, l'arachnoïde, etc.

ANNEXER. v. a. Joindre, attacher une pièce à une autre, à un dossier. ‖ Se dit en parlant D'une terre qu'on ajoute à une autre, d'un droit qu'on joint à une terre, à un bénéfice, à une charge. *La Bourgogne fut annexée à la France après la mort de Charles le Téméraire. An. un prieuré à une abbaye. A cette charge sont annexées de magnifiques prérogatives.* = ANNEXÉ, ÉE. part. = Syn. Voy. ADHÉRENT.

* **ANNEXION.** s. f. Action d'annexer, et résultat de cette action.

ANNIHILATION. s. f. [Dans ce mot et dans le suivant, on fait sentir les 2 N.] Anéantissement.

ANNIHILER. v. a. (lat. *nihil*, rien). Rendre nul, de nul effet. *An. une résistance. An. un acte, un testament, une donation.* = ANNIHILÉ, ÉE. part.

Syn. — *Annuler*. — Dans le langage de la Jurispr., *Annih.* et *annuler* signifient tous deux rendre sans valeur, sans effets; mais le premier ne se dit que de certains actes, tandis que le second est un terme plus général qui peut s'employer dans tous les cas. Ainsi, on dit *annih.* un acte, un testament, une donation; et l'on ne dit pas *annih.* un marché, une lettre de change, une procédure, un mariage, etc.; *annuler*, au contraire, est usité en parlant de toutes ces choses. — Dans le langage ordinaire, *annih.* diffère également du mot *annuler*. Par ex., *annuler* une force, c'est faire qu'elle ne produise aucun effet: l'*annih.*, c'est faire que l'effet qu'elle produit soit insensible.

ANNIVERSAIRE. adj. 2 g. (lat. *annus*, année; *versare*, retourner). Qui revient chaque année à la même époque. *Jour, fête an.* = ANNIVERSAIRE. s. m. Retour annuel d'un jour commémoratif. *C'est aujourd'hui l'an. de sa naissance, de son mariage.* ‖ Service que l'on fait pour un mort, au retour annuel du jour de son décès. *Fonder un an.*, C'est stipuler une rente pour la célébration de ce service.

ANNONAIRE. adj. (lat. *annona*, provision). N'est usité que dans ces locut.: *Loi an.*, Loi qui, chez les Romains, pourvoyait à ce que les vivres n'enchérissent pas; * *Provinces annonaires*, Provinces dont les tributs se payaient en nature.

ANNONCE. s. f. Avis par lequel on fait savoir quelque chose au public, verbalement ou par écrit. *Faire une an. au prône. An. de livres à vendre. Insérer une an. dans les journaux. Feuilles d'annonces.* — *An. de mariage.* Voy. BAN.

ANNONCER. v. a. (lat. *ad*, *nuntiare*). Informer le public de quelque chose par une voie quelconque. *An. une victoire, une fête, une réjouissance publique. An. une vente. Les journaux ont annoncé l'arrivée du prince. Le curé annonce au prône les fêtes et les jeûnes.* ‖ Faire savoir une nouvelle à quelqu'un. *On lui a annoncé le mariage de son frère. Il m'a annoncé son arrivée dans huit jours. Il n'annonce jamais que de mauvaises nouvelles.* ‖ *An. la parole de Dieu. An. l'Évangile*, Porter l'Évangile, la parole de Dieu aux peuples qui l'ignorent. — Par extens., Prêcher, exhorter les fidèles. ‖ Prédire, assurer qu'une chose arrivera. *Les prophètes ont annoncé la venue du Messie.* ‖ Faire pressentir, présager. *Les débuts de cet acteur n'annonçaient pas ce qu'il deviendrait un jour. Je ne sais quel trouble inconnu m'avait annoncé ce coup de la fortune. Tout semblait an. le succès de cette entreprise. Cela ne nous annonce rien de bon.* ‖ Être le précurseur, l'indice, le symptôme. *L'aurore annonce le soleil. La chute des feuilles annonce l'hiver. Les fleurs annoncent les fruits. Le baromètre annonce le beau ou le mauvais temps. Des convulsions annoncèrent sa mort.* ‖ Être le signe, la marque de. *Cette action annonce un mauvais cœur. Ses manières annoncent un homme bien élevé. Les cieux annoncent la gloire de Dieu.* — Dans un sens anal., on dit: *Sa figure annonçait la tristesse de son âme. Ses yeux annoncent la joie.* ‖ *An. quelqu'un*, C'est prévenir une personne de l'arrivée d'une autre qui vient la visiter, qui désire lui parler. *Un domestique m'annonça et j'entrai.* = S'ANNONCER. v. pron. S'emploie dans plusieurs acceptions du v. actif, mais avec la signification passive. *Les fêtes s'annoncent au prône. — Les mauvaises nouvelles s'annoncent toujours trop tôt. — L'orage s'annonça par une chaleur étouffante. — La vieillesse s'annonce par la diminution des forces.* ‖ * *Son génie pour les mathématiques s'annonça de bonne heure*, Se révéla de bonne heure. ‖ Sign. encore, Se faire connaître d'une manière particulière; se présenter sous un aspect avantageux ou désavantageux. *Cet intrigant s'était annoncé par des manières insinuantes et polies. Il s'est bien annoncé en entrant dans le monde. Cette entreprise s'annonçait bien, elle a mal tourné.* = ANNONCÉ, ÉE. part. = Conj. voy. AVANCER.

ANNONCEUR. s. m. Se disait autrefois De l'acteur qui venait annoncer sur le théâtre les pièces que l'on devait jouer le lendemain.

ANNONCIADE. s. f. Nom commun à plusieurs ordres religieux et de chevalerie, institués en l'honneur de l'Annonciation de la Vierge. *Une an.*, Une religieuse d'un couvent de l'Annonciade. — *Société de l'An.*, Archiconfrérie fondée à Rome, en 1460, par le cardinal Jean de Torquemada, et destinée à doter quatre cents filles pauvres, chaque année, le jour de l'Annonciation. Voy. CHEVALERIE et ORDRES RELIGIEUX.

ANNONCIATION. s. f. Message de l'ange Gabriel, à la Vierge, pour lui annoncer le mystère de l'incarnation. *L'an. de l'ange à Marie.* ‖ Jour où l'Église célèbre ce mystère. *Le jour, la fête de l'an.*

Enc. — On ne saurait préciser la date de l'institution de la fête de l'*An.*; néanmoins il est certain qu'elle remonte à une époque très-ancienne. En effet, le sacramentaire du pape Gélase I montre que cette fête était établie à Rome avant l'an. 469. L'Église catholique et l'Église grecque solennisent l'An. le 25 mars, et c'est pour cela qu'on l'appelle vulgairement *Notre Dame de mars*. Mais plusieurs Églises d'Orient célèbrent cette fête beaucoup plus tôt: ainsi, les Syriens la solennisent le 1er décembre, et les Arméniens le 5 janvier.

ANNOTATEUR. s. m. Celui qui fait ou qui a fait des annotations, des remarques sur un texte.

ANNOTATION. s. f. Note, remarque sur un texte pour en éclaircir quelques passages. *Il a fait des annotations sur Horace.*

Enc. — Dans notre ancienne Jurisp., lorsqu'il existait un décret de prise de corps contre un accusé absent, on saisissait et on séquestrait ses biens afin de le forcer à se présenter en justice. *Faire l'an. de ses biens*, c'était en dresser l'état et l'inventaire. Nul ne pouvait s'opposer à cette mesure, pas même la femme qui avait sa dot à reprendre. L'an. était mise à néant dès que l'accusé se présentait; elle l'était également lorsqu'il mourait avant de se présenter, ou bien lorsqu'il était acquitté dans le jugement par contumace.

ANNOTER. v. a. (lat. *ad*, *notare*, marquer sur). Faire des notes, des remarques sur un texte. *Ce philologue a annoté Pline et Aristote. Il travaille à an. le Code civil.* ‖ T. Jurisp. anc. *An. les biens d'un accusé*, En dresser l'état et l'inventaire. Voy. ANNOTATION. = ANNOTÉ, ÉE. part. et adj. *Un Homère an. Code civil an.*

* **ANNOTINE.** adj. N'est usité que dans cette locut.: *Pâque an.* Dans les premiers siècles de l'Église, on appelait ainsi L'anniversaire du baptême, ou la fête qu'on célébrait en mémoire de son baptême.

ANNUAIRE. s. m. (lat. *annus*, année). On donne ce nom à certaines publications qui paraissent chaque année, et qui contiennent des renseignements scientifiques, littéraires, industriels ou artistiques. Le titre de l'An. indique sa spécialité.

Enc. — Le plus ancien ouvrage qui ait porté ce nom est l'*An. républicain*, qui ne vécut pas longtemps. Vint ensuite (1796) l'*An. du bureau des longitudes*, qui ne fut dans l'origine qu'un calendrier exact et détaillé, qu'un simple extrait de la *Connaissance des temps*. Peu à peu son cadre s'élargit et l'on y vit figurer des données statistiques officielles sur les mouvements de la population, sur les consommations de la ville de Paris, et des tables de *résultats numériques* utiles aux voyageurs, aux physiciens, aux chimistes; enfin Arago a donné une importance plus grande encore à cette publication, en y introduisant des notices scientifiques sur diverses questions d'astronomie, de physique du globe et de météorologie, etc., ainsi que des tableaux indiquant la position géographique des chefs-lieux d'arrondissement et leur élévation au-dessus du niveau de la mer. Il se publie encore en France une foule d'annuaires d'un intérêt plus ou moins général. Nous nous contenterons de citer l'*An. militaire*, l'*An. du clergé de France*, l'*An. du commerce*, l'*An. des beaux-arts*, l'*An. d'économie politique*, l'*An. historique*, l'*An. géographique*, l'*An. nécrologique* et l'*An. des Sociétés savantes*, sans parler des annuaires statistiques qui paraissent dans chaque département. — En Angleterre et en Allemagne, il se publie également de nombreux annuaires, et quelques-uns de ces recueils ont acquis une juste célébrité: tel est l'*An. astronomique de Berlin*.

ANNUEL, ELLE. adj. Qui dure un an. *Le consulat à Rome était an. Magistrature annuelle.* ‖ Qui revient chaque année. *Fête annuelle. Le vote an. de l'impôt.* ‖ Qu'on perçoit, qu'on paye ou qu'on acquitte chaque année. *Revenu an. Rente, redevance annuelle.* ‖ T. Bot. *Plantes annuelles.* Voy. PLANTES. ‖ T. Astr. *Mouvement an. de la terre.* Voy. TERRE.

ANNUEL. s. m. Messe que l'on fait dire tous les jours, pendant une année, pour une personne défunte. *L'an. commence à compter du jour du décès. Il a ordonné un an. après sa mort.*

ANNUELLEMENT. adv. Par chaque année. *Son domaine rend an. dix mille francs.*

ANNUITÉ. s. f. Rente temporaire combinée de telle façon qu'à l'expiration d'un certain temps l'emprunteur ne doit plus rien, ni capital ni intérêts.

Enc. — Lorsqu'on emprunte un capital, selon la forme ordinaire des emprunts, on doit payer tous les ans une certaine somme, qui est l'intérêt de ce capital. A proprement parler, cet intérêt est le loyer de l'argent prêté; de sorte que le débiteur, en l'acquittant, n'en reste pas moins devoir intégralement le capital emprunté. Mais si, en outre de cette somme due pour les intérêts, l'emprunteur rembourse à son prêteur, à chaque payement, une partie du capital prêté, il diminuera successivement sa dette et finira par l'éteindre. On peut donc regarder chaque an. comme formée des intérêts échus et d'un à-compte sur le capital. Or, ce capital diminuant à chaque payement, les intérêts dus au terme suivant diminuent aussi, et comme on paye à chaque terme la même somme, il s'ensuit que l'à-compte sur le capital s'accroît sans cesse, et amène plus vite la libération du débiteur. — Si, par ex., on a emprunté 4,000 fr. à 6 p. 100, et que chaque année on donne 240 fr., on ne fait que payer l'intérêt de sa dette, et l'on reste toujours devoir les 4,000 fr. empruntés; mais si chaque année on donne 543 fr. 47 cent., on ne devra plus rien au bout de dix ans. En effet, à la fin de la première année, on aura donné 240 fr. d'intérêts, plus 303 fr. 47 à-compte sur le capital, et la dette ne sera plus que de 3696 fr. 53; à la fin de la deuxième année on aura donné 221 fr. 79 d'intérêts et 321 fr. 68 d'à-compte: la dette ne sera plus que de 3374 fr. 85; à la fin de la troisième année, 202 fr. 49 d'intérêts et 340 fr. 98 d'à-compte; on ne devra déjà plus que 3,033 fr. 87. Ainsi, en continuant, la dette s'amoindrira d'année en année, jusqu'à la dixième où l'on aura à payer 512 fr. 70, dernier reste du capital, et 30 fr. 77 d'intérêts. Comme on le voit, pour rembourser en dix ans 4,000 fr. par annuités de 543 fr. 47, l'intérêt étant fixé à 6 p. 100, on aura payé 5,434 fr. 70; tandis que si on paye seulement chaque année les 240 fr. d'intérêts et qu'au bout de 10 ans on rende le capital entier, on aura déboursé 6,400 fr. Il semble donc avantageux à l'emprunteur de se libérer ainsi par annuités, lesquelles ne le privent annuellement que d'une faible partie du capital que ses bénéfices peuvent lui permettre de remplacer. Mais, en gén., les capitalistes aiment peu ce mode de placement qui les force à recevoir une suite de petits à-compte d'un emploi quelquefois difficile. Heureusement, l'emprunteur n'a pas besoin du consentement de son créancier pour fonder une an., puisqu'il arrivera au même résultat, en plaçant à chaque terme une somme déterminée au delà des intérêts dus: cette somme, en effet, s'augmentant chaque fois d'une autre somme égale et des intérêts composés, finira par reconstituer le capital emprunté. — Il est facile de comprendre maintenant en quoi les *annuités* ou *rentes à terme* diffèrent des *rentes perpétuelles*: ces dernières, ne se composant que de l'intérêt de l'argent prêté, laissent le capital intact jusqu'à son remboursement; les annuités, rendant chaque fois une partie du capital, finissent par amortir, par éteindre la dette.

Il y a dans les annuités quatre choses à considérer, la somme prêtée, ou le *prix* de l'an.; le *taux de l'intérêt*; l'*an.* elle-même ou la rente à payer; enfin le *temps* pendant lequel l'an. doit être payée. En désignant par C le capital, par *i* le taux de l'intérêt, par *a* l'an., par *t* le nombre de fois que l'an. doit être payée, on trouve cette équation qui sert à déterminer les relations existantes entre ces quatre termes:

$$C = \frac{a}{i} \times \frac{(1+i)^t - 1}{(1+i)^t}$$

D'où l'on tire la formule suivante pour connaître l'an. nécessaire au remboursement d'un capital quelconque:

$$a = \frac{C \times i(1+i)^t}{(1+i)^t - 1}$$

Lorsque c'est le temps de l'an. ou le taux de l'intérêt que l'on cherche, la question devient d'une solution plus difficile, et nécessite l'emploi des logarithmes et de l'algèbre supérieure.

Nous donnons ici, pour les personnes auxquelles les formules algébriques ne sont pas familières, une table qui leur permettra de résoudre toutes les questions relatives aux annuités. Au delà de trente ans, la valeur des annuités progressant dans une faible proportion, nous avons cru pouvoir en omettre quelques-unes. Il sera toujours facile, à l'aide de celles que nous donnons, d'arriver approximativement aux valeurs qui ne se trouvent pas dans notre table.

	Valeur actuelle des sommes qui produisent une annuité de 1 fr. pendant un certain nombre d'années. Le taux de l'intérêt étant à				*Annuité nécessaire pour amortir une dette de 1 fr. en un certain nombre d'années.* Le taux de l'intérêt étant à			
Nombre d'années.	3 p. 0/0	4 p. 0/0	5 p. 0/0	6 p. 0/0	3 p. 0/0	4 p. 0/0	5 p. 0/0	6 p. 0/0
1	0.970874	0.961538	0.952381	0.943396	1.000000	1.000000	1.000000	1.000000
2	1.913470	1.886095	1.859410	1.833393	0.492610	0.490196	0.487805	0.485437
3	2.828611	2.775091	2.723248	2.673012	0.322580	0.320348	0.317209	0.314109
4	3.716098	3.629895	3.545050	3.465106	0.240000	0.235294	0.232012	0.229007
5	4.579708	4.451822	4.329477	4.212364	0.188679	0.184331	0.180975	0.177514
6	5.417191	5.242137	5.075692	4.917324	0.154639	0.150943	0.147017	0.143198
7	6.230283	6.002055	5.786373	5.582381	0.130434	0.126898	0.122820	0.119284
8	7.019692	6.732745	6.463213	6.209794	0.112434	0.108401	0.104722	0.101010
9	7.786109	7.435332	7.107822	6.801692	0.098360	0.094862	0.090690	0.086956
10	8.530203	8.110896	7.721735	7.360087	0.087209	0.083333	0.079505	0.075853
11	9.252624	8.760477	8.306414	7.886875	0.078125	0.074211	0.070389	0.066815
12	9.954004	9.385074	8.863252	8.383844	0.070422	0.066555	0.062825	0.059288
13	10.634955	9.985648	9.393573	8.852683	0.064102	0.060150	0.056456	0.052956
14	11.296073	10.563123	9.898641	9.294984	0.058479	0.054644	0.051024	0.047581
15	11.937935	11.118387	10.379658	9.712249	0.053763	0.049937	0.046342	0.042949
16	12.561102	11.652296	10.837770	10.105895	0.048780	0.045819	0.042270	0.038961
17	13.166118	12.165669	11.274066	10.477260	0.045987	0.042194	0.038699	0.035440
18	13.753513	12.659297	11.689587	10.827603	0.042735	0.038986	0.035546	0.032362
19	14.323799	13.133939	12.085321	11.158116	0.039787	0.036133	0.032745	0.029615
20	14.877475	13.590326	12.462210	11.469921	0.037220	0.033585	0.030243	0.027186
21	15.415024	14.029160	12.821153	11.764077	0.034883	0.031274	0.027990	0.025000
22	15.936917	14.451115	13.163003	12.041582	0.032751	0.029197	0.025971	0.023041
23	16.443608	14.856842	13.488574	12.303379	0.030800	0.027303	0.024137	0.021276
24	16.935542	15.246963	13.798642	12.550358	0.029041	0.025591	0.022471	0.019675
25	17.413148	15.622080	14.093945	12.783356	0.027422	0.024009	0.020952	0.018226
26	17.876842	15.982769	14.375185	13.003166	0.025929	0.022573	0.019564	0.016906
27	18.327031	16.329586	14.643034	13.210534	0.024570	0.021242	0.018292	0.015698
28	18.764108	16.663063	14.898127	13.406164	0.023291	0.020010	0.017123	0.014591
29	19.188455	16.983715	15.141074	13.590721	0.022107	0.018883	0.016046	0.013580
30	19.600441	17.292033	15.372451	13.764831	0.021023	0.017833	0.015051	0.012647
32	20.388765	17.873552	15.802677	14.084043	0.019047	0.015948	0.013280	0.011005
34	21.131837	18.411198	16.192904	14.368141	0.017321	0.014316	0.011755	0.009599
37	22.167235	19.142579	16.711287	14.736780	0.015113	0.012139	0.000840	0.007857
40	23.114772	19.792774	17.159086	15.046297	0.013256	0.010523	0.008278	0.006459
42	23.701359	20.185627	17.423208	15.224543	0.012190	0.009539	0.007395	0.005682
45	24.518713	20.720040	17.774070	15.455832	0.010783	0.008262	0.006262	0.004702
47	25.024708	21.042936	17.981016	15.589028	0.009960	0.007521	0.005614	0.004211
49	25.501657	21.341472	18.168722	15.707572	0.009215	0.006857	0.005040	0.003665
52	26.166240	21.747582	18.418073	15.861393	0.008216	0.005982	0.004599	0.003046
55	26.774428	22.108612	18.633472	15.990543	0.007349	0.005232	0.003667	0.002557
60	27.675564	22.623400	18.929200	16.161428	0.006133	0.004202	0.002828	0.001876
62	27.999972	22.803150	19.028654	16.216184	0.005714	0.003759	0.002552	0.001665
65	28.442615	23.046875	19.161074	16.288445	0.005146	0.003390	0.002189	0.001391
70	29.123208	23.394525	19.342536	16.383894	0.004337	0.002744	0.001699	0.001033
76	29.807168	23.750950	19.509442	16.467107	0.003549	0.002139	0.001257	0.000724
80	30.200197	23.905400	19.596448	16.508472	0.003112	0.001814	0.001030	0.000572
85	30.630660	24.108400	19.683794	16.548288	0.002648	0.001480	0.000805	0.000426
90	31.001980	24.267275	19.752260	16.578051	0.002256	0.001208	0.000627	0.000318
95	31.322553	24.397725	19.805821	16.600282	0.001926	0.000987	0.000490	0.000237
99	31.546650	24.485150	19.840254	16.613953	0.001609	0.000841	0.000401	0.000188
100	31.526461	24.554850	19.847908	16.616880	0.001647	0.000808	0.000383	0.000177

On remarque dans ce tableau deux parties distinctes dans lesquelles les chiffres progressent en sens inverse, quoique se rapportant aux mêmes nombres d'années. La première contient la somme actuelle qui se trouvera remboursée après un certain temps par des annuités de 1 fr., le capital étant immédiatement dans les mains de l'emprunteur. La seconde partie indique la somme qu'il faut placer annuellement pendant un certain nombre d'années pour produire un capital de 1 fr. au bout de ce temps. La première somme sera, si l'on veut, ce qu'il faut rendre annuellement d'un capital de 1 fr., intérêt y compris, pour éteindre sa dette; la seconde sera ce qu'il faut retirer annuellement de ses bénéfices pour reconstituer un capital de 1 fr. dans un temps donné.

Ceci bien compris, si nous voulons savoir, par ex., quelle somme il faut prêter pour recevoir pendant 10 ans une an. de 100 fr., au taux de 5 p. 100, nous chercherons dans la première partie du tableau la valeur actuelle d'une an. de 1 fr. pendant 10 ans à 5 p. 100, et trouvant 7.721735, nous multiplierons ce nombre par 100, ce qui donne 772 fr. 17. Cette somme sera donc celle que 10 annuités de 100 fr. rembourseront à 5 p. 100 d'intérêt. — Si au contraire on demandait quelle an. il faut payer pour éteindre en 20 ans une dette de 2500 fr., toujours à 5 p. 100, on cherchera dans cette même colonne la valeur actuelle d'une an. de 1 fr. dans 20 ans : on trouvera 12.462210; divisant 2500 fr. par ce nombre, on aura pour quotient 200 fr. 61. Telle est donc l'an. qu'il faudra acquitter pendant 20 ans, pour avoir remboursé à cette époque une dette de 2500 fr. — Veut-on savoir le nombre d'années pendant lequel il faudra payer une an. de 500 fr. pour éteindre une dette de 3260 fr., l'intérêt étant toujours à 5 p. 100? On divisera le capital 3260 par l'an. 500, ce qui donne 6.520 : cherchant dans la première partie du tableau, colonne du 5 p. 100, le nombre qui approche le plus de celui-ci, on trouvera 6.463213, lequel répond à 8 années : ce dernier chiffre satisfait donc à la question. Si le taux de l'argent était autre que 5 p. 100, on effectuerait les mêmes calculs avec les chiffres indiqués dans la colonne correspondante à ce taux. — S'il s'agissait de trouver à quel taux d'intérêt une somme déterminée a été prêtée, l'an. étant connue ainsi que le nombre d'années pendant lequel elle a été payée, il suffirait de diviser, comme nous venons de le dire, le capital par l'an., pour trouver la somme correspondante à 1 fr. d'an., puis de chercher, dans la table en regard du nombre d'années connu, dans quelle colonne se trouve la somme analogue qui en approche le plus. Supposons que l'on veuille savoir à quel taux d'intérêt un capital de 9990 fr. a été prêté, sachant qu'il a été rendu par 13 annuités de 1000 fr. chacune. On divisera 9990 par 1000, et l'on aura 9.990 : cherchant dans les lignes horizontales de la première partie du tableau, vis-à-vis de la ligne de 13 années, le chiffre qui approche le plus de celui-là, nous trouvons 9.985648 dans la deuxième colonne, qui répond à 4 p. 100, et nous en concluons que c'est à ce taux que l'an. a été calculée.

Mais, tout en payant à part l'intérêt convenu, on peut vouloir disposer annuellement d'une certaine somme qui, placée à intérêts composés et capitalisée, doit finir par égaler le capital. C'est à ce genre d'opérations que se rapporte la seconde partie de notre tableau. Supposons, par ex., que la durée de l'exploitation d'un chemin de fer soit fixée à 62 ans; chaque année il est prélevé une certaine somme pour l'intérêt du capital; mais à la fin de la concession le chemin de fer revenant à l'État, le capital primitif se trouverait perdu pour les actionnaires, si, outre les intérêts, une certaine somme, prise sur les bénéfices, n'était chaque année placée à intérêts composés pour reproduire le capital à la fin de l'exploitation. On demande donc à quel taux doit s'élever chacune de ces 62 annuités pour que le capital se trouve reconstitué à l'expiration de la concession. En estimant toujours que cet argent est placé à 5 p. 100, on cherchera dans la colonne relative à ce taux (deuxième partie de notre tableau), le nombre qui répond à 62 ans; on trouvera 0.002552, somme qui, payée chaque année, ferait, avec les intérêts, 1 fr. au bout de 62 ans; multipliant ce nombre par 100, nous avons 0.2552. C'est donc 0.25 ou 1/4 p. 100 du capital engagé qu'un chemin de fer devra produire, outre les intérêts ordinaires, pour que les actionnaires retrouvent à l'expiration de la concession leur capital entier. En d'autres termes 1/4 p. 100 payé par an. reproduit un capital quelconque en 62 années, à 5 p. 100 d'intérêt. La formule générale qui donne ce résultat est :

$$a = \frac{c \times i}{(1+i)^{t} - 1.}$$

Appliquée à d'autres taux d'intérêts, cette formule, de même que notre tableau, nous apprend qu'une an. de 1 p. 100 du capital reconstitue ce capital en 47 ans, le taux de l'intérêt étant 3 p. 100; en 40 ans, le taux étant 4 p. 100; en 37 ans, à 5 p. 100; en 34 ans, à 6 p. 100; en 29 ans, à 8 p. 100; en 25 ans, à 10 p. 100, etc. Notre table indiquant quelle somme il faut donner d'année en année, pour reconstituer un capital de 1 fr., les intérêts du capital emprunté étant servis à part, nous voyons qu'en supposant l'intérêt à 5 p. 100, 10 p. 100 du capital le refont en 8 ans, que 5 p. 100 le refont en 14 ans, que 2 p. 100 le refont en 25 ans, que 1 p. 100 le refait en 37 ans, que 3/4 p. 100 le refont en 42 ans, que 1/2 p. 100 le refait en 49 ans, que 1/4 p. 100 le refait en 62 ans, que 1/8 p. 100 le refait en 76 ans, que 1/25 le refait en 99 ans. Ainsi dès qu'une administration peut prélever une prime annuelle quelconque sur son entreprise, les frais et les intérêts du capital payés, cette prime finira par reformer le capital, et c'est là-dessus qu'est basé le système de concession par l'État de diverses exploitations à des compagnies particulières qui perçoivent ensuite un péage pendant un certain laps de temps. En effet, si une compagnie de chemin de fer, de canal, de pont, etc., peut prélever au delà des frais d'administration et d'exploitation et des intérêts du capital engagé, une prime quelconque, il lui suffira d'exploiter pendant un nombre d'années déterminé par la quotité de cette prime pour recouvrer son capital. Mais par cette raison qu'il est impossible d'évaluer à l'avance le produit d'un péage à 1/4 près p. 100 du capital à employer, on en a conclu avec raison qu'il n'y avait pas d'avantages actuels pour une compagnie à demander une concession au delà de 52 ans ou de 62 ans; en tous cas, on ne saurait prolonger la durée de la concession au delà de 99 ans, et on n'accorde cette longue durée que pour laisser prendre aux actions, dans le commencement de l'exploitation, la valeur presque invariable des rentes perpétuelles.

Une rente viagère étant un payement annuel fait à un individu pendant la durée de sa vie, contre un capital une fois donné par lui, toute obligation cessant pour l'emprunteur à la mort du prêteur, il en résulte qu'une telle rente, à cause de l'incertitude de la durée de la vie humaine, revient au payement d'une an. calculée sur la probabilité de la durée de la vie du prêteur. Si, en effet, cette durée était connue, il n'y aurait qu'à chercher l'an. qui y répondrait pour le capital versé; mais cette durée étant incertaine, il faut trouver un nombre qui l'indique moyennement. Or, on a dressé des tables de mortalité que nous donnerons au mot MORTALITÉ, et qui indiquent combien, sur un certain nombre d'enfants qu'on suppose nés ensemble, il en reste de vivants au bout de 1 an, de 2 ans, etc. Pour connaître au moyen de ces tables le nombre d'années qu'une personne d'un âge donné doit vivre probablement, il faut prendre la moitié du nombre correspondant à cet âge, et chercher à quel âge répond à peu près cette moitié. La différence entre l'âge trouvé et l'âge donné sera la durée probable de la vie de l'individu. En effet, si de 4 personnes âgées de 30 ans, il n'en doit exister plus que 2 après 30 années, il y a autant de chances pour qu'un de ces 4 individus meure avant ce terme qu'il y en a pour que sa vie le dépasse. Le nombre d'années ainsi trouvé est la durée probable de la rente viagère. Supposons donc qu'une personne de 60 ans ait 4000 fr. à placer en rentes viagères ou *à fonds perdus*, comme on dit encore, quelle somme recevra-t-elle annuellement? La durée probable de la vie d'une personne de cet âge est, suivant Duvillard, de 11 années. Par conséquent, puisqu'il y a autant de chances que cette personne meure avant ou après 11 années, la question revient à savoir quelle est l'an. qui éteint une dette de 4000 fr. en 11 années. Or, dans la première partie de notre table nous trouvons, en supposant l'intérêt de l'argent à 5 p. 100, le nombre 8.306414 correspondant à 11 années; nous divisons par ce chiffre le capital 4000, et nous avons 481 fr. 55. C'est là la rente viagère demandée. Si, au contraire, on voulait savoir quelle somme cette même personne doit placer pour avoir une rente annuelle de 800 fr., il faudrait multiplier 8.306414 par l'an. 800 fr., et l'on verrait qu'elle doit placer 6645 fr. 13.

Les institutions relatives aux assurances sur la vie, les tontines, les caisses de survivance, etc., sont fondées, comme celles qui concernent les rentes viagères, sur la théorie des annuités et sur les probabilités de la vie humaine. Supposons, par ex., qu'il s'agisse de déterminer quelle prime annuelle un individu de 30 ans doit payer pour qu'une compagnie d'assurances sur la vie ait à donner une somme de 100,000 fr. à ses héritiers après sa mort. Suivant la table de Duvillard, un individu de 30 ans a encore une vie probable de 30 ans. La question revient donc à savoir quelle an. il faut payer pour former, dans l'espace de 30 ans, un capital de 100,000 fr. Ici le capital n'est payé qu'après la dernière année, et non avant la première. C'est donc à la seconde partie de notre table qu'il faut recourir. On cherche le chiffre correspondant à 30 ans, l'intérêt étant à 5 p. 100, et l'on trouve 0.015051; puis en multipliant par 100,000, on obtient 1505 fr. 10 : c'est l'an. qu'un individu de 30 ans doit s'engager à payer pendant toute sa vie pour avoir droit de laisser une somme de 100,000 fr. à sa mort. Si, renversant la question, on demande quelle somme une compagnie d'assurances sur la vie devra donner après la mort d'un individu de 56 ans qui s'engagerait à payer une an. de 1000 fr. Comme la probabilité de la vie est de 13 ans à cet âge, nous chercherons dans la deuxième partie de notre tableau, le chiffre qui répond à ce nombre d'années; ayant trouvé 0.056456, nous diviserons l'an. par ce chiffre, et nous aurons 17,713 fr. C'est la somme que la compagnie devra payer à la mort d'un homme de 56 ans dont elle aurait reçu une prime annuelle de 1000 fr.

Une an. qui doit être payée pendant un nombre déterminé d'années, est dite *fixe;* lorsque sa durée est subordonnée à certaines éventualités, comme par exemple quand elle se rapporte à la vie d'un ou de plusieurs individus, on la nomme *contingente.* Si l'an. ne doit commencer à être payée qu'au bout d'un certain temps, on la dit *différée;* lorsque, à partir d'une certaine époque, elle doit croître dans une proportion donnée, on la nomme *croissante.* Si l'on ne doit en jouir qu'après le décès d'une ou de plusieurs personnes actuellement vivantes, on l'appelle *réversible*. Quand elle est limitée à la durée de la vie d'un ou de plusieurs individus, elle reçoit le nom d'*an. à vie*; enfin on l'appelle *an. à vie temporaire*, lorsqu'elle ne doit durer qu'un certain nombre d'années, et à condition qu'une ou plusieurs personnes survivront à ce terme.

Ces diverses annuités demandent, pour être évaluées, des calculs différents, mais qui tous se rapportent aux règles que nous avons énoncées. Si par ex. on veut trouver la valeur d'une an. différée pendant 3 ans, c.-à-d. dont on ne pourra jouir qu'au bout de 3 ans, mais qui, à partir de ce temps, sera payable pendant 10 années consécutives, la question reviendra à chercher la valeur d'une an. de même somme pour 13 ans, puis pour 3 ans, et ensuite à soustraire celle-ci de la première. La différence représentera la valeur de l'an. différée. Ces sortes d'annuités sont commodes pour un emprunteur qui ne devrait pas réaliser de bénéfices dans le commencement de son entreprise. Il en est de même des annuités *croissantes* qui peuvent d'abord être inférieures même à l'intérêt simple de l'argent emprunté, sauf à augmenter graduellement jusqu'à l'extinction du capital. Nous aurons occasion de revenir sur les annuités contingentes à l'art. ASSURANCES.

Le remboursement par annuités a été généralement appliqué aux emprunts contractés par l'État ou par les communes, mais avec diverses modifications. Tantôt on rembourse chaque année, avec ou sans primes, une certaine quantité de rentes désignées par le sort, et l'on continue de payer les simples intérêts à celles qui ne sortent pas de la roue; tantôt on affecte au remboursement une dotation fixe qui s'accroît chaque année de la somme que l'État continue de payer pour les rentes rachetées antérieurement, et l'on emploie ces fonds au rachat d'une certaine quantité des rentes qui se présentent sur la place. C'est sur ce principe qu'est fondée la *caisse d'amortissement*. Voy. DETTE *publique*.

ANNULAIRE. adj. 2 g. Qui est propre à recevoir un anneau. *Doigt an.* Voy. ANNEAU. || Qui a la forme d'un anneau. S'emploie surtout dans le langage scientifique. || T. Astr. *Éclipse an.* Voy. ÉCLIPSE.

ANNULATION. s. f. Action d'annuler. *L'an. d'un contrat; d'une vente, d'un mariage.*

ANNULER. v. a. (R. *nul*). Rendre nul, de nulle valeur. *An. une lettre de change, un marché, une vente, une procédure.* = ANNULÉ, ÉE. part. = Syn. Voy. ANNIHILER.

ANOBLIR. v. a. (R. *noble*). Faire noble, donner à quelqu'un le titre et les droits de noblesse. *C'est Henri IV qui anoblit cette famille. Dans la famille de Jeanne d'Arc le ventre anoblissait*, La noblesse se transmettait par les femmes. = ANOBLI, IE. part. || S'emploie subst., en parlant D'un individu qui a été fait noble depuis peu de temps. *Les nouveaux anoblis.*

Syn. — *Ennoblir.* — *An.* signifie conférer le titre de noble, et *ennoblir* donner de la noblesse, de l'élévation, de la grandeur. Le premier de ces termes désigne un changement dans l'état social d'un individu; le second marque la considération que le mérite ou la vertu peuvent acquérir. On s'*ennoblit* soi-même; le roi seul *anoblit*. *Ennoblir* se dit des personnes et des choses; *an.* ne se dit que des personnes.

ANOBLISSEMENT. s. m. Concession, faveur du prince, par laquelle on est anobli.

ANODIN, INE, adj. (gr. α priv.; ν euph.; ὀδύνη, douleur). T. Méd. Se dit Des agents thérapeutiques qui ont la propriété de calmer ou de faire cesser les douleurs. *Potion anodine.* — S'emploie subst. *Les anodins n'ont produit aucun effet.* || Fig. et ironiq., *Vers anodins*, Vers dépourvus de sel, d'animation.

Enc. — Aujourd'hui on emploie plus fréquemment le terme *calmant* que celui d'*an.*; mais aucune de ces dénominations ne saurait servir à désigner une classe particulière d'agents thérapeutiques. En effet, les causes qui peuvent déterminer la douleur étant excessivement diverses, tout moyen qui la diminue ou la fait cesser est un *an.* Toutefois, dans le langage habituel, on désigne plus ordinairement sous ce nom les *narcotiques hypnotiques* dont l'opium est le type.

* **ANODONTE.** s. m. (gr. α priv.; ὀδοὺς, όντος, dent). T. Zool. Voy. MYTILACÉS.

* **ANOLIS.** s. m. T. Erpét. Voy. IGUANIENS.

ANOMAL, ALE. adj. (gr. α priv.; ν euph.; ὁμαλὸς, égal). Se dit De ce qui est irrégulier ou contraire à l'ordre habituel. *Maladies anomales.* Voy. MALADIE. — *Verbes anomaux.* Voy. VERBE. || *En T. Hist. nat., s'emploie pour désigner Les êtres qui, par leur aspect extérieur, la présence ou l'absence de certaines parties, s'éloignent du type auquel on les compare habituellement. || En T. Bot., on appelle *Fleurs anomales*, Les fleurs qui ne nous offrent pas une syméirie aussi complète que celles que nous voyons habituellement.

ANOMALIE. s. f. Irrégularité. *Il y a bien de l'an. dans ce verbe. Les anomalies du langage.*

Enc. — Dans le langage de la science, le terme *An.* s'emploie pour désigner tout ce qui s'éloigne du type considéré comme normal. C'est ainsi qu'on observe des anomalies non-seulement dans la forme et dans la structure tant interne qu'externe des êtres, mais encore dans la marche des phénomènes physiologiques et même pathologiques. Au reste, c'est tout à fait à tort qu'on applique l'épithète de *contre-nature* à toute formation organique qui offre une déviation du type spécifique pris comme terme de comparaison. Ainsi, par ex., le *bec-de-lièvre* n'est nullement une conformation contre-nature; cette difformité est tout simplement, suivant l'expression de Montaigne, une conformation *contre la coutume*. Les anomalies, en effet, se produisent suivant certaines lois et certaines règles; ou plutôt les mêmes lois et les mêmes règles qui président au développement normal, sont aussi celles qui déterminent les formes anomales. Dans le langage ordinaire, on établit une différence entre *an.* et *monstruosité* : ce dernier est surtout usité, quand il s'agit d'une an. rare ou présentant quelque chose de repoussant; mais aux yeux de l'anatomiste, l'*an.* ne diffère pas de la *monstruosité*. Voy. TÉRATOLOGIE.

En T. d'Astr., on appelle *An.* la distance angulaire d'un astre à l'un des sommets du grand axe de son orbite, mesurée du corps céleste autour duquel cet astre exécute sa révolution. L'an. se mesure par l'angle que forment le rayon vecteur unissant l'astre en mouvement à son astre central et la ligne des apsides ou grand axe de l'orbite. Les astronomes ont pendant longtemps compté les anomalies à partir de l'apside supérieure, c.-à-d. de l'aphélie ou de l'apogée; aujourd'hui on les compte plus généralement à partir du point de l'apside inférieure, c.-à-d. du périhélie ou du périgée. Cette distance angulaire a reçu le nom d'*an.* parce qu'elle détermine l'inégalité du mouvement de la planète et qu'elle sert à calculer sa position dans les différents temps de sa marche. — On distingue trois sortes d'anomalies : l'*an. vraie*, l'*an. moyenne* et l'*an. excentrique*.

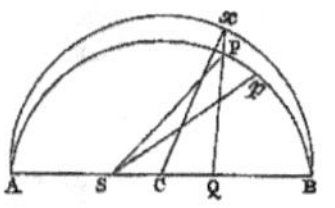

Soient APB l'orbite d'une planète, S l'astre central occupant le foyer de l'ellipse, le soleil par ex., AB le grand axe, et C le centre de l'orbite. Par le point P tirez la ligne PQ, perpendiculaire à AB, rencontrant en *x* le cercle circonscrit à l'orbite. On sait que le mouvement angulaire d'une planète dans son orbite est irrégulier, ce qui dépend de l'inégalité des distances auxquelles la planète se trouve du soleil. Si donc on suppose que, pendant que la planète réelle, laquelle se meut avec une vitesse variable suivant sa distance au soleil, a décrit la courbe A*p*, une planète fictive partie du même point, marchant d'une vitesse uniforme et devant accomplir sa révolution totale exactement dans le même espace de temps que la planète réelle, s'est mue de A à P, l'angle AS*p* sera l'an. vraie, ASP l'an. moyenne, et AC*x* l'an. excentrique. L'an. moyenne est proportionnelle au temps du parcours. Le problème de trouver l'an. vraie au moyen de l'an. moyenne est un des plus importants de l'astronomie. Il exige l'emploi des mathématiques transcendantes. On l'appelle ordin. *problème de Képler*, parce que c'est ce grand astronome qui le premier l'a posé et résolu d'une manière approximative. Wallis, Newton, Cassini, Lagrange et d'autres mathématiciens se sont depuis occupés de sa solution.

ANOMALISTIQUE. adj. N'est usité que dans cette locut., *Année an.* Voy. ANNÉE.

ANOMIE. s. f. (gr. α priv.; νόμος, règle). T. Zool. Voy. OSTRACÉS.

ÂNON. s. m. Le petit d'un âne. *L'ânesse et son ânon.*

* **ANONACÉES** ou **ANONÉES.** s. f. pl. T. Bot.

Enc. — Les *An.* sont une famille de végétaux exogènes, polypétales, à ovaire infère. — *Caract. bot.* : Feuilles alternes, simples, presque toujours entières, dépourvues de stipules. Fleurs ordin. vertes ou brunes, axillaires, solitaires, ou par groupes de 2 ou de 3, plus courtes que les feuilles; lorsque les fleurs sont abortives, leurs pédoncules s'indurent, s'élargissent et se courbent. Sépales 3, persistants, ordin. soudés en partie. Pétales 6, hypogynes, disposés sur deux rangs, quelquefois unis de manière à représenter une corolle monopétale, manquant très-rarement. Préfleuraison valvaire. Étamines en nombre indéfini, couvrant un large disque hypogyne, très-serrées, fort rarement en nombre défini; filets courts, plus ou moins anguleux; anthères adnées, introrses, avec un large connectif quadrangulaire. Carpelles en gén. nombreux, séparés ou soudés, parfois en nombre défini; styles courts; stigmates simples; ovules solitaires ou en petit nombre, dressés ou ascendants, anatropes. Fruit composé de plusieurs carpelles, charnus ou secs, sessiles ou pédonculés, à une ou plusieurs graines, distincts ou confondus en une masse charnue. Graines attachées à la suture sur un ou deux rangs, quelquefois pourvues d'un arille : test cassant; embryon petit, situé à la base d'un albumen ruminé, dur et charnu. (Fig. 1. *Anona furfuracea*; 2. fleur étalée; 3. coupe verticale des appareils mâle et femelle; ces derniers occupent le centre; 4. coupe verticale d'un carpelle; 5. id. d'une graine mûre pour faire voir l'albumen et l'embryon; 6. coupe du fruit mûr de l'*Anona squamosa*.)

Cette famille se compose d'environ 20 genres et 300 espèces qui habitent les régions tropicales de l'ancien et du nouveau monde; quelques espèces cependant s'étendent au delà des tropiques au nord et au sud. Les An. sont des arbres ou des arbrisseaux dont toutes les parties possèdent une saveur et une odeur aromatique prononcées. L'écorce du *Canang à 3 pétales* (*Uvaria tripetaloides*) donne, quand on l'incise, un suc visqueux qui se durcit en manière de gomme. Le *C. à 3 lobes* (*U. triloba*) contient, suivant Duhamel, un acide très-actif; mais le fait est douteux : nonobstant, on se sert de ses feuilles pour hâter la maturité des abcès indolents, et ses graines jouissent, dit-on, de propriétés émétiques. Les Indiens des bords de l'Orénoque possèdent un excellent fébrifuge nommé *Frutta de Burro*, qui est le fruit du *C. fébrifuge* (*U. febrifuga*) ou, selon Martius, de la *Xylopie à grandes fleurs* (*Xylopia grandiflora*). Les fleurs de certaines espèces d'An., et entre autres de l'*Artabotrys odorant* (*Artabotrys odoratissima*) et de la *Gualtérie en verge* (*Gualteria virgata*), répandent une odeur excessivement agréable. A Java, les feuilles de l'*Artabotrys* sont fort estimées dans le choléra. Dans le même pays, les *Polyalthias* sont renommés pour leurs propriétés aromatiques : on fait surtout usage de leur racine. Plusieurs espèces de cette famille donnent des fruits qui, desséchés, s'emploient comme aromates : tel est celui de la *Xylopie aromatique* (*Xylopia aromatica*), qui est connu sous le nom de *Poivre d'Éthiopie*, et dont les nègres de l'Afrique se servent pour assaisonner leurs aliments. La *X. soyeuse* (*X. sericea*), grand arbre qu'on trouve dans les forêts aux environs de Rio-Janeiro, où on l'appelle *Pindaïba*, porte un fruit qui a l'odeur du poivre, et qui remplace fort bien ce dernier. En outre, l'écorce de cet arbre est très-flexible, et ses fibres se séparent aisément : aussi en fabrique-t-on d'excellents cordages. D'après Blume, les espèces qui croissent à Java demandent, à cause de l'activité de

leurs propriétés, d'être employées avec discrétion : cependant on mâche leurs carpelles, après dîner, en guise de carminatifs. La *X. glabre* (*X. glabra*) a reçu, dit-on, dans les Indes, le nom de *Bois amer*, à cause de l'extrême amertume de toutes ses parties : son bois, son écorce et ses baies ont le goût des graines d'orange. Le sucre qui a été renfermé dans des caisses faites avec ce bois n'est pas mangeable; les blattes mêmes ne l'attaquent pas. Les feuilles de l'*Anone écailleuse* (*Anona squamosa*), appelée vulgairement *Attier*, *Atocire*, *Cœur de bœuf* et *Pommier de canelle*, ont une odeur désagréable, et ses graines contiennent un principe extrêmement âcre qui tue les insectes. En conséquence, les indigènes de l'Inde réduisent ces graines en poudre pour détruire la vermine de la tête des enfants; mais son fruit, nommé *Atte* ou *Pomme canelle*, renferme en abondance un mucilage sucré qui prédomine sur la saveur aromatique : aussi est-il fort estimé dans les Indes orientales et occidentales. On mange également les fruits de l'*Anona cherimolia*, appelé vulgairement *Chérimolier* ou *Chérimoyer*; de l'*A. triloba*, connu sous les noms vulgaires de *Corosol*, *Corosollier* et *Assiminier*; de l'*A. reticulata*, nommé *Cachiman*; de l'*A. muricata* ou *Cachiman épineux*, et de l'*A. sylvatica*, appelé au Pérou *Arntica do mato*. Ce dernier fournit un bois blanc, léger, excellent pour les tourneurs, et analogue au citronnier d'Europe. Le bois de la racine de l'*Anone des marais* (*Anona palustris*) s'emploie au Brésil en guise de liége. La *Muscade américaine*, fruit du *Faux muscadier* (*Monodora myristica*), rivalise par ses propriétés aromatiques avec la muscade vraie et sert aux mêmes usages. Le bois solide et élastique, appelé *Yari yari* dans la Guiane, et *Bois de lance* par les selliers, provient, suivant Schomburgk, du *Duguetia quitarensis*. Le bois d'une espèce de *Gualtérie*, nommée au Brésil *Pindaïba preta*, avait encore, ainsi que l'a constaté Martius, une pesanteur spécifique de 0,839, après avoir resté vingt ans dans une chambre sèche.

*ANONE. s. f. T. Bot. V. ANONACÉES.

ÂNONNEMENT. s. m. Action d'ânonner. *Cet ân. est insupportable.*

ÂNONNER. v. n. (R. *ânon*). Lire, réciter, répondre avec hésitation, en balbutiant. *Il y a deux ans que cet enfant va à l'école et il ne fait encore qu'ân. Quand il soutint sa thèse, il ne fit qu'ân.* ‖ Se prend quelquefois activement. *Cet écolier ne fait qu'ân. sa leçon.* = ÂNONNÉ, ÉE. part.

ANONYME. adj. 2 g. (gr. α priv ; ὄνομα, nom). Dont le nom n'est pas connu. Ne se dit que Des auteurs dont on ne sait pas le nom, et Des écrits dont on ne connaît point l'auteur. *Auteur an. Ouvrage, livre, brochure an. Couplets anonymes.* — *Écrire une lettre an.*, Écrire une lettre qu'on n'ose pas ou qu'on a honte de signer. ‖ S'emploie subst. en parlant De l'auteur inconnu d'un écrit. *L'an. qui a traité cette matière. Cette comédie est d'un an.* — *Garder l'an.*, *Écrire sous le voile de l'an.*, Ne pas mettre son nom à ses écrits.

Enc. — L'auteur d'un ouvrage peut rester inconnu, ou parce qu'il ne signe pas son livre, ou parce qu'il le fait paraître avec un nom supposé. Dans le premier cas, l'ouvrage est dit *An.*, et dans le second *Pseudonyme*, c.-à-d. signé d'un faux nom. — Les ouvrages sans nom d'auteur, ou portant des noms supposés, sont en si grand nombre, qu'ils forment presque le tiers des livres qui remplissent nos bibliothèques publiques. On en peut juger par la liste qu'en donne Barbier dans son *Dictionnaire des ouvrages anonymes et pseudonymes*, qui se compose de 4 vol. in-8°, et qui cependant ne s'occupe que des écrits composés, traduits ou publiés en français et en latin. Ce savant bibliographe admet trois espèces de livres anonymes ou pseudonymes, selon que c'est le nom de l'auteur, celui du traducteur ou celui de l'éditeur qui manque ou qui est supposé.

* **ANOPLOTHERIUM.** s. m. [On prononce *anoplothériomme.*] (gr. α priv. ; ν euph. ; ὅπλον, arme ; θηριὸν, animal). Voy. PALÉONTOLOGIE.

* **ANOREXIE.** s. f. (gr. α priv. ; ὄρεξις, appétit).

Enc. — Ce terme, qui n'est guère usité que dans le langage médical, signifie absence d'appétit. Les anciens nosologistes faisaient de l'*An.* une maladie spéciale ; mais, à cette heure, on ne la regarde plus que comme un état symptomatique. L'an. est en effet un phénomène à peu près constant dans toutes les maladies aiguës ; elle s'observe même dans un grand nombre de maladies chroniques, surtout dans celles qui affectent l'appareil digestif.

* **ANORMAL, ALE.** adj. (gr. α priv. ; lat. *norma*, règle). Ce terme, fort usité dans le langage de la science, se dit De tout ce qui semble faire exception à la règle commune.

* **ANOSMIE.** s. f. (gr. α priv. ; ν euph. ; ὀσμὴ, odeur). T. Méd. Perte ou diminution de l'odorat. Voy. ODORAT.

* **ANOURE.** adj. et s. m. (gr. α priv. ; οὐρὰ, queue). T. Erpét. Voy. BATRACIENS.

ANSE. s. f. (lat. *ansa*, poignée). La partie de certains vases, de certains ustensiles, par laquelle on les prend pour s'en servir, et qui présente ordinairement la forme d'un demi-cercle. *L'an. d'une aiguière, d'un panier, d'un seau, d'une corbeille. Panier à deux anses. Prendre une tasse par l'anse.* — On dit de même, *Les anses d'une pièce d'artillerie.* ‖ Fig. et prov., *Faire danser l'an. du panier*, se dit D'une cuisinière qui enfle le prix des achats qu'elle a faits pour ses maîtres. ‖ T. Anat. On dit, *An. vasculaire, An. anastomotique, An. nerveuse, An. intestinale*, en parlant De la courbure que décrit un vaisseau, un rameau nerveux, une portion de l'intestin qui revient sur lui-même. — En Chir., on dit aussi, *Une an. de fil.* ‖ *T. Archit. *An. de panier*. Voy. ARC. ‖ T. Géogr. *Anse* désigne un Petit enfoncement le long des côtes ou dans les baies et ports. *Il y a plusieurs anses dans cette baie.*

ANSE. s. f. et **ANSÉATIQUE.** adj. f. Voy. HANSE et HANSÉATIQUE.

* **ANSÉRINE.** s. f. T. Bot. Voy. CHÉNOPODÉES.

ANSPECT. s. m. Sorte de levier en bois de frêne ou d'orme, dont le gros bout est taillé en biseau et ordin. ferré. A bord des bâtiments de guerre, on s'en sert pour pointer les canons. — L'*Ans.* sert aussi à remuer les fardeaux : on le nomme alors *Barre d'ans.*

ANSPESSADE, ou mieux ***LANCEPESSADE**, s. m. (corrupt. du mot ital. *lancia-spezzata*, lance rompue). Dans l'ancienne infanterie française, on désignait ainsi Un bas-officier subordonné au caporal.

ANTAGONISME. s. m. (gr. ἀντὶ, contre ; ἀγωνίζομαι, je combats). Action en sens contraire. *L'ant. des muscles extenseurs et fléchisseurs des bras.* ‖ * Se dit De certains organes lorsque l'activité fonctionnelle de l'un est en raison inverse de celle de l'autre. *Il y a ant. entre les reins et la peau, entre le foie et le poumon.* — *Dans la vie on rencontre partout des antagonismes ; mais loin d'être ennemis et de nature à s'anéantir mutuellement, ils sont au contraire complétifs les uns des autres.* ‖ * S'emploie également en parlant Du développement des parties, lorsque l'un a lieu au préjudice de l'autre. ‖ *Se prend quelquefois dans le sens de Lutte, de rivalité. *L'ant. domine dans notre société.*

ANTAGONISTE. s. m. Celui qui s'efforce de faire prévaloir son sentiment, son opinion, ses prétentions sur le sentiment, l'opinion, etc., d'un autre. *Toute sa vie, il a été mon ant. Vous avez en cette femme un dangereux ant.*

ANTAGONISTE. adj. 2 g. Se dit Des choses qui agissent en sens contraire. *Muscles antagonistes. Organes antagonistes. Fonctions antagonistes.* ‖ S'emploie subst. en ce sens : *Le muscle abducteur de l'œil est l'ant. de l'adducteur du même organe.*

ANTAN. s. m. (lat. *ante annum*, avant l'année). L'année qui précède celle qui court. Vx. Ne se dit guère que dans cette phrase prov. : *Je ne m'en soucie non plus que des neiges d'an.*, Je ne m'en soucie point.

ANTANACLASE. s. f. (gr. ἀντὶ, contre ; ἀνακλαῶ, je répercute).

Enc. — L'*Ant.* est une figure de rhétorique dans laquelle un mot est répété immédiatement, mais dans un sens différent ou avec une inflexion, ce qui donne lieu à une espèce d'antithèse. Ce vers d'Horace nous offre un ex. de cette figure :

Labitur et labetur in omne volubilis ævum (*amnis.*)

Le retour à la première série de pensées et d'expressions, après une parenthèse, a également reçu le nom d'*Antanaclase.*

ANTARCTIQUE. adj. 2 g. Voy. ARCTIQUE.

* **ANTE.** s. f. (lat. *ante*). T. Archit. Voy. PILASTRE et TEMPLE.

ANTÉCÉDEMMENT. adv. Antérieurement, avant dans l'ordre du temps. Peu us.

ANTÉCÉDENT, ENTE. adj. (lat. *ante, cedere*, marcher devant). Qui est auparavant, qui précède dans l'ordre du temps. *Les actes antécédents. Les procédures antécédentes.*

ANTÉCÉDENT. s. m. Se dit Des actes de la vie passée de quelqu'un. *Il n'aura pas cette place ; il a de trop fâcheux antécédents.* ‖ Se dit aussi D'un fait passé, à propos d'un fait actuel. *Cet arrêt constituera un heureux ant. pour son procès.* ‖ En T. de Gram., de Math. et de Philos., On donne le nom d'*Ant.* au premier terme d'un rapport, et celui de *Conséquent* au second terme. Voy. les mots RAPPORT, ARGUMENT.

Syn. — *Antérieur, Précédent.* — Les adjectifs *antérieur, antéc.* et *précédent* indiquent une antériorité de temps ; mais tandis que le premier la marque d'une manière indéterminée, les deux autres impliquent une idée d'ordre, de rang, de position : *Précédent* même exprime une priorité immédiate. *Antérieur* se dit en outre de la situation relative d'une chose dans l'espace : la face *antérieure* du corps. — Lorsqu'on les prend substantivement, *antéc.* et *précédent* ne s'emploient pas indifféremment l'un pour l'autre : ainsi l'on dit, cet homme a de fâcheux *antécédents*, et non de fâcheux *précédents*. La chambre n'a qu'à consulter ses *précédents*, et non ses *antécédents*. Dans le langage didactique, *antéc.*, pris substantivement, est toujours opposé à *conséquent.*

ANTÉCESSEUR. s. m. (lat. *antecessor*, qui précède). Se disait autrefois d'Un professeur de droit dans une université.

ANTECHRIST. s. m. [On ne pron. pas l'S.) (gr. ἀντὶ, contre ; χριςὸς). — Beaucoup de personnes écrivent *Antéchrist* et prononcent ce mot comme il est écrit.

Enc. — Le nom d'*Ant.* avait été donné, dans les temps de la primitive Église, aux adversaires les plus déclarés du Christ, à ceux qui niaient sa venue sur la terre, et qu'il fût le Messie. Mais on désigne plus ordinairement par ce terme un tyran impie et cruel, une sorte d'esprit du mal qui doit paraître sur la terre peu de temps avant la fin des siècles pour tenter un dernier effort de séduction sur les hommes, afin de les entraîner dans le péché. Ainsi envisagé, l'Ant. est un être dont l'existence n'est révélée que par divers passages prophétiques de l'Écriture sainte : tout ce qu'on peut avancer à son sujet est donc purement conjectural. Les principaux passages des livres sacrés, dans lesquels il est fait mention de l'Ant., se trouvent dans le prophète Daniel, IX, 26 et 27, dans l'Évangile de saint Mathieu, XXIV, dans la 2ᵉ épître de saint Paul aux Thess., c. 2, et dans l'Apocalypse de S. Jean, XIII.

ANTÉDILUVIEN, IENNE. adj. (lat. *ante*, avant ; *diluvium*, déluge). Qui a existé avant le déluge. *Animaux antédiluviens. Formations antédiluviennes.* Voy. GÉOLOGIE et PALÉONTOLOGIE. ‖ * Qui a précédé le déluge. *Temps antédiluviens. Période antédiluvienne.*

* **ANTÉFIXE.** s. f. (lat. *ante*, devant ; *fixus*, attaché). T. Archit. — Plusieurs auteurs font ce mot masculin.

Enc. — L'architecture dans l'antiquité avait constamment pour but de dissimuler les exigences de la construction sous l'élégance de la forme, intention qui se montre clairement dans la toiture des édifices grecs et romains. Ces toitures étaient généralement formées par des rangées de tuiles plates qui alternaient avec des rangées de tuiles bombées, et dessinaient des lignes commençant au faîte du bâtiment et se terminant au bord inférieur de la toiture. Pour éviter l'introduction des eaux pluviales sous les rangées de tuiles bombées, celles de ces tuiles qui aboutissaient au bord ou au faîte du toit étaient fermées à leur extrémité, et avaient reçu, en raison de leur position, le nom d'*Antéfixes.* Mais les architectes, non contents de faire de l'ant. un objet d'utilité, surent la décorer de façon que la rangée qui occupait le faîte de l'édifice, et celles qui occupaient les bords de la toiture,

2 4

offrissent à l'œil une élégante garniture se découpant sur l'azur du ciel. Les premières antéfixes furent en terre cuite ; puis on ne tarda pas à en faire en marbre, et même en bronze : enfin on les décora de palmettes, de moulures et de figures diverses. Les figures ci-dessus présentent quelques exemples d'antéfixes. La première est une ant. en terre cuite dont la face antérieure est plane, mais peinte en jaune et en noir ; elle provient du temple d'Apollon à Égine ; la deuxième, qui est en marbre, a été tirée du temple de Diane à Eleusis. Les deux autres antéfixes sont romaines : celle de la fig. 3 est en terre cuite, et la dernière (fig. 4) est en marbre ; celle-ci est tirée du portique d'Octavie à Rome.

ANTENNE. s. f. (lat. *antenna*). T. Mar. et Zool.

Enc. — En T. de Mar., on nomme ainsi une longue pièce de bois, une espèce de vergue longue et flexible qui s'attache à une poulie vers le milieu ou vers le haut du mât, pour sou-

tenir la voile triangulaire de certains bâtiments fort en usage sur la Méditerranée. Cette voile triangulaire porte elle-même le nom de *voile latine*. La fig. ci-dessus nous montre une voile de ce genre et l'ant. qui la soutient.

Zool. — Les antennes sont des organes appendiculaires, mobiles, présentant des formes très-diverses, plus ou moins développés, situés sur la tête de la plupart des animaux articulés, et composés d'un plus ou moins grand nombre de petits articles cornés ou coriaces à l'extérieur, tubulaires et perforés dans toute la longueur de leur axe, et renfermant une substance molle et membraneuse, qui reçoit les derniers rameaux des nerfs et des trachées de l'extrémité antérieure du corps. Comme le nombre et la forme de ces appendices, soit chez les espèces d'*Annélides* qui en sont pourvues, soit chez les *Crustacés*, soit surtout chez les *Insectes*, sont un des caractères qui servent à établir des coupes et des divisions parmi ces animaux, il sera parlé au mot INSECTE des variétés de forme et de structure que présentent les antennes, et nous n'étudierons actuellement ces organes que sous le rapport physiologique.

Quelques auteurs, parmi lesquels nous citerons Treviranus, Strauss et Lacordaire, se fondant sur la situation des antennes et sur les dispositions anatomiques qu'elles présentent, regardent ces organes comme le siége de l'ouïe chez les articulés. D'autres zoologistes, tels que Réaumur, Roesel, de Blainville, Carus et Dugès, pensent que les antennes sont le siége de l'odorat : ces savants appuient également leur manière de voir sur l'observation anatomique et sur certaines expériences. Le professeur Dugès a cru remarquer que la perception des odeurs était abolie par l'amputation de ces appendices; mais ces expériences sont peu concluantes. Suivant l'opinion la plus généralement admise, et en même temps la plus vraisemblable, les antennes sont l'organe principal du toucher. En effet, la majeure partie des animaux qui en sont munis étant revêtus d'un tégument calcaire ou corné qui les rend peu sensibles au contact des corps environnants, ils ont besoin d'organes spéciaux pour la sensibilité tactile. Cette opinion est encore confirmée par l'observation de dispositions analogues que nous offrent une foule d'animaux de classes tout à fait différentes, qui portent, à la tête et aux environs des organes masticatoires, des appareils tactiles très-développés : tels sont les bras des *Mollusques céphalopodes*, les tentacules d'un grand nombre d'animaux inférieurs, les barbillons de certains Poissons, les moustaches des *Chats* et surtout des *Phoques*, etc. Si certains Insectes dressent ou baissent leurs antennes au moindre bruit, ce fait s'explique fort bien par suite de l'impression que produisent les vibrations sonores sur ces organes tactiles très-délicats, sans qu'il soit besoin de considérer les antennes comme le siége de l'audition. On a encore supposé que ces appendices devenaient organes de relation chez certains Hyménoptères vivant en société, surtout chez les *Fourmis*, qui ont l'air de se communiquer leurs idées en se touchant réciproquement avec l'extrémité de leurs antennes. Quelque ingénieuses que soient les observations de Dupont de Nemours à ce sujet, cette idée n'a pas été admise. — Mais, indépendamment de leur fonction principale, qui est celle d'organe tactile, les antennes servent encore chez beaucoup d'insectes à des usages secondaires. Ainsi, par ex., dans certaines familles de Coléoptères, dont le corps est très-allongé, et chez lesquels les ailes sont attachées fort haut à cause de la brièveté du corselet, les antennes, par leur longueur et leur grosseur, servent évidemment à faire équilibre avec le corps et à le maintenir pendant le vol dans une position horizontale. Dans certains Crustacés, elles paraissent servir secondairement à la natation. Enfin, chez les mâles de différentes espèces d'animaux articulés, elles semblent, suivant diverses observations, remplir les fonctions d'organes excitateurs. Voy. INSECTES et CRUSTACÉS.

* **ANTÉON.** s. m. T. Ent. Voy. PUPIVORES.

ANTÉPÉNULTIÈME. adj. 2 g. (lat. *ante*, avant; *pene*, presque; *ultimus*, dernier). Qui précède immédiatement l'avant-dernier. *L'ant. vers de cette page. Dans l'ant. ligne. L'ant. syllabe d'un mot.* ‖ S'emploie subst. au fém., et sign. L'antépénultième syllabe d'un mot. *Dans le mot* enchifrènement, *l'accent est sur l'ant.*

ANTÉRIEUR, EURE. adj. (lat. *anterior*). Qui est avant, qui précède, par rapport au lieu et au temps. *La partie antérieure d'une maison, d'un vaisseau. La face antérieure du corps. Ce fait est ant. de six mois à celui dont je vous parle. Époque antérieure. Je dois être colloqué avant vous, car je suis ant. en hypothèque.* ‖ T. Gram. *Prétérit ant. Futur antérieur.* Voy. TEMPS. = Syn. Voy. ANTÉCÉDENT.

ANTÉRIEUREMENT. adv. Précédemment. *Ma demande a été faite ant. à la vôtre. Voilà ce qui s'est passé ant.*

ANTÉRIORITÉ. s. f. Priorité de temps. *Ant. de droit, de titre, d'hypothèque. Ant. de date. Ant. d'une découverte.*

* **ANTÉVERSION.** s. f. Voy. RÉTROVERSION.

* **ANTHELMIE.** s. f. T. Bot. Voy. LÉGUMINEUSES.

* **ANTHELMINTIQUE.** adj. 2 g. et s. m. (gr. ἀντὶ, contre; ἕλμινς, ινθος, ver). T. Méd. Même signif. que *Vermifuge*. Voy. ce mot.

* **ANTHÉMIS.** s. f. (g. ἀνθηρὶς, petite fleur). T. Bot. Voy. COMPOSÉES.

ANTHÈRE. s. f. (gr. ἀνθηρὸς, fleuri). T. Bot. Voy. ÉTAMINE.

* **ANTHÉRIC.** s. m. et * **ANTHÉRICÉES.** s. f. pl. (gr. ἀνθέρικος). T. Bot. Voy. LILIACÉES.

* **ANTHÈSE.** s. f. (gr. ἄνθησις). T. Bot. S'emploie pour désigner L'ensemble des phénomènes qui accompagnent l'épanouissement des fleurs.

* **ANTHICIDES.** s. m. pl. (gr. ἀνθικὸς, qui concerne les fleurs). T. Bot. Voy. TRACHÉLIDES.

* **ANTHIDIE.** s. f. T. Entom. Voy. APIAIRES.

* **ANTHISTÉRIE.** s. f. (gr. ἄνθος, fleur; στεῖρα, couronne). T. Bot. Voy. GRAMINÉES.

* **ANTHOBIES.** s. f. pl. (gr. ἄνθος; βίος, vie). T. Entom. Voy. SCARABÉIDES.

ANTHOLOGIE. s. f. (gr. ἄνθος; λέγω, je cueille). Recueil de pièces littéraires choisies. Se dit spécialement D'un recueil de poésies.

Enc. — Le terme *Ant.* s'applique particulièrement à une collection de petits poëmes écrits en mètres élégiaques, et que les Grecs appelaient *Epigrammes*. Le plus ancien recueil de ce genre fut formé par Méléagre de Gadara, poëte grec qui florissait un siècle avant notre ère. Il avait donné à cette collection de pièces fugitives le titre à la fois simple et élégant de Στέφανος, *Guirlande*. Comparant chaque poëte à une fleur ou à un fruit, Méléagre avait choisi avec goût dans le riche parterre où il pouvait cueillir. Aussi la perte de sa guirlande est-elle vivement sentie par ceux qui savent combien le génie, les mœurs et les usages d'une nation se font connaître dans les divers genres qu'embrasse la poésie fugitive. Reiske pense que l'Ant. de Méléagre était divisée en deux parties, l'une consacrée aux pièces érotiques, l'autre aux pièces sérieuses ou gracieuses. Ces divers morceaux avaient été empruntés aux auteurs dont voici les noms : Anyte, Myro, Sapho, Mélanipide, Simonide, Nossis, Rhianus, Erinne, Alcée, Samillo, Léonidas, Mnasalcès, Pamphile, Pancratès, Tymnès, Nicias, Euphane, Damagète, Callimaque, Euphorion, Hégésippe, Persée, Diotime, Ménécrate, Nicænète, Phaennus, Simmias, Parthénis, Bacchylide, Anacréon, Anthémius, Archiloque, Alexandre l'Etolien, Polyclètus, Polystrate, Antipater, Posidippe, Hédyle, Sicelidès, Platon le Grand, Aratus, Chérémon, Phédime, Antagoras, Théodoride et Phanias. — Après Méléagre, les anthologies se multiplièrent. La première que l'on connaisse est celle du poëte Philippe de Thessalonique, qui vivait environ 150 ans après J.-C. Il rassembla les pièces fugitives postérieures au siècle de Méléagre. Les auteurs auxquels il les emprunta sont au nombre de treize, savoir : Antigone, Antipater, Antiphane, Antiphile, Automédon, Bianor, Cynagoras, Diodore, Evenus, Parménion, Philodème, Tullius et Zonas. Nous ne parlerons pas de l'Ant. de Straton; mais nous mentionnerons celle d'Agathias, qui date du VIe siècle, et qui ne nous est pas parvenue. Du reste, elle n'est point à regretter, car ce poëte historien s'était borné presque uniquement à recueillir les mauvais vers de ses contemporains. Au Xe siècle, Constantin Céphalas fit un extrait méthodique des trois recueils que nous venons de citer, extrait que le moine grec Maxime Planudes, au XIVe siècle, abrégea sans goût et sans discernement. Ces deux recueils sont les seules anthologies qui nous restent. Heureusement elles reproduisent la plupart des pièces qui composaient les premières collections de ce genre. Le manuscrit de l'Ant. de Céphalas ne fut trouvé qu'en 1606, par Saumaise, dans la Bibliothèque de Heidelberg. Ce recueil se compose de plus de sept cents épigrammes faisant environ trois mille vers. Il est divisé en cinq parties ou livres. — On possède une Ant. latine recueillie par Scaliger, Burmann et quelques autres latinistes. Les littératures orientales sont assez riches en anthologies; mais il serait sans utilité de donner ici la liste de ces recueils : les langues de l'Orient étant l'objet d'études toutes spéciales, ceux qui s'en occupent connaissent ces ouvrages. Cependant, nous ferons observer qu'un grand nombre d'orientalistes ont publié des anthologies qu'il ne faut point assimiler aux collections de ce genre dues aux auteurs orientaux.

* **ANTHOMYIE.** s. f. et * **ANTHOMYZIDES.** s. f. pl. (gr. ἄνθος; μυῖα, mouche). T. Ent. Voy. MUSCIDES.

* **ANTHOPHORE.** s. f. (gr. ἄνθος; φορὸς, favorable). T. Ent. Voy. APIAIRES.

* **ANTHORE.** s. m. (gr. ἄνθος; ὄρος, montagne). T. Bot. Voy. RENONCULACÉES.

* **ANTHOXANTHUM.** s. m. (gr. ἄνθος; ξανθὸς, jaune). T. Bot. Voy. GRAMINÉES.

* **ANTHOZOAIRES.** s. m. pl. (gr. ἄνθος; ζῶον, animal). T. Zool.

Enc. — Ehrenberg, et, à son exemple, plusieurs zoologistes nomment ainsi les *Polypes* qui n'ont qu'une seule ouverture digestive servant à la fois de bouche et d'anus. Cette division constitue trois familles, qui sont les *Zoanthaires*, les *Alcyoniens* et les *Sertulariens*. Voy. ces mots.

* **ANTHRACITE.** s. f. T. Min.

Enc. — L'*Ant.* est une matière minérale combustible qui appartient comme la houille, les lignites, etc., au groupe des matières charbonnées. C'est une substance noire, offrant un éclat métalloïde assez vif, opaque, sèche au toucher, friable, et dont la poussière a l'odeur du charbon; elle brûle avec difficulté, ne répand ni flamme, ni fumée, ni odeur, et se couvre à peine d'un enduit de cendres blanches en se refroidissant. Sa densité est de 1,5 à 1,8. L'ant. est composée de carbone presque pur, uni à 2 ou 3 centièmes de matière terreuse formée de silice, d'alumine et de chaux, et parfois d'un peu de carbure de fer. Suivant Proust, elle contient de l'eau et un peu d'azote. Elle diffère de la houille par son éclat plus vif, par sa densité plus considérable qui est à celle de cette substance dans le rapport de 9 à 7, et enfin parce qu'elle ne renferme pas de bitume. L'ant. est d'une formation plus ancienne que la houille, mais plus récente que le graphite. Elle commence à se montrer dans les dépôts de sédiment les plus anciens, c.-à-d. dans les terrains de transition, dont la formation a précédé la période houillère. On la rencontre le plus souvent au milieu des roches arénacées les plus anciennes appelées grauwackes, et quelquefois dans les roches schisteuses, amygdaloïdes, porphyriques, quartzeuses, etc. On la trouve aussi dans quelques terrains plus élevés dans la série des formations, entre autres dans les terrains houillers, comme à Anzin, et surtout dans le lias alpin. L'ant. ne paraît pas aussi répandue que la houille; cependant on la rencontre dans un assez grand nombre de localités. La France possède des dépôts fort importants d'ant. dans les départements des Hautes-Alpes, du Gard, de l'Isère, de la Mayenne et de la Sarthe. On la trouve également en Savoie, dans le Valais, le Hartz, la Saxe, la Bohême, les Pyrénées, en Espagne, en Angleterre, etc.; mais nulle part l'ant. n'est plus répandue et ne forme des couches aussi puissantes qu'aux États-Unis : elles y atteignent quelquefois jusqu'à 30 mètres de puissance, et se prolongent souvent sur une grande étendue avec une épaisseur de 10 mètres. Aussi l'ant. forme-t-elle une des principales richesses des États-Unis, depuis que le préjugé qui la faisait regarder comme incombustible s'est évanoui.

L'ant. n'est employée que comme combustible; mais attendu qu'elle ne contient qu'une petite quantité de substances volatiles, elle s'allume difficilement et ne peut être brûlée que dans un milieu porté à une haute température. On a besoin, par conséquent, pour l'allumer, de la mêler avec du bois ou de la houille, et de l'employer toujours en grandes masses. Du reste, une fois allumée, elle donne beaucoup de chaleur. Elle sert principalement à la cuisson de la chaux et des poteries, au chauffage des fours de verreries, etc. La facilité avec laquelle elle s'éteint quand elle n'est pas en grande masse ne permet guère de l'employer seule au chauffage domestique non plus qu'aux travaux qui ne demandent qu'une petite quantité de combustible à la fois. On peut néanmoins en tirer parti, dans ce cas, en la mêlant à des matières d'une combustion plus facile. Elle est encore employée sous forme de bûches économiques ou de briquettes, que l'on fabrique en mêlant l'ant. pulvérisée avec de la houille et une petite quantité d'argile.

ANTHRAX. s. m. (gr. ἄνθραξ, charbon). T. Méd. ‖ * T. Ent. Voy. TANYSTOMES.

Enc. — En T. de Méd., on donne le nom d'*Ant.* à deux affections fort différentes : l'une appelée *Ant. furonculeux*, *Ant. proprement dit* ou *Ant. benin*; l'autre appelée *Ant. malin* ou *Charbon*. — L'*Ant. benin* ne diffère pas essentiellement du furoncle. Comme ce dernier, il consiste en une inflammation des prolongements adipeux que le tissu cellulaire sous-cutané envoie à travers l'épaisseur du derme. Seulement, dans le furoncle, il n'y a ordinairement qu'un seul prolongement d'enflammé, tandis que, dans l'ant., l'inflammation affecte toujours plusieurs de ces prolongements : aussi l'ant. présente-t-il quelquefois une étendue considérable. On en a vu acquérir un diamètre de 20 à 25 centimètres. Il se développe principalement à la nuque, au dos, sur la poitrine, sur le ventre, sur les épaules et sur les cuisses. Son apparition est souvent précédée de troubles dans la digestion et de phénomènes fébriles. A son début, il se présente sous la forme d'une tumeur dure et saillante qui s'étend peu à peu à mesure que l'inflammation se propage; la peau est d'un rouge violacé; la douleur, d'abord gravative, devient ensuite lancinante. Lorsque l'ant. est abandonné à lui-même, il se ramollit peu à peu vers son sommet, et la peau s'amincit et s'ulcère. Quelquefois l'ant. continue à s'étendre en largeur et en profondeur : plusieurs ouvertures se forment et finissent par se réunir. Alors la peau se désorganise, et il se produit des escarres plus ou moins larges qui laissent toujours après elles des cicatrices irrégulières et enfoncées. — Alors même que l'ant. est déterminé par une irritation locale externe, il paraît ordinairement se lier à quelque cause générale. Il survient aussi quelquefois comme phénomène critique à la fin de certaines maladies. Le plus souvent l'ant. est une affection légère que l'on combat au moyen des antiphlogistiques, et à l'aide d'incisions convenablement pratiquées; mais lorsqu'il se rattache à une autre affection, il faut en même temps traiter cette dernière. — Pour l'*Ant. malin*, voy. CHARBON.

* **ANTHRÈNE.** s. f. (gr. ἀνθρήνη, guêpe). T. Ent. Voy. CLAVICORNES.

* **ANTHRIBE.** s. m. (gr. ἄνθος, fleur; τρίβω, je broie). T. Ent. Voy. RHYNCHOPHORES.

* **ANTHROPOLITHE.** s. m. (gr. ἄνθρωπος, homme; λίθος, pierre). Voy. PALÉONTOLOGIE.

ANTHROPOLOGIE. s. f. (gr. ἄνθρωπος; λόγος, discours). Histoire naturelle de l'homme; Étude de l'homme envisagé dans la série animale, et considéré dans ses diverses variétés. ‖ T. Théol. Voy. ANTHROPOMORPHISME.

ANTHROPOMORPHISME. s. m. (gr. ἄνθρωπος; μορφὴ, forme.)

Enc. — On a nommé *Ant.* l'erreur de ceux qui attribuaient à Dieu une figure humaine. Cette erreur, qui était inévitable dans le polythéisme, disparut devant la lumière que l'Évangile apporta au monde. Cependant il paraît que, parmi les premiers chrétiens, quelques-uns, prenant à la lettre les expressions figurées de l'Écriture Sainte, tombèrent dans cette grossière erreur : on les appela *anthropomorphites*. Aujourd'hui, il est superflu de dire que les expressions figurées dont nous venons de parler, et auxquelles on a donné le nom d'*Anthropologies*, ne doivent pas se prendre à la lettre. Ainsi, lorsqu'il est dit que Dieu marchait dans le Paradis terrestre, qu'il appela Adam, que les cieux sont l'ouvrage des mains de Dieu, etc., il n'est personne qui ne reconnaisse que les livres saints ont employé ce langage dans le but de s'accommoder à la faiblesse de l'intelligence de l'homme. Il en est de même des figures appelées *Anthropopathies* si fréquentes dans les livres révélés, où Dieu semble animé des passions qui n'appartiennent qu'à l'homme. En effet, lorsque l'Écriture nous parle de la colère de Dieu, nous dit que Dieu se repentit d'avoir fait l'homme, on ne saurait entendre ces expressions dans un sens littéral: «Il fallait ce langage humain, dit Tertullien, pour mettre à la portée de notre faiblesse les grandeurs de la majesté suprême. Si cela paraît indigne de Dieu, cela est nécessaire à l'homme : or rien n'est plus digne de Dieu que l'instruction et le salut de ses créatures. »

Quelques écrivains modernes ont encore prétendu qu'en attribuant à Dieu l'intelligence, la liberté, la providence, la bonté, la justice, la philosophie tombait dans l'ant., et qu'elle faisait Dieu à l'image de l'homme. Mais il est évident que l'homme ne peut concevoir l'Être suprême qu'à l'aide des facultés qu'il a reçues du créateur, et que l'induction par laquelle nous arrivons à penser que Dieu réunit en lui, mais d'une manière absolue et à l'état de perfection infinie, les facultés que nous venons de nommer, est parfaitement légitime; car si, après avoir conçu Dieu comme cause première, infinie, éternelle, absolue, nous lui appliquons certaines notions dérivées de l'étude de l'homme lui-même en tant qu'être moral et intelligent, nous revêtons ces notions d'un caractère absolu, qui les distingue essentiellement de ce que nous concevons de la créature finie. Voy. Dieu.

ANTHROPOMORPHITE. s. 2 g. Celui ou celle qui attribue à Dieu une figure humaine.

***ANTHROPOPATHIE.** s. f. (gr. ἄνθρωπος; πάθος, passion). Voy. Anthropomorphisme.

ANTHROPOPHAGE. adj. et s. 2 g. (gr. ἄνθρωπος; φαγεῖν, manger). Se dit Des hommes qui mangent de la chair humaine.

ANTHROPOPHAGIE. s. f. Habitude de manger de la chair humaine.

Enc. — Si l'on en croyait les écrivains grecs et romains, toutes les nations qu'ils appelaient barbares auraient été anthropophages; mais on ne saurait ajouter foi à cette accusation, quand on considère qu'elle atteint indistinctement tous les peuples étrangers à la civilisation grecque ou romaine, et que les anciens d'ailleurs possédaient sur eux fort peu de notions exactes. Quant aux relations des voyageurs modernes, qui rapportent que l'horrible coutume de l'*Ant.* a régné ou règne encore chez diverses peuplades plongées dans le plus profond état d'abrutissement, il est malheureusement impossible de révoquer en doute leur véracité. Quoique le nombre des nations sauvages livrées à l'ant. diminue rapidement, il existe encore des anthropophages dans l'intérieur de l'Afrique, dans l'Amérique méridionale, dans l'Inde elle-même, et enfin dans plusieurs îles de la Malaisie et de la Polynésie. L'ant., chez la plupart des peuples livrés à cette affreuse coutume, est en général l'effet d'un système de vengeance; ils ne mangent que les ennemis faits prisonniers dans un combat. Chez quelques-uns, cependant, elle est le résultat d'une horrible superstition : ainsi, dans l'Amérique du Sud, les *Capanaguas* font rôtir leurs morts et les dévorent, sous le prétexte de les honorer. Ainsi encore, au cœur même de l'Inde, les Bhiderwas, tribu de Gônds, qui habitent dans les montagnes du Gandwana, croient que c'est une action agréable à la déesse Kali, un acte de miséricorde envers leurs parents, que de les tuer et de les manger, lorsqu'ils sont attaqués d'une maladie grave et incurable, ou bien lorsque quelque individu de la famille, arrivé à un âge avancé, devient faible et infirme. Cet épouvantable festin, dit le lieutenant Prendegast, qui visita cette peuplade en 1820, est partagé par tous les parents et amis qu'on a soin d'inviter dans ces occasions. — Mais un fait plus extraordinaire encore, c'est de voir l'ant. exercée légalement chez un peuple déjà fort avancé en civilisation. Les Battas, qui habitent dans l'île de Sumatra, ont un alphabet particulier et possèdent une littérature originale qu'on dit assez riche : le nombre des individus qui savent lire et écrire parmi eux est beaucoup plus considérable que celui des personnes qui l'ignorent. Leur code de lois remonte à une très-haute antiquité; et c'est précisément par respect pour ces lois qu'ils sont anthropophages. Ce Code condamne à *être mangés vivants* : 1° ceux qui se rendent coupables d'adultère; 2° ceux qui commettent un vol au milieu de la nuit; 3° les prisonniers faits dans les guerres importantes; 4° ceux qui, étant de la même tribu, se marient ensemble; 5° ceux qui attaquent traîtreusement un village, une maison ou une personne. Quiconque a commis un de ces crimes est condamné par un tribunal compétent. Après les débats, la sentence est prononcée, et on laisse ensuite passer deux ou trois jours pour donner au peuple le temps de s'assembler. En cas d'adultère, la sentence ne peut être exécutée qu'autant que les parents de la femme coupable se présentent pour assister au supplice. Au jour fixé, le prisonnier est amené, attaché à un poteau, les bras étendus; le mari ou la partie offensée s'avance et choisit le premier morceau, ordinairement les oreilles; les autres viennent ensuite suivant leur rang, et coupent eux-mêmes les morceaux qui sont le plus à leur goût. Quand chacun a pris sa part, le chef de l'assemblée s'approche de la victime, lui coupe la tête, et l'emporte chez lui comme un trophée. Le cœur, la paume des mains et la plante des pieds sont réputés les morceaux les plus friands. La chair du condamné est mangée tantôt crue, tantôt grillée, et jamais ailleurs que sur le lieu du supplice. Jamais on ne boit de liqueurs fermentées dans ces affreux repas. Le supplice doit être public; les hommes seuls y assistent, la chair humaine étant défendue aux femmes. Quelque monstrueuses que soient ces exécutions, il paraît certain qu'elles sont le résultat des délibérations les plus calmes, et rarement l'effet d'une vengeance immédiate et particulière, excepté pourtant quand il s'agit de prisonniers de guerre. — Il faut espérer que le christianisme et la civilisation, venant à pénétrer chez les peuplades qui sont encore anthropophages, ne tarderont pas à faire disparaître de la surface de la terre une coutume si honteuse et si dégradante pour l'espèce humaine.

***ANTHROPOTOMIE.** s. f. (gr. ἄνθρωπος; τέμνω, je coupe). Voy. Anatomie.

***ANTHYLLIDE.** s. f. (gr. ἀνθυλλίς). T. Bot. Voy. Légumineuses.

ANTI. La préposition grecque ἀντί, qui veut dire *Contre*, est employée comme préfixe dans la formation d'un grand nombre de mots français, pour marquer Opposition, contrariété : tels sont les mots *Antipape*, *Antichrétien*, *Antiscorbutique*. || Dans plusieurs mots, comme *Antidate*, *Antichambre*, *Anticiper*, la préfixe *Anti* marque Antériorité de temps ou de lieu : dans ce cas, elle est dérivée de la prépos. latine *Ante*, qui signifie *Avant*, *Devant*.

***ANTIACIDE.** adj. 2 g. et s. m. (gr. ἀντί, contre; lat. *acidus*). T. Méd. Voy. Absorbant.

***ANTIAPHRODISIAQUE.** adj. 2 g. et s. m. (gr. ἀντί; ἀφροδίτη, Vénus). T. Méd. On a appliqué ce nom à Diverses substances que l'on supposait, mais à tort, posséder la vertu d'abolir ou de diminuer les appétits vénériens.

ANTIAPOPLECTIQUE. adj. 2 g. et s. m. (gr. ἀντί; ἀποπληξία, apoplexie). T. Méd. Qui est propre à combattre ou à prévenir l'apoplexie.

Enc. — Ce terme ne s'emploie guère aujourd'hui qu'en parlant d'une teinture alcoolique fort vantée contre l'apoplexie; mais cette teinture, qui est connue sous le nom d'*Eau ant. des Jacobins de Rouen*, étant composée de substances aromatiques stimulantes, ne peut qu'être nuisible aux personnes prédisposées à l'apoplexie.

***ANTIAR.** s. m. T. Bot. Voy. Artocarpées.

***ANTIARTHRITIQUE.** adj. 2 g. et s. m. (gr. ἀντί; ἀρθρῖτις, goutte). T. Méd. Se dit Des remèdes employés contre la goutte.

***ANTIBRACHIAL, ALE.** adj. (lat. *ante*, devant; *brachium*, bras). T. Anat. Qui a rapport à l'avant-bras. *Région antibrachiale.*

***ANTICACHECTIQUE.** adj. 2 g. et s. m. (gr. ἀντί; κακή, mauvaise; ἕξις, constitution). T. Méd. Qui est utile contre les cachexies. Peu us.

***ANTICANCÉREUX, EUSE.** adj. et s. m. (gr. ἀντί; lat. *cancer*). T. Méd. Se dit Des remèdes qu'on suppose efficaces contre le cancer. Peu us.

ANTICHAMBRE. s. f. (lat. *ante*, avant; *camera*, voûte). Pièce d'attente à l'entrée d'un appartement. || *Faire ant.*, Attendre le moment d'être introduit. Se dit surtout en parlant Des gens qui sollicitent. || *Propos d'ant.*, Propos de valets, propos qu'il faut mépriser.

Enc. — L'*Ant.* est le lieu où se tiennent habituellement les domestiques pendant les heures et les jours de réception. Dans les maisons particulières, l'ant. se trouve ordin. située immédiatement avant la salle à manger. Beaucoup d'appartements ont deux antichambres à la suite l'une de l'autre. On en trouve ordinairement trois dans les palais. La première est toujours occupée par les valets; la seconde sert de salle d'attente aux personnes qui ont à entretenir le maître; la troisième, à laquelle on donne souvent le nom de petit salon, est destinée aux gens de distinction qui attendent l'ouverture du grand salon. Quelquefois aussi cette dernière sort de salle d'audience.

ANTICHRÈSE. s. f. (gr. ἀντί, en échange de; χρᾶν, prêter). T. Droit.

Enc. — L'*Ant.* est un contrat par lequel un débiteur remet à son créancier une chose immobilière pour sûreté de sa dette. C'est un contrat à titre onéreux et unilatéral, puisqu'il n'impose d'obligations qu'au créancier, relativement au payement des charges annuelles et à l'entretien de l'immeuble engagé. Elle ne peut s'établir que par écrit, même pour un immeuble qui n'aurait pas une valeur de 150 fr. — Chez les Romains, l'ant. engageait le fonds au créancier; chez nous, au contraire, l'*Antichrésiste* n'a que le droit de percevoir les fruits, à la charge de les imputer annuellement sur les intérêts, et subsidiairement sur le capital de sa créance. Il suit de là que l'ant. ne préjudicie en rien aux hypothèques ou autres droits réels des tiers, acquis ou survenus depuis le contrat; qu'à défaut de payement, le créancier doit poursuivre l'expropriation par les voies légales, sans pouvoir prétendre à une préférence sur le prix, à moins qu'il n'ait un privilége ou une hypothèque antérieure à celle des autres créanciers. Cette dernière conséquence est tellement vraie que, s'il arrivait au créancier de stipuler dans le contrat qu'à défaut de payement il deviendra propriétaire de l'immeuble remis en gage, cette clause serait nulle de plein droit. — Le gage a beaucoup de rapports avec l'ant. Comme le gage, l'ant. est un nantissement donné par un débiteur à son créancier; comme lui encore, elle est indivisible : c'est ce qui fit, dans notre ancien droit, donner à l'ant. le nom de *Mort-gage*. Cependant, gage ne s'entend aujourd'hui que des meubles, tandis que les immeubles seuls peuvent donner lieu à l'ant.

ANTICHRÉTIEN, ENNE. adj. (gr. ἀντί; χριστιανός, chrétien). Opposé à la doctrine chrétienne. *Principes antichrétiens.*

ANTICIPATION. s. f. Action d'anticiper. *Faire un payement par ant. Il dépense son revenu par ant.*, Avant qu'il soit échu. || * En T. Fin., on appelle *Ant.* toute Dépense faite avant que les Chambres aient accordé le crédit ou les fonds nécessaires. || T. Comm., Avance de fonds sur consignation de marchandises. *Tirer, accepter une lettre de change par ant.* || Usurpation, empiétement. *C'est une ant. sur mes droits, sur ma terre.* || T. Rhét. Figure par laquelle l'orateur réfute d'avance les objections qui pourront lui être faites. || T. Droit anc. *Lettres d'ant.*, Lettres qu'on prenait en chancellerie, et qui portaient permission à l'impétrant de faire assigner l'appelant à bref délai, pour voir procéder sur l'appel et obtenir jugement avant le terme fixé par la loi. || *T. Mus. Manifestation prématurée, sur l'accord qui précède, d'une ou plusieurs notes de l'accord qui va suivre. Voy. Harmonie.

ANTICIPER. v. a. (lat. *ante*, avant; *capere*, prendre). En parlant du temps, Prévenir, devancer. *Il a anticipé l'époque de son retour.* — Se dit par ellipse Des choses dont on a devancé le temps. *Le terme n'est pas échu, il a préféré ant. le paiement.* || T. Droit anc. *Ant. un appel*, C'était assigner l'appelant à bref délai, demander jugement avant le terme fixé par la loi. = Anticiper. v. n. Usurper, empiéter. *Ant. sur son voisin, sur sa terre.* — *Ant. sur ses revenus*, Les dépenser par avance. — *Ant. sur les temps, sur les faits*, Faire un anachronisme proprement dit. — *Ant. sur ce qu'on doit dire, sur ce qui doit suivre*, En dire d'avance quelques mots. = Anticipé, ée. part. || Se prend adject. et sign. Prématuré. *Une joie, une espérance anticipée. Des chagrins anticipés.*

***ANTICLINAL, ALE.** adj. (gr. ἀντί, contre; κλίνω, je penche). T. Géol.

Enc. — Lorsqu'une rangée de collines ou une vallée se compose de strates qui plongent dans des directions opposées, la ligne imaginaire à partir de laquelle ces strates vont en di-

vergeant a reçu des géologues le nom de ligne anticlinale : c'est cette ligne qui détermine le partage des eaux. Dans la Figure ci-contre, *a a* représentent les lignes anticlinales; et *b b* les lignes *synclinales*.

ANTIDARTREUX, EUSE. adj. et s. m. (gr. ἀντί; δάρτος, excoriation). T. Méd. Qui est utile pour combattre les dartres. Peu us.

ANTIDATE. s. f. (lat. *ante*, avant; *datum*, donné). Date mise faussement à une lettre, à un acte, en indiquant un jour antérieur à celui auquel l'acte a été réellement passé, ou auquel la lettre a été écrite. *On a prouvé l'ant. de cet acte.*

ANTIDATER. v. a. Mettre une antidate. *Ant. une lettre, un contrat.* = Antidaté, ée. part.

***ANTIDESME.** s. m. (gr. ἀντί, en guise de; δέσμα, lien). T. Bot. Voy. Stilaginées.

ANTIDOTE. s. m. (gr. ἀντί, contre; δοτόν, qu'on peut donner). Médicament auquel on attribue la propriété de prévenir ou de combattre les effets d'un poison, d'un venin, d'un virus, etc. — Substance capable de neutraliser chimiquement un agent toxique. || Fig., *Le travail est le meilleur ant. contre l'ennui.*

Enc. — Chez les anciens, *Ant.* était tout à fait synonyme d'*Alexipharmaque* : par conséquent ce que nous avons dit des alexipharmaques s'applique de tout point aux antidotes. Aujourd'hui on donne spécialement le nom d'ant. aux substances qui ont la propriété de décomposer les agents toxiques de façon à les rendre inertes, ou de se combiner avec eux de manière à produire ainsi un composé nouveau, mais inoffensif.

***ANTIDYSSENTÉRIQUE.** adj. 2 g. et s. m. (gr. ἀντὶ; δυσεντερία, dyssenterie). T. Méd. Se dit des Remèdes employés contre la dyssenterie.

*** ANTIÉMÉTIQUE.** adj. 2 g. et s. m. (gr. ἀντὶ, ἐμεσία, vomissement). Qui arrête le vomissement. *Potion ant. de Rivière.* Voy. Vomissement.

ANTIENNE. s. f. (lat. *antiphona*, du gr. ἀντιφωνεῖν, parler tour à tour). T. Lit. Verset que le chantre dit, en tout ou en partie, avant un psaume ou un cantique biblique, et qui se répète après tout entier. *Entonner une ant.* || Fig. et fam. *Chanter toujours la même ant.*, Répéter toujours la même chose.—*Annoncer une triste, une fâcheuse ant.*, Annoncer une triste, une fâcheuse nouvelle.

Enc. — Dans la primitive Église d'Orient les psaumes et les cantiques divins étaient chantés par les fidèles, qui se divisaient pour cela en deux chœurs chantant alternativement : quant à l'Église latine, elle paraît n'avoir adopté cette manière de chanter les louanges du Seigneur que du temps de saint Ambroise et par ses soins. Aujourd'hui on nomme *Ant.* des passages qui sont en général tirés de l'Écriture et qui conviennent au mystère, à la vie ou à la dignité du saint dont on célèbre la fête. Le nombre des antiennes varie suivant la solennité des offices. On désigne encore sous le nom d'*Ant.* certaines prières ou hymnes en l'honneur de la sainte Vierge et qui sont suivies d'un verset, d'un répons et d'une oraison. Le *Salve regina*, le *Regina cœli*, l'*Alma redemptoris mater*, par ex., sont des antiennes. — On donne le nom d'*Antiphonaire* ou d'*Antiphonier* aux livres d'Église dans lesquels les antiennes et même quelques autres parties de l'office se trouvent notées en plain-chant.

*** ANTIÉPILEPTIQUE.** adj. 2 g. et s. m. (gr. ἀντὶ, contre; ἐπιληψία, épilepsie). T. Méd. Qui est propre à combattre l'épilepsie.

ANTIFÉBRILE. adj. 2 g. (gr. ἀντὶ; lat. *febris*, fièvre). T. Méd. Peu us. Même signif. que Fébrifuge.

*** ANTIGOUTTEUX, EUSE.** adj. Même signif. que Antiarthritique.

*** ANTIHÉMORRHAGIQUE.** adj. 2 g. et *** ANTIHÉMORRHOÏDAL, ALE.** adj. (gr. ἀντὶ; αἷμα, sang; ῥέω, je coule). T. Méd. Se dit Des remèdes propres à arrêter les hémorrhagies, à combattre les hémorrhoïdes.

*** ANTIHERPÉTIQUE.** adj. 2 g. et s. m. (gr. ἀντὶ; ἕρπης, dartre). T. Méd. Même signif. qu'Antidartreux.

*** ANTIHYDROPHOBIQUE.** adj. 2 g. et s. m. (gr. ἀντὶ; ὕδωρ, eau; φόβος, horreur). T. Méd. Se dit Des remèdes qu'on suppose propres à guérir la rage. Peu us.

***ANTIHYDROPIQUE.** adj. 2 g. et s. m. (gr. ἀντὶ; ὕδωρ). T. Méd. Qui est employé contre l'hydropisie.

*** ANTIHYPNOTIQUE.** adj. 2 g. et s. m. (gr. ἀντὶ; ὕπνος, sommeil). T. Méd. Qui est propre à combattre le narcotisme. Peu us.

***ANTIHYSTÉRIQUE.** adj. 2 g. et s. m. (gr. ἀντὶ; ὑστερικὸς, hystérique). T. Méd. Se dit Des remèdes usités contre l'hystérie.

ANTILAITEUX, EUSE. adj. 2 g. Dans l'anc. Méd., on appelait ainsi les Remèdes qu'on croyait propres à faire passer le lait, et à guérir les maladies dont on le supposait la cause. || S'emploie aussi subst.—Voy. Lait.

*** ANTILOGARITHME.** s. m. T. Math. Voy. Logarithme.

ANTILOGIE. s. f. (gr ἀντὶ, contre; λόγος, discours). Contradiction qui existe entre quelques idées d'un même discours, entre les divers passages d'un livre.

*** ANTILOÏMIQUE.** adj. 2 g. et s. m. (gr. ἀντὶ; λοίμος, peste). T. Méd. Qui est employé comme moyen préservatif ou curatif de la peste.

ANTILOPE. s. m. T. Mamm.

Enc. — Les *Antilopes* forment, dans la classification de Cuvier, la 1re section des *Ruminants à cornes creuses.* La plupart des espèces de cette section ressemblent aux Cerfs par la légèreté de leur taille, l'élégance de leurs formes, la vitesse de leur course et la présence de *larmiers*, c.-à-d. de fossettes creusées au-dessous de l'angle interne de l'œil. D'autre part, les Antilopes s'en distinguent par la récurrence des poils surépineux du cou et du dos, et surtout par la nature de leurs cornes creuses, à noyau osseux solide et sans pores ni sinus. Ces cornes persistent pendant toute la durée de la vie de l'animal. Dans un grand nombre d'espèces, elles sont le privilége exclusif des mâles. La taille de ces animaux varie depuis celle d'un agneau qui vient de naître jusqu'à celle d'un cheval de moyenne taille. Les subdivisions établies dans le genre *Ant.* sont toutes basées sur la forme des cornes.

La première et la plus nombreuse se compose des espèces qui ont les cornes annelées. La *Gazelle* (Fig. 1) est de la taille du Chevreuil, dont elle a les formes élégantes. Ses cornes sont rondes, grosses et noires. Son pelage, fauve-clair dessus et blanc dessous, présente une bande brune le long de chaque flanc. A

Fig. 1.

chaque genou, on remarque un bouquet de poils rudes et saillants qu'on appelle *brosse.* La douceur du regard, la souplesse et la délicatesse des formes de cet animal ont été mille fois célébrées par les poëtes orientaux. Les Gazelles habitent principalement le nord de l'Afrique. Elles y vivent en troupes innombrables, et sont poursuivies par les lions et les panthères. Le *Dseren* des Mongols ou *Chèvre jaune* des Chinois ressemble beaucoup à la Gazelle, mais sa taille est à peu près celle du Daim. La femelle est dépourvue de cornes. Cette espèce vit en troupes dans les plaines arides de l'intérieur de l'Asie. Le *Springbock* ou *Gazelle à bourse* offre beaucoup d'analogie avec la Gazelle; mais on l'en distingue aisément à un repli de la peau de la croupe qui est muni de poils blancs et qui s'ouvre chaque fois que l'animal fait un saut. Le *Nanguer*, qui se trouve dans l'Arabie et dans le Sénégal, a la taille du daim; mais ses cornes sont petites et grêles. Les *Saïgas* habitent les vastes steppes du midi de la Pologne et de la Russie. On les rencontre quelquefois voyageant par troupes d'environ 10,000 individus, dont une partie veille sans cesse à la sûreté des autres. Les formes du Saïga sont beaucoup moins élégantes et plus trapues que celles du Cerf et de la Gazelle. Ses cornes sont d'une couleur jaune-clair et leur transparence rivalise presque avec celle de l'écaille. Dans les espèces que nous venons de citer, les cornes présentent une double courbure, et leur pointe est dirigée en avant, ou en dedans ou en haut.

Chez le *Bubale* et chez le *Caama* (Fig. 2) ou *Cerf du Cap*, les cornes sont aussi à double courbure, mais la pointe est di-

Fig. 2.

rigée en arrière. Le *Bubale* habite la Barbarie, et la frappante analogie qui existe entre sa tête et celle de la Vache lui a valu le nom vulgaire de *Vache de Barbarie.* C'est un animal farouche et dangereux. Toutefois on prétend qu'il s'apprivoise aisément, et d'anciens bas-reliefs hiéroglyphiques où il est représenté, donnent à croire que les Égyptiens l'employaient à l'agriculture.—L'*Ant. des Indes* (Fig. 3), l'*Ant. de Nubie*, etc.,

Fig. 3.

se caractérisent par leurs cornes à triple courbure.—Le *Nagor* du Sénégal a des cornes annelées à courbure simple dont la pointe est en avant. — Les cornes sont aussi à courbure simple chez l'*Ant. chevaline* nommée ainsi à cause de sa taille, chez l'*Ant. de Sumatra* ou *Bouc des bois* des Malais, et chez l'*Ant. bleue*, qui est un peu plus grande que le Cerf et d'un cendré bleuâtre; mais dans ces dernières espèces la pointe est dirigée en arrière.

Certaines Antilopes ont des cornes annelées droites ou peu courbées et plus longues que la tête : telle est l'*Ant. à longues cornes* ou *Chamois du Cap*, décrite par Buffon sous le nom de *Pasan* (Fig. 4). Elle habite le nord du Cap et dans l'intérieur de l'Afrique. La longueur de ses sabots lui donne une extrême facilité à grimper sur les rochers; aussi se plaît-elle

Fig. 4.

de préférence dans les contrées montagneuses. Nous citerons encore ici l'*Algazel* dont les cornes recourbées en arc de cercle, descendent jusqu'aux flancs et gênent beaucoup l'animal dans ses mouvements. Son pelage est d'une teinte générale blanchâtre, et ses formes sont trapues et assez lourdes. Elle habite la zone centrale de l'Afrique depuis la Nubie jusqu'au Sénégal. Cette espèce est très-fréquemment représentée sur les antiques monuments de la Haute-Égypte, et Cuvier pense avec Lichtenstein que cette Ant. est le véritable *Oryx* des anciens.—D'autres Antilopes ont, comme les espèces précédentes, des cornes droites ou peu courbées, mais qui sont moins longues que la tête. Ces cornes, d'ailleurs, sont extrêmement lisses ou légèrement cannelées vers la base seulement. Dans la plupart de ces espèces, les mâles seuls en sont pourvus. On trouve dans cette catégorie, l'*Ant. laineuse* ou *Chevreuil* des Hollandais du Cap, l'*Ant. plongeante* ou *Chèvre sautante* du Cap, ainsi nommée à cause de la manière dont elle s'élève en l'air par des bonds réitérés afin de découvrir les dangers qui la menacent, et se replonge aussitôt dans les broussailles; le *Sauteur des rochers* au pelage gris-verdâtre, et dont le poil rude et cassant s'enlève par le plus léger attouchement. Cette espèce habite les rochers et se fait remarquer par l'agilité avec laquelle elle franchit des précipices immenses. Elle passe pour le meilleur gibier de l'Afrique méridionale. C'est dans cette division que se placent les plus petites Antilopes. Telle est la *Grimme* dont la taille excède à peine un pied, et le *Guevei* ou *Ant. pygmée* de Pallas qui est la plus petite de toutes les espèces connues. La Grimme, dit-on, s'apprivoise aisément, et l'on prétend que la légèreté du Guevei est telle qu'il peut s'élever à une hauteur de près de 4 mètres. Ces animaux habitent le Congo et les environs du Cap.

Les Antilopes dont les cornes présentent une arête spirale

constituent un groupe fort distinct. Cette disposition particulière s'observe dans le *Coudous*, nommé mal à propos *Condoma* par Buffon, et dans le *Canna* ou *Élan du Cap*, que le même naturaliste a décrit sous le nom de *Coudous*. Le premier de ces animaux est grand comme un Cerf. Son pelage est d'un gris brun, marqué de taches blanches sur les flancs. Il a une petite barbe sous le menton et une crinière le long de l'épine dorsale. Le mâle seul possède des cornes.

Fig. 5.

Celles-ci sont quelquefois longues de 3 pieds; leur substance est d'un jaune pâle et demi-transparente. Le *Canna* est de la taille des plus forts chevaux. Son pelage est grisâtre; une petite crinière règne le long de l'épine, sa queue se termine par un flocon, et il porte au-dessous du cou un fanon à poils très-longs, semblable à celui des bœufs. Ces deux espèces vivent au nord du Cap; elles ne sont nullement farouches, et il serait peut-être possible à l'homme de tirer parti de la force que possèdent ces animaux. Le *Guib* (Fig. 5) a des cornes droites avec une arête spirale double.

Fig. 6.

L'*Ant. furcifère* ou *Cabril* des Canadiens (Fig. 6) habite en grandes troupes les bords du Missouri et le nord du Mexique. Elle est de la grandeur du Chevreuil. Le caractère distinctif de cette espèce est la forme de ses cornes : en effet, vers le milieu de leur hauteur se détache un crochet comprimé qui rappelle un andouiller de Cerf.

Fig. 7.

Le *Tchicarra* ou *Ant. quadricorne* (Fig. 7) porte deux paires de cornes. L'antérieure naît entre les yeux, et la postérieure, plus longue et plus aiguë, est tout à fait à l'arrière du frontal. La femelle est dépourvue de cornes. Cette espèce est de la grandeur du Chevreuil; elle habite l'Inde et paraît avoir été connue des anciens. Élien la cite sous le nom d'*Oryx à quatre cornes*.

Fig. 8.

La dernière subdivision des Antilopes comprend les espèces à 2 cornes lisses : ce sont le *Nylgau*, le *Chamois* et le *Gnou*. Le *Chamois* devant faire l'objet d'un article à part, nous ne parlerons ici que des deux autres. Plusieurs voyageurs ont donné au *Nylgau* (Fig. 8) le nom de *Taureau-cerf*, qui exprime assez bien les analogies qu'il offre avec ces deux animaux. Ses cornes sont courtes et recourbées en avant; il a une barbe sous le milieu du cou; son poil est grisâtre, et on remarque aux quatre pieds, immédiatement au-dessus des sabots, de doubles anneaux noirs et blancs. Cet animal est de la taille du Cerf; mais ses jambes de derrière étant plus courtes que celles de devant, sa démarche est lourde et peu gracieuse. La femelle est dépourvue de cornes. Le Nylgau est originaire de l'Inde. Le *Gnou* (Fig. 9) a le mufle large et aplati comme celui du Bœuf; une crinière

Fig. 9.

noire existe sous son cou et sous son fanon. Ses cornes, rapprochées et élargies à leur base comme celles du Buffle du Cap, descendent en dehors et remontent par leur pointe. Il ressemble au Cerf par la finesse de ses jambes, et au Cheval par la forme de son corps et de sa croupe, ainsi que par la présence d'une belle crinière redressée, blanche à sa base et noire au bout des poils. Sa queue est encore ornée de longs poils blancs comme celle du Cheval. Sa couleur générale est le fauve gris. Les deux sexes sont armés de cornes. Cet animal assez rare habite les montagnes au nord du Cap.

ANTIMOINE. s. m. (lat. *antimonium*). T. Chim.

Enc. — L'*Ant.* est un corps simple qui appartient à la classe des métaux. Il est solide, cristallisé en larges lames, et d'un blanc grisâtre lorsqu'il est impur; quand il est pur, sa structure est fine et grenue, sa couleur blanc bleuâtre, et il possède un éclat métallique très-vif. Il est cassant, fragile, et se laisse très-facilement pulvériser. Sa densité varie entre 6,71 et 6,86. Lorsqu'on le frotte, et surtout lorsqu'on le réduit en vapeur, il exhale une odeur qui a quelque analogie avec celle de la graisse. Il entre en fusion à 480° environ, et se volatilise à la chaleur blanche. Lorsqu'on le fond à l'abri du contact de l'air, et qu'on le laisse refroidir lentement, les cristaux de sa surface présentent l'aspect de feuilles de fougère. A la température ordinaire, l'air sec n'exerce presque pas d'action sur lui; l'air humide le ternit. Quand on le chauffe fortement au contact de l'air, il se combine avec l'oxygène de l'atmosphère, et brûle en répandant des vapeurs blanches formées d'oxyde d'ant., qui se condensent en poudre blanche connue sous le nom de *fleurs argentines d'ant.* L'ant. ne décompose l'eau qu'à la chaleur rouge. Il a beaucoup d'affinité pour le chlore : ainsi, quand on le projette en poudre dans ce gaz, il s'y enflamme à la température ordinaire, et se convertit en protochlorure et en perchlorure d'ant. Le soufre, le phosphore et l'arsenic peuvent également se combiner avec lui. En outre, il s'allie avec une extrême facilité à divers métaux, et forme avec eux des alliages fusibles, durs et cassants, fort usités dans certaines industries. En général, les acides oxydent l'ant. sans le dissoudre; l'eau régale est le seul acide qui le dissolve aisément, et en même temps elle le transforme en acide antimonique. — La formule de l'ant. est Sb (*Stibium*) = 1612,90.

L'ant. peut se combiner avec l'oxygène en trois proportions différentes : ces composés constituent l'oxyde d'ant., l'acide antimonieux et l'acide antimonique. — *L'oxyde d'ant.* est une poudre blanche, peu soluble dans l'eau, et se réduisant facilement par le charbon. Lorsqu'on porte sa température à 400° environ, et qu'on y met le feu, il brûle comme de l'amadou et se transforme en acide antimonieux. On l'obtient en décomposant le chlorure d'ant. par une dissolution bouillante de carbonate de potasse. Il forme avec les acides des sels peu stables dans lesquels il joue le rôle de base, et avec les alcalis d'autres sels (*hypo-antimonites*) dans lesquels il joue le rôle d'acide.

L'*Acide antimonieux* est en poudre blanche, qui devient jaune quand on la chauffe, qui est insoluble dans l'eau, et qui est infusible et fixe. A l'état d'hydrate, il rougit le papier de tournesol. L'acide chlorhydrique est le seul acide qui le dissolve. Il s'unit très-bien aux bases avec lesquelles il forme des sels appelés *antimonites*. On le prépare en traitant l'ant. pulvérisé par l'acide nitrique, et en évaporant jusqu'à siccité. Pour l'obtenir à l'état d'hydrate, forme sous laquelle il convient le mieux aux usages médicinaux, on décompose l'antimonite de potasse par un excès d'acide chlorhydrique.

Acide antimonique. — A l'état anhydre, il est sous forme de poudre blanche jaunâtre, insoluble dans l'eau, soluble dans une dissolution d'hydrate de potasse bouillante. Lorsqu'on le chauffe, il se décompose en acide antimonieux et en oxygène. On l'obtient en faisant dissoudre l'ant. dans l'eau régale, en évaporant à siccité et en traitant le résidu par l'acide nitrique. — L'acide antimonique hydraté est également en poudre blanche. Lorsqu'on le chauffe, il donne d'abord de l'eau, puis de l'oxygène, et l'on a pour résidu de l'acide antimonieux. On le prépare en décomposant l'antimoniate de potasse par l'acide nitrique. L'acide antimonique est soluble comme le précédent dans l'acide chlorhydrique, et s'unit aux bases avec lesquelles il forme des sels connus sous le nom d'*antimoniates*.

Ant. diaphorétique. — Ce corps, improprement appelé *oxyde blanc d'ant.*, est une combinaison d'oxyde d'ant. et de potasse dont la composition varie extraordinairement, suivant que l'ant. s'oxyde plus ou moins aux dépens du nitrate de potasse qui sert à le préparer. Pour l'obtenir, on jette dans un creuset, préalablement porté au rouge, un mélange composé de 1 p. d'ant. pur et de 2 p. de nitrate de potasse, et en chauffant pendant une demi-heure. Le produit qui en résulte s'appelait autrefois *ant. diaphorétique non lavé*. En traitant ce produit par une certaine quantité d'eau, une partie se dissout, et le reste, qui est insoluble, constitue l'*ant. diaphorétique lavé*. Lorsqu'on verse un acide dans la solution aqueuse précédente, il s'en précipite une poudre blanche qui est le *magistère d'ant.*, appelé encore *céruse d'ant.* et *matière perlée de Kerkringius*.

Sulfures d'ant. — Il existe plusieurs sulfures d'ant., dont un seul, le protosulfure ou sulfite antimonique, mérite d'être examiné ici. Ce sulfure correspond au protoxyde. On le trouve dans le commerce en pains qui ont la forme d'un cône tronqué. Il se cristallise en longues aiguilles; sa couleur est grise. En masse, il présente l'éclat métallique; en poudre, il est presque noir. Sa densité varie entre 4,3 et 4,6. Il fond facilement; chauffé au contact de l'air, il se décompose en acide sulfureux et en oxyde d'ant. Il est insoluble dans l'eau; mais il peut se combiner avec elle et former un sulfure hydraté couleur de feu. Lorsqu'on le dissout dans l'acide chlorhydrique, il laisse dégager de l'acide sulfhydrique pur. Pour les usages thérapeutiques, on prépare le protosulfure en chauffant du soufre avec de l'ant. ou avec de l'oxyde d'ant. — Le sulfure sert à préparer plusieurs composés particuliers qui sont formés d'oxyde et de sulfure d'ant., et qui sont connus sous les noms de *Foie d'ant.*, *Verre d'ant.*, *Kermès minéral* et *Soufre doré d'ant.* — Le *Foie d'ant.*, appelé encore *Crocus metallorum*, c.-à-d. *Safran des métaux*, contient environ 3 p. d'oxyde pour 1 de sulfure. C'est une substance d'un brun noir, à éclat presque métallique, à cassure subvitreuse et donnant une poudre d'un brun foncé. On l'obtient en grillant le sulfure d'ant. jusqu'à ce qu'il soit réduit en poudre grise, et en le fondant. — Lorsqu'on pousse le grillage plus avant, qu'ensuite on fond la masse et qu'on la coule, on obtient des plaques vitreuses demi-transparentes, d'un rouge hyacinthe foncé, qui constituent le *verre d'ant.* Il renferme beaucoup d'oxyde et un peu d'oxysulfure : en outre, il contient toujours de la silice et de l'oxyde de fer qu'il a enlevés au creuset pendant la fusion. — Le *Kermès minéral* (*oxysulfure d'ant. hydraté; sulfure d'ant. hydraté; hydrosulfate d'ant.; poudre des chartreux*, etc.) a été découvert par Glauber. Un chartreux ayant guéri par ce moyen un moine de son couvent, cette cure fit du bruit, et le gouvernement français acheta, en 1720, la recette du kermès au chirurgien La Ligerie, à qui elle avait été communiquée. — La composition du kermès n'est pas bien connue : il paraît d'ailleurs qu'elle diffère suivant la méthode employée pour l'obtenir. Le procédé généralement usité par les pharmaciens est connu sous le nom de procédé de Clusel. Il consiste à faire bouillir dans 256 p. d'eau de rivière, 1 p. de sulfure d'ant. et 22 p. de carbonate de soude cristallisé. Le kermès obtenu est velouté, d'un rouge pourpre foncé, et dans un état de division extrême. Cependant quelques auteurs préfèrent le procédé primitif, et repoussent toute modification à ce procédé, par ce motif assez plausible qu'en thérapeutique c'est une témérité impardonnable que d'altérer en rien le mode de préparation d'un médicament éprouvé par de nombreux succès. Dans le procédé ancien, on chauffe ensemble 4 p. de sulfure d'ant. réduit en poudre très-fine, 8 p. d'eau et 1 p. de carbonate de potasse. Après quelque temps d'ébullition, on filtre la liqueur bouillante et on la reçoit dans un vase chauffé d'avance avec de l'eau également bouillante. On obtient ainsi une liqueur limpide, à peine colorée, abandonnant par le refroidissement une matière floconneuse d'un rouge brun, qui est le kermès. Après le refroidissement complet, on recueille cette matière sur un filtre convenable par une nouvelle filtration, on la lave avec de l'eau froide, et on la dessèche à l'ombre. — Le *Soufre doré* (*hydrosulfate sulfuré d'ant.; polysulfure d'ant. hydraté*, etc.) forme une poudre jaune-orangé, inodore et insipide, qui s'obtient en précipitant les eaux-mères du kermès par un acide.

Chlorures d'ant. — Le chlore forme avec l'ant. trois combinaisons qui correspondent par leur composition aux oxydes de ce métal. Le protochlorure, appelé aussi *Beurre d'ant.*, est le seul employé en médecine. Il est solide, blanc, et présente un aspect gras demi-transparent; sa saveur est acide et très-caustique. Il est déliquescent à l'air et très-soluble dans l'eau. Lorsqu'on le traite par 40 fois son poids de ce liquide, il se forme un précipité blanc, connu sous le nom de *Poudre d'Algaroth*, qui est un oxychlorure d'ant. Exposé à la chaleur, le beurre d'ant. se vaporise et distille complétement sans s'altérer. Le chlorure d'ant. se prépare aujourd'hui en traitant le sulfure d'ant. par l'acide chlorhydrique. Il se forme de l'acide sulfhydrique et du chlorure d'ant. qui reste dissous : on concentre la liqueur et on la distille pour obtenir le protochlorure.

Tartre stibié. — Parmi les sels dans la composition desquels entre l'ant., soit comme acide, soit comme base, le seul qui mérite de nous occuper est le tartre stibié, appelé encore *tartrate antimonié de potasse*, mais plus connu sous le nom d'*Émétique*. La découverte de ce précieux agent thérapeutique remonte à 1631 : elle est due au docteur Adrien Mynsicht. L'émétique est un sel double composé de tartrate neutre de potasse et de tartrate basique d'ant., dans lequel l'oxygène de l'oxyde d'ant. est triple de celui de la potasse, chacune des bases étant unie à une même quantité d'acide tartrique. Il contient en outre deux proportions d'eau. Le tartrate d'ant. et de potasse est blanc. Il cristallise en prismes rectangulaires, transparents, qui deviennent opaques à l'air. Sa saveur est légèrement sucrée, et laisse un arrière-goût styptique et nauséabond. Lorsqu'on en met une petite quantité sur un charbon allumé, il dégage une odeur de caramel; et quand on le chauffe à la flamme du chalumeau, on obtient un petit culot métallique blanc et cassant. Sa réaction est acide; il est soluble dans 15 p. d'eau froide ou dans 2 p. d'eau bouillante. Les acides nitrique, sulfurique et chlorhydrique troublent sa dissolution. Le fer, le zinc, l'étain, le cuivre, en précipitent l'ant. sous la forme d'une poudre grise, qui s'enflamme spontanément à l'air une fois qu'elle a été desséchée au feu. Le tannin et les plantes astringentes qui en renferment, le quinquina par ex., y produisent un précipité blanc d'oxyde d'ant. insoluble. C'est sur cette propriété qu'est fondé l'emploi des solutions astringentes dans les cas d'empoisonnement par l'émétique. Le tartre stibié se prépare de plusieurs manières; mais le meilleur procédé consiste à broyer ensemble 3 p. d'oxyde d'ant. pur et 4 p. de crème de tartre, en y ajoutant assez d'eau pour former une bouillie liquide. On évapore ensuite le mélange à 60°; enfin on le redissout dans 15 p. d'eau froide, on le fait bouillir pendant une demi-heure et on filtre la liqueur encore bouillante pour la faire cristalliser.

Le gaz *hydrogène antimonié* (*hydrure d'ant.*) ne saurait être passé sous silence. C'est un gaz incolore et inodore qui a été découvert il y a quelques années par Pfaff à l'occasion de travaux entrepris pour rechercher l'arsenic au moyen de l'appareil de Marsh. Comme son étude est surtout importante pour la solution des questions médico-légales concernant l'empoisonnement par l'arsenic, c'est au mot ARSENIC que nous parlerons de ce produit gazeux.

Les *usages industriels* de l'ant. sont peu étendus : on l'emploie principalement pour faire l'alliage des caractères d'imprimerie, des planches à graver la musique, des timbres et miroirs métalliques. Il entre aussi dans les alliages de peu de valeur que l'on coule sous forme de couverts, et dans ceux que les faussaires emploient pour fabriquer la fausse monnaie. (Voy. PLOMB et ÉTAIN.) Le protochlorure d'ant. sert encore à bronzer les métaux. Enfin les femmes en Orient font usage de la poudre du sulfure d'ant., appelée *Kohl* en arabe, pour se teindre les sourcils en noir. Cette coutume, du reste, existait aussi chez les Grecs et chez les Romains; de là le nom de *platyophthalmon* (grand œil) qu'il portait anciennement.

Usages thérapeutiques. — Toutes les préparations antimoniales exercent sur l'économie animale une action analogue; seulement leur énergie paraît être généralement en rapport avec leur degré de solubilité. Appliquées topiquement sur la peau ou sur les muqueuses, elles y déterminent une inflammation plus ou moins vive. Ingérées dans l'estomac à dose convenable, dose qui varie selon le choix du médicament, elles provoquent le vomissement, et souvent même produisent un effet purgatif. Administrées à haute dose et avec certaines précautions, elles sont absorbées, et, au lieu d'agir comme vomitifs ou purgatifs, elles exercent sur la circulation et la respiration une action sédative des plus remarquables qui sera étudiée à l'art. CONTRO-STIMULISME. Enfin, dans certains cas, employés à petites doses de façon à ce qu'ils soient absorbés, les antimoniaux augmentent l'activité de la plupart des sécrétions, effet qui paraît se rattacher à la modification de la circulation générale. — L'ant. métallique possède les mêmes propriétés sédatives émétiques et irritantes que les autres antimoniaux. On en faisait autrefois de petites balles que l'on avalait et que l'on rendait par les selles à peu près telles qu'on les avait prises. Elles pouvaient ainsi servir un grand nombre de fois; aussi les appelait-on *pilules perpétuelles*. L'ant. servait encore à fabriquer des gobelets, dans lesquels on laissait séjourner du vin blanc qui acquérait ainsi une propriété purgative. En le mêlant avec 2 p. d'axonge, Trousseau a obtenu une pommade antimoniale qui agit comme la pommade d'Autenrieth. — L'oxyde d'ant., l'acide antimonieux et l'acide antimonique sont, d'après Trousseau, celles de toutes les préparations antimoniales qui agissent avec le plus d'avantage comme antiphlogistiques ou contro-stimulantes. Cependant ces oxydes sont rarement employés purs : on leur substitue habituellement, sous le nom d'*oxyde blanc d'ant.*, l'ant. diaphorétique lavé, qui est un médicament des plus infidèles à cause de l'inconstance extrême de sa composition. — Le sulfure d'ant., le soufre doré et surtout le kermès s'emploient fréquemment comme contro-stimulants, en poudre, en pilules, en tablettes ou en potions. Ils sont aussi très-usités comme expectorants, dans les catarrhes aigus et chroniques, dans les coqueluches, et à la fin des pneumonies. Le sulfure d'antimoine entre dans la préparation de la *tisane de Feltz*, et le soufre doré dans la composition des *pilules dépuratives de Plummer*. Le verre d'ant. servait autrefois à la préparation d'un vin émétique. Quant au foie d'ant. il n'est plus employé qu'en médecine vétérinaire; on l'administre aux chevaux comme vermifuge et purgatif. — Le chlorure d'ant. est un caustique qui agit avec énergie et promptitude. On s'en sert pour cautériser les morsures des animaux enragés et des serpents venimeux. C'est uniquement sous forme liquide qu'on l'emploie. — La poudre d'algaroth n'est plus usitée aujourd'hui en médecine. — L'ant. stibié est l'un des plus précieux agents de la thérapeutique. Comme topique, on l'emploie sous forme de pommade (*pommade d'Autenrieth*), ou en poudre sur un emplâtre de poix de Bourgogne, pour exercer une action dérivative vers la peau. Il détermine sur cette membrane une éruption de pustules qui ont beaucoup d'analogie avec celles de la variole et du vaccin. L'émétique est de tous les antimoniaux celui qui possède les propriétés vomitives au plus haut degré. On s'en sert aussi très-souvent comme purgatif, et il est la base d'une foule de préparations pharmaceutiques, entre autres de l'*eau bénite*, l'un des purgatifs dont se compose le traitement de la colique des peintres dit de la Charité, et du vin antimonié (*vin émétique*) employé ordinairement comme diaphorétique.

L'ant. était connu des anciens : les Grecs le nommaient στιμμί (*stimmi*), et les Romains *stibium*; mais ils confondaient sous la même dénomination l'ant. natif et son sulfure. Au moyen âge, l'ant. fut l'objet de recherches multipliées de la part des alchimistes. L'extrême importance que ce métal avait à leurs yeux lui valut le nom de *régule* (petit roi), et l'espèce d'avidité avec laquelle il semble dévorer les métaux pour s'allier avec eux, lui valut celui de *lupus metallorum, loup dévorant des métaux*. On doit au moine Basile Valentin (XVe siècle) un procédé pour extraire l'ant. métallique de son sulfure, et il fut le premier qui conseilla l'usage des préparations antimoniales à l'intérieur. On prétend que l'ayant administré à des moines de son couvent, ces religieux périrent tous et que c'est de là que le stibium a pris le nom d'ant., c.-à-d. contraire aux moines : mais ce récit est tout à fait dénué de fondement. Au reste, les préparations antimoniales et surtout l'émétique ne sont pas entrés dans le domaine de la thérapeutique, sans avoir eu bien des préjugés à vaincre et bien des obstacles à surmonter. Au XVIIe siècle, il fut la cause d'une guerre des plus violentes parmi les médecins : le nom du spirituel Gui-Patin, l'un des adversaires les plus acharnés de l'ant., est connu de tout le monde. Le parlement lui-même s'émut et prononça contre l'émétique un arrêt solennel de proscription, qui ne put empêcher l'emploi des préparations antimoniales, attendu qu'elles doivent être rangées parmi les plus utiles agents de la matière médicale.

Minér. — L'*Ant.* se rencontre dans la nature sous des formes excessivement variées : ainsi on le trouve, 1° à l'état natif et à l'état de mélange avec l'arsenic (Chalanches en Dauphiné); 2° à l'état d'oxyde : il porte alors le nom d'*Antimonoxyde* et se divise en deux espèces; l'une, *Exitèle*, est de l'oxyde d'ant., et l'autre, *Stibiconise*, est de l'acide antimonieux; 3° à l'état d'*Antimoniure d'argent* : ce minerai a reçu le nom de *Discrase* et d'*Argent antimonial*; on le rencontre dans les mines d'argent arsénifère, par ex. à Allemont dans l'Isère; 4° à l'état de *Sulfo-antimoniure d'argent* et de *Sulfo-antimoniure de nickel* (*Antimonnickel* de Beudant); 5° à l'état de sulfure simple (*Stibine*), ou de sulfure multiple, c'est-à-dire combiné avec le plomb, le cuivre, le fer, le zinc, l'argent, l'arsenic; 6° enfin à l'état de sulfure combiné avec l'oxyde d'ant. (*Kermès minéral*, *Hypantimonite* de Beudant). — Parmi les minerais qui contiennent de l'ant., on n'exploite que les sulfures. La *Stibine* (sulfure d'ant.) et l'*Haïdingérite* (sulfure d'ant., de fer et de zinc) qui se rencontrent, la première dans les départements de l'Ardèche, du Gard, de la Lozère, de la Haute-Loire, du Puy-de-Dôme et du Cantal, la seconde, près du village de Chazelles, en Auvergne, nous fournissent l'ant. nécessaire à l'industrie et à la médecine. Quant aux autres minerais qui contiennent de l'ant., tels que l'*Argyrithrose*, la *Psaturose* et la *Polybasite* qui renferment en même temps une forte proportion d'argent, c'est uniquement pour obtenir ce dernier métal qu'on les exploite. Il en est de même des minerais cuprifères et plombifères où l'on trouve de l'ant.; si on les exploite, c'est pour en extraire le plomb ou le cuivre.

ANTIMONIAL, ALE. adj. T. Min. et Phar. Qui contient de l'antimoine; qui est combiné avec de l'antimoine. *Préparations antimoniales. Argent ant.*

***ANTIMONIATE.** s. m. T. Chim. Voy. ANTIMOINE.

ANTIMONIÉ, ÉE. adj. T. Chim. et Min. Qui est combiné avec l'antimoine. *Hydrogène ant. Argent ant.*

* **ANTIMONIEUX** et * **ANTIMONIQUE.** adj. m. T. Chim.

* **ANTIMONITE.** * **ANTIMONIURE.** * **ANTIMONNICKEL.** * **ANTIMONOXYDE.** Substantifs masculins. T. Chim. et Min. Voy. ANTIMOINE.

ANTINOMIE. s. f. (gr. ἀντὶ, contre; νόμος, loi). Contradiction réelle ou apparente entre deux lois. *Concilier des antinomies.* || *T. Philos. Dans le système philosophique de Kant, on appelle ainsi une Contradiction naturelle et inévitable qui résulterait, non d'un raisonnement vicieux, mais des lois mêmes de la raison.

ANTIPAPE. s. m. (gr. ἀντὶ; πάππας, père). Celui qui prétend se faire reconnaître souverain Pontife au préjudice d'un pape légitimement et canoniquement élu. Voy. PAPE et SCHISME.

ANTIPATHIE. s. f. (gr. ἀντὶ; πάθος, affection). Sentiment intinctif de répulsion qu'on éprouve pour quelqu'un, pour quelque chose. Se dit Des personnes et des animaux. *J'ai une ant. invincible pour cet homme-là. Il a de l'ant. pour la musique. Il y a ant. entre ces deux espèces d'animaux.* — * *Mon estomac a de l'ant. pour cet aliment.* || S'emploie encore en parlant Des choses inanimées. *L'eau et l'huile ont de l'ant. et ne se mêlent ensemble que difficilement. Il y a ant. entre ces couleurs.*

Syn. — *Aversion*, *Eloignement*, *Répugnance.* — Les termes *Ant.*, *éloignement*, *répugnance*, désignent divers degrés d'incompatibilité, de répulsion non raisonnée pour certaines personnes ou certaines choses. *Ant.* se dit plutôt en parlant des personnes, et *répugnance* en parlant des choses, surtout de celles qui affectent les sens du goût, de l'odorat et de la vue. Le mot *éloignement* se dit indifféremment des êtres animés ou inanimés; mais il indique un degré de répulsion moins prononcé. *Aversion* se prend quelquefois dans le même sens qu'*ant.*; il désigne alors un sentiment de répulsion porté à son plus haut degré d'énergie; mais on l'emploie souvent pour exprimer un sentiment motivé et raisonné qui nous porte à éviter la personne ou la chose qui en est l'objet : dans cette dernière acception, il se rapproche des mots *haine* et *inimitié*.

ANTIPATHIQUE. adj. 2 g. Qui est opposé; qui cause de la répulsion. *Ces deux personnes ont des caractères, des idées antipathiques. Cet homme m'est ant.*

* **ANTIPÉRIODIQUE.** adj. 2 g. et s. m. (gr. ἀντὶ, περιοδικὸς, périodique). T. Méd. Se dit Des médicaments qu'on emploie pour arrêter les accès des maladies dites périodiques ou intermittentes. Voy. FÉBRIFUGE.

ANTIPÉRISTALTIQUE. adj. 2 g. (gr. ἀντὶ; περισταλτικὸς, contractile). T. Physiol. Voy. PÉRISTALTIQUE.

ANTIPÉRISTASE. s. f. (gr. ἀντιπερίστασις). Quelques philosophes grecs entendaient par ce mot l'Action de deux qualités contraires, dont l'une, disaient-ils, augmentait l'énergie de l'autre. C'est ainsi, par exemple, que, suivant eux, le feu est plus ardent l'hiver que l'été.

ANTIPESTILENTIEL, ELLE. adj. (gr. ἀντὶ, contre; lat. *pestis*, peste). T. Méd. Se dit Des moyens préservatifs ou curatifs de la peste.

ANTIPHILOSOPHIQUE. adj. 2 g. (gr. ἀντὶ; φιλοσοφία, philosophie). Opposé à la philosophie. *Maximes antiphilosophiques.*

* **ANTIPHLOGISTIQUE.** adj. 2 g. (gr. ἀντὶ; φλογιστὸς, inflammable). T. Méd. S'emploie pour désigner La méthode de traitement et les moyens thérapeutiques usités contre l'inflammation. *Médication ant. L'abstinence est le plus puissant des moyens antiphlogistiques.* Voy. INFLAMMATION.

ANTIPHONAIRE ou **ANTIPHONIER.** s. m. Voy. ANTIENNE.

ANTIPHRASE. s. f. (gr. ἀντί; φράζω, je parle). Figure par laquelle on emploie un mot, une locution, une phrase dans un sens contraire à sa véritable signification, à sa signification ordinaire. *Cela est dit par ant.*

Syn. — *Contre-vérité*, *Euphémisme.* — Dans l'*Ant.*, on fait entendre un sens diamétralement opposé au sens naturel de la phrase qu'on emploie : c'est ainsi qu'en parlant d'un fripon, on dit : *c'est un honnête homme.* Dans la *contre-vérité*, on feint de penser autrement qu'on ne pense en réalité : c'est ainsi qu'on remercie avec une extrême politesse quelqu'un qui vous a rendu un mauvais office. L'*euphémisme* consiste à déguiser sous une expression gracieuse ce qu'il serait pénible de désigner par son nom véritable. C'est par euphémisme qu'on dit : *il a vécu*, au lieu de, *il est mort*; et que les Grecs donnaient aux Furies le nom d'*Euménides*, qui signifie *bienveillantes*.

* **ANTIPHYSIQUE.** adj. 2 g. (gr. ἀντὶ; φύσις, nature). Qui est contraire à la nature.

ANTIPODE. s. m. (gr. ἀντὶ; ποῦς, ποδὸς, pied). Celui qui habite dans un lieu de la terre que l'on considère par rapport à un autre lieu diamétralement opposé. S'emploie ordin. au plur. ; *Les antipodes. Ces peuples sont nos antipodes.* || Par ext., se dit Des lieux. *Tel pays est l'ant.* ou *est ant. de tel autre. Les antipodes de Paris. Aller aux antipodes.* || Prov. et fam., on dit : *Je voudrais que cet homme fût aux antipodes*, Je voudrais qu'il fût bien loin. || Fig. et fam., *Ce sont les antipodes*, se dit de Deux personnes, de deux choses, entre lesquelles il existe une opposition complète.—*Cet homme est l'ant. du bon sens*, Il déraisonne en tout ce qu'il dit.

Enc. — On rencontre le terme *Ant.* chez différents auteurs anciens tels que Pline, Pomponius Mela, Manilius, etc.; mais ils ne l'entendaient pas dans le même sens que nous. Ils désignaient sous ce nom les peuples que l'on appelait autrement *Antisciens.* — Les pays qui sont sur des parallèles à l'équateur, à un égal éloignement de ce cercle, les uns au midi, les autres au nord, et qui sont sous le même méridien, à la distance les uns des autres de 180°, c'est-à-dire de la moitié de ce méridien, sont *antipodes* les uns des autres, car leurs habitants ont effectivement les pieds diamétralement opposés. Les antipodes de Paris sont dans le Grand Océan, au sud-est de la Nouvelle-Zélande. — Les antipodes éprouvent à peu près les mêmes degrés de chaleur et de froid, en tant du moins que la température dépend de la latitude, et ils ont des jours et des nuits d'une égale grandeur; mais ils subissent les variations de température et de durée des jours en des temps opposés. Ainsi, quand il est midi pour l'un des antipodes, il est minuit pour l'autre; et lorsque les jours ont atteint leur plus grand accroissement pour l'un, ils sont pour l'autre au point le plus court de leur durée.

ANTIPSORIQUE. adj. 2 g. (gr. ἀντὶ; ψώρα, gale). T. Méd. Se dit des Remèdes usités contre la gale. *Pommade ant.* || S'emploie substant. *Il faut essayer des antipsoriques.*

ANTIPUTRIDE. adj. 2 g. et s. m. (gr. ἀντὶ; lat. *putridus*, pourri). Même signification qu'*Antiseptique.* Voy. ce mot.

ANTIQUAILLE. s. f. Se dit fam. et ironiq. pour désigner Une chose antique de peu de valeur. *C'est un chercheur d'antiquailles.* || S'emploie aussi en parlant De ce qui est vieux, usé, passé de mode. *Ces meubles sont des antiquailles.* Voy. ce mot.

ANTIQUAIRE. s. m. Celui qui est versé dans la connaissance des monuments antiques, tels que statues, médailles, inscriptions, etc. *C'est un de nos plus savants antiquaires.* — Aujourd'hui on emploie plus ordin. le terme *Archéologue.*

Enc. — Les Romains donnaient le nom d'*Ant.* (*antiquarius*) aux individus qui, dans leur langage ou dans leurs écrits, affectaient l'emploi des archaïsmes et des mots tombés en désuétude. Toutefois, ce terme servait surtout à désigner les copistes de bibliothèques, les gens qui transcrivaient les anciens manuscrits.

ANTIQUE. adj. 2 g. (lat. *antiquus*). Fort ancien, qui subsiste depuis un temps très-reculé. *Monument, palais, statue, vase ant. Médaille ant. Usage ant.* || *Cet ouvrage est d'une beauté, d'une majesté, d'une simplicité ant.*, Est d'une beauté, etc., comparable à celle des ouvrages des anciens. — *C'est un homme d'une vertu, d'une probité ant.*, D'une vertu, etc., digne des anciens. || Se dit Des choses dont l'usage, le goût ou la mode sont passés depuis longtemps. *Meuble, tapisserie ant. Cet habit est un peu ant.* || Fig., se dit iron. Des personnes avancées en âge. *Il a l'air ant. C'est une beauté ant.* = ANTIQUE. s. m. Ce qui nous reste des chefs-d'œuvre de l'art ancien. Se dit proprement Des ouvrages des Grecs et des Romains de l'époque classique. *Beau comme l'ant. Étudier, copier l'ant. Dessiner d'après l'ant.* = ANTIQUE. s. f. Se dit Des médailles, statues, pierres gravées, vases, armes, etc., qui nous viennent des peuples anciens. *Voilà une ant. très-curieuse. Le cabinet des antiques.* = A L'ANTIQUE. loc. adv. A la manière antique. *Fait à l'ant. Habit, meuble à l'ant.* = Syn. Voy. ANCIEN.

ANTIQUITÉ. s. f. Ancienneté reculée. *Temple vénérable par son ant. Cette maison est illustre par sa noblesse et son ant. L'ant. d'une ville, d'un peuple.* || Se dit Des siècles, des temps fort éloignés de nous. *Les héros, les sages de l'ant. Les traces, les vestiges de l'ant. L'origine de cet usage se perd dans les ténèbres de l'ant.* || En parlant Des hommes qui ont vécu dans les siècles fort éloignés du nôtre, on dit : *L'ant. a cru*, c.-à-d. Les anciens ont cru. *Vous ne verrez rien de pareil dans toute l'ant.*, Chez les anciens. || Monuments des arts qui nous restent des anciens. *Voilà une belle ant.* On dit au plur. : *Les antiquités de Rome, d'Athènes, de l'Égypte.* || Science de tout ce qui concerne l'homme dans les temps anciens, à l'exception des événements politiques qui constituent le domaine spécial de l'histoire. *Terme d'ant. L'ant. grecque. L'ant. égyptienne. L'ant. hébraïque, etc.* Voy. ARCHÉOLOGIE.

* **ANTIRELIGIEUX, EUSE.** adj. (gr. ἀντὶ, contre; lat. *religio*, religion). Qui est opposé à la religion.

* **ANTIRRHÆA.** s. m. T. Bot. Voy. CINCHONACÉES.

ANTISCIENS. s. m. pl. (gr. ἀντὶ, à l'opposé; σκιὰ, ombre). T. Géog.

Enc. — Les anciens géographes désignaient par ce nom les peuples qui habitent sous la même longitude, mais de chaque côté de l'équateur, parce que, à midi, les ombres des habitants tombent dans des directions opposées. Ainsi les habitants des zones tempérées nord et sud sont toujours ant.; quant aux peuples qui vivent dans les régions intertropicales, ils sont ant. dans une saison, et ne le sont pas dans l'autre.

ANTISCORBUTIQUE. adj. 2 g. (gr. ἀντὶ; lat. *scorbutus*). T. Méd. Qui s'emploie contre le scorbut. *Sirop, vin ant.* || Se prend subst. *Les principaux antiscorbutiques sont fournis par la famille des crucifères.*

* **ANTISCROFULEUX, EUSE.** adj. (gr. ἀντὶ; lat. *scrofulæ*, écrouelles). T. Méd. Se dit Des remèdes usités contre les scrofules. || S'emploie subst. *L'iode est l'ant. par excellence.*

ANTISEPTIQUE. adj. 2 g. et s. m. [On pron. *anticeptique.*] (gr. ἀντὶ; σηπτικὸς, putréfiant). T. Méd.

Enc. — Lorsque la vie vient d'abandonner un corps organisé, ce corps retombe aussitôt sous l'empire des lois physico-chimiques : il se décompose et se dissout plus ou moins promptement en ses éléments constitutifs. Cette décomposition a reçu le nom spécial de putréfaction, et les substances qui empêchent la putréfaction ou arrêtent ses progrès ont été pour cela nommées *Antiputrides* ou *Antiseptiques.* Les antiseptiques appliqués aux êtres privés de vie agissent en les soustrayant à l'action des agents atmosphériques, en leur enlevant leur humidité, qui est la cause la plus active de la putréfaction, en se combinant avec les tissus de manière à modifier leur composition. — Au point de vue thérapeutique, on appelle antiseptiques tous les agents médicamenteux qui, employés soit à l'intérieur, soit à l'extérieur, sont capables de réveiller l'action vitale dans les parties menacées de décomposition, ou de détruire l'influence délétère que les parties frappées de mortification exercent sur les parties restées saines. Les agents le plus ordin. usités dans ce cas à l'intérieur sont les acides, les astringents, les toniques et certains excitants. Les acides et les astringents sont aussi employés topiquement; mais, de plus, on a fort souvent recours à l'action absorbante du charbon et du chlorure de chaux. Aux articles CONSERVE, EMBAUMEMENT et GANGRÈNE, il sera parlé de l'emploi et des applications des principaux moyens propres à empêcher la putréfaction, et des antiseptiques médicaux proprement dits.

ANTISOCIAL, ALE. adj. [On pron. fortement l'S.] (gr. ἀντὶ; lat. *socialis*, social). Contraire aux lois de la société; qui tend à la subversion de l'ordre social. *Principes antisociaux. Doctrine antisociale.*

ANTISPASMODIQUE. adj. 2 g. et s. m. (gr. ἀντὶ; σπασμὸς, spasme). T. Méd.

Enc. — On donne le nom d'*Antispasmodiques* à une classe de médicaments qui jouissent de la propriété spécifique de modifier heureusement certains troubles de l'innervation, et cela d'une manière directe, sans produire d'effet intermédiaire appréciable. L'action des antispasmodiques se manifeste en gén. promptement; mais elle est peu durable. Ils réussissent ordinairement d'autant mieux, que le sujet est dans un état de faiblesse et d'irritabilité plus grandes, et que l'état spasmodique est pur, c.-à-d. n'est compliqué d'aucun autre élément morbide. Néanmoins ces médicaments sont souvent fort utiles dans le cas où une affection quelconque s'accompagne de spasmes. — Tout agent thérapeutique qui détermine la cessation d'un état spasmodique ne doit pas être considéré comme ant.; car à ce compte, la saignée, les vomitifs, les purgatifs et tous les moyens que possède la thérapeutique, mériteraient ce nom : il faut distinguer le cas où le médicament combat directement le spasme, et celui où il s'attaque à la cause qui a déterminé ce dernier. — Au reste, les effets des antispasmodiques vrais sont excessivement variables; ainsi, par ex., toutes les circonstances paraissant d'ailleurs identiques, on voit l'éther calmer les spasmes chez une personne, et les augmenter ou même les déterminer chez une autre.

La science ne sait absolument rien sur le mode d'action des antispasmodiques, à l'exception peut-être de celui de l'éther (V. ce mot). Il a donc jusqu'à ce jour été impossible de les classer au point de vue physiologique. Toutefois, dans les traités de matière médicale, afin de faciliter l'étude de ces agents, on a établi quelques groupes assez naturels. 1° Les éthers, que l'on nomme encore *antispasmodiques diffusibles*, à cause de la fugacité de leur action; 2° le camphre, ainsi que les plantes qui en contiennent, comme les sauges, les mélisses et la plupart des labiées; 3° les substances qui doivent leurs propriétés antispasmodiques à des principes volatils et à des résines. Ce groupe comprend la valériane, les gommes-résines fétides (assa-fœtida, gomme ammoniaque, etc.), le musc, le castoréum, l'ambre gris, etc.; 4° la quatrième section se compose de certaines feuilles ou fleurs aromatiques, comme les feuilles d'oranger, les fleurs de tilleul, etc. 5° Enfin, on place à la suite de ces antispasmodiques proprement dits, quelques substances tirées du règne minéral. Nous ne citerons que l'oxyde de zinc et le sous-nitrate de bismuth; mais, si ces agents calment les spasmes, c'est évidemment en déterminant une modification lente du système nerveux à la manière des altérants. Il serait donc plus rationnel de les ranger dans cette dernière classe de médicaments.

* **ANTISPASTE.** s. m. (gr. ἀντὶ; σπάω, je tire). T. Versif. grecque et latine. Pied composé de deux longues entre deux brèves; ex. : Mĕdūllōsă.

ANTISTROPHE. s. f. Voy. STROPHE.

ANTISYPHILITIQUE. adj. 2 g. et s. m. [On pron. *anticyphilitique.*] T. Méd. Même signif. qu'*Antivénérien.*

ANTITHÈSE. s. f. (gr. ἀντὶ; τίθημι, je pose). Figure de rhét. par laquelle l'écrivain ou l'orateur rapproche deux pensées ou deux expressions opposées, afin de faire ressortir l'une par l'autre. || * T. Philos. Voy. THÈSE.

Enc. — L'*Ant.* consiste essentiellement à exprimer dans une même période un rapport d'opposition soit entre des pensées, soit entre des termes, comme dans l'exemple suivant :

Il veut, il ne veut pas; il accorde, il refuse;
Il écoute la haine, il consulte l'amour;
Il promet, il rétracte : il condamne, il excuse;
Le même objet lui plaît et déplaît tour à tour.

Cette figure, qui repose sur l'emploi des contrastes si fréquent dans les arts, et auquel l'éloquence et la poésie ont souvent recours, plaît par ses rapprochements inattendus, surtout lorsqu'elle est amenée naturellement, et qu'on n'en fait pas abus. Les auteurs de l'antiquité et les bons auteurs modernes offrent une foule d'antithèses qui méritent d'être citées pour modèles. Les meilleures sont celles qui opposent les pensées aux pensées.

Triste amante des morts, elle *hait les vivants.* VOLT.

Je sentis tout mon corps et *transir* et *brûler.* RACINE.

Un *seul est frappé*, mais *tous sont délivrés;* Dieu frappe son *fils innocent* pour l'amour des *hommes coupables*, et pardonne aux *hommes coupables* pour l'amour de son *fils innocent.* BOSSUET.

ANTITHÉTIQUE. adj. 2 g. *Phrase ant.*, Qui présente une antithèse. — *Style ant.*, Qui abonde en antithèses.

* **ANTITROPE.** adj. 2 g. (gr. ἀντὶ; τρέπειν, tourner). T. Bot. Voy. GRAINE.

* **ANTITYPE.** s. m. (gr. ἀντὶ; τύπος, figure). T. Théol. Voy. TYPE.

ANTIVÉNÉRIEN, IENNE. adj. (gr. ἀντὶ; lat. *Venus, Veneris*, Vénus). T. Méd. Propre à guérir la maladie vénérienne. *Tisane antivénérienne.* || S'emploie subst. au masc. *De tous les antivénériens le mercure est celui qui compte le plus de succès.*

ANTIVERMINEUX, EUSE. adj. (gr. ἀντὶ; lat. *vermis*, ver). T. Méd. Se dit Des remèdes propres à tuer ou à expulser les vers intestinaux. || S'emploie subst. au masc. = Aujourd'hui on dit mieux, *Vermifuge* ou *Anthelmintique.*

* **ANTONINE.** s. f. T. Bot. Voy. ONAGRARIÉES.

ANTONOMASE. s. f. (gr. ἀντὶ, au lieu de; ὄνομα, nom).

Enc. — L'*Ant.* est une figure de rhétorique qui consiste soit à mettre un nom commun ou une périphrase à la place d'un nom propre, soit à substituer un nom propre à un nom commun ou à une périphrase. Ainsi, par ex., c'est par ant. que l'on dit : *L'Apôtre* pour *S. Paul; L'Orateur romain* pour *Cicéron; Le Père de la tragédie française* pour *Corneille; C'est un Néron*, pour *C'est un tyran cruel; C'est un Titus*, pour *C'est un prince bienfaisant*, etc. La seconde forme d'ant. est au reste bien moins fréquemment employée que la première.

ANTRE. s. m. (lat. *antrum*). Excavation souterraine naturelle. *Se cacher dans un antre. L'an. de la Sibylle. L'an. d'un lion.* || Fig., *C'est l'an. du lion*, C'est un lieu où il est dangereux d'entrer.

Syn. — *Caverne, Grotte.* — Les termes *caverne* et *grotte* sont parfaitement synonymes dans le langage scientifique. Ils désignent tous deux des excavations naturelles de dimensions et de formes diverses. Mais dans le langage ordinaire, ils offrent des différences faciles à déterminer. Le premier se dit constamment des cavités qu'on rencontre dans la nature, et dont l'aspect a quelque chose de grandiose ou d'effrayant; le second, au contraire, s'emploie en parlant des excavations dont l'aspect est agréable, et il se dit aussi bien des cavités qui se rencontrent dans la nature, que de celles qui sont entièrement dues au travail de l'homme. Le mot *caverne* est usité au propre et au figuré, et, dans le dernier cas, il se prend toujours en mauvaise part; tandis que *grotte* ne s'emploie qu'au propre et n'est jamais pris que dans un sens favorable. Quant au terme *an.*, qui sert également à désigner une excavation naturelle, il n'appartient pas au langage de la science. Il s'emploie en parlant d'un lieu propre à inspirer l'effroi : c'est pour cela qu'on dit l'*an.* de Cacus, et au figuré, l'*an.* de la Chicane.

ANTRUSTIONS. s. m. pl. T. Hist.

Enc. — Chez les Francs, les *Antrustions* étaient les *hommes du roi*; mais pour bien comprendre quelle classe d'individus est désignée par ce nom dans les formules de Marculfe, il est nécessaire de rechercher son origine. Tacite rapporte que, chez les Germains, chaque chef avait une troupe de gens ou de *compagnons* qui s'attachaient à sa personne et l'accompagnaient dans ses expéditions guerrières. Pour récompense du dévouement qu'ils lui portaient, il leur donnait le cheval du combat, le javelot dont ils étaient armés, et des repas grossiers, mais abondants. Cet usage se maintint en vigueur parmi les Francs jusqu'au temps où ils formèrent des établissements territoriaux dans les Gaules. Alors, les présents d'armes et de chevaux furent remplacés par des concessions de bénéfices, et aux *compagnons* du chef germain on vit succéder une nouvelle classe d'individus qui juraient à leur chef une *fidélité* absolue, c'est-à-dire *treue* ou *trust*, d'où on les appela *antrustions* ou *fidèles*. Les anciens historiens les désignaient aussi sous le nom de *Leudes*, et, plus tard, à l'époque de la constitution du régime féodal, nous les retrouvons sous les noms de *Vassaux* et de *Seigneurs*. Voy. FÉODALITÉ.

ANUITER (S'). v. pron. (R. *nuit*). S'exposer à être surpris en chemin par la nuit. *Si vous m'en croyez, ne vous anuitez pas.* = ANUITÉ, ÉE. part.

ANUS. s. m. [On pron. l'S.] (lat. *anus*). T. Anat.

Enc. — On appelle ainsi l'ouverture naturelle de l'intestin, par laquelle sortent les excréments, et qui s'ouvre tantôt directement à la surface externe du corps de l'animal, comme chez la plupart des Mammifères; tantôt dans une cavité nommée *Cloaque*, qui lui est commune avec les orifices excréteurs des organes génito-urinaires, comme chez la plupart des vertébrés ovipares; tantôt dans la cavité respiratoire, comme chez le plus grand nombre des Mollusques. — Chez l'homme, l'a. est situé à l'extrémité inférieure du tronc; il est essentiellement constitué par deux muscles circulaires appelés *sphincters*, qui servent à le maintenir fermé, et à empêcher l'issue continuelle et involontaire des matières contenues dans l'intestin. — Lorsqu'au lieu de s'ouvrir à sa place ordinaire, l'orifice anal s'ouvre dans tout autre point du corps, il est dit *a. contre-nature*. Ce dernier peut être *congénital* ou *accidentel*. L'a. contre-nature congénital est le résultat d'un vice de conformation; on l'a vu s'ouvrir à l'ombilic, dans la vessie, etc. L'a. accidentel peut succéder à une plaie pénétrante de l'abdomen qui a coupé l'intestin en totalité ou en partie, à un abcès, à la gangrène du sac d'une hernie, etc. — Enfin, on donne le nom d'*a. artificiel* à celui que les chirurgiens établissent, dans le cas d'imperforation du rectum, c.-à-d. lorsqu'il n'existe pas d'a. naturel.

ANXIÉTÉ. s. f. (gr. ἄγχω, je suffoque). Peine et tourment d'esprit; inquiétude extrême. *Il éprouve une grande an. d'esprit. Vivre dans l'an.* ‖ T. Méd. Sentiment de malaise avec constriction épigastrique, qui force le malade à changer sans cesse de position. =Syn. Voy. ANGOISSE.

* **ANXIEUX, EUSE.** adj. T. Méd. Qui exprime l'anxiété. *Respiration anxieuse.*

AORISTE. s. m. [On pron. *oriste.*] (gr. α priv.; ὁρίζω, je borne). T. Gram.

Enc. — Dans la conjugaison des verbes grecs, le terme *Aor.* sert à désigner un temps indéterminé qui correspond en gén. au parfait défini des verbes français. On distingue l'*aor. premier*, l'*aor. second*, l'*aor. actif*, l'*aor. moyen*, l'*aor. passif*. Quelques grammairiens ont introduit ce terme dans les grammaires de certaines langues orientales, pour désigner des temps indéterminés qui n'avaient pas de correspondants exacts dans notre langue. Ainsi, dans sa *Grammaire arabe*, Syl. de Sacy désigne sous le nom d'*aor.*, le second temps des verbes arabes qui remplit à la fois les fonctions du présent et du futur. Plusieurs auteurs ont encore proposé le nom d'*aor.* pour le parfait défini des verbes français, mais l'usage n'a pas consacré cette dénomination.

AORTE. s. f. (gr. ἀορτή). T. Anat.

Enc. — L'*A.* est une des deux artères qui naissent de la base du cœur, et elle est le tronc commun des artères qui se ramifient et se distribuent dans toutes les parties du corps. Elle naît à la partie supérieure et droite du ventricule gauche, qui a reçu, à cause de cela, le nom de *ventricule aortique*. Immédiatement après son origine, l'a. se dirige en haut, à droite et un peu en avant dans l'étendue d'un pouce environ; puis elle se recourbe brusquement de droite à gauche et d'avant en arrière, passe obliquement au devant de la colonne vertébrale, se recourbe de nouveau et de haut en bas, sur le côté gauche de cette colonne, le long de laquelle elle descend ensuite verticalement jusqu'au bas de la poitrine, d'où elle sort en traversant les piliers du diaphragme. Arrivée dans l'abdomen, l'a. reste accolée à la colonne vertébrale et se termine au niveau de la quatrième ou cinquième vertèbre lombaire en se divisant en deux branches appelées *artères iliaques primitives*. La partie de l'a. qui s'étend depuis son origine jusqu'au point où finit sa courbure a reçu le nom de *crosse de l'a.*; on appelle aussi *a. ascendante* la portion de l'artère comprise entre son origine et sa courbure. Enfin toute la portion qui s'étend depuis la fin de la courbure jusqu'à la terminaison de l'a., a reçu le nom d'*a. descendante* : le diaphragme la partage naturellement en deux parties, l'*a. thoracique* et l'*a. abdominale*. — Aucune artère n'est aussi fréquemment que l'a. affectée d'anévrysme spontané. Elle peut encore être le siége d'affections assez diverses, d'inflammation aiguë ou chronique (*aortite*), d'ulcérations, d'hypertrophie, d'atrophie, de ramollissement, d'ossification, etc. Enfin, elle est quelquefois affectée de pulsations spasmodiques telles qu'on a pu croire le vaisseau atteint d'anévrysme, tandis que la maladie était purement nerveuse. Voy. CIRCULATION, COEUR, ARTÈRE.

* **AORTIQUE.** adj. 2 g. et * **AORTITE.** s. f. Voy. AORTE.

AOÛT. s. m. [On pron. *oût*] (lat. *Augustus*). Le huitième mois de l'année. ‖ *Le premier jour d'août. Le dix août.* ‖ *Faire l'août*, Faire la moisson. *L'août n'était pas encore commencé dans ce pays-là. On a promis telle somme à ce valet pour son août*, Pour son travail comme moissonneur. ‖ *La mi-août*, Le quinzième jour du mois d'août. *Vous me payerez à la mi-août.*

Enc. — L'ancienne année romaine commençait au mois de Mars, et le 6e mois portait en conséquence le nom de *Sextilis* : ce fut pour complaire à la vanité de l'empereur Auguste qu'on changea la dénomination de *Sextilis* en celle d'*Augustus*, d'où est dérivé par corruption notre mot *Août*. Dans le calendrier Julien, la distribution des jours pour les différents mois de l'année était beaucoup plus commode qu'à présent. Le 1er, le 3e, le 5e, le 7e, le 9e et le 11e mois se composaient de 31 jours; tous les autres avaient 30 jours, à l'exception de Février qui n'en comptait que 29 les années ordinaires; car aux années bissextiles, on lui donnait également 30 jours. Mais l'amour propre d'Auguste se trouvant offensé de ce que le mois qui portait son nom n'était que de 30 jours, tandis que celui qui portait le nom de Jules César (*Julius*, Juillet) en avait 31, on imagina de retrancher un jour à Février pour en donner un de plus au mois d'Auguste (Août). Telle est l'origine de la distribution actuelle des jours de l'année, distribution, au reste, qui n'a d'autre inconvénient que de nécessiter un léger effort de mémoire pour se rappeler que Juillet et Août ont tous deux 31 jours.

AOÛTER. v. a. [On pron. l'A.] N'est guère usité qu'au part., *Aoûté, ée.*, qui signif. Mûri par la chaleur du mois d'août. *Citrouille aoûtée.*

AOÛTERON. s. m. [On pron. *oûteron.*] Ouvrier loué pour les travaux de la campagne dans le mois d'août. *Il faut six aoûterons à ce fermier.*

APAISER. v. a. (R. *paix*). Adoucir, calmer. Se dit D'une personne et des émotions qu'elle éprouve. *Ap. le prince. Ap. un enfant. Ap. un furieux. Je n'ai pu ap. sa colère. Le temps apaise la douleur.* — On dit aussi : *Ap. Dieu, la colère de Dieu.* ‖ S'emploie en parlant Des appétits physiques et de certains phénomènes morbides. *Ap. la faim, la soif. Ce remède a apaisé sa fièvre. Ap. des convulsions. L'opium n'a pas apaisé mes douleurs de dents.* ‖ * Se dit aussi Des animaux : *Apaisez ce chien.* ‖ Par ext., *Ap. une sédition, une querelle. Ap. les troubles d'un État. Ap. les murmures du peuple. Ap. la violence des flots, de l'orage. La pluie a apaisé le vent. Ap. un incendie.* = s'APAISER. v. pron. S'emploie dans toutes les acceptions du v. actif. = APAISÉ, ÉE. part.

Syn. — *Calmer.* — *Ap.* c'est rétablir l'ordre, l'harmonie. On *apaise* des troubles, une querelle. *Calmer*, c'est tempérer l'excès, la violence. On *calme* l'emportement, la fureur. Le terme *ap.* peut enchérir sur le mot *calmer*. La tempête se *calme*, mais elle n'est point *apaisée*; vos soins n'ont fait que *calmer* ma douleur, le temps seul l'*apaisera*.

APALACHINE. s. f. (R. *Apalaches*, nom d'une chaîne de montagnes des États-Unis d'Amérique). T. Bot. Voy. AQUIFOLIACÉES.

APANAGE. s. m. (B.-lat. *apanamentum*, formé de *panis*, pain). Terres que les souverains donnent à leurs puînés, ou revenus qu'ils leur assignent pour leur entretien. *Donner une terre en ap.* ou *pour ap. Ce prince a un bel ap.* ‖ Fig., Ce qui est inhérent à la nature d'un être, d'une chose. *La toute-puissance est l'ap. de Dieu. La raison est l'ap. de l'homme. Les infirmités sont le triste ap. de la vieillesse. L'instinct est l'ap. des animaux.*

Enc. — Ce mot s'appliquait autrefois à toute espèce de dotation : *Apaner* ou *Apanager* une fille, c'était lui donner une chose quelconque en dot. Il s'étendait aux possessions accordées par les nobles à leurs fils ou à leurs frères puînés : ainsi, celui qui héritait d'un fief, devait assigner à ses frères, à titre d'indemnité, un ap. ou *provision*. Plus tard, et jusqu'au règne de Philippe-Auguste, on l'appliqua également aux immeubles que les rois accordaient en dot à leurs femmes ou à leurs filles, et aux domaines donnés, à titre de fief, aux héritiers présomptifs de la couronne ou aux frères et fils puînés des rois. — Les priviléges attachés aux anciens apanages étaient très-grands et très-nombreux. Les princes apanagistes avaient le droit de lever des tailles et des taxes (droits de franc-fief, échange, amortissement et nouveaux acquis, etc.), de battre monnaie, de nommer aux abbayes, prieurés et à tous les bénéfices consistoriaux (excepté aux évêchés), d'accorder des lettres de grâce, de sauvegarde et de privilége. Ils entretenaient des troupes et faisaient la guerre; la justice émanait d'eux, et c'est en leur nom qu'elle était rendue; en un mot, ils possédaient la plupart des droits régaliens. Mais ces avantages ne furent accordés que successivement aux apanagistes; en conséquence, pour connaître les vicissitudes qu'eurent à subir les apanages, et les droits auxquels ils donnèrent lieu, selon les temps et selon les rois qui les concédèrent, il est utile de distinguer quatre époques principales dans leur histoire. — 1re, de Hugues-Capet à Philippe-Auguste (987-1180). Les apanagistes ont la propriété absolue de leurs domaines. Ils peuvent les transmettre par succession à tous leurs héritiers, fils, filles, collatéraux, ou à leurs ayant cause; mais ils n'ont pas le droit de souveraineté. Les deux principaux apanages donnés pendant cette période, sont le duché de Bourgogne, concédé par le roi Robert à son fils, et le comté de Dreux, donné par Louis le Gros en 1137, à son quatrième fils Robert. — 2e, de Louis VIII à Philippe le Bel (1223-1285). Les collatéraux sont exclus de la succession aux apanages dans la donation du comté de Clermont faite par Louis VIII à son frère Philippe déjà comte de Boulogne, et dans les donations diverses que fit saint Louis. C'est en vertu de ce principe que le duc Alphonse étant mort sans héritier direct, *de corpore suo*, les duchés de Poitou et d'Auvergne firent retour à la couronne en 1283. Une seconde restriction est apportée durant cette période à la transmission des apanages : l'ap. doit se réunir à la couronne par l'avénement du prince apanagé. Ainsi, Philippe le Hardi apanagé en 1268, vit réunir son ap. à la couronne en montant sur le trône, sans qu'il y eût réclamation de la part de ses enfants. — 3e, de Philippe le Bel jusqu'à la révolution (1314-1789). — Les filles sont exclues de la succession *apanagère*; mais il est pourvu à leur existence. Philippe le Bel donne le comté de Poitiers à son fils Philippe le Long, en 1314, à l'exclusion des filles; en 1461, Louis XI donne le duché de Berry à son frère Charles à la même condition. Durant cette période, les apanages se constituent régulièrement par les lettres patentes de Louis XI, et par les ordonnances de Moulins (1566) et de Blois (1579). Tous les édits conférant ap., qui survinrent dans la suite, furent dictés par le même esprit qui avait présidé à ces ordonnances célèbres, et qui contribua à donner à la monarchie sa force et sa puissance d'unité. — 4e, (1789-1832). L'institution des apanages était trop en contradiction avec les idées qui amenèrent la révolution, pour rester debout pendant que les autres institutions étaient renversées. En conséquence l'Assemblée nationale unit irrévocablement au domaine de l'État, le patrimoine des rois : elle décida que toutes les concessions d'ap. étaient révoquées; qu'il n'en serait plus concédé à l'avenir; que les fils puînés de France et leurs enfants et descendants seraient entretenus aux dépens de la liste civile jusqu'à leur mariage, ou jusqu'à ce qu'ils eussent atteint l'âge de vingt-cinq ans, et qu'il leur serait alors assigné sur le trésor national des rentes apanagères dont la quotité devait être déterminée à chaque époque par la législature en activité. Mais bientôt la royauté étant tombée, la Convention supprima les rentes apanagères. Le sénatus-consulte du 28 floréal an XII, et celui du 30 janvier 1810 les rétablissent en faveur des princes Joseph et Louis Napoléon, en faveur des fils puînés naturels et légitimes de l'empereur régnant ou du prince impérial décédé, et des descendants mâles de ces princes, s'il n'a pas été accordé d'ap. à leur père ou aïeul. La loi du 15 janvier 1825, en fixant la liste civile de Charles X, consacra l'ap. de la branche d'Orléans, le seul qui subsistât alors. La loi du 2 mars 1832 sur la liste civile a introduit quelques principes nouveaux assez importants. Elle déclare (art. 4) que les biens composant l'ap. d'Orléans sont réunis à la dotation immobilière de la couronne; (art. 8, 10) que les biens meubles ou immeubles de la couronne sont inaliénables et imprescriptibles; qu'ils ne pourront être ni donnés, ni vendus, ni engagés, ni hypothéqués, ni grevés des dettes des rois, non plus que des pensions par eux accordées; (art. 22) que le roi conserve seulement la propriété des biens qui lui appartenaient avant son avénement au trône, et la libre disposition de ceux qu'il pourra acquérir à titre gratuit ou onéreux; (art. 19) que le roi mort, la reine recevra un douaire consistant en un revenu annuel et viager, déterminé par une loi; (art. 20) que l'héritier de la couronne, prince royal, recevra sur les fonds du trésor une somme d'un million qui pourra être augmentée, s'il y a lieu, par une loi spéciale; (art. 21) qu'en cas d'insuffisance du domaine privé, les dotations des fils puînés du roi et des princesses ses filles seront réglées ultérieurement par des lois également spéciales.

APANAGER. v. a. Donner un apanage. *Le roi avait apanagé tous ses puînés.* = APANAGÉ, ÉE. part.

APANAGISTE. s. m. et adj. Qui possède un apanage. *Un prince ap.*

* **APARINE.** s. f. (gr. ἀπαρίνη, caille-lait). T. Bot. Voy. GALIACÉES.

APARTÉ. s. m. (lat. *a*, *parte*, à part). Ce qu'un acteur prononce en présence d'autres personnages de la pièce, comme s'il se parlait à lui-même. Le spectateur doit se prêter à l'illusion, et, quoiqu'ayant parfaitement entendu les paroles, supposer que les acteurs en scène ne les ont pas entendues. — Ne prend pas d'S au plur. || S'emploie quelquefois adv. *Ce vers doit se dire aparté.*

APATHIE. s. f. (gr. α priv. ; πάθος, passion). Insensibilité, indolence, inertie. *Tomber dans l'ap. On ne peut le tirer de son ap.*

Syn. — *Insensibilité, Indolence.* — L'*insensibilité* absolue pour l'homme organisé d'une manière normale n'est pas possible soit moralement, soit physiquement; mais il y a des personnes qui sont à peine touchées de ce qui émeut les autres profondément. C'est cette impuissance d'émotion qu'on nomme habituellement *insensibilité. Ap.*, dans son acception la plus ordinaire, sert à désigner une absence de virtualité qui rend incapable de tout ce qui exige un certain déploiement d'activité : c'est le degré le plus extrême de l'*indolence*, en prenant également ce dernier terme dans son sens vulgaire. — En termes de médecine, *indolence* se dit d'une lésion quelconque qui ne cause pas de douleur; et *insensibilité* se dit de l'état du malade qui ne perçoit pas des impressions qui seraient douloureuses pour un individu à l'état normal.

Enc. — Dans le langage de la philosophie, on désigne par le terme *Ap.* une impassibilité complète. C'est ainsi que l'entendaient les stoïciens, qui regardaient les affections et les passions comme des obstacles au bien, comme des maladies de l'âme, des faiblesses indignes du sage. Ils n'accordaient pas que les plus cruelles blessures de l'âme et les plus vives souffrances du corps dussent arracher à l'homme un soupir ou une plainte. Les sceptiques attachaient également une importance extrême à l'ap. Ils la considéraient comme le souverain bien : l'école mégarique professait la même opinion. Les philosophes de cette école n'admettaient d'autre existence que celle de l'être absolu, immuable; ils le déclaraient impassible, et voulaient qu'on s'efforçât d'atteindre à son impassibilité, par l'absence de toute émotion et de tout intérêt. Quelques chrétiens des premiers siècles employèrent aussi le terme d'ap., mais ce fut dans un sens différent. Saint Clément d'Alexandrie, par ex., en fait assez fréquemment usage pour désigner le détachement, l'abandon, le mépris des choses de ce monde; mais il ne confond pas cette abnégation toute chrétienne avec l'insensibilité absolue enseignée par les stoïciens.

APATHIQUE. adj. 2 g. Insensible à tout, indolent, inerte. Ne se dit que Des hommes et des animaux.

* **APATITE.** s. f (gr. ἀπατάω, je trompe). T. Min.

Enc. — Beudant nomme ainsi la chaux phosphatée : on la rencontre tantôt à l'état cristallin, tantôt à l'état terreux. Outre le phosphate de chaux qui en constitue la base, l'*Ap.* contient habituellement du phlorure et du chlorure de calcium. La pesanteur spécifique de ce minéral varie de 3,16 à 3,28. — Les couleurs que présentent les apatites cristallines sont très-variées. On en trouve d'incolores, de blanc de lait, de bleues, de violettes, de vertes, d'olives, de jaunâtres et de brunâtres. La variété bleue a été désignée sous le nom d'*Agustite*, la verte sous celui d'*Asparagolithe* ou *Pierre d'asperge*; enfin, les variétés de diverses couleurs, se présentant sous la forme guttulaire, ont reçu le nom de *Moroxite*. On a quelquefois taillé certaines variétés bleuâtres ou bleu-verdâtres d'ap.; mais elles ne produisent que des pierres de peu d'éclat, et n'ont jamais eu de valeur. L'ap. cristalline est disséminée dans les roches de granits, de gneiss, de talc, ou bien en remplit les fissures (Nantes; Chanteloube, près Limoges, etc.). On la trouve aussi dans les trachytes, les basaltes, les laves (Montférier, Hérault; Beaulieu, Bouches-du-Rhône), ainsi que dans divers gîtes métallifères. L'ap. terreuse se rencontre en grandes masses à Logrono, près de Truxillo, dans l'Estramadure (Espagne), où on l'exploite comme pierre à bâtir.

* **APÉIBA.** s. m. T. Bot. Voy. Tiliacées.

APEPSIE. s. f. (gr. α priv. ; πέψις, coction). T. Méd. Défaut de digestion. Ce mot, qui n'est plus usité aujourd'hui, est à peu près syn. de *Dyspepsie.*

* **APERCEPTION.** s. f. T. Philos. Voy. Perception.

APERCEVABLE. adj. 2 g. Qui peut être aperçu. *Ces êtres sont si petits qu'ils ne sont point apercevables sans le secours du microscope.*

APERCEVANCE. s. f. Faculté d'apercevoir. Inus.

APERCEVOIR. v. a (lat. *ad*, *percipere*, percevoir pour [soi]). Commencer à voir, entrevoir, découvrir. *Nous vous avons aperçus de loin. En passant par telle rue, il aperçut celui qu'il cherchait.* || Fig. *Bacon est le premier qui ait aperçu cette vérité. J'aperçois bien son intention.* = s'Apercevoir. v. pr. Connaître, remarquer, découvrir. *Il s'aperçut du piége qu'on lui tendait. Elle s'est aperçue de l'erreur. On le raille, et il est le seul qui ne s'en aperçoive pas.* = Aperçu, ue. part.

Syn. — *Voir, Entrevoir.* — Au propre, *voir* signifie recevoir l'image d'un objet par l'organe de la vue; *ap.*, c'est commencer à voir; *entrevoir*, c'est *voir* confusément. Au figuré, tous ces verbes signifient connaître par l'intelligence; mais ils conservent entre eux les mêmes différences qu'au propre.

APERÇU. s. m. Idée que l'on se forme d'une chose à première vue. *Ce que je vous dis là n'est qu'un ap.* || Évaluation approximative, au premier coup d'œil. *Par ap. cette construction coûtera tant.* || Exposé sommaire des principaux points d'une question, d'une affaire. *Sur le simple ap. de la cause, le tribunal a renvoyé les parties dos à dos.*

APÉRITIF, IVE. adj. (lat. *aperire*, ouvrir). T. Méd. || S'emploie aussi subst.

Enc. — Dans l'anc. médecine, on donnait le nom d'*Apéritifs* à certaines substances qu'on supposait posséder la faculté d'ouvrir, de dilater les vaisseaux ou les canaux engorgés, et par conséquent d'y favoriser le cours du sang ou des liquides sécrétoires. Aujourd'hui que ces hypothèses mécaniques sont, à juste titre, abandonnées, et que l'on ne reconnaît plus d'apéritifs, ce terme est resté non-seulement dans le langage vulgaire, mais encore dans celui des hommes de l'art. En effet, les médecins s'en servent fréquemment pour désigner quelques substances qui ont la propriété d'augmenter la sécrétion biliaire, intestinale et urinaire, sans cependant produire les effets prononcés des diurétiques et des purgatifs : telles sont les préparations savonneuses, certains sels alcalins (comme l'acétate de potasse, l'acétate de potasse et de soude, administrés à doses faibles et fractionnées), et quelques végétaux amers. Ainsi l'on donne le nom de *Racines* ou d'*Espèces apéritives* aux racines de chiendent, d'asperge, de pissenlit et d'oseille. C'est principalement dans les engorgements indolents du foie ou de la rate qu'on fait usage de ces médicaments.

APÉTALE. adj. 2 g. et * **APÉTALIE.** s. f. (gr. α priv. ; πέταλον, pétale). T. Bot.

Enc. — D'après son étymologie, le terme *Apétale* semblerait ne devoir s'appliquer qu'aux fleurs dépourvues de corolle; néanmoins on s'en sert également pour désigner celles qui n'ont ni corolle ni calice. Ainsi, l'une des grandes sections que Jussieu a établies dans la classe des végétaux dicotylédones sous le nom d'*Apétales*, comprend les plantes qui sont dépourvues d'enveloppes florales proprement dites. On donne encore à cette division le nom d'*Apétalie*.

APETISSEMENT. s. m. Diminution. Peu us.

APETISSER. v. a. (R. *petit*). Rendre plus petit. *Cette figure est trop grande, il faut l'ap.* || * Faire paraître plus petit. *L'éloignement apetisse les objets.* — On dit mieux, *Rapetisser.* = Apetisser. v. n. Devenir plus petit. *Après le solstice d'été, les jours apetissent.* — On dit plus communément, *Raccourcir.* = s'Apetisser. v. pron. Devenir plus petit, se rétrécir. *La toile s'apetisse à l'eau.* — Aujourd'hui on dit, *Se rétrécir.* = Apetissé, ée. part.

* **APHACA.** s. m. (gr. ἀφάκη). T. Bot. Voy. Légumineuses.

* **APHANISTIQUE.** s. m. (gr. ἀφανίζω, je disparais). T. Ent. Voy. Buprestides.

APHÉLIE. s. m. (gr. ἀπὸ, loin de ; ἥλιος, soleil). T. Astr. Point de l'orbite d'une planète où elle se trouve à sa plus grande distance du soleil. || S'emploie aussi adj. *La terre est ap.*

Enc. — Le terme *Ap.* est l'opposé du mot *Périhélie* qui signifie le point de l'orbite d'une planète où elle est le plus rapprochée du soleil. L'ap. et le périhélie d'une orbite sont donc les deux extrémités de son plus grand axe, ou en d'autres termes de la ligne des apsides. Par suite des attractions mutuelles que les planètes exercent les unes sur les autres, les points de leurs orbites éprouvent une certaine variation dans le ciel. L'ap. se déplace graduellement dans le plan de l'orbite. Un fait remarquable c'est que ce mouvement est direct ou vers l'orient pour toutes les planètes, à l'exception de Vénus. En effet, quand on rapporte aux étoiles fixes l'ap. de l'orbite de cette planète, on trouve qu'il se déplace vers l'ouest, à raison d'environ 4″ par année. De toutes les anciennes planètes, Saturne est celle dont l'ap. éprouve la variation annuelle la plus considérable; car elle s'élève à environ 18″.

APHÉRÈSE. s. f. (gr. ἀπὸ, αἱρέω, j'enlève de).

Enc. — L'*Aph.* et l'*Apocope* sont deux figures de grammaire par lesquelles on retranche une syllabe ou une lettre au commencement ou à la fin d'un mot. Ainsi, lorsqu'en latin on écrit *temnere* pour *contemnere*, on fait une aph.; *negotî* pour *negotii*, au contraire, est un exemple d'apocope. L'aph. ne se rencontre en français que dans les noms propres, comme lorsqu'on dit *Tony* pour *Antony*, tandis que l'apocope y est fort usitée, surtout en poésie, comme lorsqu'on écrit : *Je voi* pour *je vois*, *encor* pour *encore*. C'est aussi par apocope que l'on dit *grand'messe*, *grand'mère*, au lieu de *grande messe*, *grande mère*. Cependant l'importance de l'apocope est moins grande que celle de l'aph. Cette dernière est, en effet, d'un grand secours dans la recherche des étymologies : ainsi, par ex., le terme latin *gibbosus*, qui fait *bosus* par aph., a donné naissance à notre mot français *bossu*.

* **APHIDIENS.** s. m. pl. (lat. *aphis*, puceron). T. Ent. Voy. Puceron.

* **APHIDIPHAGES.** s. m. pl. (lat. *aphis*; gr. φάγω, je mange). T. Ent. Voy. Trimères.

* **APHLOÏA.** s. f. (gr. ἄφλοιος, sans écorce). T. Bot. Voy. Flacourtiacées.

* **APHODIE.** s. f. (gr. ἄφοδος, excrément). T. Ent. Voy. Scarabéides.

APHONIE. s. f. (gr. α priv. ; φωνὴ, voix). T. Méd.

Enc. — On nomme ainsi la perte plus ou moins complète de la voix, sans que la faculté d'articuler soit d'ailleurs abolie : c'est ce qui distingue l'individu qui est *aphone* de celui qui est muet; ce dernier peut émettre des sons vocaux, seulement il n'articule pas. L'*Ap.* résulte ordinairement d'une lésion matérielle de l'appareil vocal; cependant elle ne doit pas toujours être considérée comme le symptôme d'une maladie des organes mêmes de la voix. Elle peut dépendre uniquement d'une lésion des cordons nerveux qui animent les muscles du larynx, ou d'une affection des centres nerveux eux-mêmes. Ainsi, par exemple, c'est à l'affection des centres nerveux que l'on doit rapporter l'ap. qui s'observe dans l'apoplexie, dans l'inflammation du cerveau et de ses membranes, et dans certaines névroses telles que l'épilepsie, etc. C'est sans doute à la même cause qu'il faut attribuer les aphonies occasionnées par quelques substances stupéfiantes, la belladone, le datura stramonium, l'opium, etc. Sauvages raconte que, dans les environs de Montpellier, des voleurs ôtaient la voix à ceux qu'ils voulaient dépouiller, en leur faisant boire du vin dans lequel avaient infusé des semences de stramonium. Le même fait a été observé à Paris il y a quelques années, et dans un cas à peu près semblable. Enfin, il n'est guère possible d'expliquer autrement que par une modification brusque des centres nerveux, les aphonies qui surviennent tout à coup à la suite d'une violente émotion morale de joie ou de douleur. — L'ap. n'étant, comme on le voit, qu'un symptôme morbide, il en résulte que son pronostic est subordonné à celui de l'affection principale, et qu'on ne peut lui appliquer de traitement spécial : il faut nécessairement s'attaquer à la maladie primitive.

APHORISME. s. m. (gr. ἀφορίζω, je définis). Règle, observation générale énoncée en peu de mots, sous forme de sentence. *C'est un aph. de jurisprudence. Les Aphorismes d'Hippocrate.*

Syn. — *Sentence, Maxime, Apophthegme.* — Tous ces mots s'emploient pour désigner une pensée, un précepte, une observation exprimée avec brièveté, concision et netteté. Néanmoins, le mot *maxime* s'emploie plus ordinairement pour désigner un précepte, une règle de morale pratique. Le mot *sentence* est usité dans le même sens; mais il se dit également d'une observation déduite du raisonnement ou de l'expérience et s'appliquant aux choses de la science. Le terme *aph.* est propre au langage scientifique; il s'applique aux formules qui résument les préceptes d'une science ou d'une doctrine. Quant à *apophthegme*, il offre cela de particulier que la *sentence* qu'il désigne est toujours attribuée à quelque personnage célèbre.

APHRODISIAQUE. adj. 2 g. Se dit Des substances alimentaires ou médicamenteuses qu'on suppose propres à stimuler l'appétit vénérien. || S'emploie subst. *Il n'existe pas d'aph. véritable.*

* **APHRODITE.** s. f. (gr. ἀφροδίτη, Vénus). T. Zool. Voy. Dorsibranches.

APHTHE. s. m. (gr. ἅπτω, j'enflamme). T. Méd.

Enc. — Un grand nombre d'auteurs désignent sous le nom d'*Aphthes* toute maladie de la membrane muqueuse buccale caractérisée tantôt par une rougeur érythémateuse de cette membrane, tantôt par le dépôt d'une couenne ou pseudo-membrane, tantôt par une éruption de vésicules ou de pustules, tantôt par la formation de petites ulcérations blanchâtres, tantôt enfin par le développement d'escarres gangréneuses. On voit par là que l'on a confondu sous le même nom plusieurs affections de nature fort diverse : aussi plusieurs médecins emploient-ils exclusivement le nom d'ap., pour désigner l'affection de la bouche qui se présente sous forme de simples vésicules. — L'*ap. vésiculeux* ou l'*ap proprement dit* peut affecter toutes les muqueuses; mais on l'observe principalement sur celles où l'épithélium est le plus apparent, comme à la face interne des lèvres et des joues, aux gencives, à la langue, au voile du palais; il est rare de l'observer au pharynx et surtout au canal intestinal. Les vésicules sont d'abord petites, transparentes, blanches ou d'un gris de perle; mais elles revêtent bientôt le caractère pustuleux. Les pustules ne tardent pas à crever; le liquide qu'elles contenaient s'échappe, et l'on aperçoit alors à la place qu'elles occupaient, de petites ulcérations qui se cicatrisent avec assez de rapidité. — On distingue l'ap. *discret* et l'ap. *confluent*. Dans le premier cas, les pustules sont isolées, en petit nombre, et n'occupent que la bouche; dans le second, elles sont beaucoup plus nombreuses, par conséquent plus rapprochées, et envahissent en gén. les fosses gutturales, quelquefois le pharynx, et même le tube intestinal. Les aphthes peuvent se développer sous l'influence de toutes les causes purement locales, qui ont pour effet d'irriter la muqueuse buccale : tels sont les aliments acides, salés ou épicés, les boissons alcooliques, etc. Cependant, l'éruption *aphtheuse* paraît assez souvent dépendre d'un état général de l'économie. C'est ainsi que l'ap. discret s'observe dans le cours ou à la fin de certaines maladies fébriles, et que l'ap. confluent sévit quelquefois épidémiquement, dans les pays humides, en Hollande, par exemple. — En gén. le pronostic de l'ap. est sans aucune gravité, et il suffit de lui opposer des moyens purement topiques, comme des gargarismes émollients ou narcotiques, des collutoires astringents, etc. L'ap. confluent, dans certains cas, requiert l'emploi de moyens généraux; alors la médication varie suivant les phénomènes morbides et la cause qui a déterminé l'éruption vésiculeuse. — Pour les autres maladies qu'on désigne sous le nom d'aphthes, Voy. Muguet et Stomatite.

*** APHYE.** s. f. (gr. ἀφύη, espèce de petit poisson blanc). T. Ichth. Voy. Mugiloïdes.

***APHYLLANTHÉES.** s. f. pl. (gr. α priv.; φύλλον, feuille; ἄνθος, fleur). T. Bot. Voy. Liliacées.

APHYLLE. adj. 2 g. (gr. α priv.; φύλλον). T. Bot.

Enc. — On appelle ainsi les plantes qui sont dépourvues de feuilles, comme la *Véronique aphylle*, la *Cuscute*, et quelquefois même celles où les feuilles sont remplacées par des écailles, comme les *Orobanchées* et les *Monotropacées*.

API. s. m. Nom vulgaire D'une sorte de pomme: *Des pommes d'api. J'ai beaucoup d'api dans mon jardin.*

***APIACÉES.** s. f. pl. (lat. *apium*, ache). T. Bot. Voy. Ombellifères.

*** APIAIRES.** s. f. pl. (lat. *apis*, abeille). T. Ent.

Enc. — Dans la méthode de Latreille, les *Ap.* constituent la seconde division de la famille des *Hyménoptères mellifères*, et les *Andrenètes* la première. La tribu des Ap. se distingue de celle des Andrenètes, en ce que la division moyenne de la languette est au moins aussi longue que sa gaîne tubulaire, et en forme de filet ou de soie. En outre, les mâchoires et la lèvre sont fort allongées et constituent une sorte de trompe coudée et repliée en dessous dans l'inaction. Les Ap. sont *solitaires* ou *sociales*. — Celles-ci, ainsi que leur nom l'indique, vivent en société composée de *mâles*, de *femelles*, et d'une quantité considérable de *mulets* ou d'*ouvrières*. Elles ne renferment que trois genres: les *Euglosses*, qui habitent l'Amérique méridionale, et qu'en conséquence nous nous contentons de citer, les *Bourdons* et les *Abeilles* qui sont l'objet d'articles particuliers.

Les *Ap. solitaires* n'offrent jamais que deux sortes d'individus, des mâles et des femelles, et chacune de ces dernières pourvoit isolément à la conservation de sa postérité. Leurs pieds postérieurs n'ont ni duvet soyeux (*la brosse*) à la face interne du premier article de leurs tarses, ni enfoncement particulier (*la corbeille*) au côté externe de leurs jambes; mais ce même côté est ordinairement, ainsi que le côté externe du premier article des tarses, garni de poils nombreux et serrés qui servent à la récolte du pollen. — Latreille les divise en quatre groupes: les *Andrénoïdes*, les *Dasygastres*, les *Cuculines* et les *Scopulipèdes*.

Chez les *Andrénoïdes*, les palpes labiaux sont composés d'articles grêles, linéaires, placés bout à bout, et qui sont au nombre de six. Parmi les genres de ce groupe, nous citerons les *Panurges* et les *Xylocopes*. Les premiers sont propres aux pays chauds et tempérés de l'Europe, et font leur nid dans la terre. (Fig. 1. *Panurge noir*). — Les *Xylocopes*, appelées vulgairement *Abeilles perce-bois* et *Menuisières*, ressemblent à de gros Bourdons. Leur corps est généralement noir, avec les ailes souvent colorées de violet, de cuivreux et de vert. La *Xyl. violette* (Fig. 2) est l'espèce la plus commune dans notre pays. La femelle creuse dans le vieux bois sec et exposé au soleil, un canal vertical assez long, et divisé en plusieurs loges par des cloisons horizontales formées avec de la râpure de bois agglutinée. Elle dépose dans chacune de ces loges un œuf et de la pâtée pour la nourriture de la larve qui doit éclore. Elle creuse quelquefois jusqu'à trois canaux dans le même morceau de bois.

Fig. 1.

Fig. 2.

Les *Dasygastres* ont été ainsi nommées parce que le ventre des femelles est presque toujours garni de poils nombreux, serrés, courts, formant une brosse soyeuse. Le labre est aussi long ou plus long que large, et carré. Les mandibules des femelles sont fortes, incisives, triangulaires et dentées. — Les *Cératines* cependant ont l'abdomen lisse: ce sont de petits insectes à couleurs bronzées ou noires. Les antennes sont insérées dans de petites fossettes et terminées presque en massue allongée (Fig. 3. *Cérat. à labre blanc*). Il résulte des observations de Max. Spinola que la femelle de ces insectes, profitant des branches d'églantier rompues par accident, creuse un trou à la place de la moelle jusqu'à la profondeur d'environ 30 centimètres. Elle commence à rassembler au fond une certaine quantité de pollen et un peu de miel, et y laisse un œuf; puis elle construit une cloison avec la moelle même de l'arbre, et recommence jusqu'à ce qu'elle ait rempli le tube. Les larves ne rendent aucun excrément. Aussi, quand l'insecte est arrivé à son entier développement et a percé le mur de sa prison, son premier soin est-il de se débarrasser de la masse d'excréments que contenait son abdomen. — Les *Chélostomes* et les *Hériades* (Fig. 4. *Hériade de la raiponce*) font leur nid dans les trous des vieux arbres. — Entre les différentes espèces de *Mégachiles*, nous mentionnerons la *Még. maçonne* et la *Még. centunculaire* appelée aussi *Még. du rosier*, toutes deux

Fig. 3.

Fig. 4.

communes aux environs de Paris. La première construit son nid à l'angle d'un mur exposé au soleil, ou bien elle le place à l'abri des moulures qu'offre la corniche de quelque bâtiment. Ce nid consiste en un amas de terre détrempée qui renferme une quinzaine de cellules parfaitement lisses, dans chacune desquelles la femelle dépose un œuf et de la pâtée. Quand sa dernière métamorphose est accomplie, l'insecte perce avec ses mâchoires les murs de sa prison et s'élance dans l'air. La *Még. du rosier* (Fig. 5.) creuse son nid dans la terre: elle choisit les endroits où le sol est compacte et à l'abri de l'humidité, pour que la pâtée destinée à nourrir les jeunes larves ne soit point altérée par l'infiltration des eaux. En outre, afin de rendre plus commode et plus doux l'intérieur des cellules qu'elle a percées, elle taille avec ses mandibules des feuilles de rosier aussi rapidement qu'on pourrait le faire avec des ciseaux; toutes les coupes n'ont pas les mêmes formes; tantôt elles figurent des cercles ou des croissants, tantôt des pièces rondes et nettes comme si on les avait coupées avec un emporte-pièce. Lorsque ce travail est terminé, elle tapisse chaque cellule avec ces morceaux de feuilles, la remplit de pâtée, y dépose un œuf, la ferme, et abandonne le reste aux soins de la nature. — Dans le genre *Osmie*, on trouve des mœurs fort diverses. Quelques-unes sont maçonnes et ont souvent sur le chaperon deux ou trois cornes qui paraissent leur être de quelque usage dans la construction de leurs nids (Fig. 6. *Osmie tricorne*). Les Osmies

Fig. 5.

Fig. 6.

en gén. cachent leurs nids dans la terre, les fentes des murs, les trous de portes, et quelquefois même dans des coquilles vides de Colimaçons. Ces nids sont ordinairement construits avec un mortier que la femelle va souvent chercher fort loin, et qu'elle humecte avec une liqueur gommeuse qu'elle rend par la bouche. L'*Osmie du pavot* ou *Abeille tapissière* de Réaumur, creuse dans la terre un trou perpendiculaire de 80 centimètres environ de profondeur, évasé au fond et ressemblant à une espèce de bouteille. Son terrier préparé, elle le consolide avec des pièces demi-ovales qu'elle a coupées sur des pétales de fleurs de coquelicot. Elle fait entrer ces pièces en les pliant en deux, les développe, les étend le plus uniment possible et les applique sur toutes les parois de la cavité, au point même que cette sorte de tapisserie en déborde l'ouverture et forme autour un ruban couleur de feu. Ce travail achevé, l'Osmie dépose avec son œuf une pâtée composée de pollen de coquelicot et d'un peu de miel. Enfin, elle replie et refoule en dedans l'extrémité antérieure de la tapisserie qui débordait, ferme son nid, et le recouvre d'un monticule terreux. Les espèces dont nous venons de parler se trouvent aux environs de Paris. Enfin, on rencontre, dans le midi de la France, des Osmies qui s'emparent de la cavité des galles produites sur les chênes, pour y déposer leurs œufs. La femelle agrandit d'abord cette cavité, puis elle en polit l'intérieur, et enfin elle y fait son nid, consistant en plusieurs petites cellules cylindriques, placées confusément, et dont chacune renferme un œuf. — Les *Anthidies* (Fig. 7. *Anth. à manchette*) creusent leur nid dans la

Fig. 7.

Fig. 8.

terre et le tapissent de duvet, qu'elles arrachent à diverses plantes. — Les *Cœlioxydes* (Fig. 8. *Cœl. conique*), quoique dépourvues de brosse ventrale, appartiennent au groupe des *Dasygastres* à cause de la forme du labre et des mandibules.

Les Hyménoptères qui composent le groupe des *Cuculines*, ont les palpes labiaux en forme de soies écailleuses, le labre en forme de triangle allongé et tronqué, ou court et presque demi-circulaire, et les mandibules étroites et allant en pointe. Elles sont dépourvues, dans les deux sexes, de brosse ventrale, et sont tantôt velues par place, tantôt presque glabres et semblables par leurs couleurs à des guêpes. Plusieurs de ces insectes paraissent de bonne heure; on les voit voltiger à dix pieds de terre ou près des murs exposés au soleil, afin de déposer leurs œufs dans les nids des autres Ap. C'est par allusion à cette habitude que Latreille leur a imposé le nom de Cuculines.

Fig 9.

Fig. 10.

Ces insectes parasites sont, à raison même de leurs mœurs, beaucoup moins curieux que ceux dont nous avons parlé plus haut: nous nous bornerons à l'énumération de leurs genres: *Ammobate* (Fig. 9. *Amm. bicolore*); *Philérème*; *Epéole* (Fig. 10. *Ep. varié*); *Nomade* (Fig. 11. *Nom. ceinturée*); *Pasite*; *Mélecte* (Fig. 12. *Mél. ponctuée*); *Crocise* (Fig. 13. *Croc. rameuse*) et *Oxée*. Diverses espèces appartenant aux genres Philérème, Epéole, Nomade, Mélecte et Crocise, se rencontrent en France.

Fig. 11.

Fig. 12.

Le dernier groupe des Ap. solitaires comprend des espèces qui ont également le dessous de l'abdomen nu ou au moins dépourvu de brosse soyeuse. Leur caractère distinctif consiste en ce que le côté extérieur du premier article des tarses postérieurs est, ainsi que le côté externe des jambes, chargé de poils épais et serrés, formant une sorte de balai ou de houppe: de là le nom de *Scopulipèdes* que Latreille a donné à ce groupe. — Les *Eucères* (Fig. 14. *Eu. longicorne*) sont remarquables par la longueur de leurs antennes, du moins chez les mâles; car, chez les femelles, ces organes sont plus courts des

Fig. 13.

Fig. 14.

deux tiers. Elles paraissent dans les premiers jours du printemps; les femelles creusent en terre un trou cylindrique qu'elles polissent et y font des espèces de nid en forme de dé à coudre. — Les *Anthophores* sont également des insectes tout à fait printaniers: passé le solstice d'été, on n'en rencontre plus. La femelle établit son nid dans des terrains coupés à pic, ou dans les vieux murs, en se servant des trous qu'elle y trouve, et qu'elle rétrécit avec de la terre à la grandeur convenable. Avec la même terre, elle fabrique de petites cellules en forme de dé à coudre, très-lisses, qu'elle remplit de pâtée, et où elle dépose un œuf: enfin elle ferme son nid avec de la terre. L'*Anth. des murailles* (Fig. 15.) fait son nid

Fig. 15.

Fig. 16.

dans les murs; mais, de plus, elle élève à son entrée un tuyau perpendiculaire, cylindrique et un peu courbé, formé de grains de terre. Ce tuyau, à ce qu'on présume, est destiné à rendre plus difficile l'entrée du nid aux insectes parasites qui tenteraient de s'y introduire. Sa ponte achevée, l'Anthophore détruit ce tube, ou l'emploie peut-être pour boucher l'orifice du nid. — Les *Saropodes* (Fig. 16. *Sar. arrondie*) ont les mœurs des Eucères. — Quant aux *Ancyloscèles*, aux *Centris* et aux *Epicharis*, ce sont des insectes exotiques dont les habitudes sont assez peu connues.

* APICILAIRE. adj. 2 g. (lat. *apex*, sommet). T. Bot. Se dit De tout organe qui est inséré au sommet d'un autre.

* APICULE. s. m. (lat. *apiculus*, dimin. de *apex*). T. Hist. nat. Petite pointe aiguë, courte, et dont la consistance n'est pas très-roide. — De ce mot on a fait l'adj. Apiculé, ée.

* APION. s. m. (gr. ἄπιον, poire). T. Ent. Voy. Rhynchophores.

APITOYER. v. a. (R. *pitié*). Toucher de pitié. *Je n'ai pu l'ap. sur mon sort.* = s'Apitoyer. v. pron. Compatir, témoigner de la pitié. *S'ap. sur les malheurs de quelqu'un.* = Apitoyé, ée. part.

APLANIR. v. a. (lat. *planus*, plane, uni). Rendre plane, uni; enlever les aspérités d'une surface. *Ap. un chemin.* ‖ Fig. *Ap. les obstacles, les difficultés*, Lever les obstacles, etc. = s'Aplanir. v. pron. *Ce terrain s'est aplani. Les difficultés s'aplanissent devant lui.* = Aplani, ie. part.

APLANISSEMENT. s. m. Action d'aplanir; état d'une chose aplanie. S'emploie au propre et au fig.

APLATIR. v. a. (R. *plat.*). Rendre plat. *Cette surface est trop bombée, il faut l'ap.* = s'Aplatir. v. pron. *La balle s'est aplatie contre une pierre.* = Aplati, ie. part. *La terre est aplatie vers les pôles.* ‖ S'emploie adject. *Sphéroïde ap.*

APLATISSEMENT. s. m. Action d'aplatir; état de ce qui est aplati. *L'ap. d'une balle de plomb. L'ap. de la terre vers les pôles avait été prédit par le calcul.*

* APLECTRUM. s. m. [On pron. *aplectrome.*] (gr. α priv.; πλῆκτρον, ergot). T. Bot. Voy. Orchidées.

APLOMB. s. m. [On ne prononce pas le B.] (R. *à plomb*). Ligne dont la direction est perpendiculaire au plan de l'horizon. *Prendre les aplombs d'un édifice. Ce vieux clocher a bien conservé son ap. Ce balcon est hors d'ap.* ‖ Fig., Certaine assurance dans la manière de se présenter, d'agir et de parler. *Il a de l'ap. dans les affaires. Malgré tout son mérite, ce jeune homme manque d'ap.* ‖ T. Man. On dit qu'*Un cheval a de l'ap.*, Lorsque le poids de la masse de son corps est réparti aussi également que possible sur ses quatre extrémités. ‖ T. Peint. *Des figures manquent d'ap.*, Lorsque, étant posées d'une certaine manière, elles ne pourraient se maintenir dans cette situation si elles étaient réelles. *Cet artiste pèche par les aplombs.* = D'Aplomb. loc. adv. Verticalement, perpendiculairement. *Ce mur est bien d'ap.* ‖ Être ferme, assuré sur ses jambes, sur son cheval. *Ce danseur retombe toujours d'ap. Cet écuyer est bien d'ap.*

* APLYSIE. s. f. (gr. ἀπλυσία, saleté). T. Zool. Voy. Tectibranches.

APOCALYPSE. s. f. (gr. ἀπό; καλύπτω, je dévoile). Partie du Nouveau Testament qui contient les révélations faites à saint Jean l'Évangéliste. ‖ Fig., *Style d'ap.*, Style obscur. ‖ Prov. et pop., on dit D'une haridelle efflanquée, *C'est le cheval de l'ap.*

Enc. — L'*Ap.* est l'œuvre de S. Jean, qui la composa, de l'an 95 à l'an 98 de notre ère, pendant son exil dans l'île de Pathmos. Le concile de Carthage, en 397, l'a mise au rang des livres sacrés, et elle forme le dernier des livres canoniques du Nouveau Testament. Elle est divisée en 22 chapitres, et renferme, sous une forme inspirée et prophétique, l'histoire figurée de l'Église, depuis l'ascension de J.-C. jusqu'au jour du jugement dernier. Plusieurs commentateurs, parmi lesquels on rencontre Bossuet et Newton, ont tenté d'expliquer cet ouvrage divin, mais leurs efforts n'ont abouti qu'à mettre en évidence l'impuissance de l'esprit de l'homme en présence des inspirations sublimes qu'il a plu à Dieu d'envoyer à son apôtre bien-aimé. — Dans les premiers siècles de l'Église, il existait une foule d'ouvrages qui portaient le titre d'ap.; mais tous ces écrits, à l'exception de l'Ap. de saint Jean, étaient apocryphes.

APOCALYPTIQUE. adj. 2 g. Se dit Des Discours, des écrits fort obscurs. *Style ap.* Fam.

APOCO. s. m. Loc. ital. qui s'emploie en parlant D'un homme qui manque d'esprit, de bon sens. *Il parle comme un ap.* Peu us.

APOCOPE. s. f. (gr. ἀπό, κόπτω, je retranche de). T. Gram. Voy. Aphérèse.

APOCRISIAIRE. s. m. (gr. ἀπόκρισις, réponse).

Enc. — Ce terme a commencé à être en usage chez les Grecs du Bas-Empire. Il désignait les agents ou envoyés qui portaient les réponses des empereurs. Plus tard, il s'appliqua également aux officiers chargés de l'expédition des édits et des actes émanés du souverain. Dans la suite, le pape, le patriarche de Constantinople, les évêques des différentes Églises, et même les abbés, eurent des apocrisiaires dont les fonctions consistaient à porter des instructions et des ordres. Toutefois, il est bon d'observer que ce nom fut plus spécialement réservé aux mandataires des papes, qui résidaient près de l'empereur ou de l'exarque de Ravenne. Dans les anciens monastères, on donnait aussi le nom d'ap. à celui qui gardait le trésor. — En France, sous les Mérovingiens, il y avait un ap. ou officier ecclésiastique qui exerçait dans la maison du roi la même autorité sur le spirituel que le comte du palais exerçait sur le temporel. Enfin, sous Charlemagne, on donna le titre d'ap. au grand-aumônier.

APOCRYPHE. adj. (gr. ἀποκρύπτω, je cache). Se dit principalement Des livres dont l'authenticité est douteuse. — L'Église appelle *Apocryphes*, Les livres qu'elle ne reçoit pas pour canoniques. ‖ Par ext., on dit: *Auteur ap.*, *Histoire ap.*, *Nouvelle ap.*, en parlant Des auteurs, des histoires et des nouvelles qui n'inspirent aucune foi, parce que leur authenticité est douteuse.

Enc. — Dans le principe, le mot *Ap.*, qui signifie littéralement *caché*, *qu'on tient secret*, s'appliquait simplement aux écrits religieux que l'on voulait dérober à la connaissance du vulgaire. Ainsi, les *Livres sibyllins*, qui étaient confiés à la garde des décemvirs à Rome, les Annales d'Égypte et de Tyr, dont les prêtres ne permettaient la lecture qu'aux seuls initiés, étaient dits *apocryphes*. C'est encore dans le même sens qu'on donnait le nom d'apocryphes à certaines parties de l'Ancien Testament reconnues comme divines et révélées, parce qu'on les conservait dans les archives sacrées. Mais aujourd'hui le terme *ap.* s'emploie dans des acceptions tout à fait différentes en parlant des livres relatifs à l'histoire de l'Ancien et du Nouveau Testament. On désigne généralement sous ce nom tout livre dont l'authenticité n'est pas établie sur des preuves irréfragables, et spécialement certains écrits qui, dans les premiers siècles du christianisme, furent forgés par diverses sectes hérétiques, notamment par les gnostiques. Néanmoins, dans un langage plus rigoureux, *ap.* s'emploie uniquement dans le sens de *non canonique*: ainsi, lorsque l'Église a déclaré un livre ap. et l'a exclu du canon des Écritures, elle n'a pas prétendu décider par là que c'est un livre sans autorité, attribué faussement à son auteur ou supposé. Le *Pasteur d'Hermas*, par ex., n'a pas aujourd'hui l'autorité que lui ont jadis accordée plusieurs Pères de l'Église; mais il ne s'ensuit pas que ce livre ait été faussement attribué à Hermas et soit absolument indigne de croyance. — Les livres de l'Ancien Testament, que l'Église considère comme apocryphes, sont: *L'Oraison de Manassès*, le 3e et le 4e livre des *Machabées*, la *Généalogie de Job*, le *Discours de la femme de Job*, un *Discours de Salomon*, tiré du 8e chap. du liv. III des Rois, et un *Psaume* qui n'est pas du nombre des cent cinquante. Elle range aussi dans la classe des ouvrages apocryphes le livre de l'*Assomption de Moïse*; celui de l'*Apocalypse d'Élie*, et quelques autres évidemment supposés, tels que les *Générations éternelles*, l'*Échelle de Jacob*, la *Généalogie des fils et des filles d'Adam*, le *Livre d'Adam*, l'*Évangile d'Ève*, le *Livre des Géants*, les *Prophéties d'Hénoch*, le *Testament des douze Patriarches*, etc. — Parmi les livres qui ont rapport au Nouveau Testament, et que l'Église, en vertu de son autorité suprême, n'a pas admis dans le canon des saintes Écritures, nous nous contenterons de citer l'*Évangile de l'enfance du Sauveur et de la nativité de la Vierge*, l'*Évangile de S. Pierre*, l'*Évangile de S. Barthélemy*, l'*Évangile de Judas Iscariote*; la *Lettre d'Abgar à Jésus-Christ*, la *Réponse de Jésus-Christ au roi Abgar*, etc. Évidemment ces livres ne sont pas l'œuvre des auteurs dont ils portent le nom. Il n'en est pas de même du *Pasteur d'Hermas* que nous avons déjà nommé, de la *Lettre de S. Barnabé*, des deux *Lettres de S. Clément*, des sept *Lettres de S. Ignace*: ces écrits sont véritablement authentiques, mais ils ne sont pas canoniques. Quant aux *Constitutions apostoliques*, les 8 livres dont cet ouvrage se compose et qui traitent de la discipline de la primitive Église, ne sont pas authentiques et ils ont été évidemment altérés, car on y trouve des anachronismes et des opinions entachées d'erreurs. On en peut dire autant des *Canons apostoliques* qui sont un recueil de règlements de discipline. Néanmoins tous les auteurs ecclésiastiques accordent à ces deux recueils, surtout aux *Canons*, à cause de leur haute antiquité, une certaine autorité. Voy. les mots *Livres* canoniques.

APOCYN. s. m. (gr. ἀπό, loin de; κύων, chien, dont il faut éloigner les chiens). T. Bot. Voy. Apocynées.

* APOCYNÉES. s. f. pl. T. Bot.

Enc. — Famille de végétaux exogènes, monopétales, hypogynes, qui se compose d'arbres, d'arbrisseaux et d'herbes ordinairement lactescents. — *Caract. bot.*: Feuilles opposées, quelquefois verticillées, rarement alternes, tout à fait entières, parfois munies de glandes ou de cils sur ou entre les pétioles, mais sans stipules proprement dites. Inflorescence tendant au corymbe. Calice libre, quinquéfide, persistant. Corolle monopétale, souvent munie d'écailles à la gorge, hypogyne, régulière, à 5 lobes, décidue, à préfleuraison contournée. Étamines au nombre de 5, naissant de la corolle, avec les segments de laquelle elles alternent; filaments distincts; anthères adhérant fortement au stigmate, biloculaires, s'ouvrant longitudinalement; pollen granuleux. Ovaires au nombre de 2, uni- ou biloculaires, polyspermes; style simple ou double; stigmate simple, s'élargissant à sa base en forme d'anneau, et étranglé au milieu; ovules ordinairement en nombre indéfini, amphitropes ou anatropes. Fruit représentant un follicule, une capsule, un drupe, une baie, double ou simple. Graines à albumen charnu ou cartilagineux, en général pendantes, quelquefois dépourvues d'albumen; tégument simple; embryon foliacé; plumule peu apparente; radicule tournée vers le hile. [Fig. 1. *Petite pervenche* (*Vinca minor*); 2. Corolle ouverte; 3. Style et stigmate; 4. Coupe verticale de l'ovaire double; 5. Coupe d'une graine.] Les Ap. comprennent environ 100 genres et 566

espèces que l'on divise en plusieurs tribus. Nous admettons avec Lindley les cinq coupes suivantes: 1° *Willoughbeïées*; placentas pariétaux. 2° *Carissées*; ovaire simple à 2 loges, et graines nues. 3° *Plumériées*; ovaire double, et graines nues. 4° *Parsonsées*; ovaire simple à 2 loges, et graines chevelues. 5° *Wrightiées*; ovaire double, et graines chevelues.

Les espèces qui composent cette famille habitent pour la plupart les régions tropicales des deux continents; l'Europe n'en possède qu'un petit nombre, parmi lesquelles nous citerons le *Laurier-rose* et la *Pervenche*. Les Ap. sont en général des plantes remarquablement belles, à fleurs larges et à couleurs gaies. Un très-grand nombre cependant sont vénéneuses, et on doit toujours les tenir pour suspectes. Néanmoins la thérapeutique peut en tirer parti, et certaines espèces donnent un fruit qui se mange.

Parmi les véritables poisons, la *Tanghinie vénéneuse* (*Tanghinia venenifera*) est au premier rang. Une seule de ses graines, quoique leur grosseur ne dépasse pas celle d'une amande, suffirait pour tuer vingt personnes. On l'employait à Madagascar comme épreuve judiciaire, mais cet usage est aujourd'hui abandonné. Les amandes du *Cerbera manghas*, appelé quelquefois *Manglier vénéneux*, sont émétiques et toxiques; sa sève lactescente est purgative; ses feuilles et son écorce s'emploient à Java comme substitut du séné. Les graines du *Thevetia ahouai* (Fig. 6) sont vénéneuses; l'écorce et la sève jouissent de propriétés vomitives et narcotiques; le *Thevetia neriifolia* contient un suc laiteux toxique. Cependant, on dit que son écorce amère et cathartique est un puissant fébrifuge, et que deux grains suffisent pour produire l'effet d'une dose ordinaire de quinquina. Le bois de ces deux végétaux a une odeur très-repoussante, et, dans les pays où ils sont indigènes, on s'en sert pour stupéfier le poisson. L'*Hasseltia arborea* doit se ranger parmi les végétaux vénéneux. À Java, on mêle avec du miel le suc laiteux obtenu du tronc, par incision, on le réduit par l'eau bouillante, et on l'administre comme drastique pour détruire le tænia; mais ce remède peut déterminer une inflammation intestinale et quelquefois même des accidents mortels. Le suc laiteux des *Frangipaniers* ou *Franchipaniers* (*Plumerias*) est extrêmement caustique; néanmoins dans les régions tropicales on l'emploie comme purgatif. Le *Camérier à larges feuilles* (*Cameraria latifolia*) a reçu le nom de *Mancenillier bâtard*, à cause de l'analogie de ses propriétés avec celles de cet arbre redoutable. Les Mandingues, dit-on, empoisonnent leurs flèches avec le suc d'une espèce d'*Echites*. En gén. ce dernier genre possède des propriétés narcotiques ou plutôt stupéfiantes, et, en outre, il est extrêmement âcre; en conséquence ses racines sont utiles comme drastiques et épispastiques. Le *Laurier-rose*, nommé aussi *Laurelle* (*Nerium oleander*), est un poison dangereux. Dans le midi de l'Europe, on emploie la décoction de ses feuilles pour détruire les parasites cutanés. À Nice, on réduit en poudre le bois et la racine de cet arbrisseau, et on s'en sert pour tuer les rats. On connaît d'assez nombreux accidents funestes, produits par le *Nerium oleander*. Il paraît que la racine du *N. odorum* de l'Inde est vénéneuse. Toutefois, en atténuant l'activité de ces végétaux, la thérapeutique sait les utiliser, soit comme vomitifs, soit comme drastiques. Les racines de l'*Apocyn à feuilles d'androsème* (*Apocynum androsæmifolium*), vulgairement appelé *Gobe-mouche*, et du *Chanvre indien* (*Apocynum cannabinum*) sont émétiques, diurétiques et diaphorétiques: à petite dose, elles agissent comme toniques. L'infusion des feuilles de l'*Allamanda cathartica* passe pour un excellent purgatif, utile principalement dans la colique des peintres. À haute dose, c'est un émético-cathartique très-violent. La racine de la *Rauwolfie* ou *Rauwolfe blanchâtre* (*Rauwolfia nitida*) possède les mêmes propriétés. Un certain nombre d'espèces de cette famille perdent leur âcreté en tout ou en partie, de sorte qu'on peut alors les employer comme fébrifuges ou même comme aromatiques. Chez les Télingas, les médecins indigènes administrent la racine de l'*Arbre aux serpents* ou *Bois de couleuvre* (*Ophioxylon serpentinum*) comme fébrifuge et alexipharmaque. L'écorce de l'*Alyxie étoilée* (*Alyxia stellata*) est aromatique : les effets qu'elle produit sont semblables à ceux de la cannelle blanche et de l'*écorce de Winter*; aussi peut-elle remplacer ces deux dernières substances : son odeur est celle du Mélilot, et on y trouve des traces d'acide benzoïque : les médecins allemands l'emploient dans le cas de diarrhée chronique et contre certaines affections nerveuses. L'écorce de *Conessi*, excellent astringent et fébrifuge, appelée *Palapatta* dans le Malabar,

Fig. 6.

provient de la *Wrightie antidyssentérique* (*Wrightia antidysenterica*). Dans l'Inde, on remplace quelquefois la salsepareille par l'*Ichnocarpus frutescens*. Le bois de l'*Alstonie scolaire* (*Alstonia scholaris*) et de quelques *Carissas* de Madagascar est aussi amer que la Gentiane. Martius cite l'*Hancornia pubescens* et plusieurs autres arbres du Brésil comme doués des mêmes propriétés. Les feuilles de la *grande* et de la *petite Pervenche* (*Vinca major* et *minor*) passent pour être légèrement astringentes, diaphorétiques et purgatives. Leur infusion est un remède populaire pour combattre les affections prétendues laiteuses.

Il paraît assez singulier de rencontrer dans une famille qui est en général douée de propriétés si actives et même si redoutables, des espèces qui sont absolument inertes : c'est cependant ce que l'on observe. La *Taberne utile* (*Tabernæmontana utilis*) est un de ces *Arbres à vache* de l'Amérique équatoriale qui doivent leur nom à une espèce de lait doux et épais qu'ils donnent en grande quantité. Plusieurs autres Ap., telles que le *Cerbera Odollam*, le *C. lactaria* et le *C. salutaris*, paraissent être dépourvues de toute propriété vénéneuse. Diverses plantes de cette famille donnent du *caoutchouc* ou du moins une substance analogue : cette substance, dans l'Amérique du Sud, provient du *Collophora utilis*, du *Camérier à larges feuilles* (*Cameraria latifolia*) et du *Pacourier* (*Pacouria*); à Madagascar, elle est produite par le *Vahé porte-gomme* (*Vahea gummifera*); l'*Urcéole élastique* (*Urceola elastica*) et le *Willoughbeia edulis* des Indes orientales la fournissent également; mais celle que donne l'*Urcéole*, est de qualité supérieure. Quoique les fruits de quelques espèces se mangent, aucun d'eux n'est estimé. Suivant Martius, le fruit de l'*Hancornia* est doux, légèrement acide et vineux. Le *Willoughbeia edulis* doit son nom (*edulis*, mangeable) à ce que, dans l'Inde, on mange son fruit. On y peut ajouter l'*Ambélanier* (*Ambelania*), le *Carissa carandas*, le *C. edulis*, le *C. arduina*, le *Coumier* (*Coumia*), le *Carpodinus* de Sierra-Leone, et le *Melodinus monogynus*.

Quelques espèces sont usitées dans la teinture; la plus importante sous ce rapport est la *Wrightie des teinturiers* (*Wrightia tinctoria*) qui donne un indigo de bonne qualité. L'*Apocynum cannabinum*, ou *Chanvre indien*, fournit une excellente filasse. Le bois des Ap. est peu connu : celui de la *Wrightie écarlate* (*Wrightia coccinea*) est léger et flexible; on en fabrique des palanquins. Suivant Schomburgk, l'*Aspidosperme élevé* (*Aspidosperma excelsum*) est remarquable par son tronc qui paraît comme cannelé, ou plutôt qui semble composé de plusieurs troncs plus petits qui se seraient accolés et auraient crû ensemble dans toute leur hauteur. A sa partie inférieure, le tronc de cet arbre pousse des branches tubulaires formant des cavités qui servent aux Indiens de bordages pour la construction de leurs pagaies.

Les sages de Ceylan, ayant démontré que leur île avait été le siége du paradis terrestre, ont cherché à découvrir quel était l'arbre du fruit défendu, et ils l'ont trouvé dans le *Divi Ladner*, arbre de la famille des Ap. qui croît à Ceylan, et qui paraît être la *Tabernæmontana dichotoma*. La beauté de son fruit et le parfum de ses fleurs avaient de quoi tenter la mère du genre humain, et d'ailleurs le fruit porte encore la marque des dents de la première femme. Jusqu'alors le fruit était délicieux, mais, aussitôt le péché commis, il devint vénéneux, et depuis il est toujours demeuré tel.

APODE. adj. 2 g. (gr. α priv.; ποῦς, ποδός, pied). T. Zool. || S'emploie aussi subst. masc.

Enc. — En T. de Zool., le mot *Ap.* s'applique généralement à tous les animaux dépourvus de pieds; mais les entomologistes s'en servent spécialement pour désigner les larves d'insectes qui n'ont point de pattes, et les ichthyologistes pour caractériser les poissons privés de nageoires ventrales.

Dans la méthode de Cuvier, les *Apodes* constituent le 3e ordre des Poissons appelés *Malacoptérygiens*. Tous les individus qui appartiennent à cet ordre peuvent être considérés comme ne formant qu'une seule famille, celle des *Anguilliformes* : par conséquent, *Ordre des Apodes* et *Famille des Anguilliformes* sont deux termes parfaitement équivalents. Tous ces poissons ont un corps allongé, sont dépourvus de nageoires ventrales, et sont revêtus d'une peau épaisse, souvent fort gluante, et laissant à peine paraître les très-petites écailles qui la garnissent. Ils ont peu d'arêtes, manquent de cœcums, mais possèdent, pour la plupart, une vessie natatoire dont la forme est parfois très-singulière. — L'ordre des Apodes comprend les grands genres suivants : *Anguille*, *Gymnote*, *Gymnarque*, *Leptocéphale*, *Donzelle*, *Equille* et *Saccopharynx*. — L'importance des genres *Anguille* et *Gymnote* exige un article différent pour chacun d'eux. Le genre *Gymnarque* ne comprenant qu'une seule espèce, qui habite le Nil, il suffit de le mentionner.

Les diverses espèces du genre *Leptocéphale* n'ont pas été encore assez étudiées : on ne connaît bien que le *Lept. de Morris*, qui habite nos côtes et celles d'Angleterre. Il se rapproche des Anguilles par la position de la fente de ses ouïes, qui s'ouvrent au-devant des pectorales; mais son corps et sa tête, qui est très-petite, sont aplatis latéralement, et représentent une lame mince et transparente. Son museau est court et un peu pointu; ses nageoires pectorales deviennent imperceptibles quand elles sont desséchées. La dorsale et l'anale, également à peine visibles, s'unissent à l'extrémité de la queue. Les individus les plus grands ne dépassent guère 12 centimètres de longueur. — Les *Donzelles* ont, comme les Anguilles propres, une nageoire dorsale et une anale qui se réunissent à la caudale pour terminer le corps en pointe. Leur corps est comprimé latéralement, et leurs branchies bien ouvertes sont munies d'un opercule très-apparent. On subdivise ce genre en *Donzelles proprement dites* et en *Fiérasfers*. Les Donzelles propres portent sous la gorge 2 paires de petits barbillons, et les seconds en sont dépourvus. On trouve dans la Méditerranée une espèce de Fiérasfer et deux espèces de Donzelles, l'une couleur de chair, appelée *Donzelle commune* (Fig. 1), et l'autre nommée *Donzelle brune* à cause de sa couleur. Ces

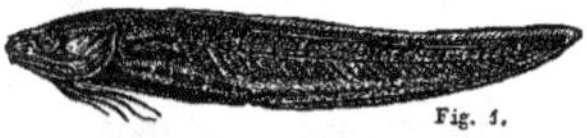

Fig. 1.

Fig. 2.

poissons sont du reste fort petits. — Les *Equilles* sont de petits poissons à corps allongé, pourvus d'une nageoire à rayons articulés, mais simples, sur une grande partie du dos; d'une deuxième nageoire derrière l'anus, et d'une troisième fourchue au bout de la queue; mais des espaces libres les séparent. Leur tête est comprimée, plus étroite que le corps, et pointue par devant. Leur mâchoire supérieure est susceptible d'extension, et, à l'état de repos, l'inférieure est plus longue que l'autre. Ces poissons manquent de cœcums et de vessie natatoire. Les zoologistes ont donné aux individus de ce genre le nom d'*Ammodytes*, parce qu'ils se tiennent dans la vase et dans le sable des rivages, qu'ils creusent à l'aide de leur tête jusqu'à une profondeur de 18 à 24 centimètres; cette habitude leur a également valu la dénomination vulg. d'*Anguilles de sable*. Ces poissons se nourrissent des vers qu'ils trouvent dans le sable, et en même temps cette manière de vivre les met jusqu'à un certain point à l'abri de la dent des poissons voraces et surtout des Scombres qui préfèrent l'Ammodyte à toute autre proie. Aussi les pêcheurs s'en servent-ils comme appât. Le *Lançon* (Fig. 2) et l'*Equille appât* sont deux espèces fort communes sur nos côtes. Ces poissons sont bons à manger et longs de 24 à 27 centimètres, d'un gris argenté. — Enfin, Cuvier place entre les genres Anguille et Gymnote un poisson encore assez peu connu, dont nous ne parlons qu'à cause de la singularité de sa conformation. C'est le *Saccopharynx* « dont le tronc, dit-il, est susceptible de se renfler comme un gros tube, et se termine par une queue très-grêle et très-longue, entourée d'une dorsale et d'une anale très-basse qui s'unissent à sa pointe. Sa bouche, armée de dents aiguës, s'ouvre jusque fort loin en arrière des yeux, qui sont tout près de la pointe très-courte du museau. Ce poisson devient très-grand et paraît vorace. On n'en a vu que dans l'Océan atlantique, où ils flottaient à la surface, au moyen de la dilatation de leur gorge. » (Règne animal, 3e éd.)

*** APODÈRE.** s. m. (gr. ἀποδέρω, j'écorche). T. Ent. Voy. Rhynchophores.

APODICTIQUE. adj. 2 g. (gr. ἀποδείκνυμι, je démontre). T. Philos.

Enc. — Aristote (*Analyt. Prior.* L. I. c. 1.) établit une distinction entre les propositions qui sont susceptibles d'être contestées et celles qui ne sauraient l'être, parce qu'elles sont le résultat d'une démonstration, et il nomme ces dernières *apodictiques*. Kant a emprunté matériellement ce terme au philosophe de Stagire, et il l'emploie pour désigner ceux de nos jugements dont l'affirmation ou la négation est considérée comme *nécessaire*. Ce terme d'ailleurs est rarement usité dans le langage de la philosophie.

APOGÉE. s. m. (gr. ἀπὸ, loin de; γαῖα, la terre). T. Astr. Le point où une planète se trouve à sa plus grande distance de la terre. || Fig., Point le plus élevé où l'on puisse parvenir. *Il est à l'ap. de sa gloire.* — On dit dans le même sens, *Sa fortune est à son ap.* || Dans le langage de la science, *ap.* se prend quelquefois adject. *La lune est ap.*

Enc. — Le terme d'*Ap.* s'emploie en parlant de l'orbite que la lune décrit réellement autour de la terre et des orbites que le soleil ou les planètes paraissent décrire autour de notre globe, et il sert à désigner les points de ces orbites qui sont les plus éloignés de la terre. L'ap. est l'opposé de *Périgée*, qui signifie le point le plus rapproché de la terre. En ne considérant que l'apparence des phénomènes, on dit que le soleil est à son ap. ou à son périgée, lorsque la terre est à son aphélie ou à son périhélie; cependant, depuis que les astronomes ont restitué au soleil sa place au centre de notre système, les noms d'ap. et de périgée ne s'appliquent plus qu'à la lune. — L'ap. de l'orbite lunaire se déplace vers l'orient, et complète sa révolution à peu près dans l'espace de neuf années. — Par analogie, on nomme *Apojoves* et *Périjoves* les apsides supérieures et inférieures des satellites de Jupiter.

*** APOGON.** s. m. (gr. α priv.; πώγων, barbe). T. Ichth. Voy. Percoïdes.

APOGRAPHE. s. m. (gr. ἀπὸ, après; γράφω, j'écris). Copie d'un livre, d'un original. Est l'opposé d'*Autographe*, mais est fort peu us.

APOLLON. (gr. ἀπόλλων). T. Myth. Nom du Dieu qui présidait aux beaux-arts et particulièrement à la poésie. Les poëtes sont souvent appelés *Les fils*, *les favoris d'Ap.* — On dit D'un versificateur sans talent, qu'*Il fait des vers en dépit d'Ap.* *L'amour a été son Ap.*, se dit D'un poëte qui a été inspiré par l'amour. || *T. Ent. Voy. *Lépidoptères* diurnes.

Enc. — Selon la Mythologie hellénique, *Ap.* était à la fois le dieu du jour, de la médecine, des beaux-arts et de la divination. Latone le mit au monde dans l'île de Délos; Jupiter, le maître des Dieux, était son père et Diane était sa sœur jumelle. Ap. ne fut point allaité par Latone; Thémis se chargea de le nourrir de nectar et d'ambroisie. A peine le jeune Dieu eut-il goûté cette nourriture divine qu'il posséda toute sa force et son intelligence. Il choisit la lyre et l'arc pour ses attributs. Cinq jours seulement s'étaient écoulés depuis sa naissance, et déjà il perçait des traits qu'il avait reçus de Vulcain, le gigantesque serpent Python, qui était né du limon de la terre, après le déluge de Deucalion. Ovide suppose qu'Ap. institua aussitôt en l'honneur de sa victoire les *Jeux pythiques* si renommés dans l'antiquité. — Les mythographes lui attribuent d'autres triomphes non moins fameux, quoique d'une nature bien différente. Ainsi, le satyre Marsyas, à qui le hasard avait fait trouver la flûte jetée par Minerve, s'étant vanté de l'emporter en talent musical sur Ap. lui-même, fut vaincu par le Dieu, en présence des Muses qui avaient été choisies pour juges du combat. Ap. punit l'orgueil de Marsyas en le faisant écorcher vif. Il eut à soutenir une lutte semblable avec Linus, qui fut également vaincu et tué. Pan eut aussi une dispute musicale avec Ap.; mais cette fois le juge du combat était Midas, roi de Célènes; il refusa la couronne au Dieu de l'harmonie. Ap. se borna, dans sa juste indignation, à faire croître des deux côtés de la tête du juge des oreilles d'âne. — Pendant son séjour sur la terre, Ap. dirigea constamment les Muses : il habitait avec elles les monts Parnasse, Hélicon, Piérus, les bords de l'Hippocrène et du Permesse, où paissait ordinairement le cheval Pégase, qui lui servait de monture. — De même que les autres Dieux, il ressentit de l'amour pour des mortelles. Daphné fut la première qu'il aima, mais cette nymphe repoussa l'amour d'Ap. Ne pouvant triompher de Daphné, il se mit à la poursuivre. Sur le point d'être atteinte, la nymphe invoqua les Dieux qui la métamorphosèrent en *Laurier*. Ap., dans sa douleur d'avoir perdu sans retour celle qu'il aimait, détacha de la tige nouvelle quelques rameaux, s'en fit une couronne et voulut que désormais l'arbre lui fût consacré. La nymphe Clythie, qui l'aima, eut une destinée analogue : elle fut délaissée par le Dieu, qui la changea ensuite en *Héliotrope*. Parmi les fils d'Ap., les plus célèbres sont Phaéton et Esculape. Ce dernier se montra le digne rejeton du Dieu de la médecine; mais ayant poussé la témérité jusqu'à rendre la vie aux morts, Jupiter irrité le frappa de la foudre. Ap. se vengea sur les Cyclopes qui avaient forgé les traits dont son fils avait été frappé et les extermina. Alors Jupiter exila, pour une année, Ap. de l'Olympe. C'est pendant ce court exil qu'il donna aux hommes l'exemple de la vie pastorale; les riantes prairies de la Thessalie le virent conduire les nombreux troupeaux d'Admète. Enfin, à sa rentrée dans le conseil des Dieux, il obtint de conduire le char du Soleil et prit alors le nom de *Phœbus* qui signifie *brillant*.

Ap. eut une foule de temples : ceux de Delphes, de Délos, de Patare, de Grynœum, de Claros et de Milet étaient célèbres par les oracles qui s'y rendaient; parmi les autres temples nous citerons ceux d'Actium, du Parnasse, d'Asine, de Phare et de Thymbra. A Rome, Auguste lui éleva un temple magnifique sur le mont Palatin. — Un grand nombre de fêtes furent également instituées en l'honneur de ce Dieu. Nous mentionnerons seulement les *Jeux pythiques*, dont nous avons rapporté l'origine. Ces jeux étaient célébrés dans une immense plaine située aux environs de Delphes, et les Amphictyons y siégeaient en qualité de juges ou d'agonothètes. Ils consistaient primitivement en combats de chant et de musique, et ils n'avaient lieu que de huit en huit ans; mais dans la suite, ils devinrent quadriennaux. L'on y admit les courses de chars, et les exercices du *Pentathle*, le saut, la course, le palet, le javelot et la lutte. Ils servirent en outre d'époque aux habitants de la Béotie, de la Phocide et de toute la haute Grèce, de même que les jeux olympiques en servaient pour les autres peuples helléniques.

Plusieurs statues d'Ap. sont parvenues jusqu'à nous : la plus belle, qui est en même temps l'un des chefs-d'œuvre de la sculpture antique, représente ce Dieu venant de tuer le serpent Python. Cette admirable statue a été trouvée dans les ruines d'Antium, vers la fin du XVe siècle; on la voit aujourd'hui au Vatican dans le pavillon du Belvédère : c'est pour cela qu'elle est connue vulgairement sous le nom d'*Ap. du Belvédère*.

APOLOGÉTIQUE. adj. 2 g. Qui contient une apologie. *Lettre, discours ap.* || S'emploie subst. au masc., en parlant de *l'Apologétique de Tertullien*. Voy. APOLOGIE.

APOLOGIE. s. f. (gr. ἀπολογία, discours en faveur de). Discours par écrit ou de vive voix pour justifier, pour défendre une personne, une action, un ouvrage. *Écrire une ap. Faire l'ap. de quelqu'un.* || Par ext., se dit De tout ce qui est propre à justifier quelqu'un. *Sa conduite fait bien son ap.*

Syn. — *Justification.* — L'*Ap.* est un moyen de *justification*, c'est la défense de l'accusé; elle doit donner la preuve de son innocence, afin d'arriver à le justifier : en d'autres termes, la *justification* est le but de l'*ap.* Néanmoins *justification* se prend aussi dans le sens de défense d'un accusé. En outre, le terme *ap.* renferme quelquefois une idée de louange qui n'est pas comprise dans celui de *justification*.

Enc. — Les anciens désignaient sous le nom d'*Ap.* une sorte d'écrit composé dans le but de justifier un fait incriminé, une personne accusée injustement, ou une doctrine faussement interprétée. Les deux plus remarquables ouvrages de ce genre que nous ait légués l'antiquité, sont les apologies que Platon et Xénophon composèrent après la mort de Socrate, pour réhabiliter la mémoire de ce philosophe dont ils avaient été les disciples. — Dans les premiers siècles de l'Eglise, les Pères, obligés de lutter sans cesse contre les ennemis du christianisme, composèrent une foule d'écrits justificatifs qui prirent le titre d'apologies. La plupart de ces ouvrages ont été anéantis ou perdus. Parmi ceux qui nous restent, nous mentionnerons les deux *Apologies* de S. Justin, et son Dialogue avec le Juif Tryphon; le Discours aux Gentils, par Tatien; la Satire contre les philosophes païens, par Hermias; l'Ambassade d'Athénagore pour les chrétiens; les Trois livres de saint Théophile, évêque d'Antioche, à Autolycus; l'Exhortation de saint Clément d'Alexandrie aux païens; la Dispute d'Arnobe contre les païens; le dialogue de Minucius Félix, intitulé Octavius; les Huit livres d'Origène contre Celse; les Institutions divines de Lactance; le Discours de saint Athanase contre les païens, etc. Il existe encore une foule d'autres écrits, soit anciens, soit modernes, qui peuvent se ranger dans la catégorie des apologies du christianisme et de la foi catholique; mais il serait trop long de les énumérer ici. — Le célèbre ouvrage que Tertullien écrivit de l'an 200 à 202, sous le titre d'*Apologétique*, mérite une mention spéciale. Dans ce livre plein de force et d'élévation, l'auteur s'adresse aux magistrats de Carthage; il démontre l'injustice des persécutions exercées contre une religion qu'on condamnait sans la connaître, contre des hommes qu'on envoyait au supplice sans les entendre; il fait justice des accusations odieuses et des calomnies dont on chargeait les chrétiens; enfin il expose la doctrine nouvelle autant du moins qu'il était alors nécessaire pour la disculper. Néanmoins la voix du Bossuet africain, pour nous servir de la belle expression de Chateaubriand, fut impuissante, et la persécution continua avec la même violence.

APOLOGISTE. s. m. Celui qui fait l'apologie de quelqu'un ou de quelque chose. *Il s'est constitué votre ap.*

APOLOGUE. s. m. (gr. ἀπόλογος, discours détourné). Petit récit allégorique qui a un but moral ou instructif. *L'ap. a pris naissance dans l'Orient. L'ap. du Loup et de l'Agneau. Les apologues de Bidpaï.* = Syn. Voy. ALLÉGORIE.

APONÉVROSE. s. f. (gr. ἀπονεύρωσις). T. Anat.

Enc.—Les *Aponévroses* sont des membranes minces formées par du tissu cellulaire quelquefois amorphe, mais le plus ordinairement fibreux. En général, elles se composent de filaments d'un blanc nacré, très-résistants, à peu près inextensibles, entrecroisés ou formant des faisceaux parallèles unis entre eux par un tissu cellulaire dense. — Les anatomistes modernes admettent généralement deux sortes d'aponévroses, les *fascias* et les *aponévroses* proprement dites. Il y a deux fascias, un *superficiel* et un *profond*. Le fascia superficiel est constitué par les lames les plus profondes du tissu cellulaire sous-cutané, et forme une couche tantôt très-mince, tantôt assez épaisse, purement celluleuse dans certains endroits, réellement fibreuse dans quelques autres, qui n'est franchement interrompue sur aucun point du corps. Le fascia profond est formé par du tissu cellulaire condensé. Il tapisse la face adhérente des membranes séreuses viscérales, qui, sans lui, se réduiraient à une sorte d'épithélium. Les *aponévroses proprement dites* sont celles qui possèdent au plus haut degré la texture fibreuse. Elles forment une enveloppe générale autour des masses musculaires, et envoient des prolongements en forme de cloisons qui séparent chaque muscle, et vont se continuer avec le périoste, les ligaments et les tendons. Les aponévroses s'unissent aux fascias dans une foule de points, de sorte qu'on peut concevoir le système aponévrotique comme un système unique et non interrompu, qui, après avoir enveloppé le corps de toutes parts, sert à le diviser en une multitude de compartiments occupés chacun par un muscle.

Le principal usage des aponévroses consiste à isoler les muscles, ce qui permet à ceux-ci de se contracter librement et indépendamment les uns des autres. La résistance et l'inextensibilité d'un grand nombre d'entre elles font qu'elles jouent un rôle important dans la locomotion, par l'appui qu'elles prêtent aux muscles dans leurs contractions. Beaucoup d'aponévroses fournissent en outre un point d'attache aux fibres musculaires qui s'insèrent soit contre leurs faces, soit à leur extrémité : elles font alors l'office de tendons, et sont dites *aponévroses d'insertion*, pour les distinguer des *aponévroses d'enveloppe*. Enfin, dans certains points, leurs fibres, en se divisant ou en se repliant, forment des anneaux ou des gaînes inextensibles que traversent des vaisseaux ou des nerfs. C'est à travers ces anneaux que se font ordinairement les hernies. — Les aponévroses sont douées d'une très-faible vitalité. C'est pourquoi, dans la plupart des maladies qui attaquent les tissus voisins, elles restent en général intactes, alors même que tout est désorganisé autour d'elles. Dans les inflammations, leur résistance et leur inextensibilité font qu'elles s'opposent au gonflement des parties, et qu'elles produisent souvent des étranglements, d'où résulteraient des accidents graves, et même la gangrène, si l'on n'y remédiait en pratiquant de grandes incisions. Lorsque des abcès se développent au-dessous des aponévroses, elles s'opposent également à l'issue du pus et le forcent à fuser le long des muscles et à venir former une tumeur quelquefois très-éloignée du point de départ. D'un autre côté, ces tissus, en isolant les organes, empêchent souvent l'inflammation de se propager, et la suppuration de devenir diffuse. La compression même qu'elles exercent sur les parties enflammées peut être considérée, dans beaucoup de cas, comme utile plutôt que nuisible, parce qu'elle tend à favoriser la résolution.

APONÉVROTIQUE. adj. 2 g. T. Anat. Qui est relatif, qui appartient aux aponévroses; qui est de la nature des aponévroses. *Expansion ap. Membrane ap. Fibres aponévrotiques.*

APOPHTHEGME. s. m. (gr. ἀποφθέγγομαι, je dis). Dit notable, mémorable, de quelque personnage célèbre. *Les Apophthegmes des sept sages de la Grèce.* || *Il ne parle que par apophthegmes*, se dit fam. et ironiq. De quelqu'un qui affecte de s'exprimer sentencieusement. = Syn. Voy. APHORISME.

APOPHYSE. s. f. (gr. ἀποφύομαι, je nais de). T. Anat. Éminence qu'on observe à la surface des os. Voy. Os. || * T. Bot. Se dit D'une élévation, d'un renflement qui paraît peu régulier.

APOPLECTIQUE. adj. 2 g. Qui appartient à l'apoplexie. *Symptômes apoplectiques* || Qui prédispose à l'apoplexie, qui indique une prédisposition à l'apoplexie. *Complexion ap. Cet homme a l'air ap.* || Qui est utile contre l'apoplexie. *Baume ap.* Peu us. dans ce sens. || S'emploie subst. *C'est un ap.*, C'est un homme qui est menacé d'apoplexie, qui a eu des attaque d'apoplexie.

APOPLEXIE. s. f. (gr. ἀποπλήσσω, je frappe). T. Méd.

Enc.—L'*Ap.* peut se définir une affection du centre nerveux encéphalo-rachidien, qui se manifeste par une perte ordin. soudaine et plus ou moins complète du sentiment et du mouvement dans une ou plusieurs parties du corps. L'ap. se divise, d'après son siége, en *ap. cérébrale* et en *ap. rachidienne* (ap. de la moelle épinière). Elle dépend soit d'un simple engorgement des vaisseaux sanguins encéphaliques, ou d'une extravasation de sang hors de ces vaisseaux (*ap. sanguine*); soit d'une accumulation brusque de sérosité dans les cavités du cerveau (*ap. séreuse*); soit d'une cause inconnue qui ne laisse aucune trace de lésion matérielle appréciable (*ap. nerveuse*).—L'*ap. sanguine* se distingue en *ap. hypérémique* ou *ap. par congestion* qui résulte de la simple congestion des vaisseaux, sans extravasation de sang, en *ap. interstitielle* qui est l'effet de l'épanchement du sang dans le tissu nerveux lui-même, et en *ap. méningée* : dans cette dernière, l'hémorrhagie s'opère simplement à la périphérie des centres nerveux ou dans les cavités ventriculaires du cerveau. L'ap. séreuse est peu commune, et son histoire est encore environnée de beaucoup d'obscurité. L'ap. nerveuse est encore plus rare et moins bien connue : un grand nombre d'auteurs vont jusqu'à révoquer en doute son existence. Les apoplexies rachidiennes ne sont pas très-fréquentes. En conséquence, nous parlerons surtout de l'ap. cérébrale sanguine, c.-à-d. par hémorrhagie, dans le tissu du cerveau, parce que cette dernière affection s'observe tous les jours.

Il est assez rare que l'ap. survienne d'une manière inopinée, ainsi que beaucoup de personnes sont portées à le croire. Dans la plupart des cas, elle s'annonce par des prodromes qu'un médecin éclairé ne méconnaît guère et auxquels il doit souvent de pouvoir prévenir la maladie en dirigeant contre elle un traitement prophylactique convenable. L'invasion est précédée tantôt d'un sentiment de pesanteur dans la tête, d'étourdissements, de bourdonnements d'oreille, d'illusions d'optique; tantôt d'un affaiblissement marqué de la mémoire, de lenteur dans les idées, de surdité; tantôt d'un besoin insolite de sommeil, de mouvements spasmodiques vagues dans diverses parties du corps, d'une difficulté d'articuler certains mots, etc. — Après une durée plus ou moins longue des prodromes que nous venons d'énumérer, l'ap. se manifeste sous différentes formes. Ainsi elle peut survenir brusquement, atteindre rapidement un haut degré d'intensité et cesser au bout de quelques instants, ne laissant après elle aucune altération permanente appréciable de la sensibilité, du mouvement ou de l'intelligence : alors l'ap. est appelée *coup de sang*. D'autres fois, les accidents, au lieu de diminuer, croissent d'instant en instant au point de supprimer non-seulement toutes les fonctions de relation, mais encore les mouvements du cœur et ceux de la respiration : dans ce cas, l'ap. est dite *foudroyante*. Enfin, et c'est là le cas le plus fréquent, les fonctions de relation ne sont suspendues qu'en partie, mais la suspension est permanente, ou ne cesse qu'au bout d'un certain temps. Cette forme d'ap. est celle que les anciens nommaient *paraplexie*, mot qui n'est plus employé de nos jours que par un petit nombre d'auteurs. La première de ces formes est produite par la simple congestion des vaisseaux sanguins encéphaliques, qui détermine une forte compression de la substance nerveuse, tandis que les deux dernières sont le plus souvent le résultat d'une hémorrhagie cérébrale qui a dilacéré la pulpe nerveuse. — Les individus frappés d'ap. cérébrale sanguine ne perdent pas toujours entièrement la conscience d'eux-mêmes; on observe à cet égard une multitude de degrés depuis un simple étourdissement jusqu'à l'état comateux le plus prononcé. La paralysie soit de la sensibilité, soit de la motilité, offre aussi des degrés très-variables. Elle peut être générale ou ne frapper que certains organes, certaines fonctions; le plus ordinairement elle est bornée à l'un des côtés du corps : on l'appelle alors *hémiplégie*. Dans les apoplexies cérébrales, les phénomènes que présente la circulation n'ont rien de constant : tantôt le pouls est fort et vibrant, tantôt il est à peine sensible; fréquemment la peau est rouge et injectée, d'autres fois elle est d'une pâleur cadavérique. La respiration est presque toujours stertoreuse, et la plupart des apoplectiques qui succombent dans le cours de leur attaque meurent asphyxiés. — Dans les apoplexies séreuses, la perte de connaissance est ordinairement complète, et la paralysie n'est pas aussi limitée que dans l'hémorrhagie du cerveau. Lorsque, au contraire, c'est la moelle épinière qui est le siége de l'ap., le malade ne perd pas connaissance; il y a simplement paralysie d'une partie du corps située au-dessous du point qu'occupe la lésion de la moelle épinière. Quelquefois on observe des convulsions, et même une rigidité presque tétanique de certains muscles.

Les causes de l'ap. sont excessivement nombreuses. L'ap. séreuse attaque surtout les vieillards, les sujets faibles, débilités par des maladies antécédentes, ou ceux qui sont affectés d'une lésion organique du poumon ou du cœur. Les individus atteints d'anasarque ou d'hydropisie y paraissent aussi prédisposés. L'ap. cérébrale sanguine, au contraire, frappe de préférence les sujets forts et pléthoriques. Elle est favorisée par tout ce qui est de nature à déterminer un afflux considérable de sang vers le cerveau, comme des efforts violents, de fortes contentions d'esprit, des émotions morales vives, une température très-élevée ou très-basse. Tout ce qui tend à s'opposer au retour du sang veineux vers le cœur et donne lieu à une stase sanguine dans le cerveau, comme un lien trop serré autour du cou, une attitude penchée, etc., agit d'une façon analogue. Toutefois la cause prochaine la plus fréquente de l'hémorrhagie cérébrale paraît résider dans les altérations que les artères encéphaliques subissent par le simple effet de l'âge, c.-à-d. dans les ossifications et dans les incrustations crayeuses qui diminuent la solidité de leurs parois et tendent à favoriser leur rupture.

Comme dans le cas d'hémorrhagie interstitielle, la lésion est toujours limitée à une portion de la substance cérébrale, et comme tous les nerfs tirent leur origine d'un point particulier du cerveau, il était naturel de chercher à déterminer le siége de la lésion organique d'après celui de la paralysie. Cette question, d'ailleurs, est une des plus intéressantes pour la physiologie; car sa solution jetterait un grand jour sur les fonctions des diverses parties de l'encéphale. Malheureusement les résultats obtenus sont bien loin de concorder entre eux. Le seul fait irrévocablement acquis à la science est celui-ci : dans l'ap. cérébrale, la paralysie existe presque toujours du côté opposé à celui du cerveau où siége la lésion : dans l'ap. de la moelle épinière, au contraire, elle existe toujours du même côté. Cette différence résulte de la disposition anatomique des fibres nerveuses. Dans la moelle, en effet, les fibres marchent en droite ligne sans se dévier; ce n'est qu'au moment de pénétrer dans le cerveau qu'elles changent de direction. Alors elles s'entrecroisent; celles de droite passent à gauche, et *vice versâ*. Cependant toutes ne s'entrecroisent pas, et c'est ce qui explique les cas rares où l'on n'a pas observé les effets croisés habituels. — On a voulu aller plus loin, et l'on a affirmé, par exemple, que la paralysie des membres inférieurs tenait à la lésion du corps strié, la paralysie des bras à la lésion des couches optiques, l'hémiplégie à la lésion simultanée de ces deux portions du cerveau, la paralysie de la langue à la lésion de la corne d'Ammon, etc. Mais il existe dans la science des faits nombreux en opposition formelle avec ceux qu'on invoque en faveur de ces localisations.

L'ap. est toujours une maladie grave, et son pronostic, même dans les cas légers, ne laisse pas d'être inquiétant, à cause des récidives que l'on a à redouter. Lorsque l'attaque a eu une certaine intensité, il est rare, si le malade survit, qu'il ne conserve pas une paralysie plus ou moins étendue, soit du mouvement, soit de la sensibilité; souvent même il perd l'usage de quelqu'un de ses sens, ou bien ses facultés intellectuelles restent affaiblies ou troublées pendant le reste de ses jours. — Néanmoins l'ap. cérébrale, alors même qu'elle a donné lieu aux symptômes les plus alarmants, peut encore se terminer par la guérison. Assez souvent l'épanchement sanguin s'arrête, et le sang extravasé se coagule. Le caillot, qui offre d'abord l'aspect de la gelée de groseilles, prend peu à peu plus de consistance; il s'entoure d'une sorte d'enveloppe fibrineuse qui devient de jour en jour plus solide, s'organise et finit par constituer un kyste adhérent par sa circonférence extérieure à la substance cérébrale. Quelquefois ce kyste ne disparaît pas complétement; mais dans certains cas il est entièrement résorbé, et alors il n'existe plus, à la place de l'épanchement, qu'une cicatrice linéaire formée par un tissu cellulaire dense. Il est extrêmement probable que les fonctions ne se rétablissent dans toute leur intégrité que lorsque les fibres nerveuses ont été simplement écartées, mais non quand elles ont été rompues et détruites.

Le traitement de l'ap. est prophylactique ou curatif : toutefois les moyens à mettre en usage sont à peu près les mêmes dans les deux cas; car la principale indication, avant comme après l'invasion de la maladie, consiste à diminuer la masse du sang au moyen des émissions sanguines, ou bien à opérer une dérivation plus ou moins énergique vers la peau ou vers le tube intestinal.

Quelques auteurs ont étendu la dénomination d'*ap.* aux épanchements de sang qui se font dans l'intérieur de certains organes, tels que le poumon, le foie, etc., soit parce que l'hémorrhagie s'opère dans le parenchyme même de l'organe, soit parce que souvent l'invasion a lieu d'une manière brusque et rapide. C'est ainsi que l'hémorrhagie parenchymateuse du poumon a reçu le nom d'*ap. pulmonaire*. Quoique cette dénomination nous paraisse plus convenable que le terme banal d'*hémoptysie*, qui s'applique à tout crachement de sang, quelles que soient sa cause et son origine, comme ce dernier est le plus usité, c'est à l'art. HÉMOPTYSIE que nous parlerons de l'ap. pulmonaire.

*** APOSIOPÈSE.** s. f. (gr. ἀποσιωπάω, je me tais). T. Rhét. Voy. RÉTICENCE.

*** APOSTASIACÉES.** s. f. pl. T. Bot.

Enc. — Famille de végétaux endogènes à ovaire infère que Blume et Lindley ont établie aux dépens de celle des *Orchidées*. Les *Ap.* sont des plantes herbacées vivaces, à tige simple ou rameuse, à feuilles fermes, minces et engainantes à leur

base, qui habitent les bois humides de l'Inde et de l'Archipel indien. — *Caract. botan.* : Fleurs en grappes terminales simples ou composées. Calice et corolle composés chacun de 3 pièces semblables. Étamines au nombre de 2 ou de 3, sessiles sur une colonne courte, droites, biloculaires, s'ouvrant longitudinalement. Pollen en grains simples et ovales, selon Blume et Griffith, et réuni en 3 ou 4 masses, suivant Bauer. Ovaire à 3 loges, avec 3 placentas polyspermes; ovules à téguments très-distincts; style filiforme avec un stigmate légèrement trilobé, aussi long que les anthères, et adhérant aux filets de celle-ci de façon à représenter une colonne courte. Capsule triloculaire à 3 valves septifères sur le milieu de leur face interne, et adhérentes entre elles par le sommet et par la base. Graines très-nombreuses, petites, ovoïdes ou scobiformes. [Fig. 1. *Apostasie odorante* (*Apostasia odorata*). 2. Fleur. 3. Étamines et style. 4. Coupe transversale de l'ovaire. 5. Graine.] Cette petite famille ne se compose que de 3 genres et de 5 espèces, dont aucune n'est usitée.

APOSTASIE. s. f. (gr. ἀπὸ, loin de; ἵστημι, je me tiens). Abandon public d'une religion pour en embrasser une autre. Se prend en mauvaise part, et se dit particulièrement De l'abandon de la foi chrétienne. *Tomber dans l'ap.* ‖ S'emploie en parlant D'un religieux qui rompt ses vœux et renonce à son habit. = Par ext., se dit encore de L'abandon d'un parti, d'une doctrine.

APOSTASIER. v. n. Tomber dans l'apostasie. S'emploie dans les diverses acceptions du mot *Apostasie*. — * APOSTASIÉ, ÉE. part.

APOSTAT. adj. m. Qui a apostasié. *Chrétien ap. Moine ap.* ‖ Se prend aussi subst. *C'est un vil ap.*

Syn. — *Renégat*. — Ces deux mots servent à désigner, en général, les hommes qui abjurent leur religion pour embrasser une autre croyance; mais le premier s'applique plus particulièrement à ceux qui ont renoncé au christianisme ou au catholicisme, et *renégat* est usité de préférence en parlant des chrétiens qui se font mahométans.

APOSTÈME. s. m. Voy. APOSTUME.

APOSTER. v. a. (lat. *ad*, vers; *ponere*, poser). Mettre quelqu'un dans un poste pour observer ou pour exécuter quelque chose. Ne se prend guère qu'en mauvaise part. *Ap. des gens pour insulter, pour maltraiter quelqu'un. Ap. de faux témoins.* = APOSTÉ, ÉE. part.

Syn. — *Poster*. — *Poster* exprime une action ordinaire qui ne suppose de la part du sujet ni finesse, ni malveillance. *Ap.*, au contraire, implique une idée de ruse, de mystère, et suppose une intention bien déterminée de nuire. Des soldats sont *postés* pour combattre l'ennemi s'il se présente; mais des assassins sont *apostés* pour s'élancer sur quelqu'un et l'égorger.

A POSTÉRIORI. Voy. PRIORI.

APOSTILLE. s. f. (lat. *appositum*, placé auprès). Petite note qu'on met à la marge d'un livre ou d'un écrit. — Addition mise au bas d'une lettre. ‖ Recommandation ou observation écrite en marge d'une pétition, d'un mémoire. *Demander, donner, refuser une ap.* ‖ * Observation que les arbitres mettent à la marge d'un compte, en regard des articles contestés. ‖ * Addition, annotation faite à la marge d'un acte. *Les apostilles doivent être paraphées par tous les signataires du corps de l'acte.*

APOSTILLER. v. a. Mettre des apostilles en marge d'un écrit, d'un livre, d'une pétition, d'un mémoire, d'un compte, d'un acte. *Le ministre avait apostillé les dépêches de l'ambassadeur.* = APOSTILLÉ, ÉE. part.

APOSTOLAT. s. m. (gr. ἀπόστολος, apôtre). La mission, le ministère d'apôtre.

APOSTOLIQUE. adj. 2 g. Qui vient des apôtres, qui a été établi par les apôtres. *Doctrine, tradition ap. Église catholique, ap. et romaine.* — *Mission ap.* Mission des apôtres; mission de ceux qui travaillent à la propagation de la foi. ‖ *Vie ap.*, Vie conforme à celle des apôtres. *Zèle ap.*, Zèle digne des apôtres. ‖ *Église ap.*, se dit D'une Église fondée par les apôtres, comme celle de Rome, de Jérusalem, d'Antioche. ‖ *Siècle ap.*; *Temps ap.*, Le premier siècle de l'Église, Le temps où ont vécu les apôtres. ‖ *Pères apostoliques*. Voy. PÈRES. ‖ Se dit encore De ce qui appartient au saint-siége, de ce qui en émane. *Nonce ap. Bref ap. Bénédiction ap. Lettres apostoliques.* ‖ On appelait *Notaires apostoliques*, Les notaires autorisés dans chaque diocèse à rédiger les actes en matière ecclésiastique.

APOSTOLIQUEMENT. adv. A la manière des apôtres.

APOSTROPHE. s. f. (gr. ἀπὸ, στρέφω, je détourne). Figure de Rhét. par laquelle l'orateur ou l'écrivain, interrompant tout à coup la suite de ses pensées, s'adresse directement à des personnes ou à des choses auxquelles ne s'adresse pas l'ensemble de son discours. ‖ Par ext. et fam., Trait mortifiant adressé à quelqu'un. *Essuyer une ap.* ‖ T. Gram., Signe en forme de virgule que l'on place en haut et à la droite d'une consonne (*L'amour*), pour marquer l'élision de la voyelle qui devrait suivre cette consonne.

Enc. — L'*Ap.* est une figure de Rhétorique qui consiste à interrompre subitement la suite nécessaire de ses pensées pour s'adresser directement et nommément soit à une personne présente ou absente, soit aux hommes, en général, aux vivants, aux morts, soit à l'Être suprême ou aux dieux, soit encore aux choses inanimées et même aux êtres de raison qu'on est dans l'usage de personnifier. C'est ainsi que Racine fait dire à Andromaque :

O cendres d'un époux ! ô Troyens ! ô mon père !
O mon fils ! que tes jours coûtent cher à ta mère !

Dans l'art oratoire, cette figure, lorsqu'elle est employée à propos et habilement ménagée, produit toujours un grand effet. On en trouve de remarquables exemples dans les auteurs classiques, et surtout dans les orateurs chrétiens. Nous nous contenterons de citer l'ap. suivante qui est tirée de l'oraison funèbre de Turenne par Fléchier : « O Dieu terrible, mais juste en vos conseils sur les enfants des hommes, vous disposez et des vainqueurs et des victoires pour accomplir vos volontés et faire craindre vos jugements; votre puissance renverse ceux que votre puissance avait élevés; vous immolez à votre grandeur de grandes victimes, et vous frappez, quand il vous plaît, les têtes illustres que vous avez tant de fois couronnées. »

APOSTROPHER. v. a. T. Rhét. Adresser une apostrophe. ‖ *Ap. quelqu'un*, Lui adresser la parole pour lui dire quelque chose de désagréable. ‖ Dans le style comique, *Ap. quelqu'un d'un soufflet, d'un coup de bâton*, c'est Lui donner un soufflet, un coup de bâton. = APOSTROPHÉ, ÉE. part.

APOSTUME ou **APOSTÈME.** s. m. (gr. ἀφίστημι, j'écarte). T. Méd. Ces deux termes qui signifient Abcès, sont tombés en désuétude; au reste, dans le langage médical, *Apostème* était seul usité. — *Apostume* s'emploie encore dans cette loc. proverb. et fig., *Il faut que l'apostume crève*, en parlant D'une passion cachée, d'une intrigue secrète qui doit finir par éclater.

APOSTUMER. v. n. Se dit D'un abcès qui crève, qui suppure. Vx. = APOSTUMÉ, ÉE. part.

***APOSURE.** s. m. (gr. α priv.; ποῦς, pied; οὐρὰ, queue). T. Ent. Voy. *Lépidoptères* NOCTURNES.

***APOTHÉCIE** ou ***APOTHÈQUE.** s. f. (gr. ἀποθήκη, magasin, lieu de réserve). T. Bot. Voy. CRYPTOGAMES.

***APOTHÈME.** s. m. (gr. ἀπὸ, loin de; τίθημι, je place). T. Géom. Voy. AIRE, POLYGONE.

APOTHÉOSE. s. f. (gr. ἀποθέωσις, déification). L'action de placer un homme au rang des dieux. — Cérémonie par laquelle les anciens Romains déifiaient leurs empereurs. *L'ap. d'Auguste.* ‖ Réception des anciens héros parmi les dieux. *L'ap. d'Hercule.* ‖ Par exag., Honneurs extraordinaires rendus à un homme que l'opinion générale et l'enthousiasme public élèvent au-dessus de l'humanité. *De nos jours Napoléon a été le seul homme auquel l'enthousiasme populaire ait décerné les honneurs de l'ap.* ‖ *T. Météor. Voy. MIRAGE.

Enc. — Lorsque les peuples furent tombés à cet excès d'erreur de se faire des dieux à leur image, c.-à-d. ayant un corps semblable au corps humain, et animés des mêmes idées et des mêmes passions que l'homme, il était assez naturel qu'ils élevassent au rang des divinités les personnages qui avaient rendu de grands services à leurs contemporains. C'est ainsi que les demi-dieux de la Grèce reçurent de l'admiration et de la reconnaissance publique les honneurs de l'*Ap.* Il était réservé à Rome dégénérée d'élever au rang des dieux des êtres dégradés, souillés de vices et de crimes. De Romulus à César, sept cents ans s'écoulèrent sans que personne à Rome reçût les honneurs divins. Mais alors la flatterie qui avait environné le puissant dictateur durant sa vie, lui paya un dernier tribut en le déifiant après sa mort. Les courtisans d'Auguste suivirent cet exemple, et même ils n'attendirent pas que cet empereur eût cessé de vivre pour lui dresser des autels. De ce moment, la bassesse et la dégradation des Romains allèrent toujours croissant, et désormais le seul titre d'empereur conféra le droit d'être adoré comme un dieu : l'ap. devint une dette que chaque nouvel empereur s'empressa de payer à la mémoire de son prédécesseur. On n'en resta pas là : Néron tue Poppée et en fait une divinité; Caracalla assassine son frère Géta, dans les bras de sa mère, et l'envoie siéger dans l'Olympe à côté de Jupiter. On voit quelques empereurs se faire les pontifes de leur propre divinité, et Caligula pousse même le délire jusqu'à prendre son cheval *Incitatus* pour collègue dans ce singulier sacerdoce. — Les apothéoses des empereurs avaient lieu avec une solennité extraordinaire, dont Hérodien et Dion Cassius nous ont conservé les détails. Pendant sept jours, on exposait sur un lit d'ivoire l'image en cire de l'empereur défunt, à laquelle on venait rendre les mêmes honneurs qu'on accordait au futur dieu durant sa vie. Au bout de ce temps, elle était transportée par les principaux sénateurs d'abord dans le Forum et ensuite au Champ de Mars où l'attendait un magnifique bûcher en forme de pyramide. Là étaient amoncelés des parfums de toute espèce et des aromates envoyés par les principales villes de l'empire et les gouverneurs des provinces. Des fleurs, des statues, des tapis précieux, des tableaux, une foule d'objets d'art ornaient le bûcher entièrement composé lui-même de pièces de bois soigneusement sculptées. Les patriciens, les chevaliers, les personnages les plus considérables exécutaient autour de ce bûcher des processions, des danses que suivaient des évolutions militaires. On voyait aussi des comédiens et des mimes représenter les principales scènes de la vie du défunt. Puis le nouvel empereur saisissant une torche, allumait le bûcher du sommet duquel s'élançait un aigle tenant dans ses serres un tison embrasé. Cet oiseau était censé emporter au ciel l'âme du dieu. L'Olympe comptait dès lors un hôte de plus. Ensuite on bâtissait des temples, on érigeait des statues et l'on organisait des sacrifices en l'honneur de la nouvelle divinité.

APOTHICAIRE. s. m. (gr. ἀποθήκη, boutique). Celui qui prépare et vend des médicaments. On dit aujourd'hui *Pharmacien*. || *Mémoire d'ap.*, Compte sur lequel il y a beaucoup à rabattre. — *Il fait de son corps une boutique d'ap.*, se dit De celui qui a la manie de se médicamenter.

APOTHICAIRERIE. s. f. Ce terme a vieilli. Même signif. que *Pharmacie*.

* **APOTOME.** s. m. (gr. ἀπότομος, coupé). T. Entom. Voy. Carabiques. || T. Géom.

Enc. — Euclide et quelques anciens géomètres désignaient par ce terme le reste ou la différence entre deux lignes ou deux quantités qui ne sont commensurables qu'en puissance. Ainsi, par ex., si de la diagonale d'un carré, on retranche une partie égale au côté de ce carré, ce qui reste constitue l'*Ap.* et se représente numériquement par l'expression $\sqrt{2} - 1$.

APÔTRE. s. m. (gr. ἀπὸ, στέλλειν, envoyer au loin). Nom donné aux douze disciples de Jésus-Christ, choisis par lui-même pour prêcher son Évangile et le répandre dans toutes les parties du monde. *Les douze apôtres. Le symbole des apôtres. Saint Pierre et saint Paul sont nommés les princes des apôtres.* — On dit particulièrement de saint Paul, *L'ap. des Gentils*, *Le grand ap.*, ou simplement *L'ap.* || Celui qui a prêché le premier l'Évangile dans un pays. *Saint Denis est l'ap. de la France.* || Fig., Celui qui se voue à la propagation et à la défense d'une doctrine, d'une opinion, d'un système. *L'erreur comme la vérité a ses apôtres.* || Prov. *Faire le bon ap.*, Contrefaire l'homme de bien. *C'est un bon ap. auquel je ne me fierais pas.* || On donne le nom d'*Apôtres* aux Pauvres dont on lave les pieds le jeudi saint à la cérémonie de la cène.

Enc. — Avant de retourner au ciel s'asseoir à la droite de son père, Jésus dit à ses disciples : « Allez donc et instruisez tous les peuples, les baptisant au nom du Père, du Fils et du Saint-Esprit, et leur apprenant à garder toutes les choses que je vous ai commandées. Assurez-vous que je suis toujours avec vous, jusqu'à la consommation des siècles. (Mat. XXVIII, 18, 19, 20.) » En lisant ces paroles du Sauveur, on se demande quels étaient ces hommes qu'il chargeait d'annoncer l'Évangile aux nations; et lorsque l'histoire de leur vie nous les montre sortis des rangs infimes du peuple, livrés à des professions qui supposent la rusticité des manières et du langage, l'esprit reste confondu d'admiration quand on les voit tout à coup dispersés dans des contrées toutes différentes de mœurs et d'idiomes, enchaîner à l'éloquence de leur parole les peuples et les rois, triompher des habitudes et des préjugés les plus invétérés, et animer de la foi qui les embrase, les ignorants, les savants et les philosophes eux-mêmes. La raison, subjuguée par un tel spectacle, est forcée de reconnaître que de tous les miracles qui s'accomplirent pendant le cours de leurs travaux, le plus sublime et celui qui montre le mieux la divinité de leur mission, c'est le résultat de cette mission elle-même; c'est de voir de simples pêcheurs, sortis d'une nation dédaignée par le monde entier, donner aux philosophes du Lycée et du Portique, qui s'épuisaient en stériles efforts, la solution de tous les problèmes les plus élevés concernant la nature de Dieu, la providence de l'Être éternel, la liberté de la créature, les rapports existants entre l'homme et la divinité, l'immortalité de l'âme, la vie future; c'est de voir la morale la plus rigide qui ait été enseignée aux peuples se faire accepter tout à coup par des hommes plongés dans le dernier état de la perversité et de la dépravation; c'est de voir, enfin, succéder à l'impiété antique la foi nouvelle, à la sécheresse de l'égoïsme les trésors de la charité, et commencer le règne de cette fraternité universelle qui sépare à jamais le monde païen du monde chrétien. — Les apôtres étaient dans l'origine au nombre de douze :

Pierre, le prince des apôtres, se nommait d'abord Simon; il fut appelé Pierre (*Céphas* en langue syriaque) par Jésus lui-même, parce qu'il avait eu foi au Christ sans le connaître, et que Jésus en le nommant ainsi voulut montrer que la foi allait être le fondement, la pierre angulaire de la religion nouvelle. Pierre avait environ quarante ans, et il était pêcheur à Bethsaïde en Galilée, au bord du lac de Génésareth ou mer de Tibériade, lorsque Jésus lui dit de quitter ses filets et de le suivre. Dès lors, il s'attacha au Christ et se montra le plus zélé de ses disciples. Cependant, il y eut des heures où sa foi chancela, et même par trois fois il renia son maître; mais il pleura amèrement sa faute, et Jésus, touché de la force de son repentir, lui pardonna et l'appela au gouvernement de son Église, comme il le lui avait annoncé. En conséquence de l'autorité qu'il avait reçue, Pierre, après l'ascension du Sauveur, rassembla les apôtres à Jérusalem et ils commencèrent à prêcher l'Évangile aux Juifs qu'ils convertirent en grand nombre. De cette époque se fonde l'Église apostolique qui fut persécutée dès sa naissance. Pierre ayant fait élire Jacques le Mineur pour administrer l'Église de Jérusalem, alla porter la parole évangélique à Samarie; il se rendit ensuite à Césarée. Mais ce ne fut que vers l'an 36 que les apôtres quittèrent définitivement Jérusalem pour se répandre parmi les nations. Après avoir fondé l'Église d'Orient à Antioche, et prêché dans le Pont, la Galatie, la Bithynie et la Cappadoce, Pierre, selon la chronique d'Eusèbe et la version de saint Jérôme, vint à Rome, dans les premières années de l'empire de Claude, et il fonda l'Église d'Occident dans la capitale du monde païen. Il y souffrit le martyre avec saint Paul, l'an 65, sous le règne de Néron. Quelques fidèles parvinrent à déposer leurs corps dans les catacombes, d'où, après la mort de Néron, ils furent extraits, puis inhumés, partie au chemin d'Ostie au lieu où est aujourd'hui l'Église de Saint-Paul, partie au Vatican, dont le quartier, suivant Philon, était alors occupé par les Juifs. — La fête solennelle de saint Pierre avec celle de l'illustre compagnon de son martyre, est célébrée, le 29 juin, dans tout le monde chrétien.

André, frère de Pierre, était né comme celui-ci à Bethsaïde, et il exerçait le métier de pêcheur à Capharnaüm. Il s'attacha d'abord à saint Jean-Baptiste, et il fut le premier disciple que Jésus se choisit. On pense généralement qu'après la mort de son maître, il porta l'Évangile dans la Scythie et la Sogdiane, et qu'après avoir parcouru une partie de la Grèce, il fut crucifié à Patras en Achaïe. Les Moscovites sont persuadés que saint André annonça la foi dans leur pays; et les Écossais prétendent aussi qu'il prêcha l'Évangile dans la Calédonie : en conséquence ils l'honorent comme le patron de l'Écosse. — L'Église célèbre la fête de cet ap. le 30 novembre.

Jacques, dit le *Majeur*, était fils de Zébédée et de Salomé, l'une des femmes qui ensevelirent le corps de Jésus. Comme Pierre et André, il était pêcheur à Bethsaïde. Jésus l'ayant vu raccommoder des filets avec son frère, leur ordonna de le suivre, ce qu'ils firent incontinent. Depuis cette époque, Jacques ne se sépara de son maître qu'au moment où l'on vint saisir Jésus dans le jardin des Oliviers. Jacques le Majeur prêcha l'Évangile avec tant de force à Jérusalem, qu'il fut traduit devant le tribunal d'Hérode Agrippa, et condamné à mort. Son accusateur, frappé du courage et de la constance de l'ap. à confesser la parole de Dieu, se convertit au Christianisme; ce qui lui valut de subir le martyre avec le saint ap., l'an 44. Les Espagnols prétendent que saint Jacques prêcha dans leur pays; ils lui ont élevé une église magnifique à Compostelle en Galice, où d'innombrables pèlerins se rendent chaque année. — La mémoire de ce martyr est honorée le 25 juillet.

Le disciple bien aimé de Jésus-Christ fut incontestablement Jean, dit l'*Évangéliste*. Cet ap. était frère de Jacques, fils de Zébédée. Après la résurrection, il prêcha à Jérusalem avec saint Pierre, puis à Samarie. Au concile de Jérusalem, en l'an 52, il parut, dit saint Paul, comme une des colonnes de l'Église. Ensuite il parcourut l'Asie mineure, y fonda plusieurs Églises et fut arrêté l'an 95 par ordre du proconsul romain qui l'exila dans l'île de Patmos, l'une des Sporades. C'est là que saint Jean composa son *Apocalypse*. Enfin, ayant obtenu la permission de retourner à Éphèse sa résidence habituelle, il mourut dans cette ville à l'âge de quatre-vingt-quatorze ans. Il en avait vingt-cinq lorsqu'il abandonna ses filets pour suivre Jésus. Il nous reste de lui un *Évangile* écrit avec une admirable simplicité, l'*Apocalypse* et trois *Épîtres*. — Sa fête est fixée au 27 décembre.

Philippe était né également à Bethsaïde; il fut appelé par le Seigneur un jour après Pierre et André. A la dispersion des apôtres, il se rendit en Phrygie, où il annonça l'Évangile, et mourut, à ce qu'on croit, dans cette province, à Hiérapie, vers l'an 80. — L'Église célèbre sa fête le 1er mai.

Matthieu, fils d'Alphée, était Galiléen. Il exerçait les fonctions de publicain ou de receveur des impôts pour les Romains, profession qui était abhorrée des Juifs. Jésus-Christ lui ayant ordonné de le suivre, il obéit sur-le-champ. Les apôtres lui donnèrent le nom de *Lévi*, afin de ne pas prononcer celui qui rappelait son ancien état : c'est ainsi que l'appellent saint Luc et saint Marc. Quant à lui, il continua de porter son nom de Matthieu. On ne sait rien d'incontestable sur les actes de sa vie, après la dispersion des apôtres. Les uns prétendent qu'il évangélisa la Perse, d'autres l'Éthiopie, la Parthie et la Nubie. Nous ne connaissons rien non plus de certain sur le lieu, l'époque et le genre de sa mort. Il nous reste de lui un Évangile en grec, qui fut écrit, selon l'opinion générale, en langue syro-chaldaïque. — La fête de saint Matthieu est célébrée le 21 septembre.

Barthélemy était fils de Tholomée ou Tolmaï, et né à Cana, en Galilée. Il eut pour mission d'évangéliser l'Asie. Les contrées les plus barbares de l'Orient et les Indes entendirent ses prédications. Au retour de ses longs voyages, il parcourut encore la Lycaonie, puis l'Arménie, où sa mission sacrée se termina par le martyre. On croit généralement qu'il fut écorché vif. — L'Église l'honore le 24 août.

Thomas ou Didyme était un pêcheur de Galilée. Lorsque le Christ fut ressuscité, et que les autres apôtres lui annoncèrent cette nouvelle, il s'écria : « Je ne le croirai que si je vois les marques des clous dans ses mains et celle de la lance dans son côté. » Mais Jésus étant apparu de nouveau à ses disciples convainquit Thomas en lui faisant toucher au doigt les traces de ses plaies. On croit que Thomas fut martyrisé à Calamine ou Calamone, en Arabie. — Sa fête est célébrée par l'Église le 21 décembre.

Jacques, fils d'Alphée et de Marie, sœur de la sainte Vierge, était cousin de Jésus. On l'a appelé le *Mineur* et surnommé le *Juste*, pour le distinguer de Jacques, fils de Zébédée. Il se joignit au Sauveur dans la seconde année de sa prédication. Placé à la tête de l'Église de Jérusalem, il fut en butte aux persécutions d'Ananus, grand-pontife des Juifs, qui le fit précipiter du haut de la terrasse du Temple. Comme il respirait encore, un homme du peuple lui brisa la tête d'un coup de levier. Sa mort arriva l'an 62. On compte parmi les livres canoniques une *Épître* de cet ap. — Saint Jacques est honoré le 1er mai.

Jude, frère de Jacques le Mineur, fut appelé auprès de Jésus en même temps que ce dernier. Le Sauveur, dont il était parent, l'aima tendrement. Il est souvent parlé de lui dans les Évangiles, où il est surnommé Thaddée, Lebbée et *le Zélé*. Après avoir prêché dans la Judée, la Samarie, l'Idumée, la Syrie et la Mésopotamie, cet ap. retourna à Jérusalem en l'an 62. Ensuite il passa dans la Perse pour y continuer ses travaux apostoliques, et trouva le martyre dans ce pays. Quelques-uns le font mourir crucifié à Ararat en Arménie. Nous avons de lui une *Épître*. — Sa fête se célèbre le 28 octobre.

Simon était né en Galilée, dans la ville de Cana. Il mérita, par son attachement aux doctrines de Jésus-Christ, d'être appelé *le Zélateur*. On est incertain sur les pays où il prêcha l'Évangile; cependant il est probable qu'il parcourut l'Égypte et une partie du nord de l'Afrique, après quoi il retourna en Asie. Saint Jérôme rapporte qu'il fut mis en croix à Sunmir, dans la Perse. — Saint Simon est honoré avec saint Jude le 28 octobre.

Le dernier des apôtres de Jésus-Christ fut Judas, surnommé *Iscariote*, du lieu de sa naissance. Ce fut lui qui trahit son maître (ainsi que Jésus l'avait annoncé), et le livra, moyennant la somme de 30 deniers d'argent, aux envoyés de la synagogue. Mais à peine son crime fut-il commis, que, bourrelé de remords, Judas rapporta au sanhédrin la somme qu'il avait reçue pour prix de sa perfidie, et se punit lui-même en se donnant la mort.

Outre ces douze apôtres, qui furent les disciples élus par J.-C., on place au même rang Mathias, Barnabé et Paul, qui accomplirent également la divine mission de l'apostolat. — Après la trahison de Judas Iscariote, Mathias fut appelé par les apôtres pour compléter le nombre de douze. On a très-peu de notions sur sa vie; seulement, il paraît certain qu'il prêcha la foi dans la Cappadoce, le Pont-Euxin, la Colchide, et qu'il subit le martyre dans ce dernier pays. — Sa fête a lieu le 24 février.

Barnabé, dont le véritable nom était José ou Joseph, est considéré comme ap. parce qu'il partagea tous les travaux des élus de J.-C. Il se convertit en même temps que saint Paul, et reçut avec lui la mission d'aller prêcher la foi aux Gentils. Après avoir évangélisé ensemble l'Asie mineure, la Syrie, la Grèce et plusieurs autres nations, les deux apôtres se séparèrent : Barnabé se rendit en Chypre, emmenant avec lui saint Marc son cousin. On ne sait ce qu'il devint ensuite. L'opinion la plus répandue est celle qui lui fait subir le martyre à Salamine vers l'an 63. — Il est honoré le 11 juin.

Paul, surnommé l'*Ap. des Gentils*, naquit à Tarse, en Cilicie, deux ans avant l'ère chrétienne. On l'appelait *Saul*, et ce ne fut qu'après sa conversion qu'il reçut le nom de *Paul*. Issu d'une famille juive, et très-attaché à la loi de ses pères, Paul persécuta d'abord les disciples du Christ. Lorsqu'on lapida saint Étienne, il gardait les manteaux des meurtriers; mais ayant eu un jour une vision, et une voix d'en haut s'étant fait entendre à lui, il se convertit. A partir de ce moment, la foi nouvelle n'eut pas de plus fervent défenseur. Il parcourut une grande partie des nations de l'Asie mineure, prêchant et baptisant au nom de Jésus; puis il passa en Grèce, où il fit un grand nombre de conversions. En butte à mille persécutions, emprisonné dans une ville, battu dans une autre, il triompha constamment du mauvais vouloir des ennemis du nom chrétien. De retour à Jérusalem, il fut frappé par la multitude qui voulait le lapider. Le gouverneur romain étant parvenu à l'arracher aux Juifs, le fit conduire à Césarée pour y être jugé. Mais Paul, en sa qualité de citoyen romain, en appela à César. On le conduisit donc à Rome, où il opéra également beaucoup de conversions. De là il écrivit aux fidèles des diverses Églises qu'il avait fondées en Grèce et dans l'Asie plusieurs épîtres qui sont parvenues jusqu'à nous. Ayant voulu, par ses discours, arrêter les désordres auxquels était livrée la cour de Néron, cet empereur le fit saisir et crucifier en même temps que saint Pierre, l'an 65 de J.-C. Aucun ap. ne contribua autant que saint Paul à la propagation de la religion. — L'Église célèbre sa fête le 29 juin.

APOZÈME. s. m. (gr. ἀπόζημα, décoction). T. Méd.

Enc. — On donne le nom d'*Ap.* à des médicaments liquides composés, dont la base est une décoction ou une infusion aqueuse d'une ou de plusieurs substances végétales, à laquelle on ajoute divers autres médicaments simples ou composés, tels que de la manne, des sels, des sirops, des électuaires, des teintures, des extraits. L'ap. diffère des tisanes, en ce qu'il se prend toujours à des heures fixées par le médecin, et ne sert jamais de boisson habituelle au malade. En outre, il contient plus de principes actifs, et il est toujours destiné à remplir quelque indication spéciale. L'ap. est ordinairement qualifié d'après sa propriété principale; ainsi, l'on dit : ap. purgatif, fébrifuge, antiscorbutique, etc. — Les apozèmes sont beaucoup moins fréquemment employés aujourd'hui qu'autrefois, à cause de la répugnance que la saveur de la plupart d'entre eux inspire aux malades. On les remplace habituellement par d'autres préparations. — Les apozèmes les plus usités sont : l'*Ap. antiscorbutique*, le *Bouillon aux herbes*, la *Décoction blanche de Sydenham*, la *Potion purgative ordinaire* ou *Médecine noire*, la *Tisane de Feltz*, etc.

APPARAÎTRE. v. n. (lat. *ad*, vers; *parere*, paraître). Devenir visible, se manifester. *Dieu apparut à Moïse dans le buisson ardent. Il lui apparut un spectre.* || Se dit D'une personne ou d'une chose qui se montre inopinément. *Une voile apparut à l'horizon et rendit l'espoir* *aux naufragés.* || En style de Palais, on dit, *S'il vous apparaît que cela soit ainsi.* || T. Négociation, *Faire ap. de ses pouvoirs*, Donner communication de ses pouvoirs dans les formes, les notifier. *Les ambassadeurs ayant fait ap. de leurs pouvoirs.* = APPARU, UE. part.

Obs. gram. — Le verbe *Ap.* est un composé du verbe *paraître*, qui lui sert de paradigme dans sa conjugaison. Il est bon d'observer, cependant, que *paraître* se conjugue constamment avec l'auxiliaire *avoir*, tandis qu'*ap.* prend quelquefois l'auxiliaire *être* dans la formation de ses temps composés, lorsqu'on le conjugue avec un pronom personnel. Par conséquent, on peut dire, le spectre qui *lui était apparu* ou qui *lui avait apparu.* Toutefois l'usage a consacré l'emploi exclusif du verbe *être* avec le pronom personnel faisant fonction de régime indirect. Ainsi, on ne doit jamais dire le spectre *m'a apparu*; pour s'exprimer correctement, on dira le spectre *m'est apparu.*

Vous *m'êtes*, en dormant, un peu triste apparu. LA FONT.

Syn. — *Paraître.* — Ces deux verbes signifient devenir visible, se montrer; mais *paraître* se dit de ce qui se voit habituellement, et *Ap.* de ce qui est insolite. Le soleil *paraît* sur l'horizon : de temps à autre, il *apparaît* de nouvelles étoiles dans le ciel. Les grands hommes que notre siècle a vus *paraître.* Les génies extraordinaires qui *apparaissent* à de longs intervalles. Dieu *apparut* à Moïse. Des spectres *apparaissent* dans ces ruines.

APPARAT. s. m. (lat. *ad*, *parare*, préparer pour). Ce qui est destiné à donner plus de solennité à une fête, à une cérémonie publique. Ne se dit guère que dans ces phrases : *Discours d'ap.; Haranguer avec ap.; Il est venu dans un grand ap.* || *Cause d'ap.*, se dit D'une cause qui permet à l'avocat de paraître avec éclat. || Ostentation. *Il met de l'ap. dans les actes les plus simples.* || On donne le nom d'*Ap.* à certains Livres disposés en forme de dictionnaire, de catalogue, pour faciliter l'étude d'un auteur, d'une langue, d'une science. *L'ap sur Cicéron* est une espèce de concordance ou de recueil des phrases de cet auteur.

APPARAUX. s. m. pl. T. Mar. Voy. AGRÈS.

APPAREIL. s. m. (même étym. qu'*Apparat*). Apprêt, préparatif. S'emploie lorsqu'il s'agit D'une solennité ou de quelque chose d'extraordinaire. *Ap. magnifique. Ap. lugubre. Ap. de guerre. On fait de grands appareils pour cette fête.* || * Éclat, pompe qui environne, ou accompagne certaines choses. *L'ap. du trône. Il s'est montré dans le plus pompeux ap.* || * Choses qui en accompagnent une autre, qui servent à la caractériser. *L'ap. de la tristesse et du deuil.* || T. de Science, d'Arts et d'Ind. Machines, instruments, outils nécessaires pour exécuter quelque opération, quelque expérience, ou fabriquer quelque produit. *Disposer un ap. Ces appareils sont incomplets. L'expérience a échoué par la faute de l'ap.* || T. Anat. Ensemble des organes qui concourent à une même fonction. *L'ap. digestif, respiratoire, vocal*, etc. || T. Chir. Substances médicamenteuses, bandes, compresses, éclisses, etc., dont on se sert pour le pansement des plaies, des fractures, etc. *C'est demain qu'on doit lever le premier ap.* — **Haut ap.*, *Bas ap.* Voy. LITHOTOMIE. || T. Arch. Se dit De la coupe et de la pose des pierres, surtout pour les voûtes, ponts, dômes, etc. — Hauteur des assises d'une construction, *Une assise de bas ap., de haut ap.* — *Ce bâtiment est d'un bel ap.*, Ses assises sont de hauteur égale, les joints sont bien faits, ils ont peu d'écartement.

Enc. — En T. d'Archit., on donne le nom d'*Ap.* à l'art de tracer et de disposer convenablement les pierres ou les marbres qui doivent entrer dans la construction d'un édifice quelconque. On se sert surtout fréquemment du mot ap. pour désigner les dimensions, la disposition et l'ajustement des pierres qui font partie d'une maçonnerie. C'est ainsi qu'on nomme *grand ap.* (Fig. 1) un assemblage de pierres de taille ayant de 64 à 160 centimètres de largeur, et de 60 centimètres à 1 mètre d'épaisseur, qui sont posées par assises égales et liées ensemble par des crampons de fer ou par des coins de bois à double queue d'aronde. La perfection avec laquelle ces pierres sont ajustées dans certains édifices antiques est telle qu'on peut à peine en distinguer les joints. Le *petit ap.* (Fig. 2) est formé de pierres symétriques à peu près carrées, dont chaque côté a de 8 à 11 et quelquefois même de 13 à 16 centim. Ces pierres sont liées par d'épaisses couches de mortier. Lorsque les pierres, au contraire, sont plus longues que larges, on l'appelle *petit ap. allongé* (Fig. 3). Les pierres qui composent l'*ap. moyen* (Fig. 4) sont de dimensions variables : elles tiennent le milieu entre le grand et le petit ap. Ces pierres sont également cimentées, et en outre elles sont parfois reliées entre elles comme les pierres du grand ap. Au reste, ainsi qu'il est aisé de le concevoir, ces appareils ne sont pas les seuls usités; la nature des matériaux que fournit la localité, le prix de la main-d'œuvre, et diverses autres causes ont dû faire varier à l'infini la manière de disposer les matériaux des constructions. Les appareils employés de nos jours étaient déjà connus des architectes de l'antiquité, qui en avaient même fait une étude toute spéciale et qui leur avaient imposé des noms caractéristiques. — Les Romains faisaient grand usage de deux espèces d'appareils qu'ils nommaient l'un *opus reticulatum*, *ap. réticulé*, et l'autre *opus antiquum* ou *incertum*, c.-à-d. *ap. antique* ou *irrégulier.* Dans le premier (Fig. 5), les pierres sont taillées carrément et disposées de façon que la ligne des joints forme une diagonale; ce qui donne au parement du mur l'apparence d'un réseau ou d'un damier. Pour le second (Fig. 6), on ajustait les pierres sans ordre ni rang d'assises, en observant toutefois qu'elles se trouvassent en contact par tous leurs bords. Suivant Vitruve, l'*opus incertum* ne flatte pas l'œil autant que le fait le *reticulatum*, mais il est plus solide. Au reste, les deux parements des murs étaient seuls construits de cette manière; la partie intérieure de la muraille était remplie de blocaille noyée dans du mortier. « L'une et l'autre espèce de maçonnerie, dit Vitruve, demande des pierres de très-petit module, afin que les murs faits à force de mortier de chaux et de sable puissent durer plus longtemps. Dans quelques monuments des environs de Rome, où les parements des murs avaient été faits avec du marbre et des pierres de taille, et le dedans rempli de blocaille, les joints se séparent, et tout s'écroule, tout tombe. Pour éviter cet inconvénient, il faut conserver un vide au milieu des parements de la muraille, à laquelle on donnera 2 pieds d'épaisseur; on le remplira de pierres carrées, ou de briques, ou de cailloux disposés comme la pierre de taille; et avec des crampons de fer et du plomb, on liera les deux parements (Fig. 8). *Archit. de Vitruve*, II, 8. » L'ap. appelé par les Grecs *emplecton* (Fig. 7) était constitué par deux parements formés de pierres polies à l'extérieur, posées à plat et par assises en liaison; puis on remplissait le vide entre les parements au moyen de pierres brutes noyées dans du mortier. En outre, afin d'augmenter la solidité de la construction, on plaçait, d'espace en espace, des pierres à double parement, nommées *diatonoi*, qui traversaient les murs et liaient leurs deux faces. Les Romains ont fréquemment employé un ap. assez analogue à l'*emplecton*; la Fig. 9 nous dispense de le décrire. Les Grecs donnaient le nom d'*isodomon* à l'ap. *réglé*, c'est-à-dire à celui dans lequel toutes les assises étaient de même hauteur. Quand, au contraire, les assises, quoique régulières, avaient des hauteurs inégales, ils le nommaient *pseudisodomon* (Fig. 10). Parmi les autres espèces d'appareils, nous citerons encore l'*ap. oblique*, qui est formé de pierres rhomboïdales inclinées deux à deux en sens inverse (Fig. 11), et l'*ap. en épi* (*opus spicatum* des anciens), qu'on appelle encore *ap. en feuilles de fougère* ou en *arête de hareng* (Fig. 12). Dans ce dernier, qui a été assez fréquemment employé dans les édifices anciens et du moyen âge, les pierres sont alternativement inclinées à droite et à gauche. — On trouvera d'autres détails sur le mode de construction des édifices aux articles ARCHITECTURE et MAÇONNERIE.

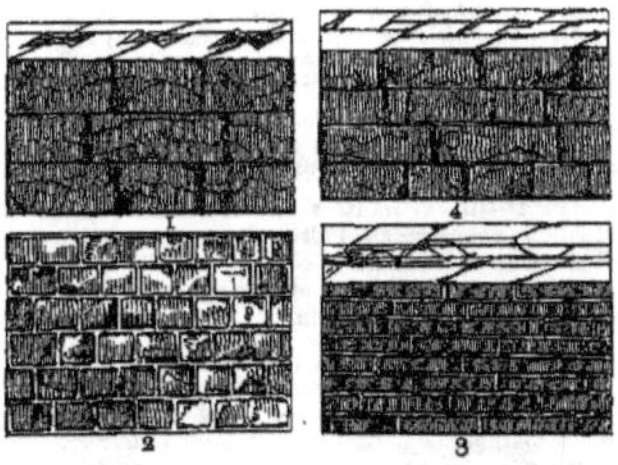

1 4 2 3

5 6

7 8

9 10

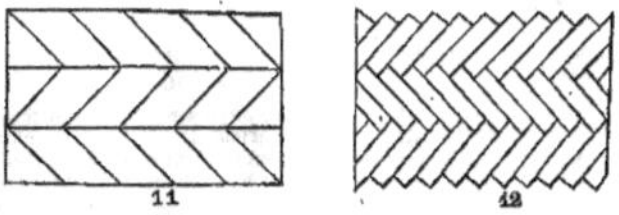

11 12

APPAREILLAGE. s. m. T. Mar. Action d'appareiller; ensemble des manœuvres qu'on exécute pour lever les ancres et pour orienter les voiles, lorsqu'on veut prendre la mer.

APPAREILLEMENT. s. m. Action d'appareiller des animaux domestiques pour les faire travailler ensemble ou pour en propager la race.

APPAREILLER. v. a. Mettre ensemble des animaux, des choses pareilles. *Ap. des chevaux, des vases, des tableaux.* || Joindre à une chose une autre chose qui lui soit pareille. *Voilà un beau vase, je voudrais trouver à l'ap.* || T. Arch. Tracer le trait pour la coupe des pierres selon la place que chacune d'elles doit occuper dans un édifice. *L'art d'ap. exige beaucoup d'habitude.* || T. Mar. Mettre à la voile. *Toute la flotte appareilla.* En ce sens *Ap.* est neutre : cependant on dit au partic., *Cette escadre est appareillée.* — *On dit aussi activ., *Ap. une voile*, pour Mettre dehors cette voile. = s'APPAREILLER. V. pron. Se joindre à une personne pareille à soi. On dit fam. et iron., *Ce sont des gens bien dignes de s'ap.* = APPAREILLÉ, ÉE. part.

APPAREILLEUR. s. m. Chef ouvrier qui est chargé de choisir les pierres destinées à une construction, d'en régler l'emploi, de tracer les coupes, de présider au débit, à la taille et enfin à la pose.

APPAREILLEUSE. s. f. Femme qui fait métier de favoriser les amours illicites.

APPAREMMENT. adv. Selon les apparences, vraisemblablement. *Vous supposez ap. que.* = *Ap. qu'il viendra.*

APPARENCE. s. f. (lat. *apparere*, apparaître). L'extérieur, ce qui paraît au dehors. *Cette maison a une belle ap. Ces gens-là sacrifient tout à l'ap. Il ne faut pas se fier aux apparences. Il m'a trompé sous l'ap. de la probité.* — On dit De quelqu'un qui masque les désordres de sa conduite sous les dehors d'une vie régulière, qu'*Il sauve les apparences.* || * Se dit Des choses telles qu'elles nous semblent être, par opposit. à ce qu'elles sont en réalité. *Si nous jugions des phénomènes célestes par leur ap., nous tomberions dans les plus grossières erreurs. Ce raisonnement n'a qu'une ap. de vérité.* || Restes, vestiges. *Elle a encore quelque ap. de beauté.* || Probabilité, vraisemblance. *Il y a ap. qu'il est mort. Il n'y a nulle ap. Les apparences sont les mêmes de part et d'autre. Il y a bien de l'ap., grande ap., quelque ap. que cela finira mal. Je n'y vois point d'ap. Contre toute ap. Selon toute ap.* = EN APPARENCE. loc. adv. Extérieurement, autant qu'on en peut juger par ce qui paraît. *Ils se quittèrent, en ap., fort contents l'un de l'autre. Il n'est sage qu'en ap.*

Syn. — *Extérieur*, *Dehors.* — Au prop., l'*extérieur* des objets est ce que l'on peut toucher et voir; l'*ap.* est simplement l'aspect sous lequel les choses frappent nos regards. L'*extérieur* est inhérent à l'objet lui-même, il résulte de sa structure, il ne change qu'avec elle, tandis que l'*ap.* peut n'être pas conforme à la réalité, et varie en effet suivant le point de vue où nous sommes placés et la distance où nous nous trouvons de l'objet. *Dehors* est en général synonyme d'*extérieur*; toutefois, en parlant d'un édifice, d'une ville ou d'une place de guerre, *dehors* s'emploie pour désigner ce qui l'entoure immédiatement. Par exemple, les avenues, avant-cour, parc, etc., constituent les *dehors* d'un château; les ouvrages détachés constituent les *dehors* d'une place. — Au figuré, *extérieur* et *dehors* conservent les mêmes différences qu'au sens propre. Néanmoins, dans l'une de ses acceptions, *dehors* est tout à fait synonyme d'*apparences.* Ainsi l'on s'exprime correctement en disant, Il sauve les *dehors*, pour Il sauve les *apparences.*

APPARENT, ENTE. adj. Qui est visible, évident, manifeste. *Il n'a aucun bien ap. sur lequel on puisse asseoir une hypothèque.* || Qui est remarquable et considérable entre d'autres personnes, entre d'autres choses. *C'est un des hommes les plus apparents de la cour. Il a la maison* *la plus apparente de la ville.* || Spécieux, feint. *Un prétexte ap. Sa sécurité n'est qu'apparente.* || Se dit Des objets et des phénomènes qui en réalité ne sont pas tels qu'ils nous paraissent être. *La mort apparente et la mort réelle. Il prend les biens apparents pour les biens réels. La grandeur apparente du soleil.*

Enc. — Les astronomes et les physiciens emploient très-fréquemment le terme *Ap.* en parlant des objets tels qu'ils nous apparaissent, pour les distinguer de ce qu'ils sont réellement; car l'état *ap.* des choses est souvent fort différent de leur état *réel.* Ainsi, la *hauteur apparente* d'un astre est l'angle que fait avec l'horizon le rayon visuel partant de l'œil de l'observateur et aboutissant à cet astre; dans ce cas, la hauteur de l'astre est faussée par la réfraction atmosphérique, qui relève l'astre vers le zénith et par la parallaxe qui l'abaisse au contraire vers l'horizon. La hauteur *vraie* est celle qu'on obtient par le calcul, en tenant compte des effets de la réfraction et de la parallaxe. La hauteur des objets terrestres, à un certain éloignement, est aussi affectée par la réfraction. — Le *lieu ap.* d'un objet est l'endroit où nous paraît situé un objet vu à travers un milieu qui fait dévier les rayons lumineux. Cet endroit diffère toujours de la véritable place ou *lieu vrai.* — On nomme *diamètre ap.* d'un objet, non la longueur de ce diamètre, mais l'angle qu'il sous-tend à l'œil, et sous lequel il nous apparait. Cet angle diminue à mesure que la distance augmente, de manière qu'un petit objet situé à une faible distance peut avoir le même diamètre ap. qu'un objet plus grand situé à une distance plus considérable : le diamètre ap. varie donc avec la distance de l'objet. Le *diamètre ap.* d'une planète est mesuré par l'angle que font deux lignes droites tirées de notre œil à deux points opposés du disque de l'astre. Le *diamètre réel* de cet astre est sa véritable grandeur mesurée à l'aide d'une grandeur connue, telle que le mètre, ou comparée avec le diamètre de la terre : enfin on a donné le nom de *diamètre vrai* d'une planète à l'angle sous lequel son diamètre serait vu par un observateur placé au centre de la terre. Les diamètres apparents servent à trouver les diamètres réels lorsque les distances sont connues. — La *distance apparente* de deux astres est l'angle formé par les rayons visuels qui vont de notre œil à chacun d'eux. Cet angle est mesuré par l'arc du grand cercle compris entre ces astres sur la sphère céleste. — Le *mouvement ap.* est celui que nous remarquons dans un corps éloigné qui se meut, ou celui que paraît avoir un corps en repos pendant que nous sommes nous-mêmes en mouvement. Les mouvements des corps situés à une grande distance, bien que s'effectuant d'une manière égale et uniforme, peuvent nous paraître inégaux et irréguliers, et réciproquement. D'un autre côté, nous transportons souvent à des objets en repos les mouvements qui nous sont propres; c'est ainsi que, lorsque nous sommes dans un bateau qui glisse à la surface de l'eau, nous croyons voir le rivage s'enfuir derrière nous; c'est ainsi que nous croyons voir le soleil parcourir successivement tous les signes du zodiaque, tandis que c'est la terre qui est transportée dans son orbite; c'est ainsi encore que nous attribuons à la sphère céleste un mouvement de rotation diurne de l'est à l'ouest, tandis que c'est la terre qui tourne sur son axe dans une direction opposée. — La *forme apparente* est celle sous laquelle nous voyons un objet situé à une certaine distance. Un arc de cercle, par ex., peut offrir de loin la forme d'une ligne droite; un cercle peut paraître une ellipse; des corps angulaires peuvent sembler ronds. Tous les objets au reste ont une tendance à s'arrondir par l'éloignement : à une grande distance, les aspérités disparaissent et les corps nous semblent unis. — *Horizon ap.* Voy. Horizon.

APPARENTER. v. a. (R. *parent*). Donner des parents par alliance. *Il a bien apparenté sa fille.* = s'Apparenter, v. pron. Entrer dans une famille, s'allier à quelqu'un. *Il s'est apparenté à la noblesse. Elle s'est mal apparentée.* Fam. = Apparenté, ée. part. Ne s'emploie jamais seul. *Il est bien ap.*, Il a des parents honnêtes, riches ou puissants; *Il est mal ap.*, Il a des parents pauvres ou mal famés.

APPARIEMENT ou **APPARÎMENT.** Action d'apparier.

APPARIER. v. a. (lat. *par*, semblable; paire). Assortir, unir par couples, par paires. *Ap. des bœufs, des chevaux, des gants.* || Réunir des animaux dans un but de reproduction. Se dit principalement Des oiseaux. *Ap. des pigeons, des tourterelles.* = s'Apparier. v. pron. S'accoupler. *Les oiseaux s'apparient au printemps.* = Apparié, ée. part.

APPARITEUR. s. m. Se disait autrefois D'un huissier attaché aux cours ecclésiastiques, et des bedeaux de certaines universités. Il désigne actuellement Des huissiers attachés aux diverses facultés.

APPARITION. s. f. (R. *apparaître*). Manifestation d'un être qui étant naturellement invisible, se rend visible. *L'ap. de l'ange Gabriel à la sainte Vierge. L'ap. d'un esprit, d'un spectre.* || * Se dit aussi en parlant D'un phénomène, d'un corps céleste qui commence à devenir visible. *L'ap. d'une aurore boréale, d'une comète. L'ap. du soleil à l'horizon. L'ap. d'une étoile.* || * S'emploie encore en parlant De la publication d'un écrit. *L'ap. de ce livre a fait une vive sensation.* || Fam. *Le prince n'a fait qu'une ap. au bal*, Il n'y est resté qu'un instant. || * T. Météor. Voy. Mirage.

Syn. — *Vision.* — *Ap.* s'emploie uniquement en parlant d'un objet extérieur qui se manifeste spontanément à nos regards, et il n'est jamais usité lorsque le phénomène n'a aucune réalité extérieure. *Vision* se dit également dans ce sens; mais il s'emploie particulièrement et exclusivement dans le cas où le phénomène n'a pas de réalité extérieure. En d'autres termes, *ap.* se dit constamment des phénomènes objectifs, et *vision* des phénomènes subjectifs.

APPAROIR. v. n. Ne s'emploie que dans ces deux locutions en usage au Palais. *Il appert de cet acte*, Il est évident, il résulte de cet acte. — *Faire ap.*, montrer, faire preuve. *Il a fait ap. du pouvoir qu'il avait.* Cette dernière locut. a vieilli.

APPARTEMENT. s. m. (lat. *partire*, diviser). Ensemble des pièces qui composent l'habitation d'une personne ou d'une famille. *Grand et bel ap. Il a loué un ap. magnifique. Ap. sur le devant, sur le derrière, au premier, au deuxième étage. Ap. de monsieur, de madame. Ap. de réception. Ap. privé. Changer d'ap. Ap. à louer.* || Se dit en parlant D'un cercle, d'une réunion chez le roi. *Il y aura demain ap. aux Tuileries.*

Syn. — *Habitation, Logis, Logement.* — Tous ces termes désignent un local disposé pour servir de demeure à une ou à plusieurs personnes. Mais *habitation* se dit généralement d'une maison entière; et *logis*, en ce sens, lui est parfaitement synon. Quant au mot *logement*, souvent on l'oppose à *ap.*; le premier est usité en parlant d'une seule chambre ou d'un fort petit nombre de pièces, et le second, en parlant d'une série de pièces dont la disposition est en rapport avec le rang et la fortune des personnes qui les occupent.

Enc. — Aujourd'hui un *Ap.* est ordinairement composé d'une ou deux antichambres, d'une ou deux salles à manger, d'un ou plusieurs salons ou salles de réception, de plusieurs chambres à coucher, d'un cabinet de travail, de plusieurs cabinets de toilette et garde-robes, d'offices, de cuisine, et de chambres pour les gens de service. Dans les palais des princes, on distingue les *grands* et les *petits appartements* : ceux-ci servent de demeure habituelle, tandis que les premiers, qui portent souvent le nom d'*appartements de parade*, sont destinés aux réceptions solennelles. Aux Tuileries, par ex., l'ap. de parade comprend la salle des Maréchaux, la salle des Gardes, la salle du Trône, la salle du Conseil, la salle de Concert, la galerie de Diane, etc.

APPARTENANCE. s. f. Ce qui appartient à une chose, ce qui en dépend. *Cette métairie est une appartenance de ma terre. Vendre un château avec ses appartenances et dépendances.*

Enc. — La locution *Appartenances et dépendances* est fort usitée dans le style des notaires, des avoués, etc., et on regarde les mots *appartenance* et *dépendance* comme à peu près synonymes. Cependant le terme *appartenances* désigne les divers objets qui forment les parties intégrantes de l'immeuble dont on parle : telles sont les différentes pièces de terre qui constituent un domaine, les constructions élevées sur le sol, etc.; le terme *dépendances*, au contraire, quand on l'oppose à *appartenances*, désigne les divers droits qui peuvent être attachés à la propriété, c.-à-d. les servitudes actives, comme des droits de passage, de pacage, de puisage et autres de même nature.

APPARTENANT, ANTE. adj. Qui est la propriété de quelqu'un, qui lui appartient de droit. N'est guère d'usage que dans ces sortes de phrases : *Les biens appartenants à un tel. Une maison à lui appartenante.*

APPARTENIR. v. n. (lat. *ad*, *pertinere*, se rapporter à). Être la propriété légitime de quelqu'un, soit que celui à qui est la chose la possède ou ne la possède pas. *La maison que j'habite m'appartient. Il retient injustement un bien qui m'appartient.* — Se dit Des droits, des privilèges, des titres, des prérogatives. *Le droit de faire grâce appartient au roi. Le titre qu'il prend ne lui appartient pas. La connaissance de cette affaire appartient au juge.* || Être le propre, la marque distinctive de. *La perfection n'appartient qu'à Dieu seul. L'alcali volatil a une odeur qui n'appartient qu'à lui.* || Faire partie de. *On prenait jadis pour des squelettes de géants des ossements qui n'ont jamais appartenu à l'homme. La pomme de terre appartient à la même famille que le tabac. Ce savant appartient depuis longtemps à l'Institut. Cet employé a cessé d'ap. à l'administration des finances.* || Avoir une relation nécessaire ou de convenance. *Cette question appartient au droit public. Cela n'appartient pas à mon sujet.* || Être parent de. *Il appartient aux plus grands seigneurs du royaume. Il appartient à des parents riches, à une honnête famille.* || Être au service de quelqu'un. *Je ne savais pas que ce laquais vous appartînt.* || * *Le sage seul s'appartient*, Le sage seul est parfaitement libre. — * *L'homme de dévouement ne s'appartient pas.* Il se consacre tout entier aux autres. — * *Je ne puis accepter votre invitation, je ne m'appartiens pas aujourd'hui*, Je suis engagé ailleurs. = *Appartenir* s'emploie très-fréquemment avec la forme impersonnelle. *Il appartient au père de châtier ses enfants*, C'est le droit et le devoir des pères, etc. — *Il n'appartient qu'à un prince de déployer tant de faste*, Il ne convient qu'à un prince, etc. — *C'est à vous qu'il appartient de traiter ce sujet, de faire cette entreprise;* C'est à vous qu'il convient de, ou C'est vous seul qui êtes capable de, etc. — *Il n'appartient qu'à peu de gens de sentir, de comprendre cela*, Peu de gens sont aptes à, sont capables de, etc. *Il n'appartient qu'au génie de concevoir une telle pensée.* — *Il vous appartient bien de vous plaindre de votre père après tout ce qu'il a fait pour vous!* Vous êtes bien hardi de, etc. || En style de Palais on dit : *Ainsi qu'il appartiendra*, Selon qu'il sera convenable. On dit dans le même sens, *Pour être statué ce qu'il appartiendra.* — *A tous ceux qu'il appartiendra*, A tous ceux qui auront intérêt à, ou voudront en prendre connaissance. = Conjug. Voy. Tenir.

APPAS. s. m. pl. Charmes, agréments extérieurs d'une femme. *Être séduit par les ap. d'une femme.* || Fig., Ce qui séduit, ce qui attire. *Les ap. de la volupté, de la gloire, de la vertu. Le jeu a de grands ap. pour les désœuvrés.*

Syn. — *Attraits, Charmes.* — Au propre, ces termes ne s'emploient qu'au pluriel et en parlant d'une femme. *Ap.* désigne généralement la fraîcheur et l'embonpoint; *attraits*, l'animation des yeux, du teint, de la physionomie d'une personne; *charmes* la régularité des traits, et les proportions heureuses du corps unies à la grâce de la forme, c.-à-d. un ensemble de qualités physiques qui plaît au regard. On est attiré par les *attraits*, séduit par les *ap.*, et captivé par les *charmes.* Le mot d'*ap.* est devenu un peu libre, celui d'*attraits* un peu fade, et celui de *charmes* presque insignifiant. Excepté dans le langage de la poésie, il ne saurait être convenable de les employer en s'adressant à une femme. — Au figuré, ces termes sont synonymes; néanmoins, quand on en veut faire usage, il faut toujours consulter leur étymologie. En partant de ce principe, on dira : la *gloire* a des *attraits* irrésistibles pour un esprit ambitieux; la *fortune* a de puissants *appas* pour tous les hommes, et la vertu a des *charmes* invincibles pour les âmes élevées.

APPÂT. s. m. (lat. *ad*, vers; *pastus;* pâture). Se dit De toute substance alimentaire employée pour attirer les animaux dont on veut s'emparer. *Le sel est un excellent ap. pour attirer les pigeons. Mettre l'ap. à un piége, à un hameçon. Le poisson a avalé l'ap., a mordu à l'ap.* || * Fig. Ce qu'on emploie pour séduire, pour tromper. *Cette promesse, ce bon accueil n'est qu'un ap. pour obtenir ce qu'on désire de lui. L'ap. est trop grossier pour qu'il s'y laisse prendre.* || Fig. Tout ce qui attire en offrant une perspective d'intérêt, d'avantage quelconque. *L'ap. du gain, des honneurs, des récompenses.*

Obs. gram. — Quelques auteurs ont confondu le terme *appât* avec celui d'*appas.* Ainsi J.-B. Rousseau a dit dans sa 5e cantate :

Tous les amants savent feindre,
Nymphes, craignez leurs appas.

Appâts était le mot propre; car il ne s'agit point ici de la beauté des amants. Boileau lui-même, dans sa 6e épître, a fait une faute semblable :

Quelquefois aux *appas* d'un hameçon perfide.

Rien ne saurait autoriser à imiter ces négligences de quelques grands écrivains.

Syn. — *Leurre, Piége, Embûche.* — Au propre, l'*ap.* est une pâture quelconque dont on se sert pour attirer un animal; le *leurre* est un morceau d'étoffe ou de toute autre matière qu'on emploie pour simuler un *ap.* Quant au mot *piége*, il signifie littéralement, *rêts, filets.* Souvent c'est au moyen d'un *appât* ou d'un *leurre* qu'on attire dans un *piége.* — Le terme *embûche* n'est usité qu'au figuré, ne se dit guère qu'en parlant des personnes, et s'empoie habituellement au plur. Il diffère de *piége* en ce qu'il désigne généralement une entreprise concertée, tandis que ce dernier se dit plutôt d'un artifice isolé, individuel. — Au fig., les mots *leurre* et *ap.* présentent la même différence qu'au sens propre. Il vous promet un emploi, ce n'est qu'un *leurre;* il vous a fait bon accueil, c'est un *ap.* pour vous tromper.

APPÂTER. v. a. Attirer avec un appât. *Ap. les oiseaux, les poissons.* || Mettre le manger dans le bec des petits oiseaux. — Donner à manger à quelqu'un qui ne peut se servir de ses mains. *Il faut l'ap. comme un enfant.* = Appâté, ée. part.

APPAUMÉ. adj. (R. *paume*). T. Blas. Voy. *Figures* Héraldiques.

APPAUVRIR. v. a. (R. *pauvre*). Rendre pauvre. *Ap. une personne, une famille, une ville, une province, un État.* || Fig., *Ap. une langue*, En retrancher des mots ou des façons de parler qui n'ont point d'équivalents. || *Ap. un terrain*, En diminuer la fertilité par une mauvaise culture. || * *Une alimentation insuffisante appauvrit le sang*, Diminue la proportion des principes constituants que le sang doit contenir à l'état normal. || * *Ce système d'éducation appauvrit l'intelligence*, Diminue son activité. = s'APPAUVRIR, v. pron. Devenir pauvre. S'emploie au prop. et au fig. = APPAUVRI, IE. part.

APPAUVRISSEMENT. s. m. État de pauvreté, d'indigence, dans lequel tombe graduellement un homme, une famille, un pays. || Fig. on dit : *L'ap. d'une langue; L'ap. d'une terre; L'ap. du sang; L'ap. de l'intelligence.*

APPEAU. s. m. (R. *appel*). Sorte d'instrument dont on se sert pour contrefaire le cri de quelque animal, quand on veut s'en approcher ou l'attirer dans un piége. || Se dit aussi Des oiseaux qu'on emploie pour appeler et attirer les oiseaux de la même espèce.

Enc. — L'extrême défiance des animaux les porte en général à fuir la présence de l'homme; les chasseurs, afin de les approcher pour les tuer plus facilement, ou pour les faire tomber dans quelque piége, ont dû nécessairement rechercher les moyens de les attirer. Un des meilleurs moyens employés à cet effet consiste à simuler le cri propre à chaque animal. Quelques oiseleurs parviennent à imiter, avec une extrême vérité, le chant d'une foule d'oiseaux; pour cela, leur bouche, leurs doigts, une feuille de lierre, un lambeau de ruban, leur suffisent. Quant au chasseur inexpérimenté, il lui faut des instruments construits de manière à reproduire le cri du gibier qu'il poursuit : ce sont ces instruments qui ont reçu le nom d'*Appeaux*. Dans certains cas, ils simulent le cri du mâle; dans d'autres, celui de la femelle. — On distingue trois espèces d'appeaux : les *appeaux à sifflet*, les *appeaux à languette* et les *appeaux à frouer*. — Parmi les *appeaux à sifflet*, nous citerons l'ap. à alouettes, l'ap. à cailles et l'ap. à chouette. — L'*ap. à alouettes* (Fig. 1) est formé d'un tube métallique qui va toujours en s'amoindrissant, à partir de son extrémité supérieure jusqu'à son bout inférieur, lequel se termine par une boule creuse. L'air, introduit par le bout supérieur, pénètre dans la boule au moyen d'un petit trou, et produit des sons qu'on modifie à volonté. — L'*ap. à cailles*, dit *courcaillet* (Fig. 2), se compose d'un tube en os ou en métal dont une extrémité aboutit à un petit sac de cuir bourré de crin bouilli. Chacun des bouts du tube est garni intérieurement d'un morceau de liége dont on a enlevé un segment pour permettre le passage de l'air. Le chasseur n'a qu'à frapper sur la bourse de cuir, et l'air, en s'échappant, produit le son désiré. L'*ap. à grives* est à peu près semblable à l'ap. à cailles. — Pour se ser-

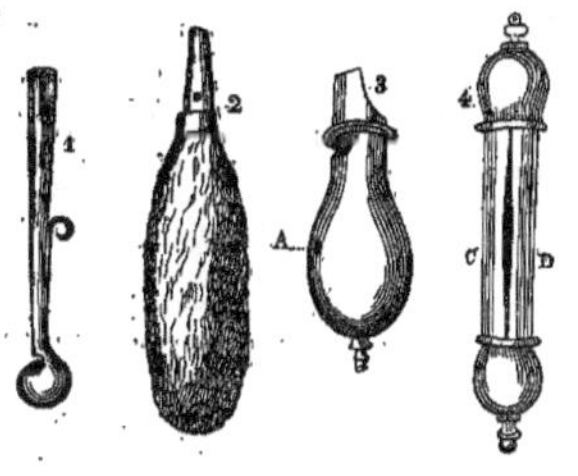

vir de l'*ap. à chouette, coucou, tourterelle* et *pigeon ramier* (Fig. 3), on souffle par le bec de l'instrument, et l'on bouche ou débouche le trou A, en imitant la cadence que ces oiseaux mettent dans leurs cris. — Une sorte d'ap. très-employé, et avec lesquels on imite fort bien le cri de l'alouette, du bécfigue, etc., consiste simplement en un noyau de pêche ou d'abricot usé et percé sur ses deux faces, puis vidé de son amande. — Parmi les *appeaux à languette*, celui dont on se sert le plus ordinairement est l'*ap. à piper* (Fig. 4); il se compose de deux moitiés d'un morceau de bois rond C et D, évidées de façon à laisser entre elles un intervalle de l'épaisseur d'une lame de couteau, et réunies à leurs extrémités par deux têtes creusées pour les recevoir. Avant d'assembler les pièces, on place entre elles un bout de faveur ou une feuille de chiendent. Cette membrane entre en vibration, quand on souffle à travers la fente de l'ap., et donne des sons qui imitent le cri de la chouette. L'ouverture, qui se trouve entre les pièces C et D, doit avoir un côté plus fermé que l'autre, et c'est contre le côté le plus serré qu'on applique les lèvres. — Les *appeaux à frouer* servent à imiter le cri ou le vol de certains oiseaux, tels que les geais, les merles, les draines, etc. Une feuille de lierre, disposée en cornet, et que l'on fait résonner en soufflant dedans, est le plus simple des instruments de ce genre. — Enfin, il y a des appeaux pour appeler les cerfs, les renards, etc. Ce sont des anches assez semblables à celles de l'orgue.

APPEL. s. m. Action d'appeler avec la voix, le geste ou autrement. *Il n'a pas entendu votre ap. Je n'ai pas vu votre ap. La cloche sonne l'ap. au dîner.* || Action de dénommer à haute voix les personnes qui doivent se trouver à une assemblée, à une revue, afin de s'assurer de leur présence. *Faire l'ap. des soldats, des jurés, des témoins. Se trouver, répondre, manquer à l'ap.* — Dans les assemblées politiques, *L'ap. nominal* consiste à lire les noms de tous les membres de l'assemblée, pour s'assurer de leur présence, ou pour que chacun d'eux vienne sucessivement déposer son vote dans l'urne du scrutin. || Signal qui se fait avec le tambour ou la trompette pour assembler les soldats. *Battre l'ap. Sonner un ap.* || Action de convoquer sous les drapeaux. *On vient d'ordonner l'ap. des conscrits de la classe de 1846. Tous les conscrits ont répondu à l'ap.* || Défi, provocation en duel, cartel. *Les appels sont défendus comme les duels.* On dit plus ord. *Défi* ou *Cartel*. — * Se dit De toute provocation, de tout défi, même littéraire. *On l'a défié de prouver ce qu'il avançait, et il n'a pas répondu à l'ap.* || T. Escr. Attaque qui se fait d'un double battement du pied droit à la même place. || T. Fin. et Comm. *Ap. de fonds*, Demande de nouveaux fonds à des associés ou aux actionnaires d'une compagnie, d'une entreprise, dans le cas d'insuffisance du premier versement. *Cette société a déjà fait un second ap. de fonds à ses actionnaires.* || Fig., *Faire ap. à la bourse de quelqu'un*, Demander un service pécuniaire. *Faire ap. à la générosité de quelqu'un, à la charité publique*, L'implorer, solliciter des secours. || T. Palais. *Faire l'ap. d'une cause.* Voy. APPELER *une cause.* || T. Droit. Recours à un juge supérieur contre une sentence prononcée par un juge inférieur. *Acte d'ap. Causes et moyens d'ap. Juge d'ap.. Interjeter ap.* etc. — *Ap. comme d'abus*, Voy. ABUS. || T. Chasse et Man. *Ap. de la langue*, Voy. LANGUE.

Enc. — L'*Ap.* est une institution qu'on retrouve chez tous les peuples civilisés. Il était en effet indispensable d'offrir, à quiconque se prétend lésé dans ses droits, une garantie contre l'erreur ou la mauvaise foi d'un juge ignorant ou partial. Sous la république et les premiers empereurs, les Romains ne connurent guère que l'*ap. au peuple*, et on n'y avait recours que dans le cas de condamnation d'un citoyen à la peine capitale. C'est vers le temps de Justinien que se multiplièrent les appels en matière civile. — Dans les premiers temps de la monarchie française, les rois exercèrent une certaine surveillance sur la manière dont la justice était rendue par les seigneurs et par les comtes, et ils reçurent les appels qu'on portait devant eux des sentences prononcées par les justices seigneuriales. Mais vers la fin du xe siècle, à l'avénement des Capétiens, le droit d'ap. se trouva aboli de fait, soit parce que les seigneurs prétendant à une autorité absolue dans leurs domaines même en matière de jugements, le recours au roi n'était plus possible, soit parce que l'usage du combat judiciaire était devenu si général que toutes les questions se décidaient par le duel. Philippe-Auguste et Louis IX firent d'heureux efforts pour améliorer l'administration de la justice et pour rétablir le droit d'ap. ou de recours au roi. Louis IX, par un règlement de 1260 et par l'ordonnance de 1270, si célèbre sous le nom d'*Établissements de saint Louis*, défendit le combat judiciaire dans toute l'étendue de ses domaines, et établit des règles fort sages relativement au jugement de toutes les affaires et au mode de décider les appels portés devant lui. L'institution des parlements amena de notables améliorations dans l'administration de la justice, et la forme des appels fut régularisée : cependant, malgré les efforts persévérants des rois et ceux des parlements, l'existence des justices seigneuriales fut toujours un obstacle insurmontable à la réforme de certains abus dont le plus déplorable était la multiplicité des degrés de juridiction. — La révolution ayant fait disparaître les derniers vestiges du régime féodal, il devint facile d'établir une organisation judiciaire qui satisfît mieux aux besoins des citoyens. Mais comme au mot JUSTICE il sera parlé de l'administration de la justice en France et de la compétence de nos divers tribunaux, nous nous contenterons d'exposer sommairement les cas où l'on peut recourir à l'ap., et de dire dans quels délais on doit l'interjeter. Aujourd'hui il n'existe plus chez nous que deux degrés de juridiction. Certaines contestations, quand leur objet est de peu d'importance, sont même jugées en dernier ressort par les tribunaux de 1re instance, les tribunaux de commerce, les conseils de prud'hommes et les juges de paix. En outre, les parties peuvent, d'un commun accord, transporter l'instance devant un tribunal qui les juge en dernier ressort, et, par cela même, renoncer à la faculté d'appeler.

Il y a, en matière civile, deux sortes d'appels, l'*ap. principal* et l'*ap. incident*. Le premier s'applique à un jugement quelconque; le second est relatif à un jugement dont on veut tirer avantage contre la partie qui a elle-même interjeté un ap. principal. — L'ap. des jugements des juges de paix est porté devant les tribunaux de 1re instance, celui des jugements de 1re instance devant les cours royales. Les sentences des prud'hommes sont déférées en ap. aux tribunaux de commerce, et les jugements de ceux-ci aux cours royales. — En matière criminelle, les appels des jugements de simple police, dans les cas déterminés par la loi, sont jugés par les tribunaux de police correctionnelle; et l'ap. des jugements correctionnels est porté tantôt devant le tribunal du chef-lieu du département, tantôt devant la cour royale, conformément aux prescriptions du Code d'instr. crim. et au tableau annexé au décret du 18 août 1810. — Dans tous les cas, la partie qui se croit lésée peut interjeter ap.; mais cette faculté n'appartient au ministère public que dans les affaires correctionnelles, lorsqu'il croit devoir, dans l'intérêt de la société, demander l'application d'une peine plus forte que celle dont on a frappé le condamné : cet ap. est dit *ap. a minima*. Les jugements prononcés par les cours d'assises ne sont pas susceptibles d'ap.

L'appelant qui succombe est condamné à une amende de 5 fr., s'il s'agit du jugement d'un juge de paix, et de 10 fr., s'il s'agit de l'ap. d'un jugement de tribunal de 1re instance ou de commerce. En gén., les délais de l'ap. sont de trois mois à compter de la signification du jugement, ou, pour les jugements par défaut, à partir de l'expiration des délais de l'opposition. Néanmoins ces délais varient suivant la matière des jugements ou selon la distance qui sépare le domicile des parties du lieu où siége le tribunal devant lequel le procès est pendant. Disons cependant que les jugements des tribunaux de simple police et de police correctionnelle doivent être attaqués dans les dix jours de la signification, sauf le cas où l'ap. est interjeté par le ministère public : car alors le délai est de deux mois. Par une sage prévision, la loi a interdit aux parties de former leur ap. avant qu'il se soit écoulé huit jours depuis la prononciation du jugement, à moins que celui-ci ne soit exécutoire par provision. — Le terme fixé pour l'ap. une fois expiré, le jugement devient définitif. La seule voie qui reste ouverte pour en arrêter les effets est le recours en cassation. Il en est de même lorsque le jugement a été prononcé en dernier ressort; mais la cour de cassation ne constitue point pour cela un troisième degré de juridiction. Son unique objet est de conserver l'uniformité de la jurisprudence et de veiller à ce que les tribunaux ne donnent point à la loi des interprétations arbitraires. — Grâce à l'organisation judiciaire actuelle, il n'est plus permis à des plaideurs obstinés d'éterniser un procès par des appels successifs, et de consumer leur vie et leur fortune dans de vaines formalités de procédure.

APPELANT, ANTE. adj. Qui appelle d'un jugement. *Il est ap. Elle est reçue appelante.* — S'emploie subst. *L'ap. et l'intimé.* || Se dit encore subst. Des oiseaux qui servent pour appeler les autres et les attirer dans les filets. *Un bon ap.*

APPELER. v. a. (lat. *appellare*). Nommer, dire le nom d'une personne, d'une chose. *Comment appelez-vous cet homme? On l'appelle Pierre. Les magistrats qu'on appelait à Rome Tribuns du peuple.* — Prov., *Ap. les choses par leur nom*, C'est exprimer sans ménagement le jugement que l'on porte de quelqu'un. *J'appelle un chat un chat, et Rolet un fripon.* — *Ap. les lettres*, Les nommer, les désigner par leur nom. || Imposer, donner un nom. *Quel nom donnerez-vous à votre enfant? Je l'appellerai Jean. On appelle cette ville Alexandrie du nom de son fondateur.* || Désigner quelqu'un ou quelque chose par une qualification qui équivaut au nom lui-même. *Hippocrate, qu'on appelle le père de la médecine. La France, qu'on appelle la fille aînée de l'Eglise.* || Désigner une personne, une chose par quelque qualité. *J'appelle un véritable ami celui qui ..... On appellera toujours folie une conduite pareille à celle-là. C'est ce qu'on appelle franchir les bornes de la décence.* || Prononcer à haute voix les noms de ceux qui doivent se trouver présents en quelque endroit. *Il était absent du poste quand on l'a appelé.* || En T. Palais, *Ap. une cause*, c'est Énoncer à haute voix, à l'audience, les noms des parties, afin que les parties ou leurs fondés de pouvoirs viennent plaider leur cause. *Les causes sont appelées à tour de rôle.* || Se servir de la voix ou de quelque signe pour faire venir quelqu'un. *Je l'appelle et il ne vient point. Ne pouvant plus l'ap. de la voix, il l'appelait encore du geste.* — Dans ce sens, on dit aussi, *Ap. son chien, son cheval.* || Se dit également Du cri dont se servent les animaux pour faire venir à eux ceux de leur espèce. *La brebis appelle son agneau. La poule appelle ses poussins.* — *Ap. des oiseaux*, C'est imiter leur cri avec la voix ou à l'aide d'un appeau, afin de les attirer. || *Ap. au secours, à l'aide*, Invoquer le secours, l'aide des citoyens. On dit encore, *Ap. du secours, Ap. à son secours.* — Par ext., on appelle à son secours des choses autres que des êtres animés. *Celui qui se sent trop faible appelle la ruse à son secours.* || Inviter à venir, envoyer chercher, mander, requérir. *Ap. le médecin. Quand le feu est à la maison, on appelle les pompiers. Le roi appelle ses ministres. Ap. la garde.* || Se dit Des choses dont le son sert de signal, d'appel. *Les cloches appellent les fidèles à l'église. La trompette appelle au combat.* || *Ap. sous les drapeaux*, ou simplement *Appeler*, Ordonner de se rendre sous les drapeaux. *On vient d'ap. la réserve.* || *Ap. en duel, Ap. au combat, Ap. sur le terrain*, Envoyer un cartel, un défi. || Citer devant le tribunal, devant le juge. *Ap. quelqu'un en justice, en témoignage, en garantie.*

|| *Dieu vient de l'ap. à lui*, se dit D'une personne qui vient de mourir. || Se dit De la volonté de Dieu à notre égard, des moyens qu'il emploie pour nous la faire connaître et nous aider à l'accomplir. *Il ne faut pas résister lorsque Dieu nous appelle. Dieu appelle tous les chrétiens à la vie éternelle.* || Fig., s'emploie en parlant Des personnes choisies ou désignées pour remplir certaines fonctions. *Ap. à une chaire un professeur habile. Il fut appelé au trône par le vœu de la nation.* || Se dit Des qualités, des aptitudes et des circonstances qui déterminent la condition, la destinée de quelqu'un. *Cet homme n'était pas appelé au métier de la guerre. Son génie l'appelait à commander aux hommes. Sa naissance l'appelait au trône.* || Fig. Se dit De tout ce qui oblige, qui excite, qui invite à se trouver en quelque endroit dans un but quelconque. *L'honneur, le devoir m'appelle. La vengeance l'appelle. Le beau temps nous appelle à la promenade.* || Nécessiter, exiger. *Les abus appellent une réforme. Le crime appelle toujours la sévérité des lois. Cette importante question appelle toute votre attention.* — *Ap. l'attention de quelqu'un sur quelque chose*, C'est inviter quelqu'un à remarquer, à examiner quelque chose. — *Ap. l'attention*, sign. encore L'exciter, la captiver. *Des accents inconnus appelèrent notre attention.* || *Ap. le mépris public sur une personne*, S'efforcer de la rendre l'objet du mépris public. — *Ap. sur quelqu'un, sur quelque chose les bénédictions du ciel*, Invoquer Dieu pour qu'il bénisse cette personne ou cette chose. = Appeler. v. n. Recourir à un tribunal supérieur contre la sentence prononcée par un tribunal inférieur. *Il a appelé de ce jugement.* — *Ap. comme d'abus.* Voy. Abus. || Fam. et par ext., *J'appelle de votre décision*, ou *J'en appelle*, Je ne me soumets pas à votre décision. || *J'en appelle à votre témoignage, à votre probité, à votre sagesse.* J'invoque votre témoignage, J'en réfère à votre probité, etc. — *En ap. à la postérité*, Se confier au jugement que portera la postérité. || Fig. et fam., on dit D'un homme qui vient d'échapper à une maladie dangereuse : *Il en a appelé.* = s'Appeler. v. pron. *Comment vous appelez-vous? Je m'appelle Pierre. Cette plante s'appelle anémone.* — *Voilà qui s'appelle de l'amitié. Aujourd'hui l'égoïsme s'appelle sagesse, le dévouement folie.* || *Voilà qui s'appelle parler, agir*, Voilà qui est parler, agir comme il faut. * *Cela s'appelle parler en homme prudent*, Comme un homme prudent doit le faire. = Appelé, ée. part. *Il y a beaucoup d'appelés et peu d'élus.*

Conjug. — *J'appelle, tu appelles, il appelle; nous appelons, vous appelez, ils appellent. J'appelais; nous appelions. J'appelai; nous appelâmes. J'ai appelé; nous avons appelé. J'eus appelé; nous eûmes appelé. J'ai eu appelé; nous avons eu appelé. J'avais appelé; nous avions appelé. J'appellerai; nous appellerons. J'aurai appelé; nous aurons appelé. J'appellerais; nous appellerions. J'aurais ou j'eusse appelé; nous aurions ou nous eussions appelé. Appelle; appelons, appelez. Que j'appelle; que nous appelions. Que j'appelasse; que nous appelassions. Que j'aie appelé; que nous ayons appelé. Que j'eusse appelé; que nous eussions appelé. Être appelé ou appelée. Avoir appelé. Appelant.*

Syn. — *Nommer.* — *Ap.* n'est synon. du v. *nommer* que dans l'acception de donner un nom à quelqu'un, à quelque chose. Comment *appelez-vous* ou Comment *nommez-vous* votre fils? Comment s'*appelle* ou Comment se *nomme* cet instrument? Toutefois *ap.* s'emploie de préférence en parlant des choses, et *nommer* en parlant des personnes.

APPELLATIF. adj. m. [On fait sentir les 2 L dans ce mot et dans le suivant.] T. Gram. Voy. Nom.

APPELLATION. s. f. Action d'appeler quelqu'un à haute voix. || *Ap. des lettres*, Action de nommer chaque lettre de l'alphabet. Voy. Lettre. || T. Droit. Appel d'un jugement. Ne s'emploie guère que dans les locutions suivantes : *La cour met l'ap. au néant. La sentence sera exécutée nonobstant opposition ou ap. quelconque.*

APPENDICE. s. m. [On prononce *appaindice.*] (lat. *appendix*). Chose ajoutée à une autre avec laquelle elle a du rapport. || Dans le langage scientifique, se dit D'une partie accessoire, d'une partie qui semble être le prolongement d'une partie principale.

Enc. — En T. de Littérature, le terme *Ap.* est usité pour désigner le supplément que l'on ajoute à la fin d'un ouvrage. L'ap. se compose ordinairement soit de notes explicatives, soit de pièces justificatives, c.-à-d. de documents détachés ou d'extraits d'autres ouvrages relatifs au sujet du livre. Quelquefois il sert à réparer les omissions ou les erreurs qui ont échappé à l'auteur dans le corps de l'ouvrage.

En Bot., *Ap.* s'emploie pour désigner certaines parties accessoires que présentent les végétaux, soit à la base de leurs feuilles, soit sur les pétioles (Oranger), soit à l'intérieur de la corolle (certaines Borraginées), soit autour de l'ovaire (Graminées), etc. Ces appendices d'ailleurs portent en général des noms particuliers, ou reçoivent des épithètes caractéristiques suivant leur figure, leur position, etc.

En Anat. et en Zool., le mot *Ap.* se prend dans plusieurs acceptions différentes : 1° il sert à désigner toute partie d'un organe, adhérente ou continue, qui paraît comme sur-ajoutée à cet organe : tels sont l'ap. xyphoïde du sternum, l'ap. vermiculaire du cœcum, les appendices épiploïques, etc. 2° On donne aussi le nom d'appendices à diverses sortes de prolongements que présente le corps des animaux invertébrés (antennes, mandibules, fausses-pattes des Articulés); ou même à de simples duplicatures ou lobes du tégument externe (pied ou tube des Mollusques, tentacules des Polypes); ou bien encore à des organes de nature différente (cils des animaux inférieurs, bâtons des Oursins, etc.). 3° Enfin quelques anatomistes ont employé le terme ap. d'une façon plus ou moins arbitraire en parlant de diverses parties du système osseux : ainsi ils ont donné ce nom aux apophyses vertébrales, aux côtes, aux membres supérieurs et inférieurs, à certains os de la tête, etc., suivant les vues théoriques propres à ces auteurs.

Du terme *Ap.*, les zoologistes et les botanistes ont dérivé les mots *Appendicule* et l'adj. *Appendiculé, ée*, le premier pour désigner un petit ap., le second pour désigner les organes qui sont munis d'un ap. Quant à l'expression *Appendiculaire*, ils l'emploient en parlant des organes ou des parties accessoires qui constituent des appendices proprement dits. *Organes appendiculaires. Prolongements appendiculaires.*

APPENDRE. v. n. (lat. *appendere*, suspendre). Pendre, suspendre, attacher quelque chose dans un lieu consacré. *Ap. un ex-voto aux murs d'une chapelle. Ap. des étendards aux voûtes d'un temple.* = Appendu, ue. part.

APPENTIS. s. m. T. Arch. Toit n'ayant qu'un seul versant ou égout, appuyé du côté supérieur contre un mur et supporté, du côté inférieur, par des piliers ou des poteaux.

APPERT (IL). v. imp. Voy. Apparoir.

APPESANTIR. v. a. (R. *Pesant*). Rendre plus pesant. *L'eau qui avait pénétré dans leurs habits les avait appesantis.* || Fig. Diminuer l'activité, l'agilité. *La vieillesse, les infirmités appesantissent le corps.* — *L'âge commence à ap. la main de ce peintre, de ce chirurgien*, Il diminue sa légèreté, sa dextérité. — *Le sommeil appesantit les yeux, les paupières*, Force les paupières à s'abaisser. — *Ses infirmités ne lui ont point encore appesanti l'esprit*, N'ont point encore affaibli ses facultés intellectuelles. || Fig. *Chaque jour ce tyran appesantit le joug qui pèse sur ses peuples*, Il les opprime chaque jour davantage. — *Dieu a appesanti sa main, son bras sur le peuple*, Il l'a frappé, il l'a puni. = s'Appesantir. v. pron. S'emploie dans toutes les acceptions du v. actif. || Fig. *Cet auteur s'appesantit trop sur son sujet*, Il le traite trop longuement. *Il s'appesantit sur les détails*, Il s'étend trop sur les détails. = Appesanti, ie. part.

APPESANTISSEMENT. s. m. État d'une personne appesantie, soit de corps, soit d'esprit.

APPÉTENCE. s. f. [Dans ce mot et dans le suivant, on fait sentir les 2 P.] Action d'appéter; désir instinctif pour un objet quelconque. N'est guère usité que dans le langage médical. *Dans certaines gastralgies, on observe une vive ap. pour les acides.*

APPÉTER. v. a. (lat. *ad*, *petere*, tendre vers). Désirer vivement par instinct, par besoin physique. N'est guère usité qu'en Physiol. *L'estomac appète les aliments.* = Appété, ée. part.

Conjug. — *J'appète, tu appètes, il appète; nous appétons, vous appétez, ils appètent. J'appétais. J'appétai. J'ai appété. J'appèterai. J'appèterais*, etc.

APPÉTISSANT, ANTE. adj. Qui excite, qui réveille l'appétit. *Mets ap. Viande appétissante.* || On dit D'une jeune personne qui a de la fraîcheur et de l'embonpoint, qu'*Elle est appétissante.*

APPÉTIT. s. m. Désir instinctif qui a son origine dans un besoin physique. *Ap. sensuel, charnel, déréglé. Contenter, satisfaire ses appétits. Se laisser gouverner par ses appétits.* || Fig., *Avoir un ap. insatiable des honneurs, des richesses.* || Désir, besoin de manger. *Exciter, éveiller, aiguiser l'ap. Cette longue course m'a ouvert l'ap. Gagner de l'ap. Manger avec ap. Se mettre en ap. Perdre l'ap. Oter, émousser l'ap.* — *Bon ap.*, Souhait que l'on adresse à quelqu'un qui mange ou qui va manger. — *C'est un cadet de haut ap.*, C'est un homme à qui tous les mets semblent bons. — Fam., *Demeurer sur son ap.*, Cesser de manger avant satiété complète. || Fig., *C'est un homme qui a bon ap.*, Qui recherche avec avidité l'argent et les places. — Prov., *L'ap. vient en mangeant*, Plus on a de biens ou d'honneurs, plus on veut en avoir. = à l'Appétit. Façon de parler proverbiale qui signif., Par le désir de gagner ou d'épargner. *Il fait des bassesses à l'ap. de quelques écus. A l'ap. d'un écu, il a laissé mourir un cheval de cinquante louis.* Vx.

Enc. — Dans la philosophie scolastique, on distingue l'*ap. sensitif* et l'*ap. raisonnable* : l'un naît de l'idée confuse que l'âme acquiert par la voie des sens; l'autre de la connaissance distincte du bien attaché à un objet. Le premier se divise en *ap. concupiscible*, qui signifie désir instinctif d'un objet propre à la satisfaction des sens, et en *ap. irascible*, qui désigne l'antipathie, la répulsion par laquelle nous écartons ce que nous considérons comme un mal. Mais ces distinctions ont été abandonnées par la philosophie moderne; et aujourd'hui le terme ap. n'est plus employé qu'en parlant de la tendance aveugle qui porte l'homme à la satisfaction de ses besoins physiques.

Physiol. — Le terme *Ap.* sert à désigner une manière d'être de l'économie qui nous fait désirer les aliments solides. L'ap. s'annonce ordinairement par une sécrétion abondante de salive, et il est souvent accompagné du souvenir des choses qu'on a mangées avec plaisir dans d'autres circonstances. Il est en général un indice du besoin de réparation alimentaire, et, sous ce rapport, il constitue le premier degré de la faim qu'il accompagne ordinairement dans l'état de santé. C'est pour cela qu'on le confond souvent avec la faim, quoiqu'il s'en distingue par des différences assez tranchées. En effet, l'ap. n'a rien de pénible; il est caractérisé par un sentiment de bien-être et d'excitation, tandis que la faim l'est par une sensation de défaillance et un état de malaise qui devient même douloureux lorsqu'il est porté à un certain degré. L'ap. cesse de lui-même indépendamment de l'alimentation, par ex., lorsqu'il n'est pas satisfait à temps, et, dans ce cas, il est remplacé par la faim. Celle-ci ne s'apaise jamais que par l'usage des aliments; mais leur ingestion en quantité suffisante a pour effet constant de la faire cesser. L'ap. au contraire persiste assez souvent, lors même que la faim a été complétement satisfaite. — L'ap. est sujet à une foule de variations en vertu desquelles nous désirons tel aliment plutôt que tel autre : ces variations, dans l'état de santé parfaite, indiquent en général le genre d'aliments qui nous convient le mieux. Elles sont l'expression du besoin qu'éprouve l'organisme de changer de temps à autre la nature de son alimentation. Mais, indépendamment de ces modifications toutes physiologiques, l'ap. peut en éprouver une multitude d'autres plus profondes qui sont alors le symptôme d'un état morbide. Ainsi, l'ap. peut être nul (*Anorexie*) ou porté à un degré insolite (*Faim canine, Cynorexie, Boulimie*); il peut être perverti, et avoir pour objet soit des substances qui d'ordinaire ne servent pas à l'alimentation (*Malacia*), soit des substances qui ne renferment aucun principe nutritif (*Pica*). — Ces désordres de l'ap. n'ont pas de gravité par eux-mêmes : leur présence n'exige aucun traitement particulier, car il suffit, pour les voir disparaître, de faire cesser l'état morbide dont ils constituent l'un des symptômes.

APPLAUDIR. v. n. (lat. *ad*, *plaudere*, battre des mains à). Battre des mains en signe d'approbation. *Ap. aux acteurs.* — S'emploie abs. *J'étais hier au spectacle, on applaudit beaucoup.* || Fig., Approuver, exprimer sa satisfaction d'une manière quelconque. *Toute l'assemblée applaudit à une proposition si juste. Tout le monde applaudit à sa conduite. Quand un homme est en faveur, tous les courtisans lui applaudissent.* = Applaudir. v. a. S'emploie au prop. et au fig. *Ap. une pièce, une scène, un acteur, un orateur. Chacun l'a applaudi d'une si bonne action. On ne peut qu'ap. une pareille action.* = s'Applaudir v. pron. Se vanter, se glorifier. *Les sots s'applaudissent sans cesse.* || Se féliciter de quelque chose. *Il s'applaudit de ce qu'il a fait. On s'applaudit de cet heureux événement. On s'applaudit du choix qu'a fait le gouvernement. Loin de me repentir de ce que j'ai fait, je m'en applaudis.* = Applaudi, ie. part.

APPLAUDISSEMENT. s. m. Battement de mains, Acclamation en signe d'approbation, de joie, de félicitation. *Ce discours fut suivi de grands applaudissements. Cet acteur a mérité de vifs applaudissements. Il fut reçu avec grand ap. par l'assemblée.* || * Fig., Approbation vive manifestée par des éloges, des louanges, des marques d'estime. *Cette conduite mérite les applaudisements de tous les honnêtes gens. Il a l'ap. universel, l'ap. public.*

APPLAUDISSEUR. s. m. Celui qui applaudit. Se dit ordinairement De ceux qui applaudissent sans jugement, ou qui sont payés pour applaudir.

APPLICABLE. adj. 2 g. Qui doit ou qui peut être appliqué. *Une amende ap. aux pauvres. Cette règle n'est pas ap. à tous les cas. Cette loi n'est pas ap. aux mineurs.*

APPLICATION. s. f. Action par laquelle on applique une chose sur une autre. *L'ap. d'un topique sur la partie malade. L'ap. d'une couche de vernis sur une peinture.* ‖ Action d'appliquer un principe, une maxime, une règle, une loi, une peine, un passage, une comparaison, etc., à quelque chose ou à quelqu'un. *L'ap. que vous faites de ce principe est trop rigoureuse. La loi n'a point ici d'ap. Les juges ont été trop indulgents dans l'ap. de la peine. L'orateur a fait une heureuse ap. d'un passage de Virgile. C'est un homme soupçonneux qui se fait l'ap. de tout ce que l'on dit.* ‖ Se dit De l'emploi que l'on fait des principes, des procédés d'une science ou d'un art pour perfectionner ou étendre une autre science ou un autre art. *L'ap. de l'astronomie à la géographie, de la chimie à la médecine, du microscope aux recherches anatomiques. L'ap. d'un procédé, d'une découverte. Cette méthode est susceptible d'une multitude d'applications.* ‖ * Pratique, réalisation. Se dit par opposit. à théorie, à science pure. *La théorie est souvent démentie par l'ap. — École d'ap.* Voy. Instruction *publique.* ‖ Emploi déterminé. *Cette somme a déjà son ap. On a détourné ces fonds de leur ap.* ‖ * T. Math. *Ap. de l'algèbre à la géométrie.* Voy. Géométrie. ‖ * T. Théol. *Ap. des mérites de Jésus-Christ.* Action par laquelle J.-C. nous transfère ce qu'il a mérité par sa vie et par sa mort. ‖ Fig. Attention profonde et soutenue. *Cette étude demande une grande ap. Il est incapable d'ap. Il n'a d'ap. que pour le jeu. — Il met toute son application à vous plaire,* Il met tous ses soins à, etc.

APPLIQUE. s. f. T. Techn. Se dit Des choses qu'on applique ou qu'on ajuste sur d'autres dans certains ouvrages. *Pièces d'ap.*

APPLIQUER. v. a. (lat. *ad*, *plicare*, plier sur). Mettre une chose sur une autre en sorte que leurs surfaces soient en contact. *Ap. une compresse, un cataplasme. Ap. un patron sur l'étoffe qu'on veut tailler. Ap. votre main sur mon cœur. Ap. sa bouche, ses lèvres sur un objet pour le baiser.* ‖ Mettre une chose sur une autre en sorte qu'elle y reste adhérente. *Ap. des couleurs sur une toile, des affiches contre un mur. Ap. de la broderie sur une étoffe.* ‖ Appuyer la surface d'une chose sur une autre, de façon que la première laisse une empreinte sur la seconde. *Ap. un cachet sur la cire, un fer chaud sur l'épaule.* — Dans un sens anal. on dit, *Ap. des ventouses.* ‖ Fig. *Ap. un soufflet, un coup de poing, un baiser,* Donner un soufflet, etc. ‖ *Ap. un homme à la question, à la torture.* Lui faire subir la question, etc. ‖ *Ap. son esprit, son attention à quelque chose.* Apporter une extrême attention à l'étude, à l'examen de quelque chose. ‖ Faire usage des procédés, des principes d'une science ou d'un art pour perfectionner ou étendre une autre science ou un autre art. *Ap. l'algèbre à la géométrie, l'astronomie à la navigation, la chimie à l'agriculture ; on a appliqué la force expansive de la vapeur à la locomotion. Les procédés galvaniques ont été appliqués au moulage des objets d'art. On peut ap. ce procédé dans une foule de cas. Il y a bien des forces dans la nature que l'homme n'a pas encore pu ap.* ‖ * Réaliser, mettre en pratique. *Beaucoup d'inventions qui paraissaient fort belles en théorie se sont trouvées sans valeur lorsqu'on a voulu les ap.* ‖ *Ap. un principe, une maxime, une règle, une loi,* En faire usage dans les cas qui y ont rapport. *Vous n'avez jamais su ap. ce principe à propos.* ‖ *Ap. un remède à une maladie,* Employer un remède dans une maladie où son usage paraît convenable. ‖ T. Droit *Ap. une loi, une peine,* Juger, condamner conformément à la loi. Se dit aussi Des comparaisons, des passages, des citations que l'on adapte à quelque sujet. *Ap. une comparaison. Il y a dans Juvénal beaucoup de passages qu'on pourrait ap. à nos mœurs.* ‖ Destiner, affecter, consacrer. *Ap. une somme d'argent à bâtir. Ap. une amende aux pauvres. Il a appliqué une partie de ses revenus à s'acquitter envers ses créanciers.* ‖ Avec le pron. pers. *Se* signifiant *A soi, Ap.* a le sens de S'approprier, s'attribuer, prendre pour soi. *Il s'est appliqué tous les profits de l'entreprise. Ce professeur s'applique tous les éloges qu'on donne à ses élèves. Il est rare qu'un avare s'applique ce qu'il entend dire contre l'avarice.* = s'Appliquer. v. pron. S'emploie dans toutes les acceptions du v. actif. ‖ *Il s'applique uniquement à bien remplir ses devoirs,* Il n'a d'autre soin que celui, etc. — *Cet enfant ne veut pas s'ap. au travail, à l'étude,* ou simplement *ne veut pas s'ap.*, Il ne veut pas travailler, étudier avec attention. — *Tous les habitants de cette ville s'appliquent au commerce,* Se livrent au commerce. = Appliqué, ée. part. *C'est un homme ap., fort ap.*, Qui a l'habitude de travailler avec application.

Syn. — *Apposer.* — *Appl.* est un terme général qui se dit de toutes sortes de choses placées sur d'autres, de manière à ne former qu'un seul tout avec ces dernières, ou à y rester adhérentes : on *applique* une feuille d'étain derrière les glaces, une feuille d'or sur du cuivre, un emplâtre sur une plaie. *Apposer* ne s'emploie guère que dans ces locutions : *apposer* les scellés ; *apposer* le sceau de l'Etat ; *apposer* sa signature au bas d'un acte.

***APPOGIATURE.** s. f. (ital. *appogiare*, appuyer).

Enc. — En T. de Mus. vocale, on donne le nom d'*Ap.* à une note sur laquelle appuie la voix. Cette note est en gén. étrangère à l'harmonie; elle précède et sert à attaquer une des notes réelles de l'accord. Elle peut être supérieure ou inférieure : si elle est supérieure, on la prend telle que la donne la gamme, soit à un ton (A), soit à un demi-ton de distance (B); si elle est inférieure, on la fait presque toujours d'un demi-ton (C). — Quelquefois c'est une note de l'harmonie qui fait l'office d'ap.; dans ce cas, elle peut être séparée de la note à laquelle elle appartient par un des intervalles quelconques dont se forme l'accord (D). L'ap. peut encore être donnée par le simple retard d'une note réelle de l'harmonie. Quoiqu'elle soit habituellement indiquée par une note écrite en petit caractère, l'ap. s'appuie toujours plus que la note à laquelle elle appartient. De tous les ornements du chant, l'ap. est le plus fréquent et le plus nécessaire. Dans la phrase suivante du *Tancredi* de Rossini on a réuni les différentes espèces d'appogiatures dont il vient d'être parlé : la première ligne donne le texte du compositeur, et la seconde représente l'exécution de l'artiste : les lettres majuscules indiquent les appogiatures.

E ques-to per-me gio - - - - - - - - r-no se-

re-no co-min - - - cia il co-re a res - - pi-

rar-mi in se - no.

L'*Acciacature* se distingue de l'ap. C'est une petite note vive qui précède, à la distance d'un ton ou demi-ton, une seconde note aussi courte qu'elle. La voix précipite ces deux notes et ne s'arrête que sur la troisième. Les petites notes, dans la seconde ligne du modèle ci-dessous, sont des exemples d'*acciacatures*.

Pour les détails relatifs à l'exécution de ces ornements, consultez l'excellente Méthode de chant de Man. Garcia.

APPOINT. s. m. (lat. *ad punctum*, pour le point [juste]). T. Fin. et Comm.

Enc. — On nomme *Ap.* la monnaie que l'on donne dans un payement qui ne peut se parfaire avec les espèces principales servant à ce payement. Il résulte de là que si la somme est payée en billets de banque, l'ap. pourra se faire en pièces d'or ou d'argent; si, au contraire, le payement a lieu en pièces de 5 francs, l'ap. se fera en espèces de valeur moindre. Ainsi, *faire l'ap.*, c'est compléter par un ap. la somme nécessaire pour un payement. — Dans les caisses publiques, on donne le nom d'ap. aux fractions de francs qui peuvent être payées en monnaie de billon. — Dans le langage du commerce, ap. a une signification bien plus étendue, car il se dit de toute somme qui fait le solde d'un compte.

APPOINTEMENT. s. m. T. Jurispr. ancienne. Jugement interlocutoire par lequel le juge, pour s'éclairer, ordonnait que les parties écriraient ou produiraient sur les points de fait ou de droit qui n'avaient pu être suffisamment éclairés à l'audience. ‖ Salaire annuel attaché à une place, à un emploi. Est usité au plur. dans cette acception. *Donner, recevoir de faibles, de gros appointements. Il a mille écus d'appointements. On a réduit les appointements des employés inférieurs.* — *C'est lui qui fournit à l'ap., aux appointements,* Se dit De quelqu'un qui aide à l'entretien, à la subsistance d'un autre, qui sans cela ne vivrait pas aussi à son aise.

Syn. — *Traitement, Émolument, Honoraires, Gages, Salaire.* — Tous ces termes désignent une rétribution pécuniaire accordée pour des services rendus ou pour des travaux exécutés; mais chacun d'eux s'emploie en parlant de certaines catégories de personnes. Ainsi, les *appointements* forment la rétribution fixe des employés civils de toutes les classes; le *traitement*, celle des hauts fonctionnaires, des officiers supérieurs. Quoique l'on emploie souvent le terme *émoluments* pour *appointements*, il y a entre eux une distinction à établir. Les *émoluments* n'ont rien de fixe; ils forment une espèce de casuel : ce sont, en général, les avantages, les bénéfices qu'un employé retire de sa place en dehors de ses *appointements*, ou pour lui tenir lieu d'*appointements*. Quant aux *honoraires*, sans être tout à fait abandonnés à l'arbitraire, ils varient selon la qualité de ceux qui les payent et le talent ou la réputation de ceux qui les reçoivent. On ne donne des *honoraires* qu'aux avocats, aux médecins, aux notaires, et à quelques autres personnes exerçant les professions libérales les plus élevées. Enfin, on a spécialement appelé *gages* la rétribution annuelle ou mensuelle des domestiques ou des gens de service de bas-étage, et *salaire* celle des artisans, des ouvriers, des manœuvres employés à un travail momentané, et qu'on paye ordinairement à la semaine ou à la journée.

APPOINTER. v. a. Régler par un appointement en justice. *Cette affaire est trop embrouillée pour la juger à l'audience; il faut l'ap.* ‖ Donner des appointements. *On vient d'ap. plusieurs surnuméraires.* ‖ T. mil. *Ap. un homme d'une corvée, d'une garde,* Lui imposer, par punition, une corvée, une garde hors de tour. = Appointé, ée. part. *Cause appointée. Commis ap.* ‖ S'emploie subst. pour désigner Un soldat qui remplit les fonctions de caporal, un sous-caporal.

APPORT. Marché, lieu où l'on apporte des denrées pour les vendre. N'est plus usité que dans cette loc. : *L'Apport-Paris*, pour désigner La place du Châtelet à Paris. ‖ T. Prat. *Ap. de pièces,* Dépôt de pièces au greffe. — *Acte d'apport,* Récépissé des pièces ainsi déposées. ‖ T. Droit. Bien qu'un époux apporte dans la communauté conjugale. *Reprendre ses apports francs et quittes.* Voy. Communauté. — Ce qu'un associé apporte dans une société commerciale. *Son ap. est de trente mille francs.*

APPORTER. v. a. (lat. *ad*, *portare*, porter à). Porter d'un lieu quelconque à la personne qui parle, dont on parle, ou au lieu où est cette personne. *Apportez-moi le livre qui est sur ma table. On a apporté chez moi un panier de beaux fruits. Ap. du dehors, de loin. Ap. des marchandises par eau, par charroi. Ce paquebot vient d'ap. de mauvaises nouvelles d'Amérique. La mer apporte à Londres le tribut de tous les peuples. — Quelles nouvelles nous apportez-vous?* Avez-vous quelques nouvelles à nous apprendre? ‖ T. Droit. Se dit De ce qu'un époux possède en se mariant. *Cette femme a apporté beaucoup de biens en mariage.* — Plus spécial., Ce qu'un des époux met dans la communauté. *Il n'a apporté que ses biens meubles dans la communauté.* — Ce qu'un associé fournit pour sa mise dans une société commerciale. *L'un a apporté son industrie, l'autre ses capitaux.* ‖ Fig., *Ap. des consolations, des conseils. Ap. dans la société de la complaisance, de la gaieté, de l'esprit, de la tristesse, de l'ennui. Les dispositions que nous apportons en naissant.* ‖ Employer, mettre. *Ap. une grande attention à l'examen d'une affaire. Il faut y ap. beaucoup de précaution. Il apporte de la bonne volonté dans tout ce qu'il fait.* ‖ *Ap. des facilités, des tempéraments, des adoucissements dans une affaire,* La faciliter. — *Y ap. des difficultés, des obstacles,* L'entraver. — *Ap. du remède, Ap. remède à quelque chose,* Parer à ses inconvénients, en prévenir les suites fâcheuses. ‖ Alléguer, citer. *Ap. de bonnes raisons. A l'appui de son opinion il apporta plusieurs passages des grands jurisconsultes.* On dit mieux : *Citer, Rapporter.* ‖ Causer, produire. *La vieillesse apporte souvent des infirmités. La guerre apporte bien des calamités. Un mariage mal assorti apporte bien des chagrins. Cette entreprise lui a apporté de grands bénéfices.* = Apporté, ée. part.

Syn. — *Porter, Emporter, Transporter.* — Le verbe *porter* et ses composés marquent l'action de soutenir quelque chose, d'en être chargé; mais *porter* se borne à exprimer simplement cette action, tandis qu'*app.* implique en outre l'idée de destination; *emporter*, celle d'un point de départ, et *transporter*, celle de changement de lieu. De sorte qu'on pourrait dire : Le facteur chargé de *porter* ma lettre vient de l'*emporter* de chez moi; il la *transportera* jusqu'à la ville, et il l'*apportera* lui-même à votre père.

APPOSER. v. a. (lat. *ad*, vers, sur; *ponere*, poser). Appliquer, mettre. *Ap. un sceau sur un acte. Ap. les scellés chez quelqu'un. — Ap. sa signature, son paraphe, à la marge, au bas d'un acte, d'un écrit*, Mettre sa signature, son paraphe, etc. || *Ap. une clause, une condition à un contrat, à un traité*, L'y insérer. = APPOSÉ, ÉE. part. = Syn. APPLIQUER.

APPOSITION. s. f. Action d'apposer. *L'ap. des scellés.* || Accroissement des corps par la jonction des parties voisines. *Les minéraux s'accroissent par ap.* On dit mieux *par juxtaposition.* || T. Gram. Figure qui consiste à mettre, sans particule conjonctive et par une sorte d'ellipse, un nom à la suite d'un autre, de manière que le second serve de qualificatif au premier. Ainsi dans ces exemples : *Cicéron, l'orateur romain, La houille, aliment de l'industrie*, les mots *L'orateur romain, Aliment de l'industrie*, sont des Appositions.

APPRÉCIABLE. adj. 2 g. Qui peut être apprécié par les sens avec ou sans le secours des procédés physiques. *Cette quantité est si petite qu'elle n'est pas ap.* || * Fig., *Ce travail est fort difficile; mais je ne lui vois pas d'utilité ap.*

APPRÉCIATEUR. s. m. Celui qui apprécie. Ne s'emploie guère que joint à une épithète. *C'est un juste ap. du mérite.* — * Quelques auteurs ont fait usage du mot *Appréciatrice* comme adj. fém.

APPRÉCIATIF, IVE. adj. Qui marque l'appréciation. *Dresser un état ap. des marchandises.*

APPRÉCIATION. s. f. Estimation du prix, de la valeur d'une chose. *L'ap. d'un immeuble. Ap. juste, raisonnable.* || * Fig., *La juste ap. de nos forces, de nos facultés. La saine ap. d'un fait historique.*

Syn. — *Evaluation, Estimation, Prisée.* — Il y a entre les mots *ap.* et *évaluation* la même différence qu'entre les termes *prix* et *valeur*. *Ap.* désigne le taux ordinaire auquel un objet se vend ou s'achète dans le commerce, quelle que soit d'ailleurs sa valeur intrinsèque. L'*évaluation* détermine cette valeur intrinsèque, abstraction faite du prix courant du commerce. L'*ap.* est donc, suivant les circonstances, inférieure ou supérieure à l'*évaluation*. L'*estimation* est souvent arbitraire, car elle dépend presque exclusivement du caprice individuel; elle ne s'établit ni sur la valeur absolue, ni sur la valeur relative de l'objet. Quant à la *prisée*, c'est tout simplement la mise à prix faite par un huissier ou par un commissaire priseur, au moment où un objet est mis en vente publiquement : la *prisée* est ordinairement inférieure à la valeur vénale. — Les substantifs dont nous venons de parler ne sont guère usités au figuré; mais il n'en est pas de même des verbes *estimer*, *apprécier* et *priser*, qui leur correspondent. *Estimer* se dit en général des vertus, des qualités morales de quelqu'un, tandis qu'*apprécier* et *priser* s'emploient en parlant de son esprit, de ses talents, ou des services qu'elle a rendus.

APPRÉCIER. v. a. (lat. *pretium*, prix). Estimer, évaluer une chose; en fixer la valeur, le prix. *Ap. des meubles. Ce diamant a été apprécié à mille écus, a été apprécié mille écus.* || Fig., *Ap. les qualités, le mérite, les services de quelqu'un. Ap. un livre, un auteur. J'apprécie vos avis.* = * S'APPRÉCIER. v. pron. *Ce tableau ne saurait s'ap.*, On ne saurait en fixer le prix. *Les hommes d'un mérite réel savent s'ap.*, Connaissent ce qu'ils valent. = APPRÉCIÉ, ÉE. part.

APPRÉHENDER. v. a. (lat. *ad*, *prehendere*, saisir). Prendre, saisir. Ne se dit qu'en parlant D'une prise de corps. *On l'a appréhendé au corps.* || Craindre, redouter. *Ap. le froid, l'orage. Ap. les suites d'une faute, d'une affaire. Il appréhende de vous déplaire. On appréhende que la fièvre ne revienne.* = APPRÉHENDÉ, ÉE. part.

Syn. — *Craindre, Redouter.* — Il n'existe entre ces verbes aucune différence essentielle : tous les trois expriment le même sentiment; mais *ap.* marque une inquiétude moins vive que *craindre*, et *redouter* enchérit encore sur ce dernier. — La même différence qu'on observe entre *ap.* et *craindre* subsiste entre les substantifs *appréhension* et *crainte* qui en dérivent.

APPRÉHENSIF, IVE. adj. Timide, craintif. Peu us.

APPRÉHENSION. s. f. Crainte. *Être dans l'ap. Avoir de l'ap. Il vit dans de continuelles appréhensions.* || T. Log. Dans la philosophie scolastique, le terme *Ap.* désignait Toute notion simple, toute conception proprement dite qui n'est pas le sujet d'un jugement ou d'une affirmation. Aujourd'hui ce terme est inus.

APPRENDRE. v. a. (lat. *apprehendere*, saisir). Dans son acception la plus usitée, *Apprendre* présente deux nuances bien distinctes. Au présent et au futur, il sign. que l'on *travaille* ou que l'on *travaillera à acquérir quelque connaissance;* au passé, il sign. qu'on *a réussi à acquérir quelque connaissance.* Dans le premier cas, il est à peu près syn. du v. *Étudier;* dans le second, il est en général l'équivalent du v. *Savoir.* — *J'apprends l'histoire, la géographie, les mathématiques. J'apprendrai l'allemand. Je veux qu'il apprenne à lire, à écrire. Ap. la musique, la peinture. Ap. un métier.* — *Ap. une fable par cœur*, L'étudier pour la retenir dans sa mémoire. — *Il apprit l'art de la guerre sous Napoléon*, Il a étudié l'art de la guerre sous Napoléon, et il le sait. *Il a appris de ce philosophe à modérer ses désirs. J'ai appris à mes dépens à me défier de lui. J'ai appris par une longue expérience que... Cet acteur a appris son rôle en trois jours*, Au bout de trois jours, il a su son rôle par cœur. || S'emploie absol. et signif. S'instruire. *C'est un homme avec lequel il y a toujours à ap. On apprend à tout âge.* || Informer, avertir; Être informé, être averti. *Je viens vous ap. une triste nouvelle. Il vient d'ap. la mort de son fils. Les journaux nous apprennent que la paix est conclue. Que m'apprenez-vous là? Quelles nouvelles avez-vous apprises? Nous nous apprîmes mutuellement tout ce que nous avions fait.* || Enseigner, instruire. *Ap. la grammaire à un enfant. J'ai appris à lire à mon fils. Ap. le dessin, la musique, un métier à quelqu'un. L'histoire nous apprend que. L'expérience lui a appris à être plus circonspect.* — Prov., *Les bêtes nous apprennent à vivre.* — Par manière de menace on dit : *Je lui apprendrai bien à vivre, à parler*, Je le forcerai de vivre, de parler comme il convient. = S'APPRENDRE. v. pron. *Les arts s'apprennent par la pratique. Les vers s'apprennent plus aisément que la prose. Une bonne nouvelle ne s'apprend jamais assez vite. La médecine ne s'apprend qu'au lit du malade.* = APPRIS, SE. part. Fam., *C'est un homme mal ap.*, ou subst., *C'est un mal ap.*, C'est un homme grossier, sans éducation. = Conjug. Voy. PRENDRE.

Syn. — *Étudier, s'Instruire.* — *Étudier* signifie généralement appliquer son attention, travailler pour savoir; mais il est synonyme d'*ap.*, lorsqu'il veut dire travailler pour retenir dans sa mémoire. C'est ainsi qu'un écolier *apprend* ou *étudie* sa leçon. *Ap.* s'emploie le plus souvent dans le sens d'acquérir des connaissances; il se rapproche alors du verbe *s'instruire* : toutefois, ce dernier implique en général une idée d'effort et de méthode, qui n'est point comprise dans le premier.

APPRENTI, IE. s. Celui, celle qui apprend un métier. *Un ap. menuisier. Elle a chez elle trois apprenties.* || Fig. et fam., se dit D'une personne peu habile dans les choses dont elle se mêle. *Vous n'êtes encore qu'un ap.*

APPRENTISSAGE. s. m. État, travail, étude pratique de celui qui apprend un métier. *Faire son ap. Être en ap. Sortir d'ap. Dans l'horlogerie, l'ap. est difficile.* || Temps que l'on met à apprendre un métier. *Durant son ap. Son ap. finit dans six mois.* || Par ext., on dit : *Faire l'ap. de la guerre, de la politique*, etc., En prendre les premières leçons. *Ce diplomate a fait son ap. à l'ambassade de Naples. L'ap. de la guerre ne se fait que sur le champ de bataille.* — Par anal., *Faire l'ap. de la sagesse, de la vertu, de l'intrigue, du crime.* || Fig., se dit Des premiers essais d'application d'une science, d'un art que l'on a appris. *Ce médecin a fait son ap. pendant le choléra.*

Enc. — L'*Ap.* est une nécessité pour quiconque veut exercer une profession, un art, un métier, qui exige autre chose que des connaissances théoriques; et celui qui possède parfaitement la *pratique* d'une industrie quelconque, a le droit d'exiger une rémunération convenable de celui qui réclame ses conseils et ses leçons. Cette rémunération peut se faire de différentes manières : tantôt elle a lieu sous forme pécuniaire; tantôt l'apprenti s'engage à travailler, pendant un temps déterminé, au profit de son maître; tantôt enfin ces deux modes de rétribution sont combinés ensemble. Le maître et l'apprenti sont d'ailleurs libres de faire toutes les stipulations qui leur paraissent convenables; une *police d'ap.* règle les conventions arrêtées entre eux. L'autorité n'intervient jamais dans ce genre de contrats; elle n'a d'autre rôle que d'en garantir l'exécution. C'est ainsi qu'en cas de contestation sur la teneur ou sur l'exécution des conventions, il en est référé au conseil des prud'hommes ou, à leur défaut, au juge de paix de la localité. L'apprenti doit obéissance à son maître, et celui-ci doit protection et surveillance à l'apprenti, envers lequel il est tenu de se comporter comme un père de famille. Aussi la loi rend-elle le maître responsable du dommage causé par ses apprentis pendant qu'ils sont sous sa surveillance (C. civ. 1384). — Pour l'état des apprentis sous l'institution des *Jurandes et Maîtrises*, voy. le mot CORPORATION.

APPRÊT. s. m. Préparatif. Dans ce sens, ne s'emploie guère qu'au plur. *Les apprêts d'un festin. On fait de grands apprêts pour cette noce. Les apprêts du supplice.* || Manière de préparer les étoffes, les peaux, etc., pour leur donner plus de lustre, plus de soutien, etc. *Cet ap. ne vaut rien.* — Se dit aussi Des substances qu'on emploie dans ce but. *Ce drap a trop d'ap. Toile sans ap. Chapeau sans ap.* Voy. DRAP, CHAPELLERIE, etc. || Fig., Recherche, affectation dans le style, dans les manières. *Il y a trop d'ap. dans son style. L'ap. de ses manières fatigue.* || Assaisonnement des mets. *L'ap. de ce poisson coûte plus que le poisson même.* || *Peinture d'ap.* Voy. VITRAIL.

APPRÊTE. s. f. Petite tranche de pain étroite et longue avec laquelle on mange des œufs à la coque. Vx. — *Mouillette* est plus usité.

APPRÊTER. v. a. (R. *prêt*). Préparer, mettre en état. *Ap. le dîner. Ap. à dîner. Ap. des vêtements. Apprêtez-moi tout ce qu'il faut pour mon voyage.* — Fig., *S'ap. des ennuis, des remords. Vous vous apprêtez bien des désagréments.* || Donner l'apprêt. *Ap. un cuir, une étoffe.* || Assaisonner. *Ap. des viandes.* — On dit absol., *Ce cuisinier apprête bien.* || *Ap. à rire*, Se rendre ridicule, donner à rire. *Vous allez ap. à rire à tout le monde.* = S'APPRÊTER. v. pron. *Le dîner s'apprête. Je m'apprête à partir. Votre bonheur s'apprête.* = APPRÊTÉ, ÉE. part. || S'emploie adject. *Cartes apprêtées*, Arrangées d'une certaine façon pour tromper au jeu. || *Air, style, langage ap.; Manières apprêtées*, Qui manquent de naturel. = Syn. voy. AFFECTÉ.

Syn. — *Préparer, Disposer.* — Pris dans le sens de faire des préparatifs, tous ces termes sont synonymes; ils ne diffèrent entre eux que par une certaine gradation de temps. Ainsi *disposer* comprend, outre l'idée d'ordre qu'il exprime, celle d'un temps futur qui n'est pas rigoureusement fixé; *préparer*, au contraire, indique un temps voisin bien déterminé; quant au terme *ap.*, il implique l'idée de moment présent. Lorsque les habitants d'une ville calculent, d'après l'itinéraire d'un prince, qu'il passera dans leur cité, ils se *disposent* à tout événement pour le recevoir; dès qu'ils sont certains de son arrivée, ils se *préparent* à lui faire un accueil convenable; enfin, au jour marqué pour son entrée dans la ville, ils s'*apprêtent*, ils se parent de leurs habits de fête, et se portent au-devant du prince attendu.

APPRÊTEUR, * APPRÊTEUSE. s. Celui, celle qui donne l'apprêt aux étoffes, qui prépare l'apprêt nécessaire.

APPRIVOISER. v. a. (lat. *privare*, dépouiller). Rendre doux, familier, moins farouche. Au prop., se dit Des animaux sauvages et signif. Les accoutumer à vivre avec les hommes. *Ap. un ours, un lion.* || Fig., se dit Des hommes et sign. Rendre plus doux, plus sociable. *C'est un homme d'une humeur sauvage, on a bien de la peine à l'ap.* — Par ext., on dit : *J'ai apprivoisé son humeur farouche. Ap. l'orgueil de quelqu'un.* = S'APPRIVOISER. v. pron. *Cet animal s'apprivoise difficilement. — Cet enfant ne peut pas s'ap.*, S'accoutumer à nous, se familiariser avec nous. || Fig., S'accoutumer à une chose. *S'ap. avec le vice, avec le danger.* = APPRIVOISÉ, ÉE. part.

Syn. — *Priver.* — *Ap.* un animal, c'est lui faire perdre son caractère sauvage et le rendre plus traitable; le *priver*, c'est le rendre extrêmement familier. Quand un animal est *apprivoisé*, il ne fuit plus la présence de l'homme; mais il éprouve encore à son approche une certaine appréhension. Lorsqu'il est *privé*, il recherche la société de son maître, et il vient à lui au moindre appel. On n'*apprivoise* que les bêtes farouches; on *prive* celles qui sont déjà *apprivoisées*.

APPROBATEUR, TRICE. s. Celui, celle qui approuve, qui donne quelque marque d'approbation. *Sa conduite a trouvé des approbateurs. Elle est grande approbatrice de tout ce qui est nouveau.* || S'emploie adject. et signif., Qui marque l'approbation. *Un murmure, un sourire, un geste ap.* || Autrefois *Ap.* se disait Du censeur qui avait donné son approbation publique à un livre. *Les approbateurs de son livre sont tels et tels docteurs.* || * T. Discipl. ecclés. Voy. APPROUVER.

APPROBATIF, IVE. adj. Qui porte ou marque approbation. *Arrêté ap. Signe, geste ap.*

APPROBATION. s. f. (lat. *approbare*, approuver). Agrément, consentement qu'on donne à quelque chose. *Donner, accorder son ap. Ce mariage n'aura pas l'ap. de la famille. Ap. tacite. Je n'en ferai rien sans votre ap. Livre imprimé avec ap. et privilége.* || Jugement, témoignage favorable. *Il a obtenu l'ap. de tous les* *honnêtes gens. Sa conduite mérite l'ap. générale. Cette statue a obtenu l'ap. de tous les artistes.* — * En ce sens, s'emploie quelquefois au plur. *Il est sensible aux approbations sincères, désintéressées.*

Syn. — *Agrément.* — *Ap.* est un terme général qui s'applique indifféremment à un fait consommé, à une chose en voie d'exécution, à un projet formé. Pour tous nos actes, nous devons désirer l'*ap.* universelle. *Agrément* est une expression spéciale, qui ne s'emploie que de supérieur à inférieur. Il suppose autorité de la part de celui qui l'accorde, soumission ou déférence chez celui qui le sollicite. Ainsi un père donne son *agrément* au mariage de son fils; un employé n'entreprend rien, en dehors de ses attributions particulières, avant d'avoir obtenu l'*agrément* de son chef.

APPROCHANT, ANTE. adj. Qui a de l'analogie, de la ressemblance. *La manière de ce peintre est fort approchante de celle du Titien. Je ne lui ai point dit cela ni rien d'ap.*, Ni rien de semblable. = APPROCHANT, APPROCHANT DE. Loc. adv. Environ, à peu près. *Il est huit heures ou ap. Il est ap. de huit heures. Il avait avec lui cinq cents hommes ou ap.* Fam.

APPROCHE. s. f. Mouvement par lequel on s'avance vers une personne ou vers un objet quelconque. *A notre ap. il prit la fuite.* || Se dit De tout ce qui avance ou paraît avancer vers nous. *L'ap. de la nuit lui fit doubler le pas. A l'ap. du danger son courage l'abandonna. Les approches de la mort le firent songer à mettre ordre à sa conscience. Aux approches de l'hiver les hirondelles vont chercher d'autres pays.* || L'accès, les abords d'une place, d'un camp, etc. *Cette place de guerre est de difficile ap. Il est aisé de défendre les approches de ce camp.* || * T. Gén. mil. On donne le nom d'*Approches* à Tous les travaux qu'exécute une armée assiégeante pour s'avancer vers une place de guerre ou un camp fortifié, en se mettant à couvert de son feu. Voy. FORTIFICATION. || * T. Géom. *Courbe d'ap.*, Courbe qui possède cette propriété, qu'un corps grave qui descend le long de cette courbe par l'action seule de la pesanteur, approche également de l'horizon en temps égaux. || T. Agric. *Greffe en ap.*, *par ap.* Voy. GREFFE. || T. Imprim. Voy. IMPRIMERIE. || T. Opt. *Lunette d'ap.* Voy. LUNETTE.

APPROCHER. v. a. (R. *proche*). Avancer auprès, mettre près. *Ap. une chose d'une autre. Ap. le canon de la place. Approchez cette table. Approchez cet enfant de mon lit.* || *Ap. quelqu'un*, S'avancer auprès de quelqu'un. *Si vous m'approchez, je fais feu.* — Fig., *Ap. quelqu'un*, Avoir un facile accès auprès de lui, vivre dans sa familiarité. *C'est un homme qui approche le prince, il pourra vous être utile. C'est un homme qu'on ne saurait ap. Il fait le bonheur de tous ceux qui l'approchent.* — *Le roi l'a approché de sa personne*, L'a admis dans sa familiarité, lui a donné quelque emploi auprès de sa personne. || *Cette lunette approche*, ou mieux *rapproche les objets*, Elle les fait voir comme s'ils étaient moins éloignés qu'ils ne le sont en effet. = APPROCHER. v. n. Devenir proche, être proche. *L'heure, le temps, la mort approche. La tempête approchait.* || Avancer. *L'ennemi approche. Approchez, que je vous parle.* || *Ap. de.* S'avancer vers. *N'approchez pas de ce chien, il est méchant. Nous approchons de la ville.* — Fig. *Ap. de sa fin. Ap. de la mort.* || *Ap. du but*, Mettre près du but. *Regardez la cible, vous verrez que j'ai approché du but.* — Arriver près du but. *C'est ma boule qui a le plus approché du but.* — Fig., *Ap. du but*, sign. Deviner à peu près; Être près d'atteindre le résultat qu'on se propose. || Avoir quelque rapport, quelque ressemblance. *Ces nuances approchent beaucoup l'une de l'autre. Son style approche de celui de Cicéron. Ces imaginations-là approchent de la folie.* — *Rien n'approche de la magnificence de ce prince*, Rien n'égale la magnificence, etc. *La beauté de la fille n'approche pas de celle de la mère*, Est bien loin d'être égale à celle de la mère. = s'APPROCHER. v. pron. S'avancer, se mettre auprès. *Il s'approcha d'elle avec respect. S'ap. du feu.* || Fig., Devenir proche, être proche. *Le moment, l'heure, le jour s'approche. La vieillesse s'approche.* || * *S'ap.* ou *ap. de la Sainte Table, du tribunal de la Pénitence*, Communier, se confesser. On dit de même : *Ap.* ou *s'ap. des sacrements.* = APPROCHÉ, ÉE. part.

APPROFONDIR. v. a. Rendre plus profond, creuser plus avant. *Ap. un fossé, un puits, une tranchée. Ap. des fondations.* || Fig., Pénétrer aussi avant que possible dans la connaissance de quelque chose. *Ap. une science, une question, une matière. Ap. une affaire. Ap. le monde. Ap. les hommes.* = * s'APPROFONDIR. v. pron. *Le lit de ce fleuve s'approfondit tous les jours.* || Fig., *Les mystères de la vie humaine ne doivent pas trop s'ap.* = APPROFONDI, IE. part. || * Se prend adj. *Il a fait une étude approfondie des langues sémitiques*, Il a poussé aussi avant que possible l'étude, etc.

Syn. — *Creuser.* — Avant d'*ap.* il faut avoir *creusé.* On *creuse* en pratiquant un trou, une excavation; on *approfondit* lorsque, après avoir reconnu l'insuffisance de l'excavation faite en *creusant*, on désire aller plus avant. Au figuré, il existe entre ces termes une différence analogue : quand on a *creusé* une science, on la connaît, mais on ne la possède pas à fond : celui qui l'a *approfondie* en a pénétré tous les secrets; elle n'a plus rien de caché pour nous.

APPROPRIATION. s. f. Action de s'approprier. *L'ap. d'une maison, d'un terrain.* || * État d'une chose rendue propre à une destination. *L'ap. d'une terre à la culture de la vigne.* || T. Chim. État de deux corps qui ne peuvent s'unir que par l'intermédiaire d'un troisième corps. Inus.

APPROPRIER. v. a. (lat. *ad*, *proprius*, propre, particulier à). Rendre propre à une destination. *Ap. une terre à la production des céréales. On a mal approprié cet édifice à sa destination.* || Adapter, proportionner, accommoder. *Il faut ap. les lois d'un peuple à ses mœurs. Il a toujours su ap. son langage aux circonstances.* — *Ap. les remèdes à la constitution, à l'âge des malades. Ap. son style au sujet que l'on traite.* || *S'ap.* s'emploie dans le sens de S'emparer de. *Ce tuteur s'est approprié les biens de sa pupille. Combien de gens s'approprient les œuvres d'autrui*, S'attribuent les ouvrages des autres, s'en disent les auteurs. — *S'ap. une pensée*, Se la rendre propre par la manière de l'exprimer, de la faire valoir. = APPROPRIÉ, ÉE. part.

Syn. — *S'arroger, S'attribuer.* — Ces trois verbes expriment l'idée de s'emparer de ce qui en réalité est du domaine d'autrui; mais chacun d'eux s'applique à des choses différentes. *S'ap.* s'emploie généralement en parlant des objets mobiliers ou immobiliers dont on se met indûment en possession; *s'attribuer*, en parlant d'actions, d'œuvres d'imagination, de résultats, de succès; et *s'arroger*, en parlant de dignités, de titres, de grades, de qualités, d'honneurs, d'hommages, de prérogatives.

APPROPRIER. v. a. Mettre dans un état de propreté, mettre en ordre. *Mon domestique n'a pas encore approprié ma chambre.* = APPROPRIÉ, ÉE. part.

APPROUVER. v. a. Agréer une chose, y donner son consentement. *Le père n'a pas voulu ap. ce mariage. Je n'approuve pas cette clause.* — * Être d'avis. *Le roi n'approuva pas qu'on présentât cette loi.* || Juger louable, digne d'estime. *J'approuve cette manière d'écrire. Tout le monde approuve sa conduite.* || Autoriser par un témoignage authentique. *Ce livre a été approuvé par les censeurs. La Sorbonne a approuvé cette doctrine. L'Académie de médecine a approuvé ce remède.* || * S'emploie absol. *Ils approuvent et désapprouvent souvent sans raison.* = s'APPROUVER. v. pron. Se féliciter. *Il s'approuve fort d'avoir pris ce parti.* = APPROUVÉ, ÉE. part. *Maximes universellement reçues et approuvées.* || S'emploie absol. et ellipt. au bas d'un acte, d'un état, d'un compte. *Ap. Vu et ap. Lu et ap.*

Enc. — En T. de Discipl. ecclés., un prêtre approuvé est celui qui a reçu de son évêque le pouvoir d'entendre les confessions et d'absoudre. Comme c'est un acte de juridiction, l'évêque a le droit de limiter cette *approbation* pour le temps, pour le lieu et pour les cas. Le prêtre dont l'approbation est limitée à une année, est obligé, au bout de ce temps, de faire renouveler ses pouvoirs; celui qui est approuvé pour telle paroisse, n'a pas le pouvoir de confesser dans une autre; enfin celui qui a le pouvoir d'absoudre des cas ordinaires, a besoin d'un pouvoir spécial pour absoudre des cas réservés.

APPROVISIONNEMENT. s. m. Action de rassembler toutes les choses nécessaires à la consommation d'une ville, d'une armée, etc. *Faire des approvisionnements pour une armée. On l'a chargé de l'ap. de la flotte.* || Se dit Des choses rassemblées pour la consommation d'une ville, etc. *Un grand ap. de blé, de bois*, etc. *Cette place a un ap. suffisant pour six mois.*

APPROVISIONNER. v. a. (lat. *ad*, *providere*, pourvoir à). Faire un approvisionnement, fournir des provisions. *Ap. une place de guerre, un hôpital.* = s'APPROVISIONNER. v. pron. Se munir de provisions. *S'ap. de bois pour l'hiver.* = APPROVISIONNÉ, ÉE. part.

APPROXIMATIF, IVE. adj. Qui est fait par approximation. *Calcul ap. État ap. d'une dépense à faire. Estimation approximative.*

APPROXIMATION. s. f. (lat. *ad*, *proximus*, proche de). Dans le langage ord., Calcul, estimation dans laquelle on ne s'attache pas à une exactitude rigoureuse. *Dites-moi par ap. ce que peut coûter l'impression de ce livre. Je ne vous donne là qu'une ap. A en juger par ap.*

Enc. — Dans les sciences naturelles ou expérimentales, nous ne connaissons rien, à proprement parler, que par *Ap.*; ainsi, par ex., la grandeur de la terre, la distance du soleil, les masses des planètes, ne nous sont pas connues d'une manière absolue. Néanmoins cette circonstance n'influe en aucune façon sur la certitude de la science; car si l'expression des faits acquis par elle ne peut être donnée en nombres rigoureusement invariables, cela tient uniquement à l'imperfection de nos sens et de nos instruments. Or, comme les chances d'erreur auxquelles nous sommes exposés par cette cause sont renfermées dans des limites fort étroites et que nous pouvons assigner, les faits scientifiques s'offrent à notre esprit avec l'autorité de la certitude la plus complète. Quand on veut déterminer les limites possibles de l'erreur qui peut affecter une observation, on recommence celle-ci un certain nombre de fois et on opère, autant que faire se peut, à l'aide de méthodes diverses; puis, lorsque les résultats obtenus offrent une concordance manifeste, on prend, pour leur servir d'expression, la moyenne de ces résultats, ce qui n'est autre chose qu'une *méthode d'ap.*

Dans les mathématiques pures elles-mêmes, dans cette science regardée par tous comme la plus exacte, on est souvent obligé de se contenter de valeurs plus ou moins approchées de la valeur absolue des quantités qu'il est impossible de déterminer rigoureusement, soit à cause de la nature de leur composition, soit à cause de l'imperfection de nos procédés, et l'on donne le nom de *méthodes d'ap.* aux artifices à l'aide desquels on obtient ces valeurs. — La recherche de la longueur de la circonférence d'un cercle au moyen de polygones inscrits, nous offre un exemple d'ap. pour des valeurs de quantités géométriques. C'est un principe démontré en géométrie que tout arc de cercle, quelque petit qu'il soit, est plus grand que sa corde. Maintenant, soit un polygone régulier de 100 côtés inscrit dans un cercle, et supposons connue la longueur exacte de l'un de ces côtés; il est évident que la somme des longueurs de ces 100 côtés donnera une ap. de la longueur de la circonférence, quoiqu'il y ait encore une différence sensible entre ces deux quantités. Si, au lieu d'un polygone de 100 côtés, nous en supposons un de 1000 côtés inscrit dans le même cercle, la somme des longueurs de ces côtés se rapprochera beaucoup plus de la valeur de la circonférence. En continuant de cette façon à multiplier le nombre des côtés du polygone, nous pouvons arriver à une évaluation aussi approchée de la circonférence qu'il nous plaira. Cependant, quelque nombreux que l'on se figure les côtés du polygone inscrit, jamais leur somme ne sera absolument égale à la longueur de la circonférence; car ces côtés sont toujours des cordes d'arcs extrêmement petits, cordes qui sont nécessairement plus petites que les arcs qu'ils sous-tendent. — Les nombres se forment par des additions successives de l'unité; ce qui donne nécessairement une quantité finie. En conséquence on peut conclure de là que, en général, toutes les grandeurs qui s'accroissent par degrés insensibles, ne peuvent pas s'exprimer par des nombres. Prenons, par ex., une ligne au hasard, et essayons de déterminer sa longueur, notre unité de mesure linéaire étant 1 décimètre. En appliquant successivement une échelle divisée en décimètres aux différentes parties de la ligne donnée, il y a une infinité de chances contre une pour que la dernière division ne coïncide pas exactement avec l'extrémité de la ligne à mesurer. Nous pouvons prendre pour unité de mesure 1 centimètre ou 1 millimètre, sans que les chances de coïncidence absolue augmentent pour cela, quoique la différence entre la dernière division de l'échelle et l'extrémité de la ligne puisse diminuer jusqu'à devenir plus petite que toute quantité qu'il nous plaira d'assigner. — Nous observons quelque chose de parfaitement analogue, quand nous essayons d'exprimer en décimales une fraction ordinaire dont le dénominateur n'est pas un diviseur d'un multiple quelconque de 10. Ainsi la fraction 1/3 exprimée en décimales, est 0,33333, etc. Le premier chiffre de la série donne 3 dixièmes pour valeur approximative; les deux premiers donnent 33 centièmes; les trois premiers donnent 333 millièmes, et ainsi de suite. Tout nouveau chiffre qu'on ajoute réduit la différence au dixième de ce qu'indiquait la série. On peut donc diminuer la différence jusqu'à ce qu'elle devienne plus petite que toute quantité assignable; mais jamais elle ne disparaîtra complétement. — La recherche des racines des nombres nous offre un autre exemple de la nécessité de recourir aux méthodes d'ap. Lorsqu'un nombre n'est pas le carré exact d'un autre nombre, il est impossible d'exprimer sa racine carrée par des nombres rationnels, soit entiers, soit fractionnaires. Le même fait s'observe relativement aux nombres qui ne sont pas le cube exact d'un autre nombre, et ainsi de suite. Il se peut que dans d'autres cas il existe des valeurs exactes, et que ce soit à cause de l'insuffisance de nos moyens d'analyse que nous ne parvenons pas à les découvrir. Malgré les efforts successifs des plus grands algébristes depuis Ludovico Ferrari, on n'a pas encore trouvé de méthode générale pour résoudre les équations supérieures au quatrième degré; par conséquent on ne peut obtenir qu'approximativement la valeur des quantités renfermées dans ces équations. C'est sur cet objet que les meilleurs analystes ont porté leur attention, et la discussion des différentes méthodes d'ap. des racines des équations des degrés supérieurs constitue un des principaux objets de l'algèbre pure.

La méthode d'*exhaustion*, par laquelle les anciens s'efforçaient de parvenir à l'*équivalence* ou à la quadrature du cercle, a été le premier exemple d'une méthode systématique d'ap. La méthode des indivisibles de Cavalieri arrivait au même résultat d'une manière générale et plus rapide, et préparait la voie au calcul différentiel. L'invention de la méthode des séries infinies a conduit immédiatement à des méthodes générales d'ap. pour les valeurs de toutes les quantités radicales, et consécutivement pour les racines de toutes les espèces d'équations composées quelconques. Viète est le premier qui ait montré comment on trouve les valeurs successives des racines d'équations, valeurs qui se rapprochent toujours de plus en plus de la valeur véritable; mais sa méthode était pénible et imparfaite. D'autres méthodes, plus faciles et plus générales, ont été données par divers mathématiciens. Les plus connues sont celles de Newton, Halley, Raphson, et celles qui ont été proposées par Lagrange, Legendre, Budan. Ces méthodes ont été considérablement simplifiées dans ces derniers temps par les recherches de Sturm.

APPROXIMATIVEMENT. adv. Par approximation.

APPUI. s. m. (lat. *podium;* du gr. πούς, ποδὸς, pied). Soutien, support. *Mettre un ap, des appuis à un mur. Il faut un ap. à cet arbre. Ce vieillard ne peut marcher sans un ap.* || *L'ap. d'une fenêtre, d'un balcon*, etc., La partie d'une fenêtre, d'un balcon, sur laquelle on peut s'appuyer. || *A hauteur d'ap.*, Se dit De ce qui est élevé à la hauteur ordinaire du coude, de façon qu'on puisse s'appuyer dessus. || Fig., Aide, secours, protection, soutien. *Vous avez tort de compter sur son ap. Un malheureux sans ap. Accordez-lui votre ap.* — Se dit aussi Des personnes et des choses dont on tire secours, aide ou protection. *Cet homme est l'ap. de toute sa famille. Ce juge est l'ap. des opprimés. Ses enfants sont les appuis de sa vieillesse. Il a perdu tous ses appuis. Le respect et l'amour des peuples sont les plus sûrs appuis d'un trône. La religion sert d'ap. à la faiblesse humaine. Jésus-Christ est mon ap., mon unique ap.* || T. Gram. *Ap. de la voix*, Augmentation de l'élévation ou de l'intensité de la voix sur une syllabe. || T. Man. Se dit De l'effet que produit le mors sur la bouche du cheval, et de l'impression qui en résulte sur la main du cavalier. *L'ap. est fin*, quand la bouche est délicate; *Il est lourd*, quand l'animal pèse à la main. *Un bon ap.* ou *Un ap. à pleine main*, est celui qui laisse à la main du cavalier le sentiment d'une pression douce et toujours égale. On dit qu'*Un cheval n'a point d'ap.*, lorsque, ses barres étant très sensibles, le cavalier ne sent aucune pesanteur. || T. Méc. *Point d'ap.* Voy. Levier. = A l'Appui. Locut. prépos. Pour appuyer. *Je vous prie de dire quelque chose à l'ap. de ma demande. Pièces à l'ap. d'un compte*, ou simplement *Pièces à l'ap.* || T. Jeu de boule. *Aller à l'ap. de la boule*, Jeter sa boule de manière qu'elle pousse celle de son partenaire et qu'elle l'approche du but. — Fig. et fam., Seconder celui qui a commencé une affaire, fait une proposition, ouvert un avis. *Faites la proposition, j'irai à l'ap. de la boule.*

Syn. — *Soutien, Support.* — On place un *ap.* contre une chose pour l'empêcher de plier ou de tomber : les tuteurs auxquels on attache les arbrisseaux et les arcs-boutants qui servent à consolider un mur sont des *appuis*. On place un *support* sous la chose qui doit être soutenue : c'est ainsi qu'une poutre sert de *support* à des chevrons qui à leur tour *supportent* un plancher, et que des tiges de fer ou des pieds de bois fixés contre un mur forment les *supports* d'une planche posée horizontalement sur eux. S'il arrive que les *supports* soient trop faibles pour le poids dont on les charge, un *soutien* devient alors nécessaire, et on le pose à l'endroit où son action est le plus efficace. En général, on met des *appuis* pour tenir les choses droites, des *supports* pour les maintenir à la hauteur voulue, et des *soutiens* pour les consolider. Au reste, les termes *soutien* et *support*, dans ce sens, sont employés assez indifféremment l'un pour l'autre. Il faut observer cependant que le *soutien* peut quelquefois être placé au-dessus de l'objet, tandis que le *support* est toujours placé au-dessous. — Au fig., *ap.* se dit principalement de celui qui aide quelqu'un de son influence, de son crédit, de son autorité : ce jeune homme est certain d'obtenir de l'avancement, car il a l'*ap.* d'un haut fonctionnaire. *Soutien* s'emploie de préférence en parlant d'assistance matérielle : cet enfant est l'unique *soutien* de sa famille; ce prêtre est le *soutien* des pauvres de sa paroisse. Quant au mot *support*, il est aujourd'hui peu usité au figuré.

APPUI-MAIN. s. m. Baguette dont se servent les peintres pour soutenir la main qui tient le pinceau ou le crayon. * On dit au plur. des *Appuis-main.*

***APPULSE.** s. f. (lat. *ad*, auprès; *pulsus*, poussé). T. Astr.

Enc. — On nomme ainsi le passage de la lune près d'une planète ou d'une étoile sans qu'il y ait éclipse. L'*instant de l'ap.* est celui de la plus courte distance des bords des deux astres. On observe les appulses pour déterminer les lieux de la lune, les erreurs des tables astronomiques et les longitudes des lieux.

APPUYER. v. a. Soutenir par le moyen d'un appui. *Ap. une muraille par des piliers, un édifice par des arcs-boutants.* || *Ap. une chose contre une autre*, La poser contre une autre de manière que celle-ci l'empêche de tomber. *Ap. une échelle contre la muraille. — Ap. une maison contre une autre, contre un coteau*, L'adosser à une autre maison, etc. || Poser une chose sur une autre, contre une autre, avec une pression plus ou moins forte. *Ap. les mains, les coudes sur la table. Il lui appuya le genou sur la poitrine. — Il lui appuya le pistolet, le bout de son fusil sur la poitrine.* Cette loc. s'emploie également lors même que l'arme est tenue à quelque distance du corps. || Fig., Aider, protéger, soutenir. *Je vous appuierai de tout mon pouvoir, de tout mon crédit. Ap. une demande. Ap. un avis, une proposition.* || Corroborer, autoriser, fonder. *Il appuya son sentiment par de bonnes raisons. Cette opinion est appuyée du témoignage des anciens. Il appuyait ses leçons de son exemple. Son droit est appuyé sur de bons titres. Sur quoi appuyez-vous ce que vous avancez ?* || T. Art mil. *Il appuya l'aile droite de son armée au fleuve et la gauche à un bois*, Il la disposa de manière que son aile droite touchait au fleuve et la gauche à un bois, afin de les garantir de ces côtés-là. — * *Il envoya un régiment de dragons pour ap. son infanterie.*, Pour aider celle-ci à soutenir le choc de l'ennemi. || T. Chas. *Ap. les chiens*, Les animer du cor et de la voix. || T. Escr. *Ap. la botte*, Ap. le fleuret sur le corps de son adversaire après l'avoir touché. — Fig., Insister sur une épigramme, sur un argument qui embarrasse l'adversaire. || T. Man. *Ap. l'éperon à un cheval*, Le lui appliquer fortement. *Ap. des deux*, Appliquer fortement les deux éperons à la fois. = S'Appuyer. v. pron. Se servir de quelque chose pour appui, pour soutien. *S'ap. sur une canne, sur une balustrade, contre un arbre. S'ap. sur le coude. Appuyez-vous sur moi. — La droite de l'armée s'appuyait à un marais*, Touchait à un marais. || Fig., *S'ap. sur la protection, le crédit, l'amitié de quelqu'un*, ou simplement *S'appuyer sur quelqu'un*, Faire fond, se reposer sur la protection de quelqu'un. — *S'ap. de la protection, du crédit, de l'amitié de quelqu'un*, S'en aider. — *S'ap. sur de bonnes raisons, sur l'usage reçu, sur l'autorité des anciens, sur un passage de l'Écriture, sur l'exemple de quelqu'un*, S'aider de, s'autoriser de. = Appuyer. v. n. Poser, être soutenu. *Cette voûte appuie sur des piliers.* || Peser sur quelque chose. *Appuyez davantage sur le cachet, sur le burin. N'appuyez pas autant en écrivant.* || *Appuyer sur la droite, sur la gauche*, ou *Ap. à droite, à gauche*, Se porter sur la droite, sur la gauche. Se dit surtout en parlant De plusieurs personnes qui sont rangées sur une même ligne. || Insister. *Ap. sur un fait, sur une circonstance, sur un argument. L'avocat n'a pas assez appuyé sur la fausseté de cette pièce.* || *Ap. sur une phrase, sur une syllabe*, La prononcer en la marquant, soit par l'intensité ou l'élévation de la voix, soit par une augmentation de durée. *Appuyez sur les derniers mots pour mieux faire saisir l'intention de l'auteur.* || T. Mus. *Ap. sur une note*, Augmenter l'intensité de la voix sur une note, ou Prolonger la durée de cette note. || T. Man. *Ce cheval appuie sur le mors*, Il porte la tête basse de manière à fatiguer la main du cavalier. = Appuyé, ée. part. = Conjug. Voy. Employer.

ÂPRE. adj. 2 g. (lat. *asper*). Inégal, raboteux. Se dit particul. Des chemins. *Un sentier âp. et difficile conduit au sommet de la montagne.* || Rude au toucher, qui fait une impression désagréable sur les organes tactiles. — On dit par anal., *Le froid est fort âp.* || Qui produit sur l'organe du goût une sensation analogue à celle que produit la nèfle non parvenue à maturité. *Fruits âpres. Vin âp.* — Qui affecte désagréablement l'oreille. *Une voix dure et âp.* || Fig., se dit De certaines choses pour en marquer la rudesse ou la violence. *Le combat fut des plus âpres. Une âp. réprimande. C'est un homme qui a l'humeur âp. Son style est très-âp.* || Se dit encore Des personnes qui se portent avec trop d'ardeur à quelque chose. *Cet homme est âp. au jeu, au gain.* — *Chien âp. à la curée*, Plein d'avidité, de voracité. — Prov. et fig., *Cet homme est âp. à la curée*, Est très-avide d'argent, de places, d'honneurs. = Syn. Voy. Acerbité.

ÂPREMENT. adv. Avec âpreté, d'une manière âpre. *Le froid commence bien âp. Réprimander âp. Il se porte trop âp. à tout ce qu'il fait. Ce chien se jette âp. sur la viande.*

APRÈS. prép. (R. *à, près*). La fonction générale de cette prép. consiste à marquer l'ordre de succession dans le temps et dans l'espace. || Rapport de temps. *Ap. le déluge. Ap. la naissance de J.-C. Tibère fut empereur ap. Auguste. Louis XIII régna ap. Henri IV. Il est arrivé ap. l'heure indiquée. Nous parlerons de cette affaire ap. mon retour. Il est revenu ap. une longue absence. Ap. le dîner il est sorti. J'irai vous voir ap. dîner, ap. souper. — Ap. avoir bu*, ou simplement *Ap. boire, nous nous expliquerons. — Ap. avoir chanté il se retira. Ap. s'être promené il est rentré déjeuner. Le chien a passé ap. le sanglier. — Ap. cela, il ne faut s'étonner de rien. Il lui fit une verte réprimande, ap. quoi il le congédia. On a longtemps attendu ap. lui*, On a longtemps attendu son arrivée. *On n'attend plus qu'ap. sa valise pour partir;* Sa valise arrivée, on partira. — *Je n'attends pas ap. cette somme*, Je ne suis pas pressé d'avoir cette somme, je n'en ai pas besoin. — *Attendre, languir, soupirer ap. quelque chose*, Désirer vivement une chose qu'on trouve lente à venir. || Rapport de lieu, d'espace. *Ap. ce vestibule est un magnifique salon. Ap. le parterre est un boulingrin, et ap. le boulingrin une grande pièce d'eau. — Les gendarmes courent ap. les voleurs. Elle traîne ap. elle une foule d'adorateurs. Nos chiens courent ap. un lièvre. Courir ap. la fortune, les honneurs. Les maréchaux marchaient ap. l'empereur.* — Si l'on suppose les personnes ou les choses rangées à la suite les unes des autres, dans l'ordre de leur dignité, de leur mérite, de leur valeur, etc., la prép. *Après* exprime La position respective de ces personnes ou de ces choses. *Les conseillers sont ap. les présidents. Tous les fabulistes passent ap. La Fontaine. Ap. l'or et le platine, l'argent est le plus cher des métaux usités dans les arts. C'est l'homme que j'aime le plus ap. vous.* || Par ext., on dit De quelqu'un qui est sans cesse aux côtés d'une personne, ou qui s'occupe beaucoup d'elle, qu'*Il est toujours ap. elle. Il est toujours ap. moi pour épier mes actions. Cette mère est sans cesse ap. ses enfants. Ce maître est toujours ap. ses domestiques.* Se dit le plus souvent en mauvaise part. — *Crier ap. quelqu'un*, Le gronder, le quereller. *Tout le monde crie ap. ce ministre*, Tout le monde le blâme. *Il n'y a qu'un cri ap. lui*, s'emploie dans le même sens; mais il se dit aussi en parlant De quelqu'un que tout le monde désire, attend avec impatience. — *Se mettre ap. quelqu'un*, Le tourmenter, le maltraiter. *Ils étaient quatre ap. lui. Dans la mêlée, ils se mirent tous ap. lui.* || *Être ap. quelque chose*, S'en occuper actuellement. *Il est ap. dîner. J'ai trouvé mon avocat qui était ap. mon dossier. Cette femme est toujours ap. sa toilette.* — On disait autrefois : *Être ap. à faire quelque chose. Il est ap. à bâtir sa maison.* Aujourd'hui on évite cette façon de parler. || Par ellipse, *Ap.* s'emploie quelquefois sans que le complément soit exprimé. *Il est parti avant moi, il n'arrivera que longtemps ap.* (moi). *Vous irez devant, et lui ira ap.* (vous). *Nous en parlerons ap. Partez et revenez ap. Avez-vous lu ce livre? Je suis ap. — Il vous a dit qu'il me connaissait : après?* c.-à-d. Ap. cela, que vous a-t-il dit? *Vous arriverez malade : après? —* Dans tous ces exemples, il est, comme on le voit, facile de rétablir le complément de la prép. = d'Après. loc. prépositive et elliptique. *Le jour d'ap.*, Le jour qui succède à celui dont on vient de parler. On dit de même : *La semaine d'ap. L'année d'ap. Il est revenu le mois d'ap. Il lui cédera sa place au jeu le coup d'ap.* || *D'ap.*, suivi d'un complément, sign. Par suite de, en conséquence de. *Raisonner d'ap. ses prétentions. D'ap. ces considérations, je conclus que.* — Sur l'autorité de. *Je n'en parle que d'ap. les auteurs les plus graves.* || *D'ap.* exprime encore le rapport entre un original ou un modèle et la copie ou l'imitation qu'on en fait. *Ce tableau est peint d'ap. Raphaël. Portrait d'ap. nature. — Dessiner d'ap. l'antique. Il se conduit d'ap. les exemples qu'il a sous les yeux.* = Après tout. loc. adv. Tout bien considéré, quand cela serait. *Ap. tout, il n'était guère possible de faire autrement.* = Après coup. loc. adv. Trop tard, quand il n'est plus temps. *Vous voulez produire des pièces quand votre procès est jugé, c'est venir ap. coup.* = Ci-après. loc. adv. usitée dans le style didactique et dans la pratique. Plus tard, plus loin. *On verra ci-ap. la preuve de ce que j'avance. Les conditions du marché seront stipulées ci-ap.* = Après que. conj. Lorsque. *Ap. que vous aurez parlé, Je partirai ap. que j'aurai achevé mon travail.*

APRÈS-DEMAIN. adv. qui sert à désigner le second jour après celui où l'on est. *L'affaire est remise à* *après-d.* || S'emploie subst. *Après-d. passé, il ne sera plus reçu à soumissionner.*

APRÈS-DÎNÉE. s. f. Espace de temps qui s'écoule depuis le dîner jusqu'au soir. *J'irai vous voir cette après-d. Il passe toutes ses après-dînées chez lui.*

Obs. gram. — Plusieurs auteurs écrivent *après-dîné* ou *après-dîner*, et font ce mot masculin. — La locution, *J'irai vous voir après dîner*, diffère de celle-ci, *J'irai vous voir cette après-dînée*, en ce que dans le premier cas, je dis que je vous ferai visite immédiatement après avoir dîné, tandis que, dans le second cas, j'ai tout le temps qui s'écoulera entre l'heure du dîner et le soir pour faire cette visite.

APRÈS-MIDI. s. f. Espace de temps qui s'écoule depuis l'heure de midi jusqu'au soir. *Une belle après-m. Je vous ai attendu toute l'après-m. Il est visible toutes les après-m.* — Quelques-uns font ce mot masculin.

APRÈS-SOUPÉE. s. f. Temps qui s'écoule depuis le souper jusqu'au coucher. *Il passe ses après-soupées en bonne compagnie.* || *Après-souper*, ou *après-soupé*. Voy. l'obs. qui suit le mot *Après-dînée.*

ÂPRETÉ. s. f. (R. *âpre*). Qualité de tout ce qui est âpre. *L'âp. des chemins, du froid, d'un fruit, de la voix.* || Fig. *L'âp. des mœurs, du caractère, de l'humeur, des manières, d'un reproche, d'une parole.—Ap. du style. Ap. au gain*, etc. = Syn. Voy. Acerbité.

À PRIORI. Voy. Priori (a).

* **APRON.** s. m. (lat. *asper*, rude). T. Ichth. Voy. Percoïdes.

À-PROPOS. s. m. Voy. Propos.

APSIDE. s. f. T. Archit. Voy. Abside.

* **APSIDE.** s. f. (gr. ἁψὶς, courbure). T. Astr.

Enc. — On donne le nom d'*Apsides* aux deux points situés aux extrémités du grand axe de l'orbite d'une planète ou d'un satellite : en d'autres termes, ce sont les points où la planète se trouve à sa plus grande et à sa moindre distance de l'astre central. Le point de la plus grande distance s'appelle l'*ap. supérieure*, et celui de la plus petite distance est nommé *ap. inférieure*. La ligne qui unit ces deux points et qui constitue l'axe transversal de l'orbite, a reçu en conséquence le nom de *ligne des apsides*. Elle éprouve un lent déplacement dans le plan de l'orbite de la planète, et le temps que met celle-ci pour compléter une révolution relativement à ses apsides constitue la période anomalistique. Voy. Année, Anomalie, Aphélie et Apogée.

APTE. adj. 2 g. (lat. *aptus*, propre à). Propre à faire quelque chose; Qui réunit les conditions requises pour une chose. *Il est ap. à remplir cet emploi, à exécuter ce travail. Il est ap. à posséder, à succéder.*

* **APTÉNODYTE.** s. m. (gr. ἀπτὴν, sans ailes; δύτης, plongeur). T. Ornith. Nom scientifique du *Manchot*. Voy. ce mot.

APTÈRE. adj. 2 g. et s. m. (gr. α priv.; πτερὸν, aile). T. Zool.

Enc. — Ce terme, qui signifie dépourvu d'ailes, n'est employé qu'en parlant des animaux articulés et principalement des Insectes. Plusieurs auteurs systématiques ont établi parmi les articulés, et sous la dénomination d'*Aptères*, des coupes comprenant un plus ou moins grand nombre d'animaux; mais comme le fait d'être privé d'ailes est commun à des êtres essentiellement différents sous tous les autres rapports, on a renoncé, dans toutes les classifications modernes, à prendre ce caractère comme fondement de classe ou d'ordre zoologique.

* **APTÉRONOTE.** s. m. (gr. α priv.; πτερὸν, nageoire; νῶτος, dos). T. Ichth. Voy. Gymnote.

* **APTÉRYX.** s. m. (gr. α priv.; πτερὸν, aile). T. Ornith.

Enc. — On a donné le nom d'*Ap. austral* à un oiseau récemment découvert dans la Nouvelle-Zélande, et qui est un des plus remarquables dans la série ornithologique, puisqu'à des ailes rudimentaires et tout à fait impropres au vol il réunit un bec de Courlis ou de Bécasse et des pattes de Gallinacés. Il est de la taille d'une Poule : son plumage est brun-ferrugineux, décomposé et tombant. On l'a classé avec raison dans l'ordre des *Brévipennes* de Cuvier; car, comme ceux de l'Autruche et du Casoar, ses os ne sont point percés pour l'introduction de l'air, qui ne pénètre pas non plus dans la cavité abdominale; son sternum est fort petit, et il est en outre dépourvu de bréchet, ainsi que tous les Brévipennes.

L'Ap., que les indigènes de la Nouvelle-Zélande connaissent sous le nom de *Kiwi*, se tient dans les forêts les plus fourrées et les plus sombres, et y reste blotti durant le jour sous les grandes herbes marécageuses ou dans les cavités que forment les racines des arbres. C'est là aussi qu'il construit un nid grossier où il ne pond qu'un œuf. Il ne sort de sa retraite qu'à la nuit pour chercher sa nourriture, qui, à ce qu'il paraît, se compose uniquement de vers. Il les attrape en grattant le sol avec ses pieds et en introduisant son long bec dans les terrains mous et marécageux. L'Ap. se rencontre ordinairement par paires. Son cri ressemble à un fort coup de sifflet, et c'est en imitant ce cri que les naturels parviennent à le saisir. Quand on a pris une femelle, il devient facile de s'emparer du mâle

qui reste ordinairement près d'elle pour la protéger. Malgré la brièveté et la grosseur de ses jambes, le Kiwi court avec une vitesse incroyable. Il sait aussi fort bien se servir de ses éperons pour se défendre, lorsqu'il est atteint par les naturels ou par leurs chiens.

* **APTINE.** s. m. (gr. ἀπτὴν, sans ailes; qui ne peut voler). T. Entom. Voy. Carabiques.

APTITUDE. s. f. Disposition naturelle à quelque chose, principalement aux arts, aux sciences. *Il a une grande ap. à la peinture, aux langues, aux mathématiques*, ou *pour la peinture, les langues, les mathématiques.*

APUREMENT. s. m. Vérification définitive d'un compte, d'après laquelle le comptable est reconnu quitte. *Faire l'ap. d'un compte.*

APURER. v. a. (R. *pur*). Vérifier un compte pour s'assurer que toutes ses parties sont en règle, et en donner quittance au comptable. = Apuré, ée. part.

* **APUS.** s. m. (gr. α priv.; ποῦς, pied). T. Zool. Voy. Branchiopodes.

APYRE. adj. 2 g. (gr. α priv.; πῦρ, feu). Nom qu'on donnait anciennement Aux substances qui n'éprouvent aucun changement lorsqu'on les soumet à une température très-élevée : tels étaient l'amiante, le cristal de roche, etc.

* **APYRÉTIQUE.** adj. T. Méd. Qui est sans fièvre. Se dit Des affections qui ne sont point accompagnées de réaction fébrile. — Sert aussi à désigner Les jours dans lesquels il n'y a pas d'accès de fièvre.

* **APYREXIE.** s. f. T. Méd. Voy. Fièvre.

AQUARELLE. s. f. [On pron. *acouarelle*] (lat. *aqua*, eau). Dessin au lavis pour lequel on emploie des couleurs transparentes délayées dans l'eau. *De jolies aquarelles. Peindre une aq.* Voy. Peinture.

AQUA-TINTA ou **AQUA-TINTE.** s. f. [On pron. *acoua-tinta, acoua-tinte.*] (lat. *aqua; tincta*, colorée). Voy. Gravure.

AQUATIQUE. adj. 2 g. [On pron. *acouatique.*] (lat. *aquaticus*). Plein d'eau, marécageux. *Terres, lieux aquatiques.*

Enc. — En Zool., on donne le nom d'*Aquatiques* aux animaux qui vivent dans l'eau ou sur ses bords. — Ce terme est également usité en Botanique; mais il ne se dit que des plantes qui vivent dans l'eau douce ou sur le bord de l'eau. En outre on distingue ces plantes par les termes, *Lacustres* ou *Lacustrales*, dans les lacs ou au bord des lacs; *Fontinales*, dans ou près les fontaines; *Fluviales*, *Fluviatiles*, dans ou près les fleuves. Quant à la manière dont elles sont dans l'eau, on distingue celles qui sont *Submergées*, vivant couvertes d'eau; *Émergées*, sortant de l'eau par leur sommité; *Inondées*, tantôt couvertes tantôt découvertes; *Flottantes*, soutenues entre deux eaux; *Nageantes*, soutenues à la surface de l'eau. On applique le terme générique de *Marécageuses* aux plantes qui croissent dans les marais, et on appelle particulièrement *Uligineuses* celles qui croissent dans les prairies humides, et *Tourbeuses* celles des tourbières ou lieux analogues.—Pour les plantes qui vivent dans l'eau salée ou sur ses bords, on désigne par le nom de *Marines* celles qui croissent dans la mer couvertes d'eau, de *Maritimes*, celles qui croissent au bord de la mer, et de *Salines*, celles qui croissent dans les terrains saumâtres ou salés.

AQUEDUC. s. m. (lat. *aqua*, eau; *ductus*, conduit). Canal destiné à conduire de l'eau d'un lieu à un autre. || T. Anat. Le nom d'*Aq.* a été donné très-improprement à divers canaux qui n'ont rien de commun avec les aqueducs. Tels sont *l'Aq. de Fallope, l'Aq. du Vestibule, l'Aq. du Limaçon*, qui appartiennent au temporal, et l'*Aq. de Sylvius*, qui appartient au cerveau.

Enc. — Quoique, d'après son étymologie, le nom d'*Aq.* paraisse convenir à tout conduit ou canal destiné à amener des eaux courantes d'un endroit à un autre, cependant on l'applique uniquement aux canaux construits en pierre ou en maçonnerie, pour conduire des eaux, avec pente réglée, à travers un sol inégal. On distingue les aqueducs en *souterrains* et en *apparents*. Les premiers consistent en une galerie voûtée construite à travers une montagne ou au-dessous du niveau du sol; les seconds, nécessaires lorsqu'il s'agit de franchir une vallée ou une rivière, sont élevés au-dessus du sol et supportés par une construction en maçonnerie pleine ou en arcades. Le plus souvent la disposition des lieux exige la réunion de ces deux genres de constructions.

Dès l'antiquité la plus reculée, il y eut des aqueducs remarquables par la hardiesse et la solidité de leur construction : tels furent ceux de Sésostris en Égypte, de Sémiramis à Babylone, de Salomon dans le pays d'Israël. Les Grecs, néanmoins, paraissent n'avoir pas connu les aqueducs; mais ceux qu'ont élevés les Romains doivent être rangés parmi les travaux les plus admirables que nous ait laissés le peuple-roi. C'est surtout aux environs de la ville éternelle qu'on rencontre des restes nombreux d'aqueducs sillonnant de leurs longues lignes d'arcades les champs arides de la campagne de Rome, enjambant par dessus les voies, les tombeaux, les édifices, et allant se perdre dans les vertes montagnes d'Albano et de Tivoli. Les aqueducs souterrains, à moins qu'ils ne fussent taillés dans le roc vif, étaient revêtus, ainsi que nous l'avons dit, de maçonnerie et voûtés ou recouverts de grandes dalles. On y ménageait, de distance en distance, des regards (*lumina*), soit pour faciliter les réparations que le temps rendait nécessaires, soit pour donner issue ou accès à l'air dans le canal parcouru par les eaux. Dans les aqueducs apparents, c'est à la partie supérieure de la construction que se trouvait pratiquée la *cuvette*, c.-à-d. le canal destiné à la conduite de l'eau. Celle-ci coulait tantôt à ciel ouvert, tantôt à l'abri de dalles entre lesquelles on laissait des ouvertures pour livrer passage à l'air. Les arcades, d'un diamètre en général assez étroit, étaient soutenues sur des pieds-droits qui avaient souvent une grande élévation. (Fig. 1. Vue d'une partie de l'aq. appelé *Aqua Claudia*, commencé sous Caligula l'an 36 de notre ère, et terminé par Claude l'an 50; 2. coupe du même.) Ces arcades se transformaient en véritables

Fig. 1.

Fig. 2.

ponts lorsqu'il s'agissait de faire franchir aux eaux des vallées profondes ou des rivières d'une certaine largeur. Quelquefois même, selon les exigences du terrain, on superposait les unes au-dessus des autres deux ou trois rangées d'arcades : dans ce cas, l'aq. était dit *double* ou *triple*. Il était rare que la direction d'un aq. ne déviât pas de la ligne droite : le plus souvent il décrivait des sinuosités plus ou moins multipliées. On a supposé que cette disposition avait pour but de ménager aux eaux une pente constamment uniforme, et d'éviter de faire des constructions trop élevées. Les aqueducs offraient le long de leur parcours des piscines couvertes où les eaux déposaient les matières étrangères dont elles pouvaient être chargées. Quelques-unes de ces piscines se composaient de plusieurs bassins étagés, de sorte que l'eau s'échappait parfaitement limpide du dernier réservoir. Elle arrivait enfin à un château d'eau (*castellum*) qui terminait l'aq. Là, elle se partageait ordinairement en trois parties : l'une servant à alimenter les fontaines publiques, l'autre destinée aux thermes, et la troisième aux fontaines des particuliers qui en avaient obtenu ou payé la concession. Des tuyaux en plomb ou en terre cuite, de forme conique, afin qu'ils pussent s'emboîter les uns dans les autres, servaient à distribuer les eaux fournies par le *castellum*.

Il paraît que le premier aq. qui ait été construit à Rome, le fut, vers l'an 312 av. J.-C., par les soins d'Appius Claudius Cœcus. Il rassemblait les sources éparses des montagnes de Frascati, et les conduisait jusqu'à Rome; mais la quantité d'eau que fournissait l'*Aqua Claudia* étant devenue insuffisante, on alla chercher au loin d'autres sources, et l'on édifia successivement divers aqueducs. Frontin, qui fut revêtu par Nerva de la charge de directeur des eaux (*curator aquarum*), charge qui n'était jamais conférée qu'à des personnages consulaires, rapporte qu'au commencement du règne de cet empereur, Rome possédait neuf grands aqueducs qui fournissaient par jour 14,018 *quinaires*, soit, suivant le calcul du savant de Prony, 787,000 mètres cubes d'eau, et cela, malgré les déperditions involontaires et les prises d'eau faites en fraude par les particuliers. Sans ces pertes, la quantité d'eau amenée par les aqueducs aurait été, d'après Frontin, de 23,582 quinaires, ou 1,320,520 mètres cubes. Or, en divisant le premier nombre que donne cet auteur par le chiffre de 1 million d'habitants (car la population de Rome ne dépassa jamais ce nombre), on trouve 0,787 mètre cube pour la consommation journalière de chaque citoyen. Sous Nerva, Frontin ajouta cinq nouveaux aqueducs à ceux qui existaient déjà, et il paraît que plus tard leur nombre total s'éleva jusqu'à vingt. Le développement total des neuf anciens aqueducs peut être évalué à 525 kilom. environ. Trois de ces aqueducs qui ont été restaurés et entretenus par les papes, fournissent encore à la Rome moderne 180,500 mètres cubes d'eau par jour.

Tous les pays qui subirent la domination des Romains, ayant adopté leurs usages et leur passion pour les bains et les naumachies, on vit s'élever dans les diverses provinces des aqueducs rivaux de ceux de Rome, et souvent même plus magnifiques encore. Ainsi, on trouve des vestiges plus ou moins bien conservés en Grèce, dans l'Afrique, l'Asie mineure, l'Espagne, la France, etc. Parmi les aqueducs étrangers, nous mentionnerons seulement celui de Ségovie, dans la Vieille-Castille, dont il reste 119 arcades construites en pierres de grand appareil. Cet aq. se compose de deux étages d'arcades dont la hauteur totale est de 32 mètres 50 cent. Il traverse la ville et passe par dessus les maisons qui sont dans le fond de la vallée.— Les restes d'aqueducs romains sont fort nombreux chez nous : on en rencontre à Paris, à Lyon, à Saintes, à Luynes, à Néris, à Metz, à Nîmes, à Vienne, etc. Dans cette dernière ville, une faible partie des anciens aqueducs souterrains a été réparée par les soins de la municipalité : aux jours et aux heures fixés, d'abondantes nappes d'eau apportées par les aqueducs descendent du haut de la cité, et balayent les rues en entraînant dans le Rhône les immondices qu'elles rencontrent. L'aq. de Metz avait à peu près 29 kilom. de développement, et menait à cette ville les eaux de la Gorze. Il franchissait la Moselle dans un endroit où elle a environ 1200 mètres de large. Les glaces ont emporté les arches qui traversaient le fleuve; cependant il reste encore près de Jouy 17 arcades qui donnent une idée de la beauté de ce monument. Mais le plus magnifique édifice de ce genre que nous aient laissé les Romains, est sans contredit l'aq. de Nîmes, dont on attribue la construction à Vipsanius Agrippa, gendre d'Auguste. Cet aq. conduisait dans la ville les eaux des fontaines d'Eure et d'Airan, et avait une longueur totale d'environ 40,000 mètres. La partie la plus remarquable, connue sous le nom de *Pont du Gard* (Fig. 3), est une construction formée de trois rangs d'arcades superposées, qui franchit une vallée profonde au bas de laquelle coule le Gardon. Les arcades inférieures sont au nombre de 6, ayant chacune 22 mètres 75 centim. d'ouverture, à l'exception de celle sous laquelle coule le ruisseau, qui a 24 mètres. La seconde rangée se compose de 11 arcades, et la troisième de 36. Le premier et le second étage ont chacun 20

Fig. 3.

mètres 12 cent. de hauteur : quant au troisième, il n'a que 8 mètres 53 centim., ce qui donne pour l'édifice tout entier 48 mètres 77 centim. d'élévation. C'est sur la galerie supérieure que se trouve le canal où coule l'eau. Les pieds-droits et les voûtes sont construits en belles pierres de taille, sans aucune espèce de ciment. La cuvette seule est en moellons, et son intérieur est formé par un massif de béton revêtu d'une couche de ciment fin. L'épaisseur du monument d'un parement à l'autre est de 6 mètres 36 cent. au premier rang, 4 mèt. 56 c. au second, et 3 mètres 6 cent. au troisième. La retraite formée au premier étage était de 1 mètre 27 cent., et offrait un passage pour les piétons. La longueur totale au niveau du troisième étage est de 265 mètres 70 cent. Au commencement du ve siècle, lors de l'invasion des Barbares, cet aq. fut rompu à ses deux extrémités, et subit de graves mutilations. Mais vers le milieu du siècle dernier (1745), on y fit quelques réparations. On prolongea en outre les piles inférieures de l'aq., et l'on y établit un pont qui aujourd'hui fait partie de la route de Nîmes à Avignon.

Parmi les aqueducs modernes élevés en France, nous ne saurions passer sous silence l'aq. d'Arcueil construit par l'architecte de Brosse, l'an 1624, pour amener l'eau d'Arcueil au Luxembourg; l'aq. de Montpellier élevé sur la fin du règne de Louis XIV par l'ingénieur Pitot; l'aq. de Buc près de Versailles, construit en 1686; et enfin l'aq. de Maintenon, entrepris à la même époque pour amener à Versailles les eaux de la rivière d'Eure. Ce dernier eût été supérieur aux plus magnifiques aqueducs de l'antiquité; mais il fut abandonné après avoir coûté 22 millions. On n'avait encore élevé que 48 arcades qui joignaient les deux collines de Maintenon dans un espace de 875 mètr. : cet aq. avait trois rangées d'arcades, et une hauteur totale de 71 mètr. En ce moment, le savant ingénieur Montricher construit un aq. gigantesque qui laissera bien loin derrière lui tout ce qui a été fait jusqu'à ce jour. Cet aq., qui conduira les eaux de la Durance à Marseille, doit alimenter la ville en même temps qu'assainir le port, en y amenant des eaux courantes qui feront disparaître les exhalaisons pestilentielles qui s'en exhalent lorsque l'eau de la mer se retire. — Aujourd'hui, à moins de circonstances exceptionnelles, on n'élève plus de constructions de ce genre; car, indépendamment des frais énormes qu'elles coûtent, elles ne permettent pas d'utiliser la force motrice considérable que possède tout cours d'eau d'un certain volume. D'autre part, lorsque la quantité d'eau à amener n'est pas trop forte, la mécanique fournit les moyens de l'élever au niveau voulu à moins de frais que par le moyen des aqueducs.

Les ingénieurs des ponts et chaussées appliquent quelquefois, mais à tort, le nom d'aqueducs aux ponceaux et aux conduits destinés à donner passage aux petits ruisseaux dont le cours naturel est interrompu par des ouvrages d'art, tels que routes, canaux, levées, etc. Ils appellent encore *ponts-aqueducs* ou *ponts-canaux* les constructions établies pour recevoir un canal, lorsque celui-ci doit franchir une rivière. Voy. CANAL.

AQUEUX, EUSE. adj. (lat. *aquosus*). Qui ressemble à de l'eau, qui est de la nature de l'eau. *Liquide aq. La partie aq. du sang. L'humeur aq. de l'œil.* || Se dit Des légumes, des fruits qui contiennent beaucoup d'eau. *Ce légume est très-aq.* || * T. Géol. *Dépôts aq.*, Dépôts qui évidemment été ont formés par les eaux.

*** AQUIFOLIACÉES.** s. f. pl. (lat. *aquifolium*, houx). T. Bot.

Enc. — Famille de végétaux exogènes, monopétales à ovaire supère, qui a été établie sous le nom d'*Ilicinées*, par Ad. Brongniart, aux dépens de la famille des *Rhamnées* de Jussieu. De Candolle a rangé ces végétaux dans la famille des *Célastrinées*, et en a formé une section sous le nom d'*Aq.* La famille des Aq. se compose d'arbres ou d'arbustes toujours verts, à feuilles alternes ou opposées, simples, coriaces, et dépourvues de stipules. — *Caract. bot.* : Fleurs petites, blanches ou verdâtres, axillaires, solitaires ou diversement groupées, quelquefois unisexuées par avortement. Sépales 4 à 6; corolle à 4 ou 6 divisions, hypogyne. Préfleuraison imbriquée. Étamines insérées sur la corolle, alternant avec ses divisions; filets droits; anthères adnées, biloculaires, s'ouvrant longitudinalement. Pas de disque. Ovaire charnu, supère, légèrement tronqué, ayant de 2 à 6 loges et même davantage; ovules solitaires, anatropes, pendants, et souvent suspendus à un funicule cupuliforme; stigmate subsessile, lobé. Fruit charnu, indéhiscent, contenant 2 à 6 nucules ligneux ou davantage. Graines suspendues, presque sessiles; albumen large et charnu; embryon petit, bilobé, placé près du hile; cotylédons petits; radicule supérieure. [Fig. 1. *Ilex microphylla.* 2. Fleur. 3. Corolle ouverte. 4. Coupe d'un fruit mûr. 5. Coupe d'une graine.]

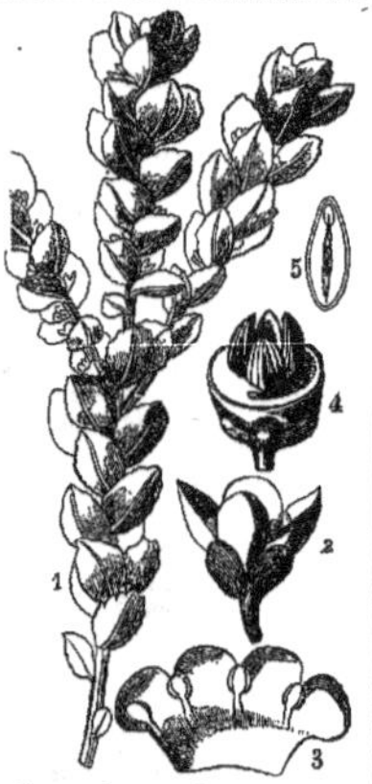

Cette famille se compose de 11 genres et de 100 espèces. Nous n'avons en Europe que le *Houx commun* (*Ilex aquifolium*). — L'écorce et les baies du *Prinos verticillé* (*Prinos verticillata*) jouissent de propriétés toniques et astringentes fort prononcées, et les médecins du nouveau continent les vantent comme d'excellents antiseptiques. Bigelow affirme que ses baies sont émétiques. La racine de la *Mygindie* (*Myginda uragoga*), administrée sous forme de décoction ou d'infusion, a la réputation d'être un puissant diurétique. — Diverses espèces appartenant à cette famille sont employées en guise de thé : tels sont le *Prinos glabre* (*Prinos glabra*); le *Houx vomitif* (*Ilex vomitoria*) de l'Amérique du Nord; l'*Ilex gongonha* et l'*Ilex Theezans* du Brésil. Mais l'espèce la plus usitée est le *Maté* ou *Ilex paraguayensis* dont on fait une grande consommation dans l'Amérique méridionale, et où l'on a découvert de la théine. Les feuilles connues sous le nom d'*Apalachines* ou *thé des Apalaches*, proviennent du *Houx vomitif*. Il paraît que lorsque les Creeks, tribu indienne de l'Amérique du Nord, vont tenir conseil, ils boivent une forte décoction d'apalachine, qu'ils appellent *liqueur-noire*, et qui agit comme un léger vomitif. Suivant Martius, les *Ilex paraguayensis*, *gongonha* et *theezans*, sont d'excellents diurétiques et diaphorétiques. D'après ce savant voyageur, les teinturiers se servent de l'*Ilex paraguayensis* et de quelques autres espèces. Les fruits de l'*Ilex macoucoua* contiennent, quand ils ne sont pas encore parvenus à maturité, une grande quantité de tannin, et sont employés dans la teinture des étoffes de coton. — Quant à l'unique espèce de cette famille qui soit indigène chez nous, c.-à-d. le *Houx commun* (*Ilex aquifolium*) (Fig. 6), elle est loin d'être sans utilité. Son écorce donne de la glu, et son beau bois blanc est fort estimé des tourneurs. En outre, on dit que sa racine et son écorce sont émollientes, expectorantes et diurétiques. Ses baies sont émétiques et purgatives; 5 ou 6 suffisent pour provoquer le vomissement; Haller recommande le suc des feuilles dans l'ictère; enfin Reil affirme avoir employé avec succès l'écorce de Houx dans certains cas de fièvres intermittentes épidémiques où le quinquina avait échoué. Le docteur Rousseau a employé comme fébrifuge les feuilles réduites en poudre, et il pense qu'on pourrait substituer ce remède au quinquina. On a extrait des feuilles du Houx une matière cristalline très-amère (*Ilicine*), à laquelle sont évidemment dues les propriétés antipériodiques du végétal.

*** AQUILAIRE.** s. f. (lat. *aquila*, aigle). T. Bot. Voy. AQUILARINÉES.

*** AQUILARINÉES** ou *** AQUILARIACÉES.** s. f. pl. T. Bot.

Enc. — La famille des *Aq.* a été établie par R. Brown. Elle se compose de végétaux exogènes, à fleurs dépourvues de corolle, et à ovaire supère. Les *Aq.* sont des arbres ou des arbrisseaux à branches lisses ayant une écorce flexible, à feuilles alternes ou opposées, munies de pétioles courts, entières et dépourvues de stipules.— *Caract. bot.* : Calice turbiné ou tubuleux; limbe à 4 ou 5 divisions; préfleuraison imbriquée. Gorge en général munie d'écailles (étamines stériles). Étamines au nombre de 10, de 8 ou de 5, et, dans ce dernier cas, opposées aux divisions calicinales; filets insérés à l'orifice du calice un peu plus bas que les écailles. Anthères étroites, oblongues, attachées par le dos au-dessous de leur partie médiane, biloculaires, s'ouvrant en dedans par une fente longitudinale. Ovaire supère, sessile ou stipité, tomenteux, comprimé, biloculaire; ovules au nombre de 2, anatropes, suspendus de chaque côté du placenta, s'amincissant à leur partie inférieure; style nul ou conique et filiforme; stigmate simple, large. Capsule sessile ou stipitée, à 2 valves, ou drupacée et indéhiscente. Graines au nombre de deux (une de chaque côté du placenta), suspendues; quelquefois une seule par avortement; pas d'albumen; cotylédons épais, charnus, hémisphériques; radicule droite et supérieure. [Fig. 1. *Aquilaria agallochum.* 2. Fleur. 3. La même ouverte et déroulée. 4. Coupe de l'ovaire.]

Cette petite famille se compose de 6 genres et de 10 espèces qui ne se trouvent que dans les régions tropicales de l'Asie. — Le bois odorant connu sous les noms de *Bois d'aloès*, *Bois d'aigle*, *Agalloche* ou *Calambac*, qui contient une substance résineuse aromatique de couleur foncée, n'est autre chose que la partie interne du tronc de l'*Aquilaire ovée* (*Aquilaria ovata*) appelée vulgairement *Garo*, et de l'*Aq. agalloche* (*Aq. agallochum*). La substance odorante dont nous venons de parler s'obtient en faisant bouillir le *Bois d'aigle* dans l'eau. Les Orientaux l'estiment comme parfum et l'emploient comme tonique. En Europe, on l'a quelquefois prescrite dans les affections goutteuses et rhumatismales.

* **AQUILÉGIE.** s. f. (lat. *aquilegia*). T. Bot. Voy. Renonculacées.

AQUILIN. adj. (lat. *aquila*, aigle). N'est usité que dans cette loc. : *Nez aquilin*, Nez recourbé comme le bec de l'aigle.

AQUILON. s. m. (lat. *aquilo*). Vent du Nord. — En poésie et dans le style élevé, on dit *Les aquilons* pour désigner Tous les vents froids et violents.

ARA. s. m. T. Ornith.

Enc. — On désigne sous le nom d'*Ara* un genre de Perroquets dont les joues sont dénuées de plumes. Les Aras sont remarquables par la grandeur de leur taille, la grosseur de leur bec, la beauté de leur plumage aux couleurs éclatantes et

variées, et la longueur de leur queue qui est étagée et terminée en pointe. La richesse de leur plumage en fait apporter un grand nombre en Europe. Cependant ces oiseaux ont moins d'intelligence que les Perroquets et que les Perruches, et leur voix est croassante et fort désagréable. — Les Aras (Fig. *Ara canga*) ne se trouvent que dans l'Amérique méridionale et aux Antilles, où ils causent de grands dommages aux plantations de café et de cacao. Ils ne volent point en troupes nombreuses et vont ordinairement par couples. Ils perchent sur les arbres les plus élevés et ne se posent jamais à terre, d'où ils auraient de la peine à prendre leur essor, à cause de la longueur de leurs ailes et de la brièveté de leurs pieds. Ces oiseaux construisent leur nid dans des creux d'arbres, et la femelle ne pond que deux œufs que le mâle couve tour à tour avec elle. — Quoique la nudité des joues soit, ainsi que nous l'avons dit, le caractère distinctif principal du genre Ara, les ornithologistes sont généralement d'accord pour y placer quelques grandes espèces qui offrent tous les caractères secondaires du genre, à l'exception de celui-là : tels sont l'*A. hyacinthe* et l'*A. azuvert* de Vieillot.

ARABE. adj. 2 g. Qui appartient à l'Arabie. *Langue ar. Mœurs arabes. Architecture ar.* — *Chiffres arabes.* Voy. Chiffre. ‖ S'emploie subst. *Un Ar.* Les *Arabes.* — *Il apprend l'ar.*, Il apprend la langue arabe. ‖ Par all. à la réputation de voleurs que l'on a faite aux Arabes, on dit d'un homme dur, avide, d'un créancier impitoyable, D'un usurier : *C'est le plus ar. de tous les hommes.* — S'emploie souvent subst. *Je ne veux pas avoir affaire à lui, c'est un ar.*

ARABESQUE. adj. 2 g. Qui appartient à l'Arabie, qui est d'origine arabe. *Mœurs arabesques. Architecture ar. Genre, style ar.* Vx. ‖ S'employait aussi subst. au masc. *L'ar.* — Aujourd'hui on dit *Arabe.*

ARABESQUES. s. f. pl. T. Peint. et Sculpt.

Enc. — On donne le nom d'*Ar.* à un genre d'ornements peints ou sculptés, ou bien sculptés et peints tout à la fois, représentant un assemblage capricieux de fleurs, de fruits, d'arbustes, d'animaux réels ou imaginaires, de figures de toute espèce, combinés avec divers agencements de lignes. Ce n'est pas aux Arabes qu'il faut attribuer l'invention de ce système d'ornementation, car il était déjà connu des anciens. Les frises de leurs monuments sont fréquemment décorées de feuillages, de rinceaux, d'enroulements et de griffons. On voit d'élégants modèles de ce genre de décoration sur les murs des bains de Titus à Pompéi et sur un grand nombre de vases grecs trouvés à Herculanum. Les Arabes, auxquels leur religion défendait toute représentation d'êtres animés, durent naturellement faire un grand usage de cette sorte d'ornement dans la décoration de leurs édifices, et c'est sans doute pour ce motif qu'on lui donna le nom sous lequel il est connu. On retrouve aussi les arabesques communément employées dans l'architecture romane, particulièrement dans les monuments du midi, au XIIe siècle, où elles sont quelquefois d'une exécution heureuse. Mais c'est surtout pendant la renaissance qu'on en fit usage. On ne saurait trouver rien de plus gracieux et de plus léger que celles qui sont prodiguées dans presque toutes les constructions de cette époque. Cependant il était réservé au peintre le plus célèbre, à Raphaël, de porter ce genre d'ornementation à un point de perfection qui n'a plus été dépassé. Rien n'égale la richesse et la beauté des arabesques exécutées sur ses dessins aux loges du Vatican. Ces ornements ont été fort employés en France sous le règne de Louis XIV. Aujourd'hui on y a encore recours pour la décoration des murs intérieurs, des panneaux, des pilastres, des montants de portes, des frises, des plafonds et des voûtes. Mais il faut se garder de les appliquer sur des objets de grandes dimensions, et de les employer dans les décorations d'un style sévère.

* **ARABETTE** et * **ARABIDE.** s. f. T. Bot. Voy. Crucifères.

ARABIQUE. adj. 2 g. Qui appartient à l'Arabie, qui vient de l'Arabie. *Golfe ar.*, La mer Rouge. — *Gomme ar.* Voy. Gomme et Légumineuses.

ARABLE. adj. 2 g. (lat. *arare*, labourer). Labourable. *Sol ar. Terres arables.*

* **ARACARI.** s. m. T. Ornith. Voy. Toucan.

* **ARACÉES.** s. f. pl. (lat. *arum*, gouet). T. Bot.

Enc. — De Jussieu avait établi sous le nom d'*Aroïdées* une famille de végétaux exogènes composée d'un grand nombre de genres ayant pour caractères communs d'être pourvus de feuilles et d'avoir des fleurs sans périanthe vrai, disposées sur un axe ou spadice allongé. Mais comme, depuis Jussieu, plusieurs familles ont été établies aux dépens des Aroïdées, et que par conséquent cette dénomination n'a plus la même compréhension, nous donnerons, avec Schott et Lindley, le nom d'*Aracées* à la famille dont l'*Arum* est le type. — Les *Ar.* sont des plantes vivaces tantôt herbacées et ordinairement à racine tubéreuse, tantôt frutescentes, acaules ou arborescentes, ou même quelquefois grimpantes et s'élevant à l'aide de racines aériennes. — *Caract. bot. :* Feuilles engaînantes à leur base, convolutées dans le bourgeon, à veines généralement ramifiées, parfois cordiformes. Spadice ordinairement renfermé dans une spathe en capuchon. Fleurs unisexuées, nues, disposées à la surface du spadice; le plus souvent les fleurs mâles occupent la partie supérieure et les fleurs femelles la partie inférieure de ce dernier. Fleurs mâles : étamines en nombre défini ou indéfini, très-courtes; anthères sessiles à 1, 2 ou même à plusieurs loges, ovales, extrorses. Fleurs femelles : ovaire libre, uniloculaire, très-rarement tri- ou pluriloculaire, polysperme. ovules dressés ou pariétaux, sessiles ou attachés à un long funicule, orthotropes, campulitropes, ou parfois anatropes : stigmate sessile. Fruit charnu. Graines pulpeuses; embryon dressé, pointu, avec une fente latérale où se trouve la plumule, et situé dans l'axe d'un albumen charnu ou farineux; radicule obtuse, placée ordinairement près du hile, parfois à l'extrémité opposée. Dans quelques cas, il n'existe pas d'albumen. [Fig. 1. *Arum maculatum.* 2, Sa spathe. 3. Son spadice chargé de fleurs. 4. Anthère. 5. Coupe transversale d'un ovaire. 6. Groupe de fruits mûrs. 7. Graine 8 Coupe de la graine pour faire voir l'embryon. 9. Fruit divisé verticalement pour montrer la position des graines. 10. Coupe perpendiculaire d'une graine.]

Cette famille se compose d'environ 26 genres et 170 espèces que Lindley a réparties en 4 tribus, les *Cryptocorinées*, les *Dracunculées*, les *Caladiées* et les *Anaporinées.* — Les Ar. sont très-répandues dans toutes les régions tropicales, mais elles sont rares dans les climats tempérés. Dans ces derniers, elles sont généralement herbacées, tandis que celles des pays chauds sont souvent arborescentes, d'une grande taille, et grimpent le long des arbres à l'aide de leurs racines aériennes. En Amérique, suivant de Humboldt, les Ar. habitent principalement la région sous-montagneuse, entre 360 et 1100 mètres d'élévation. Les plantes de cette famille contiennent communément un principe âcre; plusieurs même sont des poisons dangereux. L'une des plus remarquables sous ce rapport est la *Dieffenbachia seguina* qui habite les Indes occidentales et l'Amérique du Sud, et qui parvient à la hauteur d'un homme. Lorsqu'on mâche cette plante, la langue se tuméfie au point qu'il devient impossible d'articuler une parole. Les taches qu'elle fait sur le linge sont indélébiles. P. Brown dit qu'on l'emploie pour amener le sucre à un bon grain lorsqu'il est trop visqueux et que la chaux seule ne suffit pas pour le faire granuler convenablement : on se sert dans le même but de la *Cryptocorine ovata.* Les feuilles de la *Colocasie esculente* (*Colocasia esculenta*) provoquent une salivation abondante, et déterminent une sensation brûlante dans la bouche. On a prétendu que le lait dans lequel on avait fait bouillir la racine de l'*Arum triphyllum* guérissait la phthisie. Malgré leur âcreté, les rhizomes charnus de plusieurs Ar. sont parfaitement innocents et même nutritifs, lorsqu'on les a fait bouillir ou rôtir; tels sont les rhizomes de diverses espèces de *Caladiums* (*C. bicolor, pœcile* et *violacea*), de plusieurs *Colocasies* (*Colocasia esculenta, himalensis, antiquorum, mucronata*, etc.), qui sont employés comme substances alimentaires dans les contrées tropicales. Toutefois le suc du *Caladium bicolor* est cathartique et anthelmintique. Dans les îles de la mer du Sud, la *Colocasie à grosse racine* (*C. macrorhiza*) se cultive en grand sous le nom de *Racine de Tara* ou de *Kopeh.* Dans l'île de Portland, les habitants de la campagne mangent les rhizomes du *Gouet ordinaire* (*Arum maculatum*), qui a reçu chez nous les noms vulgaires de *Racine amidonnière*, *Giron*, *Pied de veau*, *Pain de pourceau*, etc. La fécule qu'on en retire se vend à Londres sous la dénomination de *Sagou de Portland.* Dans presque toute l'Inde, on cultive l'*Arum maculatum*, l'*A. indicum* et quelquefois l'*A. nymphæifolium :* le premier y est nommé *Kuchou* et *Gaglee*, le second *Man-kuchou* et *Man-gouri.* On y cultive également

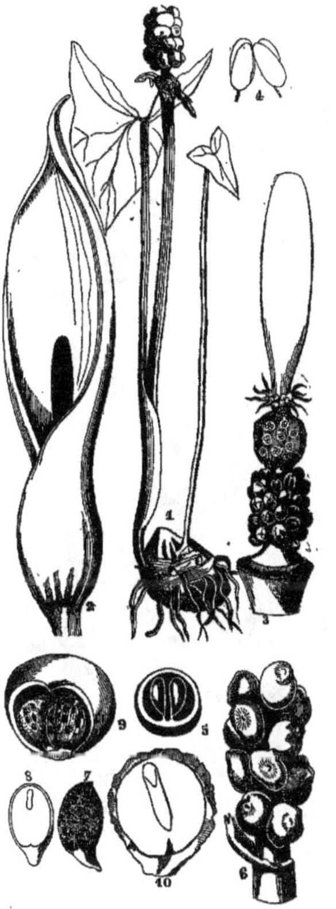

l'*Ar campanulatum*, appelé aujourd'hui *Amorphophallus :* cette dernière espèce mérite véritablement le nom de *Pomme de terre* des Télingas. Il paraît que dans l'Himalaya, la *Colocasia himalensis* constitue la base de la nourriture des habitants. Employée fraîche, sa racine est stimulante, diaphorétique et expectorante. On obtient une fécule semblable du *Xanthosome à feuilles de flèche* (*Xanthosoma sagittifolia*) appelé vulgairement *Chou caraïbe*, de la *Peltandra virginica*, et des hideux *Amorphophallus* de l'Archipel indien. Les spadices de quelques espèces ont une odeur putride et nauséabonde. Certains *Arums*, tels que l'*A. cordifolium*, l'*A. italicum*, l'*A. maculatum*, dégagent une quantité remarquable de calorique lorsque leurs fleurs sont au moment de s'ouvrir. Les émanations de l'*Ar. dracunculus* déterminent des étourdissements, des maux de tête et des vomissements. La racine de l'*Amorphophallus orixensis* est extrêmement âcre lorsqu'elle est fraîche; et les indigènes de l'Inde l'emploient en cataplasmes sur les tumeurs pour les exciter et les mener à maturité : cette racine est en effet, suivant Roxburgh, un stimulant énergique : on se sert également d'autres espèces telles que l'*Ar. montanum.* La plante appelée par Ainslie *Dracontium polyphyllum* s'administre à l'intérieur, en atténuant toutefois son âcreté; on la regarde comme antispasmodique et comme utile dans le cas d'asthme. Agardh pense que le principe âcre de cette plante est un stimulant très-énergique. Les *Colocasies* sont remarquables par le suc laiteux qu'elles contiennent. Diverses espèces de *Philodendron* donnent un suc âcre et trouble que l'on emploie au Brésil pour modifier les ulcères de mauvaise nature. Martius cite en outre comme caustiques le *Dracontium polyphyllum*, l'*Arisema pythonium* et le *Monstera adansonii*.

***ARACHIDE.** s. f. (lat. *arachis*). T. Bot. Voy. LÉGUMINEUSES.

***ARACHNIDES.** s. f. pl. [On pron. *araknide.*] (gr. ἀράχνη, araignée). T. Zool.

Enc. — Les *Ar.* constituent, dans la méthode de Cuvier, la 2e classe de l'embranchement des Animaux articulés. Cette classe, qui a été établie et nommée ainsi par Lamarck, se distingue nettement des Insectes et des Crustacés. — Chez les Ar. la tête est confondue avec le thorax, et l'ensemble de ces deux parties a reçu le nom de *Céphalothorax*. La partie postérieure du corps consiste tantôt en une masse globuleuse et sans divisions, comme chez les Araignées, tantôt en une série d'anneaux distincts, comme chez les Scorpions. Ces animaux sont tous dépourvus d'ailes, mais ils sont munis de 4 paires de pattes attachées au thorax, et terminées en général par 2 crochets. Ils n'éprouvent pas de véritables métamorphoses, mais de simples mues. Leur corps est ordinairement de consistance molle, surtout l'abdomen, et peu garni de poils propres à le protéger.—La bouche des Ar. se compose de deux mandibules ou pièces articulées en forme de petites serres et armées de crochets mobiles; d'une paire de mâchoires lamelleuses supportant chacune un palpe de plusieurs articles; d'une languette placée au-dessous des mandibules et fixée entre les mâchoires, et d'une lèvre inférieure formée par un prolongement du sternum. Les mandibules des Ar. se meuvent en sens contraire de celles des Insectes, c.-à-d. de haut en bas : Latreille les regardait comme les analogues des antennes et en conséquence il les a nommées *Chélicères* ou *Antennes-pinces*. Chez les Ar. parasites dont la bouche est en forme de siphon ou de suçoir,

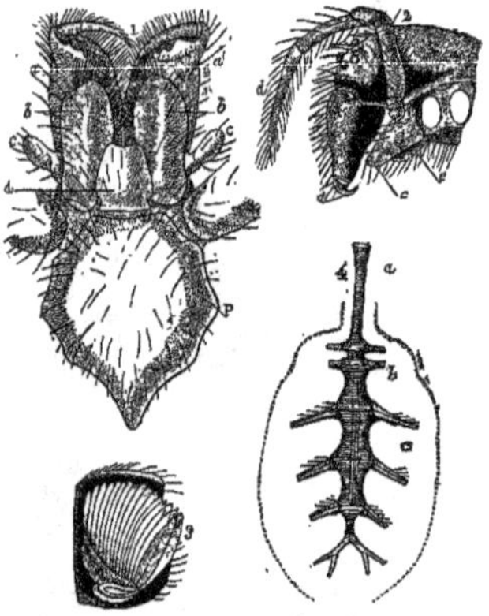

ces organes sont remplacés par deux lames pointues. [Fig. 1. Bouche de l'*Araignée domestique* vue en dessous. *a*, *a*, mandibules; *b*, *b*, mâchoires; *d*, lèvre sternale; *c*, *c*, premier article des palpes; *p*, plastron. — Fig. 2. Tête vue de profil. *a*, mandibule terminée par le crochet; *c*, mâchoire; *d*, palpe; *e*, lèvre. D'après les dessins du professeur Dugès, dans Cuvier, *Règne animal*.] — Dans les espèces les plus parfaites, le tube digestif est en général de forme assez simple : sa partie thoracique ou estomac présente quelquefois plusieurs appendices cœcaux, et sa partie abdominale offre deux renflements dont le premier a reçu le nom de *duodénum*, et le second celui de *gros intestin*. Il existe, chez la plupart des Ar., des vaisseaux biliaires analogues à ceux des Insectes; mais chez les Scorpions, on observe des glandes hépatiques en grappe. Le plus grand nombre des Ar. ont un système nerveux constitué par une masse ganglionnaire centrale située à la partie moyenne du thorax, qui émet de chaque côté quatre branches destinées aux pattes, qui présente en avant deux autres ganglions d'où partent les nerfs optiques et mandibulaires, et enfin qui donne naissance en arrière à deux cordons se réunissant bientôt pour former un renflement d'où émanent les filets qui se rendent aux divers organes contenus dans l'abdomen. Chez les Scorpions (voy. ce mot), l'organisation de l'appareil nerveux est supérieure à ce qui existe chez les autres animaux de la classe dont nous parlons.

La respiration a lieu tantôt au moyen de trachées, comme chez les Insectes, tantôt au moyen de poumons; mais les organes qui portent ce nom sont simplement de petites poches composées d'une multitude de lamelles membraneuses, unies et rapprochées entre elles à la manière des feuillets d'un livre (Fig. 3). Ces poumons sont logés dans l'abdomen et reçoivent l'air par des ouvertures transversales situées à la face inférieure du corps et appelées *Stigmates* (*Pneumostomes* de Latreille); ces derniers sont au nombre de 2, de 4 et même de 8. Certaines Ar., quoique pourvues de poumons, possèdent également des trachées et réunissent ainsi les deux formes d'appareil respiratoire. — Le système circulatoire consiste essentiellement en un cœur situé sur le dos, ayant la forme d'un gros vaisseau allongé qui reçoit les vaisseaux venus des poumons et donne naissance aux artères destinées aux diverses parties du corps. (Fig. 4. *a*, prolongement qui va dans le céphalothorax; *b*, vaisseaux du poumon antérieur; *c*, vaisseaux du poumon postérieur.) Dans les espèces qui respirent au moyen de trachées, il paraît n'y avoir qu'un simple vaisseau sans ramifications, analogue au vaisseau dorsal des Insectes. — On sait peu de chose sur les organes des sens chez ces animaux. Le toucher s'exerce évidemment par l'extrémité des pattes et surtout au moyen des palpes maxillaires; mais, quoique les Ar. paraissent posséder la faculté de l'audition, l'anatomie n'y a pas découvert d'appareil spécial pour cette fonction. Quant à leurs yeux, leur organisation est d'une extrême simplicité. Ils sont très-nombreux, le plus souvent au nombre de 8, et sont disposés de manières assez diverses; en conséquence, on a pris en considération le nombre et la disposition de ces organes pour l'établissement des genres dans cette classe d'animaux.

La plupart des anciens observateurs avaient pensé que, chez les mâles, les organes de la reproduction étaient situés à l'extrémité des palpes; mais il paraît que ces parties ne sont que des organes excitateurs. Les Ar. sont ovipares. Un grand nombre enveloppent leurs œufs dans un cocon de soie. Chez quelques espèces, la femelle reste auprès de sa progéniture pour veiller à sa conservation; parfois même elle porte constamment son cocon avec elle, ou emporte ses petits sur son dos, lorsqu'ils sont trop faibles pour marcher. — Nous avons dit que les Ar. n'éprouvaient que de simples mues : néanmoins, dans certaines espèces, les deux dernières pattes ne se développent qu'à un âge plus ou moins avancé, et n'apparaissent qu'au moment d'un changement de peau. C'est seulement après la quatrième ou cinquième mue au plus, que les animaux de cette classe deviennent aptes à se reproduire.

En général, les Ar. se nourrissent d'Insectes, qu'elles saisissent vivants; mais plusieurs espèces se fixent sur le corps des animaux et de l'homme lui-même. Elles se bornent à sucer les humeurs de leur proie ou de l'animal sur lequel elles vivent en parasites. Quelques-unes cependant ne se trouvent que dans la farine, sur le fromage et même sur divers végétaux.

Cuvier et Latreille divisent la classe des Ar. en deux ordres, les *Ar. pulmonaires* et les *Ar. trachéennes*. Les premières possèdent des sacs pulmonaires et un cœur avec des vaisseaux bien distincts. Elles ont en général de 6 à 8 petits yeux lisses; mais chez quelques-unes il en existe 10 à 12. Les secondes sont dépourvues de poches pulmonaires et respirent seulement à l'aide de trachées qui communiquent avec l'air extérieur par deux stigmates très-petits situés à la face inférieure de l'abdomen. Le nombre des yeux lisses varie de 2 à 4; quelques espèces même en sont tout à fait dépourvues. — Chacun de ces ordres a été lui-même subdivisé : ainsi les *Ar. pulmonaires* constituent deux familles, celle des *Ar. fileuses* ou *Aranéides* et celle des *Pédipalpes*; et l'ordre des *Ar. trachéennes* comprend trois familles, les *Pseudo-scorpions* ou *Faux-scorpions*, les *Pycnogonides* et les *Holètres*. Voy. ces mots.

ARACHNOÏDE. s. f. [On pron. *araknoïde.*] (gr. ἀράχνη, toile d'araignée; εἶδος, ressemblance).

Enc. — Les anatomistes nomment ainsi, à cause de sa ténuité, l'une des membranes qui enveloppent le cerveau, et l'on donne le nom d'*Arachnoïdite* à l'inflammation de cette membrane. Voy. MÉNINGE et MÉNINGITE. — En Zoologie et en Botanique, le terme *Ar.* s'emploie adjectivement pour désigner certaines parties qui offrent quelque analogie soit avec la forme des Araignées, soit avec les toiles qu'ourdissent ces animaux.

ARACK, *ARRACK ou RACK. s. m.

Enc. — On nomme ainsi, dans les Indes orientales, la liqueur alcoolique qu'on obtient en distillant le riz fermenté, auquel on ajoute des fruits et une petite quantité d'écorce d'une espèce de palmier (*Areca catechu*). L'ar. a une saveur et une odeur très-forte et un peu nauséabonde qui est due à la présence d'une huile volatile particulière analogue à celle qui donne à l'eau-de-vie de grains son odeur désagréable. On donne encore le même nom à diverses liqueurs fermentées que l'on prépare avec d'autres substances, et qui ont plus ou moins d'analogie avec l'eau-de-vie de riz.

ARAIGNÉE, s. f. (lat. *aranea*). Genre d'animaux à corps articulé, dépourvus d'ailes, remarquables par leurs huit pattes grêles et allongées, et par les fils qu'ils produisent. *Ar. de cave. Ar. qui file. Toile d'ar. Fil d'ar.* — Par ellipse, *Oter les araignées d'un plafond*, En ôter les toiles d'ar. || Fig. et fam., *Cette femme a des pattes d'ar.*, Elle a des doigts longs et maigres.

Enc. — Les *Araignées* constituent la seconde section des *Arachnides fileuses* ou *Aranéides*. Elles n'ont qu'une seule paire de poumons et de stigmates, d'où le nom d'*Aranéides dipneumones* qu'elles ont reçu. En outre, toutes ont des palpes à cinq articles, insérés sur le côté externe des mâchoires, et une languette avancée entre les mâchoires, tantôt presque carrée, tantôt triangulaire ou semi-circulaire. Les filières sont en gén. au nombre de six. — La section des *Araignées* forme deux tribus principales, subdivisées elles-mêmes en groupes secondaires. La première de ces tribus comprend les *Araignées sédentaires*, qui construisent des toiles, ou tout au moins jettent des fils pour surprendre leur proie, et se tiennent habituellement dans ces piéges ou tout auprès. Dans la deuxième, on range les espèces qui ne font pas de toile, mais qui vont à la chasse des insectes, et se retirent dans des trous ou dans des cavités qu'elles tapissent de leurs fils : ce sont les *Araignées vagabondes*. Enfin, on doit, avec Walckenaer, placer tout à fait à part l'*Argyronète*, qui est la seule espèce d'Ar. aquatique connue.

Araignées sédentaires. — Ces Araignées ont les yeux rapprochés sur la largeur du front : ces organes sont au nombre de 6 ou de 8; dans ce dernier cas, il y en a 4 ou 2 au milieu, et 2 ou 3 de chaque côté. Latreille les distingue en *Rectigrades* et en *Latérigrades*, suivant que, dans leur marche, elles se portent toujours en avant, et suivant qu'elles peuvent se porter non-seulement en avant, mais encore en arrière et sur les côtés. Les *Rectigrades* ourdissent des toiles et sont toujours stationnaires; leurs pieds sont élevés dans le repos. Leurs yeux ne forment point, par leur disposition générale, un segment de cercle ou un croissant. — Les *Rectigrades* se subdivisent encore en *Tubitèles* ou *Tapissières*, en *Inéquitèles* ou *Filandières*, et en *Orbitèles* ou *Tendeuses*.

Les *Tubitèles* ou *Tapissières* ont les filières cylindriques, rapprochées en un faisceau dirigé en arrière. Elles filent des toiles blanches d'un tissu serré, qu'elles placent dans des fentes, dans des trous de mur, sous les pierres, entre les branches et les feuilles des végétaux : leurs pieds sont robustes. Elles comprennent les genres *Clotho*, *Drasse*, *Ségestrie*, *Clubione* et *Ar.* proprem. dite.— Les *Clothos* ont 8 yeux; leurs 2 filières supérieures sont un peu plus longues que les autres, et leurs mandibules sont inclinées sur la lèvre dont la forme est triangulaire. Le type du genre est la *Cl. de Durand* (Fig. 1), qui se trouve en France aux environs de Narbonne et dans les Pyrénées. La Cl., suivant les observations de L. Dufour, établit à la surface inférieure des grosses pierres, ou dans les fissures des rochers, une sorte de pavillon (Fig. 2) dont le contour présente sept ou huit échancrures fixées par leurs angles sur la pierre, au moyen de faisceaux de fil, tandis que les bords restent libres. Ces échancrures sont formées de plusieurs épaisseurs d'étoffes qui sont liées ensemble, et entre ces épaisseurs l'Ar. ménage quelques passages secrets par lesquels seule elle peut s'introduire dans son pavillon, qui reste impénétrable à tout autre insecte. L'extérieur de cette tente, remarquable par sa texture, ressemble à un taffetas d'une finesse extrême, et dont l'épaisseur s'accroît avec l'âge de l'ouvrière; car, à chaque mue, elle ajoute à cette toile un

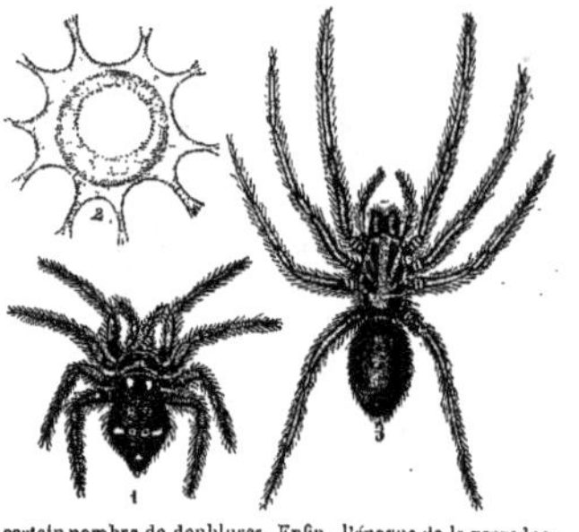

certain nombre de doublures. Enfin, l'époque de la reproduction étant arrivée pour la Cl., elle tisse un appartement encore plus duveté et plus moelleux, où elle renfermera le sac des œufs et les petits qui en devront éclore. C'est dans les premiers jours de janvier ou dans les derniers de décembre qu'a lieu la ponte des œufs. Pour préserver ce précieux dépôt contre les rigueurs de la saison, la Cl. l'enveloppe de duvet et l'applique sur la pierre en dehors de sa tente. Lorsque les petits sont éclos, elle leur prodigue ses soins; mais dès que ceux-ci peuvent se passer de leur mère, ils l'abandonnent et vont loin d'elle établir leurs pavillons particuliers. La mère reste seule dans sa tente, qui lui sert de tombeau.— Les *Drasses* ont 8 yeux rangés quatre par quatre sur deux lignes. Les mâchoires forment un cintre autour de la lèvre, qui est allongée et presque ovale. On trouve aux environs de Paris le *Dr. reluisant*, espèce fort petite, presque cylindrique, avec le thorax fauve, recouvert d'un duvet soyeux et pourpré : l'abdomen, mélangé de bleu, de rouge et de vert, présente deux lignes transversales d'un jaune d'or, dont l'antérieure est arquée. On y voit quelquefois quatre points dorés. Les Drasses se tiennent sous les pierres, dans les fentes des murs, l'intérieur des feuilles, et s'y fabriquent des cellules d'une soie dont la blancheur est éblouissante. Les cocons de quelques-uns sont orbiculaires, aplatis et composés de deux valves appliquées l'une sur l'autre. — Les *Ségestries* ont 6 yeux presque égaux, et possèdent à la fois des poumons et des trachées. Degeer et Lister ont reconnu que ces Araignées sont nocturnes. Elles construisent des tubes allongés, très-étroits, cylindriques, où elles se tiennent en embuscade, les premières paires de pattes dirigées en avant et posées sur autant de fils qui divergent, mais qui tous aboutissent au tube comme à un centre commun. Sitôt qu'une mouche vient s'embarrasser dans ces filets, les mouvements qu'elle fait pour se dégager ébranlent les fils sur lesquels sont posées les pattes de l'Ar. De cette façon, celle-ci reconnaît de quel côté est sa victime, et elle fond dessus pour la dévorer. On trouve assez souvent dans les maisons de Paris une espèce de ce genre, la *Ség. perfide* (Fig. 3), qui est longue de 15 millim., et a le corps velu, d'un noir tirant sur le gris de souris, avec les mandibules vertes et des taches noires le long du dos et de l'abdomen. — Les *Araignées proprement dites* ou *Tégenaires* de Walckenaer ont leurs deux filières notablement plus longues que les autres, et leurs quatre yeux antérieurs disposés sur une ligne courbe (Fig. 5). Elles construisent aux angles des murs dans l'intérieur de nos habitations, sur les plantes, dans les haies, et souvent sur les bords des chemins, dans la terre ou sous les pierres, une grande toile à peu près horizontale, à la partie supérieure de laquelle est un tube où elles se tiennent immobiles. Là, elles restent des semaines entières, les yeux tournés vers leur toile, attendant patiemment qu'un insecte vienne s'y embarrasser. A peine a-t-il touché les fils, que l'Ar. s'élance sur lui :

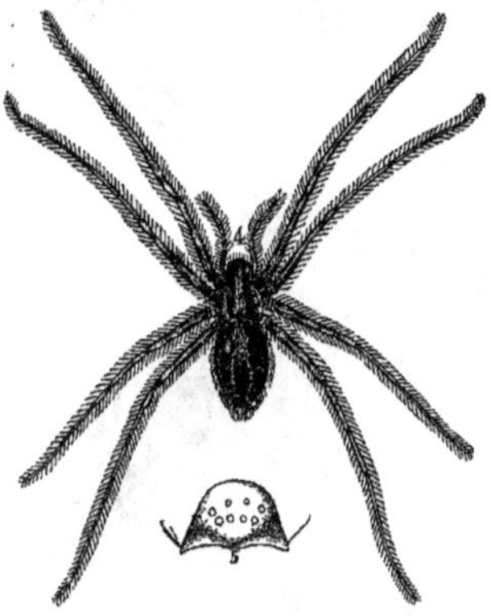

s'il est petit, elle l'enlève sur-le-champ et l'emporte dans sa demeure; mais quand la taille de celui-ci lui permet de lutter contre son ennemie, elle tire un fil de ses filières, et, le dirigeant avec ses pattes postérieures sur l'insecte qui se débat, elle l'enlace de tous côtés, et parvient à rendre ses mouvements impuissants : alors elle le suce à son aise. S'il lui paraît trop fort pour elle, on la voit briser aussitôt elle-même les fils de sa toile pour lui rendre la liberté. L'*Ar. domestique* (Fig. 4) est l'espèce la plus commune dans nos maisons; elle est noirâtre; avec deux rangées de taches brunes dont les plus grandes sont les antérieures : son abdomen est de forme ovale. — Les *Clubiones* (Fig. 6. *Cl. nourrice*) diffèrent surtout des Araignées proprement dites, en ce que la ligne formée par les quatre yeux antérieurs est droite ou presque droite. C'est sous des pierres, dans des fentes de murs ou entre les feuilles, qu'elles construisent les tubes soyeux qui leur servent d'habitation.

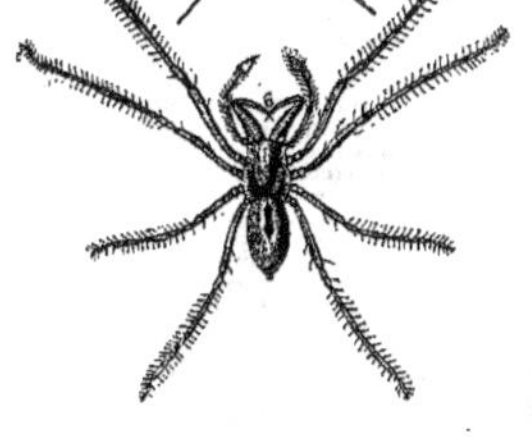

Les *Ar. inéquitèles* ou *Filandières* ont des filières presque coniques, faisant peu de saillie, convergentes et disposées en rosette. Leurs pieds sont grêles et leurs mâchoires sont inclinées sur la lèvre. Leur abdomen est plus volumineux, plus mou et plus coloré que dans les genres qui précèdent. Enfin, leurs toiles représentent un réseau irrégulier, et sont composées de fils qui se croisent en tous sens et sur plusieurs plans. — Latreille place dans ce groupe les genres *Scytode*, *Épisine*, *Théridion* et *Pholque*. — Les *Scytodes* n'ont que 6 yeux, qui sont disposés par paires. La *Scytode thoracique* (Fig. 7) est longue de 6 millim. 1/2 à peu près; son corps est d'un beau jaune tacheté de noir, et le céphalothorax présente en dessus deux lignes noires. Cette espèce se trouve dans nos maisons : suivant Walckenaer, elle porte son cocon dans ses mandibules. — Les *Épisines* ont 8 yeux rapprochés sur une élévation commune, et le corselet étroit, presque cylindrique. — Les *Théridions* ont également 8 yeux, 4 au milieu en carré, dont les 2 antérieurs placés sur une petite éminence, et 2 de chaque côté, situés aussi sur une élévation commune. Le céphalothorax est en forme de cœur renversé ou presque triangulaire. Le *Thér. bienfaisant* (Fig. 8) a été ainsi nommé par Walckenaer, parce qu'il s'établit entre les grappes de raisin, et les garantit de l'attaque de plusieurs insectes. Le *Thér. malmignatte*, qu'on trouve en Toscane et dans l'île de Corse, passe pour très-venimeux : son corps est noir, avec treize petites taches d'un rouge de feu sur l'abdomen. — Les 8 yeux des *Pholques* sont placés sur un tubercule et divisés en trois groupes, un de chaque côté, formé de 3 yeux disposés en triangle, et le troisième au milieu, composé de 2 yeux placés sur une ligne transverse. Le *Ph. phalangiste* ou *Ar. domestique à longues pattes* (Fig. 9) a le corps long, étroit, et d'une couleur jaune, presque livide; l'abdomen est à peu près cylindrique, très-mou, et marqué en dessus de taches noirâtres. Il est commun dans nos maisons, où il construit une sorte de réseau composé de fils flottants et très-espacés, et tendus sur plusieurs plans. Cette Ar. agglutine ses œufs en une masse ronde qu'aucun tissu ne recouvre, et les transporte ainsi entre ses mandibules.

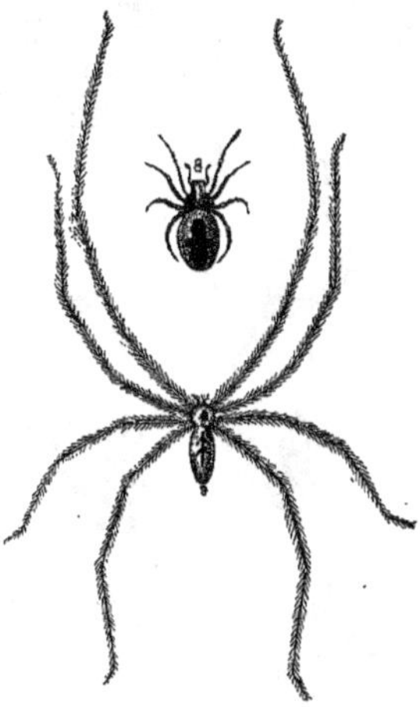

Le groupe des *Araignées orbitèles* ou *tendeuses* comprend les genres *Linyphie*, *Ulobore*, *Tétragnathe* et *Épeire*. Ce groupe se distingue du précédent par les mâchoires qui sont droites et sensiblement plus larges à leur extrémité. Les yeux sont disposés ainsi : 4 au milieu, formant un quadrilatère, et 2 de chaque côté. Leur abdomen, grand et mou, présente des couleurs assez variées. Les Orbitèles font des toiles en réseau régulier, composé de cercles concentriques croisés par des rayons droits, se rendant du centre à la circonférence. Quelques-unes se construisent au bord de leur toile, qui est tantôt horizontale, tantôt perpendiculaire, une cavité ou petite loge où elles se tiennent cachées. Leurs œufs sont agglutinés, très-nombreux et renfermés dans un cocon volumineux. Les fils qui soutiennent la toile de ces Araignées peuvent s'allonger d'un cinquième environ : les astronomes s'en servent pour construire les micromètres qu'ils placent dans l'intérieur des télescopes. — Les *Linyphies* (Fig. 10. *Lin. montagnarde*) ont les mâchoires carrées, droites, presque de la même largeur. Leurs yeux sont ainsi disposés : 4 au milieu, formant un trapèze dont le côté postérieur est le plus large; les 4 autres groupés par paires, une de chaque côté et dans une direction oblique. Elles construisent sur les buissons, les genêts, les pins, etc., une toile horizontale, mince, peu serrée, et tendent au-dessus, sur plusieurs points et d'une manière irrégulière, des fils perpendiculaires ou obliques qu'elles fixent aux lieux environnants. L'animal se tient à la partie inférieure de sa toile et dans une situation renversée. — Les *Ulobores* ont les 4 yeux postérieurs placés à intervalles égaux sur une ligne droite, et les 2 latéraux de la première ligne plus rapprochés du bord antérieur du céphalothorax que les 2 compris entre eux. Leur corps est allongé et presque cylindrique. Dès qu'une mouche ou un autre insecte est empêtré dans ses filets, cette Ar. l'emmaillote en un instant et le suce ensuite à son aise. L'*Ul. de Walckenaer* (Fig. 11) est long de 11 millim. environ, d'un jaune noirâtre, et couvert d'un duvet soyeux. On le trouve dans les bois des environs de Bordeaux et de plusieurs départements du midi. — Les *Tétragnathes* ont les yeux situés, quatre par quatre, sur deux lignes presque parallèles, et séparés par des intervalles presque égaux. La *Tét. étendue* (Fig. 12) construit sur les buissons une toile verticale, à réseau régulier, au centre de laquelle elle se tient. Degeer a trouvé de jeunes Araignées de cette es-

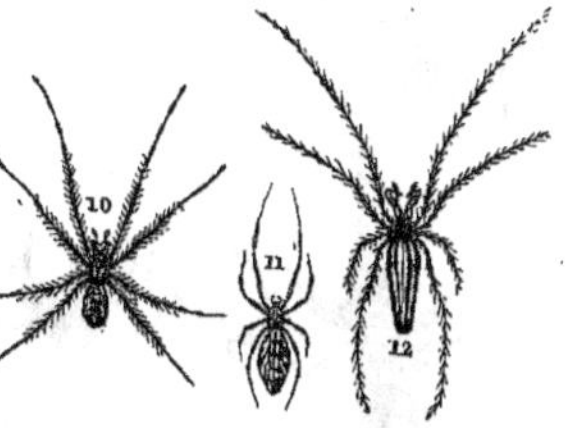

pèce adhérentes à plusieurs de ces fils de soie que l'on voit, dans les beaux jours d'automne, voltiger en l'air, et il a même observé qu'elles les allongeaient. — Les *Épeires* ont les 2 yeux de chaque côté rapprochés par paires et presque contigus, et les quatre autres forment au milieu un quadrilatère. Leurs mâchoires se dilatent dès leur base, et constituent une palette arrondie. Les espèces de ce genre construisent une toile verticale ou inclinée : les unes se placent au centre, le corps renversé ou la tête en bas; les autres se font tout auprès une demeure, tantôt en forme de tube soyeux, tantôt composée de feuilles rapprochées et liées par des fils, tantôt ouverte par le haut et imitant un nid d'oiseau. Leur cocon est en général globuleux ou ovoïde. L'*Ép. fasciée* (Fig. 13. Femelle; 14. Mâle) est très-commune dans le midi de la France, où elle s'établit sur le bord des ruisseaux. Le céphalothorax est couvert d'un duvet soyeux et aplati; son abdomen est d'un beau jaune, entrecoupé par intervalles de lignes transverses, noires ou d'un brun noirâtre. Son cocon mérite d'être cité : il est long d'environ 27 millim., et a la forme d'un petit ballon de couleur grise, avec des raies longitudinales noires : une de ses extrémités est tronquée et fermée par un opercule plat et soyeux. L'*Ép. à cicatrices* ne travaille et ne prend de nourriture que pendant la nuit, ou lorsque la lumière du jour est faible. L'*Ép. conique* a l'habitude de suspendre à un fil l'insecte qu'elle a sucé. L'*Ép. cucurbitine* est la seule Ar. de ce genre qui se file une toile horizontale. Les autres espèces indigènes sont l'*Ép. diadème*, l'*Ép. scalaire*, l'*Ép. soyeuse* et l'*Ép. brune*. Parmi les exotiques, il y en a de très-remarquables : les unes ont l'abdomen revêtu d'une peau très-ferme, avec des pointes ou des épines cornées; d'autres ont des faisceaux de poils aux pieds; l'*Ép. curvicaude* de Java a l'abdomen élargi postérieurement et terminé par deux longues épines arquées. La toile de certaines espèces exotiques est composée de fils si forts, qu'elle arrête de petits oiseaux, et, dit-on, embarrasse même l'homme qui s'y trouve engagé. Enfin, les naturels de la Nouvelle-Hollande et de quelques îles de la mer du Sud mangent, à défaut d'autre aliment, une espèce d'Épeire, appelée *Ép. plumipède*. — Les *Araignées* qui font partie de la tribu des *Latérigrades* ont en général les mandibules petites et les mâchoires inclinées sur la lèvre. Le corps est ordinairement aplati, à forme de Crabe, avec l'abdomen long, arrondi ou triangulaire. Leurs

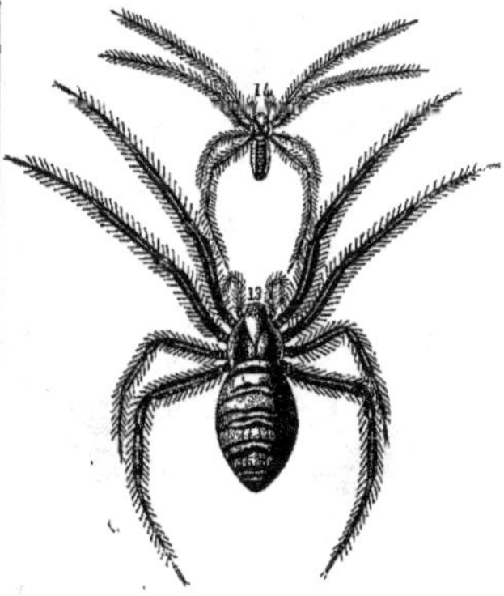

yeux sont toujours au nombre de 8, et forment, par leur réunion, un segment de cercle ou un croissant. Ces Araignées se tiennent tranquilles, les pieds étendus sur les végétaux. Elles ne font point de toile et jettent simplement quelques fils solitaires pour arrêter leur proie. Elles cachent leur cocon entre des feuilles dont elles rapprochent les bords, et veillent sur lui avec sollicitude jusqu'à l'éclosion des petits. Parmi les genres qui composent cette tribu, nous citerons les *Micrommates*, les *Philodromes* et les *Thomises*. — Les *Micrommates* ont les mâchoires droites et parallèles : leurs 8 yeux sont disposés quatre par quatre sur deux lignes transverses dont la postérieure est plus longue et arquée en arrière. La *Mic. smaragdine* (Fig. 15), qui est d'un vert de gramen, avec les côtés bordés d'un jaune clair, et l'abdomen bordé d'un jaune verdâtre, coupé sur le milieu du dos par une ligne verte, est commune dans les bois des environs de Paris. On y rencontre aussi la *Mic. argélasienne*. — Les *Philodromes* et les *Thomises* sont munis de 8 yeux presque égaux entre eux, occupant le devant du céphalothorax, et placés sur deux lignes en croissant; mais

les pattes des premiers sont presque égales entre elles, tandis que celles des seconds sont très-inégales. Plusieurs espèces appartenant à ces deux genres habitent la France. Nous nous contenterons de citer le *Phil. rhombifère* (Fig. 16), ainsi nommé du rhombe ou trapèze noirâtre qu'il présente à la partie antérieure du dos, et le *Tho. citron* (Fig. 17). Ce dernier est long seulement de 4 millim. 1/2.

Araignées vagabondes. — Cette tribu se compose d'espèces qui ont le céphalothorax grand et les pieds robustes. Leur caractère distinctif réside dans la disposition de leurs yeux, qui s'étendent au moins autant d'avant en arrière que transversalement. Latreille a divisé cette tribu en deux groupes : les *Citigrades* et les *Saltigrades*. — Les *Citigrades*, appelées aussi *Araignées-loups*, ont le céphalothorax ovoïde et rétréci en avant. Leurs pattes ne sont propres qu'à la course. En général, les femelles se tiennent sur le cocon qui renferme leurs œufs, et l'emportent avec elles : c'est seulement à la dernière extrémité qu'elles l'abandonnent; mais, le danger passé, elles reviennent aussitôt veiller à sa sûreté. Parmi les genres de ce groupe, nous mentionnerons uniquement ceux qui renferment des espèces indigènes. Les *Lycoses* ont les yeux disposés sur trois lignes transverses, la première formée de 4, et les deux autres de 2. Ces Araignées courent très-vite, habitent presque toutes à terre, et y pratiquent en général des trous qui leur servent d'habitation. D'autres s'établissent dans les fentes des murs, les cavités des pierres, etc. : quelques-unes font un tuyau composé d'une toile fine, long d'environ 5 centim., et recouvert à l'extérieur de parcelles de terre. Toutes se tiennent près de leur demeure et y guettent leur proie, sur laquelle elles s'élancent avec une rapidité étonnante. Parmi les espèces qui composent ce genre, la plus célèbre, sans contredit, est la *Lyc. tarentule*. Elle est très-commune aux environs de Tarente, en Italie, et c'est de là qu'elle a reçu son nom. La *Tarentule narbonnaise* (Fig. 18) est bien plus petite que celle d'Italie. Le venin de cette espèce d'Ar. a été le sujet d'une infinité de fables. Ainsi, on a cru pendant longtemps que sa morsure produisait une maladie appelée *tarentisme*, qui ne se pouvait guérir qu'au moyen de la musique. Certains auteurs ont même indiqué et noté les airs réputés les plus propres à opérer la guérison des *tarentolati*, c'est-à-dire des malades atteints

du tarentisme. C'est un fait connu aujourd'hui même du vulgaire que le venin de cette Ar. n'est dangereux que pour les insectes dont elle fait sa proie. Son histoire n'offre donc plus d'intérêt sous ce rapport; mais, sous celui de ses mœurs, elle mérite d'être étudiée. La Tarentule se plaît dans les lieux arides et exposés au soleil; elle se tient dans des conduits souterrains parfaitement cylindriques, qu'elle creuse dans le sol jusqu'à la profondeur d'environ 35 centim. Ces sortes de clapiers ont d'abord une direction verticale, puis ils forment un coude au tiers de leur longueur, et reprennent ensuite leur direction primitive. C'est à l'origine de ce coude que la Tarentule se poste en embuscade pour épier sa proie et s'élancer sur elle. L'orifice extérieur du terrier est quelquefois terminé par un tuyau que l'Ar. construit avec de petits fragments de bois sec artistement disposés les uns au dessus des autres, et unis au moyen d'un peu de terre glaise. Ce tube, qu'elle tapisse, ainsi que l'intérieur de son terrier, de fils soyeux, met son réduit à l'abri des inondations et des corps étrangers qui pourraient tomber dans l'orifice et l'obstruer. Il lui sert en outre d'embûche, en offrant aux mouches et aux autres insectes dont elle se nourrit un point saillant pour se poser. — La *Lyc. corsaire* se trouve sur le bord des eaux stagnantes à la surface desquelles elle court, sans se mouiller, à la poursuite de sa proie. — Les *Dolomèdes* ont les yeux disposés sur trois lignes transverses représentant un quadrilatère un peu plus large que long, avec les deux postérieurs situés sur une éminence. La femelle du *Dol. admirable* (Fig. 19) se construit, au sommet des arbres chargés de feuilles ou dans les buissons, un nid soyeux en forme d'entonnoir ou de cloche, et y fait sa ponte : lorsqu'elle va à la chasse ou est obligée de fuir, elle emporte avec elle son cocon fixé sur la poitrine.— Les *Oxyopes* ont 8 yeux disposés deux par deux sur quatre lignes transverses. L'*Ox. bigarré* (Fig. 20) a environ 9 millim. de longueur : son corps est gris, mélangé de noir et de roux, avec les pattes d'un roux pâle, tâchetées de noirâtre. On a trouvé cette espèce aux environs de Brives (Corrèze).

Les Araignées qui constituent le groupe des *Saltigrades* sont remarquables par la grosseur de leurs cuisses antérieures et par leurs pieds admirablement disposés pour le saut et pour la course; elles marchent par saccades, s'arrêtent tout court après avoir fait quelques pas, et se haussent sur les pieds antérieurs. Quand elles découvrent un insecte, une mouche, un cousin surtout, elles s'en approchent doucement, jusqu'à une distance qu'elles puissent franchir d'un seul bond, et s'élancent tout à coup sur leur victime. Plusieurs Saltigrades construisent entre les feuilles, sous les pierres, etc., des nids de soie en forme de sacs ovales et ouverts aux deux bouts, où elles se retirent pour se reposer, faire leur mue et se garantir des intempéries des saisons. Ce groupe ne renferme que les deux genres *Érèse* et *Saltique*, dont quelques espèces habitent la France. Nous citerons seulement l'*Érèse cinabre* (Fig. 21) et le *Saltique chevronné* (Fig. 22, double grandeur). Le premier est remarquable en ce que son céphalothorax et ses pattes sont en-

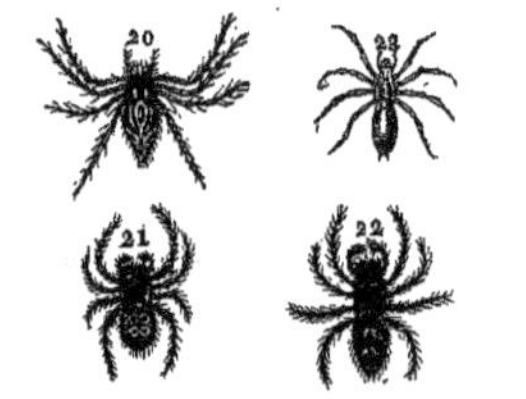

tièrement noirs, et en ce que son abdomen est d'un beau rouge cinabre, avec quatre points noirs sur la partie supérieure. Le second est long d'environ 8 millim. Son corps est noir, avec l'abdomen ovale, allongé, ayant trois bandes blanches demi-circulaires.

Le genre *Argyronète* ne renferme encore qu'une seule espèce, l'*Arg. aquatique* (Fig. 23). Ses yeux sont au nombre de 8, dont 2 de chaque côté, très-rapprochés l'un de l'autre, et placés sur une éminence; les 4 intermédiaires forment un quadrilatère. Elle est d'un gris brunâtre sombre et revêtue de poils assez longs. Quoique destinés à respirer l'air atmosphérique, cette Ar. habite dans les eaux dormantes, et choisit les lieux où les plantes aquatiques croissent en grand nombre. Lorsque l'Argyronète vient à la surface de l'eau, les poils innombrables qui revêtent son corps emprisonnent une multitude de petites bulles d'air, de sorte que quand elle plonge elle se trouve toujours environnée d'air respirable. Elle nage ordinairement à la renverse, le céphalothorax en bas et l'abdomen en haut, et l'air qui entoure ce dernier le fait paraître brillant comme du vif-argent. L'Argyronète se construit dans l'eau une coque soyeuse qu'elle maintient dans une position convenable au moyen de fils fixés aux plantes environnantes. Cette cloche, qui est de la grosseur d'une noix et d'une grande régularité, n'offre qu'une ouverture très-étroite qui lui sert d'entrée. Quand cette habitation est en partie terminée, l'animal vient à la surface de l'eau, élève son abdomen hors du liquide, replie ses pattes et rentre précipitamment dans l'eau, emportant une quantité innombrable de petites bulles d'air. Arrivé sous sa cloche, il se débarrasse de ces bulles, retourne à la provision, et répète ce manége jusqu'à ce qu'il ait complétement rempli la coque qui va lui servir de demeure. Il s'établit alors dans cette habitation, et c'est de là qu'il s'élance sur les petits animaux engagés dans les fils tendus aux alentours. Lorsque l'air de la cloche est vicié par sa respiration, l'Argyronète la renverse et la remplit de nouveau. A l'époque de la ponte, elle fabrique un petit cocon avec une soie extrêmement blanche et d'une grande finesse, y dépose ses œufs et les fixe dans sa loge avec quelques fils. Peu de jours après, les petites araignées éclosent; et à peine sont-elles échappées de l'œuf, qu'elles abandonnent l'habitation de leur mère, et se construisent une cloche particulière. Quoique cette Ar. ne sorte jamais de l'eau, elle peut néanmoins vivre quelque temps hors de ce liquide; toutefois elle dépérit rapidement et meurt au bout de peu de jours. Cette espèce est rare aux environs de Paris; mais on la trouve dans divers lieux de la France, notamment en Champagne. Elle est plus commune dans le nord de l'Europe, et on la rencontre jusque dans la Laponie.

*ARALIACÉES ou *ARALIÉES. s. f. pl. T. Bot.

Enc. — Famille de végétaux exogènes, polypétales, à ovaire infère, à feuilles alternes et dépourvues de stipules. Les *Ar.* sont des arbres, des arbrisseaux ou des plantes herbacées qui offrent tout l'aspect des *Ombellifères*. — *Caract. bot.* : Calice soudé avec l'ovaire, entier ou denté. Pétales au nombre de 2, de 5 ou de 10, caducs, manquant dans quelques genres. Préfleuraison valvaire. Étamines égales en nombre aux pétales, ou deux fois plus nombreuses, insérées au bord du calice sur le pourtour d'un disque épigyne. Ovaire infère, ayant plus de 2 loges; ovules solitaires, pendants, anatropes; styles égaux en nombre aux loges, quelquefois connés; stigmate simple. Fruit charnu ou sec consistant en plusieurs loges à une seule graine. Graines solitaires, pendantes, adhérentes au péricarpe; albumen charnu présentant à sa base un petit embryon, à radicule dirigée vers le hile. [Fig. 1. *Lierre d'Europe* (*Hedera helix*).—2. Fleur du *Dimorphantus edulis*. 3. Coupe perpendiculaire de l'ovaire. 4. Ovaire entier. 5. Fruit mûr. 6. Coupe de ce dernier. — 7. Coupe de la graine de l'*Hedera helix*.]

Les espèces de cette famille se trouvent dans les régions tropicales et tempérées de tout le globe. On en rencontre même dans les régions les plus froides, telles que le Canada, la côte nord-ouest de l'Amérique et le Japon. Le docteur Hooker a vu l'*Aralie polaire* (*Aralia polaris*) jusque dans le groupe des îles Auckland. Cette famille se compose de 21 genres et de 160 espèces. — Quelle que soit leur analogie extérieure avec les Ombellifères, ces plantes paraissent ne jamais posséder, à un haut degré du moins, les propriétés dangereuses qui distinguent quelques espèces de cette dernière famille. Les Ar. sont en général stimulantes et aromatiques. L'huile essentielle à laquelle un si grand nombre d'Ombellifères doivent leurs vertus stomachiques et carminatives, se rencontre rarement dans les fruits charnus des Ar. La racine charnue et tubéreuse si célèbre sous le nom de *Ginseng*, et si estimée par les Chinois comme tonique stimulant, provient d'une espèce de *Panax* encore inconnue. Suivant Meyer, le Ginseng possède une saveur piquante et aromatique particulière. Les Chinois l'administrent dans toutes les maladies qui se lient à un état de faiblesse générale. Quoiqu'on ait prétendu que les vertus du Ginseng sont imaginaires, il n'est guère possible de croire que si cette racine était complétement inerte, elle eût acquis une si grande réputation. On a pensé que le *Panax quinquefolium* était le véritable Ginseng; mais il paraît que c'est une erreur. Toutefois les Américains vendent cette racine aux Chinois comme substitut du Ginseng. Elle possède une saveur amère et douceâtre assez agréable; on l'emploie quelquefois comme la réglisse. Le *Panax fruticosus* et le *P. cochleatus* sont des aromatiques odorants usités dans les Moluques. Les baies du *P. anisum* ont l'odeur de la plante dont elles portent le nom. L'*Aralie à grappes* (*Aralia racemosa*), l'*A. hispide* (*A. hispida*) et l'*A. épineuse* (*A. spinosa*) connue aussi sous le nom vulgaire d'*Angélique épineuse*, donnent une gomme-résine aromatique. L'écorce de la racine de cette dernière est un drastique fréquemment employé par les médecins anglo-américains. La racine de l'*A. nudicaulis*, appelée vulgairement *Salsepareille de Virginie*, est diaphorétique et sert de succédanée à la Salsepareille vraie. Le *Dimorphantus edulis* est usité en Chine comme sudorifique. Sa racine est amère, aromatique et assez agréable au goût : les Japonais la mangent en hiver, comme nous faisons la Scorsonère. Le *Lierre d'Europe* (*Hedera helix*) a une odeur peu agréable : ses feuilles passent pour sudorifiques, et ses baies sont purgatives et émétiques. L'*Hedera umbellifera*, qui croît à Amboine, donne, dit-on, un bois qui a l'odeur de la Lavande et du Romarin, et l'*H. terebinthinacea*, de Ceylan, produit une gomme-résine qui a l'odeur de la térébenthine. Le *Gunnera scabra* ou *Panke* est astringent; ses racines sont employées par les tanneurs. Darwin a trouvé cette plante dans les rochers de Chiloë. Selon lui, le *Gunnera* ressemble à une Rhubarbe gigantesque : ainsi il a mesuré une feuille qui avait plus de 2 mètres de diamètre, et il a remarqué que chaque plante produisait quatre ou cinq de ces énormes feuilles. A Java, le fruit du *Gunnera macrocephala* passe pour posséder des propriétés stimulantes.

***ARALIE.** s. f. T. Bot. Voy. Araliacées.

* **ARANÉIDES.** s. f. pl. (lat. *aranea*, araignée). T. Zool.

Enc. — Dans la méthode de Cuvier et Latreille, le terme d'*Ar.* est synonyme d'*Arachnides fileuses*. Les Ar. constituent la première famille des *Arachnides pulmonaires*, et présentent les caractères suivants : — Mandibules terminées par un crochet mobile, arqué, dur et pointu, offrant près de la pointe un petit trou pour la sortie du venin avec lequel l'animal donne la mort à ses victimes; palpes pédiformes, sans pince au bout, terminés au plus, chez les femelles, par un petit crochet; mâchoires au nombre de deux; céphalothorax présentant ordinairement une impression en forme de V, qui indique l'espace occupé par la tête; yeux au nombre de 6 et plus souvent de 8; abdomen mobile et en général mou, qui est suspendu au céphalothorax par un pédicule court, et qui est muni, au-dessous de l'anus, de 4 à 6 filières (Fig. 1. Les 6 filières et l'anus de l'*Araignée domestique*), c.-à d. de 4 à 6 mamelons charnus au bout, cylindriques ou coniques, articulés, très-rapprochés les uns des autres et percés à leur extrémité d'une infinité de petits trous pour donner passage aux fils soyeux que sécrètent ces animaux; pieds composés de sept articles, dont les deux premiers forment les hanches, le troisième la cuisse, le quatrième et le cinquième la jambe, et les deux derniers le tarse.

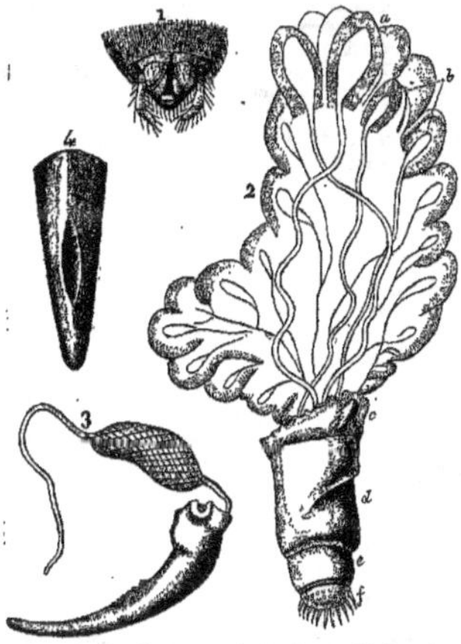

Le venin, chez les Ar., est sécrété par une vésicule qui est logée dans la mandibule ou dans le céphalothorax et qui communique par un conduit excréteur à l'extrémité du crochet dont nous avons parlé. (Fig. 3. Crochet mandibulaire portant sa glande venimeuse, très-grossi. Fig. 4. Extrémité de ce crochet avec la fente et l'orifice du venin.) Latreille a observé qu'une seule piqûre d'une Aranéide de moyenne taille fait périr notre Mouche domestique dans l'espace de quelques minutes. La morsure des grandes espèces, connues dans l'Amérique du Sud sous le nom d'*Araignées-crabes*, est capable de donner la mort à de petits animaux vertébrés. Elle peut même déterminer chez l'homme un accès de fièvre, mais non des accidents mortels, ainsi qu'on l'a prétendu.

Les organes sécréteurs de la soie consistent en vésicules de diverses grosseurs entourées d'un tissu glaireux et terminées par un canal qui va aux canules du dernier article. La matière contenue dans ces vaisseaux ressemble à une gomme visqueuse, insoluble dans l'eau et dans l'alcool, fragile comme du verre, et n'offrant de souplesse que quand elle est divisée en fils fort minces. La substance soyeuse s'écoule par les ouvertures microscopiques des mamelons et forme une multitude de filaments d'une ténuité prodigieuse qui sont en nombre égal à celui des trous (ces derniers dépassent le nombre de mille dans certaines espèces), et qui, en se réunissant tous ensemble à leur sortie, constituent les fils destinés à la construction de la toile. L'Araignée les dévide par le seul poids de son corps ou à l'aide de ses pattes. [Fig. 2. *a*, grande vésicule de l'organe qui sécrète la soie; il y en a cinq. *b*, petites vésicules. *c*, petite filière portée sur une portion de la peau à la base de la grande. *d*, premier article de celle-ci dépouillé de ses poils. *e*, second article, également dépouillé. *f*, troisième article auquel on a enlevé les poils et la majeure partie des petites canules dont on ne voit que l'insertion. Cette figure, ainsi que celles qui précèdent, sont empruntées à Dugès, dans la nouvelle édition du *Règne animal* de Cuvier.] Au sortir des mamelons, les fils de soie sont gluants, et il leur faut un certain degré de dessiccation pour pouvoir être employés. Mais, lorsque la température est favorable, un instant suffit, puisque les Ar. s'en servent aussitôt qu'ils s'échappent de leurs filières. — Lister avait affirmé que certaines Araignées éjaculent et lancent au loin leurs fils qui, nonobstant, restent attachés au corps; mais ce fait a été jugé impossible. Cependant Latreille a vu des fils sortir des mamelons de quelques *Thomises*, se diriger en ligne droite et former comme des rayons mobiles, lorsque l'animal se meut. — Les Ar. emploient la soie qu'elles sécrètent non-seulement pour ourdir leurs filets ou former les tubes qui leur servent de demeure, mais encore pour construire les coques destinées à renfermer leurs œufs. — Ces longs fils et ces flocons blancs et soyeux qu'on voit voltiger au printemps et en automne, après un temps brumeux, et qu'on appelle vulgairement *Fils de la Vierge*, ne se forment pas dans l'atmosphère, ainsi qu'on l'a cru fort longtemps : des observations multipliées ont prouvé qu'ils sont produits par des Araignées appartenant principalement aux genres *Épeire* et *Thomise*. Ces flocons sont surtout constitués par les grands fils qui doivent servir d'attache aux rayons de la toile ou par ceux qui en composent la chaîne. Ces fils, devenant plus pesants à raison de l'humidité, s'affaissent, se rapprochent et finissent par se rouler en pelotons. Souvent on voit ceux-ci se réunir près de la toile commencée par l'animal et de l'endroit où il se tient. Il est d'ailleurs probable que beaucoup de ces Ar. n'ayant pas encore une provision assez abondante de soie, se bornent à en jeter au loin de simples fils : c'est ainsi que se produisent ceux que l'on voit en grande abondance croisant les sillons des terres labourées et réfléchissant la lumière du soleil. — On est parvenu à fabriquer des bas et des gants avec la soie que sécrètent certaines Ar.; mais ces essais ne peuvent être que de simples objets de curiosité.

Les *Ar.* ont été divisées en deux sections, suivant le nombre de leurs poumons. La première est celle des *Tétrapneumones* c.-à-d. des Ar. pourvues de quatre poumons, et la seconde celle des *Dipneumones* qui n'en possèdent que deux. Comme ces dernières sont plus souvent appelées du nom d'*Araignées*, nous en avons traité à ce mot. Il ne nous reste donc plus à parler ici que des *Tétrapneumones*.

Parmi ces Ar. on distingue d'abord les *Mygales*. Elles ont les pieds et les mandibules robustes, et les crochets de ces dernières sont repliés en dessous. Les palpes sont insérés à l'extrémité supérieure des mâchoires, de sorte qu'ils paraissent être composés de six articles, dont le premier ferait l'office de mâchoire. Leurs yeux, au nombre de 8, sont en gén. groupés sur une éminence; il y en a, de chaque côté, trois formant un triangle renversé, et les deux autres sont disposés transversalement au milieu des précédents. Les Mygales sont pourvues de 4 filières dont les deux extérieures sont très-saillantes, tandis que les deux intermédiaires et inférieures sont ordinairement très-courtes. C'est à ce genre qu'appartiennent les plus grandes Araignées connues. Quelques-unes, dans l'état de repos et les pattes étendues, occupent un espace circulaire de 19 à 21 cent.

de diamètre : on les connaît en Amérique sous le nom d'*Araignées-crabes*. La *Mygale aviculaire* (Fig. 5) ainsi nommée parce qu'on prétend qu'elle s'attaque même aux petits oiseaux, a de 36 à 54 millim. de longueur. Elle est noirâtre, très-velue, avec l'extrémité des palpes, des pieds et les poils inférieurs de la bouche rougeâtres. Elle se trouve à la Martinique. La *Myg. maçonne* (Fig. 6. Femelle; 7. Mâle), qu'on rencontre dans nos départements méridionaux, n'a que 18 millim. de longueur; mais elle est remarquable par son industrie. Cette espèce établit en général sa demeure contre des tertres secs, compactes et exposés au midi. Elle se creuse des galeries souterraines qui ont souvent jusqu'à 65 centim. de profondeur et qui sont très-infléchies. Elle tapisse l'intérieur de son terrier avec un tissu soyeux et en ferme l'entrée au moyen d'une porte à charnière. Ce couvercle est composé de plusieurs couches de fils cimentés avec de la terre glaise, et offre une disposition telle que son propre poids suffit pour le fermer. (Fig. 8. Nid de la *Myg. maçonne*.) La Mygale se place ordinairement en sentinelle derrière sa porte, et lorsqu'elle redoute de voir sa

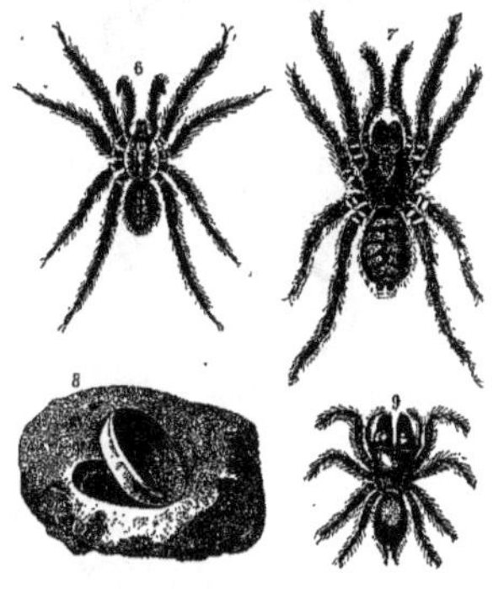

demeure envahie par un ennemi, elle s'accroche courageusement à la partie intérieure et bombée du couvercle de son terrier et oppose une résistance énergique pour empêcher de l'ouvrir. — La *Myg. pionnière*, qui habite la Corse et la Toscane, a des habitudes analogues. — Le genre *Atype* a les palpes insérés sur une dilatation inférieure du côté externe des mâchoires, et n'a que cinq articles. L'*At. de Sulzer* (Fig. 9) se trouve chez nous dans plusieurs localités, et entre autres aux environs de Paris. Cette espèce se creuse, dans les terrains en pente et couverts de gazon, un boyau cylindrique, long de 19 à 21 centim., où elle se file un tube de soie blanche ayant les mêmes formes et les mêmes dimensions que le boyau. Le cocon est fixé avec de la soie, et par les deux bouts, au fond de cette demeure. — Les genres *Ériodon*, *Dysdère* et *Filistate* n'offrent rien qui mérite d'arrêter notre attention.

ARASEMENT. s. m. Action d'araser; résultat de cette action.

ARASER. v. a. (R. *ras*). T. Maç. Mettre de niveau un mur, un bâtiment, en élevant les endroits bas à la hauteur de celui qui est le plus élevé. || * T. Menuis. Donner un trait de scie jusqu'à une certaine épaisseur à l'extrémité d'une planche où l'on veut faire une emboiture. = Arasé, ée. part.

ARASES. s. f. pl. T. Maç. Pierres qui servent à mettre de niveau un cours d'assises. — On dit aussi : *Pierres d'arase*.

ARATOIRE. adj. 2 g. (lat. *aratrum*, charrue). Qui sert ou qui appartient à l'agriculture. *Art ar. Travaux, instruments aratoires.*

***ARAUCARIA.** s. m. T. Bot. Voy. Conifères.

ARBALÈTE. s. f. (lat. *arcus*, arc; *balista*, baliste). Arme de trait qui représente à peu près un arc ordinaire, auquel on a ajouté un fût de bois destiné à diriger le projectile. || *Cheval en arb.*, Cheval attelé seul devant les deux chevaux de timon d'une voiture.

Enc. — L'*Ar.* se composait d'un arc en acier, en bois flexible ou en corne, d'un fût ou *arbrier* vers l'une des extrémités duquel se trouvait fixé le milieu de l'arc, et d'une corde de boyau qui servait à tendre l'arc. Le fût était creusé pour recevoir le projectile, et était muni vers son milieu d'une *noix* d'acier destinée à recevoir la corde tendue. Un ressort de détente faisait tourner la noix, et alors la corde, en vertu de son élasticité, et surtout de celle de l'arc, imprimait au projectile une impulsion si forte, qu'il brisait à de grandes distances les hauberts et les casques d'acier. On tendait l'arc tantôt avec la main (Fig. 2), tantôt au moyen d'une roue (Fig. 1). Il y avait aussi une sorte d'arb. de siége, qu'on établissait sur les murs à poste fixe. Celle-là était une machine assez puissante; il fallait plusieurs hommes pour la servir, et on la tendait avec une poulie. Les projectiles qu'on lançait avec l'arb. étaient ordinairement des dards gros et courts qu'on appelait *carreaux* ou *matras* (Fig. 3). Enfin, on donnait le nom d'*arb. à jalet* ou d'*arc à jalet* à une espèce d'arb. avec laquelle on lançait de petites boules de terre cuite ou des balles de plomb.

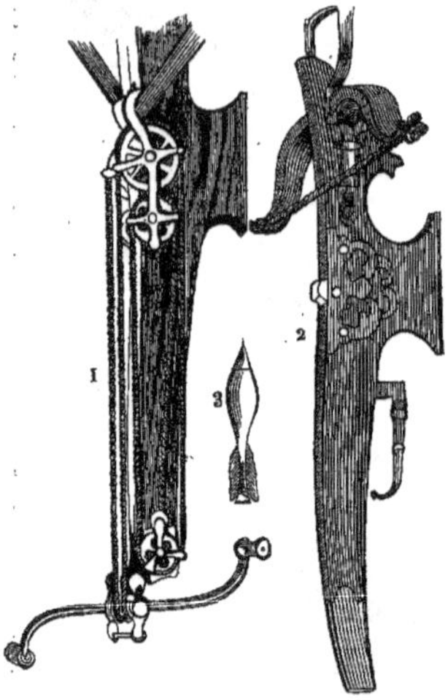

Quoique Végèce et Comnène fassent mention de l'*arcubalista* ou *manubalista*, ce qu'ils en disent est si peu précis qu'il est impossible de savoir jusqu'à quel point l'arme qu'ils nomment ainsi était identique à l'arb. du moyen âge. L'origine et la date de l'invention de l'arb. sont donc totalement inconnues. Il paraît qu'en Angleterre on s'en servait à la chasse, sous le règne de Guillaume le Conquérant. En France, ce n'est que sous Louis le Gros qu'il est parlé pour la première fois de cette arme, dans les comptes de l'armée et dans nos chroniques. Mais bientôt, sous le règne de Louis le Jeune, en 1150, l'Église, dans le deuxième concile de Latran, prohiba l'arb. comme une arme *meurtrière et odieuse à Dieu*; en conséquence, l'usage en fut interdit dans les guerres entre peuples chrétiens. Plusieurs papes la condamnèrent également. Mais, durant les croisades, on ne se fit aucun scrupule de s'en servir contre les infidèles. Au retour de la Terre sainte, l'usage de l'arb. se conserva dans les armées : ainsi, dans l'armée française, on organisa des compagnies d'arbalétriers à pied et à cheval, qui ne furent pas sans utilité, jusqu'à l'époque de l'introduction des armes à feu qui firent renoncer à l'arb. Les arbalétriers avaient pour chef un grand-maître dont la charge était la plus éminente de l'armée après celle de maréchal de France. Le premier qui ait porté ce titre fut Thiébaut de Montléart, sous saint Louis, et le dernier fut Aymar de Prie, sous François Ier, qui supprima les arbalétriers. A la journée de la Bicoque, en 1522, il n'y avait dans l'armée qu'un seul arbalétrier.

ARBALÉTRIER. s. m. Homme de guerre qui tirait de l'arbalète. || T. Charp. Voy. Comble.

ARBITRAGE. s. m. Juridiction et jugement des arbitres. *Se soumettre à l'ar. Je m'en tiens à l'ar.* || T. Banq. Calcul fondé sur le cours du change, la valeur des fonds et le prix des marchandises dans diverses places, et qui sert de régulateur aux banquiers pour certaines opérations.

ARBITRAIRE. adj. 2 g. Qui a pour cause la seule volonté de l'homme, sans règle fixe ni fondement naturel. *Les méthodes artificielles sont arbitraires. Rien n'est ar. comme la mode.* || Se dit De ce qui, n'étant défini ou réglé par aucune décision, est laissé au libre arbitre de chacun. *L'Église n'a point décidé là-dessus, cela est ar. La chose est ar.* || Se dit aussi De ce qui, dans la législation, est laissé à la discrétion des juges. *Amende ar. Peines arbitraires.* || Despotique, irresponsable. *Pouvoir ar. Victime d'ordres arbitraires.* — Qui n'est pas conforme aux prescriptions de la loi. *C'est de la part du ministre un acte ar.* = S'emploie subst. au masculin, dans le sens De volonté variable, incertaine, se substituant à l'autorité immuable de la loi. *Les caprices de l'ar. C'est une victime de l'ar.*

ARBITRAIREMENT. adv. D'une façon arbitraire, despotique.

ARBITRAL, ALE. adj. *Jugement ar.*, Qui a été rendu par des arbitres. — On dit de même, *Sentence arbitrale.*

ARBITRALEMENT. adv. Par arbitres. *Cette affaire a été jugée ar.*

ARBITRATION. s. f. Estimation approximative. Peu usité.

ARBITRE. s. m. (lat. *arbiter*). Celui qui est choisi pour terminer un différend. *Nommer un ar. Choisir pour ar. Convenir d'arbitres. S'en rapporter à des arbitres. Compromettre entre les mains d'arbitres.* || Maître absolu. *Vous êtes l'ar. de mon sort. Dieu est l'ar. du monde. Ce prince s'est rendu l'ar. de la paix et de la guerre.* || T. Métaph. *Libre ar.* ou *Franc ar.* Voy. Liberté.

Enc. — L'*Arbitrage* est le moyen le plus simple et le plus naturel de vider les contestations. Aussi les arbitres furent-ils nécessairement les premiers juges que les hommes appelèrent pour faire cesser leurs débats. En effet, on trouve l'arbitrage établi chez tous les peuples de l'antiquité, et nos ancêtres y eurent constamment recours. Plus d'une fois nos rois et même de simples particuliers furent appelés à décider, comme arbitres, certaines questions internationales, et terminèrent de graves querelles survenues entre d'autres souverains.

Plusieurs ordonnances antérieures à 1789 avaient réglé les formes de l'arbitrage et prescrit cette voie d'accommodement aux plaideurs. Le Code de procédure et le Code de commerce, tout en maintenant ce tribunal de famille, modifièrent néanmoins la législation qui les avait précédés. — Aujourd'hui l'arbitrage est toujours volontaire, si ce n'est en matière commerciale. Toute personne capable de contracter et ayant la libre disposition de ses droits peut nommer des arbitres, pour décider sur une contestation dans laquelle elle se trouve engagée. Dans ce cas, un compromis doit être fait entre les parties, soit par procès-verbal devant les arbitres choisis, soit par acte devant notaire, soit sous signature privée. Ce compromis désigne les objets en litige et les noms des arbitres, à peine de nullité. Ainsi investis de la confiance des parties, les arbitres observent dans la procédure, à moins de convention contraire, les délais et les formes établis pour les tribunaux; et tous les actes de l'instruction ainsi que les procès-verbaux sont faits par eux. Ils sont tenus de juger sur les pièces produites par les parties. Le jugement est signé par chacun d'eux, et, dans les cas où il y a plus de deux arbitres, si la minorité refuse de le signer, les autres arbitres en font mention et le jugement a le même effet que s'il avait été signé par chacun des arbitres.

Le compromis peut cesser : 1° par le décès, refus, déport ou empêchement d'un des arbitres, s'il n'y a clause qu'il sera passé outre ou que le remplacement sera au choix des parties ou au choix de l'arbitre ou des arbitres restants; 2° par l'expiration du délai stipulé ou de celui de trois mois, si rien n'a été déterminé à ce sujet; 3° par le partage, si les arbitres n'ont pas le pouvoir de prendre un *tiers arbitre*. Si, au contraire, les arbitres ont été autorisés à nommer un tiers, en cas de partage, ils sont tenus de le faire par la décision qui prononce le partage; au cas où ils ne pourraient s'accorder, le tiers-arbitre serait nommé par le président du tribunal qui doit ordonner l'exécution de la décision arbitrale. Le tiers-arbitre doit juger dans le délai d'un mois, et après avoir conféré avec les autres arbitres. — Dès que la sentence a été prononcée, elle est rendue exécutoire par une ordonnance du président du tribunal de première instance. Les parties peuvent interjeter appel, à moins qu'elles n'y aient renoncé dans le compromis, ou que le jugement arbitral n'ait été rendu sur appel ou requête civile. — Les jugements arbitraux n'ont force de loi qu'entre les parties; ils ne peuvent être opposés à des tiers. Encore faut-il, pour que les parties elles-mêmes soient tenues de les exécuter, que le jugement n'ait pas été rendu sans compromis ou hors des termes du compromis; qu'il ne l'ait pas été sur compromis nul ou expiré; qu'il n'ait pas été rendu seulement par quelques arbitres non autorisés à juger en l'absence des autres; que, s'il l'a été par un tiers-arbitre, celui-ci ait conféré avec les arbitres partagés d'opinion; enfin que la sentence n'ait pas été prononcée sur choses non demandées. Les arbitres une fois nommés ne peuvent être révoqués que du consentement unanime des parties; ils ne peuvent eux-mêmes se déporter ni être récusés, si ce n'est pour quelque cause survenue depuis le compromis. Le décès même des parties, lorsque tous les héritiers sont majeurs, ne met point fin au compromis; le délai fixé par cet acte est seulement suspendu pendant le temps nécessaire pour faire inventaire et délibérer.

Telles sont les règles de l'arbitrage volontaire. Les tribunaux n'interviennent que pour sanctionner les décisions prises par les arbitres que les parties elles-mêmes ont librement choisis. Il n'en est pas de même en matière commerciale. Lorsqu'une contestation s'élève entre associés et pour raisons de la société, l'arbitrage est forcé. Les parties, même les veuves et les héritiers mineurs ou ayants cause des associés, sont tenus de subir un jugement arbitral. Si l'on ne peut s'entendre sur le choix des arbitres ou sur le délai pour le jugement, le tribunal de commerce nomme lui-même les arbitres et règle le délai. Si les arbitres sont divisés d'opinion, ils sont tenus de nommer un *sur-arbitre*; en cas de désaccord, le tribunal le désigne lui-même. Dès que le jugement arbitral a été rendu, il est déposé au greffe et transcrit sur les registres, en vertu d'une ordonnance du président du tribunal. Les parties sont tenues de l'exécuter, à moins qu'elles ne se pourvoient en appel.

Dans tous les cas qui viennent d'être exposés, les arbitres doivent décider d'après les règles du droit; mais il est une troisième espèce d'arbitrage qui laisse plus de latitude à ceux qui en sont chargés; c'est celui des *amiables compositeurs*. Ces arbitres particuliers sont investis de la confiance entière des parties. On leur laisse la faculté de s'affranchir de toutes les prescriptions de la loi et de toutes les formes de la procédure, pour ne suivre absolument que les inspirations de leur conscience. La mission des amiables compositeurs est la plus belle qui puisse être confiée à un homme; elle dénote chez ceux qui l'en chargent une estime sans bornes. Les autres arbitrages n'ont pas, il est vrai, un caractère aussi respectable; mais ils sont aussi d'une utilité fort grande. Ils amoindrissent considérablement les frais et les délais des procès ordinaires, et épargnent bien souvent aux parties les inconvénients qui, dans certaines causes, résulteraient infailliblement des débats publics.

On connaît encore une classe d'arbitres dont les fonctions sont beaucoup plus restreintes que celles de tous les autres. Nous voulons parler des *arbitres rapporteurs*. Lorsqu'un tribunal a besoin, pour s'éclairer, de connaître certains comptes, certaines pièces dont l'examen occasionnerait aux juges une perte de temps considérable, une personne est commise pour faire les vérifications nécessaires, entendre les parties, chercher à les concilier, et en tous cas donner son avis au tribunal. Tel est l'emploi des arbitres rapporteurs. Il arrive quelquefois que le tribunal en nomme trois. Mais quelle que soit l'opinion de ces arbitres, les juges ne sont nullement liés par leur avis; le jugement qui intervient est souvent diamétralement opposé à la manière de voir de l'arbitre rapporteur. Cette sorte d'arbitrage a lieu tant en matière civile qu'en matière commerciale.

ARBITRER. v. a. Décider, régler, estimer en qualité de juge ou d'arbitre. *Je m'en remets à ce que le juge arbitrera. Les réparations ont été arbitrées par les experts.* = Arbitré, ée. part.

ARBORER. v. a. (lat. *arbor*, arbre). Planter, élever quelque chose haut et droit à la manière d'un arbre. *Ar. un drapeau, une bannière. Ar. la croix.* — *Ar. un pavillon*, C'est le hisser, le déployer au vent. — *Ar. un mât*, C'est le dresser. || S'emploie au fig. *Ar. l'étendard de la révolte.* || Se déclarer ouvertement pour une doctrine, pour un parti. *Il arbora le spinozisme.* Dans ce sens, Se prend ordinairement en mauvaise part. = Arboré, ée. part.

* **ARBORESCENT, ENTE.** adj. T. Bot. S'applique aux Végétaux à tige ligneuse et nue qui constituent de véritables arbres, et à ceux qui en affectent le port.

* **ARBORISATION.** s. f. T. Min.

Enc. — On donne le nom d'*Arborisations* ou de *Dendrites* aux cristallisations qui offrent l'apparence de plantes incrustées dans une roche quelconque. On les appelle quelquefois *Herborisations* lorsqu'elles ont l'aspect d'herbes ou de petites mousses. Parmi les arborisations, les unes sont *superficielles* et se présentent sur le plan des pierres schisteuses, comme un dessin sur une feuille de papier; d'autres sont *intérieures* ou *profondes* et semblent avoir été incrustées dans la roche, lorsque celle-ci était encore dans un état de mollesse. Elles sont en général formées par du fer ou du manganèse. Les plus belles se rencontrent dans les agates orientales.

ARBORISÉ, ÉE. adj. T. Min. Se dit Des roches et des pierres qui présentent des arborisations. *Agate arborisée.*

ARBOUSE. s. f. Fruit de l'arbousier.

ARBOUSIER. s. m. (lat. *arbutus*). T. Bot. Voy. Éricacées.

ARBRE. s. m. (lat. *arbor*). Végétal ligneux dont la tige, appelée tronc, est simple inférieurement et ne commence à se ramifier qu'à une certaine hauteur. || Prov. et fam., *Se tenir au gros de l'ar.*, Rester attaché aux opinions les plus anciennes et le plus généralement adoptées. — *Entre l'ar. et l'écorce il ne faut pas mettre le doigt*, Il ne faut point s'immiscer dans les débats de famille. — *L'ar. ne tombe pas du premier coup*, Il faut du temps pour réussir dans une affaire. || *L'ar. de vie*, et *L'ar. de la science du bien et du mal*, Nom de deux arbres qui étaient plantés au milieu du Paradis terrestre. Voy. Paradis. || On dit *L'ar. de la croix*, *L'ar. du salut*, pour désigner La croix où Jésus-Christ fut attaché sur le Calvaire. || *Ar. généalogique*, Figure généralement tracée en forme d'arbre, dont les branches et les rameaux, partant d'une souche commune, représentent la filiation des membres d'une famille et indiquent leurs divers degrés de parenté. || *Ar. encyclopédique*, Tableau systématique des connaissances humaines, disposé de manière à montrer leurs rapports et leurs connexions. Voy. Encyclopédie. || T. Chim. *Ar. de Diane.* Voy. Argent. — * *Ar. de Saturne.* Voy. Plomb. || T. Méc. L'axe principal qui communique le mouvement aux autres parties d'une machine. *L'ar. d'un tour. L'ar. de la fusée d'une montre.* — Se dit aussi De longues et grosses pièces de bois essentielles à certaines machines, à certains instruments. *L'ar. d'une grue, d'un pressoir.* || *L'ar. d'une balance.* Voy. Balance. || T. Mar. Voy. Mât.

Enc. — Les *Arbres* se distinguent, suivant leur taille, en trois classes différentes. On appelle arbres de troisième grandeur ceux qui ont, en moyenne, 14 mètres 1/2 d'élévation; arbres de deuxième grandeur, ceux dont la taille moyenne égale 20 m.; et arbres de première grandeur, ceux qui atteignent en Europe une hauteur de 33 à 50 mètres. En Amérique, on en voit qui vont jusqu'à 60 et 70 mètres. — Quant aux autres végétaux ligneux qui ne présentent pas le caractère donné par notre définition, on leur a imposé les noms d'*Arbrisseaux*, d'*Arbustes* et de *Sous-arbrisseaux*. On nomme *Arbrisseaux* (*arbusculæ*) ceux qui sont ramifiés dès leur base, et qui portent des bourgeons écailleux, comme le Noisetier, le Lilas, etc.; *Arbustes* (*arbusta*, *frutices*) ceux qui sont de petite taille, qui se ramifient dès leur base et ne portent pas de bourgeons écailleux, comme les Bruyères, les Daphnés, etc.; *Sous-arbrisseaux* (*suffrutices*) ceux dont la base seulement est ligneuse et persiste hors de terre un grand nombre d'années, tandis que les rameaux et les extrémités des branches sont herbacés et meurent tous les ans: tels sont, par ex., la Rue odorante, la Sauge officinale, le Thym des jardins, etc. — Quoiqu'elle ait été adoptée par tous les botanistes, cette division est tout à fait arbitraire, car il n'existe en réalité aucune limite rigoureuse entre ces trois groupes. L'art du cultivateur, le genre d'exposition et une foule de circonstances peuvent modifier la même espèce d'ar. au point de la transformer complétement en arbrisseau ou en arbuste. C'est ainsi qu'en ayant soin de tailler fréquemment l'Orme et le Buis, on obtient l'Ormille et le petit Buis, dont on fait des bordures et des plates-bandes qui souvent n'ont pas plus de 10 à 16 centim. de hauteur.

Considérés sous le rapport économique ou envisagés au point de vue de l'agriculture, les arbres se distinguent en arbres *forestiers*, en arbres *fruitiers* et en arbres d'*ornement*: les premiers sont ceux qui peuplent nos forêts; les seconds ceux qui portent des fruits bons à manger, et que l'homme cultive principalement dans ce but; les arbres d'ornement peuvent appartenir aux deux classes qui précèdent: on ne les nomme ainsi qu'à raison de l'emploi qu'on en fait dans l'horticulture. — Enfin on appelle *Arbres verts* les arbres et les arbrisseaux qui ne perdent jamais leur feuillage: tels sont les Lauriers, les Alaternes, les Yeuses, les Pins, les Genévriers, les Thuyas, etc. Toutefois cette dénomination s'applique plus spécialement aux arbres résineux de la famille des *Conifères*.

On a donné vulgairement le nom d'*ar.*, en y joignant quelque épithète plus ou moins caractéristique, à divers végétaux ligneux. Comme ces végétaux sont fort souvent désignés par leur dénomination vulgaire, nous allons donner ici la liste des principaux d'entre eux, en renvoyant au nom de la famille pour donner les particularités qui les concernent.

Arbre à l'ail: plusieurs arbres, entre autres le *Cordia myxa*, famille des Cordiacées, et les espèces du genre *Seguiera*, famille des Pétivériacées. — A. d'amour: *Cercis siliquastrum*, Légumineuses. — A. aux anémones: *Calycanthus floridus*, Calycanthées. — A. d'argent: *Elæagnus angustifolia*, Élæagnées. — A. aveuglant: *Excæcaria agallocha*, Euphorbiacées. — A. des Banians: *Ficus Bengalensis*, Morées. — A. de baume: divers arbres, entre autres le *Bursera gummifera*, l'*Hedwigia balsamifera*, Amyridacées; le *Toluifera balsamum*, Légumineuses; une espèce de *Terminalia*, Combrétacées; l'*Hypericum angustifolium*, Hypéricacées; le *Clusia flava*, Clusiacées, etc. — A. à beurre: *Bassia butyracea*, Sapotées. — A. à brai: A. de Manille qui fournit une substance résineuse employée dans les constructions navales, mais qui est encore inconnu aux botanistes. — A. du Brésil: *Cæsalpinia echinata*, Légumineuses. — A. à calebasses: *Crescentia cujete*, Crescentiacées. — A. de Caroni: *Galipea officinalis*, Rutacées. — A. de Castor: *Magnolia glauca*, Magnoliacées. — A. à chapelet: *Melia azedarach*, Méliacées; *Abrus precatorius*, Légumineuses. — A. du ciel: *Gincko biloba*, Taxinées. — A. à cire: divers arbres qui donnent une matière analogue à la cire des abeilles; *Myrica cerifera*, Myricacées; *Ceroxylon andicola*, Palmiers. — A. des conseils: *Ficus religiosa*, Morées. — A. de corail: *Erythrina corallodendron*, Légumineuses; *Arbutus andrachne*, Éricacées. — A. à cordes: *Musa textilis*, Musacées; diverses espèces de *Figuiers*, Morées. — A. au coton: *Bombax ceyba*, Sterculiacées. — A. de Chypre: *Cordia gerascanthus*, Cordiacées; *Pinus Alepensis* et *Taxodium distichum*, Conifères. — A. de Cythère: *Spondias cytherea*, Anacardiacées. — A. désaltérant: *Phytocrene gigantea*, Artocarpées. — A. du diable: *Hura crepitans*, Euphorbiacées. — A. de Dieu: le même que l'A. des conseils. — A. du dragon: *Dracæna draco*, Liliacées. — A. d'encens: plusieurs espèces d'*Amyris* et d'*Icica*, Amyridacées; *Terminalia benzoin*, Combrétacées. — A. à enivrer: *Piscidia erythrina*, et plusieurs *Tephrosias*, Légumineuses. — A. de fer: *Mesua ferrea*, Clusiacées. — A. à fraises: *Arbutus unedo*, Éricacées. — A. à la glu: *Ilex aquifolium*, Aquifoliacées. — A. à la gomme: plusieurs espèces du genre *Acacia*, Légumineuses; *Eucalyptus resinifera* et *Metrosideros costata*, Myrtacées. — A. à grives: *Sorbus aucuparia*, Pomacées. — A. à huile: *Elæococca verrucosa* et *vernicia*, Euphorbiacées. — A. immortel: *Endrachium Madagascariense*, Convolvulacées; *Erythrina corallodendron*, Légumineuses. — A. de Judas ou de Judée: *Cercis siliquastrum*, Légumineuses. — A. à lait: plusieurs espèces de la famille des Apocynées et de celle des Euphorbiacées. — A. aux lis: *Liriodendron tulipifera*, Magnoliacées. — A. à la main: *Cheirostemon platanoïdes*, Sterculiacées. — A. au mastic: *Pistacia lentiscus*, Anacardiacées; *Amyris elemifera*, Amyridacées. — A. à la migraine: *Premna integrifolia*, Verbénacées. — A. de mille ans: *Adansonia digitata*, Sterculiacées. — A. de Moïse: *Mespilus pyracantha*, Pomacées. — A. de mort: *Hippomane mancinella*, Euphorbiacées. — A. de neige: *Viburnum opulus*, Caprifoliacées. — A. ordéal ou à épreuves: *Erythrophleum*, Légumineuses. — A. à pain: *Artocarpus incisa*, Artocarpées. — A. à papier: *Broussonetia papyrifera*, Morées. — A. de paradis: *Elæagnus angustifolia*, Élæagnées. — A. à pauvre homme: *Ulmus campestris*, Ulmacées. — A. à perruques: *Rhus cotinus*, Anacardiacées. — A. à la pistache: *Staphylea*, Staphyléacées. — A. poison: *Antiaris toxicaria*, Artocarpées; *Hippomane mancinella*, Euphorbiacées. — A. au poivre: *Schinus molle*, Anacardiacées; plusieurs espèces du genre *Vitex*, Verbénacées. — A. puant: *Anagyris fœtida*, Légumineuses; *Olax Zeilanica*, Olacinées; *Sterculia fœtida*, Sterculiacées. — A. aux quarante écus: le même que l'A. du ciel. — A. saint: *Melia azedarach*, Méliacées. — A. de saint Thomas: *Bauhinia variegata*, Légumineuses. — A. à sang: espèce de Millepertuis du genre *Vismia*, Hypéricacées. — A. aux savonnettes: *Sapindus saponaria*, Sapindacées. — A. à seringue: *Hevea Guianensis*, Euphorbiacées. — A. aux serpents: *Ophioxylon serpentinum*, Apocynées. — A. de soie: *Mimosa arborea* et *julibrisin*, Légumineuses; *Asclepias syriaca*, Asclépiadées. — A. à suif: *Croton sebiferum*, Euphorbiacées; *Virola sebifera*, Myristicées. — A. à tan: *Rhus coriaria*, Anacardiacées. — A. triste: *Nyctanthes arbor*, Jasminées. — A. aux tulipes: le même que l'A. aux lis. — A. à la vache: *Galactodendrum utile*, Artocarpées. — A. au vermillon: *Quercus coccifera*, Corylacées. — A. au vernis: *Rhus vernix* et autres arbres de la famille des Anacardiacées; plusieurs espèces de *Terminalia*, Combrétacées. — A. de vie: plusieurs espèces du genre *Thuya*, Conifères. — A. du voyageur: *Urania speciosa*, Musacées.

ARBRISSEAU. s. m. T. Bot. Voy. Arbre.

* **ARBUSCULAIRE.** adj. 2 g. (lat. *arbuscula*, arbrisseau). T. Hist. nat. Se dit Des organes ou des appendices ramifiés à la manière d'un petit arbre. *Branchies arbusculaires.*

ARBUSTE. s. m. (lat. *arbustum*). T. Bot. V. Arbre.

ARC. s. m. (lat. *arcus*). Arme formée par une verge flexible et par une corde attachée aux deux extrémités, dont on se sert pour lancer des flèches. *La poignée d'un arc. Bander, débander un arc. Tirer de l'arc. Détendre un arc.* || Fig. et prov., *Il faut détendre l'arc*, Il faut donner du repos à l'esprit fatigué par une attention prolongée. — *Débander l'arc ne guérit pas la plaie*, Il ne suffit pas de se repentir du mal qu'on a fait, il faut encore le réparer. — *Avoir plusieurs cordes à son arc*, Avoir plusieurs moyens pour faire réussir un projet, pour se tirer d'affaire. || *Arc de carrosse.* Voy. Voiture. || *T. Anat. Se dit De la courbure que présentent certaines parties. *L'arc du colon. L'arc antérieur de l'atlas.* || T. Géom. Portion d'une ligne courbe quelconque. *Arc de cercle.* — *La corde d'un arc*, est La ligne droite qui joint les deux extrémités de cette portion de ligne courbe. Voy. Cercle. || Pour la signification du mot *Arc* en T. Astr. et Archit., voyez ci-dessous. || *Arc de triomphe* ou *Arc triomphal*, Sorte de portique monumental érigé pour consacrer le souvenir de quelque fait d'armes glorieux.

Enc. — L'*Arc* est l'une des armes offensives le plus anciennement connues; sa simplicité est telle en effet qu'il ne fallut pas un grand effort de génie pour l'inventer. C'est sans doute pour cela qu'on a trouvé l'arc et la flèche en usage chez presque toutes les peuplades sauvages que les voyageurs ont découvertes. Néanmoins la forme de l'arc, la substance dont il est composé, la manière dont la flèche est armée, etc., présentent de notables différences, suivant les matériaux que chaque peuple avait à sa disposition, et suivant l'état de son industrie. Le bois, la corne, l'acier même ont été employés à la construction de l'arc. La corde est souvent fabriquée avec des intestins d'animaux desséchés; mais en général elle est de chanvre, et on a la précaution de la cirer pour qu'elle ne s'effile pas. La flèche est, chez certaines peuplades, armée d'une épine, d'une arête de poisson, d'un caillou pointu; mais chez les peuples civilisés elle était ordinairement munie d'une pointe en fer dont la forme est en général triangulaire et qui offre à sa base deux espèces de crochets acérés. L'extrémité opposée est garnie de plumes latéralement, et plus ou moins profondément encochée pour s'ajuster sur la corde. Quant au carquois, sorte d'étui qui servait à mettre les flèches, sa forme n'a rien de constant.

Parmi les anciens, les Perses au temps de Cyrus, les Scythes et les Parthes étaient célèbres pour leur adresse à se servir de cette arme. Au moyen âge, l'arc fut longtemps en usage dans les armées. Dans un de ses capitulaires, Charlemagne ordonne que tout soldat soit pourvu d'un arc avec deux cordes et douze flèches. Lorsque Charles VII voulut établir dans l'armée un ordre plus régulier, il créa des compagnies d'*Archers*. Les soldats qui les composaient furent affranchis de presque tout subside, et en raison de ce privilége, on leur donna le nom de *Francs-archers* ou *Francs-taupins*. Une partie combattait à pied, et l'autre servait de cavalerie légère. Louis XI porta à 16 mille le nombre de ces archers; mais, en 1480, il supprima cette milice. — Quant aux *confréries d'archers* établies, en 1411, par le roi Charles VI, pour la garde des principales villes du royaume, et auxquelles il avait accordé des priviléges confirmés par nos rois à diverses reprises, elles subsistèrent plus longtemps. A Paris, le nombre de ces archers fut primitivement de 120; mais il fut accru par la suite. Leurs fonctions se bornaient à escorter les voyageurs, à faire la police de la ville et à opérer l'arrestation des malfaiteurs. Ces archers conservèrent leur nom après que l'arc eut été remplacé par les armes à feu. Ainsi on retrouve encore jusqu'à la fin du XVIIIe siècle, les archers du grand prévôt des marchands, les archers du guet, les archers des pauvres, etc. Toutes ces compagnies furent supprimées à la révolution.

Astron. — Les arcs reçoivent différentes dénominations suivant les cercles de la sphère sur lesquels on les considère. — On nomme *Arc diurne* la portion de cercle qu'un astre parcourt sur l'horizon. Ainsi l'arc diurne du soleil est la partie du cercle parallèle à l'équateur que le soleil décrit, dans sa course apparente, entre son lever et son coucher. L'*arc nocturne* est celui que l'astre décrit sous l'horizon. Lorsque le soleil est précisément dans l'horizon, sa distance au méridien ou son angle horaire s'appelle *arc semi-diurne*; il répond en effet à la moitié de l'arc du parallèle du soleil qui est au-dessus de l'horizon. L'*arc semi-nocturne* est la moitié de l'arc nocturne. — L'arc qu'une planète paraît décrire quand son mouvement est direct ou suivant l'ordre des signes, a reçu le nom d'*arc de direction* ou de *progression*; mais lorsque la planète semble se mouvoir en sens contraire de l'ordre des signes, on donne à l'arc décrit le nom d'*arc de rétrogradation*. — L'*arc d'émersion* ou *de vision* est le nombre de degrés dont il faut que le soleil soit abaissé au-dessous de l'horizon pour qu'un autre astre soit visible à la vue simple. On l'évalue généralement à 10° pour Mercure et Jupiter, à 5° pour Vénus, à 11° 1/2 pour Mars, etc. On voit que cet arc n'est pas le même pour toutes les planètes; mais, en outre, il est loin d'être constant pour la même planète: en effet, personne n'ignore que l'on voit quelquefois Vénus en plein jour.

Archit. — On donne le nom d'*Arc* à toute construction qui se termine en dessous par une surface courbe. Ce terme n'implique pas d'autre idée, et c'est en cela qu'il diffère des mots *arcade*, *arche*, *voûte*, etc., qui désignent, il est vrai, des constructions engendrées par une ligne courbe, mais qui possèdent en outre une signification particulière. Dans tous les cas où l'on observe l'existence d'une courbe dont la concavité regarde le sol, on ne peut évidemment lui refuser le nom d'arc; néanmoins on entend plus spécialement par ce mot une construction en pierres ou en briques dont les matériaux sont disposés de telle façon qu'ils se soutiennent les uns les autres par leur propre poids et peuvent encore supporter une charge additionnelle plus ou moins considérable.

Les formes d'arcs que l'architecture a employées sont très-

Fig. 1.

variées: toutefois elles se ramènent à un petit nombre de types que nous allons énumérer. — L'*arc en plein cintre* (Fig. 1. Théâtre romain à Lillebonne, Seine-Inférieure) est celui dont la courbe décrit une demi-circonférence parfaite. Le plein cintre est le type de l'architecture romaine, et il a dominé également dans toute la période où l'art romain servit de modèle aux architectes. — Le *cintre surhaussé* (Fig. 2) est un plein cintre dont les côtés, à partir du diamètre transversal, se prolongent perpendiculairement jusqu'à l'imposte. Dans le *cintre surbaissé* ou *en segment de cercle*, au contraire, le point duquel on a décrit la circonférence se trouve sur une ligne plus basse que la naissance de l'arc. Le cintre surhaussé a été surtout employé vers le XIIe siècle: quant au plein cintre surbaissé, on le rencontre assez fréquemment et son

Fig. 2.

usage n'a pas été abandonné. — L'*arc elliptique* ou *en anse de panier* est engendré par deux portions d'ellipse. On peut le considérer comme un arc très-surbaissé, se terminant de chaque côté par des arcs d'un rayon beaucoup plus court. Cette forme, qui permet d'obtenir de larges ouvertures avec une médiocre élévation, est surtout usitée pour construire les arches des ponts. Elle se rencontre aussi fréquemment dans les monuments appartenant au style ogival tertiaire. Voy. PONT. — L'*arc outrepassé* ou *en fer à cheval* est, pour ainsi dire, caractéristique

Fig. 3.

de l'architecture moresque : il est rare de le rencontrer dans l'architecture du nord ; mais on le trouve quelquefois dans les monuments byzantins. La Fig. 3 représente une porte construite en Angleterre] vers le XIIe siècle. — L'*arc en fronton*, appelé aussi *arc en mitre* ou *arc angulaire*, est une de ces formes primitives d'architecture qui appartiennent à tous les pays. Ainsi on observe cet arc dans certaines constructions cyclopéennes,

Fig. 4.

dans plusieurs édifices byzantins, dans quelques monuments religieux élevés en France au XIIe siècle. Toutefois c'est surtout dans l'architecture saxonne qu'on rencontre de nombreux exemples de cette sorte d'arc. La Fig. 4 représente une fenêtre saxonne

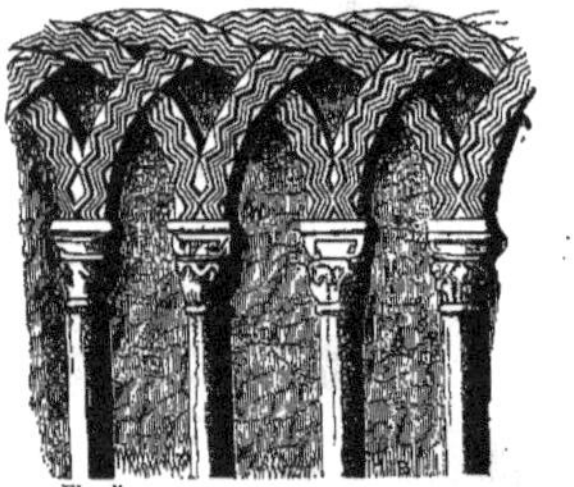

Fig. 5.

avec deux arcs angulaires. — La Fig. 5 représente des *arcs enlacés* ; elle nous dispense de les définir. Les arcs ainsi disposés sont assez communs dans l'architecture romane. Les segments qui se trouvent au-dessous des intersections inférieures forment un arc pointu, ce qui a fait supposer au savant archéologue Milner que l'ogive devait son origine à cette circonstance.

L'*arc en ogive* ou tout simplement l'*ogive*, qu'on appelle encore *arc pointu* et *arc gothique*, parce qu'il est le type de l'architecture de ce nom, offre pour caractère général d'être

Fig. 6.

formée par deux segments de courbe qui se coupent en faisant un angle à la partie supérieure de l'arc. On distingue plusieurs sortes d'ogives. — L'*ogive équilatérale* ou *arc en tiers point* (Fig. 6) est celle qui est élevée sur un triangle équilatéral. — L'*ogive aiguë* ou *en lancette* (Fig. 7 et 8) est

Fig. 7.

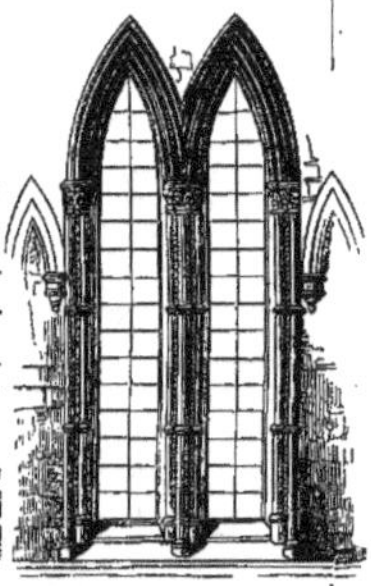

Fig. 8.

formée sur un triangle dont l'angle supérieur est plus aigu que les deux autres ; en d'autres termes, le rayon qui sert à décrire les deux côtés de l'arc est plus grand que l'ouverture. On conçoit que cet arc peut être plus ou moins élancé. — L'*ogive outrepassée* ou *lancéolée* est une ogive aiguë qui va en se rétrécissant au-dessous de son plus grand diamètre. — L'*ogive obtuse* (Fig. 9) est décrite par un rayon plus court que l'ouverture de l'arc : par conséquent elle est susceptible de se rapprocher tantôt de l'ogive aiguë et tantôt du plein cintre. Dans ce dernier cas, on lui donne le nom de *plein cintre brisé*. — On doit ranger aussi parmi les arcs en ogive, l'*arc en accolade* ou *arc en talon* (Fig. 10), qui est décrit de quatre centres et qui est alternativement concave et convexe ; l'*arc en doucine*, dont les courbures présentent une disposition inverse, et l'*arc Tudor* (Fig. 11), sorte d'ogive surbaissée décrite aussi de quatre centres. — Le *plein cintre brisé*, ou *arc déprimé*, qu'on peut regarder comme l'ogive à son état rudimentaire, est la plus ancienne forme d'ogive que l'on trouve en France. L'*ogive à lancette* domine dans le XIIIe siècle ; l'*ogive obtuse* est commune dans le XVe, et l'*équilatérale* se rencontre depuis le XIIIe siècle jusqu'au XVIe. L'*arc en accolade* est propre au XVe siècle et à une partie du suivant. L'*arc Tudor*, fort rare en France, est au contraire très-fréquent dans les monuments anglais qui appartiennent à la période où régnait le style dit *perpendiculaire*. Cet arc a été appelé Tudor parce que son apparition coïncide avec l'avénement de la famille de ce nom au trône d'Angleterre. On remarque encore assez souvent à la fin du XVe siècle une sorte d'*arc elliptique surbaissé* (Fig. 12) ; mais cet arc est, en général, surmonté d'un autre arc qui lui donne un aspect plus léger et plus pittoresque.

Il existe en outre d'autres arcs dont nous ne saurions nous dispenser de parler. Quelques-uns, en effet, ont leur pourtour découpé de différentes façons, mais surtout en segments de cercle. Tels sont les *arcs trilobés* que représente la Fig. 13 : les arcs de ce genre sont dits *quintilobés* ou *polylobés*, selon qu'ils offrent cinq découpures ou un plus grand nombre. On donne encore les mêmes noms aux arcs qui ne sont pas découpés comme les précédents, et dont l'intrados est décoré d'ornements figurant des découpures analogues (Fig. 14). Si, comme l'ont fait plusieurs auteurs, on voulait distinguer autant d'arcs qu'il y a de manières de les décorer, il deviendrait facile de multiplier cette nomenclature à l'infini : car l'architecture du moyen âge a fait preuve en ce genre d'une fécondité inépuisable. — On désigne généralement sous le nom d'*arc à encorbellement* une sorte de plate-bande soutenue à chaque

Fig. 9.

Fig. 10.

extrémité par un corbeau ; mais c'est à tort qu'on applique la dénomination d'arc à cette espèce d'ouverture.

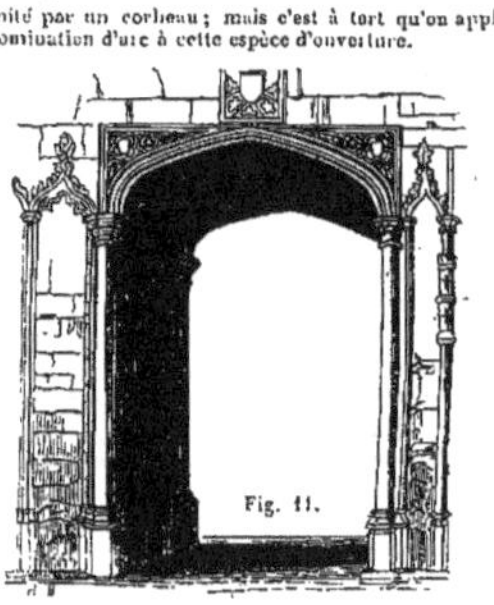

Fig. 11.

Enfin on donne le nom d'*arc rampant* à celui dont les naissances sont placées à des hauteurs inégales. Voy. CONTREFORT. — L'*arc en décharge* est un arc de forme quelconque construit au-dessus d'un linteau, d'un vide, ou même dans l'épaisseur d'un mur plein, pour diviser le poids d'une construction supérieure, ou pour le faire porter sur des points d'appui plus résistants. — Les *arcs renversés* (Fig. 16) s'emploient dans les fondations d'un édifice pour contre-bouter des points d'appui isolés et reporter leurs efforts sur une plus grande superficie de terrain. — Quant aux termes *arc en berceau* et *arc de cloître*, il en sera parlé au mot VOÛTE.

Fig. 12.

On n'a point encore éclairci d'une manière satisfaisante la question de savoir à quelle époque et dans quel pays furent élevées les premières constructions présentant des exemples d'arc proprement dit. Un grand nombre d'auteurs prétendent que l'arc a été inconnu aux Grecs avant l'époque de la conquête romaine. Plusieurs pensent qu'on doit attribuer son invention aux Étrusques, et d'autres croient qu'on en doit faire honneur aux Égyptiens. Les recherches de Wilkinson donnent un haut degré de probabilité à cette dernière opinion. Parmi les nombreux exemples de voûtes qui existent à Thèbes, ce savant voyageur a rencontré un tombeau voûté à la manière ordinaire avec une porte en arc : ce tombeau est revêtu de stuc et orné de peintures à fresque où l'on peut lire le nom d'Aménophis Ier (A. 1540 av. J.-C.). Au reste, quoi qu'il en soit de ce point controversé de l'histoire de l'architecture, il est certain que ce sont les Romains qui les premiers ont compris la haute utilité de ce mode de construction et ont généralisé son emploi. Les grandes Cloaques (*Cloaca maxima*), qui étaient des constructions à plein cintre, remontent, selon toute probabilité, à l'époque des Tarquins. Les Romains appliquèrent cette forme particulière aux constructions auxquelles elle convient le mieux, c.-à-d. aux ponts et aux aqueducs. L'arc se représente aussi avec une fréquence extrême dans tous les grands monuments élevés sous l'empire.

Fig. 13.

Fig. 14.

Fig. 15.

Toutefois les architectes de Rome s'en sont presque constamment tenus à la forme du plein cintre qu'ils avaient primitivement adoptée. C'est seulement dans le moyen âge, après l'introduction de l'ogive, que l'on vit se produire une variété merveilleuse de formes dans ce mode de construction. Les associations d'architectes du XIIe siècle et des trois siècles suivants avaient tellement étudié cette branche de l'art architectonique, qu'elles étaient capables d'ériger les plus merveilleux édifices avec des matériaux qu'aurait dédaignés un architecte grec ou romain.

Fig. 16.

L'architecture des Romains ne prouve pas qu'ils aient bien connu les conditions d'équilibre des arcs : les monuments qu'ils ont élevés n'auraient pas résisté avec autant de succès à l'action destructive du temps, s'ils n'eussent pas consisté en masses de pierres presque entièrement pleines, c.-à-d. dans lesquelles on n'a percé que les ouvertures absolument nécessaires. La forme que les Romains avaient adoptée était d'ailleurs solide et capable de résister à des inégalités de pression considérables. Dans l'architecture gothique, au contraire, la science a déployé toutes ses ressources pour parvenir à des effets merveilleux et extrêmement variés, sans pour cela que la solidité de l'édifice fût mise en danger.

ARC DE TRIOMPHE. — Dans les premiers siècles de la république, pour honorer un général qui avait remporté une grande victoire, les Romains érigeaient une sorte de portique en bois sous lequel devait passer le vainqueur. A la partie supérieure de cet édifice était une tribune où se tenaient des joueurs d'instruments et des porteurs de trophées. Les faces principales du portique étaient ornées des attributs des villes conquises, des dépouilles enlevées aux vaincus et de peintures représentant des batailles; des guirlandes de fleurs et de feuillages complétaient la décoration. Au moment du passage du triomphateur, du sommet de la voûte descendait une Victoire ailée qui lui posait une couronne sur la tête. Ces édifices fragiles, qu'on détruisait après la cérémonie pour laquelle ils avaient été élevés, firent bientôt place à des monuments plus durables. Ceux-ci n'eurent, dans le principe, qu'une seule ouverture ou arc en plein cintre supporté par deux pieds-droits. Cependant, lorsqu'ils servaient de portes, on leur donnait quelquefois deux ouvertures; l'une destinée au passage des voitures qui entraient dans la ville, l'autre à celles qui en sortaient. Plus tard, on les construisit généralement à trois ouvertures, disposition qui était plus convenable pour la cérémonie et la pompe triomphale. Parfois le monument offrait trois arcades de mêmes dimensions; dans quelques cas, il n'existait qu'une seule arcade accompagnée de deux portes latérales; mais le plus ordinairement il y avait une arcade de grandes dimensions avec deux arcades latérales plus petites. Rien ne fut négligé pour donner à ces sortes d'édifices un caractère plus monumental : on y prodigua le marbre et le bronze, tandis que l'architecture et la sculpture déployèrent toutes leurs ressources dans la décoration des arcs de triomphe. Le plus souvent ces monuments étaient ornés de colonnes, surmontés par un attique chargé d'inscriptions, et couronnés par une statue équestre ou un quadrige. — En Italie, on rencontre encore un assez grand nombre d'arcs de triomphe dans un état plus ou moins parfait de conservation. Le plus ancien de tous, l'*arc de Rimini*, fut dédié à Auguste, à l'occasion du rétablissement de la voie Flaminienne. Il ne se compose que d'une seule arcade. Il en est de même de celui de *Suse*, élevé, au pied du mont Cenis, en l'honneur du même empereur. L'*arc de Titus*, qui n'est également percé que d'une seule arcade, est un des monuments les plus remarquables de l'antiquité par la noblesse de ses proportions et la beauté de son exécution. Sa hauteur totale est de 15 mètres 35 centim., et sa largeur est de 13 mètres 90 centim. Il fut érigé en l'honneur de la prise de Jérusalem, ainsi que l'attestent les bas-reliefs qui le décorent, et qui représentent les dépouilles du temple, telles que le chandelier à sept branches, la table des pains de proposition, etc. Les arcs de *Bénévent* et d'*Ancône*, tous deux dédiés à Trajan, n'ont de même qu'une arcade. Des deux arcs élevés à Rome en l'honneur de Septime Sévère, l'un est remarquable en ce qu'il est le seul exemple connu d'arc de triomphe qui consiste en un simple entablement formant plate-bande sur deux pieds-droits dont les angles sont ornés de pilastres. On le nomme vulgairement *arc des Orfèvres* parce qu'il fut érigé aux frais des orfèvres et des marchands du *forum Boarium*. Le second, situé au pied du Capitole, est percé d'une arcade principale et de deux arcades plus petites. — L'*arc de Constantin* (Fig. 1) a la même forme que le précédent, mais ses dimensions sont plus grandes. Son élévation totale, y compris l'attique, est de 21 m. 35 centim., sa largeur de 24 m. 62 centim., et son épaisseur de 6 m. 64 centim. Il fut construit à Rome à l'occasion de la victoire de Constantin sur Maxence, et, pour le décorer, on dépouilla l'arc de Trajan de ses ornements. En effet, la plupart des bas-reliefs de l'arc de Constantin représentent les victoires de Trajan. Ce monument est le mieux conservé de tous ceux de ce genre qui subsistent en Italie, et il a été restauré par les soins des papes Clément XII et Pie VII : malheureusement le style de cet édifice montre de nombreuses traces de la décadence de l'art vers le commencement du IVe siècle.

On trouve encore d'assez nombreux restes d'arcs de triomphe dans toutes les anciennes provinces romaines. Parmi ceux qui subsistent en France, nous citerons les arcs d'Autun, de Reims, d'Aix, d'Arles, de Carpentras, de Saint-Remi, etc. Mais le plus magnifique et le mieux conservé de tous est l'*arc d'Orange*, appelé vulgairement *arc de Marius* (Fig. 2) parce qu'on suppose, mais à tort, qu'il fut érigé en l'honneur de ce général après sa victoire sur les Cimbres, les Ambrons et les Teutons. Cet édifice est un parallélogramme percé de trois arcades, au-dessus desquelles règne un entablement supporté par des colonnes corinthiennes engagées. L'entre-colonnement du

Fig. 1.

milieu est couronné par un élégant fronton au-dessus duquel repose un attique de belles proportions, orné de bas-reliefs admirables représentant des combats de fantassins et de cavaliers. La plate-forme de l'attique devait supporter un quadrige et les acrotères de droite et de gauche étaient sans doute surmontés de statues. La surface comprise entre l'entablement et l'archivolte des arcades latérales est décorée de bas-reliefs qui figurent des trophées d'armes antiques, et au-dessus sont sculptées des rames et des proues de navires romains. Les faces latérales sont ornées dans le même goût. La hauteur totale de ce monument est de 22 mètres 73 centim., et sa largeur de 21 mètres 45 centim. Les savants sont loin d'être d'accord sur l'époque où il fut construit; mais la profusion des ornements qu'on y remarque porterait à croire qu'il est du temps d'Adrien.

Fig. 2.

A l'imitation de l'antiquité, presque tous les peuples modernes ont élevé des arcs de triomphe, et plusieurs de ces édifices ne le cèdent en rien à ceux que les Romains nous ont laissés. Personne n'ignore que les deux monuments connus sous les noms vulgaires de *Porte Saint-Denis* et de *Porte Saint-Martin* sont deux arcs de triomphe érigés par la ville de Paris en l'honneur de Louis XIV. Le premier fut construit par Fr. Blondel en 1673, et le second par P. Bullant en 1674. — L'*arc du Carrousel* a été édifié sur les plans de Percier et Fontaine. Ce monument remarquable fut commencé en 1806 et terminé en 1809. Il est percé de trois arcades et a une hauteur totale de 14 mètres 50 centim., sur 17 mètres 94 centim. de largeur et 6 mètres 68 centim. d'épaisseur. — Mais l'arc de triomphe le plus colossal et le plus magnifique qu'on ait jamais construit est l'*arc de l'Étoile* (Fig. 3). La première pierre de ce monument, dédié à la gloire des armées françaises depuis 1789, fut posée le 15 août 1806. Les fouilles et fondations avaient été commencées dès le mois de mai de la même année. Les architectes Raymond et Chalgrin avaient d'abord été chargés de dresser des projets. Celui de ce dernier ayant été approuvé par Napoléon, en mars 1809, Chalgrin dirigea la construction jusqu'au-dessus de la corniche du piédestal. Au mois de janvier 1811, époque de la mort de cet artiste, l'architecte Goust suivit l'exécution du projet jusqu'à la hauteur de l'imposte du grand arc. Les travaux furent interrompus en 1814 et ne furent repris qu'en 1823, en vertu

Fig. 3.

d'une ordonnance royale du 9 octobre de la même année; et Goust fut chargé de les diriger, sous la surveillance d'une commission composée des architectes Fontaine, Debret, de Gisors et Labarre. L'arc de triomphe fut alors élevé jusqu'à la première assise de l'architrave de l'entablement. En 1828, Huyot fut chargé de la direction des travaux, et fit exécuter le grand entablement, la voûte ogive destinée à supporter le dallage supérieur, et la sculpture d'ornement de la grande voûte. Enfin, le 31 juillet 1832, Blouet fut appelé à terminer l'arc de l'Étoile, qui ne fut achevé qu'en 1836. Ainsi trois gouvernements ont coopéré à l'érection de cet arc de triomphe, dont les travaux ont duré 30 ans, et ont coûté 9,651,115 francs. La hauteur totale de ce monument est de 45 mètres 33 cent., sa largeur de 44 m. 82 c., et son épaisseur de 22 m. 20 c. Le grand arc a 29 m. 19 c. d'élévation et 14 m. 62 c. d'ouverture; les arcs latéraux ont 16 m. 34 c. de hauteur, sur une ouverture de 8 m. 44 c. Cet édifice gigantesque est situé à l'extrémité de l'avenue des Champs-Élysées; l'une de ses façades regarde les Tuileries, et la façade opposée l'avenue de Neuilly. — L'usage d'élever des arcs de triomphe n'est pas particulier aux peuples de l'Europe. Les Chinois possèdent aussi des monuments de ce genre qu'ils érigent à la mémoire des hommes recommandables par leurs vertus ou par leurs talents. Ces édifices, appelés *pay-léou*, sont très-multipliés dans le céleste empire. Ils ont en général trois portes: leur base est en pierre et le reste est en charpente; un toit, dans la forme ordinaire, constitue le couronnement de l'édifice. Ces arcs de triomphe sont en outre décorés de figures de dieux, d'hommes, de fleurs et d'oiseaux sculptées en relief ou découpées à jour, et ordinairement couverts de peintures et de dorures qui produisent un effet assez pittoresque.

ARCADE. s. f. Se dit généralement D'une ouverture qui présente un arc à sa partie supérieure. *Les arcades du Palais-Royal. Cet aqueduc se compose de deux rangées d'arcades superposées.* — Par anal., on dit: *Des arcades de verdure.* || En T. Anat., on emploie souvent le terme d'Arcade en parlant De diverses parties qui offrent une courbure. *L'ar. zygomatique. Ar. orbitaire. Arcades dentaires.—Arcades mésentériques. L'ar. palmaire. — Ar. crurale.* Voy. AINE.

Enc. — L'*Arcade*, quel que soit le peuple auquel on doive attribuer son invention, ne fut d'abord généralement employée que dans l'architecture romaine; mais de là son usage se répandit chez la plupart des autres peuples, et la forme de cette construction subit suivant les temps et les lieux des modifications importantes. Chez les Romains, l'ar. était toujours en plein cintre et s'appuyait en général sur des pieds-droits: quelquefois cependant elle était supportée par des colonnes. — Les architectes donnent aux diverses parties qui composent une ar. des noms particuliers qu'il est important de connaître. On nomme *claveaux* ou *voussoirs* (Fig. 1, représentant une ar.

Fig. 1.

dont la décoration est d'ordre corinthien) les pierres en forme de coin C, D, D', I, I', G, G', F, F', qui constituent l'arc proprement dit. Le voussoir C, qui est au milieu, reçoit le nom spécial de *clef*, et l'on donne celui de *contre-clefs* aux deux voussoirs contigus D, D'. Les voussoirs F, F' qu'on voit à la *naissance de l'arc*, s'appellent *coussinets* ou *sommiers*. Les claveaux FG constituent la *retombée* de l'arc. La surface concave formée par le dessous des voussoirs se nomme *intrados*, et la ligne courbe supérieure formée par le dessus de ces mêmes voussoirs est appelée *extrados*. Le bandeau à moulures dont l'ar. est décorée porte le nom d'*archivolte*. Ces moulures varient suivant l'ordre auquel appartient la décoration de l'ar. Les *pieds-droits* ou *jambages* A A' sont couronnés par une petite corniche X X' appelée *imposte* qui reçoit la retombée de l'arc. Le pied-droit est décoré d'une colonne qui supporte l'entablement de l'ordre. Enfin l'espace triangulaire K K' que l'on voit de chaque côté entre les voussoirs et la colonne a reçu le nom de *tympan*.

Tout ce que nous avons dit des différentes formes d'arcs s'applique rigoureusement aux arcades: c'est ainsi qu'on distingue les arcades en plein cintre, les arcades en fer à cheval, les arcades elliptiques, les arcades ogivales, etc. Mais elles reçoivent

Fig. 2.

en outre quelques dénominations particulières, suivant la manière dont elles sont disposées. Deux arcades inscrites dans une ar. plus grande sont appelées *arcades géminées*: cette disposition, qui se montre pour la première fois dans l'architecture byzantine, se reproduit fréquemment dans l'architecture romane occidentale, ainsi que dans les édifices gothiques. Souvent, dans ces derniers, il y a trois arcades inscrites, et celle du milieu est quelquefois plus grande que les deux latérales. La Fig. 2 offre même un exemple de quatre arcades réunies sous une ar. commune. Tantôt les arcades sont réelles, c.-à-d. représentent véritablement des ouvertures; tantôt elles sont *simulées* (Fig. 3) et ne servent qu'à la décoration de l'édifice. Dans ce cas, on leur donne également le nom d'*arcades borgnes* ou d'*arcades aveugles*.

Fig. 3.

Il est extrêmement difficile de déterminer la forme que doit avoir une ar., une voûte, ou toute autre construction en arc, quand elle a à supporter un poids additionnel à son propre poids. Pour arriver à ce résultat d'une manière précise, il faut connaître non-seulement le poids des matériaux que l'arc aura à supporter, mais encore la quantité et la direction de la pression à laquelle sera soumise chaque partie de l'arc. Cependant si l'on suppose, 1° que l'arc n'ait à supporter que son propre poids, et 2° que le frottement des pierres qui entrent dans sa construction soit réduit à zéro, on peut trouver un rapport entre la courbe et le poids des voussoirs, en comparant les pressions qui sont exercées sur les différents joints. Ainsi la pression sur un joint quelconque, *sq*, par exemple (Fig. 4), résulte du poids de cette portion de l'arc qui se trouve entre *sq* et le sommet CH. Or, la portion C*qs*H de l'ar. est soutenue par trois forces, à savoir la pression sur le joint *sq*, la pression sur CH, et son propre poids. Soit *sq* prolongé jusqu'à ce qu'il rencontre CD au point O, et soit *n* son intersection avec AB. C'est un théorème en statique que, lorsqu'un corps est maintenu en équilibre par trois forces se contre-balançant mutuellement, ces forces sont proportionnelles aux trois côtés d'un triangle formé par des lignes respectivement perpendiculaires aux directions de ces forces. Les trois forces qui soutiennent C*qs*H sont donc proportionnelles aux côtés du triangle OD*n*; car la pression exercée sur *sq* agit dans une direction perpendiculaire à *sq* ou O*n*; la pression sur CH est perpendiculaire à DO, et *n*D est perpendiculaire à la direction de la gravité. Par conséquent la pression exercée sur *sq* est à la pression exercée sur CH comme *n*D est à DO. De même, le voussoir *prqs* étant ainsi construit que, lorsqu'on prolonge la ligne *rp*, elle rencontre OH au point O, la pression sur le joint *rp* est à celle exercée sur CH comme *m*D est à DO; en conséquence, la pression sur *sq* est à la pression sur *rp* comme D*n* est à D*m*. On est ainsi amené à conclure que les voussoirs doivent augmenter en longueur depuis la clef jusqu'aux

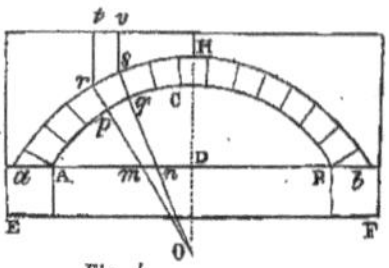

Fig. 4.

pieds-droits proportionnellement aux lignes Dn, Dm, etc. Dans ce cas, en effet, les surfaces des joints augmentant en proportion de la pression qu'elles supportent, la pression exercée sur chaque point de l'arc sera égale. On observera également que l'angle nO D est égal à l'angle formé par une tangente à la courbe au point q et par la ligne horizontale parallèle à AB; que l'angle mO D est égal à celui formé par la tangente à p et par la ligne horizontale, et que, le rayon DO restant constant, Dn est la tangente du premier de ces angles et Dm du second. Les pressions exercées sur les joints successifs sont donc proportionnelles aux différences des tangentes des arcs partis de la couronne. Il résulte de cette propriété que, lorsque l'intrados est un cercle donné en position et que la profondeur de la clef est donnée, l'on peut trouver la courbe de l'extrados. Lorsque les poids des voussoirs sont tous égaux, l'arc d'équilibration est représenté par une courbe de chaînette, c.-à-d. par une courbe ayant la forme que prendrait une chaîne flexible d'épaisseur uniforme abandonnée à elle-même après avoir été suspendue par ses deux extrémités. Telle est la forme qui, d'après les pures données de la théorie, serait la meilleure pour la solidité d'une ar., dans l'hypothèse où celle-ci n'aurait aucun poids à supporter. Mais il est excessivement rare de construire une ar. qui n'ait rien à soutenir : en conséquence, il n'est pas nécessaire, lorsqu'on veut élever une construction en arc, de s'astreindre rigoureusement à la forme que nous avons déterminée dans l'hypothèse ci-dessus. En effet, attendu le frottement des matériaux et l'adhérence du ciment, la forme d'un arc est jusqu'à un certain point indifférente, la déviation de la forme d'équilibration devant être très-considérable avant que les pierres qui le composent courent le risque de glisser. Les arcades romaines qui ont résisté pendant tant de siècles aux efforts du temps, présentent en général la forme d'un demi-cercle. Pour les ponts, il vaut mieux employer un segment de cercle moindre que la demi-circonférence; on préfère ordinairement l'arc elliptique à cause de la beauté de sa forme.

ARCANE. s. m. (lat. *arcanum*, secret).

Enc. — Ce terme nous vient des alchimistes qui l'avaient appliqué à divers produits chimiques ou pharmaceutiques, parce qu'ils faisaient un mystère de leur mode de préparation. C'est ainsi, par ex., qu'ils nommaient l'oxyde rouge de mercure obtenu par l'action de l'acide nitrique, *Arcanum corallinum*, et qu'ils appelaient le sulfate de potasse, *Arcanum duplicatum*.

Aujourd'hui le mot *Arcane* ne s'emploie plus qu'en mauvaise part en parlant des remèdes secrets que débitent les charlatans éhontés qui spéculent sur la crédulité des malades. Ces remèdes, loin de jouir de propriétés merveilleuses, ainsi que le vulgaire se l'imagine, sont, pour la plupart, des mélanges incohérents de substances médicamenteuses étonnées de se trouver ensemble; ou bien ce sont des recettes exhumées de vieux formulaires, des préparations connues de tous les médecins, qu'on rajeunit au moyen de quelque substance colorante ou aromatique. En général, toute la valeur de ces arcanes réside dans le nom sonore ou bizarre que leur donne le charlatanisme. Ces merveilleux secrets n'en sont pas moins annoncés et débités partout, sans qu'on puisse mettre un terme à un trafic si scandaleux et si dangereux pour la santé publique. Toutes ces préparations, enfantées par la cupidité et prônées par l'ignorance, sont avidement accueillies par la douleur. Ainsi, la science a beau réclamer contre un tel abus, il menace de se perpétuer aussi longtemps que les causes qui lui donnent naissance.

***ARCANSON.** s. m. Voy. Térébenthine.

ARCASSE. s. f. (lat. *arca*, arche). T. Mar. Assemblage de toutes les pièces qui forment et soutiennent l'arrière d'un vaisseau.

***ARCATURE.** s. f. T. Archit.

Enc. — On donne le nom d'*Arcatures* à un genre de décoration, surtout usité dans le style roman et dans le style gothique, qui consiste en un système de petites arcades. Tantôt les arcatures sont en relief et font saillie sur le mur qu'elles décorent; tantôt elles sont détachées du mur, devant lequel elles forment une espèce d'écran, et on les appelle alors *arcatures à claire voie*; tantôt enfin elles sont découpées à jour et destinées à être vues des deux côtés : dans ce cas, elles servent de couronnement à une galerie, à un écran d'église, etc.

Fig. 1.

— Ces arcatures ou petits arcs sont souvent portées par des corbeaux, ou alternativement par des colonnettes et des corbeaux (Fig. 1. Arcat. des bas-côtés de la cathédrale d'Auxerre); d'autres fois elles sont uniquement portées par des colonnettes : telle est la série d'arcatures qui décore le galbe du dôme de Plaisance dont la Fig. 2 représente la partie moyenne.

Fig. 2.

ARC-BOUTANT. s. m. [On ne pron. pas le C.] T. Archit. Sorte de contre-fort terminé supérieurement en demi-arc et servant à soutenir par dehors une voûte, un mur, etc. || T. Charp. Voy. Comble. || T. Carrosserie. Voy. Voiture. || Fig. et fam., *Cet homme est l'arc-b. de son parti*, Il en est le principal soutien.

ARC-BOUTER. v. a. [On ne pron. pas le C.] (R. *arc* et *bouter*, vieux mot français qui signifiait Soutenir, appuyer). Soutenir, appuyer, consolider au moyen d'un arc-boutant. *Arc-b. une voûte.* — Par ext., s'emploie dans le cas même où le moyen de soutènement ne consiste pas en un arc-boutant. *Cette construction est arc-boutée par un massif.* = Arc-bouté, ée. part.

ARC-DOUBLEAU. s. m. [On ne pron. pas le C.) T. Archit. Voy. Voûte.

ARCEAU. s. m. T. Archit. La courbure d'une voûte en berceau, la partie cintrée d'une porte, d'une fenêtre. *L'arceau d'une voûte.* — Se dit aussi De petits arcs surbaissés. — Désigne encore Un ornement de sculpture en forme de trèfle. || T. Méd. Même signif. qu'*Archet.*

ARC-EN-CIEL. s. m. [On pron. *arkanciel*, même au plur., qui fait *arcs-en-ciel.*] T. Météor.

Enc. — Ce météore bien connu présente, lorsqu'il est parfait, l'apparence de deux arcs concentriques dont l'un, qui est à l'intérieur, est appelé *arc principal* ou *primaire*, et l'autre, à l'extérieur, est appelé *arc secondaire*. Tous deux sont formés des couleurs du spectre solaire, mais disposées d'une manière inverse dans l'un et dans l'autre, le rouge étant placé au bord extérieur de l'arc primaire, et au bord intérieur de l'arc secondaire. L'arc intérieur est un segment de cercle dont le rayon sous-tend un angle d'environ 42°; le rayon de l'arc extérieur sous-tend un angle d'environ 51°; et le centre commun des deux arcs est situé dans le prolongement de la ligne droite qui passe par le centre du soleil et l'œil du spectateur. D'après les circonstances qui accompagnent invariablement l'apparition de ce météore, on a pensé de bonne heure que les couleurs de l'arc-en-ciel sont produites par le passage des rayons du soleil au travers des gouttes de pluie; mais ce phénomène qui est d'une nature complexe, n'a pu être expliqué d'une manière tout à fait satisfaisante que lorsque Newton eut découvert la nature composée de la lumière et les différences de réfrangibilité des divers rayons qui la constituent.

Pour expliquer le phénomène de l'arc-en-ciel, supposons un rayon de lumière arrivant dans une chambre obscure au moyen d'une étroite ouverture pratiquée dans un volet, et tombant en I (Fig. 1) sur un globule sphérique d'eau, dans la direction SI, et suivons le chemin que parcourra la lumière à l'intérieur du globule. En entrant dans le globule au point I elle est réfractée, et par conséquent décomposée, les rayons de chaque couleur étant déviés de leur direction primitive suivant des angles différents qui sont déterminés par l'indice de leur réfraction. Afin de rendre la chose plus claire, nous nous bornerons à considérer le rayon rouge. Soit IK la direction de ce rayon après sa première réfraction. En rencontrant la surface de la goutte d'eau en K, une portion de la lumière la traversera et sera de nouveau réfractée dans la direction KP, pendant que l'autre portion sera réfléchie par la surface de la goutte dans la direction KL, les lignes IK et KL formant des angles égaux avec une tangente tirée au point K. Mais en arrivant de nouveau à la surface au point L, cette portion du rayon qui a été réfléchie en K se divisera encore en deux parts: l'une s'échappera en L, et sera réfractée dans la direction LQ, tandis que l'autre portion sera réfléchie par la surface et marchera dans la direction LM. En M le phénomène se répétera, une portion de lumière traversera la goutte d'eau et sera réfractée dans la direction MR, et l'autre sera réfléchie dans la direction MN. Ce sera indéfiniment la même répétition; mais l'intensité de la lumière diminue à chaque nouveau contact, et, après un petit nombre de réflexions, la quantité de lumière qui émerge est insuffisante pour faire impression sur l'œil. Tout cela peut se démontrer expérimentalement en faisant arriver un rayon de lumière sur un cylindre de verre rempli d'eau, et placé dans une chambre obscure : la lumière rouge émergeant en K, L, M sera aperçue quand l'œil se trouvera placé dans la direction des lignes KP, LQ ou MR.

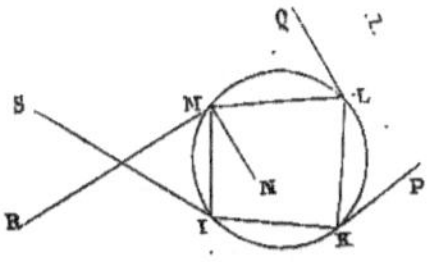

Fig. 1.

Pour faire servir cette expérience à l'explication de l'arc-en-ciel, il est nécessaire de déterminer l'inclinaison du rayon émergent par rapport au rayon incident. Voyons d'abord ce qui aurait lieu dans le cas de deux réfractions et d'une seule réflexion intermédiaire. Soit SI (Fig. 2) le rayon incident, IK la direction de ce rayon après sa première réfraction, K le point où s'opère la réflexion, L le point d'émergence, et LR la direction du rayon émergent; de plus, représentons SI et RL se rencontrant en T. L'angle STR s'appelle l'*angle de déviation.* Or, il existe entre l'angle d'incidence, l'angle de réfraction et l'angle de déviation, certaines relations nécessaires, et le calcul appuyé sur l'expérience montre qu'il faut que l'angle de déviation arrive à son maximum pour que l'effet de l'arc-en-ciel se produise. Cela a lieu lorsque l'angle d'incidence atteint 59° 23′ 30″, l'indice de réfraction du rayon rouge étant $\frac{108}{81} = 1{,}3333$, l'angle de réfraction devient dans ce cas 40° 12′ 40″, et la plus grande déviation possible pour ce rayon 42° 1′ 40″. Il est facile de prouver qu'il n'y a de réfractée en quantité suffisante pour faire une impression sensible sur l'œil que la lumière qui tombe sur la goutte sous l'angle d'incidence correspondant à la plus grande déviation. Or, puisque SI est le rayon incident, par rapport auquel la déviation est au *maximum*, les rayons qui sont situés très-près de SI, de chaque côté, pénétreront dans la goutte à très-peu de chose près sous le même angle d'incidence et par conséquent émergeront à peu près parallèlement à LR. Quant au faisceau de lumière qui tombe sur la goutte sous l'angle d'incidence correspondant au maximum de déviation, tous les rayons de lumière rouge qu'il renferme, et qui émergent après la première réflexion, seront parallèles après leur sortie, et pénétreront dans l'œil placé sur la ligne droite LR en assez grand nombre pour faire une vive impression sur la rétine. Mais pour ce qui est du faisceau de lumière qui tombe sur la goutte à une certaine distance de I et conséquemment sous un angle différent d'incidence, les rayons rouges, après leur émergence, ne seront plus parallèles, mais divergents, et par conséquent la lumière diminuera d'intensité à mesure qu'elle s'éloignera de la goutte, de sorte qu'à la distance où se trouve placé le spectateur, elle sera trop faible pour produire une impression distincte. Les rayons qui conservent un parallélisme suffisant pour former un pinceau sensible à une certaine distance, sont appelés *rayons efficaces*.

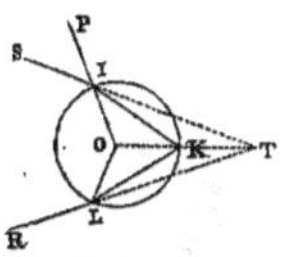

Fig. 2.

Une fois ces principes parfaitement compris, toutes les circonstances du phénomène sont faciles à expliquer. Soit ABC (Fig. 3) une section de goutte de pluie suivant un plan qui passerait par le centre du soleil, le centre de la goutte et l'œil du spectateur, et supposons que les rayons partis du centre du soleil tombent sur la goutte dans la direction SA. Soit E la position de l'œil du spectateur, qui a le dos tourné vers le soleil, et menons une ligne EF parallèle à SA. Maintenant supposons que la ligne ET fasse avec la ligne EF un angle de 42° 1′ 40″, et qu'elle vienne rencontrer la goutte en C. Puisque toute la surface antérieure de la goutte est illuminée par les rayons SA, il y aura quelqu'un de ces rayons qui devra tomber sur elle sous un angle d'incidence tel, qu'après avoir été réfracté en A, réfléchi en B et de nouveau réfracté en C, il émergera paral-

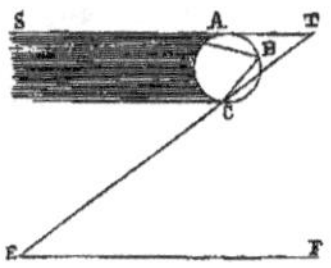

Fig. 3.

lèlement à CE, et fe a par conséquent avec EF l'angle maximum de déviation. C'est pourquoi le spectateur verra la couleur rouge du spectre dans la direction EC. Or, il est clair que toutes ces conditions existeront pour chacune des gouttes d'eau que rencontrera la ligne EC, si l'on suppose que cette ligne tourne autour de EF comme sur un axe en conservant le même angle d'inclinaison. Il suit de là que les rayons rouges ainsi réfractés forment la surface d'un cône, dont l'axe est la prolongation de la ligne droite tirée du centre du soleil à l'œil du spectateur; et comme l'œil de ce dernier est au sommet du cône, il apercevra un segment circulaire de lumière rouge, l'autre portion du cercle étant coupée par l'horizon.

Ce que nous venons de dire s'applique seulement aux rayons qui viennent du centre du soleil; mais la même chose doit avoir lieu pour les rayons qui partent d'un point quelconque du disque solaire. Or, comme le diamètre du soleil sous-tend un angle d'environ 30′, le spectateur verra une bande de lumière rouge d'environ 30′ de largeur.

L'explication que nous venons de donner au sujet de la lumière rouge s'applique à toutes les autres couleurs du spectre; il n'y a d'autre différence que celle qui résulte de la valeur de l'indice de réfraction. Ainsi par ex., pour le rayon violet, lorsqu'il passe de l'air dans l'eau, l'indice de réfraction est $\frac{109}{81}$ ou 1. 3468; et en cherchant d'après cela les valeurs de l'angle d'incidence pour obtenir la plus grande déviation, nous trouvons 58° 40′ 3″ pour l'angle d'incidence; 39° 24′ 20″ pour l'angle de réfraction, et 40° 17′ pour la déviation maximum du rayon violet. Dans ce cas, comme on le voit, l'angle du maximum de déviation est moindre que pour le rayon rouge, ce qui fait que le violet est situé en dedans du rouge. La largeur de la bande violette sera évidemment la même que celle du rouge, puisque l'une et l'autre dépendent de la même cause, à savoir la grandeur du diamètre apparent du soleil.

Puisque les rayons rouge et violet sont ceux dont l'indice de réfraction est respectivement le plus petit et le plus grand, toutes les autres couleurs du prisme se placeront entre ces deux-là, et formeront des bandes de même largeur; mais ces bandes se fondront les unes dans les autres en nuances insensibles, car la distance qui sépare le centre du rouge de celui du violet, étant égale à la différence que présentent leurs angles respectifs de plus grande déviation, ne s'élève qu'à 42° 2′ — 40° 17′ = 1° 45′. La largeur totale de l'arc intérieur est représentée par cette quantité, plus le diamètre apparent du soleil, ou environ 2° 15′.

La dimension de l'arc dépend de la hauteur du soleil au-dessus de l'horizon. Lorsque le soleil est au niveau de l'horizon, l'arc est un demi-cercle pour un spectateur placé dans une plaine; mais pour celui qui est au sommet d'une montagne, il peut être un segment plus grand qu'un demi-cercle.

Nous avons maintenant à dire comment se forme l'arc extérieur. La lumière éprouve deux réflexions dans l'intérieur du globule, et le trajet d'un rayon qui y pénètre, comme on le voit représenté dans la Fig. 1, est SIKLMR. On trouve alors — 50° 59′ pour déviation maximum du rayon rouge, et — 54° 0′ pour celle du rayon violet, ce qui répond à 71° 50′ pour l'angle d'incidence dans le premier cas, et 71° 26′ dans le second, puis à 45° 27′ et 44° 47′ pour l'angle de réfraction. Le signe — qui affecte la déviation indique que les rayons incident et émergent se coupent en avant de la goutte d'eau.

Il résulte de ces valeurs que dans l'arc extérieur la déviation est au minimum pour le rayon rouge et au maximum pour le rayon violet. C'est pourquoi l'ordre des couleurs est renversé, le rouge occupant la bande la plus intérieure, et le violet la bande la plus extérieure, comme l'indique la Fig. 4, où ER est le rayon rouge et EV le rayon violet, l'œil du spectateur étant placé en E.

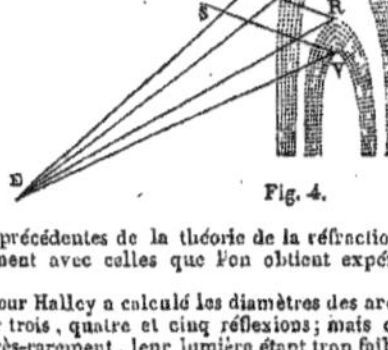

Fig. 4.

La largeur comprise entre le milieu du rouge et le milieu du violet est de 3° 10′, c'est-à-dire de près du double de la largeur de l'arc intérieur. L'intervalle compris entre le rouge de l'arc intérieur et le rouge de l'arc extérieur est de 50° 50′—42° 2′, ou 8° 57′. Toutes ces valeurs, déduites comme les précédentes de la théorie de la réfraction, coïncident exactement avec celles que l'on obtient expérimentalement.

En 1700, le docteur Halley a calculé les diamètres des arcs-en-ciel formés par trois, quatre et cinq réflexions; mais ces arcs se montrent très-rarement, leur lumière étant trop faible pour faire impression sur l'œil. On aperçoit quelquefois des arcs *surnuméraires* en dedans de l'arc extérieur, et ces arcs ont leurs couleurs rangées dans le même ordre que ceux auxquels ils appartiennent respectivement. Ces arcs ont été expliqués par le docteur Young (1804) à l'aide de la théorie des interférences. On observe encore sur le sol des arcs-en-ciel renversés : ils sont produits par des gouttes de rosée suspendues à la cime des herbes ou aux toiles d'araignées. Dans certaines circonstances favorables, on voit aussi des arcs-en-ciel lunaires; mais leurs couleurs sont faibles et à peine sensibles. Enfin il s'en produit lorsqu'on regarde l'espèce de pluie que forme une cascade ou un jet d'eau.

On regarde généralement Antonio de Dominis, archevêque de Spalatro, comme le premier qui ait exposé la véritable théorie de l'arc-en-ciel, dans son traité *De radiis visus et lucis*, qui fut publié à Venise en 1611, mais que l'on sait avoir été écrit vingt ans auparavant. Il paraîtrait cependant, d'après les analyses de cet ouvrage données par Boscovich, Montucla, Priestley et Biot, que tout le mérite de ce savant archevêque se borne à avoir émis vaguement et sans l'appuyer de preuves expérimentales, l'assertion ou le soupçon que l'arc intérieur est formé par deux réfractions et par une réflexion intermédiaire. Il ne dit rien de précis au sujet de l'angle que son diamètre sous-tend; et, quant à l'arc extérieur, la manière dont il essaie d'expliquer sa production est tout à fait erronée. La véritable théorie de l'arc extérieur, et la détermination des angles particuliers de déviation qui seuls rendent les rayons transmis à l'œil assez denses pour être visibles, appartiennent à Descartes. L'explication que cet illustre philosophe en a donnée dans sa *Dioptrique* est complète sous tous les rapports, excepté en ce qui regarde la cause des couleurs, dont la théorie fut révélée par la grande découverte de Newton sur l'inégale réfrangibilité des différents rayons. — Cons. Biot, *Traité de physique*.

ARCHAÏSME, s. m. [On pron. *arkaïsme.*] (gr. ἀρχαῖος, ancien). Mot ancien, locution vieillie, tour de phrase suranné. || Affectation d'un écrivain à se servir de mots anciens, de locutions surannées.

ARCHAL. (lat. *aurichalcum*, laiton). N'est usité que dans cette loc., *Fil d'ar.* — Voy. TRÉFILERIE.

ARCHANGE, s. m. [Dans ce mot et dans le suivant CH se pron. K.] (gr. ἀρχὴ, primauté; ἄγγελος, ange). V. ANGE.

* **ARCHANGÉLIQUE**, s. f. T. Bot. Voy. OMBELLIFÈRES.

ARCHE. s. f. (lat. *arca*). Construction en arc supportée par des piles ou des culées. Ne s'emploie qu'en parlant D'un pont. *Ar. elliptique, plein-cintre. Pont à une seule ar.* ou *d'une seule ar. Les glaces ont emporté deux arches du pont.* || Bâtiment que Noé construisit par l'ordre de Dieu, pour se sauver du déluge. *L'ar. flotta sur les eaux.* — Fig., *Être hors de l'ar.*, Être hors de l'Église, hors des voies du salut. — Fig. et prov., on dit D'une maison où l'on rencontre des gens de toute espèce, ou qui est habitée par toute sorte de gens : *Cette maison-là est une ar. de Noé.* || *Ar. d'alliance*, ou *Ar. sainte*, ou *Ar. du Seigneur*, Espèce de coffre où étaient déposées les tables de la loi. Voy. ALLIANCE. — Fig. et prov., *C'est l'ar. sainte* ou *C'est l'ar. du Seigneur*, C'est une chose sur laquelle il ne faut pas porter la main, ou C'est une chose dont il ne faut pas parler. || * T. Zool Voy. OSTRACÉS.

Enc. — Hist. Sainte. — Il existe de nombreux commentaires et d'intéressantes dissertations sur les dimensions et la forme de l'ar. que Noé construisit par l'ordre de Dieu, lorsque le Seigneur voulut punir les hommes par le déluge; mais notre cadre ne nous permettant pas d'analyser les écrits dont nous parlons, nous nous contenterons de citer le texte même des livres saints. — Genèse. VI. 12. Dieu voyant donc cette corruption sur la terre, dit à Noé : — 13. J'ai résolu de faire périr tous les hommes. Ils ont rempli toute la terre d'iniquité et je les exterminerai avec la terre. — 14. Faites-vous une arche de pièces de bois aplanies : vous y ferez de petites chambres et vous l'enduirez de bitume dedans et dehors. — 15. Voici la forme que vous lui donnerez : sa longueur sera de trois cents coudées, sa largeur de cinquante et sa hauteur de trente. — 16. Vous ferez à l'arche une fenêtre, et le comble qui la couvrira sera haut d'une coudée : vous mettrez la porte de l'arche au côté. Vous ferez un étage tout en bas, un au milieu et un troisième. — 17. Je m'en vais répandre les eaux du déluge sur la terre pour faire mourir toute chair qui respire et qui est vivante sous le ciel : tout ce qui est sur la terre sera consumé. — 18. J'établirai mon alliance avec vous, et vous entrerez dans l'arche, vous et vos fils, votre femme et les femmes de vos fils avec vous. — 19. Vous ferez aussi entrer dans l'arche deux de chaque espèce de tous les animaux, mâle et femelle, afin qu'ils vivent avec vous. — 20. De chaque espèce des oiseaux vous en prendrez deux; de chaque espèce des animaux terrestres, deux; de chaque espèce de ce qui rampe sur la terre, deux. Deux de toute espèce entreront avec vous dans l'arche, afin qu'ils puissent vivre. — 21. Vous prendrez aussi avec vous de tout ce qui se peut manger, et vous le porterez dans l'arche pour servir à votre nourriture et à celle de tous les animaux. — 22. Noé accomplit donc tout ce que Dieu lui avait commandé. — VII. 1. Le Seigneur dit ensuite à Noé : Entrez dans l'arche, vous et toute votre maison, parce que, entre tous ceux qui vivent sur la terre, j'ai reconnu que vous étiez juste devant moi. — 2. Prenez sept mâles et sept femelles de tous les animaux purs et deux mâles et deux femelles de tous les animaux impurs. — 3. Prenez aussi sept mâles et sept femelles des oiseaux du ciel, afin d'en conserver la race sur toute la face de la terre. — 7. Noé entra dans l'arche, et avec lui ses fils, sa femme et les femmes de ses fils, pour se sauver des eaux du déluge. » — Cons. *Histoire de la Bible* par Dom Calmet.

ARCHÉE, s. f. (gr. ἀρχὴ, principe). T. Physiol. Quelques auteurs font ce mot masculin. — Voy. VITALISME.

* **ARCHEMORE.** s. m. T. Bot. Voy. OMBELLIFÈRES.

ARCHÉOLOGIE. s. f. [Dans ce mot et les deux suivants CH se pron. K] (gr. ἀρχαῖος, antique; λογὸς, discours, science).

Enc. — L'*Arch.*, prise dans son sens le plus étendu, a pour objet l'étude de l'antiquité tout entière, d'après les productions de l'art et les écrits des auteurs anciens. Elle applique les connaissances historiques et littéraires à l'explication des monuments et de tous les vestiges antiques que l'on a pu découvrir, et elle fait servir les renseignements fournis par ces monuments et ces restes précieux à l'interprétation des ouvrages de littérature et d'histoire. L'arch. ainsi comprise peut seule faire revivre pour nous le passé d'une manière complète. Avec son secours, nous devenons pour ainsi dire contemporains de chaque époque et concitoyens de tous les peuples qui ont existé. Nous connaissons leur vie extérieure, leur vie privée, leurs mœurs, leurs usages civils et religieux, leurs habitudes domestiques; nous les voyons avec leurs costumes; nous entrons dans leurs temples; nous participons à leurs fêtes, à leurs spectacles, à leurs jeux, à leurs assemblées publiques; nous assistons au développement de leurs arts et de leur industrie; nous sommes spectateurs de leurs combats; nous parcourons leurs camps, leurs forteresses, etc. En un mot, l'arch. éclaire d'une vive lumière l'histoire des nations antiques, et donne l'intelligence d'une foule de passages obscurs des écrivains dont les ouvrages sont parvenus jusqu'à nous. Ainsi qu'on le voit, elle embrasse un champ de recherches immense : aussi les érudits se sont-ils vus forcés de la scinder en différentes branches. On admet généralement trois divisions principales dans cette science. — L'*arch. littéraire*, comprend la *Paléographie*, qui déchiffre les écritures anciennes, la *Diplomatique* qui constate l'authenticité des manuscrits et des documents, et l'*Épigraphie* qui recueille et interprète les inscriptions. — L'*arch. de l'art* a pour objet l'étude de l'*antiquité figurée*, c.-à-d. de toutes les œuvres qui ont un caractère monumental ou artistique. Elle décrit les édifices antiques, et nous révèle leur destination; elle caractérise leur style et nous apprend l'époque où ils ont été élevés. Elle nous fait connaître les œuvres d'art, peinture ou sculpture, qui les décorent. L'étude des monnaies et des médailles qui est d'une si haute importance pour l'histoire, a reçu le nom particulier de *Numismatique*, et l'on a appelé *Iconographie* l'étude des portraits des personnages historiques. L'arch. de l'art s'occupe de tout ce qui a rapport à la *Plastique* ou art de modeler, à la *Toreutique* ou art de ciseler, à la *Glyptique* ou art de graver sur pierres fines. Enfin elle comprend encore l'étude des poteries ou *Céramique*, car un grand nombre de ces objets sont de véritables œuvres d'art par l'élégance de leurs formes et les peintures qui les enrichissent. — L'*arch. des usages et ustensiles* n'est pas d'un intérêt moindre que les deux précédentes : car c'est par elle surtout que nous pénétrons dans la connaissance de la vie domestique des peuples anciens. Au reste, les divisions que nous venons d'indiquer n'ont d'utilité que pour l'étude de la science, et ne sauraient être conservées dans l'application de l'arch. à l'histoire.

L'arch. est une science toute moderne : les anciens, en effet, par suite de leur excessif amour-propre national, se préoccupaient assez peu de la recherche des antiquités des peuples qui les avaient précédés. Les Grecs et les Romains attachaient même au mot arch., un sens assez différent de celui que nous lui attribuons : c'est ainsi que Denys d'Halicarnasse et Flavius Josèphe ont pu donner le nom d'*Arch.*, le premier à son livre relatif à l'origine et aux commencements de Rome, le second à son histoire de la nation juive. — O. Muller divise l'histoire de l'arch. chez les modernes en trois périodes. La première (1450 à 1600) est celle des artistes et des littérateurs qui n'envisagent les antiquités que comme objets d'art, les recueillent avec soin et les étudient principalement sous le rapport de la perfection de leurs formes et de la beauté du travail. A cette époque appartiennent les grands maîtres, surtout italiens. La seconde période est celle des antiquaires : elle comprend le XVIIe siècle et la première moitié du XVIIIe. On se contente d'étudier l'antiquité dans le seul intérêt de l'érudition et de la curiosité. C'est l'époque des Spon, des Wheler, des Ernesti, des Christ, des Montfaucon : c'est alors que se publient les immenses recueils de Grævius, de Gronovius, de Sallengre, de Poleni, de Montfaucon, etc., vastes dépôts de dissertations sur toutes les parties de l'arch., mais principalement sur les antiquités grecques et romaines. Enfin la troisième période, inaugurée par les travaux de Winckelmann et de Lessing, s'offre à nous avec un caractère tout particulier. L'arch. est envisagée d'un point de vue véritablement philosophique. On la cultive pour étendre le domaine de l'histoire et pour suivre sous tous ses aspects le développement de la civilisation dans les siècles passés. En outre, l'arch. ne se borne plus à l'étude de l'antiquité classique, c.-à-d. de l'antiquité grecque et romaine. Elle embrasse dans ses recherches toutes les nations qui nous ont laissé quelques vestiges de leur civilisation primitive. Enfin, cessant de regarder la grande période du moyen âge comme une époque de décadence et de barbarie, elle étudie avec un soin religieux tout ce qui la concerne, et s'attache même aujourd'hui avec une prédilection marquée à poursuivre l'étude des monuments grandioses que l'architecture chrétienne a prodigués sur le sol de l'Europe et particulièrement sur le sol de la France.

ARCHÉOLOGIQUE. adj. 2 g. Qui concerne l'archéologie, qui a rapport à l'archéologie. *La science ar. Recherches archéologiques.*

ARCHÉOLOGUE. s. m. Celui qui se livre à l'archéologie, qui est versé dans l'archéologie.

ARCHER. s. m. (R. *arc*). Homme de guerre qui combattait avec l'arc. Voy. ARC. || * T. Ichth. Voy. SQUAMMIPENNES.

ARCHEROT. s. m. Petit archer. Épithète donnée à Cupidon dans les vers de nos anciens poëtes. Inus.

ARCHET. s. m. (R. *arc*). Baguette flexible en bois, à laquelle sont attachés des crins enduits de colophane, et qui sert à faire vibrer les cordes de divers instruments de musique. *Avoir un beau coup d'ar. Manier l'ar. avec grâce.* || On appelle encore *Archet* ou *Arceau* une Sorte de châssis de bois en forme de demi-cercle, que l'on met, soit au berceau d'un enfant pour soutenir un rideau au-dessus de sa tête, soit au-dessus d'une partie malade pour la préserver du contact et du poids des couvertures. || T. Méc. Voy. MOUVEMENT.

Enc. — Les seuls *instruments à archet* usités aujourd'hui sont au nombre de cinq : le *violon*, l'*alto*, la *viole d'amour*, le *violoncelle* et la *contrebasse*. Tous ont la même forme, sont construits de la même manière, et ne diffèrent guère que par leurs dimensions. En conséquence nous nous contenterons de donner la figure et la description du plus répandu, c'est-à-dire du *violon* (Fig. 1). Le corps de l'instrument se compose de deux tables, l'une supérieure, appelée *table d'harmonie*, l'autre inférieure, nommée *dos*. La partie intermédiaire qui unit les deux tables a reçu le nom d'*éclisse*. Un morceau de bois peu épais, légèrement arrondi, appelé *chevalet*, sert à élever les cordes. Celles-ci sont fixées d'un côté à une pièce de bois appelée *queue* et de l'autre à des chevilles qui servent à donner à chaque corde la tension convenable. La planche d'ébène qui fait saillie sur une partie du manche et contre laquelle les doigts pressent les cordes pour varier leurs intonations, se nomme *touche*. Enfin on appelle *âme* un petit morceau de bois cylindrique qu'on place dans l'intérieur de l'instrument au-dessous du chevalet, afin de soutenir la table sous la pression des cordes et de mettre en communication de vibration toutes les parties de l'instrument. — Quant à l'archet (Fig. 2), il est muni, vers son extrémité inférieure, appelée *talon*, d'une vis au moyen de laquelle on tend les crins à volonté.

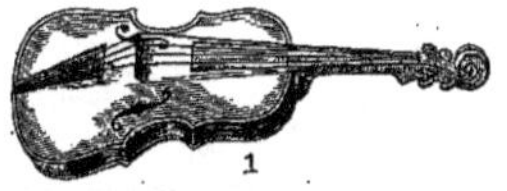

1

2

Les instruments à cordes pincées et à manche ayant une analogie plus ou moins frappante avec notre guitare, sont certainement d'origine orientale. Mais il paraît que l'idée de disposer ces cordes sur des plans différents au moyen d'un chevalet et de les faire résonner à l'aide d'un ar. de crins appartient à l'Occident et est née dans le moyen âge. Au XIIIe siècle, on distinguait déjà deux sortes d'instruments de ce genre : la *rubebbe* et la *viole*. La première n'avait que 2 cordes et la seconde en comptait 5. Mais le corps de ces instruments n'avait point la forme de nos violons; il ressemblait à celui de la mandoline. « Plus tard, dit Fétis, ils subirent diverses modifications et donnèrent naissance aux différentes violes : la *viole* proprement dite qui se plaçait sur les genoux et qui était montée de 5 cordes; le *pardessus de viole* qui avait aussi 5 cordes accordées à la quinte de la viole; la *basse de viole*, appelée par les Italiens *viola da gamba*, et qui était montée tantôt de 5 cordes, tantôt de 6; le *violone* qui était posé sur un pied et était monté de 7 cordes; et enfin l'*accordo*, autre espèce de *violone* qui était monté de 12 cordes et même de 15, dont plusieurs résonnaient à la fois et faisaient harmonie à chaque coup d'ar. Les dimensions du *violone* et de l'*accordo* étaient telles qu'on ne pouvait les jouer que debout, comme l'on fait pour la contrebasse actuelle. » C'est vers la fin du XVe siècle que le *violon* prit naissance. Pour cela on réduisit la viole à de plus petites proportions et on lui enleva une de ses cordes. Le nouvel instrument ne tarda pas à supplanter les instruments analogues dont les sons étaient moins purs et moins éclatants. On pense généralement que les premiers violons ont été fabriqués en France, car dans les partitions italiennes du XVIe siècle, ils sont indiqués sous les noms de *piccoli violini alla francese* (petits violons à la française).

Le *Violon* est monté de 4 cordes qu'on accorde habituellement de cette manière, c.-à-d. que les cordes de l'instrument jouées *à vide*, ou en d'autres termes, sans qu'on les touche avec les doigts, produisent les notes ci-contre. La première corde porte le nom de *chanterelle*. L'étendue générale du violon est d'environ 4 octaves. L'exécutant appuie l'instrument sur la

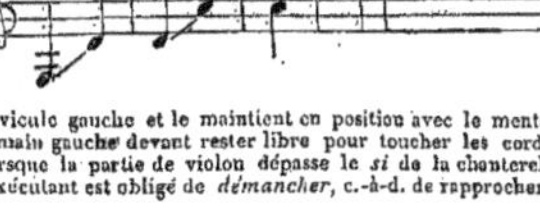

clavicule gauche et le maintient en position avec le menton, la main gauche devant rester libre pour toucher les cordes. Lorsque la partie de violon dépasse le *si* de la chanterelle, l'exécutant est obligé de *démancher*, c.-à-d. de rapprocher la main du chevalet. Il résulte de ce déplacement de la main que les notes qui se font sur les autres cordes varient suivant que celle-ci se trouve plus ou moins rapprochée du chevalet. Les sons qu'on tire du violon au moyen de l'ar. présentent un caractère assez différent suivant la manière dont on fait agir l'ar. sur la corde. On peut encore modifier ces sons au moyen de la position de l'ar., c.-à-d. selon qu'on joue près du chevalet ou sur la touche. Dans la plupart des compositions instrumentales, on écrit deux parties de violon, appelées l'une *premier violon* et l'autre *second violon* : de là vient que dans les orchestres tous les violonistes sont divisés en deux bandes qu'on nomme *premiers* et *seconds violons*.

L'*Alto* ou *Viole* est un instrument un peu plus volumineux que le violon : l'exécutant le tient et en joue de la même manière. Il s'accorde une quinte plus bas. Il tient ainsi le milieu entre le violon et le violoncelle. Son étendue est de 3 octaves à peu près :

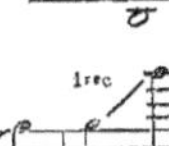

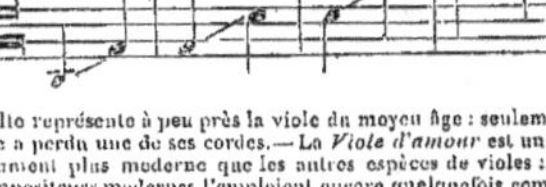

L'alto représente à peu près la viole du moyen âge : seulement elle a perdu une de ses cordes. — La *Viole d'amour* est un instrument plus moderne que les autres espèces de violes : les compositeurs modernes l'emploient encore quelquefois comme instrument de solo. Elle est montée de cinq cordes ordinaires accordées de cette manière : mais elle possède en outre cinq autres cordes de métal qui passent sous la touche et sous le chevalet, et qu'on accorde à l'unisson des premières. Lorsque l'instrument est joué d'une certaine manière, les cordes de métal résonnent aussi et les sons produits ressemblent à ceux de l'harmonica.

Le *Violoncelle* est la basse du violon : il est monté de 4 cordes qu'on accorde à l'octave inférieure de celles de l'alto. Il a environ 4 octaves d'étendue :

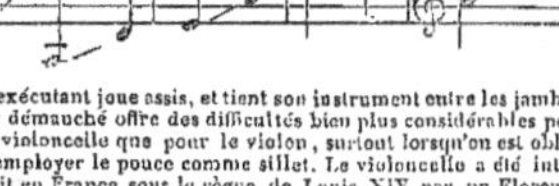

L'exécutant joue assis, et tient son instrument entre les jambes. Le démanché offre des difficultés bien plus considérables pour le violoncelle que pour le violon, surtout lorsqu'on est obligé d'employer le pouce comme sillet. Le violoncelle a été introduit en France sous le règne de Louis XIV par un Florentin nommé J. Batistini : mais il n'a été définitivement substitué à la basse de viole que vers 1720.

La *Contrebasse* est le plus grave de tous les instruments à ar. En France et en Belgique, il n'est monté que de 3 cordes accordées par quintes (A), tandis qu'en Allemagne, en Angleterre et en Italie, on le monte de 4 cordes accordées par quartes (B). Ces cordes, par leur longueur et leur grosseur, sonnent à l'octave inférieure de celles du violoncelle : l'étendue de notre contrebasse est indiquée ci-dessous :

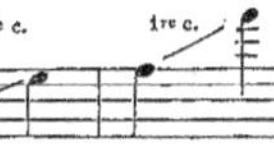

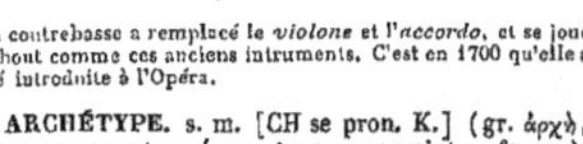

La contrebasse a remplacé le *violone* et l'*accordo*, et se joue debout comme ces anciens intruments. C'est en 1700 qu'elle a été introduite à l'Opéra.

ARCHÉTYPE. s. m. [CH se pron. K.] (gr. ἀρχὴ, commencement; τύπος, type, empreinte, forme). Original, modèle, patron, sur lequel on fait quelque chose. — On nommait autrefois *Archétypes* Les modèles de monnaies ou de mesures qui servaient à échantillonner les autres. Aujourd'hui on dit *Étalon*. || S'emploie adject. *Les idées archétypes.*

Enc. — L'école platonicienne désignait sous le nom d'*idées archétypes*, les formes substantielles des choses telles qu'elles sont de toute éternité dans la pensée de Dieu. Le même terme se rencontre aussi dans les écrits de Locke; mais le philosophe anglais lui donne une autre signification. Pour lui les *idées archétypes* sont des conceptions pures de notre esprit qui les forme par la réunion arbitraire des notions simples. Enfin quelques philosophes hermétiques, considérant Dieu comme le modèle absolu de tout ce qui est, l'appellent l'*Ar. du monde.*

ARCHEVÊCHÉ. s. m. Circonscription territoriale qui est soumise à l'autorité spirituelle et à la juridiction d'un archevêque. *Cette paroisse est dans l'ar. de Reims. Il a obtenu l'ar. de Toulouse. Cet ar. est un des plus riches de France.* || Ville où se trouve un siége archiépiscopal. *Cambrai est un ar.* || Demeure, palais de l'archevêque. *Sa maison est à côté de l'ar.*

ARCHEVÊQUE. s. m. (gr. ἀρχὴ, primauté; ἐπίσκοπος, évêque). Prélat métropolitain qui a un certain nombre d'évêques pour suffragants. Voy. ÉVÊQUE.

ARCHI —. (gr. ἀρχὴ, principe, autorité, suprématie). Mot emprunté du grec, qui ne s'emploie jamais qu'en composition, et se place au commencement d'un autre mot pour marquer Supériorité, suprématie, prééminence. *Archichancelier. Archiduc. Archiépiscopal. Archidiacre. Archange. Archevêque.* On voit que l'*i* disparaît dans certains mots commençant par une voyelle. — Dans le style fam., on se sert également de la préfixe *archi* pour donner plus de force au terme auquel on le joint. *Archifou. Archimenteur. Archivilain.* — Comme on peut former de la sorte un très-grand nombre de mots, nous ne donnerons que ceux qui sont les plus usités.

***ARCHIÂTRE.** s. m. [CH se pron. K.] (gr. ἀρχὴ; ἰατρὸς, médecin).

Enc. — On est incertain sur l'époque où le titre d'*Arch.* a commencé d'être en usage. D'après quelques passages obscurs de Galien, on a pensé qu'Andromaque, médecin de Néron, était le premier qui en eût été revêtu. Toutefois il paraît probable que cette qualification n'a pas été en usage avant le commencement du Bas-Empire. A cette époque on distingua deux sortes d'archiâtres. Les premiers, appelés *archiâtres du palais*, étaient les médecins du prince et avaient rang parmi les premiers officiers de la cour : les seconds, nommés *archiâtres populaires*, avaient pour fonctions de donner leurs soins aux malades, quels qu'ils fussent, sans pouvoir exiger de rétribution. En revanche, ils jouissaient de priviléges assez étendus, et recevaient un salaire particulier. A une époque plus rapprochée de nous, on voit encore, dans divers pays, le titre d'arch. attribué au premier médecin du souverain. Ainsi, par ex., quelques médecins des anciens rois de France et des empereurs d'Allemagne furent revêtus de ce titre aujourd'hui complétement tombé en désuétude.

ARCHICHANCELIER. s. m. Voy. CHANCELIER.

ARCHIDIACONAT. s. m. Dignité d'archidiacre.

ARCHIDIACONÉ. s. m. Circonscription territoriale soumise à la juridiction spirituelle d'un archidiacre.

ARCHIDIACRE. s. m. Voy. DIACRE.

ARCHIDUC. s. m. Titre de dignité qui n'est usité qu'en parlant Des princes de la maison d'Autriche.

Enc. — Le titre d'*Arch.* avait été pris par les chefs de la maison d'Autriche dès le milieu du XIIe siècle (1156); mais il ne devint héréditaire dans leur maison qu'après la promulgation de la bulle d'or (1355), et ne fut reconnu par les électeurs de l'empire qu'en 1453 sur l'ordre exprès de Frédéric III, empereur d'Allemagne.

***ARCHIDUCAL, ALE.** adj. Qui appartient à l'archiduc. *Couronne archiducale.*

ARCHIDUCHÉ. s. m. Ne se dit que De la seigneurie d'Autriche. *L'Autriche a porté le titre d'arch. jusqu'en 1804. Le 10 août de cette année, François II, empereur d'Allemagne, archiduc d'Autriche, prit le titre d'Empereur d'Autriche sous le nom de François Ier.*

ARCHIDUCHESSE. s. f. Titre que porte la femme d'un archiduc, ou Toute princesse qui est revêtue de cette dignité par sa naissance. *La reine Marie-Antoinette était une arch. d'Autriche.*

ARCHIÉPISCOPAL, ALE. adj. [Dans ce mot, et dans le suivant, CH se pron. K.] Qui appartient à l'archevêque. *Palais arch. Dignité archiépiscopale.*

ARCHIÉPISCOPAT. s. m. (gr. ἀρχὴ; ἐπίσκοπος, évêque). Dignité d'archevêque. Fonctions d'archevêque. *Il a été élevé à l'arch. Il est mort après dix ans d'arch.*

***ARCHILOQUIEN.** adj. et s. m. T. Versific. anc.

Enc. — On nomme ainsi deux sortes de mètres dont on attribue l'invention au poëte grec Archiloque qui vivait dans le VIe siècle avant J.-C. On distingue l'*arch.* proprement dit et le *grand arch.* — L'*arch.* se compose de deux dactyles et d'une syllabe :

Pŭlvĭs ĕt | ŭmbră sŭ | mŭs. HORACE.

Ce vers, comme on le voit, n'est autre chose que la seconde moitié d'un pentamètre. — Le *grand arch.* s'appelle aussi *dactylico-trochaïque heptamètre*, parce qu'il se compose de sept pieds. Les trois premiers sont des dactyles ou des spondées; le quatrième est un dactyle, et les trois derniers sont des trochées. En outre, il y a toujours un repos après le quatrième pied.

Pāllĭdă | mōrs ǣ|quō pūl|sāt pĕdĕ | pāupĕ|rūm tă|bērnas.....
Vītæ | sūmmă brĕ|vĭs spēm | nōs vĕtăt | īnchŏ|ārĕ | lōngam.
HORACE.

ARCHIMANDRITAT. s. m. Dignité d'archimandrite. || Bénéfice possédé par un archimandrite.

ARCHIMANDRITE. s. m. (gr. ἀρχὴ; μάνδρα, bergerie). Titre en usage dans l'Église grecque, et qui répond à celui d'*Abbé* dans l'Église catholique.

*** ARCHIMIME.** s. m. (gr. ἀρχὴ; μῖμος, mime). Voy. MIME.

ARCHIPEL. s. m. (gr. ἀρχὴ, domination; πελάγος, mer?). T. Géog.

Enc. — Les géographes emploient le terme *Arch.* pour désigner des assemblages d'îles tantôt fort rapprochées les unes des autres, tantôt séparées entre elles par d'assez grandes distances. En général, les archipels se composent de la réunion de plusieurs groupes d'îles. On en rencontre dans toutes les mers du globe, et quelques-uns renferment des îles extrêmement considérables. — Sous le point de vue géologique, un arch. peut être envisagé comme l'ensemble des sommités d'un continent submergé. Aussi plusieurs géologues ont supposé que pendant la formation des terrains anciens, la surface de la terre n'offrait qu'un vaste arch. composé d'une multitude infinie d'îles basses, et qu'à la suite des catastrophes qui ont tourmenté notre planète, le nombre des grands archipels a diminué, tandis que celui des petits s'est accru considérablement. Cependant, il faut considérer parmi les archipels que nous connaissons, que tous n'ont pas une origine commune. Les uns sont produits par des affaissements ou par des soulèvements de terrain, et offrent souvent des preuves non équivoques d'une formation ignée; les autres proviennent soit d'atterrissements, soit de dépôts de matières calcaires sécrétées par certains animaux. D'un autre côté, les observations géologiques démontrent jusqu'à l'évidence qu'une irruption des mers est venue engloutir et morceler des continents : ainsi l'Afrique a été séparée de l'Europe, l'Amérique et l'Océanie de l'Asie, la France de l'Angleterre, l'arch. grec de la péninsule orientale, etc. Il faut donc en conclure que c'est à l'ensemble de ces causes différentes qu'est due la formation des archipels. Nous allons indiquer sommairement ceux qu'on rencontre dans les diverses parties du monde, et les mers dans lesquels ils sont situés.

EUROPE.— *Méditerranée.* — Archipel Grec, appelé simplement l'*Archipel* : il s'étend dans un espace de 67 myriamètres de long sur environ 440 de large, entre la Grèce à l'ouest, la Turquie d'Europe au nord, l'Anatolie à l'est et l'île de Candie au sud. Plus de 80 îles dont les unes font partie de la Grèce et les autres de l'empire ottoman, parsèment cette mer. Des îlots, des rochers sans nombre en rendent la navigation difficile et dangereuse. Malheur aux navires qui se hasardent au milieu de ces écueils sans avoir pris pour les conduire un pilote indigène! Presque toutes les îles de l'Arch. rappellent des événements mémorables de l'histoire grecque. La plupart ont conservé leurs anciens noms; d'autres ont reçu des noms modernes. Entre elles on distingue Négrepont (autrefois Eubée), Naxie (Naxos), Limno ou Stalimène (Lemnos), Metelin (Lesbos), Kolouri (Salamine), Cérigo (Cythère), Samos, Paros, Ténédos, Rhodes, Hydra (Aristera), Syra (Scyros), Samothraki (Samothrace), etc. — *Océan Atlantique et ses branches.* — Arch. Britannique composé de la Grande-Bretagne, de l'Irlande, et d'une foule d'autres îles beaucoup plus petites, telles que Vigeren, Hitteren, etc. Arch. de Féroé ainsi nommé de son île principale : il est situé sur les côtes occidentales de la Norwége et appartient au Danemark. Arch. des Açores, à 800 milles géographiques des côtes du Portugal : il dépend de ce royaume et a pour îles principales Terceira, San-Miguel et Santa-Maria. — *Baltique.* — Arch. Danois dont font partie les îles de Seeland et Fionie; Arch. d'Aland situé à l'entrée du golfe de Bothnie, et Arch. d'Abo qui s'étend vis-à-vis de la ville de ce nom et sur les côtes méridionale et occidentale de la Finlande : ces deux derniers appartiennent à la Russie.— *Océan glacial arctique.* — Arch. Norwégien, appelé par les Suédois arch. côtier : il borde les côtes de la Norwège, et se compose d'une grande quantité d'îles dont les principales sont Hindoën, Senjen et OEstvauge : cette dernière sert de point central aux pêcheurs qui s'y rendent chaque année en février et mars au nombre de plus de 20,000. Arch. du Spitzberg, classé quelquefois au nombre des archipels de l'Amérique : il est inhabité et appartient à la Russie. Ses principales îles sont Spitzberg, Nord-Ostland et Edges. Depuis quelques années des négociants d'Arkangel entretiennent dans la première un poste de chasseurs qu'on renouvelle chaque année.

AFRIQUE. — *Océan Atlantique.* — Arch. du Cap-Vert appartenant au Portugal et dont les plus grandes îles sont San-Iago, San-Antao, Fogo, etc. Arch. des Canaries : il appartient à l'Espagne et se compose de 20 îles dont la plus grande est Ténériffe, remarquable par son pic, l'une des plus hautes montagnes du globe. Arch. de Bissagos dont l'île principale Bissao appartient aux Portugais. Arch. de Los. — *Océan Indien.* — Arch. Ethiopien : il comprend Madagascar, les îles Comores, l'île de France, l'île Bourbon et les Seychelles.

AMÉRIQUE. — *Océan Atlantique et ses dépendances.* — Arch. de Terre-Neuve ou du Saint-Laurent, dans lequel sont comprises l'île du cap Breton, Anticosti, Saint-Pierre, Miquelon, et Terre-Neuve, rendez-vous des navires employés à la pêche de la morue. Arch. des Bermudes : il appartient aux Anglais; l'île Saint-George est le siége du gouvernement. Arch. Colombien ou des Antilles : c'est l'un des plus considérables et des plus peuplés du monde. Cuba, Saint-Domingue, la Jamaïque, Porto-Rico, la Martinique, la Guadeloupe, la Barbade en font partie. Arch. de Bahama ou îles Lucayes, dont les plus grandes îles sont Inagua, Grande-San-Salvador, Grande-Bahama, Providence. Arch. de Falkland ou îles Malouines auprès desquelles se fait une abondante pêche de phoques : il se compose de 92 îles dont deux, Falkland et Soledad sont beaucoup plus considérables que les autres. — *Océan Austral.* — Arch. de Magellan, appelé aussi Terre de Feu : il est formé d'un grand nombre d'îles peu connues et à peu près inhabitées. Arch. de Sandwich : Bristol et Thulé-Australe sont ses îles les plus importantes. — *Grand Océan.* — Arch. Patagonien : il comprend les îles désignées par plusieurs géographes sous les noms d'Archipels de Guayaneco, de Tolède et de la Madre de Dios : il est situé le long de la côte occidentale de la Patagonie. Arch. de Chonos composé d'un grand nombre d'îlots placés entre la presqu'île de Très-Montes, la côte de la Patagonie et la grande île de Chiloé : son nom lui vient de son île principale. Arch. de Chiloé au nord du précédent : il appartient au Chili. Arch. de Gallopagos situé sous la ligne équinoxiale, à 500 milles environ des côtes de la Colombie : ses îles les plus importantes sont Albemarle, James, Chatam et Charles, à peu près inhabitées malgré leur fertilité. Arch. des Aléoutes ou îles Aléoutiennes : il est remarquable par ses volcans et fait partie de l'Amérique russe; ses principales îles sont Oumanak, Ounalaska, Atcheu, etc. Arch. de Baffin-Parry : il comprend toutes les îles qui s'étendent au sud du détroit de Lancastre-et-Barrow, au nord du détroit de l'Hécla et entre ce détroit et la mer d'Hudson, la mer de Baffin, l'entrée du Prince-Régent et le golfe de Bouthia qui en est la continuation. L'Arch. du Prince de Galles, l'Arch. du duc d'York et l'Arch. du roi George III font partie tous les trois de l'Amérique russe et sont habités par les Koluches, peuple belliqueux et féroce, mais remarquable par son industrie et surtout par son adresse à sculpter et polir la pierre.

ASIE. — *Océan glacial arctique.* — Arch. de la Nouvelle-Sibérie, ainsi nommé de son île principale. Arch. des Ours, à l'embouchure de la Kolyma. — *Grand Océan.* — Arch. des Kouriles. Arch. du Japon, dont l'île principale Niphon est la plus grande de l'Asie. Arch. de Corée situé le long de la côte de ce nom et composé d'un millier d'îles environ. Arch. de Lieou-Khieou. Arch. de Pheugu. Arch. de Kamboge dont l'île principale est Koh-Doud. Arch. de Merghi, situé le long de la côte occidentale de l'Asie. A l'ouest de ce dernier, les archipels de Nicobar et d'Andaman. Plus au nord, celui d'Arracan qui renferme des volcans remarquables. Les archipels des Maldives et des Lakedives ne sont à proprement parler que des groupes d'écueils innombrables; l'île la plus grande ayant à peine une lieue de tour. L'Arch. Corallien le long de la côte arabique, composé d'une infinité d'îlots et de rochers de corail : l'on pêche des perles auprès de ses principales îles Baklan et Firau.

OCÉANIE. — Toute cette partie du monde, si l'on en excepte la Nouvelle-Hollande ou Australie, est, à proprement parler, uniquement composée d'archipels. L'Océanie occidentale ou Malaisie a reçu souvent les divers noms de Grand archipel asiatique, d'Archipel indien, d'Archipel d'Orient. Il se subdivise en une foule de parties dont les principales sont : le groupe de Sumatra, le groupe de Java, l'Arch. de Sumbava-Timor ainsi nommé de ses deux îles principales, l'Arch. des Moluques dépendant presque entièrement des Hollandais, le groupe des Célèbes, le groupe de Bornéo, l'Arch. des Philippines ou Arch. de Saint-Lazare appartenant en partie aux Espagnols et où se trouvent Manille et Mindanao, deux des plus grandes îles de l'Océanie. Dans l'Australie ou Océanie centrale on trouve, outre le continent de la Nouvelle-Hollande dont nous avons parlé, l'Arch. de la Louisiade, situé à l'est de la Papouasie, et dont les habitants sont anthropophages; l'Arch. de la Nouvelle-Bretagne au nord du précédent : les îles de la Nouvelle-Bretagne et de la Nouvelle-Irlande qui en font partie, sont les plus policées de toutes celles qu'habitent les Papous; l'Arch. de Salomon remarquable par sa grande population et dont les îles les plus importantes sont Bouka et Bougainville; l'Arch. de Lapérouse qui comprend les îles de la Reine-Charlotte et de Santa-Cruz. L'Arch. de Quiros, ainsi appelé du navigateur qui le découvrit, reçut plus tard de Bougainville le nom de Grandes-Cyclades, et de Cook celui de Nouvelles-Hébrides. La Polynésie ou Océanie orientale est celle qui renferme le plus grand nombre d'archipels. En effet elle n'en comprend pas moins de 12 ou 14 que nous allons énumérer. Arch. des Mariannes, désigné par Magellan sous le titre d'Arch. des Larrons : il appartient à l'Espagne et ne possède d'habitants que dans ses îles principales Guam, Rotta, Saypan, Assomption et Pagan. Arch. de Palaos composé des îles Pelew, Soronsol, Anna, Marières et de quelques autres. Arch. des Carolines à l'est du précédent : il est formé de 46 groupes qui se trouvent disséminés sur une vaste étendue de mer; ses habitants l'emportent sur tous les Polynésiens par leur habileté à construire et à guider leurs pirogues. Arch. central : il comprend un grand nombre de petites îles connues aussi sous les noms d'Arch. de Mulgrave, de Marshall, de Gilbert et de Ralik-Radak. Arch. de Viti au sud du précédent : il correspond aux îles du Prince-Guillaume de plusieurs géographes et aux îles Fidji de quelques autres. Arch. de Tonga ou îles des Amis dont les îles principales sont Tonga, Toua et Vavoo. Arch. des Navigateurs ou de Bougainville, composé de sept îles principales dont la plus grande est Pola : il est habité par une population nombreuse et féroce. Arch. de Cook, dont la plupart des insulaires ont embrassé le christianisme. Arch. de la Société ou de Tahiti qui constitue un état soumis depuis quelques années au protectorat de la France : les principales îles sont Tahiti où séjourne ordinairement la reine Pomaré II, Huahine, Tethuroa, Timéo, etc. Arch. Paumotou ou des Iles-Basses; il comprend une foule d'îles récemment découvertes entre celles qui composent l'Arch. Dangereux, l'Arch. de la Mer Mauvaise et l'Arch. Méridional. Arch. de Hawaii connu sous le nom d'Iles Sandwich : quelques Européens qui s'y sont établis ont introduit quelques arts et une certaine civilisation; beaucoup d'habitants sont convertis au christianisme et diffèrent entièrement par la douceur de leurs mœurs des nations qui peuplent tous les autres archipels de l'Océanie. La plupart de celles-ci sont d'une férocité sans bornes, inhospitalières et anthropophages.

ARCHIPRESBYTÉRAL, ALE. adj. Qui concerne l'archiprêtre.

ARCHIPRÊTRE. s. m. Voy. PRÊTRE.

ARCHIPRÊTRÉ. s. m. Se dit du Territoire placé sous la juridiction d'un archiprêtre.

ARCHITECTE. s. m. (gr. ἀρχὸς, chef; τέκτων, ouvrier). Celui qui fait le plan des édifices, en dresse le devis et souvent même dirige l'exécution des travaux. *C'est un habile ar.* || On donne quelquefois à Dieu les noms suivants : *Ar. éternel. Ar. suprême. Ar. du monde, de l'univers.*

ARCHITECTONIQUE. adj. 2 g. Se dit De ce qui a rapport aux procédés techniques de l'architecture. *L'art ar. Procédés architectoniques.* || S'emploie subst. au fém., et signifie L'art de la construction. *Étudier l'ar.*

ARCHITECTONOGRAPHE. s. m. (gr. ἀρχιτεκτόνημα, construction; γράφω, je décris). Celui qui fait la description et l'histoire des édifices.

ARCHITECTONOGRAPHIE. s. f. Description des édifices.

ARCHITECTURE. s. f. Art d'élever des constructions de toute espèce. *Arch. civile, religieuse. Arch. navale. Arch. militaire. Arch. hydraulique.* || Disposition, ordonnance d'un bâtiment. *Une belle arch. Un beau morceau d'arch.*

Enc. — L'*Archit.* est l'art de bâtir selon des proportions et des règles déterminées par le caractère et la destination des édifices. Elle reçoit, suivant les objets auxquels elle est appliquée, différentes dénominations. On l'appelle *arch. civile*, quand elle a pour but de construire des édifices publics et particuliers destinés à satisfaire aux divers besoins de l'homme vivant en société. Cette arch. peut se subdiviser en arch. *domestique, rurale* et *monumentale*, selon l'objet particulier qu'elle a en vue. — L'*arch. militaire* s'occupe des travaux de construction nécessaires à la défense ou à l'attaque d'un territoire. Voy. FORTIFICATION. — L'*arch. navale* a pour objet la construction des vaisseaux de guerre et de commerce. Voy. VAISSEAU. — Enfin on désigne sous le nom d'*arch. hydraulique* l'art de conduire et de retenir les eaux, ainsi que l'art d'élever des constructions dans leur sein. V. CANAL, PONT, etc.

Nous n'avons à nous occuper ici que de l'*arch. civile*; mais nous insisterons spécialement sur l'arch. monumentale et surtout sur l'arch. *religieuse*, à toutes les époques et chez toutes les nations, non-seulement parce que c'est dans l'érection des édifices consacrés au culte que les architectes ont déployé toutes les ressources de leur art, mais encore parce qu'à chaque système religieux correspond constamment un système d'arch. qui en est le symbole et la réalisation matérielle.

Au reste l'arch. ne constitue un art véritable que lorsque les peuples sont déjà parvenues à un haut degré de civilisation, d'opulence et de luxe. A son origine, on ne peut guère la considérer que comme une industrie grossière qui a pour but de fournir à l'homme un abri contre les intempéries des saisons. Toutefois, à quelque hauteur que l'art architectural s'élève chez une nation, on y retrouve toujours certains traits caractéristiques qui nous révèlent son point de départ. C'est

Fig. 1. Fig. 2.

ainsi que les auteurs s'accordent généralement à reconnaître trois types primitifs d'arch., dont chacun se rapporte à trois états différents de la race humaine.—Les plus anciens peuples étaient ou pasteurs, ou agriculteurs ou chasseurs. Les premiers menaient une existence vagabonde et conduisaient leurs troupeaux dans les plaines les plus fertiles : ils furent donc obligés de se faire des demeures mobiles qu'ils pussent emporter dans leurs pérégrinations. Ils inventèrent la *tente* (Fig. 1) qui est encore le type évident de toute l'arch. chinoise, car les premiers habitants de ce pays, comme toutes les peuplades tartares, furent d'abord *nomades*, en d'autres termes pasteurs, ou *scénites*, c.-à-d. habitant sous des tentes. L'agriculture au contraire, obligeant l'homme à se fixer dans le lieu qu'il a choisi et à travailler sans cesse la même terre, le porta à se construire une demeure solide pour y abriter non-seulement sa famille, mais encore ses bestiaux et ses récoltes. La *cabane* construite en bois et surmontée d'un toit incliné (Fig. 2) fut le premier résultat de cette nécessité. Quant aux peuples qui vivaient de la chasse ou de la pêche, ils parcouraient sans cesse les pays de forêts et de montagnes, ou s'établissaient aux bords de la mer : il est probable qu'ils se contentaient de se retirer dans les excavations naturelles que leur offraient les rochers, ou bien ils creusaient des cavités pour se mettre à l'abri, ainsi qu'on peut en juger par les ruines de Pétra (Fig. 3), au sud

Fig. 3.

de la mer Morte, dans l'Arabie pétrée. Au reste, il ne faut pas croire que l'art de chaque pays doive toujours se rapporter à un principe ou type unique; car si l'arch. chinoise est dérivée de la tente, celle de la Grèce de la cabane primitive, celle de l'Inde des excavations souterraines, plusieurs auteurs admettent que celle de l'Égypte procède de la combinaison de ces deux derniers principes.

Il est impossible, dans l'état actuel de la science, de déterminer d'une manière exacte, pour certaines périodes reculées, la chronologie de l'arch. En conséquence, nous suivrons en commençant ce rapide exposé des formes architecturales propres à chaque peuple, un ordre à peu près arbitraire. Nous parlerons d'abord de l'arch. celtique, parce qu'elle n'est pas sortie de l'état rudimentaire, et de l'arch. pélasgique, à cause de son affinité avec la précédente. Nous exposerons ensuite les caractères des architectures babylonienne, juive, persépolitaine et indienne. Puis nous étudierons l'arch. égyptienne, l'arch. grecque, l'arch. romaine et nous arriverons aux styles byzantin, moresque, roman, gothique, etc., jusqu'aux temps modernes. Enfin nous terminerons par quelques mots sur l'arch. chinoise, et sur les monuments qu'on rencontre dans le nouveau monde.

ARCHIT. CELTIQUE. — Si la simplicité des formes et l'absence de tout indice d'un art quelconque, étaient une marque certaine de l'antiquité des monuments, ceux qui ont reçu le nom de *celtiques* ou de *druidiques* seraient incontestablement les plus anciens qu'ait élevés la main des hommes. Ces monuments grossiers, dont on attribue généralement l'érection à nos ancêtres les Celtes ou Galls, parce qu'ils sont surtout répandus dans les pays qu'occupait cette antique nation, la France et l'Angleterre, se rencontrent néanmoins dans une foule d'autres contrées, dans la Belgique, le Danemark, la Suède, la Norwége, sur les bords de la Méditerranée, dans le Levant et jusque dans l'Inde. De là une multitude d'hypothèses contradictoires soit sur l'origine de la nation celte, soit sur la signification de ces monuments. — Quoi qu'il en soit des discussions interminables auxquelles ces restes précieux ont donné lieu, on remarque que tous offrent pour caractère commun, d'être formés d'énormes pierres brutes en général, et affectant des dispositions assez peu variées. — En première ligne on distingue les *Peulvans* ou *Menhirs*, qui sont simplement constitués par une pierre, de forme allongée, plantée verticalement en terre ou seulement posée sur le sol. Le plus souvent, ces espèces d'obélisques grossiers sont isolés. Le pilier de Rudstone, dans le Yorkshire en Angleterre (Fig. 4) a 7 mètres de hauteur, et pèse 40 à 50 mille kilogrammes. Lorsque ces pierres sont en certain nombre et rangées sans ordre, on leur donne vulgairement le nom de *Pavé des géants*. Il existe un pavé de ce genre dans les environs de Maintenon (Eure-et-Loir). — Les *Pierres branlantes* sont d'énormes blocs de pierre posés sur un autre rocher, de telle manière que le moindre choc suffit pour leur imprimer un mouvement d'oscillation; dans certains cas, la pierre supérieure tourne comme un pivot sur celle qui la supporte. On trouve des pierres branlantes dans la Normandie, la Bretagne, la Guyenne, la Bourgogne, etc.

Fig. 4.

Fig. 5.

Le *Dolmen* est une pierre posée horizontalement sur d'autres pierres verticales, de façon à représenter une table, plus ou moins large et plus ou moins régulière (Fig. 5). Fort souvent le côté postérieur du dolmen est fermé par une ou plusieurs autres pierres, laissant en général une ouverture, quelquefois circulaire, à travers laquelle on pouvait passer. Nous possédons des dolmens de diverses formes en Bretagne, en Poitou, dans le pays chartrain et en Auvergne; on les désigne vulgairement sous le nom de *Pierres levées*. Dans certaines localités, on trouve une pierre colossale posée sur les extrémités de deux rochers. C'est simplement une variété du dolmen. Tel est le monument qu'on voit également dans le comté de Cornouailles (Fig. 6). Le grand diamètre de ce bloc ovale qui a 10 mètres de longueur et qui pèse environ 760,000 kilog., est

Fig 6.

placé dans la direction du méridien. — Le *Lichaven* ou *Trilithe* est formé par trois pierres disposées de façon à représenter un linteau de porte soutenu par deux pieds-droits. On voit plusieurs trilithes dans la figure 8. Il existe des monuments de ce genre, non seulement dans divers lieux de l'Europe, mais encore jusque dans l'Asie, sur la côte de Malabar.

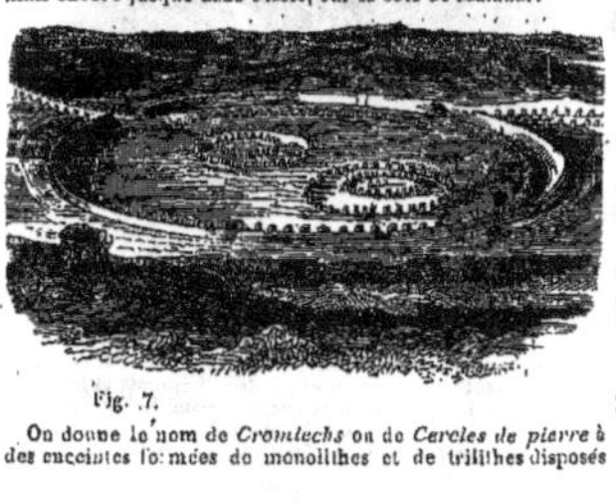

Fig. 7.

On donne le nom de *Cromlechs* ou de *Cercles de pierre* à des enceintes formées de monolithes et de trilithes disposés sur un plan circulaire ou elliptique. Plusieurs de ces cromlechs sont entourés de fossés; et dans quelques cas, il existe d'autres cromlechs à l'intérieur de la première enceinte. On

Fig. 8.

trouve des monuments de ce genre en France, en Angleterre, en Norwége, en Espagne, en Portugal et même en Amérique. Le plus célèbre de tous est le *Stone-henge* d'Abury (Fig. 7), dans le Wiltshire. Nous le donnons ici tel qu'il a été restitué par le docteur Britton. A l'intérieur du grand cercle, il existait deux doubles cercles concentriques, l'un au nord et l'autre au sud du centre. Le grand cercle était en outre fermé par un fossé de plus de 15 mètres de profondeur sur 18 à 21 mètres de largeur, qui était interrompu aux deux points où les avenues aboutissaient au cercle extérieur de pierres. Il existe encore dans la plaine de Salisbury, les ruines d'un autre stone-henge dont la Fig. 8 représente l'état actuel. — Une sorte de monument analogue aux cromlechs sont ceux que nos archéologues appellent *Alignements*. Mais ici les pierres sont rangées tantôt sur une ligne unique, tantôt sur plusieurs lignes parallèles. Ainsi les *pierres alignées* de Carnac, près de Lorient, en Bretagne, forment onze lignes parallèles, et s'étendent dans un espace de plusieurs kilomètres. Suivant de Cambry, ces pierres, dont il reste environ quatre mille, sont brutes et isolées dans une grande plaine sans arbres; pas un caillou, pas un fragment de pierre qui les supporte; elles sont en équilibre, sans fondations; plusieurs même sont mobiles.

Fig. 9.

Enfin les *Allées couvertes* représentent des espèces de galeries formées par deux rangs de pierres brutes supportant une série de pierres plates qui forment une sorte de terrasse. Ces allées sont ordinairement fermées à une de leurs extrémités et quelquefois divisées en compartiments par des quartiers de roches placées à l'intérieur. (Fig. 9. Allée couverte de Saumur.) Les allées couvertes sont encore connues sous les dénominations vulgaires de *Grottes aux fées*, *Palais des géants*, *Tables du diable*, etc.

Quant à la question de savoir quelle était la destination de ces singulières constructions, on en est réduit aux conjectures. Ainsi l'on a considéré les pierres branlantes comme des pierres probatoires dont on faisait usage pour rechercher la culpabilité des accusés; ceux-ci étaient convaincus du crime imputé lorsqu'ils ne pouvaient remuer le rocher mobile. Les dolmens ont été regardés comme des autels destinés aux sacrifices : on a pensé également que c'était sur leurs tables que les guerriers élevaient et proclamaient les chefs qu'ils s'étaient choisis. Les archéologues admettent généralement que les cromlechs servaient de temples et de cours de justice. On prétend aussi que c'est là que se faisaient les assemblées militaires, les inaugurations des chefs et même leur inhumation. On attribue encore la même destination aux alignements. Enfin on pense que les allées couvertes servaient aux mêmes usages que les dolmens.

ARCHIT. PÉLASGIQUE. — Le nom de *Pélasgiques* ou *Cyclopéennes* est donné à certaines constructions fort anciennes qu'on rencontre dans divers lieux de la Grèce, de l'Italie et de l'Asie mineure. On pense qu'elles ont été élevées par les Pélasges, peuplade qui occupait le sol de la Grèce depuis un temps immémorial, et dont on ne connaît pas l'origine. Les Grecs les attribuaient aux Cyclopes. Ces constructions consistent le plus souvent en murailles massives composées d'énormes blocs de pierre de forme irrégulière et ajustées ensemble sans emploi de ciment d'aucune espèce, ce qui établit entre cette arch. et l'arch. celtique une étroite affinité. Mais à la différence de cette dernière, l'arch. pélasgique ne demeura pas absolument stationnaire, ainsi que le prouve la simple inspection des monuments qui sont encore debout, et où l'on voit l'appareil cyclopéen, par des perfectionnements successifs, se rapprocher singulièrement du grand appareil usité plus tard chez les Grecs. Les constructions les plus anciennes qui nous restent des Pélasges sont les enceintes des acropoles qu'ils avaient élevées sur le sommet des montagnes afin de rendre leur accès plus difficile. Les murs de l'antique acropole de Tyrinthe ont 7 m. 62 cent. d'épaisseur, et sont constitués par 3 rangées parallèles de pierres ayant 1 m. 52 cent. d'épaisseur, et laissant ainsi entre elles deux galeries larges de 1 m. 52 c., et hautes de 3 m. 65 c.

Fig. 10.

Les parois de ces galeries sont formées par deux assises de pierre et la partie supérieure par deux autres assises horizontales qui s'avancent l'une vers l'autre, et se rencontrent au sommet de façon à figurer à peu près un arc en ogive. La Figure 10 représente une partie de la galerie intérieure des murs de Tyrinthe : on voit que le côté interne est percé de six ouvertures qui établissaient sans doute une communication avec quelque construction placée dans l'enceinte de la citadelle. — L'acropole de Mycènes date vraisemblablement de la même époque que celle de Tyrinthe. Les Figures 11 et 12 donnent une idée de l'espèce d'appareil employé dans la construction des murs de Mycènes. La première est la porte postérieure de la ville. La seconde, qui est citée par Pausanias et qui est connue sous le nom de *Porte aux lions*, est formée par deux pierres servant de jambages et légèrement inclinées l'une vers l'autre. Le linteau au-dessus duquel sont sculptés

Fig. 11.

Fig. 12.

deux lions consiste en une énorme pierre de 4 mètres 57 cent. de longueur et de 1 m. 32 cent. de hauteur. L'épaisseur générale des murs est de 6 m. 40 cent., et leur hauteur dans les parties les mieux conservées est de 13 m. 10 cent. — Près de l'acropole de Mycènes on trouve un édifice circulaire assez bien conservé que l'on désigne généralement sous le nom de *Trésor d'Atrée*, mais que plusieurs auteurs prétendent être le tombeau du fils d'Atrée, Agamemnon. (Fig. 13. Chambre voûtée du trésor d'Atrée.) L'aspect de ce monument a fait supposer à quelques savants que dès cette époque reculée, ces

Fig. 13.

peuples connaissaient l'art de construire des voûtes. Mais un examen attentif démontre qu'il est formé d'assises horizontales. L'assise supérieure faisait saillie en avant de l'inférieure; de sorte que l'édifice devenait plus étroit à mesure qu'il s'élevait, et qu'il a suffi d'abattre tous les angles saillants pour donner à l'intérieur l'aspect d'une voûte. Cette construction, par sa forme intérieure, ressemble assez à une ruche. Elle a environ 14 m. 63 cent. de diamètre, et 14 m. 94 cent. d'élévation. On remarque des clous de bronze distribués à toutes les hauteurs et dans toute l'étendue des parois circulaires du trésor d'Atrée. Une porte ménagée à l'intérieur de l'édifice donne entrée dans un caveau taillé dans le roc. Suivant Blouet, ce monument pouvait être aussi bien un trésor qu'un tombeau, car la chambre taillée dans le roc semble destinée à recevoir des dépouilles mortelles, et la salle voûtée paraît avoir servi à déposer des objets précieux. « Comment d'ailleurs, les anciens Grecs n'auraient-ils pas choisi un semblable lieu comme trésor, quand, d'après leurs mœurs et leurs croyances, ils ne connaissaient rien de plus inviolable que les tombeaux ? » —

Fig. 14.

Il existe encore d'autres édifices de ce genre dans la Grèce : nous nous contenterons de citer le trésor de Minyas à Orchomène en Béotie, dont parle Pausanias. La Figure 14 représente l'entrée de cet édifice vue de l'extérieur.

ARCHIT. BABYLONIENNE. — Toutes les traditions antiques nous montrent la région comprise entre l'Euphrate et le Tigre comme l'un des pays le plus anciennement habités par les hommes. Les empires qui existèrent pendant une longue suite de siècles dans ces contrées furent aussi célèbres par leur puissance que par leurs richesses, et tous les écrivains de l'antiquité s'accordent à parler avec admiration des merveilles que présentaient les cités fameuses de cette partie de l'Asie occidentale. — Babylone, la plus célèbre d'entre ces villes, était située sur l'Euphrate, qui la divisait du nord au sud en deux parties égales ; son enceinte représentait un carré de 48000 mètres de tour. Ses murailles, suivant Hérodote, avaient 93 mètres de haut sur 23 m. 25 cent. de large. Strabon, au contraire, ne leur accorde que 28 m. de hauteur. Selon Diodore, elles étaient armées de 250 tours placées deux à deux en face l'une de l'autre, et séparées par un espace assez large pour que deux chars pussent y passer de front. Ces murs étaient encore entourés d'un fossé très-profond et munis de cent portes d'airain. — Les jardins suspendus de Babylone étaient, comme les remparts de cette ville, rangés parmi les merveilles du monde. Il paraît que ces jardins célèbres consistaient en un édifice carré ayant 120 mètres de hauteur sur chaque face et composé de 12 terrasses superposées en retraite, de façon à représenter une pyramide tronquée. La terrasse supérieure avait 24 m. d'élévation. Sous chaque terrasse, il existait une galerie dont le plafond était formé de pierres plates de 5 m. de long sur 1 m. 30 cent. de large. Sur ce plafond reposaient un lit de roseaux cimentés avec de l'asphalte, un double rang de briques cuites liées avec du plâtre, puis des lames de plomb, et enfin de la terre végétale qui formait un sol artificiel destiné à nourrir une foule d'arbres et de plantes rares. Strabon dit que le plafond de ces galeries était soutenu de distance en distance par de gros piliers carrés creux à l'intérieur et remplis de terre pour recevoir les racines des grands arbres. Les voyageurs s'accordent à reconnaître les restes de ce monument dans les ruines appelées aujourd'hui le *Kasr* ou le *Palais* par les Arabes. A 1600 m. environ au nord du Kasr on trouve une autre ruine remarquable nommée en arabe *Mudjélibé*, c.-à-d. renversé sens dessus dessous. Le *Mudjélibé* (Fig. 15. Vue prise du côté du nord) présente une forme oblongue et irrégulière. La face de ce côté a 182 mètres ; la face méridionale 200 ; l'orientale 166, et l'occidentale 124. La hauteur de l'angle sud-est qui est le plus élevé est de 42 m. Le sommet de cette ruine est couvert de décombres parmi lesquels on rencontre des fragments de briques et çà et là des briques entières portant des inscriptions, des débris de poteries, des

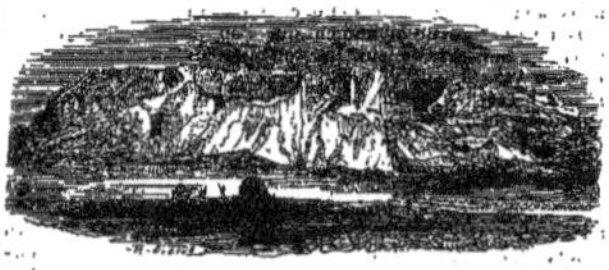

Fig. 15.

briques vitrifiées. On y trouve même des coquillages, des morceaux de verre et de nacre de perle. Le voyageur Rich, ayant fait pratiquer des fouilles à la façade septentrionale, y a découvert un cercueil renfermant un squelette dans un état de parfaite conservation. — Mais la ruine la plus grandiose de l'ancienne Babylone est située dans le désert à 9 1/2 kilom. environ au sud-est du village arabe de Hellah, et à l'occident du fleuve. Les Arabes lui donnent le nom de *Birs Nemroud*, c.-à-d. Tour de Nemrod, et les Juifs celui de Prison de Nabuchodonosor. Le Birs Nemroud (Fig. 16) est une éminence de forme oblongue qui a 696 mètres de circuit. Cette masse est

Fig. 16.

fortement échancrée à l'est, et de ce côté n'a guère que 15 à 18 m. de hauteur; mais vue du côté occidental elle a la forme d'un cône haut de 60 m., au sommet duquel existe un massif solide en briques qui a 11 m. 25 cent. d'élévation sur 8 m. 50 cent. de largeur, et qui est percé de petits trous carrés disposés en rhomboïdes. Les briques dont est formé ce massif sont revêtues d'inscriptions et unies entre elles par un ciment tellement solide qu'il est difficile de les détacher sans les briser. Les autres parties du sommet de la colline sont convertes d'une quantité immense de briques réunies en masses solides et vitrifiées comme si elles avaient subi l'action du feu le plus violent. Pietro della Valle, qui visita ce pays en 1616, a cru reconnaître dans le Mudjélibé, le fameux temple de Bélus dont Hérodote (I. 28) nous a laissé la description. Le célèbre géographe Rennel a également adopté cette opinion. Toutefois la plupart des auteurs pensent que c'est le Birs Nemroud qui représente les ruines de ce temple. Plusieurs même ne doutent pas que ce ne soient les restes de cette fameuse *Tour de Babel* dont parlent les livres saints.

Quoi qu'il en soit de ce point d'archéologie, un fait qui frappe douloureusement le voyageur, c'est le complet anéantissement de cette cité merveilleuse dont il ne reste plus que des monceaux de décombres informes, comme pour rendre témoignage de l'accomplissement de la prédiction d'Isaïe : « Cette grande Babylone, cette reine entre les royaumes du monde, qui faisait l'orgueil des Chaldéens, sera détruite et ne sera plus rebâtie dans la suite des siècles. Les Arabes n'y dresseront pas même leurs tentes, et les pasteurs n'y viendront point faire reposer leurs troupeaux. Les bêtes s'y retireront. Les hiboux hurleront à l'envi l'un de l'autre dans ses maisons superbes; et les dragons habiteront dans ses palais de délices. »

Une ville non moins célèbre que Babylone, et qui fut sous tous les rapports sa rivale, a également disparu de la surface du sol : nous voulons parler de Ninive, dont la fondation est presque contemporaine de celle de Babylone et qui a été détruite par Cyaxare, roi des Mèdes, 88 ans avant la conquête de Babylone par Cyrus, c.-à-d. l'an 538 av. J.-C. Ce que les historiens anciens nous disent de la grandeur de cette ville, de ses murailles, de la religion et des mœurs de ses habitants, démontre qu'il y avait entre la capitale de l'Assyrie et Babylone de nombreux points de ressemblance. L'ancienne Ninive était située sur la rive orientale du Tigre, vis-à-vis de la ville actuelle de Mossoul. Le consul de France, Botta, ayant, en 1843, exécuté des fouilles au village de Khorsabad, a découvert les ruines d'un vaste palais. Ses murailles, formées d'épais massifs de briques crues, étaient toutes primitivement revêtues de plaques de gypse de 30 à 35 centim. d'épaisseur moyenne. Ces plaques sont couvertes d'inscriptions cunéiformes et de bas-reliefs peints. Au-dessus des plaques de gypse régnait une zone de carreaux émaillés. Les plafonds étaient en bois et peints en bleu. Les sujets que représentent ces sculptures sont plus grands que nature, et le style dans lequel elles sont exécutées est tout à fait analogue à celui des sculptures de Persépolis. Il en est de même de l'arch. et de la décoration des portes découvertes à Khorsabad. L'Anglais Layard a également trouvé, à douze heures de marche au sud-ouest de Khorsabad, au confluent du Zab et du Tigre, les ruines de deux nouveaux palais construits et décorés de la même manière.

Il ne reste aucun monument que l'on puisse avec certitude attribuer aux Phéniciens. Le fameux temple qu'ils avaient élevé à Astarté dans l'île de Paphos et qui est figuré sur plusieurs médailles, paraît avoir été de très-petites dimensions. En avant de l'édifice, on voit deux obélisques unis par une chaîne. Les Phéniciens visaient surtout au luxe de l'ornementation : les bois précieux, le verre et l'or étaient principalement employés comme décoration dans leurs édifices. Les figures phéniciennes étaient trapues, sans noblesse, mais se distinguaient par une singulière exagération dans la musculature. Au reste, les témoignages d'Euripide et de Lucien nous apprennent que le style de leur arch. ressemblait à celui de l'Égypte.

ARCHIT. JUIVE. — Les livres saints nous ont conservé des détails du plus haut intérêt sur plusieurs monuments juifs. Mais le plus important de tous est le temple que Salomon fit bâtir à Jérusalem pour y déposer l'arche d'alliance. Ainsi que nous l'apprend le premier Livre des Rois, Salomon demanda à Hiram, roi de Tyr, un architecte et des ouvriers habiles pour ériger à l'Éternel un temple digne de lui. Le temple proprement dit avait la forme d'un rectangle long de 33 mètres 37 centim. sur 11 m. 12 cent. de large. Il se composait d'un pronaos ou portique, d'une celle et du sanctuaire. Le portique A (Fig. 17) occupait toute la largeur de l'édifice et avait 5 m. 56 cent. de profondeur. La celle B avait 16 m. 69 cent. de longueur, et le sanctuaire ou *saint des saints* C était long de 11 m. 12 cent.; la largeur et la hauteur de ce dernier étaient égales à sa longueur. L'élévation du portique était la même que celle du sanctuaire, c.-à-d. de 11 m. 12 cent. de hauteur. C'est dans le saint des saints qu'était déposée l'arche d'alliance, et cette partie du temple se trouvait séparée de la celle par un voile de lin décoré de fleurs et suspendu à des piliers. En outre le corps du temple était entouré par trois étages de chambres D, D, auxquelles conduisaient des escaliers. Les extrémités des poutres qui soutenaient le plafond, reposaient sur des consoles de pierre, et ne pénétraient pas dans les murs. Ceux-ci étaient revêtus de bois de cèdre du Liban, sculpté et représentant des chérubins et des palmes. Ces sculptures étaient dorées. En avant du portique s'élevaient deux colonnes en bronze qui avaient été fondues par Hiram, fils d'une veuve de la tribu de Nephthali, mais dont le père était un homme de Tyr. Chacune de ces colonnes avait 10 m. de hauteur sur 6 m. 67 centim. de circonférence; et les chapiteaux avaient 2 m. 78 centim. de haut. Ces chapiteaux étaient d'argent : l'un était décoré de lis sur un fond réticulé et l'autre de grenades. — Le temple était entouré de trois enceintes concentriques qu'on appelait *parvis*. Le plus intérieur était nommé *parvis des prêtres*, 1,1. Il contenait, outre leurs habitations, des salles destinées à renfermer les vases sacrés, les ornements précieux et les objets nécessaires au culte. C'est dans ce parvis que se trouvait la *mer d'airain* E, vaste bassin de forme ronde, qui avait 5 m. 56 centim. de diamètre et qui était supporté par douze bœufs. Ce bassin contenait l'eau destinée aux ablutions. L'autel des holocaustes F était situé en avant du temple, et de chaque côté, il y avait encore 5 bassins d'airain qui fournissaient l'eau nécessaire aux sacrifices. Les deux autres enceintes avaient la forme d'un carré parfait. Le second parvis ou *parvis des Israélites* 2,2,2, avait 53 m. 50 cent. de chaque côté. Il était décoré de portiques soutenus par des colonnes. La partie G G était réservée aux femmes. On trouvait dans ce parvis une grande salle destinée aux séances du sanhédrin, ainsi que des logements pour les lévites attachés au service du temple. Enfin l'enceinte la plus extérieure avait reçu le nom de *parvis des Gentils* 3,3,3,3, parce que les hommes de toutes les nations y pouvaient pénétrer. Il était entouré de galeries et de bâtiments qu'occupaient des changeurs et des marchands. Le parvis des gentils avait environ 223 m. de côté. On entrait dans cette enceinte par 3 portiques situés l'un au nord, l'autre au sud et le troisième au levant. Le parvis des Israélites avait 4 portiques. On voit que les dimensions du temple proprement dit étaient fort exiguës relativement à celles de nos édifices religieux actuels; mais il faut se rappeler que le peuple n'y était jamais admis : les sacrificateurs qui étaient de service pouvaient seuls y entrer aux heures réglées le soir et le matin pour allumer les lampes et pour offrir les pains et les parfums. Quant au sanctuaire où reposait l'arche d'alliance, il n'y avait que le pontife qui y pénétrât, et encore n'y entrait-il qu'une fois dans l'année. La construction du temple de Salomon dura 7 ans et il fut consacré l'an 1012 av. J.-C.: mais 406 ans après, il fut détruit par les Assyriens. Au retour de la captivité (536 av. J.-C.), Zorobabel le fit reconstruire sur le même plan, et enfin il fut complétement anéanti par Titus, à l'époque de la prise de Jérusalem. Il n'en resta pas pierre sur pierre, ainsi que l'avait annoncé le Christ.

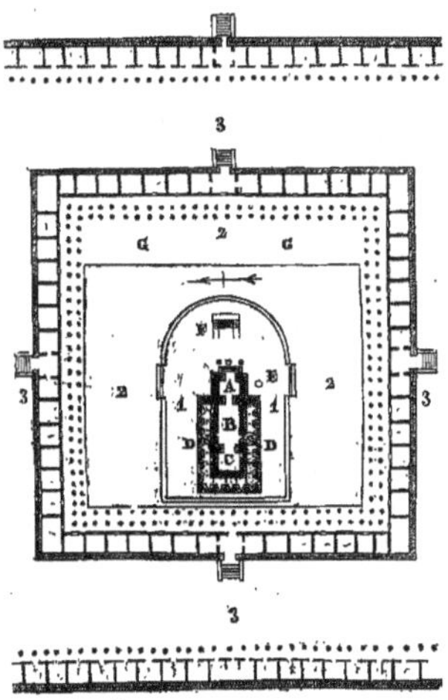

Fig. 17.

ARCHIT. PERSÉPOLITAINE. — Nous ne nous étendrons pas longuement sur l'arch. des anciens Perses. Parmi les vestiges qui en subsistent encore, les plus remarquables sont ceux qui couvrent l'emplacement de la ville de Persépolis, dans la plaine de Merdascht, à 50 ou 60 kilom. de Schiraz (Fig. 18. Vue des ruines de Persépolis). Ces ruines auxquelles les habitants ont donné le nom de *Tchehel-Minar* ou les quarante colonnes, sont, à ce qu'on croit, les débris du palais auquel Alexandre mit le feu dans une orgie, à l'instigation de la courtisane Thaïs. Leur ensemble présente la forme d'un amphithéâtre et de plusieurs terrasses élevées les unes au-dessus des autres. On monte d'une terrasse à l'autre par des escaliers si commodes que dix cavaliers pourraient y passer de front. Toutes ces constructions sont en marbre, et les blocs énormes qu'on y a employés sont réunis, sans chaux ni mortier, d'une manière si admirable qu'il est difficile d'en découvrir les joints. Un immense espace est ainsi couvert de colonnes, de portails, de fragments de murs revêtus de bas-reliefs fort curieux et de débris de tout genre. On trouve encore des tombeaux taillés dans le roc, où l'on enterrait les rois perses, suivant le témoignage de Diodore de Sicile. — Heeren a décrit fort au long, d'après les récits des voyageurs, les ruines de l'antique cité de Persépolis, celles qui couvrent la plaine de Murghaub, celles du mont Bisoutoun près de Kirmanschah, et les grottes funéraires de *Nakschi-Roustam*, à 9 kilom. environ de Persépolis. Nous sommes obligés d'y renvoyer le lecteur. (*Hist. de la politique et du commerce des peuples de l'antiquité*. I. 214-321.) — Les principes de l'arch. persépolitaine semblent dériver de ceux de l'arch. égyptienne; du moins on ne peut nier l'étroite affinité de ces deux styles. En comparant, par ex., les portes ou portiques persans que représente la Figure 19 avec ceux qui subsistent sur les bords du Nil, on est frappé de la similitude qu'offrent leurs couronnements. Dans tous ces édifices, il constitue une espèce d'entablement avec une large moulure concave, ornée de côtes ou de feuilles verticales, et surmontée d'un larmier. Les colonnes persépolitaines sont plus sveltes que les colonnes égyptiennes, et sont assez analogues à la colonne ionique. Les murailles elles-mêmes paraissent être moins massives que celles des constructions de l'Égypte.

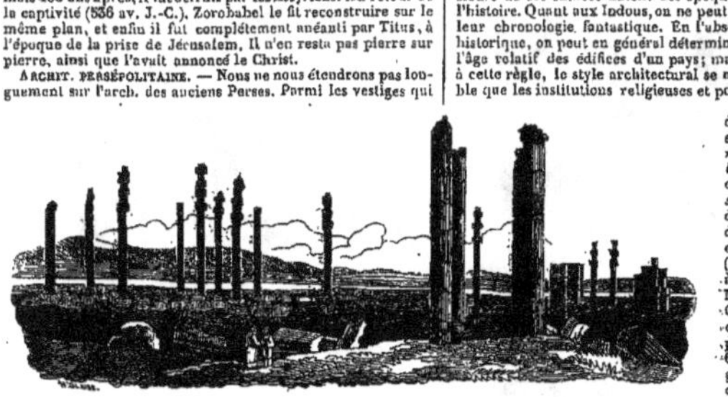

Fig. 18.

Fig. 19.

ARCHIT. INDIENNE. — Parmi les érudits, les uns pensent qu'on doit considérer l'Inde comme le berceau de la civilisation, et regardent son arch. comme le prototype de toutes les autres. Mais l'opinion la plus accréditée est que la civilisation de l'Égypte remonte à une plus haute antiquité; en conséquence on admet généralement que si l'arch. indienne est véritablement indigène, ce que semblent démontrer certains caractères qui lui sont propres, elle n'a du moins exercé aucune influence sur les styles architectoniques adoptés par les peuples situés plus à l'occident. Les opinions les plus contradictoires ont été émises au sujet de l'âge des monuments de l'Inde. Ainsi pendant que Meiners affirme qu'aucun d'eux ne remonte au delà de l'ère vulgaire, d'autres pensent que plusieurs de ces édifices datent des époques les plus reculées de l'histoire. Quant aux Indous, on ne peut baser aucun calcul sur leur chronologie fantastique. En l'absence de tout document historique, on peut en général déterminer approximativement l'âge relatif des édifices d'un pays; mais l'Inde fait exception à cette règle, le style architectural se montrant aussi invariable que les institutions religieuses et politiques des Indous.

Les édifices indiens se divisent en trois classes, monuments *souterrains*, monuments *taillés* dans le roc à ciel ouvert, monuments *construits*. — On trouve des temples souterrains dans les îles de Salsette et d'Éléphanta, à Carli (présidence de Bombay), à Ellora (présidence de Madras), dans l'île de Ceylan, etc. Le plus célèbre est celui d'Éléphanta. Il a 39 mètres 62 centimètres de longueur, 33 mètres 52 centimètres de largeur et 4 mètres 42 centimètres de hauteur. (Fig. 20. Intérieur du temple d'Éléphanta.) Le plafond est plat, et paraît supporté par 4 rangées de colonnes hautes d'environ 2 m. 74 c., et posées sur des piédestaux dont la hauteur est à peu près le tiers de celle des colonnes elles-mêmes. Une grande partie des murs est décorée de figures humaines colossales sculptées en haut-relief. A l'extrémité de la caverne se trouve une pièce obscure d'environ 6 m. 10 c. carrés, dans laquelle on entre par 4 portes flanquées chacune de figures gigantesques. — Les excavations qui existent à Canarah, île de Salsette, se composent de 4 étages de galeries conduisent à trois cents appartements. Pour former la façade, on a enlevé un des côtés de la montagne. Le principal temple a 25 m. 60 c. de long sur 12 m. 20 c. de large. Le plafond ressemble à une voûte dont le couronnement est

Fig. 20.

élevé de 12 m. 20 c. au-dessus du sol. L'entrée forme un portique supporté par 4 colonnes, et on compte à l'intérieur 30 piliers octogones, dont les chapiteaux et les bases représentent des éléphants, des tigres et des chevaux. Les murs sont couverts de sculptures d'hommes, de femmes, d'éléphants, de chevaux et de lions. Au fond du temple on voit un autel qui a 6 m. de diamètre et 8 m. 32 c. de hauteur. Au-dessus de cet autel, le rocher est taillé en forme de dôme.

Les excavations d'Ellora se composent d'un groupe de dix temples, dont une partie est souterraine et dont l'autre est taillée dans le roc à ciel ouvert de manière à figurer des édifices construits pierre à pierre. La figure 21 représente une partie de l'intérieur de l'un de ces temples appelé *Indra Subba*. Les ruines de l'antique ville de Mavalipouram ou des *Sept pagodes*, à 96 kilom. environ de Madras, présentent, pour ainsi dire, l'aspect d'une ville royale, presque entièrement taillée dans le roc à ciel ouvert. Une partie de ces ruines ont été englouties par la mer; cependant les cimes des rochers creusés qui se montrent encore à environ 16 kilom. dans l'intérieur des terres, offrent de toutes parts des grottes, des salles, des appartements et autres constructions. Tous ces monuments ne sont pas des temples, et on en remarque un, entre autres, soutenu par plusieurs rangées de piliers, qui paraît avoir été une grotte destinée à servir de *Tchoultry* ou d'hôtellerie pour les pèlerins.

Fig. 21.

Parmi les monuments construits qu'on trouve sur le sol de l'Inde, les plus considérables sont les édifices appelés *Pagodes* par les Européens. Les pagodes ne sont pas simplement des édifices religieux : elles renferment en général dans leur vaste enceinte des palais, des jardins, et servent en outre de forteresses. Ces monuments affectent constamment la forme pyramidale, et ils ne diffèrent essentiellement entre eux que sous le rapport de l'étendue, de la hauteur et de l'ornementation. Une des plus vastes pagodes connues est celle qu'on remarque dans la petite île de Serigham, sur la côte de Coromandel. Elle se compose, suivant Sonnerat, de 7 enceintes carrées et concentriques dont les murs ont 7 m. 62 c. de haut sur 1 m. 22 c. d'épaisseur. Chaque enceinte est distante de la suivante de 106 m. 60 c., et présente sur chaque face une large porte munie d'une tour. Le mur le plus extérieur a environ 6438 m. C'est dans les enceintes intérieures que sont situées les chapelles. La célèbre pagode du Chillambaram près Porto-Novo sur la même côte a 36 m. 66 c. de hauteur sur 24 m. 38 c. de largeur à la base. Elle est tronquée au sommet qui forme une terrasse d'environ 11 m. de côté. Cette pyramide n'est construite en pierres que jusqu'à la hauteur de 9 m. 14 c.; le reste est en briques. La pagode de Tanjore (Fig. 22) est regardée par lord Valentia comme le plus beau temple pyramidal de l'Inde. Elle a 61 mètres d'élévation et repose sur un soubassement de 12 m. 20 c. L'édifice se compose de 12 zones superposées dont chacune est décorée de sculptures différentes. Il existe dans les diverses contrées de l'Inde une foule de pagodes remarquables; on comprend que nous ne pouvons les décrire ici. Nous terminerons en citant comme un morceau curieux d'arch., le *Tchoultry* ou hôtellerie de Madoureh (Fig. 23). La façade offre un aspect tout à fait théâtral, et sa parfaite symétrie lui donne l'apparence d'un ouvrage dû à un art plus avancé que la plupart des autres monuments de l'Inde. Cependant quand on examine ses détails et en particulier son système d'encorbellement, cette étude détruit le charme que produit d'abord la vue de cet édifice.

Fig. 22.

Il est assez naturel de croire que les plus anciens monuments de l'Inde sont les excavations souterraines dont nous

Fig. 23.

avons parlé, auxquelles ont succédé les édifices taillés dans le roc à ciel ouvert, puis les édifices construits avec des matériaux rapportés. Néanmoins il se peut qu'il y ait des exceptions à cette règle. — Le fait que l'arch. de l'Inde a commencé, comme l'arch. égyptienne, par des monuments creusés dans le roc, a été invoqué comme un puissant argument en faveur de l'opinion des savants qui supposent qu'il y a eu communication entre les deux peuples. Cependant rien ne ressemble moins au style architectural égyptien que le style observé dans tous les monuments de l'Indostan. En Égypte, la forme essentielle de l'édifice est toujours facile à saisir, d'autant que les hiéroglyphes qui le recouvrent n'altèrent point le caractère de la construction et ne nuisent jamais à l'effet de l'ensemble : dans l'Inde, au contraire, la forme essentielle du monument disparaît sous la profusion des ornements qui le divisent et le décomposent pour ainsi dire. Par la même raison, dans l'arch. égyptienne, les plus petits édifices nous apparaissent avec un caractère de grandeur, tandis que la subdivision infinie des monuments indiens fait paraître petits ceux-là même qui sont le plus remarquables par leurs dimensions. En Égypte enfin, la solidité est portée à l'extrême; dans l'Inde, les architectes semblent avoir surtout visé à imprimer à leurs constructions un caractère de légèreté.

Quelle que soit la diversité du mode d'ornementation des édifices indiens, on aurait tort de supposer que les architectes indous ne prenaient conseil que de leur caprice et de leur imagination. Dans un pays où tout est basé sur la religion et soumis à des principes immuables, il était impossible que l'arch. ne fût pas également soumise à des lois invariables, et c'est précisément l'existence de règles ou de canons architecturaux qui a déterminé la conformité singulière qu'on observe dans les monuments de l'Inde. Consultez sur ce sujet l'ouvrage de Ram-Raz, intitulé *Essai sur l'arch. des Indous*.

ARCHIT. ÉGYPTIENNE. — L'état si parfait de conservation dans lequel beaucoup de monuments égyptiens s'offrent aujourd'hui à nos regards, est bien propre à exciter notre surprise et notre admiration, quand on songe que l'Égypte était déjà déchue de son antique splendeur longtemps avant l'époque où ont été écrites les histoires les plus anciennes qui soient parvenues jusqu'à nous. Ce phénomène est dû à la réunion de plusieurs circonstances importantes. Le mode de construction, la solidité des matériaux, la nature du climat y ont sans doute une grande part : mais cet état de conservation tient surtout à la position particulière du pays, qui est séparé du reste de l'univers par des océans de sable et d'eau, et qui n'a pour limitrophes que des tribus sauvages. En effet, si aux premiers habitants eût succédé un peuple puissant, si de riches et industrieuses cités se fussent élevées sur l'emplacement des anciennes, les monuments égyptiens auraient été en grande partie anéantis; car ils auraient sans doute servi de carrières pour les constructions nouvelles. Les hordes arabes et les habitants de l'Égypte actuelle ont, il est vrai, bâti leurs misérables villages sur quelques-uns de ces anciens emplacements. Les terrasses de plusieurs temples forment le plancher des habitations modernes, et, à Thèbes, deux étages de villes élevés sur le plafond de ces ruines éternelles sont là pour attester que les moyens de destruction ont été inférieurs à la résistance d'édifices construits d'une manière aussi solide.

La plupart des auteurs s'accordent à reconnaître que l'arch. égyptienne est fondée sur le type des excavations pratiquées dans le roc. Aujourd'hui encore les cavernes de certaines localités servent de demeure aux habitants, et cette habitude remonte à un temps immémorial. L'existence de temples taillés dans le roc et de ces chapelles appelées *monolithes* parce qu'elles sont creusées dans un seul bloc, puis transportées parfois à de grandes distances, vient à l'appui de cette vue théorique que confirme encore la considération des caractères de l'arch. égyptienne. Dans cette hypothèse, les colonnes représentent les piliers qu'on est obligé de ménager de distance en distance, toutes les fois qu'une excavation souterraine dépasse certaines dimensions.

C'est au respect des Égyptiens pour les morts que sont dus leurs monuments les plus prodigieux, nous voulons dire les pyramides. Diodore de Sicile rapporte que les rois d'Égypte dépensaient plus d'argent pour leurs tombeaux que n'en dépensent les autres souverains pour leurs palais. Ils pensaient, dit cet historien, que tant que dure la vie, la fragilité de notre corps ne vaut pas la peine que nous lui donnions une demeure solide et durable. A leurs yeux un palais n'était qu'une hôtellerie occupée successivement par plusieurs voyageurs, et dans laquelle chacun ne s'arrête que l'espace d'un jour. En conséquence, ils regardaient leurs tombeaux comme leurs véritables palais, puisqu'ils devaient y résider éternellement, et ils n'épargnaient aucune dépense pour les rendre dignes d'une telle destination. Nous consacrerons à ces monuments un article particulier.

C'est à l'Égypte que diverses religions polythéistes ont emprunté leurs principaux mystères, et c'est dans l'ombre des souterrains qu'avaient lieu les initiations dont la loi suprême était de demeurer secrètes. Aussi le secret était-il adoré dans ces retraites sous la figure d'Harpocrate. Suivant Plutarque, les sphynx qui décoraient l'entrée des temples signifiaient que la mythologie égyptienne était mystérieuse et emblématique. Plusieurs vestibules fermés par une suite de portes empêchaient le temple lui-même d'être aperçu. Ce dernier, que nul n'avait le droit d'approcher, avait très-peu d'étendue, et l'on y conservait l'animal sacré ou son image. Mais les avenues, les galeries, les portiques et les logements des prêtres couvraient une vaste superficie de terrain. A l'exception de quelques variétés dans les plans des temples égyptiens, on remarque dans tous ces monuments un caractère identique et uniforme qui règne partout, dans leur façade, dans leur forme générale et dans les détails de leur décoration, laquelle est principalement composée d'hiéroglyphes, le plus monotone assurément de tous les genres de décoration. Pour les Égyptiens, élévation semble avoir la signification de grandeur, et volume ou masse paraissent être synonymes de puissance. Chez eux, les plans sont constamment uniformes. Ils ne connaissent que la ligne droite et la forme carrée, et, ainsi que l'a fait observer de Caylus, il n'existe aucun monument circulaire construit dans le style égyptien.

– Les bois propres à la charpente, à l'exception du palmier, étant rares en Égypte, les seuls matériaux usités dans les édifices antiques étaient la brique, soit cuite, soit simplement séchée au soleil, et la pierre, surtout le marbre et le granit. Les Égyptiens avaient acquis une telle habileté dans l'art de travailler la pierre, malgré l'énorme dimension des blocs qu'ils employaient, que c'est à peine si l'on peut distinguer leurs assises. Pour donner une idée de la quantité de pierres qui entraient dans les constructions égyptiennes, nous dirons qu'il existe à Thèbes des murs qui n'ont pas moins de 16 mètres d'épaisseur à leur base. Les voûtes qu'on rencontre dans quelques édifices antiques sont de deux sortes. Les unes, comme celle qu'on voit au temple d'Ammon-Rha, bâti à Thèbes dans le XVIIe siècle avant notre ère, étaient formées de pierres posées par assises horizontales et en encorbellement : les autres, qui constituent des voûtes véritables avec des voussoirs se soutenant par leur pression mutuelle, n'ont, suivant la plupart des auteurs, été construites que sous la domination romaine. Wilkinson cependant a trouvé une voûte de ce dernier genre qui remonte à l'an 1510 av. J.-C.

Fig. 27.

Fig. 24.

Les temples égyptiens se composaient d'un assemblage de portiques, de cours, de vestibules, de galeries et d'apparte-

Fig. 23.

ments communiquant les uns avec les autres. Ils étaient en général entourés de murs qui ne permettaient pas de saisir d'un seul coup d'œil l'ensemble de l'édifice. Ceux qui n'avaient pas d'enceinte semblable étaient fermés par un mur bâti entre les colonnes et qui s'élevait au tiers ou à la moitié de la hauteur de celles-ci. (Fig. 24. Petit Temple dans l'île de Philæ.) « A l'entrée du sol consacré, on trouve d'abord, dit Strabon, une avenue pavée, large d'environ trente-trois mètres, et trois ou quatre fois plus longue que large. Cette avenue, dans toute la longueur de laquelle règne de chaque côté une suite de sphynx en pierre distants les uns des autres de 11 mètres ou même plus, était appelée *dromos* par les Grecs. Après cette avenue, on rencontrait un grand vestibule (*propylon*), puis un second et même un troisième, car le nombre de ces derniers varie, tout comme celui des sphynx (Fig. 25. Vestibule et pylône du grand temple d'Isis dans l'île de Philæ). Au-delà de ces vestibules s'élève le *naos* ou temple précédé d'un large portique ou *pronaos* (Fig. 26. *Pronaos* du même temple). Le sanctuaire ou *sécos* est de petites dimensions. Il ne renferme pas de statues ; ou s'il en contient, elles ne représentent pas une figure humaine, mais celle de quelque animal. De chaque côté du pronaos s'élève une aile (*pteron*). Ces ailes consistent en deux murs aussi hauts que le temple lui-même, et à la surface desquels sont sculptées de grandes figures semblables à celles que l'on voit dans les ouvrages dus aux Grecs anciens et aux Étrusques. »

Les plans des temples se distinguent par leur extrême régularité. Le grand temple de Philæ est le seul qui fasse exception à la règle ; mais il est évident que cette circonstance tient à la figure même du lieu où il a été bâti. Néanmoins on observe d'énormes différences relativement aux dimensions de ces édifices. Ainsi le dromos en avant du temple de Karnak avait 2,000 mètres de longueur et était décoré de chaque côté d'une rangée de 600 sphynx et de 58 béliers. Souvent aussi, devant la masse principale du temple, on élevait des obélisques en l'honneur du prince qui avait érigé le monument. L'uniformité constante des façades en rend l'aspect monotone. La forme pyramidale semble régner dans tous les édifices égyptiens : les murs, par exemple, ne sont verticaux qu'à l'intérieur, tandis que leur face extérieure présente un talus prononcé ; aussi devait-il en résulter une solidité extraordinaire. L'arch. égyptienne faisait un usage très-fréquent des colonnes ; ce qui s'explique aisément par le fait qu'on n'employait qu'une seule pierre pour recouvrir l'entre-colonnement. Par conséquent les entre-colonnements sont en général étroits : leur dimension ordinaire est d'environ un diamètre et demi. — Les colonnes se distinguent en cylindroïdes et en polygonales. Parmi les premières, les unes sont lisses et chargées ou non de hiéroglyphes ; les autres semblent être composées de faisceaux de tiges que relient de distance en distance des bandes circulaires analogues à des cercles de tonneaux. Ces bandes forment ordinairement deux ou trois groupes de trois, quatre ou cinq cercles chacun : telles sont les colonnes que l'on voit dans la Figure 27 qui représente l'intérieur du temple d'Edfou. Cette partie de la disposition architecturale paraît avoir été tout à fait arbitraire. Les colonnes polygonales se rencontrent fréquemment, mais surtout dans les édifices qui ont été taillés dans le roc. Les colonnes vont en diminuant de la base au sommet sans offrir la moindre apparence de renflement. On peut avancer hardiment qu'il n'existe aucune proportion rigoureuse entre leur hauteur et leur diamètre. Aussi nous bornerons-nous à dire qu'elles sont courtes, épaisses et trapues, car elles ont parfois jusqu'à 3 mètres 35 centim. de diamètre. On ne trouve rien dans les constructions égyptiennes qui ressemble à ce que nous entendons par pilastres, quoique certaines colonnes quadrangulaires puissent en rappeler l'idée. Toutefois il existe des pilastres dans la petite chambre sépulcrale de la grande pyramide. On rencontre également peu de colonnes qui aient une base, mais les chapiteaux offrent une grande variété. Leur forme habituelle est celle d'un carré, d'un vase ou d'un simple renflement. Quelques-uns sont élégamment sculptés et décorés de fleurs de lotus, de feuilles de palmier ou d'autres végétaux. On voit à Denderah des chapiteaux ornés de têtes d'Isis. En général ils sont dépourvus d'abaque, et réunis à l'architrave au moyen d'un dé étroit et carré taillé dans la même pierre que le chapiteau. Il est rare que l'entablement se compose de plus d'une architrave surmontée d'un vaste cavet, lequel se termine supérieurement par un chapelet ou un filet. Ce cavet est souvent décoré de glyphes et autres ornements en creux, avec un globe ailé au centre. La toiture du temple était constituée par une terrasse plate ; toutefois les débris d'escaliers destinés à y monter ne permettent pas de se prononcer à cet égard.

Fig. 26.

Quant aux palais égyptiens, comme ils offrent une disposition analogue à celle des temples, nous n'entreprendrons pas de les décrire. On trouve des ruines considérables de plusieurs de ces édifices qui attestent la grandeur et la magnificence que les souverains de cette contrée déployèrent dans leurs habitations ; mais le plus remarquable de tous ces monuments est le prodigieux amas de constructions du palais de Karnac. Les ruines qu'il présente sont les plus connues et les plus magnifiques de l'antiquité égyptienne. Les habitations particulières étaient loin d'offrir une telle magnificence ; cependant elles étaient disposées avec art et parfaitement appropriées aux exigences du climat. Les salles de réception et les chambres étaient régulièrement distribuées sur les côtés des cours. Ces habitations se composaient ordinairement de deux étages ; toutefois, suivant Diodore de Sicile, on voyait à Thèbes des maisons qui n'avaient pas moins de quatre à cinq étages. Les rues étaient étroites, mais régulières, et il paraît même qu'on évitait avec soin le contraste disgracieux qui résulte de la juxtaposition de maisons de hauteurs trop inégales.

Jusqu'ici nous n'avons parlé que des *constructions* de l'Égypte antique, et nous avons seulement signalé l'existence d'immenses édifices taillés dans le roc. Parmi ces excavations, les unes étaient destinées à servir de sépulcres, les autres étaient des habitations ; plusieurs étaient consacrées au culte. On appliquait le nom de *spéos* à tous les monuments de ce genre qui n'étaient pas des tombeaux, et on donnait le nom d'*hémispéos* à ceux qui étaient en partie creusés dans le rocher et en partie construits de matériaux rapportés. C'est dans la Nubie que se trouvent principalement ces excavations. Les plus remarquables sont les deux spéos découverts par Belzoni à Ypsamboul, sur la rive occidentale du Nil. Le temple

Fig. 28.

d'Athor, dédié par la femme de Sésostris le Grand (XVe siècle av. notre ère), est le plus petit. Sa façade (Fig. 28) est décorée de six colosses de 11 mètres 35 centim. de hauteur, taillés aussi dans le roc et d'une excellente sculpture. Cet édifice est couvert de bas-reliefs dont plusieurs sont du plus haut intérêt. Le grand temple a été également creusé sous le règne de Sésostris. Le travail nécessaire pour achever un aussi vaste monument a de quoi effrayer l'imagination. Quatre colosses assis, hauts de 20 mètres environ, et représentant Sésostris, ornent la façade du spéos. La première salle de l'intérieur est soutenue par huit piliers contre lesquels sont adossés autant de colosses de 9 mètres 75 centim. chacun, qui représentent encore ce prince (Fig. 29. Vue d'une partie de cette salle). On y voit aussi une série de bas-reliefs historiques très-remarquables et relatifs aux conquêtes de ce pharaon en Afrique. Les autres salles, car elles sont au nombre de seize, sont ornées de bas-reliefs religieux offrant des particularités fort curieuses.

Fig. 29.

Enfin le temple est terminé par un sanctuaire, au fond duquel sont assises quatre statues bien plus fortes que nature et d'un très-beau travail. Nous mentionnerons encore les quatre spéos d'Idrim, qui paraît être la Premnis de Strabon. Selon Champollion, le plus ancien de ces monuments remonte au règne de Thouthmosis Ier, 1600 ans environ avant J.-C., et le plus récent à celui de Sésostris.

ARCHIT. GRECQUE. — La présence de colonnes est le caractère essentiel de l'arch. grecque, et tous les auteurs s'accordent à reconnaître que la cabane est le type de cette arch. Les premiers arbres ou poteaux en bois qui furent plantés dans la terre afin de soutenir un système de toiture quelconque, furent l'origine des colonnes isolées qui plus tard supportèrent les portiques des temples. Le diamètre du tronc des arbres étant plus considérable à la base qu'au sommet, la colonne, qui est l'imitation de ce tronc, alla aussi, à partir de sa base, en diminuant d'épaisseur. En outre, attendu que cette partie de l'arbre ne présente rien qui soit analogue à la base, l'ordre architectural le plus ancien, le Dorique, est également dépourvu de base. Toutefois, comme le bois en contact avec le sol ne tarde pas à pourrir sous l'influence de l'humidité, on imagina bientôt de poser la colonne sur un dé en pierre, dé qui fut le modèle du piédestal. Scamozzi suppose que les cercles de fer ajustés sur les deux extrémités du tronc pour empêcher le bois de se fendre ont fait naître l'idée des moulures de la base et du chapiteau des colonnes. Il était naturel d'augmenter le développement de la surface supérieure du chapiteau, afin de procurer un point d'appui plus large à l'architrave. Ce membre d'arch., dont le nom, qui signifie *poutre principale*, rappelle l'origine, était placé horizontalement sur le sommet des colonnes, et destiné à supporter la toiture de l'édifice entier. Les solives du plafond reposent sur l'architrave, et l'espace qu'elles occupent en hauteur constitue ce que l'on a nommé la *frise*. Dans l'ordre dorique, les extrémités de ces solives sont creusées de deux *glyphes* ou rainures et de deux *demi-glyphes*; en conséquence on les a appelées *triglyphes*. Les *métopes* sont les espaces vides qui subsistent entre les triglyphes : ainsi dans l'*Iphigénie* d'Euripide, Pylade conseille à Oreste de se glisser à travers les métopes pour pénétrer dans le temple. Plus tard, on remplit ces intervalles avec de la maçonnerie, et ils n'en conservèrent pas moins le nom de métopes qui signifie *ouvertures entre*. Les chevrons inclinés du toit formaient une saillie au delà des murailles, de manière à rejeter à une certaine distance l'eau de la pluie, et ce sont ces saillies qui ont donné naissance aux mutules et aux modillons. L'élévation, ou ce

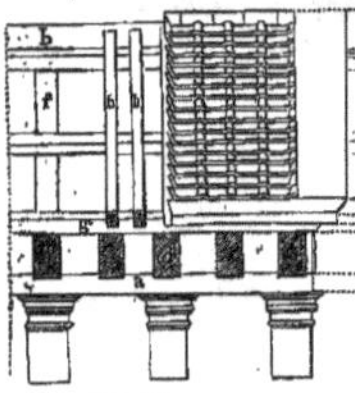

Fig. 30.

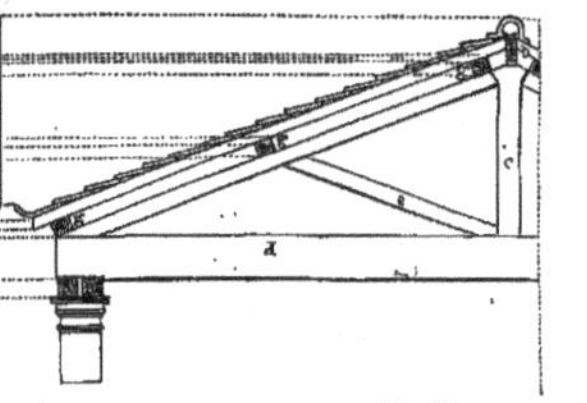

Fig. 31.

que l'on nomme en termes techniques la portée du fronton, dépendait du degré d'inclinaison du toit, qui était elle-même déterminée par la nature du climat. C'est ainsi que les auteurs font dériver de la cabane les divers membres d'arch. La figure 30 qui représente l'élévation du toit, et la figure 31 qui en représente la coupe, expliquent suffisamment ce que nous venons de dire. *aa*, architraves ou poutres; *bb*, faîtage; *c*, poinçon; *dd*, l'entrait ou *transtrum*; *e*, contre-fiche ou *capreolus*; *ff*, forces ou *cantherii*; *gggg*, pannes ou *templa*; *hh*, chevrons ou *asseres*.

Il est extrêmement difficile, pour ne pas dire impossible, de fixer d'une manière précise l'époque de l'invention de l'arch. dans la Grèce. Les historiens rapportent que, vers l'an 1500 av. J.-C., Cadmus introduisit en Grèce le culte des divinités égyptiennes, et apprit à ses habitants non seulement l'art de tailler la pierre, mais encore celui de fondre et de travailler les métaux. Néanmoins, on ne saurait en conclure que l'art grec dérive de l'art égyptien; car, ainsi que nous l'avons vu, l'arch. de ces deux peuples est fondée sur un type différent. Le plus ancien auteur dans lequel on trouve quelques détails sur l'arch. primitive de la Grèce est Homère. Il est évident qu'à l'époque où écrivait l'auteur de l'*Odyssée*, l'arch. n'avait pas encore été réduite en principes et que les ordres n'étaient pas encore connus. Aux yeux d'Homère, comme on le peut voir par sa description du palais d'Alcinoüs, la nature des matériaux est d'une tout autre importance que la forme et les proportions de l'édifice. Quant aux progrès que fit l'arch. depuis l'époque d'Homère jusqu'aux temps de Solon et de Pisistrate, nous ne possédons aucun document qui puisse nous les faire connaître.

Les maisons grecques étaient divisées en deux corps de logis principaux, l'un destiné aux hommes et l'autre aux femmes : le premier s'appelait *andronitis*, et le second *gynécée*. Les appartements prenaient jour sur deux cours intérieures, dont l'une occupait le centre du gynécée et l'autre le centre de l'andronitis; car les maisons n'offraient que de rares ouvertures sur la rue, ce qui devait donner aux villes un aspect assez triste. Dans l'origine, les habitations grecques furent d'une extrême simplicité; mais, plus tard, les citoyens riches rivalisèrent de luxe et de richesse dans la construction et la décoration de leurs demeures, qui, suivant Démosthène, surpassaient en beauté les plus grands édifices publics. Néanmoins les maisons n'avaient en général qu'un seul étage et se terminaient supérieurement par une plate-forme entourée d'une balustrade.

Le plus ancien des trois ordres usités dans l'arch. grecque est évidemment l'ordre dorique : toutefois nous ignorons l'époque précise de son invention. On a prétendu qu'il avait été imaginé par Dorus, fils d'Héléus, qui régnait sur l'Achaïe et le Péloponèse. Suivant Vitruve, ce prince ayant élevé un

Fig. 32.

temple à Junon dans la ville d'Argos, ce temple se trouva par hasard bâti dans le genre qu'on appela dorique. Mais il est probable que cet ordre dut son nom à ce que les Doriens en firent usage avant les autres peuples de la Grèce. L'ordre dorique est celui qui se rapproche le plus du type architectural dont nous avons expliqué la formation. Au reste, lorsqu'on examine les différents monuments d'ordre dorique que nous a légués l'ancienne Grèce, on reconnaît sur-le-champ qu'il existe une assez grande variété dans les proportions et les détails des diverses parties de ces édifices. Dans le principe, le dorique était court et massif et rappelait l'aspect de certains monuments égyptiens, et surtout les colonnes qui décorent les tombeaux égyptiens de Beni-Hassan (Fig. 32). Ces tombeaux sont creusés dans le roc, et situés sur la rive droite du Nil, au sud du Caire. Les colonnes ont 5 1/2 diamètres de hauteur, portent 20 cannelures peu profondes, et n'ont qu'un simple abaque pour chapiteau. On n'y voit aucune trace de base ou de plinthe. Au-dessus de l'architrave, qui est unie, le rocher forme une saillie que l'on a taillée de façon à en faire une espèce de corniche. Dans les constructions d'ordre dorique, élevées par les Grecs, la hauteur des colonnes, en prenant pour mesure leur diamètre inférieur, varie de 4, 06 à 6, 53, et celle de l'entablement, mesurée de même, varie de 1, 14 à 2, 20. La largeur des entre-colonnements présente également de notables différences : exprimée en termes du diamètre, elle varie de 1, 62 à 2, 70. On peut en général, en considérant ces trois éléments, déterminer l'âge relatif des monuments d'ordre dorique. Le temple de Jupiter Panhellénium à Égine (Fig. 33)

Fig. 33.

est vraisemblablement l'un des plus anciens temples doriques de la Grèce. Pausanias dit qu'il fut construit par Éaque, avant la guerre de Troie. Cette assertion prouve simplement que les Grecs lui assignaient une haute antiquité. Nous pensons qu'on peut rapporter son érection à l'an 600 avant J.-C. Les sculptures dont il était décoré, et qui sans doute étaient d'une date plus récente que l'édifice lui-même, paraissent remonter à l'époque de l'invasion des Perses. Elles se trouvent aujourd'hui au musée de Munich. Le temple dorique de Corinthe est probablement du VIe siècle avant notre ère. Parmi les nombreux temples élevés par les colonies grecques en Italie et en Sicile, nous nous bornerons à citer celui de Jupiter Olympien à Agrigente, en Sicile. Ce temple, qui, suivant Diodore de Sicile, ne fut jamais achevé, est l'un des monuments les plus grandioses qu'ait élevés l'antiquité. Il était construit sur de telles proportions que les cannelures de ses colonnes étaient assez larges pour recevoir le corps d'un homme. — Quant aux monuments doriques d'Athènes, il est facile d'assigner la date de leur construction. Les propylées furent élevés en 437 av. J.-C. Ainsi c'est sous l'administration de Périclès

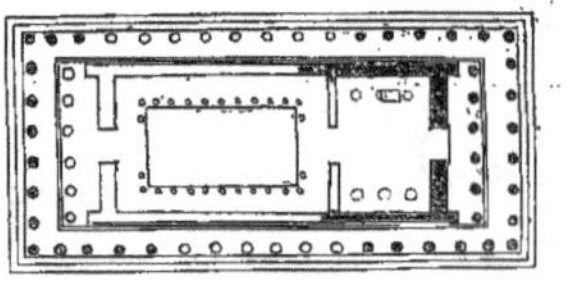

Fig. 34.

que furent bâtis les propylées (voy. ACROPOLE) et le fameux temple de Minerve appelé Parthénon. Ictinus fut l'architecte de ce temple qui a toujours passé pour le chef-d'œuvre de l'arch. grecque, et Phidias exécuta les sculptures qui le décoraient. La Figure 34 est le plan de ce temple; la Figure 35 représente son élévation, et la Figure 36 le montre dans son état actuel. Le temple de Thésée est à peu près de la même époque : on suppose qu'il fut érigé pour recevoir les cendres de ce héros lorsqu'elles furent rapportées de Scyros à Athènes. On attribue aussi à Ictinus la construction des temples doriques de Minerve à Sunium et d'Apollon Épicurius dans l'Arcadie.

Fig. 35.

L'ordre ionique, suivant Vitruve, fut employé pour la première fois au temple de Diane à Éphèse, en Ionie, bâti par Chersiphon, vers le temps des premières olympiades. Cet ordre n'est donc guère moins ancien que le dorique. Il reste encore quelques ruines du temple ionique de Jupiter à Samos: cet édifice, qui fut construit vers l'an 540 av. J.-C. par deux architectes samiens, Rhœcus et Theodorus, est cité par Hérodote comme l'un des plus magnifiques monuments élevés par

Fig. 36.

les Grecs. Hermogène d'Alabanda construisit le temple octostyle de Bacchus à Téos, si vanté par Vitruve. On cite encore parmi les temples ioniques élevés dans les colonies celui d'Apollon Didyméen, près de Milet, bâti vers l'an 336 avant notre ère, et celui de Minerve Poliade à Priène, dédié par Alexandre de Macédoine. — Athènes possédait trois temples d'ordre ionique, celui de Minerve Poliade, celui d'Érechthée, et un petit temple sur les bords de l'Ilyssus. On ignore la date précise de l'érection du double temple de Minerve Poliade et d'Érechthée. La Fig. 37 présente une vue restaurée de ce monument remarquable. On n'observe pas dans l'ordre ionique moins de variétés que dans l'ordre dorique. Ainsi, tandis que la hauteur des colonnes est à leur diamètre inférieur comme 8, 24 est à 1 dans le temple sur l'Ilyssus, la proportion est de 9, 33 à 1 pour les colonnes du temple d'Érechthée. La hauteur moyenne de l'entablement est de 2, 27 diamètres, et la hauteur de la corniche est à celle de l'entablement comme 2 est à 9. Les bases des colonnes offrent aussi de fort notables différences. Il en est de même des volutes qui sont le trait caractéristique de l'ordre ionique. Dans les temples de Minerve Poliade à Priène et d'Apollon Didyméen, ainsi que dans le temple

BLAISE.

Fig. 37.

sur l'Ilyssus, les tours de spirale ne sont séparés que par un seul canal, au lieu que dans les temples d'Érechthée et de Minerve Poliade à Athènes, chaque volute se compose de deux spirales distinctes séparées par des canaux. On remarque encore plusieurs différences dans les autres parties du chapiteau et de la colonne. Le trait distinctif de l'ordre corinthien, aussi bien que de l'ordre ionique, est le chapiteau. Au mot ACANTHE, nous avons parlé de la légende rapportée par Vitruve au sujet de l'invention du chapiteau corinthien; mais, bien antérieurement à la naissance de l'arch. grecque, les Égyptiens décoraient leurs chapiteaux de feuilles de palmier, de fleurs de lotus, etc. Si l'on remarque surtout l'analogie que la forme de la fleur du lotus présente avec celle de la campane du chapiteau corinthien, on sera porté à admettre que ce dernier est une simple modification de certains chapiteaux égyptiens. Malheureusement, soit que l'extrême légèreté de cet ordre ait nui à la solidité des édifices où il a été employé, soit que les Grecs, malgré sa richesse et sa magnificence, lui aient préféré les ordres précédents, on ne rencontre que fort peu de vestiges de monuments grecs où l'on ait appliqué l'ordre corinthien. Ainsi la *Tour des Vents* à Athènes mérite à peine d'être rangée dans cette catégorie, et quant au *Monument choragique* de Lysicrate, également à Athènes, il offre quelque chose d'un peu outré, relativement du moins à l'idée que nous nous faisons aujourd'hui de l'ordre corinthien (V. CHORAGIQUE). Il paraît que l'on ne commença à faire usage de cet ordre que vers la fin de la guerre du Péloponnèse. Pausanias rapporte que Scopas, célèbre architecte de Paros, rebâtit le temple de Minerve à Tégée qui avait été brûlé vers l'an 400 av. J.-C., et que le nouvel édifice était mis au nombre des plus vastes et des plus beaux monuments du Péloponèse. La celle était entourée de deux rangées de colonnes doriques, que surmontaient d'autres colonnes d'ordre corinthien. Le péristyle de ce temple était ionique. — Un fait démontré jusqu'à l'évidence par l'examen des monuments grecs, à quelque ordre qu'ils appartiennent, c'est que les architectes ne s'astreignaient servilement à aucune règle absolue, soit pour la proportion des divers membres des ordres, soit pour leur décoration, et que le génie de l'artiste avait la liberté de se déployer dans des limites convenables.

Aux ordres que nous venons de nommer on en ajoute quelquefois un quatrième, qu'on a appelé *ordre cariatide*. Dans cet ordre, le fût des colonnes est remplacé par des figures d'hommes et plus souvent de femmes. Le *Pandroseum*, qui est attaché au temple de Minerve Poliade (Fig. 37), nous en offre un exemple. (Voy. CARIATIDE.)

Les ornements que les Grecs appliquaient à la décoration de leurs édifices religieux étaient tirés des objets réels ou symboliques de leur culte. Ainsi, par ex., dans le temple d'Apollon à Téos, on voit la lyre, le trépied, etc. La défaite des Amazones était représentée sur le temple de la Victoire à Athènes, et celle des Lapithes dans le temple de Thésée. Enfin le fronton du Parthénon représentait la lutte qui eut lieu entre Neptune et Minerve, lorsqu'il s'agit de donner un nom à la ville nouvelle; et le baudrier qui entourait la celle du même temple représentait la procession des Panathénées.

ARCH. ÉTRUSQUE. — On pense généralement que les Étrusques étaient une colonie pélasgique venue de la Grèce. Cette opinion semble jusqu'à un certain point confirmée par l'identité de l'arch. de ce peuple avec l'arch. cyclopéenne. Les villes étrusques, ainsi que le prouvent les vestiges qui subsistent encore à Volterra, à Crotona, à Fiesole, et à Cora, près de Velletri, étaient entourées de murailles construites avec d'énormes blocs de pierres et ordinairement fort élevées. Dans les plus antiques spécimens de ce genre de construction, ces blocs sont de forme polygonale, irrégulière; mais ils sont ajustés de telle façon qu'ils se joignent exactement. Les portes étaient d'une extrême simplicité et communément formées de pierres oblongues carrées. La porte d'Hercule, à Volterra, représente une arcade composée de dix-neuf pierres. Il est certain d'ailleurs que les Étrusques connaissaient l'art de construire les voûtes et en faisaient un emploi assez fréquent. Au mot AMPHITHÉATRE, nous avons dit que les Romains avaient emprunté à l'Étrurie ce genre d'édifice, ainsi que l'usage des combats de gladiateurs. Les temples étrusques étaient périptères, et les frontons de ces édifices étaient décorés de statues, de quadriges et de bas-reliefs en terre cuite, dont il restait encore quelques morceaux à l'époque de Vitruve et même à celle de Pline. On attribue aussi aux Étrusques l'invention de l'ordre toscan, qui nous paraît n'être qu'une reproduction dégénérée, abâtardie du dorique grec. Les caractères qui le distinguent seront exposés à l'art. ORDRE.

ARCHIT. ROMAINE. — Les éléments primitifs de l'arch. romaine se retrouvent tous, soit chez les Grecs, soit chez les Étrusques : néanmoins les Romains ont imprimé à toutes leurs constructions un cachet particulier qui ne permet de les confondre avec celles d'aucun peuple. Ils empruntèrent aux Étrusques l'ordre toscan, et aux Grecs les ordres dorique, ionique et corinthien, tout en faisant subir à ces derniers d'assez importantes modifications. Le dorique surtout perdit beaucoup de sa simplicité et de sa sévérité primitives. L'ordre corinthien est de tous les ordres celui que les architectes romains paraissent avoir le plus affectionné; mais ils le modifièrent par la suite au point qu'on en fit un cinquième ordre, sous le nom d'*ordre composite*. Il existe notamment entre l'arch. grecque et romaine un trait distinctif caractéristique : c'est la forme du profil des moulures. Dans l'arch. purement grecque, les contours des moulures sont tous formés par des sections de cône, tandis que dans l'arch. romaine, ces contours représentent des sections de cercle. L'usage des colonnes accouplées et des niches ne se rencontre que dans les édifices romains; toutefois les colonnes accouplées n'ont été employées qu'à une époque où l'art commençait à dégénérer. Mais ce qui caractérise plus essentiellement encore l'arch. romaine, c'est l'introduction des arcades et des voûtes dans une foule de monuments, tels que les amphithéâtres, les théâtres, les arcs de triomphe, les aqueducs, etc. Rome éleva des édifices d'une forme inconnue jusqu'alors, et ouvrit à l'art architectonique une voie nouvelle que les architectes du moyen âge parcoururent dans toute son étendue.

Les premiers maîtres des Romains dans l'art de bâtir furent les Étrusques, ainsi que l'attestent divers passages des historiens latins. Ce fut à l'époque de Tarquin l'Ancien, qui était lui-même né en Étrurie, qu'on exécuta les premières constructions monumentales qui devaient faire de Rome la première cité de l'univers. En effet, ce roi, après avoir conquis plusieurs villes, appliqua les trésors dont la guerre l'avait rendu maître à construire un cirque immense dans la vallée qui séparait le mont Aventin du mont Palatin. Il fit bâtir les murs de la ville en pierres taillées, dessécha les terrains où devait s'élever le forum, entoura celui-ci de portiques, commença les Cloaques et jeta les fondements du temple de Jupiter Capitolin. Tarquin le Superbe fit continuer les travaux de ce temple; mais son principal titre de gloire est d'avoir terminé les Cloaques. Il ne recula devant aucun travail, devant aucune dépense pour achever cette construction aussi remarquable par son immensité que par son utilité. Le temple de Jupiter Capitolin ne fut terminé qu'après l'expulsion des rois, 508 ans av. J.-C., et il fut consacré sous le 3e consulat de Publicola. — Il nous est impossible de suivre l'histoire de l'arch. romaine et de décrire ses progrès. Nous dirons seulement que la conquête de la Grèce, en faisant connaître aux Romains les inimitables monuments de ce pays et en attirant en Italie une foule d'artistes grecs, donna à l'arch. romaine une impulsion vive. D'un autre côté, les richesses inouïes que possédaient un grand nombre de particuliers favorisèrent singulièrement les progrès d'un art qui ne peut se développer qu'au sein du luxe et de l'opulence. Sous le règne d'Auguste, une foule de monuments de tout genre s'élevèrent dans Rome, ainsi que dans toutes les provinces de l'empire. Parmi ses successeurs, Néron, Vespasien, Titus, Trajan, les Antonins, encouragèrent tout particulièrement l'arch.; mais, à partir de Néron, l'art se corrompit rapidement. Après avoir épuisé dans l'emploi des ornements toutes les ressources de la richesse guidée par le goût, les architectes romains mirent de côté toute sobriété, sacrifièrent l'ensemble aux détails et aux accessoires, couvrirent de décorations toutes les parties des édifices indistinctement, chargèrent les divers membres d'ornements et de sculptures, comme celui qui pour orner un tissu le couvrirait entièrement de broderies. On construisit donc des édifices qui pouvaient étonner par le luxe de leur décoration et par l'immensité de leurs proportions, mais qui ne sauraient satisfaire le goût exercé de l'artiste intelligent.

Nous ne décrirons pas les diverses espèces d'édifices élevés par les Romains, tels que théâtres, cirques, amphithéâtres, aqueducs, thermes, etc., car tous doivent être l'objet d'articles spéciaux. En conséquence, nous nous bornerons à parler de leurs temples et de leurs habitations privées.

Les temples quadrangulaires des Romains offrent en général une grande analogie avec les temples grecs. Le temple de Jupiter Stator, élevé sur le Forum, était peut-être le plus beau monument d'ordre corinthien qui eût jamais existé. Il n'en reste aujourd'hui que trois colonnes, qui ont 14 mètres 52 centim. de hauteur, et dont le diamètre inférieur est de 1 mètre 475 millim. Les temples corinthiens de Jupiter Tonnant et de Mars Vengeur, construits par Auguste, et celui que Marc Aurèle érigea en l'honneur d'Antonin et de Faustine, méritent surtout d'être cités. Rome, car nous ne saurions parler de la foule de temples qui s'élevèrent dans le monde entier sous la domination romaine, et qui portent le cachet de son architecture, Rome est très-pauvre en exemples de temples ioniques: les deux seuls dont il reste encore des vestiges sont le temple de la Fortune Virile et celui de la Concorde.

Parmi les temples circulaires, nous citerons celui de Vesta à Rome, celui de la Minerve Medica aux environs de la ville, et celui de la Sibylle à Tivoli. Dans ce dernier, ainsi que dans le temple de Vesta, la celle est entourée de colonnes d'ordre corinthien, et on suppose qu'elle était recouverte par un dôme reposant sur ses murs. Le temple de la Sibylle (Fig. 38) est porté sur un soubassement circulaire d'environ 1 mètre 52 cent. de hauteur; ses chapiteaux sont remarquables en ce que les feuilles, au lieu d'être, comme à l'ordinaire, appliquées à la campane, s'en détachent au contraire. — Le temple dit de Minerve Medica (Fig. 39) est fort ruiné; il n'en reste guère plus de la moitié. Il avait 33 mètres 53 centim. de diamètre, et était recouvert d'un dôme hémisphérique construit en briques et dont le sommet était élevé de 34 mètres 44 centim. au-dessus du pavé. De chaque côté de cet édifice, il existait une aile semi-circulaire formée par une voûte hémisphérique. Enfin l'entrée du temple consistait en un vestibule rectangulaire orné de quatre colonnes corinthiennes surmontées d'un fronton. — A l'art. PANTHÉON, nous parlerons

Fig. 38.

du fameux temple circulaire connu sous ce nom et que l'on suppose avoir fait partie des bains d'Agrippa, et nous terminerons ce qui concerne les temples romains par quelques mots sur

Fig. 39.

le temple de la Paix. — Cet édifice fut commencé par Claude et achevé par Vespasien, après la conquête de la Judée, et il paraît que cet empereur y déposa les dépouilles du temple de

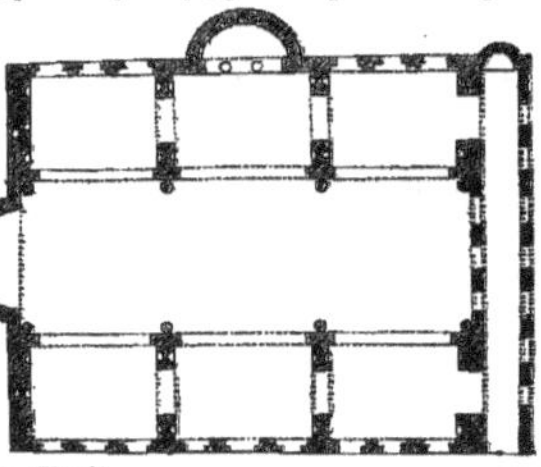

Fig. 40.

Jérusalem; mais il fut détruit on ne sait par quel accident, sous Commode, et rebâti par ce prince. La Fig. 40 représente le plan de ce temple, et la Fig. 41 représente sa restauration

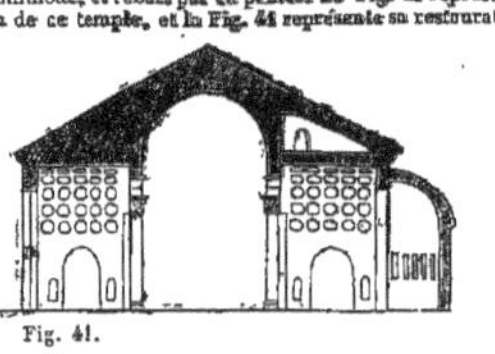

Fig. 41.

par Palladio. Le porche qui est au-devant de l'édifice était voûté; son élévation, prise dans la voûte, était de 10 mètres 66 centim., et sa profondeur d'environ 9 mètres; on y entrait par sept ouvertures en plein cintre. La longueur de l'édifice à l'extérieur, non compris le porche, était de 89 mètres 60 centimètres, et sa largeur de 60 mètres; enfin la hauteur de la voûte au-dessus du pavé était de 36 mètres environ. Ce temple méritait une mention spéciale, parce qu'il offre le type des premiers temples chrétiens.

A la différence des Grecs, les Romains vivaient avec leurs femmes dans des appartements communs : aussi la distribution des maisons romaines est-elle différente de celle des maisons grecques. Il n'est pas besoin de dire que la grandeur, le luxe et le nombre des pièces d'une habitation étaient en rapport avec la fortune et le rang du propriétaire. Les pièces qui composaient essentiellement une maison romaine étaient distribuées autour de deux cours rectangulaires. La porte, qui s'ouvrait

Fig. 42.

sur la rue, donnait accès dans un corridor ou *prothyrum* (Fig. 43, Porte et Prothyrum à Pompéi) conduisant au *cavædium* : on nommait ainsi la première cour de la maison. Cette cour était décorée d'une galerie supportée par des colonnes, sur laquelle s'ouvraient différentes pièces destinées à

Fig. 43.

Fig. 44.

divers usages, et particulièrement celles qui étaient consacrées aux hôtes. Ce premier corps de logis recevait le nom d'*atrium*. On distinguait plusieurs sortes d'atrium, selon la forme du toit et suivant le nombre des colonnes qui soutenaient la galerie. L'atrium corinthien (Fig. 45) était le plus riche de tous. L'ouverture qu'on voyait au milieu du toit du cavædium, et qui servait soit à donner du jour, soit à livrer passage aux eaux pluviales, s'appelait *compluvium*, et on donnait le nom d'*impluvium* au bassin carré placé au centre de la cour pour recevoir ces eaux. Le *tablinum* était une pièce qui s'ouvrait sur l'atrium, en face du prothyrum. C'est là que le maître de la maison recevait ses visiteurs et ses clients. C'est aussi dans cette pièce que l'on conservait les archives de famille, les généalogies, les statues et les images des ancêtres. On donnait le nom d'*alæ*, ailes, aux appartements situés à droite et à gauche du tablinum, et celui de *fauces* aux deux corridors qui conduisaient de l'atrium au péristyle. Celui-ci ressemblait à l'atrium sous le rapport de la forme et de la décoration, mais il était plus spacieux. Au centre du péristyle (Fig. 44), on trouvait ordinairement un parterre planté d'arbustes et de fleurs, ainsi qu'un bassin. Cette partie du péristyle s'appelait *xystus*. Tout autour de la galerie de colonnes étaient distribués divers appartements, parmi lesquels on doit citer les *cubicula* ou chambres à coucher, qui toutes étaient précédées d'une antichambre (*procœtum*), le *triclinium* ou salle à manger, les salons de réception plus ou moins somptueux appelés *œci*, la *pinacothèque* ou galerie de tableaux, la bibliothèque, etc. Les étages supérieurs étaient occupés par les esclaves et les affranchis. Souvent il y avait un *solarium* ou terrasse qui était quelquefois planté d'arbustes et de fleurs.

Pour terminer cet article, nous mentionnerons encore, à cause de leur célébrité, les ruines de Baalbeck ou Héliopolis, à

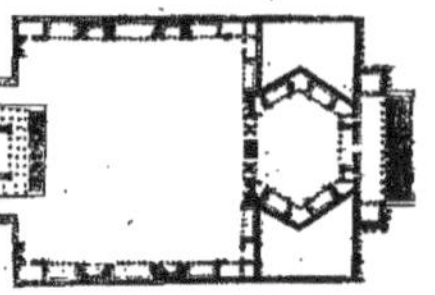

Fig. 45.

8 myriam. au nord-ouest de Damas, en Syrie, et celles de la ville de Palmyre, situées dans une oasis au milieu du grand

Fig. 46.

désert de Syrie. Sur l'autorité d'un fragment de Jean d'Antioche, surnommé Malala, on rapporte généralement à l'époque d'Antonin le Pieux les constructions extraordinaires qui se voient dans ces deux villes. Le principal édifice de Baalbeck est un temple diptère en forme de rectangle, situé au centre de l'extrémité occidentale d'une vaste enceinte quadrangulaire (Fig. 45). Le temple A a environ 62 mètres de long sur 31 de large; la longueur de l'enceinte quadrangulaire est de 110 mètres, et sa largeur de 106. En avant se trouve une cour hexagone qui servait de vestibule et qui était précédée d'un vaste portique. Le style des constructions de Baalbeck prouve combien l'art était en décadence à l'époque où elles furent élevées. On en peut juger par la Fig. 46 qui représente un temple circulaire situé un peu au-dessus de celui dont nous venons de parler. Ce qu'on admire surtout dans les constructions de Baalbeck, c'est la grandeur prodigieuse des blocs dont elles sont composées. Burckhardt, qui a mesuré quelques-uns de ces blocs, a trouvé que le plus grand avait 55 mètres 50 cent. de longueur sur 3 mètres 65 de largeur, et autant d'épaisseur. Cette pierre est une des masses les plus énormes qu'ait jamais remuées la main de l'homme. Les ruines de Palmyre ou Tadmor, dont nous donnons ici une légère esquisse (Fig. 47), n'indiquent pas un style architectural supérieur à celui des monuments de Baalbeck; néanmoins l'étendue et la grandeur de

Fig. 47.

ces avenues de colonnes et de portiques font une profonde impression sur le voyageur. La ville de Palmyre, dont la fondation est attribuée à Salomon, fut détruite en 237 par l'empereur Aurélien.

ARCHIT. BYZANTINE. — Pendant que l'art romain allait dégénérant de plus en plus, une religion nouvelle, qui devait donner naissance à une arch. toute différente, grandissait au milieu des supplices et des persécutions. Au commencement du IVe siècle, c.-à-d. à l'époque où Constantin fit monter le christianisme sur le trône, les chrétiens n'avaient encore élevé qu'un petit nombre d'édifices publics consacrés à leur culte. Les assemblées religieuses des premiers fidèles avaient lieu dans des maisons particulières, ou bien dans des lieux secrets où ils pouvaient se soustraire aux recherches de leurs persécuteurs: c'est ainsi qu'à Rome les mystères du culte nouveau se célébraient généralement dans les catacombes. A peine parvenu à l'empire, Constantin éleva à Rome plusieurs églises chrétiennes; parmi lesquelles nous citerons Sainte-Croix de Jérusalem, Saint-Jean de Latran, Saint-Laurent hors les murs, Saint-Paul hors les murs, et Saint-Pierre, qui furent bâties sur le plan des basiliques romaines (voy. BASILIQUE). Mais, en 328, ce prince ayant transféré le siége de l'empire dans l'ancienne Byzance, qui dès lors prit le nom de Constantinople, il voulut que cette ville rivalisât de grandeur et de magnificence avec Rome. En conséquence, non-seulement il y édifia une foule de palais, de bains et d'édifices religieux, mais encore il dépouilla la Grèce, l'Italie et l'Asie de leurs chefs-d'œuvre pour enrichir et décorer sa nouvelle capitale. Il paraît que plusieurs des églises que cet empereur y fit construire offraient déjà les caractères propres qui ont fait donner à l'arch. néo-grecque le nom d'arch. byzantine. — Parmi ces caractères, les uns sont relatifs au plan et au mode de construction, les

Fig. 48.

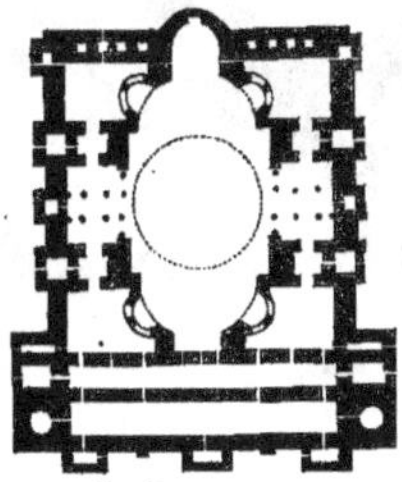

Fig. 49.

autres à la décoration et à l'ornementation des parties accessoires de l'édifice.

Le plan des églises construites dans ce nouveau style diffère essentiellement de celui des édifices religieux construits dans

Fig. 50.

l'Occident à la même époque. Aux angles d'un vaste carré, dont les côtés se prolongeaient à l'extérieur en quatre nefs plus courtes et égales entre elles (forme de la croix grecque), se trouvaient quatre piliers liés par quatre arcades qui s'appuyaient sur eux. Des pendentifs étaient disposés entre ces arcades de manière à former avec ces dernières, à leur sommet, un cercle qui portait une coupole. Cette coupole ne devait point, comme celle du Panthéon à Rome, ou celle de l'église du Saint-Sépulcre, élevée à Jérusalem par Hélène, mère de Constantin, reposer sur un vaste cylindre placé entre elle et le sol. Elle s'élançait dans les airs au-dessus de ces quatre immenses arcades; et pour qu'elle réunît, autant que possible, la légèreté et la solidité, malgré ses grandes dimensions, elle était en général construite avec des tubes cylindriques de terre ajustés l'un dans l'autre. Des demi-coupoles fermaient les arcs sur lesquels s'appuyait le dôme central, et couronnaient les quatre nefs ou bras de la croix. L'une de ces nefs, terminée par l'entrée principale, était précédée d'un portique ou *narthex*. La nef opposée formait le sanctuaire, tandis que les deux branches latérales étaient coupées dans leur hauteur par une galerie destinée aux femmes. Souvent encore il s'en échappait de petites absides couronnées de demi-dômes, ou de chapelles surmontées de petites coupoles. — De longues et étroites fenêtres en plein cintre étaient ménagées à la base des coupoles et des demi-coupoles. Les murs présentaient fréquemment des assises de briques alternant avec des assises de pierre, et quelquefois même offraient des lignes de briques verticales. La surface extérieure des murs était également ornée avec des briques couvertes de dessins très-variés, tels que gamma, croix, rosaces, etc. Quant à leur paroi interne, elle était enrichie de mosaïques, et ce genre de décoration est caractéristique du style byzantin, quoiqu'on le rencontre dans quelques églises romanes. Les portes étaient rectangulaires ou en plein cintre: dans le premier cas elles étaient surmontées d'un arc en décharge également en plein cintre. Au VIIIe siècle, les fenêtres percées dans les murs sont géminées, et la double arcade est supportée par une colonnette. Les architectes byzantins employaient principalement l'arc en plein cintre: on trouve cependant quelques exemples de cintre surbaissé et même d'arc en fer à cheval. Les chapiteaux des colonnes ont ordinairement la forme d'un cube qui va en s'amincissant vers sa partie inférieure et dont les faces sont décorées de feuillages divers et de lignes entrelacées. Les moulures sont très-saillantes et à bords généralement arrondis. Au-dessous du larmier on remarque fort souvent une sorte d'ornement en zigzag posé à plat dans un creux de façon à présenter une série de pointes. L'église de Saint-Nicodème, à Athènes (Fig. 48), nous offre un exemple du style architectural dont nous venons de tracer les caractères.

Mais le monument le plus magnifique qui ait été construit dans ce style est l'église élevée par Justinien sur l'emplacement de celle que Constantin avait consacrée à la Sainte-Sagesse. Le temple nouveau, vulgairement connu sous le nom d'église de *Sainte-Sophie*, fut construit par les architectes Anthémius de Tralles et Isidore de Milet. Ce fut la 32e année de son règne, en 1559, que Justinien fit la dédicace de cette église aujourd'hui convertie en mosquée. (Fig. 49. Plan de Sainte-Sophie. — Fig. 50. Coupe et élévation de la même.) Une croix grecque inscrite dans un carré représente la forme générale de cet édifice, qui a 74 m. de largeur et 82 m. de longueur à partir du sanctuaire jusqu'aux neuf portes qui s'ouvrent dans le vestibule et de là dans le narthex ou portique extérieur. La coupole a 35 m. de diamètre, et le sommet du dôme se trouve à une hauteur de 55 m. environ au-dessus du pavé de l'église. Cette coupole est supportée par quatre grands arcs qui forment quatre pendentifs. Sur les deux arcs perpendiculaires à l'axe de la nef s'appuient deux voûtes hémisphériques qui donnent au plan de la nef une forme ovoïde. Chacun de ces deux hémisphères est lui-même pénétré par deux hémisphères plus petits qui sont soutenus par des colonnes. Cette superposition de coupoles, dont les points d'appui ne sont pas apparents, donne à toute la fabrique, dit Texier, un aspect de légèreté inimaginable. Le sanctuaire où se trouvait l'autel était situé à l'extrémité orientale de l'église et se terminait supérieurement par une voûte en cul de four, éclairée par trois fenêtres, en l'honneur de la Sainte-Trinité. En avant de l'église se trouvait un vaste atrium ou cour carrée entourée de portiques. Un grand nombre d'églises grecques sont précédées de cours semblables. Les murs de l'église étaient en briques; mais les piliers qui soutenaient la coupole étaient formés de gros blocs carrés de pierre calcaire, et, afin de diminuer le poids qu'ils devaient supporter, la coupole était construite soit en pierre ponce, soit en briques de Rhodes qui étaient dix fois plus légères que les briques ordinaires. Les murs furent revêtus des marbres les plus précieux recueillis de toutes parts. On prodigua l'or, les mosaïques, les peintures, pour la décoration du nouveau temple. Justinien l'enrichit en outre d'une foule de vases, de candélabres et d'ornements du plus grand prix. Aussi l'érection de Sainte-Sophie lui coûta-t-elle des sommes énormes: l'estimation la plus modérée les porte à 25 millions.

Suivant Eusèbe, ce fut sous le règne de Constantin que l'on commença à élever des églises sur le plan d'une croix grecque surmontée à son centre d'une coupole: mais il ne reste à Constantinople aucun vestige des anciennes églises édifiées par ce prince. Plus tard, c.-à-d. après l'époque de Justinien, on multiplia le nombre des coupoles. Ainsi on ajouta au dôme central des coupoles plus petites placées, tantôt sur les deux bras latéraux, tantôt sur les quatre bras de la croix. Dans

Fig. 51.

quelques églises même, on en mit sur les quatre angles du carré, et le narthex fut également décoré de plusieurs coupoles dont les dimensions étaient moindres encore.

L'auteur d'un remarquable travail sur les églises byzantines de la Grèce, A. Couchaud, divise l'histoire de ce style architectural en trois périodes. La première s'étend depuis Constantin jusqu'au milieu du VIe siècle : il reste peu de monuments construits dans ce style; mais Eusèbe les a décrits fort au long. La seconde période finit au XIe siècle : la plupart des églises que nous connaissons appartiennent à cette époque. La troisième période va jusqu'à la conquête de la Grèce par les Turcs. Dans les édifices de cette dernière période, l'influence de l'arch. occidentale devient très-sensible. L'arc en ogive se présente fréquemment : les peintures à fresque remplacent les mosaïques. Les plans se rapprochent davantage de la forme latine; les façades offrent des frontons, et les fenêtres sont fermées par des tablettes de pierre ou de marbre percées d'ouvertures arrondies pour donner passage à la lumière.

Le style byzantin a exercé une influence évidente sur l'arch. de tous les peuples qui ont eu des rapports suivis avec la capitale de l'empire d'Orient. Ainsi on trouve à Venise, dans le nord de l'Italie et en Sicile, un grand nombre de temples chrétiens où le système de construction et de décoration byzantin frappe les yeux les moins exercés. L'arch. néogrecque s'est introduite avec le christianisme dans plusieurs contrées de l'Asie et de l'Europe orientale. En Arménie, en Géorgie, en Crimée, les églises sont en général construites d'après ce type. La Russie surtout possède de nombreuses églises où ce style s'est conservé dans presque toute sa pureté. Dans d'autres, il est modifié par une importation toute moresque, nous voulons dire par l'introduction de dômes en forme de bulbe qui rappellent ceux des mosquées du Caire, de la Perse et de l'Inde. Nous citerons comme exemple de ce genre d'arch., la célèbre église de Vassili-Blagennoï, à Moscou (Fig. 51). Cette église, malgré sa médiocre étendue, offre un assemblage de dix-sept coupoles, toutes différentes par leurs formes, leurs couleurs et leurs proportions. L'une ressemble à une boule, une autre à une pomme de pin; celle-ci à un melon, celle-là à un ananas. Elle a été bâtie vers 1560, par le tzar Iwan Wassiliévitch. On prétend que ce prince fit crever les yeux à l'artiste pour le mettre hors d'état de construire une nouvelle église qui pût rivaliser avec ce monument.

ARCHIT. MORESQUE. — Avant la naissance de Mahomet, les Arabes, peuple essentiellement nomade, ne possédaient pas d'arch. proprement dite. Ils avaient, il est vrai, sept temples où se trouvaient les idoles qu'ils adoraient; mais ces édifices furent détruits par les premiers musulmans, à l'exception de celui de la Mecque, appelé temple de la Caaba, du nom de la fameuse pierre noire qui est encore l'objet du culte des sectateurs de l'islamisme. Ce temple célèbre représente un bâtiment carré d'environ 11 mètres de longueur sur 10 m. 35 c. de largeur et 12 m. de hauteur. Il est éclairé par une porte du côté de l'Orient et par une fenêtre : la toiture est supportée par trois piliers octangulaires. Mahomet l'ayant consacré au culte du Dieu unique, les califes ses successeurs l'entourèrent d'une cour carrée munie de portiques et de salles à l'usage des pèlerins. C'est encore à la Mecque qu'avaient été élevés les tombeaux des quatre-vingt descendants du prophète ainsi que celui de sa femme : mais, en 1803, tous ces tombeaux furent détruits par les Wahabites, qui, néanmoins, respectèrent et épargnèrent la Caaba et son enceinte.

Tout le monde sait combien furent rapides et prodigieuses les conquêtes des musulmans après la mort de Mahomet, qui eut lieu l'an 632 de notre ère. Le contact des Arabes avec des nations beaucoup plus civilisées fit bientôt naître chez ce peuple l'amour des arts et des sciences. La première mosquée élevée par les Arabes fut celle que le calife Omar fit bâtir sur l'emplacement du temple de Jérusalem. Sous le même califat, Amrou, après avoir conquis l'Égypte, construisit la mosquée qui porte son nom, dans le lieu appelé aujourd'hui le Vieux Caire. A la fin du VIIe siècle, Abd-el-Melek édifia de nombreuses mosquées. Son fils Walid (705-715) bâtit à Damas, sur les ruines de l'église de Saint-Jean-Baptiste, une mosquée si magnifique qu'elle ne coûta pas moins de 56 millions de francs. C'est sur cette mosquée qu'on éleva pour la première fois ces minarets du haut desquels les Muezzins appellent les musulmans à la prière. Partout où l'islamisme pénétra, on vit s'élever de nombreux édifices consacrés au nouveau culte, ainsi qu'une foule de palais, d'hopitaux, de caravansérails, et d'autres monuments. Mais l'aspect des édifices arabes qui remontent aux premiers siècles de l'ère musulmane suffit pour démontrer, alors même que le fait ne serait pas déclaré par tous les historiens mahométans, que les architectes qui les ont bâtis étaient des artistes grecs. L'usage des arcs en plein cintre, l'emploi des voûtes en cul-de-four et des coupoles en pendentifs, le système d'ornementation, tout dans les mosquées et les palais des califes, rappelle le style byzantin. Cependant nous

Fig. 53.

devons signaler ici une particularité d'un haut intérêt, c'est que le fameux *Mékyâs* ou Nilomètre de l'île de Roudah, construit dans la première moitié du IXe siècle de notre ère, est décoré sur chacune de ses faces d'une arcade ogivale, et que dans la mosquée de *Touloun*, élevée au Caire vers 877, les arcades présentent la forme de l'ogive pure.

C'est en Espagne, quand la domination des Mores fut établie d'une manière solide, que l'arch. arabe se déploya avec toute l'originalité dont elle était susceptible. La fameuse mosquée de Cordoue fut commencée par Abd-er-Rahman-ben-Moawiah en 770, et terminée par son fils vers la fin du VIIIe siècle. Son plan représente un parallélogramme de 189 mètres sur 134, formé par une muraille crénelée et munie de contre-forts également crénelés. La hauteur de ce mur varie de 10 à 18 m.; son épaisseur est de 2 m. 45 c. Ce vaste espace quadrangulaire est divisé intérieurement en deux parties, à savoir : une cour de 64 m. de profondeur prise sur la longueur de l'édifice, et la mosquée elle-même qui couvre le reste de la surface. Celle-ci se compose, en allant du nord au sud, de 19 nefs formées par 17 rangées de colonnes et de 32 nefs plus étroites allant de l'est à l'ouest. Ainsi l'intersection des nefs entre elles donne 850 colonnes qui, jointes aux 52 colonnes qui décorent la cour, forment un total de 902 colonnes. Leur diamètre est d'environ 45 centim., et leur hauteur moyenne d'à peu près 4 m. 60 c. Elles sont couronnées par des chapiteaux de formes variées se rapprochant de l'ordre corinthien ou du composite. Ces colonnes n'ont ni socle ni base, et sont surmontées d'arceaux allant de l'une à l'autre. Les plafonds sont en bois et ornés de peintures. Une des choses qui produisent le plus d'effet dans la mosquée de Cordoue, c'est la beauté des marbres des colonnes. La plus grande partie de ces marbres provient d'anciens monuments romains. Les décorations sont toutes en stuc; elles sont toujours peintes de diverses couleurs et quelquefois dorées à l'imitation des églises du Bas-Empire. Au commencement du XVIe siècle, on a fait de grands changements dans cette mosquée, afin de la convertir en église chrétienne.

Fig. 52.

Fig. 54.

Mais de tous les monuments moresques de l'Espagne, le plus célèbre et le plus merveilleux est sans contredit l'Alhambra. Cet édifice a été construit sous l'émir Abou-Abdallah-ben-Nasser, vers le milieu du XIIIe siècle. Il est situé sur le sommet d'un rocher qui commande la ville de Grenade, et servait à la fois de palais et de forteresse. Lorsqu'on pénètre dans l'Alhambra, on se croirait transporté dans un palais bâti par des fées. Dans l'impossibilité où nous sommes de le décrire en détail, nous parlerons seulement de la célèbre cour des Lions, la deuxième que l'on rencontre après avoir franchi l'entrée du palais (Fig. 52). Cette cour a la forme d'un rectangle de 30 m. de long sur 15 de large; elle est entourée de galeries qui sont soutenues par 128 colonnes de marbre blanc. Les arcades sont en plein cintre surhaussé, en fer à cheval, en ogive, et les colonnes sont tantôt isolées, tantôt accouplées et même groupées trois par trois, quatre par quatre, de manière à produire des effets aussi variés que possible. Des ornements en stuc peints de diverses couleurs, or, vermillon, rose et azur, décorent ces arcades et ajoutent encore à la magie de l'ensemble. Le revêtement de l'intérieur des galeries consiste également en ornements de stuc rehaussés de peintures et de dorures : des mosaïques de faïence règnent autour des soubassements. La cour est aujourd'hui partagée par quatre allées en dalles de marbre blanc. Au centre de la cour s'élève, sur un soubassement de marbre, la fontaine entourée de douze lions : la partie en marbre blanc qui surmonte la vasque supérieure est de construction moderne. Cette fontaine est le spécimen le plus complet de la sculpture arabe. Le reste de la cour forme un délicieux parterre de fleurs et d'arbustes peu élevés. L'Alcazar de Séville, dont la construction est postérieure à celle de l'Alhambra, jouit d'une célébrité presque égale : néanmoins l'art arabe y est évidemment en décadence (Fig. 53. Vue de l'une des salles de l'Alcazar de Séville).

Si le plaisir, nous pourrions presque dire la sensualité des yeux, était l'objet principal de l'arch., nous serions obligés de placer les architectes arabes bien au-dessus des grands artistes qu'ont produits les autres nations. En effet, on ne peut rien voir de plus léger, de plus svelte, de plus élégant que les constructions que les Mores ont élevées en Espagne. Le système de décoration généralement usité dans leurs édifices produit sur nos sens une impression indéfinissable. La multiplicité et la finesse des détails, que fait ressortir le contraste harmonieux des plus riches couleurs, charment et séduisent l'imagination. Enfin les ouvertures en forme d'étoile que les Arabes d'Espagne pratiquaient dans leurs dômes, produisaient, par la manière dont la lumière pénétrait dans les salles, un effet véritablement magique. Cependant les édifices moresques de l'Espagne n'offrent point ce caractère de grandeur qui distingue les monuments égyptiens, grecs ou romains. Les Mores faisaient surtout usage de briques, et lorsqu'ils employaient la pierre, ils la revêtaient d'une couche de stuc. Il n'y a rien dans leur manière de construire qui mérite notre attention. Les dômes qui couronnent les appartements ne se font remarquer ni par leur élévation ni par leur diamètre; ils ne témoignent pas non plus d'une grande habileté mécanique. Les architectes arabes semblent même avoir ignoré l'art d'élever une voûte sur des piliers. Ainsi, dans la mosquée de Cordoue, où l'intervalle entre chaque colonne est d'environ 5 mètres, il n'aurait pas fallu une habileté bien merveilleuse pour la voûter, et cependant nous voyons les plafonds en charpente régner exclusivement dans tout l'édifice. En outre, leur manière de construire les arcades était évidemment fort défectueuse, car celles-ci n'offrent pas une résistance suffisante à la poussée. Si l'on construisait de semblables arcades en maçonnerie et sur de certaines dimensions, elles ne tarderaient pas à se lézarder : mais l'usage de la brique permet de donner aux arcades les formes les plus capricieuses, pourvu que le ciment soit de bonne qualité, qu'on en mette beaucoup et qu'on attende qu'il soit bien sec pour enlever les cintres. Enfin la manière dont les Arabes employaient les colonnes antiques qui leur tombaient sous la main, et les grossières imitations qu'ils en faisaient, prouvent qu'ils n'avaient aucune idée du type dont elles dérivaient ni de leurs proportions. En résumé, l'arch. moresque considérée soit au point de vue de la construction, soit au point de vue du système général de décoration, a tout emprunté aux peuples étrangers, mais surtout aux Byzantins. La seule chose qui lui soit propre, ou pour mieux dire, la seule chose qui la caractérise, c'est la façon dont les Arabes ont combiné ces lambeaux, la variété qu'ils ont répandue dans les diverses parties de leurs édifices, et l'harmonie singulière qui, malgré cela, éclate dans leurs conceptions architecturales.

L'arch. des peuples musulmans civilisés n'est pas aujourd'hui essentiellement différente de ce qu'elle était à l'époque brillante dont nous venons de parler. Seulement on y reconnaît d'une manière évidente l'influence de l'arch. italienne moderne (Fig. 54. Vue de la porte d'entrée d'une des salles de réception du Sérail, à Constantinople). — Quant aux habitations privées, le plan suivi chez les nations mahométanes est à peu près invariable, car il est donné par les mœurs du pays (Fig. 55. Plan d'une maison turque, à Alger). Les maisons particulières sont rarement percées d'ouvertures sur la rue, et encore ces ouvertures sont-elles fort étroites et ordinairement grillées. Les différences que présentent les habitations ne portent guère que sur la grandeur des bâtiments et sur les décorations qui en ornent l'intérieur.

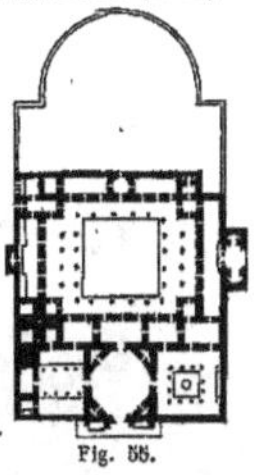
Fig. 55.

ARCHIT. ROMANE. — Nous avons décrit le type d'après lequel furent élevés les édifices chrétiens de l'Orient, et nous avons exposé les caractères de ce nouveau style. En Occident, l'arch. religieuse ne s'éloigna pas d'abord des formes consacrées par l'art romain. Mais les églises élevées au vrai Dieu exigeant des proportions plus vastes que les temples païens, afin de pouvoir contenir la foule des fidèles, les chrétiens adoptèrent une forme d'édifice dont le plan rappelle celui du temple de la Paix que nous avons donné plus haut (fig. 40), ou plutôt celui des anciennes basiliques romaines, qui étaient de vastes salles rectangulaires où l'on rendait la justice (voy. BASILIQUE).

Notre savant archéologue, de Caumont, a donné le nom de *style roman* au style architectural que présentent les édifices élevés dans la longue période qui s'étend du Ve siècle jusqu'au milieu du XIIe, époque où le style gothique, plus convenablement nommé *style ogival*, devint prédominant. Au commencement de cette période on s'efforça d'imiter l'arch. romaine; mais les traits caractérisques de cette dernière allèrent toujours en s'altérant de plus en plus, surtout dans le XIe siècle, par l'importation de l'élément byzantin. En conséquence on a distingué l'arch. romane en *romane primordiale* ou *latine* (IVe au XIe siècle), et en *romane secondaire* ou *romano-byzantine* (XIe et XIIe siècle). — Dans le *style latin*, les arcades sont constamment en plein cintre, et sont supportées par des colonnes cylindriques où l'on reconnait quelque imitation des proportions classiques : les chapiteaux rappellent le chapiteau corinthien, ou bien sont ornés de divers feuillages lourdement sculptés. Les pilastres, les corniches et les entablements offrent encore quelques points de ressemblance avec ces mêmes parties telles qu'on les observe dans l'arch. romaine. Les surfaces rectangulaires et les moulures carrées prédominent également, et les lignes horizontales règnent presque sans partage. Les murs sont épais et construits soit en pierres, soit en briques. Ils ne présentent pas de contre-forts saillants et se terminent ordinairement par une forte tablette ou une espèce de corniche. Les ouvertures sont petites, étroites, en plein cintre et subordonnées aux surfaces dans lesquelles elles sont pratiquées. Les membres d'arch. sont massifs et lourds; enfin les voûtes sont forts rares.

Dans la période *romano-byzantine*, les arcades sont généralement en plein cintre; parfois le plein cintre est surhaussé et les moulures de l'arc descendent verticalement jusqu'à l'imposte ou jusqu'au chapiteau. L'arc en fer à cheval s'observe très-rarement : quant à l'ogive, elle est fréquente dans les édifices élevés à l'époque de transition du style roman au style gothique. Les arcs sont supportés tantôt par des colonnes cylindriques ou polygonales, tantôt par des piliers formés d'un assemblage de colonnes entières ou engagées.

Les bases, les fûts et les chapiteaux de ces colonnes offrent la plus grande diversité : par conséquent il n'y a point ici de forme caractéristique du style roman. Nous dirons seulement que ces parties sont en gén. d'autant plus chargées d'ornements qu'on approche davantage de la fin de cette période. Les voûtes sont d'un usage général. Elles sont ordinairement cylindriques et renforcées d'arcs-doubleaux. Cependant on rencontre aussi des voûtes d'arêtes, et dans quelques-unes même, on voit déjà apparaître des espèces de nervures. Souvent la façade des églises présente une sorte de porche formé par la retraite des portes en arrière : dans ce cas, les jambages sont fort souvent ornés d'une série de colonnettes. Dans un grand nombre de portes, surtout dans celles qui sont peu élevées, la baie ne dépasse pas la naissance de l'arc, et alors le tympan est habituellement décoré d'ornements divers ou de bas-reliefs représentant des sujets religieux (Fig. 56. Portail de l'église de Semur, en Bourgogne.) Les fenêtres offrent communément l'aspect de petites portes, et sont dépourvues de meneaux : parfois elles sont disposées deux à deux et séparées par une simple colonnette qui supporte la retombée des deux arcs : souvent une arcade plus large surmonte les deux arcs de la fenêtre. Enfin, dans quelques cas, les fenêtres sont groupées trois par trois. Quelquefois la façade de l'église offre une fenêtre circulaire, laquelle, vers la fin de la période romane, est divisée en compartiments par des colonnettes qui rayonnent du centre à la circonférence. Les moulures usitées à la même époque sont diversifiées à un degré incroyable : souvent aussi elles sont prodiguées sur le même point, principalement aux archivoltes des arcs, avec un luxe véritablement exagéré. On remarque la même exubérance d'ornements aux bases et aux chapiteaux des colonnes. C'est surtout dans l'arch. romano-byzantine que se voient les arcs enlacés. Les arcades qui en résultent ne sont pas toujours simulées : parfois elles sont percées de manière à former de véritables fenêtres. Les corniches et les modillons présentent également une très-grande variété de formes et de décorations. Dans un assez grand nombre d'églises, les murailles sont couronnées par une série de légères arcatures. La face intérieure et extérieure des murs est quelquefois décorée d'un parement qui offre des dessins variés :

Fig. 56.

on a même employé des matériaux de diverses couleurs, de manière à produire des figures géométriques. Dans quelques églises, certaines portions des murs sont couvertes de moulures. Les contre-forts, en gén., sont larges, mais peu saillants; assez fréquemment ils sont décorés de colonnettes placées sur les angles : quelquefois même ils représentent de simples demi-colonnes. Les clochers n'affectent pas des formes constantes; les plus remarquables sont ceux que surmonte une flèche pyramidale à base hexagone ou octogone.

L'influence de l'art byzantin sur l'arch. romane ne se manifeste pas uniquement dans le système d'ornementation et dans les formes que revêtent les parties accessoires de la construction. Il existe sur les bords du Rhin, ainsi que dans le centre et dans le midi de la France, bon nombre d'églises dans lesquelles on remarque la présence d'absides en cul-de-four et de coupoles sur pendentifs. Mais c'est dans le nord de l'Italie que

Fig. 57.

l'arch. byzantine apparaît dans toute sa pureté. Le plus célèbre des édifices construits dans ce style est la cathédrale de Saint-Marc à Venise, qui a été élevée dans le XIe siècle, sur les dessins d'un artiste de Constantinople (Fig. 57). Son plan est celui d'une croix grecque. Les quatre bras présentent une voûte en berceau, et le carré qui forme le centre de l'église a environ 12 mètres 40 centimètres de côté : il est surmonté d'une grande coupole hémisphérique bâtie sur pendentifs. Quatre autres coupoles plus petites s'élèvent autour de la précédente. Nous mentionnerons encore l'église de Saint-Vital, à Ravenne, dont la construction remonte au VIe siècle. Son plan est un octogone, et sur l'un des côtés de cet octogone se trouve un vestibule rectangulaire orné de colonnes. A l'intérieur huit piliers disposés sur le même plan supportent une coupole byzantine.

On a distingué l'arch. romane en *romane proprement dite*, *saxonne*, *normande* et *lombarde*. Mais ces distinctions sont abandonnées aujourd'hui, parce qu'elles ne reposent sur aucun caractère différentiel constant. Les variétés auxquelles on a donné le nom de style saxon et normand, tiennent sans doute à des circonstances purement locales, telles que la nature des matériaux, l'état de l'industrie, etc. Quant à la dénomination de style lombard, elle est impropre de tous points, car les Lombards n'ont rien construit par eux-mêmes.

ARCHIT. GOTHIQUE OU OGIVALE. — On nomme ainsi le style architectural qui a fleuri dans l'Europe occidentale, surtout en France, en Allemagne et en Angleterre, depuis la seconde moitié du XIIe siècle jusqu'au milieu XVIe, c.-à-d. jusqu'à l'époque où l'arch. classique vint le détrôner. Quoique le style ogival offre le contraste le plus frappant avec l'arch. romaine, et qu'il se soit développé avec une extrême rapidité à compter du moment où l'arc en ogive s'est introduit dans les édifices religieux du moyen âge, il est évident qu'il est issu de cette dernière. En effet, il est facile de suivre les métamorphoses qu'ont subies le plan, le mode de construction et le système d'ornementation des églises latines ou romanes pour produire enfin le style gothique. La discussion des opinions contradictoires émises par les auteurs au sujet de l'origine de l'ogive devant se trouver à ce mot, nous nous bornerons à rappeler ici que cette forme d'arc se rencontre déjà dans plusieurs édifices arabes du IXe siècle de notre ère. Nous dirons aussi que la présence de l'arc ou ogive dans un monument ne prouve pas nécessairement que celui-ci appartienne au style gothique; car, sans parler des édifices arabes auxquels nous avons fait allusion, il existe diverses églises romanes où l'ogive a été employée simultanément avec le plein cintre.

Les traits caractéristiques essentiels de l'arch. gothique nous semblent pouvoir se résumer ainsi : les arcs sont toujours brisés, c.-à-d. que leur courbe présente constamment un angle à son sommet. Les piliers s'allongent au point de ne plus offrir de trace des proportions classiques : tantôt ils sont taillés de manière à ressembler à un faisceau de colonnes groupées et combinées ensemble de diverses façons; tantôt ils se composent d'un support principal auquel sont accolées des colonnes dont la disposition est très-variable. Les moulures, les corniches et les chapiteaux n'ont plus rien qui ressemble aux modèles que nous a transmis l'arch. romaine : les vives arêtes, les surfaces rectangulaires, les pilastres et les entablements ont disparu. Les éléments de la construction deviennent plus sveltes, se détachent, se répètent, se multiplient et semblent se ramifier. Les ouvertures constituent, pour ainsi dire, la partie essentielle des édifices, car toutes les autres parties se subordonnent à elles. Les lignes *verticales* se prolongent et prédominent complétement sur les lignes horizontales. Ainsi, par ex., les colonnettes des piliers s'élancent jusqu'à la voûte, s'y réunissent à celles du côté opposé, s'entre-croisent avec elles de diverses manières, et divisent la voûte en compartiments réguliers. La disposition des fenêtres de la claire-voie, la forme du triforium et la décoration des nefs, se subordonnent nécessairement à la symétrie de ces compartiments. Enfin les contre-forts présentent une saillie très-considérable, dépassent la ligne des parapets et sont surmontés de pinacles.

Pendant les trois siècles qu'elle a régné sans partage, l'arch. ogivale n'est pas restée un seul instant stationnaire : elle a même subi des modifications telles que les auteurs qui ont écrit l'histoire de l'art au moyen âge ont distingué quatre variétés principales de style dans l'arch. gothique. Ces variétés de style, étant le résultat des progrès mêmes de l'art, n'ont pu exister simultanément : elles correspondent donc à des époques différentes. Toutefois il est essentiel de se rappeler : 1° que jamais les changements de style ne se sont opérés brusquement; 2° qu'il y a toujours eu un temps de transition pendant lequel les métamorphoses des éléments architectoniques se sont opérées; 3° que le long espace de temps exigé pour la construction de nos magnifiques cathédrales a rarement permis que le même édifice fût construit dans un style unique. C'est pourquoi, dans un fort grand nombre d'églises, on observe la superposition de plusieurs styles, ou l'application de styles différents aux diverses parties du monument, selon la date de la construction de ces parties. Les classifications établies par les auteurs ne sauraient donc être acceptées d'une manière absolue.

Style ogival primaire ou *gothique à lancettes*. — La période pendant laquelle a dominé le style ainsi désigné comprend la fin du XIIe siècle et le XIIIe siècle tout entier. Ce style doit son nom à la forme aiguë qu'affectent généralement les arcades et toutes les ouvertures de l'édifice. Cependant l'ogive équilatérale se rencontre quelquefois, et l'on observe fréquemment des arcades trilobées et quintilobées dans les petites ouvertures. Dans ce style, les portes, lorsque l'édifice atteint de grandes dimensions, sont souvent divisées en deux baies par une colonne ou pilier central. Elles sont en retraite sur la façade, et s'évasent de dedans en dehors de façon à représenter une espèce de porche. L'arc qui les surmonte est orné de nombreuses moulures, et les jambages sont décorés de colonnettes entièrement détachées du mur. Ces colonnettes se montrent également dans les jambages des fenêtres, dans les niches, etc. Les fenêtres sont ordinairement longues et étroites : quelquefois elles sont ornées de rinceaux, mais cette décoration ne s'observe que vers la fin du XIIIe siècle. Elles sont tantôt isolées, tantôt groupées deux par deux, trois par trois, etc. Ce groupe de fenêtres est fréquemment surmonté d'une arcade qui l'embrasse tout entier, et l'espace compris entre cette arcade et les fenêtres est percé d'une ouverture en forme de cercle, de trèfle, de quatre-feuilles, etc. Bientôt les fenêtres s'élargissent; mais alors elles sont divisées en plusieurs *jours* par des meneaux verticaux, et la partie supérieure de la fenêtre se décore d'un réseau plus ou moins compliqué. Les Fig. 58, 59, 60, 61 représentent différentes formes de fenêtre propres au style ogival primaire. Les *roses* sont d'abord généralement découpées de contre-lobes, et présentent des colonnettes disposées comme les rayons d'une roue autour de leur moyeu; plus tard les divisions se multiplient, de manière à offrir un réseau analogue à celui des fenêtres. Les voûtes sont d'arêtes et munies d'arcs-doubleaux, de formerets et de croisées d'ogives. Quelquefois le sommet de la voûte porte une nervure longitudinale, et les points d'intersection de ces nervures sont décorés de rosaces. Les piliers sont parfois cylindriques, comme ceux de la nef de Notre-Dame de Paris, disposition qui rappelle le style roman; mais le plus souvent ils consistent en une grosse colonne ronde ou polygonale, à laquelle sont accolées plusieurs colonnettes dont chacune est pourvue d'une base et d'un chapiteau. Ce dernier est ordinairement décoré de feuillages. Les moulures revêtent des formes très-variées : en général elles sont alternativement convexes et concaves; celles-ci sont profondément fouillées, de manière à produire une puissante opposition d'ombre et de lumière. Les ornements présentent également une grande diversité; ils consistent en petites rosaces, en trèfles, en violettes, en fleurons, en rinceaux, etc. Les crosses commencent aussi à être usitées. Toutefois l'ornementation est moins riche que dans les styles suivants. Enfin les toits sont toujours fort aigus. Les contre-forts sont très-saillants, s'élèvent souvent au-dessus de la ligne du parapet, et se terminent par des pignons aigus qui font jusqu'à un certain point l'effet de pinacles. Les arcs-boutants se montrent pour la première fois dans l'arch., mais les pinacles ne sont pas encore d'un usage général.

Fig. 58.

Fig. 59.

L'un des plus beaux monuments construits dans le style ogival à lancettes est sans contredit Notre-Dame de Paris, dont la Fig. 62 représente la façade occidentale. Cette magnifique cathédrale, commencée en 1163, ne fut terminée qu'en 1270. Le plan de Notre-Dame figure la croix latine; néanmoins la branche supérieure de la croix est presque aussi longue que l'inférieure. L'édifice est soutenu par 120 piliers qui offrent des proportions et des formes diverses, mais qui sont régulièrement disposés de façon à former une double enceinte autour de la nef et du chœur. L'intérieur présente donc cinq nefs parallèles, un vaste transsept et une rangée de chapelles de chaque côté : ces dernières ont été construites au XIVe siècle. La cathédrale de Paris a 130 m. de longueur dans œuvre, sur 46 m. 60 cent. de largeur, et 34 m. 66 cent. d'élévation sous voûte. La hauteur des tours est de 66 mètres.

Fig. 60.

Style ogival secondaire ou *style gothique rayonnant.* — Les édifices chrétiens construits dans le cours du XIVe siècle nous montrent l'arch. ogivale parvenue à son état complet de développement. Elle n'a rien perdu de ses formes sévères et grandioses, mais elle a acquis toute la légèreté et toute l'élégance compatibles avec l'idée religieuse dont ces temples sublimes sont le symbole matériel. Le style rayonnant ne nous présente aucune modification fondamentale dans les parties essentielles de l'église telles qu'elles subsistaient dans le style primaire :

Fig. 61.

nous trouvons simplement de nombreux changements de détails qui donnent un aspect particulier à l'ensemble de l'édifice. — L'ogive en lancette n'est plus aussi usitée, c'est l'ogive équilatérale qui domine. En conséquence, les ouvertures, et principalement les fenêtres, s'élargissent. Les meneaux qui les divisent deviennent plus sveltes et se multiplient. Le réseau de la fenêtre se complique : il représente des figures géométriques extrêmement variées, où dominent les cercles, les roses polylobées, les quatre-feuilles, etc. (Fig. 63. Fenêtre appartenant à ce dernier style). Les grandes fenêtres circulaires connues sous le nom de *roses* acquièrent un diamètre prodigieux; l'immense réseau qui les décore offre les mêmes traits caractéristiques que celui des fenêtres (Fig. 64. Rose de la cathédrale de Strasbourg). Les moulures convexes et concaves sont généralement séparées par de petits filets. Les ornements sont plus nombreux et plus riches. Des rinceaux de feuillages et de fleurs, tellement fouillés, qu'ils semblent détachés de la pierre, courent le long des gorges des corniches et des archivoltes. Les niches, les statues, les colonnettes, les pinacles chargés de crosses se multiplient à l'infini. Les piliers simulent un faisceau de colonnes ayant chacune son socle et son chapiteau. Ces chapiteaux sont enrichis de divers feuillages d'une délicatesse et d'une élégance extrêmes. Les nervures des voûtes ont plus de légèreté qu'au XIIIe siècle. Les fenêtres et les portes sont généralement couronnées par un fronton dont le tympan est orné de roses, de trèfles, etc. Les rampants de ces frontons sont garnis de crosses étagées les unes au-dessus des autres, et se terminent supérieurement par un bouquet. Les arcs-boutants se chargent de décorations, et les contre-forts sont surmontés de pinacles élancés et enrichis d'un bouquet à leur sommet.

Fig. 62.

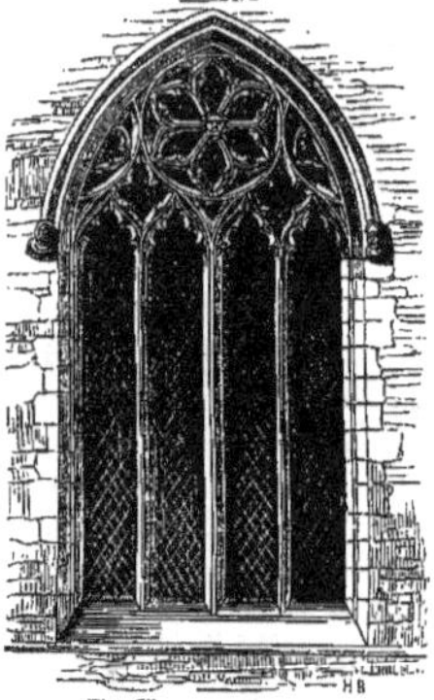

Fig. 63.

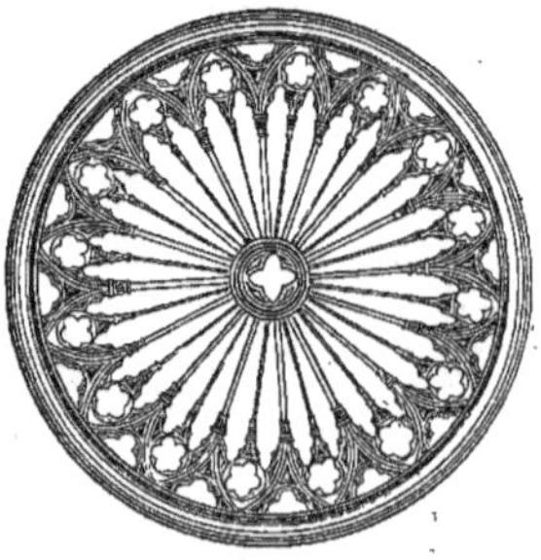

Fig. 64.

La plus remarquable des cathédrales édifiées dans le style rayonnant, est celle de Strasbourg (Fig. 65). La première pierre du portail fut posée en 1277, sous la direction de l'architecte Erwin de Steinbach. Après la mort d'Erwin, les travaux furent continués par son fils Jean et par d'autres artistes : mais la flèche ne fut achevée qu'en 1439, par Jean Hültz de Cologne. Le plan de cette église ressemble à celui de Notre-Dame de Paris. La longueur de l'édifice dans œuvre est de 105 m., et sa largeur de 38 m. : l'élévation de la voûte est de 30 m. environ. C'est sur la tour septentrionale de la façade que s'élève cette flèche si célèbre dans les fastes de l'arch. Rien ne saurait, en effet, donner une idée exacte de sa hardiesse et de son élégance. Quant à sa hauteur, elle est de 142 m. au-dessus du pavé. De tous les monuments connus, si l'on excepte la plus grande des pyramides d'Égypte, aucun n'atteint cette élévation prodigieuse.

La cathédrale de Cologne doit être également rangée parmi les édifices du XIVe siècle. Si elle eût été achevée, cette église serait incontestablement le plus grandiose et le plus magnifique spécimen de l'architecture chrétienne. Son plan (Fig. 66) offre une régularité et une symétrie parfaites, comparables à celles qui caractérisent les monuments de l'art antique. L'emplacement sur lequel est bâtie l'église actuelle était occupé par l'ancienne cathédrale construite à l'époque de Charlemagne. Mais cette dernière ayant été détruite par le feu en 1248, l'archevêque Conrad résolut de rebâtir sa cathédrale au même lieu, et, dès l'année suivante, c.-à-d. le 14 août 1249, il posa la première pierre de la nouvelle église. Des quêtes faites dans toutes les contrées de l'Europe rapportèrent des sommes considérables, et tout faisait espérer que l'exécution des travaux marcherait avec rapidité. Mais on dut bientôt renoncer à cette espérance. Les archevêques de Cologne dissipèrent en guerres

Fig. 65.

inutiles les sommes destinées à un autre usage, et l'architecte Gérard, qui dirigeait les constructions en 1257, abandonna la ville pour se retirer à Bonn. Malgré cela, les travaux ne furent pas interrompus; mais ils marchèrent avec une extrême lenteur. La consécration du chœur eut lieu le 27 septembre 1322, c.-à-d. soixante et treize ans après la pose de la première pierre. A cette époque, les travaux se ralentirent encore da-

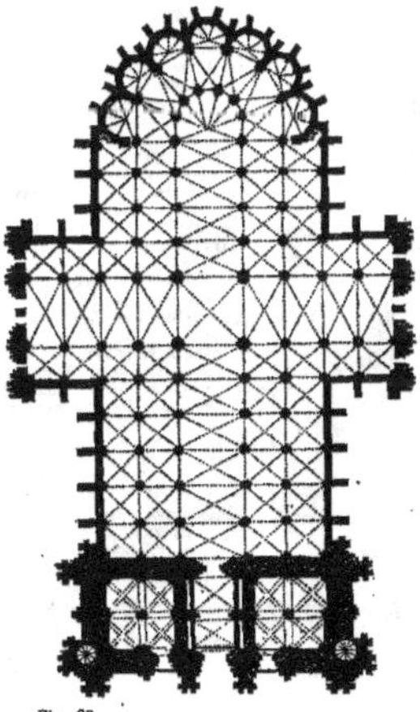

Fig. 66.

vantage, et, vers 1370, le zèle des fidèles se refroidit complétement à cause des abus qui s'étaient glissés dans l'administration des fonds. Sous l'archevêque Thierry de Moers, en 1437, la tour méridionale étant parvenue au troisième étage, on y suspendit les cloches. Dans les premières années du XVIe siècle, la nef s'élevait jusqu'à la hauteur des chapiteaux des ailes, et on commença la voûte des bas-côtés du nord : la tour septentrionale fut poussée également jusqu'à la hauteur de cette voûte. Les magnifiques verrières qui décorent les fenêtres de ce côté furent posées à la même époque; mais malheureusement les guerres civiles, causées par la réforme, amenèrent définitivement la cessation des travaux. La Figure 66 représente l'élévation de ce monument, prise du côté du sud. Les lignes plus ombrées indiquent les parties déjà exécutées, et les lignes plus claires figurent les parties qui restent à élever. Cet édifice, ainsi que nous l'avons dit, a été conçu sur des proportions gigantesques. En effet, il a plus de 152 mètres de long; la longueur du transsept est d'environ 89 mètres; la hauteur des toits dépasse 61 mètres; enfin les tours, qui ont 30 m. 50 cent. de largeur à leur base, devaient atteindre l'élévation inouïe de 152 m. Depuis près de vingt-cinq ans, l'on a formé le projet de terminer cet édifice qui serait alors sans rival dans le monde; mais les fonds que l'on y consacre sont tout à fait insuffisants. Espérons cependant que l'univers chrétien répondra à l'appel de l'Allemagne et que notre siècle verra s'achever ce chef-d'œuvre de l'arch. sacrée.

Style ogival tertiaire. — A la fin du XIVe siècle, l'arch. ogivale avait atteint son apogée. La technie de l'art avait fait des progrès immenses. La pierre était devenue, pour ainsi dire, ductile comme la cire entre les mains des artistes de cette époque, et il n'existait plus de difficulté qu'ils ne fussent capables de surmonter. Mais le désir de faire autrement que leurs prédécesseurs, et de les vaincre à force d'audace et de témérité, jeta les achitectes du XVe siècle dans une voie fausse qui devait promptement amener la décadence de l'arch. Ils oublièrent que l'art a pour but suprême la réalisation symbolique des plus nobles conceptions de l'homme, et dès lors le temple chrétien perdit son caractère grave, sévère et véritablement religieux. Cette période de décadence commença à la même époque dans tous les pays où régnoit l'arch. ogivale, c'est-à-dire en France, en Allemagne et en Angleterre : toutefois, dans ce dernier pays, elle se produisit sous une forme particulière. C'est pour cela que le style ogival du XVe siècle a reçu en Angleterre le nom de *style perpendiculaire*, et, sur le continent, celui de *style flamboyant.*

Style ogival flamboyant. — Parmi les caractères distinctifs de ce style, on doit mettre au premier rang celui de la présence simultanée d'arcs de formes diverses : ainsi l'ogive équilatérale du siècle précédent est encore fort usitée; mais l'ogive obtuse se montre très-fréquemment, et l'on voit apparaître l'arc en accolade, l'arc en doucine, l'arc en anse de panier, etc.

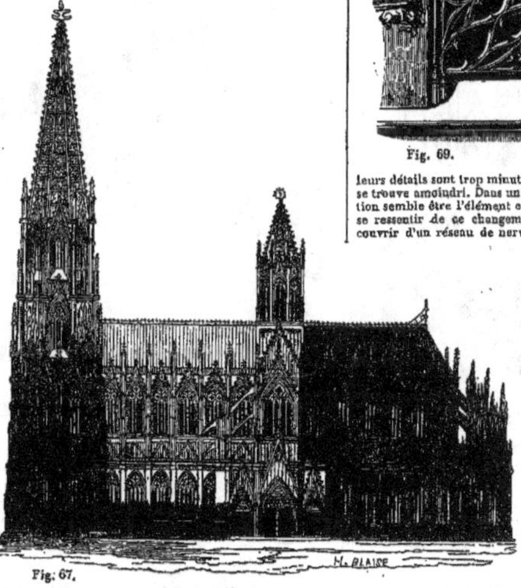

Fig. 67.

Les fenêtres, dont la forme est plus évasée que dans le style rayonnant, sont toujours divisées verticalement par des meneaux prismatiques. Les lignes qui forment le réseau des fenêtres sont sinueuses et ondulées (Fig. 68 et 69). On a comparé les figures qu'elles décrivent à des flammes ondoyantes, et c'est pour cela qu'on a donné le nom de style flamboyant à notre style ogival tertiaire. — Les dessins qu'offrent les grandes roses sont tout à fait analogues à ceux du réseau des fenêtres. Les ouvertures en arc soit des portes, soit des fenêtres, sont communément surmontées de pignons dont les tympans sont découpés à jour, et dont les rampants sont chargés de crosses très-saillantes et ornés d'un bouquet en amortissement. Les moulures sont inférieures à celles des périodes précédentes. On voit généralement de larges moulures concaves qui ne sont séparées les unes des autres que par des filets étroits. Souvent une moulure se continue avec les moulures contiguës sans que rien indique la ligne de séparation, ou bien il n'existe qu'une légère arête qui ne produit aucun effet. Cependant on rencontre parfois des moulures hardies et de bon goût. Les ornements sont prodigués sur toutes les parties susceptibles d'en recevoir. Les fleurs de toute espèce, les rinceaux de feuillages, sont sculptés avec une habileté et une délicatesse merveilleuses; mais ces ornements sont trop compliqués, ou bien

Fig. 68.

Fig. 69.

leurs détails sont trop minutieux, et, dans les deux cas, l'effet se trouve amoindri. Dans un style architectural où la décoration semble être l'élément essentiel, les voûtes devaient aussi se ressentir de ce changement. Aussi les voyons-nous se recouvrir d'un réseau de nervures très-compliqué : en même temps, chaque point d'intersection se décore d'une rosace, d'un écusson ou d'une clef pendante. Les piliers ne sont plus sculptés en colonnettes fasciculées : ils représentent un faisceau de meneaux à arêtes saillantes séparés les uns des autres par des moulures concaves. Ces meneaux, en se prolongeant, vont former les archivoltes des arcades et les nervures des voûtes. L'absence de chapiteaux dans ces piliers est un trait caractéristique du style flamboyant. D'autres fois les piliers sont circulaires et unis, et les moulures les plus saillantes des archivoltes sont les seules qui se continuent jusqu'au bas de la colonne. Dans certains cas, les moulures des arcades viennent mourir au sommet du pilier, qui est dépourvu de chapiteau et même d'imposte. Assez souvent ces moulures s'entre-croisent et se pénètrent les unes les autres. Enfin, dans un petit nombre d'églises, on voit des piliers cylindriques ou octogones munis de chapiteaux, et alors les moulures qui vont décorer les arcades et les voûtes semblent naître du sommet de ces chapiteaux. Les contre-forts offrent la même disposition que dans la période antérieure; mais leur décoration est d'une richesse exubérante et offre les caractères propres du style flamboyant. L'extrados des arcs rampants est surtout fréquemment orné d'arcatures ogivales à jour. — Il n'existe pas en France de grandes cathédrales entièrement construites dans le style que nous venons de décrire; mais il s'observe dans un plus ou moins grand nombre de parties des édifices religieux d'une certaine importance. Nous mentionnerons, entre autres, la cathédrale de Beauvais, l'église de Saint-Ouen à Rouen, celles de Saint-Gervais et de Saint-Merry à Paris, de Saint-Pierre à Avignon, et l'église d'Harfleur en Normandie, etc. (Fig. 70. Vue d'un portail de l'église d'Harfleur).

Fig. 70.

Style ogival perpendiculaire. — En Angleterre, la décadence de l'arch. gothique commença à la même époque que sur le continent, et elle se manifesta, comme chez nous, par l'affaissement de l'ogive, par la maigreur des moulures et par l'exubérance de la décoration. Les arcs décrits de quatre centres, et particulièrement l'arc en accolade et l'arc Tudor, deviennent alors d'un usage fréquent. La présence d'arcs de ce genre, le dessin des fenêtres, dont le réseau se compose principalement de lignes perpendiculaires et dont les meneaux sont coupés à angles droits par des traverses, enfin la décoration des voûtes qui présentent souvent un lacis de nervures fort compliqué et une multitude de clefs pendantes, suffisent pour

Fig. 71.

caractériser ce style (Fig. 71. Porche de l'église de Tous-les-Saints, à Stamford, dans le comté de Lincoln. — Fig. 72. Fenêtre de l'église de Sainte-Marie à Oxford). Le style d'arch. ogivale qui a régné en Angleterre dans le XVe siècle et dans la première moitié du siècle suivant est encore désigné par la dénomination de *style fleuri*, ou *style Tudor*; mais le nom de *style perpendiculaire* proposé par Rickman est aujourd'hui généralement adopté.

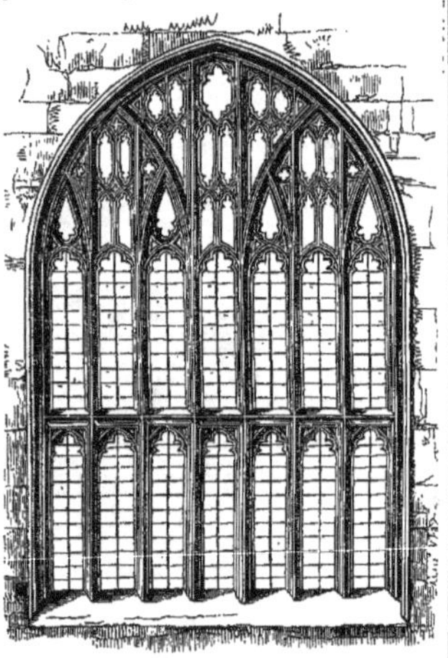

Fig. 72.

L'arch. gothique s'est étendue également dans le midi de l'Europe; mais là, tout en conservant le caractère qui lui est propre, elle a subi l'influence des formes architecturales des styles qui l'avaient précédée. C'est ainsi qu'en Espagne les églises construites dans le style gothique présentent fort souvent le

Fig. 73.

système de décoration propre à l'arch. moresque. Le Portugal possède un des plus magnifiques édifices bâtis dans le style ogival, nous voulons parler de l'église de Batalha qui est toute en marbre blanc et qui n'a pas moins de 127 m. de longueur. On trouve en Italie de nombreux monuments de l'arch. ogivale élevés dans le XIIIe et dans le XIVe siècle. Le plus ancien est l'église d'Assisi, construite par l'architecte Lapo et consacrée à saint François (1228-1330). Mais de tous les édifices religieux construits dans ce style, le plus remarquable est la cathédrale de Milan. Cette église, commencée en 1336, fut terminée en 1387. Elle est construite en marbre blanc. Son plan est celui de la croix latine; sa longueur est de 140 mètres, et sa plus grande largeur de 90 m. environ. L'intérieur de cette église est divisé en cinq nefs. Les portes et les fenêtres de la façade occidentale (Fig. 73) appartiennent au style italien moderne, car cette partie a été élevée beaucoup plus tard que le corps de l'édifice. L'angle supérieur du gable est élevé de 52 m. au-dessus du pavé. La tour centrale qui est placée sur l'intersection des transepts avec la nef a 122 m. de hauteur. Toutes les tours et tous les pinacles sont couronnés de statues. Le toit est entièrement recouvert de blocs de marbre blanc ajustés avec tant de soin qu'ils semblent ne former qu'une seule pièce. Le principal architecte de cet édifice fut un Allemand nommé Zamodia. On doit remarquer que l'intérieur de la cathédrale qui est de la fin du XIVe siècle, est construit dans le style qui régnait à cette époque en France et en Allemagne. La quantité de statues et de bas-reliefs en marbre qui ornent cette église est véritablement prodigieuse : quelques auteurs, en effet, portent leur nombre à quatre mille cinq cents.

La dénomination de *gothique* appliquée au style architectural dont nous venons d'exposer les caractères dans ses différentes périodes est complétement inexacte. Les Goths, en effet, ne sauraient avoir inventé ni l'arc ogival, ni l'arch. de même nom, puisque l'apparition de celle-ci est postérieure de plusieurs siècles à l'anéantissement des empires fondés par ces barbares. Ils n'ont exercé aucune influence sur l'art, si ce n'est d'accélérer par leurs dévastations la ruine des monuments de l'antiquité. Au reste, ainsi que l'ont démontré Müller, Maffei, Muratori et Tiraboschi, lorsque ces peuples se furent établis en maîtres dans l'Italie, ils se servirent des artistes du pays. Leur roi Théodoric, qui régna de 493 à 525, eut recours pour les édifices qu'il fit élever, aux lumières des architectes romains, et l'histoire nous a même conservé les noms d'Aloysius et de Daniel, comme ayant été employés par ce prince.

C'est surtout au XVIIe et au XVIIIe siècle que l'épithète de gothique, devenue synonyme de barbare et de mauvais goût, a été appliquée à l'arch. du moyen âge. Les merveilleuses constructions de l'arch. ogivale ont été pendant plus de deux siècles regardées comme des créations monstrueuses dépourvues de tout génie artistique. Aujourd'hui les édifices religieux élevés par nos pères sont universellement compris et appréciés. Il n'est personne qui n'admire l'immensité et la hardiesse de ces constructions, la multiplicité et la richesse infinie des détails qui donnent à chaque église une physionomie particulière, sans altérer en rien le caractère de l'ensemble, et à ne considérer les cathédrales gothiques qu'au point de vue des procédés techniques de l'art, on doit reconnaître que les architectes du moyen âge ont déployé dans la construction de ces édifices une habileté et une science supérieures à celles qu'a exigées l'érection des monuments les plus grandioses de l'antiquité. Ces artistes, si longtemps traités d'ouvriers ignorants et barbares, réunissaient les qualités les plus éminentes de l'architecte, c.-à-d. possédaient l'art de produire les plus grands effets possibles avec les moyens les plus simples. Mais si l'on envisage les églises ogivales sous le point de vue du symbolisme, on est transporté d'une religieuse admiration, en reconnaissant que le dogme chrétien, dans toute sa pureté, se trouve scellé pour ainsi dire dans la pierre des aiguilles, des pinacles, des roses et des arceaux sans nombre de ces magnifiques monuments. En effet, partout la matière s'y montre vaincue, dominée, asservie par l'esprit; partout se manifeste l'élan sublime de l'âme dégagée des choses terrestres. Dans les croix sur lesquelles reposent tous ces édifices sacrés, dans les flèches qui s'élancent jusqu'au ciel, partout se lit le témoignage de la foi ardente de l'artiste chrétien, ayant conscience de l'œuvre religieuse qu'il accomplissait en élevant la cité de Dieu.

ARCHIT. MODERNE. — Ce fut en Italie que commença le mouvement de réaction qui eut pour résultat de détrôner dans l'Europe entière l'arch. ogivale. L'art gothique n'avait pas jeté de bien profondes racines dans la péninsule italique et presque tous les édifices construits dans le style ogival présentent des traces plus ou moins nombreuses de l'influence persistante de l'art romain. La contemplation de cette multitude de monuments classiques qui couvre le sol de l'Italie ramena de bonne heure les architectes italiens à l'imitation de ces monuments. Les premiers signes de cette révolution dans l'art se manifestèrent dès le XIVe siècle. En 1370, nous voyons Orcagna décorer la *Loggia dei Lanzi*, à Florence, d'immenses arcades en plein cintre. Toutefois c'est au célèbre Brunelleschi, né en 1377, que la postérité a décerné avec raison le titre de restaurateur de l'arch. antique. Après lui, l'architecte qui contribua le plus au mouvement artistique dont nous parlons est L. B. Alberti, de la noble et ancienne famille des Alberti de Florence. Enfin, parmi la foule de grands architectes que l'Italie produisit au XVIe siècle, nous citerons les noms à jamais illustres de Bramante, de Michel-Ange Buonarroti, de Raphael, de San-Gallo, de Balthazar Peruzzi, de Giocondo, de San-Micheli, de Vignola, de Serlio et d'Ammanati. — Le style de cette époque a reçu le nom de style de la *Renaissance*. Quoiqu'on se proposât alors comme règle générale l'imitation de l'antique, cette imitation fut loin d'être servile, et, il faut l'avouer, elle ne fut pas toujours fort intelligente. Ce fait est aisé à concevoir, puisque les monuments que nous a laissés l'antiquité avaient été érigés pour les besoins d'un culte tout différent du culte chrétien et d'une civilisation qui n'offre presque aucune analogie avec la nôtre. Dans cette période le plein cintre reconquiert son ancienne prééminence : on reproduit les ordres grecs et romains, mais en les modifiant et en prétendant leur assigner des proportions invariables. Les accouplements de colonnes, l'emploi d'ordres superposés, la présence de frontons brisés, de frontons circulaires, caractérisent l'arch. de cette époque. Les feuillages et les enroulements de toute sorte, avec des animaux réels ou imaginaires, agencés à la manière d'arabesques, se rencontrent fréquemment dans les édifices du XVIe siècle.

De l'Italie, le style de la renaissance se répandit assez promptement, d'abord en France, puis dans le reste de l'Europe. Parmi les architectes français qui contribuèrent le plus à cette révolution, on doit placer au premier rang J. Bullant, Philibert Delorme, P. Lescot et Jacques de Brosse. Nous ne mentionnerons pas ici les monuments érigés par ces artistes, car il en sera parlé aux mots TUILERIES, LOUVRE, FONTAINE, etc. Le même motif nous empêche de donner la vue de ces monuments : nous nous contenterons de présenter comme exemple du style de transition entre l'arch. gothique et l'arch. de la renaissance, la façade du château de Gaillon (Fig. 74), qui a été transportée, il y a quelques années, dans la cour du palais des Beaux-Arts, à Paris.

Fig. 74.

Nous ne pousserons pas plus loin notre revue de l'histoire de l'arch. en Europe; car les édifices nombreux élevés dans les deux derniers siècles sont connus de tout le monde, et il n'appartient qu'aux traités spéciaux de faire la critique de la direction suivie par l'arch. durant cette période. D'ailleurs, l'arch. n'offre aucun caractère propre qui ait permis de lui donner un nom *particulier*, et depuis longtemps tout l'art de l'architecte consiste à imiter avec plus ou moins de goût et d'habileté, soit les monuments antiques, soit les œuvres des grands maîtres de l'art qui ont vécu dans le XVe et dans le XVIe siècle.

ARCHIT. CHINOISE. — Nous avons déjà dit que la tente était le type unique de l'arch. chinoise. En effet, la plus simple

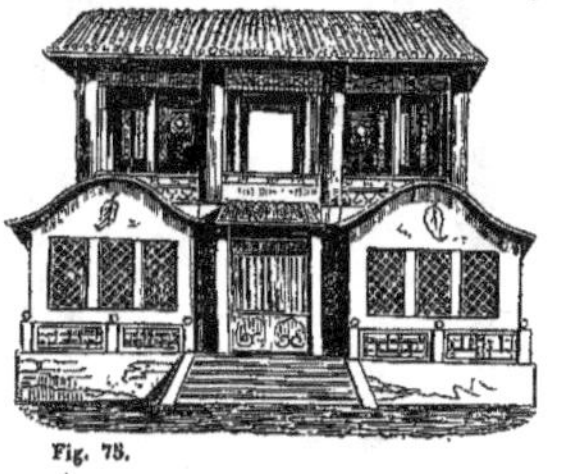

Fig. 75.

inspection du mode de construction employé dans les maisons privées, ainsi que dans les temples et dans les palais, suffit pour démontrer l'exactitude de cette assertion. Ces nombreux piliers de bois, dépourvus à la fois de base et de chapiteau, qui supportent les plafonds des édifices, représentent les pieux de

Fig. 76.

la tente. Les toits convexes qui semblent projeter au loin leur dos et leurs côtes sont les peaux et les étoffes étendues sur les cordes et sur les bambous. (Fig. 75. Façade d'une maison chinoise). Les temples et les palais consistent en un groupe de pavillons plus ou moins spacieux et plus ou moins richement décorés (Fig. 76. Vue d'un petit temple à Canton), et ne sont pas construits dans un autre style que les habitations particulières. Quelquefois cependant les pieux ou colonnes reposent sur une espèce de socle ou de dé soit en pierre, soit en marbre comme dans la dernière figure. Enfin les tours elles-mêmes font l'effet d'une série de tentes superposées. (Voy. TOUR.) Dans l'arch. chinoise, on ne trouve aucune pièce qui ressemble à notre architrave et qui soit destinée à reposer sur le faîte des colonnes et à soutenir le reste de la charpente. Quant au chapiteau, il est rendu inutile par la grande projection des toits au delà des colonnes dont ils cachent l'extrémité supérieure.

L'arch. chinoise paraît n'avoir subi aucune révolution et n'avoir fait aucun progrès depuis les temps les plus reculés. Cette pauvreté d'invention de la part des architectes chinois dépend sans doute de ce que tout ce qui concerne la construction des édifices est l'objet de la surveillance de l'autorité. Les lois de l'empire décrivent de la façon la plus minutieuse la manière dont on doit construire un palais, suivant qu'il s'agit d'un prince, d'un mandarin, d'un simple particulier, etc. Elles règlent avec la plus grande précision, suivant le rang du propriétaire, la grandeur et l'élévation des maisons, ainsi que le nombre et la hauteur des appartements.

Ce qui distingue essentiellement les édifices chinois, c'est leur légèreté et l'aspect de gaieté qu'ils présentent. Leurs toits simples ou doubles couverts de tuiles vernissées et brillantes, leurs murailles revêtues de porcelaines, leurs portiques diaprés de mille couleurs, leurs peintures aux teintes tranchées, l'éclat du vernis qui brille de toutes parts, l'harmonie de ce genre de décoration avec les formes sveltes et légères des constructions, tout contribue à produire un effet des plus riants. Aussi les Chinois auraient-ils de la peine à s'habituer à la vue de notre froide et sombre arch.

Nous avons parlé ailleurs des arcs de triomphe que les Chinois érigent en l'honneur des hommes illustres ou pour conserver la mémoire des grands événements, et nous avons vu que les ouvertures de ces monuments ne présentaient pas la

Fig. 77.

forme d'arcades, quoique les habitants de la Chine sachent parfaitement employer les voussoirs cunéiformes dans la construction des arches de leurs ponts. Quant à la fameuse muraille élevée il y a environ vingt siècles, pour mettre la Chine à l'abri des invasions des Tartares, elle n'est remarquable que par son immense étendue et par le travail prodigieux qu'a nécessité son érection. Elle s'étend depuis la province de Chen-Si jusqu'à l'extrémité orientale du Tchy-Li, sur une longueur d'environ 240 myriamètres, en franchissant les vallées, les montagnes, les fleuves, et n'est pas même interrompue dans les lieux inaccessibles à l'ennemi. Cette singulière fortification consiste en deux murs parallèles construits en briques ou en pierres. L'intérieur est rempli de terre et le sommet du rempart représente une plate-forme revêtue de briques carrées. La hauteur totale de la muraille est de 6 mètres, y compris un parapet de 1 m. 50 centim. A sa base, elle a 7 m. 60 d'épaisseur, mais elle n'a plus que 4 m. 60 à la plate-forme. Tous les deux cents pas, elle est munie d'une tour carrée ayant 12 m. de côté à la base et 9 au sommet. La hauteur de ces tours est de 11 m. 25 : quelques-unes cependant sont hautes de 14 m. 60, et se composent alors de deux étages. (Fig. 77. Vue d'une partie de la grande muraille de la Chine.)

ARCHIT. MEXICAINE et PÉRUVIENNE. — L'arch. des peuples qui habitaient l'Amérique avant la découverte du nouveau monde par Christophe Colomb, mérite d'attirer un moment notre attention. Les Espagnols trouvèrent le Mexique occupé par un peuple déjà avancé dans les arts et dans la civilisation. Au commencement du VIIe siècle de notre ère, on voit les Toltèques, peuplade dont l'origine est tout à fait inconnue, fonder un empire dans les vallées de Mexico et d'Oaxaca, y bâtir des villes, y construire des routes, et y élever des pyramides qui font encore aujourd'hui l'objet de notre admiration. Mais vers la fin du XIIe siècle, les Aztèques, dont l'origine n'est pas mieux connue, détruisirent la monarchie Toltèque, et ils se trouvaient encore en possession du Mexique, à l'époque de l'arrivée des Espagnols. Il paraît, au reste, que l'arch. des Aztèques était parfaitement identique à celle des premiers maîtres du pays.

Les édifices religieux du Mexique consistaient en amas de terre ayant la forme d'une pyramide tronquée et en partie revêtue de pierre. Les idoles et les autels qui servaient aux sacrifices étaient situés sur la plate-forme de la pyramide. On leur donnait le nom de *Téocallis* (maisons de Dieu). Le grand téocalli de l'ancienne ville de Mexico avait cinq étages et était haut de 37 m. environ. Sa base avait 97 m. sur chaque face. Le célèbre téocalli de Téotihuacan (Fig. 78) dont l'érection est attribuée à la nation Toltèque, et qu'on voit encore aujourd'hui dans la vallée de Mexico, se compose d'un amas

Fig. 78.

d'argile et de graviers, que revêt un mur épais construit en pierres. On aperçoit encore des vestiges de la couche de chaux qui recouvrait le parement de ces murs. Cet édifice avait 52 m. de hauteur et 196 m. de côté à sa base. La pyramide de Cholula est le plus vaste de tous les monuments de ce genre. Elle n'a, il est vrai, que quatre étages, et sa hauteur ne dépasse pas 54 mètres; mais la largeur de sa base est immense, car elle a 433 m. de côté, presque le double de la pyramide de Chéops en Égypte. La plate-forme a environ 9090 m. carrés de superficie : on y arrive par un escalier de 120 marches. La pyramide de Cholula (Fig. 79) est construite en argile et en briques sé-

Fig. 79.

chées au soleil. L'argile et les briques sont disposées par couches qui alternent entre elles. A l'intérieur de cette pyramide, comme dans les autres téocallis, on avait pratiqué des excavations destinées à servir de sépultures. Dans celle de Cholula, on a découvert une chambre construite en pierre et renfermant deux squelettes ainsi que plusieurs vases curieusement peints et vernis. La pyramide de Papantla n'a que 18 m. 30 cent. de hauteur; mais elle est remarquable en ce qu'elle se compose d'immenses pierres de taille porphyritiques d'une coupe et d'un poli admirables. Le revêtement des assises est orné d'hiéroglyphes en relief dans lesquels on reconnaît des serpents et des crocodiles. Chaque assise offre un grand nombre de niches carrées et symétriquement distribuées; on en porte le nombre total à 378. Un des monuments les plus curieux du nouveau continent est le palais ou mieux les tombeaux de Mitla. Ce sont trois édifices disposés symétriquement. Le plus important et en même temps le mieux conservé des trois, a près de 40 mètres de longueur. Un escalier pratiqué dans un puits conduit à un appartement souterrain de 27 mètres de long sur 8 de large. Cet appartement, ainsi que l'extérieur de l'édifice, est décoré de frettes et d'autres ornements analogues. (Fig. 80. Ornements du palais de Mitla.) Mais ce qui distingue particulièrement ces ruines quand on les compare aux autres monuments mexicains, c'est la présence de six colonnes de porphyre d'un seul bloc et hautes de 5 m. 75 c. environ, qui sont au centre d'une vaste pièce dont elles soutiennent le plafond. Ces colonnes toutefois sont dépourvues de base et de chapiteau. L'intérieur des appartements est orné de peintures représentant des armes, des sacrifices et des trophées. On n'y aperçoit aucune trace de fenêtres. De Humboldt a été frappé de la ressemblance que présentent plusieurs de ces ornements avec ceux qui décorent les vases étrusques.

Fig. 80.

La célébrité et l'importance des ruines de la ville de Culhuacan, improprement nommée Palenque, et que Jomard appelle la *Thèbes américaine*, ne nous permettent pas de les passer sous silence. Ces ruines, cachées au milieu d'épaisses forêts, dans la province de Chiapa, sont restées plusieurs siècles inconnues aux archéologues. Elles ont été explorées pour la première fois en 1787 par le capitaine Ant. del Rio et J. Al. de Calderon, et postérieurement par d'autres voyageurs. La ville de Culhuacan paraît avoir eu de 27 à 31 kilom. de tour; ses ruines offrent encore des temples, des fortifications, des tombeaux, des pyramides, des ponts, des aqueducs, des maisons. On y a trouvé des vases, des idoles, des médailles, des instruments de musique, des statues colossales, et, ce qui est bien remarquable, des bas-reliefs d'une assez belle exécution et ornés de caractères qui paraissent être de véritables hiéroglyphes. Tout annonce que ce fut jadis la résidence d'un peuple très-avancé dans l'arch., dans la sculpture et même dans la peinture, peuple dont la taille haute et svelte, les belles proportions et les traits de la figure n'avaient rien d'asiatique, d'africain ou de malais. Le grand temple, de forme carrée et entouré d'un péristyle, peut avoir 97 m. 50 c. de long sur environ 9 m. 75 c. d'élévation. Ses murailles ont 1 m. 30 c. d'épaisseur. L'intérieur est divisé en plusieurs corps de logis séparés par des cours. Du milieu de l'édifice s'élève une tour haute d'à peu près 24 m. 30 c. qui probablement servait de belvédère; il en reste encore quatre étages; l'escalier qui conduit au sommet est au centre; il est éclairé par des fenêtres percées de chaque côté à chaque étage; l'arch. en est simple et élégante. Au dessous du temple il y a de vastes souterrains dans lesquels on descend par des escaliers; ils n'ont pas encore été explorés. Les murailles sont ornées de bas-reliefs sculptés sur pierre et revêtus d'un stuc très-fin; les personnages ont 2 m. 60 c. à 2 m. 90 c. de hauteur. La presqu'île du Yucatan renferme également de nombreuses ruines qui témoignent du degré de civilisation auquel étaient parvenus les habitants primitifs de cette partie du nouveau continent.

« L'arch. péruvienne, dit de Humboldt, ne s'élevait pas au delà des besoins d'un peuple montagnard; elle ne connaissait ni pilastres, ni colonnes, ni arcs en plein cintre. Née dans un pays hérissé de rochers, sur des plateaux presque dénués d'arbres, elle n'imitait pas, comme l'arch. des Grecs et des Romains, l'assemblage d'une charpente en bois : simplicité, symétrie et solidité, voilà les trois caractères par lesquels se distinguent les édifices du Pérou. » Les Péruviens possédaient une habileté étonnante dans l'art de tailler les pierres les plus dures. Ainsi La Condamine et Bouguer ont vu, dans des monuments construits au temps des Incas, des ornements de porphyre représentant des mufles d'animaux, dont les narines percées portaient des anneaux mobiles de la même pierre. Ils savaient aussi, mais nous ignorons par quels procédés, mouvoir et transporter à d'assez grandes distances des blocs de pierre gigantesques. Les palais des Incas et les temples étaient décorés de sculptures remarquables et les murailles étaient souvent revêtues de lames d'or et d'argent. Néanmoins les récits des historiens espagnols sont tellement empreints d'exagération que l'on ne peut ajouter une foi entière à leurs descriptions.

ARCHITECTURAL, ALE. adj. Qui a rapport, qui appartient à l'architecture. *L'art ar. La science architecturale.*

ARCHITRAVE. s. f. T. Archit. (gr. ἄρχω, je commande; lat. *trabs*, poutre). Voy. ENTABLEMENT.

ARCHITRICLIN. s. m. (gr. ἀρχὸς, chef; τρικλίνιον, salle à manger). Celui qui chez les Romains était chargé de l'ordonnance d'un festin. — Fam., on donne le nom d'Ar. à Celui qui se charge de l'ordonnance d'un repas. *Nous avions un admirable ar.*

ARCHIVES. s. f. pl. (gr. ἀρχεῖον). Anciens titres, chartes et autres papiers importants. *Les ar. d'une maison, d'une communauté, d'une ville, d'un royaume. Fouiller dans les ar. Le trésor des ar.* || Lieu où l'on conserve ces sortes de titres. *Construire des ar. On a déposé cette pièce aux ar.* || Se dit aussi Du dépôt où sont conservés les actes, les minutes d'une administration. *Les ar. de la préfecture. Les ar. du greffe.* || On dit quelquefois fig., en parlant Des bibliothèques : *Ce sont les ar. de la science, du savoir.*

Enc. — Toutes les nations de l'antiquité possédèrent des *Archives*. Celles du peuple juif étaient conservées dans le temple de Jérusalem où elles devinrent la proie des flammes, lorsque Titus s'empara de cette cité. On sait que les Perses, les Mèdes, les Assyriens, les Phéniciens, les Grecs eurent aussi des dépôts publics où ils conservaient tous les écrits relatifs à leur histoire; mais ce furent surtout les prêtres de l'Égypte qui s'attachèrent à conserver tous les documents des siècles éteints. Il a été retrouvé et nous possédons des pièces originales, des manuscrits qui nous font connaître des événements qui se sont accomplis chez les Égyptiens près de 2000 ans avant notre ère. Plusieurs nations de l'Asie et notamment les Chinois prétendent avoir des ar. qui remontent à une antiquité encore plus reculée. — Les ar. des Romains étaient gardées dans des temples et confiées à la vigilance des préteurs et des consuls : dans la suite, sous les empereurs, des fonctionnaires spéciaux furent commis à la garde et à l'entretien des ar. de la ville éternelle. — Nous ne saurions guère attribuer le nom d'ar. aux quelques documents rassemblés par nos premiers rois : c'est seulement au commencement de la seconde race que l'on doit rapporter l'établissement des ar. royales en France. L'annaliste de Metz, à la date de 813, affirme que l'on conservait dans les ar. du palais les originaux des décisions de plusieurs conciles tenus par ordre de Charlemagne, et plusieurs ordonnances de Louis le Débonnaire portent que les originaux de ces mêmes ordonnances seront déposés dans les ar. du palais; mais ces dispositions ne furent maintenues que sous les rois carlovingiens. Après l'avénement des Capétiens, l'état de la France troublée par les entreprises des princes étrangers et par celles des grands feudataires, ne permit pas aux souverains d'avoir d'autres palais que leurs camps. Alors les ar. firent partie du bagage des armées. Il en résulta qu'elles furent nécessairement exposées à toutes les chances de destruction que les hasards de la guerre pouvaient faire naître. Philippe-Auguste en fit la déplorable expérience, en 1194, dans le Blaisois, près du village de Belleforge, lorsqu'il fut surpris par Richard d'Angleterre, qui lui enleva ses ar. ainsi que le sceau royal. Plus tard Philippe-Auguste s'occupa de réparer cette perte. Il fit recueillir avec soin les chartes émanées de lui, et devint par cela même le véritable fondateur du Trésor des chartes, qui fut dans l'origine établi à la tour du Louvre ou au Temple. Saint Louis le transféra dans la Sainte-Chapelle de Paris où il est resté jusqu'à la révolution. — A l'exemple de la couronne, tous les établissements publics, les monastères, les chapitres, et même les grandes maisons eurent leurs ar., ce qui multiplia prodigieusement en France les dépôts de documents historiques d'une authenticité incontestable. Cependant les ar. ne prirent un véritable développement qu'à partir du siècle de Louis XIV. A cette époque, Baluze s'occupa avec une grande activité du classement des manuscrits qui formèrent la base du dépôt de la guerre. Colbert fit fouiller en même temps les ar. du midi de la France par le conseiller Doat, qui composa avec ces documents précieux l'une des plus utiles collections de ce genre. Sous Louis XV, le duc de Choiseul confia à des Bénédictins et à d'autres savants le soin d'examiner minutieusement, dans toutes les provinces du royaume, les dépôts d'ar. dont le nombre s'élevait alors à plus de 1200. Ce dépouillement fournit des copies d'environ 50,000 pièces classées chronologiquement. Les ar. d'Angleterre, de Rome et des Pays-Bas furent mises également à contribution et produisirent aussi un grand nombre de documents du plus haut intérêt pour l'histoire. Toutes ces collections subsistent encore et sont fréquemment consultées par les érudits. A la révolution chaque corps de l'État eut d'abord des ar. particulières; mais on revint bientôt sur cette disposition, et la Convention, par un décret du 14 juillet 1794, établit des ar. nationales comme dépôt central pour toute la France. Les documents que nos armées enlevaient aux pays conquis vinrent également s'accumuler dans ce dépôt, jusqu'à l'invasion étrangère, en 1814, qui nous fit perdre ce que nous avaient donné vingt-cinq années de victoires. — Aujourd'hui les ar. du royaume, dont la direction est confiée à Letronne, digne successeur des Camus et des Daunou, sont divisées, d'après le tableau dressé en 1811, en 6 sections : *législative*, *administrative*, *historique*, *topographique*, *domaniale* et *judiciaire*. Le public est admis à consulter les ar., et, moyennant une modique rétribution, on délivre des copies authentiques des pièces qu'elles renferment. Outre ce dépôt central, qui est placé dans l'ancien hôtel de Soubise au Marais, il en existe en France une foule d'autres, car chaque établissement public, chaque ville, chaque commune a ses ar. Il y a aussi auprès de chaque ministère des ar. spéciales dont la richesse et l'importance grandissent chaque jour. — Parmi les ar. des autres nations de l'Europe, nous citerons celles de l'Angleterre et de Rome comme les plus précieuses. Nous mentionnerons aussi celles de l'Escurial à Madrid. Quant à l'empire d'Autriche, ses documents les plus anciens remontent à peine au XIVe siècle.

ARCHIVISTE. s. m. Conservateur des archives.

ARCHIVOLTE. s. f. (lat. *arcus*, arc; *volutus*, roulé). T. Archit.

Enc. — L'*Arch.* consiste en un bandeau ou couronnement concentrique qui règne à la tête des voussoirs d'une arcade et qui repose sur les impostes. Dans l'architecture antique, la décoration de l'arch. est différente pour chaque ordre. Souvent l'arch. est interrompue à son sommet par une console ou une

Fig. 1.

agrafe. (Voy. *Arcade*. Fig. 1.) Mais c'est dans l'architecture romane et dans la gothique que nous voyons la décoration des

Fig. 2.

archivoltes présenter une extrême variété dans leur système d'ornementation qui est tantôt de la plus grande simplicité, tantôt d'une richesse incroyable. Ainsi, dans certains cas,

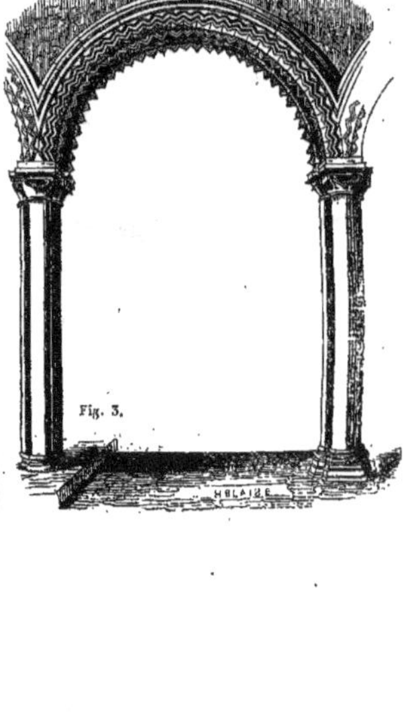

Fig. 3.

l'arch. est indiquée par un appareil mi-parti de pierres blanches ou jaunâtres et de pierres noires; d'autres fois ces archivoltes polychromes figurées offrent des dessins géométriques qui varient ordinairement d'arcade en arcade. La Fig. 1 représente une arcade normande dont l'arch. est marquée par un simple biseau, et la Fig. 2 une autre arcade normande dans laquelle l'arch. est figurée par trois séries de voussoirs étagés. Fort souvent, au contraire, l'arcade romane (Fig. 3) a une arch. chargée de décorations de formes très-variées, surtout de zigzags et de dents de scie. Enfin dans le style gothique, l'arch. se compose de tores multipliés et de scoties profondément creusées et refouillées, et est fort souvent ornée de fleurons, de feuillages, de guirlandes, de figurines, de statuettes, etc. Le style de ces ornements présente en outre d'assez notables différences dans les diverses périodes de l'architecture ogivale. Tantôt la forme et la décoration de l'arch. varie pour chaque arcade; tantôt elle reste la même, et, dans quelques cas, elle se continue d'un arc à l'autre : on l'appelle alors *arch. retournée*.

ARCHONTAT. s. m. [Dans ce mot et dans le suivant, CH se pron. K.] Voy. ARCHONTE.

ARCHONTE. s. m. (gr. ἄρχων, qui commande).

Enc. — Selon les traditions grecques, les Héraclides ayant envahi l'Attique à la tête des Doriens, le roi Codrus, qui gouvernait Athènes, instruit par l'oracle que le parti dont le chef périrait sous les coups des ennemis serait vainqueur, résolut de se dévouer pour sa patrie : il se précipita dans les rangs des Doriens et fut tué dans la mêlée. Les Athéniens victorieux, après la mort de leur roi, jugèrent que le trône de Codrus ne pourrait être dignement occupé par ses successeurs. En conséquence, ils abolirent la monarchie, lui substituèrent l'*Archontat* à vie, et élurent pour *Arch. perpétuel*, Médon, fils aîné de Codrus, en déclarant cette dignité héréditaire dans sa famille. L'autorité des archontes différait de celle des rois, en ce que les premiers étaient assujettis à rendre compte de leur administration. Il y eut treize archontes à vie de l'an 1071 à l'an 752 avant notre ère. A cette époque, l'archontat inspirant de l'ombrage aux Athéniens, ils limitèrent la durée de cette charge à dix années, mais ils continuèrent à choisir les archontes parmi les descendants de Codrus. Enfin, vers l'an 684, ils divisèrent le pouvoir entre neuf magistrats annuels auxquels ils conservèrent le nom d'archontes. Malgré ces modifications, les fonctions de l'archontat n'en restèrent pas moins les plus importantes d'Athènes. Aussi, avant d'être investis du pouvoir, les archontes étaient-ils soumis à un examen rigoureux de la part du sénat et du tribunal des Héliastes. Nul ne pouvait obtenir cette dignité s'il n'était fils et petit-fils de citoyens, s'il n'avait toujours fait preuve d'une grande piété filiale, et s'il n'avait consacré sa jeunesse au service de la patrie. On lui faisait jurer de veiller à l'exécution des lois et d'être inaccessible à la corruption. Les archontes étaient réellement à la tête de l'État; toutefois, ils devaient consulter le sénat dans toutes les circonstances, et ne pouvaient présenter au peuple aucune proposition qui n'eût préalablement été discutée dans le sein de cette assemblée. Le premier arch. s'appelait *arch. éponyme* parce que son nom servait à désigner l'année. Il était spécialement chargé de veiller à la sûreté des citoyens et de les protéger. Au second qui portait le titre de *basileus* ou *arch. roi*, était dévolu le soin de poursuivre les délits religieux, de surveiller les sacrifices, de prononcer sur les contestations élevées entre les familles sacerdotales : sa femme nommée *basilissa* ou *reine* initiait aux mystères les prêtresses qui se vouaient au culte des dieux. Tout ce qui concernait la guerre et la surveillance des étrangers établis à Athènes, rentrait dans les attributions du troisième arch. nommé *arch. polémarque*. Enfin les six derniers connus sous la qualification de *thesmothètes* étaient particulièrement préposés à l'administration de la justice, au maintien de l'ordre et de la tranquillité publique : ils recevaient les plaintes et les dénonciations des citoyens, parcouraient la ville pendant la nuit, et fixaient les jours où devaient s'assembler les tribunaux supérieurs. Avant Solon, les jugements des archontes étaient définitifs; ce législateur voulant borner leur puissance, ordonna qu'on pût appeler de leurs décisions devant l'Aréopage; mais il leur conserva leurs autres prérogatives. Ainsi leur personne était sacrée, et quiconque se permettait de les injurier lorsqu'ils avaient sur la tête une couronne de myrte, symbole de leur dignité, perdait ses priviléges de citoyen et se voyait contraint de payer une forte amende. L'année de l'archontat expirée, chacun des titulaires était tenu de rendre un compte sévère de sa conduite. Celui qui avait encouru quelque blâme était flétri et dégradé publiquement; les autres, en récompense de leur bonne administration, pouvaient devenir membres de l'Aréopage. L'archontat, comme toutes les autres institutions des Grecs, dégénéra au temps de Philippe et d'Alexandre. Il y eut dix archontes au lieu de neuf et l'on vit plusieurs femmes revêtues de cette grave magistrature. Elle subsista néanmoins, dans cet état de décadence, jusqu'à la conquête d'Athènes par Démétrius Poliorcète, l'an 296 avant l'ère chrétienne. — L'on retrouve encore dans le Bas-Empire le titre d'*Arch.* donné à quelques officiers supérieurs de la cour de Constantinople et à certains dignitaires de l'Église grecque. Ainsi on appelait *arch. des murs*, l'officier chargé de l'entretien et de la réparation des murs de Constantinople, et *arch. des lumières*, l'officier ecclésiastique aux soins duquel étaient confiés ceux qui devaient recevoir le baptême.

ARÇON. s. m. (R. *arc*). Pièce de bois arquée, qui fait partie de la charpente d'une selle de cheval. *Une selle à deux arçons. Ar. de devant. Ar. de derrière. Avoir des pistolets attachés à l'ar. de sa selle.* || *Être ferme sur les arçons, dans les arçons*, Se tenir bien en selle. — *Perdre les arçons, Vider les arçons*, Tomber, être renversé de cheval. || Fig., *Être ferme sur ses arçons*, Être inébranlable dans ses principes, Défendre victorieusement ses opinions. — *Perdre les arçons*, Être déconcerté dans une discussion, Ne savoir quel parti prendre dans une affaire.

Enc. — En Technol., on donne le nom d'*Ar.* à une sorte d'archet dont on se sert pour diviser et mélanger régulièrement les lainages et les poils d'animaux. Cet instrument est composé d'un arc suspendu au plancher par son milieu et aux deux extrémités duquel est fixée une corde à boyau fortement tendue. Les poils ou la laine qui doivent subir l'opération de l'*arçonnage* sont placés en tas sur une claie d'osier très-serrée, et traversée par la corde de l'arc que l'*arçonneur* met en vibration au moyen du *coche*, sorte de fuseau terminé de chaque côté par un bouton arrondi. Les vibrations sont combinées avec certaines variétés de mouvements, de manière à opérer le mélange intime des matières.

ARCTIQUE. adj. 2 g. (gr. ἄρκτος, ours). T. Astr. et Géog.

Enc. — On désigne sous ce nom le pôle septentrional du monde, parce que la Petite-Ourse en est très-voisine. Par opposition on nomme pôle *antarctique* le pôle méridional, situé à l'autre extrémité de l'axe. Les extrémités de l'axe de la terre portent des noms correspondants. — Les *cercles polaires ar.* et *antarctique* sont des petits cercles de la sphère céleste parallèles aux tropiques, à l'équateur et éloignés respectivement des pôles ar. et antarctique de 23° 27′ 57″. Ces deux cercles opposés sont décrits par le pôle de l'écliptique. Sur la terre ces petits cercles séparent les régions froides des régions tempérées. — La partie de la terre comprise d'un côté entre le cercle polaire ar. et le pôle ar. lui-même, et d'un autre côté celle qui est placée entre le cercle polaire antarctique et le pôle de même nom, sont désignées respectivement par les dénominations de *zone septentrionale* et de *zone méridionale*. Par suite, on se sert des mots *ar.* et *antarctique* pour qualifier ce qui se rapporte à ces régions, c'est ainsi qu'on dit les *mers arctiques*, les *terres arctiques*, l'*océan glacial antarctique* et la *mer antarctique*.

* **ARCTOSTAPHYLOS.** s. m. (gr. ἄρκτος; σταφυλή, raisin). T. Bot. Voy. ÉRICACÉES.

ARCTURUS. s. m. [On pron. l'S.] (gr. ἄρκτος). T. Astron. Nom donné à une Étoile de première grandeur, qui fait partie de la constellation du *Bouvier*, et se trouve vers la queue de la *Grande-Ourse* : cette étoile a un mouvement propre sensible. — On dit quelquefois *Arcture*, surtout en poésie.

ARDÉLION. s. m. (lat. *ardere*, être plein d'ardeur). Homme qui fait l'empressé, qui se mêle de tout, qui a toujours l'air affairé. Fam. et peu us.

ARDEMMENT. adv. Avec ardeur. Ne se dit que fig. *Aimer, désirer ar.*

ARDENT, TE. adj. Qui est en feu, qui est allumé, enflammé. *Brasier, charbon ar. Fournaise ardente.* || Fig., Qui enflamme, qui produit et communique une chaleur très-vive. *Ce feu est trop ar. Le soleil est très-ar. aujourd'hui.* || Fig., Violent, véhément. *Désir, amour, zèle ar. Dévotion ardente. Poursuite ardente. Soif ardente. Fièvre ardente.* || Fig., Qui se porte avec affection et véhémence à quelque chose. *Il est ar. à l'étude, à la chasse. Ar. au combat, à la dispute.* || Fig., Qui est extrêmement actif, qui a de la fougue, de l'entraînement. *C'est un homme très-ar. Jeune homme très-ar. Caractère, esprit, génie ar. Cheval, chien trop ar.* || *Poil ar.*, Poil roux. — *Cheveux d'un blond ar.*, D'un blond tirant sur le roux. || *Chapelle ardente.* Voy. CHAPELLE. || *Miroir ar.* Voy. MIROIR.

ARDENT. s. m. Espèce de météore enflammé. Voy. FEU FOLLET. || *Mal des ardents*, Sorte d'érysipèle ou de charbon pestilentiel qui a régné épidémiquement en France dans le XIIe siècle.

ARDER ou **ARDRE.** v. a. (lat. *ardere*, brûler). Vieux mot qui n'est plus en usage que dans cette phrase : *Le feu saint Antoine vous arde.*

ARDEUR. s. f. Chaleur vive, extrême. *L'ar. du feu, du soleil. Pendant les grandes ardeurs de la canicule.* || *L'ar. de la fièvre n'a pas diminué*, Sa violence est toujours aussi grande. — *Il se plaint d'une ar. d'entrailles*, D'un sentiment de chaleur vive dans les entrailles. — *Il y a de l'ar. à la peau de ce malade*, Sa peau fait éprouver au toucher une sensation de chaleur âcre et piquante. — *Ar. d'urine*, Sentiment de cuisson brûlante qu'on éprouve en urinant. || Fig., Vivacité extrême, empressement. *Travailler avec ar. L'ar. de son zèle, de sa dévotion. L'ar. de la jeunesse, des passions. Poursuivre avec ar. L'ar. du combat, de la dispute. Ses paroles enflammèrent l'ar. de ses soldats. Il est plein d'ar. pour le service de ses amis. L'ar. de briller, de s'enrichir.* || Fig., Fougue, activité excessive. *Ce cheval, ce chien a trop d'ar.* || Dans le style poétique, *Ar.* se prend pour Amour. *Il lui cachait son ar. Rien ne peut modérer ses ardeurs insensées.*

ARDILLON. s. m. Voy. BOUCLE.

***ARDISIACÉES.** s. f. pl. T. Bot. Voy. MYRSINACÉES.

ARDOISE. s. f. T. Min.

Enc. — L'*Ard.* est une espèce de schiste argileux qui se présente sous la forme de feuillets sonores, minces, étroits, faciles à séparer. Sa couleur est très-variable : ainsi il y a des ardoises verdâtres, rougeâtres, violettes et noires; mais le plus souvent leur couleur est une espèce de gris foncé particulier, appelé pour cela *gris d'ar.* Cette diversité de nuances paraît dépendre des proportions variables de silice, d'alumine, de fer et de magnésie que contient l'ar. — On rencontre les ardoises dans les terrains primitifs, mais principalement dans les terrains de transition. Dans les terrains primitifs, elles forment des couches très-inclinées, quelquefois verticales, qui alternent en général avec des lits de grès. Dans les terrains de transition, les couches sont presque toujours horizontales et moins mélangées de lits de grès. Elles renferment souvent une grande quantité de débris organiques appartenant à des plantes endogènes, telles que des roseaux, des bambous, des fougères, et à quelques espèces animales (ammonites, poissons). Les ardoises servent principalement à couvrir les constructions. La facilité avec laquelle on peut les obtenir en lames très minces leur donne, sous le rapport de la légèreté, un avantage marqué sur la tuile. Mais pour convenir à cet usage, il faut que les ardoises n'absorbent pas l'humidité : sans cela, elles se couvrent de mousses et sont bientôt détruites par la gelée. Il faut en outre qu'elles ne contiennent pas de pyrite; autrement elles ne *garderaient pas le clou*, car celui-ci serait promptement détruit par l'oxydation. — On emploie encore l'ar. à quelques usages moins importants, par ex. au dallage des maisons, à la fabrication des tablettes pour écrire ou dessiner, etc. — Les ardoises sont l'objet d'exploitations considérables. Leur extraction se fait ordinairement à ciel ouvert. Comme leur valeur intrinsèque est peu élevée, la couche doit avoir une grande puissance pour qu'on se décide à l'exploiter par des travaux souterrains. De quelque manière que se fasse l'exploitation, la pierre est toujours détachée sous forme de blocs prismatiques quadrangulaires. On partage ensuite les blocs en masses plus petites et de la dimension que doit avoir l'ar. Il ne reste plus alors qu'à la refendre, ce qui se pratique au moyen d'un maillet et d'un long ciseau, que les ouvriers manient avec une dextérité merveilleuse. Cette opération doit être faite immédiatement après l'extraction du bloc, l'ar. perdant la faculté de s'exfolier quelque temps après qu'elle a été tirée de la carrière.

La France possède un grand nombre d'ardoisières, dont les principales sont celles d'Angers (Maine-et-Loire), de Fumay, de Primogue et de Signy-le-Petit (Ardennes) et celles de l'Isère.

ARDOISÉ, ÉE. adj. Qui tire sur la couleur d'ardoise. *Gris ardoisé. Teinte ardoisée.*

ARDOISIÈRE. s. f. Carrière d'où l'on tire de l'ardoise.

ARDRE. v. a. Voy. ARDER.

ARDU, UE. adj. (lat. *arduus*). Escarpé, de difficile accès. *Sentier ar. Montagne ardue.* || S'emploie principalement au fig., et se dit De certaines choses qu'il est difficile d'aborder, de mener à fin. *Questions ardues. Matières ardues. Entreprise ardue.*

* **ARDUINA.** s. m. T. Bot. Voy. APOCYNÉES.

ARE. s. f. (lat. *area*, aire). Mesure de superficie. Voy. *Mesures* AGRAIRES.

AREC. s. m. T. Bot. Voy. PALMIERS.

* **ARÉNACÉ, ÉE.** adj. T. Géol. Se dit Des roches friables, composées de petits grains se désagrégeant facilement et offrant l'aspect du sable. *Roches arénacées. Dépôt ar. Structure arénacée.*

* **ARÉNAIRE.** s. f. T. Bot. Voy. CARYOPHYLLÉES. — S'emploie adject. en parlant Des plantes qui croissent dans le sable.

ARÈNE. s. f. (lat. *arena*, sable). Expr. poétique qui sert à désigner Le sable ou menu gravier qui couvre la surface des déserts, les bords de la mer et des fleuves. || On a également donné ce nom à La partie de l'amphithéâtre où avaient lieu les combats de gladiateurs et ceux des bêtes féroces, parce qu'on la recouvrait de sable. Voy. AMPHITHÉÂTRE. — Par ext., ce nom a été appliqué à L'amphithéâtre lui-même; mais alors on l'emploie au plur. *Les arènes de Nîmes.* || Fig., *Entrer, descendre dans l'ar.*, Se préparer à soutenir une lutte, soit physique, soit intellectuelle, avec des rivaux.

ARÉNEUX, EUSE. adj. Sablonneux. Ne se dit qu'en poésie.

* **ARENG.** s. m. T. Bot. Voy. PALMIERS.

* **ARÉNICOLE.** adj. 2 g. (lat. *arena*; *colo*, j'habite). T. Hist. nat. Qui vit dans le sable.—S'emploie subst. pour désigner une espèce d'*Annélide*. Voy. DORSIBRANCHES.

* **ARÉNIFÈRE.** adj. 2 g. (lat. *arena*; *fero*, je porte). T. Géol. Qui contient du sable. *Roches arénifères.*

* **ARÉNIFORME.** adj. 2 g. (lat. *arena*; *forma*, forme). T. Géol. Qui ressemble à du sable. *Mélange ar.* = On emploie dans le même sens l'adj. *Arénulacé, ée.*

ARÉOLE. s. f. Petite aire, petite surface. || Cercle coloré qui entoure le mamelon de la femme. || Cercle qu'on remarque autour des boutons de la petite vérole, de la vaccine, etc. || *T. Hist. nat. S'emploie aussi dans le sens de Cellule ou de petite cavité. *Les aréoles du derme.* = C'est par ce motif qu'on a quelquefois désigné Le tissu cellulaire par le nom de *Tissu aréolaire.* = On emploie encore l'adj. *Aréolé, ée*, en parlant D'un corps marqué de rides ou de rugosités peu apparentes.

ARÉOMÈTRE. s. m. (gr. ἀραιὸς, léger; μετρὸν, mesure). T. Phys. Instrument qui sert à mesurer les pesanteurs spécifiques des liquides, ainsi que celles des corps solides.

Enc. — La construction des *Aréomètres* est fondée sur ce principe d'hydrostatique découvert par Archimède : Un corps solide plongé dans un liquide quelconque perd une partie de son poids égale au poids du volume du liquide qu'il déplace. Mais le volume du liquide déplacé varie lui-même suivant les densités respectives du corps solide et du corps liquide : ce volume est d'autant plus considérable que le liquide est moins dense que le solide, et *vice versâ.* C'est la raison pour laquelle un morceau de bois flotte sur l'eau, tandis qu'un morceau de fer se précipite au fond de ce liquide. Par la même raison, si l'on plonge un morceau de bois dans du vin ou dans tout autre liquide plus léger que l'eau, il s'enfoncera, il est vrai, plus que dans l'eau; mais cependant il flottera encore, à moins que la densité du liquide ne soit moindre que la sienne; dans ce cas, il tombera au fond du vase, comme le fer dans l'eau. On peut donc comparer les densités de deux liquides d'après les volumes qu'on déplace un même corps solide pour pouvoir flotter sur l'un et sur l'autre. En effet, supposons qu'un cube d'une substance parfaitement homogène, ayant 1 décimètre de côté et pesant 500 grammes, flotte dans un certain liquide en s'enfonçant de moitié, et dans un autre en s'enfonçant des trois quarts : les deux volumes de liquides déplacés pour obtenir l'équilibre pèseront chacun 500 gr.; mais le volume du premier liquide ne sera que 500 centimètres cubes, tandis que celui du second sera 750 centimètres cubes, et comme les densités sont en raison inverse des volumes lorsque les poids sont égaux, nous en conclurons que la densité du premier liquide est à celle du second comme 750 est à 500. Si nous supposons en outre que le premier liquide soit de l'eau pure, dont la densité sert ordinairement de terme de comparaison ou d'unité, on trouvera la densité du second liquide en divisant 500 par 750, ce qui donnera 0,66666...., l'eau étant 1. Si donc on trace sur le côté de ce cube une échelle graduée dont les subdivisions soient telles qu'on puisse connaître immédiatement la pesanteur spécifique d'un liquide par le chiffre de la subdivision qui répond à la ligne de flottaison du cube immergé, on aura un ar. dont l'emploi n'exigera aucun calcul ultérieur.

Supposons maintenant qu'au lieu de porter une échelle graduée, le petit cube dont nous parlons soit seulement marqué d'un petit trait au point de sa flottaison dans l'eau quand il est chargé d'un certain poids. Lorsqu'on le transportera dans un liquide de densité différente, il faudra un poids différent pour que le cube arrive à ce même point de flottaison : il faudra ajouter un nouveau poids si le liquide est plus dense que l'eau; il faudra retrancher au poids primitif si le liquide est moins dense que l'eau. La comparaison de ces poids pourra encore servir à indiquer la différence des densités, attendu que les densités des corps sont en raison directe de leurs poids lorsque leurs volumes sont égaux.

Comme on le voit, il y a deux sortes d'aréomètres : les uns *à poids constant* et *à volume variable*, les autres *à poids variable* et *à volume constant*. Les derniers, beaucoup plus exacts, sont employés dans les laboratoires; les premiers, plus commodes, sont surtout usités dans le commerce.

C'est à Robert Boyle qu'on doit les premiers perfectionnements de l'ar. à volume variable. Cet instrument se compose d'un tube de verre creux (Fig. 1) soufflé en boule vers l'extrémité inférieure; au-dessous de cette petite sphère creuse, il existe une autre cavité contenant du mercure ou du plomb, qui sert à lester l'ar. et à le faire tenir verticalement lorsqu'il flotte dans un liquide. L'intérieur de la tige renferme une bande de papier qui porte des divisions indiquant la quantité plus ou moins grande dont plonge l'instrument. En général, ces divisions sont égales; mais, pour que cette graduation fût juste, il faudrait que les densités des fluides différassent entre elles proportionnellement au nombre de divisions dont plonge le tube : or c'est ce qui n'a pas lieu. Brisson imagina donc une échelle dont les degrés inégaux donnaient des densités proportionnelles. Mais, dans le commerce, ce n'est pas toujours la densité des liquides qu'il importe de connaître, c'est plutôt leur degré de concentration. C'est

1

à cet usage que sont destinés les *aréomètres de Baumé.* On les distingue en deux classes : les *pèse-sels* ou *pèse-acides*, et les *pèse-liqueurs* ou *pèse-esprits.* Les premiers servent pour les liquides plus pesants que l'eau, les seconds pour les huiles et les liqueurs plus légères que l'eau. Chacun de ces instruments a donc une graduation particulière. Pour le pèse-sel (Fig. 2), au point où l'instrument s'arrête dans l'eau pure, on marque 0; puis on le plonge dans une dissolution formée de 15 parties de sel de cuisine et de 85 parties d'eau, et au point d'affleurement on marque 15 : on divise cet intervalle en 15 parties égales, et l'on continue les divisions en dessous. Pour le pèse-liqueur (Fig. 3), le 10e degré est déterminé par l'immersion dans l'eau distillée, et le 0 est donné par une dissolution de 10 parties de sel marin dans 90 parties d'eau. Comme ces deux sortes d'aréomètres indiquent d'une manière différente le point de densité de l'eau, quelques physiciens ont proposé de placer toujours le degré de densité de l'eau à 0, puis de choisir des degrés égaux au-dessus et au-dessous : mais ce système n'a point obtenu l'assentiment général. Les Hollandais sont les seuls qui aient admis un ar. uniforme, partant des mêmes points que le pèse-liqueur de Baumé; les divisions obtenues sont ensuite continuées aussi bien en dessus qu'en dessous de ces points. On donne à ces instruments le nom d'*aréomètres hollandais.*

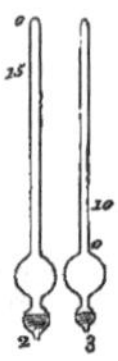

2 3

D'autres aréomètres employés dans le commerce ne contiennent qu'un petit nombre de divisions aréométriques données par un ar. étalon, juste ce qu'il en faut pour l'usage auquel ils sont destinés. Ces degrés marquent des densités comprises entre des limites assez rapprochées : ainsi le *pèse-sirop* n'a besoin que des degrés 20 à 36, puisque le sirop de sucre ne peut dépasser ce degré sans tourner au caramel ou se prendre en masse solide; le *pèse-vin*, *pèse-moût* ou *œnomètre*, ne s'étend que de 10 à 12° au-dessous du niveau de l'eau jusqu'à 10 ou 12° au-dessus; le *galactomètre*, *pèse-lait* ou *lacto-densimètre*, va de 0 à 12 ou 15°; le *pèse-éther* va de 30 à 70°, etc. Quant à l'*ar.* ou *pèse-liqueur de Cartier*, ce n'est qu'une altération de celui de Baumé. Pour construire un étalon suivant l'échelle de Cartier, on établit d'abord l'échelle de Baumé, puis, à partir du 22e degré, en dessus et en dessous, on partage en 15° égaux 16° de Baumé. L'étalon ainsi obtenu sert à la fabrication des aréomètres livrés au commerce. Les aréomètres de Baumé ne donnant pas les poids spécifiques des liquides, on a calculé des tables où se trouvent indiquées les densités correspondantes à chaque degré de ces instruments.

L'*alcoomètre* de Guy-Lussac, dont nous avons parlé à l'article ALCOOL, est un ar. fondé sur d'autres principes : il donne la force réelle des esprits, leur richesse alcoolique et leur densité. On doit au même savant un instrument nommé *volumètre* (Fig. 4 et 5), dont les degrés indiquent les rapports des volumes des parties plongées, d'où l'on peut conclure inversement les rapports des densités. Si l'instrument est destiné aux liquides plus denses que l'eau, il doit avoir pour lest une charge telle qu'il s'enfonce presque entièrement dans ce liquide : au point d'affleurement, on marque 100. Pour achever la graduation, on forme une solution saline dont la densité soit les 4/3 de celle de l'eau. L'instrument plongé dans cette dissolution s'y enfonce moins que dans l'eau pure et seulement des 3/4 de son volume; car, son poids étant constant, les parties submergées doivent être en raison inverse des densités des liquides déplacés. On marque 75 à ce nouveau point d'affleurement, on divise l'intervalle de 100 à 75 en 25 parties égales, et on prolonge la division en dessous avec des degrés égaux. Si l'instrument est destiné à des liquides moins denses que l'eau, son lest ne doit le faire enfoncer dans ce liquide qu'un peu au-dessus de la naissance de la tige. A ce point on marque 100; puis on charge l'instrument de 1/4 de son poids, de telle sorte qu'il déplace un volume d'eau égal aux 5/4 du volume qu'il déplaçait d'abord : on marque alors 125 à ce nouveau point d'affleurement; l'échelle s'achève en divisant l'intervalle de 100 à 125 en 25 parties égales, et en prolongeant la division en dessus. Ces aréomètres indiquent de véritables fractions du volume pris pour unité et représenté par 100, et il suffit de renverser les fractions que donne l'échelle pour avoir les densités.

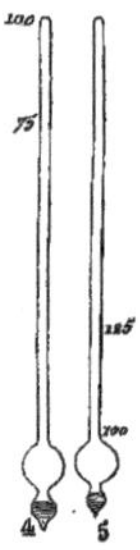

4 5

Les aréomètres à volume constant sont construits sur un autre principe. L'*ar. de Fahrenheit* (Fig. 6) a la forme d'un petit ballon A terminé vers le bas par une petite boule B et surmonté par une tige *f* très-effilée soutenant une petite coupe ou cuvette C qu'on nomme le *chapeau.* Le corps du ballon est creux, rempli d'air et hermétiquement fermé. La petite boule contient du mercure ou du plomb qui sert de lest. Enfin le *point d'affleurement* est marqué sur la tige. Quand on plonge cet ar. dans un liquide, il s'enfonce jusqu'à ce qu'il y ait égalité entre son poids et le poids du liquide qu'il déplace : alors on ajoute des *poids additionnels* sur le chapeau pour *affleurer* l'instrument, c.-à-d. pour que l'instrument s'enfonce jusqu'au point d'affleurement. On comprend d'abord que ces poids varient suivant la densité des liquides. Supposons que l'instrument pèse 50 grammes et qu'il faille poser 10 grammes sur le chapeau pour l'affleurer dans l'eau pure, on en conclura que le volume d'eau déplacé par l'ar. affleuré pèse 50 + 10 grammes ou 60 grammes, puisqu'un corps flottant pèse autant qu'un volume de liquide égal à celui de sa partie plongée. Si maintenant on plonge le même ar. dans un liquide dont on veut comparer la densité à celle de l'eau, il faudra mettre aussi un certain poids sur le chapeau pour affleurer l'instrument : supposons 4 gr. : on en conclura que le volume déplacé du nouveau liquide pèse 50 + 4 ou 54 gr. Or, à volumes égaux, les densités des corps sont proportionnelles à leurs poids; la densité du liquide en question sera donc à celle de l'eau comme 54 est à 60; c.-à-d. 0.9, l'eau étant 1. Afin d'éviter les calculs, on peut former pour chaque instrument une table particulière qui donnera immédiatement la densité à côté du poids additionnel.

6

L'*ar. de Nicholson*, appelé aussi *Hydromètre* (Fig. 7), diffère de l'ar. de Fahrenheit en ce qu'on attache à sa partie inférieure une sorte de petit panier qui plonge dans le liquide. Cette simple modification permet de se servir de cet ar. pour déterminer la pesanteur spécifique ou la densité des corps solides. A cet effet on commence par déterminer les poids dont le chapeau doit être chargé pour amener l'ar. au point d'affleurement, soit, dans l'hypothèse, ce poids égal à 10 grammes. Ensuite on remplace le poids par le corps dont on veut connaître la densité, et on fait affleurer de nouveau l'instrument en ajoutant les poids nécessaires : supposons que ces poids s'élèvent à 7 grammes, il est évident que le corps dont il s'agit pèse exactement 3 gr. Enfin, on place le corps dans le petit panier et l'on charge le chapeau de manière à produire encore l'affleurement. Dans cette dernière opération, le corps plongé dans l'eau perdant une partie de son poids, il faudra donc plus de 7 gr. sur le chapeau pour affleurer l'ar. S'il faut 8 gr. pour affleurer l'instrument, on en conclura que le corps perd 1 gr. de son poids dans l'eau, et que c'est là le poids d'un volume d'eau égal au volume du corps. La densité ou la pesanteur spécifique du corps en question sera donc à celle de l'eau comme 3 est à 1. Charles apporta encore un heureux perfectionnement à l'ar. de Nicholson. Dans son *ar.-balance*, il imagina de renverser à volonté la nacelle de l'instrument et d'accrocher le lest tantôt par le fond du panier (Fig. 8), tantôt par l'anse (Fig. 9), selon que l'on veut connaître la densité de corps plus légers ou plus pesants que l'eau. En effet, dans le premier cas, l'eau exerce sa pression de bas en haut; dans le second, cette même pression s'exerce de haut en bas, et, en renversant la nacelle suivant le cas donné, l'opérateur n'a rien à changer à ses calculs.

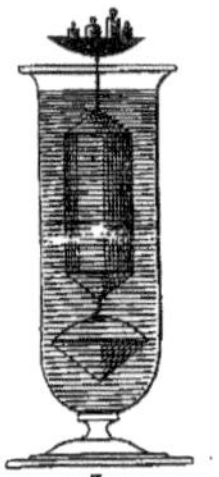
7

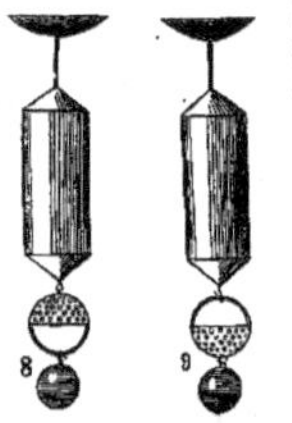
8 9

Les aréomètres sont d'autant plus sensibles que leur volume est plus considérable et leur tige plus déliée. On les construit en divers métaux, et plutôt en verre. On les loge ordinairement dans un étui de verre ou de fer-blanc qu'on nomme *éprouvette*, et qu'on remplit des liqueurs à essayer, ainsi qu'on le voit dans la figure 7. L'ar. doit y flotter librement, sans frotter contre les parois; on attend qu'il ne se dégage plus aucune bulle d'air et que tout soit bien en repos pour voir le point de flottaison, et l'on s'assure que le point d'arrêt revient toujours le même en imprimant à la tige un petit mouvement dans le sens vertical. Pour avoir des résultats exacts, il faut tenir compte des effets de la dilatation dus à la température des liquides essayés.

On attribue l'invention de l'ar. à la fille de Théon, la célèbre Hypatia, qui florissait au commencement du Ve siècle de notre ère; mais il est permis de penser que cet instrument n'était pas inconnu à Archimède.

ARÉOPAGE. s. m. (gr. Ἄρης, Mars; πάγος, colline). Nom d'un célèbre tribunal d'Athènes. || Fig., on nomme ainsi Une assemblée de juges, de magistrats, d'hommes d'Etat, de savants, d'hommes de lettres, etc. *Je me soumets au jugement de cet ar.*

Enc. — L'époque de la fondation de ce tribunal remonte, à ce que l'on croit généralement, vers la fin du règne de Cécrops, ou le commencement de celui de Cranaüs son successeur. Le nom d'*Ar.* lui avait été donné, suivant l'opinion la plus répandue et la plus probable, parce qu'il tenait ses séances sur une colline consacrée au dieu Mars. Il paraît que l'ar. ne connut dans l'origine que des crimes capitaux et que ce fut lui qui appliqua le premier la peine de mort. Mais Solon (594 av. J.-C.) augmenta considérablement les attributions de ce tribunal. Les aréopagites furent dès-lors appelés à punir le vol, l'impiété, l'immoralité; à prononcer sur les contestations religieuses, l'érection des temples, l'institution de nouvelles cérémonies; à réprimer le luxe, la paresse, la mendicité; à veiller au maintien des bonnes mœurs, à l'éducation des enfants, aux intérêts des orphelins. Ils avaient même le droit de pénétrer dans le foyer domestique pour en bannir la discorde et s'assurer de la légitimité des moyens d'existence de chaque citoyen. Bien plus encore, ils pouvaient réviser et casser les décisions du peuple. Périclès (461 av. J.-C.) regardant l'autorité de ce tribunal comme un obstacle à ses desseins de domination, le réduisit de nouveau à l'état où il se trouvait avant Solon. Depuis cette époque l'ar. ne recouvra plus son ancien lustre; et jamais il ne lui arriva d'intervenir dans les affaires publiques, comme il l'avait fait quelquefois auparavant, lorsque la république se trouvait dans des circonstances graves.

Quant à l'organisation même de ce tribunal, on n'a que des notions fort incomplètes sur ce sujet. Selon les uns, cette vénérable assemblée se composait de 9 membres; selon d'autres, elle en comptait 31, et même 50 si l'on en croit quelques écrivains. Il est probable que le nombre des membres de l'ar. n'était pas limité. Les archontes y étaient appelés au sortir de leur charge, mais seulement après un sévère examen de leur administration. S'il arrivait que quelque plainte s'élevât contre un aréopagite, relativement à sa conduite ou à l'accomplissement de ses devoirs, il était exclu de l'assemblée quoique ses membres fussent nommés à vie.

La procédure usitée devant l'ar. était d'une extrême simplicité. Ce tribunal siégeait en plein air, et ses séances n'avaient lieu que la nuit, soit pour que la fermeté des juges ne fût pas ébranlée par la vue des larmes ou du repentir de l'accusé, soit pour que ce dernier ne se laissât pas intimider par l'imposante gravité du tribunal. Dans l'origine, les intéressés plaidaient eux-mêmes leur cause; mais par la suite, il leur fut permis de prendre des défenseurs. Ceux-ci ne pouvaient faire usage des moyens oratoires employés devant les autres tribunaux: ils devaient simplement exposer les faits, et ne point entreprendre d'exciter la commisération des juges. Les sentences de l'ar. étaient définitives. Il y avait cependant certaines causes pour lesquelles le condamné conservait le droit d'appel au peuple ou devant le tribunal du Palladium. — La réputation de cette illustre assemblée était si grande qu'on accourait de toutes les parties de la Grèce pour lui soumettre les différends. Jamais on n'éleva contre elle aucune accusation de partialité, jamais un condamné ne murmura contre ses arrêts. Elle conserva pendant plusieurs siècles cette renommée d'intégrité, et ce ne fut qu'au moment de la décadence de la Grèce, que des hommes corrompus parvinrent à s'introduire parmi ses membres. L'histoire garde le silence sur les derniers temps de l'ar., et il serait difficile d'assigner l'époque où cette institution cessa d'être en vigueur à Athènes. Il est probable, cependant, qu'elle ne s'éteignit qu'avec les dernières libertés de la Grèce, sous le règne de Vespasien (A. 74 ap. J.-C.), lorsque l'Achaïe fut rangée au nombre des provinces romaines.

ARÉOPAGITE. s. m. Membre de l'aréopage.

ARÉOSTYLE. s. m. (gr. ἀραιὸς, peu nombreux; ϛύλος, colonne). T. Archit. Voy. ENTRE-COLONNEMENT.

ARÉOTECTONIQUE. s. f. (gr. Ἄρης, Mars; τεκτονική, art de construire). Partie de la science de l'ingénieur qui traite de l'attaque et de la défense des places. Voy. FORTIFICATION.

ARÊTE. s. f. (lat. *arista*). T. Zool. Os longs et minces qui forment la charpente des poissons. *Ce poisson a beaucoup d'arêtes, peu d'arêtes. Petite, grosse ar. J'ai une ar. dans le gosier.* — Se dit quelquefois Du squelette entier des poissons. *L'ar. d'une truite, d'un brochet.* ‖ T. Bot. Sorte de poil roide ou de pointe filiforme terminale ou dorsale insérée subitement, et qui ne semble pas être la continuation d'une nervure. Dans les *Graminées*, les arêtes sont formées par ce qu'on appelle vulgairement les barbes de l'épi. ‖ Se dit en gén. de L'angle formé par l'intersection de deux plans. *Ar. vive*, Celle qui est formée par un angle bien net et bien prononcé. *Ar. mousse*, Celle dont l'angle est plus ou moins arrondi. ‖ T. Archit. Angle formé par la rencontre de deux plans droits ou courbes d'une pierre, d'une pièce de bois, ou de deux segments de voûte. ‖ *T. Géog. Ligne courbe ou brisée qui sépare ordinairement les deux versants principaux d'une chaine de montagnes.

***ARÉTHUSE.** s. f. T. Bot. Voy. ORCHIDÉES.

ARÊTIER. s. m. T. Archit. Voy. COMBLE.

***ARGALA.** s. m. T. Ornith. Voy. CIGOGNE.

***ARGALI.** s. m. T. Mamm. Voy. MOUTON.

***ARGAN.** s. m. T. Bot. Voy. SAPOTACÉES.

ARGANEAU ou mieux **ORGANEAU.** s. m. T. Mar. Voy. ANCRE.

***ARGAS.** s. m. T. Zool. Voy. HOLÈTRES.

***ARGÉ.** s. m. T. Ent. Voy. *Papillons* DIURNES.

ARGÉMONE. s. f. T. Bot. Voy. PAPAVÉRACÉES.

ARGENT. s. m. (lat. *argentum*: du gr. ἀργὸς, blanc). Métal blanc, brillant et très-ductile. *Mine d'arg. Barre, lingot d'arg. Arg. en barre, en lingot. Arg. mat, poli, bruni. Fondre, affiner, tirer, battre, monnayer de l'arg. Arg. en pâte, en coquille. Arg. de bon aloi. Médaille, vase, vaisselle, flambeau d'arg.* ‖ Se dit particulièrement De la monnaie faite avec ce métal. *On lui donna la moitié de la somme en arg. et le reste en monnaie de billon. On a battu cette année à la Monnaie tant de millions en arg. et en or.* — En ce sens, on dit *Arg. blanc* pour Arg. monnayé. *Tout son remboursement lui a été fait en arg. blanc.* ‖ Se dit aussi De toute sorte de monnaie d'or, d'arg., etc. *Avoir de l'arg. en caisse, dans le commerce, à la Banque. Manquer d'arg. Vous avez beaucoup d'arg. placé. Dépenser son arg. Perdre son arg. au jeu. Il ferait tout pour de l'arg. C'est un juge incorruptible, il n'y a rien à faire auprès de lui par arg.* ‖ *Article d'arg.*, Locution usitée dans les administrations de voitures publiques, pour désigner L'arg. qu'on expédie d'un lieu à un autre. ‖ On appelle *Arg. du jeu*, L'arg. gagné au jeu; *Arg. des cartes*, Celui que les joueurs donnent pour les cartes qu'on leur fournit. ‖ Fam., *Avoir de l'arg. mignon*, Avoir de l'arg. en réserve qu'on peut employer en dépenses superflues ou de caprices, sans s'abstenir de ses dépenses ordinaires. ‖ Fam., *Payer arg. sec, arg. bas, arg. sur table*, Payer arg. comptant. ‖ Prov. et fam., *Avoir le drap et l'arg.*, Retenir la chose dont on est payé. — *C'est arg. perdu, autant d'arg. perdu*, C'est de l'arg. dépensé pour une affaire qui ne doit pas réussir. — *Arg. mort*, Arg. qui ne porte aucun intérêt, qui ne produit aucun bénéfice. — *C'est de l'arg. en barre*, Se dit en parlant De marchandises ou de valeurs sur lesquelles on n'a pas de chance de perte. — *Mettre du bon arg. contre du mauvais*, Faire des avances, des frais, dans un procès ou dans une affaire sans certitude d'en retirer quelque chose. — *Jouer bon jeu, bon arg.*, Jouer sérieusement, avec obligation de payer. — *Y aller bon jeu, bon arg.*, Agir tout de bon, sérieusement, franchement. — *Prendre quelque chose pour arg. comptant*, Croire légèrement ce qu'on vous dit. — *Le terme vaut l'arg.*, Lorsqu'on a du temps devant soi, il est facile de se mettre en mesure pour payer une dette. — *Point d'arg., point de Suisse*, Se dit pour exprimer qu'on ne fait rien pour rien. — *C'est un bourreau d'arg.*, C'est un prodigue, un homme qui dépense l'arg. aussitôt qu'il l'a entre les mains. ‖ T. Blas. Voy. ÉMAIL. ‖ *Arg. vif, Vif-argent.* Voy. MERCURE.

Enc. — L'*Arg.* est un corps simple, métallique, d'un blanc très-pur, rendu très-brillant par le poli, inodore, insipide, plus dur que l'or et moins dur que le cuivre, éminemment malléable, le plus ductile de tous les métaux après l'or. Il peut être réduit en feuilles d'un millième de millim. d'épaisseur et être étiré en fils tellement ténus qu'avec 16 kil. de ce métal on pourrait fabriquer un fil assez long pour embrasser le contour de la terre. De 0 à 100°, il se dilate de 1/500 de sa longueur. Il est très-tenace: un fil homogène d'un millim. de diamètre peut supporter sans se rompre un poids de 24 kil. Sa pesanteur spécifique est 10,47 lorsqu'il a été fondu, et 10,54 lorsqu'il a été écroui sous le marteau. — La fusion de l'arg. ne s'opère qu'à 30° du pyromètre de Wedgwood ou 1023 du pyromètre à air. A une température très-élevée, telle que celle que l'on peut produire à l'aide d'une forte batterie électrique ou du chalumeau à gaz oxygène, il se volatilise en produisant des vapeurs qui brûlent avec une flamme verdâtre. Les agents atmosphériques n'altèrent jamais l'arg. Lorsque de l'arg. parfaitement pur et en fusion est tenu au contact de l'air, il absorbe jusqu'à vingt-deux fois son volume d'oxygène; mais il l'abandonne en se refroidissant.

L'arg. n'est attaqué que par un petit nombre d'acides. Ainsi l'eau régale le convertit rapidement en chlorure insoluble, et l'acide azotique le dissout avec dégagement de bioxyde d'azote. L'acide chlorhydrique même bouillant agit à peine sur lui, et l'acide sulfurique ne l'attaque qu'autant qu'il est concentré et bouillant. L'arg. se combine directement avec une foule de corps simples, mais il a surtout beaucoup d'affinité pour le soufre et le chlore. Au contact d'un corps qui contient du soufre ou qui peut fournir de l'hydrogène sulfuré, en si petite quantité que ce soit, comme les œufs, les choux, l'air dans certaines circonstances, l'arg. se noircit; mais la couche de sulfure qui se forme dans ce cas est très-mince, et on l'enlève facilement en frottant le métal altéré avec du blanc d'Espagne ou du rouge d'Angleterre.

On ne connaît bien qu'une seule combinaison d'arg. avec l'oxygène: c'est le *Protoxyde* (Ag O). Il est pulvérulent, de couleur olive foncée, et constitue une des bases métalliques les plus puissantes. Il s'altère à la lumière et devient noir en perdant de l'oxygène. Lorsqu'on le fait chauffer, l'oxygène qu'il contient se dégage, et l'arg. se réduit à l'état métallique. L'oxyde d'arg. est peu soluble dans l'eau et très-soluble dans l'acide azotique et dans l'ammoniaque. Sa dissolution ammoniacale donne naissance à une poudre noire extrêmement détonante, qu'on désigne sous le nom d'*Arg. fulminant*. La nature de ce produit n'est pas bien connue. La chaleur, le moindre choc, le simple contact même suffisent pour produire la décomposition de ce corps avec une violente explosion. On obtient l'oxyde d'arg. en précipitant le nitrate d'arg. par la potasse ou par la soude; on recueille le précipité, on le lave et on le dessèche à l'abri de la lumière, dans le vide de la machine pneumatique.

Le *Chlorure d'arg.* s'obtient aisément en traitant une dissolution de nitrate d'arg. par le chlorure de sodium ou sel marin. Le précipité est blanc, caillebotté; mais il devient violet et même noirâtre sous la simple influence de la lumière solaire, qui lui enlève une partie de son chlore. Il est insoluble dans l'eau, dans les acides azotique, chlorhydrique et sulfurique; mais il est très-soluble dans les hyposulfites solubles et dans l'ammoniaque. Sa dissolution ammoniacale laisse déposer, à la température de l'ébullition, un produit fulminant. Le chlorure d'arg. fond à + 260°, et donne, par le refroidissement, une masse demi-transparente, perlée et flexible comme de la corne, ce qui lui a valu le nom d'*Arg. corné*. Il se sublime, à l'air libre, à une température peu élevée. Il peut être réduit par le simple contact du fer, du zinc et du cuivre, qui lui enlèvent son chlore, par toutes les substances organiques hydrogénées, et à sec par les alcalis. On se sert du chlorure d'arg. pour argenter certains métaux et pour préparer un papier photographique. En médecine, on a administré ce sel à l'intérieur dans le cas de scrofules, d'épilepsie, d'aménorrhée, de dyssenterie chronique, etc. Toutefois son utilité, dans ces divers cas, a besoin d'être constatée par des faits plus nombreux. — Le *Bromure* et l'*Iodure d'arg.* sont analogues au chlorure; ils n'en diffèrent essentiellement qu'en ce que leur dissolution ammoniacale est beaucoup moins considérable, surtout pour l'iodure. On fait usage de ces deux sels dans les procédés photographiques. L'iodure d'arg. a été aussi employé par la médecine dans les mêmes cas que le chlorure. — Le *Sulfure d'arg.* est un composé gris-noirâtre, très-fusible et cristallisant facilement. En le chauffant au contact de l'air, on le réduit à l'état métallique avec dégagement d'acide sulfureux. Le mercure le réduit par la trituration à la température ordinaire. On le prépare directement en fondant ensemble le soufre et l'arg. — Le *Cyanure argentico-potassique* est employé pour argenter à la pile. On l'obtient en mettant en présence deux équivalents de cyanure potassique et un équivalent d'un composé argentique quelconque, excepté le sulfure.

Les *Sels d'arg.* sont incolores en général et d'une saveur métallique et astringente. Ils noircissent par l'action de la lumière qui leur fait éprouver une décomposition partielle. Avec la potasse ou la soude, les sels d'arg. solubles donnent un précipité brun clair d'oxyde d'arg. hydraté. Avec les carbonates alcalins, on a un précipité blanc de carbonate d'arg. Avec le chlore, l'acide chlorhydrique et les dissolutions de chlore, ces sels forment un précipité blanc caillebotté de chlorure d'arg. Avec l'acide sulfhydrique et les sulfures alcalins, on obtient un précipité noir de sulfure d'arg., et, avec les arséniates alcalins, un précipité rouge brique d'arséniate d'arg. Le fer, le cuivre, le zinc, l'étain, etc., précipitent l'arg. à l'état métallique. Nous ne parlerons ici que des sels qui sont usités dans la médecine ou dans l'industrie.

L'*Azotate* ou *Nitrate d'arg.* est un sel incolore, très-caustique, d'une saveur âcre et amère, cristallisant en lames minces, transparentes, nacrées et inaltérables à l'air. Il est très-soluble dans l'eau et dans l'alcool. Il fond à une faible température et se décompose à une température un peu plus élevée. Coulé dans une lingotière, il donne par le refroidissement le produit connu sous le nom de *Pierre infernale*. Ces lingotières étant ordinairement en fer, l'azotate d'arg. au contact de ce métal, se réduit en partie et prend la couleur noire qu'on lui connaît. Lorsqu'il n'a pas été fondu, on désigne ce sel par le nom de *nitrate d'arg. cristallisé*. L'azotate d'arg. déflagre sur les charbons ardents. Il détone sous le choc du marteau, quand il est mêlé au soufre et au phosphore. On prépare ce sel en dissolvant l'arg. au moyen de l'acide nitrique, en évaporant et en reprenant l'azotate par l'eau bouillante. Dans les laboratoires, on fait un fréquent usage de la dissolution aqueuse du nitrate d'arg. pour reconnaître la présence du chlore et des chlorures. Le nitrate d'arg. est peut-être le caustique le plus employé en médecine. Il agit assez lentement sur la peau, mais très-rapidement sur les chairs vives; l'irritation qu'il occasionne est ordin. de peu de durée, et il n'est point absorbé. L'escarre produite est sèche, grisâtre, légère. Il est aussi l'un des principaux agents de la médication substitutive. A l'intérieur, on l'a administré à très-faibles doses et en prenant les précautions convenables, contre diverses affections nerveuses, lorsqu'on avait déjà épuisé toutes les ressources de l'art. Ainsi on en a obtenu quelques succès, rares il est vrai, dans les cas d'épilepsie. Au bout d'un certain temps d'administration de ce remède à l'intérieur, la peau prend une teinte ardoisée indélébile. — On se sert quelquefois du nitrate d'arg. pour marquer le linge. A cet effet, on humecte la partie du linge destinée à être marquée avec une dissolution de carbonate de soude. On la laisse sécher, et alors on y imprime des caractères à l'aide d'un timbre en buis trempé dans un mucilage gommeux contenant du nitrate d'arg. en dissolution. Le sulfate d'arg. est décomposé par le carbonate de soude, et l'action de la lumière fait apparaître des caractères noirs partout où l'azotate a touché. Le linge doit être lavé ensuite.

Le *Sulfate d'arg.* s'obtient en traitant le métal par l'acide sulfurique concentré et bouillant. Comme il a été question de la conversion de l'arg. en sulfate pour l'extraction de la faible quantité d'or que contiennent certaines pièces d'arg., nous renverrons au mot AFFINAGE. — Le *Chlorate d'arg.* s'obtient sous forme de cristaux très-solubles. Il déflagre sur les charbons ardents et se transforme en chlorure. Il détone facilement par le choc, et la détonation est terrible lorsqu'on le percute après l'avoir mêlé avec du phosphore, du soufre ou du charbon. — L'*Iodate* et le *Bromate d'arg.* présentent de grandes analogies avec le chlorate; mais ils sont moins solubles. — L'arg. donne encore un autre composé détonant, connu sous le nom de *Fulminate d'arg.* On prépare ce produit isomère du cyanate d'arg., en versant peu à peu, dans une dissolution chaude et acide, de nitrate d'arg. concentré, de l'alcool très-fort, à 40°. Il se produit une vive réaction et le fulminate se précipite sous forme d'une poudre blanche que l'on recueille sur un filtre et que l'on dessèche sans la chauffer. Le fulminate d'arg. pourrait être employé pour la fabrication des amorces des fusils à percussion, mais on préfère en général le fulminate de mercure.

Alliages d'arg. — L'arg. s'allie facilement avec plusieurs métaux tels que le cuivre, le platine, l'or et le mercure. — Pour la fabrication des monnaies et des ouvrages d'orfévrerie et de bijouterie, on combine toujours l'arg. avec une certaine quantité de cuivre qui, sans altérer sa couleur, lui donne une plus grande dureté. En France, l'alliage employé pour les monnaies d'arg. est composé de 0.900 d'arg. et de 0.100 de cuivre; on accorde une tolérance de 0.006 en plus ou en moins des 0.900 d'arg. Les monnaies de billon devaient être composées de 0.200 d'arg. et 0.800 de cuivre. L'alliage des médailles et de la vaisselle d'arg. est formé de 0.950 d'arg. et 0.050 de cuivre, avec une tolérance de 0.006, dont la moitié en plus ou en moins pour les médailles, et une tolérance de 0.005 en moins pour la vaisselle. On fait aussi usage d'un alliage de 0.795 à 0.800 d'arg. et 0.205 à 0.200 de cuivre pour la fabrication de divers ouvrages de bijouterie. La soudure pour l'arg. à 0.950, est formée de 20 parties d'arg., 7 de cuivre et 3 de zinc. — Afin de donner aux objets d'arg. contenant une certaine proportion de cuivre tout l'éclat de l'arg., on leur fait subir une préparation qui a pour but d'enlever aux couches superficielles de la pièce le cuivre qu'elles renferment. En conséquence on chauffe la pièce au rouge, le cuivre s'oxyde, et on la plonge encore chaude dans une solution faible d'acide sulfurique ou d'acide azotique qui dissout l'oxyde de cuivre formé sans attaquer l'arg. — On allie l'arg. au platine pour souder les pivots des dents artificielles. — Quant aux alliages que ce métal produit avec l'or et avec le mercure, il sera parlé du premier au mot Or, et du second quand nous traiterons de l'exploitation des mines d'arg. Toutefois nous dirons ici un mot d'un amalgame particulier assez remarquable. Lorsqu'on mêle ensemble dans un vase 3 parties d'une dissolution saturée de nitrate d'arg. et 2 p. d'une dissolution également saturée de nitrate de mercure, et qu'on place au fond du vase un amalgame fait avec 7 p. de mercure et 1 p. d'arg., on remarque qu'au bout de deux à trois jours tout l'arg. est précipité à l'état d'amalgame solide, composé de petits grains cristallins groupés en forme de ramifications. Ce produit a reçu le nom d'*Arbre de Diane* sous lequel il est encore connu. On l'appelait *arbre* à cause de sa forme ramifiée, et *Diane* parce que l'arg. était ainsi nommé par les alchimistes.

En raison de son peu d'altérabilité, l'arg. est tellement préférable pour une foule d'usages aux autres métaux moins précieux, que l'on a imaginé de donner aux ustensiles fabriqués avec des métaux communs les avantages de l'arg., en les recouvrant d'une couche mince de ce métal. Cette opération constitue aujourd'hui deux arts importants, l'*Argenture* et le *Plaqué*, dont nous traiterons séparément.

Minér. — Il existe dans la nature un assez grand nombre de minerais qui contiennent une proportion plus ou moins considérable d'arg. Mais dans la plupart, cette quantité est si minime, que l'extraction du métal ne couvrirait pas les frais de l'opération. — 1° L'*Arg. natif*, c.-à-d. pur ou simplement mélangé de quelques matières étrangères, se présente tantôt sous la forme de cristaux octaèdres, cubiques ou cubo-octaèdres, tantôt sous celle de dendrites, de lamelles, de filaments, tantôt en particules imperceptibles, disséminées, tantôt enfin sous forme de blocs d'un volume variable : on en a cité qui pesaient plusieurs quintaux. L'arg. natif est quelquefois fort abondant dans les dépôts ferrugineux nommés *Pacos* et *Colorados* dans l'Amérique équatoriale. On en trouve aussi en Norwége, en Sibérie, en Saxe, en Bohême, etc. La France possède deux gîtes métallifères où l'on a rencontré de l'arg. natif : l'un est à Allemont (Isère), et l'autre à Sainte-Marie aux Mines (Vosges).

Parmi les espèces minérales qui renferment de l'arg., nous citerons la *Dyscrase* ou *ar. antimonial*, qui se trouve à Saint-Wenzel (Bade), à Andréasberg (Hartz), à Guadalcanale (Espagne), et à Allemont (Isère); l'*ar. carbonaté*, découvert en 1788 par Selb dans les mines de Venceslas, pays de Bade; l'*ar. ioduré*, découvert par Vauquelin dans des minerais argentifères du Mexique; l'*Euchaïrite*, minéral composé de sélénium, d'arg. et de cuivre, rencontré à Strickerum (Suède); le *Tellurure d'ar.*, observé par Rose parmi les produits de la mine de Sawodinski dans l'Altaï. On rencontre dans divers minerais hydrargirifères un amalgame naturel appelé *mercure argental*. Les espèces que nous venons d'énumérer sont trop rares ou contiennent une trop faible proportion de métal précieux pour qu'on puisse en tirer parti. Les seules espèces qui soient exploitées sont celles où l'arg. se trouve combiné avec le chlore ou avec le soufre. — L'*arg. chloruré*, appelé encore *Kérargyrite* ou *ar. corné*, parce qu'il se coupe comme de la corne, ne se rencontre en Europe et en Asie que dans quelques filons argentifères en très-petits cristaux ou sous forme de léger enduit; mais il constitue un minéral important dans l'Amérique équinoxiale où il fait souvent partie des minerais ferrugineux désignés au Pérou sous le nom de *Pacos* et au Mexique sous celui de *Colorados*. Ce sont surtout les espèces minérales où l'arg. est combiné avec le soufre et divers autres corps, que l'on exploite. L'*Argyrose* ou *arg. vitreux* (soufre et arg.) fournit la plus grande partie de l'arg. du commerce. Les gisements les plus importants sont ceux du Mexique, de Schemnitz, en Hongrie, et de Freyberg, dans la Saxe. L'*Argyrythrose* ou *arg. rouge* (soufre, antimoine, arg.), ne se trouve jamais en Europe qu'en petite quantité, et comme substance subordonnée aux gîtes d'arg. sulfuré ou de galène argentifère; mais en Amérique, elle est quelquefois la partie principale des dépôts, et la source de produits immenses. Par ex., la mine de Veta-Negra, près Sombrerète, dit Beudant, a fourni 700,000 marcs d'arg. dans l'espace de quelques mois. — La *Psaturose* (soufre, antimoine, arg., cuivre) se trouve dans les mêmes gisements que l'espèce précédente. — La *Miargyrite*, connue, comme l'argyrythrose, sous le nom d'*arg. rouge*, et qui est un composé de soufre, d'antimoine, d'arg., de cuivre et de fer, n'a été rencontrée qu'à Braunsdorff, en Saxe. — La *Proustite* (soufre, antimoine, arsenic, arg.) se trouve dans les mêmes gisements que l'argyrythrose avec laquelle elle a été longtemps confondue. — La *Stroméyérine* de Beudant (soufre, arg., cuivre, fer) n'est encore connue qu'en petites masses compactes qui proviennent des mines de Schlangenberg, en Sibérie. La *Sternbergite* (soufre, fer et arg.) se trouve dans les mines de Joachimsthal, en Bohême. — L'*arg. arsénié* (soufre, arsenic, fer et arg.) ainsi que l'*arséniure d'arg.* (arsenic, antimoine, fer et arg.) se rencontrent dans différentes mines du Hartz, aux environs d'Andréasberg. — La *Polybasite* (soufre, antimoine, arsenic, arg., cuivre et fer) se présente, dans les mines de Guanaxuato et de Guarisamey, au Mexique, sous forme de cristaux groupés en plaques plus ou moins épaisses. — Enfin l'espèce minérale nommée *Panabase*, à cause du grand nombre de substances qui la constituent (celle de Sainte-Marie-aux-Mines, Vosges, par ex., contient du soufre, de l'antimoine, de l'arsenic, du cuivre, du fer, du zinc et de l'arg.), forme quelquefois des gîtes presque à elle seule : mais on la trouve aussi dans les divers dépôts métallifères de plomb, de cuivre, d'étain, etc. Il y en a dans presque toutes les contrées, en France, en Saxe, en Angleterre, au Mexique et au Pérou.

Presque toujours la *Galène* ou sulfure de plomb est associée à une petite partie d'arg. à l'état de sulfure; il suffit qu'elle contienne 0.003 de ce métal pour qu'on regarde cette galène comme très-riche. Dans beaucoup de cas on peut en extraire l'arg. avec avantage, lors même que la proportion est plus faible. — Suivant un travail récent de Malaguti et Durocher, l'arg. entrerait, pour de faibles proportions il est vrai, dans la composition de presque tous les sulfures. Il n'est pas de blende (sulfure de zinc), de pyrite (sulfure de fer et de cuivre), d'arséniures, d'arsénio-sulfures qui n'en contiennent une certaine quantité. Ces savants ont analysé des échantillons de galènes, de blendes et de pyrites provenant des localités les plus diverses, et toujours le résultat a été le même : jamais l'arg. n'y a fait défaut. — Tous les minéraux qui donnent de l'or renferment une certaine proportion d'arg.; en conséquence nous en ferons mention à l'art. Or.

Mines d'arg. — Les minéraux que nous venons d'énumérer ne se rencontrent pas tous dans la nature avec la même abondance. Quelques-uns n'ont même encore été trouvés qu'accidentellement. Presque toujours ils sont disséminés en très-petite quantité dans de grandes masses de matières. Les voyageurs qui visitent les mines d'arg. de l'Allemagne sont toujours étonnés de la faible teneur des matières que le mineur va chercher quelquefois à une profondeur de plus de 800 mètres. Les espèces argentifères le plus fréquemment exploitées sont les combinaisons sulfurées, l'arg. natif et l'arg. chloruré. La plupart des minerais argentifères exploités en Europe, et notamment en France, sont composés de galène ou sulfure de plomb, tenant en combinaison ou à l'état de mélange une quantité très-minime de sulfure d'arg. Les mines d'arg. les plus riches du monde sont sans contredit celles des deux Amériques : les districts de mines les plus célèbres de ce continent sont ceux de Guanaxuato, Catorce et Zacatecas au Mexique, le bassin de Yauricocha ou de Pasco, au Pérou, enfin la montagne de Potosi, dans la république de Bolivie. L'Asie possède vraisemblablement un assez grand nombre de mines d'arg., mais elles sont peu connues. La Chine en exploite sans aucun doute. Il en existe d'importantes en Sibérie, dans les districts de Kolyvan et de Nertschinsk. Les sables de l'Oural, exploités pour l'or, donnent avec ce métal une certaine quantité d'arg. L'Afrique paraît complétement dépourvue de ce métal, du moins jusqu'ici elle n'en fournit pas au commerce. L'Océanie n'est pas plus productive. En Europe il y a beaucoup de mines d'arg.: les plus riches sont celles du Hartz (Hanovre, Brunswick, Anhalt); celles de Freyberg, en Saxe; de la Silésie, de la Thuringe et des provinces du Rhin; celles du district de Schemnitz dans la Haute-Hongrie, et du Siebenburg en Transylvanie; celles de Joachimsthal et de Przibram en Bohême, et celles de Kongsberg en Norwége. La France ne produit que très-peu d'arg. : les seules exploitations en activité sont situées dans les départements du Finistère, de la Lozère et du Puy-de-Dôme. Les mines de Sainte Marie, qui ont été autrefois dans un état assez prospère, ne donnent plus que des produits insignifiants.

Production des mines d'arg. — Au commencement de ce siècle, les mines d'Amérique produisaient une quantité d'arg. 14 fois plus grande que celle qui s'extrait des mines d'Europe. Voici d'après Debette les produits actuels des diverses exploitations : *Amérique*. Mexique (1840), 491,000 kilogr.; République de Buenos-Ayres, 300,000; Pérou et Bolivie, 167,500; Chili, 41,250; États-Unis de l'Amérique du Nord, 103,325. Total, 1,103,075 kilog. — Russie d'*Asie*, 22,500 k. — *Europe*. Espagne (1840), 40,000 k., Hongrie, Transylvanie, Banat et Bukowine, 21,000; Saxe (1841), 10,366; Hartz (1838), 11,830; Norwége, 7,900; Bohême (1842), 5,968; Prusse (1841), 5,864; Angleterre (1835), 5,325; Bords du Rhin (Alzan, Holzappel, Ems, etc.), 2,000; France (1841), 1,018; Suède, 1,700; Savoie et Piémont, 600; Salzbourg, 200; divers pays, 200. Total, 121,065. En tout 1,246,640 kil., représentant une valeur de 27,426,000 fr. Cette quantité répond à une sphère massive de 6 mètres de diamètre environ.

Métall. — Les différents procédés suivis pour extraire l'arg. de ses minerais ont pour but de l'amener à l'état d'alliage avec le plomb ou à l'état d'amalgame avec le mercure. Dans le premier cas, le procédé s'appelle par *fusion*, dans le second il est dit par *amalgamation*. Si l'on traite de l'arg. natif, c.-à-d. libre de toute combinaison, et simplement mêlé avec de la gangue, on le sépare par *imbibition*; si l'arg. est uni à d'autres métaux, on suit d'abord le procédé propre à l'extraction de ces métaux, et l'on sépare ensuite l'arg. du cuivre par la *liquation*, du plomb par la *coupellation*. Mais l'imbibition et la liquation donnant l'arg. à l'état d'alliage avec le plomb, c'est encore en définitive au moyen de la coupellation que l'on obtient l'arg. pur dans ces deux cas. Quant à l'amalgamation, c'est un procédé à l'aide duquel on réduit l'arg. en même temps qu'on le sépare des autres métaux en l'unissant au mercure.

Imbibition. — Dans ce procédé, pour séparer l'arg. libre des matières avec lesquelles il se trouve mélangé, on divise les minerais et on les soumet au lavage. Le résidu une fois desséché est chauffé et brassé avec du plomb en fusion. L'arg. s'allie facilement à ce métal, et se trouve ainsi séparé des matières qui l'accompagnaient. Il n'y a donc plus ensuite qu'à soumettre ce plomb à la coupellation pour en retirer l'arg. C'est là le procédé que l'on suit à Kongsberg.

Liquation. — Après avoir amené le cuivre argentifère à l'état de *cuivre noir* en l'oxydant au moyen d'un grillage (voy. Cuivre), on le fond avec deux à trois fois son poids de plomb, et on le moule en masses discoïdes. L'arg. s'allie parfaitement avec le plomb tandis que le cuivre ne forme avec ces métaux qu'une sorte de mélange mécanique. On chauffe ce double alliage dans des fours à réverbère, assez pour fondre l'alliage de plomb et d'arg., mais pas assez pour fondre le cuivre. L'alliage se sépare de ce dernier métal et s'écoule sous forme d'une rosée qui suinte de toutes parts. L'arg. ainsi séparé du cuivre reste uni au plomb, et on n'a plus qu'à lui faire subir la coupellation pour l'obtenir pur.

Coupellation. — Les galènes argentifères sont traitées comme si l'on voulait simplement débarrasser le plomb de son soufre et des substances qui l'accompagnent : car, dans toutes ces opérations, l'arg. reste combiné avec le plomb, qui reçoit le nom de *plomb d'œuvre*, lorsqu'il ne s'agit plus que d'extraire l'arg. qu'il renferme. Le procédé à suivre pour séparer l'arg. d'avec le plomb est très-simple. On fait fondre le plomb d'œuvre, et l'on soumet la masse en fusion à un courant d'air très-vif. Comme le plomb est facilement oxydable et que l'arg. l'est fort peu, le premier passe à l'état d'oxyde, tandis que le second demeure à l'état métallique. Cette opération se pratique dans des coupelles faites avec de l'argile poreuse ou des cendres lavées, fortement tassées. On donne à ces coupelles la forme d'un bassin épais et peu concave, afin qu'il présente à l'air une grande surface relativement à sa profondeur. Quand l'alliage est en pleine fusion, on dirige sur lui le vent de forts soufflets, afin de hâter l'oxydation du plomb. La couche d'oxyde est enlevée du bain à mesure qu'elle s'y forme. Quand l'arg. a ainsi perdu la plus grande partie du plomb qu'il contenait, on le soumet à une nouvelle coupellation, afin de le débarrasser d'une plus grande quantité de métal étranger. L'opération doit s'arrêter lorsque le bain métallique, que des espèces de nuages parcouraient auparavant, devient tout à coup très-brillant. Ce phénomène, qui indique la fin de l'opération, a reçu, dans les usines, le nom d'*éclair*. — La coupellation est pratiquée en petit par les essayeurs pour déterminer le titre de l'arg. Voy. Essai.

L'*Amalgamation* est pratiquée dans l'Amérique du Sud et en Allemagne. Elle consiste à séparer l'arg. en l'alliant au mercure; mais les procédés employés sont fort différents.

Méthode américaine. — Les minerais sont d'abord concassés en fragments de 2 à 3 centim. cubes de grosseur; on ne conserve pour l'amalgamation que les fragments qui contiennent moins de 0.01 d'arg. : les autres sont ordinairement soumis à la fonte. On bocarde les premiers à sec à l'aide de pilons pesant chacun 100 kilogr. soulevés par des cames placées sur un arbre horizontal mis en mouvement par une roue hydraulique ou par un manége à mulets. Chaque pilon tombe dans une auge séparée, en bois ou en pierre. La poudre ainsi obtenue est réduite en poussière impalpable dans des moulins où l'on ajoute un peu d'eau. Ces moulins sont mus par des mulets qui font tourner un arbre vertical armé de quatre bras sur chacun desquels est montée une meule verticale en granit, se mouvant dans un bassin en pierre. Les boues qui s'échappent des moulins sont recueillies dans des fosses de 1 à 2 mèt. de profondeur, et transportées, quand elles ont pris de la consistance au soleil, à l'aire d'amalgamation, espèce de cour pavée et entourée de murs. On en forme des tas de 1200 quintaux mélangés avec 2 ou 3 pour 100 de sel marin. On incorpore ensuite dans ce mélange du *Magistral*, composé de sulfate de cuivre et de sulfate de fer, et on fait piétiner la masse pendant cinq ou six heures par des mulets. On introduit ensuite le mercure par petite portion, en le tamisant sur le tas au travers d'une chausse en laine; puis, pour l'incorporer dans la masse, on la fait piétiner et retourner avec des pelles de bois pendant plusieurs jours, jusqu'à ce que l'amalgamation paraisse complète. On ajoute encore une seconde et même une troisième charge de mercure, en traitant à chaque fois le minerai comme il vient d'être dit. Enfin, on ajoute une dernière charge de mercure pour réunir l'amalgame, et, après avoir fait piétiner le mélange pendant quelques heures, on retire les terres amalgamées pour les soumettre au lavage. La durée totale de l'amalgamation est de douze à quinze jours en été et de vingt à vingt-cinq en hiver. La quantité du magistral varie avec les saisons et la teneur du minerai. On reconnaît l'excès ou l'insuffisance du magistral à la couleur que prend le mélange. Lorsqu'il y a trop de magistral, on ajoute à la matière un peu de chaux. Pour séparer l'amalgame des matières terreuses ou salines qui l'accompagnent, on agite le tout dans une cuve remplie d'eau; le mercure chargé d'arg. gagne le fond de la cuve, et on enlève par la décantation toutes les substances étrangères. Il ne reste plus que l'amalgame à l'état liquide et contenant le mercure en excès. On presse fortement cet amalgame dans un sac, le mercure s'écoule en partie et laisse un résidu solide dans lequel tout l'arg. est concentré. On isole enfin ce dernier métal en distillant le nouvel amalgame. Cette méthode, due à un Espagnol, Bartolome de Medina, venu au Mexique en 1550, s'est conservée jusqu'à présent en Amérique sans aucune amélioration. Boussingault explique cette opération de la manière suivante : « En ajoutant du magistral au minerai contenant du sel marin, il se forme du bichlorure de cuivre. Le mercure d'un côté, le sulfure d'arg. et l'arg. natif de l'autre, font passer le bichlorure à l'état de chlorure; le chlorure de cuivre se dissout, aussitôt qu'il est formé, dans l'eau saturée de sel marin dont le minerai est imbibé ; il pénètre ainsi dans toute la masse et réagit sur le sulfure d'arg., en le transformant en chlorure d'arg. Le chlorure d'arg. une fois formé, se dissout à la faveur du sel marin, et l'arg. ne tarde pas à être revivifié par le mercure. Si le minerai contenait trop de magistral, il se formerait trop de bichlorure de cuivre dont l'excès est toujours nuisible, parce qu'il détruit le mercure et l'arg. déjà réduit, en les changeant en chlorure. Dans ce cas il faut décomposer le bichlorure de cuivre par un alcali, et c'est ce que font les *amalgameurs* en ajoutant de la chaux. »

Méthode saxonne. — Depuis la fin du siècle dernier, les minerais d'arg. sulfuré sont traités en Europe et notamment en Saxe par amalgamation. Voici le procédé suivi à Freyberg. On mêle les fragments pauvres et riches de minerai, de telle façon que le mélange contienne 0,002 d'arg. et 0,34 de sulfure de fer. Le minerai est bocardé à sec et pulvérisé, puis on y ajoute 0,1 de sel marin. On grille ce mélange dans un four à réverbère, en ayant soin que la température ne dépasse pas d'abord le rouge sombre. Le soufre s'oxyde alors et passe en partie à l'état d'acide sulfureux qui se dégage, et en partie à l'état d'acide sulfurique. Divers sulfates se forment, et lorsque la température devient plus élevée, ils réagissent sur le chlorure de sodium en déterminant la chloruration de l'arg. et des autres métaux. A la fin de l'opération, la chaleur est assez forte pour décomposer tous ces chlorures métalliques, à l'exception du chlorure d'arg., et les convertir en oxydes. La masse que l'on obtient par le grillage est réduite en poudre impalpable à l'aide de moulins analogues aux moulins à farine. L'amalgamation s'exécute dans des tonnes tournant autour d'un axe horizontal et mises en mouvement, comme les moulins, par des roues hydrauliques. Ces tonnes reçoivent le minerai, avec une certaine quantité de fer et d'eau, et, au bout de quelque temps, quand ces matières sont bien mélangées, on introduit le mercure. Le mouvement de rotation des tonnes accélère l'opération, dans laquelle le chlorure d'arg. est réduit par le fer, qui se convertit en chlorure de fer, et l'arg. devenu libre s'unit au mercure. Le traitement s'achève comme dans la méthode américaine. On sépare les matières étrangères d'avec l'amalgame au moyen de lavages. Ensuite on presse l'amalgame dans un sac de coutil, et enfin on le soumet à la distillation. La perte de mercure ne dépasse pas 0,25 pour 1 d'arg.

On doit à Becquerel un procédé pour l'extraction de l'arg. fondé sur les réactions électro-chimiques; mais le mode d'exécution est tenu secret par son inventeur. On sait seulement que l'arg. est d'abord transformé en chlorure comme dans la méthode saxonne, et que l'on décompose ce chlorure ainsi que les combinaisons salines contenant le plomb et le cuivre par un courant électrique très-lent. Les métaux se précipitent à l'état métallique au pôle négatif. Du reste le procédé a été appliqué en grand et ne paraît pas avoir présenté d'avantages économiques.

L'arg. peut être amené à un assez grand état de pureté par la coupellation; mais ce procédé ne le sépare pas de l'or qu'il peut contenir : il faut, pour cela, faire subir à l'arg. obtenu une nouvelle opération. Voy. Affinage.

ARGENTER. v. a. Couvrir quelque chose d'une feuille ou d'une couche d'argent. ‖ Fig. et poét., Donner l'éclat, la blancheur de l'argent. *La lune argentait les flots de la mer.* = Argenté, ée. part. ‖ S'emploie adject. au fig., *Le plumage arg. du cygne. Les rayons argentés de la lune.* — *Gris argenté*, Couleur grise mêlée de blanc qui lui donne de l'éclat. *Étoffe de soie d'un gris arg. Cheveux d'un gris arg.*

ARGENTERIE. s. f. Vaisselle, ustensiles et meubles d'argent. *Voilà une magnifique arg. Il a pour dix mille francs d'arg. L'arg. de cette église est admirable.* ‖ Se disait autrefois, chez le roi, D'un fonds qui se faisait tous les ans pour certaines dépenses extraordinaires. *Le trésorier de l'arg.*

ARGENTEUR. s. m. Ouvrier qui argente les métaux et autres matières.

ARGENTEUX, EUSE. adj. Pécunieux, qui a beaucoup d'argent. Pop. et peu us.

ARGENTIER. s. m. Officier qui, dans les maisons royales et dans d'autres grandes maisons, était autrefois préposé à la distribution de certains fonds d'argent. —On désignait aussi sous ce nom tous Les ministres et les surintendants des finances. *Étienne Barbette fut arg. de Philippe le Bel, et Jacques Cœur arg. de Charles VII.*

* **ARGENTIFÈRE.** adj. 2 g. (lat. *argentum; fero*, je porte). T. Min. Qui contient accidentellement de l'argent.

ARGENTIN, INE. adj. Dont le son est analogue à celui de l'argent. *Cette cloche a un son arg. Timbre arg. Voix argentine.* ‖ Se dit Des choses qui ont l'éclat et la blancheur de l'argent. *Couleur argentine.* — Poétiq., *Onde argentine. Flots argentins.* ‖ En Peint., *Ton arg.*, Teinte qui rappelle l'éclat de l'argent.

ARGENTINE. s. f. T. Bot. Voy. Rosacées. ‖ *T. Ichth. Voy. Salmones.

ARGENTURE. s. f. Couche d'argent plus ou moins épaisse appliquée sur la superficie de quelque objet. *Cette arg. n'est pas solide.* ‖ Se dit aussi de L'art d'appliquer les couches d'argent. — *Il y a plusieurs procédés d'arg.*

Enc. — L'art de revêtir la superficie de certains métaux d'une couche d'argent susceptible d'acquérir l'éclat et le poli de l'argent massif est pratiqué depuis les temps anciens. L'on possède aujourd'hui divers procédés d'arg., parmi lesquels nous citerons en premier lieu celui de l'*Arg. en feuille*, qui est le plus généralement employé pour l'application de l'argent sur le cuivre. Il consiste d'abord à *émorfiler* la pièce de cuivre, c.-à-d. à la préparer à la lime ou au tour et à enlever les arêtes vives ainsi que le morfil avec une pierre à polir. Ensuite on la *décape* en la chauffant jusqu'au rouge, en la plongeant dans l'eau seconde (acide nitrique très-étendu), et en la frottant avec de la pierre ponce et de l'eau. Parvenue à ce point, la pièce est chauffée de nouveau, mais moins fortement, puis plongée derechef dans l'eau seconde, opération qui couvre la surface de petites aspérités propres à retenir les feuilles d'argent. Si ces aspérités ne paraissent pas suffisantes, on pratique sur la pièce de petites hachures au moyen d'un couteau d'acier destiné à cet usage; c'est ce qu'on appelle *hacher*. Enfin on la chauffe encore jusqu'à ce qu'elle se colore d'une teinte bleuâtre. Ainsi préparée, la pièce est maintenue à ce degré de chaleur sur de la cendre chaude, et, à l'aide d'un *mandrin* pour la soutenir et de petites pinces appelées *bruxelles*, l'argenteur applique alors 2 feuilles d'argent sur la partie qu'il veut argenter et les presse fortement avec le *brunissoir à ravaler*; puis il applique de nouveau 5 à 6 feuilles à la fois et brunit successivement jusqu'à ce qu'il ait posé ainsi de 30 à 60 feuilles, suivant que l'arg. doit être plus belle et plus durable. Si l'ouvrier, en chauffant trop, noircit quelque pièce, il enlève la poudre noire avec un *gratte-boësse*, espèce de brosse en fil de laiton. Pour terminer, lorsque la pièce est suffisamment argentée, on la *brunit à fond* avec le *brunissoir à polir*, afin de lui donner cet aspect qui la ferait prendre pour de l'argent massif. — Lorsque les pièces argentées par ce procédé sont détériorées en quelque point, il faut les désargenter complètement pour les couvrir d'une nouvelle argenture, ce qui devient très-coûteux. C'est là un grave inconvénient de ce procédé. — Mais un autre procédé, dû à Mellawitz, permet de réparer facilement les points d'une pièce désargentée. Il convient surtout pour les pièces de peu d'épaisseur relevées en bosse. Ce procédé consiste à humecter avec de l'eau légèrement salée la surface de la pièce préalablement décapée, et à tamiser bien également par-dessus un mélange composé d'argent précipité de sa dissolution nitrique par une lame de cuivre, de chlorure d'argent lavé et desséché, et de borax purifié et calciné. On chauffe ensuite la pièce au rouge, on la plonge dans de l'eau bouillante contenant un peu de sel marin et de crème de tartre, puis l'on *gratte-boësse* pour enlever les impuretés. Cela fait, on passe très-également avec un pinceau une couche d'une pâte formée par parties égales de poudre de l'opération précédente, de sel ammoniac, de sel marin, de sulfate de zinc et de fiel de verre, le tout mêlé, porphyrisé avec soin et délayé avec un peu d'eau légèrement gommée. On chauffe de nouveau au rouge cerise, on retire, on gratte-boësse, on continue de *charger* quatre ou cinq fois successivement de la même manière avec la pâte, et l'opération est terminée, si l'on veut une arg. mate : dans le cas contraire on brunit. Par ce procédé, le cuivre est pénétré par l'argent, de sorte que l'arg. est très-solide.—L'*Arg.* dite *au ponce* se fait avec un mélange de poudre d'argent, de sel marin et de crème de tartre broyés et réduits en bouillie avec un peu d'eau. On trempe le doigt enveloppé d'un linge dans cette pâte et on frotte la surface bien décapée de la pièce à argenter, après quoi on lave successivement dans de l'eau de lessive tiède et dans de l'eau pure; enfin on essuie avec un linge blanc et l'on expose à une légère chaleur pour faire sécher. On emploie encore des procédés analogues à ce dernier pour les argentures peu coûteuses et qui n'ont pas besoin d'offrir une grande solidité.

Enfin de Ruolz est parvenu, au moyen du cyanure d'argent dissous dans le cyanure de potassium, à appliquer l'argent sur les métaux avec la plus grande facilité. Par ce procédé, l'argent peut servir à orner des pièces d'or ou de platine; il s'applique très-bien sur le laiton, le bronze et le cuivre, de manière à remplacer *le plaqué* (voy. ce mot). On argente aussi aisément l'étain, le fer et l'acier; et le commerce a déjà reçu une grande quantité de couverts et de pièces d'orfévrerie argentés par ce procédé.

L'arg. du bois, du papier, du carton, etc., se fait par des procédés spéciaux, dans le détail desquels nous ne saurions entrer ici. En général on emploie pour argenter ces substances des colles, des vernis qui, prenant à la fois sur les feuilles d'argent et sur les pièces à argenter, produisent entre ces substances une adhérence qui les fixe suffisamment.

* **ARGÈS.** s. m. T. Ichth.

Enc. — On nomme ainsi un genre de poissons de l'Amérique méridionale qui appartient à la famille des *Siluroïdes* et qui est voisin des Pimélodes. Ce genre ne comprend que deux espèces. La première ne nous présente aucun intérêt. Quant à la seconde, *Arges cyclopum*, c'est un petit poisson observé en 1803 par Al. de Humboldt, qui lui avait donné le nom de *Pimelodes cyclopum* (Pimélode des cyclopes), parce qu'il avait été rejeté par le volcan du Cotopaxi. « Les habitants des Andes, dit Valenciennes, le nomment *Pregnadilla*, dénomination qui s'applique aussi à un autre poisson d'un genre voisin auquel j'ai donné le nom de *Bronte*. Les Pregnadillas sortent par le cratère des volcans ou par des fissures ouvertes à 5,000 ou 5,200 mètres d'élévation au-dessus du niveau de la mer, et à plus de 2,600 mètres au-dessus des plaines environnantes. Ils sont rejetés par les efforts d'éruption non-seulement du Cotopaxi, mais encore du Tunguráhua, du Sungay, de l'Imbaburu et du Cargueirazo. En 1691, par exemple, le volcan d'Imbaburu en vomit des milliers sur les environs de la ville d'Ibara, et les fièvres pestilentielles qui désolèrent ces contrées furent attribuées aux miasmes putrides de ces animaux exposés à l'action du soleil. Lorsque la cime du Carguelrazo s'affaissa, le 10 juin 1698, il sortit également des milliers de Pregnadillas de ses flancs, au milieu des boues argileuses et fumantes vomies par la montagne. Nous ne tenterons pas d'aborder les questions que ce curieux phénomène soulève, car les savants n'ont encore formé que des conjectures sur les courants souterrains qui peuvent exister dans ces volcans, et ils ne sauraient expliquer comment l'eau soumise à la haute température de ces fournaises peut contenir assez d'air pour y laisser respirer ces poissons, et comment ces animaux, petits et à chair très-molle, ne sont pas entièrement détruits par une sorte de caisson pendant l'éruption. »

* **ARGILACÉ, ÉE.** adj. Qui a la couleur de l'argile. ‖ Qui vit sur l'argile.

ARGILE. s. f. (lat. *argilla*). Espèce de terre onctueuse, molle et ductile. *Un vase d'arg. Pétri d'arg. C'est un colosse aux pieds d'arg.*

Enc. — On donne le nom d'*Argiles* à des substances terreuses essentiellement formées d'alumine, de silice et d'eau, et qui ont pour caractère commun la propriété de se délayer dans l'eau et de former avec ce liquide une pâte onctueuse, tenace, susceptible de se mouler et de se laisser allonger en différents sens. Les argiles parfaitement pures sont blanches; mais comme elles sont presque toujours mélangées à d'autres substances, il est rare d'en rencontrer qui ne soient pas colorées. Elles offrent des nuances très-variées; il y en a de rouges, de jaunes, de brunes, de grises et de bleuâtres; on en trouve aussi qui présentent des veines de diverses couleurs. Les argiles sont en gén. onctueuses et douces au toucher, se laissent aisément pulvériser, et sont assez tendres pour être facilement polies par le frottement de l'ongle. Elles absorbent l'eau avec avidité. C'est à l'affinité qu'elles ont pour ce liquide qu'elles doivent la propriété de *happer* à la langue. L'odeur particulière qu'elles dégagent au contact de l'haleine (*odeur argileuse*) dépend également de ce qu'elles absorbent l'eau dont l'air est imprégné. Elles jouissent aussi de la propriété d'absorber les huiles aussi bien que l'eau. — La chaleur enlève aux argiles leur eau de combinaison, ce qui fait qu'au lieu de se dilater comme la plupart des autres corps, elles se contractent au contraire à mesure qu'on élève leur température. C'est sur cette propriété qu'est fondée la construction de divers *pyromètres*. Lorsqu'elles sont pures, les argiles sont infusibles; mais il n'en est pas de même quand elles se trouvent associées en proportions convenables à la chaux, à la magnésie, à l'oxyde de fer, ou à des silicates de ces mêmes bases. Lorsqu'elles ont été chauffées à un degré convenable, elles perdent la faculté de se délayer dans l'eau et deviennent inattaquables par ce liquide. La chaleur y produit un changement de coloration, qui varie suivant les substances étrangères qu'elles contiennent : celles qui renferment du fer, par ex., deviennent rouges. Il n'y a pas longtemps encore, on admettait unanimement que l'alumine, la silice et l'eau qui constituent l'arg., n'y existaient qu'à l'état de mélange : mais aujourd'hui il est démontré que ces substances s'y trouvent en combinaison définie, de sorte que les argiles doivent être considérées comme de véritables silicates d'alumine hydratés. En gén. les argiles ne font pas effervescence avec les acides. L'acide sulfurique concentré et bouillant est le seul qui les dissolve complétement, pourvu cependant qu'elles soient humides ou simplement desséchées; car il n'agit pas sur l'arg. qui a été fortement calcinée. La dissolution laisse précipiter de la silice en gelée. Lorsqu'on les traite par un alcali caustique, le silicate d'alumine qui la constitue se transforme rapidement en silicate double d'alumine et d'alcali.

Les argiles sont très-répandues à la surface de la terre. On les trouve dans toutes les positions possibles dans la série des terrains intermédiaires, secondaires et tertiaires, tantôt entre les couches de calcaire, tantôt au milieu des matières arénacées siliceuses dont elles forment la pâte. Quelquefois elles sont homogènes, mais fréquemment elles contiennent des particules fines de quartz, de mica, de feldspath, etc. : ailleurs elles sont mélangées de carbonate de chaux, et souvent elles sont colorées en rouge par le peroxyde de fer, ou en jaune par l'hydrate de cet oxyde. Les terrains de transition et secondaires anciens offrent assez souvent des collines d'argiles remarquables en ce qu'elles ne présentent jamais le moindre escarpement et sont d'une stérilité complète. Dans les terrains secondaires plus modernes, elles forment, comme dans les terrains tertiaires, des couches ordinairement horizontales, souvent fort étendues, et généralement situées à des profondeurs peu considérables. Telles sont la plupart des argiles dont les arts font une si grande consommation. La densité de ces couches et leur disposition qui ne permettent pas à l'eau de les traverser influent considérablement sur la direction souterraine des eaux des sources. L'arg. renferme souvent des débris de corps organisés. Telle est l'arg. schisteuse ou arg. à fougères qui accompagne la houille et alterne avec elle. Mais c'est principalement dans l'arg. plastique que ces débri se rencontrent le plus fréquemment, surtout dans les couches supérieures. Ainsi on y trouve des lignites, et quelquefois des troncs d'arbres entiers pétrifiés, des débris de végétaux monocotylédones, des nodules de succin, et un mélange de coquilles pélagiques et fluviatiles. On a trouvé aussi dans certaines argiles plastiques (Paris, Londres) des ossements d'animaux vertébrés.

L'arg. est une des substances minérales les plus utiles que nous offre l'écorce du globe. Ses nombreuses variétés, qui dépendent des proportions diverses de ses éléments, permettent de l'employer à une multitude d'usages. — Le *Kaolin* est une arg. blanche, quelquefois jaunâtre ou grisâtre, friable, maigre au toucher, faisant difficilement pâte avec l'eau, et infusible au chalumeau quand elle est pure. Le kaolin sert à fabriquer la porcelaine. La France possède un grand nombre de gîtes de cette espèce d'arg. Celui de Saint-Yricix (Haute-Vienne) mérite surtout d'être cité à cause de sa grande puissance. — Les *Argiles plastiques* forment avec l'eau une pâte tenace et fort liante. Elles sont très-réfractaires et deviennent très-dures par la cuisson. On s'en sert pour fabriquer une infinité de poteries fines; telles que la terre de pipe et les poteries de grès. La facilité avec laquelle elles résistent à la chaleur permet aussi d'en faire les pots de verreries ainsi que les *gazettes* qui servent à la cuisson de la porcelaine. Elles sont également fort utiles aux sculpteurs pour modeler leurs figures. Les principales argiles plastiques de France sont les argiles réfractaires de Dreux, de Montereau, de Forges-les-Eaux et de Gournay. Parmi celles d'Allemagne, nous citerons seulement l'arg. de Gross-Almerode, dont on fait les *creusets de Hesse*. L'Angleterre possède également beaucoup de gîtes d'arg. plastique. — L'*Arg. figuline*, appelée vulgairement *Terre glaise*, offre les mêmes propriétés plastiques que les espèces précédentes, mais elle est en général moins compacte, plus friable et se délaye plus facilement dans l'eau. Elle est souvent fortement colorée et devient rouge par la cuisson. Comme elle contient de la chaux et de l'oxyde de fer, elle fond à une température ordinairement très-inférieure à celle que les autres argiles peuvent supporter sans altération. Quelques-unes font effervescence avec les acides. On emploie l'arg. figuline dans la fabrication des poteries grossières, des briques, des tuiles, des carreaux, des fourneaux, etc. Quand elle a été broyée et privée par le lavage de ses particules les plus grossières, on peut en faire de la faïence. Enfin elle sert encore à fabriquer des statues et des vases en terre cuite pour les jardins. Il existe des bancs très-étendus d'arg. figuline à Vanves, à Arcueil et à Vaugirard. — L'*Arg. smectique* ou *Terre à foulon*, a une consistance ferme, comme le savon sec, et est onctueuse au toucher. Délayée dans l'eau et battue avec ce liquide, elle mousse comme le savon. La propriété qu'elle possède à un haut degré d'absorber les huiles, la fait employer dans le foulage des draps, pour enlever les substances grasses dont ils sont imprégnés. C'est aussi avec une arg. smectique que sont faites les *Pierres à détacher*. Les meilleures terres à foulon se trouvent en Alsace, en Angleterre, en Écosse et en Saxe. — L'arg. connue sous le nom de *Cymolithe*, parce qu'elle se trouve dans l'île de Cymolis, Archipel grec, est de couleur gris de perle, tendre, douce au toucher. On l'emploie en guise de savon pour blanchir le linge. — On appelle *Arg. légère* une arg. sèche au toucher, qui se délaye difficilement dans l'eau, et présente à peine du liant. Elle résiste très-bien au feu et conduit fort mal le calorique. Elle jouit de la propriété remarquable de surnager l'eau tant qu'elle n'en est pas imbibée. On en fait des briques que leur extrême légèreté rend très-utiles dans certaines constructions, par ex. dans celles qui se font à bord des vaisseaux. Ces briques servent également à garnir l'intérieur des fourneaux. — Les *Argiles ocreuses* sont maigres et colorées par l'oxyde de fer, en rouge lorsque cet oxyde est anhydre, en jaune lorsqu'il est hydraté. Ce sont ces argiles préparées, tantôt à l'état naturel, tantôt calcinées, qui constituent les *Ocres jaunes, rouges* ou *bruns*, la *Terre d'Ombre*, la *Terre de Sienne simple* ou *brûlée*, la *Terre d'Italie*, le *Brun-rouge*, le *Rouge d'Angleterre*, etc. La *Sanguine* est une arg. ocreuse rouge qui sert à faire les crayons de cette couleur. Les ocres sont, à cause de leur bas prix, fort employés comme substances colorantes. On s'en sert pour les papiers de tenture, pour les peintures communes en détrempe, pour peindre à l'huile les objets exposés à la pluie et à l'humidité, etc. La *Terre sigillée*, le *Bol d'Arménie*, la *Terre de Lemnos*, connues sous la dénomination générique de *Terres bolaires*, sont des argiles ocreuses, très-fines, ordin. colorées par des oxydes de fer qui s'y trouvent en plus forte proportion que dans l'arg. commune. On les employait autrefois en médecine comme astringentes. — La *Terre de Bucaros* est une arg. ocreuse que l'on trouve en Portugal près d'Estremos. Elle acquiert au feu une belle couleur rouge, et l'on en fabrique des vases poreux qui servent à faire rafraîchir l'eau. L'*Almagre*, que les Espagnols emploient pour polir leurs glaces, et qu'ils mêlent à leur tabac pour lui donner la couleur rougeâtre qui le distingue, n'est également qu'une espèce d'arg. ocreuse. — Enfin, Cordier donne le nom d'*Arg. inflammable* à une roche composée d'arg. ordinaire mélangée de bitume gris. Cette substance est légère, spongieuse, de couleur généralement grisâtre, brûle avec facilité et répand en brûlant une odeur fétide. — Au sujet de l'arg. considérée au point de vue agricole, voy. AMENDEMENT.

ARGILEUX, EUSE. adj. Qui est formé d'argile, qui contient de l'argile. *Terrain arg. Couche argileuse. Schiste arg.*

***ARGILIFÈRE.** adj. 2 g. (lat. *argilla; fero*, je porte). T. Géol. Qui contient accidentellement de l'argile. *Calcaire arg.*

***ARGILIFORME.** (lat. *argilla; forma*, forme). T. Géol. Qui a l'aspect de l'argile. = On dit aussi *Argiloïde*.

ARGO. s. m. (gr. ἀργὸς, blanc). T. Myth. Nom du navire sur lequel Jason et ses compagnons s'embarquèrent pour aller conquérir la Toison d'Or. || T. Astr. Nom d'une constellation.

ARGONAUTES. s. m. pl. (R. *Argo*; ναύτης, pilote). T. Myth. Ceux qui montaient le navire Argo. = ARGONAUTE. s. m. T. Zool. Genre de mollusques. Voy. SEICHE.

Enc. — Les mythographes font remonter à l'an 1265 avant notre ère la célèbre expédition des *Arg.*, entreprise dans le but d'enlever le Palladium de la Colchide, ou la riche toison du bélier Chrysomalle, qui était né de Théophanie et de Neptune, et que Phryxus avait immolé pour en consacrer la dépouille éclatante à Jupiter. Le navire *Argo*, sur lequel les Arg. s'embarquèrent à Iolchos, ville maritime de la Thessalie, avait été construit par Argus avec les arbres sacrés de la forêt de Dodone, sur un plan donné par Minerve elle-même, et il marchait à voiles et à rames. Il reçut l'élite des héros de la Grèce : Thésée, Pirithoüs, Pélée, Castor, Pollux, Augias, Télamon, Ancée, Éthalis, Zéthès, Tydée, Nestor, Calaïs, Échion, Tiphys, pilote du vaisseau, Lyncée dont la vue était si perçante qu'il découvrait sous les eaux les écueils et les bancs de sable, Esculape le père de la médecine, Orphée le chantre dont les accords amollissaient les tigres, Hercule à qui fut d'abord dévolu le commandement, mais qui cessa de prendre part à l'expédition après avoir perdu son ami Hylas, entraîné par les nymphes au fond de la mer, et Jason, que son oncle Pélias avait chargé de l'entreprise dans l'espoir de l'y voir succomber, et qui remplaça Hercule dans le commandement. Tous ces guerriers, sous la conduite du nouveau chef, abordèrent aux rives du Phase, terme de leur voyage. Jason, ayant inspiré une passion violente à Médée, fille d'Éétès, roi de la Colchide, parvint, avec l'aide de cette princesse, à pénétrer dans l'enceinte sacrée où la *Toison d'or* était gardée par un dragon monstrueux. Il s'empara de cette précieuse dépouille, se rembarqua avec ses compagnons, emmenant avec lui Médée sa protectrice, et reprit le chemin de la Grèce. A son retour, les dieux, qui avaient favorisé l'entreprise, placèrent le navire Argo dans les cieux. — Cette singulière apothéose a porté quelques auteurs à considérer l'expédition des Arg. comme l'emblème de la marche des corps célestes; mais cette idée ingénieuse n'est qu'une pure hypothèse. Il paraît vraisemblable que ce voyage célèbre a réellement eu lieu, et l'on pense que la tentative de Jason avait pour but de s'emparer des trésors de la Colchide. On sait que l'Oural, dont la composition géologique diffère peu de celle du Caucase, fournit beaucoup d'or à la Russie. Ces mines, rouvertes par l'industrie moderne, étaient connues des anciens; rien ne s'oppose donc à ce qu'on admette que les peuples scythes exportaient l'or recueilli, soit dans ces mines, soit dans les sables aurifères de la Russie asiatique, et que les habitants de la Colchide livraient au commerce, en cachant soigneusement son origine. — L'expédition des Arg. a été le sujet de plusieurs poëmes qui tous portaient le titre d'*Argonautiques*. Les principaux sont les poëmes grecs du faux Orphée, d'Apollonius de Rhodes, et le poëme latin de Val. Flaccus, imitation libre de celui d'Apollonius.

ARGOT. s. f. Certain langage des gueux et des voleurs, qui n'est intelligible qu'entre eux. *Savoir, connaître, parler l'ar.* || Se dit Des termes particuliers employés dans certaines professions. *L'ar. du théâtre. L'ar. des ateliers.* || T. Jardin. Bois mort qui est au-dessus de l'œil.

ARGOTER. v. a. T. Jardin. Couper l'extrémité d'une branche morte. = ARGOTÉ, ÉE. part.

ARGOULET. s. m. Se disait autrefois D'un carabin. || Fig., Un homme de rien. Inus.

***ARGOUSIER.** s. m. T. Bot. Voy. ÉLÉAGNÉES.

ARGOUSIN. s. m. Bas officier des bagnes, chargé de surveiller les forçats.

ARGUE. s. f. Machine servant à dégrossir les lingots d'argent, d'or et de cuivre, qui doivent ensuite passer par des filières plus fines. || Bureau public où les tireurs d'or portent leurs lingots à dégrossir.

ARGUER. v. a. [On pron. l'U.] (lat. *arguere*, montrer, prouver). Accuser. Ne s'emploie que dans cette phrase, *Ar. un acte de faux.* = ARGUER. v. n. Tirer une conséquence. *Vous arguez à tort de ce principe.* = ARGUÉ, ÉE. part.

***ARGULE.** s. f. T. Zool. Voy. PŒCILOPODES.

ARGUMENT. s. m. (R. *arguer*). Se dit De toutes les formes régulières du raisonnement. *Arg. solide, concluant, invincible. Bon, puissant arg. Arg. captieux, sophistique. Faire un arg. Pousser un arg. Éluder, rétorquer un arg. Répondre à un arg.* || Conjecture, indice, preuve. *Je tire de ce fait un grand arg. contre lui.* || Résumé succinct du sujet d'un ouvrage. *L'arg. d'une pièce de théâtre, d'un poëme, d'un discours.* = Syn. Voy. ABRÉGÉ.

Enc. — Logiq. — On appelle *Arg.* un raisonnement dans lequel, après avoir posé une, deux, ou même un plus grand nombre de propositions, on tire les conséquences qui sont contenues dans les propositions énoncées. Ainsi le syllogisme, le dilemme, le sorite et l'enthymème, sont des arguments. Dans l'école, on donne au *dilemme* le nom d'*arg. cornu*, c.-à-d. qui frappe des deux côtés, et on nomme *arg. ad hominem* un arg. qui tire sa force des circonstances propres ou relatives à la personne même à qui l'on s'adresse. Par extension, on applique quelquefois le nom d'*arg.* à une démonstration régulière qui repose sur une série de raisonnements. C'est dans ce sens, par ex., qu'on dit l'*arg. de Clarke* en faveur de l'existence de Dieu, l'*arg. de Warburton* pour prouver la divinité de la mission de Moïse. — Voy. SYLLOGISME, etc.

Phys., Astr. — On donne en général le nom d'*Arg.* à un nombre qui sert à en trouver un autre dans une table. Ainsi, en supposant une table qui donne la somme de la réfraction horizontale à différents degrés de hauteur, la hauteur peut être appelée l'arg. de la réfraction. Supposons encore une table donnant la correspondance entre la hauteur barométrique et l'élévation au-dessus du niveau de la mer, la hauteur barométrique sera l'arg. de cette table. — En T. d'Astronomie, on donne particulièrement le nom d'arg. à une quantité de laquelle dépend une équation, une inégalité ou une circonstance quelconque du mouvement d'une planète. L'*arg. de latitude* est l'arc de l'orbite d'une planète compris entre le nœud ascendant et le lieu de la planète vue du soleil, selon l'ordre des signes. Il sert à calculer la latitude de la planète. L'*arg. annuel* est la distance du soleil à l'apogée de la lune ou l'arc de l'écliptique compris entre le soleil et cet apogée. L'*arg. de l'équation du centre* est la même chose que l'anomalie (*voy.* ce mot), c.-à d. la distance à l'aphélie ou à l'apogée. L'*arg. de la parallaxe* est l'effet qu'elle produit sur une observation, effet qui sert à la détermination de la parallaxe horizontale.

ARGUMENTANT. s. m. Celui qui argumente dans un acte public contre le répondant.

ARGUMENTATEUR. s. m. Celui qui se plaît à argumenter. *C'est un arg. perpétuel.* Ne se dit qu'en mauvaise part.

ARGUMENTATION. s. f. Art d'argumenter. *Règles de l'arg. Il est très-habile dans l'arg.* || Action d'argumenter. *J'ai dormi pendant son arg.*

ARGUMENTER. v. a. Faire usage d'arguments. *Il n'est pas nécessaire d'arg. pour prouver ce que je vous accorde. Arg. contre quelqu'un.* || Tirer une conséquence d'une chose à une autre. *Il ne faut pas arg. de la possibilité à la réalité, excepté dans le cas de Dieu. La loi dont vous argumentez est abrogée depuis longtemps.*

ARGUS. s. m. [On pron. l'S.] T. Myth. Nom d'un prince argien qui avait cent yeux, et à qui Junon avait confié la garde d'Io. || Fig., se dit D'une personne chargée d'en surveiller une autre continuellement. Se prend ordinairement en mauvaise part. *C'est un Arg. qui ne me perd pas de vue un seul instant.* — On dit D'un homme très-vigilant, qui ne laisse rien échapper, qu'*Il a des yeux d'Arg.* || T. Ornithol. Voy. FAISAN. — En Zool., on donne également le nom caractéristique d'*Arg.* à plusieurs animaux remarquables par les taches rondes et plus ou moins nombreuses qu'ils présentent.

Enc. — Argus, vulgairement surnommé *Panopte*, c.-à-d qui voit tout, par les mythographes grecs, était de la dynastie argienne des Inachides. Ce prince était doué d'une force invincible et avait cent yeux que le sommeil ne pouvait jamais clore tous à la fois. Quand cinquante d'entre eux cédaient à la puissance des pavots de Morphée, les cinquante autres se rouvraient et veillaient. A la fable d'Arg. vient se lier naturellement celle d'Io ou d'Isis, fille d'Inachus et d'Ismène. Cette princesse, aimée de Jupiter, fut métamorphosée en génisse par ce dieu, qui voulut ainsi la soustraire à la jalouse vengeance de Junon. Mais la déesse, s'étant fait donner la belle génisse, la confia aux soins d'Arg., certaine que Jupiter ne pourrait ni corrompre ni surprendre l'infatigable gardien. En effet, tous les efforts de Jupiter ayant été impuissants, Mercure, par ordre de ce dieu, endormit Arg. au son de sa flûte et le tua pendant son sommeil. Junon, sensible à cette fin déplorable, sema les cent yeux d'Arg. sur les longues plumes de la queue du paon, oiseau favori de cette déesse.

ARGUTIE. s. f. [On pron. *argucie.*] (lat. *arguere*, démontrer). Raisonnement pointilleux, vaine subtilité. *Vaine arg. Ce discours n'est qu'un ramas d'arguties.*

***ARGYNNE.** s. m. T. Entom. Voy. *Lépidoptères* DIURNES.

ARGYRASPIDES. s. m. pl. (gr. ἄργυρος, argent; ἀσπίς, bouclier). T. Hist. anc. Nom que portaient certains soldats de la garde d'Alexandre, parce qu'ils étaient armés d'un bouclier d'argent. *On prenait les Arg. dans la noblesse inférieure de la Macédoine. A la bataille d'Arbelles, les Arg. étaient commandés par Nicanor, fils de Parménion.*

***ARGYRÉE.** s. f. (gr. ἀργυρεῖος, d'argent). T. Bot. Voy. CONVOLVULACÉES.

***ARGYRITES.** s. f. pl. T. Entom. Voy. MOUCHES.

***ARGYRONÈTE.** s. f. (gr. ἄργυρος, argent; νέω, je file). T. Zool. Voy. ARAIGNÉE.

***ARGYROSE.** s. f. (gr. ἄργυρος). T. Min. Voy. ARGENT.

***ARGYROTHAMNIE.** s. f. (gr. ἄργυρος; θάμνος, arbuste). T. Bot. Voy. EUPHORBIACÉES.

* **ARGYRYTHROSE.** s. f. (gr. ἄργυρος; ἐρυθρός, rouge). T. Min. Voy. Argent.

* **ARHIZE.** adj. 2 g. (gr. α priv.; ῥίζα, racine). T. Bot. Voy. Embryon.

ARIANISME. s. m. Nom donné à la doctrine d'Arius, hérésiarque du ɪvᵉ siècle, qui niait la consubstantialité du Père et du Fils. Voy. Hérésie.

* **ARICIE.** s. f. T. Zool. Voy. *Annélides* Dorsibranches.

ARIDE. adj. 2 g. (lat. *ardere*, brûler). Sec, dépourvu de toute humidité. *Rocher, terre ar. Sables arides. Climat, saison ar. Plantes arides. Ce malade a la peau, la langue ar.* ‖ Fig., *Sujet, matière ar.*, Qui ne prête à aucun développement.—*Auteur, esprit ar.*, Qui ne produit rien.—*Âme, cœur ar.*, Qui manque de sensibilité.

ARIDITÉ. s. f. Sécheresse extrême. *Ar. de la terre, d'une plaine. L'ar. de la saison. L'ar. de l'herbe jaunie par l'ardeur du soleil.* ‖ Fig., *L'ar. d'un sujet. Ar. du style. Il y a une ar. désolante dans tout ce qu'il écrit. Ar. de l'esprit. Ar. d'âme, de cœur.* ‖ Dans le langage ascétique, *Ar.* se dit de l'État de l'âme qui n'éprouve point de consolation dans les exercices de piété. *Les plus grands saints ont des temps d'ar.*

ARIEN, IENNE. s. Celui, celle qui professe l'arianisme. ‖ Se prend adj. *Un prince arien. Les opinions ariennes.*

ARIETTE. s. f. (ital. *aria*, air). T. Mus.

Enc. — On donna d'abord ce nom à un air d'un mouvement vif et léger; mais plus tard on comprit également sous cette dénomination toutes sortes de grands airs, de morceaux de chant sérieux et élevés. En conséquence, le mot *Ar.*, qui dès lors ne pouvait plus servir à établir une distinction entre les pièces de musique, ne tarda pas à être abandonné. On ne s'en sert plus aujourd'hui dans aucun cas.

* **ARILLE.** s. m. (lat. *arillus*). T. Bot. Voy. Graine. = *Graine arillée*, Qui est pourvue d'un arille.

* **ARISÈMA.** s. m. [On pron. *ariçèma.*] (gr. ἀρὶς, espèce d'arum; αἷμα, sang). T. Bot. Voy. Aracées.

ARISTARQUE. Nom d'un célèbre grammairien et critique grec. ‖ Fig., on appelle *Un aristarque*, Un critique judicieux et sévère. — S'emploie aussi ironiquement.

Enc. — Aristarque naquit dans la Samothrace, 160 ans avant J.-C. Il quitta son pays pour aller se fixer à Alexandrie et obtint l'estime de Ptolémée Philométor qui lui confia l'éducation de ses enfants. Il se fit connaître par ses travaux sur Pindare, sur Aratus et d'autres poëtes grecs, mais principalement par son édition d'Homère qu'il accompagna de notes critiques d'une sévérité inouïe jusqu'alors. Néanmoins la sagacité et la justesse de ses critiques ont mérité à Aristarque que son nom désignât, dans tous les siècles, un censeur sévère, mais juste et éclairé.

***ARISTÉ, ÉE.** adj. (lat. *arista*, arête). T. Bot. Se dit Des organes munis d'une arête. En parlant des Graminées, on dit glume *aristée* par oppos. à glume *mutique*, c.-à-d. dépourvue d'arête.

ARISTOCRATE. subst. et adj. des 2 g. Celui, celle qui est partisan de l'aristocratie. *C'est un ar. Cet homme est fort ar. Cette dame est une ar., est ar.*

ARISTOCRATIE. s. f. (gr. ἄριστος, le meilleur; κράτος, puissance). Gouvernement politique où le pouvoir souverain est possédé et exercé par un certain nombre de personnes considérables et privilégiées. *Aucun gouvernement de l'Europe ne peut être aujourd'hui regardé comme une véritable ar.* ‖ Se dit de La classe noble ou privilégiée dans un État. *L'ar. nobiliaire. L'ar. financière.*

Enc. — Les anciens attachaient au mot *Ar.* le sens qui résulte de son étymologie. Pour eux, l'ar. était une forme de gouvernement dans laquelle l'exercice du pouvoir se trouvait entre les mains des citoyens qui par leur naissance, leur influence morale et leurs talents éprouvés, étaient reconnus comme les plus recommandables de l'État. On ne confondait pas dans l'antiquité l'ar. avec l'oligarchie, ainsi qu'on le fait souvent de nos jours. En effet, suivant Aristote, l'ar. est justement et régulièrement en possession de l'autorité. L'oligarchie, au contraire, doit en général le pouvoir à l'usurpation. La seconde n'est que la perversion de la première; et tandis que l'ar. gouverne dans l'intérêt général, l'oligarchie opprime dans son propre intérêt. — Chez les peuples modernes, le terme ar. ne sert plus à désigner une forme particulière de gouvernement : on l'emploie pour caractériser une classe peu nombreuse de personnages notables par leur noblesse ou par leur fortune. Lorsque cette classe est en privilége de diriger les affaires publiques, le gouvernement qui en résulte est appelé aristocratique. Dans ce sens, par ex., le gouvernement de l'Angleterre, avec ses deux chambres, peut être mis au rang des gouvernements aristocratiques, parce qu'il se trouve nécessairement entre les mains des classes qui composent l'ar. de la monarchie. Mais il faut se garder d'attacher aux expressions ar. et aristocratique la signification défavorable qu'on a voulu souvent leur imposer; car il n'est pas d'une vérité absolue que l'intérêt public soit sacrifié à l'intérêt individuel, par le fait seul que la direction de l'État se trouve confié à l'élite de la nation.

ARISTOCRATIQUE. adj. 2 g. *État, gouvernement ar.*, Qui est dirigé par une aristocratie. ‖ *Ton, langage ar. Idées, sentiments, manières aristocratiques*, Qui caractérisent les classes élevées, ou qui leur sont propres.

ARISTOCRATIQUEMENT. adv. D'une manière aristocratique.

ARISTOLOCHE. s. f. (gr. ἄριστος, excellent; λόχια, lochies). T. Bot. Voy. Aristolochiacées.

* **ARISTOLOCHIACÉES** ou **ARISTOLOCHIÉES.** s. f. pl. T. Bot.

Enc.—Famille de végétaux exogènes à fleurs monochlamydées et à ovaire infère. Les *Ar.* sont des plantes herbacées ou frutescentes; fréquemment ces dernières sont grimpantes. — *Caract. bot.* : Feuilles alternes, simples, pétiolées, souvent avec une stipule opposée à la feuille. Fleurs axillaires, solitaires, brunes ou de couleur foncée. Fleurs hermaphrodites. Calice adhérent, tubuleux, à divisions tantôt régulières, tantôt inégales. Préfleuraison valvaire. Étamines 6 à 12, épigynes, distinctes ou soudées au style et aux stigmates. Ovaire infère à 6 loges, très-rarement à 3 ou 4 seulement; ovules anatropes, en nombre indéfini, attachés horizontalement à l'axe; style simple; stigmates rayonnés, en nombre égal à celui des loges de l'ovaire. Fruit sec ou charnu à 3, 4 ou 6 loges polyspermes. Graines minces, anguleuses ou rondes, avec un très-petit embryon situé à la base d'un albumen charnu. Cotylédons peu apparents; radicule près du hile. [F. 1. *Aristolochia galeata*. 2. Fruit d'une *Aristoloche*. 3. Coupe transversale du même. 4. Coupe d'une graine. — 5. *Bragantia Blumei*. 6. Coupe de son bois. 7. Une de ses fleurs. 8. Graine. 9. Coupe verticale de la graine. — 10. Anthères et stigmates de l'*Asarum*.]

Les plantes de cette famille forment environ 8 genres et 130 espèces. Elles sont très-communes dans les régions équinoxiales de l'Amérique du Sud, et rares dans les autres pays. On en trouve quelques-unes dans l'Amérique du Nord, en Europe et en Sibérie. Elles sont plus nombreuses dans le bassin de la Méditerranée, et il n'y en a que fort peu dans l'Inde.

Les Ar. sont en général toniques et stimulantes. Les *Aristoloches*, comme leur nom l'indique, passent pour emménagogues; cette réputation appartient surtout aux espèces européennes (*Aristolochia longa* et *rotunda*) et à la *Clématite* (*Clematitis vitalba*). Aux Indes orientales, les médecins indigènes administrent comme anthelmintique une décoction faite avec les feuilles sèches de l'*Aristolochia bracteata*, plante amère et nauséeuse : ces mêmes feuilles fraîches, broyées et mêlées avec de l'huile de castor, sont regardées comme un excellent remède contre la gale invétérée. Les Indous attribuent à la racine de l'*Ar. indica*, qui est d'une extrême amertume, des propriétés emménagogues et antiarthritiques. L'*Ar. fragrantissima*, appelée au Pérou *Bejuca de la Estrella* ou *Rosean de l'Étoile*, est fort estimée dans ce pays dans les cas de dyssenterie, de fièvres inflammatoires malignes, de douleurs rhumatismales, etc. : c'est sa racine que l'on emploie. On a attribué à la racine de la *Serpentaire de Virginie* (*Ar. serpentaria*) la faculté d'arrêter les progrès des formes les plus dangereuses du typhus; cette plante a une odeur aromatique qui approche de celle de la Valériane, et une saveur chaude, piquante et amère : elle agit comme stimulant, tonique, diaphorétique, et, dans certains cas, comme antispasmodique et anodin. Elle est surtout avantageuse dans les états d'adynamie et d'ataxie qui accompagnent certaines affections fébriles. On l'a vantée comme très-propre à arrêter les vomissements dans les affections bilieuses. Ainsi que son nom l'indique, elle passe pour un antidote contre les morsures des serpents, propriété que partagent diverses autres espèces parmi lesquelles nous citerons l'*Ar. trilobata*, plante de la Jamaïque que l'on emploie également comme un sudorifique dont l'action est prompte et énergique, et l'*Ar. anguicida* de Carthagène. Jacquin dit, en parlant de cette dernière espèce, que le suc de sa racine mâchée introduit dans la bouche d'un serpent, le stupéfie au point qu'on peut le manier longtemps impunément. Suivant cet auteur, si l'on force le reptile à en avaler quelques gouttes, il périt dans les convulsions. Cette racine est encore regardée comme un antidote contre la morsure des serpents. L'*Ar. anguicida* est vraisemblablement le célèbre *Guaco* des Colombiens, dont les propriétés alexipharmaques ont tant occupé de Humboldt, Roulin et d'autres naturalistes. Un fait assez remarquable c'est que la faculté de stupéfier les serpents attribuée à Carthagène à l'*Ar. anguicida*, paraît également appartenir aux espèces nommées *Ar. pallida, longa, bœtica, sempervirens* et *rotunda*, dont les jongleurs égyptiens se servent pour stupéfier les serpents qui servent à leurs singuliers exercices. Considérées comme médicaments, ces plantes sont toniques, stimulantes et utiles dans la dernière période des fièvres lentes : elles ont un goût âcre et amer, et une odeur forte et désagréable : on les dit sudorifiques et on les a même employées dans l'aménorrhée. Les propriétés stimulantes des *Aristoloches* paraissent être surtout prononcées dans les espèces brésiliennes connues sous les noms d'*Ar. cymbifera, labiosa, ringens, galeata* et *macroura*; les racines de ces plantes ont une odeur pénétrante, désagréable, analogue à celle de la Rue, et un goût fort, amer et aromatique. Leur action est à peu près la même que celle de la *Serpentaire de Virginie* (*Ar. serpentaria*). Suivant Martius, on les emploie fréquemment au Brésil, contre les ulcères, les affections paralytiques des extrémités, les dyspepsies, les fièvres nerveuses et intermittentes, et surtout dans certaines formes typhoïdes. L'*Ar. grandiflora*, espèce fétide de la Jamaïque, est, dit-on, vénéneuse pour les cochons.

Plusieurs espèces d'*Asarum* possèdent des propriétés analogues. L'*As. canadense* est une plante aromatique, chaude, stimulante et diaphorétique. L'*Asaret* ou *Asarum europæum* est le meilleur des émétiques indigènes; il exerce quelquefois une action purgative. L'*Asaret* entre dans la composition de toutes les poudres sternutatoires : son nom vulgaire est *Cabaret*. — La *Bragantie tomenteuse* (*Bragantia tomentosa*), plante d'une amertume extrême, est usitée à Java comme emménagogue.

ARISTOTÉLICIEN, ENNE. adj. Conforme à la doctrine d'Aristote. *Philosophie aristotélicienne.* — *On dit aussi *Aristotélique.* ‖ Pris subst., *Aristotélicien* signifie Partisan d'Aristote.

* **ARISTOTÉLIE.** s. f. T. Bot. Voy. Tiliacées.

ARISTOTÉLISME. s. m. Doctrine philosophique d'Aristote.

ARITHMÉTICIEN. s. m. Qui sait, qui professe l'arithmétique.

ARITHMÉTIQUE. s. f. (gr. ἀριθμὸς, nombre).

L'*Arith.* forme une branche de la science des nombres; mais elle ne les envisage point d'une manière générale; elle les considère *particulièrement*, c.-à-d. sous le rapport de leurs *faits*, les considérations relatives à leurs lois constituant le domaine propre de l'algèbre. Ainsi l'ar. a pour objet spécial la réalisation des calculs numériques; elle se divise en deux parties : l'une s'occupe de la *construction* ou de la formation des nombres; l'autre de leur *comparaison* ou de leurs relations.

Construction des nombres. — Il existe trois modes de construction des nombres, ou trois algorithmes primitifs. — 1° *Sommation.* Ce mode consiste à ajouter l'unité à l'unité elle-même. C'est ainsi qu'on peut composer par des *agrégations* successives les nombres deux, trois, quatre, dix, cent, mille, etc., à l'infini. Dans ce cas, la génération des nombres suit la marche directe ou progressive de la sommation. Mais cette même génération peut se pratiquer dans un sens inverse ou régressif. En effet, si, au lieu de partir d'une seule unité pour construire les nombres par *agrégation*, l'on prend au contraire un nombre quelconque, et si l'on procède par *désagrégation* pour former des nombres inférieurs à celui qui a servi de point de départ, on suit alors dans cet algorithme une marche opposée à la marche directe. Cette marche régressive conduit également à la formation de nouveaux nombres qui diminuent successivement, jusqu'à ce qu'on soit arrivé à l'unité. La marche directe de la sommation, prise dans son extension naturelle, a reçu le nom d'ADDITION, et la marche inverse celui de SOUSTRACTION. — 2° *Reproduction.* C'est un mode de construction qui diffère du précédent en ce qu'il ne s'agit plus d'agréger l'unité à l'unité, mais au contraire d'ajouter à lui-même un nombre déjà formé, génération qui dépend de deux éléments, à savoir : le nombre qui doit être ajouté à lui-même, et le nombre de fois que cette répétition doit avoir lieu. Ces deux nombres élémentaires nommés *facteurs* servent donc à composer le troisième nombre appelé *produit*, opération qui constitue le sens direct de l'algorithme. On lui a imposé le nom de MULTIPLICATION. La marche inverse ou régressive de la reproduction consiste dans la déformation ou décomposition du produit en ses éléments. Or, il est facile, lorsqu'on a un produit et que l'un de ses facteurs est donné, de déterminer l'autre facteur. Il suffit de chercher combien de fois le premier de ces facteurs est contenu dans le produit : c'est ce qu'on appelle DIVISION. — 3° *Graduation.* Ce mode de génération des nombres se rattache à la reproduction : mais ici on n'emploie qu'un seul facteur, lequel est multiplié par lui-même un certain nombre de fois. Par conséquent, le nombre à construire dépend de deux éléments qui sont, le nombre employé comme facteur, et le nombre de fois qu'il se multiplie lui-même. Le nombre composé au moyen de ces deux éléments, au lieu de se nommer produit, reçoit le nom de *puissance*, le facteur celui de *racine*, et l'autre nombre élémentaire est appelé *exposant*, parce qu'il indique le degré de la puissance : enfin cette construction se nomme *élévation de puissance.* Elle constitue la marche directe du troisième algorithme et, comme les deux autres modes de formation, elle a sa branche régressive ou inverse, qui consiste, lorsqu'une puissance est donnée, ainsi que son exposant, à la décomposer de manière à descendre successivement de degré en degré jusqu'à sa racine, opération qu'on désigne sous le nom d'*extraction des racines.*

En combinant ces trois modes de génération on peut procéder à la construction des nombres et, malgré la variété infinie de ceux-ci, arriver à les soumettre à une loi qui permette de particulariser nettement chacun d'eux. Cependant, si l'on veut avoir une idée complète de leur génération, il est nécessaire d'examiner encore plus profondément les deux derniers algorithmes primitifs, la reproduction et la graduation. Lorsque les éléments de ces deux modes de construction, combinés dans la marche directe, sont des nombres empruntés à la sommation, ils forment toujours des nombres compris dans la série de ceux que peut donner la sommation elle-même, c.-à-d. des *agrégats d'unités.* Il n'en est pas ainsi, soit lorsque la forme des nombres élémentaires est différente, soit lorsque la construction d'un nombre a lieu par la marche régressive de la reproduction ou de la graduation. Et d'abord la reproduction inverse ou division offre cela de général qu'on ne saurait arriver par cette marche à la formation d'un nombre entier, toutes les fois que le diviseur n'est pas contenu un nombre exact de fois dans le dividende. Cela est de toute évidence, puisque si un tel quotient était possible, il suffirait de répéter le diviseur le *nombre exact* de fois indiqué par ce quotient pour reconstruire le dividende, ce qui est contre la supposition. « Ainsi, par ex., dit Transon, si l'on veut diviser 15 par 4, d'abord le quotient ne saurait être ni 3 ni un nombre inférieur à 3, puisque le diviseur répété 3 fois donne seulement 12 qui est inférieur au dividende; et ensuite ce quotient ne saurait être 4, puisque déjà le diviseur répété 4 fois donne 16, qui surpasse le dividende. Il résulte de ce fait que le quotient de 15 par 4 ne saurait avoir de place dans la succession des nombres provenant de la sommation. » Lors donc que le diviseur n'est pas contenu exactement dans le dividende, l'opération indirecte de la reproduction ne devient possible qu'à la condition de *créer* de nouveaux nombres, en introduisant pour ainsi dire l'idée de *continuité* dans la génération de ces derniers; ces nombres, qu'on appelle *fractionnaires*, se trouvent définis et représentés par les deux nombres entiers qui particularisent la division non effectuée. — Si nous considérons maintenant la marche régressive de la graduation, ou l'extraction des racines, nous reconnaîtrons également qu'il est impossible, lorsqu'un nombre n'est pas une puissance exacte du degré marqué par l'exposant, d'obtenir pour sa racine un nombre de la nature de ceux qui sont formés par la sommation. Par ex., si l'on se propose d'extraire la racine troisième du nombre 45, on reconnaîtra que cette racine n'est ni 3, ni un nombre inférieur à 3, attendu que le nombre 3 élevé à sa troisième puissance donne seulement pour résultat le nombre 27; elle ne saurait être non plus le nombre 4, ni un nombre supérieur à ce dernier, puisque la troisième puissance de 4 forme le nombre 64. Ainsi la racine troisième de 45 ne peut appartenir à la suite des nombres qui peuvent être formés, par la sommation, c.-à-d. aux nombres entiers ou naturels. On prouve aussi que cette racine ne saurait être un nombre fractionnaire; car en subdivisant indéfiniment l'unité en parties égales, jamais ces parties ne deviennent d'une grandeur telle que la racine d'une puissance en puisse contenir une quotité précise. En conséquence, on est conduit nécessairement à la formation de nouveaux nombres qui ne sont point déduits de la sommation, et auxquels on a donné le nom d'*irrationnels* ou *incommensurables*, parce qu'ils sont toujours compris entre deux nombres fractionnaires.

Comparaison des nombres. — La seconde branche de l'ar., avons-nous dit, s'occupe des relations des nombres. Elle considère d'abord les *rapports par différence* et les *rapports par quotient*, qu'on nomme aussi *rapports arithmétiques* et *rapports géométriques.* La comparaison des rapports eux-mêmes conduit aux *proportions*, lesquelles sont également *par différence* et *par quotient*, *arithmétiques* ou *géométriques*, suivant la nature des rapports que l'on compare; et les proportions amènent aux *progressions* entre lesquelles il faut encore établir la distinction précédente. Enfin la comparaison des progressions arithmétiques avec les progressions géométriques fournit une première notion des *logarithmes.*

Dans la pratique de l'ar., on exécute certaines opérations uniformes, dépendant de plusieurs questions générales, et qui servent à résoudre une série de petits problèmes. Ce sont en quelque sorte des équations algébriques fort simples dont on obtient la solution sans faire usage des signes algébriques. Ces opérations sont ordinairement appelées *règles.* Telles sont les règles de *trois*, d'*alliage*, de *société*, d'*intérêt*, d'*escompte*, etc.

L'origine de l'ar. se perd dans la nuit des temps, comme celle de beaucoup d'autres sciences. Josèphe affirme que ce fut Abraham qui enseigna l'ar. aux Égyptiens, tandis que Platon et Diogène de Laërce prétendent qu'elle était née en Égypte : Strabon, au contraire, la croit d'invention phénicienne. Il nous paraît évident qu'une idée plus ou moins parfaite des nombres doit être venue spontanément aux hommes, et que toutes les sociétés organisées ont dû nécessairement posséder des méthodes de calcul plus ou moins perfectionnées. Ce qui semblerait démontrer cette spontanéité de l'idée de nombre, c'est l'adoption presque universelle de l'échelle décimale. Déjà Aristote était frappé de cet usage général, et il le rattachait à la tendance naturelle qu'ont les enfants à compter sur leurs dix doigts. Cependant, ainsi que l'a fait remarquer Ch. Fourier, nos mains semblent être plutôt conformées pour compter avec le système duodécimal. En effet, nous possédons à chaque main quatre doigts ayant chacun trois phalanges, et le pouce destiné à servir de compteur. Par conséquent, en attribuant aux phalanges d'une main la valeur des douze unités du premier ordre, et aux phalanges de l'autre main la valeur des douze unités du second ordre, on peut compter sur ses doigts jusqu'au nombre représenté dans le système décimal par 156. — Quoi qu'il en soit de l'origine de cette coutume, il semblerait que l'accord de tous les peuples à former leur nomenclature numérique par périodes de dix aurait dû les conduire naturellement à l'adoption d'un système de chiffres qui en fût la traduction fidèle. Cependant il n'en a pas été ainsi. Les Égyptiens, par ex., avaient des signes représentant l'unité, les dizaines, les centaines et les mille, mais ils les répétaient autant de fois qu'ils voulaient exprimer d'unités de chaque ordre dans leurs nombres. Les Hébreux et les Grecs se servaient des lettres de leur alphabet pour représenter les nombres, et ils divisaient ces signes en séries de neuf pour chaque ordre d'unités. Archimède et Apollonius abandonnèrent ce système pour celui des périodes de quatre chiffres qu'ils répétaient de façon à exprimer des unités d'un ordre immédiatement supérieur et cela indéfiniment. Il paraît certain que les Grecs étaient sur la voie du système de numération dont nous nous servons aujourd'hui; mais rien ne nous autorise à penser qu'ils aient jamais mis ce système en pratique. On suppose, il est vrai, que les Pythagoriciens en eurent connaissance; mais cette connaissance, qu'ils durent probablement à leurs relations avec l'Inde, resta complétement stérile entre leurs mains. Quant aux Romains, ils adoptèrent un système de numération dans lequel les signes se trouvaient répétés un nombre de fois égal à celui qui exprimait leur valeur absolue.

L'échelle décimale dont nous faisons usage aujourd'hui est évidemment d'origine orientale. Les Arabes, qui nous l'ont fait connaître, déclarent eux-mêmes la tenir des Indiens, et en conséquence ils ont donné à l'ar. le nom de *science indienne.* L'introduction du système de notation décimale et des chiffres arabes ou plutôt indiens dans l'Occident est due au moine français Gerbert, qui avait fait ses études en Espagne, et qui, en 999, fut élevé à la papauté sous le nom de Sylvestre II. Néanmoins ce système fut longtemps à se répandre. Les astronomes, obligés de calculer de grands nombres, furent les premiers qui sentirent les avantages de l'échelle décimale; mais elle ne devint tout à fait populaire qu'après l'invention de l'imprimerie : ce furent les almanachs qui la vulgarisèrent. Quant au calcul des fractions décimales, qui est le complément naturel de notre système de numération, il n'a été imaginé que fort tard. On l'attribue généralement au célèbre astronome allemand J. Muller, plus connu sous le nom de Regiomontanus, qui vivait au XVe siècle. Cournot pense qu'il serait plus juste d'en faire honneur au géomètre Stévin qui florissait sur la fin du XVIe siècle; Libri, au contraire, revendique cette invention pour les Vénitiens dans le XIVe siècle. Enfin Biot regarde comme l'auteur de la notation actuelle de ces fractions, l'illustre Néper dont les tables logarithmiques parurent en 1614 : mais en même temps, il signale la priorité apparente de Pitiscus qui publia, en 1612, une *Trigonométrie* dans ce système. Bien que l'ar. indienne et la notation des fractions décimales réduisent les calculs numériques au plus grand degré de simplicité, ces calculs seraient encore souvent fort difficiles et même impraticables par leur longueur, si Néper n'eût donné aux calculateurs un nouvel instrument, en imaginant les logarithmes, au moyen desquels toutes les opérations s'abaissent pour ainsi dire d'un degré. C'est aux immenses découvertes que l'algèbre a faites pendant les deux derniers siècles que l'ar. doit d'être parvenue au point de perfection où nous la voyons aujourd'hui. Néanmoins il est permis d'espérer qu'elle accomplira encore de nouveaux progrès, et que, surtout pour les calculs spéciaux d'une même nature, on imaginera des procédés plus expéditifs et plus sûrs que les procédés vulgaires.

Arith. politique. — On a donné le nom d'*ar. politique* ou *sociale* à cette partie de la science qui a pour but la détermination des éléments numériques relatifs à tout ce qui intéresse l'homme vivant en société. Ainsi il est d'une haute importance, soit pour les gouvernements, soit pour les particuliers, de connaître la population d'un pays et la loi de son accroissement, le nombre d'individus engagés dans chaque profession, le travail qu'ils peuvent accomplir, la somme des produits créés par leur industrie, la somme des importations et des exportations, la quantité de subsistances nécessaire à la consommation, la durée moyenne de la vie, la fréquence des incendies, etc., etc. L'ar. appliquée aux recherches de ce genre se propose deux objets principaux : 1° de recueillir des faits numériques exacts et précis; 2° de déduire des faits observés les conséquences naturelles auxquelles ils conduisent, et de déterminer les probabilités soit des faits contingents, soit des conséquences mêmes de ces faits. — Voy. STATISTIQUE.

ARITHMÉTIQUE. adj. 2 g. Qui concerne l'arithmétique, qui est selon les règles de l'arithmétique. *Calcul ar. Rapport, proportion, progression ar.* — Voy. PROPORTION, RAPPORT et PROGRESSION.

ARITHMÉTIQUEMENT. adv. D'une manière arithmétique.

* **ARITHMOGRAPHIE.** s. f. (gr. ἀριθμὸς; γράφω, j'écris).

* **ARITHMOLOGIE.** s. f. (gr. ἀριθμὸς; λόγος, connaissance).

Enc. — Ces deux termes ont été créés par A.-M. Ampère, et employés par cet illustre savant dans son *Essai sur la philosophie des sciences.* Il définit l'*Arithmographie* l'art d'écrire les nombres, de représenter par des signes conventionnels les valeurs des grandeurs dont la composition est connue, et de transformer ces diverses expressions en expressions équivalentes, jusqu'à ce qu'on arrive à celle qui est la plus simple et la mieux appropriée à l'usage qu'on se propose d'en faire. — L'*Arithmologie* est la science qui embrasse l'ensemble de nos connaissances relativement à la mesure des grandeurs en général. Cette science comprend quatre divisions, l'*Arithmographie* dont nous venons de parler, l'*Analyse mathématique* ou algèbre, la *Théorie des fonctions* et la *Théorie des probabilités.*

* **ARITHMOMÈTRE.** s. m. (gr. ἀριθμὸς; μέτρον, mesure). Sorte de machine à calculer. Voy. CALCUL.

* **ARLEQUIN.** s. m. (ital. *il* ou *al lechino*, le lécheur de plats, de *leccare*, lécher). Personnage bouffon de la Comédie italienne. — * Fig. et fam., *C'est un arl.*, C'est un homme sans consistance dans ses opinions politiques. ‖ Par allus. au vêtement de ce personnage, qui est formé de pièces de diverses couleurs, on dit fig. et fam., *C'est un habit d'arl.*, en parlant D'un tout composé de parties disparates et d'un ouvrage fait de fragments pris de différents auteurs.

Enc. — Il serait difficile d'établir d'une manière incontestable l'origine d'*Arl.* Quelques auteurs ont voulu retrouver ce personnage parmi les bouffons de la comédie grecque, et ils n'hésitent pas à affirmer qu'il faut considérer le satyre imberbe comme l'arl. primitif, attendu qu'il était coiffé d'un petit chapeau, armé d'une baguette blanche, vêtu d'une peau tachetée, et qu'il portait un masque de teinte brune. Riccoboni, dans son *Histoire du théâtre italien*, prétend, avec plus d'apparence de raison, qu'on doit chercher Arl. parmi les mimes romains, et il le reconnaît dans le bouffon appelé *Sannio.* Cet esclave, dont le vêtement était composé de petites pièces de diverses couleurs, paraissait sur le théâtre le visage barbouillé de suie, la tête rasée, et avait une chaussure à semelle plate semblable à celle que porte l'Arl. de l'Italie moderne, auquel on assigne Bergame pour patrie, et qui est également connu sous le nom de *Zannio.* Mais Génin conteste l'origine latine ou italienne d'Arl., et veut qu'il soit né sur le sol français. Selon cet écrivain, les personnages d'Arl. et de Pierrot auraient figuré dans les processions dramatiques du bon roi René au XVe siècle, et tous deux auraient même fait partie de la *Mesnie hellequine*, si célèbre au moyen âge, l'un comme fantôme noir, l'autre comme fantôme blanc. — Quelle que soit l'origine véritable d'Arl., il est certain qu'il ne se montra sur notre scène que vers la fin du XVIIe siècle, et qu'il y fut introduit par les Italiens. Ce rôle, qui exigeait l'esprit de répartie et le don de l'improvisation, fournissait aux artistes habiles les moyens d'obtenir de brillants succès; aussi fut-il joué par des comédiens de premier ordre, parmi lesquels nous citerons Domenico Biancolleli (1675), Vincentini (1720), et le célèbre Carlo Bertinazzi (1741). — Les pièces dans lesquelles Arl. était le principal personnage reçurent le nom d'*Arlequinades*. La plupart étaient des *comedie dell' arte*, c.-à-d. de simples canevas que l'acteur se chargeait de remplir avec plus ou moins de verve et d'esprit. Mais bientôt les auteurs remplacèrent les canevas par des pièces écrites, et nous possédons sous le titre de *Théâtre de la Foire* un recueil assez volumineux d'arlequinades dues à Lesage, Piron et Cailhava. Les personnages des arlequinades sont en général Colombine, amante d'Arl., Pierrot, rival malheureux de ce dernier, Pantalon, bouffon d'origine vénitienne, Mezzetin, Cassandre, Gilles, etc. — On a plus spécialement appelé *arlequinades*, les pièces à Arl. jouées sur différents théâtres de Paris, depuis la fondation du vaudeville (1792) jusqu'à l'époque de la retraite de l'acteur Laporte, artiste de mérite qui contribua puissamment à vulgariser ce genre. Pendant les vingt-cinq années que Laporte resta au théâtre il se fit une consommation prodigieuse d'arlequinades. A lui seul il créa plus de 150 rôles d'arl. Mais l'abondance ayant amené la satiété, l'arlequinade fut abandonnée et la disparition d'Arl. devint si absolue que son costume a cessé même de figurer au nombre des travestissements usités dans le carnaval.

ARLEQUINADE. s. f. Bouffonnerie d'arlequin, soit dans le jeu, soit dans les paroles. — * Par extens., Toute plaisanterie ou grimace qui rappelle celles d'arlequin. || Genre de pièces de théâtre où Arlequin joue le principal rôle.— Voy. ARLEQUIN.

ARMADILLE. s. f. (esp. *armadilla*, dimin. *d'armada*, armée navale). Flottille que le roi d'Espagne entretenait dans le nouveau monde pour empêcher les étrangers de commercer dans ses possessions. || Il se disait aussi De chacun des bâtiments qui composaient cette flotte.

ARMADILLE. s. m. T. Zool. Nom donné à un genre de Mammifères appelé aussi Tatou, et à un genre de Crustacés. Voy. ÉDENTÉS et ISOPODES.

ARMATEUR. s. m. Celui qui arme ou qui équipe à ses frais un ou plusieurs navires pour les envoyer en course ou faire le commerce. || Se dit aussi Du capitaine qui commande un navire de ce genre, et par ext. Du navire lui-même.

ARMATURE. s. f. Assemblage de barres et de pièces de métal disposées de manière à maintenir les parties d'un ouvrage de maçonnerie, de charpente, de mécanique, d'un modèle de sculpture de terre, d'une figure coulée en bronze, etc. || * T. Phys. Voy. AIMANT et ÉLECTRICITÉ.

ARME. s. f. (lat. *arma*). Tout ce qui sert à attaquer ou à se défendre. *Arm. offensive, défensive. Armes à feu. Armes blanches. Armes de jet. Armes d'hast. Armes de trait. On a distribué des armes au peuple.* || *Prendre les armes*, S'armer, soit pour l'attaque, soit pour la défense. Se dit encore Lorsqu'on saisit ses armes pour rendre honneur à quelqu'un, ou pour se livrer à quelque exercice militaire. — *Prise d'armes*, Action de s'armer dans l'un des cas ci-dessus. || *Aux armes!* Cri par lequel une troupe est avertie qu'elle doit prendre les armes. || *Être sous les armes*, se dit Des hommes qui ont pris les armes pour faire un service militaire, ou pour rendre honneur à quelqu'un. —On dit dans le même sens : *Se mettre sous les armes; Rester sous les armes.* — En parlant Des troupes prêtes à combattre qui sont à la disposition d'un prince, d'un État, on dit : *Il a tant d'hommes sous les armes.*—Fig. et fam., on dit D'une femme qui s'est parée avec recherche dans le but de plaire : *Elle est sous les armes.* —*Être bien sous les armes*, Avoir l'air militaire, se tenir dans l'attitude convenable quand on est sous les armes. —*Être présent sous les armes*, se dit Des hommes qui ont rejoint leurs drapeaux et qui sont disponibles pour le service militaire. || *Porter les armes*, Servir, faire la guerre. *Il a porté les armes dans sa jeunesse.*—*Porter les armes, présenter les armes*, etc., se dit De certains maniements d'armes qu'exécutent les soldats. — *Port d'armes*, Le fait ou le droit de porter des armes sur soi, de sortir armé. *Permis de port d'armes. Il a le port d'armes dans toute l'étendue du département.* — *Port d'armes*, se dit aussi de l'Attitude du soldat qui porte les armes. *Il est au port d'armes. Se mettre au port d'armes.* || *En venir aux armes*, En venir aux hostilités, commencer la guerre. || *Poser les armes, mettre bas les armes*, Cesser de combattre, se rendre. —Se dit aussi dans le sens de Faire la paix, suspendre les hostilités. || *Rendre les armes*, Remettre ses armes au vainqueur. — Fig., S'avouer vaincu dans une discussion, dans un débat. || Fig., *Les armes lui tombèrent des mains*, Il se laissa fléchir, apaiser. || *Passer quelqu'un par les armes*, Le fusiller. *Les espions furent saisis et passés par les armes.* || *Salut des armes*, Façon particulière de saluer en exécutant un certain mouvement de l'arme. || *Homme d'armes*, se disait anciennement D'un cavalier armé de toutes pièces. — *Gens d'armes.* Voy. GENDARMES. — *Capitaine d'armes.* Voy. CAPITAINE. || *Salle d'armes*, Espèce de galerie qui renferme des armes rangées en ordre et bien entretenues. — Lieu où l'on enseigne l'art de l'escrime. || *Place d'armes.* Voy. PLACE. || *Armes courtoises; Armes à outrance.* Voy. TOURNOI. || *Pas d'armes.* Voy. PAS. || *Armes* s'emploie au plur. pour désigner L'armure entière d'un homme de guerre. *Avoir de belles armes, des armes brillantes. Armes à l'épreuve de la balle. Se revêtir, se couvrir de ses armes. Il reçut un coup dans ses armes, qui faussa ses armes.* || *Maître d'armes, maître en fait d'armes*, Celui qui enseigne l'escrime. — *Faire des armes, tirer des armes*, S'exercer à l'escrime. — *Mettre les armes à la main à un jeune homme*, Lui donner les premières leçons d'escrime. — *Avoir les armes belles*, Faire des armes avec grâce. || Au plur., le mot *Armes* s'emploie aussi pour désigner La profession militaire. *Suivre la carrière, le métier des armes. Il était né pour les armes. Quitter les armes.* || Se dit encore au plur. dans le sens de Guerre.— *Vider une querelle par les armes. Recourir aux armes. Choisir la voie des armes.*—*Faire ses premières armes*, Faire sa première campagne. — *Suspension d'armes*, Suspension des hostilités en vertu d'une convention. || Au plur., *Armes* signifie souvent Entreprises de guerre, exploits militaires. *Napoléon s'est élevé par ses armes au comble de la gloire. Le succès des armes de la France.* — Dans ce sens, on dit : *Un fait d'armes*, Un exploit guerrier. *Un beau fait d'armes. Il est connu par ses nombreux faits d'armes.* || Prov., *Les armes sont journalières*, Dans la guerre, on peut éprouver des alternatives de succès et de revers. — S'emploie aussi fig. : *Cet orateur a brillé hier et échoué aujourd'hui; les armes sont journalières. Un joueur ne saurait toujours gagner, les armes*, etc. || *Arme* se dit encore de Chaque espèce particulière de troupes dont se compose une armée. *L'ar. de l'artillerie, de la cavalerie. L'ar. des dragons. Dans quelle arme sert votre fils? Le détachement était composé de différentes armes.* || Au fig., *Arme* s'emploie en parlant de Tout ce qui sert à combattre un adversaire, à détruire une erreur, une passion. *Les armes de la raison. La calomnie est l'ar. des méchants. Vous me fournissez des armes contre vous-même. Le jeûne et la prière sont les meilleures armes contre les tentations.* — *Faire ar. de tout*, Recourir à tous les moyens possibles pour réussir dans ses desseins. || * T. Zool. Tout ce que la nature a donné aux animaux pour se défendre contre leurs ennemis ou pour attaquer leur proie || * T. Bot. Les moyens de défense dont sont pourvus certains végétaux. || En T. Blas., *Armes* n'est usité qu'au plur., et a la même signification qu'*Armoiries*. *Les armes de France. Il a hérité de tous les biens de cette maison à condition d'en porter le nom et les armes. Il porte un lion en ses armes. Sceller du sceau de ses armes. Cachet d'armes.* Voy. ARMOIRIES. — *Juge d'armes*, Celui qui était établi pour juger des armoiries et des titres de noblesse. —*Héraut d'armes, Roi d'armes.* Voy. HÉRAUT.

Enc. — Les armes anciennes et modernes forment deux grandes divisions suivant qu'elles sont affectées à l'attaque ou à la défense : dans le premier cas on les appelle armes *offensives*, dans le second armes *défensives*.

Les *armes offensives* se divisent en armes *portatives* et en armes *non portatives*. — Les armes *portatives* offrent encore deux divisions principales : 1° les armes *portatives de main*, parmi lesquelles on distingue les massues, les haches, les sabres, les épées, les lances, les piques, etc.; 2° les armes *portatives de jet*, comprenant celles qui lancent des projectiles au moyen d'un mécanisme que la main fait agir, telles que la fronde, l'arc, l'arbalète, et celles qui ont pour moteur l'inflammation de la poudre, comme la carabine, le fusil, le pistolet, etc. Ces dernières sont encore appelées *armes à feu* par opposition à *armes blanches* qui désignent les armes à main tranchantes ou piquantes. — Les *armes non portatives* forment deux catégories. A la première appartiennent les armes pesantes, dans lesquelles les gaz produits par la déflagration de la poudre remplissent le rôle de moteur : tels sont les canons, les obusiers, les mortiers. On leur donne spécialement le nom de *bouches à feu*. Dans la seconde catégorie viennent se placer les armes non portatives mues par tout autre moyen : nous citerons entre autres les chars armés, la baliste et la catapulte des anciens, et les machines peu usitées qui lancent des projectiles par le ressort de l'air comprimé ou de la vapeur.

Les *armes défensives* embrassent tout ce qui a été inventé par l'homme pour se mettre à couvert des coups de son ennemi. Ces moyens de défense sont *personnels* ou *collectifs*. Parmi les premiers, nous mentionnerons les casques, les cuirasses, les boucliers, etc. Les seconds sont en gén. désignés par l'épithète d'*immobiles*, à cause de la stabilité de leur construction. Ils consistent dans les abris sous lesquels on se met à couvert, dans les obstacles que l'on dispose en campagne entre soi et l'ennemi, et dans les fortifications permanentes.

Armes d'honneur. — Chez divers peuples anciens, chez les Grecs et chez les Romains, par ex., on décernait des armes particulières aux guerriers qui s'étaient distingués par des actions éclatantes. Dans l'ancienne monarchie française, cette distinction a été quelquefois accordée à des corps entiers. Dans les premières années de notre révolution, alors que la France avait à repousser les armées de l'Europe coalisée, la Convention nationale décréta que des *armes d'honneur* seraient décernées aux corps ou aux militaires qui se distingueraient par quelque haut fait. Mais ce système de récompenses militaires fut supprimé par l'établissement de l'ordre de la Légion d'honneur le 19 mai 1802. Les militaires qui avaient reçu des armes d'honneur furent de droit membres de l'ordre.

ARMÉE. s. f. (R. *arme*).

Enc. — Dans un sens général, on donne le nom d'*Ar.* à la réunion de toutes les forces militaires d'un État; dans un sens plus restreint, on appelle ainsi un corps de troupes de toutes armes, dirigé par la volonté d'un chef unique. Suivant que l'on considère un corps de troupes à l'état actif ou à l'état passif, et suivant le but qu'on s'est proposé en le réunissant, on ajoute au mot ar. une épithète caractéristique. Ainsi, on nomme *ar. de terre* la première des deux plus grandes divisions de l'ar. en général : elle comprend toutes les troupes destinées à combattre sur terre; tandis que l'*ar. de mer* ou *ar. navale* est la réunion d'un nombre assez considérable de vaisseaux de guerre, qui portent les troupes destinées à agir contre les vaisseaux ennemis. — Les milices organisées et entretenues, même en temps de paix, constituent l'*ar. permanente* ou *régulière*. — On désigne sous le nom d'*ar. sédentaire* la réunion des troupes destinées à garder le territoire, la garde nationale fixe, la gendarmerie, les invalides, les vétérans, les gardes-côtes, les troupes coloniales, etc., par opposition à *ar. active*, laquelle se compose des forces destinées à être mobilisées au premier ordre. L'*ar. agissante* diffère de l'ar. active, en ce qu'elle fait campagne contre les ennemis du dehors, ou agit contre les insurgés de l'intérieur. Les armées agissantes sont distinguées en *ar. d'envahissement* ou *d'invasion*, celle qui est destinée à porter la guerre dans le pays ennemi; en *ar. assiégeante* ou *de siége*, celle dont la destination est d'amener à reddition une place défendue; en *ar. de réserve*, celle qui est rassemblée en arrière-ligne et qui est établie comme appui d'une ar. agissante. — Une *ar. d'observation* est celle qui protége ou paralyse les opérations d'une autre ar.—On appelle *ar. de secours* celle qui est destinée soit à faire entrer des renforts ou des vivres dans une place assiégée, soit à faire lever le siége à l'ennemi.— On appelle *ar. d'opération*, celle qui, dans une campagne, est principalement destinée au siége des places ou à agir sur un point déterminé. — L'ar. qui se compose de troupes appartenant à plusieurs nations et qui est commandée par un seul chef, prend le nom d'*ar. combinée*. — Les *armées coalisées* sont des armées fournies par plusieurs États, dont chacune est commandée par un chef particulier, mais qui toutes agissent contre un ennemi commun. — L'*ar. confédérée* tire son nom de la constitution politique des nations qui l'ont mise sur pied : c'est ainsi que les corps formés par chacun des cantons suisses composent l'ar. confédérée de la Suisse.— Le terme d'*ar. auxiliaire* s'applique spécialement à une ar. dont le concours n'est qu'éventuel, ou n'a lieu qu'à prix d'argent. — Enfin on ajoute souvent au mot ar. le nom du pays où doit agir le corps de troupes dont il s'agit. C'est ainsi que l'on dit l'*ar. du Nord*, l'*ar. d'Italie*, l'*ar. d'Espagne*.

Lorsqu'une ar. est en marche, la partie des troupes qui se porte en avant se nomme l'*Avant-garde*; l'*Arrière-garde*, au contraire, est un détachement qui marche derrière le corps principal. Toutes deux se composent des trois armes, infanterie, cavalerie, artillerie. L'avant-garde marche et prend position en avant de l'ar. pour l'éclairer et la couvrir; l'arrière-garde est également destinée à couvrir l'ar., lorsque celle-ci effectue sa retraite. Si une ar. quitte sa position, l'arrière-garde reste toujours en bataille jusqu'à ce que la totalité des forces principales se soit mise en mouvement.— Les corps qui forment les deux extrémités de la ligne d'une armée en bataille reçoivent le nom d'*Ailes*; et les troupes placées entre les ailes prennent celui de *Centre*. L'aile qui se trouve à la droite du centre, en faisant face à l'ennemi, porte le nom d'*aile droite*, et l'autre celui d'*aile gauche*; de sorte que deux armées étant en présence, l'aile droite de l'une a pour antagoniste l'aile gauche de l'autre, et réciproquement.

Dans l'enfance des sociétés, il ne pouvait y avoir de troupes organisées : la guerre se bornait alors à des luttes de peuple à peuple auxquelles prenaient part tous les hommes en état de combattre. Il est vrai que la civilisation changea bientôt cette manière désordonnée de faire la guerre. Les nations regardèrent la défense du territoire comme un devoir sacré imposé à chaque citoyen, qui dut s'exercer au maniement des armes pour être toujours prêt à marcher contre l'ennemi. C'est ainsi que, chez les Hébreux, à 20 ans, tout homme était soldat. Moïse attribue l'organisation de l'armée juive à Jéthro, son beau-père, qui la composa de tribus de 1000 guerriers, subdivisées en compagnies de 100 hommes et en escouades de 10 hommes chacune. David répartit tous les Juifs en état de porter les armes, en 12 corps de 24,000 hommes chacun. Ces soldats avaient pour armes offensives l'arc, la javeline et l'épée, et pour armes défensives des boucliers, des cuirasses et des cuissards. Enfin Salomon organisa la cavalerie qu'il porta à 12,000 hommes. Chez les Égyptiens, l'organisation militaire était différente. En vertu des institutions de Sésostris, les guerriers formaient une caste particulière. Cette caste était la plus considérée de toutes, après la caste sacerdotale. On allouait à chaque soldat pour sa subsistance journalière 2 1/2 kilogr. de pain, 1 kil. de viande et une certaine quantité de vin; et pour l'entretien de sa famille, on lui assurait la possession de 12 aroures (un peu plus de 3 hectares) de terres exemptes de toute charge. Dès son origine, cette caste fournissait 600,000 fantassins, 24,000 cavaliers et 27,000 chars armés en guerre. La formation décimale, généralement adoptée par les peuples de l'antiquité, chez les Parthes et chez les Mèdes par ex., se trouvait également établie dans l'ar. égyptienne. Du reste, cette ar. était dans une ignorance presque complète de l'art stratégique et de la science des fortifications.

Il n'en fut pas de même des armées de la Grèce : cette terre fertile en héros, se trouvant partagée en petites républiques ayant toutes une organisation militaire analogue, arriva par ses luttes continuelles à une connaissance assez approfondie de l'art de la guerre. A Sparte, tous les citoyens, depuis 20 ans jusqu'à 60, étaient soldats; mais on ne les appelait que successivement et suivant les besoins, à la défense de la patrie ou des alliés. Les guerriers spartiates étaient vêtus de rouge et portaient un emblème particulier sur leurs boucliers. Leur arme principale était la pique. Ils marchaient au combat, comme à une fête, au son de la flûte, sous les ordres d'un de leurs rois qui était entouré d'une garde d'élite. Les armées de Lacédémone comptaient dans leurs rangs des archers de l'île de Crète, qui recevaient pour solde une darique par mois (18 fr. 53 c.), et elles se composaient en majeure partie de Messéniens et d'autres alliés. A la bataille de Platée, par ex., sur 45,000 hommes envoyés par Lacédémone, il n'y avait que 5,000 Spartiates. Chez les Athéniens, au contraire, les étrangers étaient rarement appelés à faire partie de l'ar. On confiait même difficilement aux citoyens pauvres le soin de défendre la patrie : cet honneur était réservé à ceux qui avaient le plus d'intérêt à se dévouer pour elle. L'obligation de servir son pays commençait chez les Athéniens deux années plus tôt que chez les Spartiates, et elle ne cessait qu'à 80 ans. Au lieu d'appeler les citoyens à tour de rôle, comme à Lacédémone, les généraux athéniens choisissaient les hommes les plus propres à soutenir les fatigues de la guerre, et l'ar. se trouvait ainsi composée de l'élite de la population. L'infanterie se divisait en *Oplites* ou hommes pesamment armés, c.-à-d. ayant la pique et une épée courte pour armes offensives, et portant le casque, le bouclier et la cuirasse pour armes défensives; et en deux espèces de troupes légères (*Peltastes* et *Vélites*), armées de flèches, de traits et de pierres. La cavalerie était aussi divisée en cavalerie pesante et en cavalerie légère. Les cavaliers qui composaient la première, et qu'on nommait *Cataphractes*, étaient armés d'une cuirasse; leurs chevaux étaient également revêtus d'une armure. La cavalerie légère se composait de gens de trait et de lanciers. Le commandement de l'ar. était dévolu à dix généraux ou *Stratéges*, dont chacun était élu par l'une des dix tribus d'Athènes et commandait exclusivement pendant dix jours. Ces chefs avaient sous leurs ordres dix officiers appelés *Taxiarques*, dont les fonctions consistaient à maintenir la discipline, à régler les marches et à veiller aux approvisionnements. Il y avait aussi un corps de coureurs chargés de porter les ordres des stratéges. La paye des soldats était forte : celle d'un oplite et de son valet s'élevait jusqu'à deux drachmes (1 fr. 85 c.) par jour. Un fait important à signaler dans la constitution des armées grecques, c'est la faiblesse de leur cavalerie. A Athènes, cette arme ne s'élevait pas à 1,200 hommes; il est vrai qu'elle comptait dans ses rangs les citoyens les plus considérés et les plus riches. A Lacédémone, elle était moins forte encore et se composait des hommes les plus pauvres et les moins propres au maniement des armes.

L'organisation de l'ar. romaine était infiniment supérieure à celle des armées des autres peuples. A Rome, tout citoyen était soldat. L'obligation de servir la patrie commençait à l'âge de 17 ans et durait 20 années. Les levées se faisaient au Champ de Mars : les tribuns militaires tiraient les tribus au sort et choisissaient dans celles qui leur étaient échues les hommes les plus aptes au service. Le soldat romain se préparait aux fatigues de la guerre par des exercices réguliers. On l'habituait à faire de longues marches chargé d'un poids d'environ 25 kilogr., sans y comprendre ses armes. Il portait ordinairement des vivres pour quinze jours. La paye du fantassin était de trois as, environ 25 centimes, par jour. Celle de la cavalerie était plus forte. L'ar. se composait de plusieurs légions, et la légion formait un corps complet, renfermant des troupes de toute arme (voy. LÉGION). Dans les premiers temps de Rome, la cavalerie n'était à l'infanterie que dans la proportion de 1 à 20, mais par la suite elle fut de 1 à 10. La république n'opposa pendant longtemps aux armées les plus nombreuses que deux légions romaines et deux légions auxiliaires; cependant la victoire se tournait habituellement du côté des Romains. La discipline, dans leurs armées, était d'une sévérité excessive. A mille pas de Rome, les généraux avaient droit de vie ou de mort sur tous les hommes qui étaient placés sous leurs ordres : une troupe qui avait fui était décimée; un soldat qui abandonnait son bouclier recevait la mort. Aussi longtemps que ces mobiles puissants, la gloire et la crainte, agirent sur les armées romaines, elles se montrèrent invincibles; mais lorsqu'ils s'affaiblirent, Rome tomba sous les coups des barbares.

Nous ne saurions parler ici de l'organisation militaire de hordes venues du Nord qui, après avoir renversé l'empire romain, s'établirent dans ses diverses provinces. Nous ne décrirons pas non plus ces armées gauloises qui saccagèrent Rome et portèrent la terreur de leurs armes dans tout le monde connu. Les institutions militaires de ces peuples n'offrent rien qui soit digne d'intérêt, et leur valeur indomptable fit seule tous leurs succès.

Sous les rois de la première race, tous les Francs étaient appelés à porter les armes. On ne les vit jamais introduire dans leurs rangs les Gaulois qu'ils avaient soumis. Mais une fusion inévitable s'établit peu à peu entre les vainqueurs et les vaincus, et, après l'établissement de la féodalité, les vassaux composèrent en grande partie les armées. Chaque seigneur était tenu d'amener à la guerre un nombre déterminé de combattants qu'il nourrissait et équipait à ses frais. Celui-ci devait au roi un service de 40 jours; celui-là un service de 20, de 10 et même de 5 jours. De là des inconvénients sans nombre : il arrivait souvent qu'à la veille d'une bataille, les troupes se retiraient sous prétexte que le délai fixé était expiré. Sans ordre, sans lien, commandées par mille chefs différents, les armées féodales étaient d'une faiblesse extrême. Ce fut en partie pour remédier à cette organisation vicieuse que Louis le Gros favorisa l'établissement des communes. Alors chaque village, chaque bourg devait fournir un certain nombre d'hommes d'armes, qui marchaient sous la bannière de leur commune. Les couvents même étaient assujettis à l'obligation de donner des soldats au roi. La guerre terminée, les vassaux retournaient à la charrue. Ce système politique et militaire était en vigueur chez tous les autres peuples de l'Europe. Aucun prince, soit en Angleterre, soit en Allemagne, soit en Italie, n'entretenait d'ar. permanente. On doit à Philippe-Auguste la création des premières compagnies de soldats en France. Jusque-là le pillage avait formé la principale ressource des armées; en instituant des troupes régulières, ce prince leur accorda une solde. Quoique peu nombreuses, les compagnies soldées servirent de noyau pour la formation des armées. Charles VII et Louis XI attachèrent à leurs personnes certains corps de troupes désignés sous le nom de *compagnies d'ordonnance*. Ce dernier appela aussi auprès de lui des Écossais et des Suisses. Les successeurs de ce prince suivirent son exemple. Il y eut même des époques où les Suisses composèrent uniquement les forces de nos rois. Dans les guerres du Milanais, on vit fréquemment ces soldats mercenaires nous abandonner au moment de l'action et laisser notre cause sans défenseurs. François Ier sentit la nécessité de créer une ar. nationale : il organisa plusieurs légions; mais ses projets furent bientôt abandonnés et l'on revint à l'ancien usage de louer des compagnies franches à des capitaines qui les formaient eux-mêmes et les mettaient au service du prince qui payait le mieux. La méthode de recruter les armées au moyen de volontaires engagés à prix d'argent, a subsisté jusqu'à la Révolution de 1789. Sous Louis XV, un grade de capitaine ou de colonel s'achetait comme une charge au parlement ou un office de procureur. Plus d'une fois un enfant de dix ans fut le chef nominal d'une compagnie ou d'un régiment. Dans les temps d'urgence, on faisait des levées en masse. Il fallait alors conduire immédiatement à l'ennemi des hommes sans expérience et sans discipline. Mais l'établissement de la conscription vint mettre un terme à cette manière déplorable de lever des troupes : et, à partir du 21 août 1798, tout Français fut appelé à servir son pays. Depuis l'établissement de la conscription, le mode de recrutement de l'ar. a subi diverses modifications. Cette matière est aujourd'hui régie par la loi du 21 mars 1832. En voici les dispositions générales. L'ar. se recrute au moyen d'appels annuels et d'engagements volontaires. Nul ne peut être admis dans les troupes françaises, s'il n'est Français de naissance ou naturalisé. Il est dressé chaque année par les maires des communes un tableau de recensement sur lequel sont inscrits tous les jeunes gens âgés de 20 ans accomplis. Chaque canton du royaume doit fournir un contingent déterminé, et l'on désigne par la voie du sort les jeunes gens qui doivent faire partie de ce contingent. Parmi eux, un certain nombre se rendent immédiatement sous les drapeaux : les autres forment la réserve et restent dans leurs foyers pour n'être appelés qu'en cas d'urgence. Le service dure 7 années. A l'expiration de ce terme, chaque militaire reçoit son congé et se trouve définitivement libéré de l'obligation d'être soldat.

Nous donnons ici, d'après Schnitzler, la composition de l'ar. française. = *Infanterie.* — 75 régiments d'infanterie de ligne à 3 bataillons de 7 compagnies chacun sur le pied de paix, et de 9 sur le pied de guerre; — 25 rég. d'infant. légère, même composition; — 10 bataillons de chasseurs de Vincennes, à 8 compagnies; — 1 rég. de zouaves à 3 bataillons de 9 compagnies chacun; — 3 bataillons d'infant. légère d'Afrique de 10 compagnies chacun; — 2 rég. de légion étrangère à 4 bataillons de 8 compagnies; — 12 compagnies de discipline. = *Cavalerie.* — 2 rég. de carabiniers à 5 escadrons; — 10 rég. de cuirassiers à 5 id.; — 12 rég. de dragons, id.; — 7 rég. de lanciers, id.; — 13 rég. de chasseurs, id.; — 9 rég. de hussards, id.; — 4 rég. de chasseurs d'Afrique à 6, id.; — 1 corps d'Algériens indigènes. — École militaire de cavalerie. = *Artillerie.* — 10 rég. à 15 batteries, 3 à cheval et 12 à pied; — 4 rég. à 14 batteries, 2 à cheval et 12 à pied; — 1 rég. de pontonniers à 12 compagnies; — 12 compagnies d'ouvriers; — 1/2 compagnie d'armuriers; — 6 escadrons du train des parcs, chacun de 8 compagnies. = *Génie.* — 3 rég. de 2 bataillons composés chacun de 7 compagnies de sapeurs et 1 de mineurs : en outre, 1 compagnie de sapeurs conducteurs pour chaque régiment; — 2 compagnies d'ouvriers. = *Gendarmerie.* — 87 compagnies en France; — 3 id. dans les colonies; — 7 bataillons de voltigeurs corses; — 1 id. de sapeurs-pompiers à Paris; — 34 compagnies de vétérans à pied; — 4 id. de vétérans de cavalerie. = *Administration.* — 1 bataillon d'ouvriers à 10 compagnies; — 4 escadrons du train des équipages militaires; — 4 compagnies id. à pied; — 2,590 hommes, officiers supérieurs ou d'état-major. = *Résumé.* — 214,778 hommes d'infant.; — 58,389 de cavalerie; — 29,306 d'artillerie; — 8,770 du génie; — 16,125 de gendarmerie; — 4,936 vétérans; — 3,818 du train. = *Total*, 336,142 hommes.

A ce tableau de la composition de l'ar. française, nous croyons utile d'ajouter celui de l'effectif des armées étrangères, en indiquant le pied de paix et quelquefois le pied de guerre : Autriche, 348,139 hommes. — Bavière, 58,230. — Belgique, 90,000; plus les 2 premiers bans de la garde civique disponible, 90,000. — Danemark, en paix 25,000; en guerre 75,169. — Deux-Siciles, 48,914. — Espagne, 99,105. — Confédération Germanique, 303,493. — Grande-Bretagne, 180,146; — Grèce, 6,000 environ. — Hanovre, 20,965. — États de l'Église, 15,000 environ. — Hollande, 15 régiments : 9 d'infanterie, 6 de cavalerie; plus 5 d'artillerie. — Portugal, 28,100. — Prusse, pied de paix, 115,905; guerre, 205,000. — Russie, 380,000 en paix; 568,000 en guerre; plus, dans le Caucase, 61,000; dans les terres Transcaucasiennes, 80,000; en Finlande, 17,000; l'armée d'Orenbourg, 32,000; en Sibérie, 46,000; enfin divers corps de cosaques formant un total de 50,000 hommes environ. — Sardaigne, paix, 25,000; guerre, 100,000. — Saxe, 13,000. — Suède et Norwége, 39,849 pour la première, et 12,150 pour la seconde. — Suisse, 64,019. — Toscane, 5,500. — Turquie, 160,000. — États-Unis d'Amérique, pied de paix, 15,000 environ; milice, 1,711,342. — Mexique, 16,000. — Brésil, 16,000.

ARMELINE. s. f. Peau très-fine et fort blanche qui vient de Laponie et qui appartient à l'hermine.

ARMEMENT. s. m. L'action d'armer, de pourvoir des armes nécessaires. *L'ar. d'un soldat. On ordonna l'ar. de la garde nationale. L'ar. de la citadelle est achevé.* — L'ensemble des objets qui servent à armer. *L'ar. de cette place se compose de.....* ‖ Appareil de guerre. *Grand, puissant ar. La Russie fait des armements formidables. Ar. par terre et par mer.* ‖ T. Mar. Action de munir un bâtiment de tout ce qui est nécessaire pour le mettre en état de prendre la mer. *Ce vaisseau est en ar. Entrer en ar. État d'ar.*

Enc. — En T. de Mar., faire l'*Ar.* d'un vaisseau, ce n'est pas seulement le pourvoir des choses nécessaires à l'attaque et à la défense, c'est le munir de tout ce qui lui est indispensable pour qu'il puisse prendre la mer : c'est le lester, le mâter, le gréer, lui donner un équipage, des vivres, des embarcations, etc. Ce terme s'applique non-seulement aux bâtiments de guerre, mais aussi aux navires marchands. Dans ces derniers, les marchandises font donc partie de l'ar.

Pour donner une idée du poids proportionnel des objets qui constituent l'ar. d'un bâtiment de guerre, nous allons citer, d'après Montferrier, le devis des poids composant l'ar. d'un vaisseau de 90 canons, le *Suffren*. — Artillerie, munitions de guerre, équipement et rechanges de l'artillerie, 447,000 kilog. — Mâture, agrès, apparaux et rechanges des divers services, 336,000 k. — Équipage composé de 800 hommes et leurs effets, 80,100 k. — Vivres pour trois mois, tare des futailles où ils sont contenus, et poids des ustensiles de cambuse, 257,800 k. — Eau, vin, eau-de-vie, caisses à eau, futailles, 450,740 k. — Combustible, 109,420 k. — Chantiers et bois d'arrimage, 18,200 k. — Embarcations et menus objets d'armement, 28,000 k. — Lest, 280,000 k. — Total 2,006,260 kilog., ou en d'autres termes 2,006 tonneaux métriques, 260.

ARMER. v. a. Pourvoir d'armes. *Il y a dans cet arsenal de quoi ar. cinquante mille hommes.* ‖ *Ar. quelqu'un de toutes pièces*, Le revêtir d'une armure complète. — Dans le même sens, on dit : *Ar. de pied en cap.* ‖ *Ar. quelqu'un chevalier.* Voy. CHEVALERIE. ‖ *Ar. une batterie*, La garnir de pièces d'artillerie. — On dit dans le même sens : *Ar. une place, une forteresse.* ‖ *Ar. un vaisseau en guerre, en course, pour le commerce*, L'équiper et le pourvoir de tout ce qui est nécessaire à l'expédition qu'il va entreprendre, soit pour la guerre, soit pour le commerce. — Les marins disent quelquefois : *J'ai ar. sur tel navire*, pour dire qu'ils ont fait partie de son équipage. Dans ce sens, *Ar.* est pris neutral. ‖ *Ar.* pris absol. sign. Lever des troupes, faire des préparatifs de guerre. *Toutes les puissances arment. On arme de tous côtés.* ‖ Fig., Exciter, causer la guerre. *L'ambition des princes a souvent armé les peuples les uns contre les autres.* — Par ext. on dit : *L'intérêt arme quelquefois le fils contre le père; L'envie arme les familles les unes contre les autres.* ‖ T. Arqueb. *Ar. un fusil, un pistolet*, Bander le ressort du chien. ‖ T. Faucon. *Ar. l'oiseau*, Lui attacher des sonnettes aux pieds. ‖ T. Mus. *Ar. la clef.* Voy. CLEF. ‖ T. Phys. *Ar. un aimant.* Voy. AIMANT. ‖ T. Techn. Garnir une chose avec une autre qui la fortifie. *Ar. une poutre, une meule de moulin avec des bandes de fer.* = s'ARMER. v. pron. Se munir d'armes. *S'ar. d'une épée, d'un fusil, d'une cuirasse. S'ar. d'un bâton. Ils s'armèrent aussitôt et se précipitèrent sur l'ennemi.* — *S'ar. jusqu'aux dents*, Se munir d'armes offensives plus qu'on n'a coutume de le faire. ‖ Faire la guerre. *Cet écrivain excite les peuples à s'ar. les uns contre les autres.* ‖ Fig., Se prémunir. *S'ar. contre le froid, contre la pluie. S'ar. d'un manteau contre l'hiver.* ‖ Par ext., on dit : *S'ar. de patience, de résolution, de courage. S'ar. contre les accidents de la fortune. S'ar. du signe de la croix contre les tentations.* ‖ En T. Man., on dit qu'*Un cheval s'arme contre son cavalier*, Lorsqu'il résiste aux aides et aux châtiments. *Il s'arme contre le mors*, Lorsqu'il empêche l'action du mors, soit en se servant de la langue ou des lèvres, soit en approchant le menton du poitrail. = ARMÉ, ÉE. part. *Pesamment ar. Ar. à la légère.* ‖ Fig., *Il est ar. de toutes pièces*, ou *ar. de pied en cap*, se dit De quelqu'un qui est préparé à discuter tous les points d'une affaire et à répondre à toutes les objections. ‖ *A main armée*, Les armes à la main, à force ouverte. *Entrer à main armée dans un pays. Il a commis plusieurs vols à main armée.* ‖ S'emploie adject. *Plante armée d'épines. Le requin a la gueule armée de dents très aiguës. Bâton ar. d'une pointe de fer.*

* **ARMÉRIE.** s. f. T. Bot. Voy. PLOMBAGINÉES.

ARMET. s. m. Sorte de petit casque fermé, qui était en usage dans les XIVe, XVe et XVIe siècles. N'est plus usité qu'en parlant De la chevalerie errante des vieux romans. *L'ar. de Mambrin.* — Voy. CASQUE.

ARMILLAIRE. adj. [On pron. les LL sans les mouiller]. Ne s'emploie que dans cette loc., *Sphère armillaire.* — Voy. SPHÈRE.

ARMILLES. s. f. pl. (lat. *armilla*, bracelet). T. Archit. Même signif. qu'*Annelet*. Voy. ce mot.

ARMISTICE. s. m. (lat. *arma*, armes, guerre; *sistere*, arrêter). Suspension d'hostilités entre deux armées ennemies, deux parties belligérantes. *On convint d'un ar. de quelques jours. Rompre l'ar. Lorsque l'ar. fut expiré.* — Voy. TRÊVE.

ARMOIRE. s. f. (lat. *arma*, armes, instruments). Meuble ordinairement plus haut que large, fermé par une ou plusieurs portes, et dans lequel on renferme toutes sortes d'objets. *Ar. de chêne, de fer. Ar. à glace, à porte vitrée. Ar. à tablettes.*

ARMOIRIES. s. f. pl. (lat. *armorium*). T. Blas.

Enc. — On nomme indifféremment *Armes* ou *Armoiries* les emblèmes de noblesse et de dignités régulièrement donnés ou autorisés par un pouvoir souverain, pour la distinction des personnes, des familles, des sociétés, des corporations et des villes. Les armoiries se composent de figures diverses, et de différentes couleurs ou émaux, disposées méthodiquement et représentées sur un fond ou champ. Ces marques ont été ainsi appelées parce qu'on les portait principalement sur le bouclier, sur la cuirasse, sur la cotte d'armes et sur les bannières.

L'usage d'emblèmes portés sur les armes remonte à la plus haute antiquité. Ainsi Eschyle décrit avec un soin minutieux les figures qui ornaient les boucliers des sept chefs qui commandaient devant Thèbes : mais c'étaient là des signes distinctifs purement personnels et qui ne se transmettaient pas par hérédité. A Rome, Auguste et ses successeurs firent graver des images sur les boucliers des soldats; mais toute une cohorte, toute une légion portait la même figure qui devenait un signe de ralliement. Les ar., telles qu'elles subsistent aujourd'hui, ne datent que de la fin du Xe siècle. A cette époque, les sceaux commencent à porter des ar. Ainsi l'on possède le contrat de Sanche, infant de Castille, avec Guillemine, fille de Gaston II, vicomte de Béarn (A. C. 1000), au bas duquel il y avait sept sceaux apposés, dont deux se sont conservés entiers. Le premier représente un écu chargé d'un lévrier; le second est un écu tranché par des barres transversales : on peut reconnaître dans ces écus les figures employées dans le blason moderne. Deux sceaux d'Adalbert, duc et marquis de Lorraine, apposés à deux chartes des années 1030 et 1037, représentent un écu chargé d'une aigle au vol abaissé. Le sceau de Thierry II, comte de Bar-le-Duc et de Montbéliard, mis au bas d'un acte de l'an 1093, représente *deux bars adossés.* Enfin le moine de Marmoutiers, qui a écrit l'histoire de Geoffroy, comte d'Anjou, l'an 1100, parle du blason comme d'un usage établi depuis longtemps dans les familles illustres. L'usage des ar. se généralisa par les tournois; mais il ne se régularisa tout à fait qu'à l'époque des croisades. Le nombre immense de chevaliers réunis pour la guerre sainte obligea chacun d'eux à adopter un emblème qui pût servir de ralliement à ses soldats, et les descendants de ces chevaliers conservèrent religieusement les emblèmes qui attestaient la part prise par leurs aïeux à ces luttes glorieuses. Lors de l'affranchissement des communes, celles ci prirent aussi des ar. comme marque d'indépendance et comme signe de ralliement lorsque les bourgeois marchaient en armes sous la bannière de la commune. Une fois devenues un symbole de noblesse héréditaire, les ar. tentèrent la vanité d'une foule de gens qui voulurent s'arroger le droit d'en porter : aussi les rois de France furent-ils, à plusieurs reprises, contraints de lancer des édits contre les usurpateurs.

Les héraldistes distinguent sept espèces d'ar. — 1° *Ar. de domaine.* Ce sont celles des terres que possèdent les souverains et les princes. — 2° *Ar. de dignité.* Ces ar. sont ainsi nommées parce qu'elles sont le signe ou le symbole d'une fonction, d'une dignité quelconque. Ces sortes d'ar. se portent indépendamment de celles qui sont personnelles. Les ar. de dignités se distinguent en *intérieures* et en *extérieures.* Les premières occupent le champ de l'écu, et les secondes sont celles qui accompagnent ou surmontent l'écu. — 3° *Ar. de concession.* On nomme ainsi celles qui contiennent quelques pièces des ar. des souverains, accordées à certaines personnes pour les honorer ou pour récompenser des services rendus. Quelquefois les ar. entières du souverain figurent dans celles de certaines familles. — 4° *Ar. de patronage.* Telles sont les armes de plusieurs villes qui portent en chef les armes de leur souverain. — 5° *Ar. de prétention.* On donne ce nom aux ar. qui contiennent des pièces destinées à indiquer les droits que l'on prétend avoir sur des royaumes, principautés, terres, etc. — 6° *Ar. de sociétés* ou de *corporations.* Ce sont celles des académies, des universités, des chapitres, des corps de marchands, etc. — 7° *Ar. de famille.* Ces ar. sont dites *pures et pleines*, quand elles ne sont accompagnées d'aucun signe accessoire. Les aînés des familles les portent ainsi. Elles sont *brisées*, quand les cadets les surchargent de quelque pièce ou les modifient pour se distinguer de leurs aînés. On les nomme *chargées*, lorsque les pièces de l'écu portent quelque autre pièce : les armes peuvent être chargées par concession ou par substitution. Elles sont *substituées*, quand une personne prend, en vertu d'un contrat de mariage ou d'un titre quelconque, les armes et le nom d'une autre famille : dans ce cas, les armes primitives disparaissent. Elles sont dites *fausses*, *à enquérir* ou *à enquerre*, lorsqu'elles ne sont point établies selon les règles héraldiques, afin d'en faire demander la cause, qui est toujours honorable. Enfin on appelle armes *parlantes* celles qui désignent le nom de la famille qui les porte. Ainsi, par ex., les armes de la maison de Mailly sont des maillets, et celles du royaume de Castille sont un château.

L'énumération des ar. de toutes les maisons souveraines de l'Europe nous entraînerait trop loin : en conséquence nous citerons seulement celles des principaux États, et nous nous contenterons d'indiquer les figures du champ de l'écu. — AUTRICHE (Fig. 1). D'or à l'aigle éployée de sable, becquée et

Fig. 1.

membrée d'or, couronnée de même, languée de gueules, tenant dans la patte dextre une épée d'argent garnie d'or et un sceptre aussi d'or, et dans la patte sénestre un monde d'azur croisé et cintré d'or. Cette aigle est chargée en cœur d'un écu tiercé en pal : au 1 d'or au lion de gueules couronné, qui est de *Hapsbourg;* au 2 de gueules à la fasce d'argent, qui est d'*Autriche;* au 3 d'or à la bande de gueules chargée de trois aiglettes d'argent, qui est de *Lorraine.*

Fig. 2.

Fig. 3.

— BAVIÈRE (Fig. 2). Lozangé en bande d'argent et d'azur; en cœur un écu de gueules à une épée d'argent garnie d'or, et un sceptre d'or mis en sautoir. — BELGIQUE (Fig. 3). De sable au lion d'or lampassé de gueules. — DANEMARK (Fig. 4). Une croix pattée d'argent, cantonnée, au 1 d'or semé de cœurs de gueules, à trois lions léopardés et couronnés d'azur, qui est de *Danemark;* au 2 de gueules à un poisson d'argent ayant la

Fig. 4.

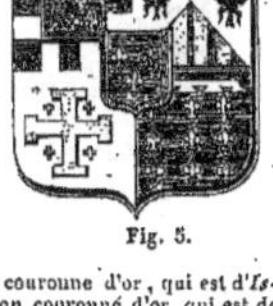

Fig. 5.

tête coupée, et surmonté d'une couronne d'or, qui est d'*Islande;* au 3 de gueules au dragon couronné d'or, qui est de *Vandalie;* au 4 d'or à deux lions léopardés d'azur. Sur le tout, parti : d'or à deux fasces de gueules qui est d'*Oldenbourg*, et d'azur à la croix d'or pattée et alésée qui est de *Delmenhorst.* — DEUX-SICILES (Fig. 5). Écartelé : au 1 d'azur semé de fleurs de lis d'or, à la bordure componée de gueules et d'argent, qui est de *Bourgogne moderne;* au 2 d'or à six pals de gueules, flanqué en sautoir d'argent à l'aigle couronnée de sable, qui est d'*Aragon-Sicile;* au 3 d'argent à la croix potencée d'or, cantonnée de quatre croisettes de même, qui est de *Jérusalem;* au 4 d'azur semé de fleurs de lis d'or, au lambel d'argent, qui est d'*Anjou-Sicile;* sur le tout d'azur à trois fleurs de lis d'or à la bordure de gueules, qui est d'*Anjou moderne.* — ESPAGNE (Fig. 6). Écartelé aux 1 et 4 de gueules à la tour d'argent qui

Fig 6.

Fig. 7.

est de Castille; aux 2 et 3 d'argent au lion de gueules couronné d'or, qui est de *Léon;* enté en pointe d'argent à la grenade de gueules feuillée de sinople, qui est de *Grenade;* sur le tout d'azur à trois fleurs de lis d'or, qui est de *Bourbon-France.* — ÉTATS DE L'ÉGLISE (Fig. 7). D'azur à deux clefs, l'une d'or et l'autre d'argent en sautoir, surmontées d'une tiare papale d'or. — FRANCE. Sous le règne de la branche aînée de la famille des

Fig. 8.

Fig. 9.

Bourbons : d'azur à trois fleurs de lis d'or (Fig. 8). Sous le règne de la branche d'Orléans : Parti, au 1 d'azur à trois fleurs de lis d'or surmontées d'un lambel d'argent, qui est de *Bourbon-Orléans;* au 2 d'azur aux tables de la Charte, d'or (Fig. 9). Sous le règne de l'empereur Napoléon, les ar. de la France étaient d'azur à l'aigle d'or empiétant un foudre également d'or (Fig. 10).

Fig. 10.

Fig. 11.

— GRANDE-BRETAGNE (Fig. 11). Écartelé : aux 1 et 4 de gueules aux trois léopards d'or qui est d'*Angleterre;* au 2 d'or au lion de gueules renfermé dans un double trescheur qui est d'*Écosse;* au 3 d'azur à la harpe d'or cordée d'argent, qui est d'*Irlande.* Sur le tout un écusson tiercé en pairle renversé : au 1 de gueules à deux lions léopardés d'or, qui est de *Brunswick;* au 2 d'or semé de cœur de gueules au lion rampant d'azur, qui est de *Lunebourg;* au 3 de gueules au cheval lancé d'argent,

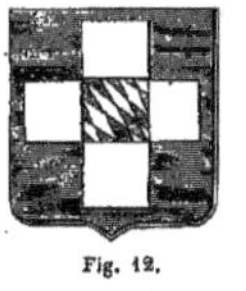

Fig. 12.

Fig. 13.

qui est de *Saxe ancien;* sur le tout du tout de gueules à la couronne d'or. — GRÈCE (Fig. 12). D'azur à la croix alésée d'argent; et en cœur de *Bavière.* — HOLLANDE (Fig. 13). D'azur semé de billettes d'or, au lion d'or couronné, lampassé de gueules, tenant de la patte dextre une épée à lame d'argent, et de la sénestre un faisceau de flèches d'or, lié de même. —

Portugal (Fig. 14). D'argent à cinq écussons d'azur posés en croix, chacun chargé de cinq besants d'argent; à la bordure de gueules chargée de sept châteaux d'or. — Prusse (Fig. 15).

Fig. 14.

Fig. 15.

D'argent à l'aigle de sable becquée et membrée d'or, tenant un sceptre d'or et un monde d'azur cintré et croiselté d'or, ayant sur la poitrine un écu d'argent à l'aigle de gueules. — Russie (Fig. 16). D'or à l'aigle éployée de sable, becquée et membrée de gueules, et couronnée d'or, tenant de la patte dextre un sceptre d'or et de la sénestre un monde aussi d'or, et portant sur la poitrine un écu de Saint-Georges, qui est de *Moscou*. Sur les ailes de l'aigle sont les écus de Kiew, Nowogorod, Astracan, Sibérie, Casan et Wladimir. — Sardaigne (Fig. 17). Écartelé: au 1, d'argent à la croix potencée d'or cantonnée de quatre croisettes de même, qui est de *Jérusalem;* au 2 à cinq points d'or équipollés à quatre d'azur, qui est de *Genève;* au 3 de sable au lion d'argent couronné de même, qui est d'*Aoste;* au 4 de gueules à la croix d'argent, au lambel d'azur, qui est de *Piémont;* sur le tout d'or à l'aigle de sable couronnée d'or et portant sur la poitrine un écu de gueules à la croix d'argent,

Fig. 16.

Fig. 17.

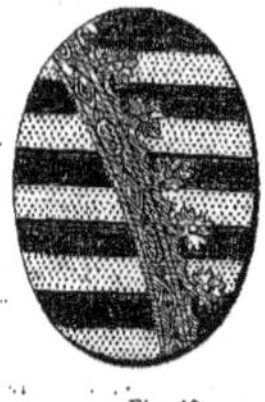

Fig. 18.

qui est de *Savoie;* au point d'honneur, un écu d'argent à la croix de gueules cantonnée de quatre têtes de nègre tortillées d'argent, qui est de *Sardaigne*. — Saxe (Fig. 18). Fascé d'or et de sable de huit pièces au crancelin de sinople en bande. — Suède (Fig. 19). Parti: au 1 d'azur à trois couronnes d'or, qui est de *Suède;* au 2 de gueules au lion d'or couronné de même,

Fig. 19.

Fig. 20.

Fig. 21.

tenant de ses pattes une hache d'armes d'argent au manche arrondi aussi d'argent, qui est de *Norwége*. — Turquie (Fig. 20). De sinople au croissant d'or. — Wurtemberg (Fig. 21). Parti: à dextre, d'or à trois ramures de cerf de sable, qui est de *Wurtemberg;* à sénestre, d'or à trois lions passants de sable, lampassés de gueules, la patte dextre aussi de gueules, qui est de *Hohenstaufen*.

Aujourd'hui les ar. n'ont plus d'importance que sous le rapport archéologique, du moins en France, où les signes de noblesse héréditaire abolis par l'Assemblée constituante, puis rétablis par l'empire, vont sans doute être supprimés définitivement.

ARMOISE. s. f. (lat. *artemisia*). T. Bot. Voy. Composées.

ARMOISIN. s. m. Sorte de taffetas faible et peu lustré.

ARMON. s. m. T. Carrosserie. Voy. Voiture.

* **ARMORACIE.** s. f. T. Bot. Voy. Crucifères.

ARMORIAL. s. m. Recueil contenant les armoiries de la noblesse d'un royaume, d'une province. *L'ar. de France. L'ar. du Dauphiné.*

ARMORIER. v. a. Mettre, peindre, graver ou appliquer des armoiries sur quelque chose. *Faire ar. une voiture, un cachet.* = Armorié, ée. part. *Vaisselle armoriée.*

ARMORISTE. s. m. Celui qui compose des armoiries, qui écrit sur le blason. Peu us.

ARMURE. s. f. (R. *arme*). Armes défensives qui couvrent le corps, comme la cuirasse, le casque, etc. *Une ar. brillante. Se revêtir de son ar. Pièce d'ar.* || T. Phys. Voy. Aimant.

Enc. — Parmi les différentes pièces d'*Ar.* adoptées par les hommes de guerre, le bouclier et le casque doivent être cités comme les plus anciennes, car nous les voyons usitées depuis un temps immémorial. Quant à la cuirasse, son origine est récente: elle paraît avoir été employée pour la première fois chez les Francs, sous le règne de Pépin le Bref (A. 751 de notre ère). C'est seulement à partir de la fin du XIe siècle que l'on voit apparaître ces armures complètes qui rendaient les chevaliers presque invulnérables. Les chevaux eux-mêmes étaient également bardés de fer. Alors « les hommes et les chevaux étaient si bien couverts, dit de Saulx-Tavannes, que de deux cens meslez ne s'en tuoit quatre en deux heures. » Au XVe siècle, une ar. de pied en cap se composait du *Casque*, du *Hausse-col*, de la *Cuirasse*, des *Épaulettes*, des *Brassards*, des *Cubitières*, des *Gantelets*, des *Tassettes* (partie mobile de l'ar. qui recouvrait le bas du corps et l'articulation des cuisses avec le tronc), des *Cuissards*, des *Grèves* (ar. des jambes), des *Genouillères*. L'ar. du cheval se composait de la *Têtière*, du *Chanfrein* (pièce qui couvrait le devant de la tête), du *Hausse-col*, du *Poitrail* et de la *Croupière*. Il est facile de reconnaître les différentes pièces que nous venons d'énumérer sur la Fig. ci-dessus, qui représente l'ar. complète de Charles-Quint, tirée de l'*Armeria real* de Madrid. Cette ar., comme on le voit, est du XVIe siècle: mais bientôt l'usage des armes à feu et de l'artillerie étant devenu général, les hommes de guerre furent obligés de renoncer à cet attirail qui était insuffisant pour les protéger, et qui ne servait plus qu'à gêner leurs mouvements. — Voy. Casque, Cuirasse, etc.

ARMURIER. s. m. Celui qui fabrique ou qui vend des armes, de quelque genre que ce soit. || * Dans un régiment, Celui qui est chargé de l'entretien et de la réparation des armes.

* **ARNICA.** s. m. (corruption de *ptarmica*). T. Bot. Voy. Composées.

* **AROÏDÉES.** s. f. pl. T. Bot. Voy. Aracées.

* **AROMADENDRON.** s. m. (gr. ἄρωμα, parfum; δένδρον, arbre). T. Bot. Voy. Magnoliacées.

AROMATE. s. m. Se dit de Toute substance répandant une odeur plus ou moins suave.

Enc. — Les *Aromates* se tirent pour la plupart du règne végétal: tels sont l'encens, la myrrhe, le benjoin, la vanille, etc. Tantôt toutes les parties d'une plante sont aromatiques, comme dans l'oranger; tantôt la substance aromatique ne réside que dans une partie de la plante, comme la racine de l'iris, la fleur du rosier, etc. Le règne animal ne fournit qu'un fort petit nombre d'aromates, parmi lesquels le musc, l'ambre gris, le castoréum tiennent le premier rang. — Les aromates sont rarement employés seuls et à l'état naturel: le plus souvent on leur fait subir quelque préparation, ou on les mélange entre eux de façon à obtenir des odeurs plus suaves ou plus pénétrantes. — Dans la parfumerie, les aromates servent à communiquer une odeur agréable aux pommades, aux eaux de senteur et autres cosmétiques; dans la pharmacie, on les emploie soit dans le même but, soit comme stimulants ou comme calmants, suivant les propriétés particulières dont ils jouissent; enfin on emploie comme condiments ceux qui possèdent des propriétés stimulantes et toniques.

AROMATIQUE. adj. 2 g. Qui est de la nature des aromates, ou qui en a l'odeur. *Substance, plante, racine ar. Odeur ar.*

AROMATISATION. s. f. Action d'aromatiser.

AROMATISER. v. a. Mêler une substance aromatique à une autre; Communiquer une odeur aromatique à quelque chose. = Aromatisé, ée. part.

AROME. s. m. (gr. ἄρωμα, parfum).

Enc. — Suivant les anciens chimistes, l'odeur des substances aromatiques était due à un principe particulier auquel Boerhaave donna le nom d'*esprit recteur*. Mais Fourcroy ayant reconnu que rien ne prouvait l'existence positive de l'ar., il admit que les odeurs étaient le résultat de la solution dans l'air d'une portion du corps odorant lui-même, et que l'intensité de ces odeurs dépendait du plus ou moins de volatilité des corps. Dans beaucoup de cas, suivant Robiquet, l'odeur qui émane d'un corps n'est pas due à la volatilisation d'une partie de ce corps, mais bien à une combinaison réelle d'un produit souvent inodore avec un produit très-volatil qui lui sert de véhicule. Ainsi, par ex., il établit que le musc, l'ambre, le tabac, etc., ne manifestent d'odeur qu'à l'aide de l'ammoniaque. Il présume aussi que, dans l'huile des crucifères, le soufre, combiné d'une manière particulière, pourrait bien être le véhicule qui fait ressortir l'odeur des huiles. Dans l'état actuel de la science, l'opinion de Fourcroy est la plus généralement adoptée; néanmoins on voit que la question réclame de nouvelles recherches.

ARONDE. s. f. (lat. *hirundo*, hirondelle). Ne s'emploie guère que dans cette locution: *A queue d'ar.* Voy. Assemblage. || T. Zool. Voy. Ostracés.

ARPÉGE, ARPÉGEMENT. s. m. (ital. *arpeggio*, de *arpa*, harpe). Manière de faire entendre successivement et rapidement toutes les notes d'un accord, au lieu de les frapper à la fois, ce qui s'appelle *Plaquer*.

ARPÉGER. v. n. Faire des arpéges. — Conj. Voy. Manger.

ARPENT. s. m. (lat. *arvum*, champ; *pendere*, évaluer). Voy. *Mesures* agraires.

ARPENTAGE. s. m. Mesurage d'un terrain par arpent, ou par toute autre mesure de superficie. *Faire l'ar. d'une terre.* || Art de mesurer la superficie des terres. *Il connaît bien l'ar.*

Enc. — L'art d'évaluer la superficie des terrains se compose de trois sortes d'opérations distinctes: les unes ont lieu sur le terrain même et servent à reconnaître les contours des surfaces à mesurer: elles constituent l'*Ar.* proprement dit; les autres ont pour but la reproduction sur le papier de la configuration du terrain: elles font l'objet du *Lever des plans;* les dernières se rapportent aux calculs nécessaires pour évaluer l'aire des surfaces relevées: elles appartiennent à la géométrie et à la trigonométrie proprement dites.

Les opérations d'ar. sur le terrain se réduisent presque toujours à la mesure de lignes droites ou d'angles. Pour mesurer des lignes droites on fait usage de jalons, d'une chaîne et de fiches. Les *Jalons* ou *Piquets* sont des bâtons droits terminés en pointe et ferrés un bout afin de pouvoir être enfoncés dans le sol. Ces jalons sont souvent surmontés d'une petite plaque peinte de deux couleurs, qui sert à les faire distinguer dans l'éloignement (Fig. 1 et 2). — La *Chaîne d'arpenteur* (Fig. 3) appelée aussi *Décamètre* parce qu'elle a 10 mètres de longueur, se compose de tiges de fer reliées par des anneaux distants l'un de l'autre de 2 décimètres. Il y a un anneau plus gros pour marquer chaque mètre; et chacune des extrémités se termine par un anneau plus large dans lequel on peut passer la main: ces deux anneaux font partie de la longueur de la chaîne. — Les *Fiches* (Fig. 4) sont des tringles en fer de 40 à 50 centimètres de hauteur terminées par des anneaux et assez fortes pour être enfoncées en terre.

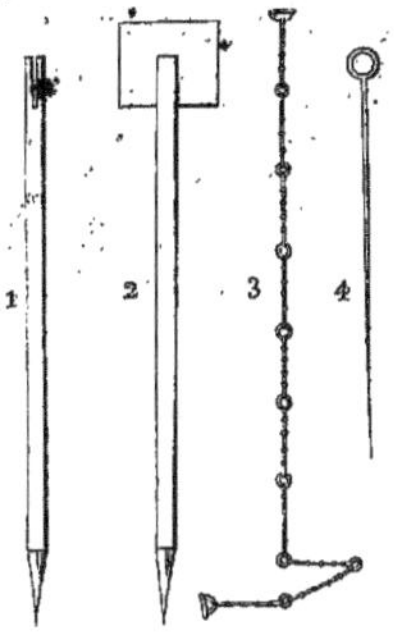

Les *jalons* servent à marquer sur le terrain les lignes droites à mesurer. Pour cela, on plante d'abord verticalement 2 jalons aux extrémités A et B de la ligne à tracer (Fig. 5); puis l'arpenteur se place derrière le jalon A à quelques mètres de distance, et, visant de l'œil droit les jalons A et B, il fait poser par un aide un 3e jalon C dans l'alignement de AB. Pour cela, l'aide soutient le jalon verticalement de la main droite, à quelques centimètres du sol, et l'arpenteur lui fait signe de la main s'il doit aller à droite ou à gauche, jusqu'à ce que le jalon C soit aligné. Le 3e jalon étant placé, on en peut planter de même un 4e, un 5e, et ainsi de suite, suivant la longueur de la ligne.

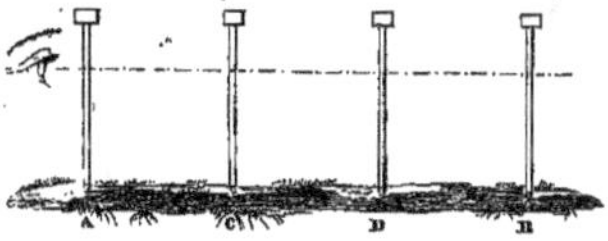

Fig. 5.

Cette opération s'appelle *jalonner un terrain*. — Il s'agit ensuite de mesurer les lignes jalonnées; c'est ce qui se pratique à l'aide de la *chaîne*. Il faut deux personnes pour cette opération. Le *Porte-chaîne* marche en avant avec 11 fiches dans une main et l'une des poignées de la chaîne dans l'autre, tandis que l'arpenteur tient la chaîne par la poignée opposée. Le porte-chaîne s'arrête quand il se sent retenu par l'arpenteur qui appuie l'extrémité de la poignée au point de départ de la ligne à mesurer. Ce dernier fait alors placer le porte-chaîne dans l'alignement des jalons, et, quand la chaîne est bien tendue, le porte-chaîne passe une fiche dans la poignée et l'enfonce en terre. Cela fait, il continue sa route, jusqu'à ce que l'arpenteur soit arrivé à cette 1re fiche. Ensuite l'opération recommence comme ci-dessus: le porte-chaîne plante une nouvelle fiche, l'arpenteur arrache celle qui se trouve de son côté, et l'on continue jusqu'à ce qu'on soit arrivé au bout de la ligne. On compte alors combien l'arpenteur a de fiches dans la main, on multiplie ce nombre par 10 mètres pour avoir la longueur totale, et, s'il existe une fraction de décamètre au-delà de la dernière fiche plantée, on l'ajoute au nombre obtenu. Lorsque la ligne a plus de 100 mètres, l'arpenteur rend au porte-chaîne les dix fiches qu'il a retirées, et l'on poursuit l'opération comme auparavant.

Mais il ne suffit pas de connaître la mesure de quelques lignes, il faut encore déterminer la position relative de ces lignes. On y parvient en évaluant les angles qu'elles font entre elles. Pour mesurer les angles on se sert habituellement du graphomètre. Le *Graphomètre* (Fig. 6) est une sorte de rapporteur qui se compose d'un demi-cercle divisé en degrés et demi-degrés. Le diamètre AA du demi-cercle, que l'on appelle *Ligne de foi*, est muni à ses extrémités de deux petites fenêtres qu'on nomme *Pinnules*, lesquelles sont partagées par le milieu, dans le sens de leur hauteur, par un fil très-fin. Sur le centre C du diamètre est établi à pivot une règle mobile BB, nommée *Alidade*, munie aussi de deux pinnules. Elle porte à ses extrémités un vernier circulaire qui s'applique parfaitement contre le limbe dans toutes les positions. Le graphomètre est muni d'une *boussole* D. Il est porté par un trois-pieds et se meut sur un genou qui permet de donner au limbe de l'instrument la direction et l'inclinaison désirées. Pour mesurer un angle à l'aide de cet instrument, il suffit, lorsqu'il est planté, de diriger la ligne de foi dans le sens des objets qui forment un des côtés, de façon que les fils des pinnules B et B se confondent ensemble et coupent ces objets par le milieu. Ensuite on fait tourner l'alidade sur le limbe jusqu'à ce que ses pinnules s'alignent également avec les objets qui marquent l'autre côté de l'angle cherché; le chiffre que l'alidade indique sur le limbe est la mesure de l'angle que l'on veut déterminer. — Si, au lieu de mesurer un angle, on veut en tracer un d'une grandeur donnée sur le terrain, on aligne d'abord la ligne de foi avec un des côtés; puis, portant l'alidade sur le chiffre donné, on fait planter un jalon dans l'alignement qu'elle détermine. — L'usage du graphomètre ne donnant la mesure des

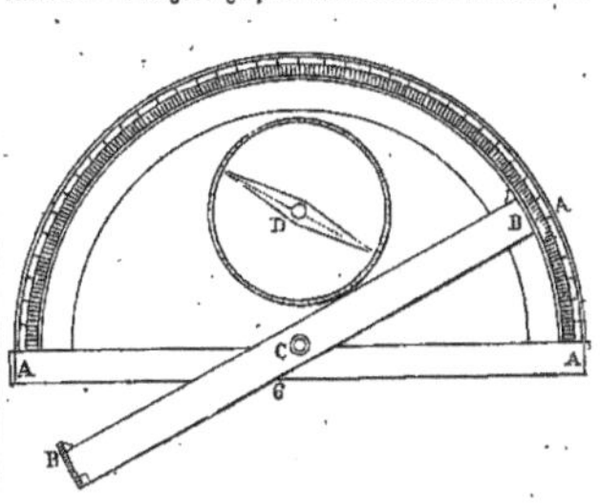

angles qu'à moins d'une minute près, on a recours, dans les cas où l'on a besoin d'une approximation plus grande, à l'emploi du *cercle-répétiteur*. Quant au *théodolite*, il est peu usité dans l'ar. proprement dit: on s'en sert principalement dans les opérations géodésiques.

Les contours du terrain ayant été mesurés soit directement, soit au moyen des angles qu'ils forment, il est facile de déterminer sa superficie, en décomposant le polygone irrégulier qu'il représente ordinairement en un certain nombre de triangles, ainsi que nous l'avons dit au mot AIRE. Toutefois cette méthode suppose que l'on peut parcourir librement l'intérieur du terrain à mesurer; mais si ce terrain était boisé ou marécageux, ou s'il s'agissait d'un étang, d'un grand édifice, etc., alors il faudrait procéder différemment. Dans ce cas, on circonscrit au terrain une figure régulière telle qu'un rectangle PMNQ (Fig. 7), dont la surface est facile à calculer; puis des sommets D et B, qui ne touchent pas les côtés du rectangle, on abaisse les perpendiculaires D*n*, B*m*. Par ce moyen on décompose en triangles et trapèzes la portion de surface dont ce rectangle excède le terrain à évaluer. Ensuite on mesure cet excédant,

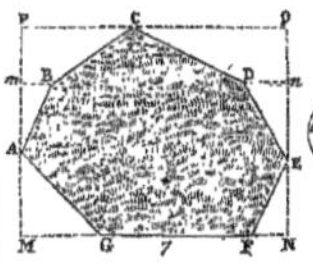

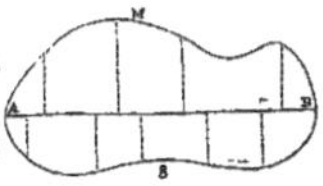

on le déduit de la surface du rectangle, et le reste représente nécessairement la superficie du polygone donné. Enfin si le contour du terrain n'est pas formé par un assemblage de lignes droites ou par une ligne courbe régulière (Fig. 8), il faut alors avoir recours à une approximation en considérant le périmètre de la figure comme formé par un grand nombre de lignes droites et en opérant comme ci-dessus, c.-à-d. en décomposant la figure en un certain nombre de parties dont les côtés sont à peu près droits. Quelquefois encore on fait passer partie intérieurement, partie extérieurement d'une figure irrégulière (Fig. 9), des lignes droites qui font à peu près compensation entre les portions ajoutées et les portions retranchées. On obtient ainsi une figure composée de lignes droites et par conséquent facile à calculer, qui représente approximativement la surface cherchée. Du reste, la pratique, appuyée des connaissances géométriques, suggérera, dans chaque cas particulier, le mode le plus simple qu'il convient d'employer pour arriver au but.

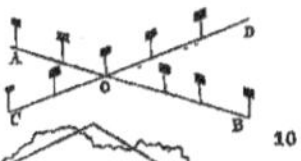

Comme on le voit, on a souvent, dans l'ar., soit à déterminer l'endroit où deux lignes se joignent, soit à abaisser une perpendiculaire sur une ligne. Pour marquer le point de jonction de deux lignes, on marche dans la direction de l'une de ces lignes, AB, par ex. (Fig. 10), jusqu'à ce qu'on se trouve en même temps à peu près dans la direction de l'autre, CD. A l'aide de tâtonnements que l'habitude abrége, on parvient facilement à planter un jalon de telle façon qu'en regardant derrière dans la direction OB, il cache tous ceux qui sont situés dans cette direction, et qu'en regardant derrière ce même jalon dans la direction OD, il cache également tous ceux qui sont dans cette direction. Le point O ainsi déterminé est donc le point d'intersection des droites jalonnées AB et CD.

Fig. 11.

Pour élever une perpendiculaire sur une ligne on se sert de l'*Équerre d'arpenteur*. Il existe plusieurs instruments de ce nom. Le plus usité consiste en une espèce de *prisme octogonal* (Fig. 11) muni de 4 fentes perpendiculaires qui se coupent à angles droits. Ce prisme se visse sur une tige terminée par un piquet de fer au moyen duquel on plante l'instrument dans le sol. Si le point où doit passer la perpendiculaire est donné sur la ligne même, on établit l'instrument sur ce point; on dirige deux des pinnules dans la direction de la ligne donnée, puis on fait planter un jalon dans la direction des deux autres pinnules. Quand, au contraire, c'est le point duquel doit être abaissé la perpendiculaire qui est donné, on procède par tâtonnements en plaçant le pied de l'instrument sur différents points de la ligne où doit aboutir la perpendiculaire jusqu'à ce qu'on soit arrivé à celui dans lequel l'un des diamètres de l'équerre étant dans la direction de la ligne de base, l'autre diamètre se trouve dans la direction du point donné.

On peut encore, à l'aide des instruments qui servent à mesurer les angles, calculer la longueur d'une ligne inaccessible. Soit, par ex., la ligne AB (Fig. 12) dont on est séparé par une rivière. Du côté où l'on se trouve placé, on mesure une base arbitraire CD; puis, des deux extrémités de cette ligne, on imagine les lignes CA, CB, DA, DB, qui vont tomber sur les extrémités de la ligne AB; ensuite, au moyen du graphomètre, on

Fig. 12.

Fig. 13.

détermine la valeur des angles ACD, BCD, CDB et ADB. Cela fait, on trace sur une feuille de papier une figure semblable à celle que représente le terrain avec les lignes dont nous venons de parler (Fig. 13): en d'autres termes, on trace une ligne *cd*, dont la longueur se trouve dans une proportion connue avec la longueur de la ligne CD, ligne de base du terrain. Par conséquent, si CD a 10 mètres de longueur, on donne à *cd* une longueur de 10 millimètres; à l'extrémité C, on dresse les angles *acd*, *bcd* égaux aux angles ACD, BCD; à l'extrémité *d*, on fait également les angles *cdb* et *adb* égaux aux angles CDB et ADB; enfin on tire la ligne *ab* reliant les points *a* et *b* où se rencontrent les côtés *ca* et *da*, *db* et *cb*. Cette ligne *ab* est donc à la ligne AB, comme *cd* est à CD, c.-à-d. que si la longueur de *cd* est égale à 15 millimètres, la longueur de CD sera égale à 15 mètres. Il est évident qu'il faudrait procéder de même si l'on voulait connaître la distance du point *e* au point *a*, etc.

Lorsque le terrain à mesurer est d'une étendue assez considérable pour que la courbure de la terre y soit sensible, l'évaluation de sa superficie n'est plus du domaine de l'ar. proprement dit. Dans ce cas on a recours aux méthodes plus générales de la *géodésie* (voy. ce mot). Dans les limites d'étendue qui sont particulières à l'ar., le terrain à mesurer est toujours une figure plane, ou du moins on le conçoit décomposé en plusieurs figures qui sont en effet planes. Or toute figure plane pouvant être regardée comme composée d'un certain nombre de triangles, la théorie de l'ar. peut se réduire, ainsi que nous l'avons dit, à mesurer des aires de triangles plans. On sent dès lors de quel secours peuvent être pour l'ar. les méthodes trigonométriques, qui lui donnent le moyen de constituer ces triangles avec quelques-uns seulement de leurs éléments, et qui lui permettent de remplacer des mesures de lignes si rarement exactes, par des mesures d'angles beaucoup plus sûres.

En général, on mesure les distances et les angles horizontalement, de sorte que l'on obtient la mesure de la projection du terrain sur un plan horizontal. Quand on a à mesurer la superficie d'un terrain en pente, les arpenteurs sont dans l'habitude de projeter cette surface sur un plan horizontal. Cette méthode a reçu le nom de *Cultellation*. Soit, par ex., le rectangle ABCD (Fig. 14) dont la superficie fait partie de celle d'un coteau. On abaisse de chacun de ses angles une perpendiculaire sur un plan horizontal HO, et le quadrilatère HNOP représente alors l'aire du rectangle ABCD, tel qu'il doit figurer sur le plan du terrain. — On a recours à la méthode de cultellation, non-seulement parce qu'il serait impossible de faire raccorder les diverses parties d'un plan, si les unes avaient été mesurées dans le sens horizontal, et les autres dans le sens des pentes du sol, mais encore parce qu'il est reconnu que, les

Fig. 14.

www.ingramcontent.com/pod-product-compliance
Lightning Source LLC
Chambersburg PA
CBHW072220270326
41930CB00010B/1931
9782011855589